ein zeitdokument | a document of the times

Richard **Artschwager** Jo **Baer** Larry **Bell** Tom **Bills** Bill **Bollinger** Holger **Bunk** Ingrid **Calame** Philippe **Cazal** Dan **Christensen** Jessica **Diamond** Steve **DiBenedetto** Helmut **Dorner** Dominique **Figarella** Dan **Flavin** Urs **Frei** Pia **Fries** Ludger **Gerdes** Michael **Heizer** Tishan **Hsu** Steven **Hull** Jasper **Johns** Donald **Judd** Ben **Kinmont** Harriet **Korman** Gary **Kuehn** Barry **Le Va** Lee **Lozano** Fabian **Marcaccio** Matthew **McCaslin** Allan **McCollum** Thom **Merrick** Olivier **Mosset** Horst **Münch** Cady **Noland** Carl **Ostendarp** Steven **Parrino** Laurie **Parsons** David **Reed** Jason **Rhoades** James **Rosenquist** Adrian **Schiess** Richard **Serra** Keith **Sonnier** Lawrence **Stafford** Bob **Stanley** Lewis **Stein** Jessica **Stockholder** Alan **Uglow** Günter **Umberg** Michael **Venezia** Birgit **Werres** Jeffrey **Wisniewski** Peter **Young**

Christiane Meyer-Stoll

sammlungrolfricke | rolfrickecollection

KUNST MUSEUM ST.GALLEN
KUNSTMUSEUM LIECHTENSTEIN
MMK MUSEUM FÜR MODERNE KUNST FRANKFURT AM MAIN
HATJE CANTZ

Inhalt
Contents

Vorwort

Das Verhältnis zwischen öffentlichen und privaten Kunstsammlungen ist in den vergangenen Jahren zunehmend gespannter geworden. Die Tatsache, dass die öffentliche Hand seit vielen Jahren ihr Engagement für die öffentlichen Museen reduziert, hat Bedeutung und Einfluss privater Sammlungen in ungewöhnlicher Weise wachsen lassen. Was früher Aufgabe und vornehme Pflicht der Museen war – die kompetente Selektion zeitgenössischer Kunst und deren Erwerb für die Museumssammlungen –, ist heute de facto überwiegend auf private Sammlungen übergegangen, wobei deren Unterhalt oftmals von staatlicher Seite getragen wird. Zugleich erlauben gekürzte Etats der Kunstmuseen kaum noch nennenswerte Ankaufsaktivitäten.

In dieser Situation ist der gemeinsame Erwerb der Sammlung von Rolf Ricke im Jahre 2006 durch das Kunstmuseum Liechtenstein in Vaduz, das Kunstmuseum St.Gallen und das Museum für Moderne Kunst in Frankfurt am Main von historischer Dimension und von grosser kunst- und kulturpolitischer Bedeutung. Erstmals haben drei Kunstmuseen aus drei verschiedenen Staaten eine private Sammlung, die im Laufe von vierzig Jahren gewachsen ist, gemeinsam erworben mit dem vertraglich erklärten Willen, sie auch gemeinschaftlich zu nutzen. Die drei Museen haben damit vorgeführt, dass es trotz reduzierter finanzieller Mittel möglich ist, substanzielle Erweiterungen der eigenen Museumsbestände zu realisieren. Darüber hinaus ist es in diesem Falle gelungen, eine private Sammlung von höchstem Qualitätsniveau, die zudem ein einzigartiges zeithistorisches Dokument einer spezifischen künstlerischen Tradition beidseits des Atlantik darstellt, in Gänze zu erhalten und für die Nachwelt zu bewahren. Damit erfüllen sie ausserdem eine Aufgabe, die in den vergangenen Jahren angesichts wachsender finanzieller Unsicherheiten in den Hintergrund getreten ist: Die historiografische Überlieferung der Kunstentwicklung für nachkommende Generationen. Durch das Zusammentreffen dieser verschiedenen Aspekte kann der Erwerb der Sammlung Ricke durch die drei genannten Museen in seiner Bedeutung nicht hoch genug bewertet werden. Eine Chance wurde genutzt, und die aus ihr resultierenden Möglichkeiten zur Erweiterung der jeweiligen Sammlungen, zur Darstellung der internationalen Kunstentwicklung und zur Kunstvermittlung im Allgemeinen sind Auftrag und Verpflichtung für die Museen, in ihren Anstrengungen nicht nach zu lassen. Das hier vorliegende Buch ist dafür ein wichtiger und eindrucksvoller Beleg.

Die Sammlung von Rolf Ricke dokumentiert auf einzigartige Weise eine persönliche Sicht auf die Kunst von den 1960er Jahren bis in die Gegenwart. Zugleich erhellt sie eine spezifische Traditionslinie in der US-amerikanischen Kunst dieser Zeit und kombiniert sie mit bestimmten gleichzeitigen Ansätzen in Europa. Der Galerist Rolf Ricke gehört zu den Pionieren der Vermittlung zeitgenössischer Kunst aus den USA in Europa. Dass er Werke jener Künstlerinnen und Künstler erwarb, für die er sich als Galerist einsetzte, macht seine Sammlung in mehrfacher Hinsicht signifikant. Da Ricke in ungewöhnlicher Stringenz die künstlerischen Positionen für sein Galerieprogramm auswählte, vermittelt seine Sammlung auch einen Einblick in ein spezifisches künstlerisches Milieu und seine Tradierung in den USA seit den späten 1960er Jahren.

Das Erlebnis der beiden ersten *documenta*-Ausstellungen 1955 und 1959 in Kassel sowie die vertiefte Begegnung mit dem Werk Jackson Pollocks 1961 in der Kunstsammlung Nordrhein-Westfalen in Düsseldorf weckten Rickes

Leidenschaft für die Kunst. 1963 führte dies zur Gründung seiner Galerie in Kassel, in der er anfangs hauptsächlich Grafik zeigte. 1965 reiste Ricke erstmals nach New York. Überwältigt von den ungeahnten Impulsen vollzieht er einen radikalen Wechsel in seinem Programm und erfindet einen neuen Typus von Galerie, eine Produzentengalerie. Vielfach wurden nicht mehr die Kunstwerke aus Amerika über den Ozean nach Europa transportiert, sondern die Künstler selbst reisten und schufen ihre Werke vor Ort. Die Galerie Ricke, ab 1968 in Köln ansässig, galt als einer der interessantesten Orte für die Begegnung mit aktuellem Kunstschaffen. So bestand zum Beispiel ein reger Austausch mit Harald Szeemann, der 1969 die legendäre Ausstellung *Live in Your Head. When Attitudes Become Form* in der Kunsthalle Bern realisierte, in der eine grosse Anzahl der von Ricke vertretenen Künstler gezeigt wurde. Rolf Ricke stellte als einer der ersten in Europa die Minimal und die Post-Minimal Art beziehungsweise Process Art vor. Er begleitete das Schaffen von wegweisenden Künstlern wie Richard Artschwager (*1923), Donald Judd (1928–1994), Richard Serra (*1939), Bill Bollinger (1939–1988), Barry Le Va (*1941) oder Keith Sonnier (*1941). Mit regem Interesse an künstlerischen Entwicklungen blieb Rolf Ricke stets am Puls der Zeit, ohne von seinen hohen Ansprüchen abzurücken. Er förderte Kunstschaffende wie David Reed (*1946), Matthew McCaslin (*1957), Steven Parrino (1958–2005), Laurie Parsons (*1959), Jessica Stockholder (*1959) oder Fabian Marcaccio (*1963), die inzwischen zu den anerkannten Positionen der zeitgenössischen Kunst zählen. In diesem Buch geben die Künstler seiner Sammlung in vielfältiger Form Zeugnis dieser engen Komplizenschaft, die eine radikal neue Präsentationsform mit sich brachte: Vor Ort – gleich einer Ateliersituation – entstanden Kunstwerke in der Galerie, in offener und weitgehend prozessual angelegter Arbeitsweise, raumbezogen umgesetzt und stets das Risiko des Scheiterns bergend.

Bereits beim ersten Treffen mit einem Künstler im Atelier oder nach dem Besuch einer Ausstellung erwarb Ricke in der Regel ein Werk für sich selbst – als Geste im Zuge des Kennenlernens und als Bekenntnis zur Arbeit des Künstlers. So kamen früh Werke in die Sammlung, die auch für die Entwicklung der Künstler selbst Schlüsselwerke darstellen. Als das Neue Museum in Nürnberg die Sammlung Ricke im Jahr 2002 in aufeinander folgenden Präsentationen erstmals der Allgemeinheit zugänglich machte und in einer Publikation vorstellte, trat ihr kunsthistorischer Rang deutlich hervor. Nachdem es dem Museum in Nürnberg nicht möglich war, die Sammlung in toto zu erwerben, entstand schliesslich auf Initiative des Kunstmuseums St.Gallen die wegweisende Idee, sie in einer gemeinschaftlichen Aktion dreier europäischer Museen für die Öffentlichkeit zu sichern. Bereits zuvor hatte Rolf Ricke sein Lebenswerk in eine Gesellschaft überführt, deren Ziel es war, die Sammlung integral zu erhalten. Rolf Ricke, Wolfgang Häusler, München/Zürich und Dr. Herbert Hirtz, München, spannen die ersten Kontakte. Das Kunstmuseum Liechtenstein, das Kunstmuseum St.Gallen und das Museum für Moderne Kunst in Frankfurt liessen schliesslich zusammen mit den jeweils politisch Verantwortlichen das Unmögliche möglich werden.

Die von den drei Museen herausgegebene Publikation, die am Kunstmuseum Liechtenstein erarbeitet wurde, dokumentiert die Sammlung Rolf Ricke sowohl in ihrer Einzigartigkeit wie in ihrer historischen Dimension. Das Buch versteht sich als strukturierte und recherchierte Sammlung von Quellenmaterial und gewährt einen lebendigen und visuellen Einblick in über 40 Jahre Galerie-, Ausstellungs- und Sammlungstätigkeit, die ihre Spiegelungen und Setzungen in der Geschichte der Kunst in der zweiten Hälfte des 20. Jahrhunderts findet. Daher werden neben einer ausführlichen Chronik der Galerie in einem Zeitstrahl relevante Ereignisse der Kunstwelt dokumentiert. Aufgezeichnete Gespräche mit Rolf Ricke und den Künstlern, Statements, bisher unveröffentlichte Interviews, Tagebücher und Briefe der Künstler verdichten die Entstehung und Geschichte der Sammlung und zeugen von einer sehr persönlich geprägten Zusammenarbeit zwischen Galerist und Künstler. Sie schildern Gedanken- und Entstehungsprozesse der Kunstproduktion und geben darüber hinaus einen unmittelbaren Einblick in das künstlerische und gesellschaftspolitische Umfeld. Die Künstlerbeiträge und die Erinnerungen des Galeristen, Wegbereiters und Sammlers Rolf Ricke sind Zeitzeugenberichte, die als wertvolles Quellenmaterial für die Produktion und Vermittlung von Kunst seit den späten 1960er Jahren gelesen werden können. Damit wird aber zugleich ersichtlich, dass die Sammlung Rolf Ricke eine Essenz dieser über 40-jährigen Auseinandersetzung mit Kunst ist.

Unser grosser Dank gilt dem Freund und Sammler Rolf Ricke, der unser Denken über Kunst und unseren Umgang mit ihr entscheidend mit geprägt hat. Seine Sammlung mit bedeutenden Einzelwerken und umfangreichen Werkgruppen – insgesamt fast 150 Gemälde, Skulpturen und Arbeiten auf Papier – ist von herausragender künstlerischer Qualität. Ihre kunsthistorische Bedeutung liegt in den sich ergänzenden Werkgruppen, die ein dichtes Geflecht sinnstiftender Querbezüge schaffen. So lotet die Sammlung jene entscheidenden Mentalitätsräume aus, die den Gang der Kunst im Grunde bestimmen.
Unser Dank gilt gleichermassen den grosszügigen privaten Mäzenen der beteiligten Häuser wie den Vertretern der verschiedenen politischen Institutionen, ohne deren persönlichen Einsatz für die bedeutende finanzielle Unterstützung ein offizielles Engagement für den Erwerb seitens der öffentlichen Trägerschaften kaum denkbar gewesen wäre. Sie haben wesentlich dazu beigetragen, dass dieses wegweisende Modell einer grenzüberschreitenden Zusammenarbeit von Museen für die Erweiterung ihrer Sammlungsbestände Wirklichkeit werden konnte.
Schliesslich gilt unser Dank Christiane Meyer-Stoll, Konservatorin am Kunstmuseum Liechtenstein, die es mit Unterstützung von Gila Strobel unternommen hat, die notwendigen Recherchen im Archiv Ricke anzugehen, in eine ausgedehnte Korrespondenz mit Künstlerinnen und Künstlern zu treten, Interviews mit dem Sammler und zahlreichen Zeitzeugen zu führen und schliesslich Konzept, Inhalt und Form dieser Publikation zu entwickeln und präzise aufeinander abzustimmen. Sie hat damit eine ungeheure Grundlagenarbeit geleistet, um in Zukunft die exemplarische Bedeutung der Sammlung Rolf Ricke für die Kunstgeschichte deutlich erkennbar werden zu lassen.

Udo Kittelmann, Direktor Museum für Moderne Kunst, Frankfurt am Main

Friedemann Malsch, Direktor Kunstmuseum Liechtenstein

Roland Wäspe, Direktor Kunstmuseum St.Gallen

Entstehung und Geschichte der Sammlung Rolf Ricke

Ein Zeitdokument 1955–2007

Die Sammlung von Rolf Ricke ist als Essenz seiner über 40-jährigen Tätigkeit als Galerist und Sammler zu verstehen. Dementsprechend erschliesst sich der Aufbau der Publikation, in der die ausführliche Dokumentation der Galeriegeschichte – zusammen mit den in Gesprächen aufgezeichneten Erinnerungen Rolf Rickes – und die Textbeiträge der Künstler dem Kapitel der Werke in der Sammlung vorausgehen. Rolf Rickes enge Zusammenarbeit mit den Künstlern legte darüber hinaus nahe, die Publikation als ein Dokument von Zeitzeugenberichten anzulegen. Die Aktivitäten von Rolf Ricke – auch die über den Rahmen des Galeriebetriebs hinausgehenden – stehen in einer wechselseitigen Beziehung zur Kunst der zweiten Hälfte des 20. Jahrhunderts. Dies wird durch den parallel zur Galeriechronik verlaufenden Zeitstrahl veranschaulicht, der noch vor Gründung der Galerie bereits 1955 mit der ersten *documenta* einsetzt und mit den Sammlungspräsentationen 2007 endet. Der Zeitstrahl ist in enger Zusammenarbeit mit Rolf Ricke und Künstlern der Sammlung erarbeitet worden. Zwangsläufig stellen diese Einträge eine fokussierte Auswahl dar. Selektiv aufgenommene politische und gesellschaftlich wichtige Ereignisse ergänzen die Chronik, um den zeitlichen Hintergrund, vor dem das künstlerische Geschehen stattfand, in Erinnerung zu rufen.

Die Gespräche mit Rolf Ricke von Christiane Meyer-Stoll fanden in Köln und Berlin von März bis Dezember 2007 statt. Nach der Transkription wurde die Gesprächsform möglichst aufgegeben und zu Texten, die die Chronik begleiten, verdichtet. An einigen Stellen wurden die Fragestellungen aber miteingebunden, damit offensichtlich bleibt, dass diese Aufzeichnungen auf Gesprächen basieren. Die Erinnerungen nehmen überwiegend Bezug auf die Chronik und den Zeitstrahl, sie besprechen aber auch Themen, die von allgemeiner Relevanz für die Galerie und die Sammlung sind.
Die Chronik der Galerie von 1963 bis 2004 wurde anhand des Archivs und in Zusammenarbeit mit Rolf Ricke und den Künstlern neu aufgearbeitet. Erstmals listet sie mit vielfältigem Dokumentationsmaterial alle Ausstellungen sowie sämtliche kuratorischen Aktivitäten von Rolf Ricke für Galerien, Institutionen und Museen.
Fehlerhafte Schreibweisen aus den Vorlagen wurden korrigiert. Mitunter treten Abweichungen zwischen angekündigtem und tatsächlichem Ausstellungsdatum auf. Das gleiche gilt für die Auflistung der beteiligten Künstler, da Rolf Ricke teils sehr spontan zusätzlich Arbeiten hinzunahm. Diese Namen sind mit * gekennzeichnet.
Im Zeitstrahl liegt die Konzentration auf Listung der ersten oder besonders gewichtigen Einzelausstellung eines Künstlers der Sammlung; bei Gruppenausstellungen werden lediglich die Künstler aufgeführt, die in der Galerie Rolf Ricke vertreten waren.
Zahlen in eckigen Klammern verweisen auf die Werke der Sammlung Rolf Ricke.

The Making of the Rolf Ricke Collection

A Document of the Times, 1955–2007

The Rolf Ricke Collection can be understood as the distillation of over forty years' commitment as a gallery owner and collector. This interpretation has also been our guideline for structuring this publication. The first sections contain a detailed account of the gallery's history, Rolf Ricke's personal recollections, and contributions by the artists, followed by the works themselves. Given Rolf Ricke's close collaboration with his artists it seemed appropriate to create a publication incorporating reports by contemporary eyewitnesses. Rolf Ricke's activities went beyond the framework of the gallery, they were necessarily related to the broader situation of late twentieth century art. This is signaled in the timeline running parallel to the gallery chronology, which begins in 1955, before the gallery opened, when Rolf Ricke visited the first *documenta*, and ends with the exhibitions of the collection in 2007. The timeline was devised in close collaboration with Rolf Ricke and the artists featured in the collection. It goes without saying that the timeline entries represent a partisan selection. The incorporation of certain political or social events serves to fill out the timeline and reinforce the conditions against which the artistic events occurred.

The conservations with Rolf Ricke by Christiane Meyer-Stoll took place in Cologne and Berlin between March and December 2007. Following transcription, the interview form was abandoned and the content edited as texts accompanying the gallery chronology. However, in some sections the questions were retained to indicate that these texts are based on interviews. The recollections largely refer to the chronology and timeline, but they also address topics that are of general relevance to the gallery and the collection [English translations pp. 413–34].
A new history of the gallery from 1963 to 2004 was developed from archival material and in collaboration with Rolf Ricke and the artists. For the first time the extensive documentary material lists not only all the gallery exhibitions, but also all Rolf Ricke's curatorial activities in other galleries, institutions, and museums.
Incorrect spellings in the source material were corrected. In some instances, there are deviations between the published exhibition dates and the actual dates. The same applies to the participating artists, as Rolf Ricke sometimes decided at very short notice to include additional works. These names are marked with an asterisk.
The focus in the timeline is to indicate early or particularly important solo exhibitions of artists in the collection; for group exhibitions only those artists who were shown at Galerie Rolf Ricke are listed.
Numbers in brackets refer to the works in the Rolf Ricke Collection.
JG

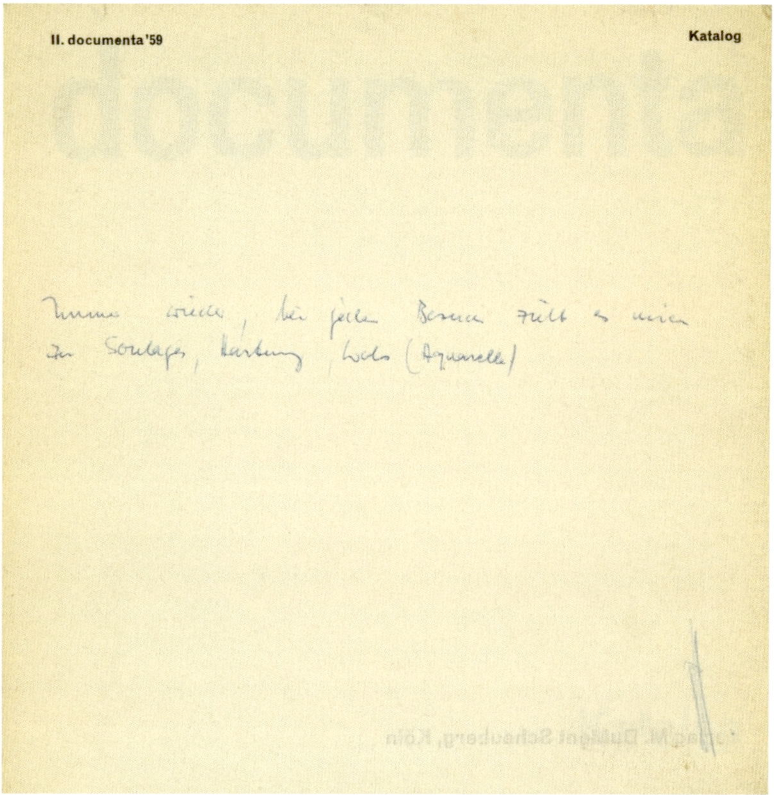
II. documenta'59

Katalog

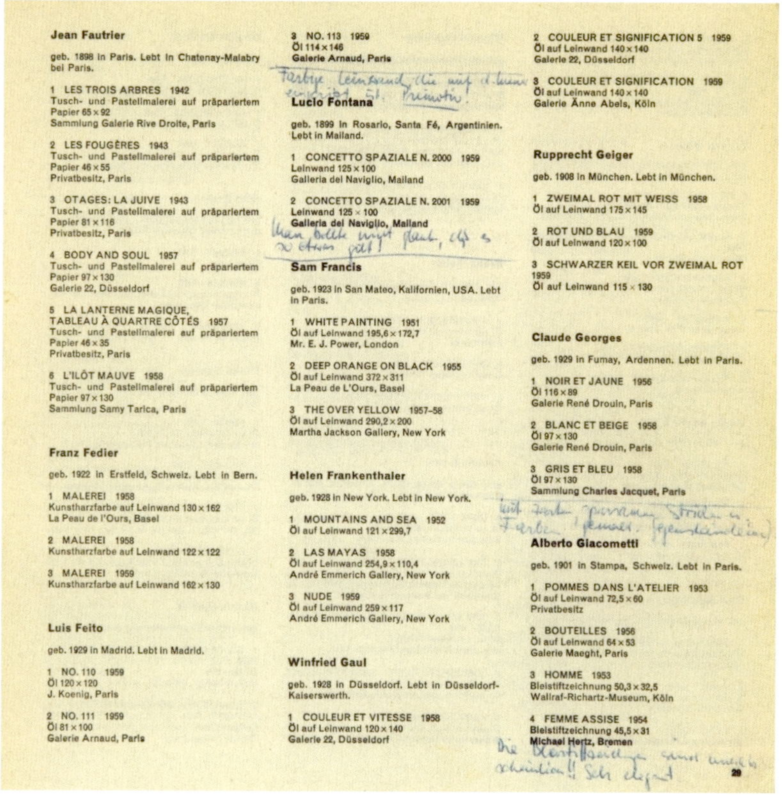
Jean Fautrier

geb. 1898 in Paris. Lebt in Chatenay-Malabry bei Paris.

1 LES TROIS ARBRES 1942
Tusch- und Pastellmalerei auf präpariertem Papier 65 × 92
Sammlung Galerie Rive Droite, Paris

2 LES FOUGÈRES 1943
Tusch- und Pastellmalerei auf präpariertem Papier 46 × 55
Privatbesitz, Paris

3 OTAGES: LA JUIVE 1943
Tusch- und Pastellmalerei auf präpariertem Papier 81 × 116
Privatbesitz, Paris

4 BODY AND SOUL 1957
Tusch- und Pastellmalerei auf präpariertem Papier 97 × 130
Galerie 22, Düsseldorf

5 LA LANTERNE MAGIQUE, TABLEAU À QUARTRE CÔTÉS 1957
Tusch- und Pastellmalerei auf präpariertem Papier 46 × 35
Privatbesitz, Paris

6 L'ILÔT MAUVE 1958
Tusch- und Pastellmalerei auf präpariertem Papier 97 × 130
Sammlung Samy Tarica, Paris

Franz Fedier

geb. 1922 in Erstfeld, Schweiz. Lebt in Bern.

1 MALEREI 1958
Kunstharzfarbe auf Leinwand 130 × 162
La Peau de l'Ours, Basel

2 MALEREI 1958
Kunstharzfarbe auf Leinwand 122 × 122

3 MALEREI 1959
Kunstharzfarbe auf Leinwand 162 × 130

Luis Feito

geb. 1929 in Madrid. Lebt in Madrid.

1 NO. 110 1959
Öl 120 × 120
J. Koenig, Paris

2 NO. 111 1959
Öl 81 × 100
Galerie Arnaud, Paris

3 NO. 113 1959
Öl 114 × 146
Galerie Arnaud, Paris

Lucio Fontana

geb. 1899 in Rosario, Santa Fé, Argentinien. Lebt in Mailand.

1 CONCETTO SPAZIALE N. 2000 1959
Leinwand 125 × 100
Galleria del Naviglio, Mailand

2 CONCETTO SPAZIALE N. 2001 1959
Leinwand 125 × 100
Galleria del Naviglio, Mailand

Sam Francis

geb. 1923 in San Mateo, Kalifornien, USA. Lebt in Paris.

1 WHITE PAINTING 1951
Öl auf Leinwand 195,6 × 172,7
Mr. E. J. Power, London

2 DEEP ORANGE ON BLACK 1955
Öl auf Leinwand 372 × 311
La Peau de L'Ours, Basel

3 THE OVER YELLOW 1957–58
Öl auf Leinwand 290,2 × 200
Martha Jackson Gallery, New York

Helen Frankenthaler

geb. 1928 in New York. Lebt in New York.

1 MOUNTAINS AND SEA 1952
Öl auf Leinwand 121 × 299,7

2 LAS MAYAS 1958
Öl auf Leinwand 254,9 × 110,4
André Emmerich Gallery, New York

3 NUDE 1959
Öl auf Leinwand 259 × 117
André Emmerich Gallery, New York

Winfried Gaul

geb. 1928 in Düsseldorf. Lebt in Düsseldorf-Kaiserswerth.

1 COULEUR ET VITESSE 1958
Öl auf Leinwand 120 × 140
Galerie 22, Düsseldorf

2 COULEUR ET SIGNIFICATION 5 1959
Öl auf Leinwand 140 × 140
Galerie 22, Düsseldorf

3 COULEUR ET SIGNIFICATION 1959
Öl auf Leinwand 140 × 140
Galerie Änne Abels, Köln

Rupprecht Geiger

geb. 1908 in München. Lebt in München.

1 ZWEIMAL ROT MIT WEISS 1958
Öl auf Leinwand 175 × 145

2 ROT UND BLAU 1959
Öl auf Leinwand 120 × 100

3 SCHWARZER KEIL VOR ZWEIMAL ROT 1959
Öl auf Leinwand 115 × 130

Claude Georges

geb. 1929 in Fumay, Ardennen. Lebt in Paris.

1 NOIR ET JAUNE 1956
Öl 116 × 89
Galerie René Drouin, Paris

2 BLANC ET BEIGE 1958
Öl 97 × 130
Galerie René Drouin, Paris

3 GRIS ET BLEU 1958
Öl 97 × 130
Sammlung Charles Jacquet, Paris

Alberto Giacometti

geb. 1901 in Stampa, Schweiz. Lebt in Paris.

1 POMMES DANS L'ATELIER 1953
Öl auf Leinwand 72,5 × 60
Privatbesitz

2 BOUTEILLES 1956
Öl auf Leinwand 64 × 53
Galerie Maeght, Paris

3 HOMME 1953
Bleistiftzeichnung 50,3 × 32,5
Wallraf-Richartz-Museum, Köln

4 FEMME ASSISE 1954
Bleistiftzeichnung 45,5 × 31
Michael Hertz, Bremen

29

Notizen im Katalog zur II. documenta von Rolf Ricke, 1959

Ich will zeigen, dass Kunst eigentlich sehr einfach ist

Rolf Ricke im Gespräch mit Alfred Nemeczek, 1989

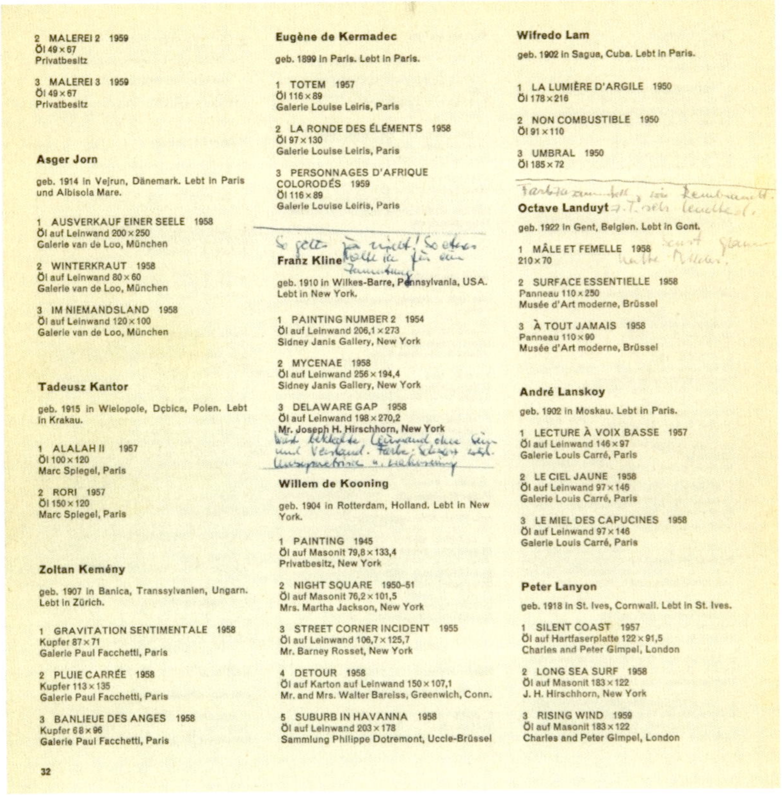

2 MALEREI 2 1959
Öl 49 × 67
Privatbesitz

3 MALEREI 3 1959
Öl 49 × 67
Privatbesitz

Asger Jorn

geb. 1914 in Vejrun, Dänemark. Lebt in Paris und Albisola Mare.

1 AUSVERKAUF EINER SEELE 1958
Öl auf Leinwand 200 × 250
Galerie van de Loo, München

2 WINTERKRAUT 1958
Öl auf Leinwand 80 × 60
Galerie van de Loo, München

3 IM NIEMANDSLAND 1958
Öl auf Leinwand 120 × 100
Galerie van de Loo, München

Tadeusz Kantor

geb. 1915 in Wielopole, Dębica, Polen. Lebt in Krakau.

1 ALALAH II 1957
Öl 100 × 120
Marc Spiegel, Paris

2 RORI 1957
Öl 150 × 120
Marc Spiegel, Paris

Zoltan Kemény

geb. 1907 in Banica, Transsylvanien, Ungarn. Lebt in Zürich.

1 GRAVITATION SENTIMENTALE 1958
Kupfer 87 × 71
Galerie Paul Facchetti, Paris

2 PLUIE CARRÉE 1958
Kupfer 113 × 135
Galerie Paul Facchetti, Paris

3 BANLIEUE DES ANGES 1958
Kupfer 68 × 96
Galerie Paul Facchetti, Paris

32

Eugène de Kermadec

geb. 1899 in Paris. Lebt in Paris.

1 TOTEM 1957
Öl 116 × 89
Galerie Louise Leiris, Paris

2 LA RONDE DES ÉLÉMENTS 1958
Öl 97 × 130
Galerie Louise Leiris, Paris

3 PERSONNAGES D'AFRIQUE COLORODÉS 1959
Öl 116 × 89
Galerie Louise Leiris, Paris

Franz Kline

geb. 1910 in Wilkes-Barre, Pennsylvania, USA. Lebt in New York.

1 PAINTING NUMBER 2 1954
Öl auf Leinwand 206,1 × 273
Sidney Janis Gallery, New York

2 MYCENAE 1958
Öl auf Leinwand 256 × 194,4
Sidney Janis Gallery, New York

3 DELAWARE GAP 1958
Öl auf Leinwand 198 × 270,2
Mr. Joseph H. Hirschhorn, New York

Willem de Kooning

geb. 1904 in Rotterdam, Holland. Lebt in New York.

1 PAINTING 1945
Öl auf Masonit 79,8 × 133,4
Privatbesitz, New York

2 NIGHT SQUARE 1950–51
Öl auf Masonit 76,2 × 101,5
Mrs. Martha Jackson, New York

3 STREET CORNER INCIDENT 1955
Öl auf Leinwand 106,7 × 125,7
Mr. Barney Rosset, New York

4 DETOUR 1958
Öl auf Karton auf Leinwand 150 × 107,1
Mr. and Mrs. Walter Bareiss, Greenwich, Conn.

5 SUBURB IN HAVANNA 1958
Öl auf Leinwand 203 × 178
Sammlung Philippe Dotremont, Uccle-Brüssel

Wifredo Lam

geb. 1902 in Sagua, Cuba. Lebt in Paris.

1 LA LUMIÈRE D'ARGILE 1950
Öl 178 × 216

2 NON COMBUSTIBLE 1950
Öl 91 × 110

3 UMBRAL 1950
Öl 185 × 72

Octave Landuyt

geb. 1922 in Gent, Belgien. Lebt in Gent.

1 MÂLE ET FEMELLE 1958
210 × 70

2 SURFACE ESSENTIELLE 1958
Panneau 110 × 250
Musée d'Art moderne, Brüssel

3 À TOUT JAMAIS 1958
Panneau 110 × 90
Musée d'Art moderne, Brüssel

André Lanskoy

geb. 1902 in Moskau. Lebt in Paris.

1 LECTURE À VOIX BASSE 1957
Öl auf Leinwand 146 × 97
Galerie Louis Carré, Paris

2 LE CIEL JAUNE 1958
Öl auf Leinwand 97 × 146
Galerie Louis Carré, Paris

3 LE MIEL DES CAPUCINES 1958
Öl auf Leinwand 97 × 146
Galerie Louis Carré, Paris

Peter Lanyon

geb. 1918 in St. Ives, Cornwall. Lebt in St. Ives.

1 SILENT COAST 1957
Öl auf Hartfaserplatte 122 × 91,5
Charles and Peter Gimpel, London

2 LONG SEA SURF 1958
Öl auf Masonit 183 × 122
J. H. Hirschhorn, New York

3 RISING WIND 1959
Öl auf Masonit 183 × 122
Charles and Peter Gimpel, London

Wann und wie kamen Sie zum ersten Mal mit Kunst in Kontakt?

1955 gab es in Kassel, wo ich damals lebte, die erste *documenta* – als Begleitprogramm zu einer Bundesgartenschau. Dort habe ich zum ersten Mal Kunst gesehen. Ich bin immer wieder hingegangen und war begeistert. Nein, das ist ein viel zu schwaches Wort; es hat mich ganz unsagbar gepackt damals. Es gibt einzelne, ganze Räume dieser *documenta*, die sind mir noch heute so präsent, als hätte ich sie gestern erst gesehen. Denn so wichtig wie die Kunst war für mich Arnold Bodes Präsentation der Kunst; die Präsentation spielt seitdem für meine Erfahrung mit Kunst eine ganz wesentliche Rolle. Wenn ich nur daran denke, wie damals Henry Moores Königspaar, *King and Queen*, in einem ganz sparsam hergerichteten Raum stand …

… vor weiss getünchten, unverputzten Ziegelwänden auf Zementboden; das Tageslicht wurde durch milchweisse Plastikvorhänge gefiltert …

… und das diente allein der Kunst, hatte überhaupt nichts Dekoratives. Und daneben hing ein Bild mit dem Titel *unbegrenzt und begrenzt* von Max Bill, das für mich eine Ikone geworden ist. Da war das abstrahierte Bild, aber auch der Titel, der eine ungeheure Dimension aufriss. Das sind nur zwei Erlebnisse, die meinen späteren Lebensweg immer wieder begleitet haben, die immer wieder da waren.

Für den documenta*-Begründer Arnold Bode waren die Bilder von Rembrandt, Frans Hals und Rubens im Kasseler Museum ein entscheidender Anstoss. Das Museum hat Ihnen damals weniger bedeutet?*

Entscheidend war die *documenta*. Ich machte damals die Entdeckung, dass man einen Dialog mit der Kunst führen konnte. Mit seiner Dauerkarte konnte man zu jeder Zeit hingehen – und sei es, um sich nur ein Bild noch mal genauer anzusehen. Dann ging man ins Café der *documenta* und erlebte auch dort diese Atmosphäre, die fast eine Utopie wahr werden liess. Da packte einen ein Gefühl von Freiheit, ein Gefühl für neue Möglichkeiten, das mir unfassbar war – und bis heute unfassbar geblieben ist.

Nach zwei Monaten war diese documenta *vorbei ...*

... und ich fiel in ein tiefes Loch. Es gab nichts mehr. Ich war bis zum letzten Augenblick in der Ausstellung gewesen, hatte den Beginn des Abbaus beobachtet, was die Trauer nur noch verstärkte. So geht es mir übrigens heute noch: Es macht mich traurig, wenn eine Ausstellung zu Ende ist.

Damals dachten Sie noch nicht daran, selber Ausstellungen zu machen ...

... aber als ein Absolvent der Kasseler Kunstakademie in der Gräfestrasse das Experiment einer Zimmergalerie wagte, kaufte ich bei ihm zum ersten Mal Grafik – Blätter der École de Paris. Bei der zweiten *documenta,* 1959, gab es zu den drei Bildbänden auch einen unbebilderten Katalog, den man in der Ausstellung benutzen konnte. Dieses Heft habe ich mit Kommentaren zu den Bildern vollgeschrieben, und es ist schon sehr eigenartig, heute zu lesen, was mir damals aufgefallen war, was ich vermisst und nicht verstanden hatte. Der stärkste Eindruck war damals Jackson Pollock, diese ungeheure Kraft, die nicht nur von seinen grossen Bildformaten ausging und die ganze bisherige Kunstgeschichte in Frage stellte. Ich habe die zweite *documenta* übrigens von Anfang bis Ende durchfotografiert – ohne Unterschied, weil ich sie komplett haben wollte.

Was die Zahl der ausgestellten Werke angeht, war das die grösste documenta *überhaupt – Malerei, Grafik, Plastik an drei Orten; das Museum Fridericianum bis unters Dach voll mit meist informellen Bildern ...*

In der Abteilung Grafik hatten es mir die bibliophilen Künstlerbücher besonders angetan. Ich begann nun auch Bücher, Zeitschriften und Kataloge zu kaufen, denen Originalgrafik von Künstlern beilag. Damit kam zum ersten Mal so etwas wie System in meine Beschäftigung mit Kunst – es musste Originalgrafik sein; die massenhaft verbreiteten Offset-Reproduktionen lehnte ich ab.

In Kassel war das alles kaum zu kriegen.

Nein, ich musste auswärtige Galerien anschreiben. Ich schrieb an die Galerie Der Spiegel in Köln, an die Galerie Otto van de Loo in München oder an einen Monsieur Léon in Strassburg und liess mir Grafik zur Ansicht schicken. Und wenn mal wieder so eine Sendung gekommen war, lud ich Freunde in meine Wohnung in der Wildermuthstrasse ein, und alle kauften Grafik.

Was waren das für Freunde?

Ärzte, Juristen, Kaufleute – an Kunst interessierte Kasseler Bürger, die ins Theater gingen, im Kunstverein Mitglied waren und die *documenta* erlebt hatten. Eines Tages hatte ich den schlauen Gedanken, meine eigenen Grafikkäufe dadurch zu finanzieren, dass ich die Blätter regelmässig besorgte und mit einer kleinen Provision weiter verkaufte.

Ich besitze noch eine Ihrer ersten Angebotslisten – Blätter von berühmten Künstlern, die damals – verglichen mit heutigen Preisen – kaum etwas kosteten. Keine Arbeit über 800 Mark ...

Das galt schon als teuer; auch ein grosser Linolschnitt von Picasso kostete nicht mehr als 1'500 Mark. Ich gab in der FAZ Kleinanzeigen auf und kam so zu einer kleinen Interessentenkartei, die ich mit meinen Angeboten bediente. Alles völlig unprofessionell, unstrategisch und aus Liebe zur Grafik.

Wer Grafik liebt, kann Grafik sammeln, ohne unbedingt Grafik zu handeln. Dass Sie nicht Sammler blieben, sondern Galerist wurden – hatte das damit zu tun, dass Sie damals als Kaufmann in der Schallplattenbranche arbeiteten?

Sicherlich auch, aber nicht ausschliesslich. Vielleicht war letzten Endes der Wunsch nach dem grösseren Zugriff entscheidend. Also der Wunsch, mehr zu wissen, mehr zu sehen, mehr zu haben.

Ihre erste Ausstellung fand 1963 in den Nebenräumen einer Buchhandlung gegenüber der Kasseler Friedenskirche statt. Sie eröffneten die Kleine Galerie Kassel.

Die Ankündigung war rein typografisch gestaltet – *Internationale Grafik seit 1950*, von Hans (Jean) Arp bis Victor Vasarely. Zur Eröffnung kamen viele Leute, die sich freuten, dass es in der Stadt wieder einen Punkt gab, an dem man Kunst sehen und sich wohl fühlen konnte; verkauft wurde kaum etwas. Doch das interessierte mich nicht; wichtig war dieser erste Schritt.

Der zweite folgte schon nach wenigen Wochen: Sie mieteten zwei ausgedehnte Raumfluchten im Keller der Hessischen Brandversicherungsanstalt, liessen die Ziegelwände kalken und hatten die schönste Avantgarde-Galerie zwischen Frankfurt und Kiel.

Die Raumästhetik der *documenta* war Vorbild, sonst hätte ich wohl diesen unheizbaren Keller nicht genommen, sondern mich vielleicht nach einer geeigneten Altbauwohnung umgesehen. Aber so habe ich mühevoll – ich hatte ja noch meinen Full-Time-Job bei CBS – die Voraussetzungen geschaffen und diese erste Galerie Ricke im Frühjahr 1964 eröffnet. Mit sehr hohem Anspruch ...

... und der Gewissheit, dass im Juni 1964 die dritte documenta *eröffnet werden würde, also viele Interessenten von auswärts zu erwarten waren. Gingen die Geschäfte gut?*

Es kamen viele Leute und die Geschäfte gingen wirklich gut; obwohl ich natürlich nur Arbeiten zeigen konnte, die ich von anderen Galerien in Kommission bekommen hatte. Ich verdiente also höchstens zehn bis fünfzehn Prozent an jedem Verkauf. Aber wichtig war, dass sich nun immer stärker der Schritt von der Grafik zum Unikat vollzog – über das Original auf Papier wie Aquarell und Gouache zum Ölbild und zur Skulptur.

Wen haben Sie in den neuen Räumen anfangs ausgestellt?

Ich habe parallel zur *documenta* Sam Francis, Anton Heyboer und Karel Appel gezeigt. Später kamen Absolventen der Kasseler Akademie wie Pit Moog, Tom

Jürgen Gramse und Horst Schwitzki, die Bildhauerin E.R. Nele und auch Fritz Winter, der damals in Kassel Professor war.

Sie blieben nicht bei dem stehen, was die documenta *zeigte, sondern gingen in Ihrem Programm bald über das hinaus, was dort gezeigt worden war. Sie liessen sich erstmals auf Kunst ein, die noch von keiner Seite her abgesichert war.*

Das hatte zwei Ursachen. Zum einen ging mein Interesse dahin, mich mit den Künstlern zu beschäftigen, direkt mit den Autoren zu arbeiten, anstatt mir Arbeiten bei anderen Galerien zu leihen. Dieser Ausbruch kam sehr schnell. Und ich habe den Sammler Hans-Joachim Etzold kennen gelernt, der in Moers eine grosse Grafiksammlung hatte, viel bei mir kaufte und mir regelrecht Aufträge gab: Ich sollte mich doch mal umschauen, ob ich das und das für ihn auftreiben könnte …

Waren Sie denn dazu in der Lage? Sie hatten noch Ihre Anstellung bei der CBS und waren ortsgebunden.

Den Job hatte ich am 1. Januar 1965 aufgegeben, obwohl ich eine Familie hatte. Ich kaufte mir als erstes ein Auto, packte es voll mit Kunst und fuhr zu möglichen Kunden; die Adressen hatte ich während der *documenta* gesammelt …

… als die Galerie gut besucht war.

Und im Oktober und November nach Schluss der dritten *documenta* war absolut nichts mehr los. Es war, als hätte es die Galerie nie gegeben. Im Dezember bekam ich einen Anruf von Herrn Etzold, der ein sehr spontaner, enthusiastischer Mann war. Fast im Befehlston verlangte er: „Kommen Sie gleich morgen früh nach Krefeld; im Museum Haus Lange gibt es Grafik – so etwas haben Sie noch nicht gesehen." Und da sah ich zum ersten Mal Blätter von Jim Dine, Robert Rauschenberg, James Rosenquist – alle riesengross, ein Meter mal siebzig Zentimeter. Da begann eine völlig neue Geschichte in meinem Kopf.

Hier muss ich einhaken. Sie hatten sich während der zweiten documenta *im Jahr 1959 und in den fünf Jahren danach Verständnis für die informelle Malerei angeeignet und waren – wie wir alle damals – überzeugt davon, dass die zeitgenössische Kunst aus vielen gute Gründen eine abstrakte sein müsse. Und dann kam auf einmal Pop Art zum Vorschein – gegenständliche Bilder von einem auf den ersten Blick unerhört ruppigen, kommerziellen Realismus. Wie haben Sie das verarbeitet? Die deutsche Öffentlichkeit – Künstler, Kritiker, Sammler, Museumsleute – hatte auf die Ankunft der Pop Art in Deutschland ja ausgesprochen verstört und entsprechend unfreundlich reagiert.*

Das muss wohl so gewesen sein. Ich war jedenfalls von der Krefelder Ausstellung, die Paul Wember gemacht hatte, ausgesprochen angetan, auch von der klaren Präsentation. Es war teils primitiv und trotzdem eine unglaubliche Geschichte. Und Herr Etzold wollte natürlich von diesen Blättern möglichst viele haben – und zwar so dringend, dass er mir noch einen Deal vorgeschlagen hat; damals sagte man wohl noch Handel. Ich solle nach New York fliegen und für ihn Grafik kaufen; als Kapital wolle er mir 4'000 Dollar mitgeben, von denen ich nach genauer Abrechnung dann meine Provision abzweigen könnte. So würden meine Flug- und Hotelkosten gedeckt.

4'000 Dollar, das waren rund 16'000 Mark.

Ich nahm den Vorschlag sofort an; schon die Aussicht nach Amerika zu fahren, reizte mich. Denn das war damals durchaus nicht üblich …

Nicht einmal die documenta*-Macher reisten seinerzeit nach Übersee, sondern beauftragten einen amerikanischen Kollegen, den US-Beitrag in eigener Verantwortung auszuwählen.*

Anfang Januar 1965 kam ich in New York an; ich stand im Empfangsgebäude des Flughafens und fühlte mich ziemlich verloren. Da sah ich unter der Decke auf einmal ein riesiges Mobile von Alexander Calder; das war vertraut und erlaubte so etwas wie Identität. Kunst, die ich kannte, wurde auch dort geschätzt. Ich fuhr zum Hotel „Diplomat", nahm das Telefonbuch und suchte die Nummern der Künstler heraus. Doch als ich den ersten nicht gleich erreichte, gab ich erst mal auf und ging spazieren. Dass ich dabei in einem Laden am Broadway eine seit langem gesuchte Schallplatte entdeckte, empfand ich als gutes Zeichen. Doch am nächsten Morgen konnte ich mich mit meinem Elektrogerät nicht rasieren … Ich ging in einen Barber Shop und liess mich für den Tag fit machen – eines der entscheidenden Erlebnisse meines Lebens. Ich erlebte eine unvorstellbare Prozedur mit allen Wässerchen und Ölen, heiss und kalt und verliess den Laden mit unbeschreiblichen Gefühl: Da ist die Welt und sie gehört jetzt mir.

Aber Sie hatten noch nichts erreicht.

Ich wusste aber, dass es nun klappen würde, ging zum Museum of Modern Art, verlangte nach dem Kurator Peter Selz – und konnte sofort mit ihm sprechen. Auf einem der Blätter in Krefeld hatte ich den Prägestempel ULAE entschlüsselt – Universal Limited Art Editions. Ich fragte Selz nach diesem Verlag und wurde an Tatyana Grossman in West Islip auf Long Island verwiesen …

… an die aus Russland stammende Verlegerin und Kunstdruckerin, die 1982 gestorben ist.

Nach einer zweistündigen Eisenbahnfahrt stieg ich in einer Landschaft aus, die mir total unbesiedelt vorkam und mich eher an den Wilden Westen erinnerte als an einen Vorort von New York. Aber ich war an der Quelle. Als ersten Künstler lernte ich Jasper Johns kennen, der bei Tatyana Grossman gerade eine Grafik druckte. Eine amerikanische Fahne als Bildmotiv, ich staunte nur. Ich blieb über Nacht, bekam alle Arbeiten zu sehen und lernte nebenbei, wie eine Lithografie entsteht. Dann habe ich mein Kapital auf den Tisch gelegt in Form von Reiseschecks und alles gekauft, was ich kaufen konnte: Jim Dine, James Rosenquist, Robert Motherwell, Lee Bontecou, Robert Rauschenberg …

Womöglich haben Sie gleich alles in einer dicken Rolle mitgenommen?

Nein, diese Blätter wurden geschickt in einer eigens angefertigten Kiste; es waren Riesenformate darunter. Ich habe aber nicht nur gekauft, sondern auch einen Exklusivvertrag abgeschlossen, der mir den Vertrieb der ULAE-Grafik in Europa sicherte. Das war ein unwahrscheinlich wichtiger Schritt.

Jetzt wussten Sie: Ich kann nie mehr zurück.

Am nächsten Tag chauffierte mich jemand vom Verlag zurück nach New York City, und am vierten Tag meiner Reise habe ich zum ersten Mal amerikanische Galerien gesehen – das hat mein Fassungsvermögen gesprengt. Da waren die Wände richtig weiss, es gab eine Beleuchtung, die Kühle schaffte und es gab Holzböden. Als ich zur Bianchini Gallery kam, dachte ich, ich sei in einem Lebensmittelgeschäft. Es lief die Ausstellung *American Supermarket*. Überall Hot Dogs, Gemüse, Konservendosen, Torten, Marzipan und überall Neonschriften und Glasvitrinen; und alles war künstlich, alles war signiert, auch die „shopping bags“ von Lichtenstein und Warhol. Da die Dinge billig waren, kaufte ich ein paar – ohne gleich daran zu denken, dass das Kunst sein könnte.

Sie machten ähnliche Erfahrungen wie das amerikanische Publikum, das anfangs ratlos vor diesen Dingen stand.

Dorothy Herzka, übrigens später die Frau von Roy Lichtenstein, nannte mir die Namen der *Supermarket*-Künstler: Claes Oldenburg, Tom Wesselmann, Andy Warhol, Robert Watts. Und dann habe ich auch die ersten Siebdrucke von Warhol und Lichtenstein gesehen – hohe Auflagen, ganz niedriger Preis. Man wollte ganz im Sinne der Pop-Ästhetik viel für wenig Geld bieten. Und weil ich noch ein paar Dollar übrig hatte, kaufte ich auch davon welche.

Gab es Künstlerkontakte?

Auf Empfehlung von Peter Selz habe ich Reva Urban in ihrem Atelier besucht, die damals riesige bemalte Holzreliefs machte. Mit ihr habe ich später in Kassel eine Ausstellung gemacht.

Die erste Ausstellung nach Ihrer Rückkehr war aber eine grosse Schau amerikanischer Pop-Grafik – Ihre sämtlichen Einkäufe.

Ja, als ich mit Herrn Etzold abrechnete, überliess er mir sämtliche Arbeiten dafür – ich sollte der Kunstwelt mal zeigen, was es in Amerika zu holen gab. Und jede Arbeit in der Ausstellung war bereits verkauft, gehörte ihm. „Sehen Sie“, fügte Herr Etzold damals noch hinzu, „Sie sollten mir die Sachen nicht nur besorgen, ich wollte Ihnen auch auf die Sprünge helfen.“

In den nächsten Monaten boten Sie dem Kasseler Publikum dann eine Deutschland- und Europapremiere nach der anderen. Sie zeigten erstmals Arbeiten von Allan D'Arcangelo und Roberts Watts, von Bob Stanley und Mel Ramos. Anfangs kamen die Ausstellungen durch Ihre Faszination für die Werke zustande, doch später spielte der persönliche, oft freundschaftliche Kontakt zu den Künstlern eine immer grössere Rolle.

Bei meinen vielen Besuchen in Amerika hat mich immer wieder die Offenheit, die Professionalität und die Direktheit der amerikanischen Galeristen begeistert. Wenn man sich für etwas interessierte, wurde das besprochen und gleich eine Verbindung zu den Künstlern hergestellt – die Kollegen gingen nicht einmal mit. Da beachtete jeder die Spielregeln, wurden auch keine faulen Dinger gedreht und korrekt abgewickelt. Das habe ich damals bewundert, gelernt und so mache ich das bis heute.

Zunächst stellten Sie mit den Künstlern Ausstellungen zusammen …

Mit Allan D'Arcangelo oder Bob Stanley ging das so, dass ich meine Schwierigkeiten schilderte – in Kassel war eine Ausstellung kaum zu amortisieren. Also machten die Maler eine Grafik zur Ausstellung, ich bezahlte die Druckkosten. Der Erlös deckte dann den Aufwand.

Ja, das Kasseler Pflaster … Haben Sie jemals etwas an das Kasseler Museum verkauft?

Ja doch, ein Bild von Antoni Tàpies und das eine oder andere druckgrafische Blatt.

Noch vor der vierten documenta *im Jahr 1968 kehrten Sie Kassel doch den Rücken und zogen nach Köln.*

Es war immer schwieriger geworden, Käufer aus Süddeutschland oder aus dem Rheinland zum Besuch meiner Kasseler Ausstellungen zu veranlassen. Es gab schliesslich auch in ihrer engeren Umgebung Galerien. In Kassel aber geriet ich selbst mit Freunden in heftigen Streit über das, was ich in meiner Galerie zeigte. Mein Vermieter, der damalige Chef der Hessischen Brandversicherungsanstalt, legte mir die Hand auf die Schulter wie ein Vater seinem Sohn und beschwor mich, meinen Irrweg einzusehen. Ich hätte die wahren Werte der Kunst, die er in Marc Chagall und Ernst Wilhelm Nay verkörpert sah, vernachlässigt. Ein anderer Freund zweifelte ernsthaft an meinem Verstand und sprach mit mir wie mit einem Irren.

Immerhin zeigen solche Vorfälle, wie ernst damals die Auseinandersetzung um Kunst bisweilen geführt wurde. Heute zerbrechen kaum noch Freundschaften daran.

Ja, es wurden mit Vehemenz Werte verteidigt, und die Kunst verletzte noch Tabus. Als ich die Pin-up-Motive von Mel Ramos zeigte, schrieb mir der Lektor eines grossen Kasseler Musikverlages: „Zu Rubens kann man gehen, zu Ihrem Mel Ramos nicht." Aber ich konnte ihm nicht helfen.

Noch in Kassel begann, was man Ihr privates Artist-in-Residence-Modell nennen könnte: Sie luden einen jungen Künstler ein, in Kassel zu arbeiten, bezahltem ihm Reise, Aufenthalt und Material. Am Ende stand dann eine Ausstellung in Ihrer Galerie. Der Amerikaner Gary Kuehn war der Erste.

Ja, ich hatte ihn in New York durch die Bianchini Gallery kennen gelernt und ihn in New Jersey besucht. Seine Arbeit gefiel mir, und ich wollte eine Ausstellung machen, doch an einen Transport der Objekte war wegen der hohen Kosten nicht zu denken. Also lud ich ihn ein, besorgte ihm ein Atelier in der damaligen Kasseler Werkkunstschule und kümmerte mich um das Material. Das war nicht mehr Stein oder Holz – ich musste Fiberglas kaufen, Schrott ranschaffen, grosse Rollen Drahtseil auftreiben.

Nach der Kuehn-Ausstellung in Kassel zeigten Sie die Arbeiten auch in Köln.

Mitte September 1967 fand im Kölner Gürzenich der erste Kölner Kunstmarkt statt. Es wurden schnell ein paar Wände gezogen, und jeder hat in seine Koje hineingedonnert was er hatte. Dazu gab es eine Ausstellung im Kölnischen Kunstverein, bei der jede auf dem Markt vertretene Galerie möglichst eine One-Man-Show bieten sollte. Dort habe ich Gary Kuehn und Andy Warhol ausgestellt. Auf dem Kunstmarkt zeigte ich alles mögliche.

Zu vermutlich sehr moderaten Preisen, wenn man das mit der heutigen Situation vergleicht.

Ich hatte unter anderem eine *Big American Nude* von Tom Wesselmann, ein Riesenformat für 5'000 Mark. Das kaufte der Berliner Galerist Rudolf Springer, der es später für 19'000 Mark an einen Kölner Sammler weitergab. Zwei Jahre danach wurde es von mir ohne Provision an das Krefelder Kaiser Wilhelm Museum vermittelt, das 75'000 Mark dafür bezahlte. Während des Kunstmarktes entschloss ich mich, nach Köln zu gehen und im Dezember 1967 war ich dort.

Sie begannen in der Lindenstrasse in einem Haus, das den Brüdern Vowinckel gehörte und sich im Lauf der Zeit zu einem Galeriehaus entwickelte.

Als erstes zeigte ich die *Floats* von Robert Breer, das sind bemalte Säulen, die sich von selbst und ganz langsam durch die Galerie bewegten, sowie Grafik von Jasper Johns. Nicht ein Blatt wurde verkauft, obwohl ich wirklich gute Arbeiten hatte, darunter die *First Etchings*. Ich habe damals auch auf dem Kunstmarkt nur ein einziges Blatt von Johns verkaufen können – an den Komponisten Karlheinz Stockhausen.

Damals waren diese Blätter billig, heute kostet eine Grafik über 150'000 Dollar.

Eine Johns-Grafik kostete damals um 800 Mark, aber weil ich mich verpflichtet hatte, jedes neue Blatt bei Tatyana Grossman zu kaufen, geriet ich finanziell ungeheuer unter Druck. Denn ich wurde ja nichts los. Und ausserdem hatte ich

1955

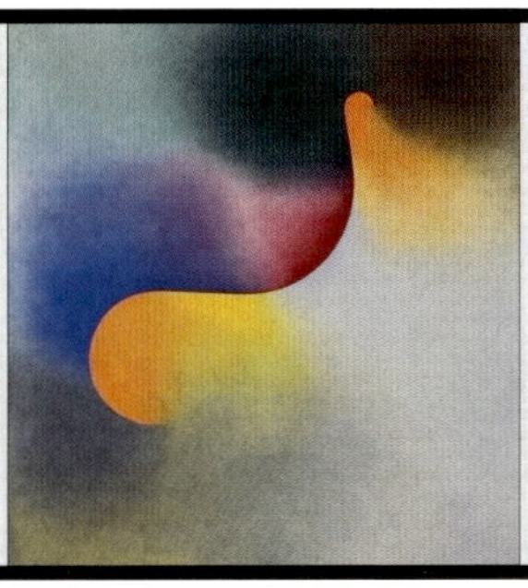

documenta: Max Bill, „unbegrenzt und begrenzt", 1947

15. Juli – 18. September 1955
documenta
Museum Fridericianum, Kassel
Ausstellungsleitung: Arnold Bode

1956

11. August 1956
Jackson Pollock stirbt im Alter von 44 Jahren bei einem Autounfall in Springs, New York.

wegen der bevorstehenden *documenta* meine Kasseler Galerie noch behalten, all das kostete Geld.

Ich erinnere mich. In Ihrer Ausstellung zur documenta *war die Grafik-Suite von Jasper Johns auch wieder zu sehen.*

Es war eine Wahnsinnseröffnung. Die Leute standen dichtgedrängt wie Heringe in der Dose. Unter den Gästen war auch Ileana Sonnabend, die damals ihre Galerie noch in Paris hatte. Sie bekam schnell mit, dass ich von der Johns-Grafik nichts verkaufte und bestellte mich für den nächsten Tag in ihr Hotel. Und dann hat sie mir alles abgekauft – und ich musste auch noch froh darüber sein, obwohl ich natürlich das eine oder andere Blatt heute gerne noch hätte.

Von den Ausstellungen in der Lindenstrasse fallen mir ein: Lee Lozano, Jo Baer, James Rosenquist mit seiner Installation Slush Thrust, *Richard Serra, Keith Sonnier, Lewis Stein, Peter Young, Richard Artschwager, Ulrich Rückriem, Bill Bollinger, Barry Le Va ... Wie hat sich Ihr Verhältnis zu diesen Künstlern entwickelt?*

Ich habe diese Künstler alle kennen gelernt, fast alle kamen nach Köln, um ihre Ausstellung hier zu erarbeiten oder einzurichten. Alle haben die Galerie oder mich so stark geprägt, wie ich es nicht für möglich gehalten hätte. Die Beziehung zu meinen Künstlern war sehr intensiv und sie war ungeschäftlich – es war eine völlig von der Kunst getragene Beziehung. Anfangs haben die Künstler ja sogar bei mir gewohnt, weil es anders nicht finanzierbar gewesen wäre. Ausserdem spielte Kunst die grösste Rolle und wo es um ihre Kunst ging, da waren die Künstler auch höchst anspruchsvoll. Sonst waren sie eher bedürfnislos und ihre Arbeiten kosteten nicht viel. Das war typisch für die Zeit: Die Sache war wichtig und nicht das Geld, man machte etwas zusammen. Der Erfolg kam dazu oder auch nicht – man machte sich darüber keine Gedanken, im Gegensatz zu heute. Das Ganze war von einer ungeheuren Kraft getragen und es herrschte eine permanente Auseinandersetzung.

Ihre Galerie war wirklich eine Aktions- und Programmgalerie, die sich immer wieder in eine Werkstatt oder sogar in eine Baustelle verwandelte. Wenn etwas so Normales stattfand wie die schöne Ausstellung Zeichnungen amerikanischer Künstler *von Mai bis Juni 1970, fragte man sich schon: Nanu, warum so etwas Stilles? Wie gefiel Ihnen Ihre Rolle als Producer?*

Was für die Künstler wohl sehr wichtig war: Dass sie in mir jemanden gefunden hatten, der wirklich Dinge machte, der ihren Intentionen sofort folgte, soweit das möglich war. Der bereit war, das alles zu machen und nicht erst lange überlegt – geht das überhaupt? Darauf hatte ich ja gewartet – auf die Möglichkeit, diese Kunst so zu zeigen. Wie Rudolf Zwirner einmal schreibt: „Dadurch ist ein Typ von Galerie ins Leben gerufen worden, den es vorher nicht gab". Nicht nur, dass die Künstler da waren – es stand ihnen ja auch alles zur Verfügung und alles andere war weit weg. Es war völlig sekundär, ob ein Sammler rein kam und ein Bild kaufen wollte – es passte gar nicht ins Konzept. Damals in dieser intensiven Zusammenarbeit mit den Künstlern wurde ich stark geprägt, dadurch, dass ich mich auch völlig öffnete – es war eigentlich wie bei Freundschaften. Ich fühlte, die Künstler standen hinter mir – und mit dieser Kraft im Rücken konnte ich kompromisslos auftreten und Dynamik entwickeln.

Aber trotzdem muss es damals auch Sammler gegeben haben, die den wirtschaftlichen Bestand der Galerie garantierten.

Zunächst rührte sich gar nichts in Köln, ich wurde nur beobachtet. Doch im Gegensatz zu Kassel ist Köln eine sehr grosse Stadt und schon damals gab es etliche Galerien hier, so dass sich ein Spektrum entwickelte und man als Sammler unterschiedliche Dinge in der Auseinandersetzung wahrnehmen konnte. Bald kam der Sammler Wolfgang Hahn, es kam der Kasseler Sammler Heinz Hunstein und auch Peter Ludwig kam sehr früh, ich lernte ihn 1968 bereits kennen. Eine wichtige Figur wurde auch der Krefelder Museumsdirektor Paul Wember, der die Sammlung Lauffs aufbaute.

In den 1970er Jahren ging es der Galerie Ricke dann immer schlechter – wie kam das, was hatte sich geändert?

Die politischen Veränderungen nach 1968 führten zu einer Umorientierung, auch bei der Kunst – es kam eine neue Haltung auf, eine neue Ästhetik, die sich besonders stark in der fünften *documenta* von 1972 spiegelte. Eine grosse Rolle spielte das Aufkommen des „erweiterten Kunstbegriffs", den Joseph Beuys vertrat. Im Zeichen des Umbruchs wurden immer radikalere Positionen formuliert, was das Vermarkten von Kunst angeht. Ein Künstler wie Peter Young hörte auf zu arbeiten; die Malerin Lee Lozano nannte sich von einem auf den anderen Tag „Lee Free"; Keith Sonnier hörte auf, Skulpturen zu machen und entwarf stattdessen Kommunikationsdesign für die NASA. Vom *documenta*-

1959

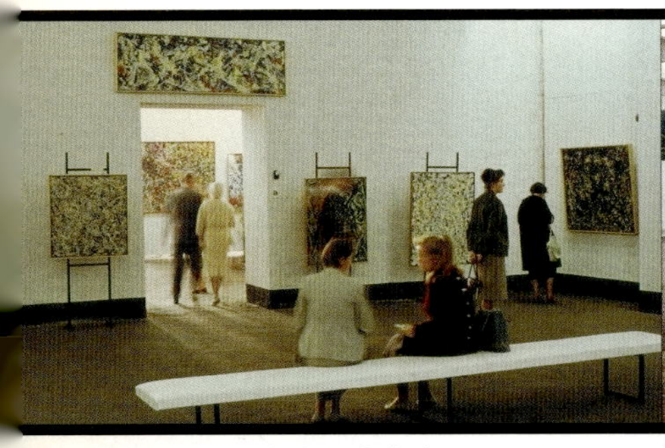

II. documenta: Jackson Pollock

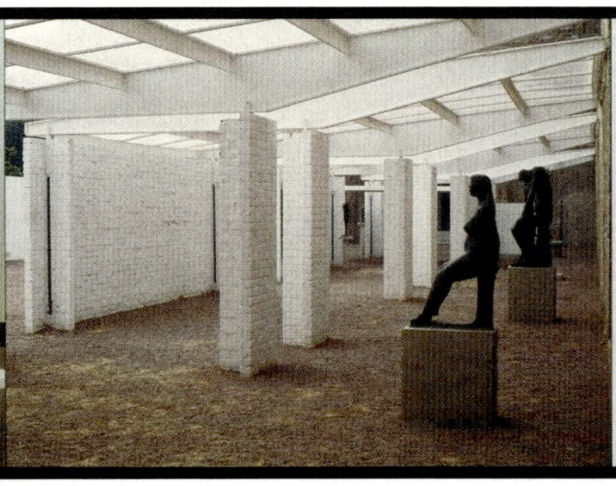

Toni Stadler, Gerhard Marcks

11. Juli – 11. Oktober 1959
II. documenta
Museum Fridericianum, Orangerie,
Schloss Bellevue, Kassel
Ausstellungsleitung: Arnold Bode

Oktober – November 1959
Robert Smithson
(1. Einzelausstellung)
Artist's Gallery, New York

Macher Harald Szeemann kam die Forderung, das Dreieck Sammler – Künstler – Galerie zu sprengen. Alle Strukturen wurden eigentlich zerstört oder zumindest stark in Frage gestellt.

Der westliche Kapitalismus, der sich – siehe Vietnam – immer wieder in kriegerische Abenteuer verstrickte, wurde bekämpft und eine sozialistische Gesellschaft gefordert – mit einer Kunst, die dieser Gesellschaft dienen sollte. Wie reagierten Sie ?

Ich geriet in eine Krise, zumindest aber in eine gewissen Ratlosigkeit, denn niemand wusste, was sich aus der Situation an Neuem ergeben würde.

Etliche Künstler verweigerten sich dem handelbaren Objekt und zogen sich auf Konzepte zurück oder experimentierten mit den Neuen Medien wie Film und Video; andere suchten ihr Heil in der Deutlichkeit einer fotorealistischen Malerei – und wieder andere wie Richard Serra machten weiter wie bisher, nur in anderen Dimensionen.

Er stellte sich eigentlich gegen die Zeit. Serra entwickelte sich zum wirklichen Bildhauer und baute Skulpturen, die gewaltige Räume erforderten und einen riesigen Einsatz von Kapital. Die Möglichkeit einer gemeinsamen Arbeit war damit nicht mehr gegeben. Den Fotorealismus empfand ich schon damals als eine Wiederholung der Pop-Situation, als einen Verrat an der Kunst. Ich fand diese Bilder schlecht und kann bis heute nichts damit anfangen. Darin sah ich überhaupt keinen Weg für meine Arbeit.

Sichtbares Zeichen der Krise oder des geistigen Umbruchs wurde ein Ortswechsel: 1975 verliessen Sie die Lindenstrasse und verlegten die Galerie an den Rinkenpfuhl, in einen geräumigen Keller, der früher das Auslieferungslager eines Verlages gewesen war. Was hatte sich im Galerieprogramm verändert?

Gemeinsam mit Ursula Wevers konzentrierte ich mich sehr auf die Neuen Medien – also auf Film, Video und Fotografie von Künstlern; im Galerienamen erschien das Wort „Projection".

Davon konnten Sie mit Sicherheit nicht leben. Für Fotos und Fotoarbeiten war kaum, für Video und Film überhaupt kein Kunstmarkt vorhanden.

Gelebt haben wir damals von Beständen und von Ausstellungen, die wir ausserhalb der Neuen Medien machten. Ich zeigte unter anderem Ed Ruscha, Mel Bochner, Barry Le Va und Jean Le Gac.

1974 und 1975 nahmen Sie noch am Kölner Kunstmarkt teil; von 1976 bis 1982 blieben Sie der Messe fern – warum?

Schon 1974 hat mich das Klima, die Form des Kunstmarktes sehr abgestossen. Ich machte dennoch mit – und verkaufte kein Stück von Richard Artschwager, Richard Serra oder Gary Kuehn. Ein Freund hatte mir aber zwei Stühle von Diego Giacometti in die Koje gestellt, die er für 20'000 Mark verkaufen wollte – nach denen wurde fünf- bis sechsmal gefragt. Da habe ich mir gesagt: Schluss mit dem Kunstmarkt. Bestärkt hat mich die Erfahrung, dass Sammler in die Galerie am Rinkenpfuhl kamen und Arbeiten kauften, die sie in meiner Koje auf dem Markt glatt übersehen hatten.

Mit halber Kraft ging es weiter; doch der grosse Kompromiss eines Berufswechsels oder des Umstiegs in den ganz normalen Kunsthandel blieb Ihnen erspart.

Anderes dagegen liess sich nicht verhindern. Meine Ideen in jener Zeit – das war eine Sache. Doch nun kamen Künstler, es waren nicht alle, die schlugen aufwendige Projekte vor. Und weil ich sie nicht finanzieren konnte, war ich sie los. Ich war ja so naiv gewesen zu glauben, der Elan, die Ideologie sei wichtiger als das Geld. Da kam es schon zu furchtbaren Brüchen. Als sich herausstellte, dass es am Rinkenpfuhl nicht weiter ging, bin ich an den Friesenplatz gezogen.

In einem Artikel zu Ihrem 25-jährigen Galeristen-Jubiläum spricht Winfried Reckermann davon, Ihre Schwierigkeiten hätten „bis an den Rand der ökonomischen Katastrophe" geführt. War das so?

Das ist ja eine eigenartige Geschichte: Bis man im Kunsthandel wirklich realisiert, dass die Geschäfte schlecht laufen – es kommen zwischendurch auch immer noch Aussenstände rein – ist die Katastrophe bereits da und jede Massnahme kommt zu spät. Mein Jahresumsatz war runter auf unvorstellbare 61'000 Mark. Ich konnte nur noch wenig reisen, meine Kontakte zu Amerika nahmen ab, ich begann unter einem Informationsdefizit zu leiden. Aber man

1961

Mai – Juni 1961
Dan Flavin
(1. Einzelausstellung)
Judson Gallery, New York

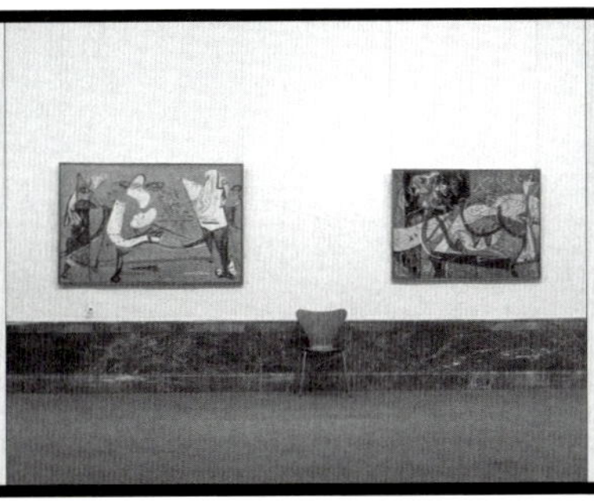

Jackson Pollock

5. September – 8. Oktober 1961
Jackson Pollock
Kunstverein für die Rheinlande und Westfalen, Düsseldorf

1962

Februar 1962
James Rosenquist
(1. Einzelausstellung)
Green Gallery, New York

gibt sich in so einer Situation natürlich nicht auf, dazu hängt man zu tief drin. Andererseits kommt es auch vor, dass einem viele Leute helfen. Da gibt es den Spediteur, der darauf verzichtet zu drängeln, den Künstler, der sagt, du brauchst jetzt noch nicht zu zahlen und sogar eine Bank kann manchmal hilfreich sein.

Das alles hätte Ihnen auf die Dauer nichts genützt, wenn Sie sich nicht zu einer Neuorientierung entschlossen hätten.

Ja, das fing schon um 1979 an. Die Kunst in meiner unmittelbaren Umgebung, die deutsche Kunst also, gewann eine neue Wichtigkeit und ich begann mich in dieser Situation zu öffnen.

In der Galerie Rolf Ricke am Friesenplatz zeigten Sie 1981 aktuelle deutsche Kunst unter dem programmatischen Titel Front. *Ende 1981 verlegten Sie die Galerie in die Volksgartenstrasse. Wie überall in jenen Jahren spielte die Malerei wieder eine grössere Rolle; doch bei Ihnen waren weniger die sogenannten „Wilden" der ersten Stunde aus Köln oder Berlin zu sehen, sondern Maler und Bildhauer, bei denen das Konzeptuelle nach wie vor eine Rolle spielte. Wie kam es dazu?*

Ich habe damals etliche Gruppenausstellungen gemacht mit Künstlern aus der Bundesrepublik, aus der Schweiz und aus Österreich, in denen ich das wiederfand, was neue Kunst für mich ausmachte – das Wurzeln in der Minimal Art, in der Konzeptkunst oder im Konstruktiven. Das Gegenständliche als solches spielte eine untergeordnete Rolle, das Expressive ebenso. Ich zeigte Arbeiten von Jürgen Meyer, Volker Tannert, Ulrike Nattermüller, Horst Münch, Norbert Wolf und stellte neue Skulpturen von Malern vor.

Und immer wieder griffen Sie zurück auf Arbeiten aus den 1970er Jahren von Künstlern, die Ihnen wichtig waren und konfrontierten etwa Artschwager, Rückriem oder Rosenquist mit neuer Kunst aus Deutschland.

Die Kontinuität, auf die ich damit anspiele, wurde leider überhaupt nicht begriffen. Ich bekam nicht einmal tausend Mark für eine Zeichnung von Artschwager; das Publikum war plötzlich von grossem Stolz auf Kunst aus dem eigenen Land ergriffen. Ausserdem war die Zeit ungeheuer schnell geworden.

Es gab aber auch ein neues Publikum, das von der Entwicklung wenig wusste und ein nie gekanntes Interesse der Medien an der Kunst. Das Buch vom Hunger nach Bildern *wurde geschrieben und überall wurde nach neuen Trends Ausschau gehalten. Auf die „Wilde Malerei" folgte Graffiti-Kunst, dann gab es die „Modellbauer", „Neo-Informell", „Neo-Geo" und „Neo-Konzeptkunst", die sich auf postmoderne Überlegungen der französischen Philosophen Jean Baudrillard und Jean-François Lyotard stützte. Wie profitierten Sie von diesem Aufbruch?*

Zunächst nur sehr bedingt. Was mich damals gerettet hat, war eine Arbeit von Richard Serra, die ich dem Centre Pompidou in Paris als Leihgabe überlassen hatte. Die wurde angekauft und das gab mir die Möglichkeit, mich aus all der Hektik rauszuhalten. Und parallel dazu setzte dann eine Entwicklung ein, die auch wieder gelten liess, was vor der „Wilden Malerei" gewesen war. Ich habe 1984 eine Ausstellung mit Arbeiten von Keith Sonnier gezeigt, die wurde sehr ernst genommen, auch wenn ich nichts daran verdienen konnte. Inzwischen haben wir eine Situation, in der alles nebeneinander existiert und auch verlangt wird, wenn es Qualität hat.

Das Gespräch fand am 21. November 1989 in der Galerie Rolf Ricke in Köln statt.
Erstmals veröffentlicht in *Rolf Ricke – Texte von Künstlern, Kritikern, Sammlern, Freunden und Kollegen geschrieben für Rolf Ricke aus Anlass seines 25-jährigen Galeriejubiläums*, Hg. Marianne Stockebrand, Köln: Verlag Walther König, 1990, S. 11–36. Der Text wurde für diese Publikation gekürzt und überarbeitet mit freundlicher Genehmigung von Alfred Nemeczek.

1963

28. August 1963: „March on Washington for Jobs and Freedom" mit Martin Luther Kings Rede „I Have a Dream"

März 1963
Eva Hesse (1. Einzelausstellung)
Allan Stone Gallery, New York

Juli 1963
Eröffnung der Galerie Friedrich und Dahlem in München. 1970 Eröffnung der Heiner Friedrich Galerie in Köln

Oktober 1963
Eröffnung der Galerie Werner & Katz in Berlin, Umbenennung in Michael Werner Galerie im Juni 1964. Oktober 1969 Umzug nach Köln

Chronik der Galerie Rolf Ricke
1963–2004
Gila Strobel

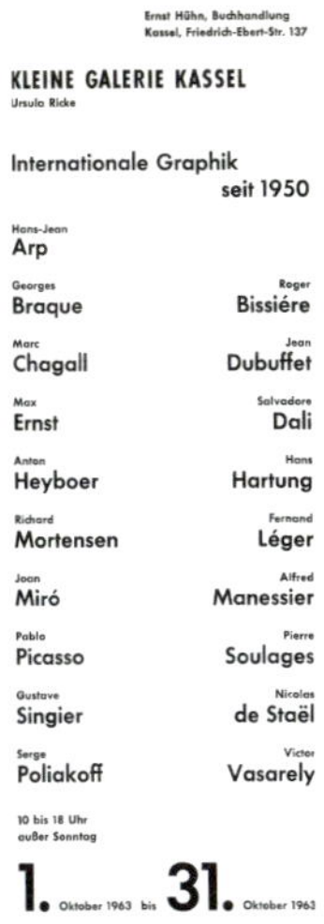
Ernst Hühn, Buchhandlung
Kassel, Friedrich-Ebert-Str. 137

KLEINE GALERIE KASSEL
Ursula Ricke

Internationale Graphik
seit 1950

Hans-Jean Arp
Georges Braque — Roger Bissiére
Marc Chagall — Jean Dubuffet
Max Ernst — Salvadore Dali
Anton Heyboer — Hans Hartung
Richard Mortensen — Fernand Léger
Joan Miró — Alfred Manessier
Pablo Picasso — Pierre Soulages
Gustave Singier — Nicolas de Staël
Serge Poliakoff — Victor Vasarely

10 bis 18 Uhr
außer Sonntag

1. Oktober 1963 bis 31. Oktober 1963

Einladung

Kleine Galerie Kassel
Ursula Ricke
Kassel
Friedrich-Ebert-Strasse 137

(Räume der Buchhandlung Ernst Hühn)

Internationale Grafik seit 1950
Hans (Jean) Arp, Roger Bissière, Georges Braque, Marc Chagall, Salvador Dalí, Jean Dubuffet, Max Ernst, Hans Hartung, Anton Heyboer, Fernand Léger, Alfred Manessier, Joan Miró, Richard Mortensen, Pablo Picasso, Serge Poliakoff, Gustave Singier, Pierre Soulages, Nicolas de Staël, Victor Vasarely
1. – 31. Oktober 1963

Mario Prassinos
Gemälde, Zeichnungen, Grafik, Teppiche
5. – 30. November 1963

Deutsche Grafik seit 1950
Willi Baumeister, Joseph Fassbender, H.A.P. Grieshaber, Ewald Mataré, Georg Meistermann, Ernst Wilhelm Nay, E.R. Nele, Hans Platschek, Rudolf Schoofs, Emil Schumacher, K.R.H. Sonderborg, Hann Trier, Heinz Trökes, Gerhard Wind, Fritz Winter, Mac Zimmermann
4. – 31. Dezember 1963

11. Oktober 1963: Rücktrittsgesuch von Konrad Adenauer

22. November 1963: Ermordung von John F. Kennedy in Dallas

11. – 25. Oktober 1963
Konrad Lueg, Gerhard Richter
Leben mit Pop. Eine Demonstration für den kapitalistischen Realismus
Möbelhaus Berges, Düsseldorf

Dezember 1963
Gian Enzo Sperone wird Direktor der Galleria Il Punto in Turin
1964 Eröffnung der Galleria Gian Enzo Sperone in Turin

17. Dezember 1963 – 11. Januar 1964
Donald Judd
(1. Einzelausstellung)
Green Gallery, New York

Ganz nah dran

Gespräche mit Rolf Ricke

aufgezeichnet von Christiane Meyer-Stoll, 2007

—Wochen vor der **documenta III**, 1964, und während des gesamten Aufbaus habe ich gefiebert: Welche Künstler kommen? Und welche Werke werden wohl gezeigt werden? Arnold Bode ging Tag und Nacht durch die Ausstellung und hat nach allem geschaut. Eine Nacht vor der Eröffnung sah er, dass die Farbe des Treppenanstrichs im Raum, in dem Ernst Wilhelm Nay hing, nicht stimmte und er nahm seine Mütze und rief dem Maler zu: „Ich hab schon immer gesagt, so soll die Farbe sein! Wie meine Mütze! Warum machen Sie das falsch?! Jetzt wird sofort neu gestrichen!“ Der Farbton war nur eine Spur zu dunkel und es war abends um zehn. Das mag üblich sein, aber für mich war das überhaupt nicht üblich, für mich war das eine Sensation! Diese Präsenz von Arnold Bode, seine Umsichtigkeit und seine eingeforderte Präzision: Das hat mir sehr imponiert. Das sind die Dinge, besonders diese Genauigkeit, die mich für mein Leben sehr geprägt haben. Das nachhaltigstes Erlebnis für mich auf der *documenta III* war die Erfahrung, dass Künstler wie Sam Francis, Emilio Vedova oder Ernst Wilhelm Nay besondere Arbeiten für die Räume entwickelt haben. Es wurden Räume gebaut. Ich sah zum ersten Mal, dass Architektur und Kunst ganz eng zusammen gingen und hingen. Arnold Bode sprach mit allen Künstlern über ihre Präsentation bzw. überlegte sich eine spezifische Präsentation für jede Arbeit: So brachte Ernst Wilhelm Nay seine Bilder unterhalb von der Decke an und für die fünf Bilder von Sam Francis gab es eigens einen fünfeckigen Raum.

Arnold Bode hat sehr darauf geachtet, die Ausstellung in ihrer Gesamtheit, in ihrem Zusammenspiel mit den Räumen zu erfassen. Ich habe das oft in der Galerie erlebt, dass ein Detail nicht stimmte, es musste einfach anders sein, also wurde das Werk abgenommen und neu aufgehängt, bis die Hängung stimmte. Hier lernte ich früh, dass die Kunst die Hauptrolle spielte und nicht das Drumherum. Die Kunst muss den richtigen Rahmen finden, und der muss dafür gebaut werden, damit das funktioniert.—

1964

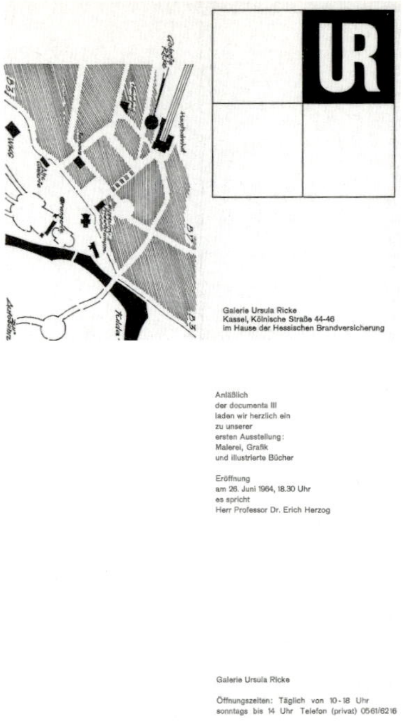

Galerie Ursula Ricke
Kassel, Kölnische Straße 44-46
im Hause der Hessischen Brandversicherung

Anläßlich
der documenta III
laden wir herzlich ein
zu unserer
ersten Ausstellung:
Malerei, Grafik
und illustrierte Bücher

Eröffnung
am 26. Juni 1964, 18.30 Uhr
es spricht
Herr Professor Dr. Erich Herzog

Galerie Ursula Ricke

Öffnungszeiten: Täglich von 10-18 Uhr
sonntags bis 14 Uhr Telefon (privat) 0561/6216

Einladung

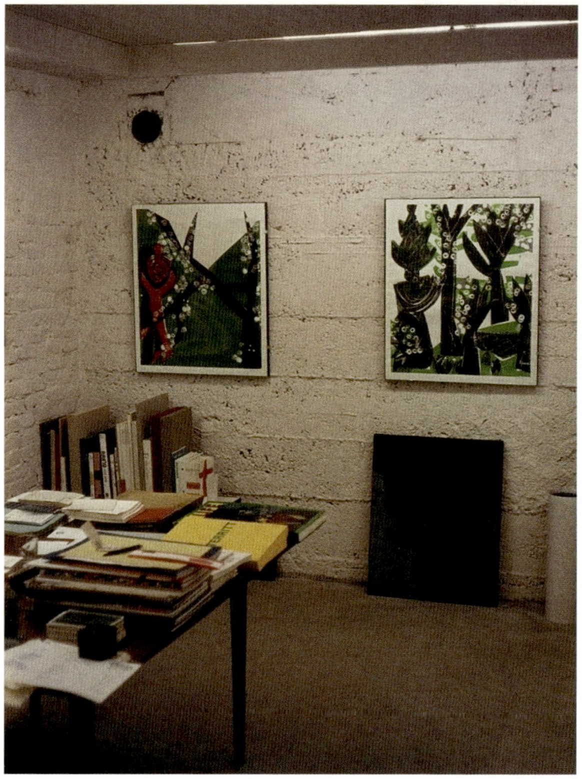

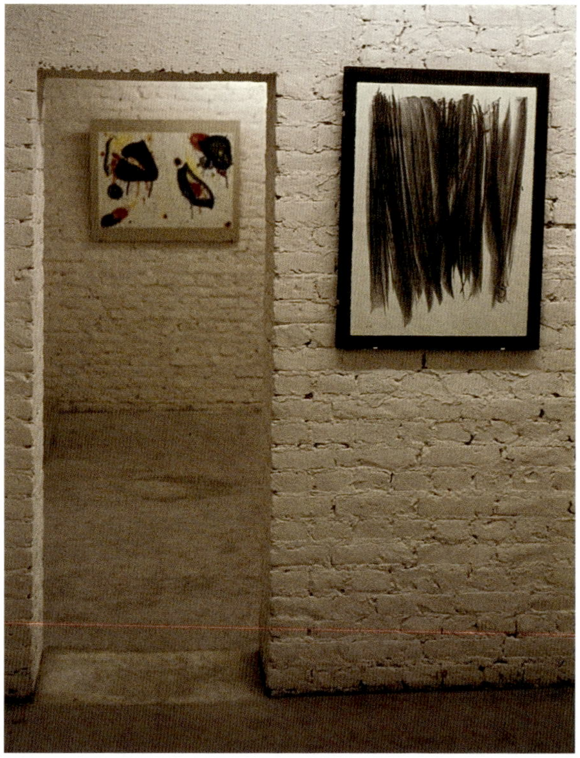

Malerei, Grafik und illustrierte Bücher:
H.A.P. Grieshaber (oben rechts)
Hans Hartung, Sam Francis (unten rechts)

9. Januar – 9. Februar 1964

Black, White and Gray. Contemporary Painting and Sculpture

Wadsworth Atheneum Museum of Art, Hartford, Connecticut. Künstler u. a. Brecht, Dine, Kelly, Flavin, Johns, Lichtenstein, R. Morris, Rauschenberg, Warhol

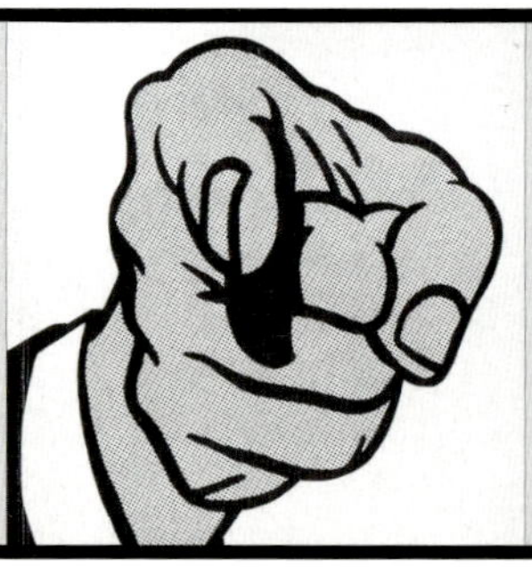

Katalog Amerikansk Pop-Konst

29. Februar – 12. April 1964

Amerikansk Pop-Konst

Moderna Museet, Stockholm

Galerie Ursula Ricke
Kassel
Kölnische Strasse 44–46

(Räume der Hessischen Brandversicherungsanstalt)

Max Ernst, Sam Francis, Hann Trier
Eröffnung 26. Juni 1964

Malerei, Grafik und illustrierte Bücher
Eröffnung 26. Juni 1964

Anton Heyboer. Radierungen
Hann Trier. Pastelle, Zeichnungen, Grafik
Victor Vasarely. Serigraphien
Eröffnung 31. Juli 1964

Giuseppe Santomaso
Eröffnung 11. September 1964

Serge Poliakoff. Ölbilder, Gouachen, Grafik
Willi Baumeister Lithographien, Serigraphien
Eröffnung 11. September 1964

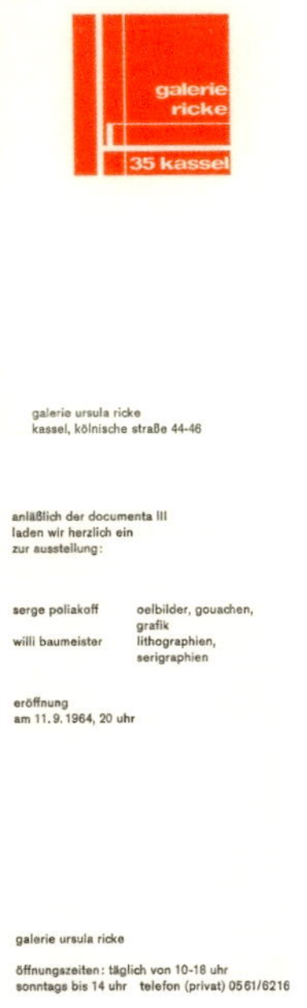
galerie ricke
35 kassel

galerie ursula ricke
kassel, kölnische straße 44-46

anläßlich der documenta III
laden wir herzlich ein
zur ausstellung:

serge poliakoff — oelbilder, gouachen, grafik
willi baumeister — lithographien, serigraphien

eröffnung
am 11. 9. 1964, 20 uhr

galerie ursula ricke

öffnungszeiten: täglich von 10-18 uhr
sonntags bis 14 uhr telefon (privat) 0561/6216

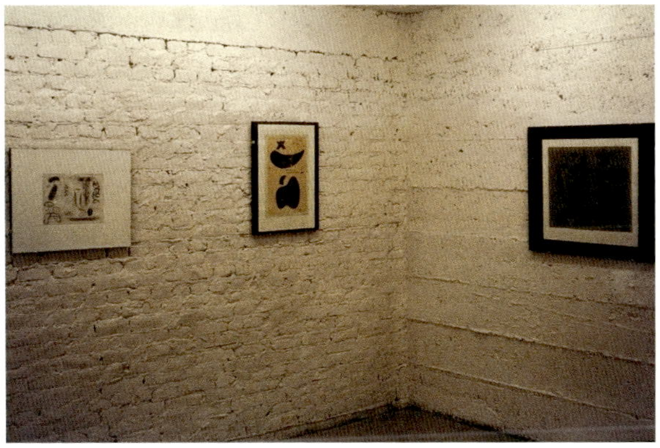

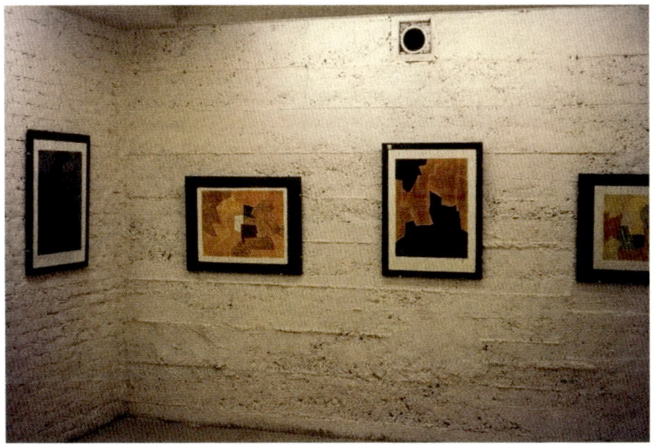

Einladung
Serge Poliakoff. Ölbilder, Gouachen, Grafik (Mitte, unten)
Willi Baumeister. Lithographien, Serigraphien (oben rechts)

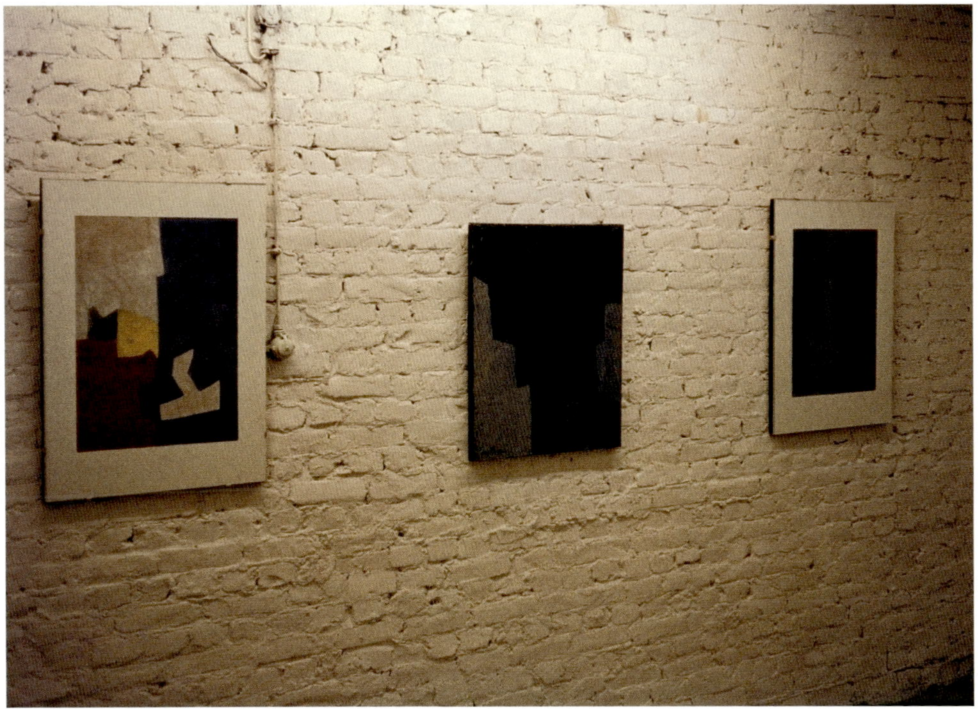

24. Juni – 30. August 1964
Nieuwe Realisten
Gemeentemuseum, Den Haag
30. November 1964 – 3. Januar 1965
Neue Realisten und Pop-Art
Akademie der Künste, Berlin

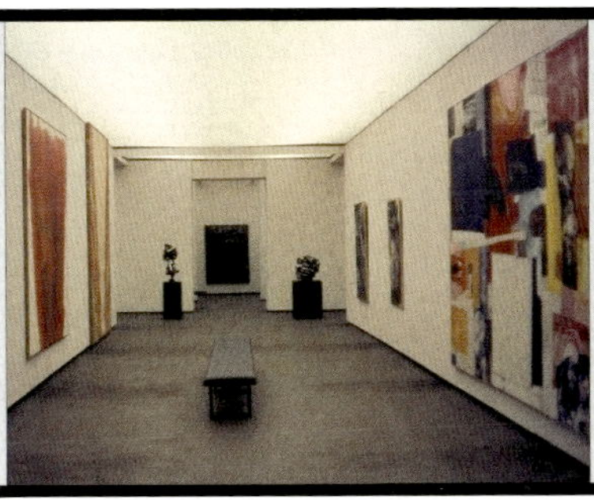
documenta III: Saal der Amerikaner

27. Juni – 5. Oktober 1964
documenta III
Kassel. Ausstellungsleitung: Arnold Bode. Künstler u. a. Afro, Appel, Baumeister, Bontecou, Davie, Francis, Goepfert, Heyboer, Johns, Jorn, Kelly, Kramer, Mikl, Moog, Mortensen, Nele, Poliakoff, Rauschenberg, Santomaso, Sonderborg, Tàpies, Trier, Urban, Vasarely, Wienert, Yvaral

–Im Januar 1965, während meiner allerersten Reise nach New York, die mein Leben grundlegend veränderte, hatte ich die Ausstellung *American Supermarket* in der Paul Bianchini Gallery gesehen, aber erst 1966 lernte ich **Paul Bianchini** persönlich kennen. Sowohl die Ausstellung als auch das Zusammentreffen mit Bianchini waren gewaltige Schlüsselerlebnisse. Denn diese Begegnung war meine erste Bekanntschaft mit einem amerikanischen Händler. Ich sehe ihn noch vor mir. Er hatte diese speziellen Hosen an, Armeehosen, khakifarben: Ein irrer Typ. Er führte eine der bedeutendsten Galerien in New York. Dort habe ich zum ersten Mal Arbeiten von Gary Kuehn gesehen. Er vertrat auch Mel Ramos, Lee Lozano, Bill Bollinger, Bob Watts. Dorothy Herzka habe ich ebenfalls hier kennen gelernt, die spätere Frau von Roy Lichtenstein, die mir sehr weitergeholfen hat. Bei Bianchini ist ein Grossteil meines Programms der kommenden Jahre entstanden. Es kam bei mir in Kassel bzw. Köln immer ein wenig zeitversetzt. Paul Bianchini hat mir alles was ich wollte gegeben, die ganzen Ausstellungen. Das war eine Superzeit. Ihm verdanke ich ungeheuer viel, er hat mir Tür und Tor geöffnet. Ich konnte anfänglich kaum Englisch, aber Paul war sofort kooperativ. Es ging überhaupt nicht um das Geschäft, sondern um die Vermittlung von Ideen. Diese erste Begegnung mit Paul Bianchini ist ein unvergesslicher Tag, ein Glückstag in meinem Leben.

An diesem Tag sind wir von der Galerie rübergegangen in die 57. Strasse in eine Bar, vormittags, und haben Coca-Cola getrunken. Draussen war ein heisser Sommertag und innen war es eiskalt wegen der Klimaanlage. Das empfand ich als sehr unangenehm. Ich war aber trotzdem vollkommen fasziniert: Das erste Mal in der 57. Strasse, real in einer amerikanischen Bar, wie man sie aus Filmen kennt. Die ganze Atmosphäre, das stürmte alles auf mich ein. Dort haben wir Mittag gegessen, er hat mich eingeladen, es war Wahnsinn.

Das waren Pioniere: Dick Bellamy und Paul Bianchini, der die Galerie bald darauf zumachte. Damit war diese Zeit der Zusammenarbeit leider vorbei. Später lebte er in Frankreich und widmete sich der Herausgabe von Büchern. Das erste grosse Buch über Roy Lichtenstein hat er gemacht.

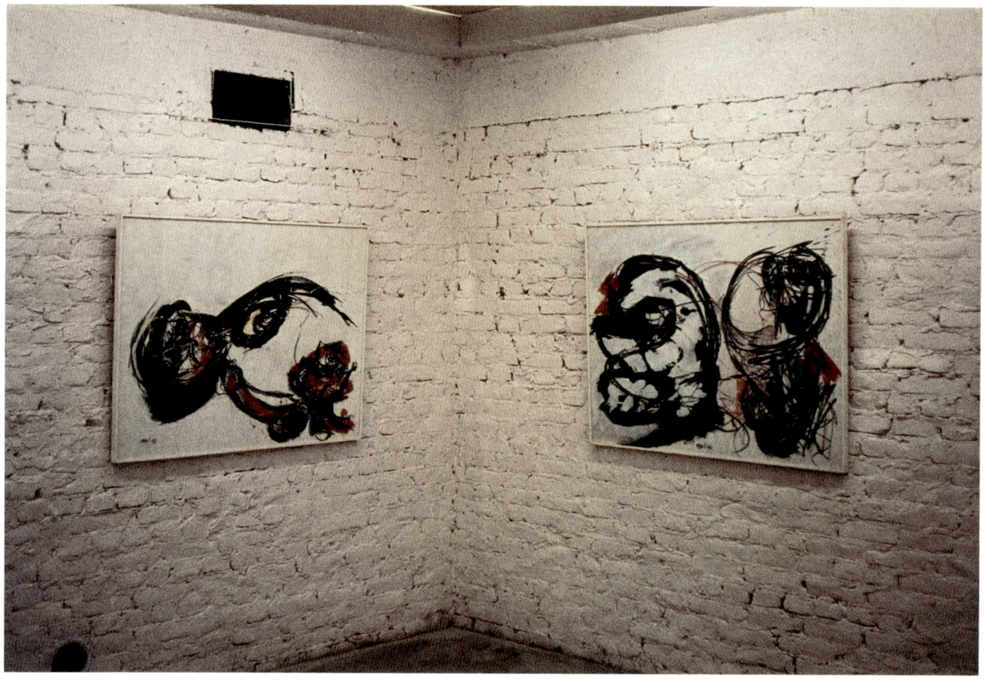

Karel Appel, E.R. Nole, Pitt Moog: Karel Appel

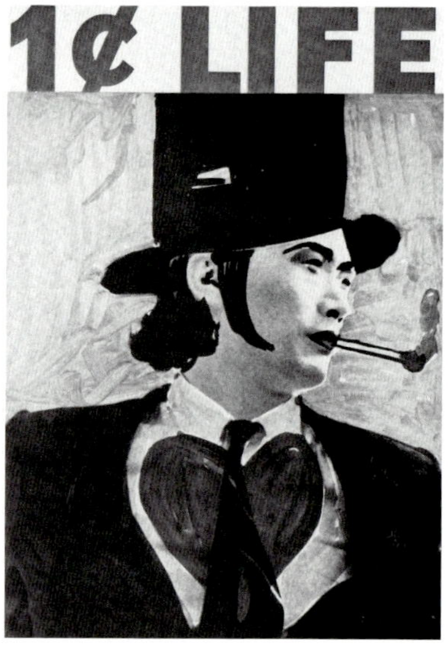

Broschüre 1¢ Life

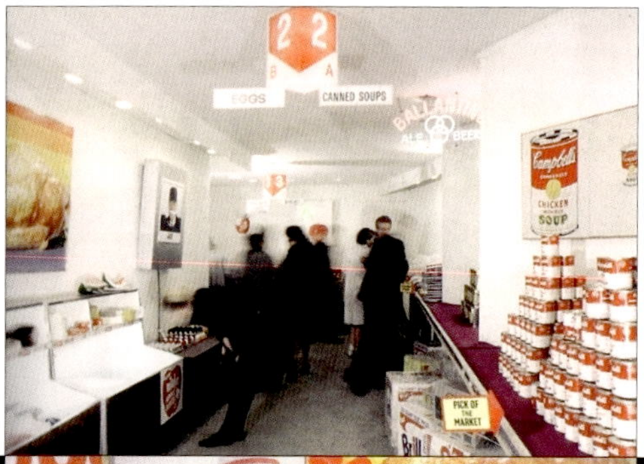

September 1964
Eröffnung der Galerie René Block in Berlin

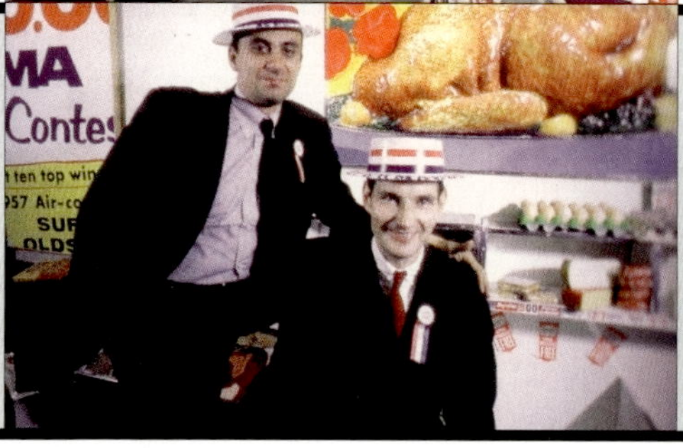

Ben Birillo und Paul Bianchini in der Ausstellung American Supermarket

Eröffnung 6. Oktober 1964
American Supermarket
Bianchini Gallery, New York. Künstler u. a. Artschwager, Lichtenstein, Warhol, Watts, Wesselmann

Karel Appel, E.R. Nele, Pitt Moog
Oktober – 27. November 1964

Josef Mikl
Bilder und Aquarelle
Eröffnung 27. November 1964

Richard Mortensen
Bilder, Gouachen, Serigraphien
Gérard Schneider
Bilder, Gouachen
Eröffnung 27. November 1964

Ab 1965 Umbenennung in Galerie Ricke

1¢ Life
(1. Ausstellung der Mappe)
Pierre Alechinsky, Karel Appel, Enrico Baj, Alan Davie, Jim Dine, Öyvind Fahlström, Sam Francis, Robert Indiana, Alfred Jensen, Asger Jorn, Allan Kaprow, Alfred Leslie, Roy Lichtenstein, Joan Mitchell, Kiki O.K., Claes Oldenburg, Mel Ramos, Robert Rauschenberg, Reinhoud, Jean-Paul Riopelle, James Rosenquist, Antonio Saura, Kimber Smith, K.R.H. Sonderborg, Walasse Ting, Bram van Velde, Andy Warhol, Tom Wesselmann
Januar – Februar 1965

Victor Vasarely
20. März – Ende April 1965

New Graphic USA
Lee Bontecou, Jim Dine, Helen Frankenthaler, Grace Hartigan, Paul Jenkins, Jasper Johns, Roy Lichtenstein, Marisol, Louise Nevelson, Henry Pearson, Robert Rauschenberg, Larry Rivers, Kimber Smith, Reva Urban
Eröffnung 30. April 1965

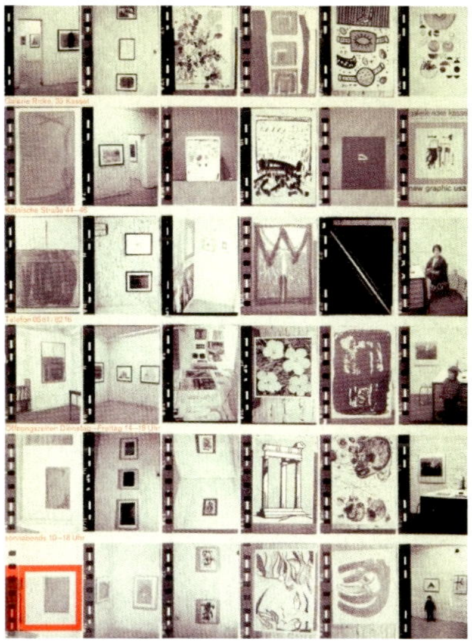

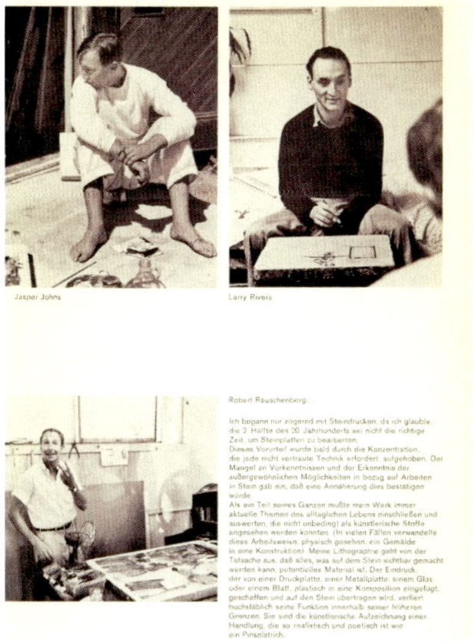

Grafikbroschüre

Beginn der Kulturrevolution in China

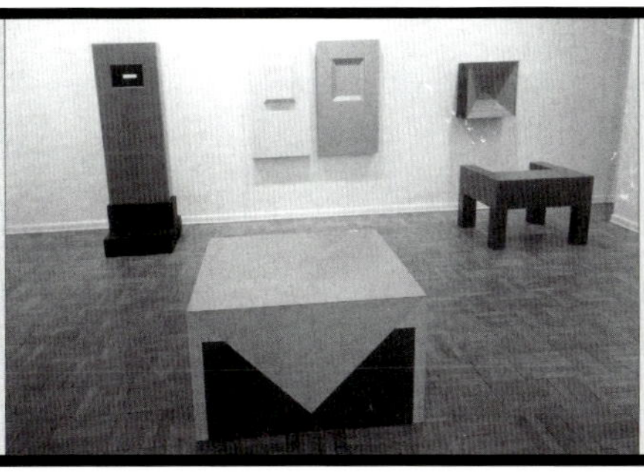

Richard Artschwager

30. Januar – 24. Februar 1965
Richard Artschwager
(1. Einzelausstellung)
Leo Castelli Gallery, New York

Paul war schlank, extrem dünn, ein Arbeitstier, das innerlich glühte, er konnte nicht lange still sitzen. Wenn man ihn sprechen wollte, musste man einen halben Tag warten. Man hat sich verabredet, aber wenn man kam, sass er die ganze Zeit nur am Telefon. Einmal habe ich eine Dreiviertelstunde gewartet, da kannten wir uns schon gut, und ich kam einfach nicht dran. Da bin ich hinausgegangen und habe ihn angerufen und dann konnte ich mit ihm am Telefon reden.–

–**Andy Warhol** habe ich öfters in der Factory besucht. Ich sass auf dem berühmten Sofa und unterhielt mich mit ihm. Es waren immer sehr viele Leute da und arbeiteten an den Drucksieben. Er sagte oft, „they make the flowers for me". Jedes Bild kontrollierte er aber.
Ich war sehr daran interessiert Andy Warhol auszustellen, aber man kam nicht ran, auch nicht an Roy Lichtenstein, der einer der grössten Künstler für mich ist, denn sie waren an ihre Händler gebunden. Grafiken habe ich schon bekommen, so zeigte ich ja auch bereits 1965 grafische Blätter. Jedes kostete damals 10 $.
Doch als ich bei Leo Castelli ein kleines Bild Andy Warhols, eine *Jackie,* erwerben wollte, ereignete sich folgende Geschichte: Der Direktor bei Castelli war Ivan Karp, der später seine eigene Galerie gründete. Er war immer in der Galerie, immer freundlich, er lächelte, und fragte: „What are you looking for, what can I do for you?" „Ivan, ich möchte das Bild *Jackie* für 500 $ erwerben." Und er antwortete, er könne das nicht verkaufen. Das hat mich dermassen gewurmt, ich überlegte, was tun, und schickte letztlich eine Bekannte mit dem Geld in die Galerie. Sie kaufte das Bild für mich und ich hatte es! Das fand ich wahnsinnig.
Für die Ausstellung begleitend zum Kunstmarkt 1967 legte ich dann alles dran, Bilder von Andy Warhol zu bekommen und bekam sie über Paul Bianchini und seinem Geschäftspartner Ben Birillo. So konnte ich Bilder von Liz Taylor, von Jackie Kennedy und mehrere *Car Crash* zeigen. Interessiert haben sich nur wenige. Dabei kostete eine *Liz* etwa 5'000 Mark. Aber Andy Warhol war in Deutschland noch kaum bekannt und das Verständnis für

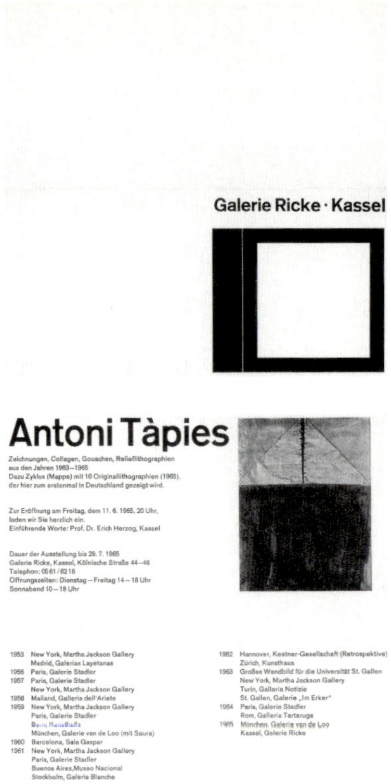
Galerie Ricke · Kassel

Antoni Tàpies

Zeichnungen, Collagen, Gouachen, Relieflithographien
aus den Jahren 1963–1965
Dazu Zyklus (Mappe) mit 10 Originallithographien (1965),
der hier zum erstenmal in Deutschland gezeigt wird.

Zur Eröffnung am Freitag, dem 11. 6. 1965, 20 Uhr,
laden wir Sie herzlich ein.
Einführende Worte: Prof. Dr. Erich Herzog, Kassel

Dauer der Ausstellung bis 29. 7. 1965
Galerie Ricke, Kassel, Kölnische Straße 44–46
Telephon: 05 61 / 62 16
Öffnungszeiten: Dienstag – Freitag 14 – 18 Uhr
Sonnabend 10 – 18 Uhr

1953 New York, Martha Jackson Gallery
Madrid, Galerias Layetanas
1956 Paris, Galerie Stadler
1957 Paris, Galerie Stadler
New York, Martha Jackson Gallery
1958 Mailand, Galleria dell'Ariete
1959 New York, Martha Jackson Gallery
Paris, Galerie Stadler
[illegible]
München, Galerie van de Loo (mit Saura)
1960 Barcelona, Sala Gaspar
1961 New York, Martha Jackson Gallery
Paris, Galerie Stadler
Buenos Aires, Museo Nacional
Stockholm, Galerie Blanche
1962 Hannover, Kestner-Gesellschaft (Retrospektive)
Zürich, Kunsthaus
1963 Großes Wandbild für die Universität St. Gallen
New York, Martha Jackson Gallery
Turin, Galleria Notizie
St. Gallen, Galerie „Im Erker"
1964 Paris, Galerie Stadler
Rom, Galleria Tartaruga
1965 München, Galerie van de Loo
Kassel, Galerie Ricke

Einladung

Antoni Tàpies
Zeichnungen, Collagen, Gouachen, Relieflithographien
1963–1965
11. Juni – 29. Juli 1965

Afro
Aquarelle und Tuschen
1961–1964
11. Juni – 29. Juli 1965

Sam Francis
Neue Lithographien
3. September – 14. Oktober 1965

Horst Schwitzki
Bilder
3. September – 14. Oktober 1965

C.H. Wienert
Bilder und Gouachen
15. Oktober – 1. Dezember 1965

Les Éditions du Griffon et l'art contemporain
Hans Aeschbacher, Yaacov Agam, Theodore Bally, Pietro Consagra, Naum Gabo, Zoltán Kemény, Joseph Lachat, Berto Lardera, Antoine Pevsner, Nicolas Schöffer, Victor Vasarely, Fritz Wotruba
15. Oktober – 1. Dezember 1965

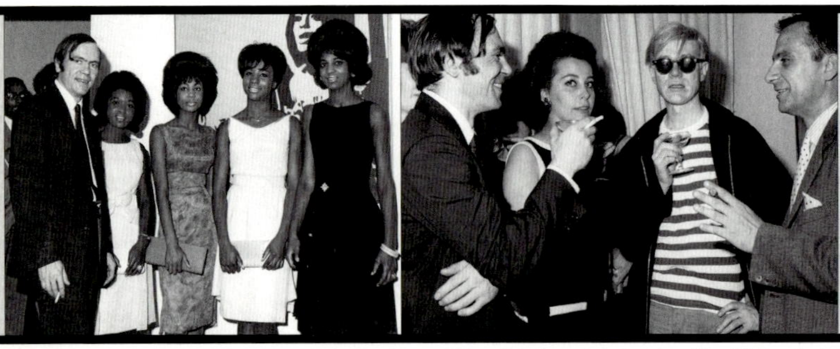

Mai – Juni 1965
Bob Stanley. Rock & Roll Paintings
(1. Einzelausstellung)
Bianchini Gallery, New York

Bob Stanley. Rock & Roll Paintings: Bob Stanley und The Shirelles; Bob Stanley, Ultra Violet, Andy Warhol und Ben Birillo

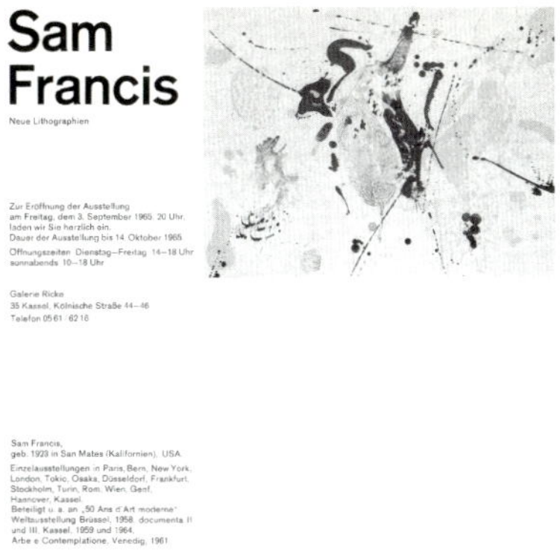

Sam
Francis

Neue Lithographien

Zur Eröffnung der Ausstellung
am Freitag, dem 3. September 1965, 20 Uhr,
laden wir Sie herzlich ein.
Dauer der Ausstellung bis 14. Oktober 1965

Öffnungszeiten: Dienstag–Freitag 14–18 Uhr
sonnabends 10–18 Uhr

Galerie Ricke
35 Kassel, Kölnische Straße 44–46
Telefon 05 61 / 62 16

Sam Francis,
geb. 1923 in San Mates (Kalifornien), USA
Einzelausstellungen in Paris, Bern, New York,
London, Tokio, Osaka, Düsseldorf, Frankfurt,
Stockholm, Turin, Rom, Wien, Genf,
Hannover, Kassel
Beteiligt u. a. an „50 Ans d'Art moderne",
Weltausstellung Brüssel, 1958, documenta II
und III, Kassel, 1959 und 1964,
Arbe e Contemplatione, Venedig, 1961

Einladung

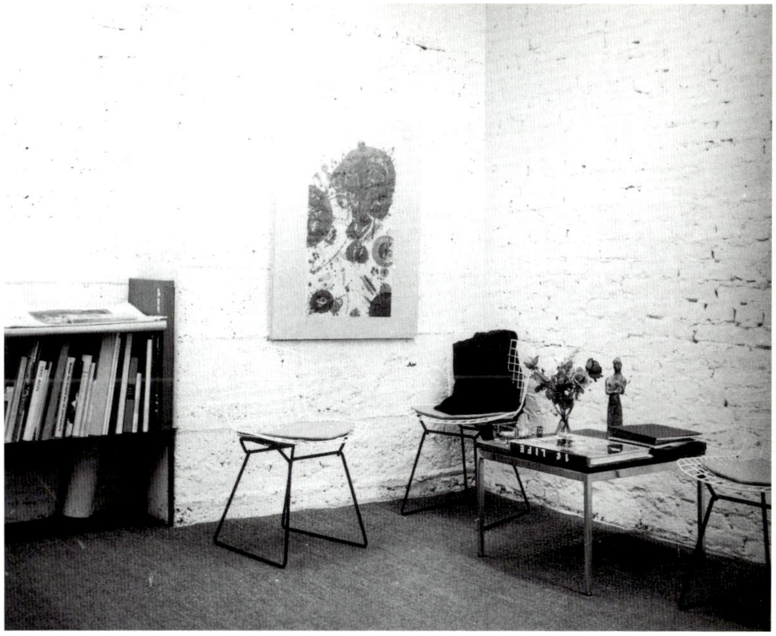

Sam Francis. Neue Lithographien

Horst Schwitzki. Bilder

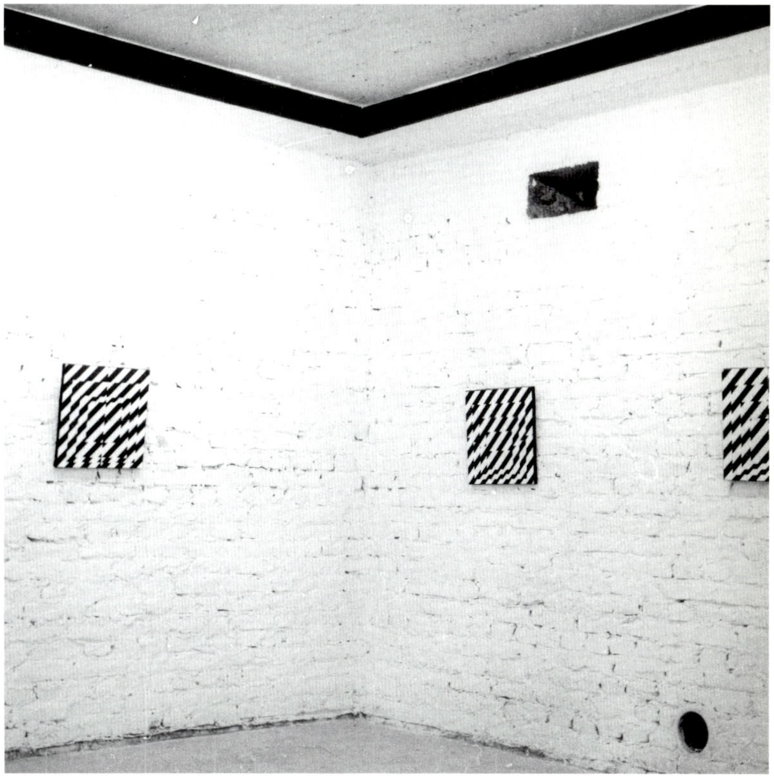

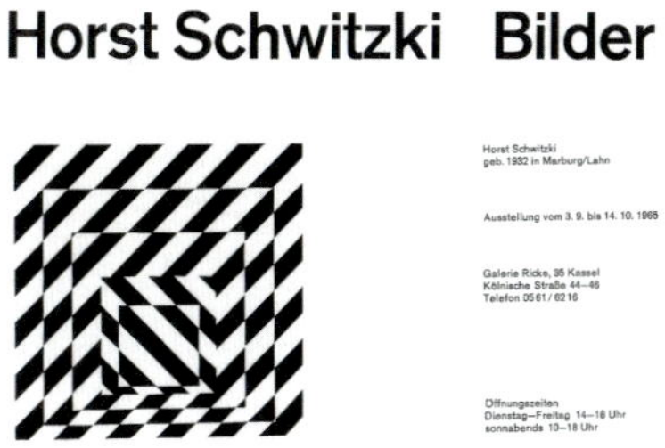

Horst Schwitzki Bilder

Horst Schwitzki
geb. 1932 in Marburg/Lahn

Ausstellung vom 3. 9. bis 14. 10. 1965

Galerie Ricke, 35 Kassel
Kölnische Straße 44–46
Telefon 05 61 / 62 16

Öffnungszeiten
Dienstag–Freitag 14–18 Uhr
sonnabends 10–18 Uhr

Einladung

Eröffnung 26. November 1965
Joseph Beuys. ... irgend ein Strang ...
(1. Einzelausstellung)
Galerie Schmela, Düsseldorf

1965
Donald Judd, „Specific Objects"
in: *Arts Yearbook* 8, 1965, S. 74–82.

diese Kunst hat sehr lang gebraucht. Obwohl 1964 schon der grossartige Überblick *Amerikansk Pop-Konst* im Moderna Museet in Stockholm gezeigt worden war. Doch so richtig ins Bewusstsein drang das zu der Zeit nicht. Gekauft haben am Ende Ileana Sonnabend und Gian Enzo Sperone, seine Händler in Europa, das heisst, die Ware ist wieder dahin gekommen, wo sie hergekommen war.–

–**Bob Stanley** lernte ich gleich zu Anfang in New York kennen. Er war ein sehr fröhlicher Mensch, er konnte wahnsinnig lachen. Mein erstes Original amerikanischer Kunst kaufte ich bei ihm: *Smile* von 1966, das Bild in der Sammlung [128]. Bob Stanley ist auch einer der ersten amerikanischen Künstler, mit dem ich eine Einzelausstellung realisierte. Zudem verlegte ich eine grosse Menge Grafiken mit ihm. Unsere Bekanntschaft kam entweder durch Paul Bianchini oder durch seine Mitarbeiterin Dorothy Herzka zustande. Ihre Schwester Marylin war Bobs Freundin und spätere Frau. Er wohnte in der Crosby Street in einem riesengrossen Atelier, das er eine Zeit lang mit Richard Artschwager teilte. Bob Stanley steht aus meiner Sicht inhaltlich für den Auftrieb der 1960er, für eine visionäre Form. Er beschäftigte sich sehr viel mit erotischen Themen, mit Sport und Bildern aus der Pop-Welt. Es gibt eine ganz Serie Bilder mit Pop-Gruppen wie den Beatles, den Rolling Stones, den Beach Boys …
All dies steht für den Bruch mit der Vergangenheit. Stanleys erotische Bilder, ihr Tabu-Bruch, sind bei uns wenig bekannt. Amerika ist ja eines der puritanischsten Länder und dadurch existieren natürlich die entsprechenden Gegenwelten. In den 1960ern, in dieser Zeit des Aufräumens mit der Vergangenheit, tauchten überall an Zeitungsständen in New York pornografische Zeitungen auf – keine Magazine, sondern auf Zeitungspapier gedruckte Hefte, Schriftsteller wie Truman Capote haben dafür geschrieben. Das war ein ungeheurer Tabu-Bruch. Zeitungen mit Hardcoreporno-Abbildungen wie *Screw* lagen neben Zeitungen wie der *New York Times*. Stanley entnahm viele seiner Vorlagen diesen Zeitungen, projizierte sie per Dia und übersetzte sie in Zweifarbigkeit. Er malte

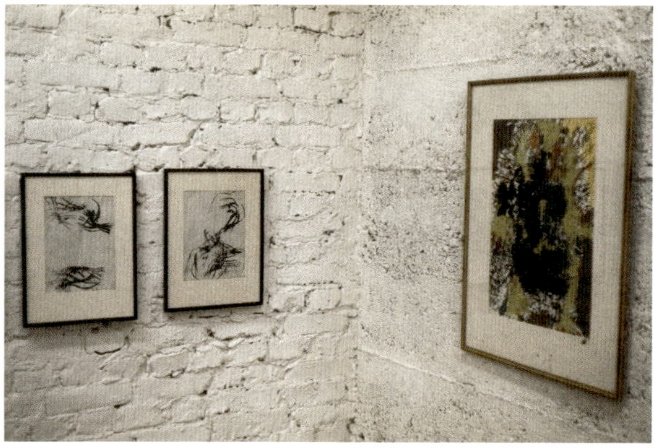

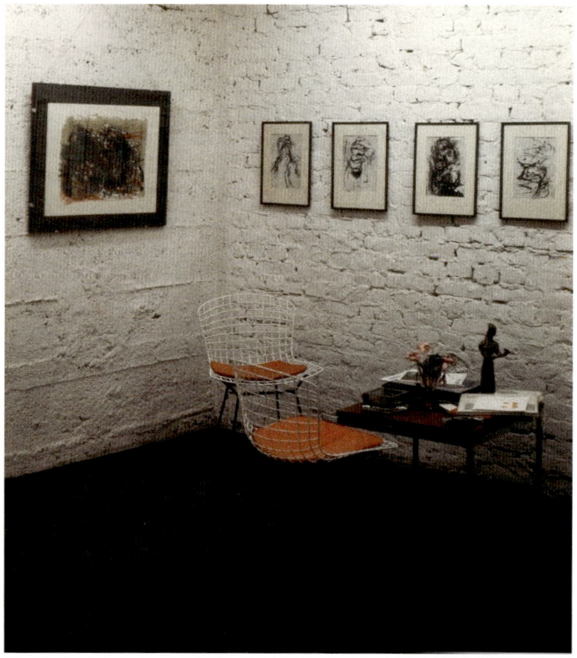

Asger Jorn. Gouachen, Tuschen, Grafik

Einladung

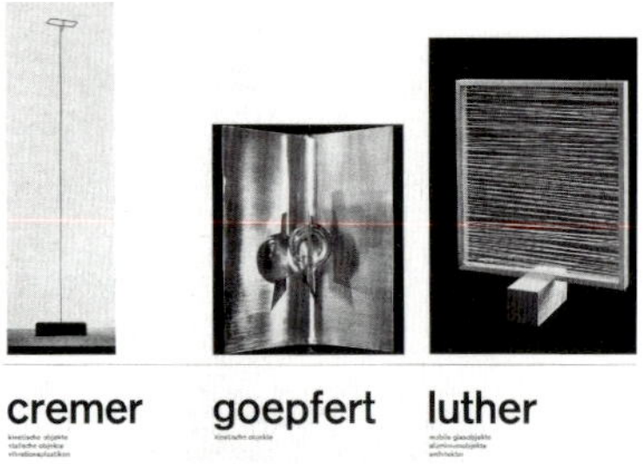

Asger Jorn
Gouachen, Tuschen, Grafik
4. Dezember 1965 – 13. Januar 1966

Ellsworth Kelly
Neue Lithographien
Ausstellung bei Knoll International, Düsseldorf
18. Oktober – 19. November 1965
Organisiert von Rolf Ricke

Siegfried Cremer
Kinetische Objekte, Statische Objekte, Vibrationsplastiken
Hermann Goepfert
Kinetische Objekte
Adolf Luther
Mobile Glasobjekte, Aluminiumobjekte, Architektur
14. Januar – 24. Februar 1966

Harry Kramer
Automobile Skulpturen
Filmprogramm am Eröffnungsabend: „Die Schleuse“ und „Die Sackgasse“ von Harry Kramer und Wolfgang Rambott
4. März – 21. April 1966

New York, Castelli Gallery
Paris, Galerie Sonnabend
Kassel, Galerie Ricke
Erstpräsentation der Mappe „11 Pop Artists“ in Deutschland
33 Serigraphien und Lithographien von Allan D'Arcangelo, Jim Dine, Allan Jones, Gerald Laing, Roy Lichtenstein, Peter Phillips, Mel Ramos, James Rosenquist, Andy Warhol, John Wesley, Tom Wesselmann
4. März – 21. April 1966

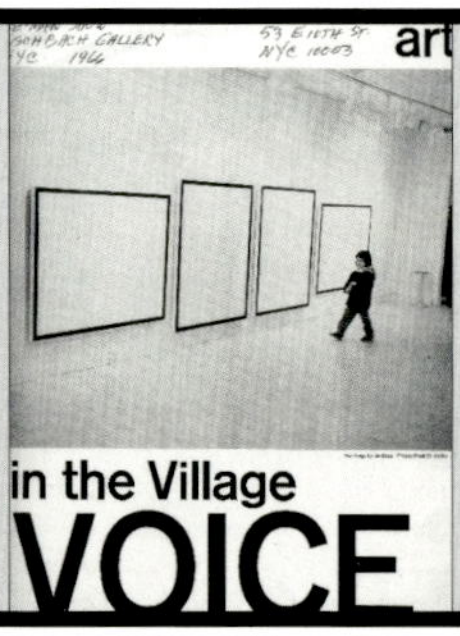

Cover *Village Voice* mit Installationsansicht Jo Baer

12. Februar – 4. März 1966
Jo Baer
(1. Einzelausstellung)
Fischbach Gallery, New York

März 1966
Eröffnung der Galerie White Wide Space von Anny de Decker und Bernd Lohaus in Antwerpen

12. April – 3. Mai 1966
Gary Kuehn
(1. Einzelausstellung)
Bianchini Gallery, New York

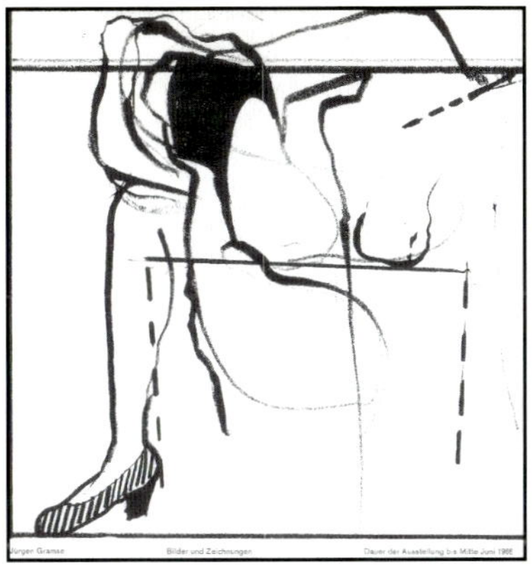

Einladung Jürgen Gramse

Reva Urban
Pastelle 1959–1966
(1. Einzelausstellung in Europa)
29. April – Mitte Juni 1966

Jürgen Gramse
Bilder und Zeichnungen
29. April – Mitte Juni 1966

Victor Vasarely. Eta 102
Almir Mavignier. Punctum
Richard Anuskiewicz. 1965
Serigraphien
24. Juni – 31. Juli 1966

Bob Stanley
(1. Einzelausstellung in Deutschland)
24. Juni – 31. Juli 1966

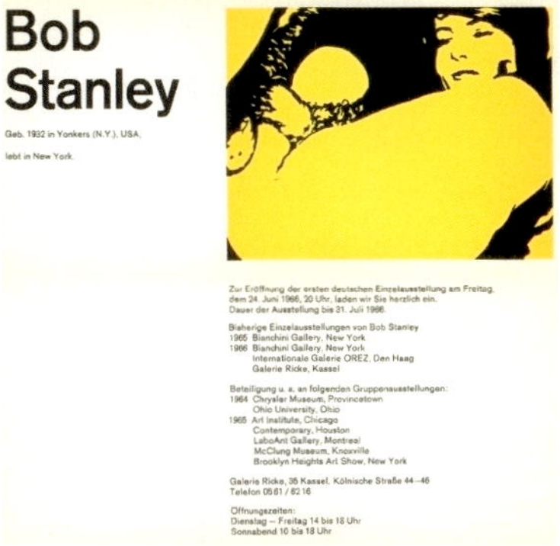

Einladung

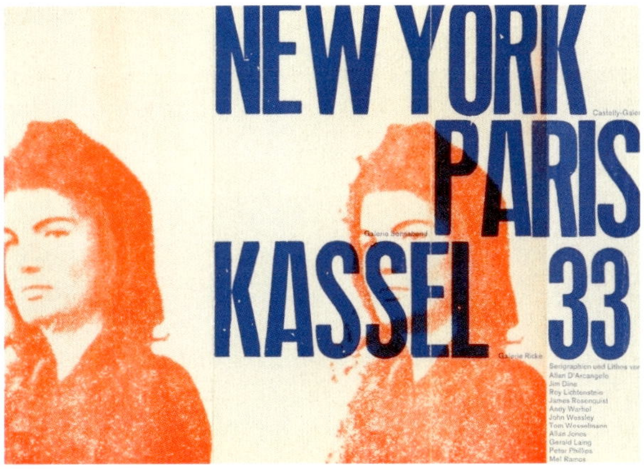

Einladung

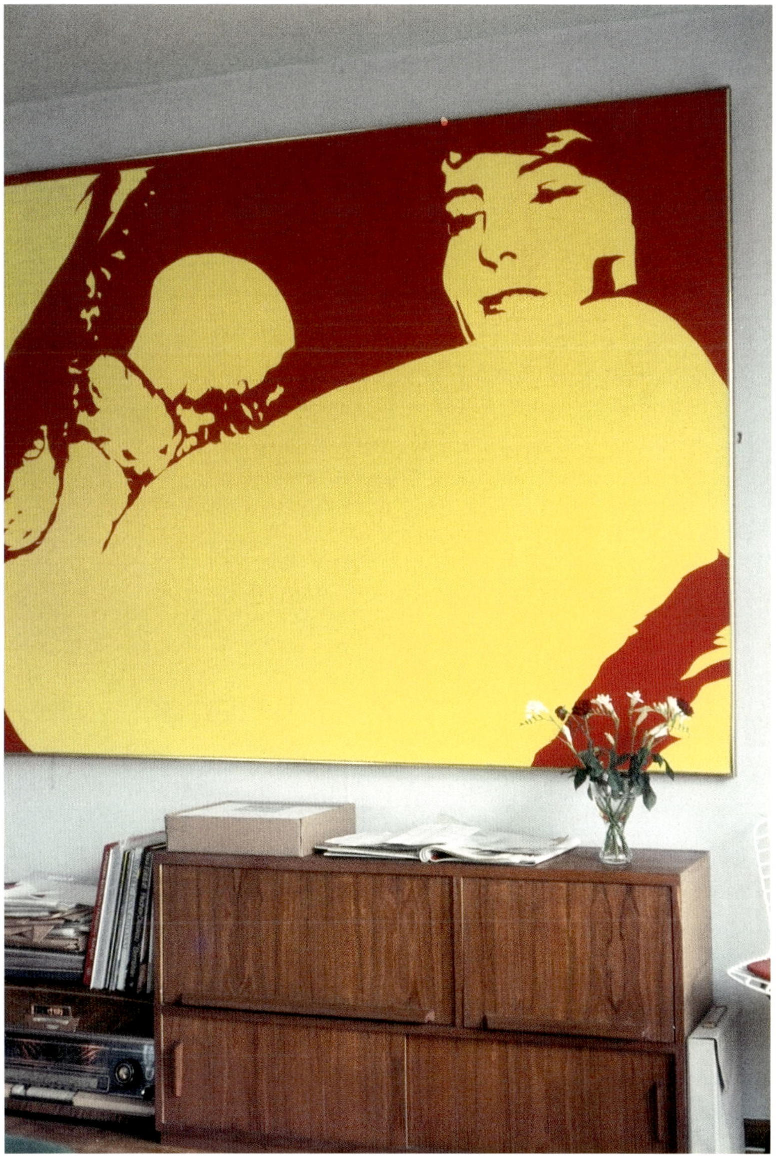

Bob Stanley [128] in Rickes Wohnung, 1966

27. April – 12. Juni 1966
Primary Structures: Younger American and British Sculptors
Jewish Museum, New York. Organisiert von Kynaston L. McShine. Künstler u. a. Andre, Artschwager, Bell, Bladen, De Maria, Flavin, Grosvenor, Judd, Laing, LeWitt, McCracken, R. Morris, Smithson

24. Mai – Juni 1966
Richard Serra
(1. Einzelausstellung)
Galleria La Salita, Rom

ausschliesslich in zwei Farben: in Blau und Blau, oder in Rot und Blau, in Rot und Grün, in Gelb und Rot, … und dadurch entstand dieses Flackern. Es findet eine perspektivische Veränderung statt und an den Grenzen kommt ein Flimmern zustande, die Konturen fransen regelrecht aus, sodass eigentlich kaum etwas oder nur sehr wenig erkennbar ist. Bei *Smile* etwa erkennen die meisten Betrachter nicht, was dargestellt ist. Stanley arbeitete zwar mit Projektion und mit Mitteln der Fotografie, aber wichtig ist mir, er hat die Bilder vollkommen verwandelt. Es ist ein malerisches Konzept. Das geschah parallel zur ganzen Pop-Welt, aber er ist an sich kein Pop-Künstler. Nach unserer zweiten Ausstellung 1967 habe ich Bob nicht mehr ausgestellt, weil ich diese ganze Zeit hinter mir liess. Ich war schon mitten in der Szene mit Kuehn, Serra, Sonnier, Bollinger … hier biss ich mich fest und das andere verfolgte ich nicht mehr weiter.

Bezüglich Bob Stanley möchte ich noch eine Begebenheit erzählen: Es gab die Idee, ein Bühnenbild zu entwerfen und auszuführen für das Theaterstück *Gerettet* von Edward Bond, das unter der Regie von Kai Braak am Staatstheater in Kassel inszeniert wurde. Das Schauspiel war eines der ersten aggressiven Stücke seinerzeit: In ihm wird ein Baby im Kinderwagen durch einen Steinwurf getötet. Es hat mit Sex and Crime zu tun und kommt aus der englischen Situation der Pop-Generation. Die deutsche Erstaufführung war Peter Steins Regiedebüt an den Kammerspielen in München und danach wurde es in Kassel gespielt. Bob Stanley entwarf das Bühnenbild, aber seine Entwürfe für das Bühnenbild wurden abgelehnt, da sie pornografisch seien. Es wäre eine unglaubliche, unvergessliche Sache geworden, glaube ich. Das war zur gleichen Zeit, als *Lysistrata* von Aristophanes mit dem Bühnenbild von Niki de Saint Phalle aufgeführt wurde, in dem eine grosse Figur auf der Bühne lag, durch deren Vagina die Schauspieler ein- und ausgingen. Das ist heute nicht mehr vorstellbar, wie das damals war. Und wie das die Gesellschaft polarisiert hat.–

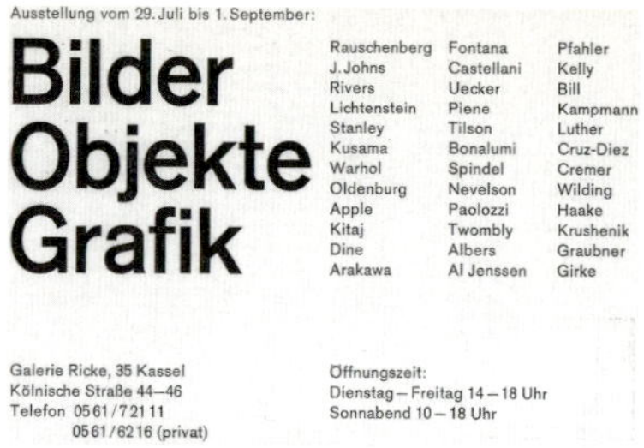
Ausstellung vom 29. Juli bis 1. September:

Bilder
Objekte
Grafik

Rauschenberg	Fontana	Pfahler
J. Johns	Castellani	Kelly
Rivers	Uecker	Bill
Lichtenstein	Piene	Kampmann
Stanley	Tilson	Luther
Kusama	Bonalumi	Cruz-Diez
Warhol	Spindel	Cremer
Oldenburg	Nevelson	Wilding
Apple	Paolozzi	Haake
Kitaj	Twombly	Krushenik
Dine	Albers	Graubner
Arakawa	Al Jenssen	Girke

Galerie Ricke, 35 Kassel
Kölnische Straße 44–46
Telefon 0561/72111
0561/6216 (privat)

Öffnungszeit:
Dienstag – Freitag 14 – 18 Uhr
Sonnabend 10 – 18 Uhr

Einladung

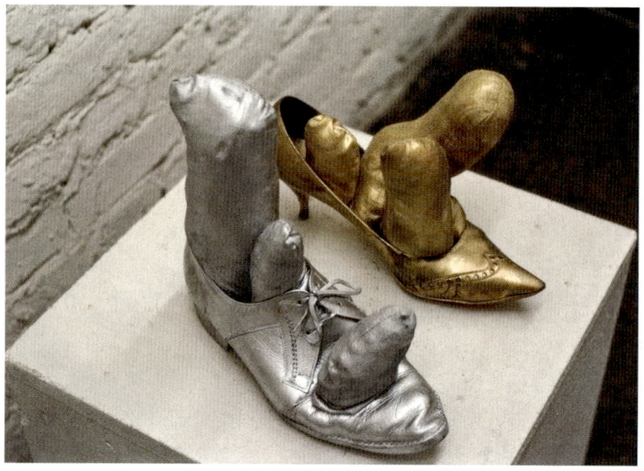

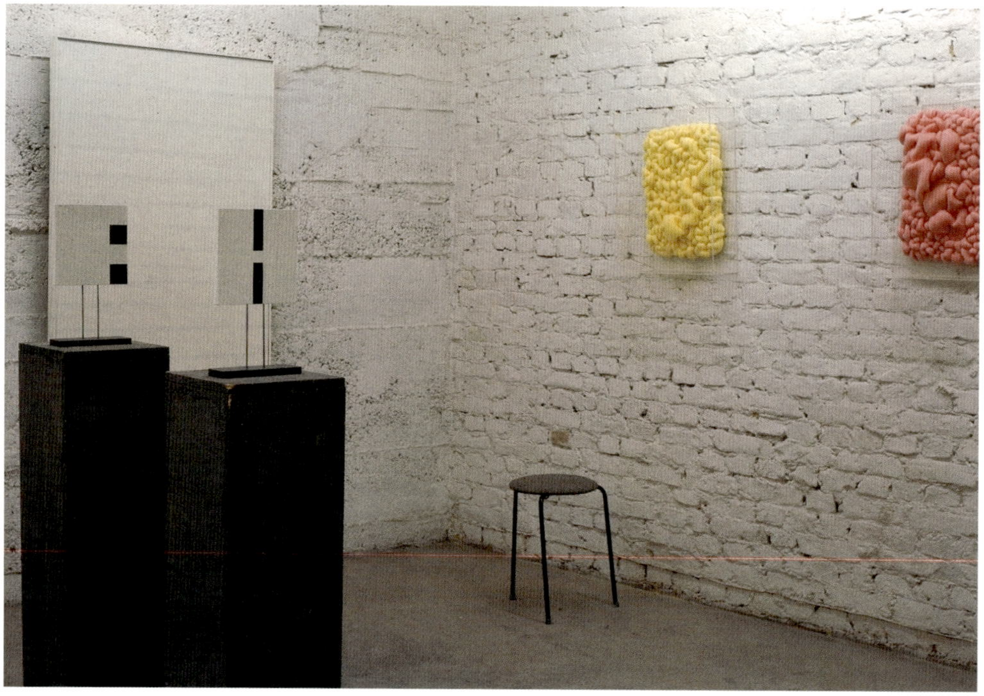

Bilder, Grafik, Objekte:
Yayoi Kusama. Shoes (links)
Siegfried Cremer, Ferdinand Spindel (unten)

1966

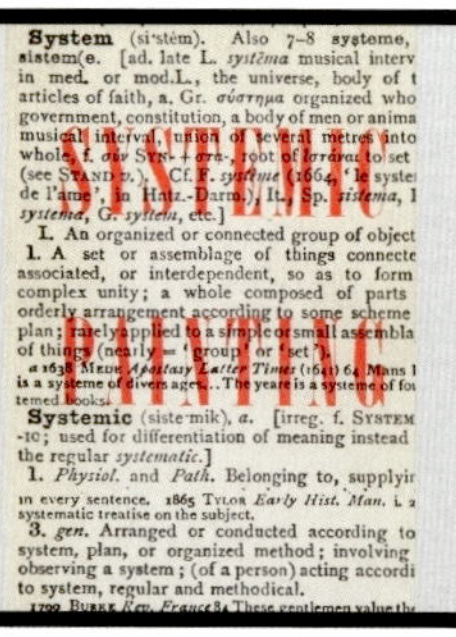

21. September – 27. November 1966

Systemic Painting

Solomon R. Guggenheim Museum, New York. Organisiert von Lawrence Alloway. Künstler u. a. Baer, Humphrey, Huot, Kelly, Krushenick, Mangold, Poons, Ryman, Stella, Zox

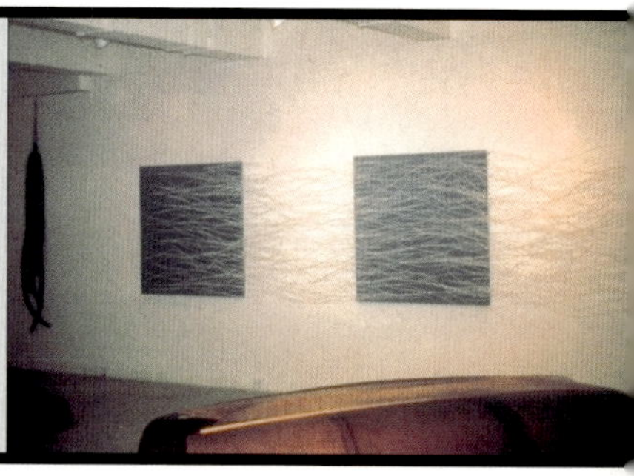

Katalog Systemic Painting

Eccentric Abstraction: Eva Hesse

Bilder, Objekte, Grafik
Josef Albers, Billy Apple, Shusaku Arakawa, Max Bill, Agostino Bonalumi, Enrico Castellani, Siegfried Cremer, Carlos Cruz-Diez, Jim Dine, Lucio Fontana, Raimund Girke, Gotthard Graubner, Hans Haacke, Alfred Jensen, Jasper Johns, Utz Kampmann, Ellsworth Kelly, R.B. Kitaj, Nicholas Krushenik, Yayoi Kusama, Roy Lichtenstein, Adolf Luther, Louise Nevelson, Claes Oldenburg, Georg Karl Pfahler, Eduardo Paolozzi, Otto Piene, Robert Rauschenberg, Larry Rivers, Ferdinand Spindel, Bob Stanley, Joe Tilson, Cy Twombly, Günther Uecker, Andy Warhol, Ludwig Wilding
29. Juli – 1. September 1966

Ed Sommer
Plastische Arbeiten
Gerhard Rühm singt Chansons zur Eröffnung.
2. September – 13. Oktober 1966

Kaspar Thomas Lenk
Plastiken
2. September – 13. Oktober 1966

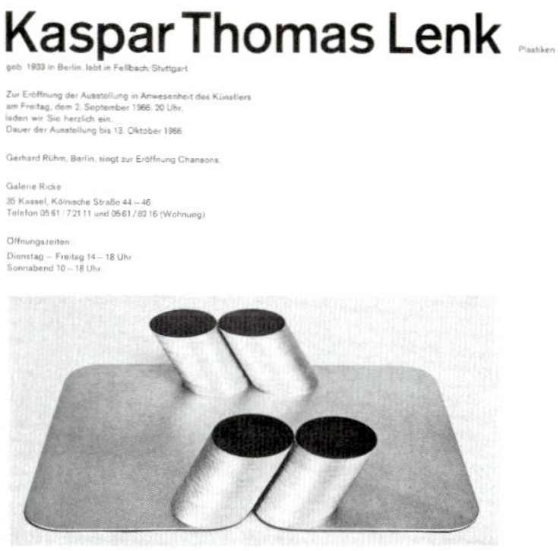
Kaspar Thomas Lenk Plastiken
geb. 1933 in Berlin, lebt in Fellbach/Stuttgart
Zur Eröffnung der Ausstellung in Anwesenheit des Künstlers
am Freitag, dem 2. September 1966, 20 Uhr,
laden wir Sie herzlich ein.
Dauer der Ausstellung bis 13. Oktober 1966
Gerhard Rühm, Berlin, singt zur Eröffnung Chansons.
Galerie Ricke
35 Kassel, Kölnische Straße 44 – 46
Telefon 05 61 / 7 21 11 und 05 61 / 82 16 (Wohnung)
Öffnungszeiten:
Dienstag – Freitag 14 – 18 Uhr
Sonnabend 10 – 18 Uhr

Einladung

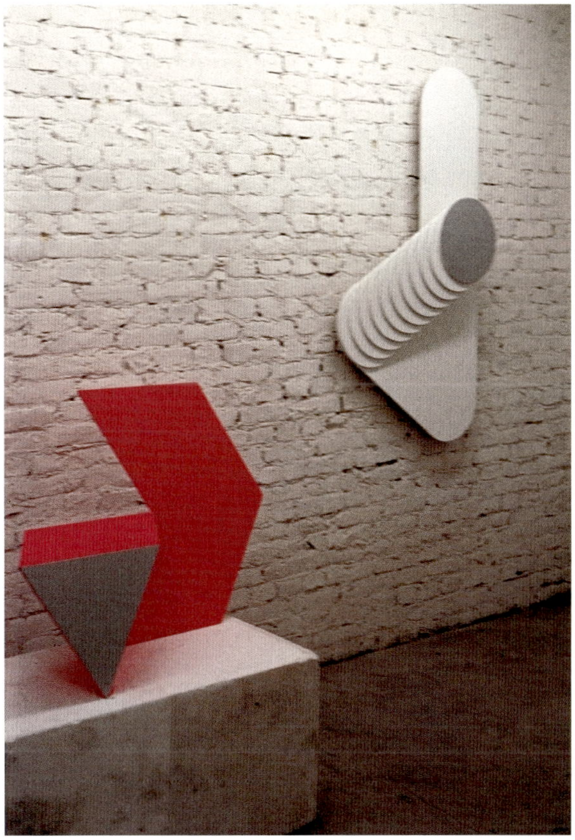

Kaspar Thomas Lenk. Plastiken

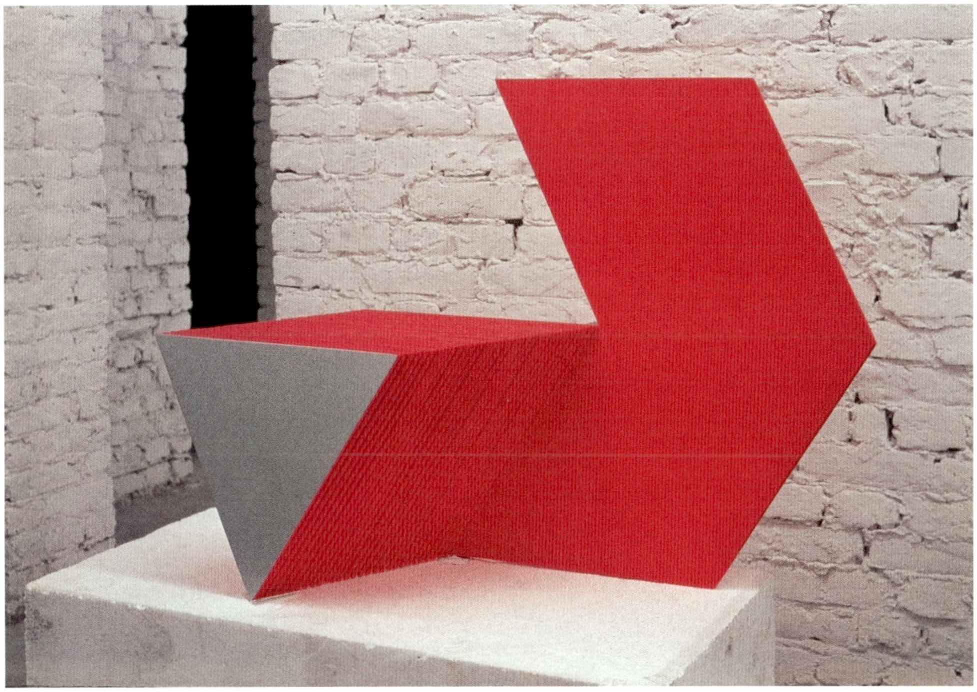

September – Oktober 1966
Eccentric Abstraction
Fischbach Gallery, New York. Organisiert von Lucy Lippard. Künstler u. a. Hesse, Kuehn, Nauman, Sonnier

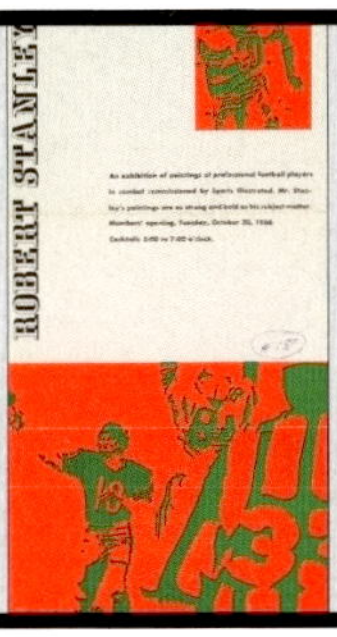

Einladung Robert Stanley

Eröffnung 20. Oktober 1966
Robert (Bob) Stanley
Contemporary Arts Center, Cincinnati, Ohio

—Meine Galerie bestand noch nicht lange, da habe ich **Richard Hamilton** besucht, das war meine erste Reise nach London. Ich hatte Kenntnis von seiner Kunst und wollte ihn unbedingt ausstellen, nur deswegen bin ich hingefahren. Er hat mich sogleich empfangen, das war damals alles relativ unkompliziert. Er wollte sehr viel wissen, er forschte regelrecht, woher man kommt, wer man ist, und gab zugleich viele Tipps. Bei diesem Besuch sagte Hamilton zu mir: „Eine Sache muss ich dir grundsätzlich mit auf den Weg geben. Du musst immer, wenn du was verkauft hast, den Künstler zuerst bezahlen. Speditionen oder alle anderen Kosten musst du einfach hinten anstellen, diese Leistungen kannst du immer wieder finden, aber wenn du den Künstler verlierst, dann hast du keine Galerie mehr."

Wir fuhren zusammen auf der Themse im Boot. Ich war so euphorisiert und so glücklich über das Ergebnis des Besuches. Ich hatte zuvor aufgehört zu rauchen und plötzlich zog mir der Duft (Hamilton rauchte) einer „Players" derartig verführerisch in die Nase, dass ich damit wieder angefangen habe. 25 Jahre später hörte ich erst wieder auf. Wir haben uns glänzend verstanden und er kam auch zu seiner Ausstellung im Januar 1967 nach Kassel.

Ich bin dann öfter in London gewesen und lernte dort auch andere Künstler kennen, unter anderem Barry Flanagan, den ich später ins Programm nahm. In dieser Zeit, es war die Entwicklung von Pop, traf ich auch Robert Fraser, einen der bedeutendsten Galeristen in London in den 1960er Jahren. Er ist abgebildet auf einer Grafik von Richard Hamilton, zusammen mit Mick Jagger von den Rolling Stones. Beide sitzen in Handschellen im Fonds eines Autos, nachdem sie wegen Drogen von der Polizei festgenommen worden waren. Hamilton hat die Festnahme in dieser Grafik verarbeitet. Robert Fraser ist auch nach Kassel gekommen. Ich hatte ein wenig Sorge, weil er immer geschlafen hat. Mit ihm konnte man nach der Eröffnung kein Wort reden, er war so „zu". Er sass immer nur da, die Augen gingen kaum auf. Ich habe gedacht, was ist denn mit dem Mann los? Ich hatte keine Ahnung. Das war „Swinging London".

Ich habe noch eine andere sehr wichtige Geschichte in London erlebt. Das war der *Vietnam-Discourse* von Peter

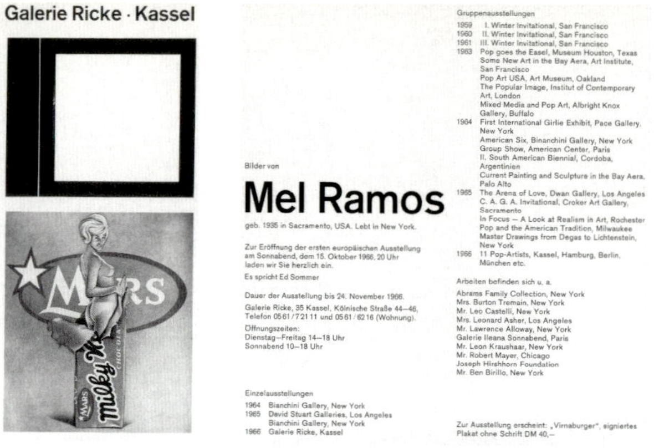
Galerie Ricke · Kassel

Bilder von

Mel Ramos

geb. 1935 in Sacramento, USA. Lebt in New York.

Zur Eröffnung der ersten europäischen Ausstellung am Sonnabend, dem 15. Oktober 1966, 20 Uhr laden wir Sie herzlich ein.

Es spricht Ed Sommer

Dauer der Ausstellung bis 24. November 1966.

Galerie Ricke, 35 Kassel, Kölnische Straße 44–46, Telefon 0561/72111 und 0561/6216 (Wohnung).

Öffnungszeiten:
Dienstag–Freitag 14–18 Uhr
Sonnabend 10–18 Uhr

Einzelausstellungen

1964 Bianchini Gallery, New York
1965 David Stuart Galleries, Los Angeles
Bianchini Gallery, New York
1966 Galerie Ricke, Kassel

Gruppenausstellungen

1959 I. Winter Invitational, San Francisco
1960 II. Winter Invitational, San Francisco
1961 III. Winter Invitational, San Francisco
1963 Pop goes the Easel, Museum Houston, Texas
Some New Art in the Bay Aera, Art Institute, San Francisco
Pop Art USA, Art Museum, Oakland
The Popular Image, Institut of Contemporary Art, London
Mixed Media and Pop Art, Albright Knox Gallery, Buffalo
1964 First International Girlie Exhibit, Pace Gallery, New York
American Six, Binanchini Gallery, New York
Group Show, American Center, Paris
II. South American Biennial, Cordoba, Argentinien
Current Painting and Sculpture in the Bay Aera, Palo Alto
1965 The Arena of Love, Dwan Gallery, Los Angeles
C. A. G. A. Invitational, Croker Art Gallery, Sacramento
In Focus – A Look at Realism in Art, Rochester
Pop and the American Tradition, Milwaukee
Master Drawings from Degas to Lichtenstein, New York
1966 11 Pop-Artists, Kassel, Hamburg, Berlin, München etc.

Arbeiten befinden sich u. a.

Abrams Family Collection, New York
Mrs. Burton Tremain, New York
Mr. Leo Castelli, New York
Mrs. Leonard Asher, Los Angeles
Mr. Lawrence Alloway, New York
Galerie Ileana Sonnabend, Paris
Mr. Leon Kraushaar, New York
Mr. Robert Mayer, Chicago
Joseph Hirshhorn Foundation
Mr. Ben Birillo, New York

Zur Ausstellung erscheint: „Virnaburger", signiertes Plakat ohne Schrift DM 40,–

Einladung

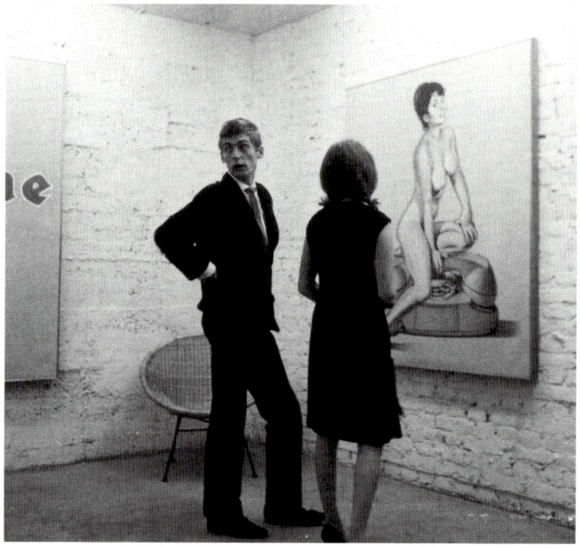

Mel Ramos. Bilder
Besucher in der Ausstellung

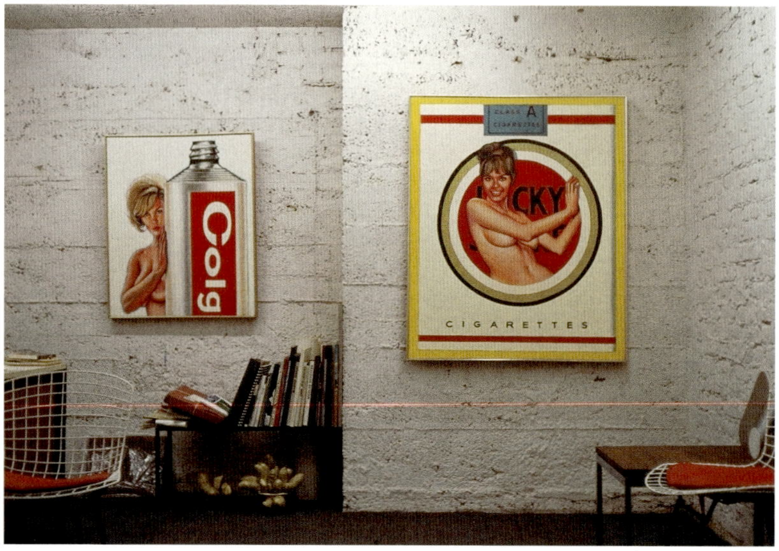

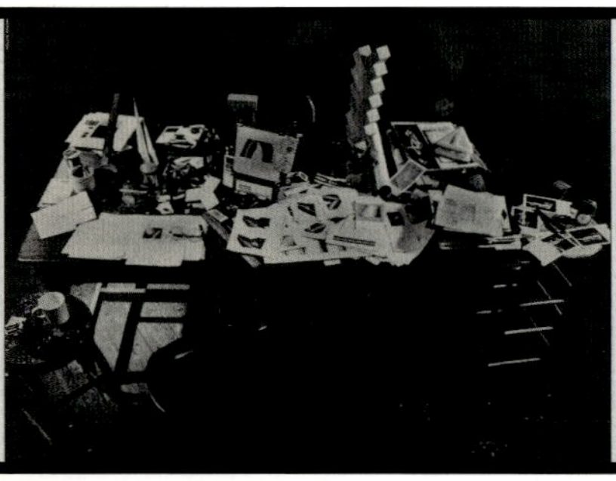

5. – 30. November 1966
Lee Lozano
Bianchini Gallery, New York

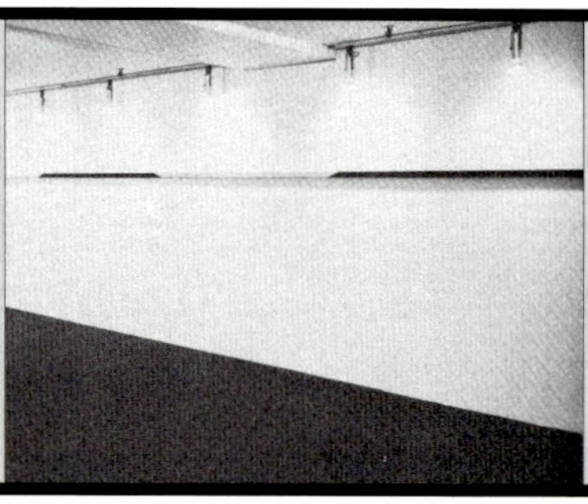

Dezember 1966
Bill Bollinger
(1. Einzelausstellung)
Bianchini Gallery, New York

Ausstellungsplakat Lee Lozano

Bill Bollinger

Mel Ramos
Bilder
(1. Einzelausstellung in Europa)
15. Oktober – 24. November 1966

Yvaral
Bilder und Objekte
15. Oktober – 24. November 1966

Robert Watts
Neon-Objekte, Stilleben,
TV-Dinners, Objekte
(1. Einzelausstellung in Deutschland)
25. November 1966 – 13. Januar 1967

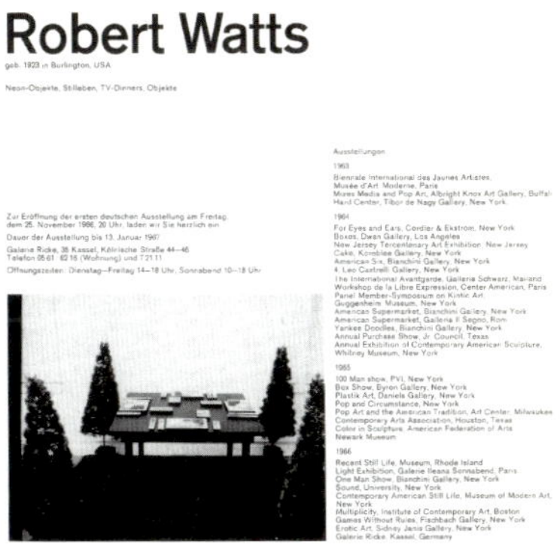

Einladung

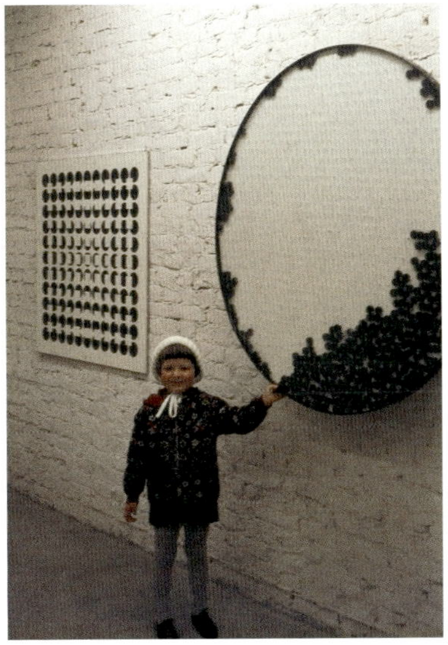

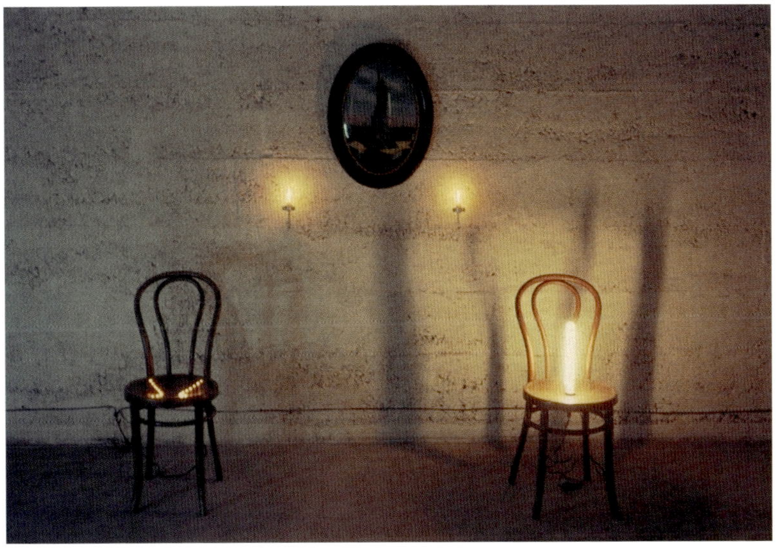

Yvaral. Bilder und Objekte
Tochter Susanne Ricke in der Ausstellung

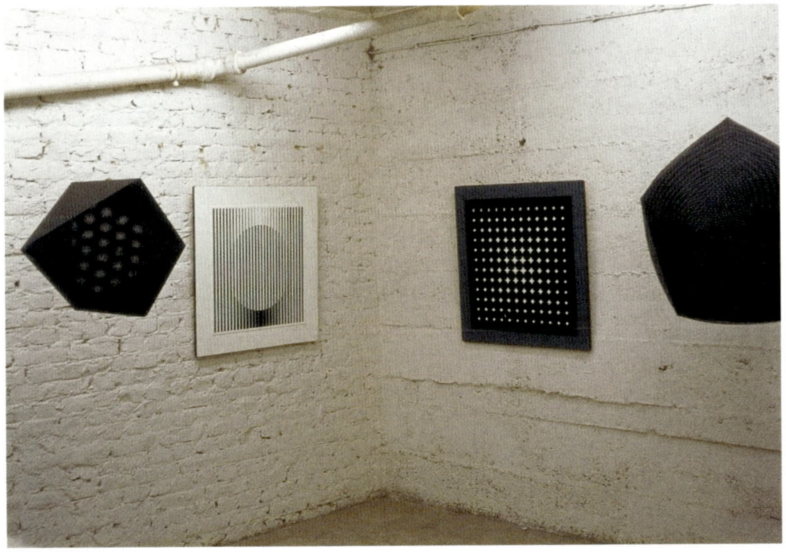

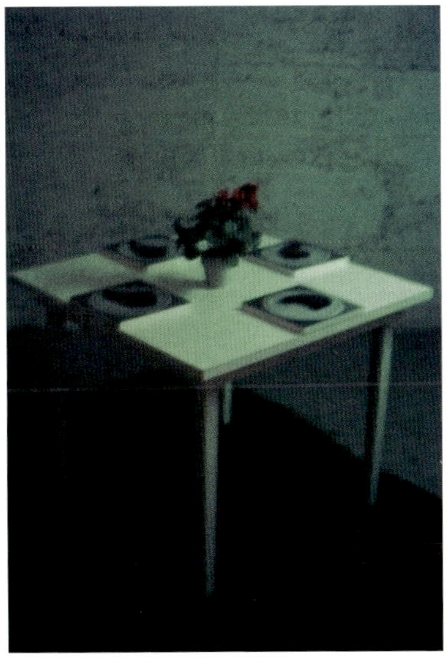

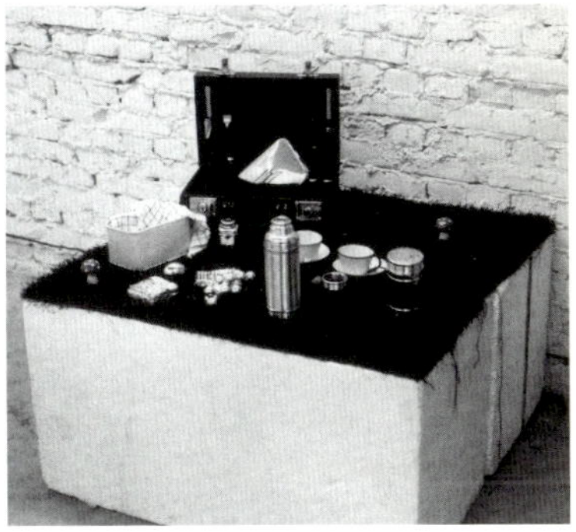

Robert Watts. Neon-Objekte, Stilleben, TV-Dinners, Objekte

1966
Keith Sonnier
(1. Ausstellung)
Douglas College, Rutgers University, New Brunswick, New Jersey

1966
Peter Brook. US
Theaterstück gegen den Vietnamkrieg mit der Royal Shakespeare Company, London (Verfilmung unter dem Titel „Benefit of the Doubt“)

Brook. Das „Living Theatre“, das war die grosse Revolution des Theaters. Es war eine ganz aussergewöhnliche Zeit.
In Kassel zeigte Richard Hamilton Grafiken und Zeichnungen, zum Teil Collagen, unter anderem von Marilyn Monroe und Automotiven. Teils war es drei oder vier Mal die gleiche Radierung, jedoch einmal aquarelliert und einmal collagiert, immer verschiedene Versionen, das zieht sich durch sein ganzes Œuvre – einmal schillernd, einmal rot, einmal grün …—

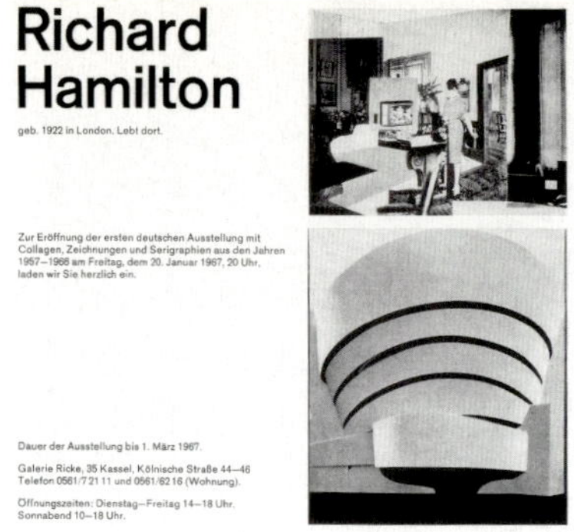
Richard
Hamilton

geb. 1922 in London. Lebt dort.

Zur Eröffnung der ersten deutschen Ausstellung mit Collagen, Zeichnungen und Serigraphien aus den Jahren 1957–1966 am Freitag, dem 20. Januar 1967, 20 Uhr, laden wir Sie herzlich ein.

Dauer der Ausstellung bis 1. März 1967.

Galerie Ricke, 35 Kassel, Kölnische Straße 44–46
Telefon 0561/7 21 11 und 0561/62 16 (Wohnung).

Öffnungszeiten: Dienstag–Freitag 14–18 Uhr. Sonnabend 10–18 Uhr.

Einladung

—1967 fand der **Kunstmarkt** zum ersten Mal statt. Es war weltweit die erste Messe für zeitgenössische Kunst, das war eine vollkommen neue Sache. Ausgerichtet wurde der Kunstmarkt vom Verein für progressive Kunsthändler, den Hein Stünke und Rudolf Zwirner 1966 hier in Köln zusammen mit anderen Galeristen gegründet hatten. Ich erhielt vom Verein eine Einladung und sagte sofort zu, ich hatte damals noch meine Galerie in Kassel und ich war froh über diese Gelegenheit.
Dieser erste Kunstmarkt wurde von der Stadt Köln sehr unterstützt, unter anderem wurden die Räume umsonst gestellt. Jeder Galerist bekam ein Koje gleicher Grösse und zahlte das Gleiche, nämlich 1'000 Mark. Dadurch war es möglich, jegliches Risiko einzugehen, ob du verkaufst oder nicht, die 1'000 Mark hast du verkraftet. Deshalb waren die ersten drei, vier Jahre des Kunstmarktes so bedeutungsvoll. Hinterher ist der Kommerz grösser geworden. Der damalige Kulturdezernent, Dr. Kurt Hackenberg, verlangte nur den Erlös der Eintrittskarten für die Stadt Köln. Er war ein weitsichtiger Mann, denn es kamen an die 20'000 Menschen und er machte ein unglaubliches Geschäft. Bedingung war auch, dass jede der 18 Galerien eine Einzel- oder eine Zwei-Mann-Ausstellung im Kunstverein präsentiert, die sechs Wochen lang läuft. Das Publikum sollte auch nach der Messe Gelegenheit haben, sich mit neuen Positionen vertraut zu machen. Ich zeigte erstmals Gary Kuehn, zusammen mit Andy Warhol.—

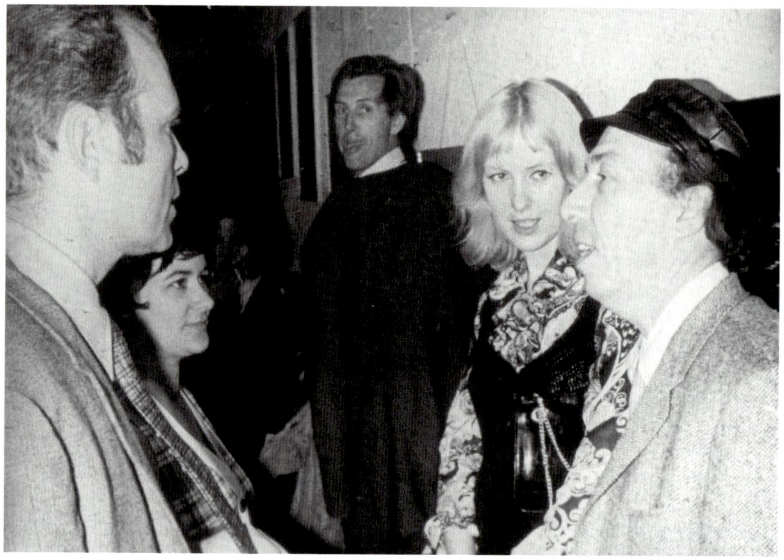

Rolf und Ursula Ricke, Richard Hamilton mit Begleitung, im Hintergrund Rudolf Zwirner

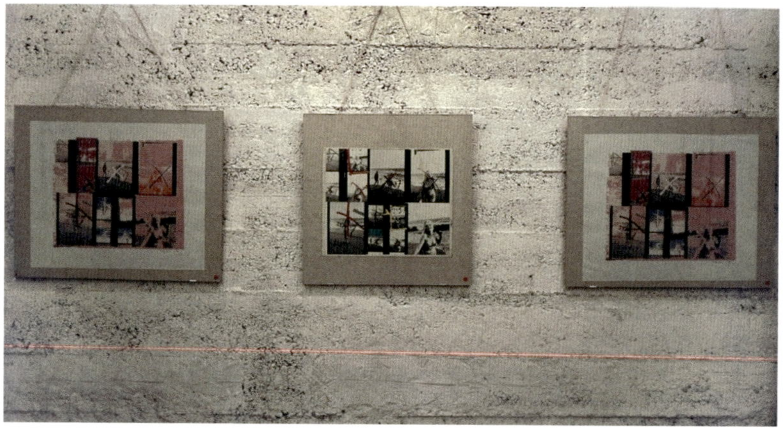

Richard Hamilton, „My Marilyn“

1967

16. April – 16. Mai 1967
Decade 7: Contemporary American Art 1967
Fine Arts Division, Southern Illinois University, Edwardsville. Künstler u. a. Bollinger, Bontecou, Kuehn, Lozano, McCracken, Stanley, Watts, Zox

12. September – 18. Oktober 1967
18 Galerien 36 Künstler
Kölnischer Kunstverein, Köln

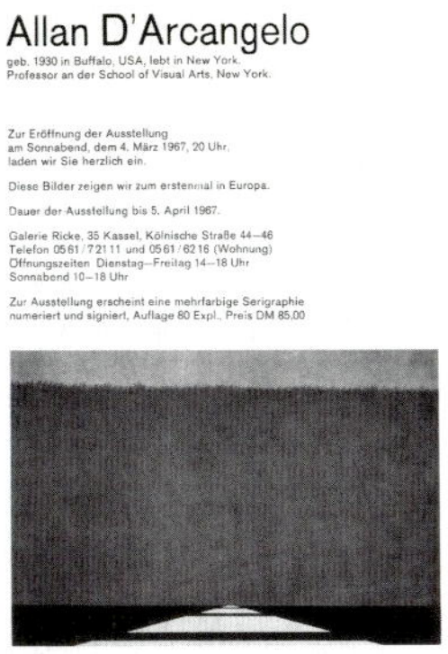
Allan D'Arcangelo
geb. 1930 in Buffalo, USA, lebt in New York.
Professor an der School of Visual Arts, New York.

Zur Eröffnung der Ausstellung
am Sonnabend, dem 4. März 1967, 20 Uhr,
laden wir Sie herzlich ein.

Diese Bilder zeigen wir zum erstenmal in Europa.

Dauer der Ausstellung bis 5. April 1967.

Galerie Ricke, 35 Kassel, Kölnische Straße 44–46
Telefon 0561/72111 und 0561/6216 (Wohnung)
Öffnungszeiten Dienstag–Freitag 14–18 Uhr
Sonnabend 10–18 Uhr

Zur Ausstellung erscheint eine mehrfarbige Serigraphie
numeriert und signiert, Auflage 80 Expl., Preis DM 85,00

Einladung

Richard Hamilton
Collagen, Zeichnungen und Serigraphien 1957–1966
(1. Einzelausstellung in Deutschland)
Zur Ausstellung erscheinen drei Siebdrucke.
20. Januar – 1. März 1967

Allan D'Arcangelo
(1. Einzelausstellung in Europa)
Zur Ausstellung erscheint ein Siebdruck.
4. März – 5. April 1967

Jim Dine
London 1966. Zeichnungen und Collagen
(Teils in Zusammenarbeit mit Eduardo Paolozzi)
15. April – 19. Mai 1967

George Brecht
Eröffnung 20. Mai 1967

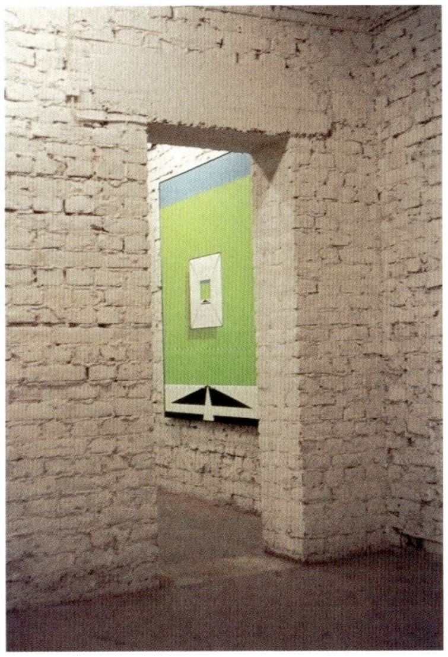
Allan D'Arcangelo

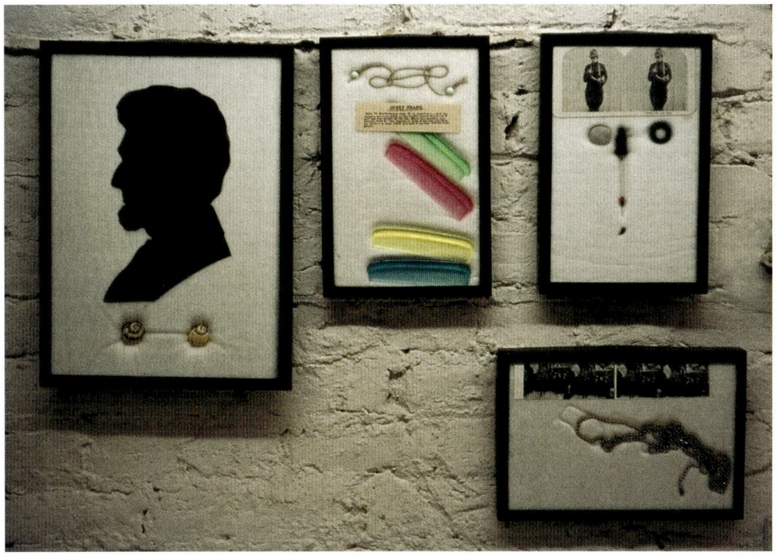
George Brecht

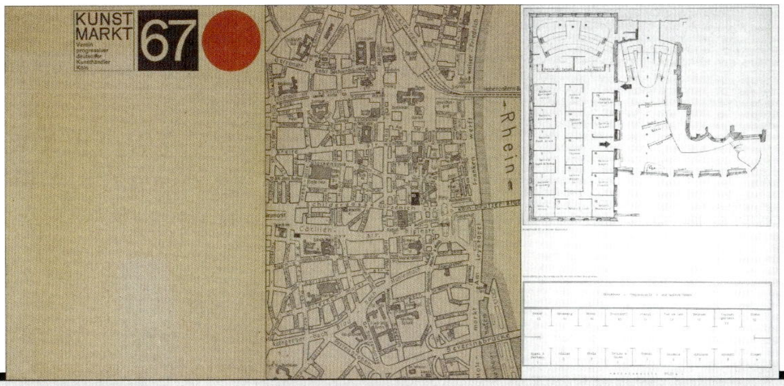

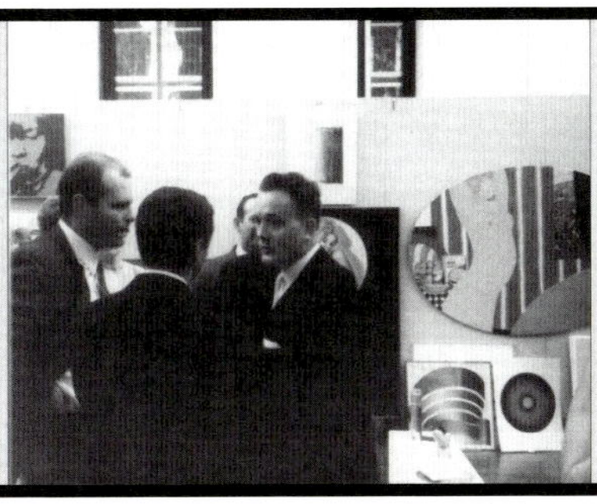

12. – 17. September 1967
Kunstmarkt Köln '67
Gürzenich, Köln

Kunstmarkt: Rolf Ricke in seiner Messekoje

Katalog Kunstmarkt

—Du hast erzählt, dass du nach Philadelphia gefahren bist, um die Arbeiten von **Marcel Duchamp** *anzusehen. War Duchamp ein Künstler, über den du mit den Künstlern in deinem Umfeld gesprochen hast?*

Wir haben viel über Marcel Duchamp gesprochen. Ende 1967 war ich bei Jim Rosenquist und er sagte: „Heute Abend hat Duchamp eine Eröffnung bei Cordier & Ekstrom. Hast du Lust mitzugehen? Wir gehen alle hin, das ist ja unser Lehrer, da kommen wir alle her." Wir sind hingegangen und da waren sie alle: Robert Rauschenberg, Jim Dine, Roy Lichtenstein, Tom Wesselmann und und … Jim Rosenquist hat mich Marcel Duchamp vorgestellt: Er sass im Stuhl, und ich war so berührt, ich konnte kein Wort sagen. Ich habe auch kein Wort gesagt, ich habe nur, glaube ich, einen „Diener" gemacht, als ich ihm die Hand gegeben habe. Ich war wirklich dem Weinen nahe, er war für mich so … wie ein Gott. Das war ein grosses Erlebnis für mich! Ein Jahr später ist er gestorben.—

—**Gerhard Richter** ist für mich von Anfang an ein Phänomen gewesen. Seine Kunst ist für mich ein Angelpunkt der Malerei, seine Radikalität und Härte, seine Wandelbarkeit, sein Einsatz von Farbe, seine konzeptuelle Ausrichtung. Gerhard Richter bewunderte ich *immer*, in meinen Augen malt er heute ebenso gute Bilder wie vor vierzig Jahren, das ist für mich der *absolute* Kernpunkt von Malerei.
Richters Arbeit verfolgte ich, seitdem ich erste Arbeiten Mitte der 1960er Jahre in der Galerie von Heiner Friedrich gesehen hatte, mit grosser Aufmerksamkeit. Über ihn bekam ich auch die erste und leider einzige Einzelausstellung 1968, die ich mit Gerhard Richter in der Galerie in Kassel realisierte. In dieser Ausstellung zeigte er Grisaillebilder mit verschiedensten Motiven nach Fotografien, die sich zwischen Schärfe und Unschärfe, zwischen Abbild und Abstraktion, und dies alles in diesem verwaschenen Grau, bewegten: *Vorhang*-Gemälde, ein Gemälde mit einem Kronleuchter *Flämische Krone,* und zwei oder drei erotische Bilder waren ausgestellt. Die Besucher damals waren schockiert, besonders von den erotischen Bildern.

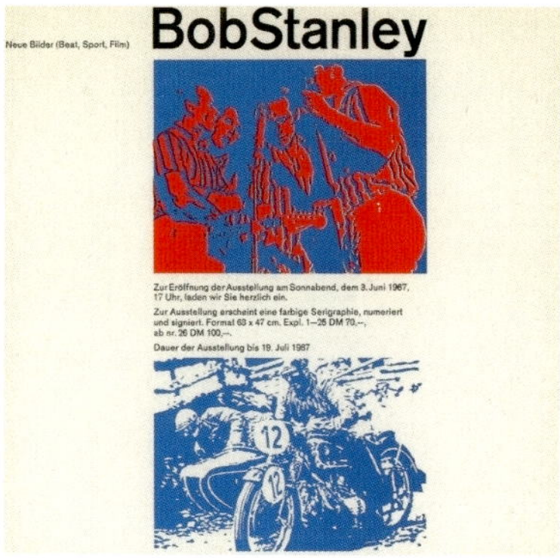

Einladung

Bob Stanley
Neue Bilder (Beat, Sport, Film)
Zur Ausstellung erscheint ein Siebdruck „Motorcycle".
3. Juni – 19. Juli 1967

Neue Grafik
Michael Buthe, Allan D'Arcangelo, Jim Dine, Rupprecht Geiger, Richard Hamilton, Jasper Johns, Utz Kampmann, Kaspar Thomas Lenk, Roy Lichtenstein, Heinz Mack, Marisol, Mel Ramos, Robert Rauschenberg, Larry Rivers, James Rosenquist, Bob Stanley
5. August – 7. September 1967

Zeichnungen, Bilder, Objekte, Skulpturen
Derek Boshier, George Brecht, Allan D'Arcangelo, Richard Hamilton, Gary Kuehn, Gerald Laing, Roy Lichtenstein, Mel Ramos, Horst Schwitzki, Colin Self, Bob Stanley, Andy Warhol, Robert Watts, Tom Wesselmann, Wolf Vostell, Larry Zox
5. August – 7. September 1967

Klaus Müller-Domnick
Plastische Arbeiten, Objekte, Montagen 1965–1967
22. September – 25. Oktober 1967

Robert Rauschenberg
Booster-Serie
(1. Ausstellung der Edition in Europa)
28. Oktober – 30. November 1967

September 1967
Jo Baer, „Letter"
in: *Artforum* 6, Nr. 1, September 1967, S. 5–6.
"Sirs: Bob Morris writes a paragraph in *Notes on Sculpture Part 3*, (Artforum, Summer 1967), which designates the art of painting an 'antique mode.' The contention parallels Judd's polemic in *Specific Objects,* (*Arts Yearbook* 8, 1965), and taken together, warrant rebuttal. . . ."

Oktober 1967
Eröffnung der Galerie
Ausstellungen bei Konrad Fischer in Düsseldorf

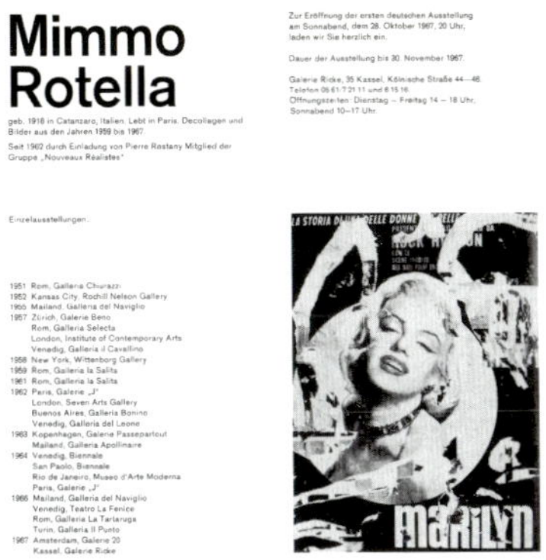

Mimmo
Rotella

geb. 1918 in Catanzaro, Italien. Lebt in Paris. Decollagen und Bilder aus den Jahren 1959 bis 1967.

Seit 1962 durch Einladung von Pierre Restany Mitglied der Gruppe „Nouveaux Réalistes"

Zur Eröffnung der ersten deutschen Ausstellung am Sonnabend, dem 28. Oktober 1967, 20 Uhr, laden wir Sie herzlich ein.

Dauer der Ausstellung bis 30. November 1967.

Galerie Ricke, 35 Kassel, Kölnische Straße 44–46.
Telefon 05 61/7 21 11 und 6 15 16.
Öffnungszeiten: Dienstag – Freitag 14 – 18 Uhr, Sonnabend 10–17 Uhr.

Einzelausstellungen:

1951 Rom, Galleria Chiurazzi
1952 Kansas City, Rochill Nelson Gallery
1955 Mailand, Galleria del Naviglio
1957 Zürich, Galerie Beno
Rom, Galleria Selecta
London, Institute of Contemporary Arts
Venedig, Galleria il Cavallino
1958 New York, Wittenborg Gallery
1959 Rom, Galleria la Salita
1961 Rom, Galleria la Salita
1962 Paris, Galerie „J"
London, Seven Arts Gallery
Buenos Aires, Galleria Bonino
Venedig, Galleria del Leone
1963 Kopenhagen, Galerie Passepartout
Mailand, Galleria Apollinaire
1964 Venedig, Biennale
San Paolo, Biennale
Rio de Janeiro, Museo d'Arte Moderna
Paris, Galerie „J"
1966 Mailand, Galleria del Naviglio
Venedig, Teatro La Fenice
Rom, Galleria La Tartaruga
Turin, Galleria Il Punto
1967 Amsterdam, Galerie 20
Kassel, Galerie Ricke

Einladung

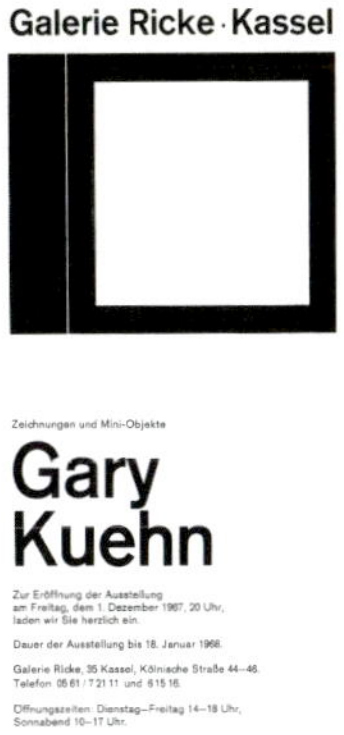

Galerie Ricke · Kassel

Zeichnungen und Mini-Objekte

Gary
Kuehn

Zur Eröffnung der Ausstellung am Freitag, dem 1. Dezember 1967, 20 Uhr, laden wir Sie herzlich ein.

Dauer der Ausstellung bis 18. Januar 1968.

Galerie Ricke, 35 Kassel, Kölnische Straße 44–46.
Telefon 05 61 / 7 21 11 und 6 15 16.

Öffnungszeiten: Dienstag–Freitag 14–18 Uhr, Sonnabend 10–17 Uhr.

Einladung

Mimmo Rotella
Decollagen und Bilder
1959–1967
(1. Einzelausstellung in Deutschland)
28. Oktober – 30. November 1967

Gene Davis
Bilder 1964–1967
(1. Einzelausstellung in Europa)
1. Dezember 1967 – 18. Januar 1968

Gary Kuehn
Zeichnungen und Mini-Objekte
(1. Einzelausstellung in Europa)
1. Dezember 1967 – 18. Januar 1968

Ten from Castelli
Edition mit Grafik und Objekten von Lee Bontecou, Jasper Johns, Donald Judd, Roy Lichtenstein, Robert Morris, Larry Poons, Robert Rauschenberg, James Rosenquist, Frank Stella, Andy Warhol
1. Dezember 1967 – 18. Januar 1968

Film-Podium I
Filme von Ferry Radax:
„Hundertwasser", „Am Rand" und „Sonne halt!"
Hermann-Schafft-Haus, Kassel
22. September 1967
Organisiert von Rolf Ricke in Zusammenarbeit mit Dieter Bitterli

5. Dezember 1967 – 6. Januar 1968
Marcel Duchamp. Polly Imagists
Cordier & Ekstrom Inc., New York

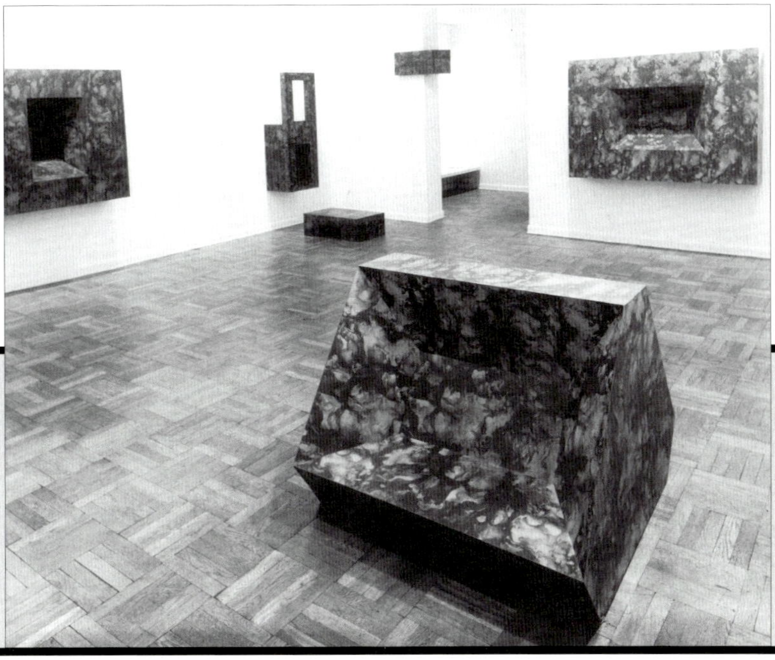

Richard Artschwager [1]

30. Dezember 1967 – 23. Januar 1968
Richard Artschwager
Leo Castelli Gallery, New York

Nichts wurde verkauft, obwohl Richter – das ist etwas, was ich sehr hoch schätze – extrem bemüht war, die Kontrolle über seine Preise zu halten. Er achtete darauf, dass seine Preise nur entsprechend der Inflationsrate stiegen. Es war ihm ein Anliegen, vielen Menschen zu ermöglichen, sich Kunst leisten zu können – dieser Wunsch bestand damals insgesamt, das Aufkommen von Multiples spiegelt dies und letztlich auch die Idee des ersten Kunstmarktes. Gerhard Richter hielt viele Jahre seine Preise stabil, doch ab einem gewissen Zeitpunkt konnte er den Markt nicht mehr kontrollieren.
Da Richter mit Alfred Schmela, Rudolf Zwirner, Konrad Fischer und Fred Jahn arbeitete, gab es keine Möglichkeit der weiteren Zusammenarbeit, aber wenn es irgendwie sinnfällig war, integrierte ich Gemälde von Gerhard Richter in Gruppenausstellungen. Auch privat besass ich einige Bilder von ihm, die ich leider mit der Scheidung an meine damalige Frau verlor. 1989 erwarb ich aber von den Gemälden, die er extra für die Ausstellung *Aus meiner Sicht* gemalt hatte, wieder eine Arbeit, die mich in jeder Wohnung begleitete.
Ich freute mich sehr, wenn er öfters zu Ausstellungen in die Galerie kam, ich erinnere mich noch an seinen Besuch bei *Slush Thrust* von James Rosenquist oder bei Donald Judd, aber auch bei einer Eröffnung von David Reed war er da, später gab es ein gemeinsames Essen und die beiden lernten sich kennen. Auf Gerhard Richter lasse ich nichts kommen!—

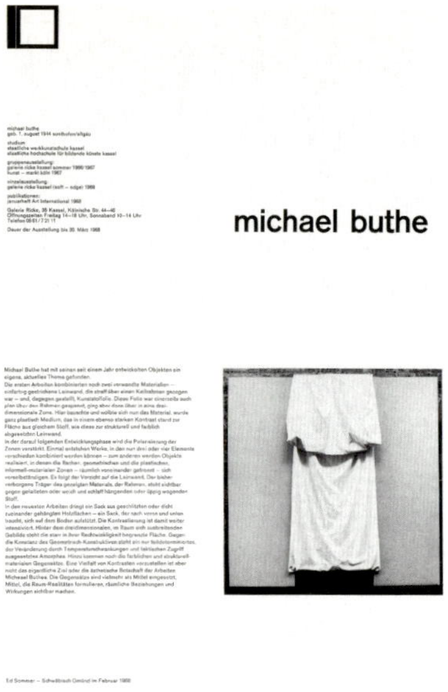

Einladung

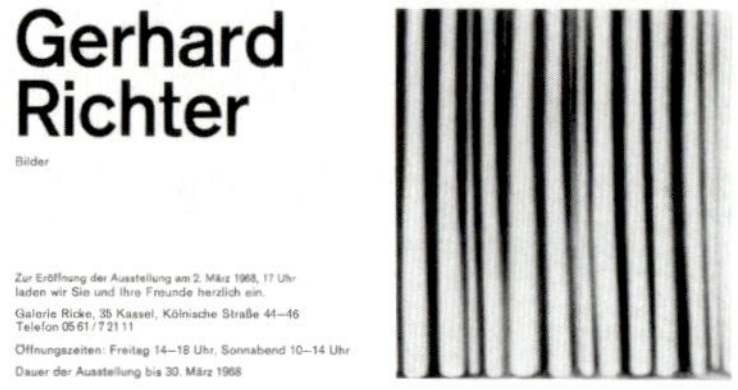

Einladung

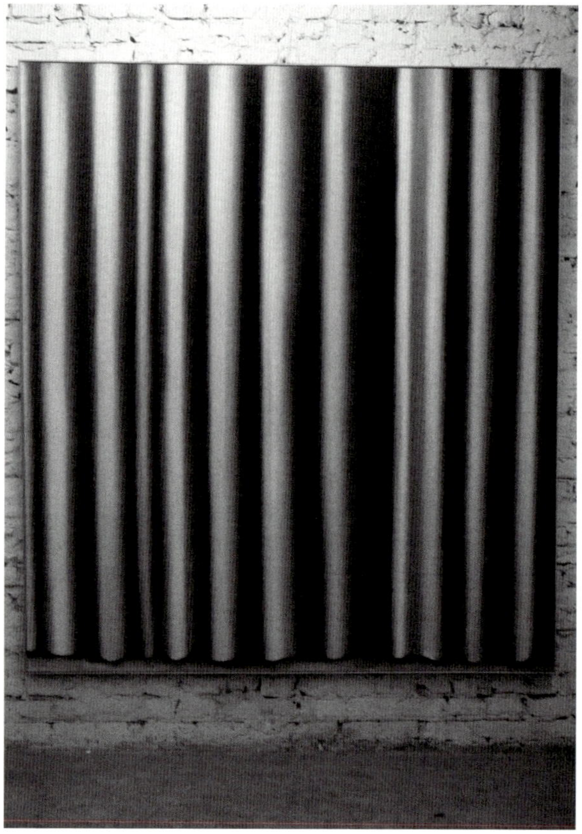

Gerhard Richter. Bilder

1968

4. April 1968: Ermordung von Martin Luther King Jr. in Memphis, Tennessee

6. Januar – 4. Februar 1968
Roy Lichtenstein
Tate Gallery, London

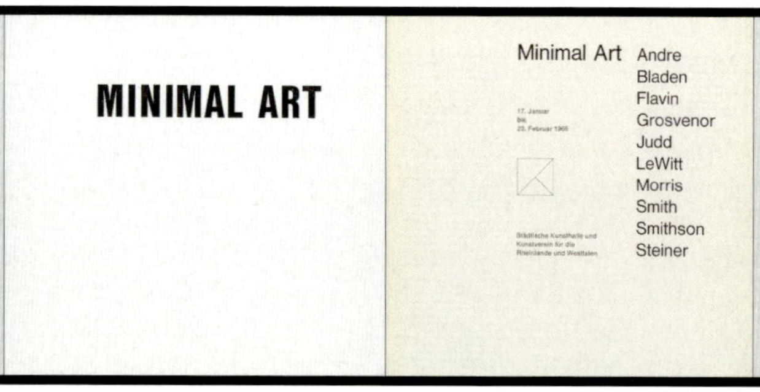

Katalog Minimal Art

Michael Buthe
Soft-Edge
2. – 30. März 1968

Gerhard Richter
Bilder
2. – 30. März 1968

Barry Flanagan
Environment Skulpturen
(1. Einzelausstellung in Deutschland)
Eröffnung 27. Juni 1968

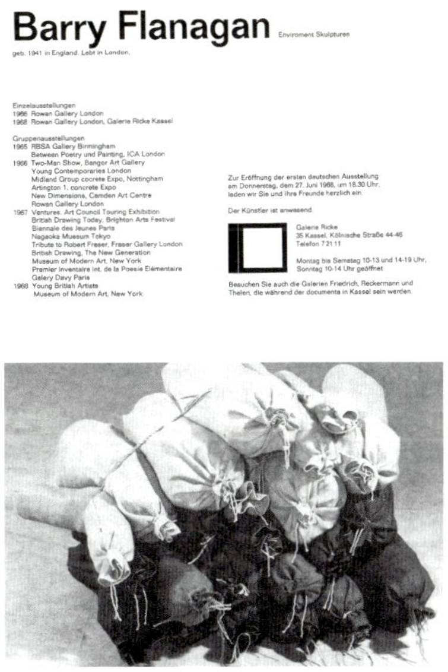
Barry Flanagan Environment Skulpturen

geb. 1941 in England. Lebt in London.

Einzelausstellungen
1966 Rowan Gallery London
1968 Rowan Gallery London, Galerie Ricke Kassel

Gruppenausstellungen
1965 RBSA Gallery Birmingham
Between Poetry und Painting, ICA London
1966 Two-Man Show, Bangor Art Gallery
Young Contemporaries London
Midland Group cocrete Expo, Nottingham
Artington 1. concrete Expo
New Dimensions, Camden Art Centre
Rowan Gallery London
1967 Ventures. Art Council Touring Exhibition
British Drawing Today, Brighton Arts Festival
Biennale des Jeunes Paris
Nagaoka Museum Tokyo
Tribute to Robert Fraser, Fraser Gallery London
British Drawing, The New Generation
Museum of Modern Art, New York
Premier Inventaire Int. de la Poesie Elémentaire
Galery Davy Paris
1968 Young British Artists
Museum of Modern Art, New York

Zur Eröffnung der ersten deutschen Ausstellung am Donnerstag, dem 27. Juni 1968, um 18.30 Uhr, laden wir Sie und Ihre Freunde herzlich ein.

Der Künstler ist anwesend.

Galerie Ricke
35 Kassel, Kölnische Straße 44-46
Telefon 7 21 11

Montag bis Samstag 10-13 und 14-19 Uhr, Sonntag 10-14 Uhr geöffnet

Besuchen Sie auch die Galerien Friedrich, Reckermann und Thelen, die während der documenta in Kassel sein werden.

Einladung

Barry Flanagan. Environment Skulpturen

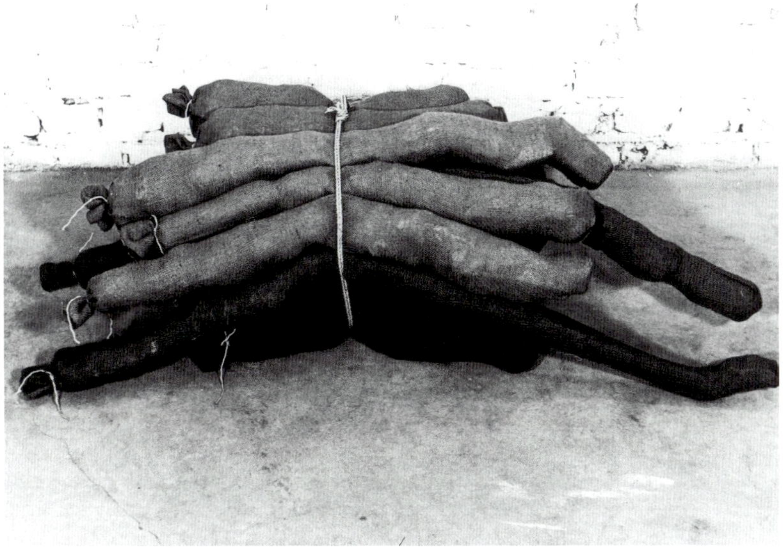

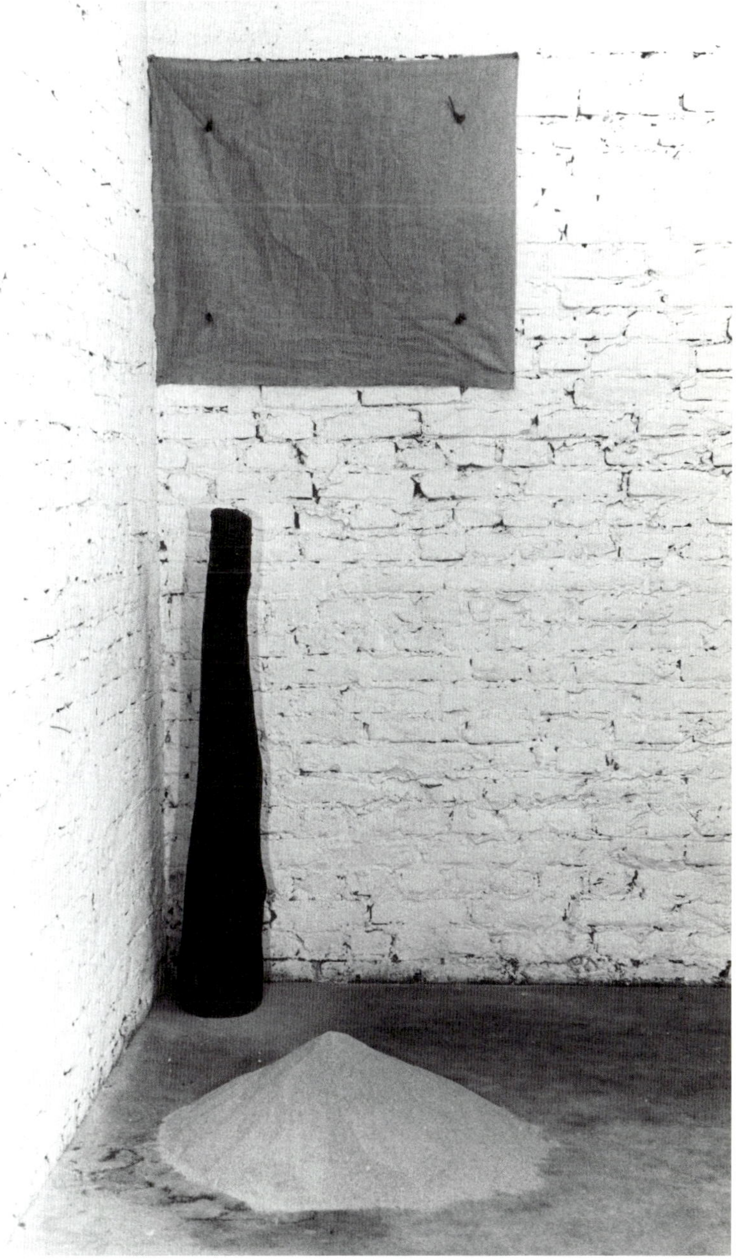

11. April 1968: Attentat auf Rudi Dutschke in Berlin

3. Mai 1968: Besetzung der Sorbonne, Beginn der Studentenunruhen in Paris

23. März – 26. Mai 1968
Minimal Art
Carl Andre, Ronald Bladen, Dan Flavin, Robert Grosvenor, Donald Judd, Sol LeWitt, Robert Morris, Tony Smith, Robert Smithson, Michael Steiner
Gemeentemuseum, Den Haag. Weitere Stationen: Städtische Kunsthalle und Kunstverein für die Rheinlande und Westfalen, Düsseldorf, 17. Januar – 23. Februar 1969; Akademie der Künste, Berlin, 16. März – 13. April 1969

—Jetzt erzähle ich doch mal meine Geschichte mit dem **Madison Avenue Cocktail**. Ich hatte mich geärgert, dass die Galerie in Kassel anlässlich von Eröffnungen immer voll war, sicher 60, 70, 80 Besucher, aber nichts wurde verkauft. Die Leute gaben mir Ratschläge, was ich machen und was ich nicht machen soll, zum einen haben sie sich eingemischt und zum anderen haben sie sich überhaupt nicht gekümmert. Es gab keine wirkliche Auseinandersetzung über die Kunst, vielleicht fühlten sie sich auf den Arm genommen, aber mir war das alles hochernst. Das fand ich immer schrecklich. Ich wollte irgendetwas machen, um das zu unterbinden. Und da ist mir eingefallen – es gab ja immer etwas zum Trinken – ich mache jetzt eine Art Cocktail, den nenne ich einfach Madison Avenue Cocktail, mit der Madison Avenue hatte er aber überhaupt nichts zu tun. Auf einer Einladungskarte ist der Madison Avenue Cocktail angekündigt. Mit dem Getränk war das so: Wenn man diese Tütchen mit Friedel-Brause kauft, und alle Sorten in ein Gefäss mit Wasser gibt, dann wird das ungefähr so: Pink! Das sah super aus. „Kommt das aus Amerika?", wurde gefragt. Ich habe mich nicht geschämt, ich dachte, das machst du jetzt! Jetzt führst du die mal an der Nase rum. Es schmeckte furchtbar und nach einiger Zeit ging die Brause weg … Bei der nächsten Eröffnung war die Galerie leer! (lacht)—

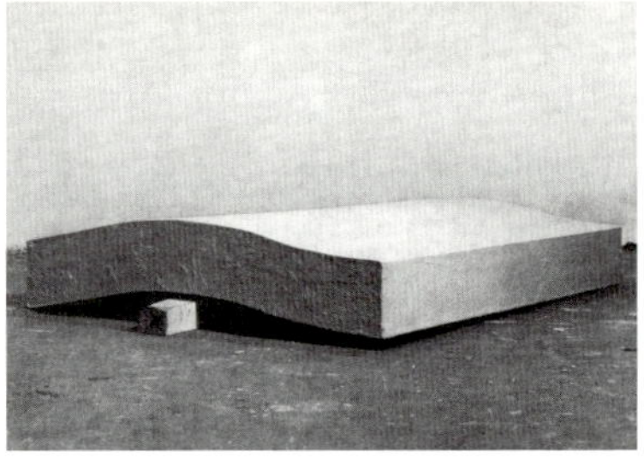

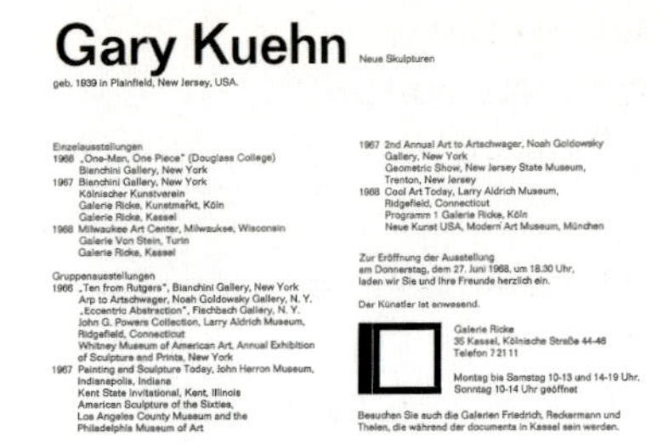

Gary Kuehn Neue Skulpturen

geb. 1939 in Plainfield, New Jersey, USA.

Einzelausstellungen
1966 „One-Man, One Piece" (Douglass College) Bianchini Gallery, New York
1967 Bianchini Gallery, New York
Kölnischer Kunstverein
Galerie Ricke, Kunstmarkt, Köln
Galerie Ricke, Kassel
1968 Milwaukee Art Center, Milwaukee, Wisconsin
Galerie Von Stein, Turin
Galerie Ricke, Kassel

Gruppenausstellungen
1966 „Ten from Rutgers", Bianchini Gallery, New York
Arp to Artschwager, Noah Goldowsky Gallery, N. Y.
„Eccentric Abstraction", Fischbach Gallery, N. Y.
John G. Powers Collection, Larry Aldrich Museum, Ridgefield, Connecticut
Whitney Museum of American Art, Annual Exhibition of Sculpture and Prints, New York
1967 Painting and Sculpture Today, John Herron Museum, Indianapolis, Indiana
Kent State Invitational, Kent, Illinois
American Sculpture of the Sixties, Los Angeles County Museum and the Philadelphia Museum of Art
1967 2nd Annual Art to Artschwager, Noah Goldowsky Gallery, New York
Geometric Show, New Jersey State Museum, Trenton, New Jersey
1968 Cool Art Today, Larry Aldrich Museum, Ridgefield, Connecticut
Programm 1 Galerie Ricke, Köln
Neue Kunst USA, Modern Art Museum, München

Zur Eröffnung der Ausstellung am Donnerstag, dem 27. Juni 1968, um 18.30 Uhr, laden wir Sie und Ihre Freunde herzlich ein.

Der Künstler ist anwesend.

Galerie Ricke
35 Kassel, Kölnische Straße 44-46
Telefon 7 21 11

Montag bis Samstag 10-13 und 14-19 Uhr, Sonntag 10-14 Uhr geöffnet

Besuchen Sie auch die Galerien Friedrich, Reckermann und Thelen, die während der documenta in Kassel sein werden.

Einladung

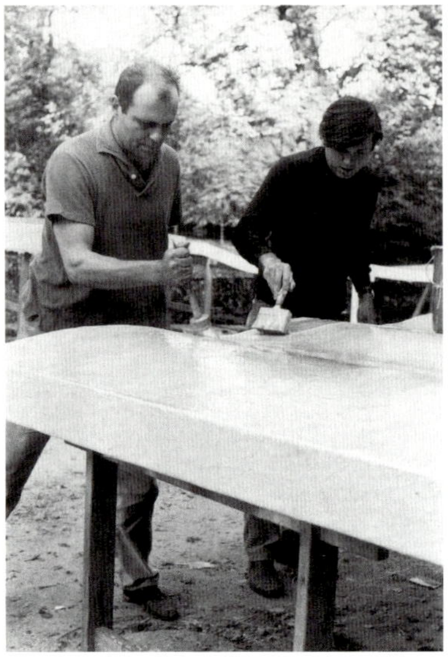

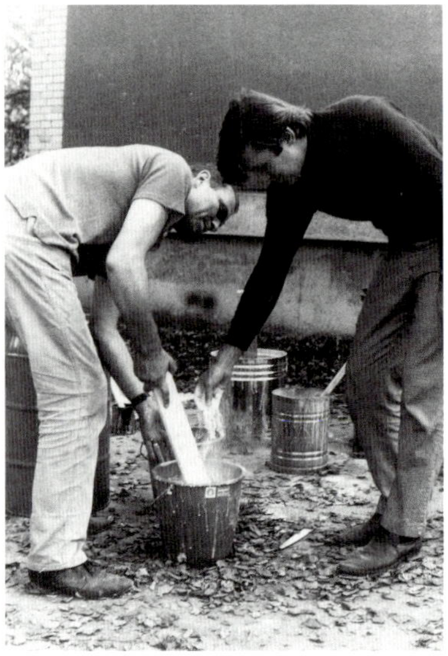

Rolf Ricke und Gary Kuehn in Kassel

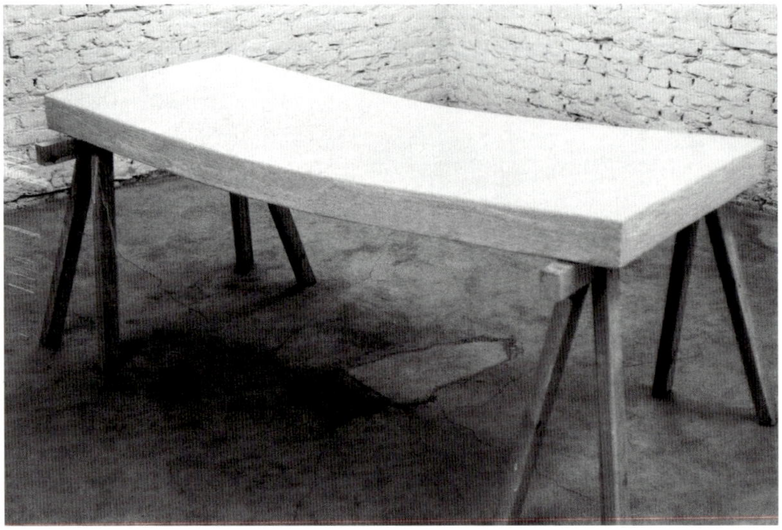

Gary Kuehn. Neue Skulpturen [46]

1968

30. Mai 1968: Verabschiedung der Notstandsgesetze im Bundestag

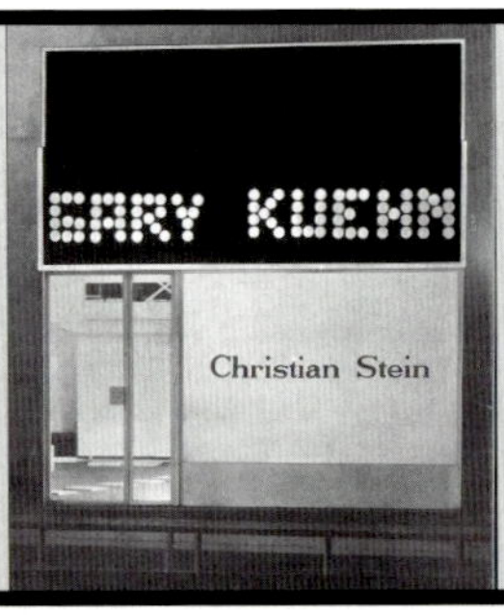

Einladung Gary Kuehn

Eröffnung 11. April 1968
Gary Kuehn
Galleria Christian Stein, Turin

5. Mai – 28. Juli 1968
50 Jahre Bauhaus
Württembergischer Kunstverein, Stuttgart

Gary Kuehn
Neue Skulpturen
Eröffnung 27. Juni 1968

Peter Young
Bilder
(1. Einzelausstellung in Europa)
Eröffnung 27. Juni 1968

Peter Young Bilder
geb. 1940 in Pittsburgh, USA. Lebt in New York.

Einzelausstellungen
1968 Nicholas Wilder Gallery, Los Angeles
Galerie Ricke, Kassel

Gruppenausstellungen
1967 Noah Goldowsky Gallery, New York
(mit Artschwager und Stout)
Cornell University
Sheldon Memorial Art Gallery, Lincoln, Nebraska
A. M. Sachs Gallery, New York
Whitney Annual, Whitney Museum, New York
1968 Noah Goldowsky Gallery, New York
(mit Jo Baer und David Budd)
Programm I, Galerie Ricke, Köln

Zur Eröffnung der ersten europäischen Ausstellung
am Donnerstag, dem 27. Juni 1968, um 18.30 Uhr,
laden wir Sie und Ihre Freunde herzlich ein.

Der Künstler ist anwesend.

Galerie Ricke
35 Kassel, Kölnische Straße 44-46
Telefon 7 21 11

Montag bis Samstag 10-13 und 14-19 Uhr,
Sonntag 10-14 Uhr geöffnet

Besuchen Sie auch die Galerien Friedrich, Reckermann und
Thelen, die während der documenta in Kassel sein werden.

Einladung

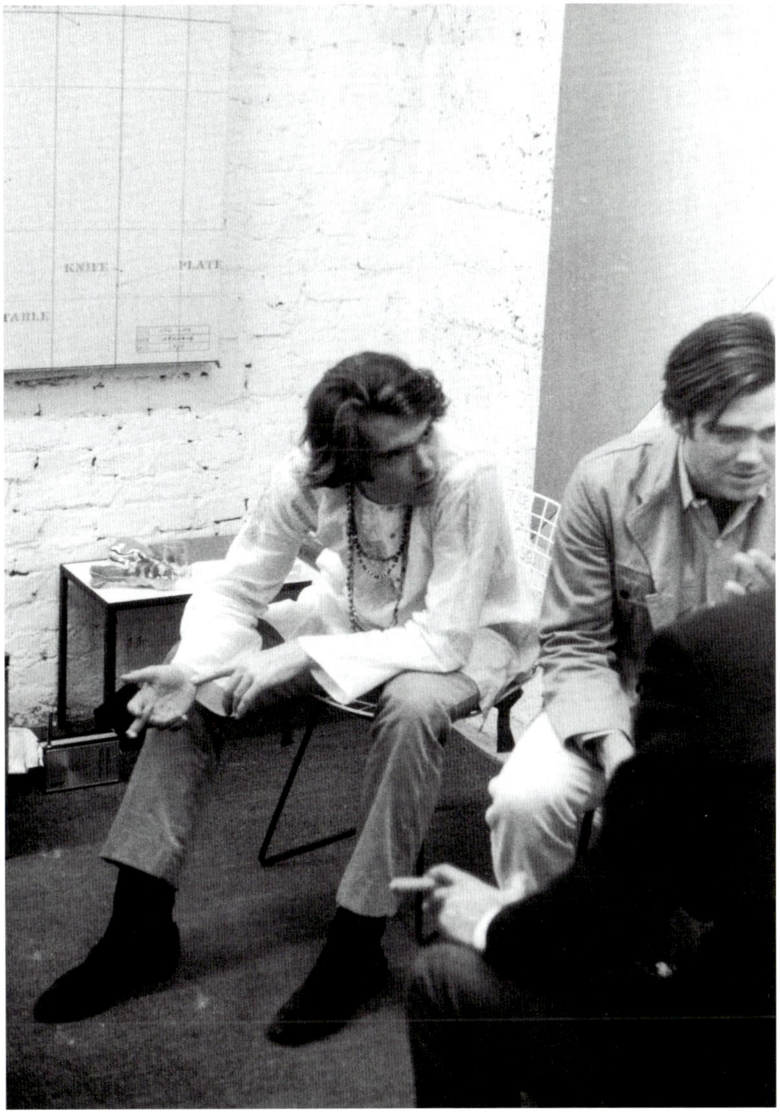

Peter Young und Gary Kuehn bei der Eröffnung

3. Juni 1968: Attentat auf Andy Warhol in New York

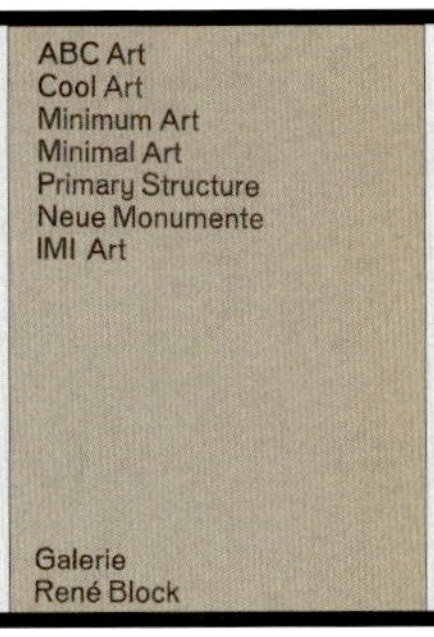

Eröffnung 7. Juni 1968
Minimal Art USA
Carl Andre, Bill Bollinger, Robert Breer, Donald Judd, Gary Kuehn,
Gerald Laing, Robert Morris, Fred Sandback
Galerie René Block, Berlin

Katalog Minimal Art USA

—**Gary Kuehn** lernte ich über die zentrale Anlaufstelle meiner Anfangszeit in New York, Paul Bianchini, kennen. 1965, 1966 und 1967 hatte Gary Kuehn in seiner Galerie ausgestellt. Die Ausstellung 1967 wurde die letzte in der Bianchini Gallery, da Paul wegen finanziellen Schwierigkeiten die Galerie schloss. Bei Paul sah ich die Arbeiten von Gary Kuehn erstmals 1966. Das war ein positiver Schock.

Phänomenal sei Gary Kuehn und sie könne mich gerne mit ihm bekannt machen, sagte Dorothy Herzka, die umgehend ein Treffen mit ihm vereinbarte. Zusammen fuhren wir nach New Jersey zu Garys Atelier in einem kleinen amerikanischen Blockhäuschen und dort sah ich seine unglaublichen Arbeiten, der gesamte Garten war voll mit Skulpturen. Gary arbeitete viel draussen – mit Fiberglas. Studiert hatte er an der Rutgers University, dort begegnete er George Segal, der nicht weit von ihm entfernt wohnte und der für ihn ein sehr bedeutsamer Lehrmeister geworden ist. Sowohl Gary und auch Dick Bellamy sind als Figuren in vielen Segal-Skulpturen vergipst. Über diese Lehrschule von George Segal fand Gary, denke ich, zu seiner Form von Skulptur.

Gary lernte ich als einen unglaublich netten, sehr verbindlichen, freundlichen jungen Mann kennen. Er stammt aus sehr armen Verhältnissen, sein Vater war Kommunist mit Idealen bezüglich sozialer Gerechtigkeit. Gary ist grundsätzlich nicht kompromissbereit, er macht grundsätzlich nichts, wovon er nicht überzeugt ist. Neben meiner Erziehung, besonders durch meine Mutter, die mich durch ihr Verhalten Respekt gelehrt hat, lernte ich Respekt durch die Künstler, lernte ich, wie man eine Haltung vertritt, auch wenn diese Haltung Widerstand hervorruft und man vielleicht überall aneckt, aber es gab keine Bereitschaft zu einer Stromlinienform. Wie Gary seine Skulpturen in dieser Zeit gemacht hat, zeugt für mich von ungeheurer Grösse.

Es ist enorm, was damals insgesamt los gewesen ist. Innerhalb einer kurzen Zeitspanne geschehen so viele verschiedene und wichtige Tendenzen, die Pop Art, eine grosse Spanne an minimalen Tendenzen, Einzelfiguren wie zum Beispiel Paul Thek, Tendenzen, die mit Op Art zu tun hatten, der Beginn von Bruce Nauman, Keith Sonnier oder etwa Richard Serra, auf die ich etwas später stossen sollte. Also da stand ich nun bei Gary Kuehn, sah seinen skulpturalen, sehr prozessorientierten Ansatz. Innerhalb von einer Stunde bot ich ihm eine Ausstellung an und sagte: „Wir wollen nichts schicken, wir müssen das vor Ort fabrizieren. Meinst du, du kannst deine Skulpturen woanders ausführen?" Gary Kuehn war der erste Künstler, den ich eingeladen habe, ausserhalb seines Ateliers zu arbeiten. Er sagte: „Okay, das mach ich. Das kann ich mir vorstellen." Ich bat ihn, mir zu schreiben, was er alles braucht und wann er kommt, er würde dann ein Ticket bekommen. Und so war es. Für die Ausstellung 1967 in Kassel wurde überhaupt nichts geschickt. Er produzierte alles in Kassel. Ich sprach mit Professor Arnold Bode und die Hochschule für Bildende Künste in Kassel war sofort bereit, einen Raum zur Verfügung zu stellen in der Schule unten in der Aue. Dort arbeitete ich mit Gary Kuehn zusammen an seinen Skulpturen. Die entstandenen Arbeiten stellte ich zunächst auf dem Kunstmarkt in Köln aus, in der Einzelausstellung im Kunstverein während des ersten Kölner Kunstmarkts. Ich habe darüber gar nicht weiter nachgedacht, ich empfand dies als vollkommen selbstverständlich. Im Nachhinein muss ich sagen, das war relativ kühn!

Aus dieser Begegnung ist eine sehr sehr lange Zusammenarbeit gewachsen, eine fast vierzigjährige Zusammenarbeit von 1966 bis 2004. Das ist so enorm, wenn ich mir das jetzt ansehe! Es gab nur eine Unterbrechung, in der Zeit von ungefähr Ende 1979 bis in die Mitte der 1980er Jahre, in dieser Zeit wollte keiner etwas von Artschwager, Kuehn oder Serra wissen – zumindest in Köln! Sonst arbeiteten wir über diese ganze Zeitspanne zusammen, besuchten uns – Gary kam eigentlich zu jeder seiner Ausstellungen –, und tauschten uns aus. Bereits 1968 realisierte er seine zweite Einzelausstellung mit Arbeiten, von denen sich einige in der Sammlung befinden. Diese Werke entstanden gesamt in der Lindenstrasse. Viele der Materialien besorgten wir uns bei Gummi-Grün in Köln, dort erhielten wir auch viele Tipps. Die Skulpturen zu machen, war harte Arbeit und das Arbeiten mit Fiberglas gefährlich, wie wir erst hinterher erfahren haben. Die Ausstellung war ein grandioser Erfolg. Gary bekam daraufhin einen Lehrauftrag an der Hochschule für Bildende Künste in Braunschweig. Diese Ausstellung war auch geschäftlich erfolgreich, so konnte ich mir Werke leisten und Gary kaufte sich einen gebrauchten, weissen Porsche älteren Baujahrs, mit welchem er nach Braunschweig fuhr. Das war eine gute Zeit.

Gary Kuehn spielte eine wichtige Rolle in der Auseinandersetzung bezüglich der Attitüden-Ausstellung von Harald Szeemann, der Videogalerie von Gerry Schum und und und. Deutlich nahm ich wahr, wie einige auch sehr berühmte Künstler sich an Kuehns Werk orientierten, sich damit wirklich intensiv beschäftigten. Im Besonderen mit seiner Fragestellung von Begrenzung. Begrenzung und Freiheit sind zentrale Begriffe für sein Werk. Nimm eine ganz bestimmte Fläche, begrenze diese Fläche, etwa durch Bretter, und gehe mit dem Filzstift hin und her, so stösst du rechts, links, oben und unten immer wieder an die Begrenzung und durch diese Begrenzung, durch den Schwung des Anstosses, wirst du sozusagen zurückgestossen. Der stoppende Impuls ist auch der treibende, Anfang und Ende gehen dabei quasi ineinander. In seinen ganz frühen Bildern spielt dies bereits eine zentrale Rolle, in ihnen stellte er bildhaft dar, was er dreidimensional in den Skulpturen zum Ausdruck brachte: das Gebundene und das Konstruierte. Er übte einen grossen Einfluss aus. Gary Kuehn war einer der am meisten beachteten Künstler der späten 1960er bis Ende der 1970er Jahre.—

—**Peter Young** zählt für mich zu den Vertretern einer neuen, malerischen Tendenz der späten 1960er Jahre in New York, zu der auch Dan Christensen und Lawrence Stafford gehören. Hierbei spielen Maler wie Ken Showell, Ronnie Landfield, Larry Poons und andere ebenso eine Rolle, doch ich erwähne vornehmlich jene, die im Galerieprogramm Relevanz hatten. Young, Christensen und Stafford waren im Grunde die einzigen „Maler-Maler" in meinem Programm. Alan Cote, Harriet Korman, Lee Lozano und Lewis Stein arbeiteten auch im Medium Malerei, doch unterscheide ich deren künstlerischen Ansatz, denn ihre Bilder sehe ich viel stärker einer konzeptuellen Haltung als einem malerischen Konzept verbunden. Nach der Pop Art und nach Minimal – ich benütze hier bewusst diesen generalisierenden Ausdruck Minimal – kommt eine junge Generation und entdeckt für sich wieder die Körperlichkeit, die Geste, die Pop und Minimal generell unterliefen. Young, Christensen, Stafford finden dabei zurück in eine malerische Geste. Bildhauer wie Kuehn, Serra oder Sonnier schätzten diese Maler sehr. Letztlich liegt ihren Arbeiten eine gleiche oder zumindest ähnliche Haltung zu Grunde. 1966 bis Anfang der 1970er Jahre sind dafür entscheidende Jahre: Serra schleudert flüssiges Blei in den

Raum, Le Va wirft Glasplatten, Sonnier trägt mit schwungvoller Geste Latex und Flock auf, Young setzt Punkte und faltet frisch bemalte Leinwände, Stafford agiert via einer spritzenden Malmaschine, Christensen benützt eine Spritzpistole um Graffiti-hafte Bilder zu malen. Dahinter steckt ein gleicher Ansatz, eine gleiche Problematik: Die körperhafte Geste und der energiegeladene Prozess.

1967 oder 1968 lernte ich Peter Young über Richard Bellamy kennen. Dick sagte damals des öfteren zu mir: „Rolf, da ist der und der Künstler, sag' doch einmal guten Tag. Sieh dir die Arbeiten an." So wies er mich auch auf Peter Young hin, den ich kurz darauf besuchte. Dick, der keine eigene Galerie mehr besass, zeigte Peter 1967 in den Räumen der Noah Goldowsky Gallery in New York. Dort hatte sich Dick ein Büro gemietet und organisierte Ausstellungen in den Galerieräumen, nachdem er 1965 die Green Gallery schliessen musste. Diese legendäre Galerie hatte Dick 1960 mit Unterstützung des Sammlers Robert C. Scull eröffnet und nachdem Scull ihm die finanzielle Rückendeckung entzog, ging Dick Pleite. Auch mit der 1980 eröffneten Oil & Steel Gallery war ihm kein wirtschaftlicher Erfolg beschieden. Dick Bellamy, dessen Mutter aus China stammte, kannte fast jeden in der Kunstwelt, er war wie ein Telefonbuch. Lozano, Kuehn, Sonnier, Serra, Nauman, alle hatten sie mit ihm zu tun. Rosenquist, Wesselmann, Samaras, Morris, Judd und Flavin haben bei ihm ausgestellt, sie sind alle Künstler aus der Bellamy'schen Entdeckerkiste. Dick war wenige Jahre älter als ich, am Abend vor seinem Tod im Frühjahr 1998 habe ich ihn ein letztes Mal getroffen. Er hatte ein unglaubliches Auge und eine grosse Liebe zu den Künstlern und ihrer Kunst.

Peter Young arbeitete in einem Haus in der Bowery, in dem auch Lawrence Stafford sein Atelier hatte und mit dem er mich später bekannt machte. Robert Ryman wohnte schräg gegenüber. Und Christensen wiederum hatte mit Stafford zusammen in Kansas City studiert. Bei diesem Besuch vereinbarten wir Peters erste europäische Einzelausstellung. Seine Bilder waren damals in den USA schon sehr gefragt. Insgesamt gab es einen Aufbruch, der sich auch geschäftlich zu Buche schlug. Für seine Bilder bestanden Wartelisten. Anders als heute arbeiteten die Künstler langsamer, es entstand schlichtweg viel weniger Kunst, und diesen enormen Druck durch die Vielzahl von Ausstellungen und von Kunstmärkten, gab es in dieser Form nicht. Es lief alles in ruhigerem Fahrwasser. Wir mussten uns streiten, welcher Galerist welche Bilder bekam, denn zwei Galerien waren bereits viel für einen Künstler. Peter Young arbeitete ausserdem mit Nicholas Wilder in Los Angeles. Meiner Erinnerung nach wollte auch Leo Castelli unbedingt eine Ausstellung mit Peter Young, doch Peter lehnte ab, denn sein Haupthändler war Dick Bellamy und ihm gegenüber war er sehr loyal, was für ihn grundsätzlich zutrifft. Irgendwie bewerkstelligte es Castelli, sich drei Gemälde zu besorgen und 1969 zeigte er eine Zwei-Mann-Ausstellung mit Peter Young und David Diao. Das macht deutlich, dass der Markt anzog, Druck sich anbahnte, aber Peter widersetzte sich dem: „Schluss! Ich lasse mich nicht unter Druck setzen!" Er emigrierte, reiste zu den Boruca Indianern in Costa Rica, reiste nach Marokko, in den Südwesten der USA, war fast unentwegt unterwegs, bis er New York ganz den Rücken kehrte. In Bisbee, Arizona fand er schliesslich einen Ort, an dem er zur Ruhe kam und an dem er bis heute lebt.

Peter Young ist ein äussert interessanter Mensch, hochgewachsen mit grossen, stechenden braunen Augen. Damals hatte er lange Haare und wirkte etwas wild, fast unheimlich, dabei war er sehr umgänglich, wenn er auch etwas Widerspenstiges, ja Kratziges – mir fällt kein anderes Wort ein – hatte. Er besass sehr klare Vorstellungen von seiner Arbeit und war sich seines Erfolges durchaus bewusst. Als wir 1968 das erste Mal zusammen abends ausgingen, war ich richtig aufgeregt. Peter hatte ein indisches Restaurant ausgesucht und zum ersten Mal in meinem Leben ass ich indisch. Das war phänomenal, ein wunderschöner Abend. Daraus erwuchs eine unglaublich gute Zusammenarbeit, von 1968 bis 1973 realisierten wir fünf Einzelausstellungen und in jeder davon behandelte er mit einer Werkgruppe ein anderes Thema.

1968 reiste er für seine erste Ausstellung *Bilder* nach Kassel, auch Gary Kuehn kam. Am selben Abend parallel zur *4. documenta* eröffneten wir von beiden eine Ausstellung. Doch wir konnten nicht viel gemeinsam unternehmen, denn ich war mit vielem um die *documenta* herum sehr befasst. Die Ausstellung war ein grosser Erfolg, Peter hatte 6 oder 7 Bilder geschickt und die verkauften wir, eines erwarb ich für mich [147]. Er zeigte Punktebilder, die schwarzen Punkte – die obere Bildschicht – setzte er auf eine zart farbige Leinwand und es ist unglaublich, was geschieht: Es ist eine Herausforderung für die Augen, für die Wahrnehmung, eine konstante Bewegung.

In seiner Ausstellung *Beads* 1970 löste er sich von Leinwand und Keilrahmen, überführte die pure Farbe in den Bereich des Dekorativen, des Schmucks. Gleich den bunten Trade Beads, die bei Indianern als Tauschwert hoch im Kurs standen, schuf er aus Acrylfarbe Kettenstücke, indem er einen Strang getrockneter Acrylfarbe immer wieder in Farbtöpfe tauchte, diesen dann zerschnitt und bearbeitete – in der Art, wie man Äste schnitzt, – sodass die Farben in ihrer Farbkraft und als Muster zu Tage traten. Aufgereiht auf einem Faden hingen diese „Perlen" als Ketten in der Ausstellung.

1971 zeigte Peter Young in seiner dritten Einzelausstellung die sogenannten *Stick Paintings*. Es sind meines Wissens die ersten Bilder, die er malte, nachdem er endgültig New York verlassen hatte. Die Stadt war ihm zuwider geworden: „Das ist hier alles furchtbar, New York bricht auseinander, es geht nur noch ums Geschäft, ich gehe zu anderen Wurzeln, in die Natur."

Diese kleinen farbigen Bilder sind auf handgewebtem Leinen gemalt. Peters intensive Beschäftigung mit indianischer Kultur und Kunst spiegelt sich auch hier, angefangen bei formalen Aspekten wie den dargestellten Formen und Zeichen bis hin zu den verwendeten Farbpigmenten. Für diese Bilder nahm er keine gewöhnlichen Keilrahmen, sondern spannte Leinen auf bearbeitete Äste, das hatte für ihn mit der Befreiung von der Konsumwelt zu tun und gleichzeitig mit der Hinwendung zu archaischen Kulturen. Es gibt 36 solcher Bilder, die er an drei Händler verteilte. 12 Stück erhielt Dick Bellamy, 12 Stück gingen zu Joe Lo Giudice in Chicago und 12 Stück bekam ich nach Köln. Alle sind verkauft worden. Für die *documenta 5*, 1972 hat Harald Szeemann versucht, noch einmal alle zusammen zu bekommen, um sie in der Abteilung *Individuelle Mythologien* zu zeigen.

1973 in seiner letzten Ausstellung bei mir, arbeitete er vor Ort, er produzierte seine sogenannten Rorschach-Bilder, grosse Bilder, bei denen er Acrylfarbe auf die Leinwand spritzte, diese viermal faltete und wieder aufklappte. Peter Young dachte sehr aus der Natur heraus, sehr ökologisch und seine Anti-Haltung dem Markt gegenüber, seine nicht vorhandene Bereitschaft, sich vermarkten zu lassen und dem Markt zu dienen, unterstützte, denke ich, seine Entscheidung, sich ganz nach Bisbee in Arizona zurückzuziehen. Für ihn war es keine Entscheidung gegen die Kunst, vielmehr war es eine künstlerische Entscheidung.—

—Donald Judd, Keith Sonnier, Bruce Nauman – ich nenne jetzt nur Künstler, mit denen ich zusammengearbeitet habe – sind sehr begierig zur **Judson Memorial Church** in New York gegangen, weil sich dort eine andere Vision darstellte. Ich war ein paar Mal dabei. Die Kirche war immer voll. Und ich war entsetzt, dass man in einer Kirche so was macht. Das war für mich natürlich auch neu. Es wurden Videos von Vito Acconci vorgeführt und Performances von Trisha Brown, Lucinda Childs, Alex und Deborah Hay – Alex Hay war ein Tänzer von John Cage und in der Ausstellung *Programm I* von 1968 habe ich ihn ausgestellt –, Yvonne Rainer, Philip Glass, Charlemagne Palestine und anderen fanden statt. Das war immer eine ungeheuerliche Geschichte. Charlemagne Palestine etwa spielte mit Teddys am Klavier. Das war sensationell. Die Künstler wollten alle hin, weil hier Querverbindungen zur bildenden Kunst in der Luft lagen. Ich denke, das Wort „Performance" wurde da geprägt, vorher war es „Dance". Diese Performances sind nicht aus dem Tanz entstanden, sondern lösten sich vom Tanz und wurden zu einer Kunstform. Merce Cunningham, John Cage und Robert Rauschenberg sind natürlich wichtig hierfür. In der bildenden Kunst ist dies in einer ganz anderen Form weiterentwickelt worden. Ich glaube, die „situation objects" von Keith Sonnier sind daraus erwachsen. Die Prozesshaftigkeit der Arbeit, der Bleiskulpturen etwa von Richard Serra – das war ja noch zum Teil die Zeit vor den Stahlskulpturen – sind auch in einem Zusammenhang mit dem Interesse an diesen Formen zu sehen.—

Primary Structure, Minimal Art, Pop Art, Anti Form
Richard Artschwager, Jo Baer, Ronald Bladen, Bill Bollinger, George Brecht, Robert Breer, Michael Buthe, Dan Christensen, Allan D'Arcangelo, Jim Dine, Barry Flanagan, Dan Flavin, Robert Grosvenor, Richard Hamilton, Alex Hay, Erwin Heerich, Eva Hesse, Ralph Humphrey, Jasper Johns, Gary Kuehn, Kaspar Thomas Lenk, Roy Lichtenstein, Lee Lozano, Heinz Mack, Robert Mangold, Robert Morris, Claes Oldenburg, Otto Piene, Michelangelo Pistoletto, Mel Ramos, Robert Rauschenberg, Gerhard Richter, James Rosenquist, Richard Serra, Keith Sonnier, Bob Stanley, Frank Stella, Cy Twombly, Günter Uecker, Wolf Vostell, Andy Warhol, Robert Watts, Tom Wesselmann, Peter Young, Larry Zox
Eröffnung 27. Juni 1968

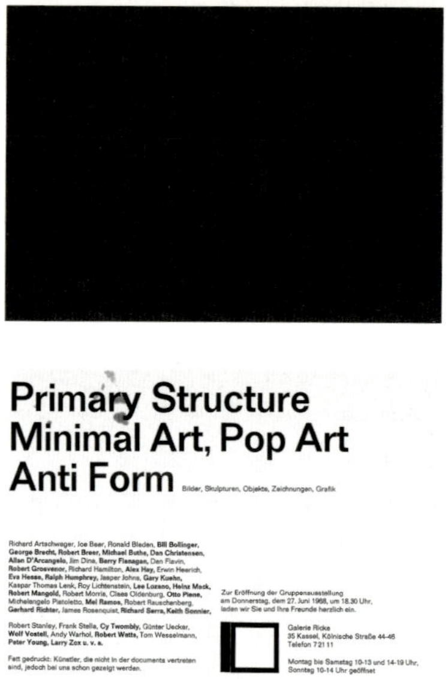

Primary Structure
Minimal Art, Pop Art
Anti Form Bilder, Skulpturen, Objekte, Zeichnungen, Grafik

Richard Artschwager, Joe Baer, Ronald Bladen, **Bill Bollinger, George Brecht, Robert Breer, Michael Buthe, Dan Christensen, Allan D'Arcangelo**, Jim Dine, **Barry Flanagan**, Dan Flavin, **Robert Grosvenor**, Richard Hamilton, **Alex Hay**, Erwin Heerich, **Eva Hesse, Ralph Humphrey**, Jasper Johns, **Gary Kuehn**, Kaspar Thomas Lenk, Roy Lichtenstein, **Lee Lozano, Heinz Mack, Robert Mangold**, Robert Morris, Claes Oldenburg, **Otto Piene**, Michelangelo Pistoletto, **Mel Ramos**, Robert Rauschenberg, **Gerhard Richter**, James Rosenquist, **Richard Serra, Keith Sonnier**,

Robert Stanley, Frank Stella, **Cy Twombly**, Günter Uecker, **Wolf Vostell**, Andy Warhol, **Robert Watts**, Tom Wesselmann, **Peter Young, Larry Zox u. v. a.**

Fett gedruckt: Künstler, die nicht in der documenta vertreten sind, jedoch bei uns schon gezeigt werden.

Zur Eröffnung der Gruppenausstellung am Donnerstag, dem 27. Juni 1968, um 18.30 Uhr, laden wir Sie und Ihre Freunde herzlich ein.

Galerie Ricke
35 Kassel, Kölnische Straße 44-46
Telefon 7 21 11

Montag bis Samstag 10-13 und 14-19 Uhr, Sonntag 10-14 Uhr geöffnet

Einladung

1968

18. Juni – 9. Juli 1968
Richard Artschwager. Blps
Ausstellungen bei Konrad Fischer, Düsseldorf

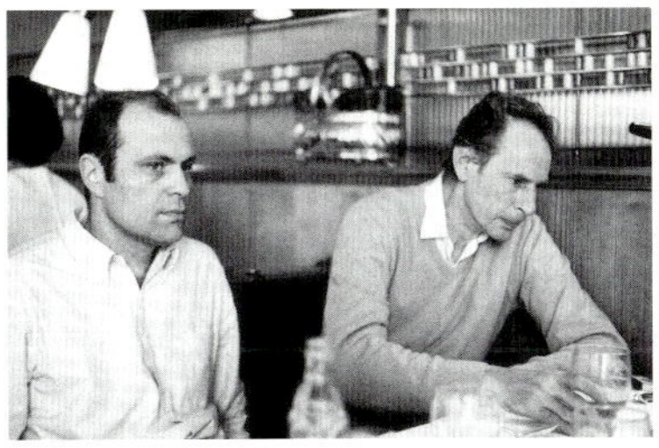

Rolf Ricke und Ronald Bladen in Kassel

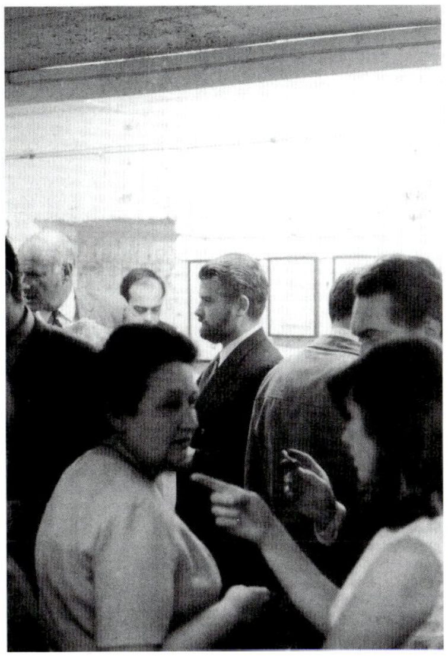

Ileana Sonnabend (links) bei der Eröffnung

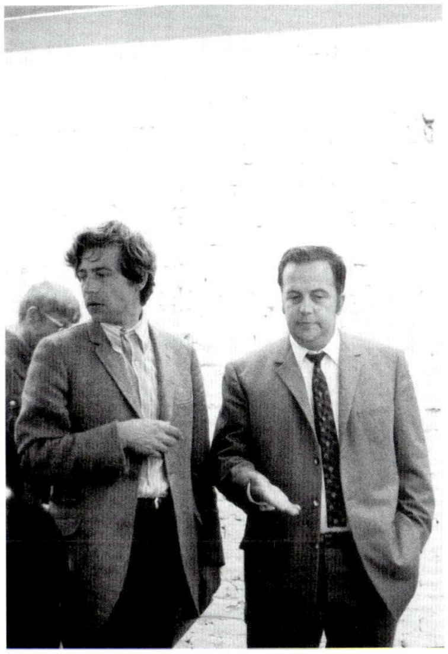

Bazon Brock und Dr. Heinz Hunstein

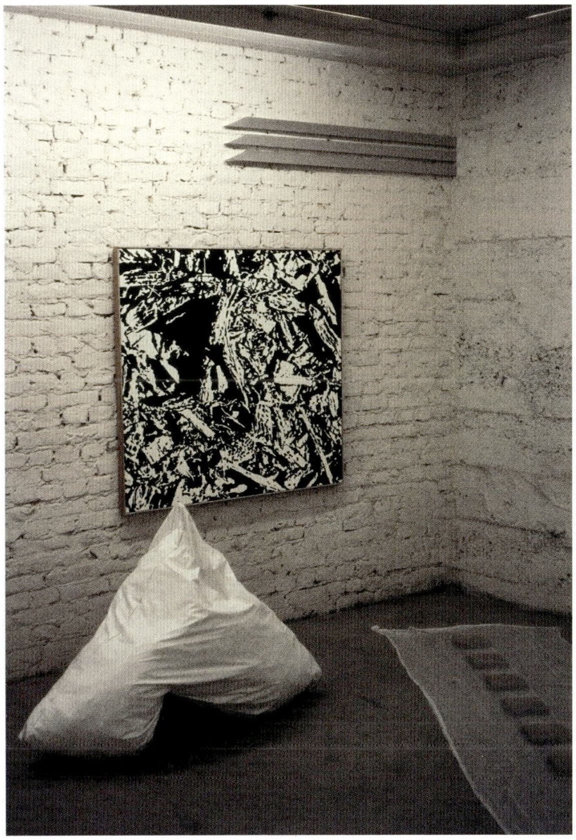

Primary Structure, Minimal Art, Pop Art, Anti Form:
Buthe, Stanley, Bollinger, Sonnier [115]

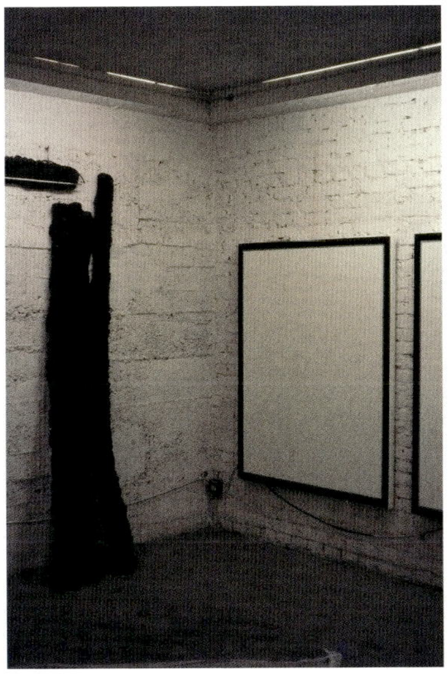

Serra, Baer

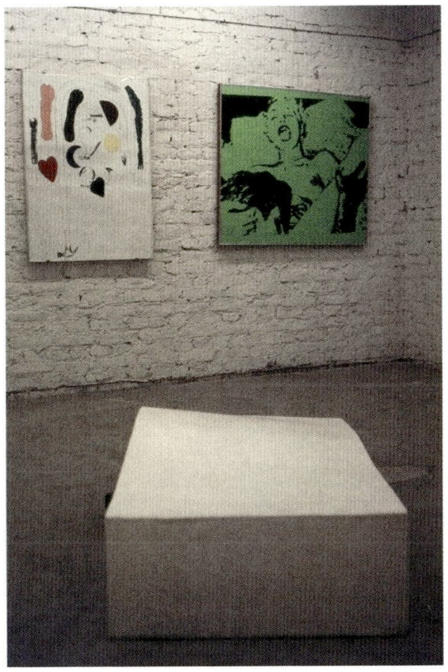

Kuehn, Dine, Stanley

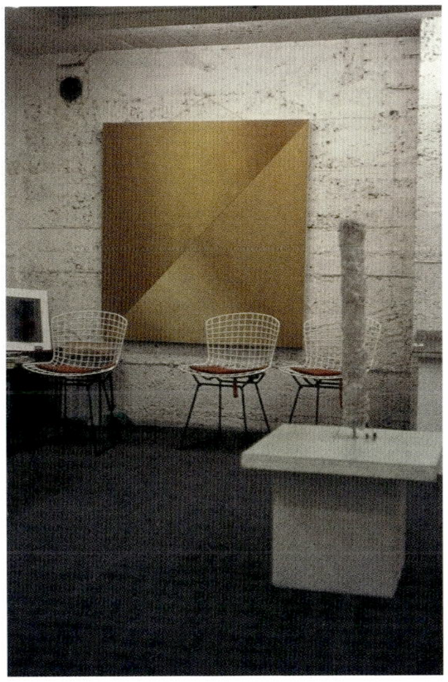

Lozano u. a.

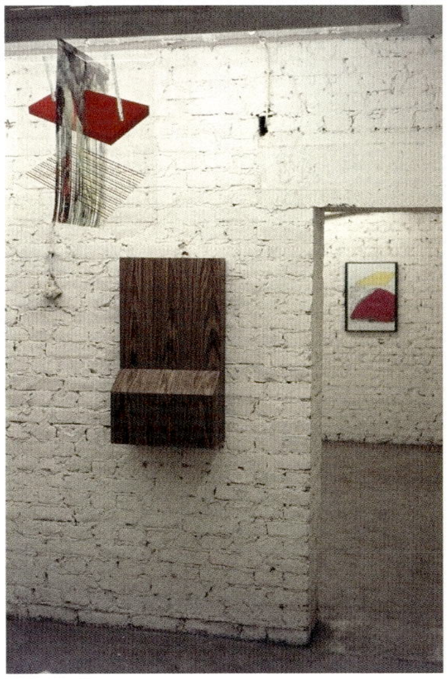

Rosenquist, Artschwager, u. a.

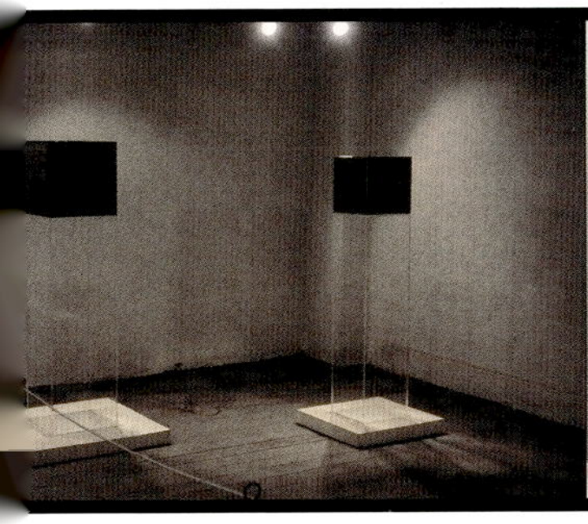

4. documenta: Larry Bell

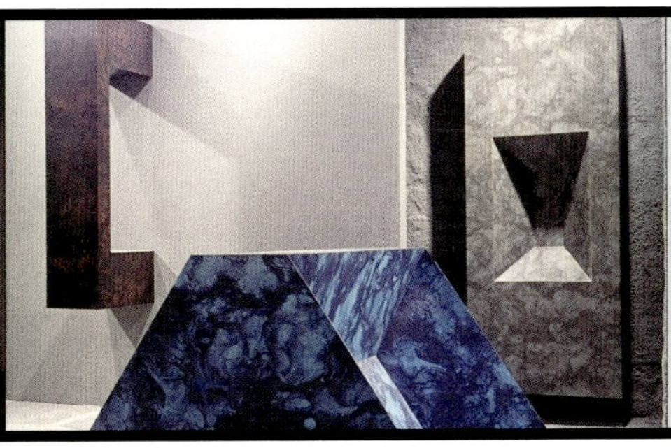

Richard Artschwager

27. Juni – 6. Oktober 1968

4. documenta

Kassel. Ausstellungsleitung: Arnold Bode. Künstler u. a. Arakawa, Artschwager, Baer, Bell, Bladen, De Maria, Flavin, Hamilton, Johns, Judd, Lichtenstein, Rauschenberg, Rosenquist, Stanley

—Werke von **Bill Bollinger** sah ich erstmals im Dezember 1967 in der Bykert Gallery. Das war eine Galerie, die man sehen musste, wenn man sich für zeitgenössische Kunst interessierte. Es gab damals ja nur fünf oder sechs wegweisende Galerien in New York. Einer der Inhaber war Klaus Kertess, ein sehr ruhiger und eigenwilliger Typ. Die Galerie befand sich weit oben in Uptown, also abseits von den anderen. Bill Bollinger hatte dort eine Einzelausstellung, die mich in ihrer Radikalität so beeindruckte, dass ich ihn unbedingt besuchen wollte. Ich fuhr in sein Atelier nach Brooklyn, das erste Mal in meinem Leben, das war sehr unheimlich: Die U-Bahn und die Autobahn lagen in Trümmern, es war eine furchtbare Gegend, ich hatte richtig Angst. Bollinger stand wie ein Klempner wortkarg in seinem Atelier. Ich habe mir alles angesehen, wir sprachen wenig. Sicher fragte ich: „Was kostet das?", und für 100 oder 80 Dollar kaufte ich eine erste Arbeit. Bevor ich ging, vereinbarten wir eine Ausstellung.
Für diese erste Ausstellung im Mai 1968 kam keine Arbeit aus den USA, alles entstand in der Galerie. Bollinger und ich gingen zusammen zu einem Eisenwarenhändler, besorgten Aluminiumstangen, fuhren zu Gummi-Grün, einem Superladen in Köln – auch für Gary Kuehn –, kauften Plastikschläuche und in einem Drahtgeschäft versorgten wir uns mit Maschendraht. Bill Bollinger wusste sehr genau, was er wollte, genau wie Kuehn, Serra, Sonnier und andere. Manchmal gab es zuvor Korrespondenz oder einen Anruf: „Suche eine Bleifabrik. Besorg mir das, oder schau, wo es jenes gibt." Meist war nicht viel Zeit. Die Künstler kamen, wir fuhren zu einem der Materialhändler, dort sahen sie vielleicht noch etwas und sagten: „Oh, das ist toll, damit kann ich auch etwas machen." Es gab eine Faszination für Materialien. Und gerade Bollinger hat sich umgeschaut und reagiert: „Das sieht ja anders aus als in Amerika. Vielleicht nehme ich nicht das, sondern dies, und statt dem Mass 2,70 mal 3,70 Meter wird es 2,50 mal 3,50 Meter." Die Künstler stellten sich auf das europäische Mass um, von inch auf cm. So sind praktisch alle Arbeiten von Bill entstanden, ob *Pipe*, *Wire Piece* oder *Red Hook* ... *Pipe* war als limitiertes Auflagenobjekt angelegt. Die Überlegung war, wenn 10 für 100 Mark verkauft werden, können wir damit die Ausstellung und das

Robert Rauschenberg
Bonnie and Clyde (Reels)
(1. Ausstellung der Edition in Deutschland)
3. August – 23. September 1968

Robert Watts
Neon-Objekte, Skulpturen
3. August – 23. September 1968

Neue Ausstellungsräume in Köln, Lindenstrasse 22

Robert Breer
Floats
6. März – 6. April 1968

Film-Podium II
Kurzfilme von Robert Breer:
„Blazes", „Pat's Birthday" (mit Claes Oldenburg), „Breathing", „Fist Fight" und „66"
10. März 1968

Jasper Johns
Lithographien und Radierungen
6. März – 6. April 1968

Robert Rauschenberg

Bonnie and Clyde (Reels)
Serie handgedruckter Lithographien, 1968

Zur Eröffnung der ersten deutschen Ausstellung
am Samstag, dem 3. August 1968, 17-21 Uhr,
laden wir Sie und Ihre Freunde herzlich ein

Galerie Ricke, 35 Kassel, Kölnische Straße 44-46
Telefon 0561 / 72111
Öffnungszeiten: Täglich 10-13 und 14-19 Uhr

Bitte besuchen Sie auch die Galerie Reckermann,
Kassel, Wilhelmstraße 5

Galerie Ricke, Köln, Lindenstraße 22
zeigt bis 23. September 1968
Programm I
Bilder-Skulpturen-Objekte
Young, Lozano, Sonnier, Serra, Lenk, Buthe, Davis, Bollinger

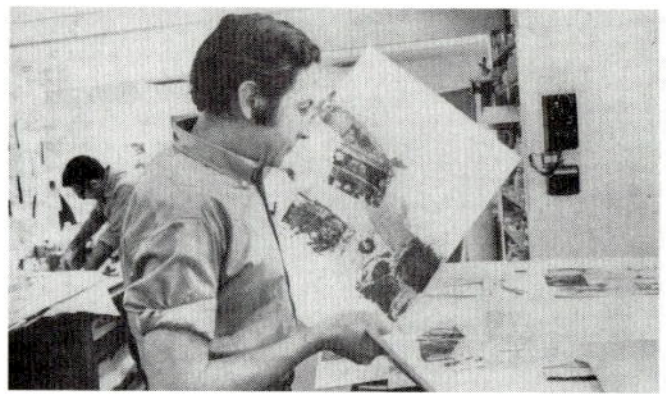

Robert Watts

Neon-Objekte, Skulpturen

Zur Eröffnung der Ausstellung
am Samstag, dem 3. August 1968, 17-21 Uhr,
laden wir Sie und Ihre Freunde herzlich ein

Galerie Ricke, 35 Kassel, Kölnische Straße 44-46
Telefon 0561 / 72111
Öffnungszeiten: Täglich 10-13 und 14-19 Uhr

Bitte besuchen Sie auch die Galerie Reckermann,
Kassel, Wilhelmstraße 5

Galerie Ricke, Köln, Lindenstraße 22
zeigt bis 23. September 1968
Programm I
Bilder-Skulpturen-Objekte
Young, Lozano, Sonnier, Serra, Lenk, Buthe, Davis, Bollinger

Einladungen

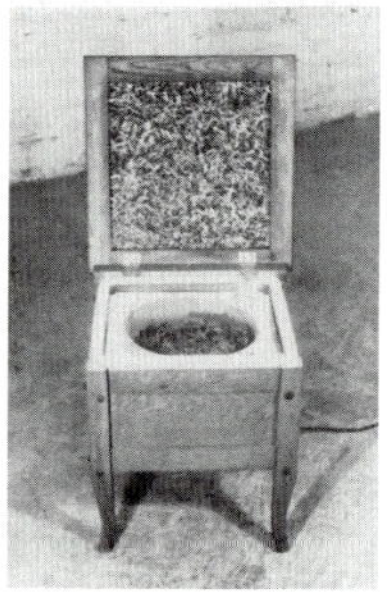

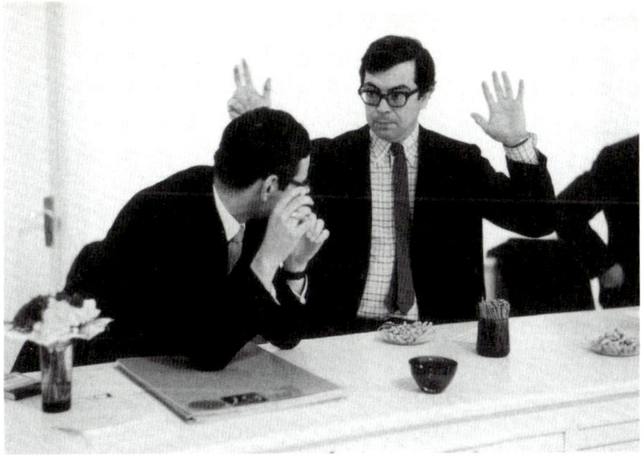

Alfred Nemeczek und Robert Breer

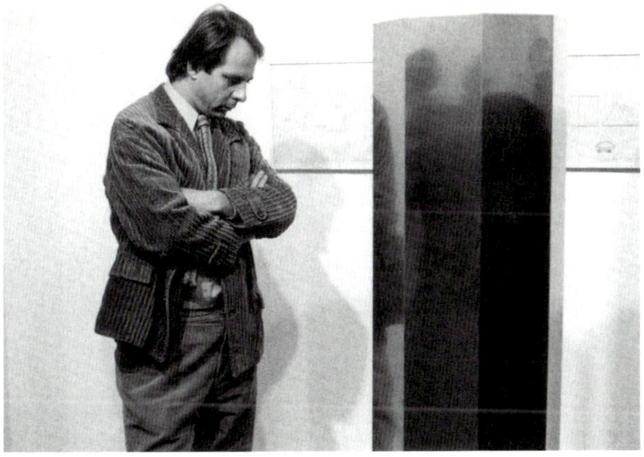

Karlheinz Stockhausen in der Ausstellung

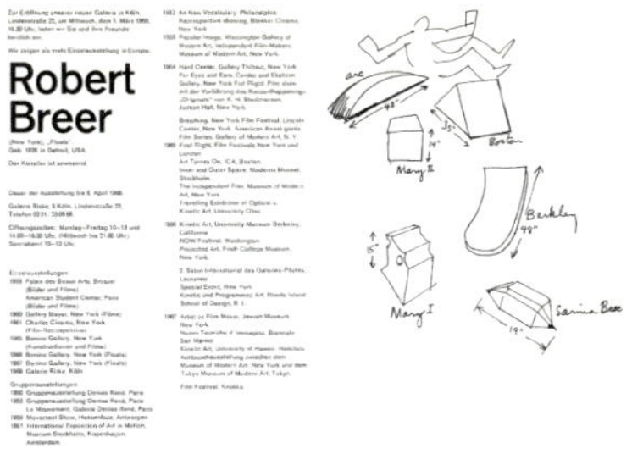

Robert
Breer

Einladung

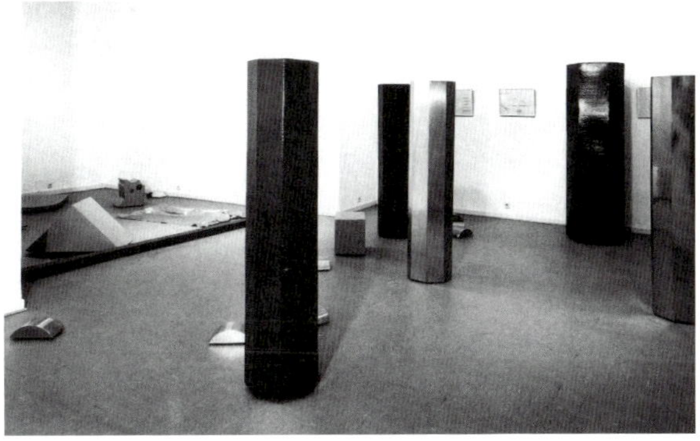

Robert Breer. Floats

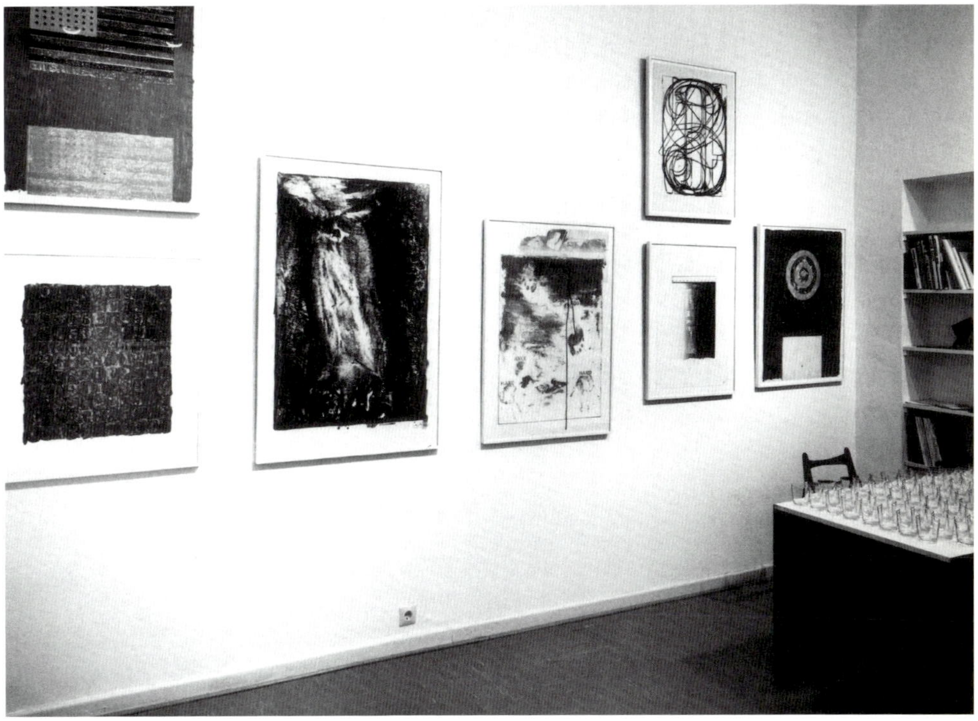

Vor der Eröffnung Jasper Johns. Lithographien und Radierungen

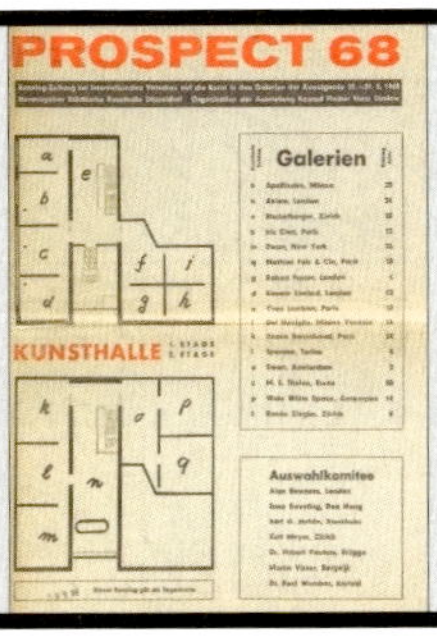

Katalog Prospect 68

19. – 29. September 1968

Prospect 68. Internationale Vorschau auf die Kunst in den Galerien der Avantgarde

Kunsthalle Düsseldorf. Initiiert von Konrad Fischer und Hans Strelow als Gegenveranstaltung zum 2. Kölner Kunstmarkt. Es nehmen 16 Galerien aus 8 Ländern teil.

Ticket finanzieren. Das hat oft nicht funktioniert, daher kaufte ich ihnen, wenn ich Geld hatte, Kunstwerke ab, die Künstler hatten ja alle kein Geld. In der Ausstellung *6 Künstler der Galerie Ricke* war Bollingers Beitrag das *Rope Piece.* Richard Serra hatte es mitgebracht und installiert, da Bill krank war und nicht kommen konnte. Serra hat es auch in Bern bei der Attitüden-Ausstellung installiert. Sie waren damals eine Gruppe von Freunden.
In Bollingers Werk gibt es einen starken Bezug zum Readymade. Seine Werke sind als Material zumeist schon vorhanden: die Lampe, der Maschendraht, die Schubkarren, die Tonnen oder das Seil. Aber es ist ein wirklicher Schritt durch die Sachen durch. Für den einen ist es das Ende, aber so eine Radikalität heisst immer auch Anfang. Für diese Ausstellung 1968 habe ich vernichtende Kritiken erhalten, die schlimmsten während meiner gesamten Tätigkeit.—

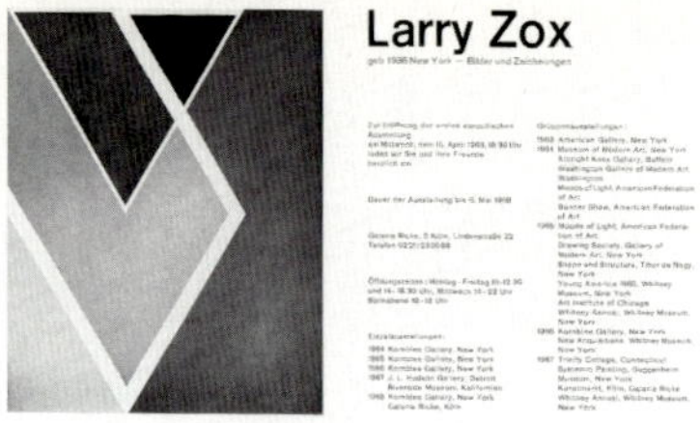
Larry Zox

Einladung

Larry Zox
Bilder und Zeichnungen
(1. Einzelausstellung in Europa)
10. April – 6. Mai 1968

Bill Bollinger
(1. Einzelausstellung in Europa)
Zur Ausstellung erscheint das Aluminium-Objekt „Pipe" in limitierter Auflage.
8. Mai – 4. Juni 1968

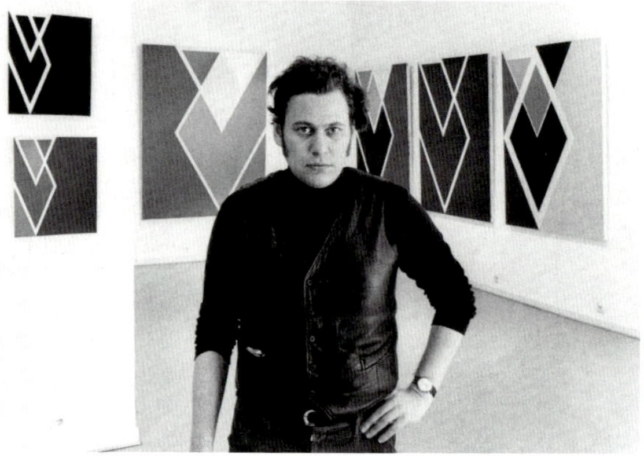

Larry Zox in der Ausstellung

Seiten aus Bollingers Skizzenbuch [s. S. 230]

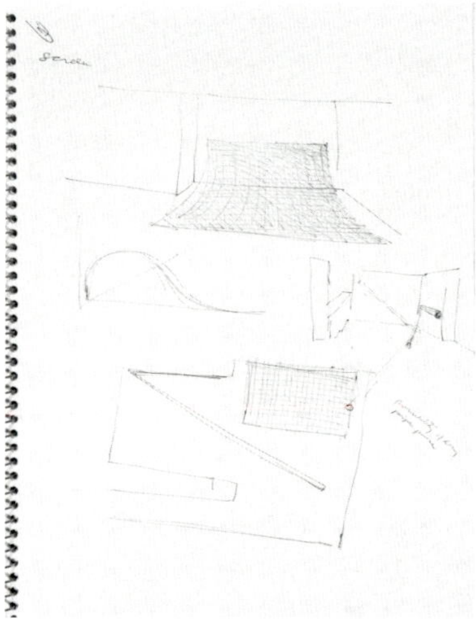

1968

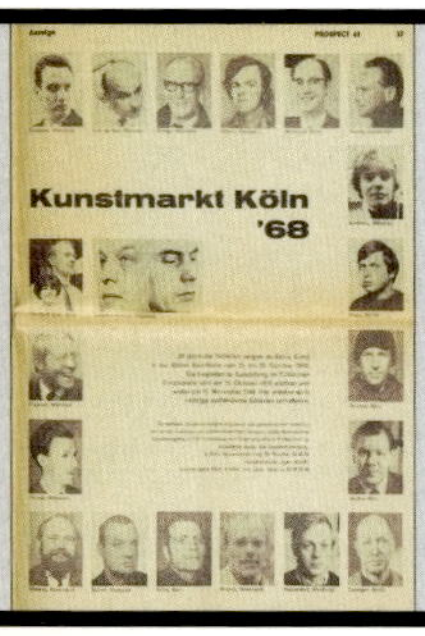

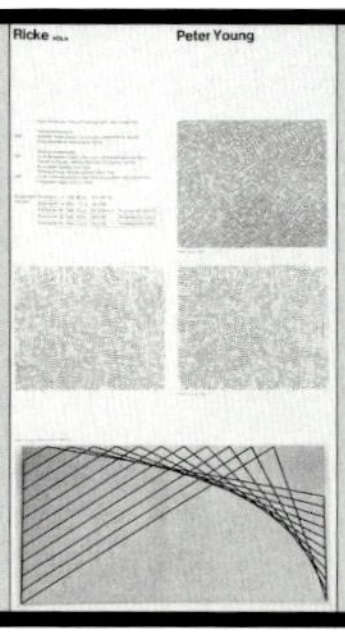

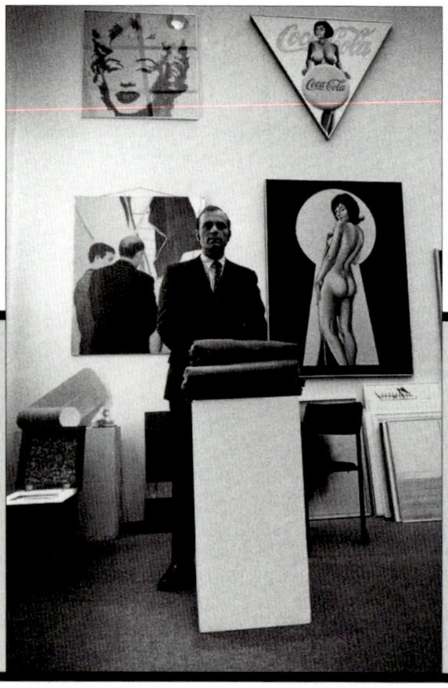

15. – 20. Oktober 1968
Kunstmarkt '68
Kunsthalle Köln. Erstmals werden auch Galerien aus dem Ausland eingeladen, u. a. Leo Castelli und Marilyn Fischbach aus New York.
In der begleitenden Ausstellung im Kölnischen Kunstverein vom 15. Oktober – 15. November 1968 zeigt die Galerie Ricke Peter Young.

Werbeseite im Katalog Prospect 68 Katalog Kunstmarkt: Rolf Ricke in seiner Messekoje

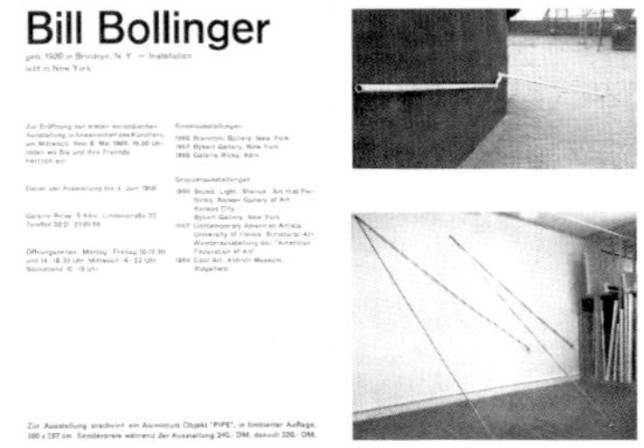

Einladung

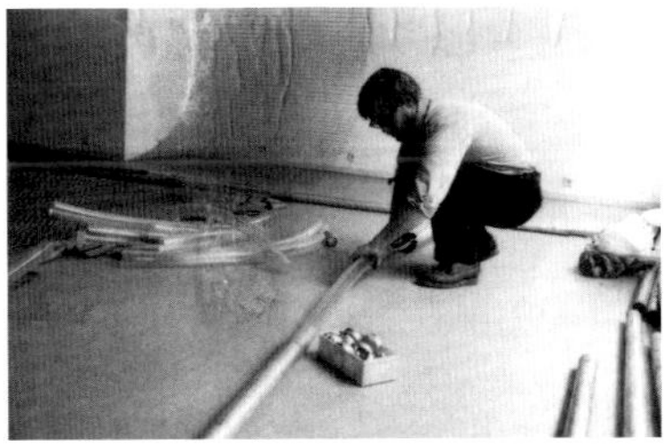

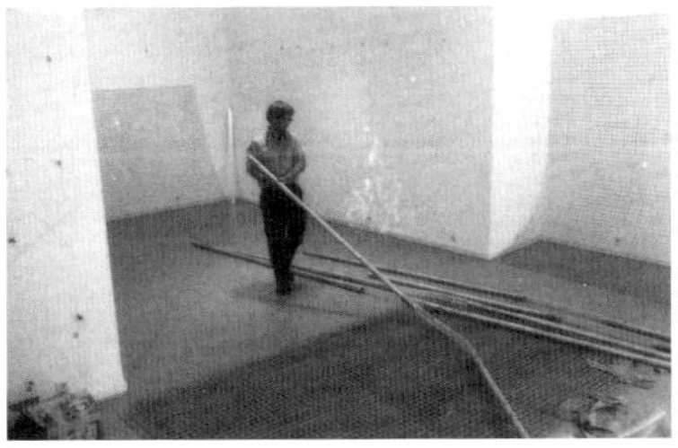

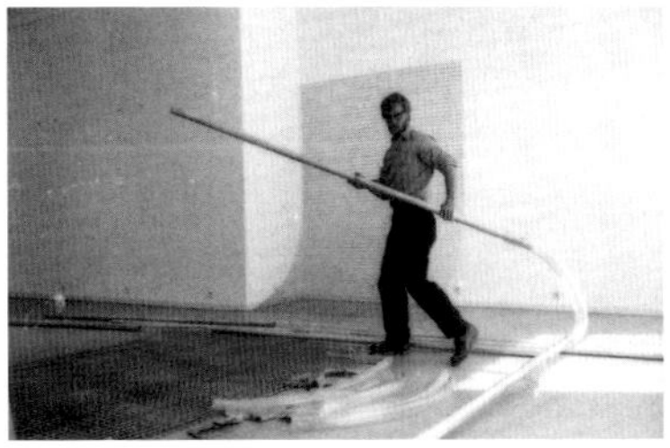

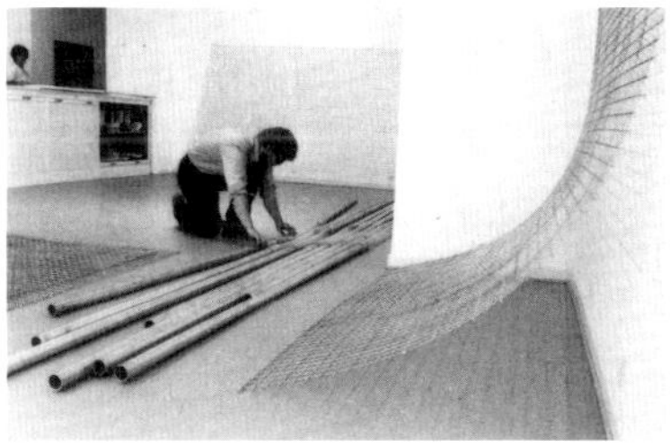

Bill Bollinger während des Aufbaus

Bill Bollinger und Rolf Ricke in Rickes Wohnung

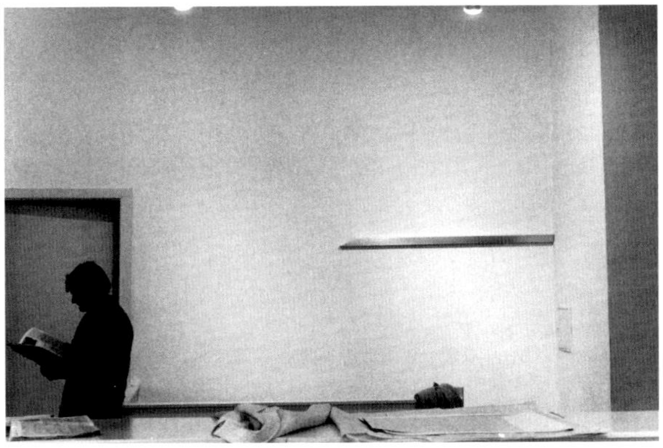

Ulrich Rückriem in der Ausstellung

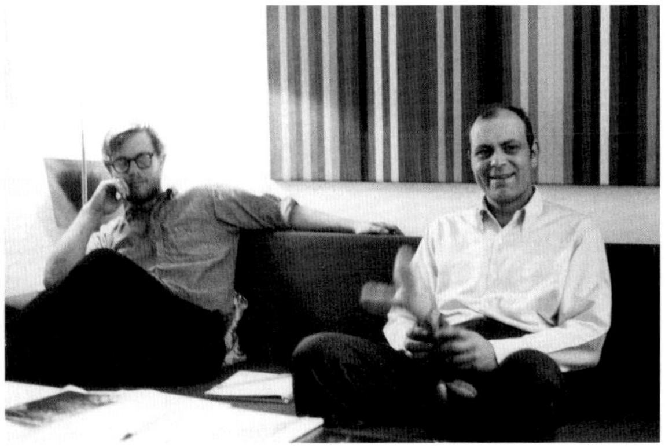

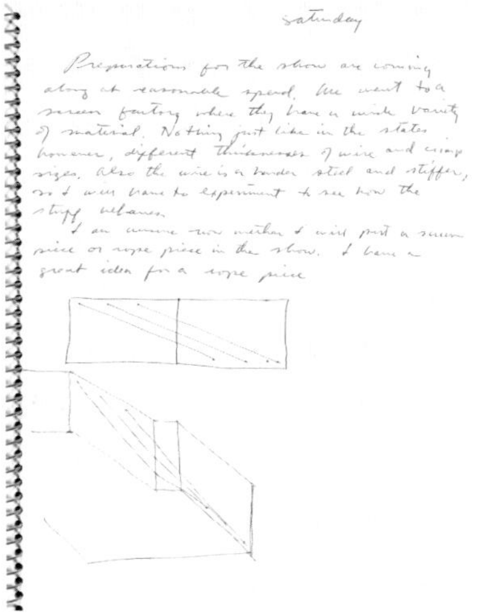

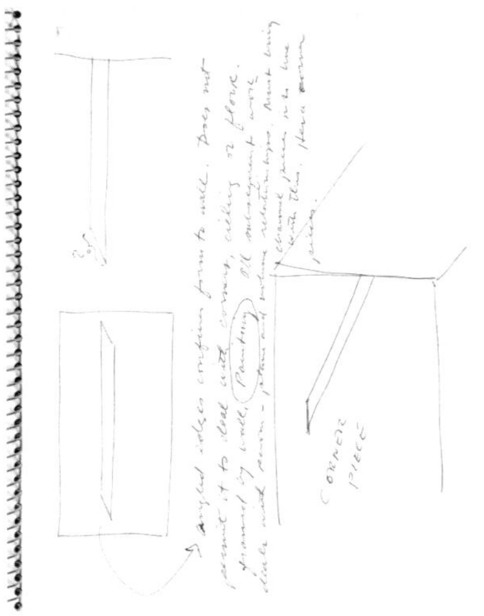

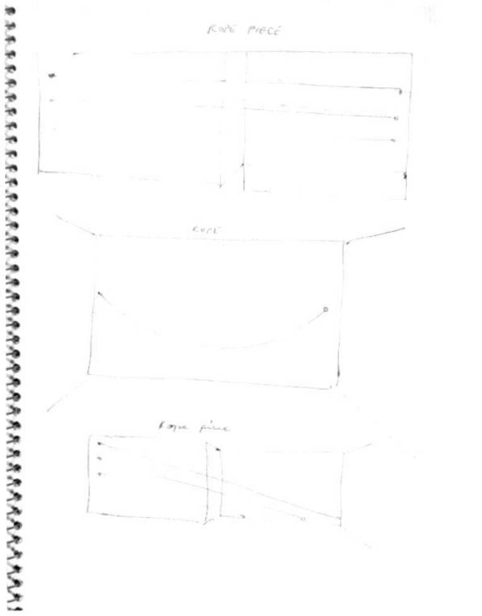

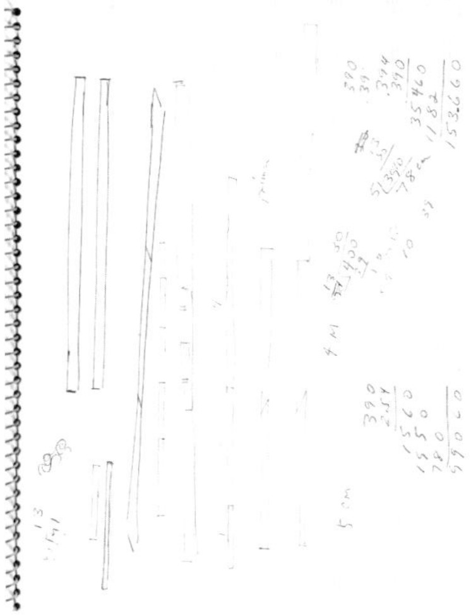

—Mit **Programm I**, 1968 *hast du dir einen programmatischen Ansatz bereits sehr früh gesetzt. Wie kam es dazu?*

Die Anregung kam durch Dick Bellamy: Dick hat fast jedes Jahr in New York eine Ausstellung gemacht, die er mit *From Arp to Artschwager* betitelte und numerierte. Diese Ausstellungen waren in ihrer Zusammenstellung immer hoch interessant. Als ich Dick kennen lernte, hatte er bereits keine eigene Galerie mehr. Er arbeitete bereits in einem Raum bei Noah Goldowsky und einmal im Jahr realisierte er eine solche Ausstellung. Es muss 1967 oder im Frühjahr 1968 gewesen sein, als ich eine der *Arp bis Artschwager* Ausstellungen gesehen habe. Es waren Positionen dabei, die ich noch nicht kannte. Damals habe ich ja die Künstler, über die wir sprechen, von Richard Serra und Keith Sonnier angefangen, erst kennen gelernt und wollte sie gleich präsentieren.

Diese Ausstellungen gaben mir einen starken Impuls, und ich sagte mir: „Gut, ich zeige jetzt in Ausstellungen Künstler, die ich in Zukunft zeigen möchte bzw. sicher zeigen werde. Ich setze ein Programm." In vielen Hinsichten hat das geklappt, in vielen auch nicht.

Diese Programm-Ausstellungen waren für mich manchmal wichtiger als eine Einzelausstellung. Ich hätte niemals eine Galerie haben können ohne Einzelausstellungen, aber Gruppenausstellungen waren für mich immer eine Herausforderung an mich selbst. Ich hab sie eigentlich für mich gemacht. Die Programm-Ausstellungen, insgesamt neun an der Zahl, waren in meinem Kopf eine Setzung für die Zukunft, eine Vorschau. Ausserdem war es mir wichtig, Arbeiten kennen zu lernen. Im Dialog verstehe ich die Arbeiten auf eine andere Art. In diesen Ausstellungen polarisierte ich, konfrontierte ich Werke, das heisst ich belaste eine Arbeit, die mich ungeheuer fasziniert, mit einer anderen. Das habe ich immer sehr brutal und sehr direkt gemacht. Das war ganz wichtig für mich, zum einen zum tieferen Verständnis und zum anderen für zukünftige Entscheidungen. Für mich war es immer eine grosse Freude, auf diese Art zu arbeiten. Ich habe dabei viel gelernt.

In diesen Programm- bzw. Gruppenausstellungen habe ich zudem Künstler einbezogen, die ich nicht bekommen

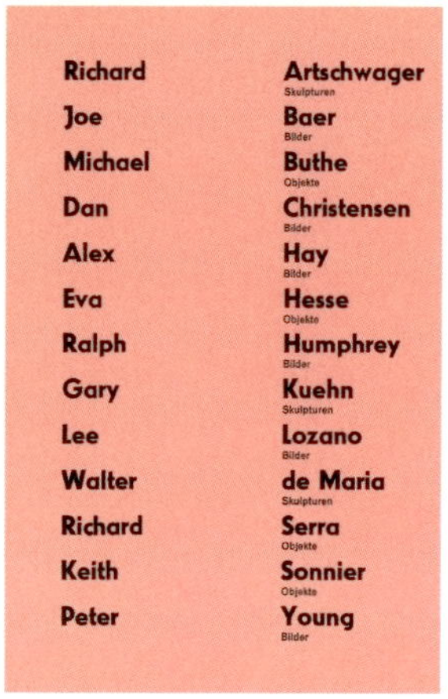
Richard Artschwager Skulpturen
Joe Baer Bilder
Michael Buthe Objekte
Dan Christensen Bilder
Alex Hay Bilder
Eva Hesse Objekte
Ralph Humphrey Bilder
Gary Kuehn Skulpturen
Lee Lozano Bilder
Walter de Maria Skulpturen
Richard Serra Objekte
Keith Sonnier Objekte
Peter Young Bilder

Einladung

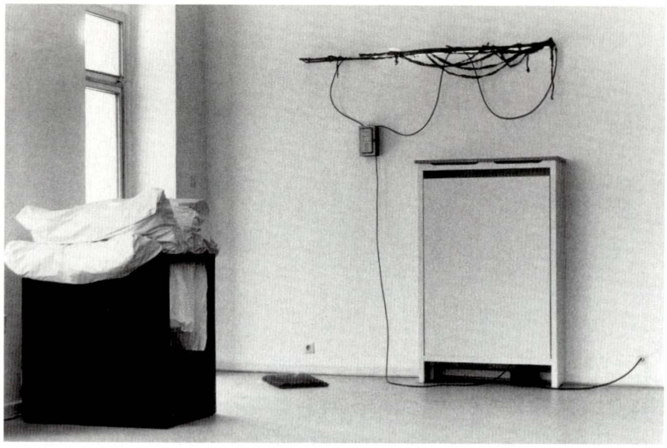

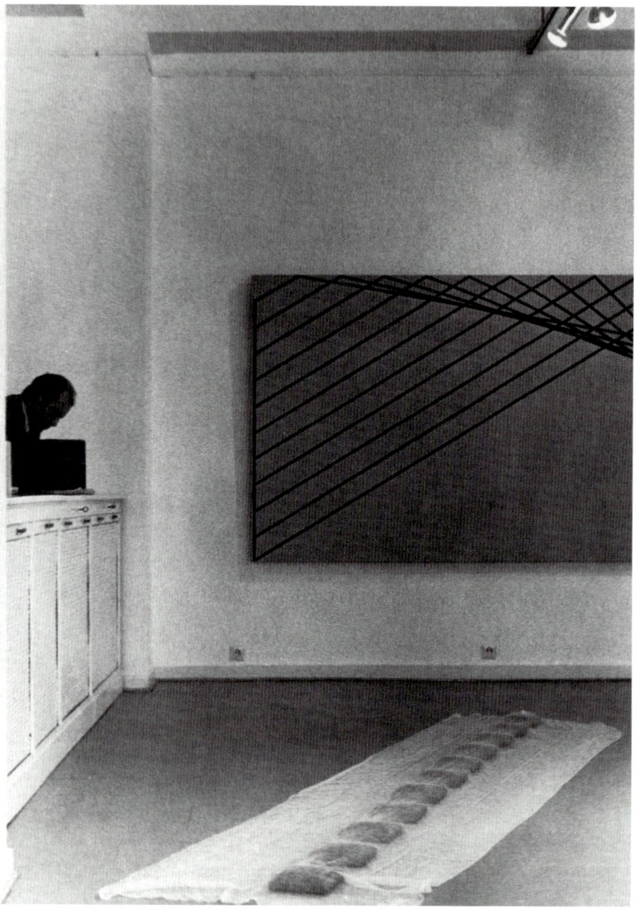

1968

5. November 1968: Wahl Richard Nixons zum Präsident der USA

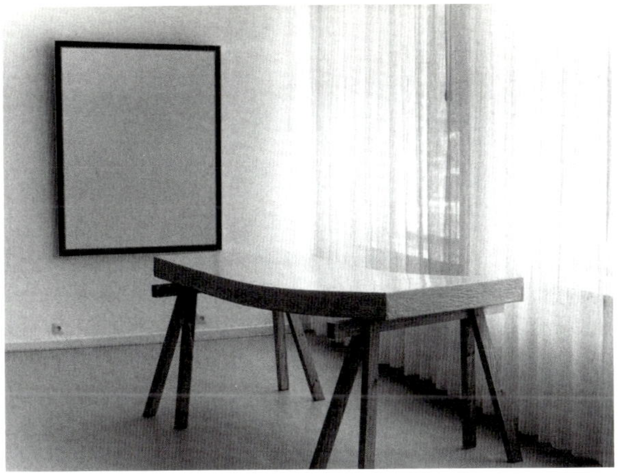

Programm I
Bilder, Skulpturen, Objekte
Richard Artschwager, Jo Baer, Michael Buthe, Dan Christensen, Walter De Maria, Alex Hay, Eva Hesse, Ralph Humphrey, Gary Kuehn, Kaspar Thomas Lenk*, Lee Lozano, Richard Serra, Keith Sonnier, Peter Young
29. Mai – 23. September 1968

Keith Sonnier
Objekte
(1. Einzelausstellung in Europa)
25. September – 16. Oktober 1968

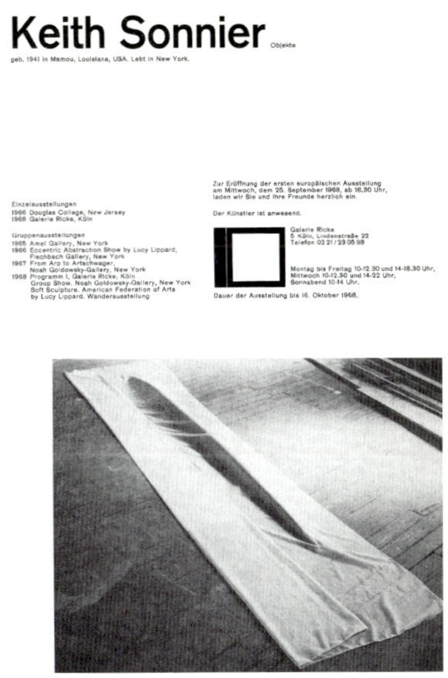

Einladung

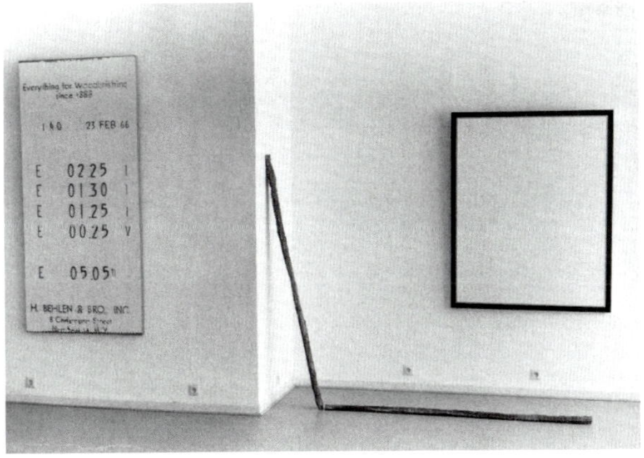

Programm I:
Buthe, Serra (S. 48 oben)
Sonnier [115], Young (S. 48 unten)
Kuehn [46], Baer (oben)
Hay, Serra, Baer (Mitte)

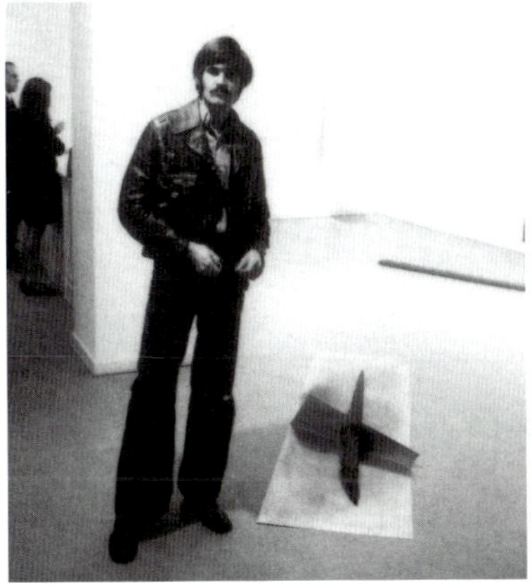

Keith Sonnier in der Ausstellung

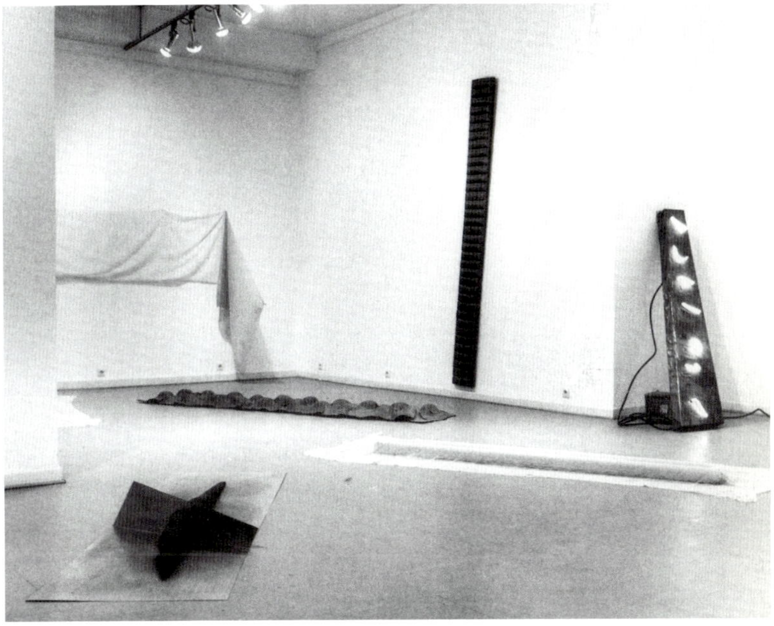

Keith Sonnier. Objekte [119]

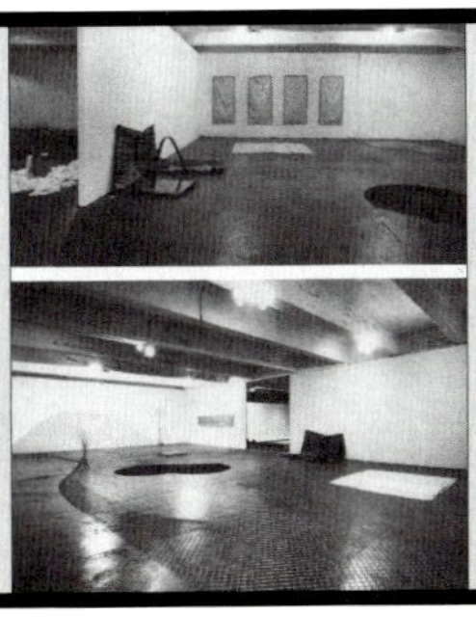

Nine at Leo Castelli

4. – 28. Dezember 1968
Nine at Leo Castelli
Giovanni Anselmo, Bill Bollinger, Eva Hesse, Stephen Kaltenbach, Bruce Nauman, Alan Saret, Richard Serra, Keith Sonnier, Gilberto Zorio
Leo Castelli Warehouse, New York. Organisiert von Robert Morris

Dezember 1968
Olivier Mosset
(1. Einzelausstellung)
Galerie Rive Droite, Paris

konnte, weil sie bereits von einer anderen Galerie vertreten wurden. Ich habe da keine Berührungsängste gehabt. Es war mir wichtiger, diese künstlerische Position mit einzubeziehen.—

Richard Serra
Skulpturen, Neon-Objekte
16. Oktober – Ende November 1968

Querschnitt
Richard Artschwager*, Allan D'Arcangelo, Robyn Denny, Jim Dine, Dan Flavin, Richard Hamilton, Robert Huot, Michelangelo Pistoletto, Mel Ramos, Gerhard Richter, James Rosenquist, Richard Serra*, Bob Stanley, Cy Twombly, Andy Warhol
27. November 1968 – 7. Januar 1969

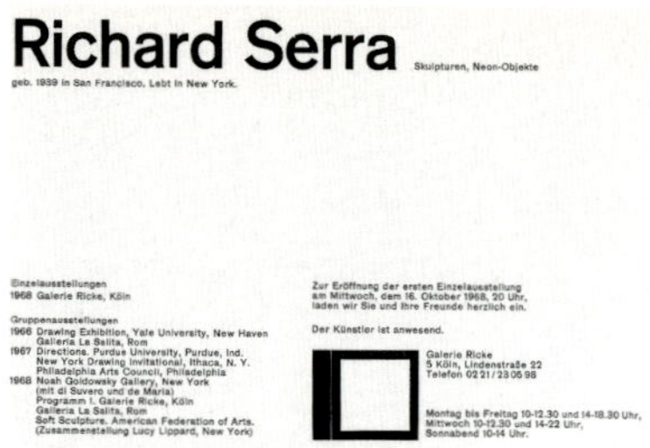
Richard Serra
Skulpturen, Neon-Objekte
geb. 1939 in San Francisco. Lebt in New York.

Einzelausstellungen
1968 Galerie Ricke, Köln

Gruppenausstellungen
1966 Drawing Exhibition, Yale University, New Haven
Galleria La Salita, Rom
1967 Directions. Purdue University, Purdue, Ind.
New York Drawing Invitational, Ithaca, N. Y.
Philadelphia Arts Council, Philadelphia
1968 Noah Goldowsky Gallery, New York
(mit di Suvero und de Maria)
Programm I. Galerie Ricke, Köln
Galleria La Salita, Rom
Soft Sculpture. American Federation of Arts.
(Zusammenstellung Lucy Lippard, New York)

Zur Eröffnung der ersten Einzelausstellung am Mittwoch, dem 16. Oktober 1968, 20 Uhr, laden wir Sie und Ihre Freunde herzlich ein.

Der Künstler ist anwesend.

Galerie Ricke
5 Köln, Lindenstraße 22
Telefon 0221/230598

Montag bis Freitag 10-12.30 und 14-18.30 Uhr,
Mittwoch 10-12.30 und 14-22 Uhr,
Sonnabend 10-14 Uhr.

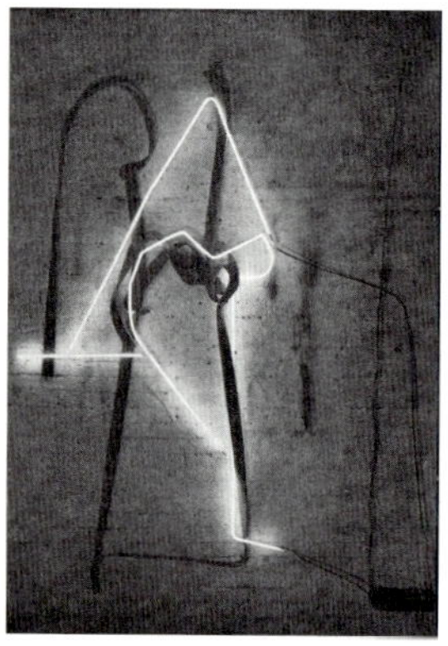

Einladung

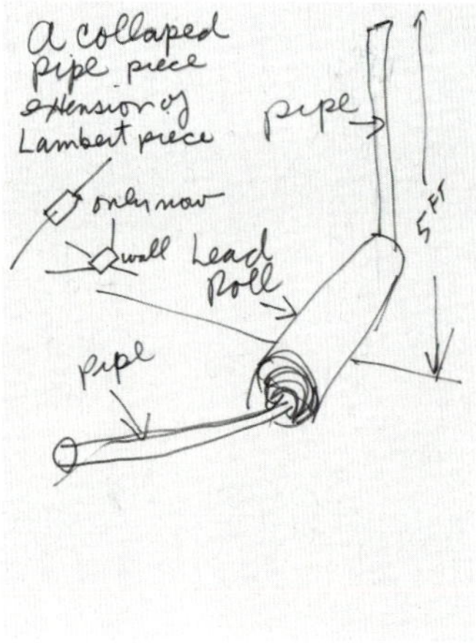

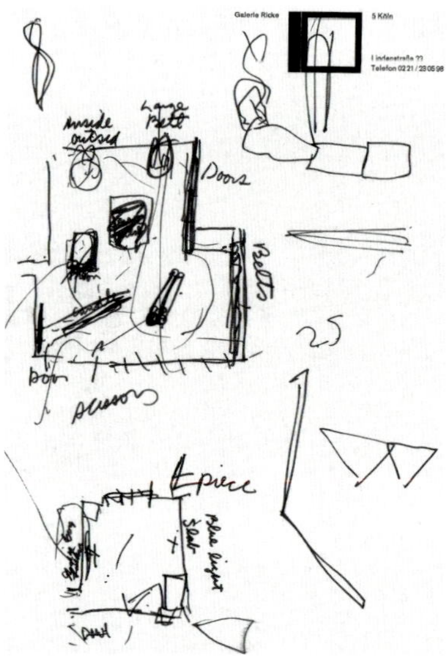

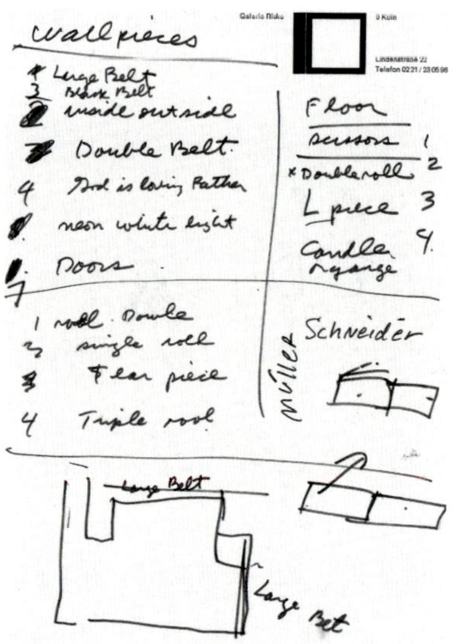

Skizzen von Richard Serra zur Ausstellung

1968

1968
Dan Christensen
(1. Einzelausstellung)
Noah Goldowsky Gallery, New York

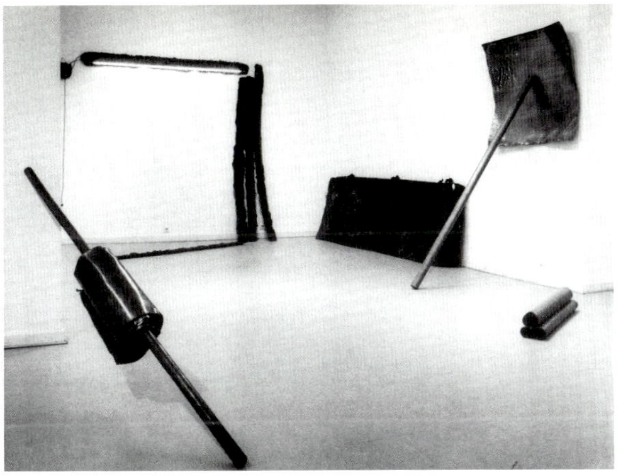

Richard Serra.
Skulpturen, Neon-
Objekte

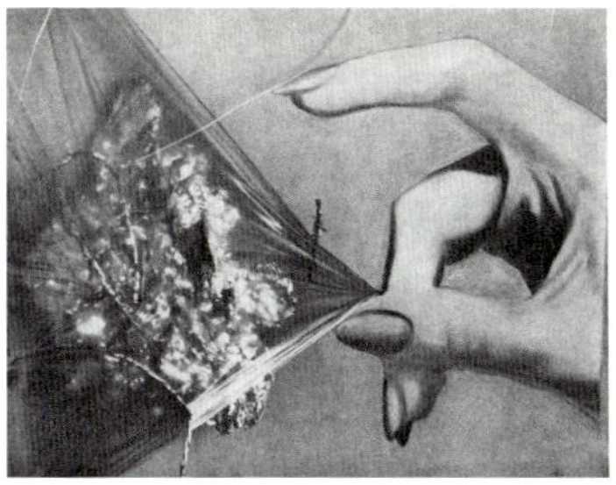

Einladung Querschnitt (Motiv von Rosenquist)

Querschnitt:
Artschwager, D'Arcangelo (Mitte)
Pistoletto, Serra [110], Richter u. a. (unten)

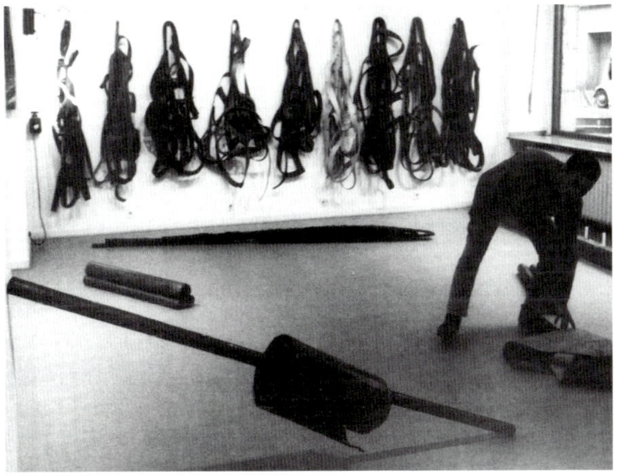

Richard Serra
während
des Aufbaus

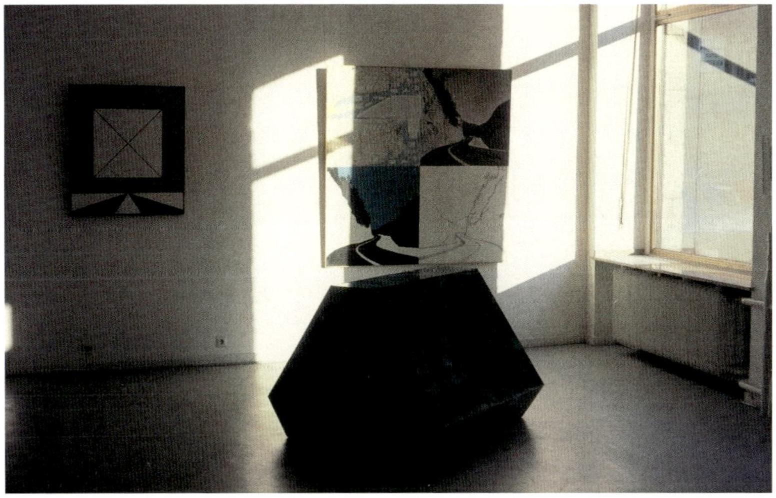

Während des Aufbaus [110]

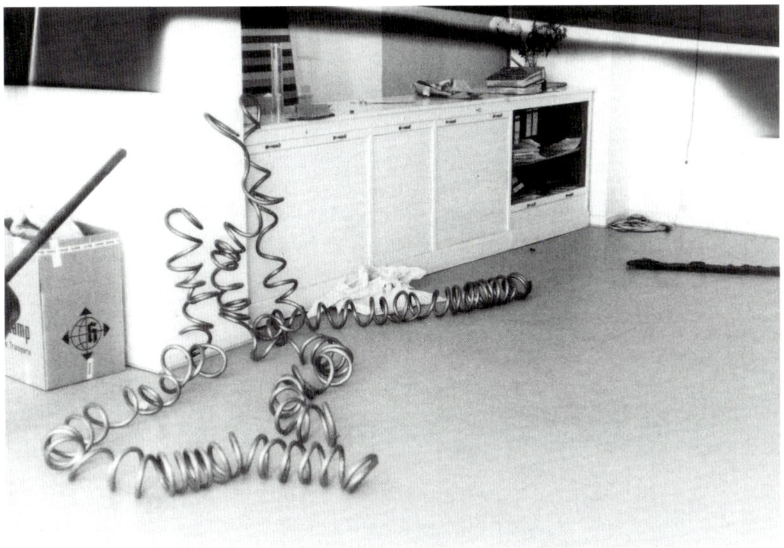

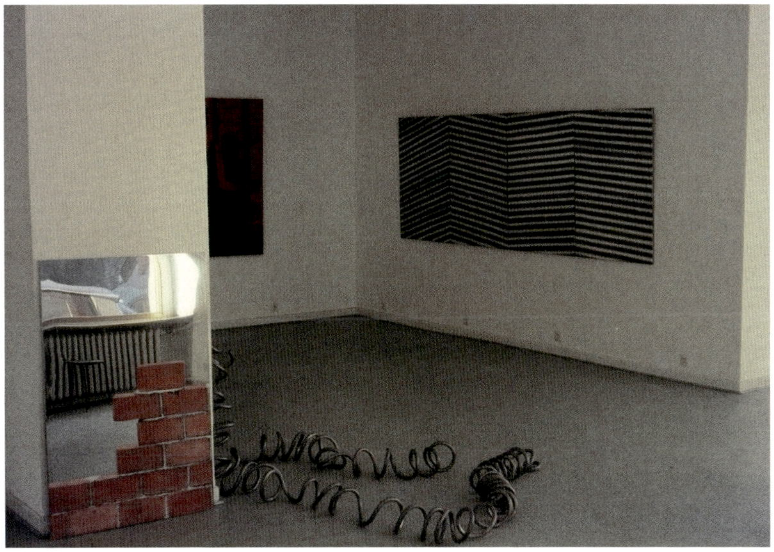

1968

Peter Young

Nicholas Wilder Gallery, Los Angeles

–Von Anbeginn faszinierte mich an der Arbeit von **Keith Sonnier** seine ungeheure Vielseitigkeit, da ist er, glaube ich, derjenige, der viele andere überstrahlt. In den 1960er Jahren war er noch nicht definiert als ein Künstler, der viel mit Licht arbeitet, was grundsätzlich sein Werk viel zu eng fasst. Als Keith Sonnier 1968 das erste Mal nach Deutschland kam, hatte er äusserst präzise Vorstellungen von seiner Ausstellung und zeigte bereits ein Spektrum an Möglichkeiten: Baumwollgaze, Chiffon, Satin, Kupfer, Latex, Holz, Draht, Gips, Farbe, Flock und Neon, all diese Materialien setzte er ein und damit verbunden war auch eine Vielseitigkeit der Formensprache. Wenn ich eine Nähe zu einem anderen Werk in dieser Zeit überhaupt sehe, dann zu dem von Eva Hesse. Beide waren miteinander befreundet und beide waren bereits 1966, wie Gary Kuehn, in der Ausstellung *Eccentric Abstraction* von Lucy Lippard vertreten.

Stoffe, zarte, gazehafte Stoffe, die ein Durchscheinen zulassen, eine Transparenz in sich tragen, das ist gar nicht so fern dem Einsatz von Licht, diese Leichtigkeit, fast kann man sagen dieses Immaterielle, und das Stoffliche spielen eine zentrale Rolle bei Keith. Seine damalige Frau Jackie Winsor, selbst Künstlerin, unterstützte ihn bei Arbeiten, die Stoffe einbezogen. Ich erinnere mich noch an Zeichnungen, an Collagen, in welche er kleine Stoffteilchen in die Zeichnung eingewoben hat, zarte Satinbänder von Damenunterwäsche.

Beim Arbeiten besitzt Keith eine grosse Eleganz. Er ist ein stattlicher Mann, mit einer ausladenden und überaus sensiblen Geste führte er diese Flock-Pieces aus. Ihm zuzuschauen, wie er das Latex an die Wand malte und das Flock auftrug und dabei dieser sicheren und schwungvollen Geste zu folgen, einfach grossartig! Das hat mich sehr fasziniert, diese Grosszügigkeit, in der Kleinigkeiten irrelevant werden. Der Prozess, das Prozesshafte wurde wirklich gepflegt mit grosser Hingabe und zugleich thematisiert. Das findet man bei Serra, bei Le Va, bei Kuehn, alle diese Künstler haben so gearbeitet.

Keith liebt Geselligkeit, er schätzt es Menschen um sich zu haben und Gespräche zu führen. Ein leidenschaftlicher Koch, der viel Freude am Essen hat und alles ausprobieren möchte, dabei ist er aber auch bedachtsam.

Einige Stücke entstanden in der Galerie, doch für die Neonarbeiten fuhren wir zu einem Spezialbetrieb für Lichtwerbung. Ein Grossteil der Entwurfszeichnungen für seine Neonstücke ist in Köln entstanden, mit ihnen fuhren wir anschliessend in die Fabrik. Keith wusste über Farben sehr genau Bescheid. Er sah sich die Farbmöglichkeiten an und entschied schnell, er konnte sich sofort auf die europäische Farbpalette einstellen, ebenso auf die Elektroden. Er war begeistert, wie gut die Arbeit in Deutschland ausgeführt wurde. Wir wurden in der Fabrik stets mit Entgegenkommen und mit Interesse behandelt. Wenn Keith oder ein anderer Künstler eine Idee hatte, aber nicht wusste, wie es technisch zu bewerkstelligen war, dann stand immer jemand mit Rat und Tat zur Seite: „Was stellen Sie sich vor? Was wollen Sie damit machen?" „Ja, so geht das nicht, das müssen Sie so machen. Gucken Sie mal, ich zeige Ihnen das." Und schon hatte der Berater eine halbe Stunde Zeit, sich mit dem Problem zu befassen. Das war wirklich ein enormer Einsatz. Sehr früh fanden wir die Firma EFRA in Köln, Keith war sehr zufrieden mit ihr und liess ab dann sämtliche Neonarbeiten dort produzieren. Letztlich war das sehr einfach. Die Neonröhren sind relativ stabil. Keith sandte mir seine Zeichnungen mit den Farbangaben – dort Rot, da Gelb, hier ein Sonnengold –, denn unser Verhältnis war inzwischen so gewachsen, dass er mir vollkommen vertraute, es richtig zu entscheiden. Anfänglich fragte ich noch, ob er es etwas präzisieren könne, aber später meinte er: „Du weisst das fast besser als ich! Geh nur hin und mach es." Das empfand ich als riesiges Lob. Mit vielen Künstlern ist dies so gehandhabt worden, für Richard Serra betreute ich verschiedene Produktionen, auch für Donald Judd, besonders von grossen Skulpturen, die er nach der Fertigstellung mit sehr kritischem Blick abnahm. So gewann ich grosse Materialkenntnisse über die Edelgase Neon und Argon, lernte mit welcher Farbe was zu erreichen ist, lernte Neonröhren und Leuchtstofflampen auseinander zu halten, da sie grundverschieden sind, und wie wichtig es ist, bei einer zerbrochenen Neonarbeit, die zumeist in der Mitte bricht, ein Stück aufzubewahren, etc.

Die Vielseitigkeit von Keiths Werk drückt sich auch im frühzeitigen Einbeziehen der Neuen Medien aus: Video, Licht, Ton (Sound Pieces) und Dia-Projektionen, aber auch Theateraufführungen spielen eine Rolle. Keith hatte seine erste grosse Museumsausstellung 1970 im Van Abbemuseum in Eindhoven, wobei er die gesamte Ausstellung in Köln geplant hatte. Im Anschluss war vorgesehen, eine Ausstellung in der Galerie zu realisieren. Nach der Eröffnung kam er vollkommen erschöpft nach Köln und erklärte, dass er nicht in der Lage sei, noch eine Ausstellung zu machen, das ginge einfach nicht mehr. Ich entgegnete, dass dies unmöglich wäre, denn alles sei bereits geplant. Worauf er erwiderte: „Geplant und nicht geplant, das geht eben nicht. Wir müssen uns etwas anderes überlegen." Daraus entspann sich ein unglaublich interessantes Gespräch mit dem Resultat, dass wir beschlossen, erstmalig eine Medienausstellung einzurichten. Keith arbeitete seit längerem mit Film, doch hatte er bislang in Köln nur skulpturale Arbeiten gezeigt. Auf diese Weise entstand eine sensationelle Premiere. Die Räume waren dunkel und jeden Abend wurden die schwarz-weissen 16mm-Filme Keith Sonniers gross projiziert. Im Grunde gehört Keith mit zu den Vorreitern der Film- und Videokunst. Im Film *Negativ-Positiv* etwa ist ein Frauenkopf zu sehen, gedoppelt, einmal positiv, einmal negativ, einmal seitenrichtig, einmal seitenverkehrt, die Frau sieht sich selbst ins Gesicht und sieht ihre Bewegungen spiegelverkehrt wiedergegeben. Es gibt keine narrativen Handlungsabläufe als vielmehr ein Arbeiten mit dem Medium und der Reflektion über dieses. Die Filme dokumentieren Performances mit befreundeten Künstlern in seinem Atelier. Zwei Jahre später liess er einen Teil seiner Filme in einem Fernsehgerät laufen, fotografierte sie, und diese abfotografierten Bilder vergrösserte er in Köln in einem Fotolabor. Daraus entwickelte er eine neue Arbeit, die ich 1972 in Kassel anlässlich der *documenta 5* zeigte. Das war ein fortlaufender Prozess. Für die Ausstellung 1970 entwarf Keith ein Plakat, produzierte eine Edition, basierend auf seinem von der Galerie herausgegebenen Buch „Object, Situation, Object 1969–70", es ist wichtig, dies im Zusammenhang zu sehen. Diese Edition, aus einer Serie von 44 Dias in einer Kassette bestehend, wurde auch in der Ausstellung gezeigt.

Keith besuchte sehr viele Länder. 1970 nahm er an der Tokyo Biennale in Japan teil. Später erhielt er eine Einladung nach Indien von der Familie Sarabhai, in deren Villa bereits Robert Rauschenberg und Frank Stella Gäste gewesen waren. Diese Familie hatte sich Anfang der 1950er Jahre in Ahmadabad eine Villa von Le Corbusier erbauen lassen, in der er einige Zeit verbrachte. Ich erzähle dies, weil das Interesse an fremden Kulturen und Menschen bei Keith Sonnier so wichtig ist. Selten bin ich einem Künstler begegnet, der so offen und extrem neugierig für all die Sinneseindrücke, für die Formen und Materialien aller Kulturen ist, und dies offenkundig in sein Werk einfliessen lässt. Das hängt eng mit der Vielseitigkeit in seinem Werk zusammen: die Offenheit für die Vielheit in der Welt. Er ist unglaublich interessiert an dem, was die Menschen alles machen. Auch von Europa hat er viel mitgenommen.

Keith und ich arbeiteten kontinuierlich von 1968 bis 2004 zusammen. Noch im Herbst 2004 baute ich eine grosse Arbeit für ihn in der Gruppenausstellung *Stadtlicht – Lichtkunst* im Wilhelm Lehmbruck Museum auf. Ich empfinde unser Verhältnis als unglaublich: Ich bin sehr glücklich über unsere lange intensive Zusammenarbeit.—

—Als ich **Richard Serra** im März 1968 in New York kennen lernte und sein Atelier betrat, war es dicht voll gestellt mit Skulpturen und Gegenständen, die oberflächlich aussahen, als wären sie einfach nur Material und keine Kunst. Serra stand da und zeigte mir stolz seine Arbeiten. Ich sprach damals noch kaum Englisch, aber ich war sofort mittendrin. Er erzählte mir ausserordentlich lebhaft dies und das. Angesprochen auf eine Skulptur, die mir sogleich auffiel, meinte er: „Du kannst viele Arbeiten haben, aber diese eine grosse Skulptur, die hat gerade Donald Judd gekauft." Sie kostete ungefähr 400 Dollar. Es war eine riesengrosse Skulptur. Ich sah sie nach Donald Judds Tod, als Teile seiner Sammlung aus dem Nachlass verkauft wurden, in einem Raum bei Paula Cooper wieder, sie wurde für einen enormen Betrag verkauft. Einen Grossteil der Skulpturen, die ich damals im Atelier gesehen hatte, schickten wir nach Köln. Einige zeigte ich bereits im Sommer in *Programm I*. In der Galerie bauten wir die Arbeiten zusammen, zusätzlich entwarf Serra eine Anzahl neuer Stücke. Richard kam in Köln im September 1968 an und wollte unbedingt in eine Bleiverarbeitungs-Fabrik gehen. Ich war ziemlich irritiert, weil ich nicht wusste, dass er auch mit diesem Material arbeitet – seine Materialien waren zuvor anderer Art, Gummi oder Fiberglas etwa. Nach einigem Suchen – Richard war nur einige Tage in Köln – fanden wir eine Firma. Dort kauften wir Blei, mit dem er sein allererstes *Prop Piece* in der Galerie realisierte. Zuerst rollten wir kniend das Blei zu einer Rolle, die sozusagen als Stütze fungierte. Den anderen Teil formten wir zu einer möglichst glatten Fläche, einem flachen Quadrat aus Blei, und bauten mit diesen beiden Teilen die Skulptur auf. Es war ein ungeheurer Kraftakt bis sie wirklich stand, denn Blei ist enorm schwer. Das war die Geburt einer neuen Form von Skulptur. Verstärkt ging es vom Objekt, welches noch stark an die Wand gebunden war, in die raumgreifende Skulptur, hinaus aus allen Duchamp'schen Welten, in deren Tradition Serra zuvor gestanden hatte. Es war für mich eine unglaubliche Erfahrung, zu erleben, wie diese Kunst entsteht. Aus dem Nichts heraus, aus blankem Material entstand diese Skulptur. Noch nie in meinem Leben hatte ich so etwas gesehen. Ungefähr zehn weitere Skulpturen kamen für diese Ausstellung zustande. Die Ausstellung erinnerte in ihrer Atmosphäre an eine Ateliersituation. Dieses erste *Prop Piece* kaufte Kasper König. Es war eine ganz grosse Zeit. Richard Serra war überglücklich über die Situation und mit diesem Erfolg begann unsere weitere Zusammenarbeit.

Es ging permanent, ohne Pause, um Kunst. Dies intensivierte sich mit den Vorbereitungen zu *When Attitudes Become Form*. Häufig telefonierten wir, da ich für ihn das gesamte Material für Bern organisieren sollte. Er teilte mir mit: „Ich komme morgens an und will sofort anfangen zu arbeiten, ich möchte nicht noch irgendwelche Materialien suchen. Bitte sorge dafür, dass alles da ist." So sorgte ich dafür, dass alles bereit gestellt war. Ähnliches galt für die Ausstellungen in der Galerie und in Amsterdam. Ein wenig war das Verhältnis wie Lehrer und Schüler. Das sage ich aber gerne, denn ich empfand dies als sehr positiv. Ich glaube, grundsätzlich können wir viel von grossen Menschen lernen, wenn wir zuhören und zusehen. In vielen Dingen hat Richard mir den Weg gewiesen.

Ursula Wevers wollte in ihrer Galerie Videos produzieren, also fortsetzen, was sie zuvor mit Gerry Schum begonnen hatte. Richard Serra war gerade in Köln und so ergab sich die Produktion des Videofilms *China Girl* 1972 bei mir im Büro. Richard sagte: "Ich brauche Papier und Kreide." Darin war er sehr präzise. Alles war von vornherein ausgearbeitet. Das besorgte Material passte und es hiess nicht: „Das kann ich jetzt nicht brauchen, das schmeiss ich weg, wir müssen doch etwas anderes besorgen." Bei Richard Serra galt nur arbeiten, arbeiten, arbeiten, kaum relaxen, immer arbeiten oder Kunst ansehen und über Kunst reden.

Unter den Künstlern herrschte die Meinung: „Ich kann jeden Wunsch äussern, und er wird von Rolf umgesetzt." Das sind Lehrstücke. Auf der einen Seite ist der Künstler, der eine Vorstellung besitzt, und auf der anderen Seite ist derjenige, der zuhört und versucht, zu verstehen, mit der Bereitschaft, es umzusetzen. Insofern war es eine der ersten grossen Bewährungsproben für meine Arbeit. Richard Serra ist ein Künstler, der sehr viel fordert, mit äusserster Präzision. Er forderte auch die Diskussion, mit der ich teils nur schwer zurechtkam, nicht nur sprachlich: „Wie findest du das? Wie ist das? Sieht dies aus wie irgendetwas, was es schon gibt?" Es war eine ständige Herausforderung, eine andauernde Diskussion um die Arbeiten. Das ganze Leben, jedes Mal, wenn ich ihn treffe. Ich besitze einen grossen Respekt vor ihm. Er steckt in einer permanenten Auseinandersetzung mit sich und mit der Kunst und mit der Kunst und mit sich. Er birst vor Energie. Und noch etwas: Richard hat die unglaublichsten Hände, die es gibt! Dieser Mann, der mit dermassen schweren Materialien umgeht und früher alles selbst machte, hat solch sensible Hände, das ist unwahrscheinlich!

1973 fand seine letzte Einzelausstellung mit grossformatigen Lithografien bei mir statt, danach wechselte er zu einer anderen Galerie, doch er blieb loyal, stellte mir bis zuletzt Stücke für Ausstellungen zur Verfügung. Ich erinnere mich noch gut an einen Satz, den er 1970 sagte: „Wenn du mal in ganz grossen Schwierigkeiten bist, holen wir dich da raus!"—

–Es muss im Frühjahr 1968 gewesen sein, als ich erstmals, ich meine bei Dick Bellamy, Arbeiten von **Jo Baer** gesehen habe. Ich war sofort fasziniert, so etwas hatte ich in dieser Radikalität zuvor nie gesehen: Bilder, auf denen im Grunde nichts zu sehen ist. Das Atelier von Jo befand sich Uptown im East Village, das war ehemals das Viertel der abstrakten Expressionisten, Mark Rothko, Jackson Pollock oder etwa Franz Kline verkehrten hier. Damals sprach ich noch wenig Englisch und sie erklärte mir in sehr komplexer Weise die Problematik von Einzelbild, Diptychon, Triptychon, vom Format und von ihrem Farbeinsatz, doch aufgrund meiner Sprachkenntnisse konnte ich diesen theoretischen Erwägungen nicht in Gänze folgen. Jo Baer ist eine Frau mit hohen Ansprüchen, sehr dominant, ich habe sie als unglaublich gut aussehende Frau mit langen weissblonden Haaren in Erinnerung. Und sie besitzt enorm viel Power! Faszinierend. Wenn sie redete, war stets eine Traube von Menschen um sie herum. Sie schätzte den theoretischen Diskurs. Ein Besuch bei ihr war für mich aber auch mit einer grossen Spannung verbunden, denn ihr Anspruch hatte etwas sehr Vereinnahmendes, ja fast Didaktisches an sich.

Dabei zeugen ihre Arbeiten in meinen Augen überhaupt nicht davon, vielmehr von einem sehr spirituellen Charakter. Die Thematisierung des Rahmens ist eine singuläre Erfindung von ihr. Ihre Farb- und Randsetzungen fanden damals noch nicht an der Bildkante statt, sondern sozusagen ausschliesslich auf der Bildfläche: Das Bild erfüllte noch die Aufgabe einer Leinwand, war Bildträger für eine Information. Später, ungefähr ab 1969/70 bezog sie die Seitenkanten mit ein, und Bild und Information wurden eins, der Rahmen wurde zum Träger. Zudem gewannen die Arbeiten eine architektonische Form, wurden objekthafter und immer komplizierter in ihrer Bildstruktur. Von grosser Bedeutung in ihrem Werk ist ausserdem die Farbe, in ihrer Setzung als umrahmender Farbstreifen, neben dem Schwarz bei *Untitled (Dipytch),* 1966–1970 [4] ist es zum Beispiel ein fingerdicker Silberstreifen. Diese einfassenden Farbränder gibt es in Orange, in Grün, ... – die Farbtöne sind äusserst bestimmt gewählt und gesetzt. Wenn du vor dem Bild stehst, gewinnt dieser Einsatz von Farbe immer grössere Bedeutung im Verhältnis zur weissen Fläche und die Wirkkraft der verschiedenen Farben ist dabei enorm. Dieses sozusagen Schmuckwerk hat ornamentalen Charakter, der mit der Entwicklung ihres Werks zunimmt. Ihre Bilder sind in meinen Augen keine Malerei im üblichen Sinne, obwohl Jo Baer auf den Begriff Malerei besteht. Es ist Malerei, aber es ist zugleich auch keine Malerei: Ihre Bilder sind vielmehr objekthaft, sie sind konzeptuell und minimalistisch zugleich. Ich sehe viel stärker einen Bezug zu Werken von Donald Judd und Dan Flavin. Wenn ich gedanklich diese schwarze Linie in die dritte Dimension setze, dann formt sich in meiner Vorstellung ein Kubus von Donald Judd. Und wenn ich die Farbkante herausziehe, sie eliminiere von allem, entsteht in meiner Imagination ein Dan Flavin. Das ist ja auch alles zur gleichen Zeit entstanden. Unter allen drei gab es auch intensive theoretische Auseinandersetzungen (bis hin zum Krach), die sich in einigen scharfsinnigen Leserbriefen in Kunstzeitschriften formulierten.

Jo Baer kam nicht zum Aufbau nach Köln, zumindest nicht bei den ersten Ausstellungen. Wir sprachen in New York die Details zuvor sehr genau ab, denn eine Reise nach Deutschland kam für sie nicht in Frage. Sie ist Jüdin und gehört zu einer Generation, für die der Umgang mit Deutschland äusserst belastet war. Sie gehört auch zu der Generation, in der Frauen in der Kunst nicht so selbstverständlich akzeptiert wurden. Ich erinnere mich etwa, es gab 1969 die Ausstellung *New York Painting and Sculpture: 1940–1970* von Henry Geldzahler im Metropolitan Museum of Art, in der sie, wie viele andere Künstlerinnen, nicht vertreten war; obwohl sie zunehmend mehr Erfolg hatte, war diese Nichtbeachtung doch nicht so leicht für sie zu verkraften.

1975 verliess sie New York, sie wollte dort nicht mehr leben. Diese Stadt war wirklich fertig, und meiner Meinung nach hat sie sich bis heute nicht erholt. Donald Judd erklärte bereits in den 1970ern, dass New York nicht länger eine Stadt der Produktion sei, sondern vielmehr eine Stadt des Vermarktens. Er behielt zwar sein Haus in der Spring Street, war aber selten da. Dan Flavin und viele weitere Künstler verliessen New York, zogen aufs Land. Ich denke, für die Künstler gab es keinen Dialog mehr, der ihre Innovationen anregen konnte. Jo Baer ging zunächst nach Irland, später nach Amsterdam. In Irland mietete sie mit Bruce Robbins ein marodes Schloss mit vielen, vielen Zimmern, das nahezu unbewohnbar war, so nass und kalt war es dort. Ende der 1970er Jahre, Anfang 1980 wandte sie sich vollkommen ab von der abstrakten Kunst, begann figurativ zu malen, vornehmlich Pferdemotive. Zu diesen Bildern hatte ich keinen Zugang, aber ich hielt ihr die Treue, denn ich dachte: „Jo Baer ist eine so bedeutende Künstlerin, du kannst sie doch nicht fallen lassen, wenn sie jetzt etwas anderes macht. Es muss doch irgendetwas dran sein, warum sie das jetzt macht." 1980 zeigte ich diese neuen Werke, die in Zusammenarbeit mit Bruce Robbins entstanden, in der Galerie. Dazu kam sie zum ersten Mal nach Köln! Sie wohnte jetzt in Europa und hatte einen anderen Bezug gewonnen. Von dieser Ausstellung verkaufte ich nichts. Sie war darüber sehr aufgebracht: „Mit dir arbeite ich nicht weiter, du verkaufst ja nichts!" Damit endete unsere Zusammenarbeit. Für die Ausstellung bin ich unglaublich angegriffen worden.

In bestimmten Zusammenhängen, zum Beispiel 1996 in einer Ausstellung mit Fred Sandback, Donald Judd, Dan Flavin und Larry Bell, bezog ich ihre künstlerische Position, die für mich äusserst bedeutend ist, weiterhin mit ein. Zudem hatte ich Werke von Jo Baer zumeist um mich – es gibt ganz bestimmte Künstler, ohne die konnte ich eigentlich nicht leben –, in der Lindenstrasse hing oben in meiner Wohnung das Diptychon, welches ich bei der ersten Begegnung 1968 in ihrem Atelier gekauft hatte.–

–Mit Gary Kuehn bin ich zusammen im Auto von New Jersey zurück nach New York City gefahren, um **Richard Artschwager**, den er mir unbedingt vorstellen wollte, zu besuchen. Das muss 1966 gewesen sein. Ich hatte den Namen zuvor noch nie gehört. Gary Kuehn war überhaupt eine Schlüsselfigur, der erste Kontakt zu Keith Sonnier kam ebenfalls über ihn. Wir besuchten Artschwager in seinem Atelier, einer Tischlerwerkstatt, denn damals arbeitete er auch als Möbeltischler. Richard, dessen Vater aus Ostpreussen stammte, sprach gleich deutsch mit mir, er war als Kind mehrfach in Deutschland gewesen und gegen Ende des Zweiten Weltkrieges war er als Soldat der U.S. Army in Deutschland und Österreich im Einsatz, u. a. in der Spionageabwehr, und während dieser Zeit begegnete er seiner ersten Frau, die aus Wien stammte. Richard spricht ein wunderschönes, literarisches Deutsch. Er liest deutsche Literatur im Original, egal ob das Hölderlin, Kleist oder Lessing ist. Diese Begegnung spielt für meinen Lebensweg eine ganz besondere Rolle, denn diese ästhetische Information, die ich mit seiner Kunst erhielt, beschäftigt mich ungebrochen bis heute.

Es kam zunächst zu keiner Ausstellung, da Richard von Leo Castelli vertreten wurde. Ich versuchte immer wieder mit ihm zusammenzuarbeiten, aber es wollte einfach nicht gelingen. Für mich selbst erwarb ich zwischenzeitlich zwei Arbeiten, die sich noch heute in der Sammlung befinden [1, 2]. 1966 erwarb ich die grosse blaue Arbeit bei Castelli. Ich war besessen von dem Gedanken einer Zusammenarbeit und 1968 konnte ich ein erstes Stück in *Programm I* zeigen. Endlich gelang es 1969 eine Einzelausstellung mit ihm zu vereinbaren, mit Castellis Erlaubnis! Er war sehr offen und wollte mir bereits seit längerem die Ausstellung ermöglichen, doch wegen Ileana Sonnabend in Paris war dies nicht so einfach. Es war also schwierig, aber es gelang und ich war darüber dermassen glücklich, das kann ich gar nicht beschreiben.

Nachdem diese erste Einzelausstellung fest vereinbart war, kam an einem Abend Konrad Fischer und erzählte: „Wir eröffnen nächste Woche eine Artschwager-Ausstellung." Ich war wie vor den Kopf geschlagen: „Das kann doch gar nicht wahr sein!" „Ja doch, alles ist bereits vereinbart." Er stellte die *Blps* aus in Düsseldorf, fast ein Jahr vor meiner Ausstellung. Kasper König, der damals in Amerika lebte, ist mit Artschwager befreundet. Er beriet Konrad Fischer in dieser Anfangszeit und ermöglichte die Verbindung. Ja, so war das damals.

Einmal gab Dick für mich eine Party in New York. Er sagte: „Ich gebe eine Party, du lädst ein, ich übernehme die Kosten." Es war ein wundervolles Fest am East Broadway in seiner Wohnung. Viele Dinge dort waren mit geflammtem Resopal beschichtet. Als ich ihn darauf ansprach, meinte er: „Das ist das, was die armen Leute verwenden. Dieses Material schmückt ihre Küchen, deswegen benütze ich es."

1972 kam es zur zweiten Einzelausstellung, in der Bilder mit einfachen Rahmen aus Holzleisten ausgestellt waren. Ich erlebte, dass die Besucher in Artschwagers Ausstellungen erst einmal schockiert sind, sich gewissermassen die Zähne daran ausbeissen. Artschwager ist die härteste Nuss bis heute. Es ist schwer zu sagen, ob es eine Skulptur, ein Bild oder ein Objekt ist. Ist es illusionistisch? Ist es minimalistisch? Was ist es eigentlich genau? Ist es Pop? Ich weiss es immer noch nicht. Teils sehen die Werke aus wie Alltagsobjekte, aber sie funktionieren nicht. Es sind äusserst komplexe Arbeiten. Richard Artschwager gehört für mich zu einem der nachhaltigsten Anreger der Kunst der zweiten Hälfte des 20. Jahrhunderts, und bis jetzt ist er stark unterschätzt. Sein Werk steht völlig singulär da.

Wichtig ist für mich ausserdem seine unglaubliche Präzision. Da steckt zwar der Handwerker drin, aber wenn du die Arbeiten ansiehst, denkst du nicht über den Tischler oder den Schreiner nach, sondern über Kunst. Das ist überhaupt ein amerikanisches Phänomen, das mich sehr beeindruckt hat: Diese Professionalität des Machens, dieses Pragmatische und die Begabung für das Handwerkliche. Seine Bilder verstehe ich als die Umkehrung der Pollock'schen Geste, minuziös, mit feinsten Pinseln sind sie auf die Oberfläche einer rauen Hartfaserplatte gemalt. Das Untergründige, das Innere ist weiss und die Erhebungen sind schwarz, so ergibt sich diese eigenartige Struktur. Ich glaube, es ist die Oberfläche, die ihn interessiert.

Auffallend ist, dass er – wie Gerhard Richter – vollkommen verschiedene Motive aufgreift, die kaum etwas miteinander zu tun haben. Er bildet Strukturen („Weavings"), Büros, Villen, soziale Phänomene, erotische Bilder etc. ab, teils nach Zeitungsvorlagen. Warum malt er diesmal ein geometrisches Bild? Diesmal eine Perspektive? Und nun einen Horizont? Die Rahmen sind konzeptueller Bestandteil seiner Bilder. Aber sind es Bilder? Oder sind es nicht vielmehr Objekte? Es gibt keine eindeutige Antwort. In diesem Zusammenhang ist interessant zu erwähnen, dass er sich besonders seit seiner Wiener Zeit mit den Schriften von Ludwig Wittgenstein sehr beschäftigte.

Während der Ausstellung 1969 kam Professor Max Imdahl aus Bochum, er kam sehr oft in die Galerie, ein äusserst offener Mann, der gerne diskutierte. Jenes Mal kam er zusammen mit einem Freund, einem Archäologieprofessor, und zwischen den beiden entfachte sich ein Streitgespräch, ob die Arbeiten von Richard Artschwager Kunst seien oder nicht. Der Archäologe lehnte dies vollkommen ab und Imdahl war vollkommen überzeugt, dass dies extrem gute Kunst sei, aber er konnte ihn nicht überzeugen.

Leider konnte ich mit Artschwager nicht weiter zusammen arbeiten, da das Geld stockte und er daraufhin zu einer anderen Galerie wechselte. Ich habe Werke von ihm ab und zu in Gruppenausstellungen miteinbezogen, aber zu einer erneuten Zusammenarbeit kam es nicht, wenn das Verhältnis einmal gestört ist, ist das schwierig, auch wenn wir einen guten Kontakt behielten.

Artschwagers Kunst regt mich zum Denken an, seine Erziehung in eine neue Ästhetik, so nenne ich dies einmal, ist ein bis heute noch nicht abgeschlossener Prozess. Beide Arbeiten von Artschwager, die ich in der Sammlung hatte, vermisse ich, ich hatte sie immer um mich, seit ich sie gekauft habe. In jeder Wohnung. Sie waren nie eingelagert. Und dann waren sie plötzlich weg. Zuletzt hing die grosse blaue Arbeit im Fernsehzimmer und wenn ich auf dem Sofa sass, brauchte ich kein Fernsehen, ich sah in dieses Stück hinein, in dem sich eine ganze Welt verbirgt.–

—Die Zusammenarbeit mit **Lee Lozano** war kurz – von 1968 bis 1971 –, aber intensiv. Ich setzte mich sehr für sie ein, als ihr erster und damals einziger europäischer Händler, versuchte sie in Ausstellungen unterzubringen, aber ich erhielt kaum bis überhaupt keine Resonanz. Peter Ludwig und vereinzelte treue Sammler gehörten zu den wenigen, die frühzeitig Bilder kauften und ich selbst erwarb für meine Sammlung Werke. Lee hatte überhaupt kein Geld. Ein grosses Bild kostete um die 500 Dollar netto, also 1'000 Dollar im Verkauf. Selbst mit dem damaligen Umrechnungskurs war das günstiger als entsprechende europäische Kunst.

Lee Lozano ist eine sehr sehr zierliche Person gewesen, die relativ knabenhaft wirkte. Sie war an sich stark, doch zugleich auch so filigran und zart. Ihre unglaublich kraftvollen Bilder standen für mich damals im Gegensatz zu ihrer Zierlichkeit. Sie malte diese grossformatigen Bilder, ich fragte mich oft, wie sie das bewerkstelligte, ich denke hier gerade an ihre *Wave Series*, und zudem mit diesem starken Farbauftrag. Lee war eine unglaublich interessante, sehr konzeptuell denkende Frau, die überaus intellektuell sprach, selten aber über ihre Bilder und wenn, sprach sie von ihren konzeptuelleren Arbeiten wie etwa dem *Money Piece* [Abb. S. 259], ihren Schriftstücken, die sicher ihr Hauptwerk sind! Bei ihr war ich immer extrem aufmerksam, hochkonzentriert ob ihrer geistigen Arbeit und ihrer starken Auseinandersetzung mit diversen, auch naturwissenschaftlichen Bereichen. Lee war aber auch ein wenig unheimlich.

In ihrem Atelier sah ich viele ihrer grossen, auch mehrteiligen abstrakten Bilder, in denen sie sich mit Energie, mit Licht, mit Farbe … beschäftigte. Nie aber sah ich dort ihre frühen, mehr gegenständlichen Arbeiten, in denen Werkzeuge und sexuelle Themen auftauchen. Nicht ein einziges Mal sah ich die, nicht bei Dick Bellamy und auch nicht bei Paul Bianchini. Im Atelier liess sie sich nie helfen, die Bilder zu tragen. Die meisten Künstler trugen ihre Arbeiten selbst, stellten sie an die Wand und erklärten etwa, wie sie zusammengehören. Damals kam ich mit der englischen Sprache noch nicht so gut zurecht, deswegen stand auch das visuelle Erlebnis so stark im Vordergrund und deswegen waren meine Atelierbesuche in der Regel

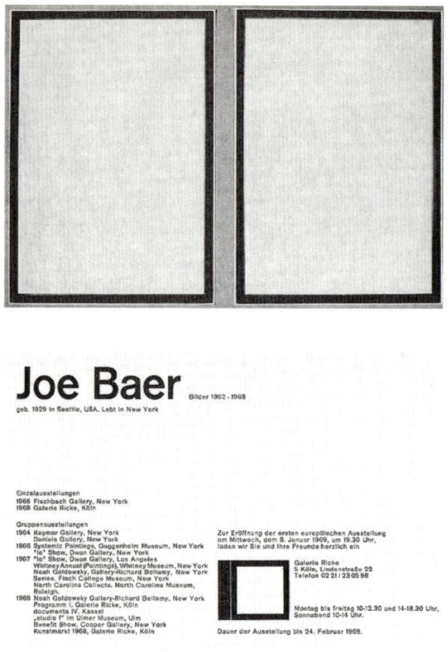

Joe Baer Bilder 1962 - 1968

geb. 1929 in Seattle, USA. Lebt in New York

Einzelausstellungen
1966 Fischbach Gallery, New York
1968 Galerie Ricke, Köln

Gruppenausstellungen
1964 Kaymar Gallery, New York
Daniels Gallery, New York
1966 Systemic Paintings, Guggenheim Museum, New York
"lo" Show, Dwan Gallery, New York
1967 "lo" Show, Dwan Gallery, Los Angeles
Whitney Annual (Paintings), Whitney Museum, New York
Noah Goldowsky, Gallery-Richard Bellamy, New York
Series. Finch College Museum, New York
North Carolina Collects. North Carolina Museum, Raleigh.
1968 Noah Goldowsky Gallery-Richard Bellamy, New York
Programm I. Galerie Ricke, Köln
documenta IV, Kassel
„studio f" im Ulmer Museum, Ulm
Benefit Show, Cooper Gallery, New York
Kunstmarkt 1968, Galerie Ricke, Köln

Zur Eröffnung der ersten europäischen Ausstellung am Mittwoch, dem 8. Januar 1969, um 19.30 Uhr, laden wir Sie und Ihre Freunde herzlich ein

Galerie Ricke
5 Köln, Lindenstraße 22
Telefon 02 21 / 23 05 98

Montag bis freitag 10-12.30 und 14-18.30 Uhr, Sonnabend 10-14 Uhr.

Dauer der Ausstellung bis 24. Februar 1969.

Einladung

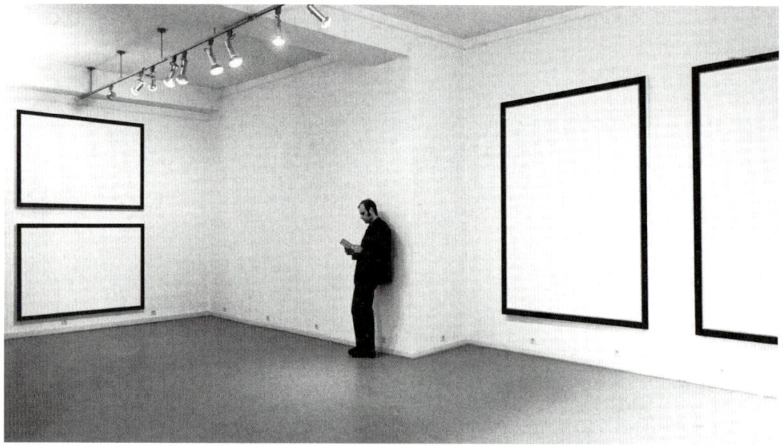

Rolf Ricke in der Ausstellung Jo Baer

Einladung

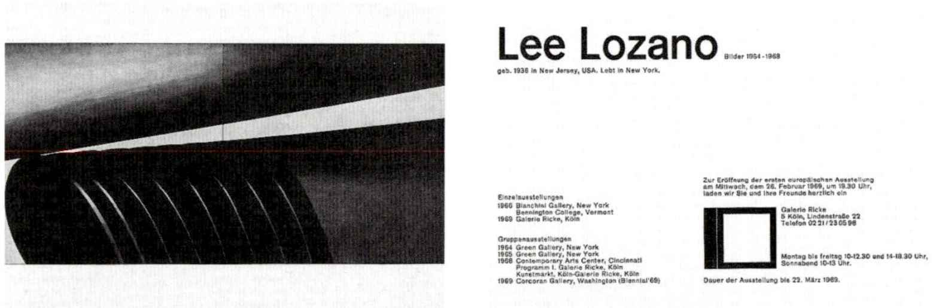

Lee Lozano Bilder 1964 - 1968

geb. 1936 in New Jersey, USA. Lebt in New York.

Einzelausstellungen
1966 Bianchini Gallery, New York
Bennington College, Vermont
1969 Galerie Ricke, Köln

Gruppenausstellungen
1964 Green Gallery, New York
1965 Green Gallery, New York
1966 Contemporary Arts Center, Cincinnati
Programm I. Galerie Ricke, Köln
Kunstmarkt, Köln-Galerie Ricke, Köln
1969 Corcoran Gallery, Washington (Biennial'69)

Zur Eröffnung der ersten europäischen Ausstellung am Mittwoch, dem 26. Februar 1969, um 19.30 Uhr, laden wir Sie und Ihre Freunde herzlich ein

Galerie Ricke
5 Köln, Lindenstraße 22
Telefon 02 21 / 23 05 98

Montag bis freitag 10-12.30 und 14-18.30 Uhr, Sonnabend 10-13 Uhr.

Dauer der Ausstellung bis 22. März 1969.

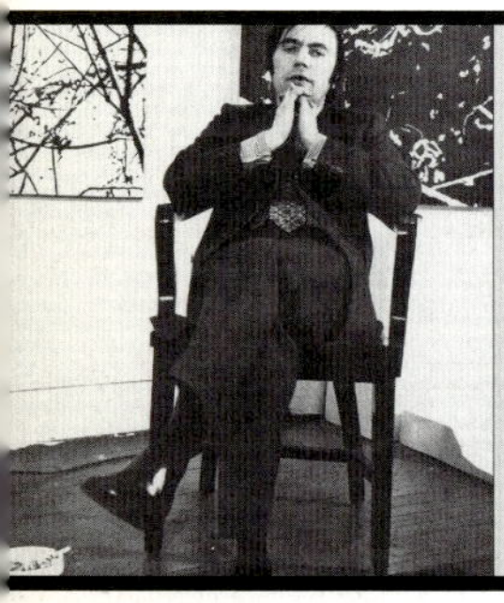

Katalog Robert Stanley

27. Februar – 22. März 1969
Robert (Bob) Stanley
Gegenverkehr, Zentrum für aktuelle Kunst, Aachen

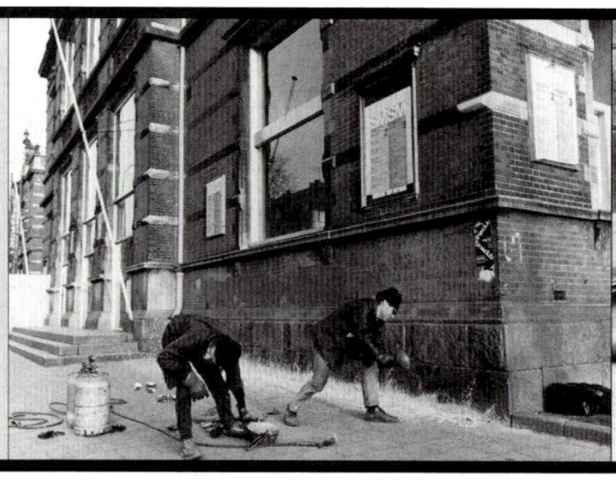

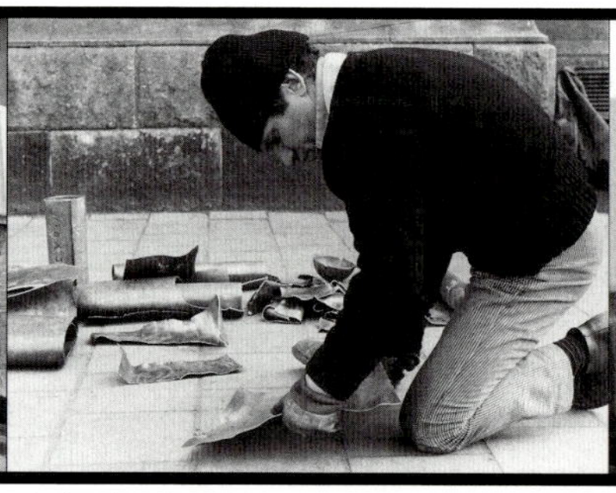

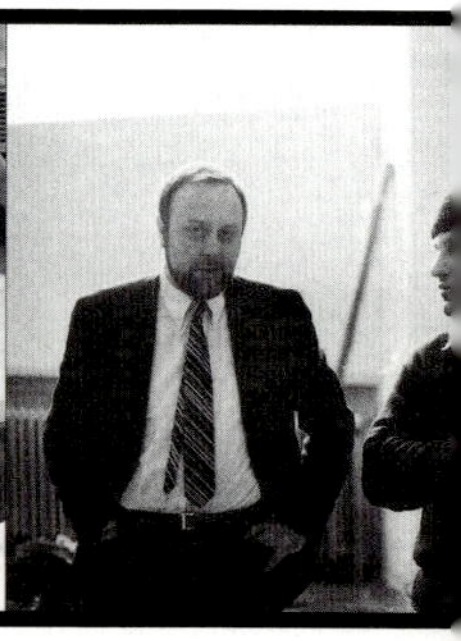

Op Losse Schroeven: Richard Serra und Philip Glass beim „Leadsplashing", Amsterdam; Wim A.L. van Beeren, Richard Serra

Jo Baer
Bilder 1962–1968
(1. Einzelausstellung in Europa)
8. Januar – 24. Februar 1969

Lee Lozano
Bilder 1964–1968
(1. Einzelausstellung in Europa)
26. Februar – 22. März 1969

6 Künstler der Galerie Ricke
Richard Artschwager, Bill Bollinger, Michael Buthe, Gary Kuehn, Richard Serra, Keith Sonnier
15. – 31. März 1969

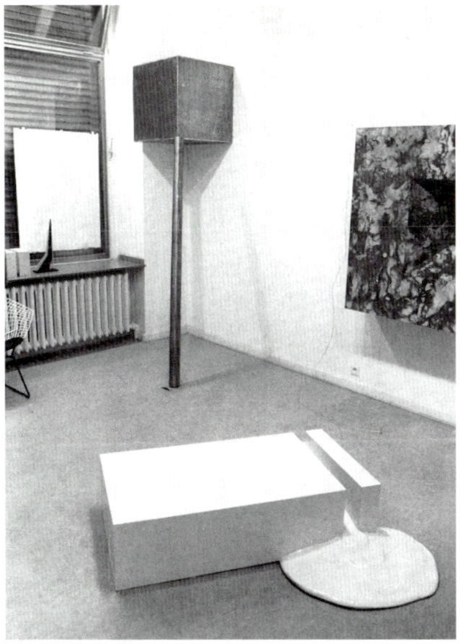
Kuehn [16], Serra, Artschwager [1]

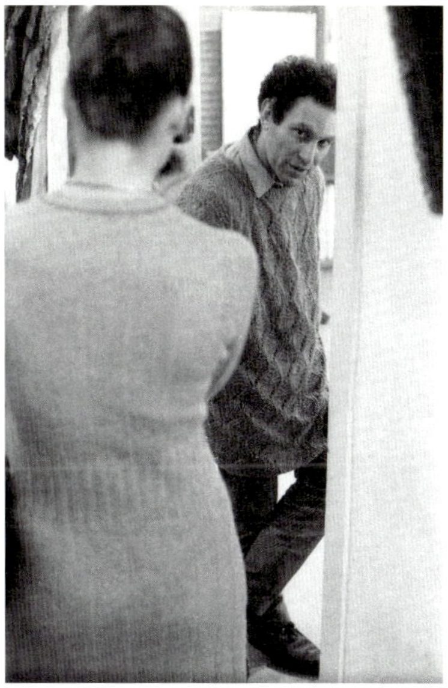
Richard Serra in der Ausstellung

6 Künstler der Galerie Ricke

Artschwager
Bollinger
Buthe
Kuehn
Serra
Sonnier

Zur Eröffnung der Ausstellung am 15. März 1969, 19.00 Uhr, laden wir Sie und Ihre Freunde herzlich ein

Dauer der Austellung bis 31. März 1969

Galerie Ricke, Köln, Lindenstraße 22, Telefon 0221 / 230598

Einladung

6 Künstler der Galerie Ricke

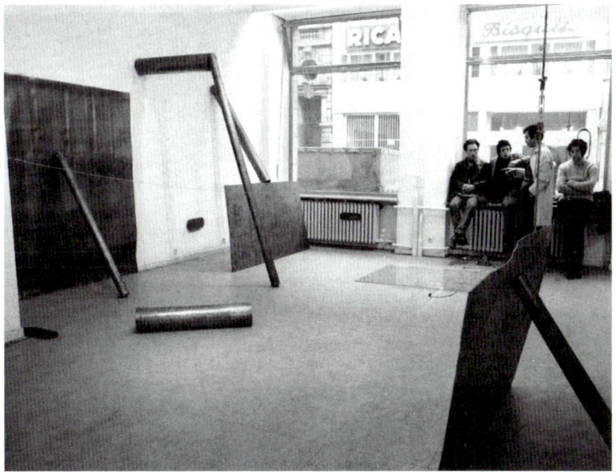

Richard Serra, Philip Glass, Yvon Lambert und Michael Buthe

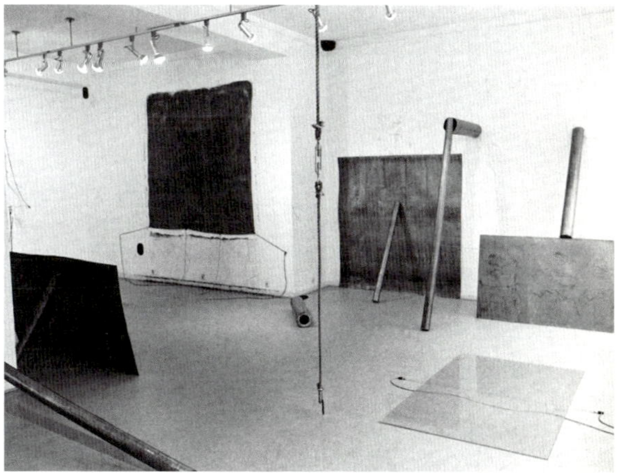
Serra, Bollinger [9], Sonnier [122]

Eröffnung

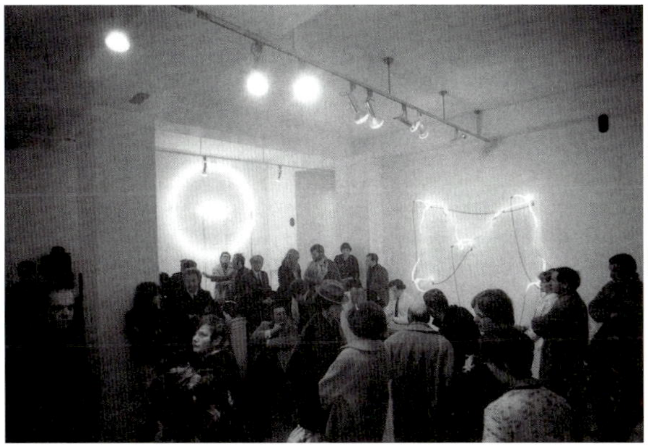

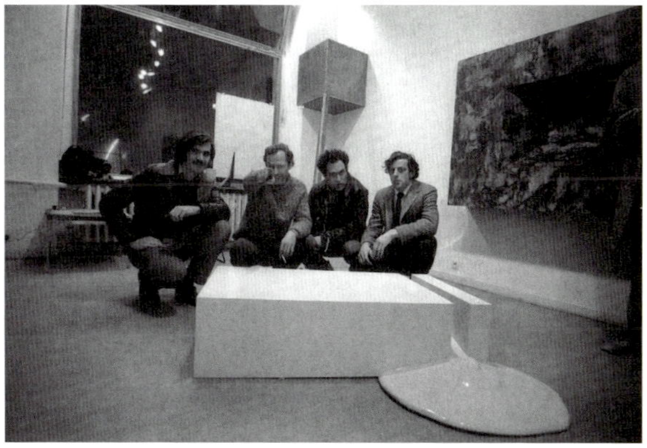

Sonnier, Besucher, Serra und Glass (rechts)

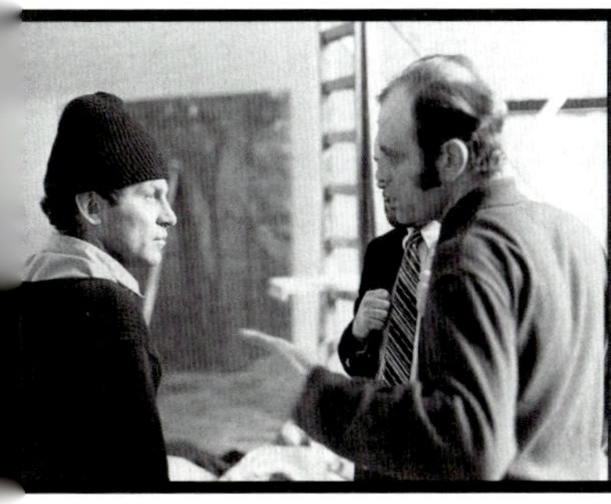
Richard Serra, Rolf Ricke

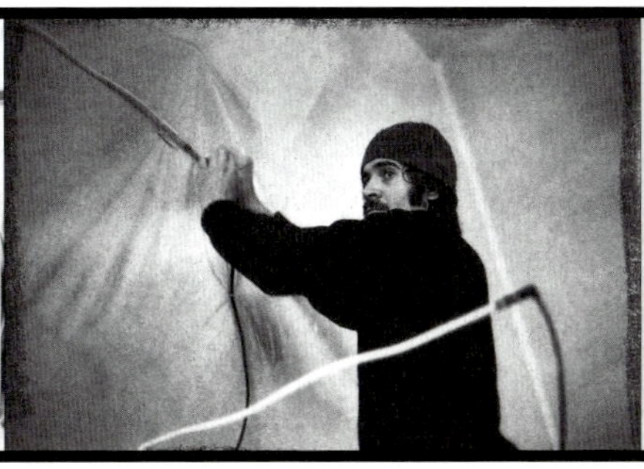
Keith Sonnier

15. März – 27. April 1969
Op Losse Schroeven. Situaties en Cryptostructuren
Stedelijk Museum, Amsterdam. Organisiert von Wim A.L. Beeren. Weitere Station unter dem Titel „Verborgene Strukturen", Museum Folkwang, Essen, 9. Mai – 22. Juni 1969. Künstler u. a. Bollinger, Flanagan, Heizer, Nauman, Saret, Serra, Smithson, Sonnier

relativ kurz. Wenn ich die wesentlichen Fragen wegen Ausstellung und Geld erledigt und die Arbeiten im Atelier gesehen hatte, dann war ich eigentlich schon wieder draussen. So verlebte ich mit Lee Lozano auch nie lange Abende.

Ihre abstrakten Bilder beeindruckten mich zutiefst. Ihr Limit an Farben und der damit verbundene Reichtum an Farbe, von Weiss bis Schwarz über Dunkelgrau, oder das Changieren eines Bordeauxrot oder eines Orange. Und ihr Einsatz der Pinselstruktur: Sehr ruhige Flächen stehen neben robusteren, strukturorientierten Partien. Ich erinnere mich, dass die Strukturen immer mehr aufbrachen und die Bilder heller wurden, identisch mit dem Aufbrechen der Strukturen wurde die Farbgebung heller, ja freundlicher, und farbreicher. Im Grunde wurden ihre Bilder zunehmend abstrakter. Bei meinem letzten Besuch sagte sie beiläufig: „I have to tell you something. I've changed my name into Lee Free." Ich fragte: „Wieso denn das?" Und sie antwortete nur: „I'm finished!" Sie hörte mit der Kunst auf und zog nach einiger Zeit fort. Das nächste Mal, als ich nach New York kam, war sie schon nicht mehr da.—

—Harald Szeemann besuchte mich oft in Köln, besonders als ich die Galerie in der Lindenstrasse hatte. Er steckte bereits intensiv in den Vorbereitungen für die Ausstellung **Live in Your Head. When Attitudes Become Form** in Bern, als er Ende 1968 bei einer Eröffnung wieder da war, sagte ich zu ihm: „Lass uns doch schnell zu Michael Buthe hinaufgehen, ich will dir seine Arbeiten zeigen." Michael Buthe hatte im Hinterhaus sein Atelier, er war ja gleichzeitig mit mir aus Kassel weggezogen. Drei oder vier Mal in der Woche kam er in die Galerie, um sich die ausgestellten Arbeiten anzusehen, das hatte er zuvor schon in Kassel getan. Sicherlich hat er dadurch auch den Weg in seine Arbeit gefunden, ansonsten hatte er dort seine Kunst nahezu isoliert erarbeitet, studiert hatte er bei Professor Arnold Bode. Der abendliche Atelierbesuch brachte damals mit sich, dass Szeemann Michael Buthe zur Attitüden-Ausstellung einlud.

Insgesamt stand ich während der Planungszeit für *When Attitudes Become Form* mit Harald Szeemann in perma-

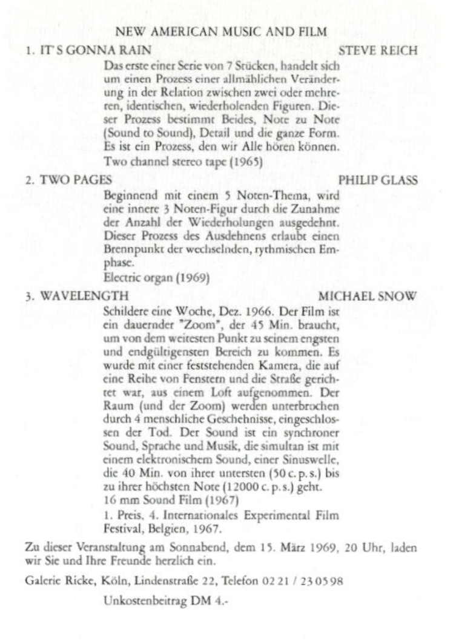

NEW AMERICAN MUSIC AND FILM

1. IT'S GONNA RAIN — STEVE REICH

Das erste einer Serie von 7 Stücken, handelt sich um einen Prozess einer allmählichen Veränderung in der Relation zwischen zwei oder mehreren, identischen, wiederholenden Figuren. Dieser Prozess bestimmt Beides, Note zu Note (Sound to Sound), Detail und die ganze Form. Es ist ein Prozess, den wir Alle hören können.
Two channel stereo tape (1965)

2. TWO PAGES — PHILIP GLASS

Beginnend mit einem 5 Noten-Thema, wird eine innere 3 Noten-Figur durch die Zunahme der Anzahl der Wiederholungen ausgedehnt. Dieser Prozess des Ausdehnens erlaubt einen Brennpunkt der wechselnden, rythmischen Emphase.
Electric organ (1969)

3. WAVELENGTH — MICHAEL SNOW

Schildere eine Woche, Dez. 1966. Der Film ist ein dauernder "Zoom", der 45 Min. braucht, um von dem weitesten Punkt zu seinem engsten und endgültigensten Bereich zu kommen. Es wurde mit einer feststehenden Kamera, die auf eine Reihe von Fenstern und die Straße gerichtet war, aus einem Loft aufgenommen. Der Raum (und der Zoom) werden unterbrochen durch 4 menschliche Geschehnisse, eingeschlossen der Tod. Der Sound ist ein synchroner Sound, Sprache und Musik, die simultan ist mit einem elektronischem Sound, einer Sinuswelle, die 40 Min. von ihrer untersten (50 c. p. s.) bis zu ihrer höchsten Note (12000 c. p. s.) geht.
16 mm Sound Film (1967)
1. Preis, 4. Internationales Experimental Film Festival, Belgien, 1967.

Zu dieser Veranstaltung am Sonnabend, dem 15. März 1969, 20 Uhr, laden wir Sie und Ihre Freunde herzlich ein.

Galerie Ricke, Köln, Lindenstraße 22, Telefon 02 21 / 23 05 98

Unkostenbeitrag DM 4.-

Programmankündigung

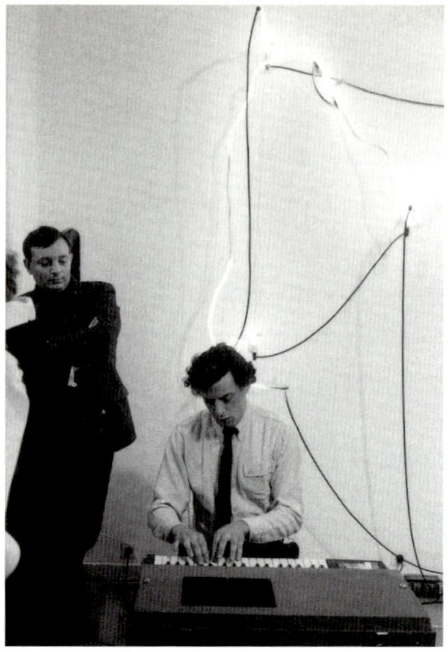

Philip Glass während der Aufführung von „Two Pages"

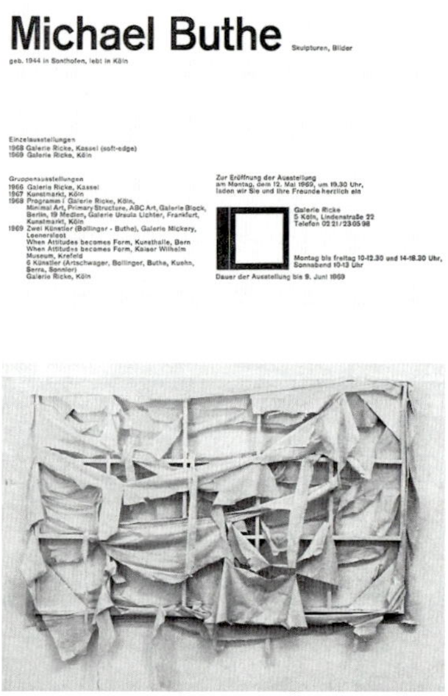

Michael Buthe — Skulpturen, Bilder

geb. 1944 in Sonthofen, lebt in Köln

Einzelausstellungen
1968 Galerie Ricke, Kassel (soft-edge)
1969 Galerie Ricke, Köln

Gruppenausstellungen
1966 Galerie Ricke, Kassel
1967 Kunstmarkt, Köln
1968 Programm I Galerie Ricke, Köln, Minimal Art, Primary Structure, ABC Art, Galerie Block, Berlin, 19 Medien, Galerie Ursula Lichter, Frankfurt, Kunstmarkt, Köln
1969 Zwei Künstler (Bollinger - Buthe), Galerie Mickery, Loenersloot
When Attitudes becomes Form, Kunsthalle, Bern
When Attitudes becomes Form, Kaiser Wilhelm Museum, Krefeld
6 Künstler (Artschwager, Bollinger, Buthe, Kuehn, Serra, Sonnier)
Galerie Ricke, Köln

Zur Eröffnung der Ausstellung am Montag, dem 12. Mai 1969, um 19.30 Uhr, laden wir Sie und Ihre Freunde herzlich ein

Galerie Ricke
5 Köln, Lindenstraße 22
Telefon 02 21 / 23 05 98

Montag bis freitag 10-12.30 und 14-18.30 Uhr, Sonnabend 10-13 Uhr

Dauer der Ausstellung bis 9. Juni 1969

Einladung

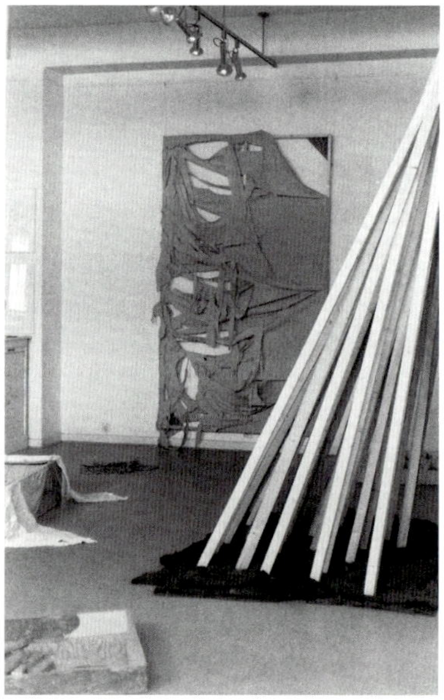

Michael Buthe. Skulpturen, Bilder

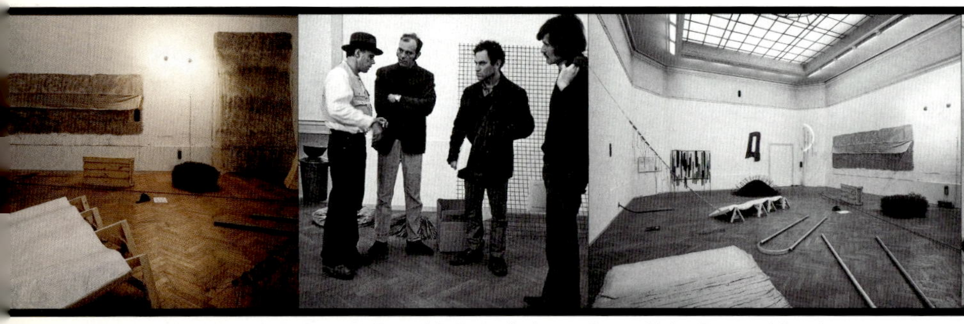

Live in Your Head. Kunsthalle Bern: Bollinger [7], Kuehn [47] u. a.; Beuys, Ricke, Serra und Sonnier

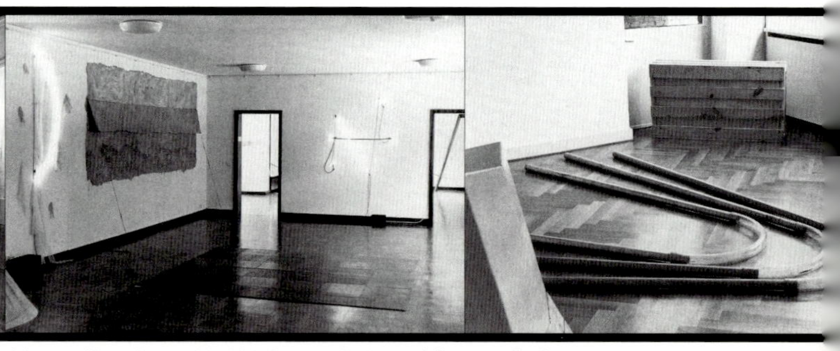

Museum Haus Lange, Krefeld: Sonnier, Bollinger [7], Kuehn [47] u. a.

New American Music and Film
Philip Glass „Two Pages"
Steve Reich „It's Gonna Rain"
Michael Snow „Wavelength"
15. März 1969, 20 Uhr

Michael Buthe
Skulpturen, Bilder
12. Mai – 9. Juni 1969

Programm II
Bilder, Zeichnungen, Skulpturen
Richard Artschwager*, Lothar Baumgarten, Bill Bollinger, Robert Breer, Alan Cote, Jan Dibbets, Michael Heizer, Ralph Humphrey, Donald Judd, Steve Kaltenbach, Ronnie Landfield, Clark Murray, Keith Sonnier*, Robert Watts
25. Juni – Mitte September 1969

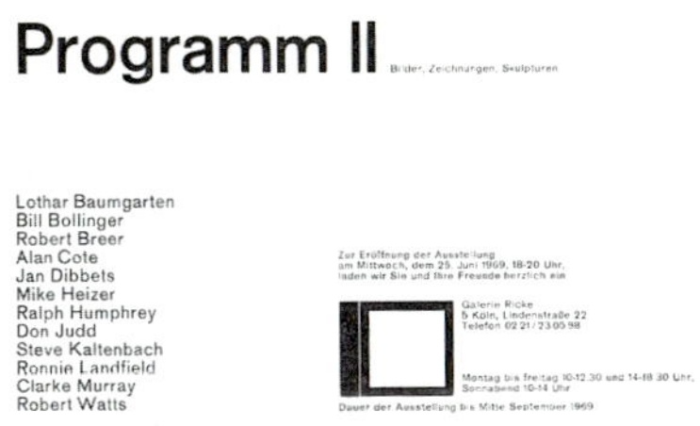
Programm II Bilder, Zeichnungen, Skulpturen

Lothar Baumgarten
Bill Bollinger
Robert Breer
Alan Cote
Jan Dibbets
Mike Heizer
Ralph Humphrey
Don Judd
Steve Kaltenbach
Ronnie Landfield
Clarke Murray
Robert Watts

Zur Eröffnung der Ausstellung
am Mittwoch, dem 25. Juni 1969, 18-20 Uhr,
laden wir Sie und Ihre Freunde herzlich ein

Galerie Ricke
5 Köln, Lindenstraße 22
Telefon 02 21 / 23 05 98

Montag bis freitag 10-12.30 und 14-18.30 Uhr,
Sonnabend 10-14 Uhr

Dauer der Ausstellung bis Mitte September 1969

Einladung

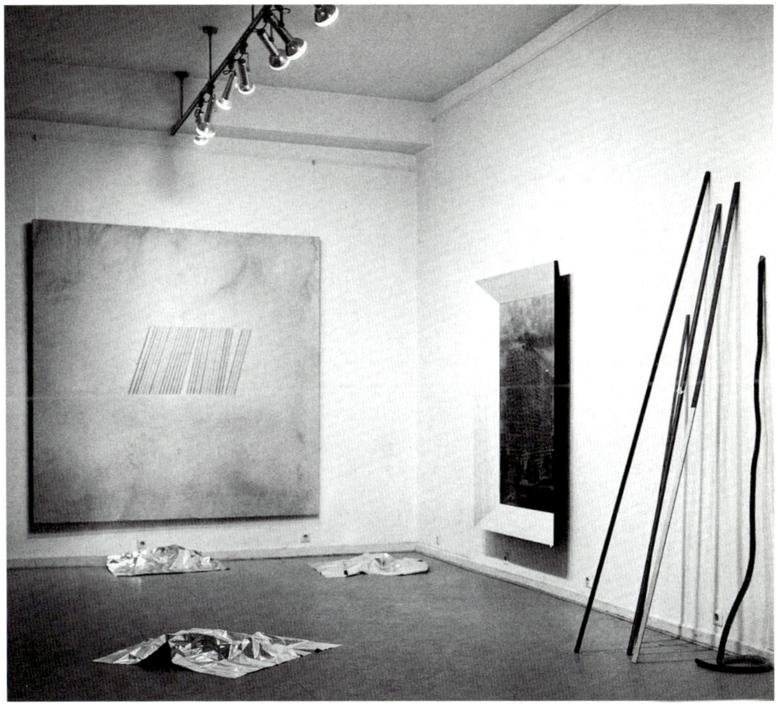

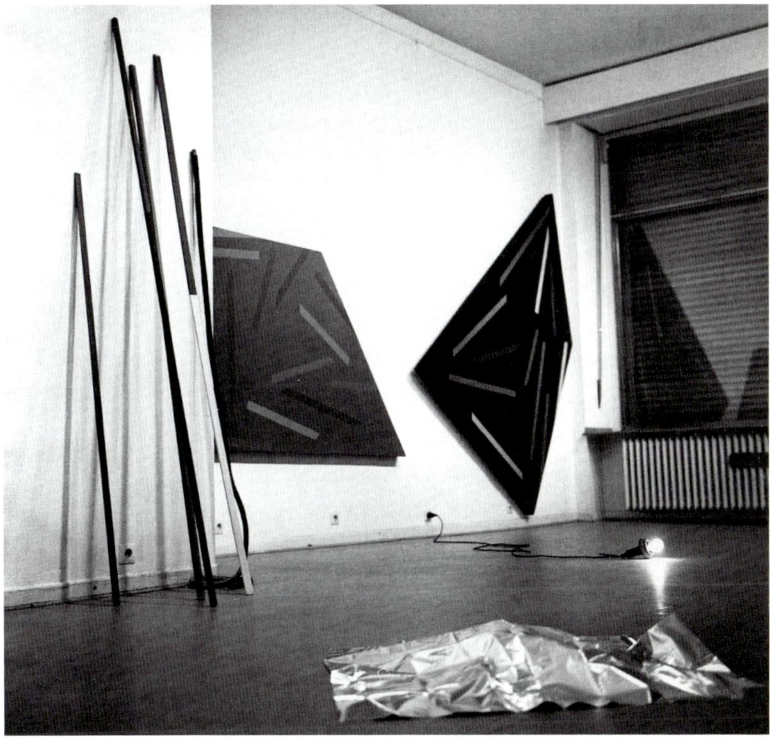

Programm II:
Breer, Landfield, Artschwager, Baumgarten
Breer, Baumgarten, Bollinger [10], Cote

20. Juli 1969: Landung auf dem Mond der US-amerikanischen Astronauten Neil Armstrong und Buzz Aldrin

22. März – 23. April 1969
Live in Your Head. When Attitudes Become Form
Kunsthalle Bern. Weitere Stationen: Museum Haus Lange, Krefeld, 9. Mai – 15. Juni 1969; ICA, Institute of Contemporary Arts, London, 28. September – 27. Oktober 1969. Organisiert von Harald Szeemann. Künstler u. a. Artschwager, Beuys, Bochner, Bollinger, De Maria, Flanagan, Haacke, Heizer, Hesse, Kuehn, Nauman, Pistoletto, Saret, Serra, Smithson, Sonnier

nentem und äusserst fruchtbarem Austausch: Es ging um Richard Artschwager, Bill Bollinger, Barry Flanagan, Michael Heizer, Eva Hesse, Gary Kuehn, Richard Serra, Keith Sonnier …

Eindrücklich erinnere ich mich an ein Gespräch mit Harry über Barry Le Va, das war ebenfalls vor Ende 1968. Ich zeigte ihm einen grossen Stapel Zeichnungen – sicher 12 cm hoch – von Le Va, der unermüdlich arbeitete und ununterbrochen zeichnete. Auch Sammlern präsentierte ich eine solch grosse Auswahl und wunderte mich immer, nichts zu verkaufen. Dies erzählte ich einmal Paul Bianchini: „Es ist doch merkwürdig, ich habe diese vielen Zeichnungen, das ist doch eine Fundgrube für Sammler, aber sie kaufen keine einzige." Da klärte er mich auf: „Das kannst du so nicht machen. Wenn du hundert Zeichnungen hast, zeigst du nur zehn. Und von den zehn verkaufst du vielleicht drei. Aber wenn du fünfzig hinlegst, ergibt das keinen Sinn. Das hat mit der ‚message', mit der möglichen Aufnahmebereitschaft zu tun." Daraus lernte ich. Ich sprach also mit Harald Szeemann über die Arbeiten und Zeichnungen von Barry Le Va und er sagte zu mir: „Weisst du was, an jeder Ecke sieht man heute irgendwelchen Kram auf der Erde. Das interessiert mich nicht!" Damit war das Thema Barry Le Va und eine Ausstellungsteilnahme in Bern erledigt.

Die Zeit vor *Attitudes* Ende März 1969 war sehr dicht. Wir – einige der ausgestellten Künstler und ich – arbeiteten wie die Wahnsinnigen: Wir bauten Anfang März die Ausstellung *Op Losse Schroeven* in Amsterdam auf, fuhren sofort zurück nach Köln, richteten *6 Künstler der Galerie Ricke* mit Richard Artschwager, Bill Bollinger, Michael Buthe, Gary Kuehn, Richard Serra und Keith Sonnier ein, eröffneten, und brachen unmittelbar darauf nach Bern auf. Auch wenn viele Sachen bereits in Bern vorbereitet und organisiert worden waren, nahm ich im Pkw noch eine Menge Materialien mit, unter anderem Latex, Neonröhren und Flocks, die Sonnier für seine Wandarbeiten verwendete. In Bern entstanden viele Werke erst vor Ort, wie zuvor in Amsterdam und Köln. Die *Blps* von Richard Artschwager – er hatte sie mir nach Köln geschickt und einige in der Galerieausstellung installiert – nahm ich auch mit nach Bern. Während in der Kunsthalle noch hektisch

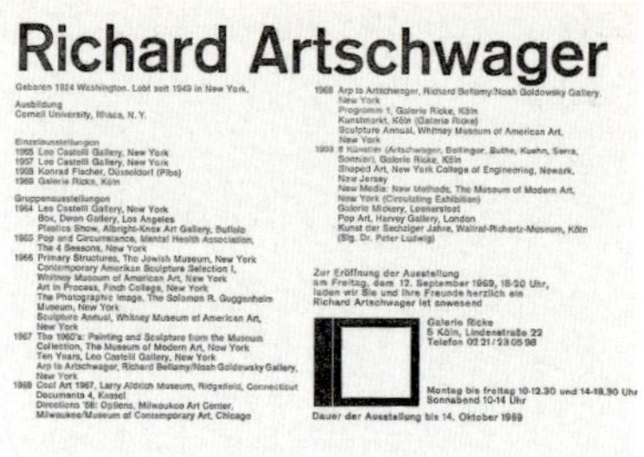
Richard Artschwager

Geboren 1924 Washington. Lebt seit 1949 in New York.

Ausbildung
Cornell University, Ithaca, N. Y.

Einzelausstellungen
1965 Leo Castelli Gallery, New York
1967 Leo Castelli Gallery, New York
1968 Konrad Fischer, Düsseldorf (Blps)
1969 Galerie Ricke, Köln

Gruppenausstellungen
1964 Leo Castelli Gallery, New York
Box, Dwan Gallery, Los Angeles
Plastics Show, Albright-Knox Art Gallery, Buffalo
1965 Pop and Circumstance, Mental Health Association, The 4 Seasons, New York
1966 Primary Structures, The Jewish Museum, New York
Contemporary American Sculpture Selection I, Whitney Museum of American Art, New York
Art in Process, Finch College, New York
The Photographic Image, The Solomon R. Guggenheim Museum, New York
Sculpture Annual, Whitney Museum of American Art, New York
1967 The 1960's: Painting and Sculpture from the Museum Collection, The Museum of Modern Art, New York
Ten Years, Leo Castelli Gallery, New York
Arp to Artschwager, Richard Bellamy/Noah Goldowsky Gallery, New York
1968 Cool Art 1967, Larry Aldrich Museum, Ridgefield, Connecticut
Documenta 4, Kassel
Directions '68: Options, Milwaukee Art Center, Milwaukee/Museum of Contemporary Art, Chicago
1968 Arp to Artschwager, Richard Bellamy/Noah Goldowsky Gallery, New York
Programm 1, Galerie Ricke, Köln
Kunstmarkt, Köln (Galerie Ricke)
Sculpture Annual, Whitney Museum of American Art, New York
1969 6 Künstler (Artschwager, Bollinger, Buthe, Kuehn, Serra, Sonnier), Galerie Ricke, Köln
Shaped Art, New York College of Engineering, Newark, New Jersey
New Media: New Methods, The Museum of Modern Art, New York (Circulating Exhibition)
Galerie Mickery, Loenersloot
Pop Art, Harvey Gallery, London
Kunst der Sechziger Jahre, Wallraf-Richartz-Museum, Köln (Slg. Dr. Peter Ludwig)

Zur Eröffnung der Ausstellung am Freitag, dem 12. September 1969, 18-20 Uhr, laden wir Sie und Ihre Freunde herzlich ein
Richard Artschwager ist anwesend

Galerie Ricke
5 Köln, Lindenstraße 22
Telefon 02 21 / 23 05 98

Montag bis freitag 10-12.30 und 14-18.30 Uhr
Sonnabend 10-14 Uhr

Dauer der Ausstellung bis 14. Oktober 1969

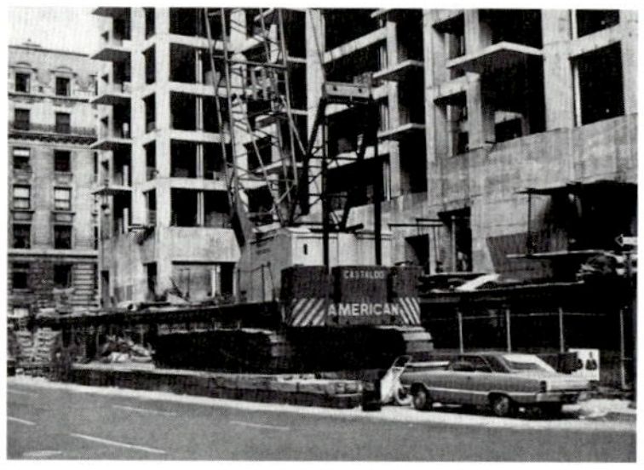

Einladung

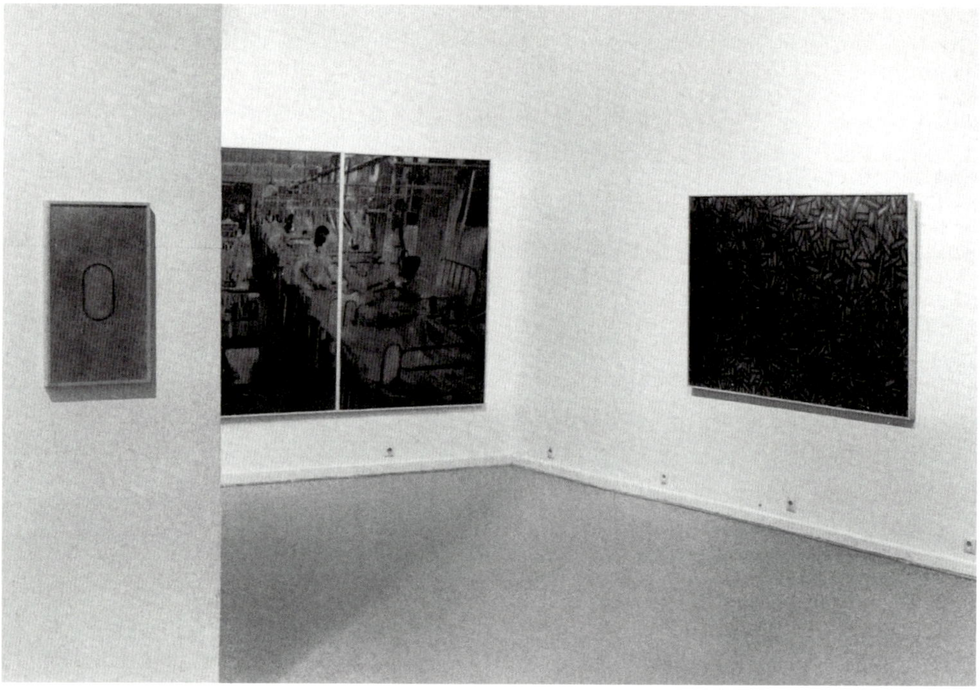

Richard Artschwager

15. – 17. August 1969: Musikfestival in Woodstock, New York

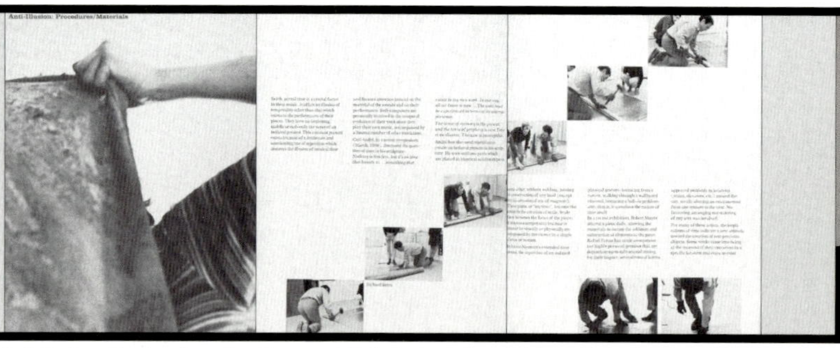

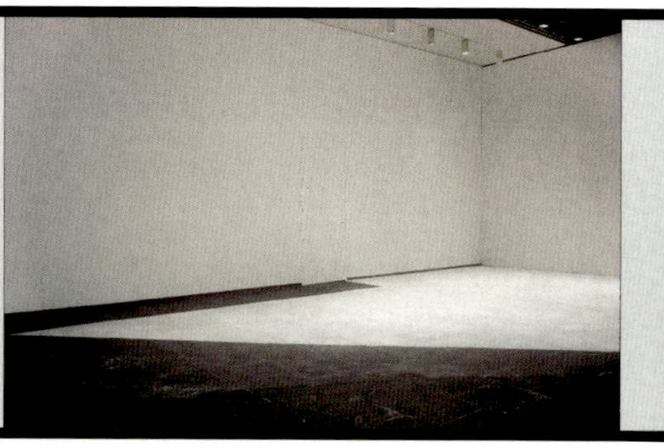

Anti-Illusion: Katalog (Sonnier, Serra und Ricke beim Aufbau in Köln); Barry Le Va „Omitted Section of a Section Omitted"

Richard Artschwager
12. September – 14. Oktober 1969

Gary Kuehn
Neue Skulpturen
13. Oktober – Mitte November 1969

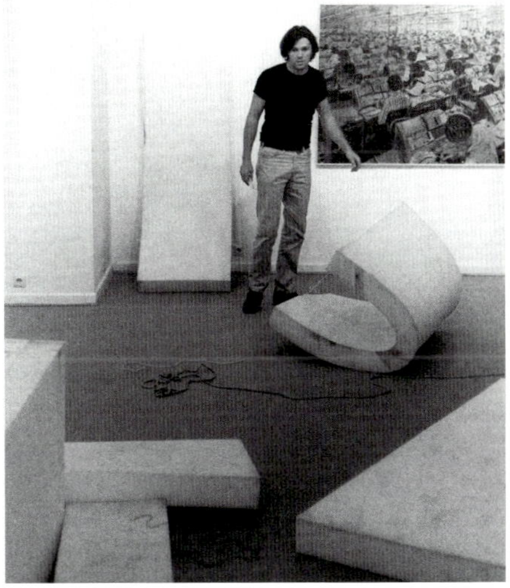

Gary Kuehn während des Aufbaus

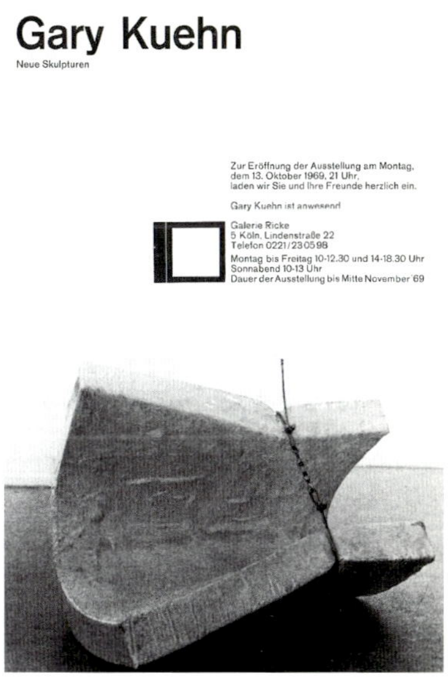
Gary Kuehn
Neue Skulpturen

Zur Eröffnung der Ausstellung am Montag, dem 13. Oktober 1969, 21 Uhr, laden wir Sie und Ihre Freunde herzlich ein.

Gary Kuehn ist anwesend

Galerie Ricke
5 Köln, Lindenstraße 22
Telefon 0221/230598
Montag bis Freitag 10-12.30 und 14-18.30 Uhr
Sonnabend 10-13 Uhr
Dauer der Ausstellung bis Mitte November '69

Einladung

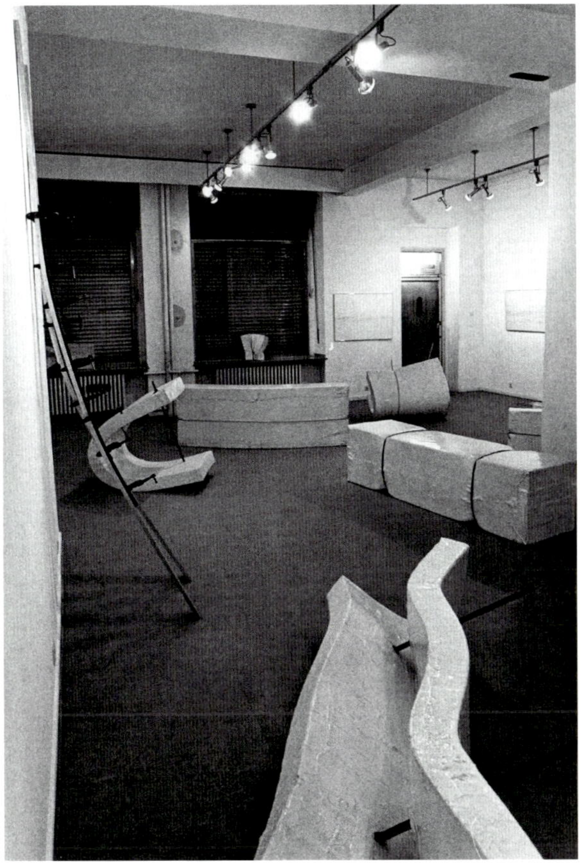

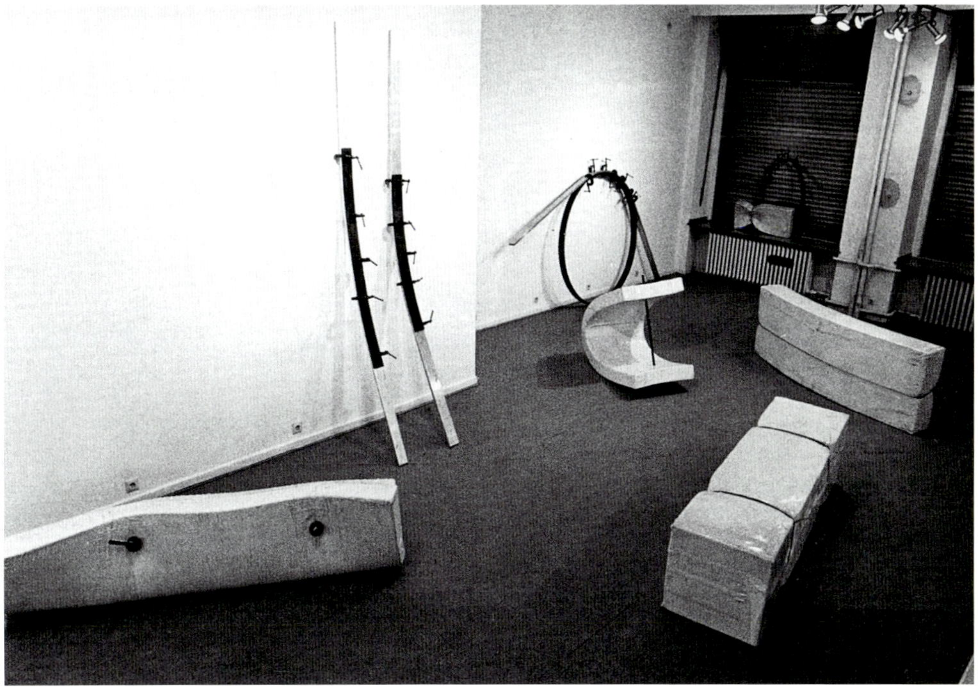

Gary Kuehn. Neue Skulpturen [48]

28. September 1969: Wahl Willy Brandts zum deutschen Bundeskanzler

19. Mai – 6. Juli 1969
Anti-Illusion: Procedures/Materials
Whitney Museum of American Art, New York. Organisiert von James Monte und Marcia Tucker. Künstler u. a. Andre, Bollinger, Duff, Glass, Hesse, Le Va, R. Morris, Nauman, Reich, Serra, Snow, Sonnier

Mai 1969
Theodoron Awards: Nine Young Artists
Solomon R. Guggenheim Museum, New York. Künstler u. a. Christensen, Serra, Young

installiert wurde, sagte Richard Artschwager zu Szeemann: „Ich beginne meine Installation erst, wenn alles fertig ist." Keiner wusste so richtig, was Artschwager plante. In der Nacht brachte er an verschiedenen Stellen in den Räumen die *Blps* an. Tags darauf waren einige sehr entsetzt über seine schwarzen Eingriffe. Sogar am Berner Regierungsgebäude hing ein *Blp*. Artschwager wurde daraufhin verhaftet, kam aber rasch wieder frei. Alle Arbeiten in der Ausstellung standen, aber wir hatten so hart gearbeitet, dass die meisten der Künstler vollkommen erledigt waren und nicht mehr zur Eröffnung blieben.

Mir war klar, hier passierte etwas Massgebliches, etwas ganz Neues. Harald Szeemann war dabei eine zentrale Figur, auch ich war Teil dessen und Konrad Fischer mit seiner Künstlerszene und Sperone wiederum mit seiner ... Jedenfalls war meine Begeisterung enorm, und einige Zeit nachdem ich aus Bern zurück war und Szeemann zwischenzeitlich eine Ausstellung in der Kunsthalle Düsseldorf realisiert hatte, unterhielt ich mich mit dem Kölner Kulturdezernenten Dr. Hackenberg, zu dem ich einen guten Draht hatte. Ich legte ihm nahe, eine Ausstellung mit Harald Szeemann in Köln zu verwirklichen: „Machen Sie was, damit nicht alles in Düsseldorf geschieht." Mir lag daran, dass Köln zur kulturellen Vorhut gehörte. Dr. Hackenberg bewirkte, dass Szeemann noch Ende 1970 die Ausstellung *Happening & Fluxus* im Kölnischen Kunstverein kuratierte. Das Ganze endete in einem Skandal, wie zuvor schon die Attitüden-Ausstellung. Sie hatte heftigste Reaktionen in Bern hervorgerufen und führte zu Problemen, die letztlich mit der Aufgabe von Szeemanns Posten in Bern endeten. In den gleichen Zeitraum fiel die Berufung Szeemanns zum Leiter der *documenta 5* im Jahr 1972. Dr. Hunstein, der eine wichtige Rolle für die Kultur in Kassel spielte, fast kann man sagen, er war eine Art Schaltstelle, und ich ebneten den Weg für Szeemann zur *documenta*. Der ehemalige *documenta*-Rat hatte sich aufgelöst und die Kasseler Kulturverantwortlichen suchten eine neue Lösung. Es war nicht so kompliziert wie heute, keine Kommission, etc., vielmehr trafen wir uns, nachdem

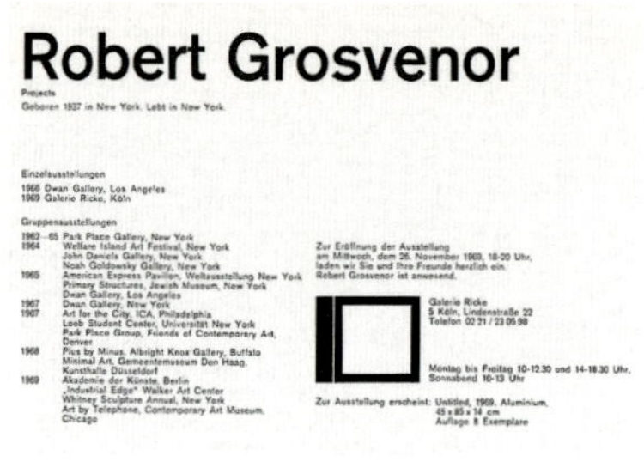
Robert Grosvenor
Projects
Geboren 1937 in New York. Lebt in New York.

Einzelausstellungen
1966 Dwan Gallery, Los Angeles
1969 Galerie Ricke, Köln

Gruppenausstellungen
1962–65 Park Place Gallery, New York
1964 Welfare Island Art Festival, New York
John Daniels Gallery, New York
Noah Goldowsky Gallery, New York
1965 American Express Pavilion, Weltausstellung New York
Primary Structures, Jewish Museum, New York
Dwan Gallery, Los Angeles
1967 Dwan Gallery, New York
1967 Art for the City, ICA, Philadelphia
Loeb Student Center, Universität New York
Park Place Group, Friends of Contemporary Art, Denver
1968 Plus by Minus, Albright Knox Gallery, Buffalo
Minimal Art, Gemeentemuseum Den Haag, Kunsthalle Düsseldorf
1969 Akademie der Künste, Berlin
„Industrial Edge" Walker Art Center
Whitney Sculpture Annual, New York
Art by Telephone, Contemporary Art Museum, Chicago

Zur Eröffnung der Ausstellung am Mittwoch, dem 26. November 1969, 18-20 Uhr, laden wir Sie und Ihre Freunde herzlich ein. Robert Grosvenor ist anwesend.

Galerie Ricke
5 Köln, Lindenstraße 22
Telefon 02 21 / 23 05 98

Montag bis Freitag 10-12.30 und 14-18.30 Uhr, Sonnabend 10-13 Uhr

Zur Ausstellung erscheint: Untitled, 1969, Aluminium, 45 x 85 x 14 cm, Auflage 8 Exemplare

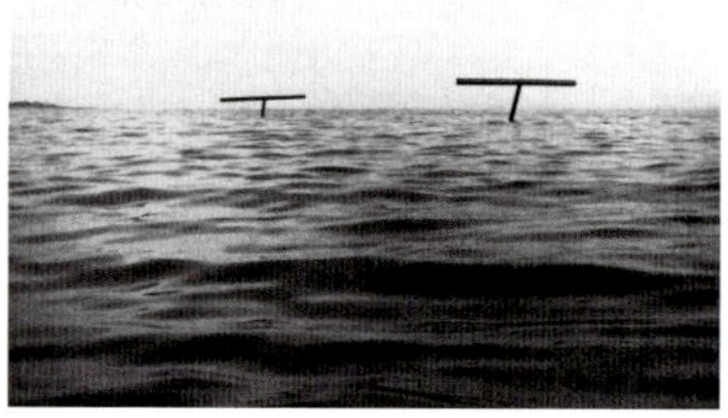

Einladung

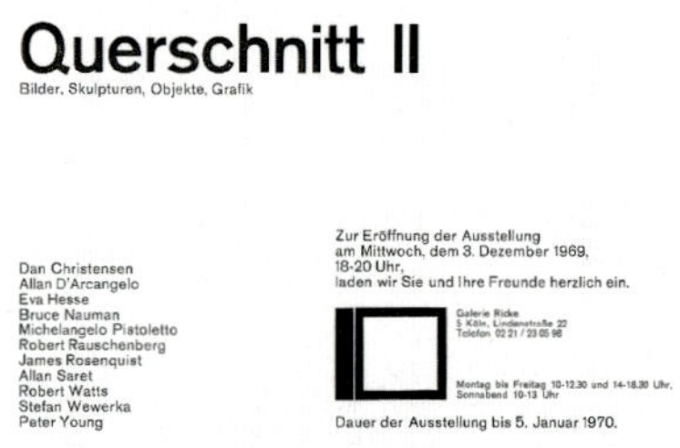
Querschnitt II
Bilder, Skulpturen, Objekte, Grafik

Dan Christensen
Allan D'Arcangelo
Eva Hesse
Bruce Nauman
Michelangelo Pistoletto
Robert Rauschenberg
James Rosenquist
Allan Saret
Robert Watts
Stefan Wewerka
Peter Young

Zur Eröffnung der Ausstellung am Mittwoch, dem 3. Dezember 1969, 18-20 Uhr, laden wir Sie und Ihre Freunde herzlich ein.

Galerie Ricke
5 Köln, Lindenstraße 22
Telefon 02 21 / 23 05 98

Montag bis Freitag 10-12.30 und 14-18.30 Uhr, Sonnabend 10-13 Uhr

Dauer der Ausstellung bis 5. Januar 1970.

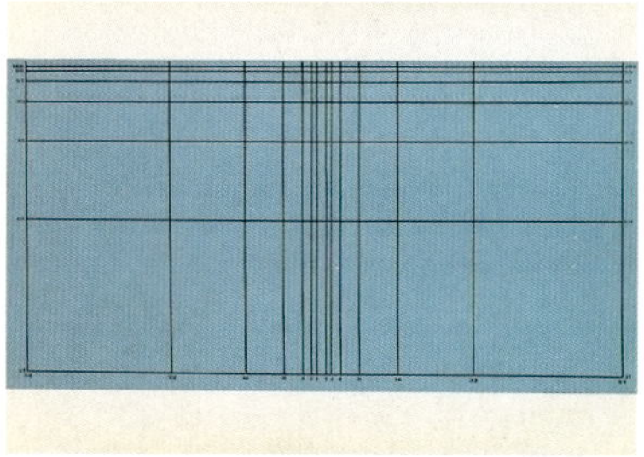

Einladung

1969

15. Oktober 1969: Demonstrationen von 15 Millionen Menschen in den USA gegen den Krieg in Vietnam

13. September – 19. Oktober 1969
Dan Flavin
National Gallery of Canada, Ottawa. Weitere Stationen: Vancouver Art Gallery, 12. November – 7. Dezember 1969; Jewish Museum, New York, 21. Januar – 1. März 1970

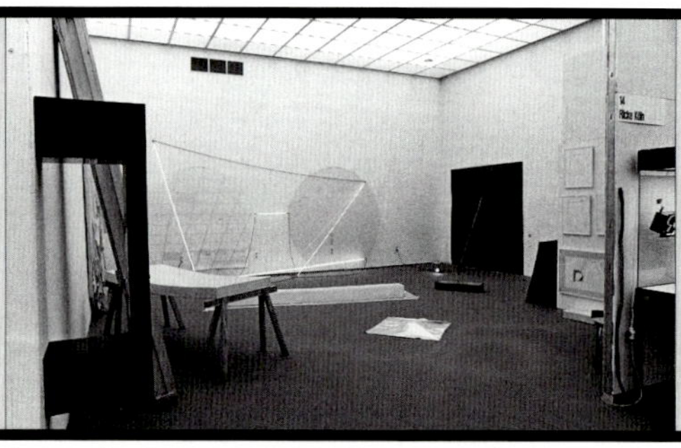

14. – 18. Oktober 1969
Kunstmarkt Köln '69
Kunsthalle Köln

Kunstmarkt: Messekoje Galerie Ricke. Kuehn [46] u. a.

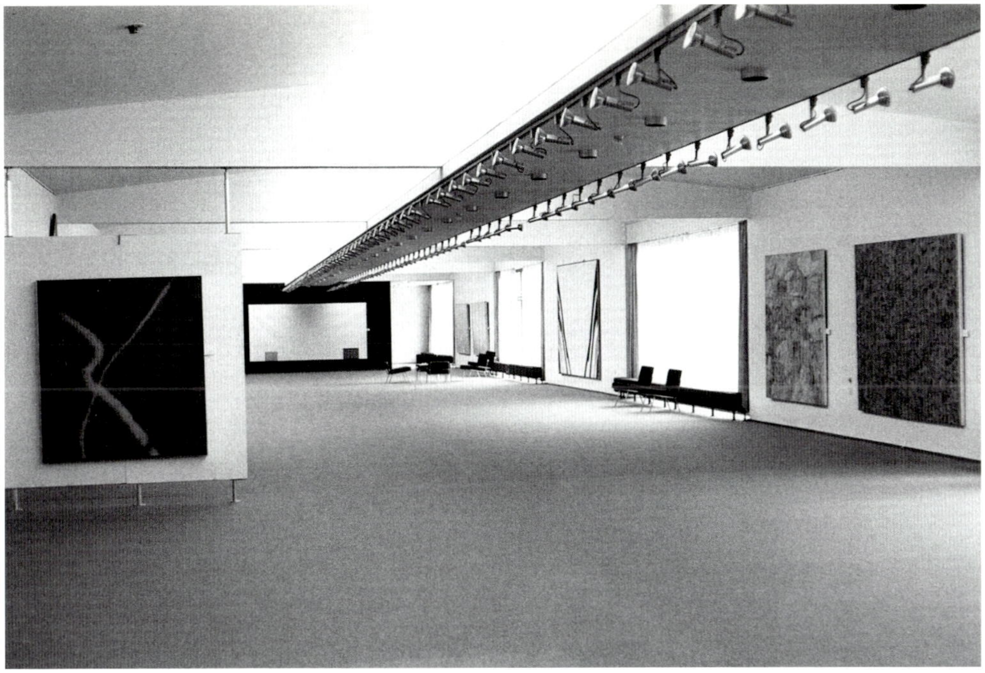

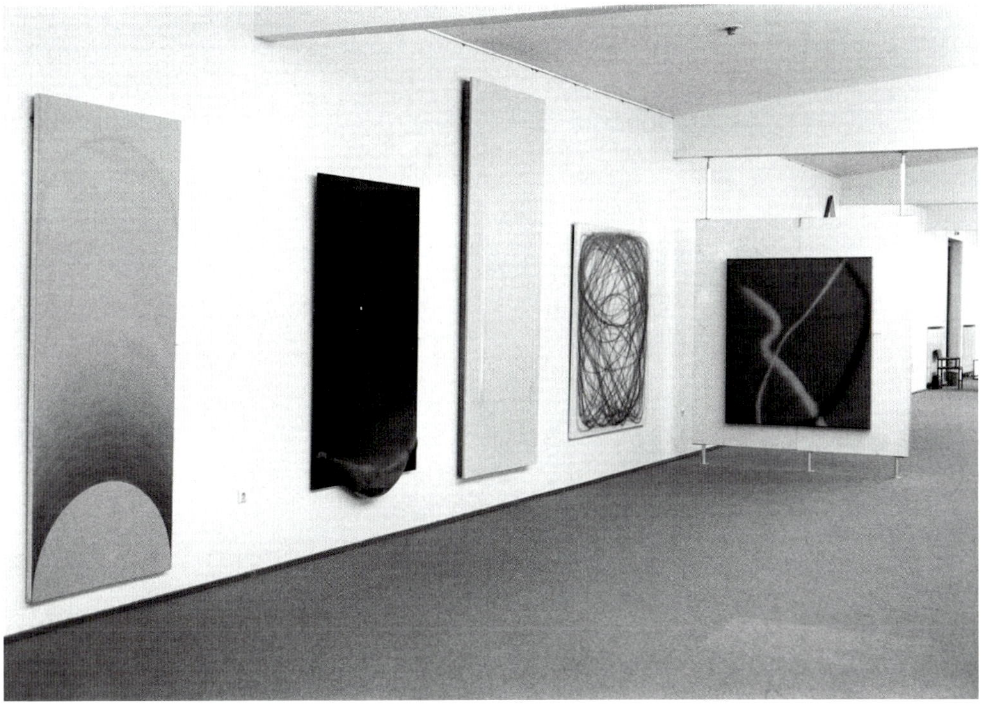

Eine Tendenz zeitgenössischer Malerei: Lewis Stein, Peter Young u. a. (oben); Lee Lozano, Dan Christensen u. a. (unten)

Robert Grosvenor
Projects
Zur Ausstellung erscheint das Aluminium-Objekt „Untitled" in limiterter Auflage.
26. November – Ende Dezember 1969

Querschnitt II
Bilder, Skulpturen, Objekte, Grafik
Dan Christensen, Allan D'Arcangelo, Eva Hesse, Bruce Nauman, Michelangelo Pistoletto, Robert Rauschenberg, James Rosenquist, Alan Saret, Robert Watts, Stefan Wewerka, Peter Young
3. Dezember 1969 – 5. Januar 1970

Eine Tendenz zeitgenössischer Malerei
Jo Baer, Darby Bannard, Dan Christensen, Alan Cote, Gotthard Graubner, Allan Hacklin, Ralph Humphrey, Morris Louis, Lee Lozano, Clark Murray, Kenneth Noland, William Pettet, Larry Poons, Lawrence Stafford, Lewis Stein, John Walker, Peter Young
Kölnischer Kunstverein, Köln
14. Oktober – 9. November 1969
Ausstellung begleitend zum Kölner Kunstmarkt.
Organisiert von Rolf Ricke

Dezember 1969 – Januar 1970
Richard Serra
Castelli Warehouse, New York

1969
Lewis Stein
(1. Einzelausstellung)
Nicholas Wilder Gallery, Los Angeles

ich Harry in Köln vom Bahnhof abgeholt hatte, in Kassel in der Wohnung von Dr. Hunstein. Die Professoren Arnold Bode, Karl Oskar Blase, Günther Grzimek, Erich Herzog und eine Anzahl weiterer Personen aus Politik und Kultur erwarteten uns bereits. Die Entscheidung fiel recht zügig: Szeemann wurde vom Kasseler Oberbürgermeister zum neuen Leiter, zum Generalsekretär der *documenta* ernannt.—

—Januar 1970 war **Bill Bollinger**s letzte richtige Ausstellung. Zuerst wohnte er ein paar Wochen bei mir in Köln, und später bei Ulrich Rückriem. Die Ausstellung hatte den Charakter einer kleinen Retrospektive. Bereits die Einladungskarte dokumentiert ein Werk: Wir besorgten ein langes Stück Holz, fuhren zum Rhein, warfen es ins Wasser und fotografierten es. Dieses schwarz-weiss Motiv, das schwimmende Holz, habe ich innerlich immer sehr stark mit Bollinger verknüpft.
Eine farbige Zeichnung Bollingers zeigt, was er für diese Ausstellung vorhatte: Die Graphitarbeit in der Ecke und die Drahtarbeit *Screen* führte er aus, nicht aber den Wassertank. Eine weitere Idee, die ihn beschäftigte, wurde ebenfalls nicht umgesetzt: Es gab ein Waschbecken in der Galerie, und dort wollte er eine Arbeit mit Wasser ausführen. Bei dieser letzten Ausstellung war er irgendwie nicht zufrieden mit dem, was er zustande brachte. Kurz vor der Eröffnung ging er in der Stadt spazieren. In einem Spielwarengeschäft kaufte er eine Schienenkreuzung für Modelleisenbahnen. Diese Kreuzung legte er auf den Tisch mit den Worten: „This is my last piece". Wir platzierten dieses Stück in der Ausstellung. Das war sein Abschied, sein Skizzenbuch liess er bei mir liegen, flog zurück nach New York. Dort realisierte er kurz danach, das war im Frühjahr, eine Arbeit für die Ausstellung *Anti-Illusion* im Whitney Museum: Er legte einen grossen Felsbrocken, *The Stone,* ins Museum. Dann habe ich nichts mehr gehört von ihm.—

Bill Bollinger
7. – 20. Januar 1970

Alan Cote
(1. Einzelausstellung in Europa)
28. Januar – Mitte Februar 1970

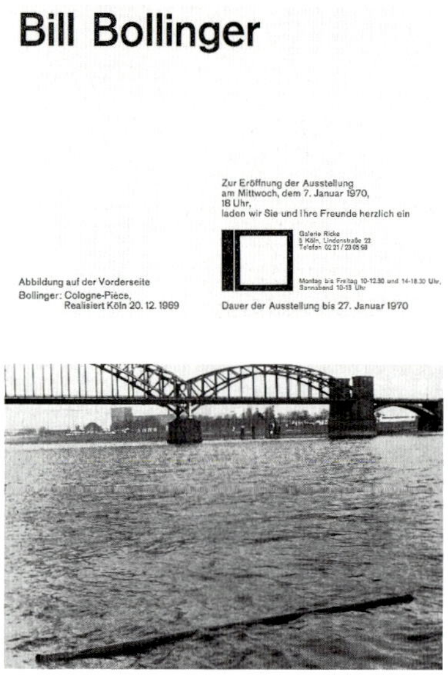
Bill Bollinger

Zur Eröffnung der Ausstellung
am Mittwoch, dem 7. Januar 1970,
18 Uhr,
laden wir Sie und Ihre Freunde herzlich ein

Galerie Ricke
5 Köln, Lindenstraße 22
Telefon 02 21 / 23 05 98

Montag bis Freitag 10-12.30 und 14-18.30 Uhr,
Sonnabend 10-13 Uhr

Dauer der Ausstellung bis 27. Januar 1970

Abbildung auf der Vorderseite
Bollinger: Cologne-Piece,
Realisiert Köln 20. 12. 1969

Einladung

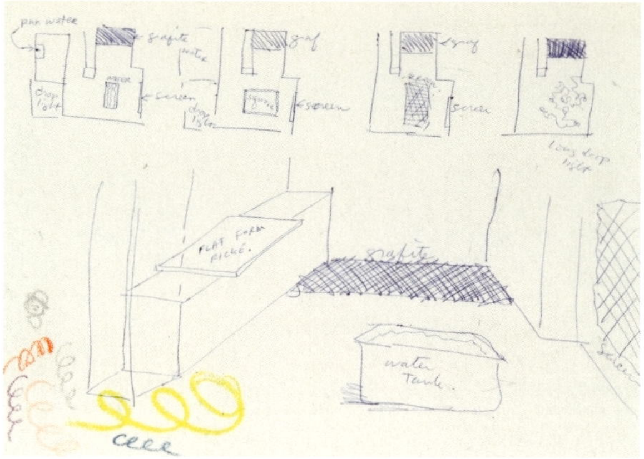
Ausstellungsskizze von Bill Bollinger

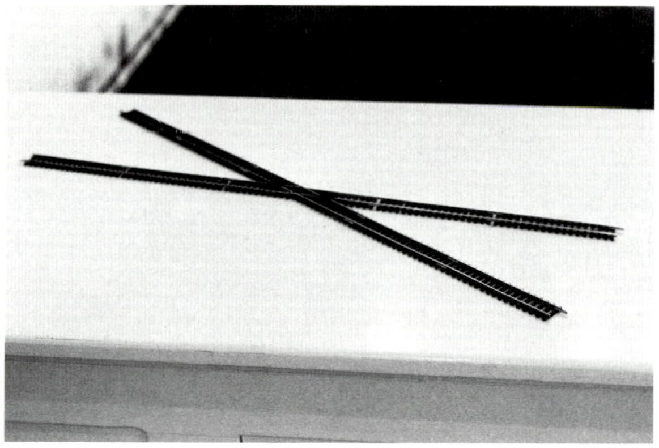

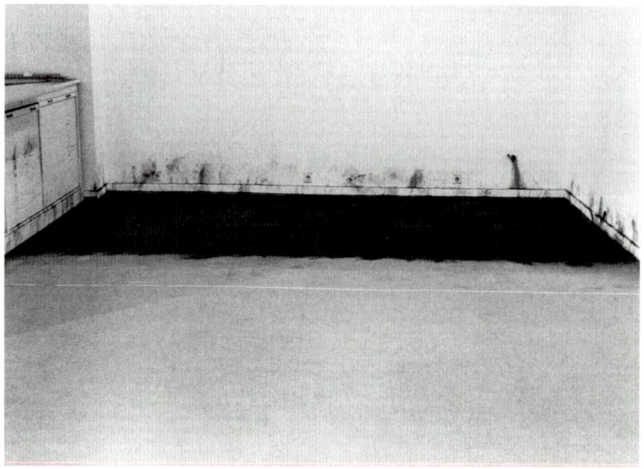
Bill Bollinger

1970

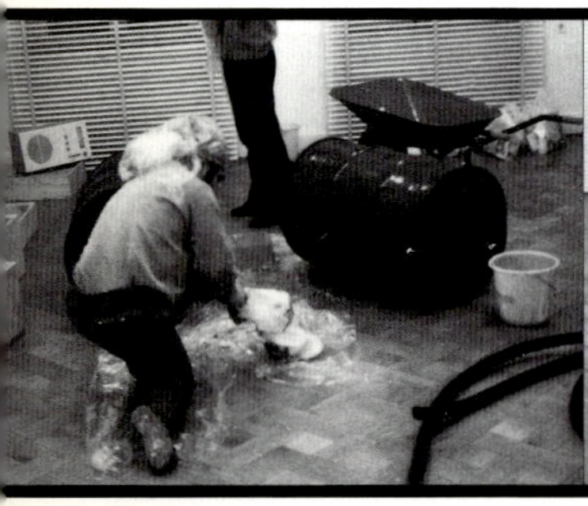
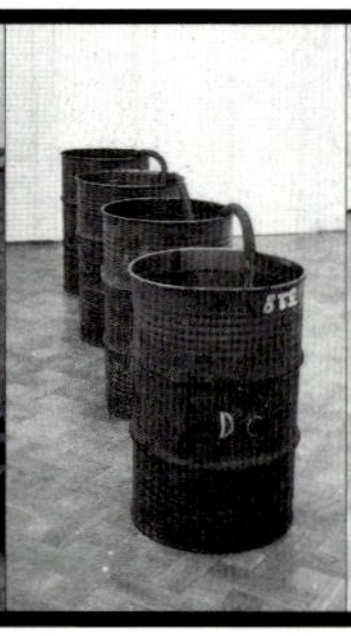
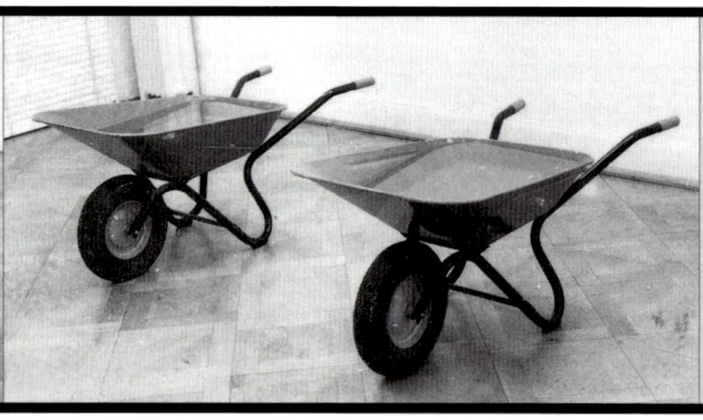

9. Januar – 1. Februar 1970
Bill Bollinger
Galerie Ernst, Hannover

Bill Bollinger: Ausstellungsaufbau [11] [12]

Galerie Ricke, Köln, Lindenstrasse 22

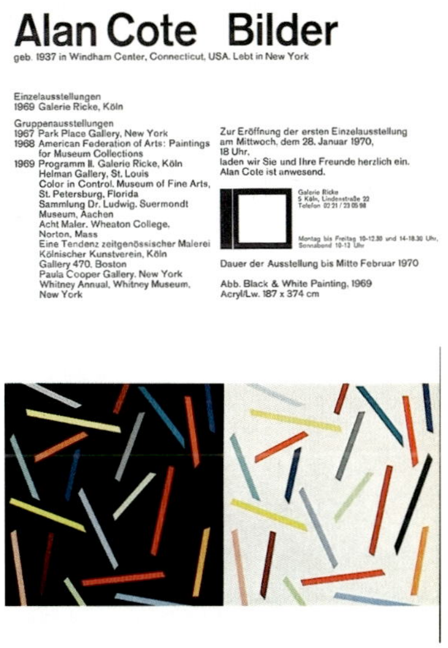

Alan Cote Bilder

geb. 1937 in Windham Center, Connecticut, USA. Lebt in New York

Einzelausstellungen
1969 Galerie Ricke, Köln

Gruppenausstellungen
1967 Park Place Gallery, New York
1968 American Federation of Arts: Paintings for Museum Collections
1969 Programm II. Galerie Ricke, Köln
Helman Gallery, St. Louis
Color in Control. Museum of Fine Arts, St. Petersburg, Florida
Sammlung Dr. Ludwig. Suermondt Museum, Aachen
Acht Maler. Wheaton College, Norton, Mass
Eine Tendenz zeitgenössischer Malerei Kölnischer Kunstverein, Köln
Gallery 470. Boston
Paula Cooper Gallery. New York
Whitney Annual, Whitney Museum, New York

Zur Eröffnung der ersten Einzelausstellung am Mittwoch, dem 28. Januar 1970, 18 Uhr, laden wir Sie und Ihre Freunde herzlich ein. Alan Cote ist anwesend.

Galerie Ricke
5 Köln, Lindenstraße 22
Telefon 02 21 / 23 05 98

Montag bis Freitag 10-12.30 und 14-18.30 Uhr, Sonnabend 10-13 Uhr

Dauer der Ausstellung bis Mitte Februar 1970

Abb. Black & White Painting, 1969
Acryl/Lw. 187 x 374 cm

Einladung

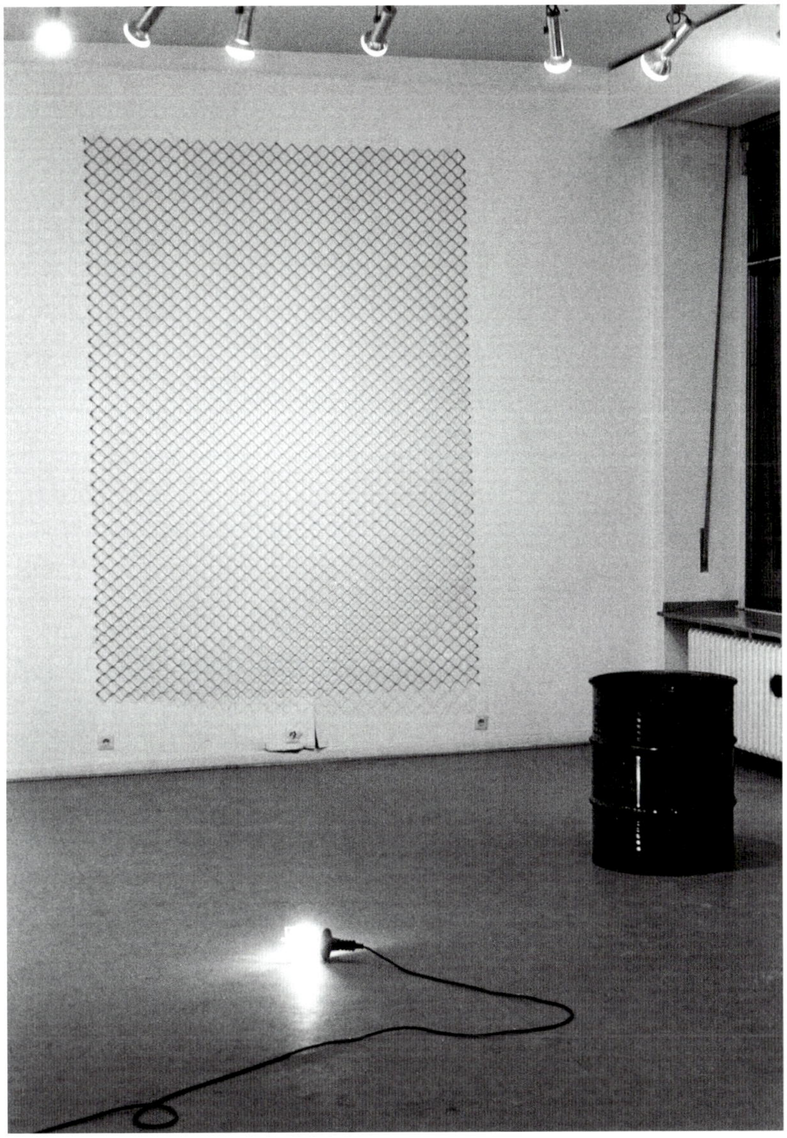

Bill Bollinger [10, 8]

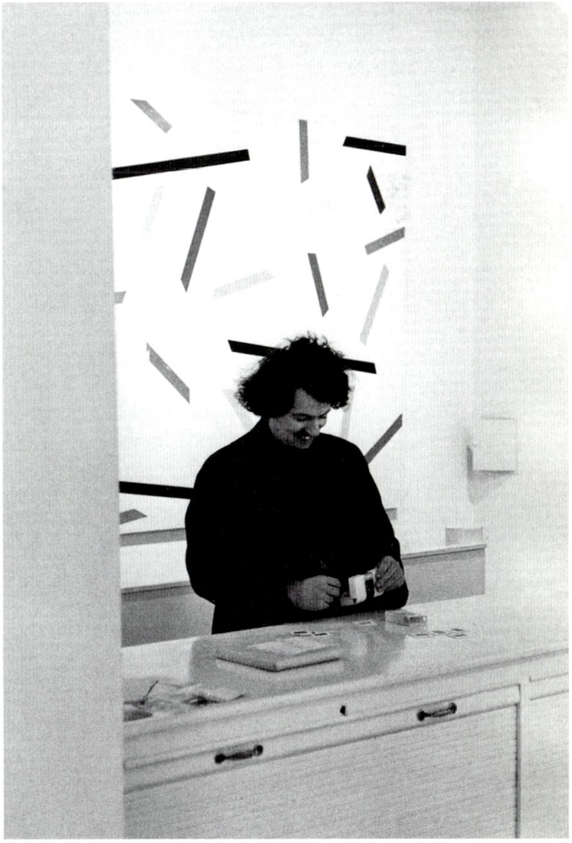

Alan Cote in der Ausstellung

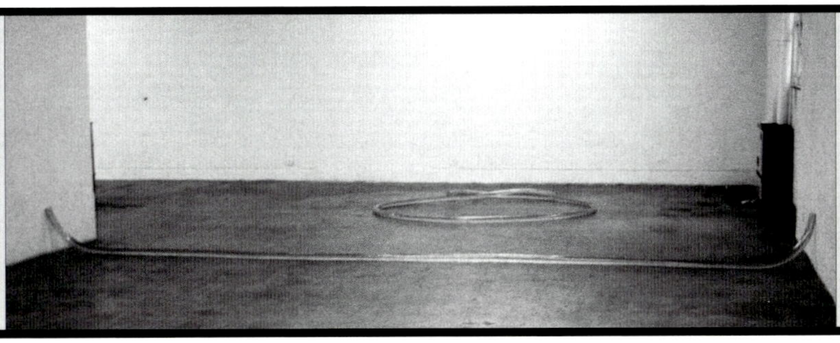

Eröffnung 24. Januar 1970

Bill Bollinger. Water is life and like art it finds its own level.

L'acqua è vita e come l'arte cerca il proprio livello

Galleria Sperone, Turin

Bill Bollinger. Water is life and like art it finds its own level.

—Das Produzieren von Werken direkt in der Galerie brachte oft ungeahnte Anforderungen mit sich. Ich erinnere mich, wie **Barry Le Va** seine erste Ausstellung bei mir installierte. Wir mussten für seine Arbeit **Shots from the End of a Glass Line** [55] eine treffsichere Person finden, die mit einem Revolver fünf gezielte Schüsse in eine Röhre abfeuern konnte, die in der Wand montiert war. Das Röhrchen war nicht gross, ca. 1 cm Durchmesser und die Entfernung betrug immerhin 7 Meter. Die Frage war, woher bekommen wir einen Schützen, ohne dass wir wegen der „Schiesserei" mit dem Gesetz in Konflikt kommen? Kurz entschlossen rief ich den Kulturdezernt Dr. Hackenberg an, schilderte ihm das Problem und er erklärte sich sofort bereit, mit dem Polizeipräsidenten zu sprechen. Kurz darauf rief mich der Polizeipräsident der Stadt Köln an, und tatsächlich kam am nächsten Tag ein Polizist, ausgerüstet mit zwei verschiedenen Kalibern. Barry hat ihm genau erklärt, was zu tun ist, ja und der Beamte hat dann in der Galerie auf das Rohr geschossen. Das war das einzige Mal, dass ich in der Galerie mit der Polizei zu tun hatte.—

—Mit **Eva Hesse** war bereits alles für eine Ausstellung vereinbart, sie arbeitete schon dafür, leider starb sie, bevor die Ausstellung realisiert werden konnte. Fast alle Arbeiten aus dieser Zeit in Deutschland kamen damals über die Galerie, so auch die Leihgaben in *When Attitudes Become Form.*

An einem Abend nach einer Eröffnung von Gary Kuehn in der Fischbach Gallery waren Hans Böhning, ein Musikfreund von mir, mit dem ich ein- oder zweimal gemeinsam in New York war, und ich bei Marilyn Fischbach zu Hause eingeladen. Das war 1969. Er sass an diesem Abend neben Eva Hesse, sie unterhielten sich sehr gut, und danach sagte sie, dass sie sich unheimlich freut auf Köln, sich freut, wieder nach Deutschland zu kommen. Sie fühle sich sehr gut aufgehoben und habe schon eine Menge fertig für die Ausstellung. Eva schien sehr optimistisch, obwohl man ihr ansehen konnte, dass sie bereits sehr krank war. Kurze Zeit später ist sie gestorben.—

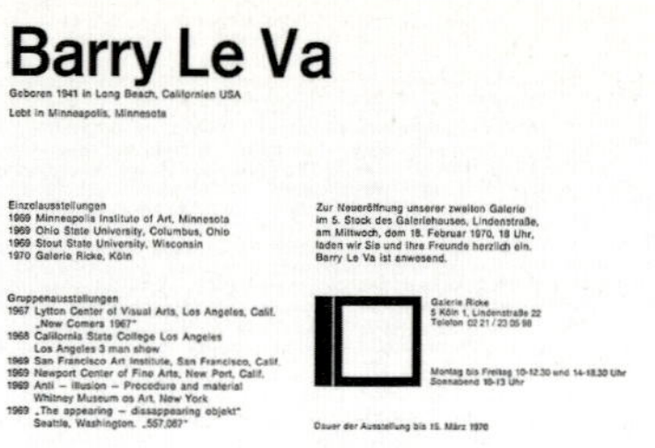

Barry Le Va

Geboren 1941 in Long Beach, Californien USA
Lebt in Minneapolis, Minnesota

Einzelausstellungen
1969 Minneapolis Institute of Art, Minnesota
1969 Ohio State University, Columbus, Ohio
1969 Stout State University, Wisconsin
1970 Galerie Ricke, Köln

Gruppenausstellungen
1967 Lytton Center of Visual Arts, Los Angeles, Calif. „New Comers 1967"
1968 California State College Los Angeles Los Angeles 3 man show
1969 San Francisco Art Institute, San Francisco, Calif.
1969 Newport Center of Fine Arts, New Port, Calif.
1969 Anti – Illusion – Procedure and material Whitney Museum os Art, New York
1969 „The appearing – dissappearing objekt" Seattle, Washington. „557,087"

Zur Neueröffnung unserer zweiten Galerie im 5. Stock des Galeriehauses, Lindenstraße, am Mittwoch, dem 18. Februar 1970, 18 Uhr, laden wir Sie und Ihre Freunde herzlich ein. Barry Le Va ist anwesend.

Galerie Ricke
5 Köln 1, Lindenstraße 22
Telefon 02 21 / 23 05 98

Montag bis Freitag 10-12.30 und 14-18.30 Uhr
Sonnabend 10-13 Uhr

Dauer der Ausstellung bis 15. März 1970

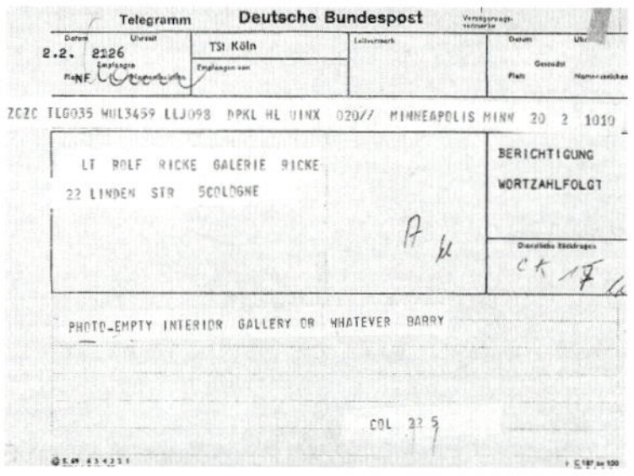

Telegramm Deutsche Bundespost

2.2. 2126 TSt Köln

ZCZC TLG035 WUL3459 LLJ098 DPKL HL UINX 020// MINNEAPOLIS MINN 20 2 1010

LT ROLF RICKE GALERIE RICKE
22 LINDEN STR SCOLOGNE

BERICHTIGUNG
WORTZAHLFOLGT

PHOTO-EMPTY INTERIOR GALLERY OR WHATEVER BARRY

COL 22 5

Einladung

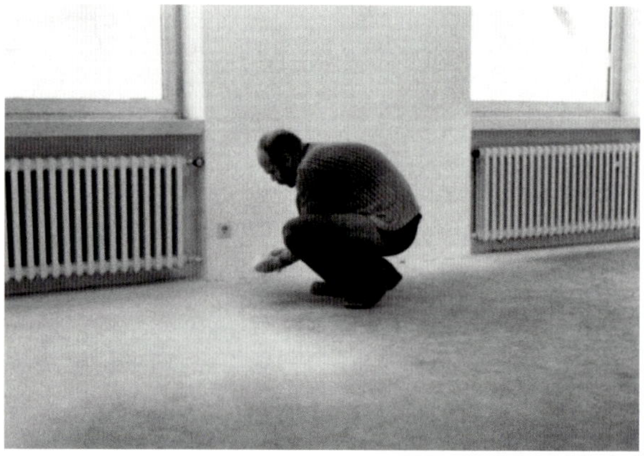

Barry Le Va während des Aufbaus

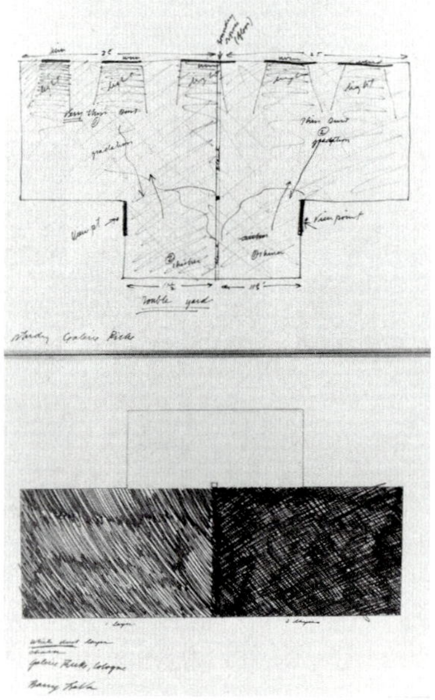

Ausstellungsskizze von Barry Le Va

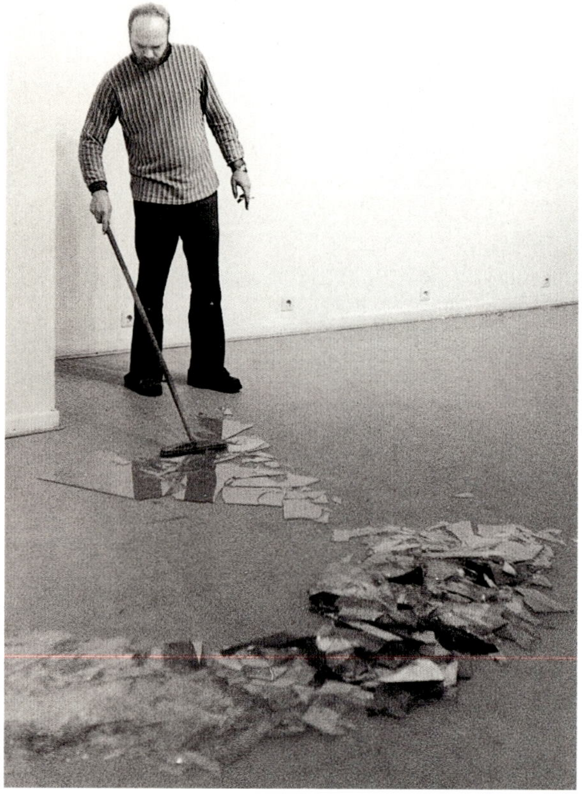

Barry Le Va [55]

1970

10. – 30. Mai 1970

Tokyo Biennale 70. Between Man and Matter

Tokyo Metropolitan Art Gallery. Künstler u. a. Dibbets, Haacke, Flanagan, LeWitt, Rinke, Serra, Sonnier

Barry Le Va
18. Februar – 15. März 1970

Peter Young
Beads
27. Februar – Mitte März 1970

Harriet Korman
Bilder
(1. Einzelausstellung)
20. März – 15. April 1970

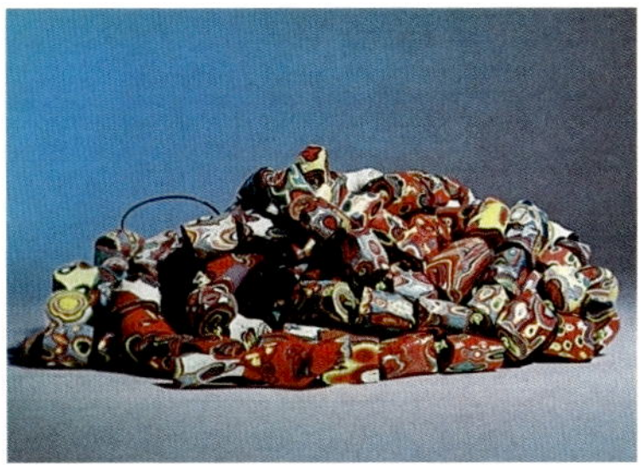

Einladung Peter Young

Einladung

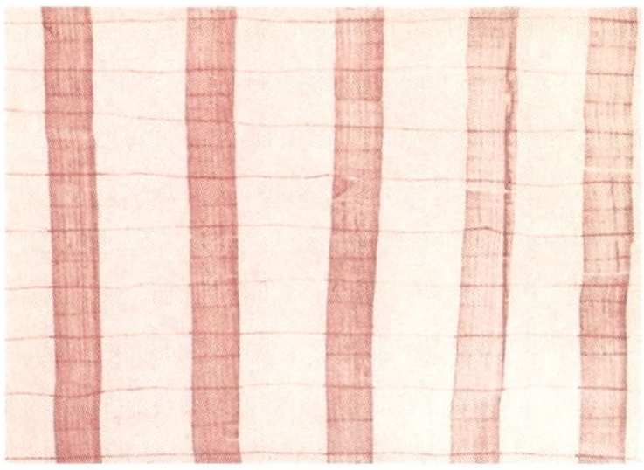

Harriet Korman Bilder
geb. 1947 in Bridgeport, Connecticut, USA. Lebt in New York
Studium: BA Queens College-City University of New York

Einzelausstellungen:
1970 Galerie Ricke, Köln

Zur Eröffnung der ersten Einzelausstellung
am Freitag, dem 20. März 1970, 19 Uhr,
laden wir Sie und Ihre Freunde herzlich ein

Galerie Ricke
5 Köln 1, Lindenstraße 22
Telefon 0221/230598

Dauer der Ausstellung bis 15. April 1970
Montag bis Freitag 10-12.30 und 14-18.30 Uhr
Sonnabend 10-13 Uhr

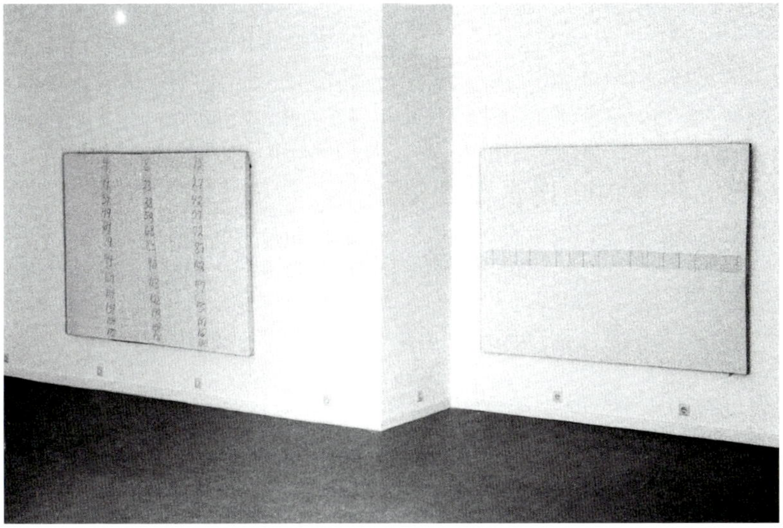

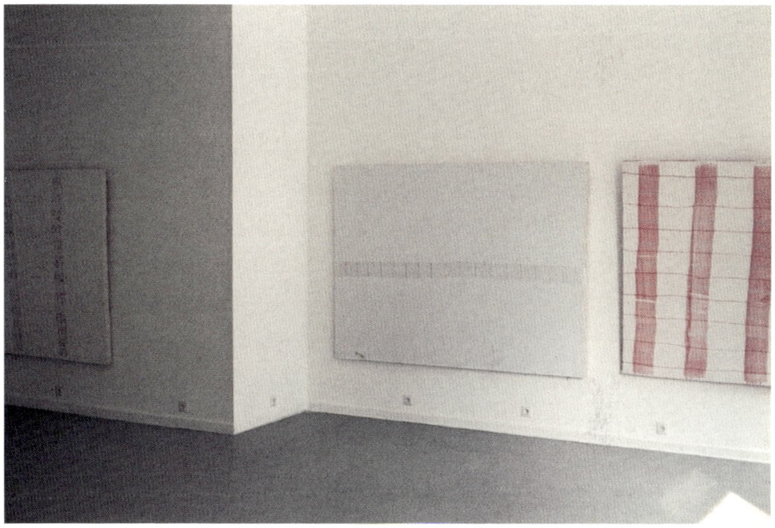

Harriet Korman. Bilder

29. Mai 1970
Eva Hesse stirbt im Alter von 34 Jahren in New York.

–Ich war im Hotel Wellington in New York im November 1968, als ich noch sehr spät abends einen Anruf von Richard Serra erhielt mit der Aufforderung, mir so schnell wie möglich das neue *Artforum* zu kaufen und mir das Cover mit dem dazugehörigen Bericht anzusehen. Das wäre ein Künstler! **Barry Le Va** hiesse er, wohne aber nicht in New York. Am nächsten Tag besorgte ich mir das Kunstmagazin, darin waren Arbeiten abgebildet, die sich mir derart eindrücklich einprägten, Arbeiten aus Filz *Distribution Pieces* und Arbeiten mit Puder und Mineralöl im Walker Art Center. Sofort rief ich Barry Le Va an und recht bald darauf trafen wir uns in New York, er reiste eigens aus Minneapolis an. So lernten wir uns kennen.

Barry ist ein unglaublich herzlicher, offener und gestenreicher Mann. Seine erste Einzelausstellung bei mir fand 1970 statt. Er kam nach Köln und ich zahlte das Flugticket. Alle Künstler hatten ja kein Geld, und Barry lebte wirklich von nichts. Das einzige, was er für die Ausstellung mitbrachte, waren Zeichnungen. Vor Ort realisierte er sein Bodenstück mit Mehl.

Zu dieser Zeit war das Werkverzeichnis *The Complete Works of Marcel Duchamp* von Arturo Schwarz herausgekommen. Dieses Buch kaufte ich und es wurde eine Art Bibel. Während wir beide in der Galerie arbeiteten sahen wir uns immer wieder dieses Buch an. Die ganzen Tage beschäftigten wir uns mit dem Werk von Marcel Duchamp, auf liebevoll-ironische Weise. Barry lachte ungemein herzlich und trieb gerne seine Scherze, nie beleidigend, sondern immer mit grosser Achtung. Doch ich weiss gar nicht, ob er Marcel Duchamp überhaupt gemocht hat! Für uns wurde ein geflügeltes Wort: „Wollen wir uns nicht noch einmal das Buch ansehen?" Barry arbeitete permanent, viele, viele Zeichnungen sind in Köln entstanden, auf dem Grafikschrank, den er als Tisch verwendete, sein Lineal war eine der Aluminium-Arbeiten von Bill Bollinger. Er hatte eine Leidenschaft für Füllhalter und Tuschefüller, er besass eine umfangreiche Sammlung, die wir zum Teil in Kölner Schreibwarengeschäften kauften. Damit zeichnete er und sagte oft: „Jetzt mache ich einen kleinen Duchamp."

Barry kam 1971 wochenlang nach Köln, er wohnte in der Lindenstrasse im Keller. Er war auch über die Weihnachtstage da und machte uns ein ungeheuer grosszügiges Geschenk, das *Scattered Glass Piece* [52].

Während dieser Zeit verstanden wir uns blendend. Oft stand er schon um 6 oder 7 Uhr morgens auf. Draussen auf dem Bürgersteig trank er Milch oder Wasser und da kam das „girl" mit dem „bicycle" vorbei. Ich weiss nicht genau, was das für ein Mädchen auf dem Fahrrad war, sie wohnte jedenfalls in der Strasse. Schliesslich lernten sich die beiden kennen und unterhielten sich oft, so wie Nachbarn das tun. Was ich damit andeuten will, ist Barrys enorme Bereitschaft zur Kommunikation, seine Mitteilsamkeit. Natürlich war er in dieser langen Zeit auch manchmal frustriert. Er arbeitete, aber es gab ja nur eine Ausstellung, und so unternahmen wir dies und das.

Eines Tages kam der Sammler Wolfgang Hahn. Er war der erste, der überhaupt ein Stück von ihm kaufte. Wolfgang Hahn war unglaublich beeindruckt von den Zeichnungen und von Barry selbst. Er fragte ihn, ob er in seinem Lagerhaus in der Genter Strasse an der Treppe eine Arbeit ausführen würde. Barry sah sich die Situation an, die Treppe war ungefähr einen Meter hoch, und er platzierte dort ein Glasstück. Ich glaube, diese Arbeit ist nie fotografiert worden.

Barry mochte Geselligkeit, er trank und rauchte gern. Eines Tages wurde er sehr krank, er bekam Kehlkopfprobleme und musste operiert werden. Viele der Arztbesuche machten wir in Köln. Im Grunde versorgten wir ihn richtig. Ich fühlte mich zutiefst freundschaftlich zu ihm hingezogen. Das war auch die Zeit, in der ich in der Kunst vollkommen aufging und die Familie mehr und mehr vernachlässigte. Ich war fünf bis sechs Mal im Jahr in New York. Wenn ich Barry dort traf, kauften wir zusammen Schallplatten, Hemden oder auch mal Schuhe, dabei machte Barry immer seine Witze. Leo Castelli etwa trug Schuhe mit goldenen Bommeln und wenn Barry auf der Strasse jemanden mit solchen Schuhen sah, witzelte er: „Diese Person trägt Castelli-Schuhe". Wir machten viel Unsinn, und auf der anderen Seite arbeitete Barry sehr, sehr viel, er hat einen unglaublichen Willen.

Von Barry habe ich viel gelernt, über Situationen, über den Prozess und das Entstehen von Kunst. Im Grunde können wenige seiner Stück von A nach B getragen werden. Die meisten seiner Stücke entstehen vor Ort und werden nach der Ausstellung weggekehrt, aufgesaugt oder weggeschmissen. Andernorts entstehen sie wieder neu. Barrys Arbeiten sind riesige Gesten! Sieben, Rennen, Werfen, Schiessen. Barry warf Steine, noch und nochmals. Oder die vielen Glasscheiben, die er warf beziehungsweise mit seiner körperlichen Kraft zerschlug. Seine ganze Person ist sozusagen eine Geste, allein wie er da steht oder wie er spricht. Das Zentrale in seinem Werk ist der Prozess und darin inbegriffen Störungen und auch Instabilität. Was hat stattgefunden, wie ist es entstanden? Es gibt eine Arbeit von ihm, die er 1966 oder 1967 in Milwaukee verwirklichte. Auf einen Schneehaufen legte er Zement, der sich auf dem Schnee verkrustet. Im Frühjahr schmolz der Schneehaufen und übrig blieb auf der Erde liegend das Stück. Der Prozess war das Stück. Plötzlich ist nur noch der Zement auf dem Trottoir. Die Frage ist, ob er da nicht doch ganz bei Duchamp war. Er hat genau überlegt, was passiert. Er hat überlegt, dass dieser Prozess die Feuchtigkeit im Zement bindet und zu Beton werden lässt. Das sind alles klare konzeptuelle Überlegungen. Oder in London streute er Mehl auf den Boden und mit dem Gebläse eines Staubsaugers zeichnete er Wellen hinein. Das ist für mich die Geste in anderer Form.

Ein anderer wesentlicher Aspekt, der in Barrys Arbeiten zum Tragen kommt, ist das Vergängliche, das Vergehen. Die Arbeiten sprechen von Gewalt, von Zerstörung, Barry lehnte Gewalt ab – eher hatte er Angst vor ihrer Kraft –, aber er schaute ihr ins Gesicht. Letztlich geht es um den Tod. In *Slow Death Zone* [50] wird – so beschreibt es das Konzept –, ein tiefer Schacht mit 1 x 1 m Grundfläche, welche nach unten konisch zu läuft, gegraben. Würde jemand hineinfallen, könnte er aus dieser Falle nicht mehr entkommen. Ein Spiel mit dem Tod. Alle Stücke handeln vom Tod, die gebrochenen Glasscheiben, die Beile, er ist immer und überall mit präsent.

Er ist der Radikalste von allen gewesen, auch Serra sagte das. Die Radikalität offenbarte sich auch in seinem Anspruch und in seiner Art der Diskussion. Im Nachhinein muss ich sagen, das Wort „intensiv" passt genau auf Barry. Alle sind sie irgendwie intensiv, aber Barry ist als Person schon so intensiv, von Anfang an, egal worüber du sprichst, wahnsinnig intensiv, aber gleichzeitig erholsam, human auch, da bist du schon gefangen. Barry ist die Verkörperung von Vision. Überhaupt verkauften einige Künstler damals einfach nur Visionen, machten wirklich tabula rasa mit der Geschichte. Sie fanden neue Formulierungen. Das ging so weit, dass man das Ganze gar nicht mehr verkaufen konnte.

In der Zeit, als es mir wirtschaftlich zusehends schlechter ging, und ich auch persönlich mit meiner gesamten Situation nicht klar kam, haben wir uns getrennt, wir gingen nicht im Streit auseinander, aber es funktionierte einfach nicht mehr zusammen. Die Trennung war emotional für uns beide sehr schwer.

Es standen uns die Tränen in den Augen. Später sahen wir uns ab und zu, aber wir haben beide nie an einen neuen Anfang gedacht.—

—1967 bot Donald Droll von der Fischbach Gallery mir an, eine Party in New York zu geben. Ich lud alle ein, die ich kannte, aber auch viele Künstler, die mich interessierten, unter ihnen **James Rosenquist**, den ich bereits 1965 bei Tatyana Grossman kennen gelernt hatte. Jim Rosenquist ist ein unglaublich offener Mann, fast immer hat er ein Lächeln im Gesicht, grosse blaue, aufgeschlossene Augen und er erzählt unentwegt Geschichten, wir nannten ihn daher auch liebevoll „crazy". Diese Geschichten erzählt er in einer Weise, die seinen Bildern ganz nahe ist. Es geht von A zu B und dann zu F weiter, zu M, und das geht bis zu den Wolken am Himmel. Mit grossen Gesten erzählt er, wie ein Märchenerzähler. Dabei ist Jim ein sehr dynamischer Mensch, mit einer ganz klaren Vorstellung von dem, was er will, aber sozusagen eingebettet in eine wunderbare Welt von Geschichten.

Fast drei Jahre dauerte es bis zur Realisierung einer Zusammenarbeit. Ich habe aber nie locker gelassen, auch wenn meine Geduld oft gefordert wurde. Im Nachhinein denke ich, ging es ihm in dieser Zeit vielleicht darum, mich gut kennen zu lernen und Vertrauen zu gewinnen. Wenn ich in New York war, ging ich zu ihm ins Atelier. Danach verbrachten wir einfach Zeit miteinander und hatten viel Spass dabei. Er zeigte mir Läden, in denen es interessante Hosen – er trug immer Hosen aus Leinen in Jeans-Form –, Hemden oder Western-Shirts zu kaufen gab. Oder er sagte: „Ich zeig dir New York jetzt einmal auf eine andere Art. Wir fahren mit meinem Convertible durch den Central Park. Du sitzt neben mir, aber da, wo die Füsse sind, ist dein Kopf." Ich sass also mit dem Kopf nach unten und den Beinen nach oben in seinem Auto und wir fuhren eine Stunde lang durch New York. Es war ein eindrückliches Erlebnis und typisch für Jim. Er kam auf die tollsten Ideen.

Wenn wir gemeinsam unterwegs waren, stellte er mir viele Menschen vor, er kannte Gott und die Welt. Interessanterweise war er aber nicht mit der jüngeren Szene verbunden, auch Roy Lichtenstein war dies erstaunlich wenig, wie überhaupt die Pop-Künstler. Anders die Bildhauer: Donald Judd etwa hatte Kontakt zu Richard Serra oder Keith Sonnier ... Doch zugleich war für die jüngeren Künstler Rosenquist eines ihrer grossen Vorbilder. Neben seinen Bildern gibt es auch dreidimensionale, skulpturale Werke, der Ausbruch aus dem Bild hin zum Objekt. Eine wichtige Skulptur zum Beispiel *Tumbleweed,* 1963–66, besteht aus drei Kanthölzern, umschlungen von Stacheldraht, der wiederum eine sich schlingende Neonröhre umschliesst. Dieser Aspekt von Rosenquists Werk ist sehr wichtig für die folgende Generation, sei es Bruce Nauman oder Keith Sonnier und andere. Und das ist es, was mich am meisten an seiner Arbeit fasziniert. Bis heute verstehe ich James Rosenquist als einen Revolutionär beziehungsweise als jemanden, der vollkommen unübliche Wege geht, der „trouble" macht.

1970 endlich war es so weit, und wahrscheinlich war ich auch so weit für ihn, ich bekam eine Ausstellung von Rosenquist: „Gut, ich realisiere jetzt eine Arbeit, *Slush Thrust*." Das war natürlich kein einfaches Stück, ich bekam eine grosse Geschichte, wie auch bei Donald Judd, eine einzige, grosse und mehrteilige Arbeit. Was heisst, ich musste diese Herausforderung mit ihren Lasten tragen, aber das sah ich damals nicht so, für mich war es einfach nur grossartig. Doch um dies noch einzubetten, Rosenquist gab mir darüberhinaus auch kleinere Arbeiten. Es gab eine professionelle, geschäftliche Orientierung bei den amerikanischen Künstlern, die sagten, es muss ja auch finanziert werden, zum Beispiel mit Zeichnungen, und so bekam ich zumeist noch kleinere, sehr qualitätvolle Werke.

Er zeigte einen ca. 50 qm grossen Raum aus zusammenhängenden Paneelen, die einmal höher, einmal tiefer hingen. Ein Teil zeigte changierende Farben von Rot nach Gelb. Dazwischen waren mit Spiegelfolien bespannte Paneelen, die deutliche Falten bildeten und die Verzerrungen hervorriefen. Jeden Abend um 18 Uhr wurde hinter diesem eingebautem Raum mit Trockeneis Dampf produziert. Der Dampf kroch von unten hervor, die Besucher standen bis zu den Knien im Nebel und aus diesem sahen die Bilder hervor. In dieser wunderbaren Märchengeschichte, wie ich es mal nennen will, in diesen grossen Pop-Bildern, diesen Filmgeschichten, die hierbei eine Rolle spielen, steckt neben der Präzision und Sinnlichkeit auch eine Auseinandersetzung mit der Realität. Das ist typisch für diese Zeit. Rosenquists Arbeiten, alle Arbeiten dieser Künstler, haben mit der Realität zu tun. James Rosenquist, aber auch Donald Judd und Richard Serra, bewegte der Krieg in Korea, der Vietnamkrieg, der Rassismus, sie haben sich für die Vision von Martin Luther King stark gemacht, sie hegten eine Bewunderung für John F. Kennedy, und mit dem Wandel waren auch Enttäuschungen verbunden. James Rosenquists Kunst ist auch kritisch oder vielmehr engagiert, er wurde lang vom CIA beobachtet, stand auf der schwarzen Liste, wie einige berühmte Leute der damaligen Zeit, zum Beispiel auch Leonard Bernstein. Damals schien die USA eine stabile und wichtige demokratische Nation, aber es gab bereits einen Knacks.

Slush Thrust war ein Riesenerfolg und ein grosses Ereignis. Aufgrund seiner Präsenz, dem Erfolg der Ausstellung und sicher auch der Erwerb von mehreren Arbeiten durch Peter Ludwig, unter anderem *Forest Ranger*, 1967, eine Arbeit, die sich heute im Museum Ludwig befindet, gab es bei Jim Rosenquist eine stärkere Bindung an Köln. Daraus entstand die Idee für eine Einzelausstellung 1972 im Wallraf-Richartz-Museum, das als Veranstalter fungierte, denn stattgefunden hat sie in der Kunsthalle Köln. Seine erste grosse Museumsausstellung.

Ich erinnere mich noch, wie wir zusammen in die Kunsthalle Köln gingen, er begann mit der Arbeit für diese Ausstellung und schon beim Eintreten stellte er fest: „Der Eingang ist aber düster und traurig. Das kann hier alles ein bisschen offener werden. Wir brauchen Licht, mehr Licht. Traurigkeit wollen wir nicht. Rolf, pass auf, wir fahren jetzt in eine Neon-Fabrik." Wir fuhren zu EFRA Neon, mit dieser Firma arbeiteten auch Keith Sonnier und Richard Serra, und dort hat er sich fast einen Lastwagen voll abgelegter, aber funktionstüchtiger Neon-Buchstaben beziehungsweise alles, was an Neonröhren in deren Ausschuss vorhanden war, mitgenommen. „Das kann ich alles gut gebrauchen, daraus fertige ich jetzt ein Stück." In den Treppenaufgang der Kunsthalle hängte er all diese Neonröhren, das war eine glänzende Lichtdecke aus herunterhängenden Buchstaben, aus Kreisen und vielfältigsten Teilen, alle Farben zusammen. Dazwischen hängte er grosse silberne Bahnen, die all das bunte Licht reflektierten und ein Meer von Licht, ein Meer von farbigem Neonlicht leuchtete. Das war so toll! Unbeschreiblich!—

—Die Anregung, **Harriet Korman** in ihrem Atelier zu besuchen, kam von Richard Serra. Ihre Bilder, in denen das Weglassen, das Hinzufügen bzw. Hinzumalen oder Hinzuzeichnen, und erneut das Weglassen eine entscheidende Rolle spielen, interessierten mich sofort: Diese Leerstellen und Ordnungsstrukturen, mit denen sie arbeitete. In ihren Zeichnungen schreibt sie auf ein Blatt Papier zum Beispiel das Abc oder Zahlen, und dann streicht sie das auf bestimmte Weise durch, einmal in Weiss, einmal in Rot. Dadurch ergibt sich eine neue Form.
Wir machten eine Ausstellung ab, ihre Bilder wurden nach Köln transportiert und Harriet kam auch zur Eröffnung. Alle Bilder wurden verkauft, aber letztlich verdiente ich kein Geld, weil die Arbeiten weniger einbrachten, als die gesamten Umstände herum kosteten. Ich habe sie oft in ihrem Atelier besucht, und nach dieser ersten Einzelausstellung von 1970 realisierten wir zwei weitere, 1971 und 1972. Harriet war damals eine sehr ruhige Person, fast schüchtern, zerbrechlich, die etwas traumverloren wirkte. Im Nachhinein glaube ich, dass sie unter dem Druck der damaligen emanzipatorischen Bewegung in New York stand. Die Frage der Emanzipation war ein zentraler Konfliktpunkt, der in dieser Zeit vehement aufbrach. Lee Lozanos Abschied von der Szene ist sicherlich auch in diesem Zusammenhang zu betrachten.
Die Arbeit mit Künstlerinnen in der damaligen Zeit war überhaupt noch nicht so selbstverständlich. Es zeichnete sich damals ein deutlicher Unterschied zwischen Europa und Amerika ab, was mich viel beschäftigte. Die Art und Weise, wie die Amerikaner damit umgingen, das gab es in dieser Form in Deutschland oder in Europa meines Erachtens nicht, ich meine, wie die Künstlerinnen diskriminiert wurden, wie sie einfach nirgendwo rein kamen, das hat mich sehr abgestossen. Zugleich fühlte ich mich aber auch irritiert durch die Aggressivität mancher Frauen. Es war nicht gerade schwierig, aber auch nicht einfach, wenn ich mich etwa an Jo Baer erinnere, so beeindruckend sie ist, so taff ist sie aber auch. Allgemein ging es stark um Behauptung und Kampf, was mir wirklich fern lag, denn mir war es letztlich vollkommen egal, wer es gemacht hat, es geht um die Qualität der Arbeiten. Meiner Erinnerung nach spielte dies aber in der Beziehung zu Harriet Korman

Zeichnungen amerikanischer Künstler

Andre, Artschwager, Baer, Bollinger, Breer, Christensen, Cote, Duff, Flavin, Graves, Heizer, Hesse, Humphrey, Judd, Korman, Kuehn, Le Va, LeWitt, Lozano, Mangold, Marden, De Maria, Morris, Nauman, Rosenquist, Ryman, Sandback, Saret, Serra, Sonnier, di Suvero, Stafford, Stein, Tuttle, Young

Zur Eröffnung der Ausstellung in beiden Galerien (Erdgeschoß und 5. Stock) am Freitag, dem 15. Mai 1970, 19-21 Uhr, laden wir Sie und Ihre Freunde herzlich ein.
Es erscheint ein Katalog mit 7 farbigen und 28 schwarz-weiß Abbildungen (Ende Mai). Preis ca. DM 9.–

Galerie Ricke
5 Köln 1, Lindenstraße 22
Telefon 0221/230598
Montag bis Freitag 10-13 und 14-18.30 Uhr
Sonnabend 10-15 Uhr
Dauer der Ausstellung bis 25. Juni 1970

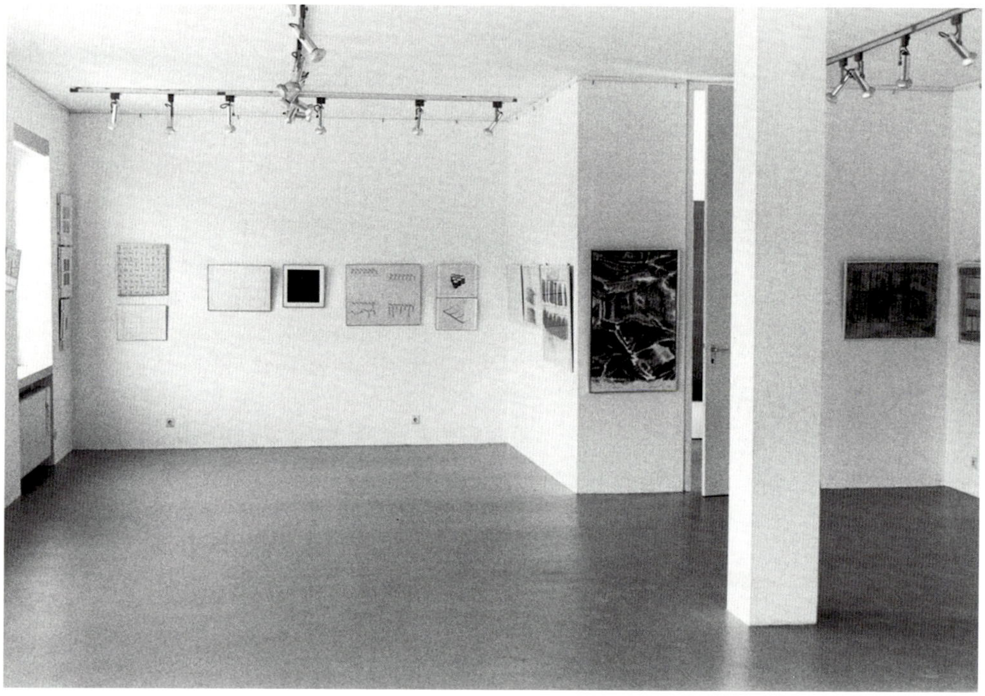

Zeichnungen amerikanischer Künstler: Rosenquist [105] u. a.

1970

Mai 1970: Kambodscha Offensive der US-Truppen. Erschiessung mehrerer Demonstrant

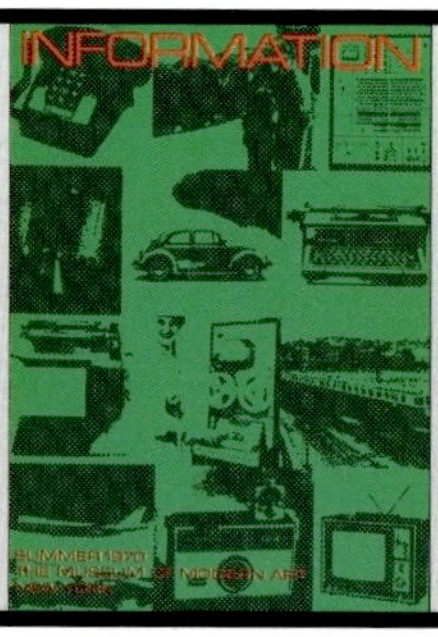

Katalog Information

2. Juli – 20. September 1970
Information
Museum of Modern Art, New York. Organisiert von Kynaston L. McShine.
Künstler u. a. Artschwager, Bochner, Bollinger, Brecht, Flanagan, Heizer, Kaltenbach, Le Va, R. Morris, Rinke, Ruscha, Smithson, Sonnier

Lewis Stein Bilder

geb. 1945 in New York, USA. Lebt in New York.

Einzelausstellungen
1969 Nicholas Wilder Gallery, Los Angeles
David Whitney Gallery, New York
1970 Galerie Ricke, Köln

Gruppenausstellungen
1969 Eine Tendenz zeitgenössischer Malerei, Kölnischer Kunstverein Köln
Whitney Annual, Whitney Museum, New York
1970 Klischee-Antiklischee
Neue Galerie der Stadt Aachen
Zeichnungen amerikanischer Künstler
Galerie Ricke, Köln.

Zur Eröffnung der ersten europäischen Einzelausstellung am Freitag, dem 5. Juni 1970, 19-21 Uhr, laden wir Sie und Ihre Freunde herzlich ein.

Galerie Ricke
5 Köln 1, Lindenstraße 22
Telefon 0221/230598

Dauer der Ausstellung bis 25. Juni 1970

Öffnungszeiten: Montag-Freitag 10-13 Uhr und 14-18.30 Uhr, Sonnabend 10-14 Uhr.

Einladung

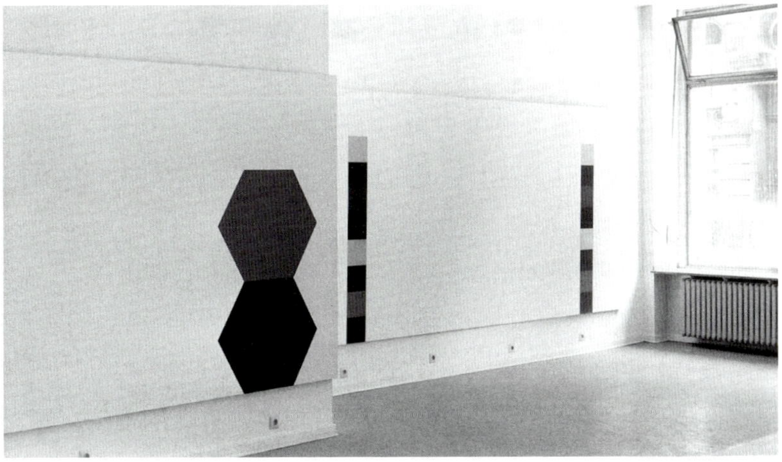

Lewis Stein. Bilder

Victor Kord
Bilder
(1. Einzelausstellung in Europa)
22. April – 13. Mai 1970

Zeichnungen amerikanischer Künstler
Carl Andre, Richard Artschwager, Jo Baer, Bill Bollinger, Robert Breer, Dan Christensen, Alan Cote, Walter De Maria, Mark di Suvero, John Duff, Dan Flavin, Nancy Graves, Michael Heizer, Eva Hesse, Ralph Humphrey, Donald Judd, Harriet Korman, Gary Kuehn, Barry Le Va, Sol LeWitt, Lee Lozano, Robert Mangold, Brice Marden, Robert Morris, Bruce Nauman, James Rosenquist, Robert Ryman, Fred Sandback, Alan Saret, Richard Serra, Keith Sonnier, Lawrence Stafford, Lewis Stein, Richard Tuttle, Peter Young
15. Mai – 25. Juni 1970

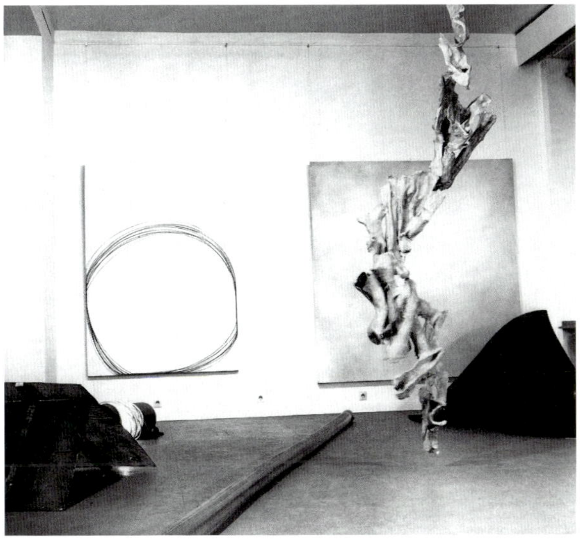

Programm III: Kuehn, Rinke, Graves, Serra u. a.

Programm III

Bilder, Skulpturen, Objekte, Zeichnungen

Duff
Flavin
Goebel
Graves
Haerer
Kuehn
Rinke
Serra
Stephen

Zur Eröffnung der Ausstellung am Freitag, dem 26. Juni 1970, 19-21 Uhr, laden wir Sie und Ihre Freunde herzlich ein.

Galerie Ricke
5 Köln 1, Lindenstraße 22
Telefon 0221/230598

Dauer der Ausstellung bis Anfang September 1970

Öffnungszeiten: Montag-Freitag 10-13 Uhr und 14-18.30 Uhr, Sonnabend 10-14 Uhr.

Einladung

Lewis Stein
Bilder
(1. Einzelausstellung in Europa)
5. – 25. Juni 1970

Programm III
Bilder, Skulpturen, Objekte, Zeichnungen
Joseph Beuys*, John Duff, Dan Flavin, Renate Goebel, Nancy Graves, Carol Haerer, Gary Kuehn, Klaus Rinke, Richard Serra, Gary Stephan
26. Juni – Anfang September 1970

Antikriegsdemonstrationen an der Kent State University, Ohio

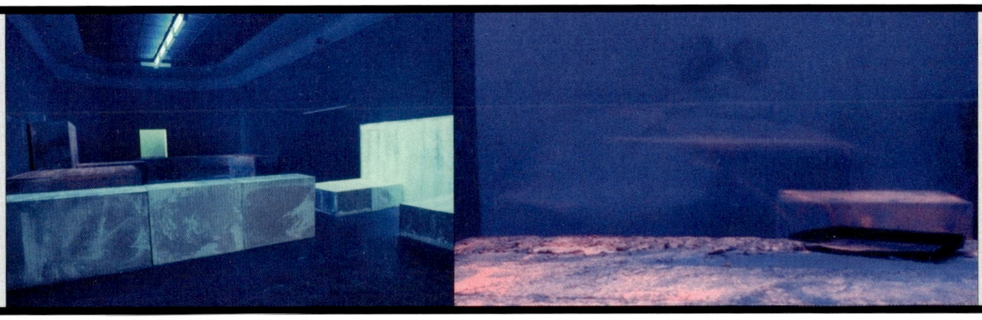

Keith Sonnier

4. September – 4. Oktober 1970
Keith Sonnier
Van Abbemuseum, Eindhoven

keine grosse Rolle, wir hatten eine sehr entspannte geschäftliche Beziehung. Viele Zeichnungen und Bilder konnte ich verkaufen. Doch als es mir mit der Galerie finanziell überhaupt nicht gut ging, wechselte sie zur Galerie m Bochum, wie Richard Serra auch. So ist die Verbindung irgendwann abgebrochen.—

—**Lewis Stein** war Mitte 20 als ich ihn kennen lernte, der Kontakt kam über Dick Bellamy. Lewis Stein hatte ursprünglich Architektur und Bildhauerei studiert und vor diesem Hintergrund begann er plötzlich Bilder zu malen, die äusserst minimal, streng konstruiert, geradezu architektonisch und sehr konzeptuell sind. Lewis, der eher von zierlicher Statur ist, malte diese unglaublich grossen Bilder im Format von mehr als zwei mal vier Meter, die so präzise und klar sind. Diese Werke sind für mich das Perfekteste, was es im Medium Bild überhaupt geben kann, und das mit 24 Jahren! Lewis malte damals eine Serie von Gemälden und ich konnte das gar nicht fassen, als ich sie sah, denn für meine Begriffe benötigen andere Künstler dreissig Jahre Erfahrung, um an diesen Punkt zu gelangen. Er erschien mir wie ein Wunderkind. Rasch erhielt er Anerkennung, wurde eingeladen zur *Whitney Annual 1969*, was mir einen heftigen Streit mit Jo Baer einbrachte, die nicht eingeladen worden war, aber so ein junger Künstler, dabei hatte ich mich für sie ebenso eingesetzt. Zwei, drei Jahre malte Lewis in dieser Weise und in dieser Zeit realisierten wir zwei Einzelausstellungen, 1970 und 1972. Danach gab es eine Wandlung und Lewis teilte mir sehr entschieden mit: „Ich habe meinen Beitrag für die Kunstgeschichte des 20. Jahrhunderts geleistet. Ich höre auf. In dieser Form habe ich alles gesagt, ich möchte es nicht weiter variieren." Und er hörte auf Bilder zu malen, zack, aus! Irgendwann schrieb er mir: „Besuch mich doch einmal, ich habe jetzt eine Champignonzucht in meinem Atelier." Erst sehr viel später wandte er sich wieder der Kunst zu, kehrte aber nicht zu dieser Form von Bild zurück.—

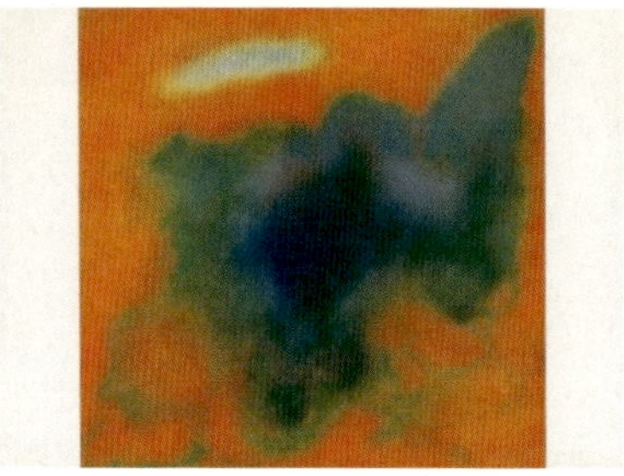

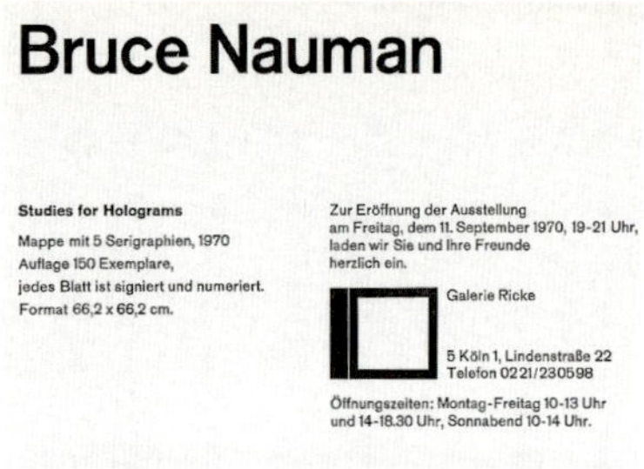
Bruce Nauman

Studies for Holograms

Mappe mit 5 Serigraphien, 1970
Auflage 150 Exemplare,
jedes Blatt ist signiert und numeriert.
Format 66,2 x 66,2 cm.

Zur Eröffnung der Ausstellung
am Freitag, dem 11. September 1970, 19-21 Uhr,
laden wir Sie und Ihre Freunde
herzlich ein.

Galerie Ricke

5 Köln 1, Lindenstraße 22
Telefon 0221/230598

Öffnungszeiten: Montag-Freitag 10-13 Uhr
und 14-18.30 Uhr, Sonnabend 10-14 Uhr.

Einladung

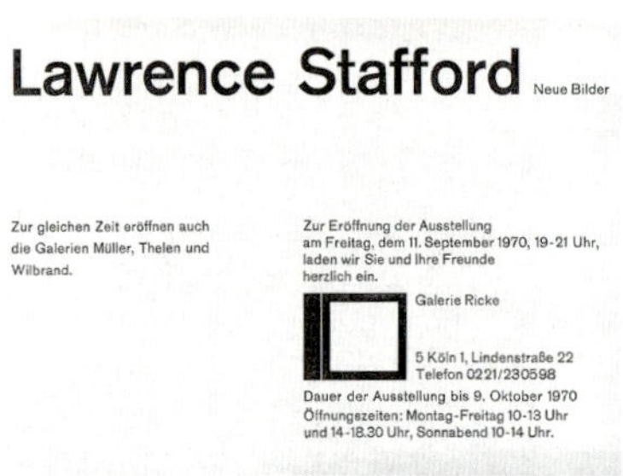
Lawrence Stafford Neue Bilder

Zur gleichen Zeit eröffnen auch
die Galerien Müller, Thelen und
Wilbrand.

Zur Eröffnung der Ausstellung
am Freitag, dem 11. September 1970, 19-21 Uhr,
laden wir Sie und Ihre Freunde
herzlich ein.

Galerie Ricke

5 Köln 1, Lindenstraße 22
Telefon 0221/230598

Dauer der Ausstellung bis 9. Oktober 1970
Öffnungszeiten: Montag-Freitag 10-13 Uhr
und 14-18.30 Uhr, Sonnabend 10-14 Uhr.

Einladung

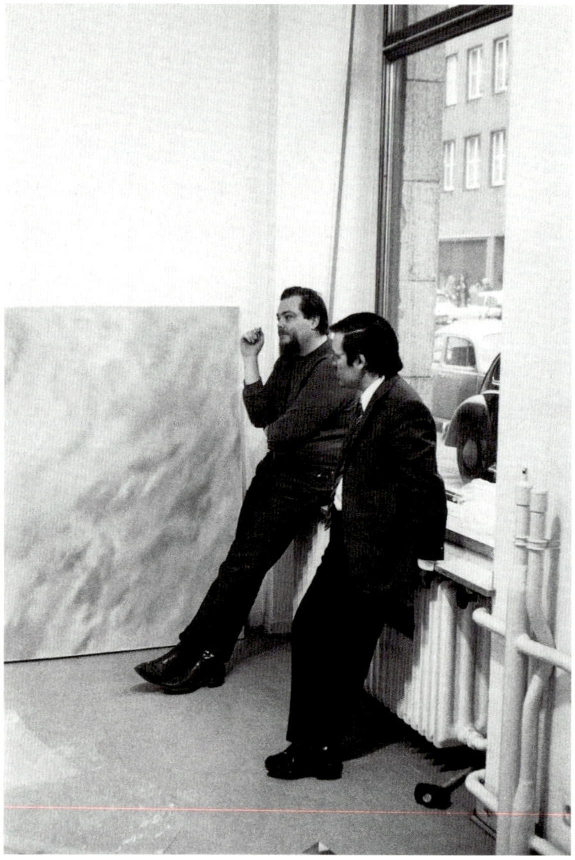

Lawrence Stafford und Hans Böhning
während des Aufbaus

1970

18. August 1970: Versenkung von 12'000 Raketen mit Nervengas durch die amerikanische Marine vor Florida

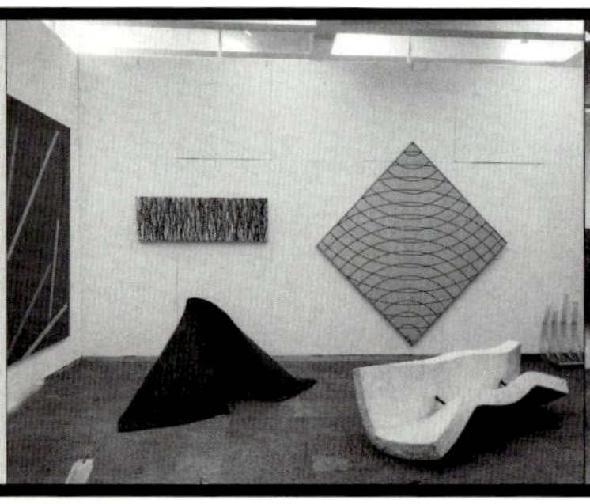

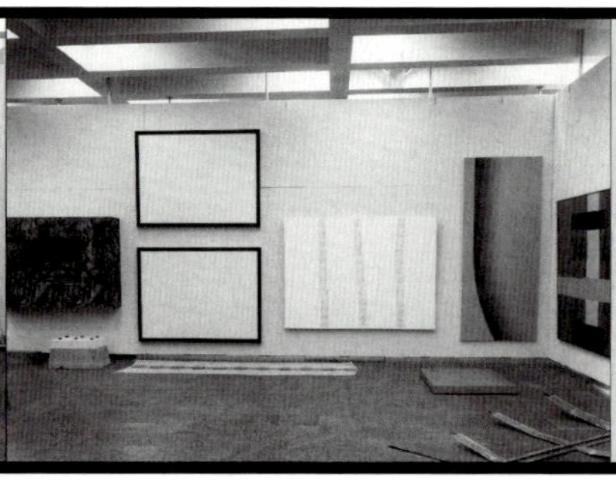

13. – 18. Oktober 1970
Kunstmarkt Köln '70
Kunsthalle Köln

Kunstmarkt: Kuehn, Serra, Young [146]; Artschwager [1], Sonnier [115], Lozano, Baer u. a.

Lawrence Stafford
Neue Bilder
11. September – 9. Oktober 1970

Bruce Nauman
Studies for Holograms
11. September – 9. Oktober 1970

Keith Sonnier
Dis-Play
Zur Ausstellung erscheint die Diaserie „Dis-Play“ in limitierter Auflage. Täglich abendliche Filmvorführungen: „Untitled“, „Untitled“, „Negativ-Positiv“, „Rub-Down“ und „Untitled“
12. Oktober – 9. November 1970

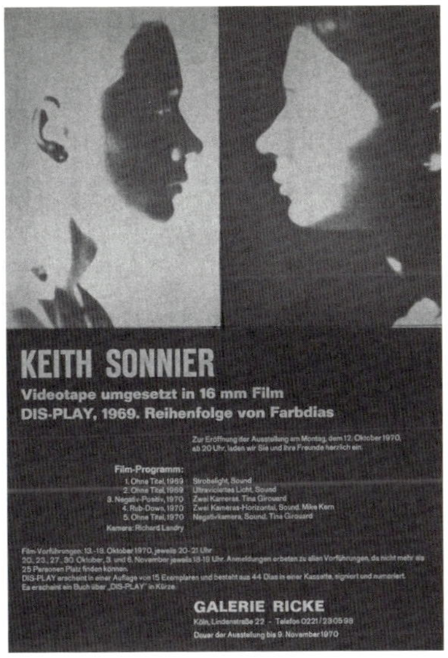

Ausstellungsplakat

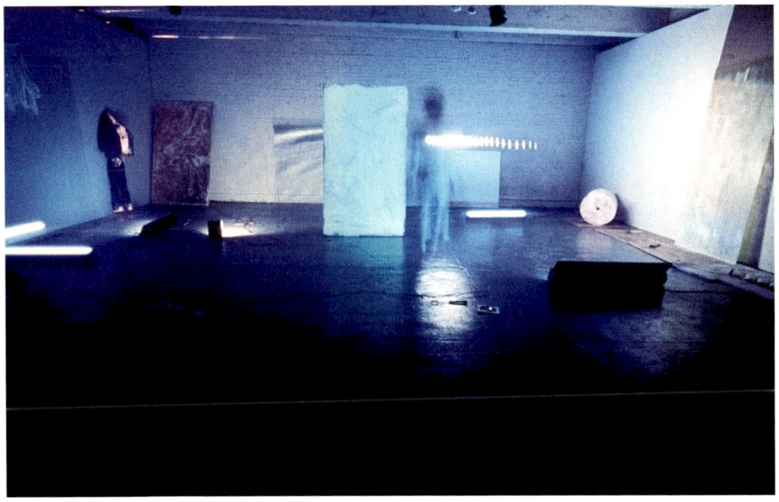

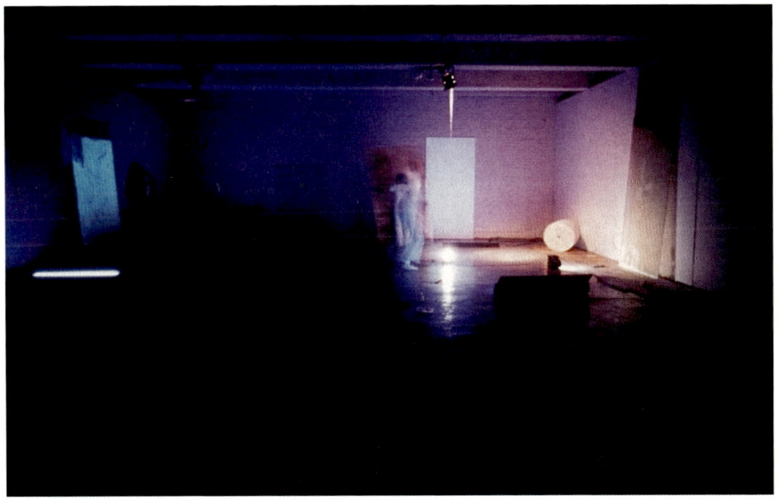

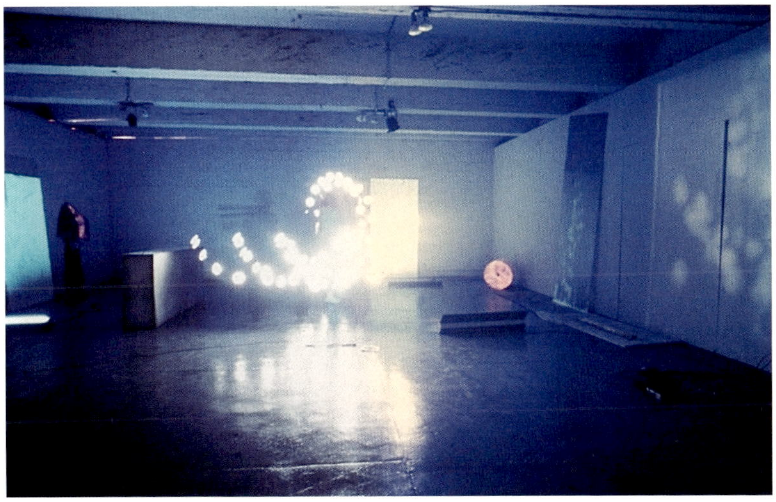

Keith Sonnier. Dis-Play: Sequenz aus der Dia-Serie

November 1970
Phyllis Tuchman, „American Art in Germany. The History of a Phenomenon“
in: *Artforum* 9, Nr. 3, November 1970, S. 58–69.

6. November 1970 – 6. Januar 1971
Happening & Fluxus
Kölnischer Kunstverein, Köln. Weitere Stationen: Württembergischer Kunstverein, Stuttgart; Stedelijk Museum Amsterdam; Neue Gesellschaft für bildende Kunst, Berlin. Kuratiert von Harald Szeemann

—1967 bin ich in die Lindenstrasse 22 eingezogen, in ein durch Bomben zerstörtes Haus. Es stand nur noch die rechte Hälfte. Im Hinterhaus stand noch ein Teil und dort hat sich Michael Buthe sein Atelier eingerichtet. Die Besitzerin des Hauses ist die Familie Vowinckel. Das sind bedeutende Sammler.

Es gab Überlegungen, dieses Haus wieder aufzubauen. Christoph und Andreas Vowinckel und ich waren uns einig, vor dem Hintergrund der sehr aktiven Kunstszene und der damals guten Geschäftslage in Köln, dass es doch am besten wäre, ein **Galeriehaus** daraus zu machen, also Galerien zu finden, die in dieses Haus einziehen. Das war ein weiterer Meilenstein, um diesen Platz Köln zu stärken, der sich für mich ja wie ein Wunder etabliert hat neben New York. Köln war wirklich die einzige Stadt in Europa, die das alles leisten konnte und die alle anderen überflügelt hat.

Um die Sache kurz zu machen: Das so genannte Galeriehaus wurde im März 1971 eröffnet. Das war eine solche Sensation, nicht nur in Köln, nicht nur in Deutschland, sondern in Europa. Es kam diese wunderbare Zeit, in der wir gemeinsame Eröffnungen geplant und eine gemeinsame Zeitschrift herausgegeben haben, die dazu diente, keine Einladungskarten mehr zu machen: Die Zeitschrift *Galeriehaus Köln* war praktisch die Einladungskarte. Jeder hatte fünf Seiten und konnte sich darin vorstellen. Wir haben Redaktionssitzungen gehabt, in denen wir uns abgestimmt haben.

Aber wie solche Dinge oft gehen, im Laufe des Jahres hatte sich die Geschäftslage negativ verändert. Da tauchten die ersten Schwierigkeiten auf, die es unmöglich machten, in dem Haus gemeinsam weiter zu arbeiten. Ich erinnere mich an eine Menge nicht so angenehmer Geschichten, und die Galeriehauszeitschrift platzte, als wir bei einer Sitzung zusammen sassen und Hans-Jürgen Müller den Vorschlag machte, wir sollten doch auch Kritiken über unsere eigenen Ausstellungen schreiben. Er fand die Rosenquist-Ausstellung *Slush Thrust* so schlecht, das könne man den Leuten nicht zumuten. Er meinte, da sollte man drüber schreiben in unserer eigenen Zeitschrift, wie schlecht diese Ausstellung sei. Ich sagte: „Wie komme ich dazu, über meine Ausstellung eine Kritik von dir zu

1970

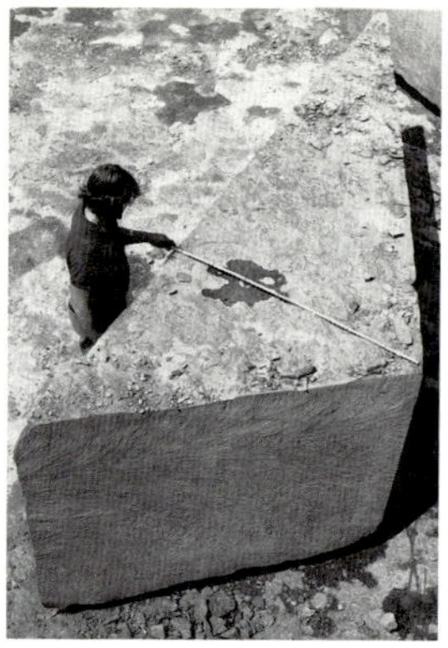

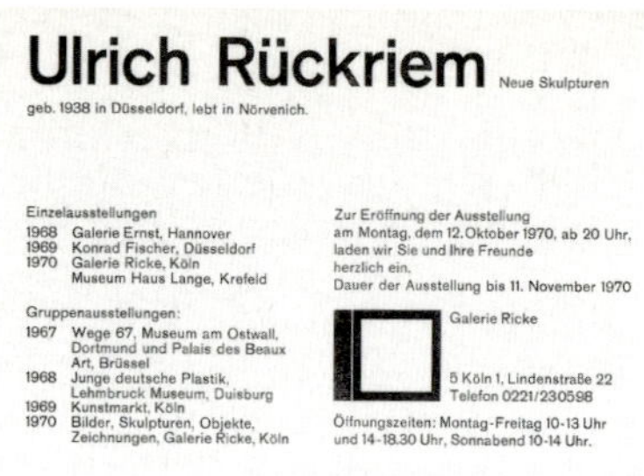
Ulrich Rückriem Neue Skulpturen
geb. 1938 in Düsseldorf, lebt in Nörvenich.

Einzelausstellungen
1968 Galerie Ernst, Hannover
1969 Konrad Fischer, Düsseldorf
1970 Galerie Ricke, Köln
Museum Haus Lange, Krefeld

Gruppenausstellungen:
1967 Wege 67, Museum am Ostwall, Dortmund und Palais des Beaux Art, Brüssel
1968 Junge deutsche Plastik, Lehmbruck Museum, Duisburg
1969 Kunstmarkt, Köln
1970 Bilder, Skulpturen, Objekte, Zeichnungen, Galerie Ricke, Köln

Zur Eröffnung der Ausstellung am Montag, dem 12. Oktober 1970, ab 20 Uhr, laden wir Sie und Ihre Freunde herzlich ein.
Dauer der Ausstellung bis 11. November 1970

Galerie Ricke
5 Köln 1, Lindenstraße 22
Telefon 0221/230598

Öffnungszeiten: Montag-Freitag 10-13 Uhr und 14-18.30 Uhr, Sonnabend 10-14 Uhr.

Einladung

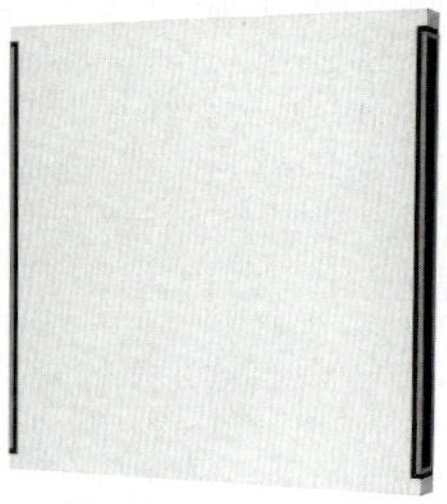
Jo Baer Neue Bilder

Zur Eröffnung der Ausstellung am Freitag, dem 13. November 1970, 18-21 Uhr, laden wir Sie und Ihre Freunde herzlich ein.
Dauer der Ausstellung bis 10. Dezember 1970

Galerie Ricke
5 Köln 1, Lindenstraße 22
Galeriehaus
Telefon 0221/230598

Öffnungszeiten: Montag-Freitag 10-13 Uhr und 14-18.30 Uhr, Sonnabend 10-14 Uhr.

Zur gleichen Zeit eröffnen auch die Galerien Müller, Neuendorf, Thelen, Wilbrand.

Einladung

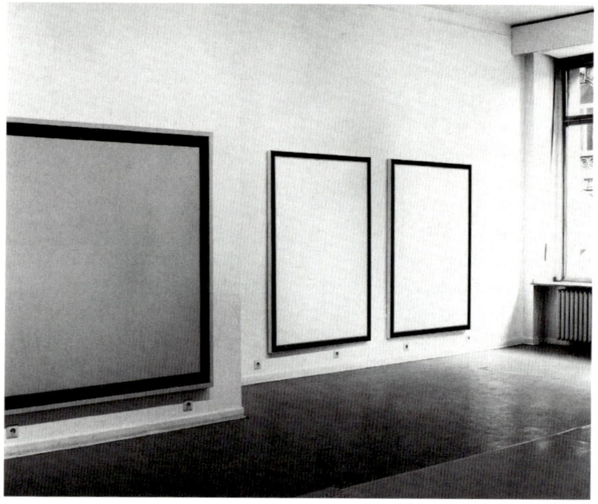

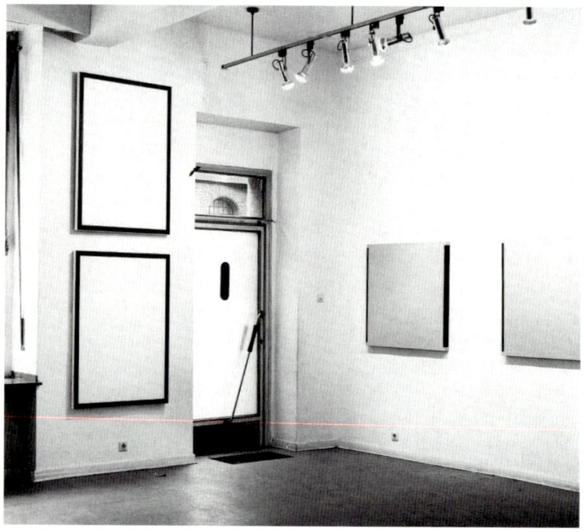

Jo Baer. Neue Bilder [4]

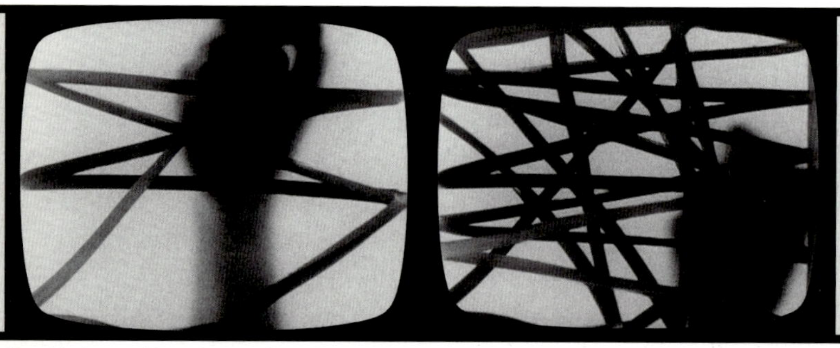

20. November 1970

Identifications

Fernsehausstellung II der Fernsehgalerie Gerry Schum. Erstpräsentation des Films im Kunstverein Hannover, Ausstrahlung am 30. November 1970 vom Südwestfunk Baden-Baden. Beteiligte Künstler u. a. Kuehn, Rinke, Rückriem, Serra, Sonnier

Gary Kuehn aus Fernsehausstellung II „Identifications", Produktion: Fernsehgalerie Gerry Schum, 1970

Ulrich Rückriem
Neue Skulpturen
12. Oktober – 11.November 1970

Jo Baer
Neue Bilder
13. November – 10. Dezember 1970

James Rosenquist
Slush Thrust
13. November – 10. Dezember 1970

Renate Goebel
Chi non lavora non fa l'amore
11. Dezember 1970 – Anfang Januar 1971

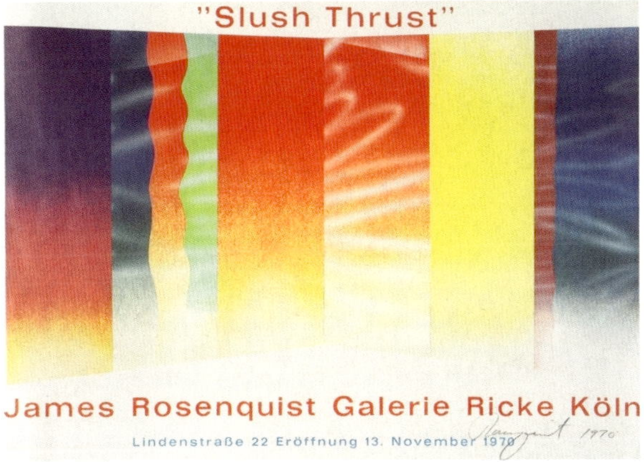

Ausstellungsplakat

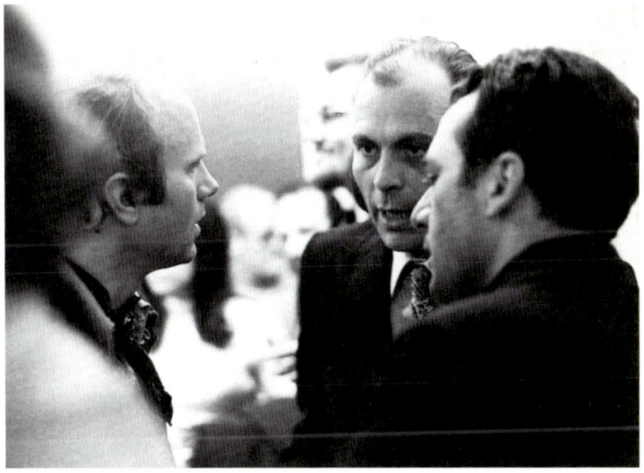

James Rosenquist, Rolf Ricke und Gerhard Richter in der Ausstellung

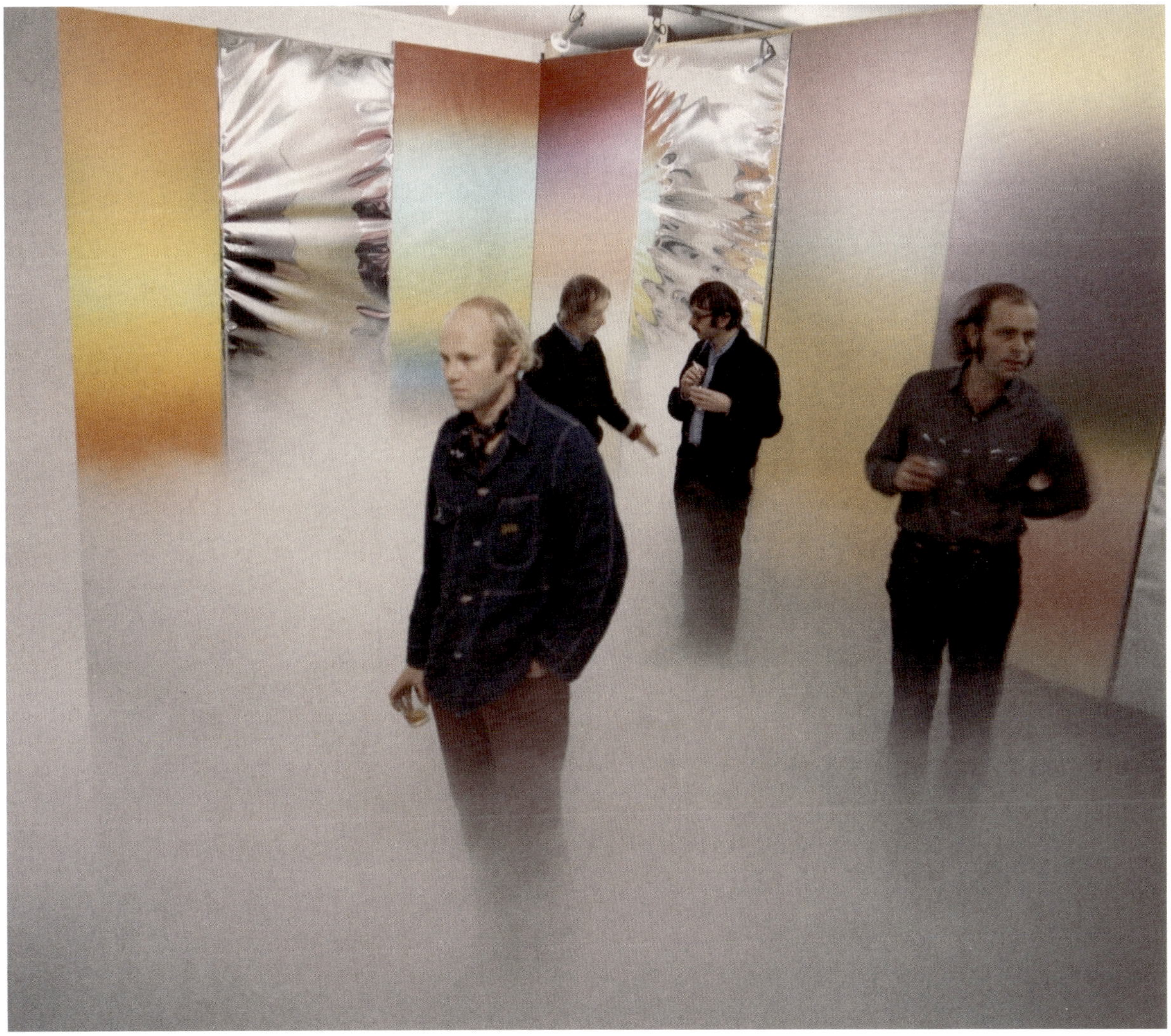

James Rosenquist. Slush Thrust: Rosenquist und Ricke, Robert Watts und Alfred Nemeczek (hinten)

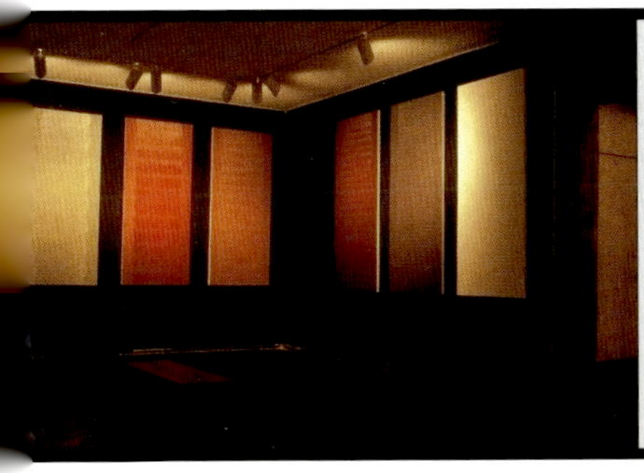

Lee Lozano

2. Dezember 1970 – 3. Januar 1971
Lee Lozano
Whitney Museum of American Art, New York

Dezember 1970
Eröffnung der Galerie von Paul Maenz in Köln, erste Ausstellung im Januar 1971

akzeptieren? Das kommt überhaupt nicht in Frage!" Jedenfalls ist damit die Zeitung geplatzt. Doch gab es noch gemeinsame Aktivitäten: Anlässlich der *documenta 5*, 1972, mieteten wir uns in Kassel einen grossen Raum in einem ehemaligen Möbelgeschäft, mitten im Stadtzentrum, und traten gemeinsam auf. Dort zeigte ich Keith Sonnier. Aber bald darauf waren die Galeriehauszeiten vorbei. Heiner Friedrich war der erste, der auszog, ich war der zweite. Dann blieben noch ein paar hängen. Hinterher hiess es nur noch: Das ist das tote Haus von Köln.–

–Die ersten **Einladungskarten der Galerie** *sind einfach und günstig produziert worden, zumeist nur mit einer Farbe gedruckt, rein typografisch, und ab 1964 zeichnet sie ein markantes Logo aus.*

In dieser Zeit gab es gar nicht den Wunsch, die Gestaltung bunt oder gar mit einer Farbfotografie anzugehen. Das hat keinen interessiert. Und ich muss nach wie vor sagen, dass schwarz-weiss seine ganz eigene Qualität hat, gerade auch bei Fotografien und Installationsaufnahmen. Das Logo hat Karl Oskar Blase gestaltet. Er war Dozent an der Werkkunstschule Kassel und seit 1966 Professor für Kunst und Visuelle Kommunikation an der Hochschule für Bildende Künste in Kassel. Zahlreiche Plakate, unter anderem Filmplakate für den Atlas-Filmverleih, die auch prämiert wurden, sind von ihm gestaltet. Und später hat er die Plakate, Signets und Kataloge für die *4. documenta* sowie für die *documenta 5, 6* und *8* entworfen.

Ich glaube, ich habe Karl Oskar Blase über Arnold Bode kennen gelernt. In Kassel lernten sich die an Kunst Interessierten recht schnell kennen. Alle waren froh, dass noch etwas für die Kunst in Kassel geschah, und haben

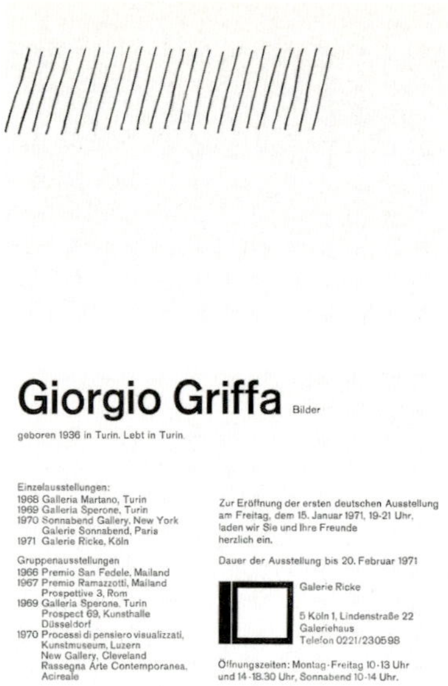

Giorgio Griffa Bilder

geboren 1936 in Turin. Lebt in Turin.

Einzelausstellungen:
1968 Galleria Martano, Turin
1969 Galleria Sperone, Turin
1970 Sonnabend Gallery, New York
Galerie Sonnabend, Paris
1971 Galerie Ricke, Köln

Gruppenausstellungen
1966 Premio San Fedele, Mailand
1967 Premio Ramazzotti, Mailand
Prospettive 3, Rom
1969 Galleria Sperone, Turin
Prospect 69, Kunsthalle Düsseldorf
1970 Processi di pensiero visualizzati, Kunstmuseum, Luzern
New Gallery, Cleveland
Rassegna Arte Contemporanea, Acireale

Zur Eröffnung der ersten deutschen Ausstellung am Freitag, dem 15. Januar 1971, 19-21 Uhr, laden wir Sie und Ihre Freunde herzlich ein.

Dauer der Ausstellung bis 20. Februar 1971

Galerie Ricke

5 Köln 1, Lindenstraße 22
Galeriehaus
Telefon 0221/230598

Öffnungszeiten: Montag-Freitag 10-13 Uhr und 14-18.30 Uhr, Sonnabend 10-14 Uhr.

Einladung

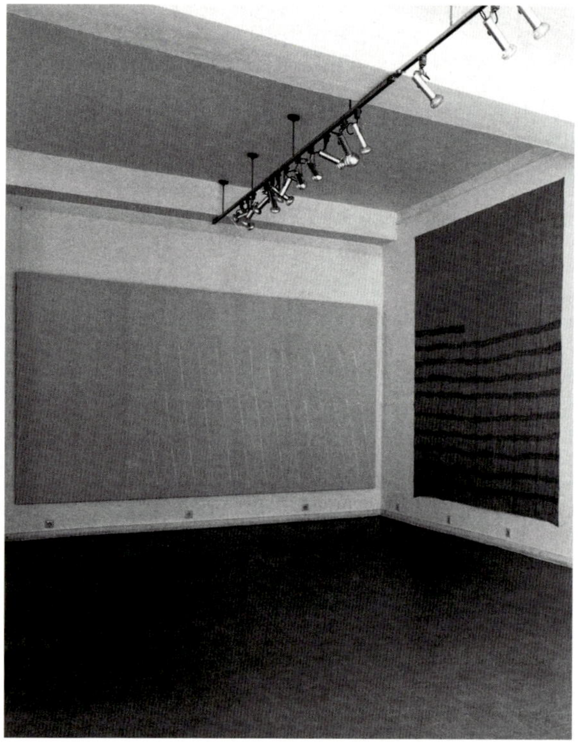

Giorgio Griffa. Bilder

Giorgio Griffa
Bilder
(1. Einzelausstellung in Deutschland)
15. Januar – 20. Februar 1971

Peter Young
Neue Bilder
15. Januar – 20. Februar 1971

John Duff
Skulpturen
5. – 30. März 1971

7 Neue Arbeiten
Alan Cote, Donald Judd,
Harriet Korman, Barry Le Va,
James Rosenquist, Richard Serra,
Lewis Stein
2. April – 27. Mai 1971

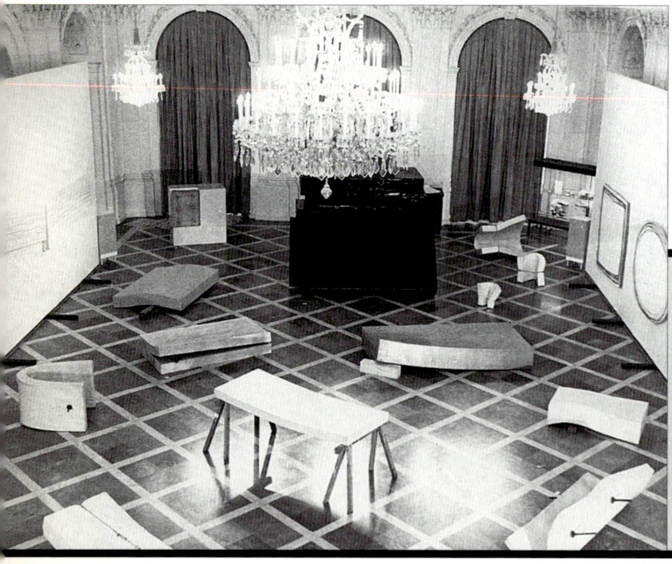

Gary Kuehn [46]

28. Januar – 28. März 1971
Gary Kuehn
Neue Galerie Aachen

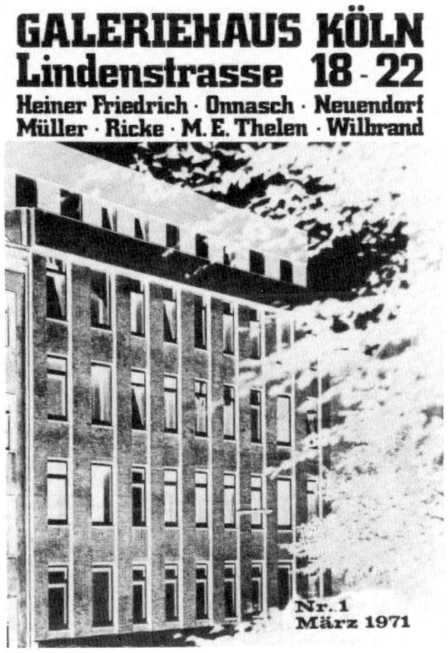

Cover Galeriehaus Köln, Nr. 1, 1971

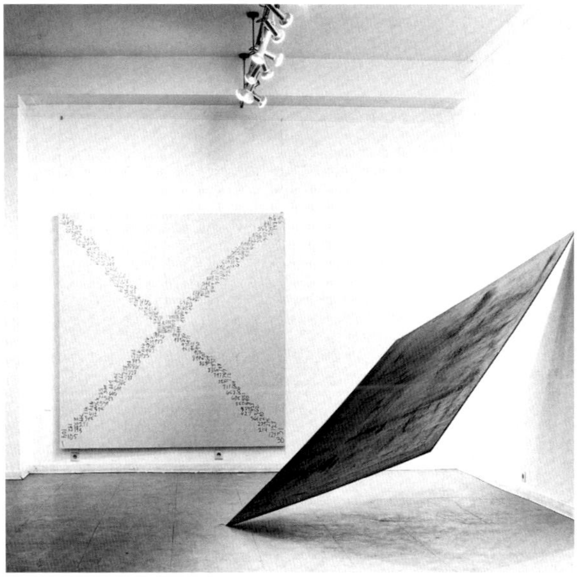

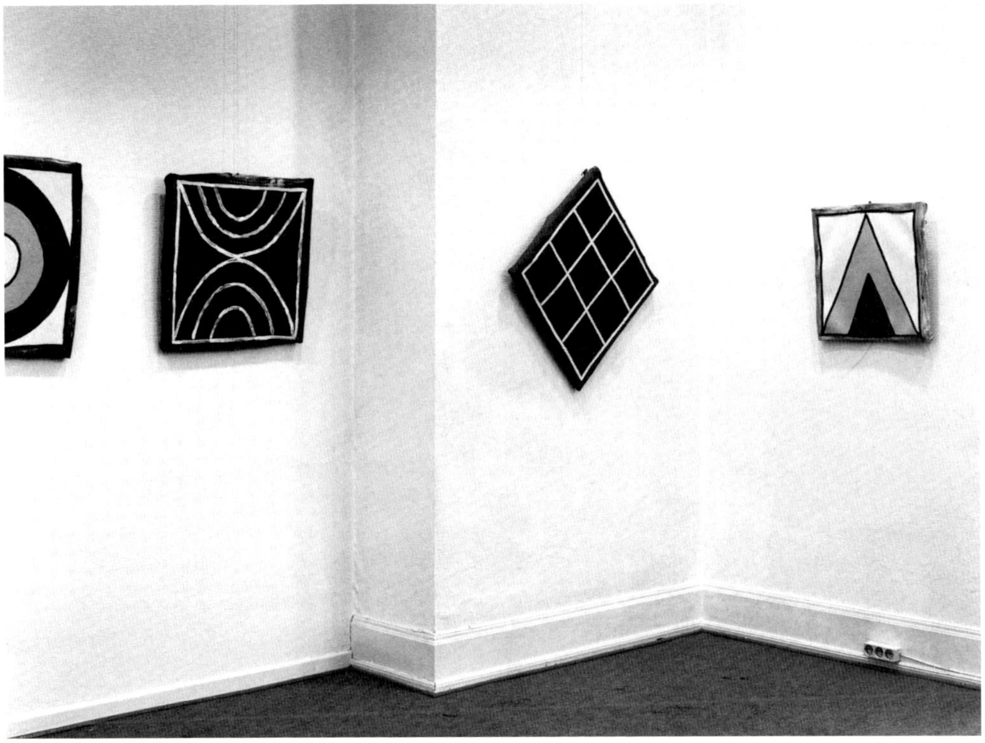

Peter Young. Neue Bilder [148]

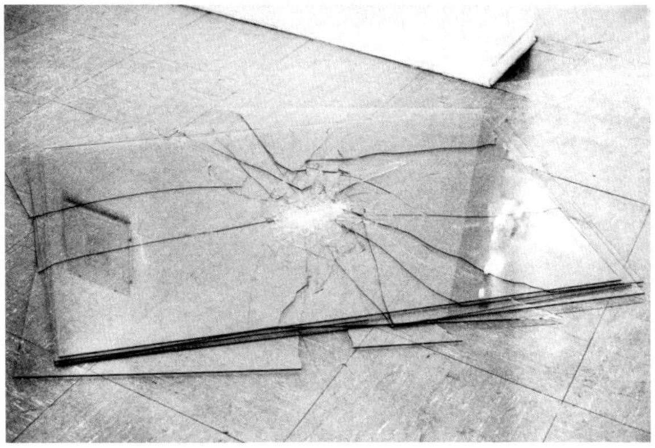

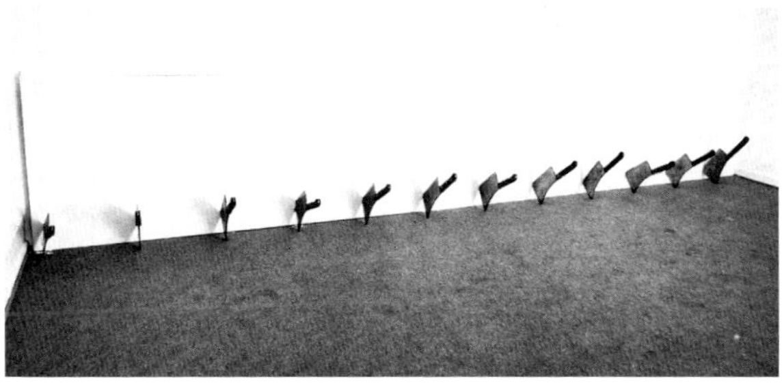

7 Neue Arbeiten:
Korman [42], Serra (oben)
Le Va [52] (Mitte)
Le Va [54] (unten)

mich von daher sehr unterstützt, Arnold Bode ja auch. Karl Oskar Blase ist an mich herangetreten, denn er war überzeugt, auch eine Galerie braucht wie eine Firma ein Signet zu ihrer Professionalisierung. Anfänglich hat er alles umsonst gestaltet, das Briefpapier und sämtliche Einladungskarten, und wie gesagt, entwarf er dieses Logo für die Galerie.

Mit dem Umzug nach Köln habe ich nach seinem Prinzip mit der Druckerei die Karten ausgeführt. Die Künstler wirkten von 1968 bis 1971 zumeist beim Entwurf der Bildseite mit. Ab 1972 liess ich das Logo weg, ich hatte das Gefühl, es muss etwas Neues passieren. 1975 kehrte das Signet leicht verändert wieder zurück. Hennes Maier, ein bedeutender Grafiker und Fotograf der 1970er Jahre, der viel in der Buchgestaltung arbeitete – ich hatte ihn allerdings über seine Fotografien kennen gelernt und diese auch einmal ausgestellt –, stiess auf das Signet von Karl Oskar Blase und sagte: „Das ist ja unbezahlbar, das musst du wieder verwenden." Er entwarf mir ein Muster für die Einladungskarten und nach dieser Vorlage entstanden für einen längeren Zeitraum die Karten. Allerdings war ich in dieser Zeit so knapp bei Kasse, dass ich kein Geld für richtig gutes Papier aufbrachte.

Das Logo behielt ich bis 1981 bei, zugleich entschloss ich mich auch zu einer Änderung des Galerienamens in Rolf Ricke. Es gab dann immer wieder einen Wechsel der Gestaltung. Anfang der 1980er Jahre gab es häufig Karten mit Motiven aus der Ausstellung, ab Mitte der 1990er Jahre entwarfen zumeist die Künstler die Karte. Bei Gruppenausstellungen entschied ich mich häufig nur für Schrift, zumeist für einen Satz, den ich bedeutsam fand und der dann wie ein Motto fungierte. Die letzten Einladungskarten, die fast durchgehend farbig waren, basieren teils auf eigenen Fotografien und teils auf Entwürfen von Künstlern.–

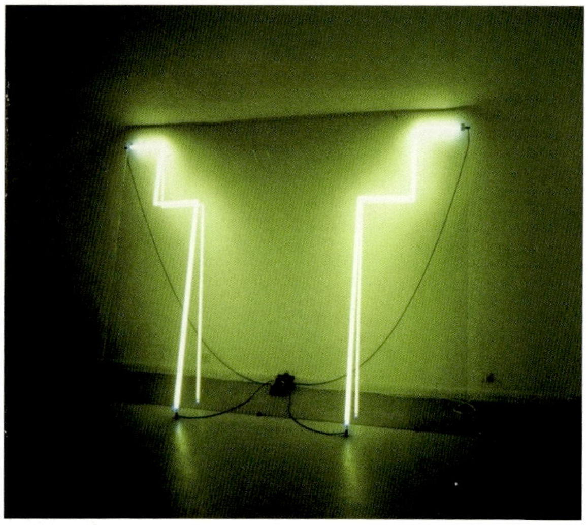

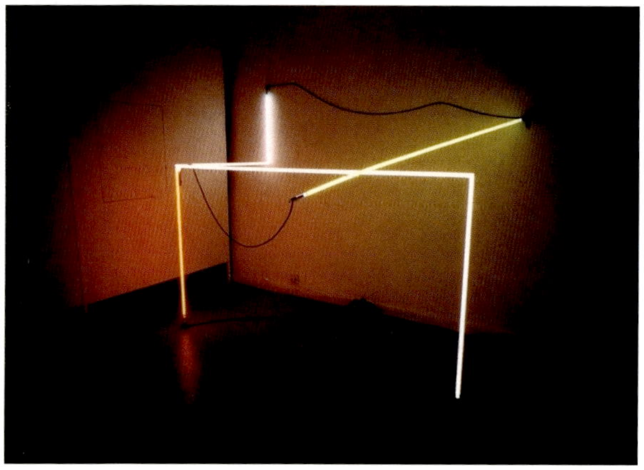

Keith Sonnier. Neonarbeiten [123, 117]

Keith Sonnier
Neon-Arbeiten
30. April – 26. Mai 1971

Dan Christensen
Bilder
28. Mai – 1. Juli 1971

Harriet Korman
Zeichnungen
2. Juli – 1. September 1971

Programm IV
Richard Artschwager, Jo Baer, Bill Bollinger, Dan Christensen, Alan Cote, Jan Dibbets, Giorgio Griffa, Gary Kuehn, Lee Lozano, Larry Poons, James Rosenquist, Keith Sonnier
2. Juli – 1. September 1971

Barry Le Va
3. September – 1. Oktober 1971

Klaus Rinke
Wasserprozesse 1969/70
4. Oktober – 2. November 1971

Edgar Hofschen
Bilder
5. November – 1. Dezember 1971

John Walker
Zeichnungen
5. November – 1. Dezember 1971

Querschnitt
3. Dezember 1971 – 13. Januar 1972

1971

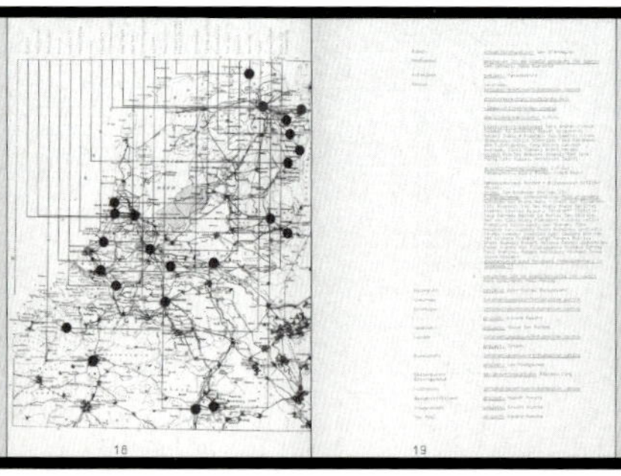

Katalog Sonsbeek

19. Juni – 15. August 1971
Sonsbeek '71
Arnhem. Organisiert von Wim A.L. Beeren. Künstler u. a. Artschwager, Flanagan, Grosvenor, Heizer, Judd, Nauman, Rinke, Ruscha, Sandback, Serra, Sharits, Smithson

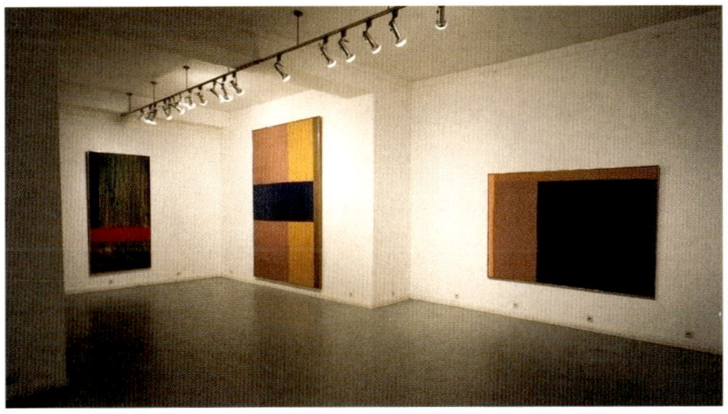

Galerie Ricke

5 Köln 1

Lindenstraße 22
Telefon 0221/230598

Auf Grund der überaus guten und schnellen Arbeit der Firmen

Hague Art Delieveries, New York

und

Lufthansa

war es nicht möglich, die Bilder von

D A N C H R I S T E N S E N

der anwesend ist und dessen Arbeiten vor 3 Wochen aus seinem Studio abgeholt wurden,
rechtzeitig zur Eröffnung zu bekommen.
Die Bilder sollen nun zwischen Frankfurt und Köln unterwegs sein.

Wir würden uns sehr freuen, wenn Sie ab Morgen wiederkommen würden, um sich die Ausstellung anzusehen.

Herzlichen Dank.

Dan Christensen

Rolf Ricke

Dan Christensen. Bilder
Verschiebung der Ausstellung wegen verspäteter Anlieferung der Werke

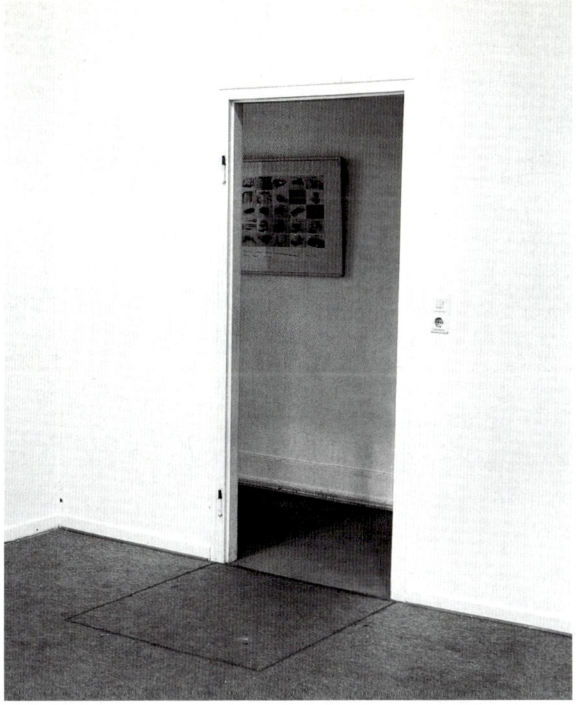

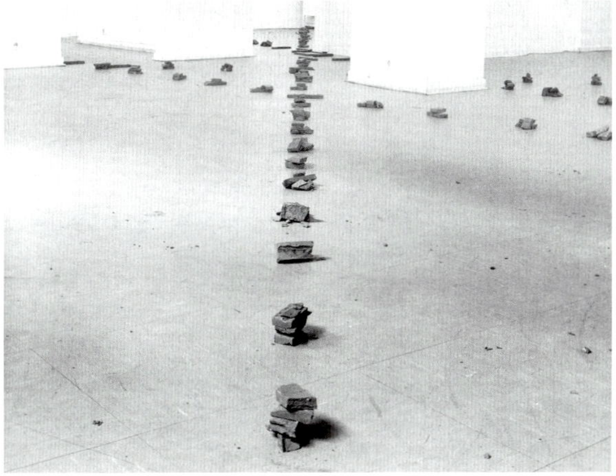

Barry Le Va [51]

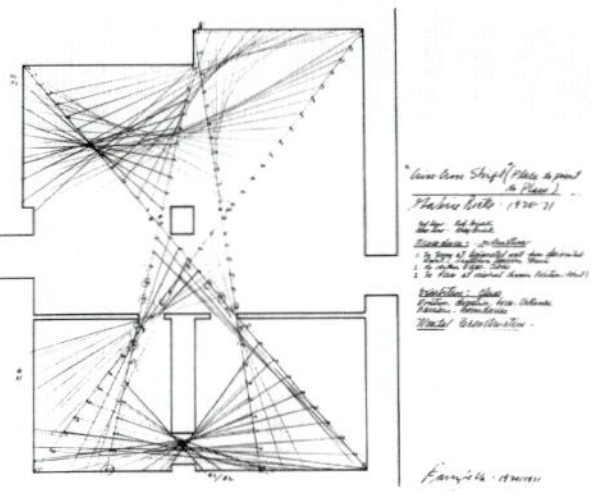

ZIGZAG MOVEMENTS BEHIND SUPER IMPOSED PATTERNED ACTS, THOUGHT REMNANTS FILLED BY BLOWN SAND FOURTEEN STEPS ACROSS A SEPERATED LONGSHORE DRIFT, NEGATIVE ROCK POOLS, EXPANDING DEBRIS SHELLS SLIDING ABOVE EXTENDED BEACH PLATFORMS WHERE DOG-LEG CLIFF PROFILES RECEDE.
PUZZELED SCREENING PROGRAM, CRYSTAL COMMUNICATION BLURRED BEYOND DONOR IMPURITIES, AMPLIFIED JUNCTION PLANES DEPOSITED AT THE BORDERS OF INTEGRATED SURFACE FORMATIONS, SPREAD OUT REGIONS SHIFTING IN PLACE DIFFUSING INTO CLEAVED RECTANGULAR CHIPS BETWEEN PROJECTED STRUCTURES OF VISIBLE TIME DWELLINGS.

POINTS, DISTANCES AND POSITION FORCES ON EACH SIDE ALLOWING LAND BASED FINGER TRACTS TO DESCEND, NO LONGER LEVEL SURFACES OF PRESSED ACTS OR ELIPTICAL THOUGHTS. MARSH SLOPES CUTTING AWAY DRAINAGE SYSTEMS ON FIXED BEGINNINGS, EXTENDED CHANGES ERASING PARTICIPATORY CLUES OVER INTERLACING MAZES OF OCCUPIED PATTERN CHANNELS.

AUDIENCE BANK VECTORS, MEANDER, OBSCURING CONCENTRIC CROSS SECTIONS, ABANDONED EYE NETWORKS CONTINUALLY REPEATED UPON HABITUATION ONE VOICE LENGTH BEYOND FURTHER INVESTIGATION OF SCALED CUES. OBSOLETE BRANCH SYSTEM OF LABYRINTH IDEA DIAGRAMS, MESHED WITH FRAGMENTED POPULATION LINES, ENTER DIRECTLY, FORMING LOOPS OF FROZEN MOVEMENT TRIANGLES, RETRACING STEPS ACTIVATED WITH INCREASED RESIDUE ACCUMULATION.

IN PLACE
SAID OF ROCK OCCUPYING, RELATIVE TO SURROUNDING MASSES, THE POSITION THAT IT HAD WHEN FORMED.

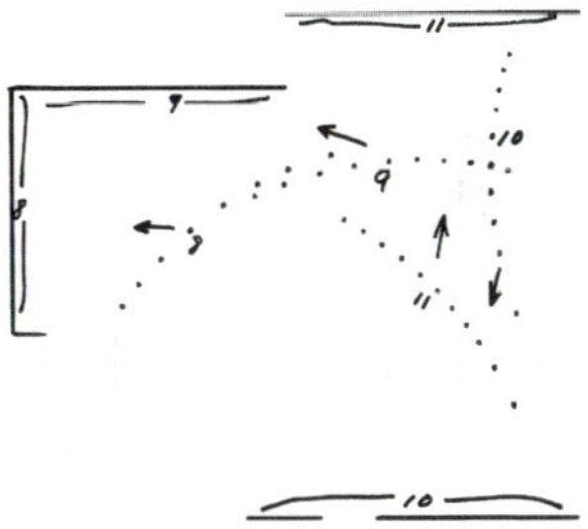

CONSTRUCTION:
TO THROW AT DESIGNATED WALL, SHATTERING, LEAVING MARK.
TO GATHER PIECES. DEBRIS, RESIDUE.
TO PLACE, AT ORIGINAL THROWING POINT.
EXHIBITION:
CLUES.
FORCE, DISTANCE, DIRECTION, POSITION.
RECONSTRUCT.

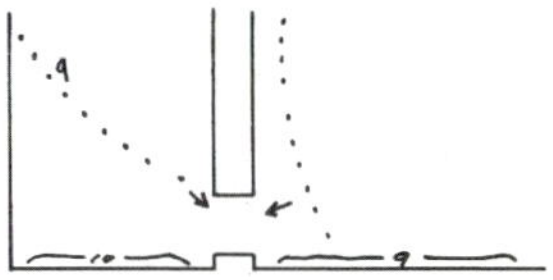

Konzepte von Barry Le Va, veröffentlicht in:
Galeriehaus Köln, Nr. 6, 1971

Installationsskizze von Barry Le Va

20. Oktober 1971: Friedensnobelpreis für Willy Brandt

5. – 10. Oktober 1971

Kölner Kunstmarkt '71

Kunsthalle, Kunstverein, Forum Köln

—1972 fuhr ich ständig zwischen Köln und Kassel hin und her. Mit Keith Sonnier bereitete ich im Staatstheater seine Videoprojektion und Performance *Proscenium* vor. Sonnier wollte anlässlich der **documenta** keine Skulptur realisieren. Er liess die ganze Materie hinter sich. Es war ein Riesenaufbruch, eine ungeheuer aufregende Zeit. Richard Serra hingegen realisierte *Circuit*, eine der grössten Eisenskulpturen, die er bis dahin gemacht hatte. Wahnsinnig gefährlich und heikel, absolute Präzision war angesagt, die Angst, dass diese riesigen und enorm schweren Platten umfallen, lag in der Luft. *Circuit* konnte ich nicht finanzieren. Auch wenn wir uns gut verstanden und mir ungeheuer viel daran lag, alles aufs Beste auszuführen, war zu erwarten, dass Richard sich eine finanzstärkere Galerie über kurz oder lang suchen würde. Richard Artschwager installierte in Kassel wieder *Blps*. Dabei kletterte er auf ein Gebäude, in dem die Deutsche Bank ihren Sitz hatte, was dazu führte, dass er kurzfristig als mutmasslicher Bankräuber inhaftiert wurde. Ein zweites Mal. Insgesamt schufteten wir alle ungeheuerlich, doch die Stimmung war durchwegs unglaublich gut, ein enormer Auftrieb lag über allem. Es gab chaotische Momente, aber wir bewältigten sie mit viel Einsatz.

Barry Le Va war bei der documenta 5 *dabei, obwohl Harald Szeemann, wie du erzähltest, ihn bei der Attitüden-Ausstellung noch ablehnte.*

Zwischenzeitlich hatte Harry erkannt, wie wichtig dieser Künstler ist und daher lud er ihn ein. Barry Le Va realisierte eine riesengrosse Arbeit, welche gut dokumentiert ist. Hunderte von Glasscheiben, akkurat zugeschnitten und geputzt, waren geliefert worden. Barry markierte einen Pfad im Raum, legte eine Struktur fest, was bedeutet, er bestimmte die Schichtungen an verschiedenen Stellen im Raum: ob zwei, vier, acht, sechzehn oder zweiunddreissig und so fort … Nach dieser festgelegten Partitur warfen wir gezielt in die markierte Form diese ungeheure Anzahl von Glasscheiben, die beim Aufprall zerbrachen. Ein Meer aus Glasscherben, in verschiedenen Abschnitten und Stücken, entstand. Das war extrem intensiv. Wir gingen fort und als wir zurückkamen, hing über dieser raumgrei-

1972

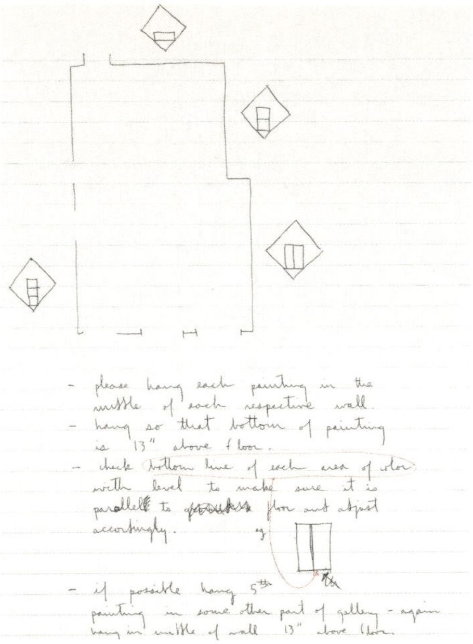

Hängeplan und Anweisungen von Lewis Stein

Alan Cote
Neue Bilder
14. Januar – 12. Februar 1972

Lewis Stein
Neue Bilder
4. – 25. Februar 1972

David Rabinowitch
Skulpturen
25. Februar – 16. März 1972

Peter Young
Dot Paintings
17. März – 13. April 1972

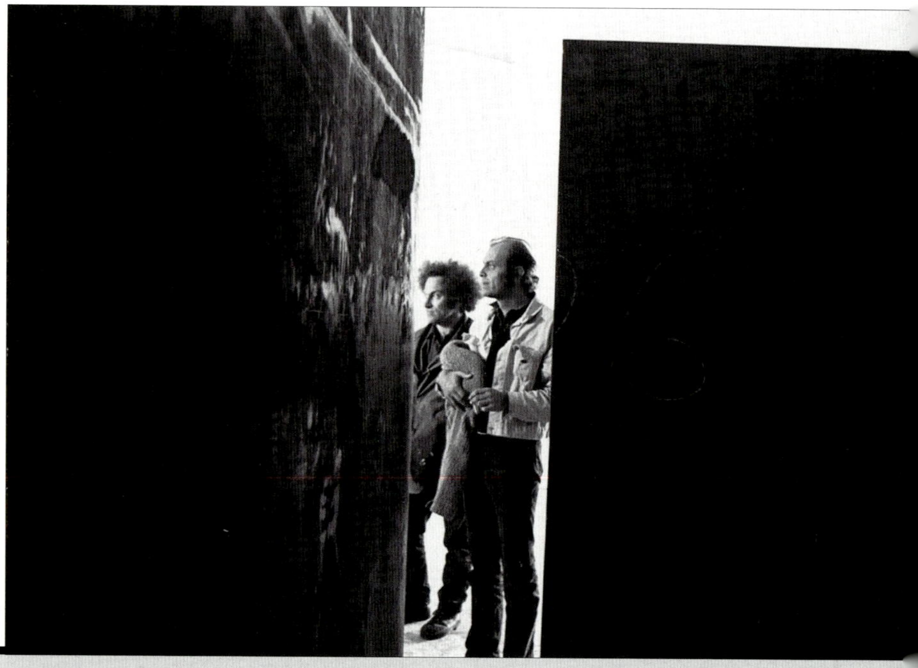

29. Januar – 12. März 1972
James Rosenquist. Gemälde – Räume – Graphik
Wallraf-Richartz-Museum in der Kunsthalle Köln

Juni 1972
Keith Sonnier. Proscenium
Kammerspiele, Köln (Performance mit Videoprojektion)

documenta 5: Serra und Ricke in der Skulptur „Circuit“ von Serra

Zur Eröffnung der Ausstellung

DAVID RABINOWITCH
SKULPTUREN

am 25. Februar 1972, 19.00 - 22.00 Uhr
laden wir Sie
und Ihre Freunde herzlich ein.

Dauer der Ausstellung bis 16. März 1972

Galerie Ricke
5 Köln 1
Lindenstraße 22
Telefon 0221-230598

Mo - Fr 10 - 13 und
14.30 - 18.30 Uhr
Sonnabend 10 - 14 Uhr

Einladung

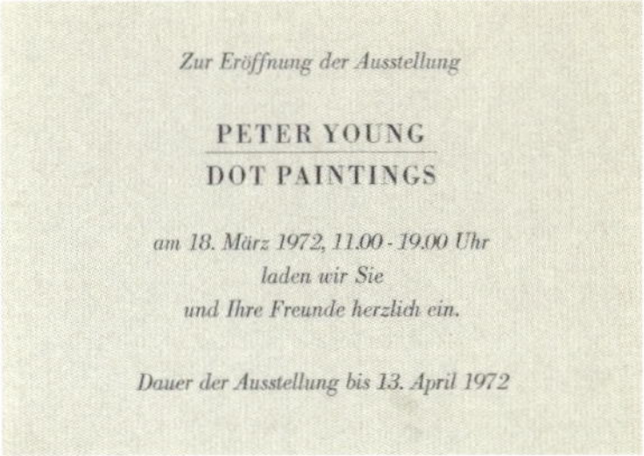
Zur Eröffnung der Ausstellung

PETER YOUNG
DOT PAINTINGS

am 18. März 1972, 11.00 - 19.00 Uhr
laden wir Sie
und Ihre Freunde herzlich ein.

Dauer der Ausstellung bis 13. April 1972

Einladung

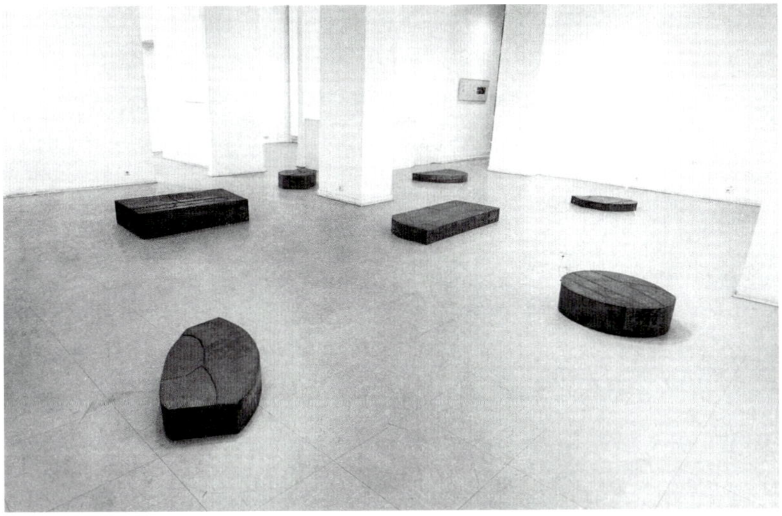

David Rabinowitch. Skulpturen

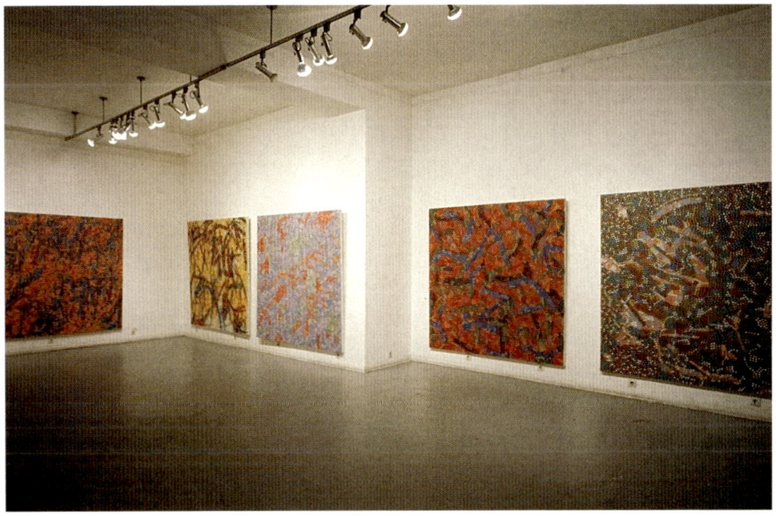

Peter Young. Dot Paintings

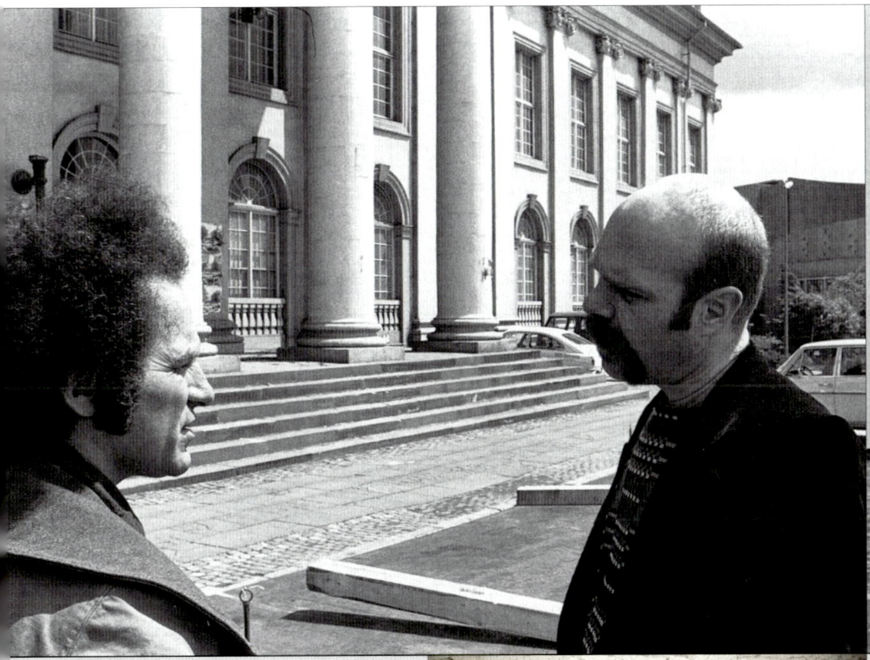

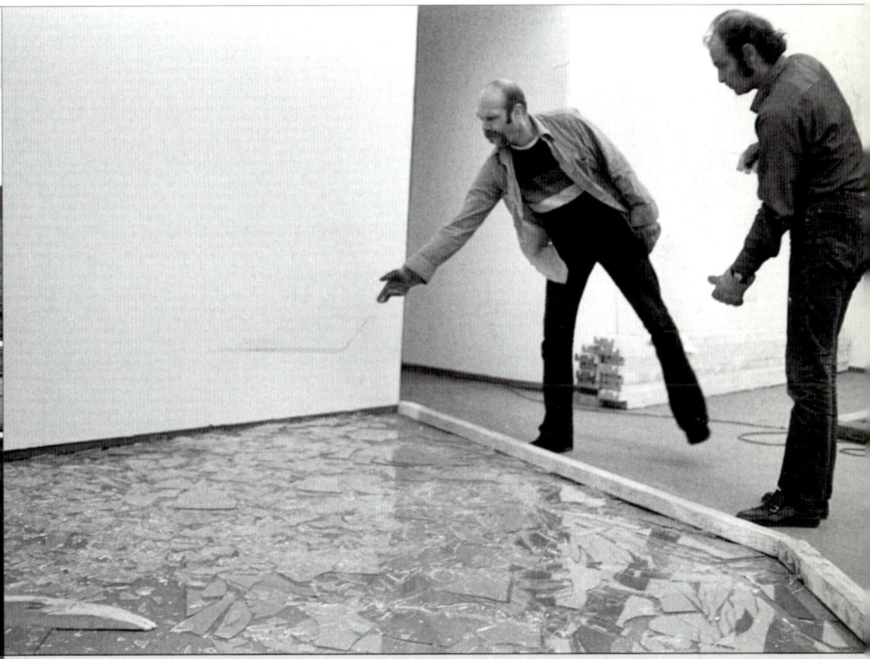

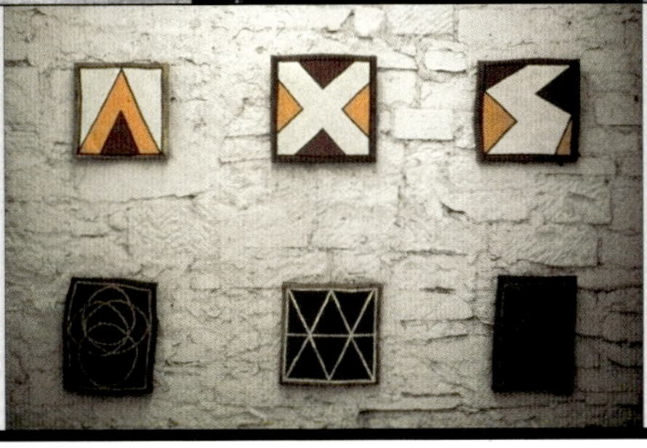

30. Juni – 8. Oktober 1972
documenta 5
Kassel. Künstlerische Leitung: Harald Szeemann. Künstler u. a. Artschwager, Johns, Le Va, Serra, Sonnier, Young

documenta 5: Serra und Le Va vor dem Fridericianum, Kassel; Le Va und Ricke während des Aufbaus von „Within the Series of Layered Pattern Acts"; Peter Young [148] fenden Arbeit von Barry ein grosses Dreieck von Reiner Ruthenbeck. Es muss noch in der Nacht zur Eröffnung dort aufgehängt worden sein. Barry war unglaublich wütend, zu Recht, und sehr enttäuscht. Es gab aber keine Zeit zu intervenieren. Eindeutig spiegelte diese Platzierung für uns, dass Harald die Setzung von Barrys Arbeit im Raum in ihrer Bedeutung nicht verstanden hatte. Dazu kam, dass die Besucher während der Eröffnung, statt auf dem Pfad, quer über das Stück gingen, regelrecht durch die Glasscherben trampelten und dabei dieses aus der Geste gebrochene und geschichtete Meer zerstörten. Barry verlangte die sofortige Entfernung der Arbeit. Bereits am Abend des ersten Tages wurde die Arbeit weggekehrt. Es gab einen Mordskrach. Barry fuhr ab und kein Werk von ihm war auf der *documenta 5* ausgestellt, die ganze Geschichte war für ihn ein äusserst negatives Erlebnis.–

–Anfang der **1970er Jahre** *scheint eine* **Wende** *im Gang, einige Künstler wie Lee Lozano, Lewis Stein oder Peter Young ziehen sich zurück, steigen aus beziehungsweise verlassen New York, um eine andere Form von Leben zu führen. Würdest du sagen, dies hängt mit den Auswirkungen des Aufbruchs gesellschaftlicher und politischer Art zusammen und mit der Erweiterung des Kunstbegriffs?*

Ja, das alles kommt zum Tragen. Damals stiegen wirklich einige Künstler aus beziehungsweise verliessen New York: Yayoi Kusama, Alan Shields, Ralph Humphrey, Lawrence Stafford, Bill Bollinger, aber auch Alan Saret. Diese Leute hörten zumindest zeitweilig auf oder bedingt durch ihren Wegzug verloren sie Kontakt zur Kunstwelt und damit an Präsenz. Alan Saret gehörte damals mit zu den unglaublichsten Künstlern, in der Attitüden-Ausstellung war er mit einem Beitrag gewichtig vertreten. Die Künstler hatten also Erfolg, trotzdem entschieden sie sich für einen anderen Weg. In gewisser Weise, denke ich, fanden sie die tradierte Form von Gesellschaftsleben uninteressant. Das muss man im Zusammenhang mit den ungeheuren Befreiungsschlägen, mit den Tabubrüchen sehen, die

Harriet Korman
Neue Bilder
22. April – 12. Mai 1972

Zeichnungen
Richard Artschwager, Michael Buthe, Kent Floeter, Michael Heizer, Gary Kuehn, Barry Le Va, Gordon Matta-Clark, Bruce Nauman, David Rabinowitch, Klaus Rinke, Richard Serra, Keith Sonnier
22. April – 12. Mai 1972

Richard Artschwager
Neue Bilder
13. Mai – 13. Juni 1972

Keith Sonnier
Sound-Piece
15. – 17. Juni 1972 (im Rahmen der Kunsttage Köln)

Programm V
Richard Artschwager, Jo Baer, Bill Bollinger, Dan Christensen, Alan Cote, Kent Floeter, Giorgio Griffa, Michael Heizer, Edgar Hofschen, Harriet Korman, Gary Kuehn, Barry Le Va, David Rabinowitch, Klaus Rinke, James Rosenquist, Ulrich Rückriem, Richard Serra, Keith Sonnier, Lewis Stein, Peter Young
21. Juni – 1. September 1972

Neue Grafik
Richard Artschwager, Dan Christensen, Gary Kuehn, Bruce Nauman, James Rosenquist, Richard Serra, Keith Sonnier, Peter Young
2. – 30. September 1972

Keith Sonnier
Color Stills
2. Oktober – 2. November 1972

Donald Judd
4. November – 1. Dezember 1972

Querschnitt
Richard Artschwager, Michael Heizer, Edgar Hofschen, Gary Kuehn, Mel Ramos, Klaus Rinke, Lawrence Stafford, Lewis Stein, Peter Young
2. Dezember 1972 – Mitte Januar 1973

Juni 1972: Watergate Affäre (Rücktritt von Präsident Nixon 1974)

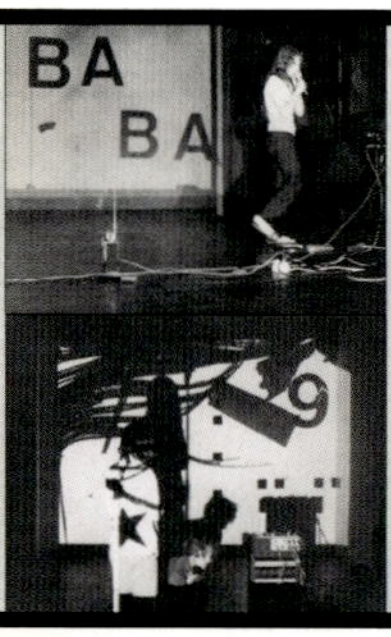

3. Juli 1972
Keith Sonnier. Illustrated Time – Proscenium II
Staatstheater, Kassel. Mit Tina Girouard, Suzanne Harris, Richard Landry, Kurt Munkacsi

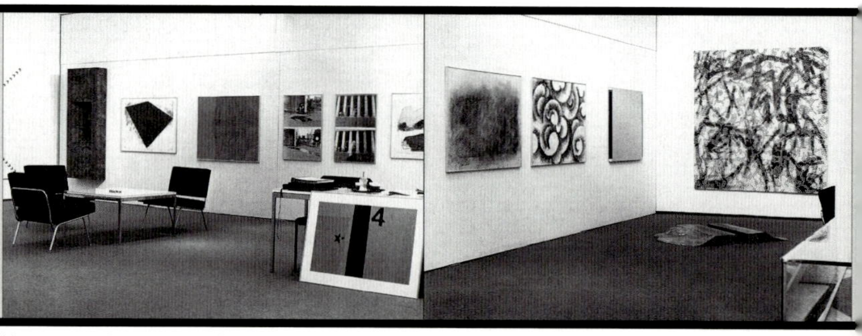

Keith Sonnier. Illustrated Time – Proscenium II

Kunstmarkt: Artschwager, Sonnier; Le Va, Baer, Kuehn, Young u. a.

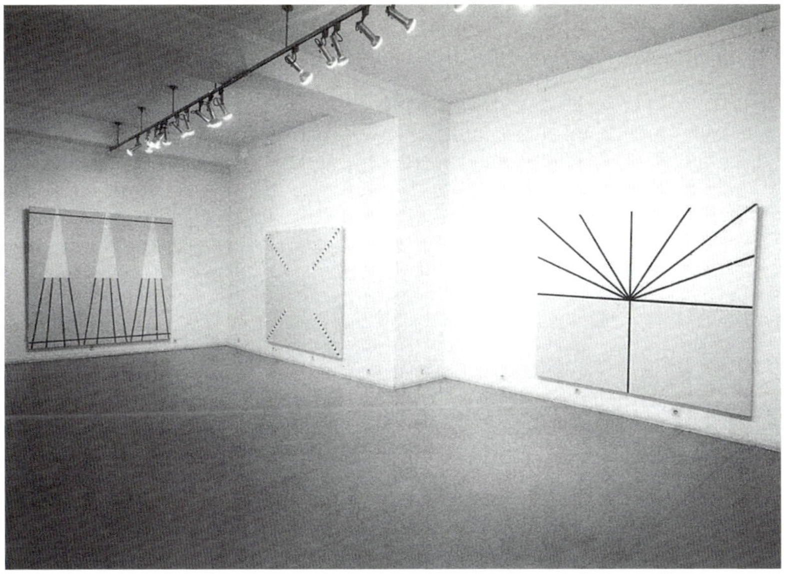

Harriet Korman. Neue Bilder [42, 43]

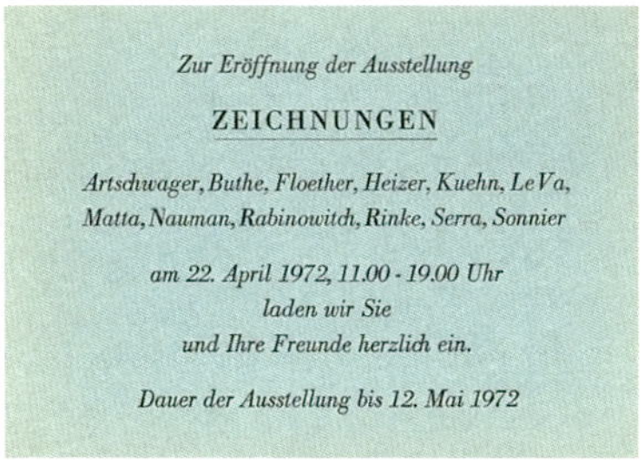
Zur Eröffnung der Ausstellung

ZEICHNUNGEN

Artschwager, Buthe, Floether, Heizer, Kuehn, Le Va, Matta, Nauman, Rabinowitch, Rinke, Serra, Sonnier

am 22. April 1972, 11.00 - 19.00 Uhr
laden wir Sie
und Ihre Freunde herzlich ein.

Dauer der Ausstellung bis 12. Mai 1972

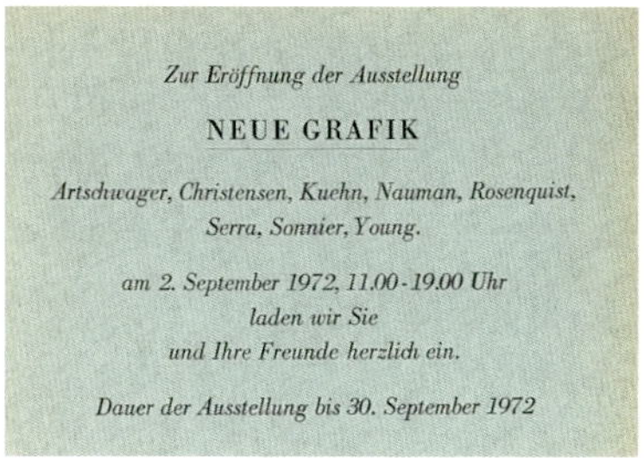
Zur Eröffnung der Ausstellung

NEUE GRAFIK

Artschwager, Christensen, Kuehn, Nauman, Rosenquist, Serra, Sonnier, Young.

am 2. September 1972, 11.00 - 19.00 Uhr
laden wir Sie
und Ihre Freunde herzlich ein.

Dauer der Ausstellung bis 30. September 1972

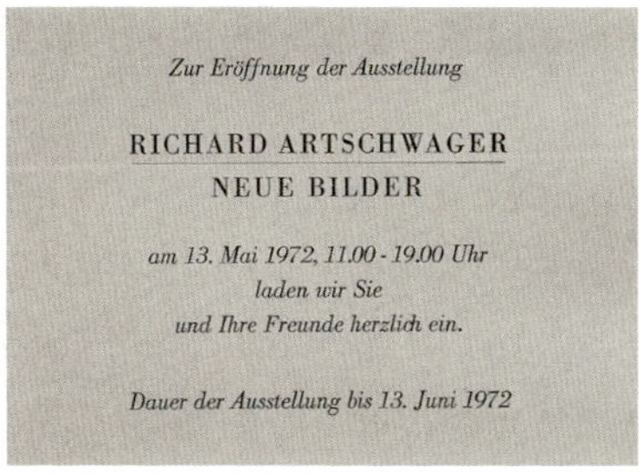
Zur Eröffnung der Ausstellung

RICHARD ARTSCHWAGER
NEUE BILDER

am 13. Mai 1972, 11.00 - 19.00 Uhr
laden wir Sie
und Ihre Freunde herzlich ein.

Dauer der Ausstellung bis 13. Juni 1972

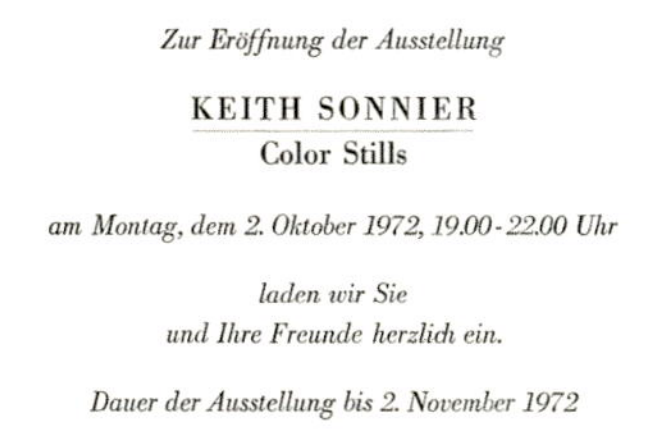
Zur Eröffnung der Ausstellung

KEITH SONNIER
Color Stills

am Montag, dem 2. Oktober 1972, 19.00 - 22.00 Uhr

laden wir Sie
und Ihre Freunde herzlich ein.

Dauer der Ausstellung bis 2. November 1972

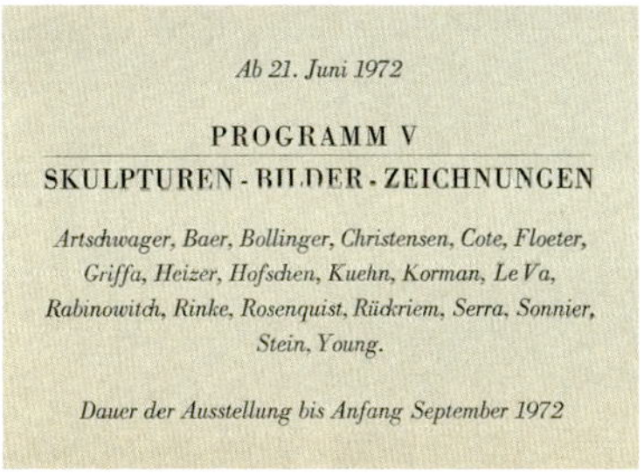
Ab 21. Juni 1972

PROGRAMM V
SKULPTUREN - BILDER - ZEICHNUNGEN

Artschwager, Baer, Bollinger, Christensen, Cote, Floeter, Griffa, Heizer, Hofschen, Kuehn, Korman, Le Va, Rabinowitch, Rinke, Rosenquist, Rückriem, Serra, Sonnier, Stein, Young.

Dauer der Ausstellung bis Anfang September 1972

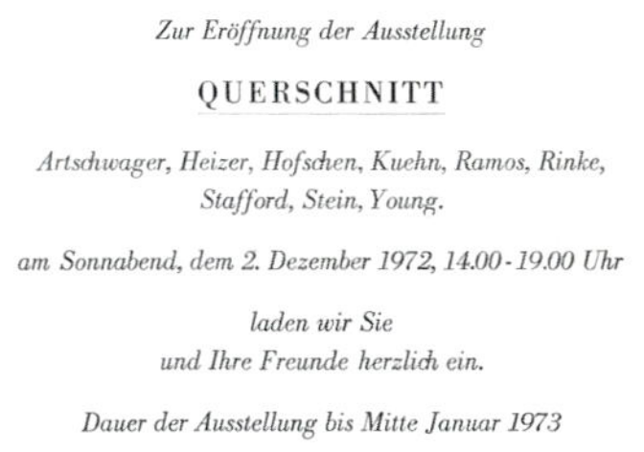
Zur Eröffnung der Ausstellung

QUERSCHNITT

Artschwager, Heizer, Hofschen, Kuehn, Ramos, Rinke, Stafford, Stein, Young.

am Sonnabend, dem 2. Dezember 1972, 14.00 - 19.00 Uhr

laden wir Sie
und Ihre Freunde herzlich ein.

Dauer der Ausstellung bis Mitte Januar 1973

Einladungen

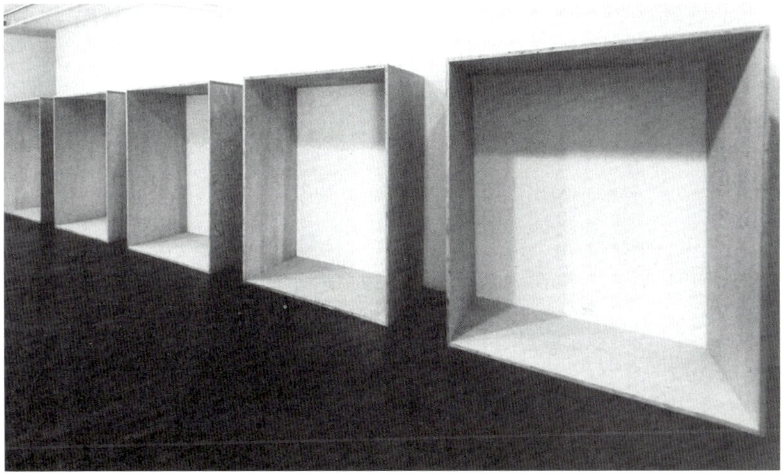

Donald Judd
Die Aufnahme zeigt die bei Ricke ausgestellte Arbeit in der Leo Castelli Gallery, New York, 1972.

15. Juni 1972: Verhaftung von Ulrike Meinhof

3. – 8. Oktober 1972
Kölner Kunstmarkt '72
Kunsthalle, Kunstverein, Forum Köln

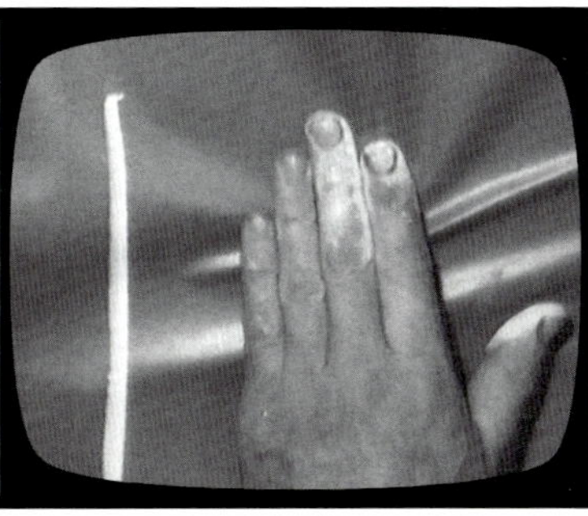

1972
Richard Serra. China Girl
Die von der Fernsehgalerie Gerry Schum produzierte Videoedition entstand in den Räumen der Galerie Rolf Ricke.

Richard Serra, „China Girl", s/w, Ton, 10 min., Produktion: videogalerie schum, 1972 stattgefunden hatten. Im Grunde war kein Stein auf dem anderen geblieben. Der Ausstieg war in ihren Augen ein Beweis für avantgardistisches Denken, aber es war wie eine selbstverständliche und logische Konsequenz der damaligen, sehr offenen Haltung. Warum sollte es nicht möglich sein, einen anderen Weg zu versuchen? Es ging um Bedeutung von Leben, um grundlegende Fragen. Es war aber auch kein Problem zurückzukehren, das taten ja einige der Künstler. Heute wäre dies undenkbar. In gewissem Sinne hat auch Joseph Beuys einen anderen Weg eingeschlagen. Ich denke, die Erweiterung des Kunstbegriffs hat damals sehr weit gegriffen, das lag allgemein in der Luft, es war auch eine Utopie, die Utopie, dass Kunst und Leben eng ineinander spielen. Das spielte damals eine grosse Rolle, die Suche nach Alternativen. Heute besteht vielmehr eine äusserliche Haltung, unsere Gesellschaft ist viel weiter entfernt von Bedeutung. Wenn es hart auf hart geht, vertrete ich die Haltung der 1970er Jahre. Insgesamt denke ich, dass heute vieles auf Missverständnissen beruht, und als zwei Pole des Missverständnisses möchte ich zwei zentrale Äusserungen dieser Zeit benennen: Andy Warhols berühmten Ausspruch „In the future everyone will be famous for fifteen minutes." und Joseph Beuys' Postulat „Jeder Mensch ist ein Künstler." Diese beiden manifesthaften Sätze greifen sehr weit und müssen in ihrer ganzen Tiefe und Breite gesehen werden.—

—Die Bilder, die **Lawrence Stafford** in seiner Ausstellung **1974** zeigte, sind mit einer Mal-Maschine, die er entwickelt und konstruiert hatte, entstanden. Das Verfahren ist eigentlich sehr einfach: Er setzte eine grosse Rolle aus Pappkarton, die üblicherweise für das Aufrollen von Leinwänden bei Transporten verwendet wird, ein. In meiner Erinnerung hat er die Mal-Maschine so konstruiert, dass er sie mit der Hand drehen konnte. Auf diese Rolle spritzte er Farbe und der Schwung der Drehung schleuderte die Farbe auf eine Leinwand. Damals ist eine ganze Serie von kleinformatigen Bildern entstanden. Im Grunde die pure Geste, denn das hatte natürlich viel mit der Pollock'schen Geste zu tun, aber zugleich auch die Entfer-

Jo Baer
13. Januar – 8. Februar 1973

Richard Serra
7 Lithographien
13. Januar – 8. Februar 1973

Barry Le Va. 16 in 4: (attempt to fit) End over-End Centerpoint: Right-angled Divisions, Outward (ends touch, ends cut)
Parallel zeigt Rudolf Zwirner die Installation „5 in 14: Equal Wall Base Divisions Crossed: 4 Phases (walked zig-zag; ends touch, ends cut)"
30. März – 26. April 1973

Klaus Rinke
Zeichnungen
28. April – 24. Mai 1973

Zeichnungen
Mel Bochner, Michael Heizer, Eva Hesse, Harriet Korman, Gary Kuehn, Barry Le Va, Bruce Nauman, Klaus Rinke, James Rosenquist, Richard Serra, Keith Sonnier, Richard Tuttle
23. Juni – 25. September 1973

Peter Young
(Rorschach-Bilder)
28. September – 31. Oktober 1973

Film als Kunstwerk
Vito Acconci, John Baldessari, Joseph Beuys, Christian Boltanski, K.P. Brehmer, Marcel Broodthaers, James Lee Byars, Bruce Conner, Salvador Dalí, Hanne Darboven, Walter De Maria, Antonio Dias, Marcel Duchamp, Max Ernst, Robert Graham, Nancy Graves, K.H. Hödicke, Joan Jonas, David Lamelas, Fernand Léger, László Moholy-Nagy, Robert Morris, Bruce Nauman, A.R. Penck, Francis Picabia/René Clair, Sigmar Polke, Yvonne Rainer, Man Ray, Martial Raysse, Gerhard Richter, Hans Richter, Klaus Rinke, Peter Roehr, Edward Ruscha, Lucas Samaras, Richard Serra, Paul Sharits, Katharina Sieverding, Michael Snow, Keith Sonnier, Jean Tinguely, Luigi Veronesi, Andy Warhol
Forum der Kunsthalle Köln
29. September – 6. Oktober 1973
Filmprogramm begleitend zum Kölner Kunstmarkt.
Organisiert von Rolf Ricke

1973

27. Januar 1973: Unterzeichnung des Vietnam Peace Agreement in Paris

10. Januar – 18. März 1973
1973 Biennial Exhibition
Whitney Museum of American Art, New York. Künstler u. a. Baer, Christensen, Korman, Stein

3. Februar – 25. März 1973
Richard Artschwager
Museum of Contemporary Art, Chicago, Illinois

Zur Eröffnung der Ausstellung

JO BAER

am Sonnabend, dem 13. Januar 1973, 14.00-19.00 Uhr

laden wir Sie
und Ihre Freunde herzlich ein.

Dauer der Ausstellung bis 8. Februar 1973

Einladung

Rolf Ricke und Rudolf Zwirner
laden Sie zur Eröffnung der Ausstellung

BARRY LE VA

am Freitag, dem 30. März 1973, um 18.00 Uhr
in beiden Galerien
herzlich ein.

Dauer der Ausstellung bis 26. April 1973

5 Köln 1 Lindenstraße 22 Telefon 23 05 98 18-21 Uhr
5 Köln 1 Albertusstraße 18 Telefon 23 58 37 18-22 Uhr

Einladung

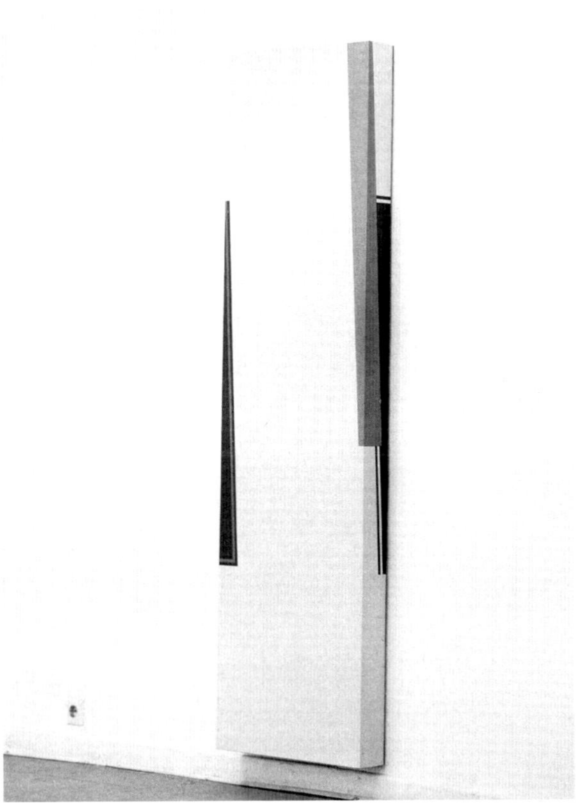

Jo Baer

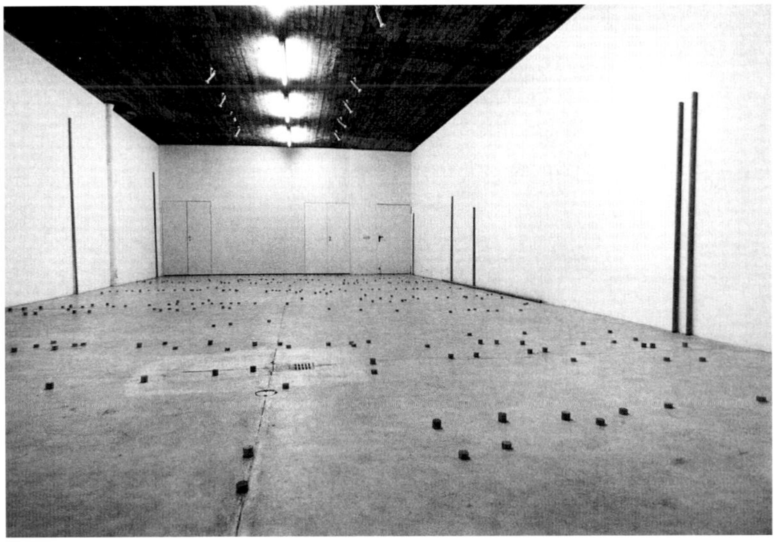

Barry Le Va. Die Aufnahme zeigt die parallele Ausstellung in der Galerie Rudolf Zwirner.

Klaus Rinke. Zeichnungen

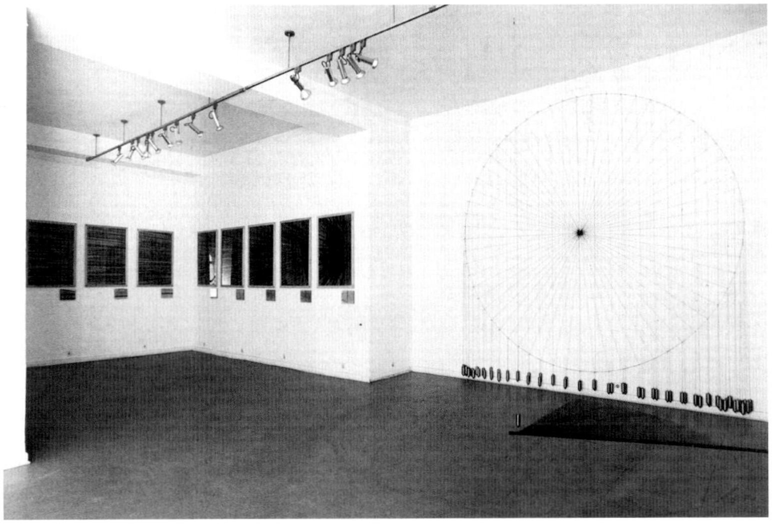

Oktober 1973: Weltweite Auswirkungen der Ölkrise

nung von der Geste mittels einer Maschine, die das übernimmt. Das sind konzeptuelle Entscheidungen, das ist ganz klar. Die Ergebnisse sind sehr malerisch.—

—Germano Celant hatte ich in Turin in den späten 1960er Jahren kennen gelernt. Wir sind uns immer wieder begegnet, gewiss in Bern 1969. Eines Abends erzählte Celant von seiner Faszination darüber, was Künstler alles aus und mit dem Medium der Schallplatte machen. Wir sprachen davon, wie Künstler sich die Medien für ihre Arbeit suchen und wie grundlegend die Entscheidung ist, „wann nehme ich einen Bleistift und wann nehme ich die Kamera?" In dieser Zeit spielte die Frage, „mit welchem Medium bearbeite ich welche Idee?", eine zentrale Rolle. Mein Interesse war sofort entfacht, was sicher daher kam, dass ich in der Schallplattenindustrie gearbeitet hatte. Noch an diesem Abend entstand die Idee für die Ausstellung **Schallplatte als Kunstwerk**. Sie basierte auf Germano Celants Anregung. Alle ausgestellten Schallplatten waren bearbeitet, überwiegend auch abspielbar, die meisten arbeiteten medial mit der Schallplatte, das heisst mit dem Ton. Es durfte nichts mit Dokumentation zu tun haben. Die Schallplatte war das Kunstwerk.—

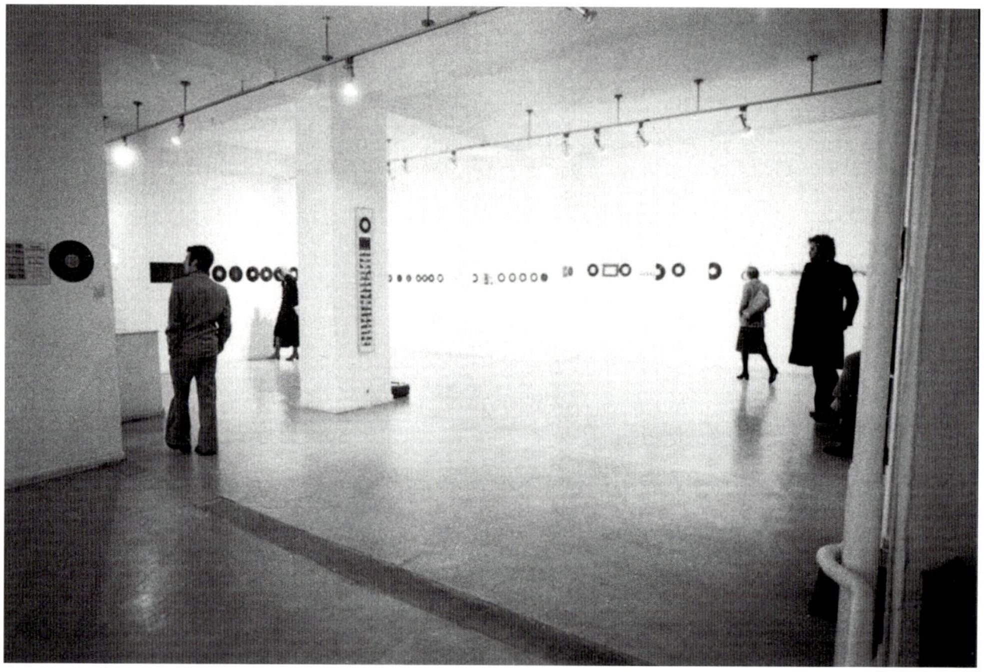

Schallplatte als Kunstwerk

—Deine ***Galerie und dein Privatleben*** *waren zeitweise sehr eng miteinander verknüpft, teils hast du in der Galerie gelebt.*

In der Galerie in der Lindenstrasse wohnte ich mit der Familie von 1967 bis Ende 1970, das waren nur zweieinhalb Jahre. Im Januar 1970 konnte ich im fünften Stock zusätzliche Galerieräume anmieten, in deren hinteren Teil wir einen Schlafraum, ein Kinderzimmer und ein Bad hatten. Gegen Ende des Jahres funktionierten wir diesen fünften Stock ganz zur Wohnung um, dass heisst ab 1971 war im Erdgeschoss die Galerie und oben die Wohnung. In dieser Zeit hat Peter Buchholz bei mir gearbeitet. 1972 verschlechterte sich die wirtschaftliche Situation dermassen, dass ich die schöne grosse Wohnung mit 200 qm in der Lindenstrasse aufgeben und mir eine kleinere suchen

1974

6. Mai 1974: Rücktritt von Bundeskanzler Willy Brandt aufgrund der Guillaume-Affäre

Lawrence Stafford
Neue Bilder
25. Januar – 6. März 1974

David Rabinowitch
Zeichnungen
9. März – 17. April 1974

Schallplatte als Kunstwerk
Record as Artwork
Marina Abramovic, Valerio Adami, Siah Armajani, Arman, Joseph Beuys, Christian Boltanski, George Brecht, Brynel, James Lee Byars, Sandro Chia, Christiansen, Robert Cumming, François Dallegret, Fernando De Filippi, Antonio Dias, Jan Dibbets, Jim Dine, Peter Engels, Terry Fox, John Giorno, Robert Grosvenor, Hans Haacke, Raymond Hains, Richard Hamilton, Raoul Haussman, Victor Huggins, Robert Huot, Alain Jaquet, Jasper Johns, Allan Kaprow, Yves Klein, Arthur Köpcke, Joseph Kosuth, Les Levine, Sol LeWitt, Roy Lichtenstein, Mackenzie, Robert Morris, Elizabeth Murray, Bruce Nauman, Gianfranco Notargiacomo, Nouveau, Claes Oldenburg, Dennis Oppenheim, Raijmakers, Robert Rauschenberg, James Rosenquist, Mimmo Rotella, Reiner Ruthenbeck, Sarkis, Kurt Schwitters, Richard Serra, Robert Smithson, Smitzer, Peter Struycken, Jean Tinguely, Günther Uecker, Ben Vautier, Bernar Venet, Frank Lincoln Viner, Wolf Vostell, Andy Warhol, Robert Watts, Lawrence Weiner, John Wesley, Tom Wesselmann
In Zusammenarbeit mit Germano Celant. 26. April – 5. Juni 1974

Auswahl amerikanischer
Videotapes
Joan Jonas, Barry Le Va*, Bruce Nauman, Richard Serra, Keith Sonnier, William Wegman
In Zusammenarbeit mit Ursula Wevers
7. Juni – 2. Juli 1974

Paul Sharits
4. Juli – Anfang August 1974

Paul Sharits
„Axiomatic Granularity“, „S : S : S : S : S : S“, „Touching“ und „Color Sound Frames“
11. Juli, 18. Juli, 25. Juli, 1. August, jeweils 19.30 Uhr
Filmprogramm in Zusammenarbeit mit Galerie Projection Ursula Wevers

Jean Le Gac
19. Oktober – 23. November 1974

Zur Eröffnung der Ausstellung

PAUL SHARITS

am Donnerstag, dem 4. Juli 1974, 18.00-22.00 Uhr

laden wir Sie
und Ihre Freunde herzlich ein.

Dauer der Ausstellung bis Anfang August 1974

Einladung

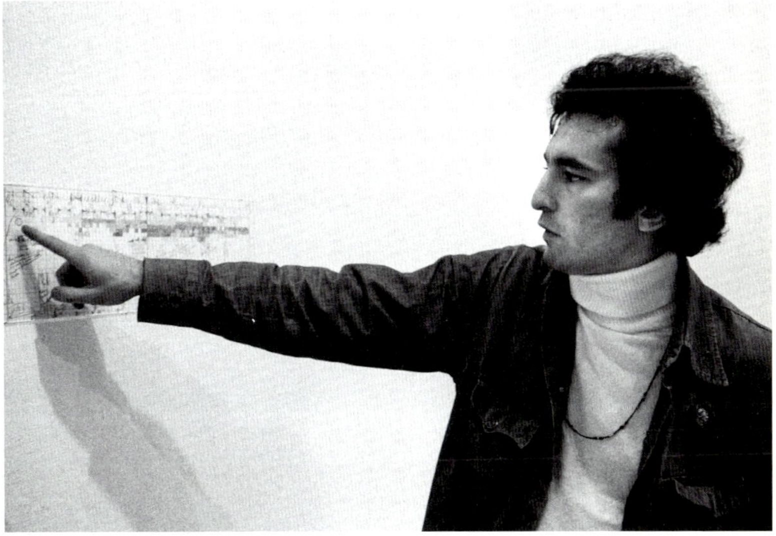

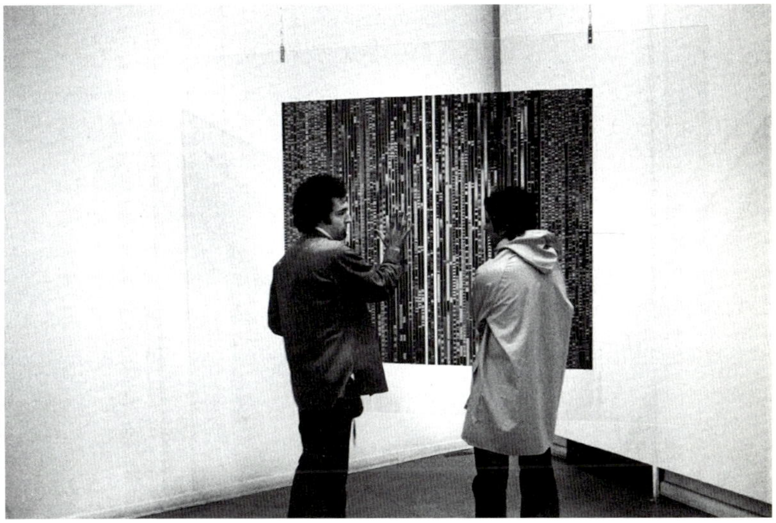

Paul Sharits in der Ausstellung

Juni 1974: Herstadt-Konkurs (grösste Bankenpleite der Nachkriegsgeschichte)

21. September – 3. November 1974
Projected Images
Walker Art Center, Minneapolis
Künstler u. a. Campus, Sharits, Snow

musste. Dass ich dann in einer halb so grossen, dunklen Wohnung leben musste, war okay, ich war da bereits geschieden. Schlimmer war, dass es finanziell mit der Galerie bergab ging und ich mir günstigere Räume suchen musste.
1974 mietete ich das ehemalige Lager eines Buchhandelgrossisten am Rinkenpfuhl. Ursula Wevers, die in der Lindenstrasse schon einmal ein Gastprogramm mit Videos und Filmen aus US-Amerika veranstaltet hatte, bezog darin einen kleinen Raum. Januar 1975 öffnete die Galerie mit einer Ausstellung von Edward Ruscha, Ursula Wevers zeigte ein Filmprogramm. Doch ich war mit diesem Raum, einem Kellerraum letztlich, nicht zufrieden, er war zu gross und ich empfand es als deprimierend, beim Blick aus dem Fenster nur auf die Schuhe anderer Leute zu sehen.
November 1976 bin ich an den Friesenplatz gezogen, dort konnte ich sehr günstig zwei Etagen mieten. Ich habe im unteren Stock die Galerie eingerichtet und oben bin ich eingezogen. Ursula Wevers hatte eine Professur in Düsseldorf bekommen, damit hörte die Zusammenarbeit auf. Am Friesenplatz blieb ich fünf Jahre, bis Ende 1981. Viele der Künstler haben in dieser Zeit noch bei mir in der Wohnung gewohnt, teils für Wochen. Das war mir immer selbstverständlich und ich schätzte dies auch, doch als ich merkte, dass ich überhaupt keinen freien Tag mehr hatte, entschloss ich mich für eine stärkere Trennung.
Ende 1981 fand ich schliesslich die Ausstellungsräume in der Volksgartenstrasse, die erste Ausstellung fand im Januar 1982 statt und dort blieb ich bis zum Schluss. Anfangs wohnte ich in der Galerie, mein Büro war zugleich Schlaf- und Wohnraum. Als es geschäftlich bergauf ging, bin ich 1985 in eine neue Wohnung gezogen und trennte von da an Arbeiten und Wohnen.–

Neue Ausstellungsräume in Köln, Rinkenpfuhl 20–26, mit Projection Ursula Wevers

Edward Ruscha
31. Januar – 5. März 1975

Filmprogramm bei Projection Ursula Wevers
Edward Ruscha „Premium“,
31. Januar (Eröffnungsabend)
Edward Ruscha „Miracle“,
13. Februar 1975

Videoprogramm bei Projection Ursula Wevers
John Baldessari, Joseph Beuys, Daniel Buren, Peter Campus, Gino De Dominicis, Jan Dibbets, Gilbert & George, Takahito Iimura, Joan Jonas, Mario Merz, Bruce Nauman, Friederike Petzold, Klaus Rinke, Peter Roehr, Ulrich Rückriem, Reiner Ruthenbeck, Annamaria und Marzio Sala, Van Schley, Richard Serra, Keith Sonnier, Franz Erhard Walther, William Wegman, Lawrence Weiner
31. Januar – 5. März 1975

Richard Artschwager, Jo Baer, Peter Campus, Dan Christensen, Giorgio Griffa, Michael Heizer, Edgar Hofschen, Harriet Korman, Gary Kuehn, Jean Le Gac, Barry Le Va, James Rosenquist, Edward Ruscha, Richard Serra, Paul Sharits, Keith Sonnier, Peter Young
14. März – 15. April 1975

Filmprogramm bei Projection Ursula Wevers
Robert Breer „Blazes“, „Pat's Birthday“ (mit Claes Oldenburg), „Breathing“, „Fist Fight“ und „66“, 14. März, 20 Uhr (Eröffnungsabend)
Yvonne Rainer „Story About a Woman Who …“, 20. März, 20 Uhr
Klaus Rinke „Mutation“, 27. März, 20 Uhr
Yvonne Rainer „Lives of Performers“, 3. April, 20 Uhr

1975

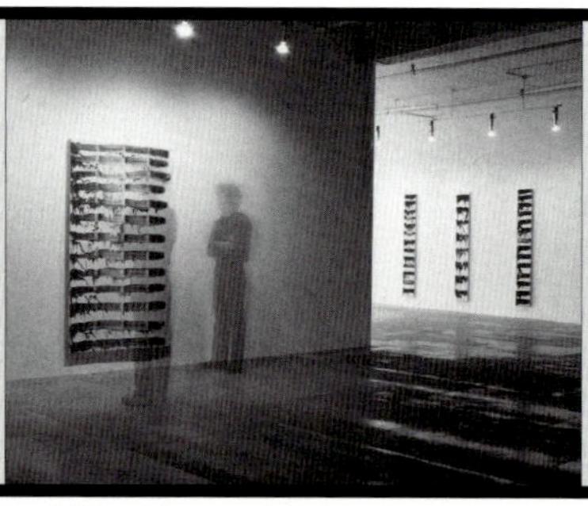

22. März – 9. April 1975
David Reed
(1. Einzelausstellung)
Susan Caldwell Gallery, New York

David Reed. Langzeitbelichtung mit dem Künstler in der Ausstellung

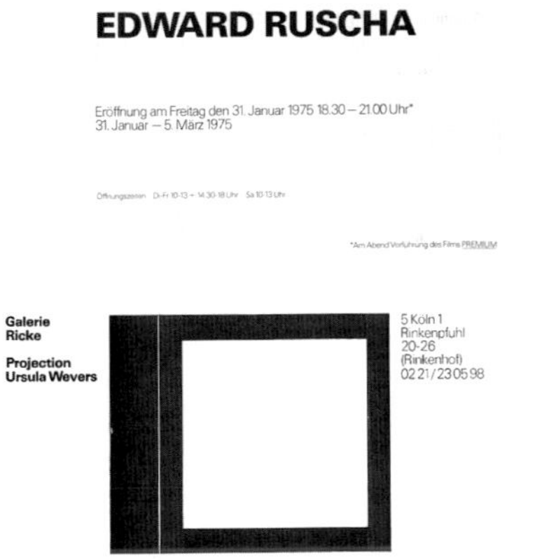
EDWARD RUSCHA

Eröffnung am Freitag den 31. Januar 1975 18.30 – 21.00 Uhr*
31. Januar – 5. März 1975

Öffnungszeiten Di-Fr 10-13 + 14.30-18 Uhr Sa 10-13 Uhr

*Am Abend Vorführung des Films PREMIUM

Galerie Ricke

Projection Ursula Wevers

5 Köln 1
Rinkenpfuhl
20-26
(Rinkenhof)
02 21 / 23 05 98

Einladung

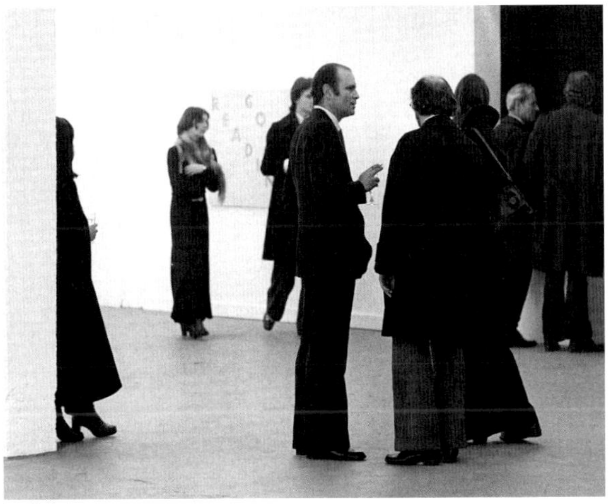

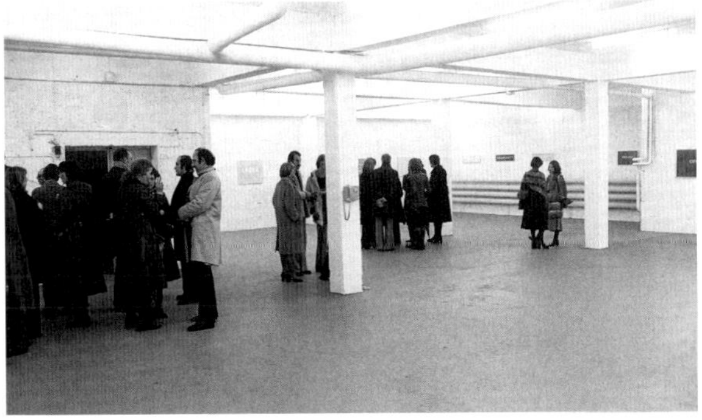

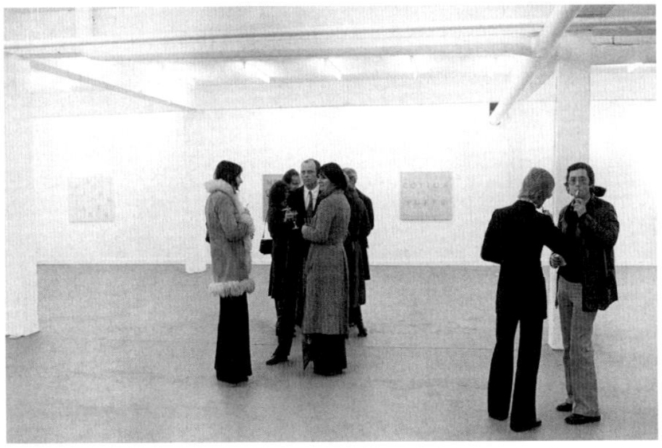

Eröffnung Edward Ruscha
Peter Buchholz und Werner Lippert (vorne), Carla Stützer und Rainer Budde, Wolfgang Hahn (verdeckt)

Projection
Ursula Wevers
D-5000 Köln 1
Am Rinkenpfuhl 20-26
Tel. 0221-230598

Januar/Februar 1975

<u>Filmprogramm</u>:

31. Januar 1975		Galerieeröffnung Edward Ruscha: 'Premium' Farbe, 30 min.
13. Februar 1975		Europäische Erstaufführung Edward Ruscha: 'Miracle' Farbe, 30 min.

<u>Videoprogramm</u>:

Vom 31. Januar bis 5. März

Videotapes von:

Baldessari, Beuys, Buren, Campus, De Dominicis, Dibbets, Gilbert & George, Iimura, Jonas, Knoebel, Merz, Nauman, Petzold, Rinke, Roehr, Rückriem, Ruthenbeck, Sala, Schley, Serra, Sonnier, Walther, Wegman, Weiner

Öffnungszeiten: Di-Fr 10-13, 14.30-18 Uhr, Sa 10-13 Uhr

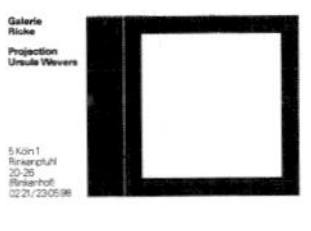

■ Die Galerie Ricke und Projection Ursula Wevers

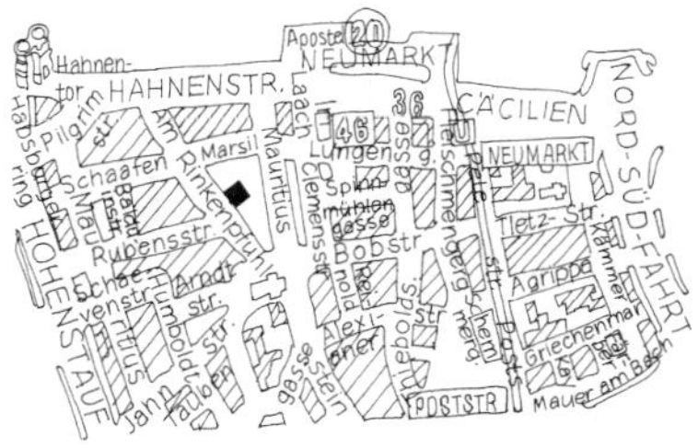

Lageplan der Galerie

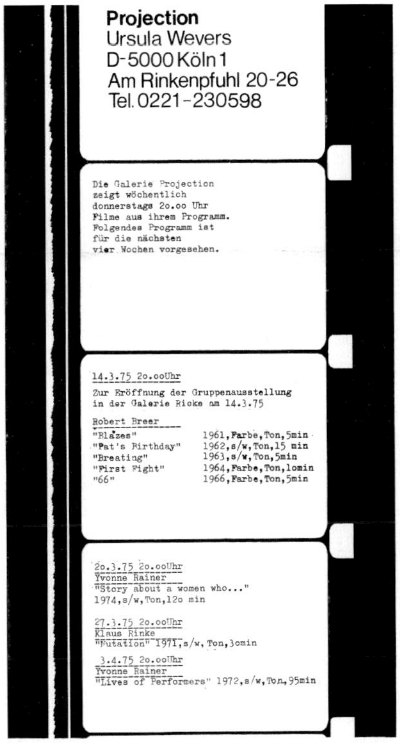
Projection
Ursula Wevers
D-5000 Köln 1
Am Rinkenpfuhl 20-26
Tel. 0221-230598

Die Galerie Projection
zeigt wöchentlich
donnerstags 2o.oo Uhr
Filme aus ihrem Programm.
Folgendes Programm ist
für die nächsten
vier Wochen vorgesehen.

14.3.75 2o.ooUhr
Zur Eröffnung der Gruppenausstellung
in der Galerie Ricke am 14.3.75

Robert Breer

"Blazes"	1961,Farbe,Ton,5min
"Pat's Birthday"	1962,s/w,Ton,15 min
"Breating"	1963,s/w,Ton,5min
"First Fight"	1964,Farbe,Ton,lomin
"66"	1966,Farbe,Ton,5min

2o.3.75 2o.ooUhr
Yvonne Rainer
"Story about a women who..."
1974,s/w,Ton,12o min

27.3.75 2o.ooUhr
Klaus Rinke
"Mutation" 1971,s/w, Ton,3omin

3.4.75 2o.ooUhr
Yvonne Rainer
"Lives of Performers" 1972,s/w,Ton,95min

Programmankündigungen

—Wir waren alle frustriert. Mit *alle* meine ich gleichgesinnte, programmatisch orientierte Galerien. Wir waren verärgert über den Kunstmarkt. 1975 haben wir uns entschieden, eine gemeinsame Sache zu veranstalten: Zwanzig internationale Programm-Galerien, René Block, Konrad Fischer, Yvon Lambert, die Lisson Gallery, Paul Maenz, Gian Enzo Sperone, Leo Castelli, Ileana Sonnabend, Annemarie Verna, John Weber und andere haben sich zusammengetan und unter dem Titel **Today Together** auf der Kölner Messe einen grossen Platz gemietet, den wir durch das Entgegenkommen der Messeleitung bekommen haben. Wir zeigten keine thematische Ausstellung, sondern wir haben gesagt: Jeder Galerist kann drei Künstler zeigen. Es wurde schlichtweg kein Erfolg, deshalb ist die Geschichte gestorben. Die meisten haben daraufhin an keiner Messe mehr teilgenommen. Die Messe in Köln zerbrach ja sowieso mehr und mehr. Nach den tollen 1960er Jahren kamen die kühlen und ernüchternden 1970er Jahre. Jeden Tag wurde es schwieriger.—

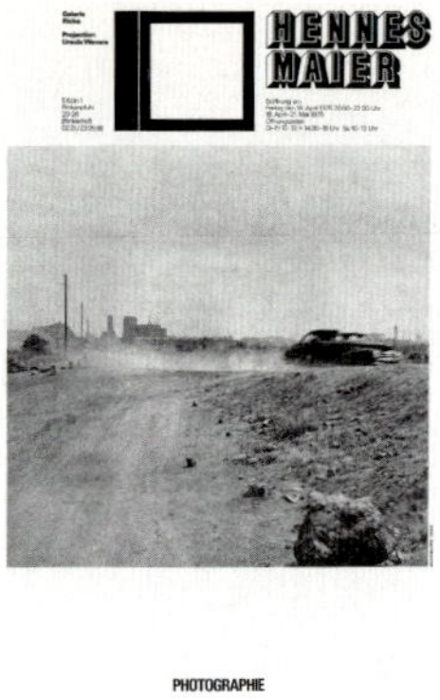

Einladung

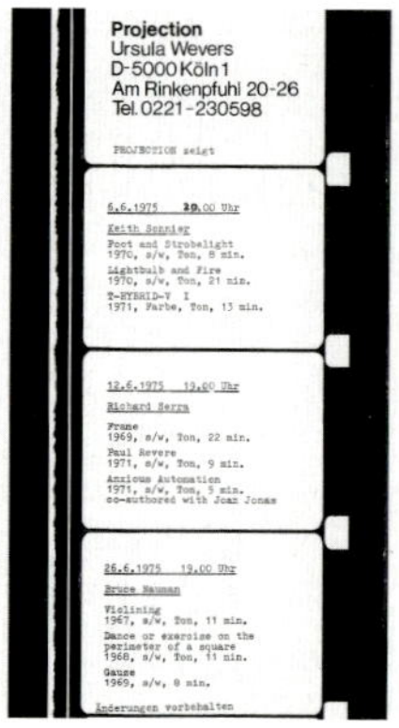

Programmankündigung

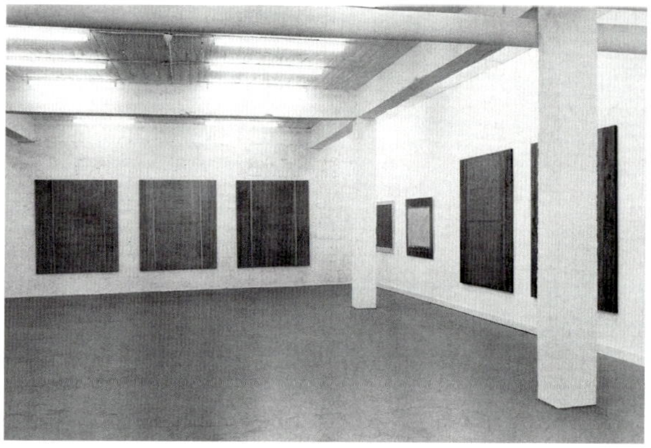

Edgar Hofschen

Hennes Maier
Photographie
18. April – 21. Mai 1975

Edgar Hofschen
6. Juni – 9. Juli 1975

Filmprogramm bei
Projection Ursula Wevers
Keith Sonnier „Foot and Strobelight", „Lightbulb and Fire" und „T-Hybrid-V- I", 6. Juni, 20 Uhr (Eröffnungsabend)
Richard Serra „Frame", „Paul Revere" und „Anxious Automation", 12. Juni, 19 Uhr
Bruce Nauman „Violin Film #1 (Playing the Violin as Fast as I Can)", „Dance or Exercise on the Perimeter of a Square" und „Gauze", 26. Juni, 19 Uhr

Bruce Boice
10. Oktober – 1. November 1975

Keith Sonnier
6. – 26. November 1975

Mel Bochner
5. Dezember 1975 – 16. Januar 1976

1975

30. April 1975: Ende des Vietnam-Krieges

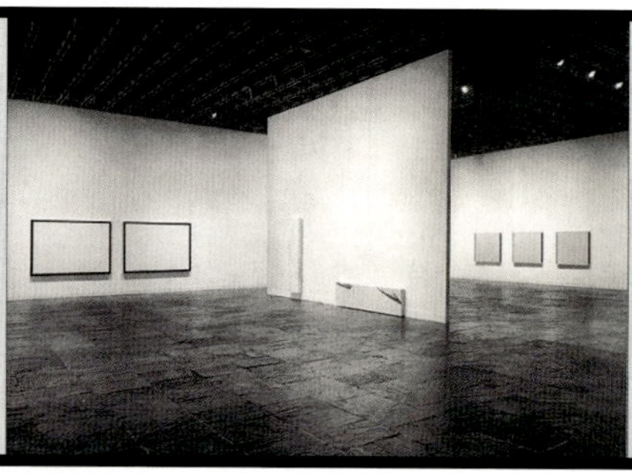

Jo Baer

1. Mai – 13. Juli 1975
Jo Baer
Whitney Museum of American Art, New York

Zeichnungen USA
Vito Acconci, Stephen Antonakos, Richard Artschwager, Jo Baer, Mel Bochner, Bruce Boice, Ron David, Walter De Maria, Agnes Denes, Jud Fine, Joel Fisher, Dan Flavin, Kent Floeter, Nancy Graves, Robert Grosvenor, Gordon Hart, Michael Heizer, Eva Hesse, Donald Judd, Gary Kuehn, Richard Landry, Barry Le Va, Les Levine, Sol LeWitt, Robert Mangold, Brice Marden, Robert Morris, Bruce Nauman, David Novros, David Rabinowitch, Dorothea Rockburne, Stephen Rosenthal, Charles Ross, Edward Ruscha, Robert Ryman, Fred Sandback, Richard Serra, Paul Sharits, Robert Smithson, Keith Sonnier, Stephen Soreff, Gary Stephan, Richard Tuttle, William Wegman
Städtisches Museum Leverkusen, Schloss Morsbroich
15. Mai – 29. Juni 1975
Organisiert von Rolf Ricke in Zusammenarbeit mit Rolf Wedewer

KEITH SONNIER

Eröffnung am Donnerstag, dem 6. November 1975, 21.00 – 22.00 Uhr
6. November – 26. November 1975

Öffnungszeiten: Di–Fr 10–13 + 14.30–18 Uhr
Sa 10–13 Uhr

Einladung

MEL BOCHNER

Eröffnung am Freitag dem 5. Dezember 1975 20.00 – 22.00 Uhr
5. Dezember 1975 – 16. Januar 1976

Einladung

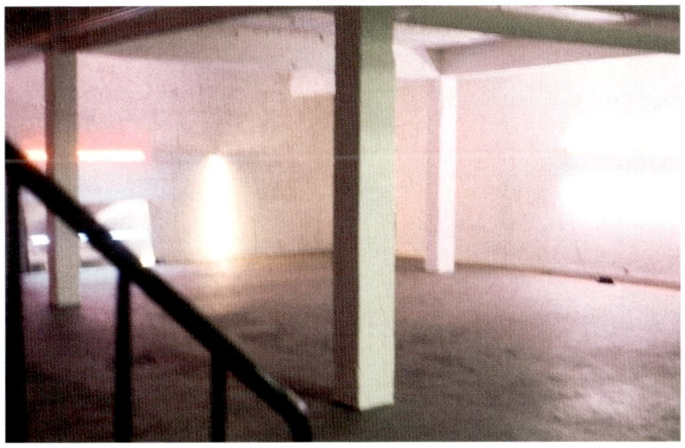

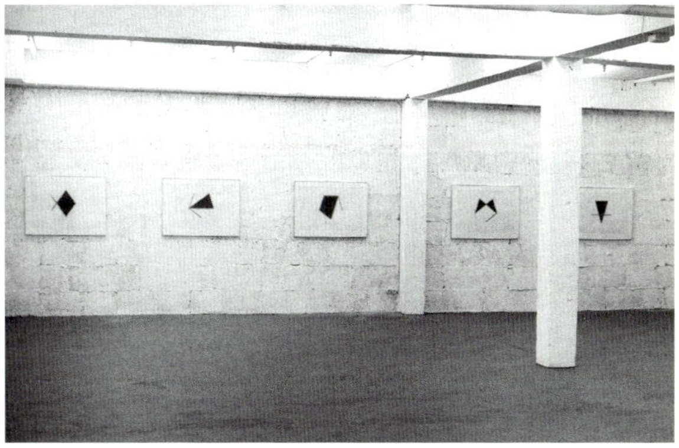

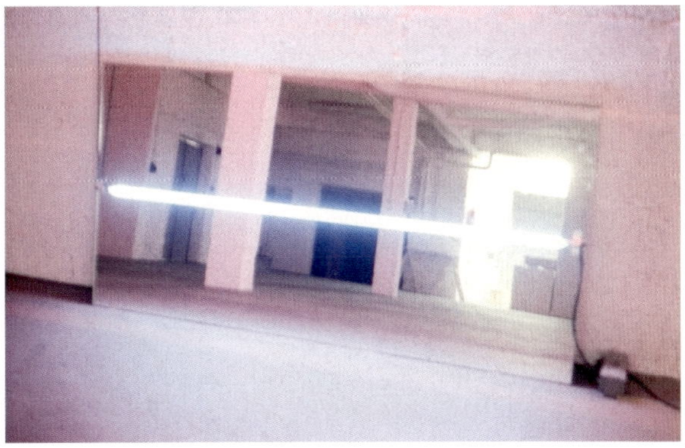

Keith Sonnier

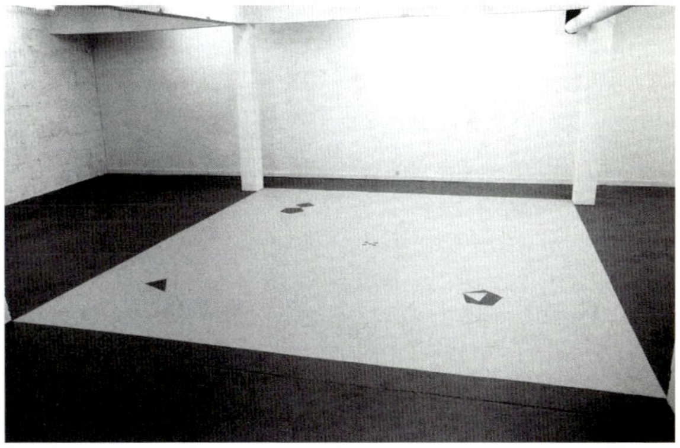

Mel Bochner

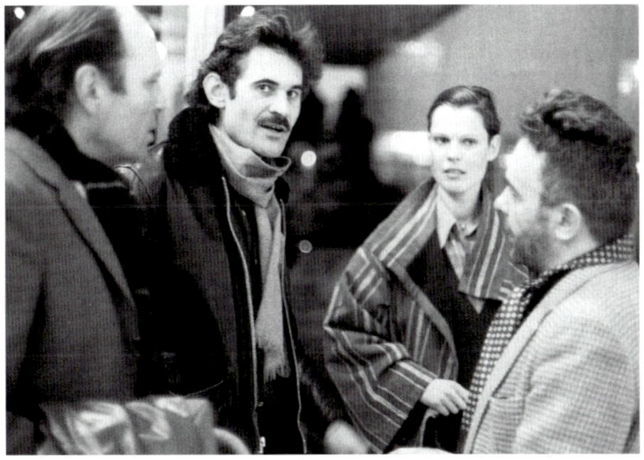

Rolf Ricke, Keith Sonnier, Ursula Wevers und Arnulf Rainer

6. – 10. November 1975
Today Together
Messe Köln

Dezember 1975
Tom Bills
(1. Einzelausstellung)
112 Greene Street, New York

—In den **1970er Jahren** begann eine extrem schwierige Zeit für mich. In der Gesellschaft war ein Umbruch im Gange. Es war die Zeit der Auswirkungen der internationalen Ölkrise. Die Sonntage waren autofrei. In Köln ereignete sich die grosse Herstadt-Pleite. Die Galerien schlitterten in eine schwere **Krise**. Das begann um 1973. Viele Galerien mussten damals schliessen oder bemühten sich um eine andere Form von Ausstellung. In die Zeit fällt, dass Rudolf Zwirner seine Kinos eröffnete, dass Galerien Modeausstellungen veranstalteten. Ich war gezwungen meine Galerie alleine zu führen, jahrelang konnte ich keine Mitarbeiter einstellen und öffnete nur nachmittags. 1974 brach der Kunstmarkt ein. Ab 1975 nahm ich am Kölner Kunstmarkt nicht mehr teil. 1976 hiess es, wir Galeristen können uns nur noch retten, wenn wir Gleichgesinnte finden, die gemeinsam einen Platz mieten und gemeinsam auftreten, als die sogenannten Avantgardisten. Wir organisierten *Today Together*. In diesen Jahren verlor ich viele mir wichtige Künstler wie Richard Artschwager, Barry Le Va und Richard Serra mit aus dem Grund, weil es finanziell überhaupt nicht mehr funktionierte. Durch diese Verluste und den Wunsch die Galerie zu halten, war ich gezwungen, ein neues Programm aufzubauen, mich neu auszurichten. Ich schaffte das überhaupt nur, weil ein befreundetes Ehepaar mir ein Jahr lang die Miete zahlte. Ich begann mich von der Kunstszene in den USA abzuwenden, zum einen weil ich die Transporte nicht mehr bezahlen konnte, aber zum anderen empfand ich zunehmend, dass die amerikanische Szene immer konservativer wurde, es bewegte sich nicht mehr so viel, was Ende der 1970er Jahre zu einem nahezu kompletten Abbruch der Kontakte führte. Reisen nach New York fanden nicht mehr statt. Schon zuvor hatte ich begonnen mich auf Europa zu konzentrieren. Eine Zeit lang orientierte ich mich nach Frankreich und mit dem Beginn der 1980er Jahre folgte eine Ausrichtung auf den deutschsprachigen Raum.

Zwischendurch dachte ich ernsthaft, ich kann die Galerie nicht mehr halten. Anfang 1975 zog ich mit der Galerie um, da ich die Miete nicht mehr bezahlen konnte. Trotz einer eindrucksvollen Ed Ruscha Ausstellung zur Eröffnung der neuen Räume, und und und, machte ich so gut wie keinen Umsatz.

1976

BARTON WASSERMAN

Eröffnung am Freitag, dem 23. Januar 1976 20.00–22.00 Uhr
23. Januar – 17. Februar 1976

Einladung

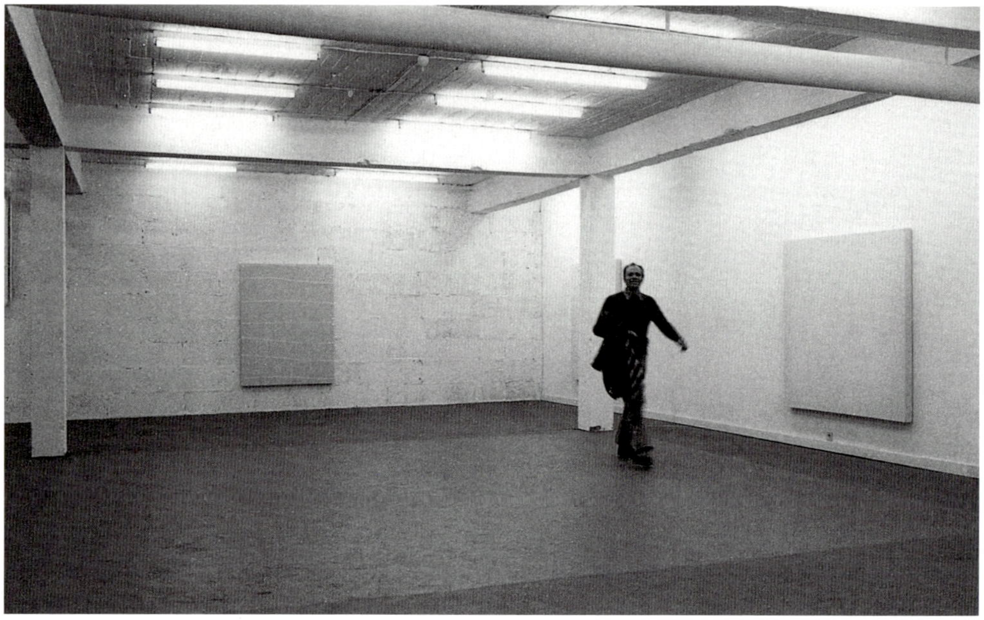

Barton Wasserman

MARCIA RESNICK

Photographie

Eröffnung am Freitag, dem 20. Februar 1976 20.00–22.00 Uhr
20. Februar–16. März 1976

Öffnungszeiten: Di–Fr 10–13 + 14.30–18 Uhr
Sa 10–13 Uhr

Barry Le Va

Eröffnung am Freitag, dem 19. März 1976 20.00 – 22.00 Uhr
19. März – 20. April 1976

Öffnungszeiten Di–Fr 10–13 + 14.30–18 Uhr
Sa 10–13 Uhr

KENT FLOETER

Eröffnung am Freitag, den 21. Mai 1976 20.00 – 22.00 Uhr
21. Mai – 19. Juni 1976

Öffnungszeiten Di-Fr 10-13 + 14.30-18 Uhr Sa 10-13 Uhr

Einladungen

Barton Wasserman
23. Januar – 17. Februar 1976

Marcia Resnick
Photographie
20. Februar – 16. März 1976

Barry Le Va
Accumulated Vision
19. März – 20. April 1976

Kent Floeter
21. Mai – 19. Juni 1976

Jo Baer, Dan Christensen, Alan Cote, Giorgio Griffa, Edgar Hofschen, Harriet Korman, Gary Kuehn*, Lawrence Stafford, Lewis Stein, Peter Young
22. Juni – 3. September 1976

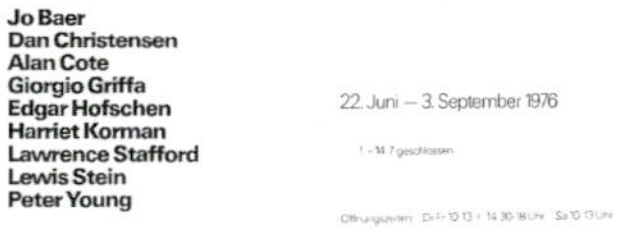
Jo Baer
Dan Christensen
Alan Cote
Giorgio Griffa
Edgar Hofschen
Harriet Korman
Lawrence Stafford
Lewis Stein
Peter Young

22. Juni – 3. September 1976

Einladung

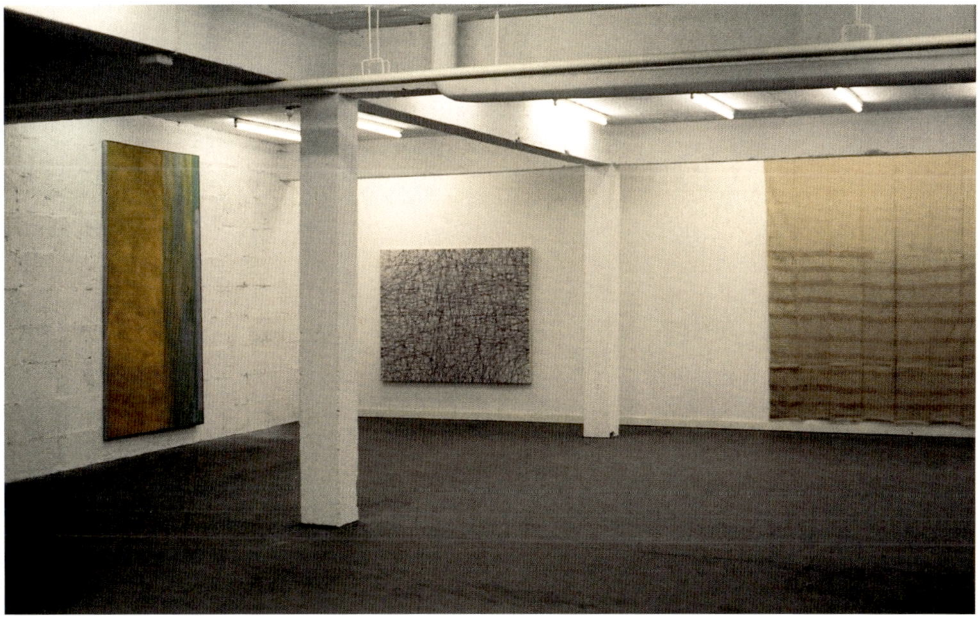

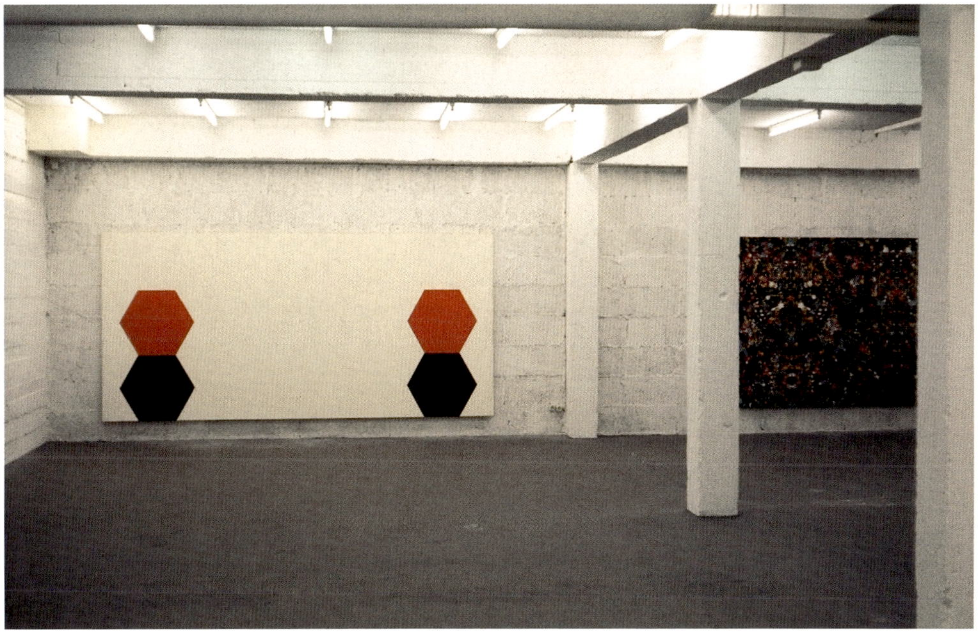

Jo Baer, Dan Christensen, Alan Cote ...:
Christensen, Kuehn, Griffa; Stein, Young

Neue Ausstellungsräume in Köln, Friesenplatz 23

Edgar Hofschen
6. November – 8. Dezember 1976

9. September 1976: Tod von Mao Tse-tung in Peking

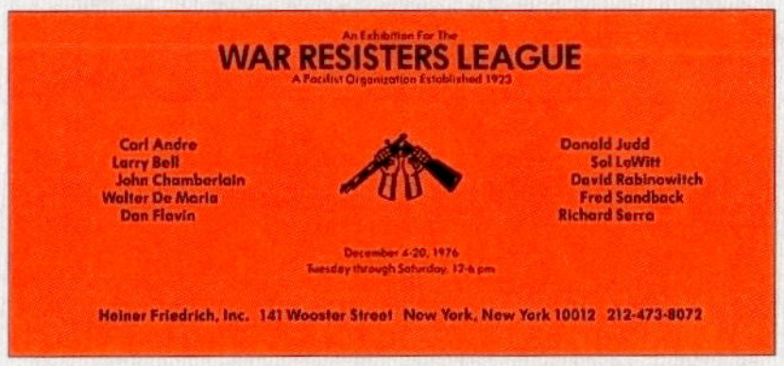
An Exhibition For The
WAR RESISTERS LEAGUE
A Pacifist Organization Established 1923

Carl Andre
Larry Bell
John Chamberlain
Walter De Maria
Dan Flavin

Donald Judd
Sol LeWitt
David Rabinowitch
Fred Sandback
Richard Serra

December 4-20, 1976
Tuesday through Saturday, 12-6 pm

Heiner Friedrich, Inc. 141 Wooster Street New York, New York 10012 212-473-8072

Einladung An Exhibition for the War Resisters' League

4. – 20. Dezember 1976
An Exhibition for the War Resisters' League
Carl Andre, Larry Bell, John Chamberlain, Walter De Maria, Dan Flavin, Donald Judd, Sol LeWitt, David Rabinowitch, Fred Sandback, Richard Serra
Heiner Friedrich, Inc., New York

Hinzu kam 1977 der Tod meiner Mutter. Gegen Ende der 1970er Jahre ging es langsam besser, immer noch aber arbeitete ich alleine. Dann gab es einen unerwarteten Aufbruch in den 1980ern. Viele neue Künstler kamen in die Galerie und es gab einen grossen Sprung.—

—Mein Desinteresse am Kunstmarkt hat sich vornehmlich auf Köln bezogen. Als 1977 eine Initiative von Kollegen aus Köln sich bildete, das waren Winfried Reckermann, Karsten Greve, Heinz Teufel und Karl Ernst Jöllenbeck, die gemeinsam zur **Art Basel** gehen wollten, um zu sehen, wie die Situation dort ist, habe ich sofort mitgemacht. Ich lege grossen Wert darauf zu betonen, dass es bis in die 1980er Jahre ein Gemeinschaftsgefühl gab: Wir dachten wirklich, wir gehören zusammen und wir arbeiten zusammen. Jeder hat ein anderes Programm, aber wir haben die gleichen Ideen. In Basel mieteten wir zusammen einen Stand und besprachen unser Programm. Die Kunstmesse war eigentlich ein Erfolg, aber irgendwie doch nicht so atemberaubend, dass es mich interessiert hätte, im nächsten Jahr wieder dabei zu sein. Ich bin erst zwanzig Jahre später wieder nach Basel gegangen, diesmal aber mit einem eigenen Stand.—

GARY KUEHN

Eröffnung am Freitag, dem 14. Januar 1977 19.00–22.00 Uhr
14. Januar – Ende Februar 1977

Öffnungszeiten: Di – Fr 10–13 + 14.30–18 Uhr
Sa 10–13 Uhr

Gary Kuehn ist anwesend

Einladung

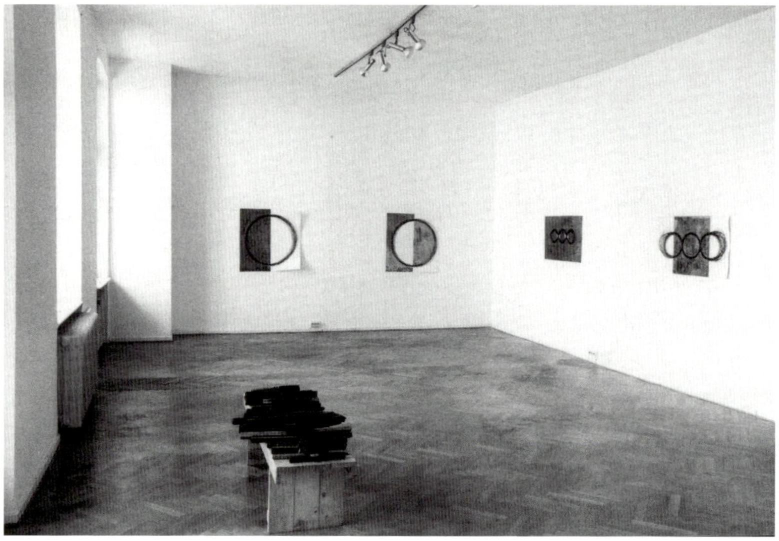

Gary Kuehn

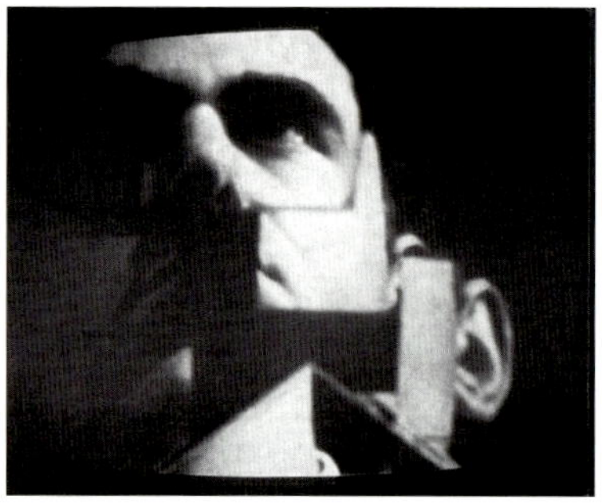

Videotapes von Peter Campus
11. Februar – 31. März 1977

Di – Fr 10–13 und 14.30–18 Uhr
Sa 10–13 Uhr

Drucksache

Galerie Ricke / Projektion Wevers
Friesenplatz 23, 5000 Köln 1
Telefon 0221 / 511270

Einladung

1977

September/Oktober 1977: Deutscher Herbst. Anschläge der Roten Armee Fraktion (RAF)

23. Januar – 19. Februar 1977
Premiere
Eva-Maria Bosshard, Holger Bunk, Horst Münch
(jeweils 1. Ausstellung von Holger Bunk und Horst Münch)
Felix Handschin Galerie, Basel

16. – 21. Juni 1977
Art 8'77 Basel
Teilnahme mit gemeinsamem Stand
von fünf Kölner Galerien

Gary Kuehn
(Arbeiten aus der Zeit des DAAD)
14. Januar – Ende Februar 1977

Peter Campus
Videotapes
11. Februar – 31. März 1977

Jean Le Gac
18. März – 19. April 1977

Bernard Joubert
29. April – 27. Mai 1977

Paul Sharits
3. Juni – 12. Juli 1977

Fotoarbeiten
Edgar Hofschen, Jean Le Gac, Barry Le Va, Marcia Resnick, Klaus Rinke, Paul Sharits, Keith Sonnier
19. Juli – 16. September 1977

Programm VI
Christian Bonnefoi, Annie Gramain, Alain Middleton, Antonio Semeraro
9. September – 19. Oktober 1977

Antonio Semeraro
26. Oktober – 30. November 1977

JEAN LE GAC

Eröffnung am Freitag, dem 18. März 1977 18.00–21.00 Uhr
18. März – 19. April 1977

Öffnungszeiten Di-Fr 10-13 + 14.30-18 Uhr Sa 10-13 Uhr

Einladung

Programm VI

Christian Bonnefoi
Annie Gramain
Alain Middleton
Antonio Semeraro

Eröffnung am Freitag, dem 9. September 1977 18.00–21.00 Uhr
9. September – 19. Oktober 1977

Die Künstler sind anwesend

Öffnungszeiten Di-Fr 10-13 + 14.30-18 Uhr Sa 10-13 Uhr

Einladung

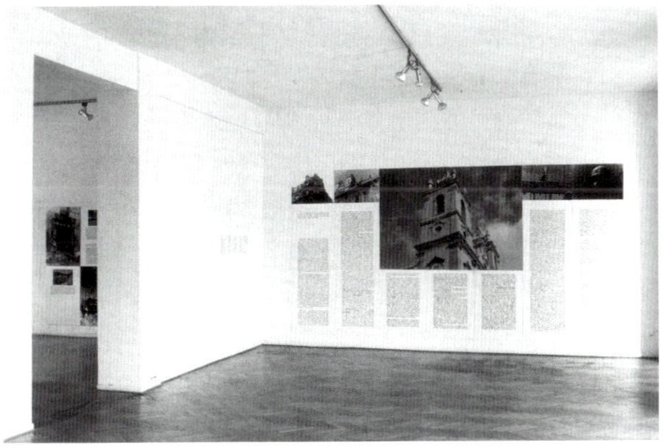

Jean Le Gac

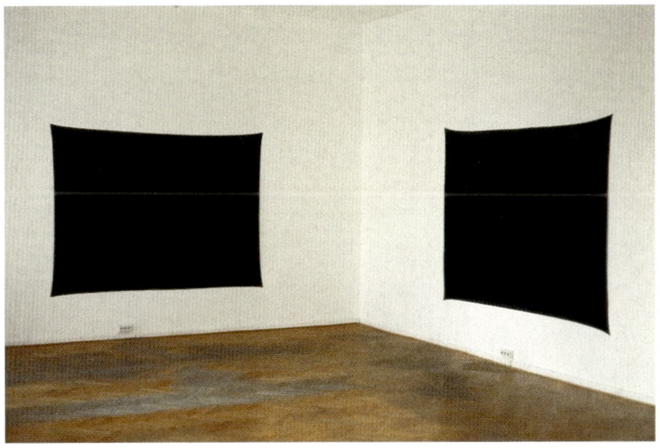

Programm VI: Annie Gramain

BERNARD JOUBERT

Eröffnung am Freitag, dem 29. April 1977 20.00–22.00 Uhr
29. April – 27. Mai 1977

Öffnungszeiten Di–Fr 10-13 + 14.30-18 Uhr
Sa 10-13 Uhr

Einladung

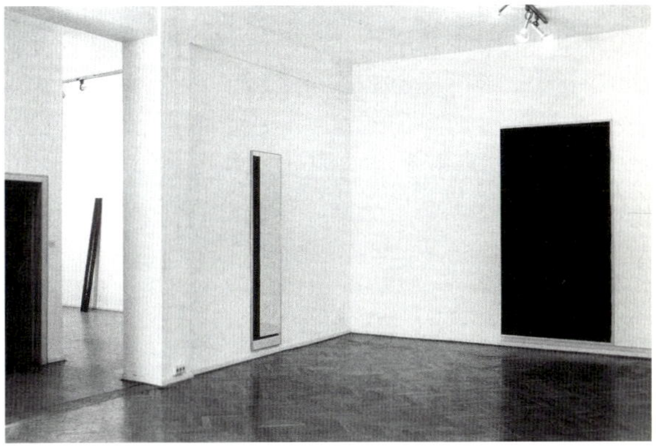

Antonio Semeraro

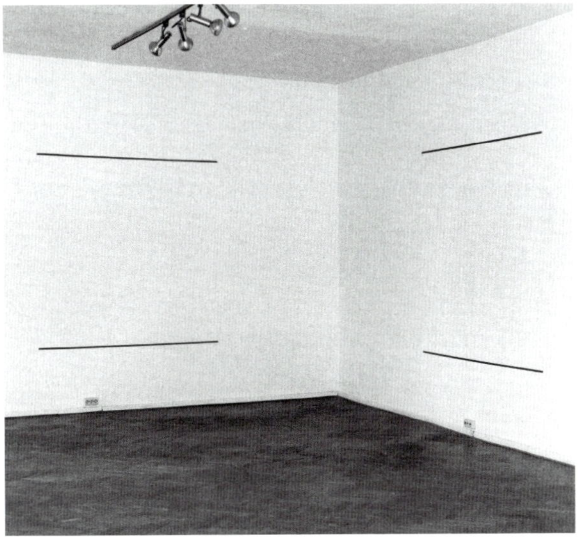

Bernard Joubert

26. Juni – 2. Oktober 1977
documenta 6
Kassel. Künstlerische Leitung: Manfred Schneckenburger. Künstler u. a. Flavin, Johns, Judd, Kuehn, Rosenquist, Serra, Sonnier

—Die Zusammenarbeit mit französischen Künstlern wie **Christian Bonnefoi, Jean Le Gac, Bernard Joubert** *und anderen in der zweiten Hälfte der 1970er Jahre fällt in deinem Galerieprogramm auf. Wie kam es dazu?*

Von jeher hatte die aktuelle französische Kunst mich beschäftigt, Jean Le Gac fiel mir seit längerer Zeit auf und so war er auch mein erster Orientierungspunkt und Einstieg in die französische Szene der Kunst, neben Christian Boltanski, der mich ebenfalls sehr interessierte, mit dem ich aber nicht zusammenarbeiten konnte. In den 1970er Jahren beobachtete ich mit spezieller Aufmerksamkeit die konzeptuelle Fotografie, mich interessierte, wie Künstler die Kamera gleich einem Pinsel zum Einsatz brachten, und in diesem Zuge beeindruckte mich wiederum das Werk von Jean Le Gac. Seine narrativen, äusserst komplexen und fiktiven Geschichten, in denen er die Kunst und sich selbst fast schmunzelnd reflektiert. Mit Jean Le Gac ergab sich eine längere sehr angenehme Zusammenarbeit, in der wir drei Einzelausstellungen realisierten. Bei einer Reise nach Paris sah ich in der Galerie von Yvon Lambert eine Ausstellung des Künstlers Bernard Joubert, die mich tief bewegte: sein Minimalismus, seine Präzision, seine radikale malerische Position und das in dieser mageren Zeit! Die Arbeiten verkörperten für mich eine Nähe zu Fred Sandback. Ich bemühte mich um ihn, besuchte ihn in seinem Atelier und wir vereinbarten eine Ausstellung, die 1977 zustande kam. Über Bernard Joubert lernte ich eine Anzahl anderer Künstler kennen, die damals einen intensiven Diskurs führten. Dazu gehörte Christian Bonnefoi, der sich theoretisch sehr engagierte, er schrieb unter anderem für das Magazin *Macula;* dazu gehörten Antonio Semeraro, Martin Barré, die ich in den späten 1970er Jahren ausstellte, und auch Pierre Dunoyer, der von Ileana Sonnabend vertreten wurde und der zu den intellektuellen Persönlichkeiten in Paris zählte. Er konnte Stunden überaus intensiv von einem Bild sprechen, das war theoretisch hochinteressant, in die Praxis umgesetzt funktionierte die Theorie – zumindest für mich – nicht. Insgesamt, wenn ich es etwas genereller ausdrücke, war der künstlerische Beitrag Frankreichs in den 1970er Jahren stark von der Theorie, von intellektuellen Prozessen geprägt, das End-

CHRISTIAN BONNEFOI

Eröffnung am Freitag, dem 20. Januar 1978, 20.00 Uhr
20. Januar–22. Februar 1978

Öffnungszeiten: Di - Fr 10-13 + 14.30-18 Uhr
Sa 10-13 Uhr

Einladung

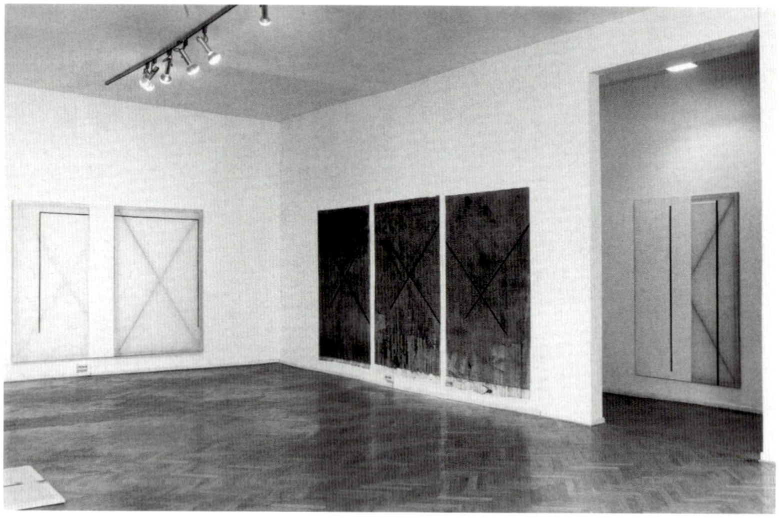

Christian Bonnefoi

KEITH SONNIER

Eröffnung am Freitag, dem 28. April 1978 20.00–22.00 Uhr
28. April–3. Juni 1978

Öffnungszeiten: Di - Fr 10-13 + 15-18 Uhr Sa 10-13 Uhr

Einladung

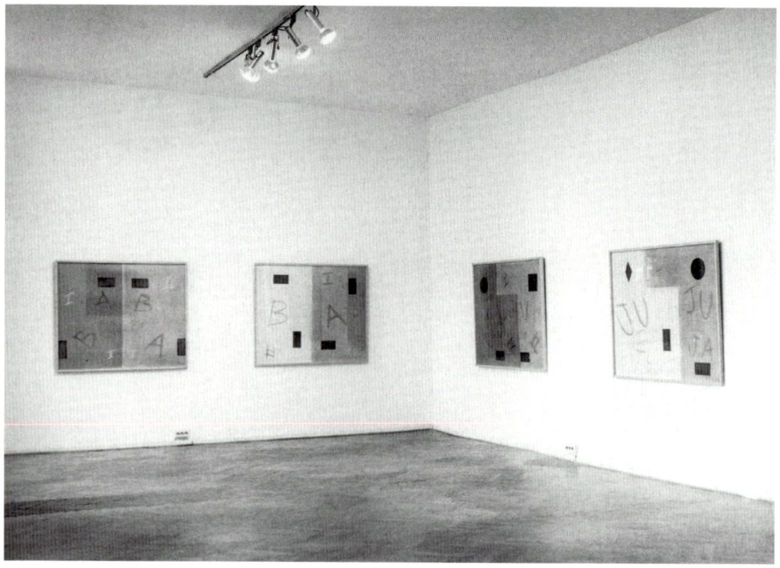

Keith Sonnier [124]

Christian Bonnefoi
20. Januar – 22. Februar 1978

Edward Ruscha
Arbeiten auf Papier
10. März – 20. April 1978

Keith Sonnier
28. April – 3. Juni 1978

Jo Baer
9. Juni – 11. Juli 1978

Programm VII
Christian Bonnefoi, Klaus Jung, Antonio Semeraro, Jean-Luc Vilmouth
14. Juli – 13. September 1978

Marcia Resnick
Photographie
15. September – 17. Oktober 1978

Kent Floeter
20. Oktober – 28. November 1978

Edgar Hofschen
1. Dezember 1978 – 18. Januar 1979

Einladungen

JO BAER

Eröffnung am Freitag, dem 9. Juni 1978 20.00–22.00
9. Juni–11. Juli 1978

Öffnungszeiten: Di–Fr 10–13 + 14.30–18 Uhr
Sa 10–13 Uhr

MARCIA RESNICK

Photographie

Eröffnung am Freitag, dem 15. September 1978 20.00 – 22.00 Uhr
15. September – 17. Oktober 1978

Öffnungszeiten: Di - Fr 10 - 13 + 15 - 18 Uhr Sa 10 - 13 Uhr

Programm VII

Christian Bonnefoi
Klaus Jung
Antonio Semeraro
Jean Luc Vilmouth

Eröffnung am Freitag, dem 14. Juli 1978 19.00 – 21.00 Uhr
14. Juli – 13. September 1978
1. August – 2. September geschlossen

Die Künstler sind anwesend

Öffnungszeiten: Di - Fr 10 - 13 + 15 - 18 Uhr Sa 10 - 13 Uhr

Einladung

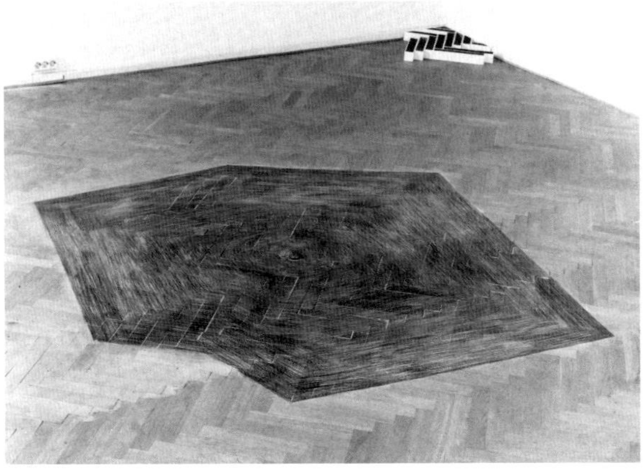

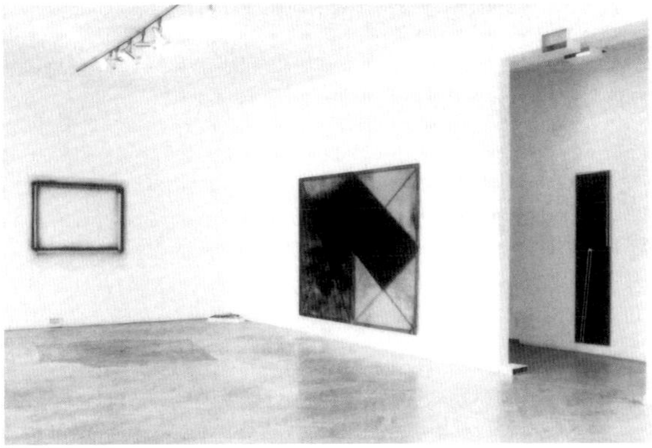

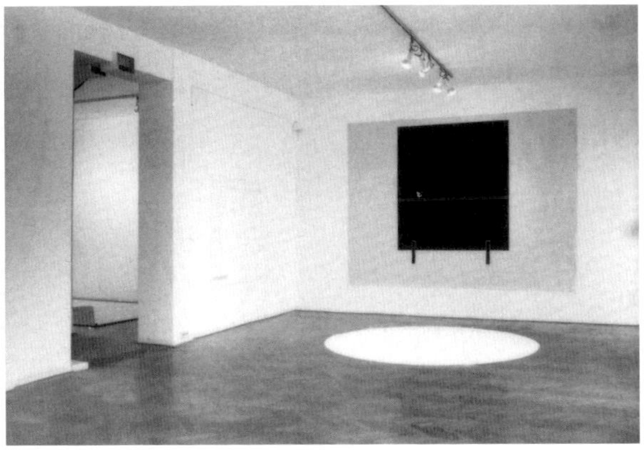

Programm VII:
Vilmouth, Jung (oben)
Bonnefoi u. a. (Mitte)
Semeraro u. a. (unten)

KENT FLOETER

Eröffnung am Freitag, dem 20. Oktober 1978 19.00 – 21.00 Uhr
20. Oktober – 20. November 1978

Öffnungszeiten: Di - Fr 10 - 13 + 15 - 18 Uhr Sa 10 - 13 Uhr

Einladung

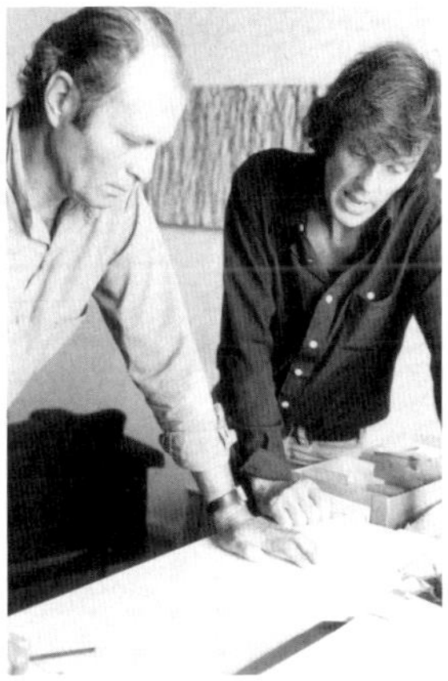

Rolf Ricke und Kent Floeter

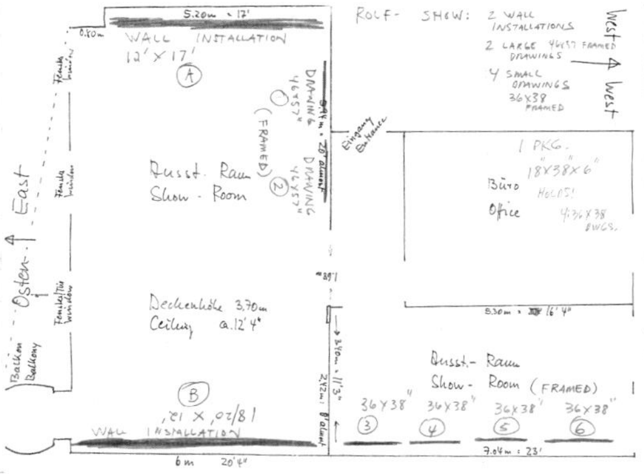

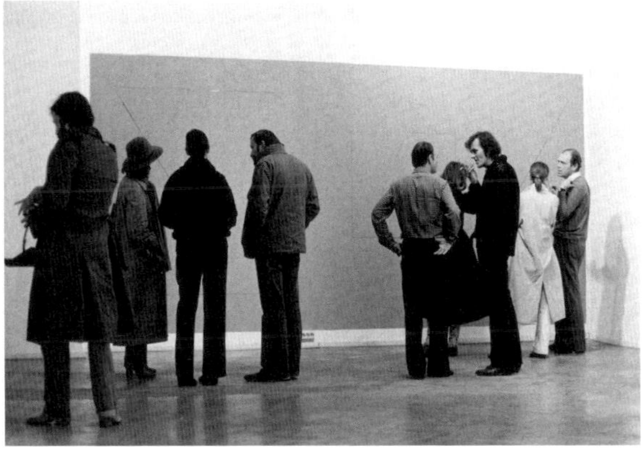

Ausstellungsplan von Kent Floeter (oben); Eröffnung Kent Floeter (unten)

produkt war dabei oftmals nicht von grosser Relevanz. Des öfteren dachte ich, dass die visuellen Ereignisse in Frankreich in anderen Medien stattfinden, im Film, wenn ich nur an Jean-Luc Godard oder François Truffaut denke, und auch in der Werbung.

So entstand in diesem Jahrzehnt ein starker Bezug nach Frankreich. Relativ bald bin ich jedoch davon abgekommen. Das hing damit zusammen, dass ich durch die Art und Weise, wie ich mit den amerikanischen Künstlern und Galeristen zusammengearbeitet hatte, sehr verwöhnt war. Es war so unkompliziert, ja geradezu mühelos, so partnerschaftlich und trotzdem professionell gewesen, aber auch leidenschaftlich. Das war hier komplizierter, konzeptueller und introvertierter. Ich denke, es gab einfach eine Sehnsucht von meiner Seite, die hier nicht gestillt werden konnte. In den 1980ern begann sich langsam der Schwerpunkt in ein deutsches Umfeld zu verlagern, was stark mit Impulsen in der Zeit zu tun hatte, mit dem, was rund um mich in Köln plötzlich geschah.—

—1980 hast du eine Einzelausstellung mit Zeichnungen von **Robert Smithson** *realisiert, begleitet von einer Broschüre, und 1989 in der Gruppenausstellung* Aus meiner Sicht *eine Nonsite Arbeit mit Spiegeln und Erde* Nonsite – Essen Soil and Mirrors, *1969, zentral gesetzt.*

Ja, Robert Smithson hat eine grosse Bedeutung für mich, aber ich konnte aufgrund seiner Galerieverbindungen nicht mit ihm zusammenarbeiten. Ich lernte Bob in den späten 1960er Jahren kennen in dem legendären Restaurant Max's Kansas City in der Park Avenue South, zwischen der 17. und 18. Strasse. Es war ein grosses Loftrestaurant, ein Treffpunkt für Musiker, Schriftsteller und Künstler, geteilt in eine Bildhauerszene und eine Malerszene, Frank Stella, Ken Showell und Frosty Myers gehörten etwa dazu. Die Bildhauerszene, die mich interessierte, lächelte damals über die Maler.

Vorn in Max's Kansas City sass Bob und diskutierte mit anderen Künstlern. Richard Serra und Keith Sonnier gingen oft hin, Bruce Nauman lernte ich dort kennen. Ich glaube, dass sie alle von Robert Smithson beeinflusst

JEAN LE GAC

Eröffnung am Freitag, dem 9. März 1979, 19–21 Uhr
9. März bis 14. April 1979

Öffnungszeiten: Di–Fr 10–13 + 15–18 Uhr Sa 10–13 Uhr

Einladung

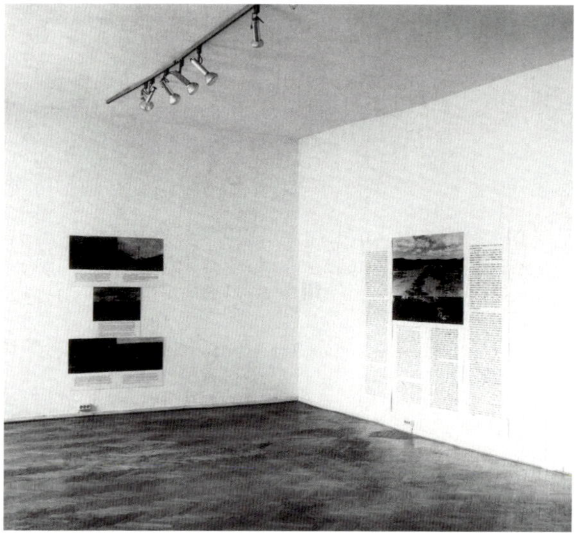

Jean Le Gac

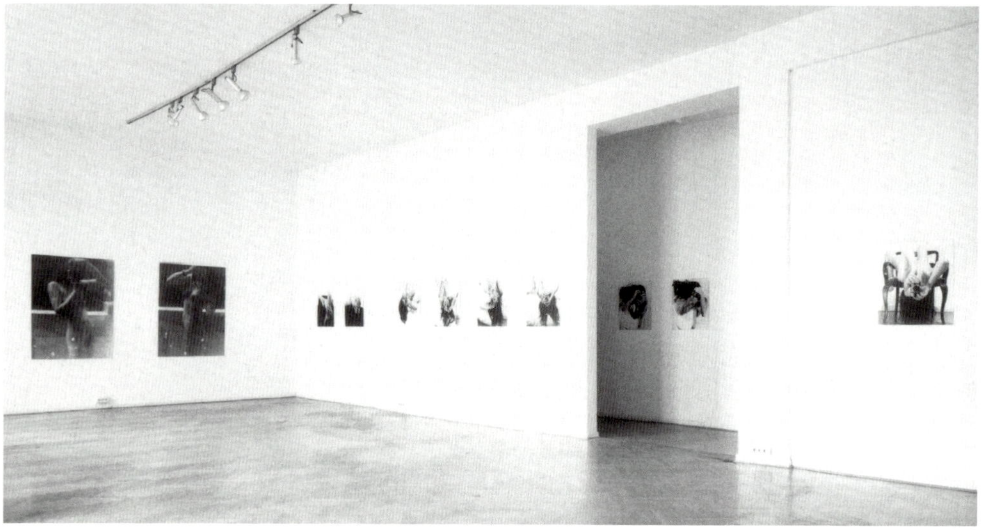

Janice Guy

JANICE GUY

Eröffnung am Freitag, dem 14. September 1979, 19–21 Uhr
14. September bis 10. Oktober 1979

Öffnungszeiten: Di–Fr 10–13 + 15–18 Uhr Sa 10–13 Uhr

Einladung

21. März – 12. April 1979
Horst Münch. Malerei auf Papier
(1. Einzelausstellung)
Galerie Schmela, Düsseldorf

8. April – 20. Mai 1979
Keith Sonnier. Argon- und Neon-Arbeiten
Museum Haus Lange, Krefeld

Zeichnungen
Michael Buthe, Michael Heizer, Donald Judd, Harriet Korman, Gary Kuehn, Barry Le Va, Robert Morris, David Rabinowitch, James Rosenquist, Keith Sonnier
19. Januar – 21. Februar 1979

Jean Le Gac
9. März – 14. April 1979

Christian Bonnefoi
20. April – 17. Mai 1979

Antonio Semeraro
18. Mai – 26. Juni 1979

Janice Guy
14. September – 10. Oktober 1979

Gary Kuehn
19. Oktober – 27. November 1979

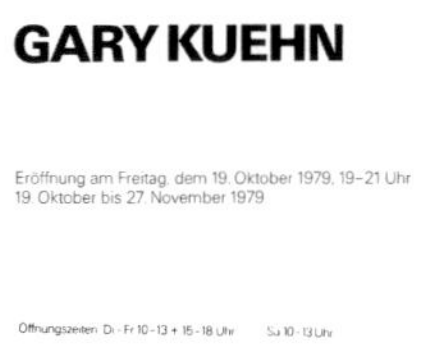
GARY KUEHN

Eröffnung am Freitag, dem 19. Oktober 1979, 19–21 Uhr
19. Oktober bis 27. November 1979

Öffnungszeiten: Di - Fr 10 - 13 + 15 - 18 Uhr   Sa 10 - 13 Uhr

Einladung

Walter und Kasper König, Richard Bellamy und Tadaaki Kuwayama

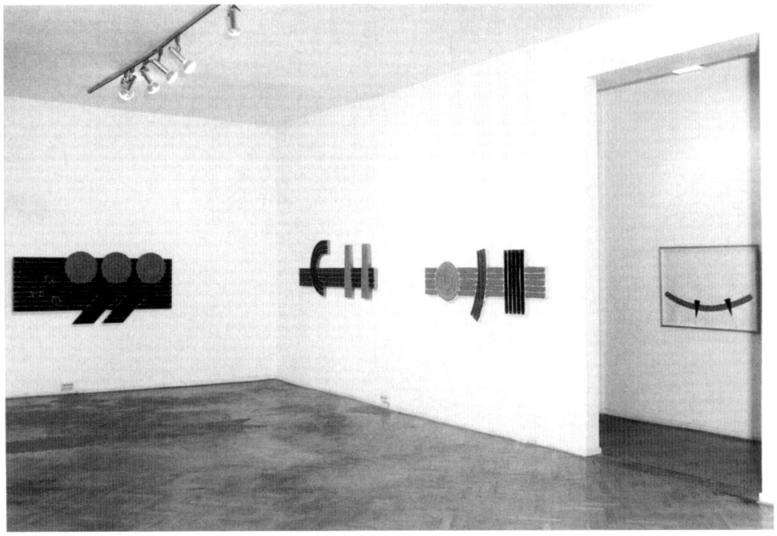

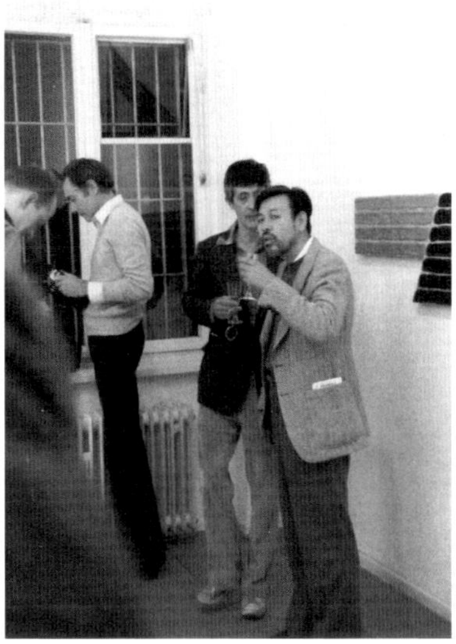

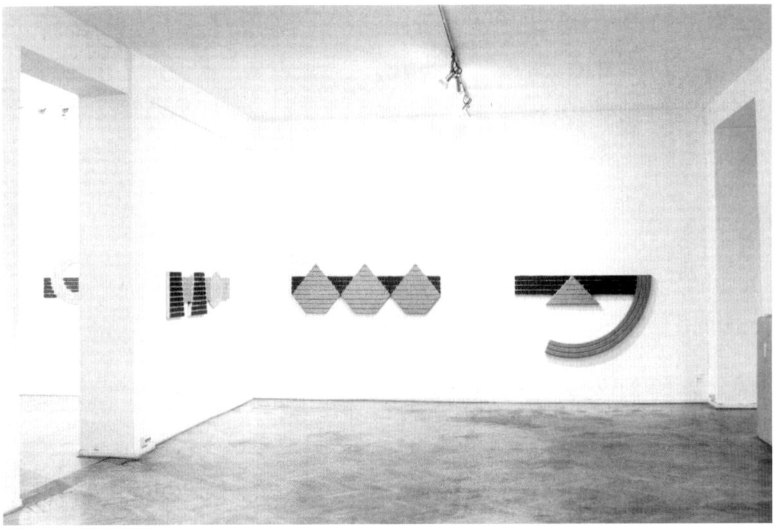

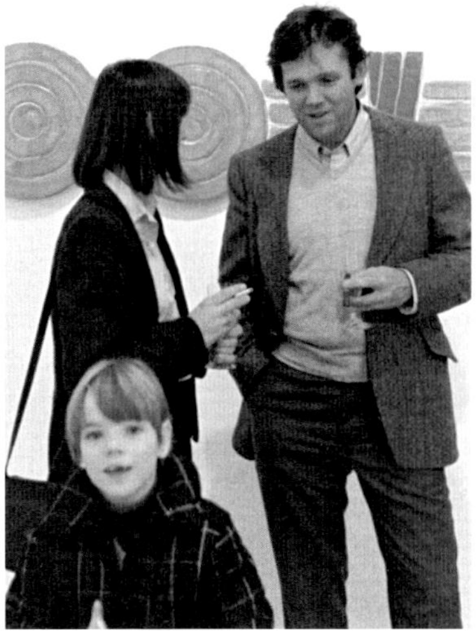

Gary Kuehn

Gary Kuehn im Gespräch

Dezember 1979: Einmarsch sowjetischer Truppen in Afghanistan

sind. Es hiess: „Heute Abend gehen wir wieder zu Smithson." Er sass wahrscheinlich jeden Abend dort am runden Tisch und hat gesprochen. Für mich war das unglaublich, einfach mit ihm dazusitzen und sich zu unterhalten. Er hatte eine Stimme, die einen nach kurzer Zeit in eine andere Sphäre versetzte – wie ein Priester. Laut und leise waren kaum zu unterscheiden, er sass da mit einem sehr freundlichem Gesicht und sprach und sprach, und hat dich durch das Sprechen in eine andere Welt geführt – in eine sehr mythologische, eigenartige Welt, sodass du nur noch fasziniert zugehört hast. Es hatte einen stark spirituellen Charakter. Es war fast so, als würden die Gedanken, die Inspiration an der Decke schweben. Das hat mich äusserst fasziniert: Seine Erweiterung des Begriffs vom Sehen, die Imagination des Sehens.

Eine solche Qualität besitzt auch sein Film Spiral Jetty. *Die Bilder mit ihrem diffusen Flimmern und dem Text, der darüber liegt: eine ungeheuer komplexe, mythologische Welt. Es zieht einen hinein und führt einen gleichzeitig immer wieder zurück in die Realität, wenn etwa die Bulldozer auftauchen. Es gibt einen Sprung von der archaischen Welt zur Gegenwart mit ihrer Härte und Freiheit.*

Ja, bei Robert Smithson spielen viele Ebenen eine Rolle, die über rein formale Aspekte – auch der Land Art – hinausgehen, wie beispielsweise die Kreativität der Natur. Von den Gesprächen weiss ich keine Einzelheiten mehr, aber ein Satz von Bob prägte sich mir ein: „Man muss, was man im Kopf hat, umsetzen, man muss es in die Materie bringen." Es gab in dieser Zeit viele Gespräche, die sich um das Tun und das Nicht-Tun drehten, die die Frage aufwarfen, reicht eine intellektuelle Auseinandersetzung aus oder benötigt es eine visuelle Umsetzung? (L. Weiner: „Das Werk muss nicht gebaut werden.") Für mich war dies eine wichtige Lehrstunde. Robert Smithson bestärkte meine Grundhaltung, die das visuelle Ereignis absolut vorzieht. Nach wie vor ist das mein Standpunkt. Diese Polarisierung finde ich wichtig, den Anspruch für eine Entscheidung. Das Ergebnis war, dass ich grosse Vorbehalte gegen das rein Konzeptuelle hegte. Ich arbeitete bereits mit Serra, Kuehn, Bollinger, etc., und sie schufen unglaub-

1980

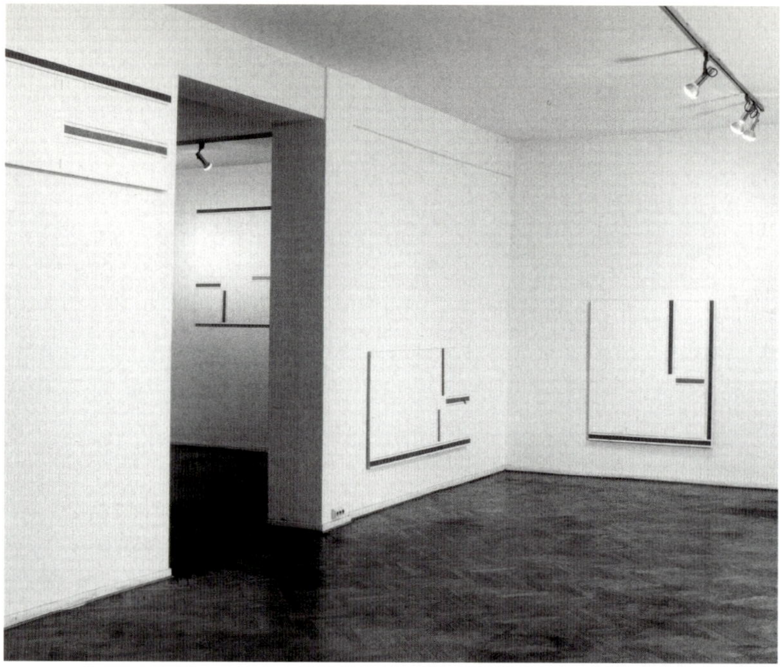

Martin Barré

MARTIN BARRÉ

Eröffnung am Freitag, dem 18. Januar 1980, 19 – 21 Uhr
18. Januar bis 23. Februar 1980

Öffnungszeiten: Di - Fr 10 - 13 + 15 - 18 Uhr   Sa 10 - 13 Uhr

Einladung

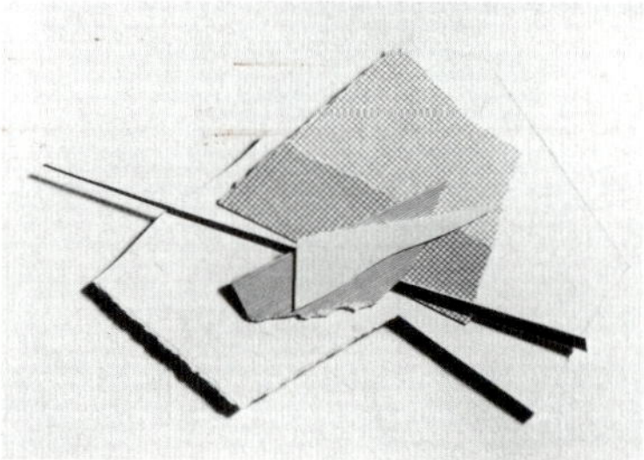

Einladung

Norbert Wolf

Drucksache

Zur Eröffnung am Freitag, dem 18. April 1980,
19 – 21 Uhr, sind Sie herzlich eingeladen.
18. April bis 28. Mai 1980

Öffnungszeiten: Di – Fr 10 – 13 + 15 – 18 Uhr, Sa 10 – 13 Uhr

Galerie Ricke
Friesenplatz 23
5 Köln 1
02 21/61 12 70

Jo Baer
Bruce Robbins

Einladung

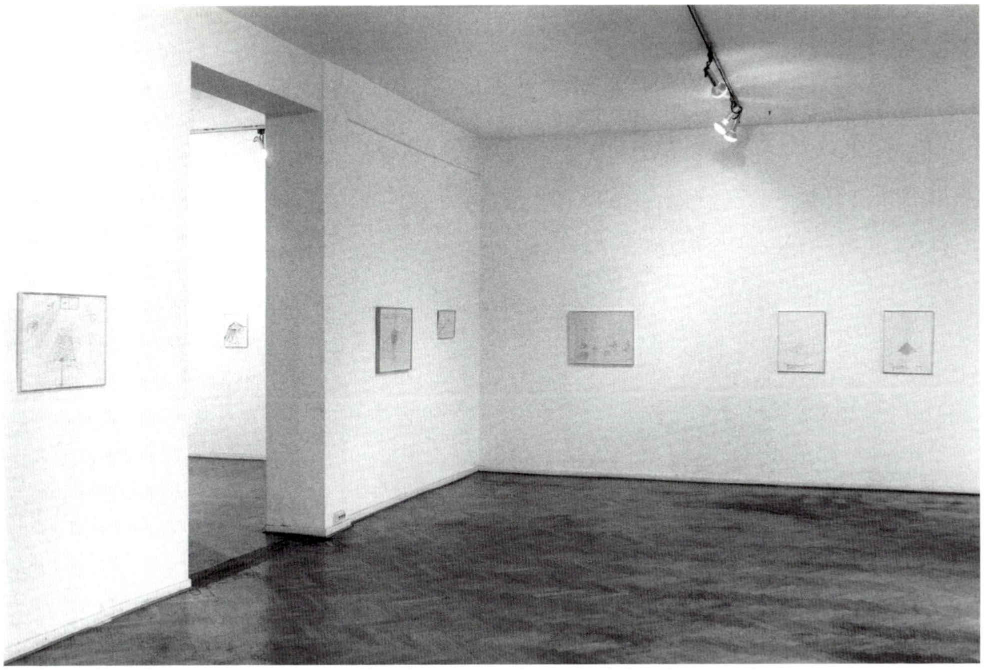

Robert Smithson. Zeichnungen

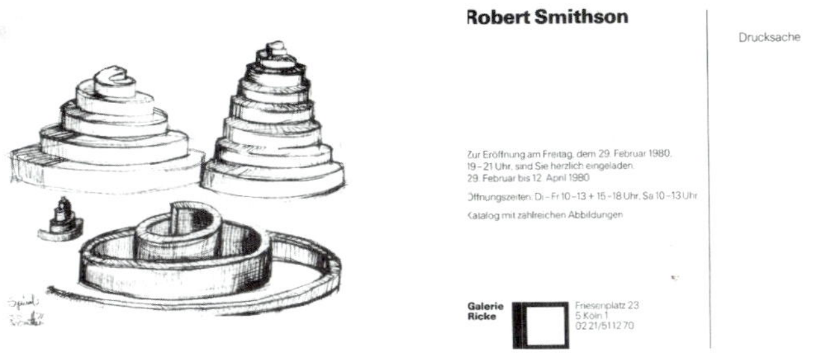

Einladung

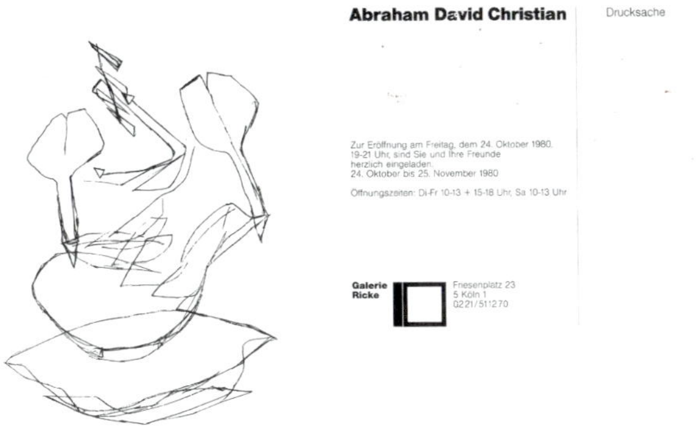

Einladung

Martin Barré
18. Januar – 23. Februar 1980

Robert Smithson
Zeichnungen
29. Februar – 12. April 1980

Norbert Wolf
18. April – 28. Mai 1980

Jo Baer
Bruce Robbins
30. Mai – 2. Juli 1980

Richard Artschwager, Jo Baer, Edgar Hofschen, Harriet Korman, Gary Kuehn, Barry Le Va, Richard Serra, Keith Sonnier
Arbeiten 1966–1972
8. Juli – 17. September 1980

Edgar Hofschen
19. September – 21. Oktober 1980

Abraham David Christian
24. Oktober – 25. November 1980

4. November 1980: Wahl Ronald Reagans zum Präsidenten der USA

27. September – 11. Oktober 1980
Finger für Deutschland
Atelier Jörg Immendorf, Düsseldorf

lich visuelle Ereignisse und Robert Smithson ja auch! Allein die *Spiral Jetty!* Ihm war bewusst, dass diese sensationelle Arbeit durch den steigenden Wasserspiegel versinken wird und dass auch die *Amarillo Ramp* versanden wird. Nach Smithsons tödlichem Flugzeugabsturz 1973 stellte Serra die *Amarillo Ramp* fertig.–

–Anfang der 1980er Jahre lässt sich in deinem Programm eine neue Ausrichtung, eine Konzentration auf den deutschsprachigen Raum ablesen, die mit der Ausstellung **Front** *1981 eine nahezu programmatische Setzung erhält.*

Ja, es kam eine deutsche Szene ins Programm. Es gab eine Aufbruchstimmung, Köln wurde zu einem Zentrum aktueller Kunst, aber auch an anderen Orten in Deutschland passierte viel. Doch die meiste Kunst, die produziert wurde und hoch im Kurs stand, überzeugte mich überhaupt nicht. Gerade in dieser Zeit war es mir wichtig, einen eigenen Blick auf die junge deutsche Kunst zu werfen, die nichts mit der neoexpressiven Geste der Mülheimer Freiheit zu tun hatte, eine Kunst zu zeigen, die konzeptueller angelegt war. Ich lernte Abraham David Christian, Meuser, Horst Münch, Volker Tannert und Norbert Wolf kennen, daraus entstand die Idee für die Ausstellung *Front*, im Sinne von Avantgarde gedacht. Mit dieser Ausstellung und mit den teilnehmenden Künstlern fand ich eine neue Ausrichtung, die mir viel bedeutete. Zum Selbstverständnis meines Galeristenberufes gehört für mich die Entdeckung und Unterstützung jüngerer Künstler, hier konnte ich mir treu bleiben, hier konnte ich mich für eine junge Kunst einsetzen. *Front* war in dieser Hinsicht eine bewusste Setzung.
Doch tauchte ein mir bislang unbekanntes Phänomen auf. Kurz vor Ausstellungseröffnung musste ich noch einige Besorgungen machen und als ich in die Galerie zurückkam, war sie voller Menschen. Es war unglaublich, wer alles da war, unter anderem Dieter Honisch und Edgar Hofschen, der mich ziemlich stark angriff wegen der schlechten Kunst, die ich da ausstellte, und letztlich führte dies zur Trennung, doch gab es später eine sehr wertvolle

Keith Sonnier
Runic Serie 1980
23. Januar – 7. März 1981

März 1981 Umbenennung in Galerie Rolf Ricke

Horst Münch
13. März – 25. April 1981

Norbert Wolf
26. April – Ende Mai 1981

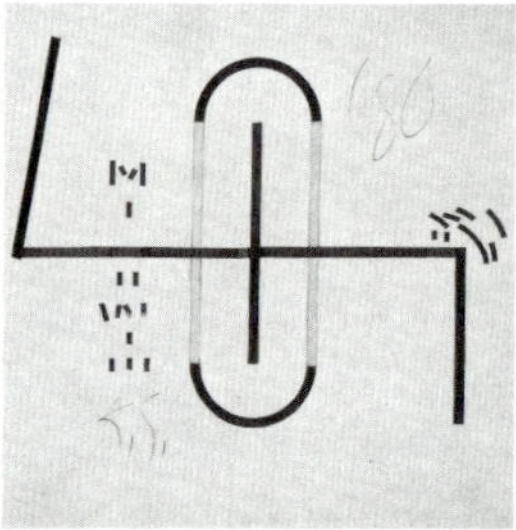

Einladung
Keith Sonnier

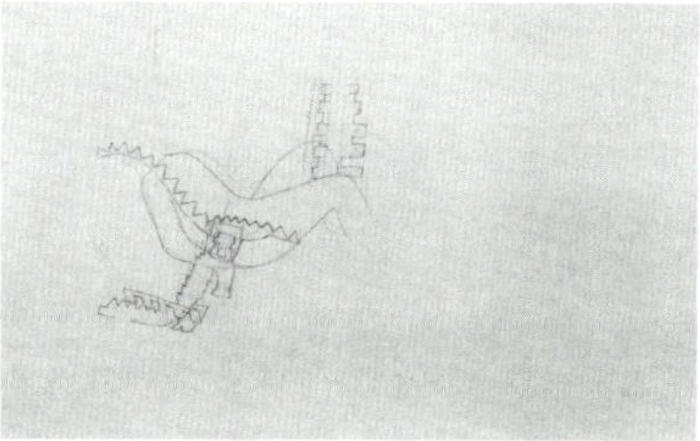

Einladung
Horst Münch

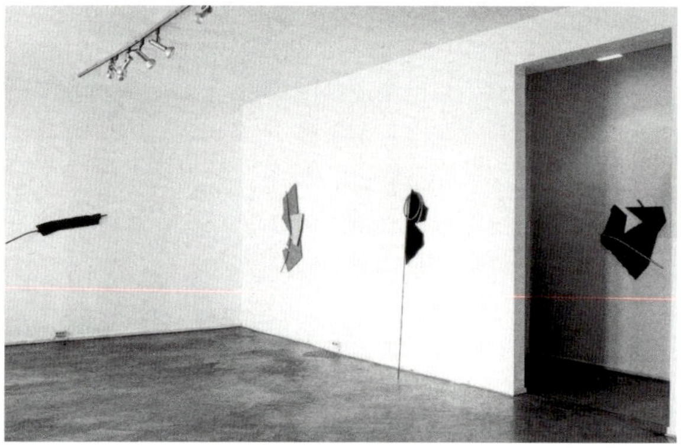

Norbert Wolf

Front
Abraham David Christian, Jürgen Meyer, Horst Münch, Ulrike Nattermüller, Volker Tannert, Norbert Wolf
29. Mai – 8. Juli 1981

Neunzehnhundertachtundsechzig
Richard Artschwager, Jo Baer, Gary Kuehn, Ulrich Rückriem, Richard Serra, Keith Sonnier
10. Juli – 15. August 1981

Volker Tannert
25. September – 31. Oktober 1981

Jürgen Meyer
Ubot in Not, Zeichnungen
6. November – 12. Dezember 1981

Auf daß sich im Geist gewisse Bilder anordnen, um dort zu verharren. Zeichnungen
Abraham David Christian, Paco R. Knöller, Horst Münch, Ulrike Nattermüller, Volker Tannert, Norbert Wolf
6. November – 12. Dezember 1981

28. Februar – 6. April 1981
Mülheimer Freiheit. Nieuwe Duitse Kunst 1
Groninger Museum, Groningen

13. März – 13. April 1981
Rundschau Deutschland
Ausstellung in der Fabrik, Lothringerstraße 13, München

30. Mai – 16. August 1981
Westkunst. Zeitgenössische Kunst seit 1939
Museen der Stadt Köln. Ausstellungskommissar: Kasper Koenig. Künstler u. a. Artschwager, Bell, Flavin, Heizer, Johns, Judd, Le Va, Rosenquist, Serra

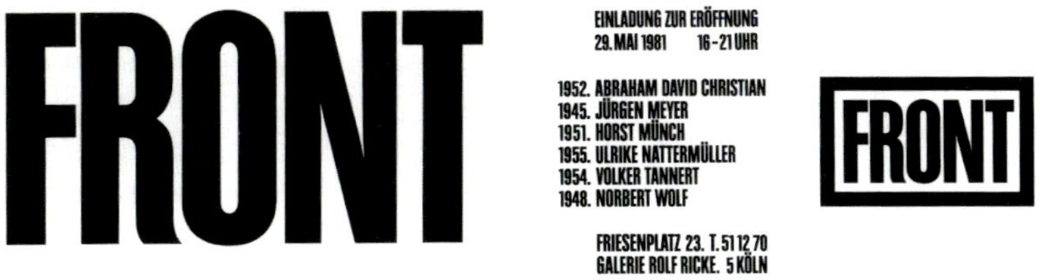

Einladung

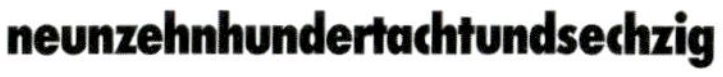

Einladung

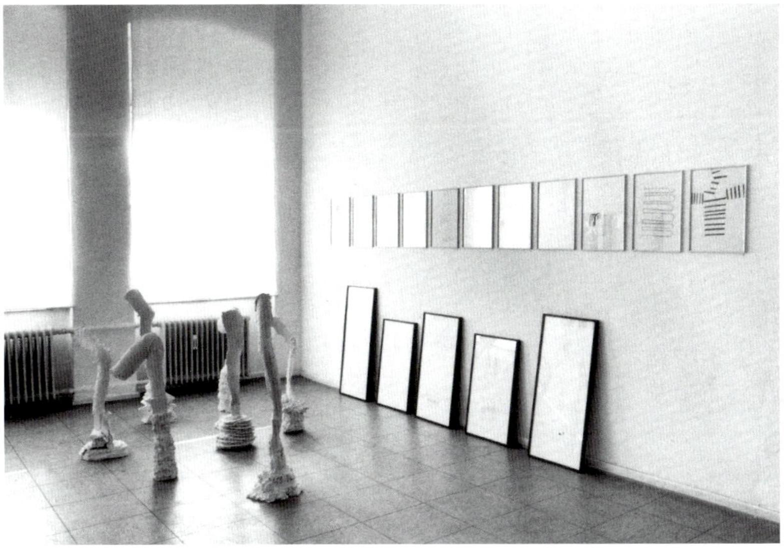

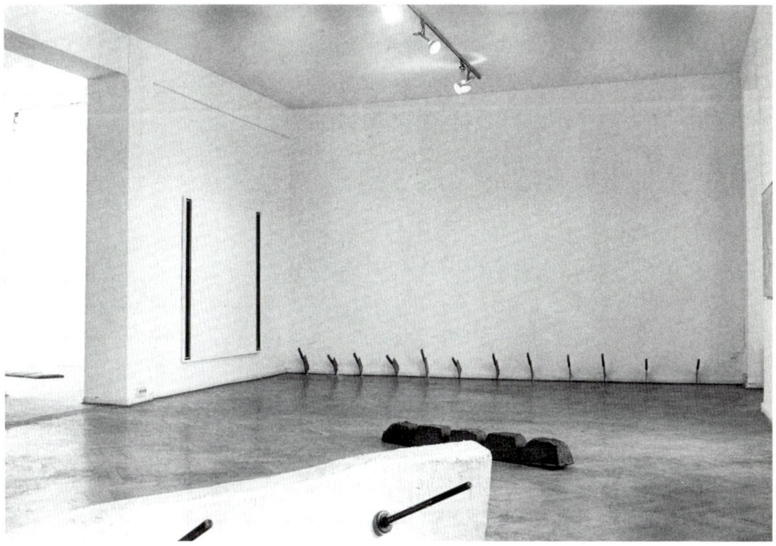

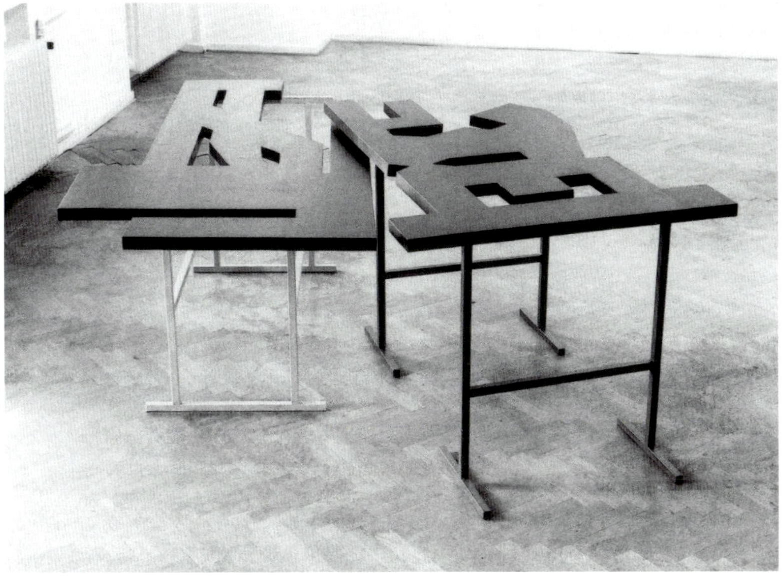

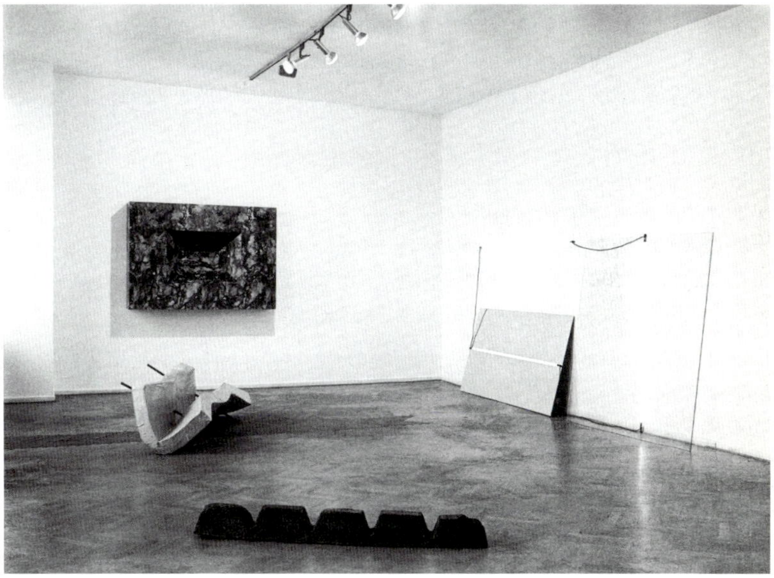

Front: Ulrike Nattermüller (oben), Horst Münch (unten)

Neunzehnhundertachtundsechzig: Kuehn, Rückriem, Baer, Le Va [54] (oben); Rückriem, Kuehn, Artschwager [1], Sonnier (unten)

31. Mai – 28. Juni 1981
Treibhaus. 31 Künstler aus Düsseldorf
Kunstmuseum Düsseldorf. Künstler u. a. Bunk, Christian, Jung, Knöller, Meyer, Münch, Nattermüller, Tannert

24. Juli – 12. September 1981
Junge Kunst aus Westdeutschland '81
Max-Ulrich Hetzler GmbH, Stuttgart

Frühjahr 1981
Douglas Crimp, „The End of Painting"
in: *October*, Nr. 16, 1981, S. 69–86.

Oktober 1981
Thomas Lawson, „Last Exit: Painting"
in: *Artforum* 20, Nr. 2, Oktober 1981, S. 40–47.

Bereinigung. Tatsache war, die Ausstellung *Front* wurde fast völlig verkauft. Alle Bilder von Volkert Tannert waren innerhalb von einer Stunde ausverkauft, das gleiche war bei seiner Einzelausstellung, die im Herbst folgte, der Fall. Er galt als der berühmteste Schüler von Gerhard Richter. Norbert Wolf erhielt gleich nach *Front* eine Ausstellung mit Katalog im Museum Haus Lange in Krefeld. Das war etwas, was ich vorher nicht gekannt hatte: Die Künstler hatten sofort Erfolg. Daraufhin dachten sie, so würde das laufen. Sie kamen viel in der Welt herum, verdienten schnell Geld, dabei waren sie noch jung, ihr Werk war schlichtweg noch nicht gefestigt, und sie hatten gar nicht genügend Zeit sich weiter zu entwickeln, da waren sie schon ganz oben. Das führte dazu, dass sie zum Teil ausflippten. Auch die Künstler der Mülheimer Freiheit und und und – alle hatten sie sofort Erfolg. Unendlich viele Feste wurden gefeiert. Mir hat dies nicht unbedingt gefallen. Es führte zwar zu einer Erholung meiner eigenen Situation, denn seit 1981 ging es mir kontinuierlich besser, auch finanziell, doch die Geschäfte gingen nie so gut, dass ich viele Mitarbeiter hätte einstellen können. Die Galerie war nach wie vor erst nachmittags geöffnet, und viele der Transporte erledigte ich selbst.

Die Zeit der Zusammenarbeit mit diesen Künstlern war relativ kurz, und es ging wohl auch einiges mit Krach zu Ende.

Ja, mit Abraham David Christian gab es eine heftige Überwerfung, die uns bis zum Rechtsanwalt brachte. Insgesamt war es eine extreme Situation. Jürgen Meyer sagte mir, er wolle lieber in Düsseldorf mit Konrad Fischer arbeiten und ging. Mit Horst Münch arbeitete ich kontinuierlich weiter, das gab mir eine wichtige Stabilität, und auch mit Ulrike Nattermüller. Volker Tannert driftete sozusagen ab. Zuvor gab es eine unerfreuliche Szene, die zum Bruch führte. Eines Tages kam er in die Galerie, setzte sich bei mir auf den Schreibtisch und sagte herausfordernd: „Wenn du weiter mit mir arbeiten willst, musst du deinen Hintern ein bisschen mehr bewegen.“ Tannert war jung und unerfahren, aber unter dieser Vorraussetzung konnte ich nicht weiter mit ihm arbeiten, ich schmiss ihn raus.

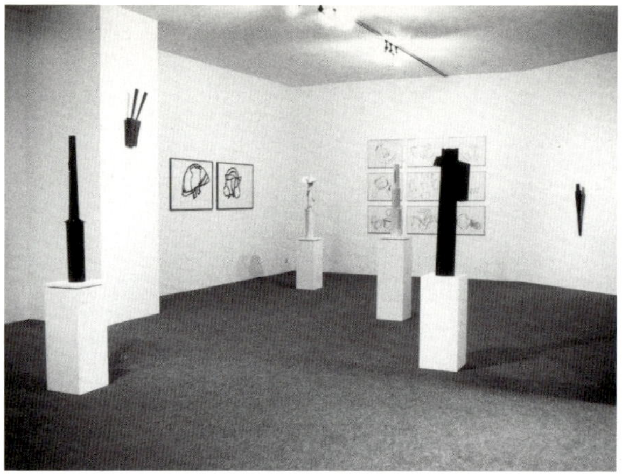

ABRAHAM DAVID CHRISTIAN

GALERIE ROLF RICKE
VOLKSGARTENSTR. 10
5 KÖLN 1 0221/315717

ERÖFFNUNG 29. 1. 1982 19 h - 21 h DI - FR 14 h - 19 h 29. 1. - 6. 3. 1982

Einladung

Abraham David Christian

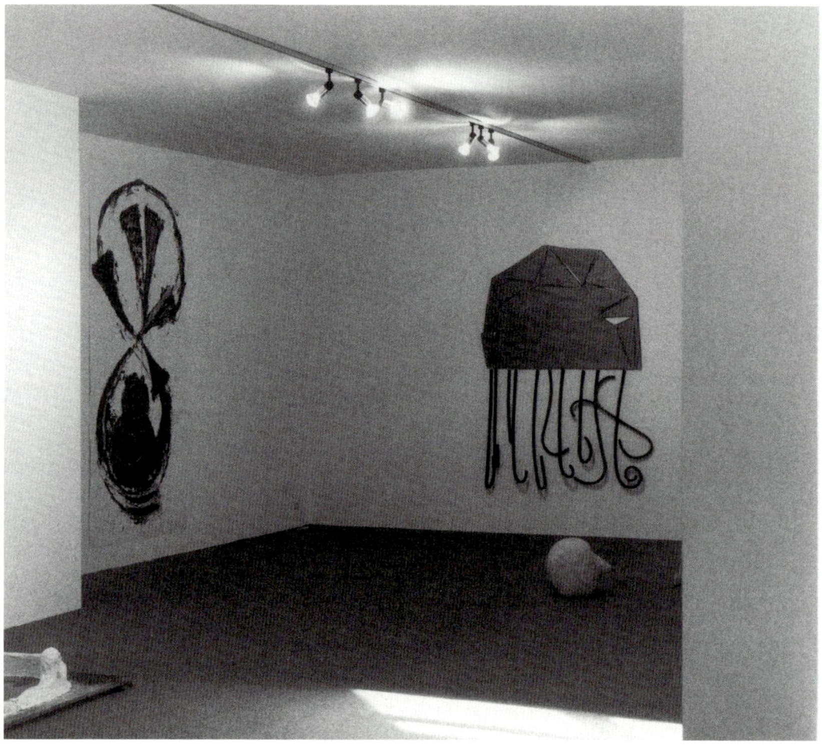

Horst Münch

HORST MÜNCH

GALERIE ROLF RICKE
VOLKSGARTENSTR. 10
5 KÖLN 1 0221/315717

ERÖFFNUNG 12. 3. 1982 19 h - 21 h DI - FR 14 h - 18.30 h 12. 3. - 14. 4. 1982

Einladung

5. Februar – 21. März 1982
10 junge Künstler aus Deutschland
Museum Folkwang, Essen

14. März – 25. April 1982
12 Künstler aus Deutschland
Kunsthalle Basel. Weitere Station:
Museum Boijmans Van Beuningen, Rotterdam,
8. Mai – 21. Juni 1982

19. Juni – 28. September 1982
documenta 7
Kassel. Künstlerische Leitung: Rudi Fuchs. Künstler u. a. Artschwager, Buthe, Christian, Flanagan, Judd, Le Va, Nauman, Rabinowitch, Ruscha, Serra, Tannert, Vilmouth

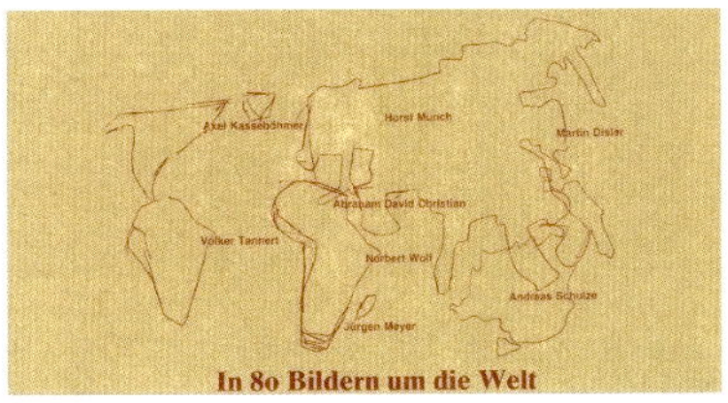

Einladung

Neue Ausstellungsräume in Köln, Volksgartenstrasse 10

Abraham David Christian
29. Januar – 6. März 1982

Horst Münch
12. März – 14. April 1982

In 80 Bildern um die Welt
Abraham David Christian, Martin Disler, Axel Kasseböhmer, Jürgen Meyer, Horst Münch, Andreas Schulze, Volker Tannert, Norbert Wolf
4. Juni – 30. Juli 1982

Volker Tannert
22. Oktober – 24. November 1982

Triumph
Skulpturen
Siegfried Anzinger, Georg Baselitz, Michael Buthe, Helmut Dorner, Jörg Immendorf, Markus Lüpertz, Horst Münch, Ulrike Nattermüller, Oswald Oberhuber, A.R. Penck, Hubert Schmalix, Andreas Schulze, Thomas Stimm, Volker Tannert, Christina Thomas, Erwin Wurm
26. November 1982 – 15. Januar 1983

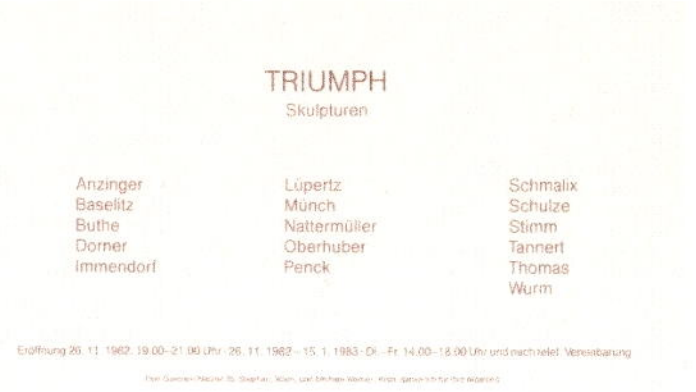

Einladung

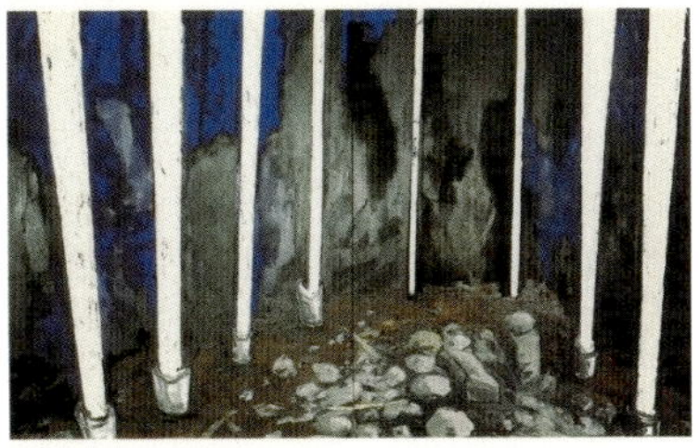

Einladung Volker Tannert

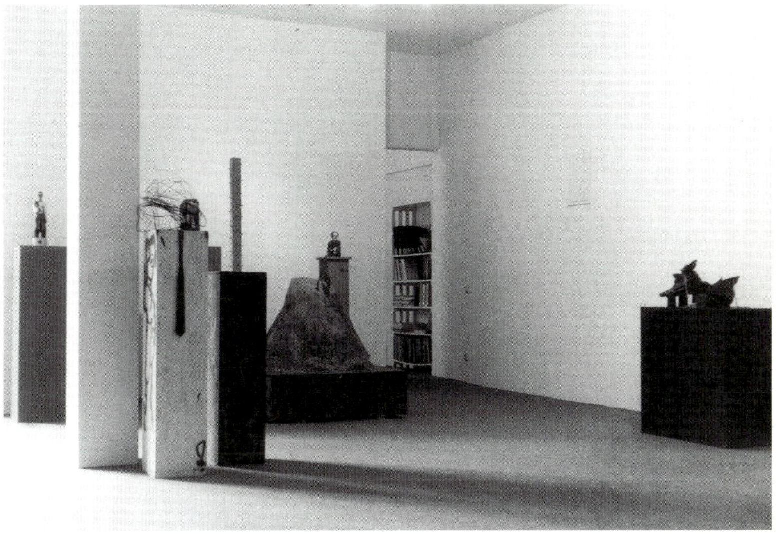

Triumph. Skulpturen

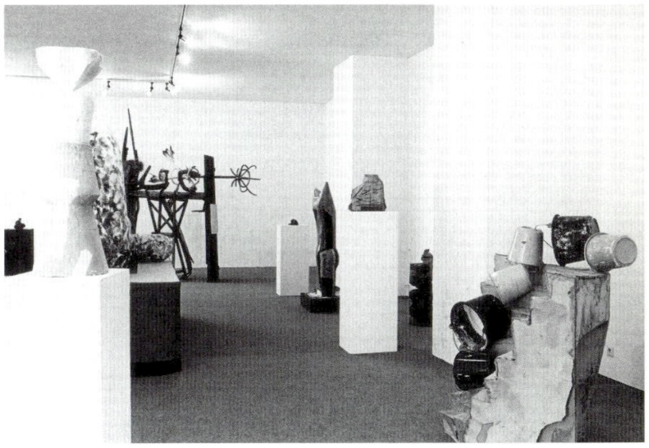

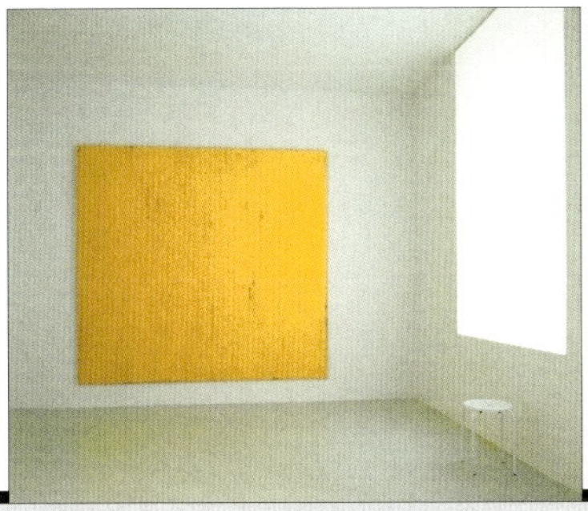

1. Oktober 1982: Wahl Helmut Kohls zum deutschen Bundeskanzler

13. Oktober – 17. November 1982
Joseph Marioni
Köln. Erste Ausstellung im „Raum für Malerei" von Günter Umberg

16. Oktober 1982 – 16. Januar 1983
Zeitgeist. Internationale Kunstausstellung Berlin 1982
Martin-Gropius-Bau, Berlin

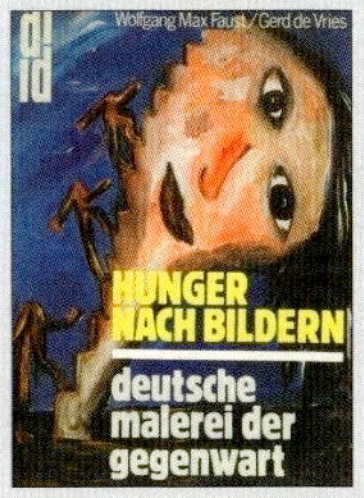

1982
Wolfgang Max Faust und Gerd de Vries, „Hunger nach Bildern. Deutsche Malerei der Gegenwart"
DuMont Verlag, Köln 1982

Joseph Marioni

Buchcover Hunger nach Bildern

Norbert Wolf brach ein, das bedaure ich bis heute, er hat wirklich extrem überzeugende Arbeiten geschaffen, aber auch er wurde zunehmend arrogant. Viele Künstler werden aus ihrem Entwicklungsprozess herausgerissen, wenn der Erfolg dermassen brachial kommt und plötzlich ausbleibt. Mit ihrem Erfolg stürzen sie ab.

Diese Künstler sind alle nach dem Krieg geboren, sie gehören einer Generation an, die in der Nachkriegszeit mit dem deutschen Wirtschaftswunder, dem Wiederaufbau, aber auch einem Verschweigen der Geschichte aufgewachsen ist. In ihnen kommt, so denke ich, auch ein Stück nationaler Geschichte zum Tragen. Es ist ja auffallend, wie in dieser Zeit Ausstellungen, die um das Thema Deutschland kreisen, Hochkonjunktur haben: Finger für Deutschland, Rundschau Deutschland, Treibhaus. 31 Künstler aus Düsseldorf, 10 junge Künstler aus Deutschland, Rheingold, *etc. Es scheint wie eine Rückeroberung der nationalen Identität, im Sinne von „Wir sind wieder da", verbunden auch mit einer aggressiven Geste.*

Es *war* eine aggressive Haltung. Es war der Abschied von der Internationalität. Im Nachhinein würde ich es so formulieren: Es war der Abschied von einer internationalen Entwicklung und die Hinwendung zu einer nationalen. In dieser Zeit erscheint auch das Buch *Hunger nach Bildern. Deutsche Malerei der Gegenwart.* Der Titel spricht von der Sehnsucht, wieder etwas Haptisches zu bekommen, Leben in diese konservativ gewordene Gesellschaft zu bringen. Es stand ja eine politische Wende mit Helmut Kohl an. Ich war insgesamt sehr irritiert. Es haftete dem Kunstgeschehen eine konservative, rückwärts gewandte Haltung an. Es dauerte etwa fünf Jahre, bis das durchbrochen wurde und wieder ein pluralistischeres Denken aufkam. Damals kommt noch etwas anderes dazu: Die Nacht wurde zum Tag gemacht, zusammen trinken, rauchen, in den Kneipen sitzen und feiern, diese Rituale gehörten fest zu dieser Szene. Doch mit den Künstlern von *Front* versuchte ich, all dem einen eigenen Weg entgegenzusetzen. Es war der Versuch, mich innerhalb dieses Umfeldes mit Künstlern zu umgeben, die nicht in dieser dekorativen, konservativen, nach rückwärts gewandten Weise arbeite-

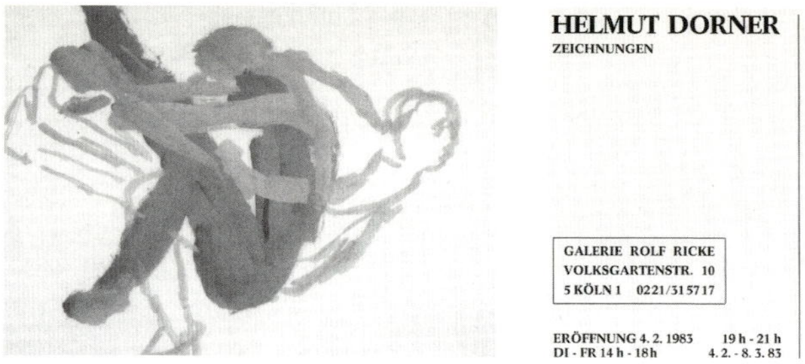

Einladung

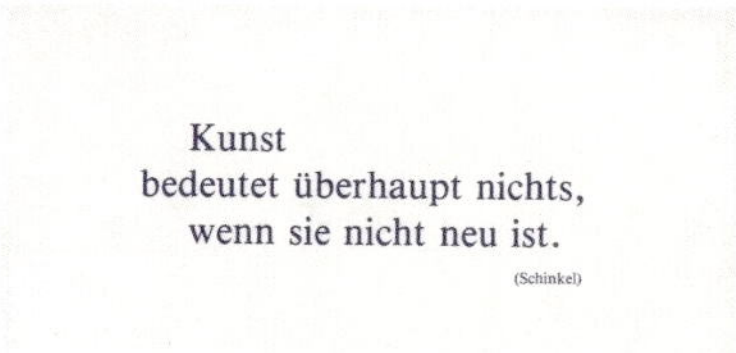

Einladung

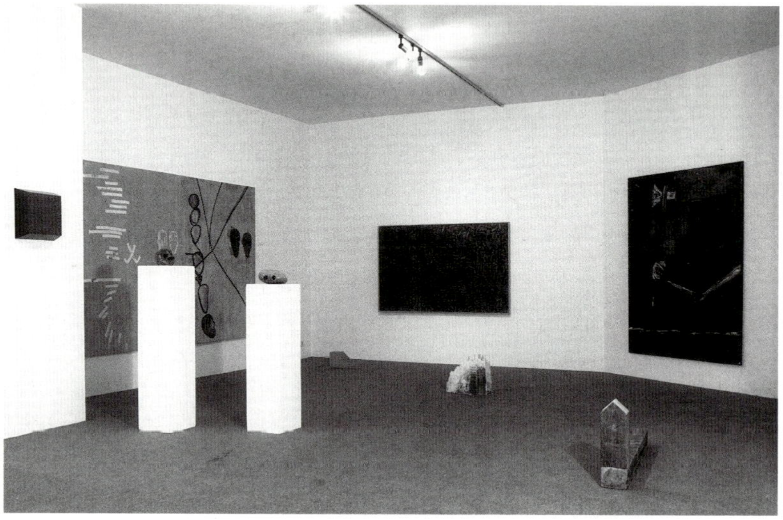

Kunst bedeutet überhaupt nichts, wenn sie nicht neu ist: Artschwager [2], Münch, Kiecol u. a.

1983

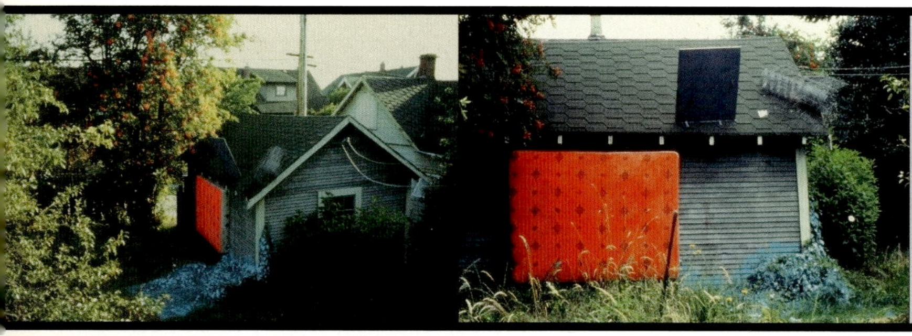

August 1983
Jessica Stockholder. Installation in My Father's Backyard
(1. Installation)
Vancouver

Jessica Stockholder. Installation in My Father's Backyard

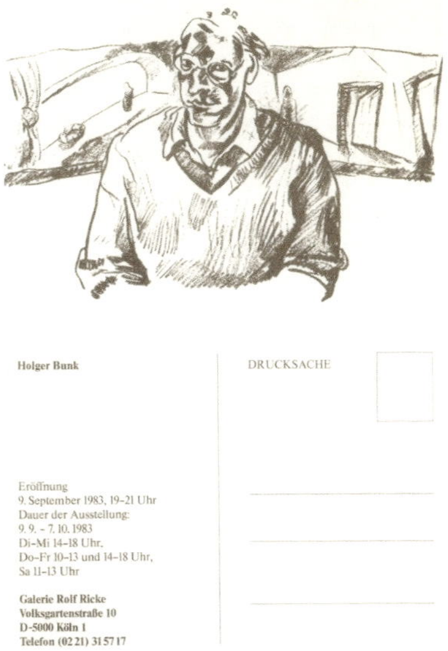
Holger Bunk

DRUCKSACHE

Eröffnung
9. September 1983, 19–21 Uhr
Dauer der Ausstellung:
9. 9. – 7. 10. 1983
Di–Mi 14–18 Uhr,
Do–Fr 10–13 und 14–18 Uhr,
Sa 11–13 Uhr

Galerie Rolf Ricke
Volksgartenstraße 10
D-5000 Köln 1
Telefon (02 21) 31 57 17

Einladung

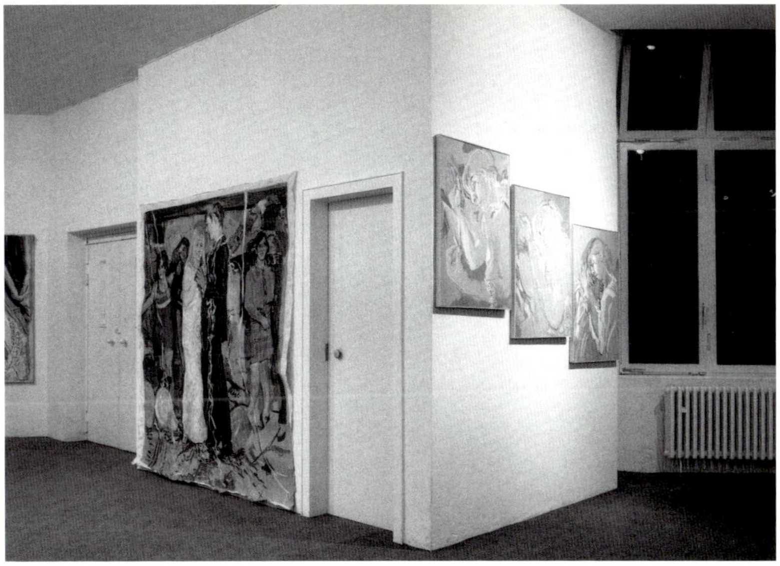

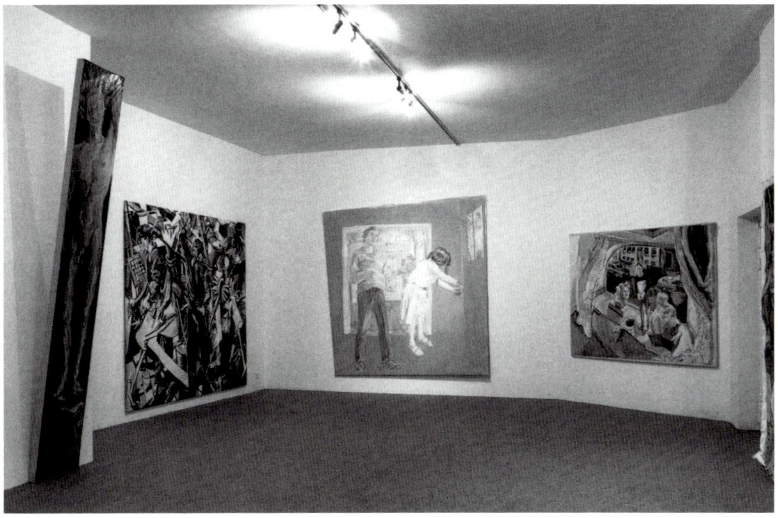

Holger Bunk

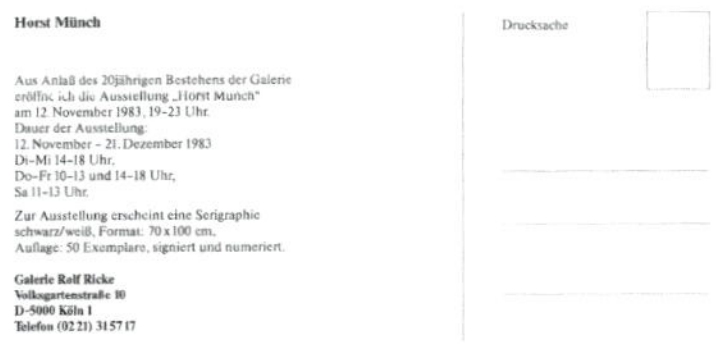
Horst Münch

Drucksache

Aus Anlaß des 20jährigen Bestehens der Galerie
eröffne ich die Ausstellung „Horst Münch“
am 12. November 1983, 19–23 Uhr.
Dauer der Ausstellung:
12. November – 21. Dezember 1983
Di–Mi 14–18 Uhr,
Do–Fr 10–13 und 14–18 Uhr,
Sa 11–13 Uhr.

Zur Ausstellung erscheint eine Serigraphie
schwarz/weiß, Format: 70 x 100 cm,
Auflage: 50 Exemplare, signiert und numeriert.

Galerie Rolf Ricke
Volksgartenstraße 10
D-5000 Köln 1
Telefon (02 21) 31 57 17

Einladung

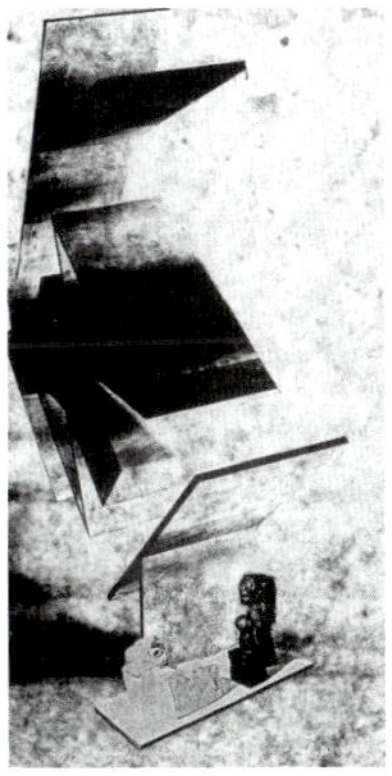

Helmut Dorner
Zeichnungen
(1. Einzelausstellung)
4. Februar – 8. März 1983

Martin Disler
Zeichnungen
25. März – 7. Mai 1983

Kunst bedeutet überhaupt nichts, wenn sie nicht neu ist. (Schinkel)
Richard Artschwager, Werner Büttner, Walter Dahn, Helmut Dorner, Hubert Kiecol, Horst Münch, Keith Sonnier, Christina Thomas, Volker Tannert, Norbert Wolf
12. Mai – 15. Juli 1983

Holger Bunk
9. September – 7. Oktober 1983

Christina Thomas
14. Oktober – 8. November 1983

Horst Münch
Ausstellung zum 20-jährigen Bestehen der Galerie. Es erscheint ein Siebdruck in limitierter Auflage.
12. November – 21. Dezember 1983

Oktober 1983
Jo Baer, „I Am no Longer an Abstract Artist“
in: *Art in America* 71, Nr. 7, Oktober 1983, S. 136–137.

1983
New Abstraction
Sidney Janis Gallery, New York.
Kuratiert von Marcia Hafif

ten, wie eben in meinen Augen die Mülheimer Freiheit. 1983 kommen Helmut Dorner und Holger Bunk, etwas später Dieter Fuchs. Das Programm ändert sich sehr stark, es lag mir daran, etwas Stabiles aufzubauen. Die 1980er Jahre sind einem grossen Wandel unterworfen. Es ist noch wichtig zu erwähnen, dass ich in diesen Jahren intensiv mit Keith Sonnier zusammenarbeitete und weiterhin Einzelausstellungen mit ihm realisierte. Im Anschluss an *Front* zeigte ich die Ausstellung *Neunzehnhundertachtundsechzig* mit Artschwager, Baer, Kuehn, Rückriem, Serra, Sonnier, das heisst, ich knüpfte an meine eigene wichtige Basis an.—

—Seit ich **Horst Münch** kenne – erstmalig begegneten wir uns in Düsseldorf Anfang der 1980er Jahre, als er noch an der Akademie studierte – fasziniert mich sein skulpturales Werk. In meinen Augen ist er einer der bedeutendsten und interessantesten deutschen Bildhauer. Wenn ich an sein Werk denke, kommt mir oft Alberto Giacometti in den Sinn. Horst Münch passt in keine Schublade. Er ist ein ausgesprochener Individualist, ein Einzelgänger, der Gesellschaft liebt und der in der Lage ist, einen ganzen Abend lang zu unterhalten, dabei ist er sehr humorvoll, mitunter ironisch. Horst lacht gern, im nächsten Moment kann er aber tiefernst sein, wobei sein Ernst auch ins Melancholische kippen kann. Er ist hochintelligent, unbeirrt in seinem Weg. Er kennt sich in der Kunst sehr genau aus, aber auch in vielen anderen Bereichen ist er sehr bewandert, unter anderem ist er ein grosser Verehrer von Samuel Beckett. Das Absurde – was ich mit Beckett verbinde – kann ich auch in seinen Arbeiten sehen. Seine Skulpturen sind äusserst eigenständig, teilweise sperrig, nicht fassbar, sie sind unergründlich und im Grunde ist zu fragen, ob es überhaupt Skulpturen sind. Seine Objekte verkörpern für mich etwas Unheimliches, Aussichtsloses, sprechen vom Verlorensein des Menschen. Die Frage nach dem Sinn unserer Existenz spielt in seinem Werk eine wesentliche Rolle. Allein in den Titeln kommen diese Aspekte bereits zum Tragen. Doch in diesem tiefschürfenden liegt zugleich ein Zug von Leichtigkeit, ein Lachen, etwas sehr Humanes. Neben Günter

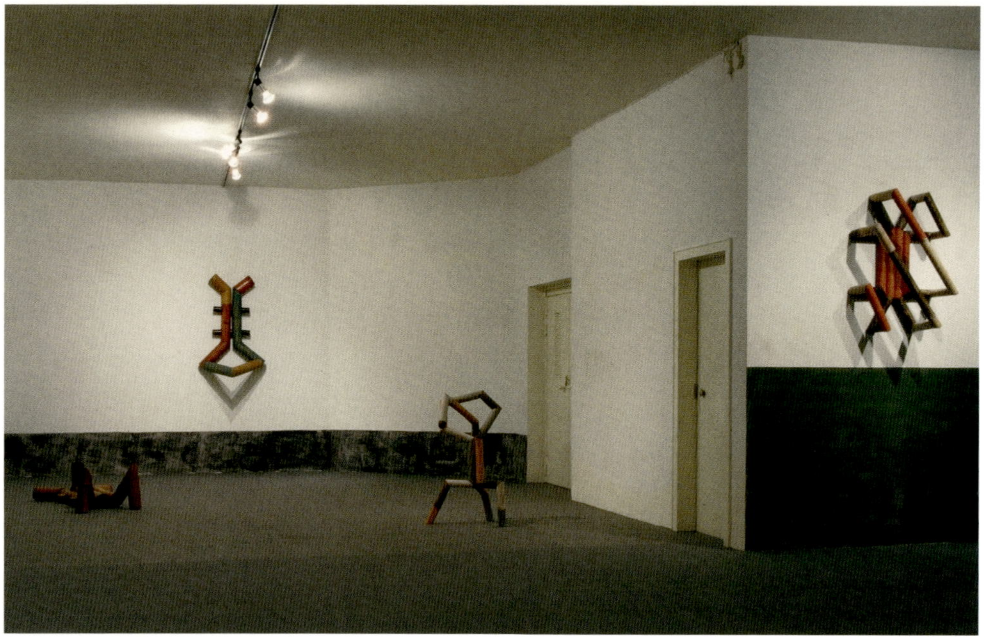

Keith Sonnier

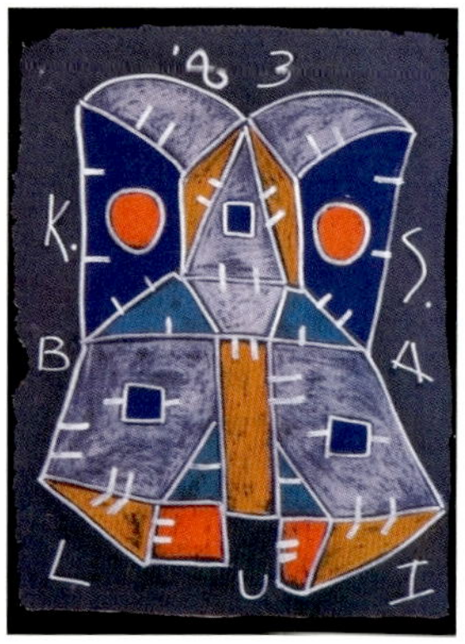

Einladung Keith Sonnier

Einladung Köln-Kairo-Express

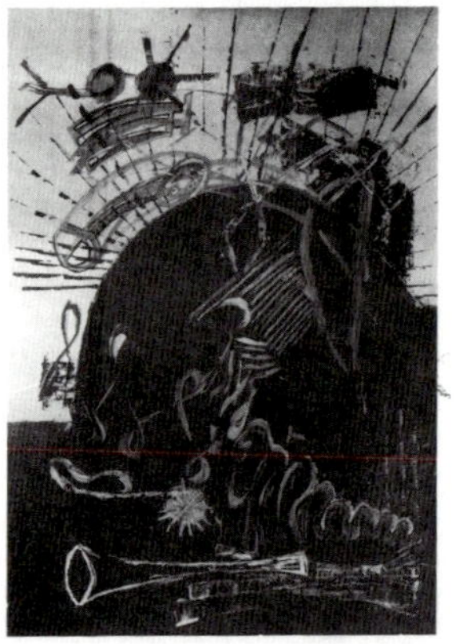

GOETHE-INSTITUTE CAIRO

takes pleasure in inviting you to the opening of an exhibition with most recent works by

Holger Bunk
Helmut Dorner
Horst Münch
Ulrike Nattermüller
Volker Tannert

from the Gallery Rolf Ricke, Cologne

Monday, March 5, 1984, 6 p.m. at the Gallery of the Institute
5, Abdel Salam Aref Street - Cairo

Ulrike Nattermüller
and
Rolf Ricke
will be present

The exhibition remains open until March 23rd, daily except Friday afternoon, Saturday and Sunday from 9 a.m. to 1 p.m. and from 5 p.m. to 8 p.m.

cover, Ulrike Nattermüller, Untitled, 1983

3. März – 22. April 1984
Radical Painting
Williams College Museum of Art, Williamstown, Massachusetts. Kuratiert von Thomas Krens

29. September – 2. Dezember 1984
Von hier aus
Zwei Monate neue deutsche Kunst in Düsseldorf
Messegelände Düsseldorf, Halle 13

Zeichnungen
Holger Bunk, Helmut Dorner,
Hubert Kiecol, Horst Münch,
Ulrike Nattermüller
20. Januar – 29. Februar 1984

Keith Sonnier
Zeichnungen aus der „Ubud-Serie“,
Bambus-Skulpturen aus den
„Dom Basor“- und „Mata Hari“-
Serien
16. März – 25. April 1984

Ulrike Nattermüller
3. Mai – 8. Juni 1984

Standpunkt
Holger Bunk, Helmut Dorner,
Christoph Gesing, Horst Münch,
Ulrike Nattermüller, Ingrid Roschek,
Christina Thomas, Peter Young
29. Juni – Mitte September 1984

Horst Münch
Kopfbahn
26. September – 3. November 1984

Holger Bunk
Neugier
17. November – 21. Dezember 1984

Köln-Kairo-Express
Holger Bunk, Helmut Dorner,
Horst Münch, Ulrike Nattermüller,
Volker Tannert
Goethe-Institut, Kairo
5. – 23. März 1984
Kuratiert von Rolf Ricke

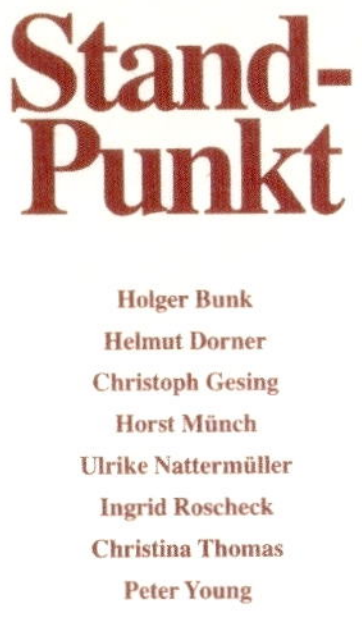

Einladung

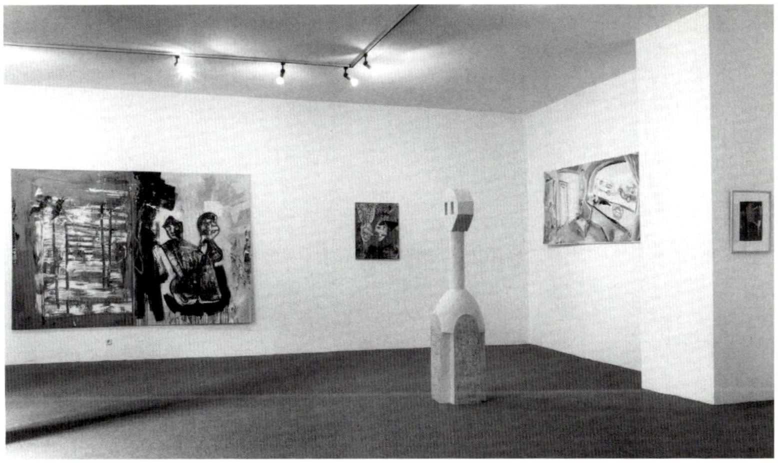

Standpunkt: Bunk [15] u. a.

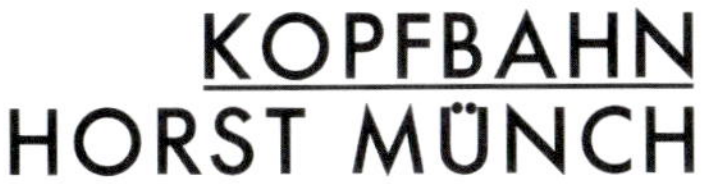

Einladung

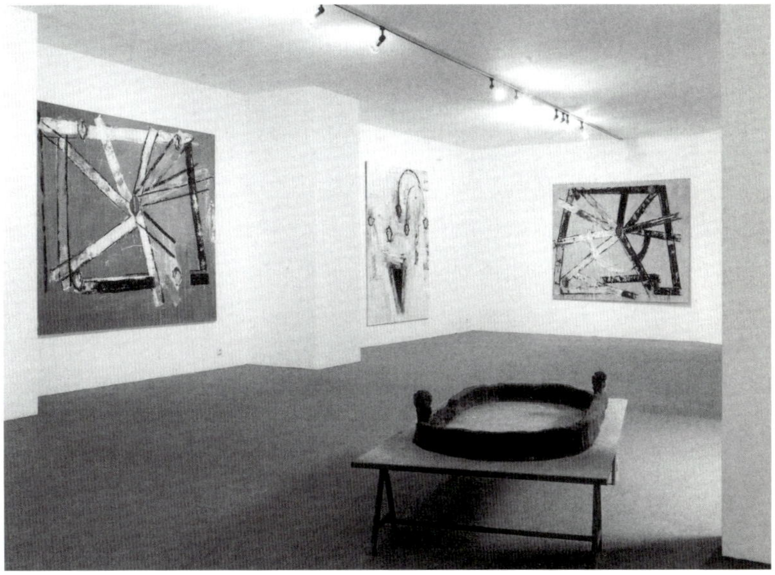

Horst Münch. Kopfbahn

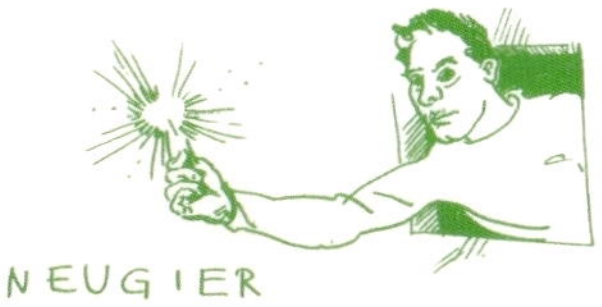

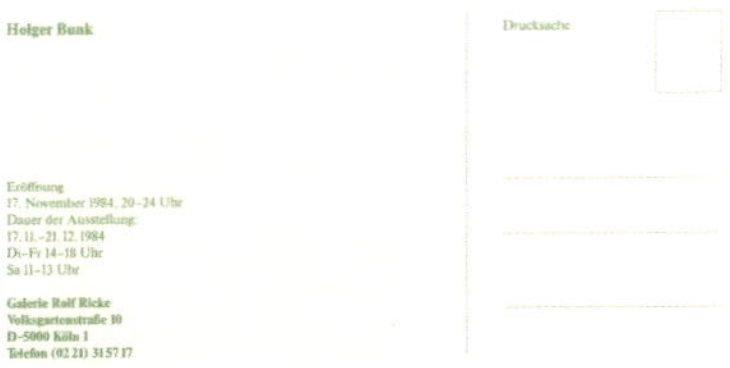

Einladung

1984
Tishan Hsu
White Columns, New York

1984
Allan McCollum. Plaster Surrogates
Richard Kuhlenschmidt Gallery, Los Angeles

1984
Steven Parrino
(1. Einzelausstellung)
Nature Morte, New York

Umberg und Holger Bunk besitzt Horst Münch, mit dem ich 20 Jahre mit Freude zusammenarbeitete, in meinem deutschsprachigen Programm eine grosse Wichtigkeit.–

–Die erste Ausstellung von **Helmut Dorner** fand bei mir in der Galerie statt. Damals war er noch Bildhauer, obwohl er Schüler von Gerhard Richter gewesen ist. Die Arbeiten von Dorner fügten sich in keiner Form in all die Strömungen der Kunst der 1980er Jahre. Er passte nirgends hinein. Seine Arbeiten überzeugten mich sofort. Nach der ersten Ausstellung 1983 ging er aus der Skulptur heraus in die Malerei und ich hatte das Gefühl, dass er damit viel näher an seiner Sache dran war. Die beiden Bilder in der Sammlung [26, 27] gehören zu den ersten, die er gemalt hat. Ich habe sie sofort erworben. In *Ohne Titel*, 1985 [27] ist bereits alles enthalten, was später kommen wird, das ist ein Schlüsselbild. Es ist ein weinbraunes, dunkelrotes Lackbild mit schwarzer glänzender Farbe darüber: Das Bild besitzt einen ungeheuren Glanz, eine ungemein lebhafte Oberfläche, das Durchbrochene, der Farbeinsatz, das fasziniert mich heute noch. Glanz und damit verbunden Licht spielen eine zentrale Rolle in seinen späteren Arbeiten. Bis ein Bild bei Helmut Dorner fertig war, bis er bereit war es an die Öffentlichkeit zu geben, hat meist lange gedauert. Er ist jemand, der sehr mit sich ringt, der äusserst selbstkritisch ist. Helmut Dorner war mit bestimmten programmatischen Dingen in der Galerie nicht einverstanden, daher wechselte er zu Bärbel Grässlin in Frankfurt und wir verloren uns aus den Augen, aber ich folge immer mit Interesse seinen Weg und freue mich ob seines Erfolgs.–

–Anfang der 1980er Jahre suchte ich intensiv nach guter Kunst, die mich überzeugt, ich suchte auch in meiner Nachbarschaft. **Holger Bunk** lernte ich, wenn ich mich recht erinnere, über Horst Münch kennen. Holger Bunk, Meuser, Horst Münch, Ulrike Nattermüller, sie studierten alle an der Akademie in Düsseldorf. Ich schätze Holger Bunk als einen unglaublich beständigen, sehr seriösen Künstler, der dankbar war für die Unterstützung auf seinem Weg. Er war für mich sehr bedeutend und ich war für ihn sehr bedeutend, denn er wurde durch die Galerie in einem anderen Kontext wahrgenommen. Ich empfand seine Kunst als eine total eigenständige und singuläre Angelegenheit, die etwas merkwürdig Surreales ausstrahlte und zugleich auch etwas Stilles. Sie war für die damalige Zeit etwas ganz anderes als das, was en vogue war. Ich verglich Holger Bunk mit Max Beckmann innerhalb der gegenständlichen Kunst, und die Künstler der Mülheimer Freiheit etwa zählte ich zu den wilden, mit Farbe um sich werfenden Expressionisten. Es gab wenige, die das verstanden, viele sagten, das sei ja nichts Wildes, nichts Neues.

Holger Bunk ist ein Maler, der sich intensiv mit der Kunstgeschichte auseinandersetzt. Sein Werk könnte man nur über die Farbe definieren, oder über die Architektur beziehungsweise die imaginäre Architektur, oder über eine Bühnenbildsituation, oder über die reine Reflektion, oder nur über die Malerei. Er hat eine ungeheure Malkultur entwickelt, seine Malerei entsteht aus einem Guss heraus, aus einer unglaublichen Genauigkeit. Sie kommt mit wenig Farbe aus und durch Beimischungen von Weiss entstehen diese pastelligen und sehr dünnen Farbschichten. Fast alle Bilder sind aus einer Farbe heraus entwickelt –

1985

11. März 1985: Wahl Michail Gorbatschows zum Generalsekretär der KPdSU

25. Mai – 30. Juni 1985
Rheingold. 40 Künstler aus Köln und Düsseldorf
Palazzo della Società Promotrice delle Belle Arti, Turin

eine Grundfarbe mit ihren Abmischungen in verschiedene Farben. Ich kann das technisch nicht erklären, aber das ist ein Phänomen. Das ist *hochkarätige* Malerei. Holger Bunk kann dies präzise schildern, ich kenne kaum einen Künstler, der so präzise Antworten gibt. Die Bilder sind pastellig gemalt und zugleich äusserst robust, dadurch entsteht etwas, was ich mit *schräg* bezeichne, was irgendwie nicht zu stimmen scheint. Oder es ist Architektur und eben doch keine Architektur. Es ist ein realer Blick aus dem Atelier in Düsseldorf und sieht eben doch ganz anders aus. Es nimmt Bezug auf ein Bild der Renaissance und hat damit aber doch nicht viel zu tun. Dadurch entstehen äusserst widersprüchliche und zugleich komplexe Situationen.

Ich habe ihn sehr lange begleitet, bis zum Schluss der Galerie, wir arbeiteten immer gut zusammen. Wesentlich war mir, Ausstellungen zu realisieren, die ein Gesamtkonzept hatten, die nicht nur Einzelbilder präsentierten. So realisierte Holger Bunk Ausstellungen, die die reine Malerei verliessen, in denen zum Beispiel die Architektur aus dem Bild in den Raum hinein wanderte.—

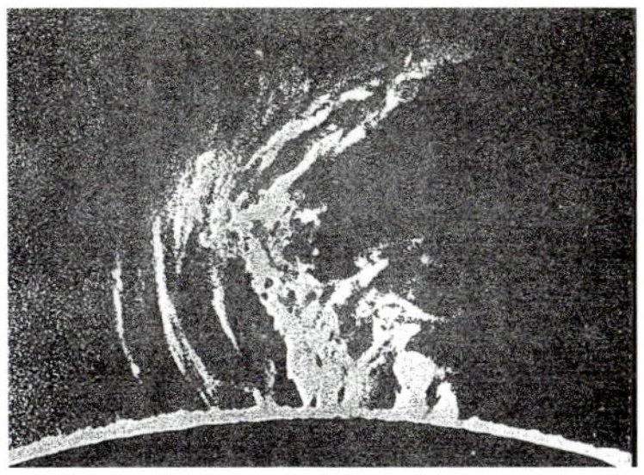

Einladung Horst Münch

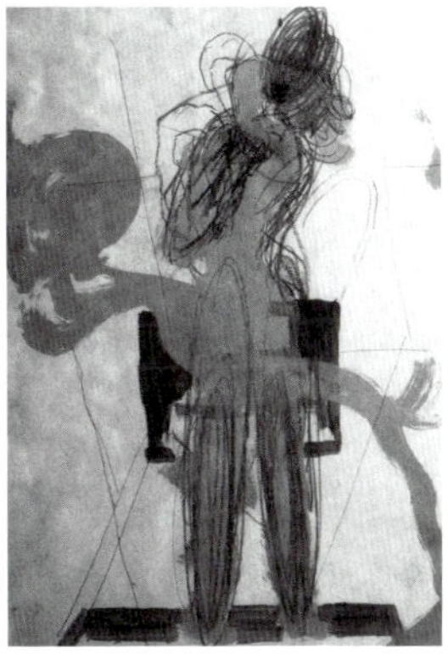

Einladung Hemut Dorner

Christoph Gesing
Malerei
25. Januar – 5. März 1985

Ingrid Roschek
Skulpturen
15. März – 20. April 1985

Franz Wanner
Bilder
26. April – 1. Juni 1985

Horst Münch
21. Juni – 10. September 1985

Helmut Dorner
Arbeiten auf Papier
13. September – 11. Oktober 1985

Ulrike Nattermüller
15. November – 21. Dezember 1985

Helmut Dorner, Christoph Gesing, Horst Münch, Ulrike Nattermüller
Melodrom, Köln
Eröffnung 16. Januar 1985
Kuratiert von Rolf Ricke

Einladung Ulrike Nattermüller

Endlich nahm Peters mich bei der Hand; und ich zwang mich gewaltsam aufzuschauen – wo ich denn sofort am Gesichtsausdruck Parkers erkannte, daß ich gerettet & er derjenige war, den das Gericht ereilt hatte. Ich rang nach Luft; und fiel besinnungslos zu Boden.
Ich erwachte aus meiner Betäubung noch rechtzeitig, um Zeuge des Vollzugs der Tragödie zu sein; des Todes Desjenigen, der das meiste dazu beigetragen hatte, sie in Gang zu bringen. Er leistete aber auch keinerlei Widerstand; und wurde von Peters rücklings so erdolcht, daß er auf der Stelle tot zusammenbrach. Ich muß auf dem schrecklichen Imbiß nicht verweilen, der sich unverzüglich anschloß. Dergleichen Szenen kann man sich allenfalls vorstellen; aber Buchstaben haben nicht die Macht, das Gemüt mit der erlesenen Scheußlichkeit solcher Realität zu beeindrucken. Sei es genug zu sagen, daß, nachdem wir den rasenden Durst der uns verzehrte, einigermaßen mit dem Blut des Opfers gestillt hatten; auch dahin übereingekommen waren, Hände, Füße und Kopf abzutrennen, und sie, zusammen mit den Eingeweiden, dem Meer zu übergeben; wir den Rest des Leibes verschlangen; stückweis; während der 4 unvergeßlich=folgenden Tage des 17.; 18.; 19.; und 20. dieses Monats.

Edgar Allan Poe
Phantastische Fahrten

27. September – 5. November 1985
Ludger Gerdes
Le Consortium, Dijon

–Meine erste Reise nach Marfa war ein zentrales Erlebnis. Ich war dort 1986 zur Gründungsfeier von Donald Judds **Chinati Foundation**. Die Feier begann in einem alten Kinopalast in El Paso in Texas an der mexikanischen Grenze: Ein unglaubliches Kino, wie ein Theater in Europa. Es war ein kleiner Kreis von Leuten, die Partner von Judd, Annemarie und Gianfranco Verna, Paula Cooper, Rudi Fuchs … In diesem Kino wurden zu Beginn Reden zur Chinati Foundation gehalten und im Anschluss gab es ein Essen. Am nächsten Tag waren wir in Marfa selbst.

Da habe ich dieses „Universum“ gesehen, seitdem rede ich nur von einem „Kosmos“, den Donald Judd erbaut hat. Dort sah ich zum ersten Mal die 100 Skulpturen, aufgestellt in einer Halle, die in früheren Tagen ein Kriegsgefangenenlager für deutsche Soldaten war. In diesen Baracken finden sich an den Wänden noch deutsche Kritzeleien mit Sprüchen wie: „Lieber den Arsch verlieren als die Freiheit“, oder so, unglaubliche Sprüche. An diesem Ort ist dieser grosse Werkkomplex installiert, ein Objekt hundertfach über die Problematik des Innen- und Aussenraums. Das Äussere ist durchwegs gleich, aber das Innere hat er hundert Mal verändert. In einer unglaublichen Präzision. Das ist ein solcher Kosmos. Diese 100 Objekte sind sehr präsent, jedes ist etwa so gross wie ein Schreibtisch. Draussen auf einem Feld befindet sich eine weitere monumentale Arbeit, riesengrosse Betonblöcke, die in der Landschaft stehen. Das waren Dinge, die ich zum ersten Mal in meinem Leben gesehen habe. Seit den 1970er Jahren hat Donald Judd daran gearbeitet.

Der Eindruck war ungeheuerlich: Wie der Sternenhimmel ist das für mich gewesen. Eine Unendlichkeit von Kunst. Dieser „Kosmos“ von Judd hat mich wahnsinnig beeindruckt, ich habe immer wieder zu verschiedenen Leuten gesagt: „Ihr müsst irgendeinen ‚level‘ haben im Kopf, irgendeinen ‚level‘ von Qualität, und den könnt ihr einfach nicht unterschreiten.“

Judd war ein sehr kulinarisch orientierter Mensch. Ich habe noch nie eine solche Kücheneinrichtung gesehen wie die von Donald Judd. Eine Messersammlung, eine Topfsammlung, eine Chilisammlung … fast masslos würde ich das nennen. An riesigen Küchentischen wurde gegessen. Bei der anschliessenden Feier – es waren nicht

Norbert Wolf

Einladung

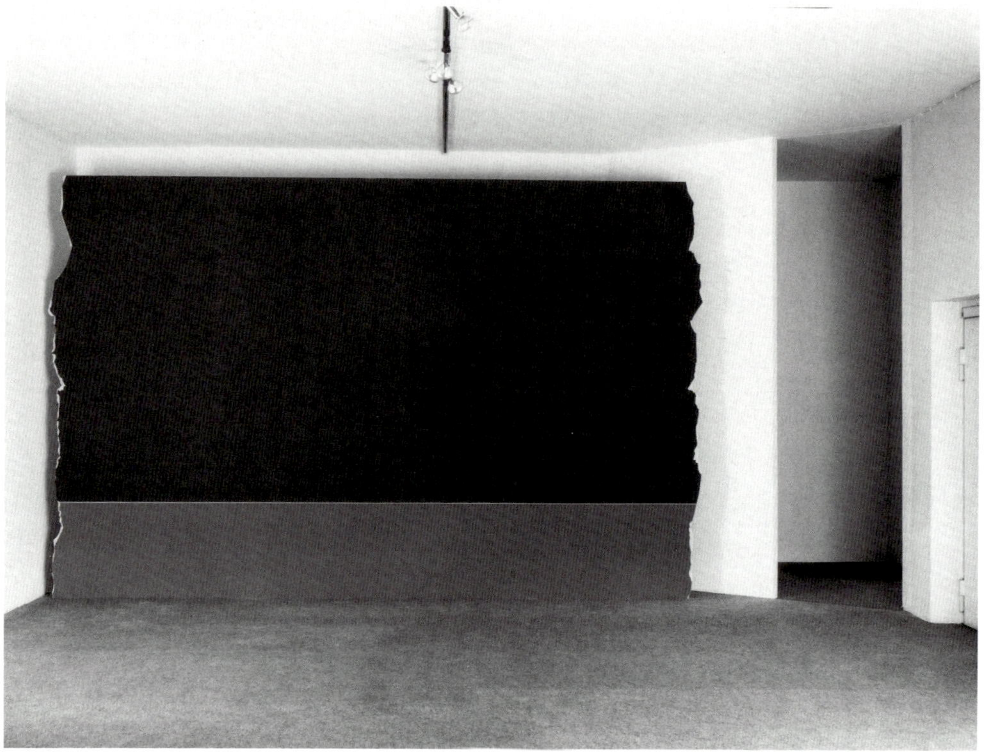

Norbert Wolf

26. April 1986: Atomreaktorunglück in Tschernobyl

27. Februar – 13. Mai 1986
Richard Serra. Sculpture
Museum of Modern Art, New York

20. April – 25. Mai 1986
Holger Bunk
Mannheimer Kunstverein. Weitere Station: Spendhaus Reutlingen, 29. Juni – 10. August 1986

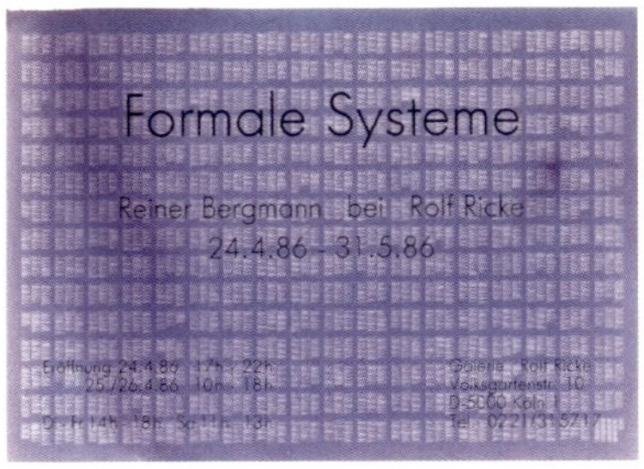

Einladung

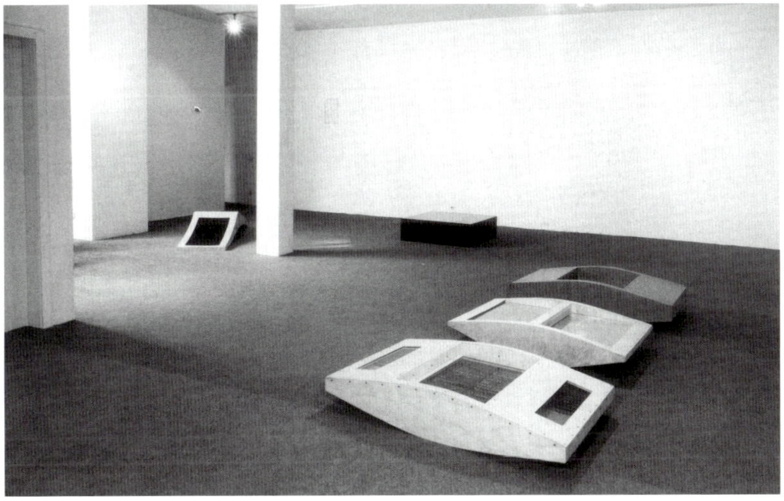

Reiner Bergmann. Formale Systeme

Norbert Wolf
10. Januar – 16. Februar 1986

So ist es
Arbeiten auf Papier
Bernhard Blume, Holger Bunk, Walter Dahn, Martin Disler, Leiko Ikemura, Jörg Immendorf
15. März – 19. April 1986

Reiner Bergmann
Formale Systeme
24. April – 31. Mai 1986

Dieter Fuchs
6. Juni – 17. Juli 1986

Franz Wanner
Der Blick in die Unendlichkeit
30. August – 29. September 1986

Barry Le Va
Arbeiten auf Papier 1966–1975
10. Oktober – 8. November 1986

Holger Bunk
13. November – 20. Dezember 1986

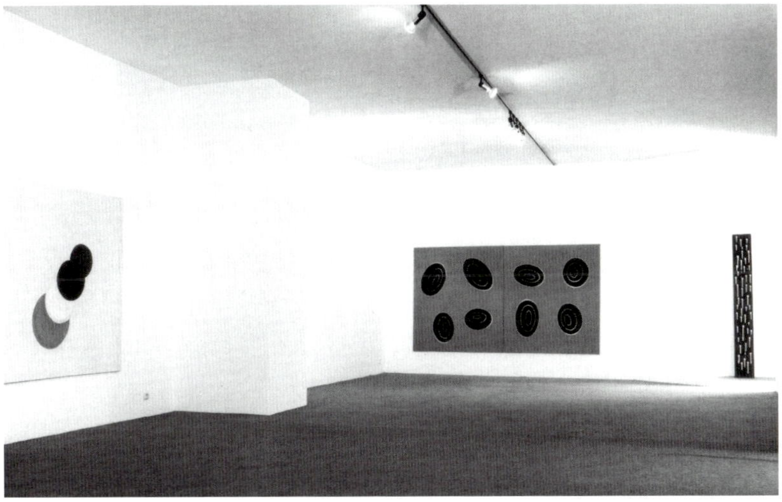

Dieter Fuchs

Einladung Dieter Fuchs

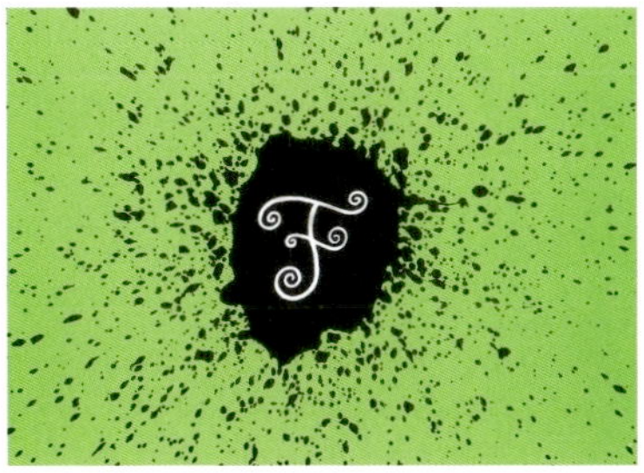

Einladung Holger Bunk

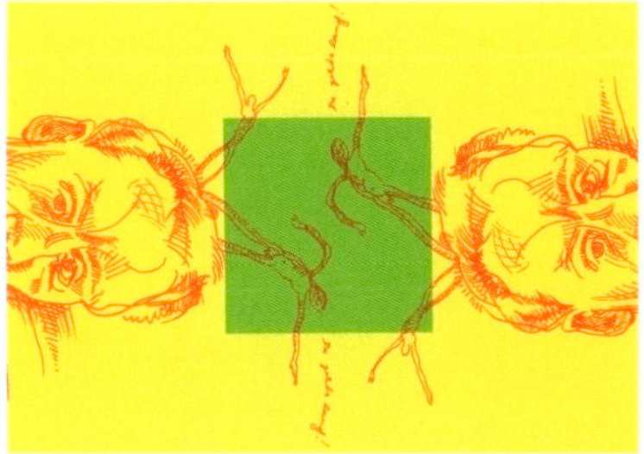

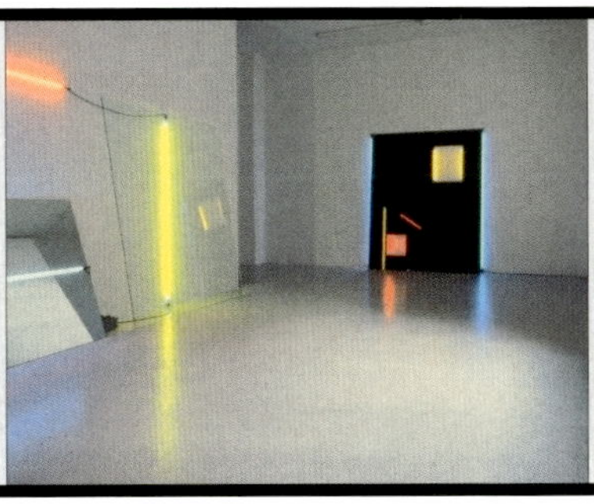

Keith Sonnier

10. September – 25. Oktober 1986
Keith Sonnier
Raum für Malerei, Köln

10. Oktober 1986
Donald Judd eröffnet die Chinati Foundation in Marfa, Texas

1986
When Attitudes Become Form
Bess Cutler Gallery, New York
Kuratiert von Robert Nickas

mehr als 20 Leute geladen – gab es mexikanisches Essen. Mexikaner, die in der Umgebung von Marfa lebten, haben für ihn gekocht, darauf legte er unglaublichen Wert. Ein riesiges Feuerwerk wurde veranstaltet und ein Freund von Judd spielte Dudelsack. Es war ein sehr emotionales Essen. Donald Judd *war* ein sehr emotionaler Mensch. All dies zusammen ergibt ein Kunstwerk, welches einen ungeheuren Einfluss auf mein Leben ausübt. Das ist für mich ein bleibendes Erlebnis.–

–**Dan Flavin** ist für mich der Prototyp eines amerikanischen Künstlers. Sein Werk finde ich geradezu genial. Zum ersten Mal sah ich Arbeiten von ihm 1966 oder 1967 in der Kornblee Gallery in New York. Wenig später waren Werke von ihm bei Heiner Friedrich in München ausgestellt. Dort erwarb ich sofort eine Arbeit. Um die 300 Dollar dürfte ich bezahlt haben. Seit dieser Zeit habe ich mich immer wieder um Flavin bemüht, doch an die Künstler, die mit Heiner Friedrich zusammenarbeiteten, war kein Herankommen. Er kooperierte ab und zu mit Konrad Fischer, aber nicht bezüglich Dan Flavin. Anfang der 1980er Jahre ging es mir wirtschaftlich sehr schlecht und ich war gezwungen, meine Flavin-Arbeit zu verkaufen, die ich bis dahin durch alle Klippen geschifft hatte. Das war 1981 oder 1982. 15'000 Mark erhielt ich dafür. Ich wusste von vorne herein, dass es ein Fehler gewesen war, die Arbeit zu verkaufen und noch dazu für so wenig Geld. 1987, als Annemarie und Gianfranco Verna eine Dan Flavin Ausstellung zeigten, flog ich extra nach Zürich. Für 36'000 Dollar kaufte ich bei ihnen eine andere Arbeit, weil ich ohne ein Werk von Dan Flavin nicht sein konnte. Das Licht, die Struktur und die Farben, das vermisse ich sehr stark.–

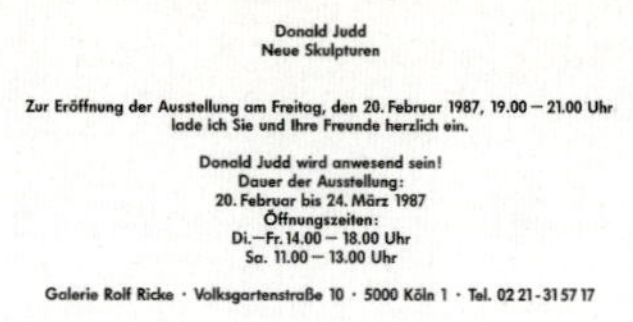
Donald Judd
Neue Skulpturen

Zur Eröffnung der Ausstellung am Freitag, den 20. Februar 1987, 19.00 – 21.00 Uhr
lade ich Sie und Ihre Freunde herzlich ein.

Donald Judd wird anwesend sein!
Dauer der Ausstellung:
20. Februar bis 24. März 1987
Öffnungszeiten:
Di.–Fr. 14.00 – 18.00 Uhr
Sa. 11.00 – 13.00 Uhr

Galerie Rolf Ricke · Volksgartenstraße 10 · 5000 Köln 1 · Tel. 02 21-31 57 17

Einladung

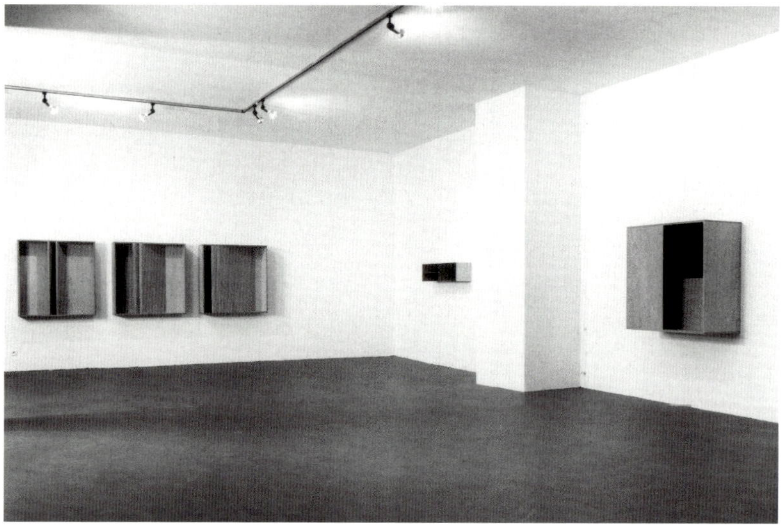

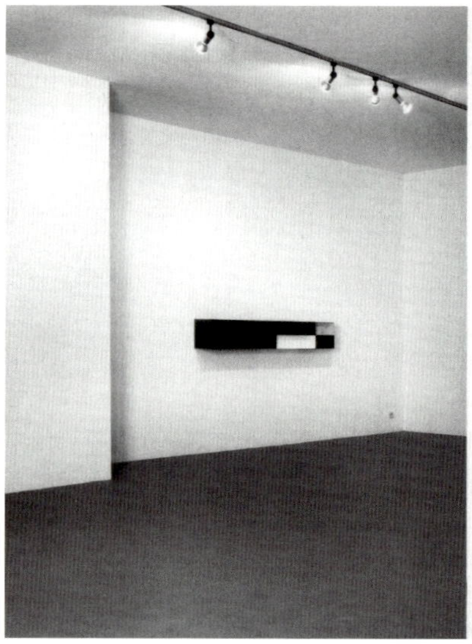

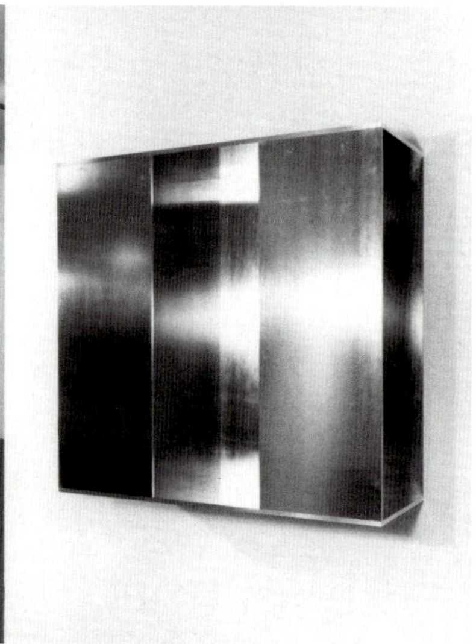

Donald Judd. Neue Skulpturen

1987

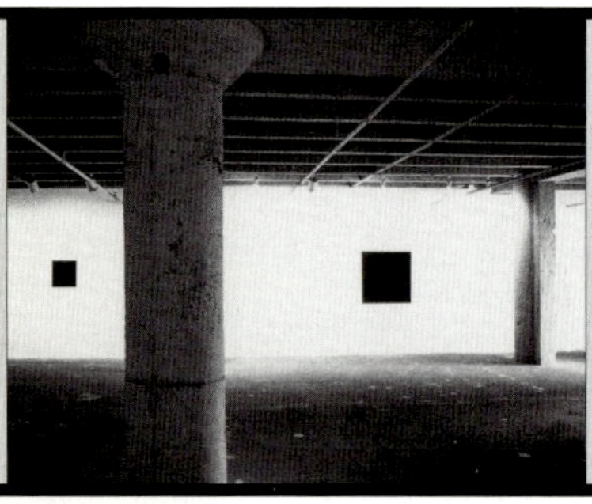

20. Februar – 28. März 1987
Günter Umberg
Burnett Miller Gallery, Los Angeles

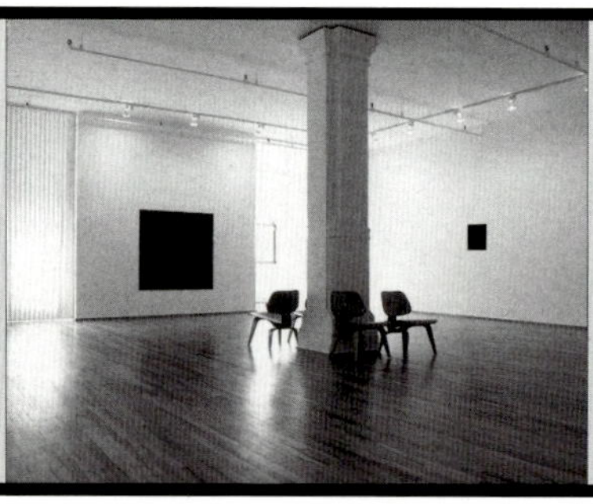

7. März – 28. März 1987
Günter Umberg
Lorence-Monk Gallery, New York

Günter Umberg

Günter Umberg

Alan Uglow

Einladung

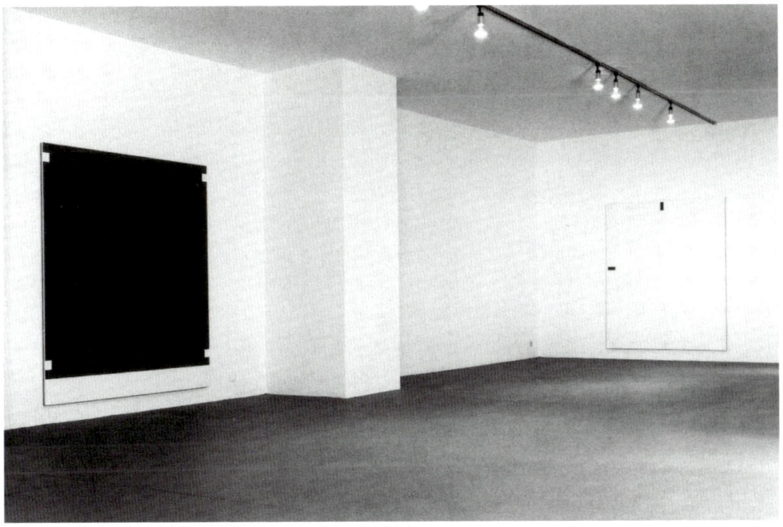

Ingrid Roscheck
17. Januar – 14. Februar 1987

Donald Judd
Neue Skulpturen
20. Februar – 24. März 1987

Alan Uglow
27. März – 25. April 1987

Günter Umberg
Malerei
30. April – 30. Mai 1987

Einladung

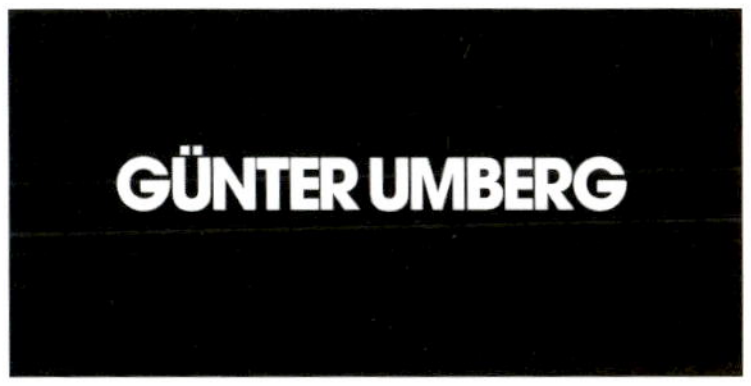

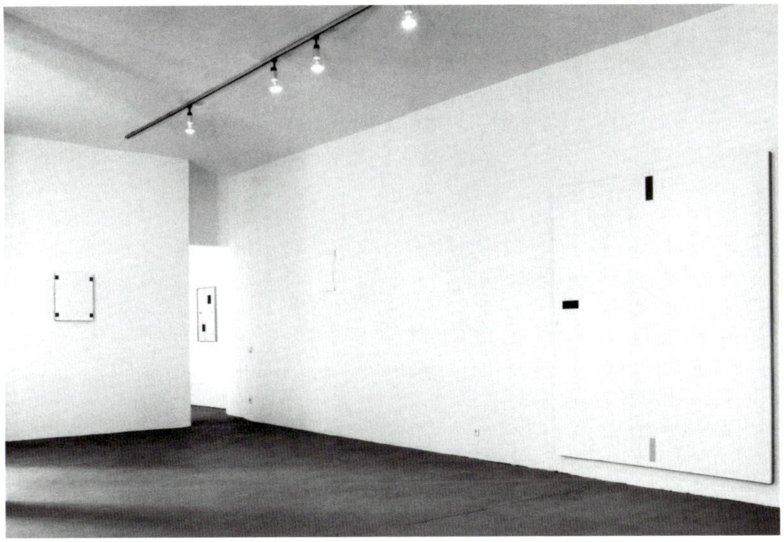

Alan Uglow

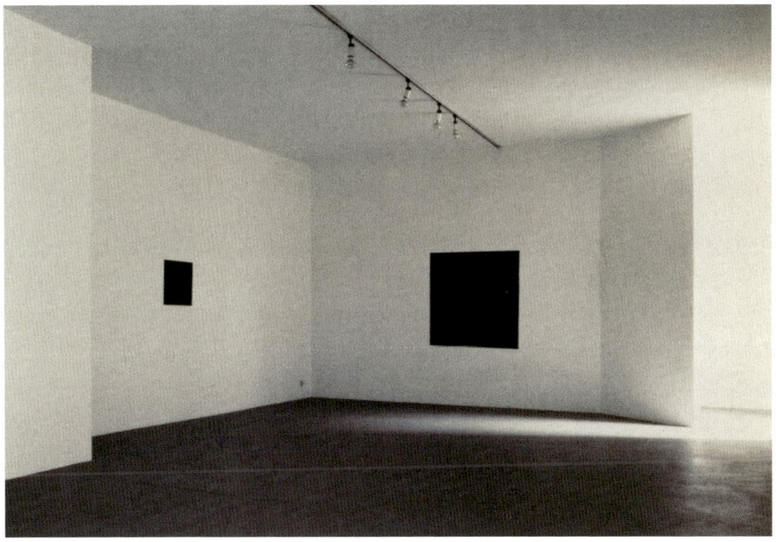

Günter Umberg. Malerei

19. Oktober 1987: Börsenkrach in New York (Schwarzer Montag)

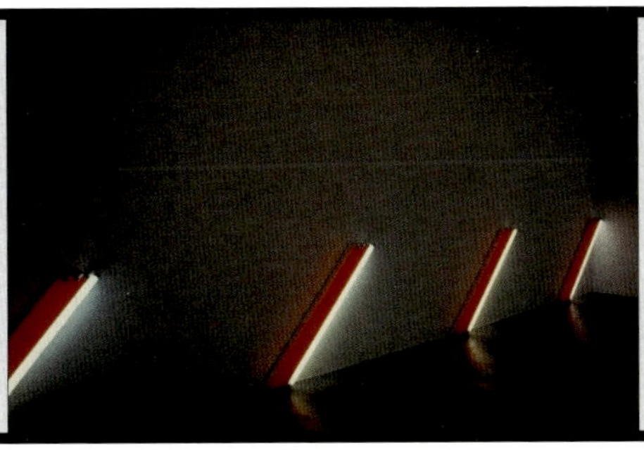

Dan Flavin [29]

29. Mai – September 1987
Dan Flavin
Annemarie Verna Galerie, Zürich

—Bevor sich bei dir – über die autodidaktischen Initiationserlebnisse der beiden ersten documenta*-Ausstellungen – eine Leidenschaft für die Kunst entwickelte, gab es bereits die Leidenschaft für* **Musik***, die sich auch in verschiedenen Konzerten, die du anlässlich von Ausstellungen initiierst hast, zeigt.*

Ja, beide Welten sind elementar in meinem Leben, ohne die Kunst und ohne die Musik kann ich nicht sein, aber ich möchte beide niemals miteinander vermischen: Musik ist Musik und Kunst ist Kunst. Kunst besitzt im Verhältnis zu Musik etwas Statisches, ich kann zu ihr hingehen, fortgehen und wiederkommen, wohingegen die Informationen in der Musik fortlaufend sind, ich kann sie erleben im Moment, doch es gibt ein dramaturgisches Ende. In der Musik wird etwas produziert, was an sich tonlos in Schubladen liegt, es bedarf des Musikers, um ein akustische Ereignis zu werden. Die visuellen Ereignisse der Kunst hingegen ereignen sich im unmittelbaren Gegenüber. Das sind zwei grundlegend verschiedene Formen der Wahrnehmung. Einzig in der Prozesskunst schliessen sich hier Elemente zusammen.

Parallel zu meinem Interesse an der Kunst blieb die Faszination für die Musik konstant bestehen – über die Klassik kam ich zur Neuen Musik. 1948 bin ich das erste Mal in ein Konzert gegangen, immer intensiver arbeitete ich mich in die Musik hinein, hörte Partituren lesend zu, lernte im Lauf der Zeit differenzieren, die Vielfältigkeit an Interpretationsmöglichkeiten kennen und eine Präzision der Form schätzen, zum Beispiel, dass auch eine 16tel Note akkurat gespielt wird. In den späten 1940er und 1950er Jahren wurde in Konzerten viel Neue Musik gespielt: Ein Urerlebnis war eine Aufführung von Karlheinz Stockhausens *Gesang der Jünglinge*, ein elektroakustisches Werk, das die biblischen Worte der drei jungen Männer im Feuerofen behandelt. Ein besonderes Interesse gilt der Alleatorik, das heisst dem Einbezug zufälliger Formenkonstellationen, da spielen Morton Feldman und John Cage auch eine grosse Rolle.

Hie und da taucht meine Faszination für Musik als Programm auf, das erste Mal war dies 1966 in Kassel, da gab es ein Konzert von Roland Kayn mit Kybernetischer Musik,

1987

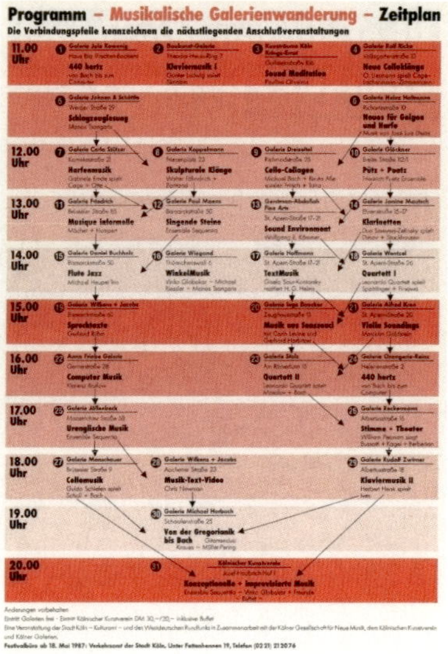

Programmankündigung

Joseph Marioni

Einladung

Neue Celloklänge
Othello Liesmann spielt Stücke von John Cage, Helmut Lachenmann und Walter Zimmermann.
Konzert anlässlich der musikalischen Galerienwanderung im Rahmen des Rheinischen Musikfestes Köln 1987
30. Mai 1987, 11 Uhr

Joseph Marioni
13. Juni – 18. Juli 1987

Jürgen Meyer
Bilder
11. September – 6. Oktober 1987

Keith Sonnier
Neue Skulpturen
12. November – 19. Dezember 1987

Joseph Marioni

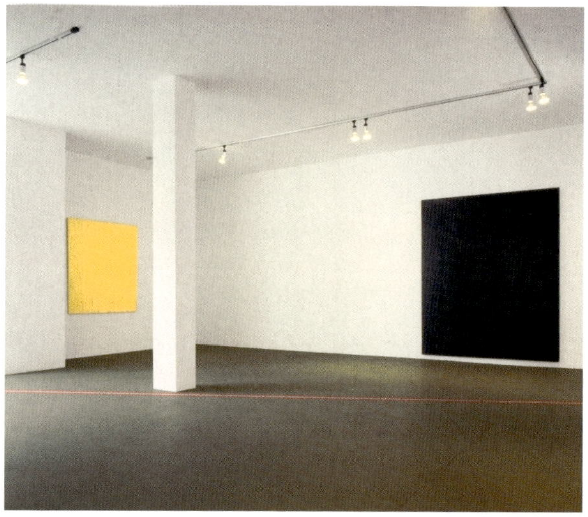

12. Juni – 20. September 1987
documenta 8
Kassel. Künstlerische Leitung: Manfred Schneckenburger. Künstler u. a. Artschwager, Grosvenor, Serra

Keith Sonnier

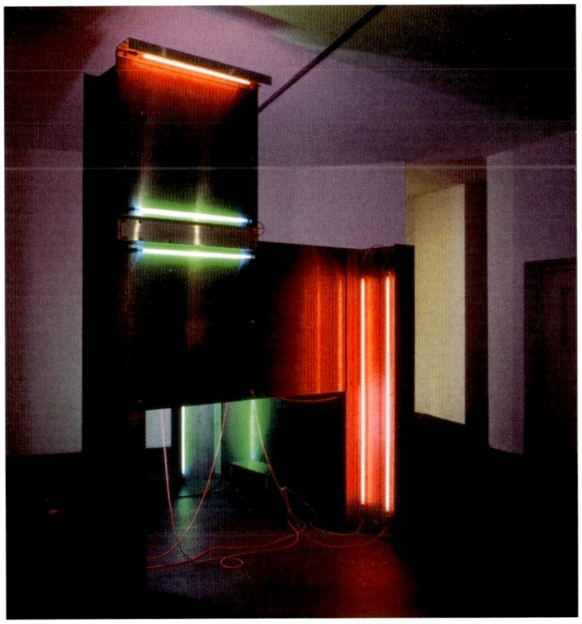

Keith Sonnier. Neue Skulpturen

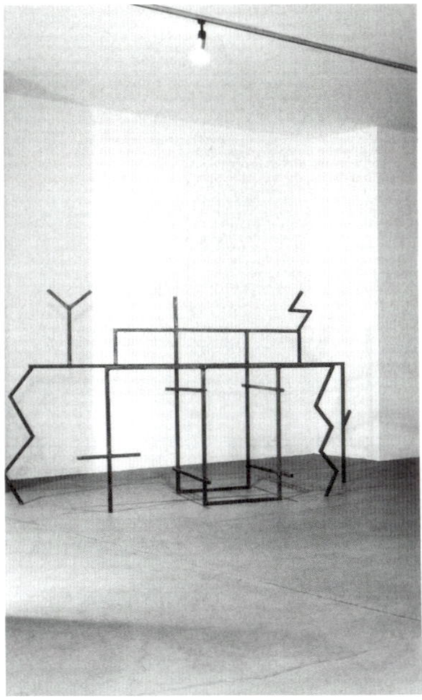

Einladung

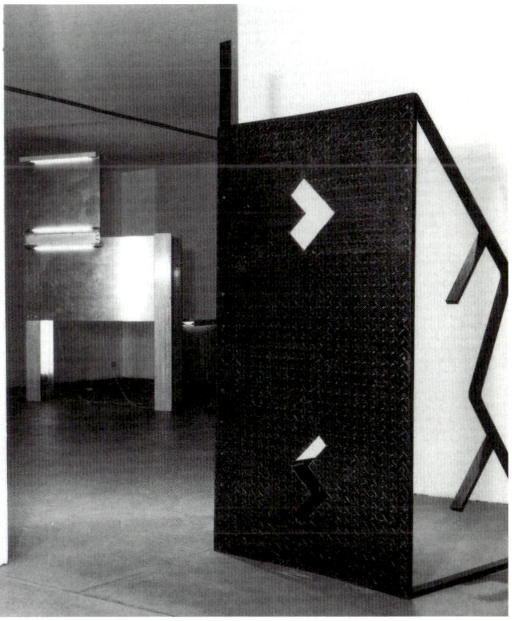

Joseph Marioni

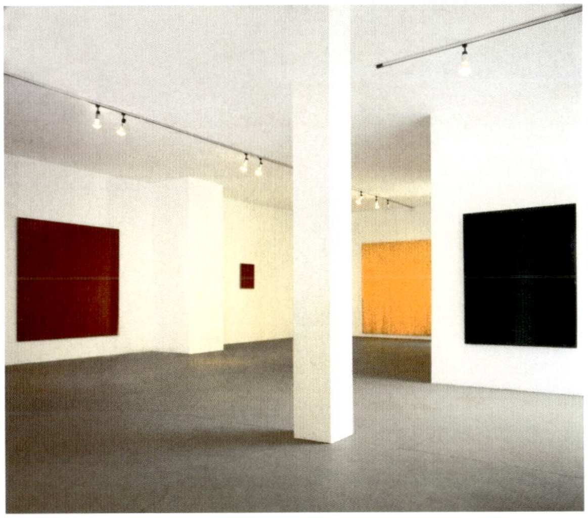

Jürgen Meyer. Bilder

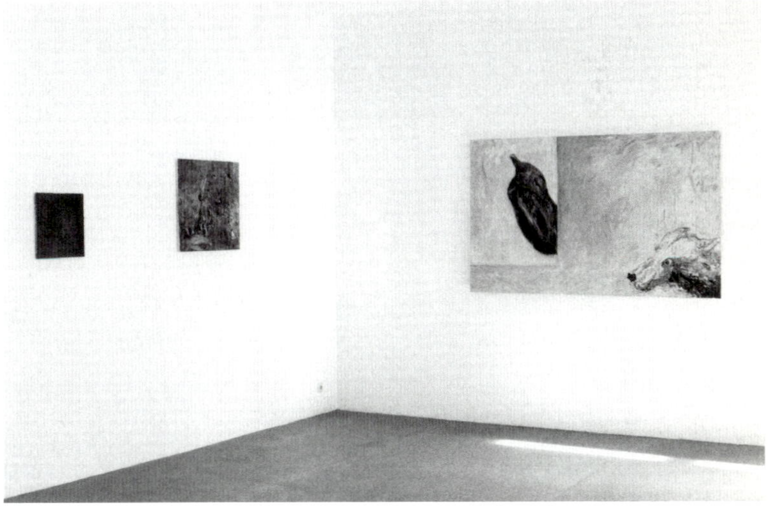

September 1987

Primary Structures

Rhona Hoffman Gallery, Chicago. Kuratiert von Robert Nickas

im gleichen Jahr sang Gerhard Rühm, ein wichtiger Vertreter der Lautdichtung, zu einer Ausstellungseröffnung. 1969 trat Philip Glass in der Galerie in Köln auf und spielte seine Komposition *Two Pages* an der Hammond-Orgel. 1987 trug Othello Liesmann in der Galerie auf dem Violoncello Stücke von John Cage, Helmut Lachenmann und Walter Zimmermann vor. 1989 anlässlich der Eröffnung *Aus meiner Sicht* im Kölnischen Kunstverein gab es einen Klavierabend mit Hermann Kretzschmar im Belgischen Haus und zum Abschluss der Ausstellung spielte das Trio Basso. 2002 in Nürnberg während *Einfach Kunst* gab es zwei Konzertabende mit dem Minguet Quartett. Ich initiierte ausschliesslich Konzerte mit zeitgenössischer Musik, denn ich fühle mich meiner Zeit verpflichtet. Sehr gern hätte ich weitere Konzerte angeregt, das ist für mich etwas ganz Grosses.–

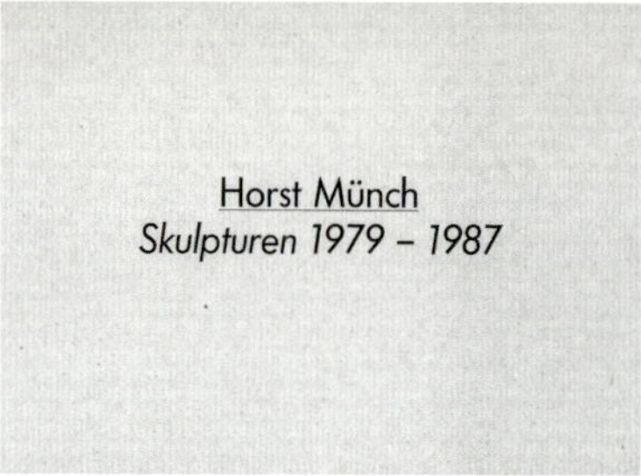

Einladung

Horst Münch und Rolf Ricke

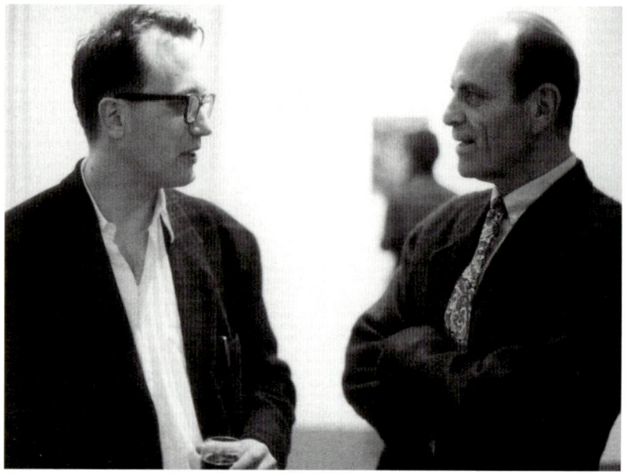

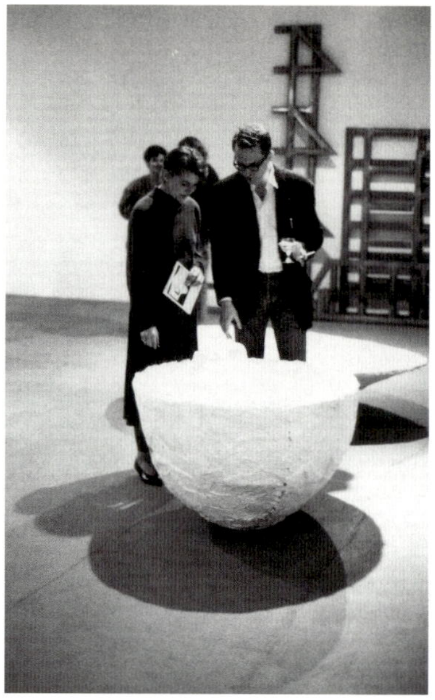

Renate Puvogel und Horst Münch

Horst Münch. Skulpturen 1979–1987

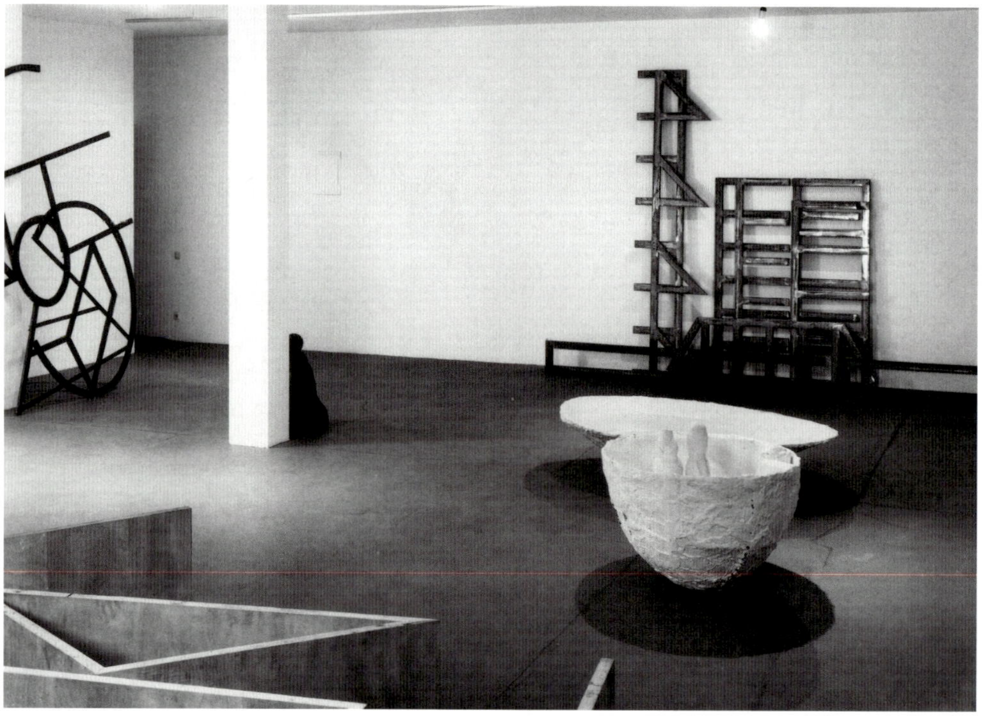

1988

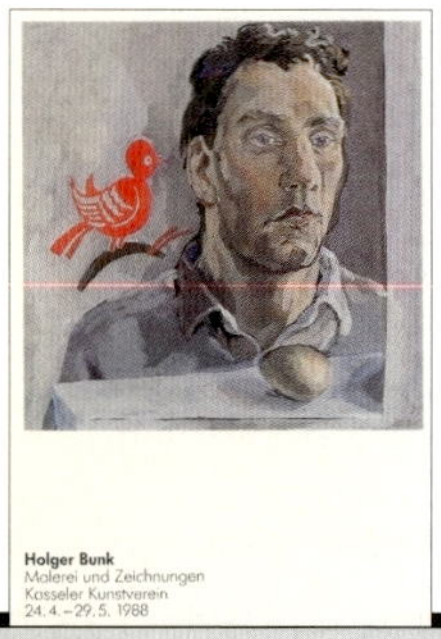

24. April – 29. Mai 1988
Holger Bunk. Malerei und Zeichnungen
Kasseler Kunstverein, Kassel

7. – 28. Mai 1988
Laurie Parsons
(1. Einzelausstellung)
Lorence-Monk Gallery, New York

13. Mai – 3. Juni 1988
Thom Merrick
(1. Einzelausstellung)
American Fine Arts, New York

27. Mai 1988
Bill Bollinger stirbt im Alter von 48 Jahren in Pine Plains, New York.

Einladung Holger Bunk

Horst Münch
Skulpturen 1979–1987
15. Januar – 27. Februar 1988

Dieter Fuchs
Papa
4. März – 6. April 1988

Walter Dahn
Dieter Fuchs
Kammermusik und fette Brühe
Gemeinschaftsarbeiten
1986/1988
8. – 23. April 1988

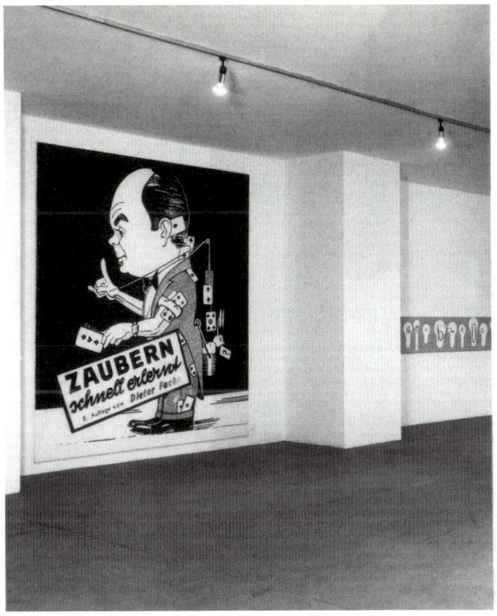

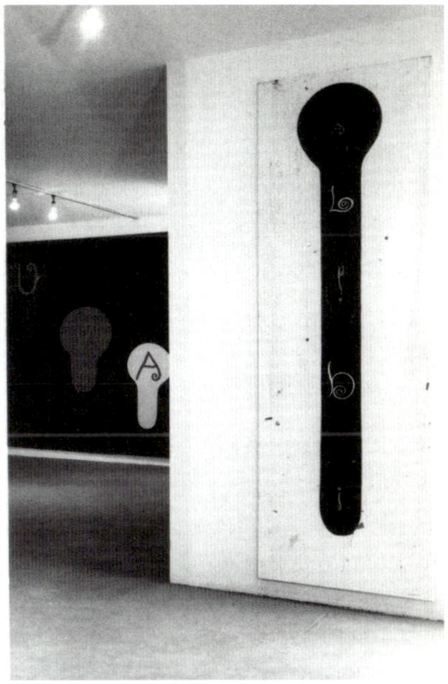

Dieter Fuchs. Papa

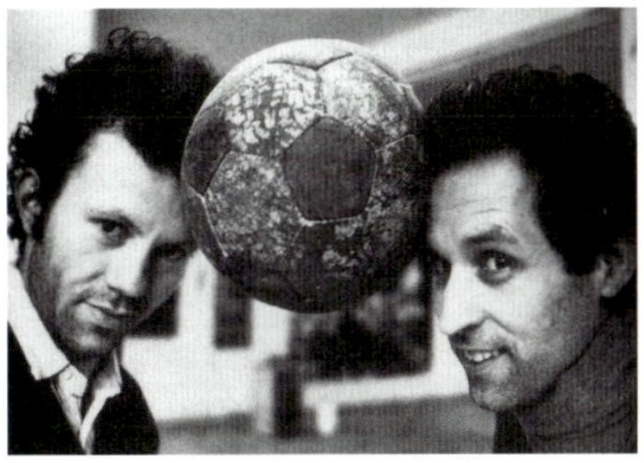

Walter Dahn / Dieter Fuchs
Kammermusik und fette Brühe
Gemeinschaftsarbeiten 1986/88

Eröffnung
Freitag, 8. April 1988
19–21 Uhr

Dauer der Ausstellung
8. – 23. April 1988
Di–Fr 10–13 und 14–18 Uhr
Sa 11–13 Uhr

Galerie Rolf Ricke
Volksgartenstraße 10
D-5000 Köln 1
Telefon (02 21) 31 57 17

Drucksache

Einladung

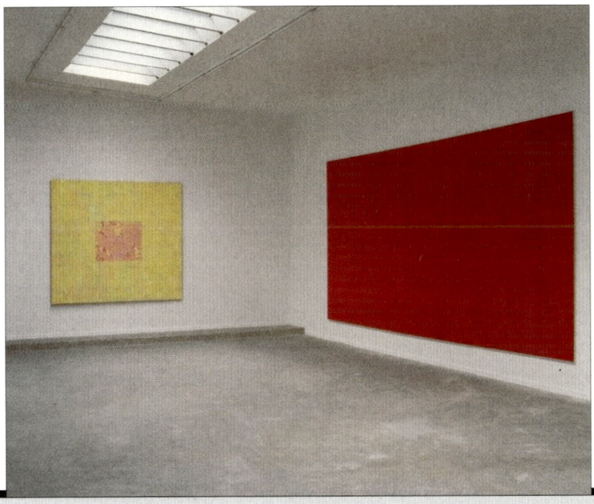

20. August 1988: Ende des Iran-Irak-Krieges (erster Golfkrieg)

24. Juni – 10. September 1988
Dernière Station avant l'autoroute
Steve DiBenedetto, Steven Parrino, Chuck Nanney,
Olivier Mosset
Le Consortium, Dijon

7. Oktober – 5. Dezember 1988
La Couleur seule. L'Éxpérience du monochrome
Musée Saint Pierre Art Contemporain, Lyon, Octobre des Arts.
Kuratiert von Thierry Raspail. Künstler u. a. Baer, Flavin, Johns, McCollum,
Mosset, Parrino, Schiess, Serra, Umberg

Dernière Station avant l'autoroute: DiBenedetto, Mosset

—**1988** reiste ich nach langer Zeit das erste Mal wieder nach New York und auch nur, weil Donald Judd im Whitney Museum eine Retrospektive hatte, die für mich so von Bedeutung war, dass ich mir sagte: „Ich fahre." Und es wurde eine Sensation. Ich war nur vier Tage in **New York**, gemeinsam mit Günter Umberg, und entdeckte so viel Kunst, die mich begeisterte, mich völlig sprachlos und zugleich glücklich machte. Es war eigentlich die Zeit, in der ich dachte, „Gut, du hast deine Arbeit gemacht. Aber jetzt machst du weiter." Ab da baute ich meine zweite Karriere auf. Schlag auf Schlag kam wieder eine neue überraschende Entdeckung, ein neuer Künstler dazu. Es gab Momente, da dachte ich: „Ja, das ist so wie früher, wie in den späten 1960ern." Doch ganz wesentlich war, dass bei all den Künstlern eine intellektuelle Auseinandersetzung mit der Geschichte und Tradition stattfand. Bei dieser ersten New York Reise stiess ich auf Steven Parrino, Laurie Parsons und Thom Merrick. Ich kaufte in den Ateliers sofort Arbeiten und vereinbarte massgeblich das Programm für das kommende Jahr. Ab diesem Moment bin ich wieder regelmässig nach New York geflogen. Ich stiess auf Matthew McCaslin, auf Cady Noland, auf David Reed, Joseph Marioni, Tishan Hsu, Jeffrey Wisniewski, Fabian Marcaccio, Carl Ostendarp … Mein Motto hiess: Ärmel hochkrempeln und los. Frau Klein, meine Mitarbeiterin in der Galerie, redete mir vor jeder New York Reise gut zu: „Jetzt ist aber Schluss. Kommen Sie nicht wieder mit neuen Künstlern." Aber ich konnte es nicht lassen. Es war mir so wichtig, mich für diese Künstler einzusetzen, mich für diese Kunst stark zu machen. Denn alle diese Künstler – da können wir oben anfangen und unten wieder aufhören – sind ja damals nicht akzeptiert worden. Sie haben es ja bis heute noch schwer, aber gemessen an den vielen Erscheinungen, die kamen und wieder untergegangen sind, ist sehr viel geblieben. 1988 war wie ein Neuanfang, alles begann von vorne, das ganze Programm formulierte sich neu und ich zog eine Ausstellung nach der anderen durch, und dabei konnte ich einige Künstler überhaupt nicht berücksichtigen.—

Daniel Zimmermann
Adrian Schiess
Urs Frei
Christoph Rütimann

Einladung

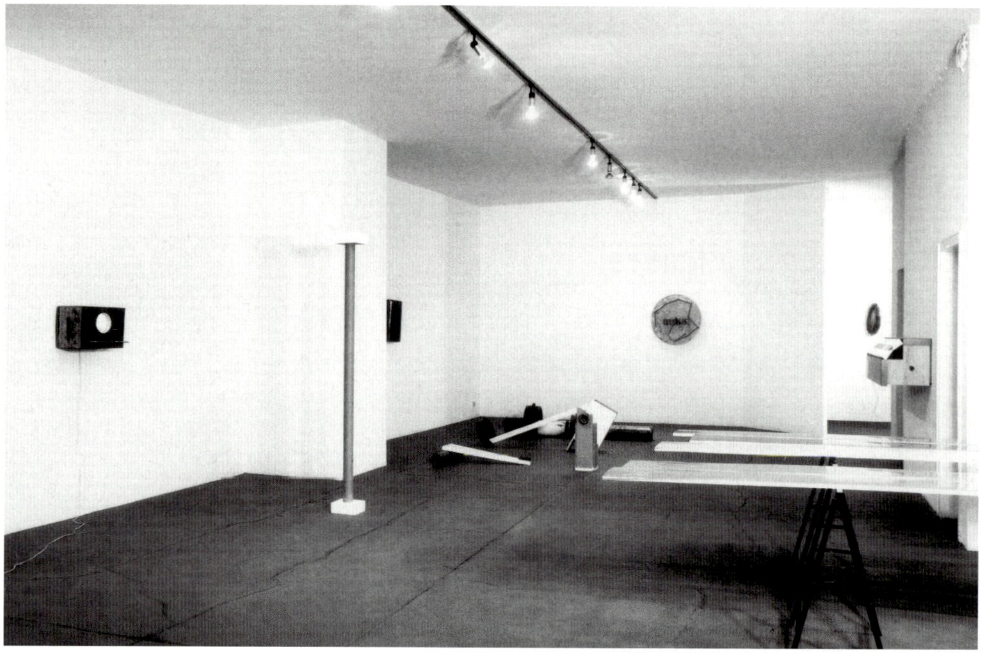

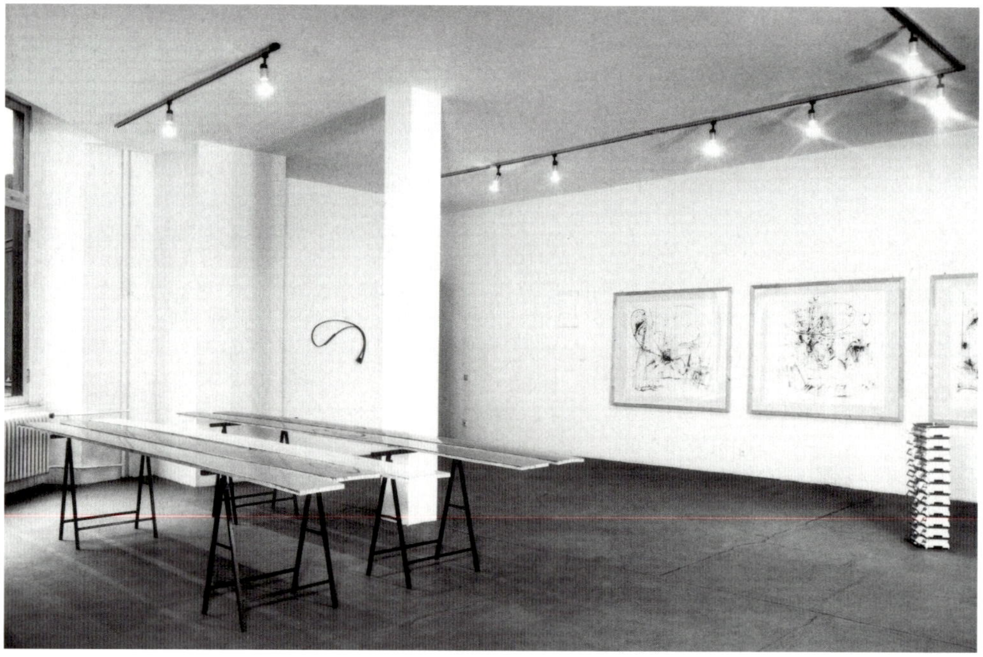

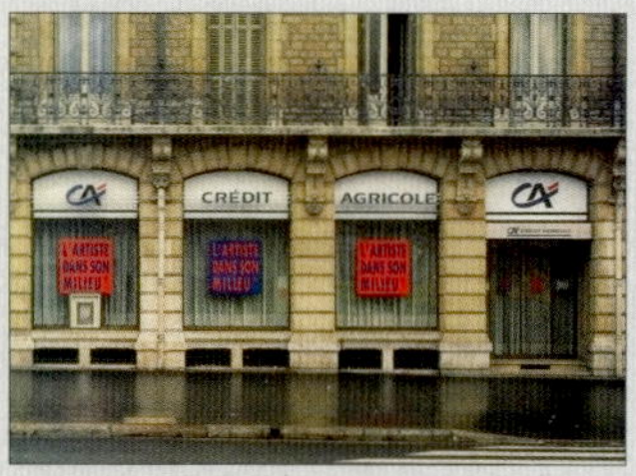

Einladung Philippe Cazal

14. Oktober – 30. November 1988
Philippe Cazal. Au bout du compte
Agences du Crédit Agricole, Dijon

20. Oktober – 31. Dezember 1988
Donald Judd
Whitney Museum of American Art, New York

Polyglott
Urs Frei, Christoph Rütimann, Adrian Schiess, Daniel Zimmermann
Kuratiert von Christoph Schenker
29. April – 4. Juni 1988

Farbfeldmalerei New York 1968
Dan Christensen, Lawrence Stafford, Peter Young
5. – 30. Juli 1988

Linien
Arbeiten auf Papier
Jo Baer, Bill Bollinger, Robert Grosvenor, Edgar Gutbub, Michael Heizer, Donald Judd, Gary Kuehn, Barry Le Va, Sol LeWitt, Horst Münch, David Rabinowitch, Ulrich Rückriem, Fred Sandback, Adrian Schiess, Alf Schuler, Richard Serra, Keith Sonnier, Richard Tuttle, Hans-Peter Webel
16. September – 5. November 1988

Donald Judd
Neue Skulpturen
11. November 1988 – 14. Januar 1989

Farbfeldmalerei New York 1968: Christensen [22], Stafford

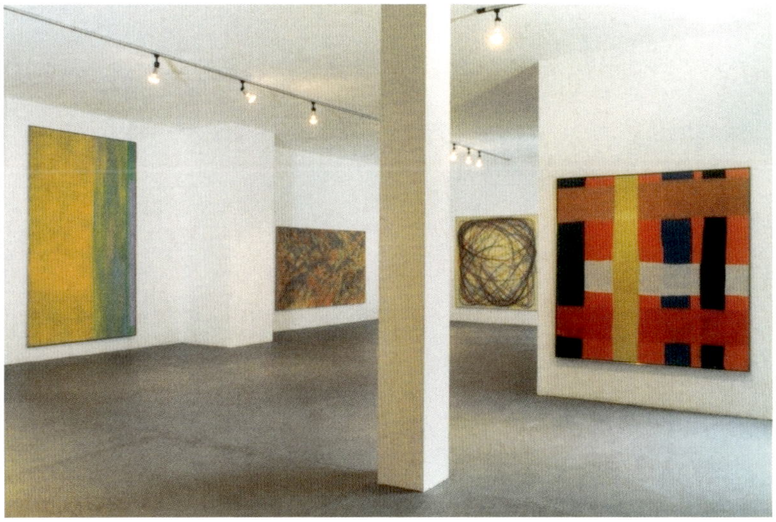

Donald Judd

Einladung

Donald Judd. Neue Skulpturen

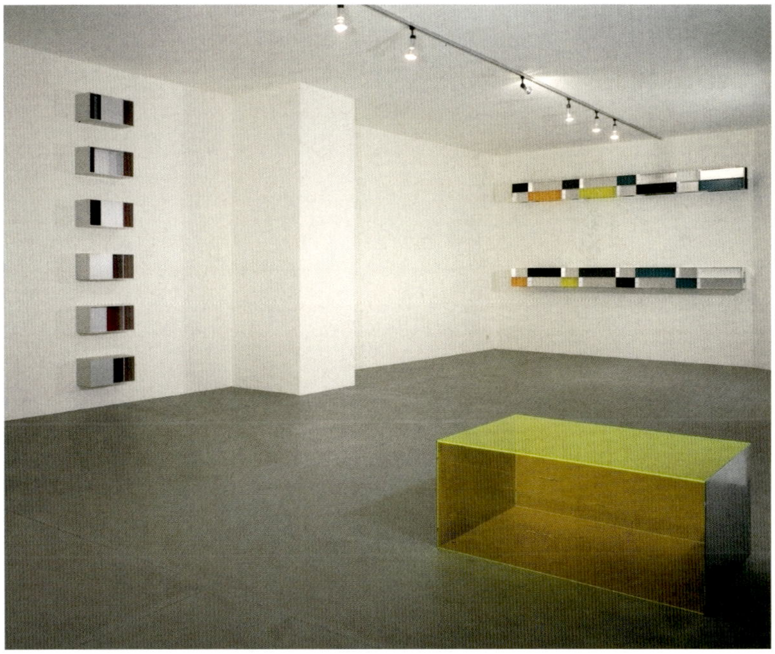

Polyglott:
Frei, Schiess (links oben)
Schiess, Rütimann (links unten)

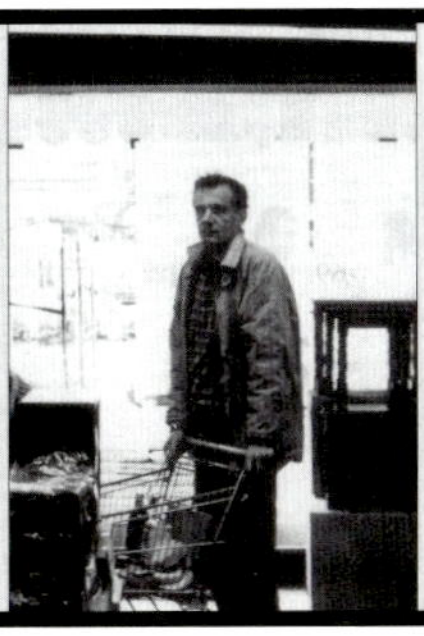

Einladung Helmut Dorner

5. November – 22. Dezember 1988
Helmut Dorner. Peintures
Galerie Philippe Casini, Paris

1988
Urs Frei
(1. Einzelausstellung)
Galerie Bob Gysin, Zürich – Dübendorf

1988
Cady Noland
(1. Einzelausstellung)
White Columns, New York

—Anlässlich der Ausstellung **Bilderstreit** in Köln 1989 gab es einen grossen Eklat mit **Donald Judd**. Als er eingeladen wurde, antwortete er, er nehme nur teil, wenn er einen Artikel für den Katalog schreiben könne. Judd hatte sich bereits in früheren Artikeln gegen die Form der Gross-Ausstellungen gewendet, da seine Erfahrung bei derartigen Mega-Veranstaltungen ihm gezeigt hatte, dass nicht die Arbeit und ihre sorgfältige Präsentation im Vordergrund stehen, sondern dass es vielmehr um die Namen geht. Johannes Gachnang, einer der beiden Kuratoren, gestand ihm diese Forderung zu. Judds Artikel wurde ein Text gegen die Ausstellung, in einer sehr rabiaten Form. Er wurde nicht im Katalog publiziert.
Ungefähr eine Woche nach der Eröffnung holte ich Donald Judd morgens um sechs am Flughafen ab, wir mussten sofort in die Ausstellung, das war mit ihm so verabredet. Um zehn waren wir dort. Wir gingen in den Raum, in dem seine Arbeiten präsentiert wurden. Ein riesengrosser Raum in den Messehallen, mit einem Kanaldeckel. Genau auf diesem Kanaldeckel war eine seiner Arbeiten platziert, ein zentrales Werk: ein Plexiglasobjekt mit Metall an beiden Seiten und Drähten in der Mitte, die alles zusammen halten. Beim Betrachten der Arbeit sah man unweigerlich auf diese Kanalklappe. Judd sah sich die Ausstellung gar nicht weiter an. Er wollte sofort in die Galerie. Dort holte er sein Notizbuch hervor und rief die Leihgeber an, die Saatchi Collection, das Stedelijk Museum und die Sammlung Fröhlich. Er sagte ihnen, wenn sie irgendeinen Respekt vor seiner Arbeit hätten und zukünftig noch irgendetwas mit ihm zu tun haben wollten, müssten sie sofort die Leihgaben abziehen. Alle Leihgeber haben das getan. Das war für mich eine Lehrstunde erster Güte. Dann sagte er, ausser sich vor Wut, jetzt müsse der Artikel veröffentlicht werden. Amine Haase hat ihn später im *Kunstforum* publiziert.—

Ulrike Nattermüller
Bilder und Zeichnungen

Eröffnung der Ausstellung am Freitag, dem 20. Januar 1989, 19 – 22 Uhr
und Samstag, dem 21. Januar 1989, 11 - 18 Uhr.

Dauer der Ausstellung:
20. Januar bis 21. Februar 1989

Öffnungszeiten:
Di – Fr 10 – 13 Uhr und 14 – 18 Uhr
Sa 11 – 13 Uhr

Galerie Rolf Ricke · Volksgartenstraße 10 · 5000 Köln 1 · Tel. (0221) 315717

Einladung

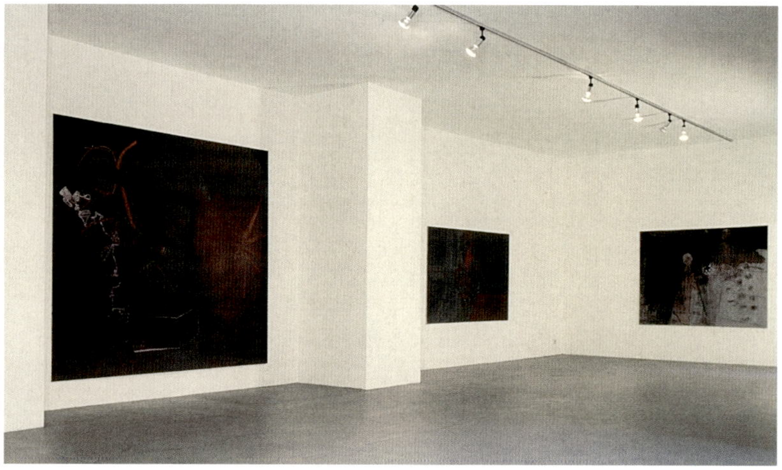

Ulrike Nattermüller. Bilder und Zeichnungen

Günter Umberg

Einladung

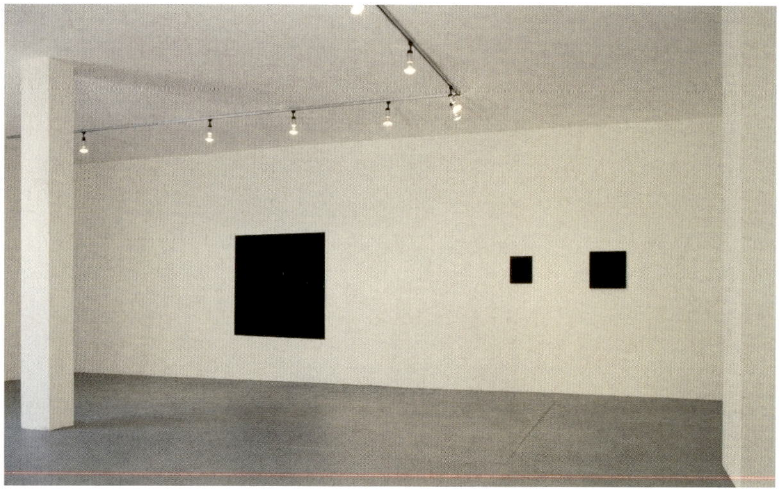

Günter Umberg

1989

8. April – 28. Juni 1989
Bilderstreit. Widerspruch, Einheit und Fragment in der Kunst seit 1960
Museum Ludwig in den Rheinhallen der Kölner Messe, Köln
Kuratiert von Siegfried Gohr und Johannes Gachnang
Künstler u. a. Artschwager, Flavin, Johns, Judd, McCollum

Galerie Rolf Ricke, Köln, Volksgartenstrasse 10

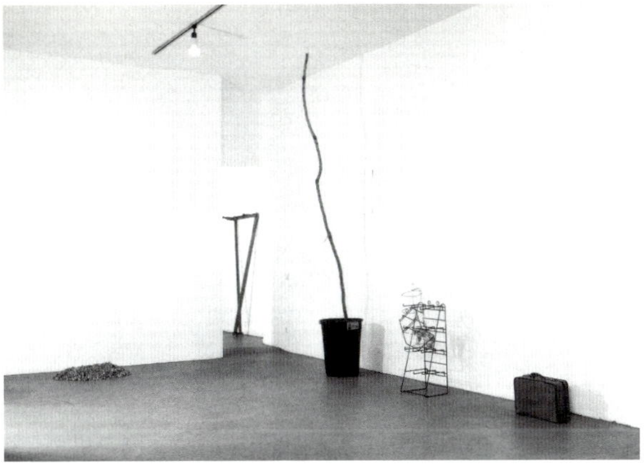

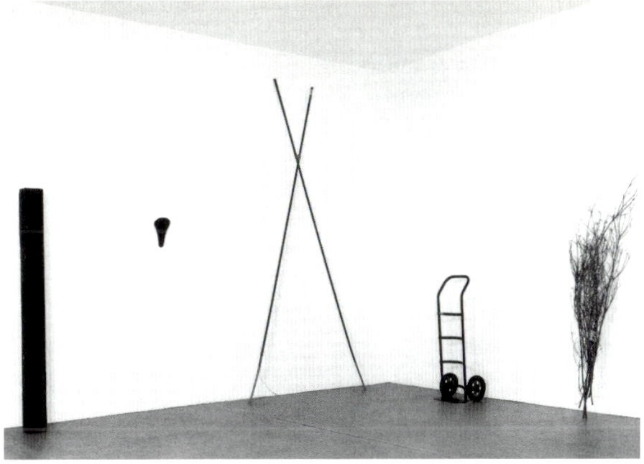

Ulrike Nattermüller
Bilder und Zeichnungen
20. Januar – 21. Februar 1989

Günter Umberg
24. Februar – 1. April 1989

Laurie Parsons
(1. Einzelausstellung in Europa)
7. April – 13. Mai 1989

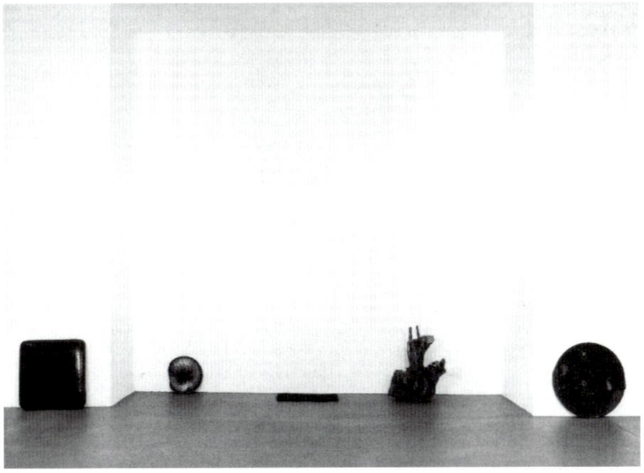

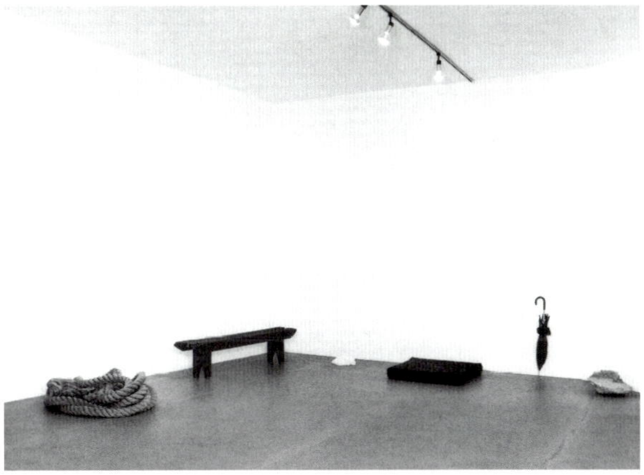

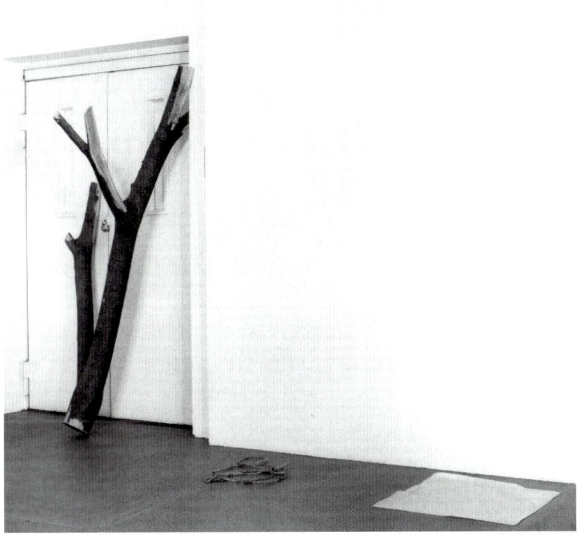

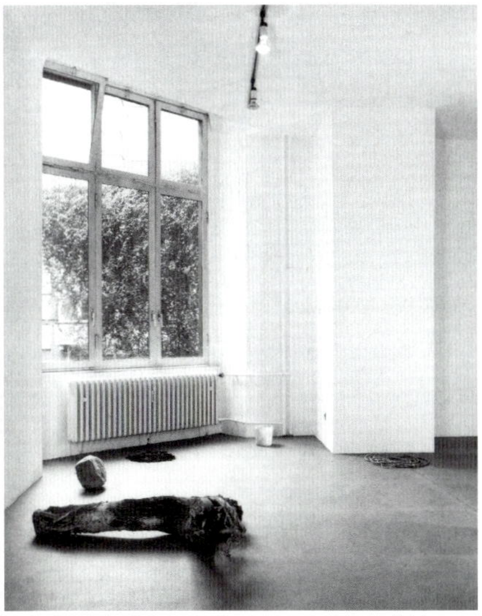

Einladung

Laurie Parsons

Laurie Parsons

16. Mai – 23. Juli 1989
Barry Le Va. Glass, Bullets, Cleavers, 1968–1970/Glas, Geschosse, Beile, 1968–1970
Städtisches Museum Abteiberg, Mönchengladbach

– 1989 stand das 25-jährige Jubiläum der Galerie bevor und Wulf Herzogenrath, damals noch Direktor des Kölnischen Kunstvereins, lud mich ein, dieses Ereignis mit einer Ausstellung, die ich konzipieren sollte, zu begehen. Dieser Einladung folgte ich mit grosser Freude, ich konnte es selbst kaum fassen: 25 Jahre Galerie, 21 Jahre in Köln, gerade erst hatte ich selbst wieder an meine eigenen Anfänge angeknüpft mit der erneuten Zusammenarbeit mit Donald Judd, den erneuten Reisen nach New York. Das gab auch die Grundidee für die Konzeption vor. Die Ausstellung, die ich **Aus meiner Sicht** nannte, legte ich als ein zugespitztes Destillat über die 25 Jahre an, die ich von der Kunst gesehen und erlebt hatte, ich verstand es nicht als reinen Rückblick auf die 25 Jahre Galeriearbeit. Auf den Stirnseiten des Raumes wollte ich gerne eine Arbeit von Gerhard Richter und auf der gegenüberliegenden Wand eine Arbeit von James Rosenquist. Die Idee war, auf diese Weise eine Klammer für die Ausstellung zu bilden. Beide Haltungen gehen in die gleiche Zeit zurück, beide Positionen bildeten für mich sozusagen die Pole der Ausstellung. Daher ging ich gleich zu Beginn der Vorbereitungszeit persönlich zu Gerhard Richter, um ihn einzuladen, schilderte ihm mein Konzept und Richter sagte spontan: „Ja! Erzählen Sie mir genau, wie gross die Wand ist. Geben Sie mir die Masse. Ich male Ihnen neue Arbeiten dafür." Er malte vier Bilder, extra dafür! Ausgehend von diesen zwei Polen gab es weitere Setzungen von Künstlerpositionen, die ihre Anfänge in den späten 1960er und Anfang der 1970er Jahre hatten, sei es Richard Artschwager, Bill Bollinger, Eva Hesse, Gary Kuehn, die ich sehr bewusst mit jüngeren Positionen wie Holger Bunk, Dieter Fuchs, Joseph Marioni, Thom Merrick, Li-Trincere und anderen konfrontierte. Doch zentral in den Raum zwischen die zwei malerischen Pole Richter und Rosenquist setzte ich zwei bildhauerische Pole: Robert Smithson und Donald Judd. Ihre Haltungen sind für mich wie Leitideen, Leitwege, ja wie zwei Lehrmeister, auch in Bezug auf eine theoretischen Auseinandersetzung, und um diese zentralen Punkte entfaltete sich ein offensives Spektrum von Kunst.

[Fortsetzung S. 130]

Urs Frei
Skulpturen
19. Mai – 24. Juni 1989

Holger Bunk. Moderne Liebe
30. Juni – 9. September 1989

Adrian Schiess
15. September – 14. Oktober 1989

Li-Trincere
18. Oktober – 9. November 1989

25 Jahre Galerie Ricke
Jo Baer, Dan Christensen, Dan Flavin, Keith Sonnier, Lawrence Stafford, Peter Young
17. November 1989 – 5. Januar 1990

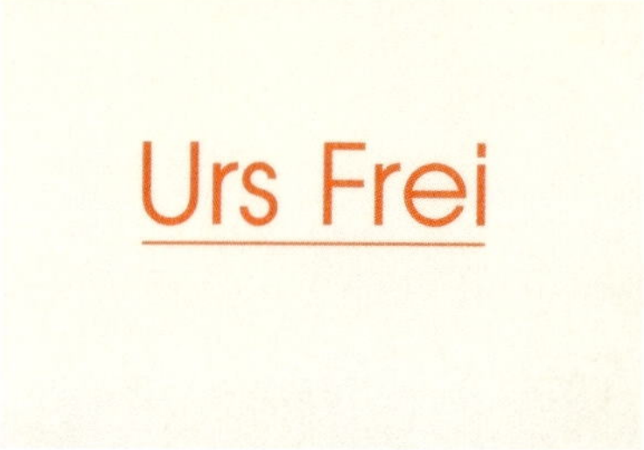

Einladung

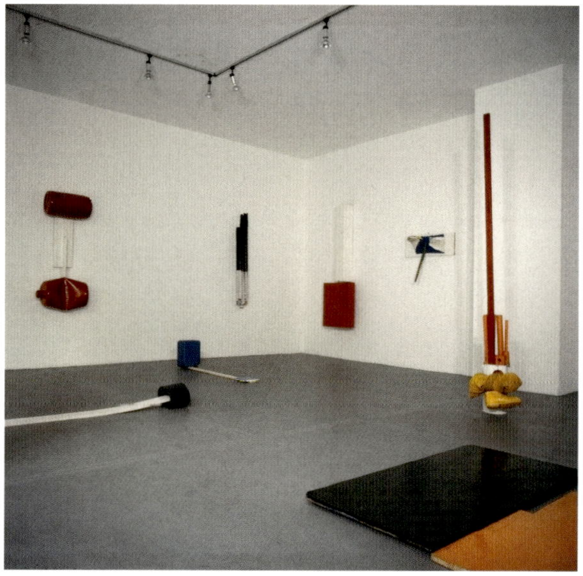

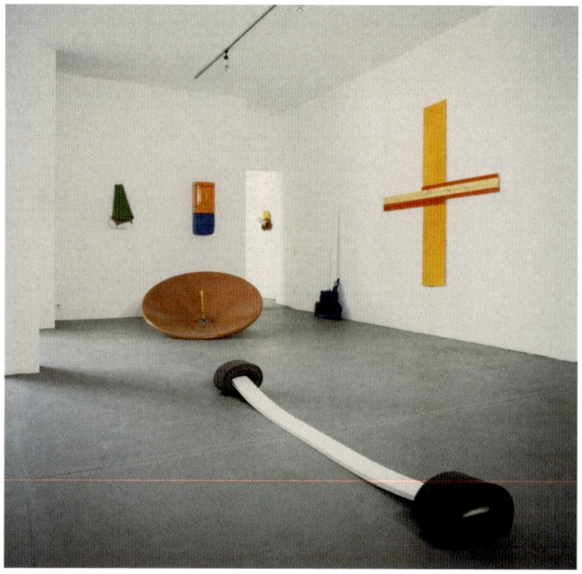

Urs Frei. Skulpturen

9. November 1989: Fall der Berliner Mauer

11. Oktober – 26. November 1989
Herbstsalon. Internationale Beiträge zur zeitgenössischen Kunst
DuMont Kunsthalle, Köln

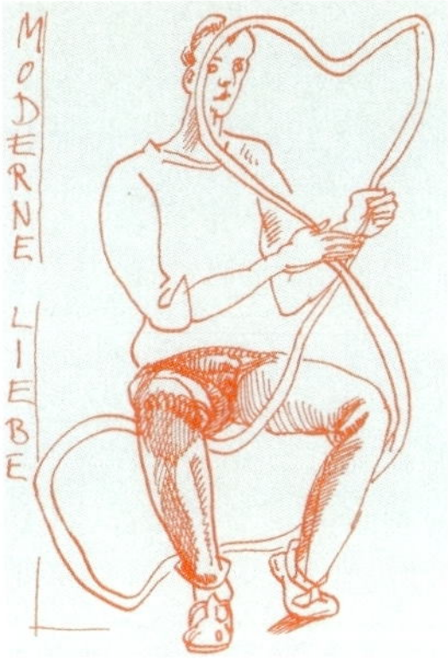

Einladung Holger Bunk

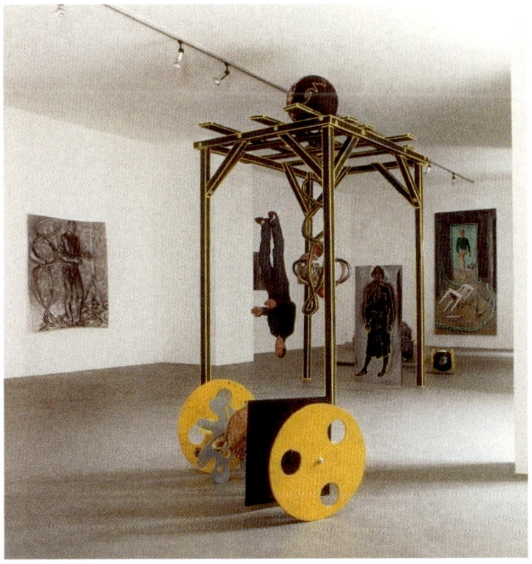

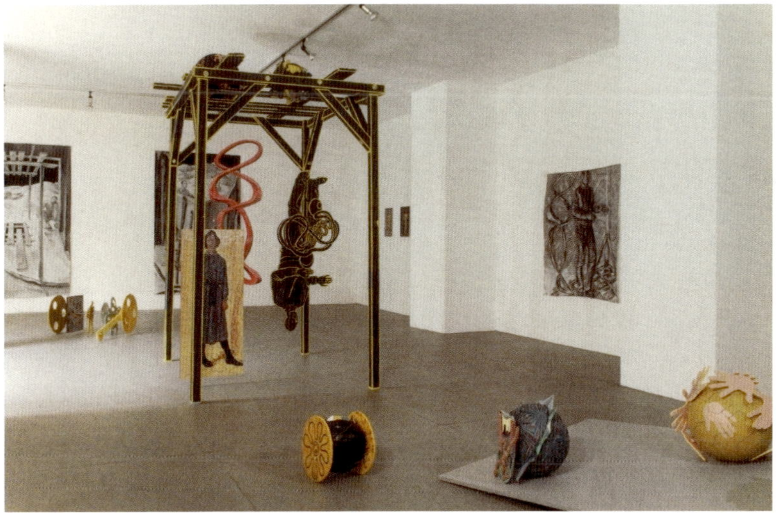

Holger Bunk. Moderne Liebe

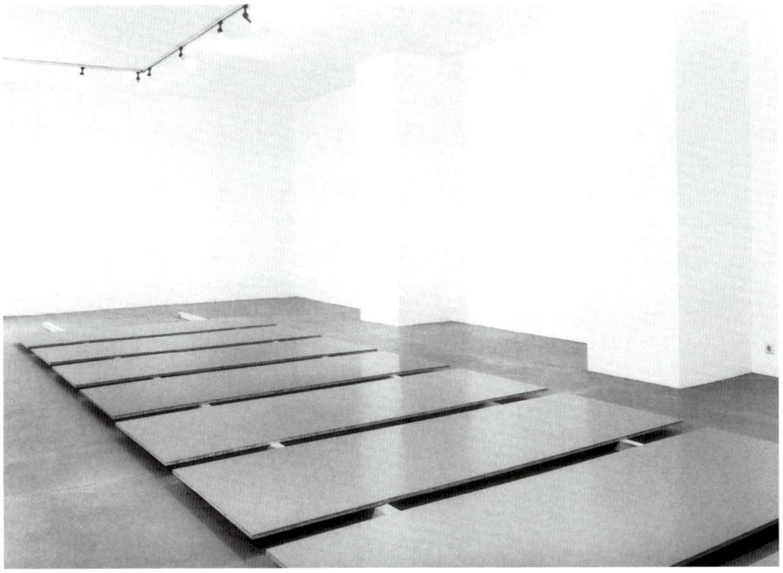

Adrian Schiess

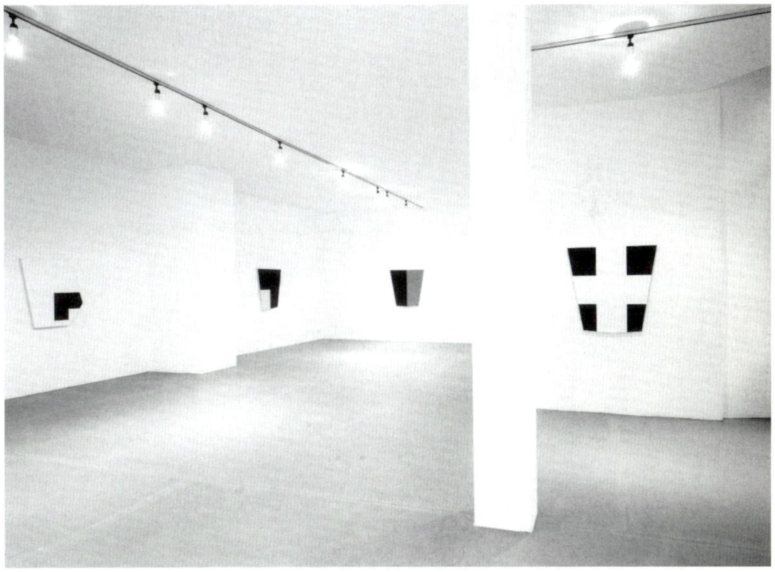

Li-Trincere

11. November 1989 – 18. Februar 1990

Einleuchten. Will, Vorstel und Simul in HH

Deichtorhallen Hamburg. Kuratiert von Harald Szeemann.

Künstler u. a. Flavin, Hsu, Judd, Noland, Serra, Sonnier

Aus meiner Sicht

Richard Artschwager, Tom Bills, Bill Bollinger, Elisabeth Brockmann, Holger Bunk, Philippe Cazal, Urs Frei, Dieter Fuchs, Eva Hesse, Donald Judd, Gary Kuehn, Bertrand Lavier, Barry Le Va, Joseph Marioni, Thom Merrick, Jürgen Meyer, Horst Münch, Ulrike Nattermüller, Cady Noland, Claudio Parmiggiani, Laurie Parsons, David Rabinowitch, David Reed, Gerhard Richter, James Rosenquist, Ulrich Rückriem, Edward Ruscha, Fred Sandback, Adrian Schiess, Richard Serra, Robert Smithson, Keith Sonnier, Karen Sylvester, Li-Trincere, Alan Uglow, Günter Umberg, Franz Wanner, Birgit Werres, Can Yasargil

Im Anschluss an die Eröffnung: Konzert im Belgischen Haus mit Hermann Kretzschmar (Ensemble Modern), Klavier-Recital

Zum Abschluss der Ausstellung: Konzert mit dem Trio Basso

Kölnischer Kunstverein, Köln
12. November 1989 – 7. Januar 1990
Ausstellung zum 25-jährigen Galeriejubiläum
Kuratiert von Rolf Ricke

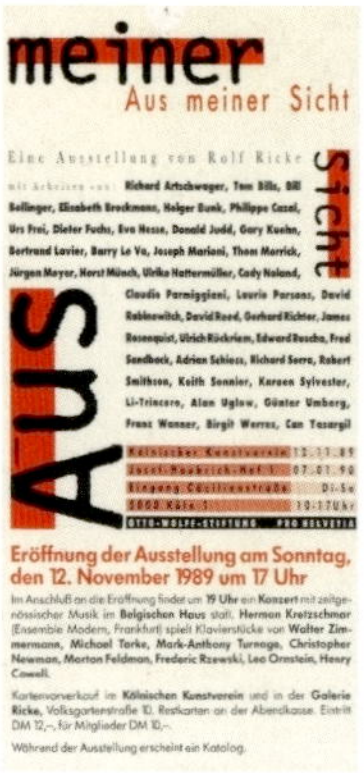

Einladung (Entwurf von Philippe Cazal)

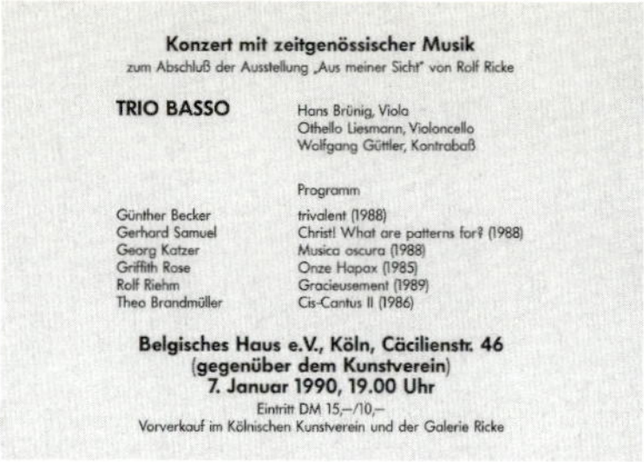

Konzert mit zeitgenössischer Musik
zum Abschluß der Ausstellung „Aus meiner Sicht" von Rolf Ricke

TRIO BASSO — Hans Brünig, Viola; Othello Liesmann, Violoncello; Wolfgang Güttler, Kontrabaß

Programm

Günther Becker	trivalent (1988)
Gerhard Samuel	Christ! What are patterns for? (1988)
Georg Katzer	Musica oscura (1988)
Griffith Rose	Onze Hapax (1985)
Rolf Riehm	Gracieusement (1989)
Theo Brandmüller	Cis-Cantus II (1986)

Belgisches Haus e.V., Köln, Cäcilienstr. 46 (gegenüber dem Kunstverein) 7. Januar 1990, 19.00 Uhr
Eintritt DM 15,–/10,–
Vorverkauf im Kölnischen Kunstverein und der Galerie Ricke

Einladung Konzert

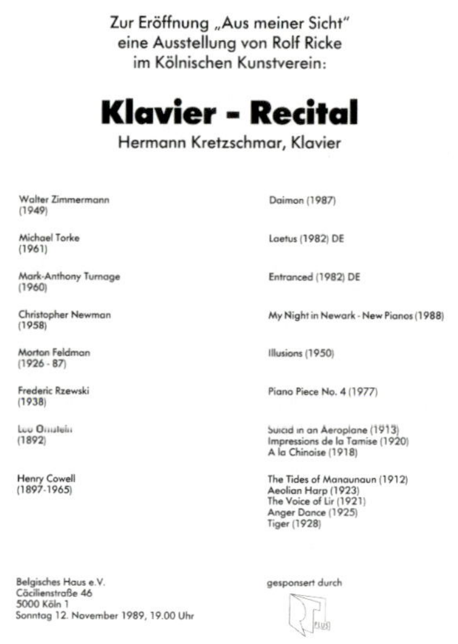

Zur Eröffnung „Aus meiner Sicht"
eine Ausstellung von Rolf Ricke
im Kölnischen Kunstverein:

Klavier - Recital
Hermann Kretzschmar, Klavier

Walter Zimmermann (1949)	Daimon (1987)
Michael Torke (1961)	Laetus (1982) DE
Mark-Anthony Turnage (1960)	Entranced (1982) DE
Christopher Newman (1958)	My Night in Newark - New Pianos (1988)
Morton Feldman (1926 - 87)	Illusions (1950)
Frederic Rzewski (1938)	Piano Piece No. 4 (1977)
Leo Ornstein (1892)	Suicid in an Aeroplane (1913) Impressions de la Tamise (1920) A la Chinoise (1918)
Henry Cowell (1897-1965)	The Tides of Manaunaun (1912) Aeolian Harp (1923) The Voice of Lir (1921) Anger Dance (1925) Tiger (1928)

Belgisches Haus e.V.
Cäcilienstraße 46
5000 Köln 1
Sonntag 12. November 1989, 19.00 Uhr

gesponsert durch

Konzertprogramm

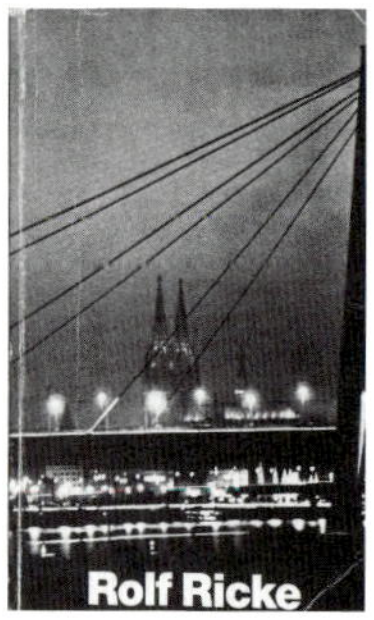

Publikation zur Ausstellung (Cover: Entwurf von Edward Ruscha für eine Anzeige der Galerie Ricke 1972)

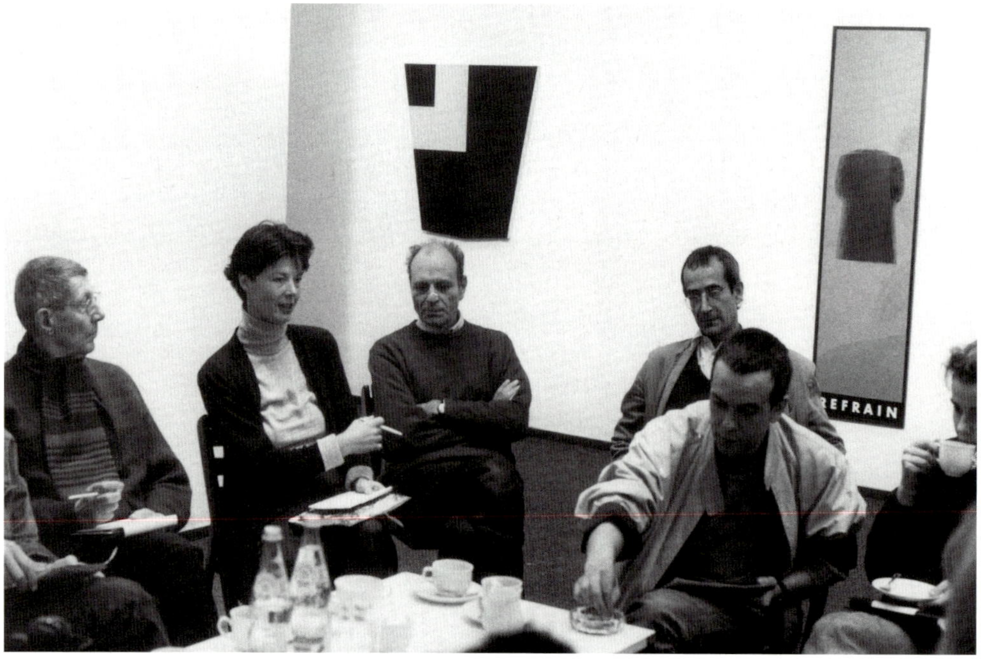

Aus meiner Sicht: Pressekonferenz mit Marianne Stockebrand, Rolf Ricke, Walther König u. a.

Holger Bunk „Aus meiner Sicht", Werbebanner (rechts)

1989

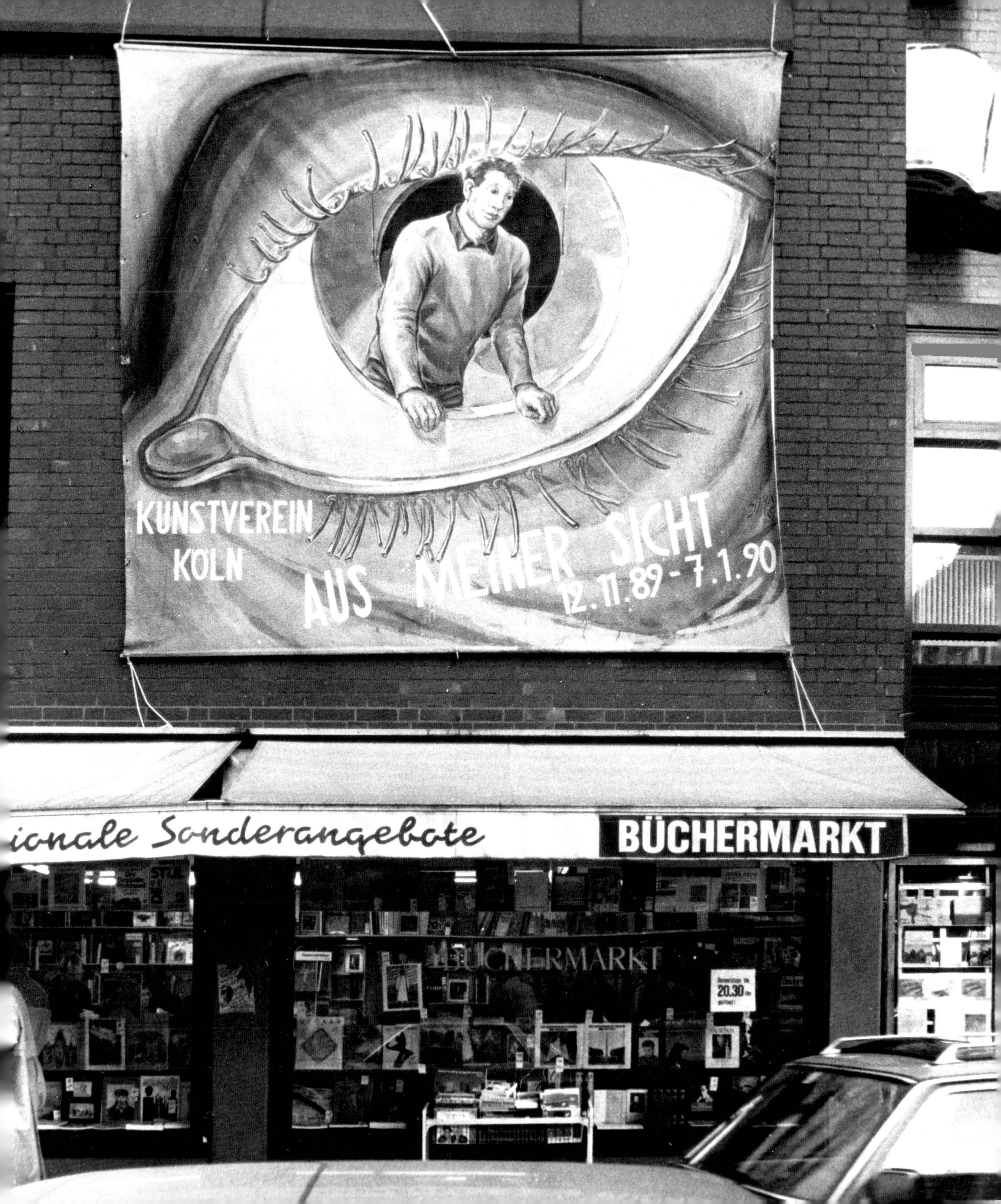
KUNSTVEREIN
KÖLN
AUS MEINER SICHT
12.11.89 - 7.1.90
...ionale Sonderangebote
BÜCHERMARKT
BÜCHERMARKT
20.30

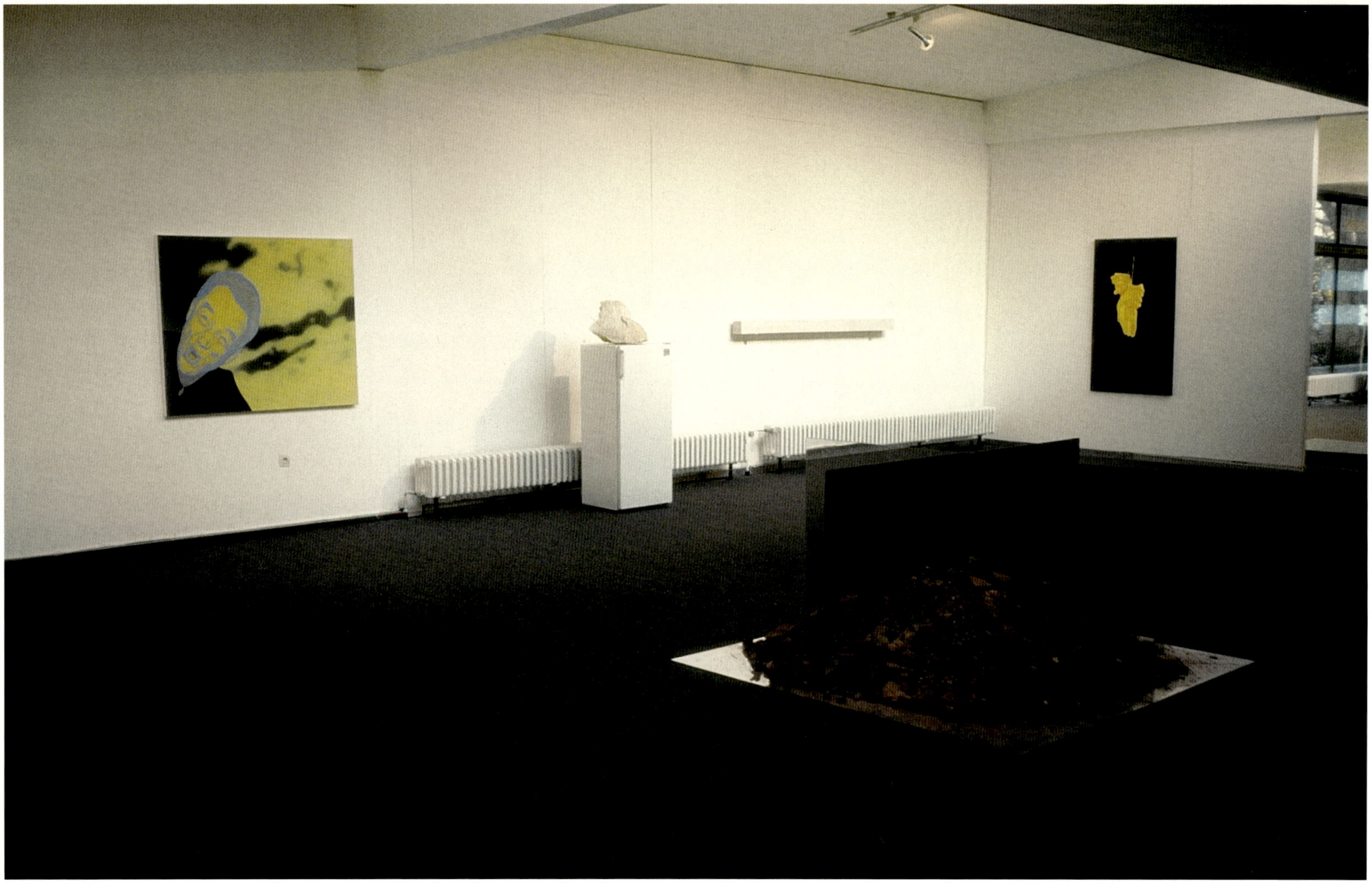

Aus meiner Sicht:
Sylvester, Lavier, Smithson, Schiess, Parmiggiani (oben)
Reed [100] (rechts)
Judd, Smithson, Richter, Noland [83] (S. 129 oben)
Merrick [73], Marioni (S. 129 unten links)
Bills, Fuchs, Münch, Bunk (S. 129 unten rechts)

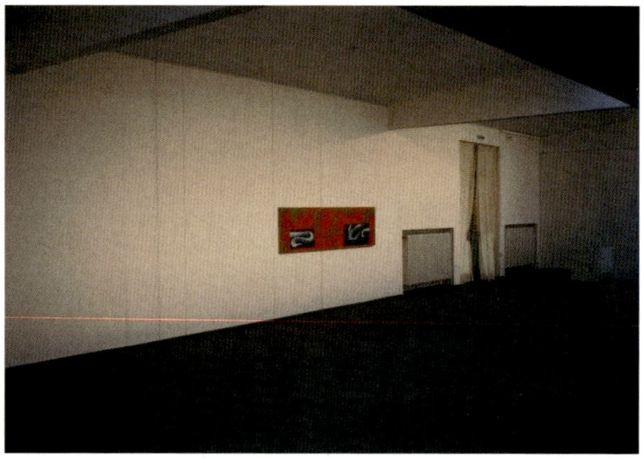

1989

1989
Jessica Diamond
(1. Einzelausstellung)
American Fine Arts, New York

1989
Carl Ostendarp
(1. Einzelausstellung)
White Columns, New York

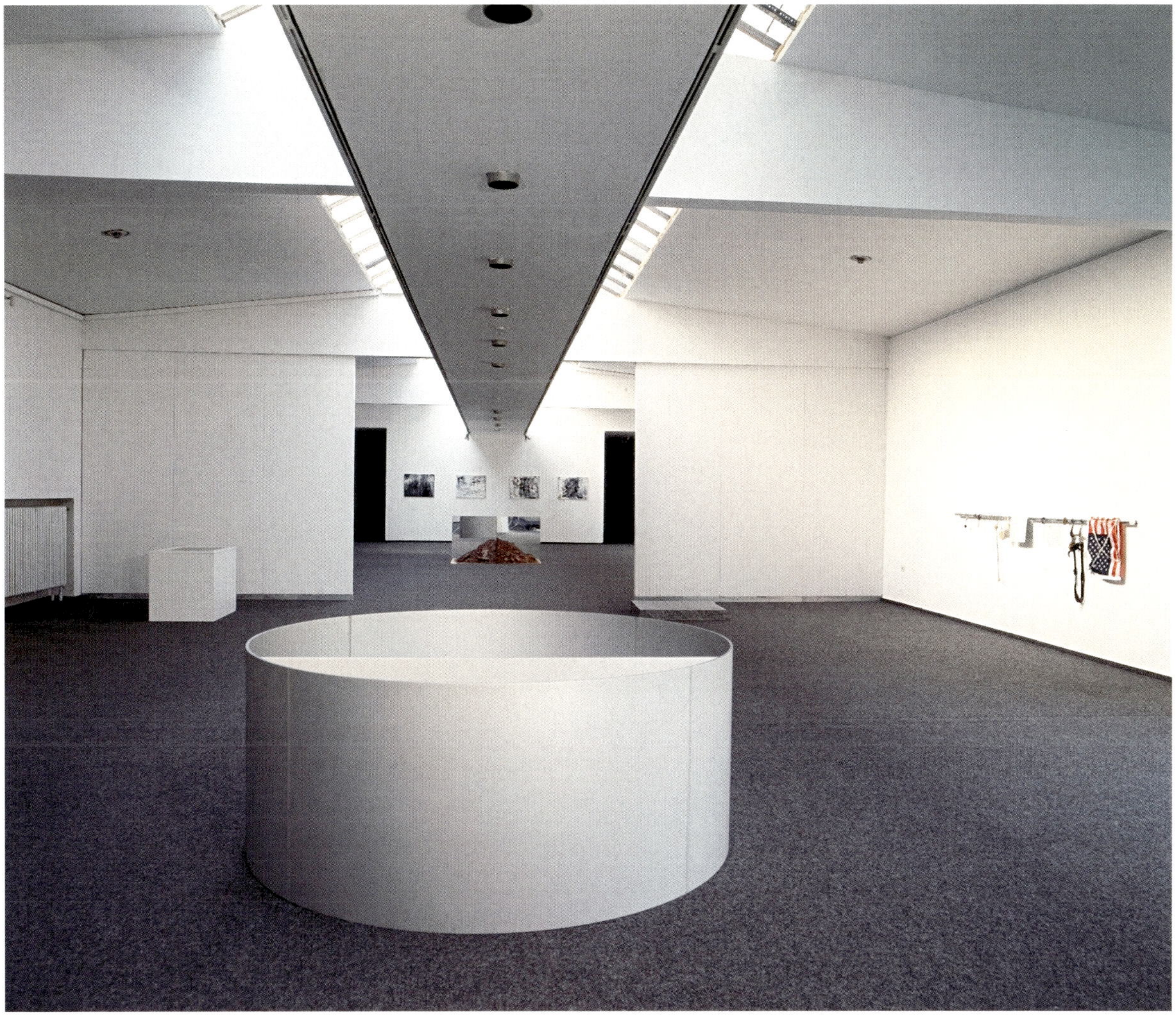

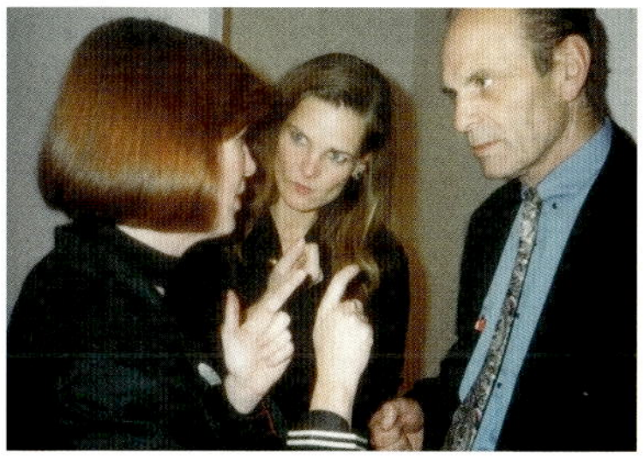

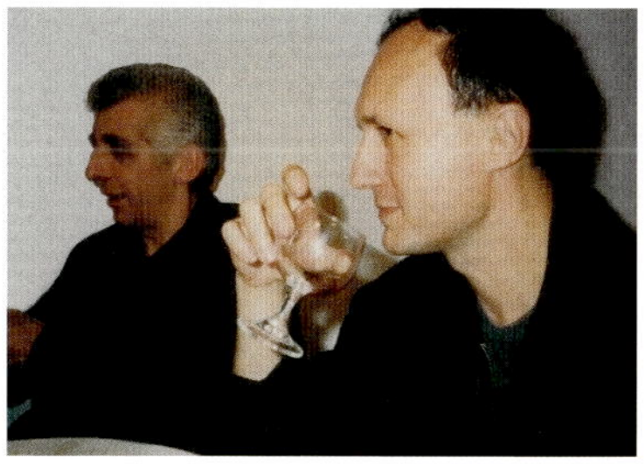

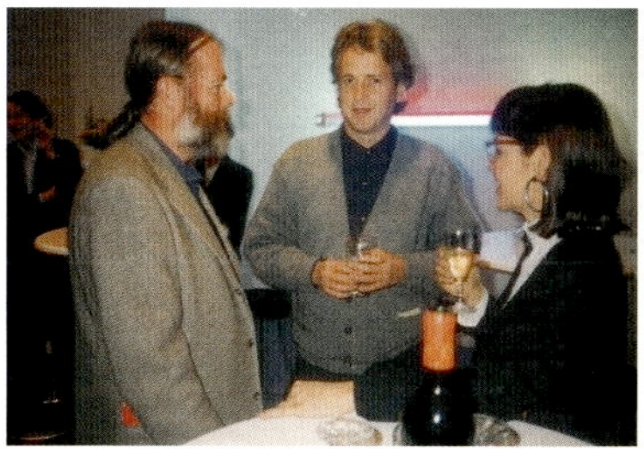

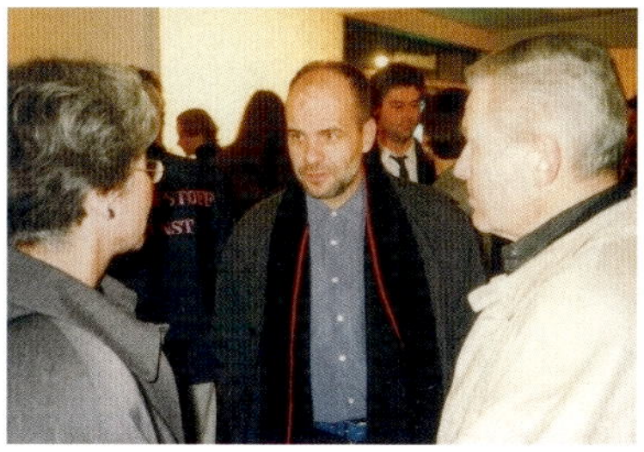

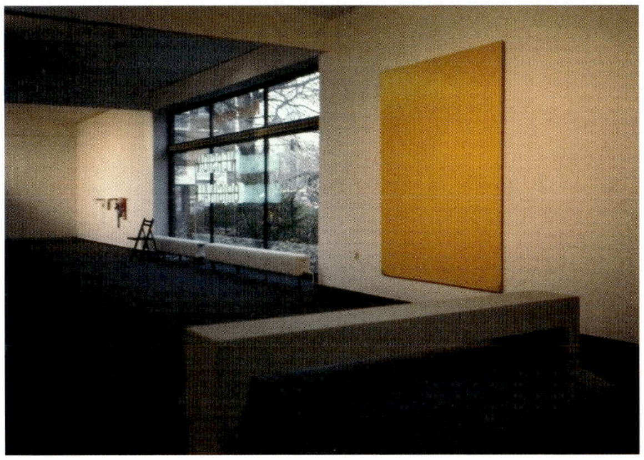

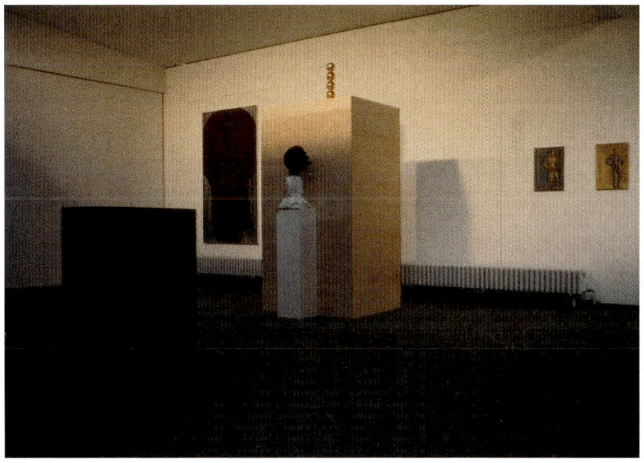

Marion Klein, Annette Kulenkampff
und Rolf Ricke
Alan Uglow und Philippe Cazal
Fred Sandback und Tom Bills im Gespräch
Günter Umberg (Mitte) bei der Eröffnung

1989

DiBenedetto, McCaslin, Mosset, Noland, Parrino, Staehle

Daniel Newburg Gallery, New York

Viele der ausgestellten Künstler realisierten speziell für diese Ausstellung neue Werke. Das war mir auch eines der wichtigsten Anliegen und das schönste Geschenk zugleich. Donald Judd verwirklichte sein erstes rundes Objekt. Diese Arbeit funktionierte aber nicht zu seiner Zufriedenheit und als Judd sie eine Weile nach der Eröffnung sah, zog er sie zurück. Cady Noland realisierte extra ein Stück. Richard Serra zeigte eine unglaublich beeindrukkende Skulptur und und und. Philippe Cazal gab der Ausstellung ihr Erscheinungsbild, er entwarf das Plakat und die Einladungskarte, Holger Bunk malte eine grosse Plane als Fassadenwerbung, die Walther König stiftete, so drang die Ausstellung auch in den Kölner Stadtraum und es entstand im Anschluss ein wunderbares Buch: *Rolf Ricke – Texte von Künstlern, Kritikern, Sammlern, Freunden und Kollegen geschrieben für Rolf Ricke aus Anlass seines 25-jährigen Galeriejubiläums,* herausgegeben von Marianne Stockebrand, die zwischenzeitlich Direktorin des Kölnischen Kunstvereins geworden war. Dieses Buch ist ein überaus grosszügiges Geschenk von Walther König, der es finanzierte und der auch die zündende Idee für diese Publikation hatte, die erstmals den Beruf des Kunsthändlers in seinen Facetten darstellen sollte. Das Cover, welches einen Nachtblick durch die Drahtseilkonstruktion der Severinsbrücke auf den Kölner Dom wiedergibt, greift auf eine Anzeige zurück, die von Ed Ruscha gestaltet wurde und die ich im Kunstmagazin *Avalanche* 1972 aufgegeben hatte. *Aus meiner Sicht* war ein ergreifendes Jubiläum in und mit Köln, da stimmte alles.—

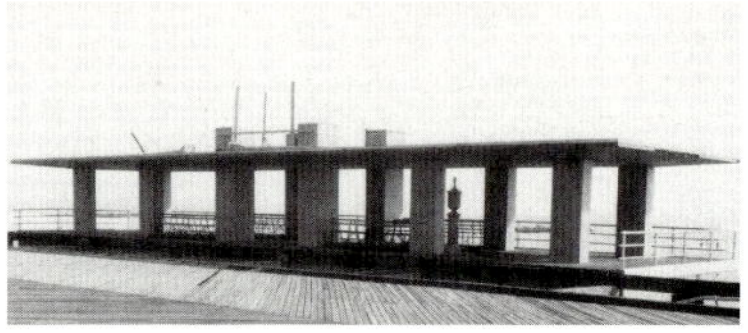

Einladung
Birgit Werres

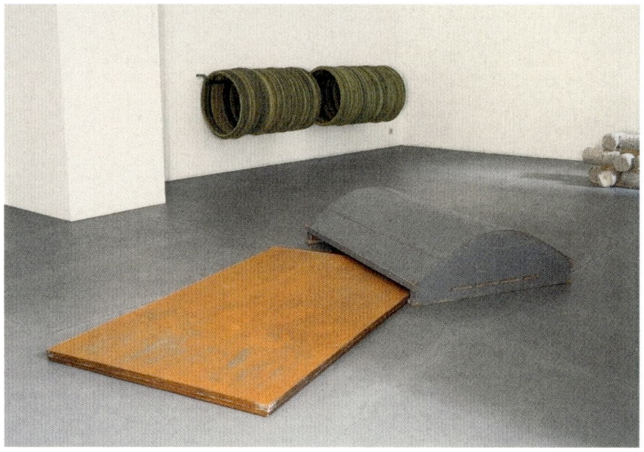

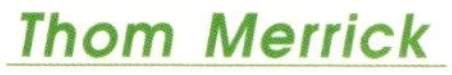

Einladung

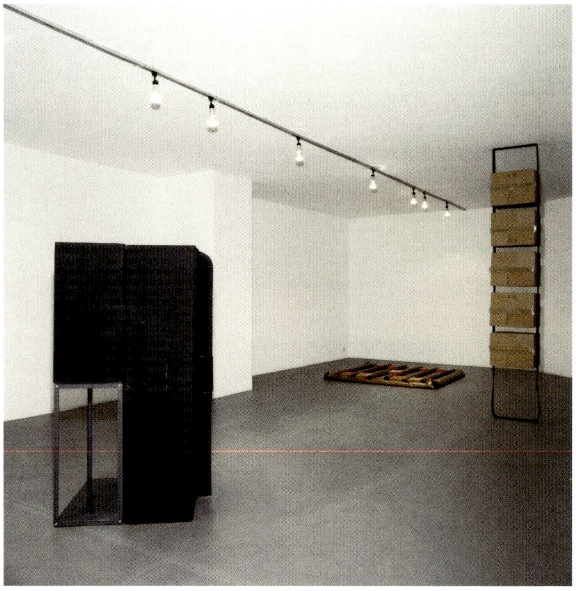

Thom Merrick [74]

—**Larry Bell**s *Cubes* kannte ich bereits sehr früh. Doch war er fest vertreten durch Ileana Sonnabend und in den 1970er und 1980er Jahren wiederum war ich mit anderen Fragen beschäftigt. Es muss 1989 gewesen sein, als mich Donald Judd ansprach und erzählte, Larry Bell würde ganz merkwürdige Bilder herstellen, ich solle mich unbedingt darum kümmern. Wenn mich ein Künstler, den ich sehr schätzte, auf die Arbeit eines anderen Künstlers aufmerksam machte, habe ich mir das immer angesehen. Diese Hinweise waren während meiner ganzen Galeristenzeit von enormer Bedeutung. Kein Galerist kommt

1990

20. Februar – 3. Juni 1990
The New Sculpture 1965–75: Between Geometry and Gesture
Whitney Museum of American Art, New York. Kuratiert von Richard Armstrong und Richard Marshall. Künstler u. a. Hesse, Le Va, Nauman, Saret, Serra, Smithson, Sonnier

Katalog The New Sculpture 1965–75

Birgit Werres
12. Januar – 10. Februar 1990

Thom Merrick
(1. Einzelausstellung in Europa)
16. Februar – 17. März 1990

Philippe Cazal
Second Marché
23. März – 21. April 1990

Larry Bell
27. April – 2. Juni 1990

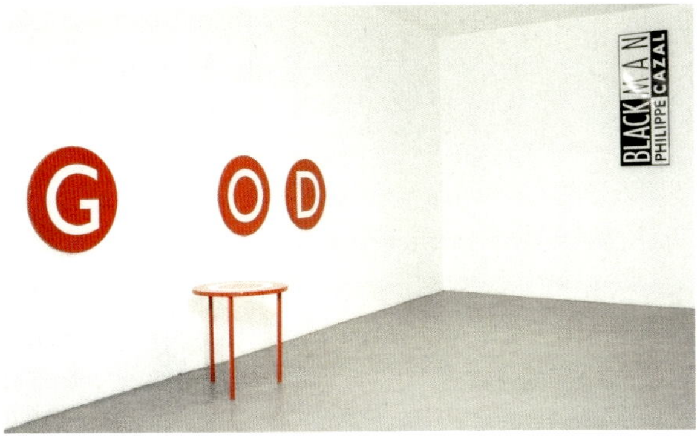

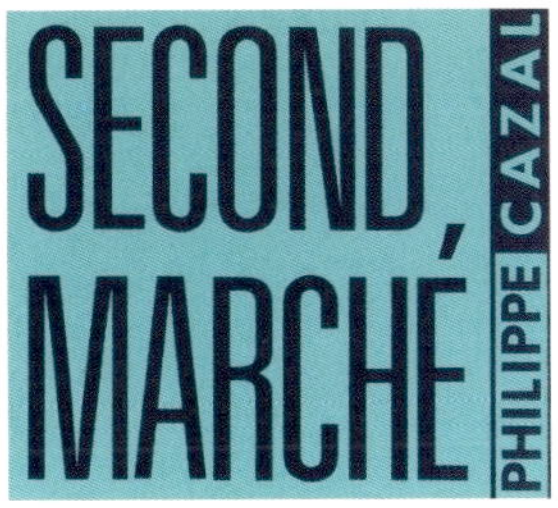

Einladung

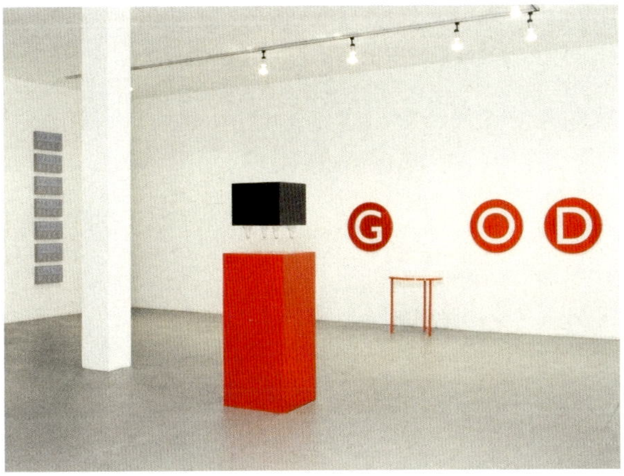

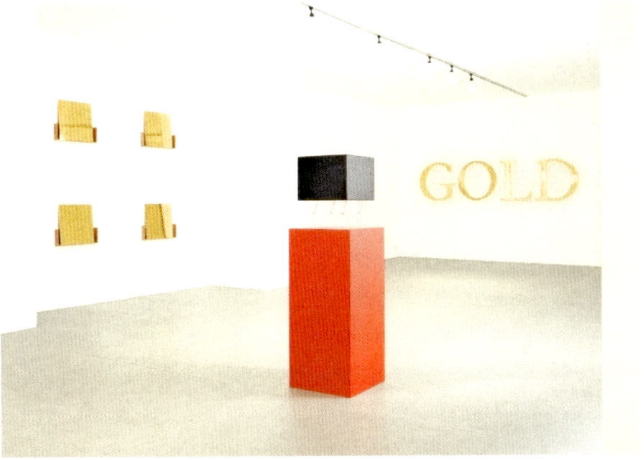

Philippe Cazal. Second Marché [20]

Larry Bell

Larry Bell

Einladung

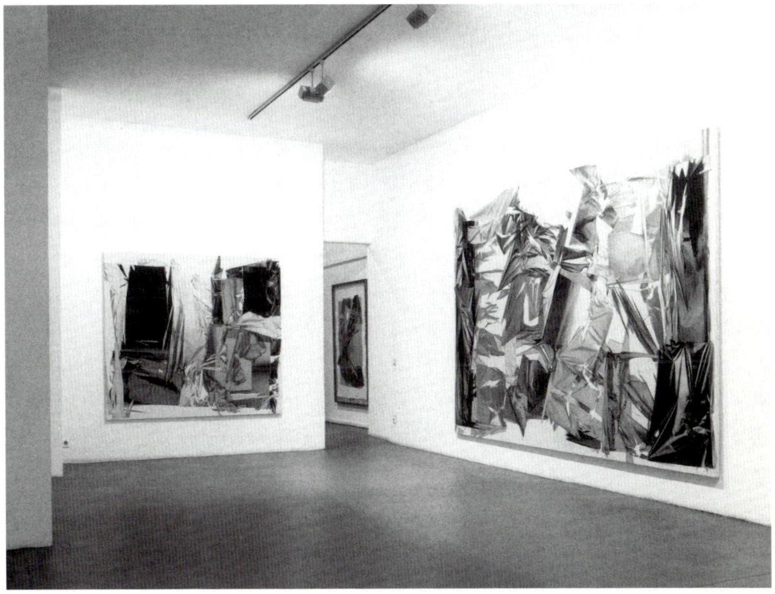

24. April – 26. Mai 1990
The Köln Show
Gemeinschaftsprojekt von
neun Galerien in Köln
Künstler u. a. Diamond, Merrick

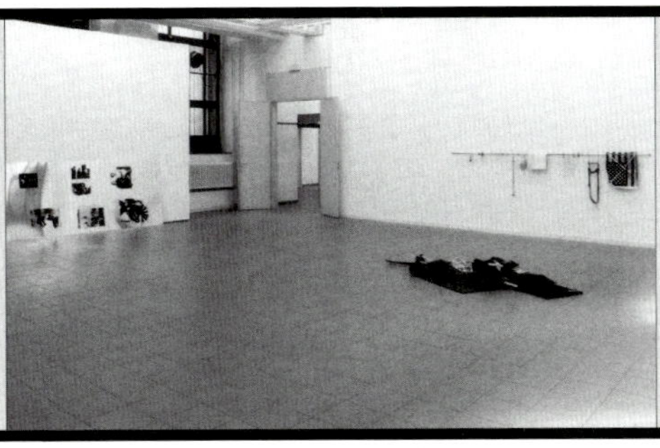

Echange de procédés: Cady Noland [83]

3. – 31. Mai 1990
Echange de procédés
Luc Deleu, Isa Genzken, Olivier Mosset, Cady Noland,
Laurie Parsons
Sous-sol, École supérieure d'art visuel, Genf

ohne Tipps aus. Wer das Gegenteil behauptet, lügt. Die berühmtesten Entdeckungen sind zumeist von Künstlern formuliert worden. Über die Künstler lernte ich wiederum andere kennen, das war von Anbeginn so. Gary Kuehn etwa stellte mich Keith Sonnier vor. Gary zeigte mir Dias von Sonniers Arbeiten und da bin ich sofort zu Keith gegangen. Später nannte Keith Sonnier mir wieder einen anderen Künstler. Diesen Spuren bin ich stets nachgegangen und oft hat sich daraus eine Zusammenarbeit ergeben.

Ich nahm also Kontakt zu Larry Bell auf. Er arbeitete an Materialbildern, dafür hatte er eigens eine Maschine entwickelt, in die er Licht reflektierende Materialien gab, und diese Maschine schleuderte mit grosser Wucht das Material, das heisst Folien und ähnliches, gegen Leinwände. Das ist nichts Gemaltes, vielmehr sah ich darin eine Fortsetzung der Lichtbrechung, ähnlich wie in seinen *Cubes*. Wir vereinbarten eine Ausstellung. Oktober 1989 stellte er die Bilder im Musée d'Art Contemporain in Lyon aus und von dort wurden sie nach Köln geschickt. Larry Bell kam im April 1990 und wir richteten die Ausstellung ein. Zur Eröffnung trug er einen weissen Anzug und Hut, dabei rauchte er Zigarre. Colin de Land von American Fine Arts meinte nach der Eröffnung, das Faszinierendste an Köln sei Larry Bell gewesen. Er hat noch jahrelang davon gesprochen.–

–**Philippe Cazal** lernte ich als einen unglaublich präzisen Formulierer schätzen. Ich bezeichne das als „französisch". Damit verbinde ich ein ausgesprochenes Strukturbewusstsein und eine ausgefeilte Intellektualität, gepaart mit einer grossen Sinnlichkeit. Wir sind einmal zusammen auf den Markt gegangen und ich habe mitbekommen, wie er einkauft, mit welcher Freude er das Gemüse und das Obst auswählte und sagte: „Da drüben, dieser Chocolatier ..." – das war damals schon mein Thema! (lacht) Für mich hat das eine zentrale Bedeutung, deswegen erwähne ich dies hier: Denn diese Geschichte drumherum, das

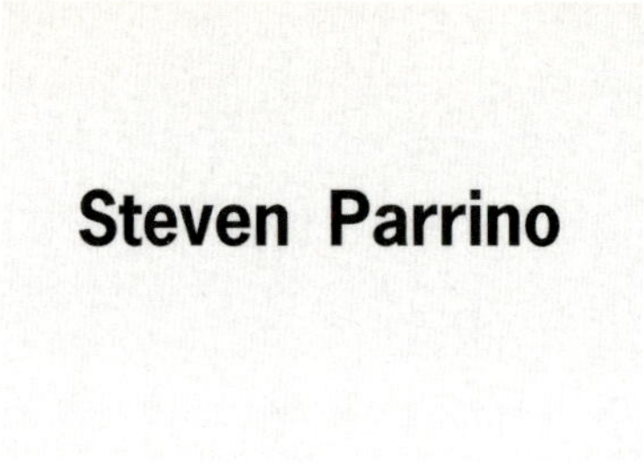

Einladung

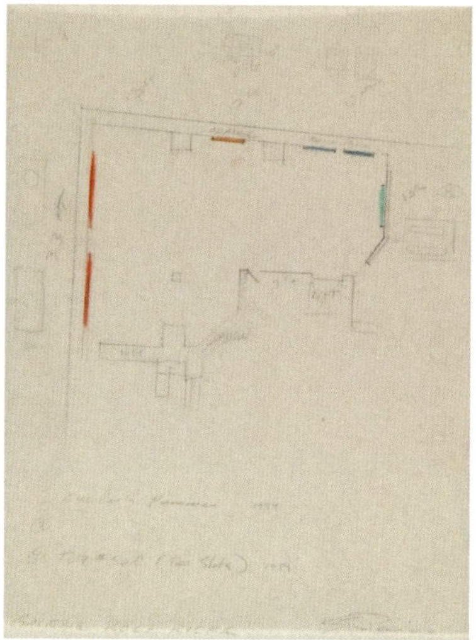

Ausstellungsskizze von Steven Parrino

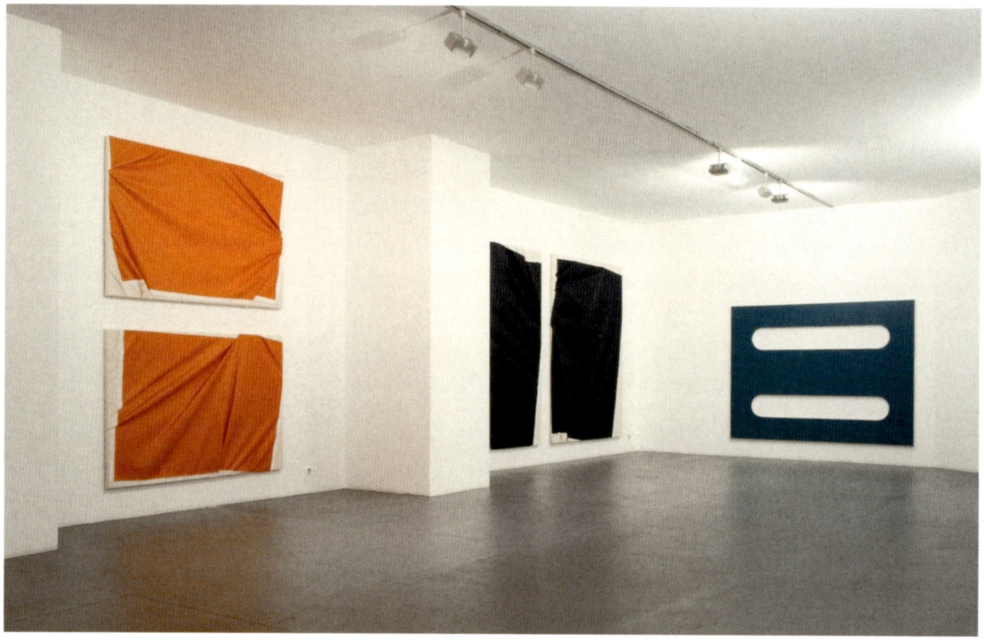

Steven Parrino

1990

2. August 1990: Einmarsch irakischer Truppen in Kuwait, Beginn des zweiten Golfkriegs

Steven Parrino

1. – 30. Juni 1990

Programm VIII

Skulpturen

Franka Hörnschemeyer, Ben Kinmont, Thom Merrick, Laurie Parsons, Birgit Werres, Jeffrey Wisniewski, Can Yasargil

6. Juli – 1. September 1990

Programm VIII

Franka Hörnschemeyer
Ben Kinmont
Thom Merrick
Laurie Parsons
Birgit Werres
Jeffrey Wisniewski
Can Yasargil

Galerie Rolf Ricke · Volksgartenstraße 10 · 5000 Köln 1

Einladung

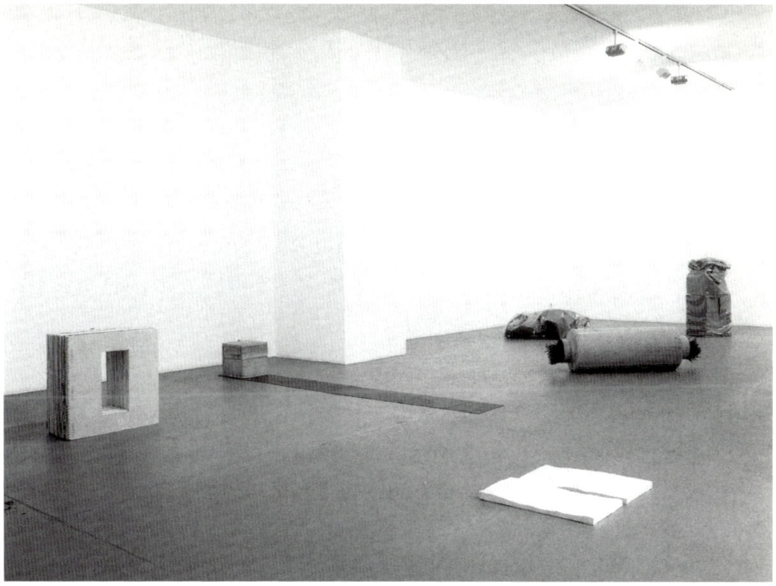

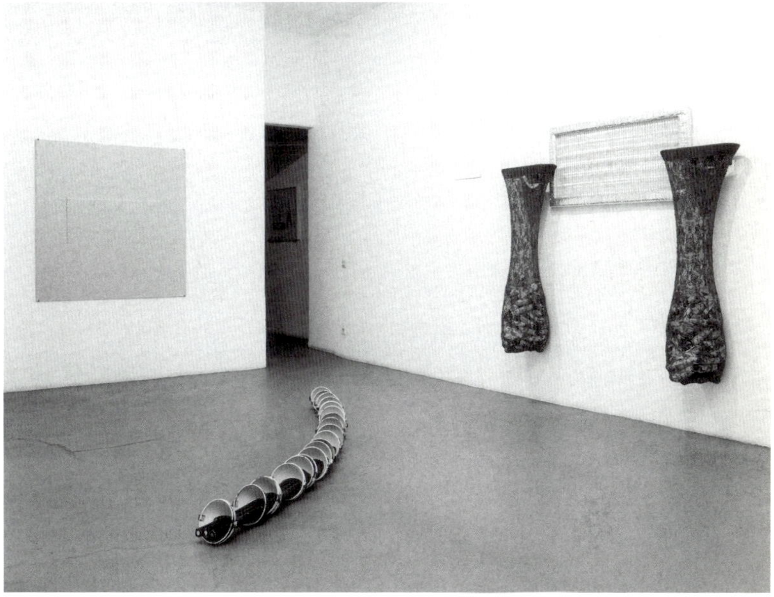

Programm VIII. Skulpturen:
Hörnschemeyer, Kinmont, Yasargil, Werres, Merrick [76] (oben)
Hörnschemeyer, Werres, Wisniewski (unten)

3. Oktober 1990: Wiedervereinigung von Deutschland

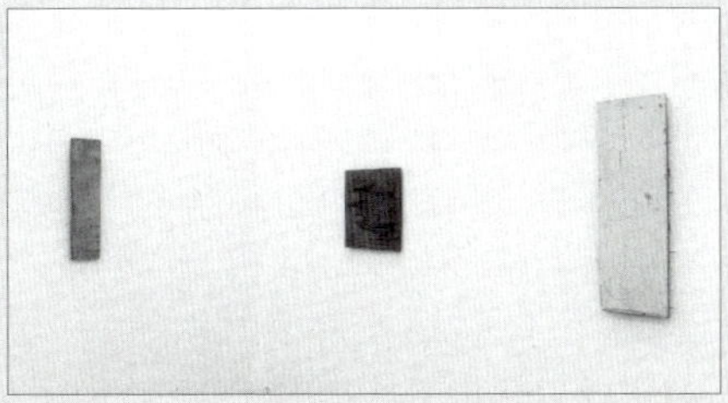

4. – 26. Mai 1990

Olivier Mosset, Steven Parrino

Galerie Pierre Huber, Genf

Einladung Olivier Mosset, Steven Parrino

ganze Leben, das heisst, die Haltung zum Leben, wie sinnlich oder wie wenig sinnlich, wie genügsam, wie emotional, wie introvertiert jemand ist, das spiegelt sich für mich zumeist in den Werken wider. Und das ist ganz besonders auch in den Werken von Philippe Cazal spürbar, die präzise formuliert sind, dabei aber nicht spröde, sondern äusserst sinnlich sind.–

–An die Ereignisse, die der Ausstellung von **Tom Bills 1990** vorausgingen, kann ich mich gut erinnern. Alfred Greisinger, ein Sammler und Konditormeister aus Baden-Baden, kam eines Abends sehr spät in meine Galerie und sagte, er sei auf der Suche nach kleinen Skulpturen, ob ich ihm da nicht helfen könnte. Tom Bills hatte mir Dias geschickt, die ich gerade angesehen hatte und die ich Herrn Greisinger zeigte. Er meinte spontan: „Diese Skulpturen interessieren mich sehr", und ich erwiderte: „Dann fliegen wir doch einfach hin und sehen sie uns an." Wir flogen tatsächlich kurz darauf gemeinsam nach New York und besuchten Tom Bills in seinem Atelier. Herr Greisinger kaufte an diesem Samstagnachmittag 40 oder 50 Eisenskulpturen von Tom. „Gut", hab ich gesagt, „jetzt machen wir auch eine Ausstellung." Eine Skulptur [6] erwarb ich für mich selbst, wie ich das grundsätzlich handhabte. Tom Bills kam zur Ausstellungseröffnung nach Köln, alle Skulpturen waren verkauft, und danach begann er mit grossen Arbeiten für einen Skulpturenpark, riesige Betonskulpturen. Alfred Greisinger sagte im Grunde immer entweder-oder und erwarb möglichst umfangreich Arbeiten von einem Künstler, da war er gar nicht zu bremsen.–

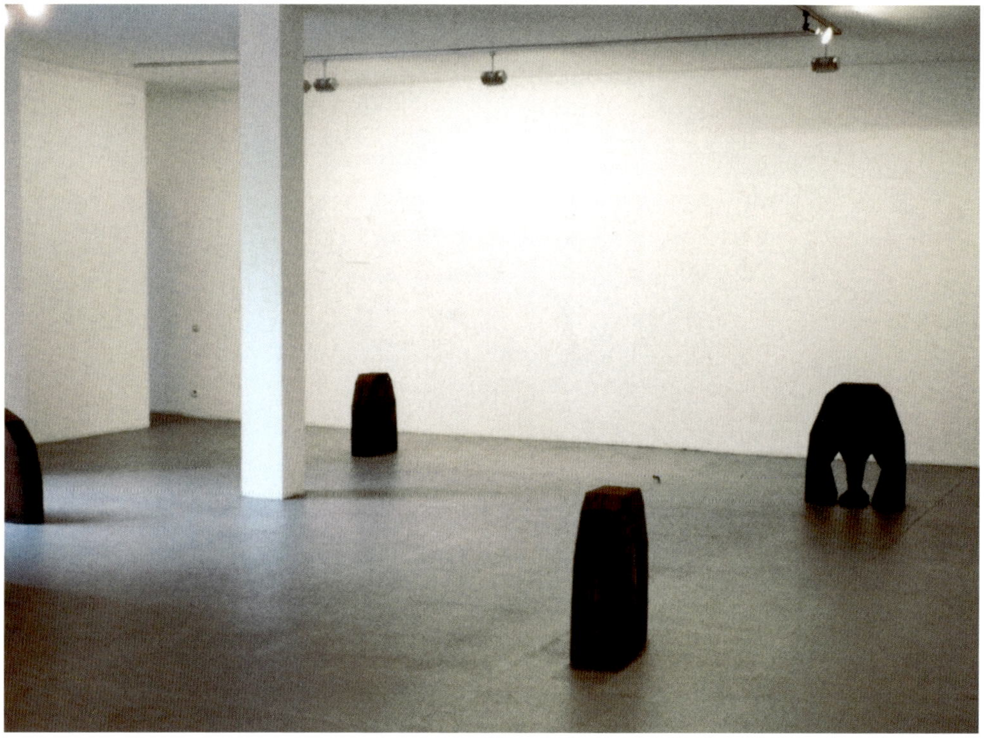

Tom Bills

Tom Bills

Einladung

1990

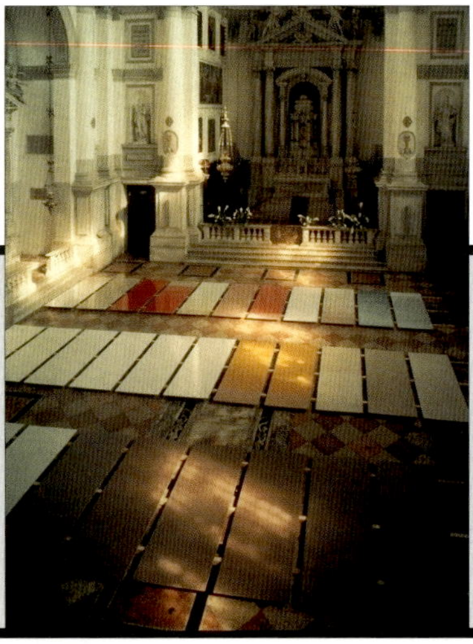

Adrian Schiess

25. Mai – 30. September 1990
Adrian Schiess
La Biennale di Venezia, Chiesa di San Stae, Venedig

Tom Bills
7. September – 6. Oktober 1990

Elisabeth Brockmann
12. Oktober – 10. November 1990

Joseph Marioni
Painter
16. November – 21. Dezember 1990

Joseph Marioni
Galerie Rolf Ricke · Volksgartenstraße 10 · 5000 Köln 1 · Germany

Einladung

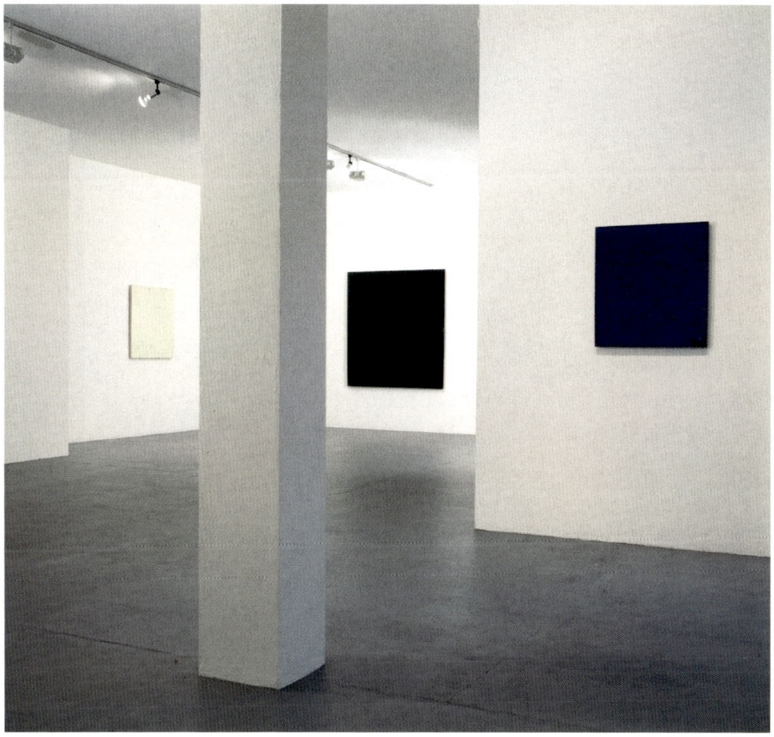

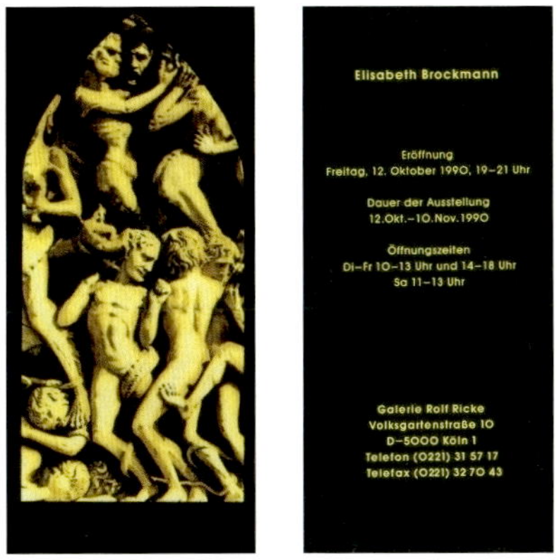

Einladung

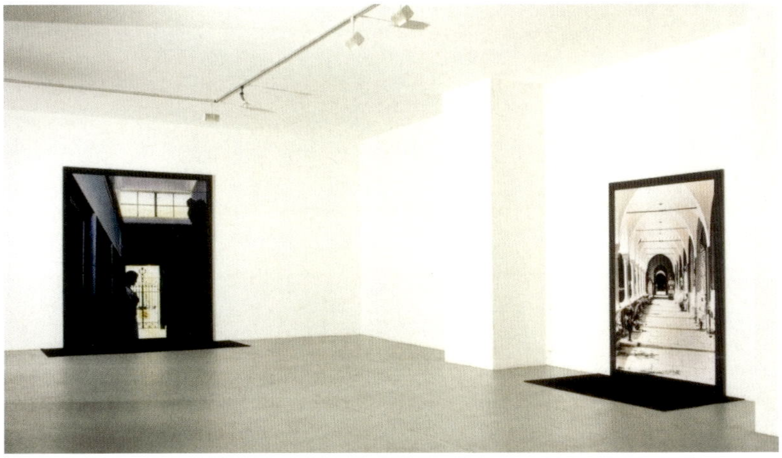

Elisabeth Brockmann

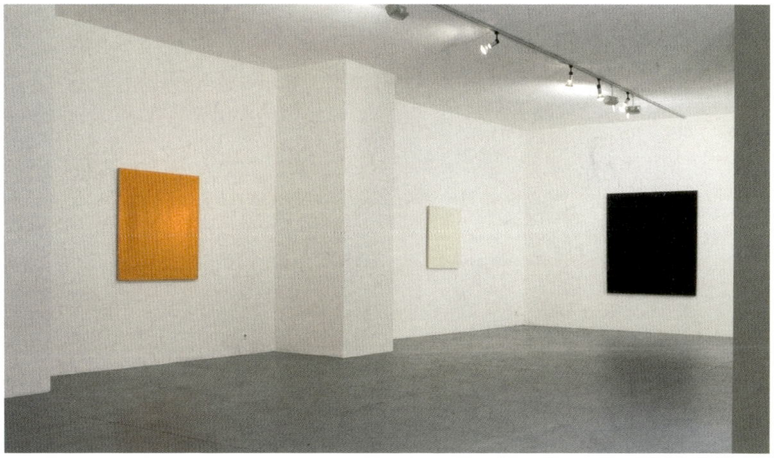

Joseph Marioni. Painter

30. Juni – 28. Juli 1990
The Art of Summer 1990
Sandra Gering Gallery, New York
Künstler u. a. Kinmont, Werres, Wisniewski

1990
Laurie Parsons
Lorence-Monk Gallery, New York

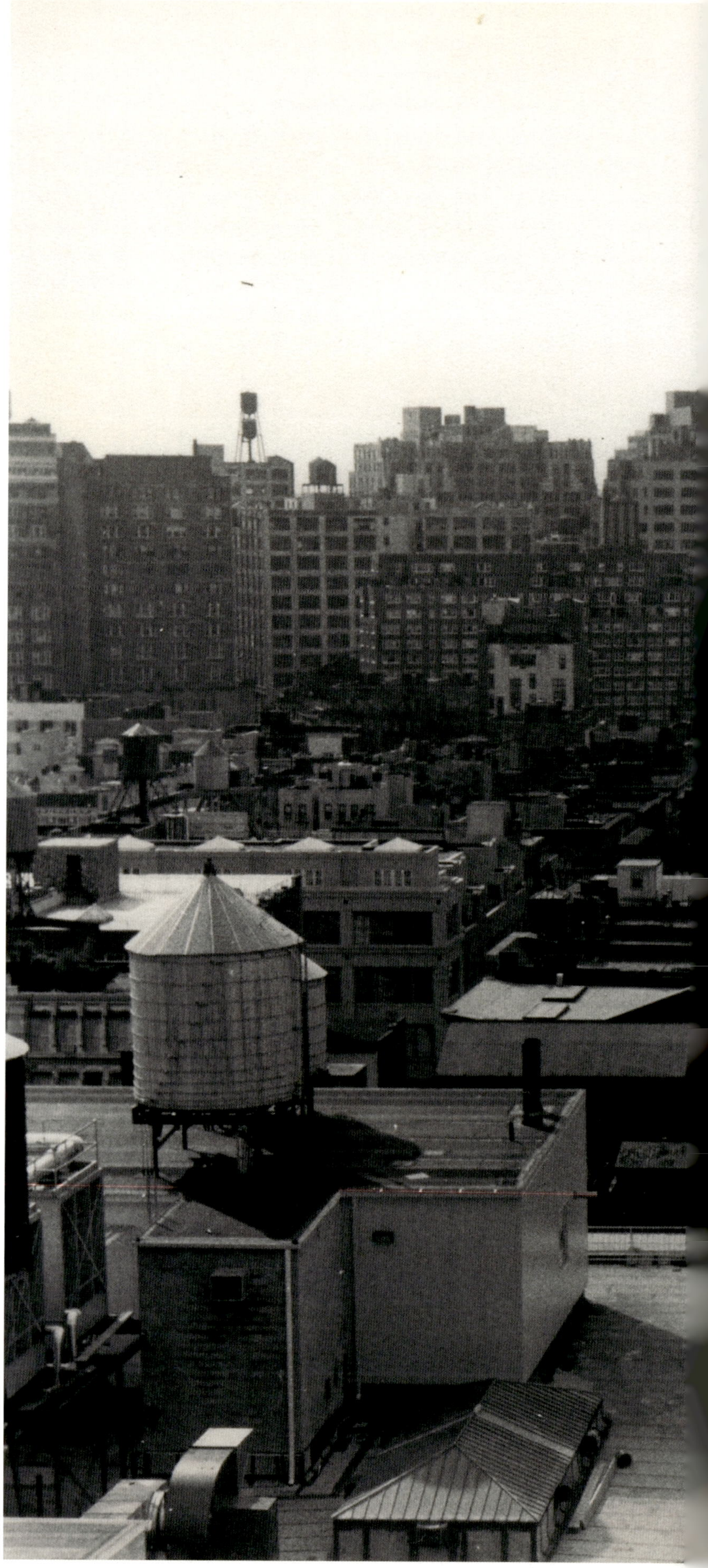

It is from Lorence-Monk Gallery, looking out the window during the show 1990, realizing everything I had not "dealt" with; the world out there. . . . "the next corner," whatever. . . .

Laurie Parsons, June 30, 2007

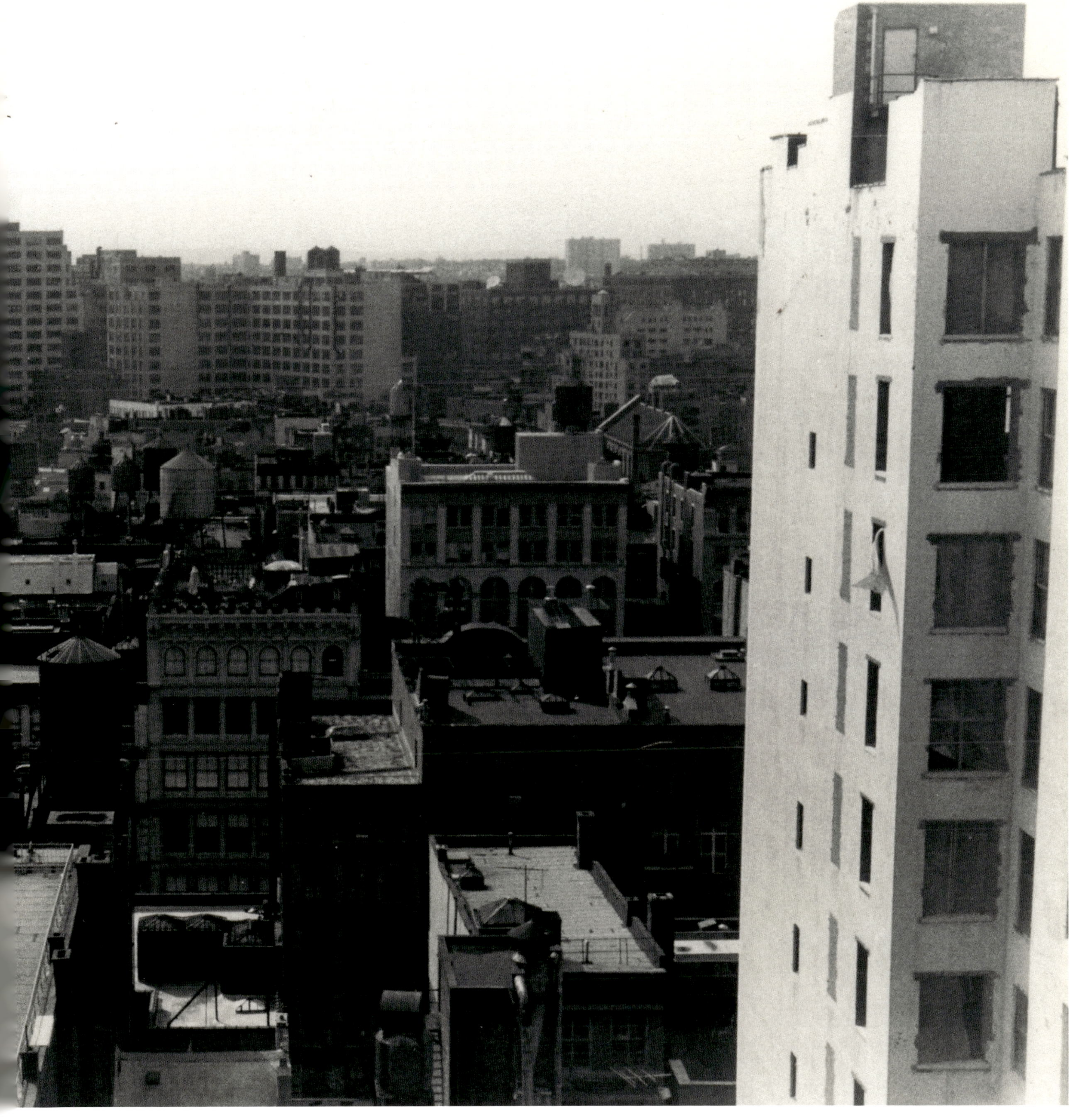

–Der Wunsch mit **Donald Judd** zu arbeiten, bestand seit der ersten Begegnung mit seinen Arbeiten. Ich kann nicht mehr präzise sagen, wann und wie ich Judd kennen lernte, aber es geschah über Leo Castelli. 1972 kam es zur ersten Ausstellung. Judd zeigte ein einziges, mehrteiliges Objekt, eine einzigartige Ausstellung für eine Galerie, was mit sich brachte, dass die Arbeit nicht verkauft wurde, vielmehr musste ich sie wieder zurück in die USA schicken. Damit endete die Zusammenarbeit mit Judd für mich erst einmal. Da spielten viele weitere Gründe mit hinein, unter anderem die Bindung an Castelli, seine Verbindung zur Dia Art Foundation und meine finanzielle Situation.

Aber in den späten 1980er Jahren fingen wir wieder an: Wir trafen uns zufällig bei der Eröffnung einer Barnett Newman Ausstellung im Städtischen Museum Abteiberg in Mönchengladbach im Sommer 1986. Annemarie und Gianfranco Verna waren mit Judd dorthin gefahren. An diesem Abend sah ich Judd nach langer Zeit wieder und als wir uns in die Augen sahen, war sofort dieses Flackern da und wir vereinbarten eine Ausstellung, die ein Jahr später stattfand. Donald Judd war zur Eröffnung da. 1988 war seine erste grosse Ausstellung in New York im Whitney Museum und für mich war vollkommen klar, zu Ehren von Judd fliege ich nach New York, um bei diesem Ereignis dabei zu sein – wie 1986 zur Gründungsfeier der Chinati Foundation in Marfa.

Die Zusammenarbeit mit Donald Judd war eine grosse Lehrstunde für mich über Präzision und Pünktlichkeit, mit einer klaren Bestimmtheit und in einer sehr besonnenen Art zugleich. Es schulte meinen Blick für die Präsentation von Werken, was mich bis heute prägt, wenn ich Ausstellungen ansehe, wenn ich sehe, wie schlecht zum Teil Werke präsentiert werden, das kann ich gar nicht nachvollziehen. Ich weiss nicht, ob ich alles so viel besser weiss, aber ich weiss, dass es bei vielen Dingen so nicht richtig ist, sagen wir es mal so rum.

In Judds Arbeit manifestiert sich für mich eine absolute Grösse der Erfindung und Weiterentwicklung der Skulptur schlechthin. Jan Hoet sagte es einmal sinngemäss:

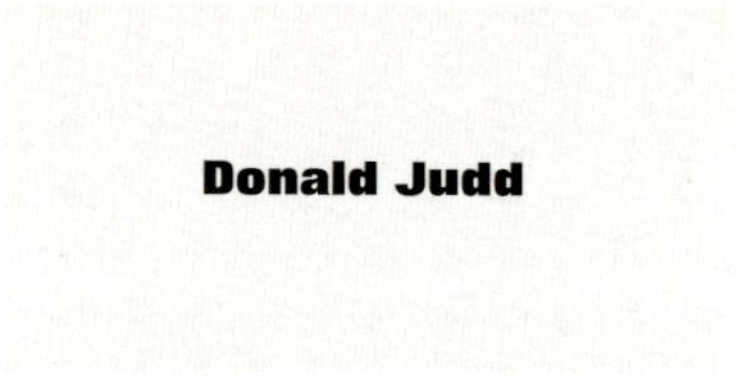

Einladung

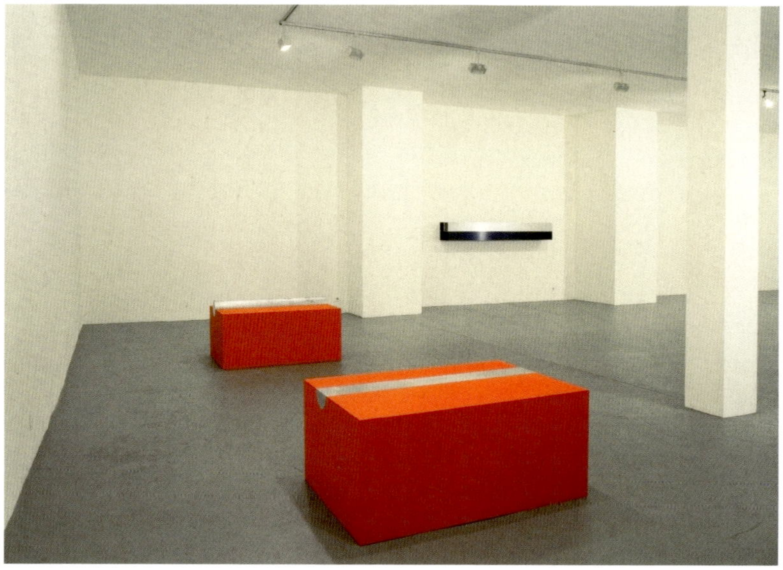
Donald Judd

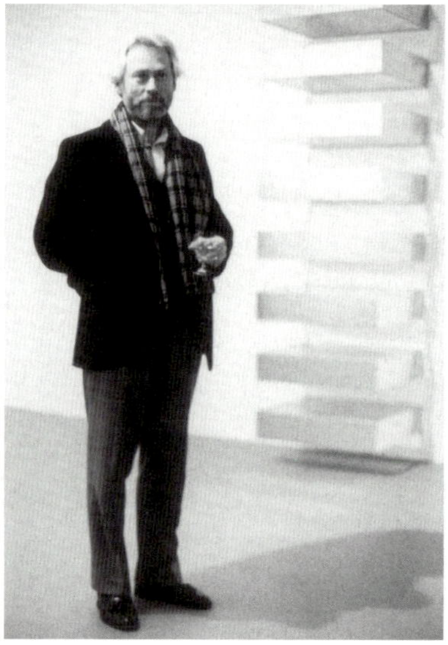
Donald Judd in der Ausstellung

März 1991: Ende des zweiten Golfkriegs

10. Januar – 2. Februar 1991
Matthew McCaslin
Daniel Newburg Gallery, New York

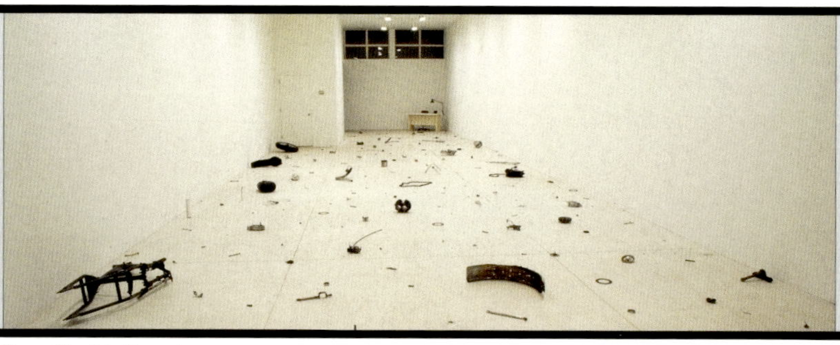
Thom Merrick. Desert

Donald Judd

11. Januar – 26. Februar 1991

Horst Münch
Skulpturen 1977–1991

Ausstellungsraum Alsdorfer Straße, Köln

17. Februar – 27. März 1991

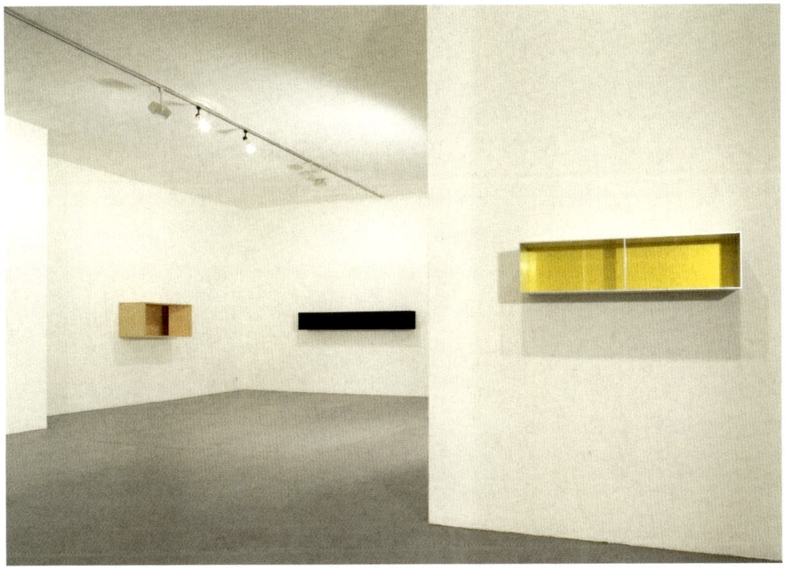

Donald Judd [40]

Horst Münch

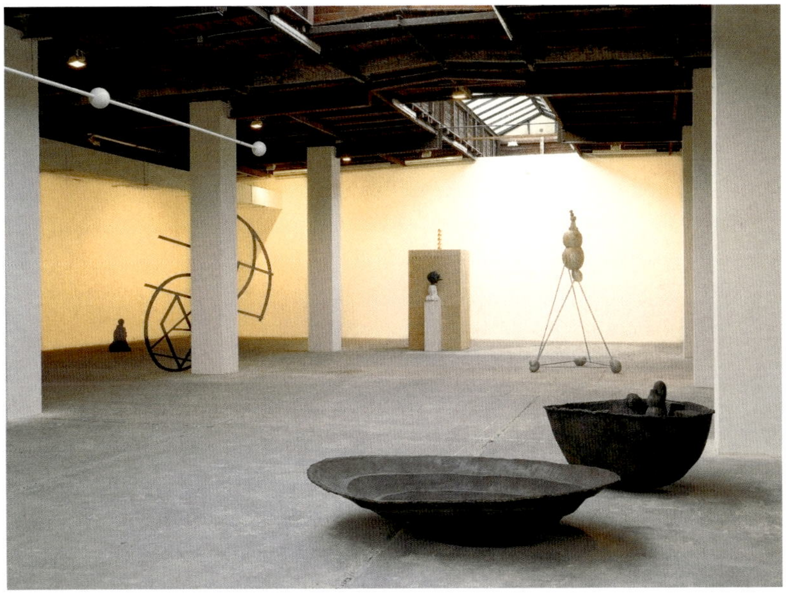

Einladung

Horst Münch
Skulpturen 1977 – 1991

Eine Ausstellung der Galerie Rolf Ricke im Ausstellungsraum Alsdorfer Str. 1–3, Köln-Braunsfeld

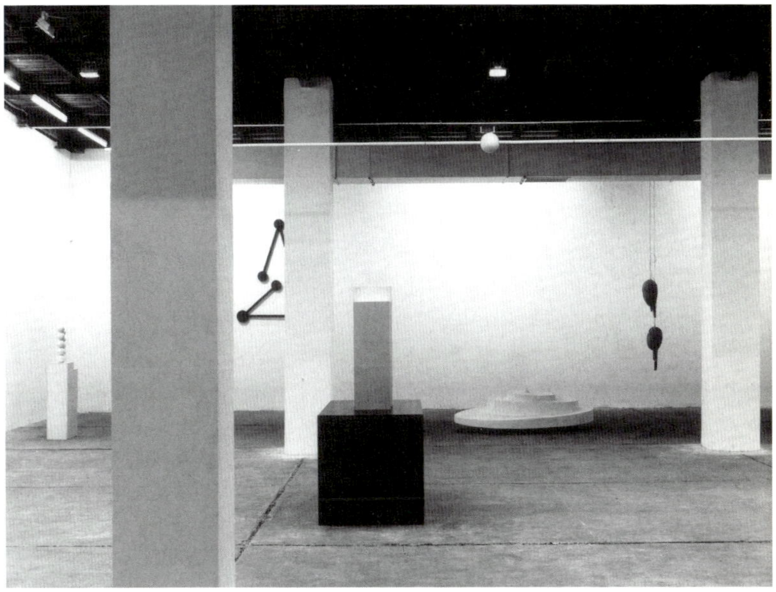

Februar 1991
Thom Merrick. Desert
Pat Hearn Gallery, New York

25. April – 25. Juni 1991
Philippe Cazal. D'une part/D'autre part
Musée Sainte-Croix, Poitiers. Weitere Stationen: Musée des Beaux-Arts, Tourcoing, 29. Juni – 21. Oktober 1991; Reykjavik Municipal Art Museum, Reykjavik, 31. August – 15. September 1991; Musée des Beaux-Arts, Carcassonne, 28. Oktober 1991 – 13. Januar 1992; Musée du Château, Montbéliard, 15. November 1991 – 15. Januar 1992

„Donald Judd ist der letzte Renaissance-Künstler.“ Zuerst verstand ich das nicht, aber er formulierte damit etwas, von dem Donald Judd eigentlich immer selbst sprach, nämlich, dass es darum ginge, das Künstlerische wieder auf die Füsse zu stellen, es praktisch zum Anfang zurückzuführen. Er fühlte sich der Renaissance wie auch der griechischen Kunst verpflichtet. Diese unglaubliche Souveränität der Behauptung und der Darstellung, diese Grösse ist wahrscheinlich auch ein Teil der Zeit, in der es entstanden ist. Ich meine, das gilt ja für Dan Flavin, für Richard Serra oder für Michael Heizer, … gleichermassen. Diese Gewissheit, einen Wiederbeginn zu formulieren und Renaissance bedeutet ja Wiederbeginn.–

–**Laurie Parsons** ist für mich ein Phänomen an Güte und Liebe und humanitären Gedanken, die ich selten so ausgesprochen empfunden habe und die sich in der Radikalität ihrer Stücke – merkwürdigerweise ist das kein Widerspruch – zeigen. Für eine solche Radikalität bin ich immer ansprechbar gewesen, für einen klaren Standpunkt, für eine klare Behauptung, die gleichzeitig auch eine Ablehnung miteinschliesst.
Auf Laurie Parsons und ihre erste Einzelausstellung 1988 bei Lorence-Monk in New York hat mich Günter Umberg aufmerksam gemacht. Als ich mir die Ausstellung ansah, war ich sofort gefangen genommen: Dieses Stück Welt, diese herrenlosen Fundstücke, so konzentriert, so dicht in ihrer Präsentation, das entwickelte eine solch sinnliche Kraft. Es gab ein Treffen mit Laurie Parsons, bei dem wir vereinbarten, die Ausstellung in Köln zu zeigen. Laurie kam, sie war nicht lange in Köln, aber sie hat doch eine Reihe von Menschen kennen gelernt, unter anderem Udo Kittelmann, der sie später für eine Ausstellung in das Forum Kunst Rottweil einlud. In Rottweil erging ein Aufruf an die Bürger, alles Notwendige zum Leben in das Forum zu bringen. In kurzer Zeit war alles eingerichtet und Laurie lebte während der Dauer der Ausstellung in den Ausstellungsräumen. Vormittags, wenn die Ausstellung noch nicht geöffnet war, arbeitete sie mit jungen behinderten Menschen und nachmittags kamen viele der Bürger brachten Kuchen und Kaffee, es war ein Kommen und ein

1991

Jeffrey Wisniewski
(1. Einzelausstellung)
1. März – 2. April 1991

David Reed
(1. Einzelausstellung in Europa)
26. April – 1. Juni 1991

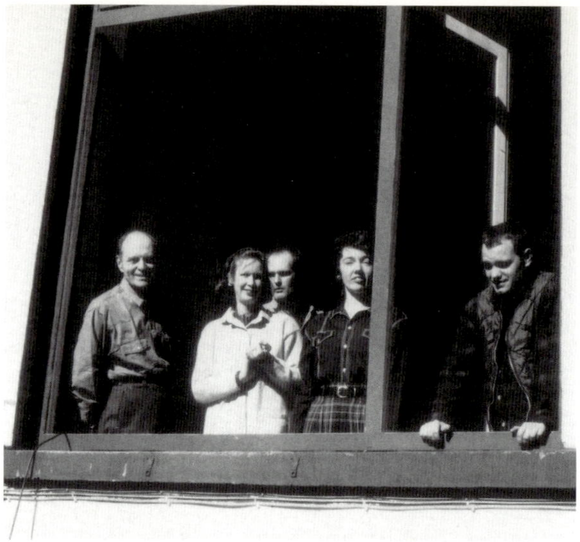
Rolf Ricke, Marion Klein und Jeffrey Wisniewski (rechts) u. a.

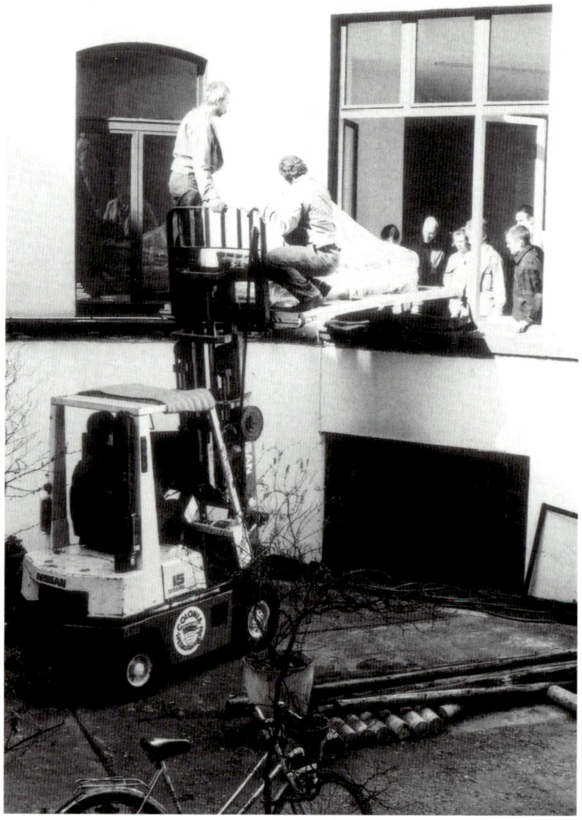
Anlieferung der Arbeit durch das Galeriefenster

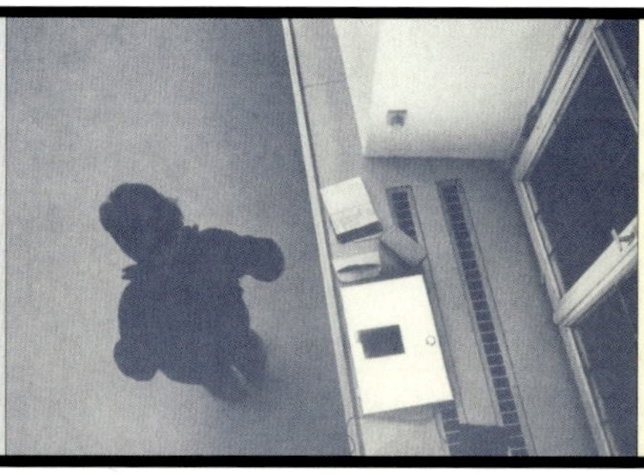

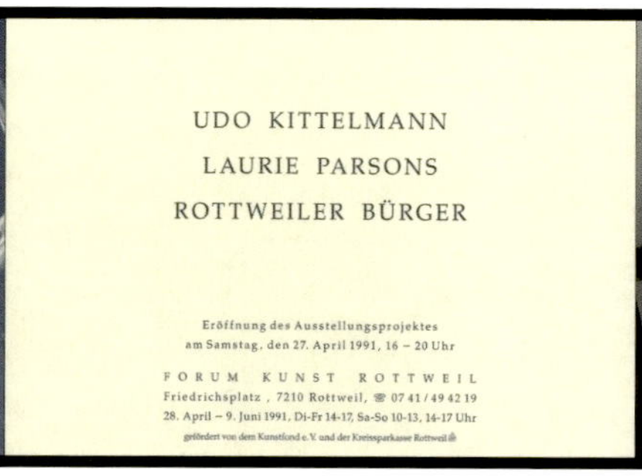
UDO KITTELMANN
LAURIE PARSONS
ROTTWEILER BÜRGER

Eröffnung des Ausstellungsprojektes
am Samstag, den 27. April 1991, 16 – 20 Uhr

FORUM KUNST ROTTWEIL
Friedrichsplatz, 7210 Rottweil, ☎ 07 41 / 49 42 19
28. April – 9. Juni 1991, Di-Fr 14-17, Sa-So 10-13, 14-17 Uhr
gefördert von dem Kunstfond e.V. und der Kreissparkasse Rottweil

Laurie Parsons. Rottweiler Bürger: Einladung

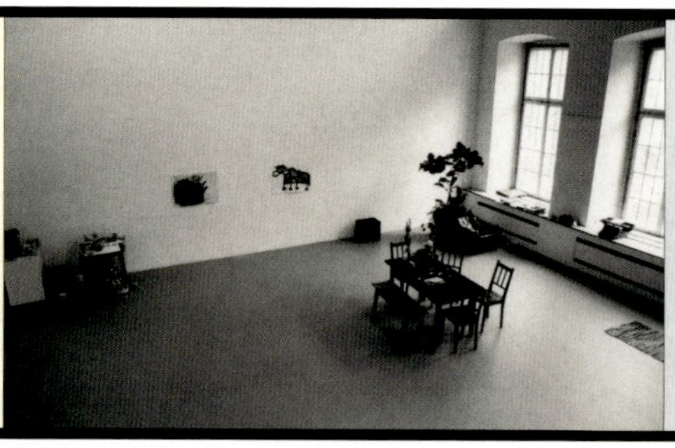
Blick in den Wohn/Ausstellungsraum

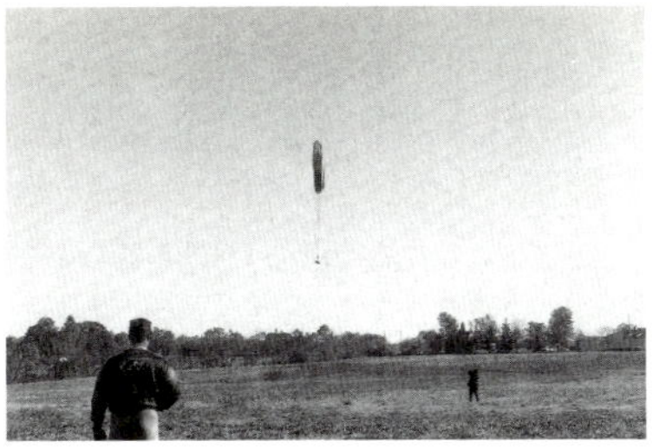

Jeffrey Wisniewski

Eröffnung
Freitag, 1. März 1991, 19 – 21 Uhr

Dauer der Ausstellung
1. März – 2. April 1991

Öffnungszeiten
Di – Fr 10 – 13 und 14 – 18 Uhr
Sa 11 – 13 Uhr

Galerie Rolf Ricke
Volksgartenstraße 10
D-5000 Köln 1
Telefon (02 21) 31 57 17
Telefax (02 21) 32 70 43

Einladung

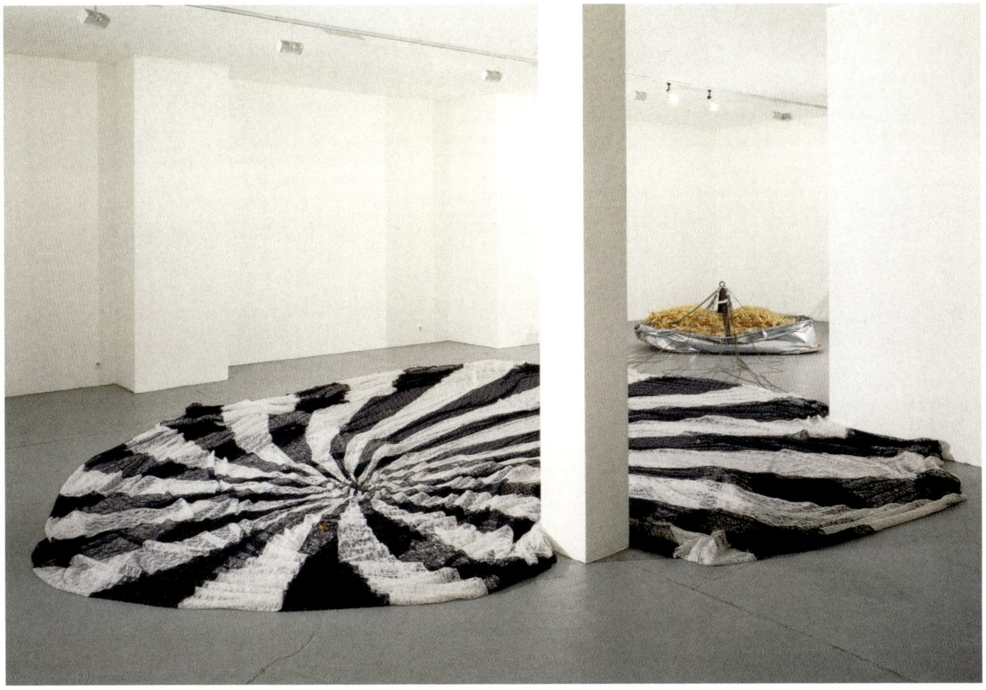

Jeffrey Wisniewski. Untitled (Drop Project)

David Reed

Einladung

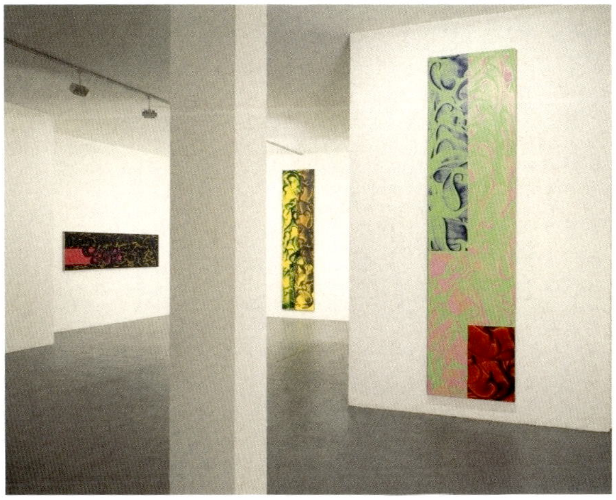

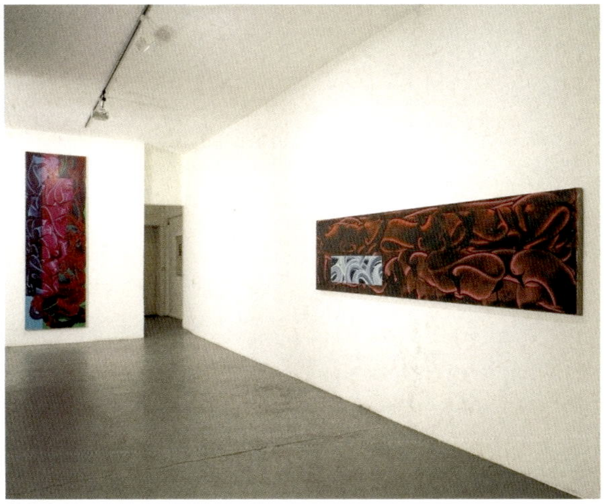

David Reed [101]

28. April – 9. Juni 1991
Laurie Parsons. Rottweiler Bürger
Forum Kunst Rottweil

31. Mai – 29. August 1991
Adrian Schiess. Flache Arbeiten
Galerie nächst St. Stephan, Rosemarie Schwarzwälder, Wien

Gehen, ein sozialer Treffpunkt, mit vielen Gesprächen über Kunst und über das Leben. Radikal und sozial zugleich.

Als ich ihre Ausstellung 1989 in der Galerie zeigte, kam Alfred Greisinger und erzählte, er hätte so viel Schlechtes in der Stadt über diese Ausstellung gehört, nur Müll von der Strasse würde da gezeigt. Daraufhin hätte er sich gesagt, „das muss ich mir selbst ansehen." Er war begeistert, vollkommen. Er fand die Ausstellung zutiefst poetisch. Zuerst wollte er drei oder vier Stücke aus diesem Gesamtkonvolut erwerben, doch gleich darauf meinte er, „das ist doch Unsinn, das gehört ja zusammen, ich kaufe die ganze Ausstellung."

Ende 1990 nahm Laurie Parsons an einer Gruppenausstellung mit dem Titel *Work? Work in Progress?* in der Andrea Rosen Gallery in New York teil. In dieser Ausstellung gab es kein Werk von ihr zu sehen und wenn man nach ihr fragte, wurde geantwortet: „Moment, Laurie ist gerade weg oder sie sitzt im Büro, ich rufe sie." Laurie kam und erzählte über die Kunst der anderen Künstler, auch über sich, aber so, als wäre sie nicht die Künstlerin, sondern ein Galerist. Das war ihr Konzept: Für die Dauer der Ausstellung arbeitete sie ohne Bezahlung täglich als Galerieassistentin.

Diese erweiterte Vorstellung einer künstlerischen Haltung erklärte sie sehr explizit, sie war nicht weiter daran interessiert, Kunstobjekte zu machen, die gekauft und nach Hause getragen werden. Vielmehr sagte sie: „Ich will mich um soziale und gesellschaftliche Strukturen kümmern." Ich kann mich erinnern, wie mir durch den Kopf ging: Eine weitere Frau, die aussteigt! Ich akzeptierte dies nicht nur, sondern bewunderte es auch. Sie wandte sich sozialen und nachbarschaftlichen Projekten zu. Wir trafen uns weiterhin ab und zu. Wenn jemand als Künstler so etwas tut, hat das für mich eine besondere Bedeutung und sie tut all dies mit einer wahnsinnigen Hingabe. In meinen Augen ist das eine sehr grosse Leistung.–

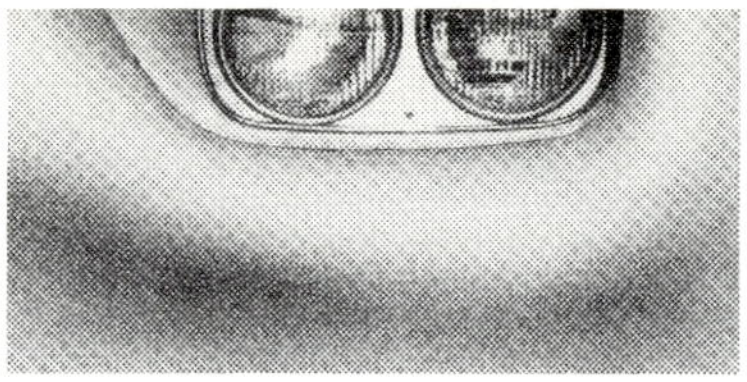

Einladung Tishan Hsu

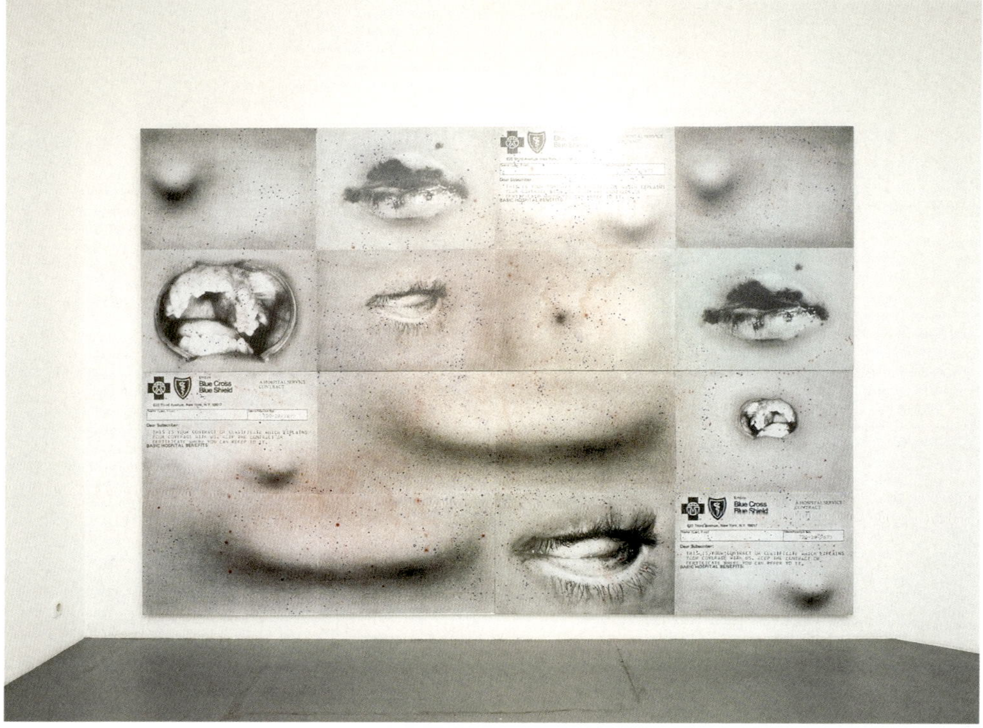

Tishan Hsu

1991

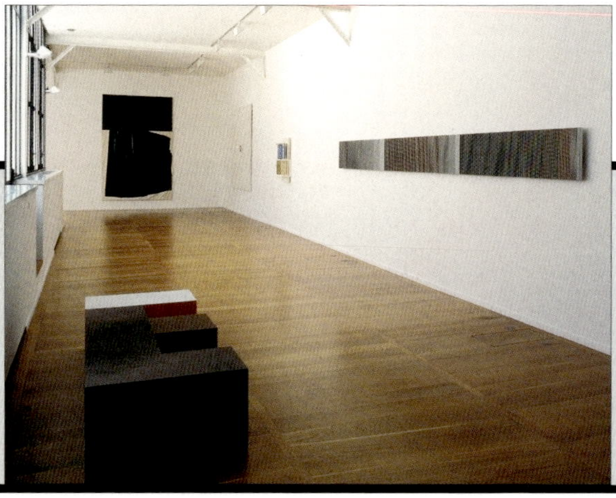

The Painted Desert: Steven Parrino [96] u. a.

8. Juni – 31. Juli 1991

The Painted Desert

Galerie Renos Xippas, Paris. Kuratiert von Robert Nickas. Künstler u. a. DiBenedetto, Hamak, Mosset, Parrino, Schiess, Uglow

Tishan Hsu
7. Juni – 13. Juli 1991

Larry Bell, Donald Judd
Arbeiten auf Papier
19. Juli – 14. September 1991

Birgit Werres
20. September – 6. November 1991

Keith Sonnier
15. November – 21. Dezember 1991

Keith Sonnier

Einladung

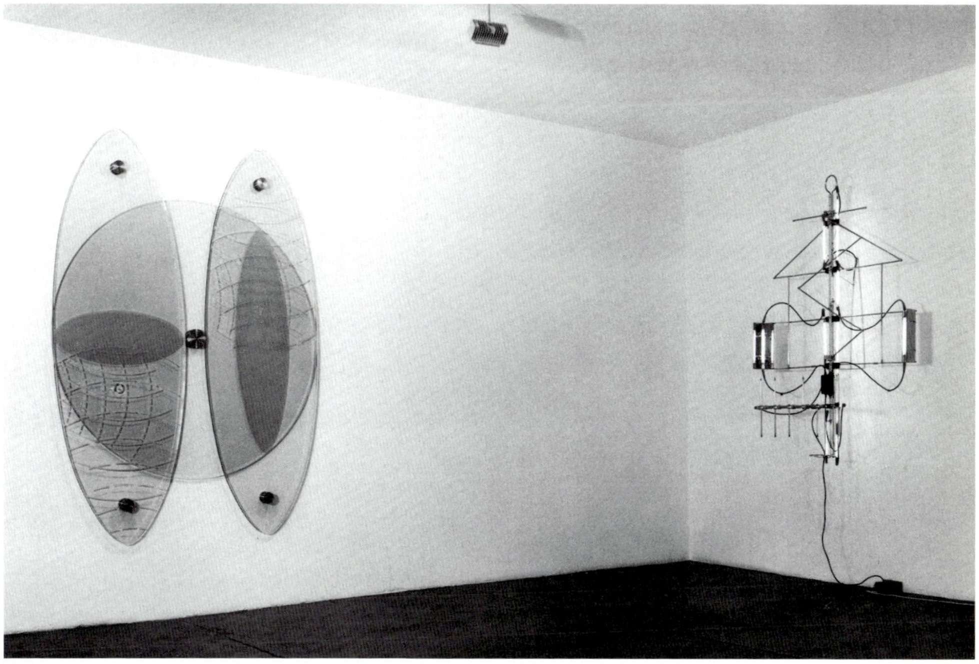

Keith Sonnier

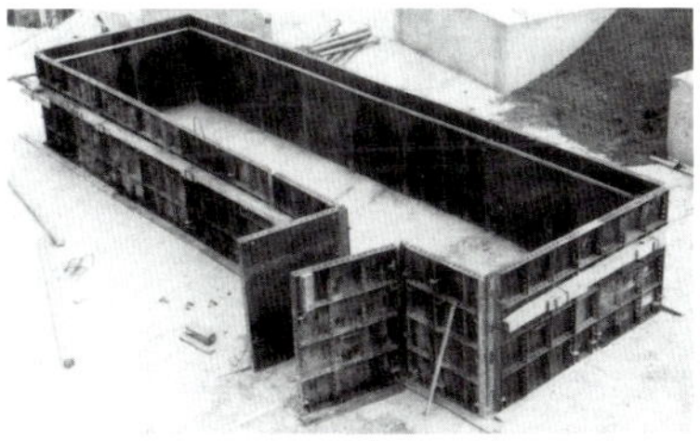

Einladung
Birgit Werres

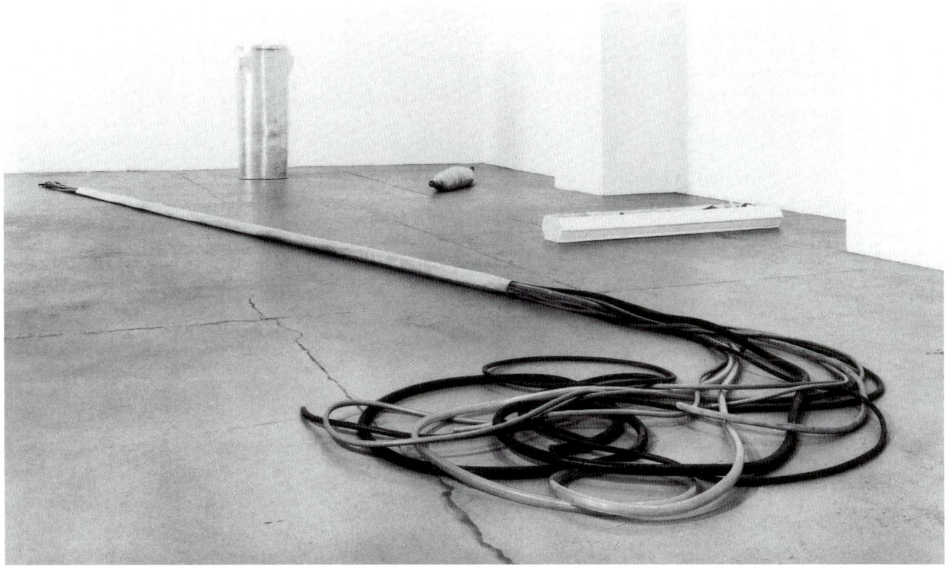

Birgit Werres

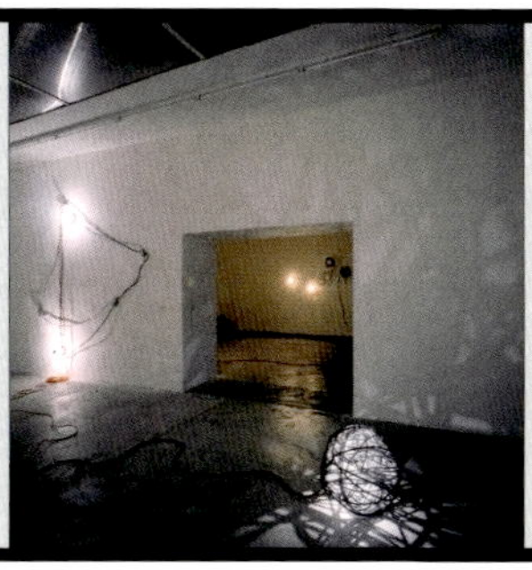

Matthew McCaslin

13. Dezember 1991 – 25. Januar 1992
Matthew McCaslin
Le Consortium, Dijon

–**Franz Wanner** lernte ich Mitte der 1980er Jahre kennen, er ist Schweizer, lebte aber damals in Köln im Klapperhof, einem grossen Gebäude nahe des Hohenzollernrings, in dem sich viele Ateliers befanden. Künstler wie Claus Peter Wittig kuratierten dort hochinteressante Ausstellungen, unabhängig von Galerien. Franz Wanner ist ein äusserst eigenständiger Künstler, der sich dem Zeitgeist vehement entgegenstellte. Er ist einer der wenigen Künstler, mit denen ich mein Musikinteresse teilen konnte, wodurch wir sehr intensive Momente, zum Beispiel gemeinsame Opernbesuche, miteinander erlebten. Franz Wanner bekam den Druck der Kölner Szene hautnah zu spüren. Martin Kippenberger, der Fürst der Szene, riss andauernd den Mund auf, liess schlichtweg die Hosen runter. Es war ziemlich unangenehm, was sich in Bars alles abspielte. An einem Abend gab es einen furchtbaren Krach, bei dem sie sich fetzten und Franz wohl auch mit Gegenständen um sich warf. 1988 verliess Franz die Stadt und ging zurück in die Schweiz. Die Bilder von Franz sind Malerei aus Malerei, alltägliche Gegenstände finden sich schwebend und beziehungslos im grossen Bildraum, eine Schale oder ein Tisch, ein Balken oder ein Ast, und diese Gegenstände wirken als seien sie in die Bildfläche „eingewaschen". Sie scheinen aus den schweren, kontrastierenden Farben, die in lasierenden Schichten aufgetragen sind, herauszuschimmern. Das ist ein unglaublich visuelles Ereignis.
Über Franz Wanner lernte ich Can Yasargil, einen Schweizer türkischer Abstammung kennen, mit dem er sehr eng befreundet war, und Christoph Schenker, zu der Zeit freier Ausstellungsmacher, mit dem ich mich lange und sehr angeregt über die Schweizer Kunstszene unterhielt. Das Ergebnis dieses Gesprächs war, dass ich ihn einlud, eine Ausstellung in der Galerie zu kuratieren. In extrem schneller Zeit stellte er 1988 die eindrucksvolle Ausstellung **Polyglott** mit Daniel Zimmermann, Adrian Schiess, Urs Frei und Christoph Rütimann zusammen. Es war für die Künstler ihre erste gemeinsame Gruppenausstellung ausserhalb der Schweiz und Christoph Schenker bewirkte eine hilfreiche Unterstützung der Pro Helvetia Stiftung. Mit Urs Frei und Adrian Schiess setzte ich eine kontinuierliche und äusserst erfreuliche Zusammenarbeit fort, mit beiden

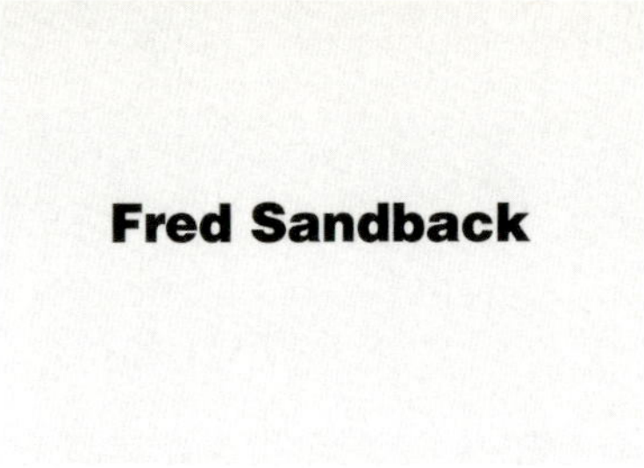

Einladung

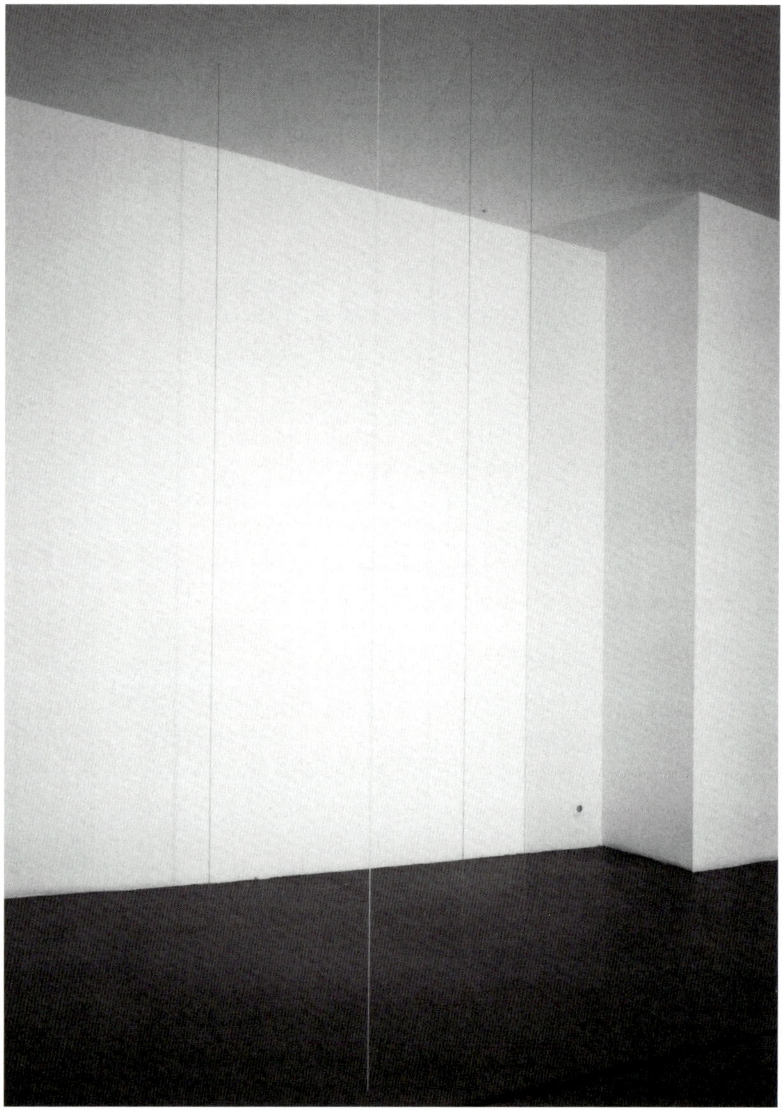

Fred Sandback

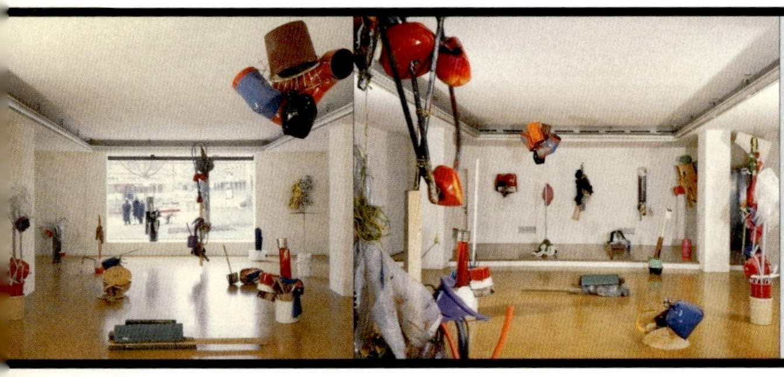

Urs Frei

Januar 1992
Urs Frei
Galerie Walcheturm, Zürich

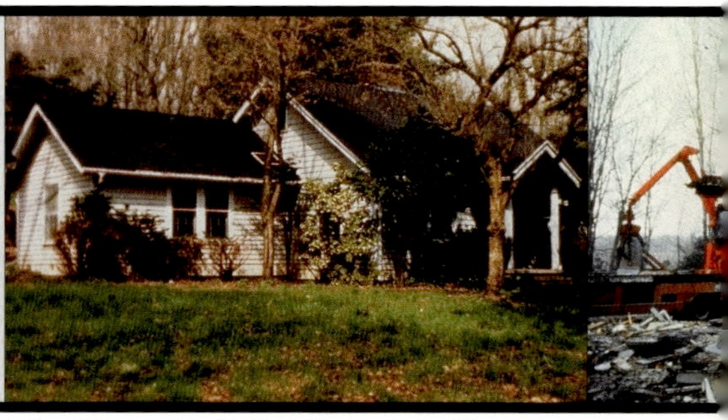

Jeffrey Wisniewski, „Untitled (House Project)"

Fred Sandback

10. Januar – 11. Februar 1992

Günter Umberg

14. Februar – 21. März 1992

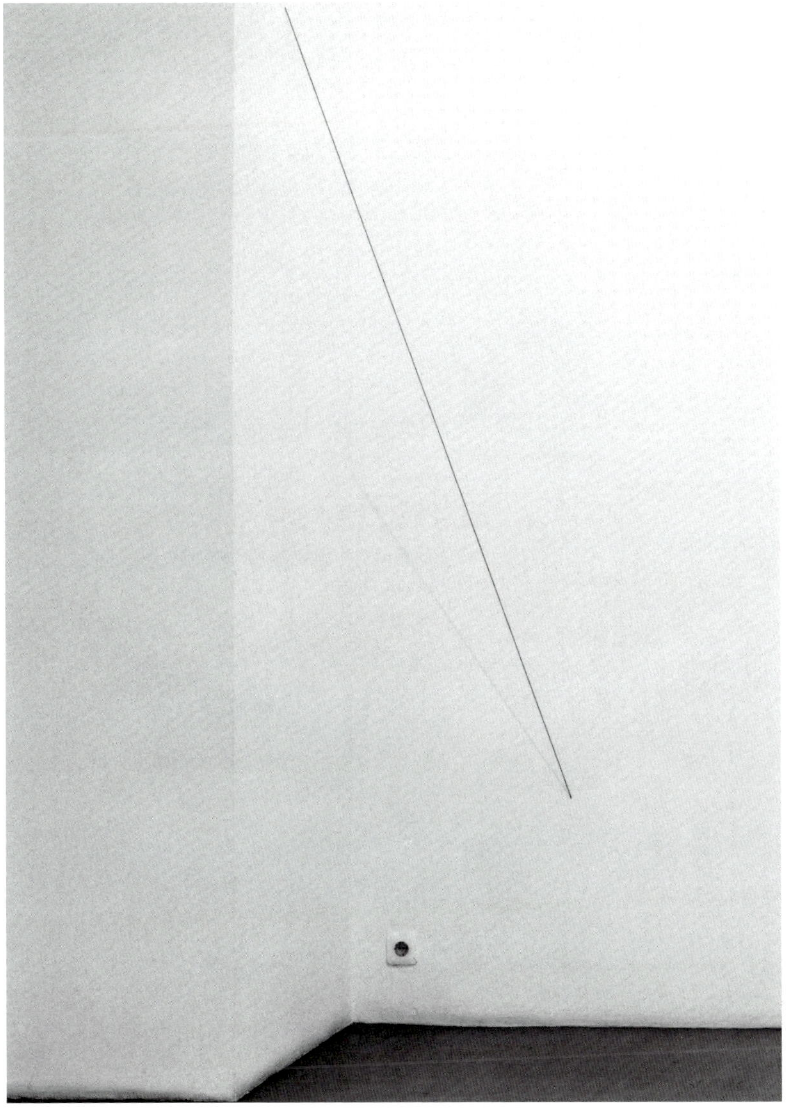

Fred Sandback

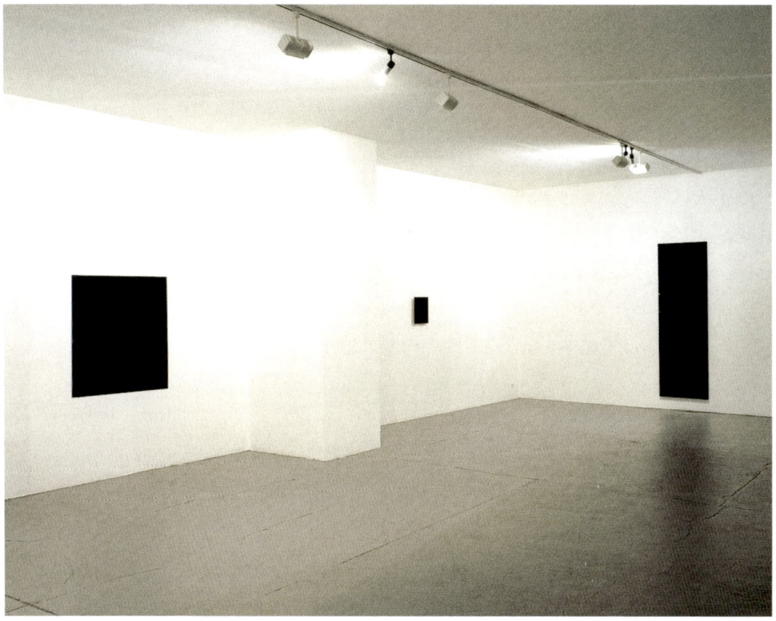

Günter Umberg

Günter Umberg

Einladung

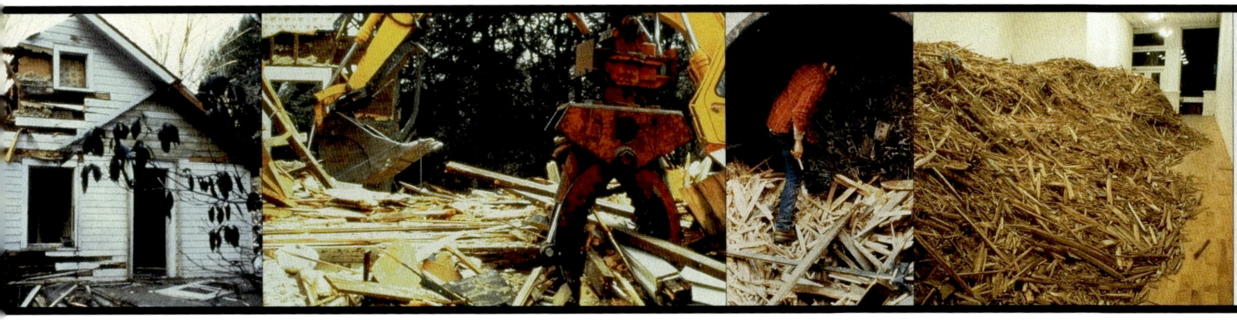

25. Januar – 21. März 1992

Jeffrey Wisniewski

Nordanstad-Skarstedt Gallery, New York

Künstlern realisierte ich jeweils drei Einzelausstellungen im Laufe der Jahre. Zimmermann und Rütimann interessierten mich, aber sie entschieden sich anderweitig.

Die Arbeiten von **Urs Frei** besitzen für mich einen dadaistischen, ja Schwitters-haften Zug. Ist es Malerei oder ist es keine Malerei? Er arbeitet mit Farbe – er *bemalt*. Seine collageartigen Arbeiten für die Ausstellungen kamen direkt aus seinem Atelier *Mein Lager*, wie er es nannte. Aus diesem Lager wählte er immer wieder Werke aus, die er veränderte, denen er Dinge hinzufügte oder fortnahm, die er in ihrer vorherigen Form zerstörte und so neue Stücke schuf. Diese Stücke sind zerdrückt, zermalmt, zusammengebunden, gekittet, allen wohnt eine gewisse Härte, ein destruktives und unperfektes Element inne, gepaart mit einem humorvoll-ironischen Zug. Urs bekam ein Stipendium für einen Aufenthalt in New York und dort besuchte ich ihn sehr häufig. Doch dann kam unsere Zusammenarbeit irgendwie ins Stocken, ohne einen ersichtlichen Grund, insgesamt zog Urs sich ein Stück aus dem Kunstbetrieb zurück.—

—Ende 1988 sah ich erstmalig Werke von **Cady Noland** bei Colin de Land in seiner Galerie American Fine Arts in New York. American Fine Arts war eine Art Alternativ-Galerie in Soho. Die Galerie hatte etwas Schmuddeliges, wenn du Glück hattest, wurdest du angesprochen und wenn nicht, dann eben nicht, das gehörte alles zum Programm. Ich hatte das Gefühl, Dick Bellamys Green Gallery war dafür ein Vorbild. In jedem Fall habe ich mich mit Colin de Land immer gut verstanden. Ich fragte recht schnell, ob es denn noch etwas zu kaufen gäbe, denn damals waren schon einige Sammler an Cady Noland interessiert. Ich erwarb die Arbeit *Celebrity Trash Spill*. Kurz darauf lernte ich Cady Noland kennen, wir trafen uns für einen Kaffee, und später besuchte ich sie in ihrem Atelier im Meat District. Ich erzählte ihr von der geplanten Ausstellung *Aus meiner Sicht* im Kölnischen Kunstverein. Cady war sehr offen und sagte sofort: „Dafür mache ich dir ein Stück.“ Das klappte alles wunderbar, *Mutated Pipe* wurde 1989 in Köln gezeigt und kam in meine Sammlung [83]. Ausserdem äusserte ich den Wunsch einer Aus-

Matthew McCaslin

Einladung

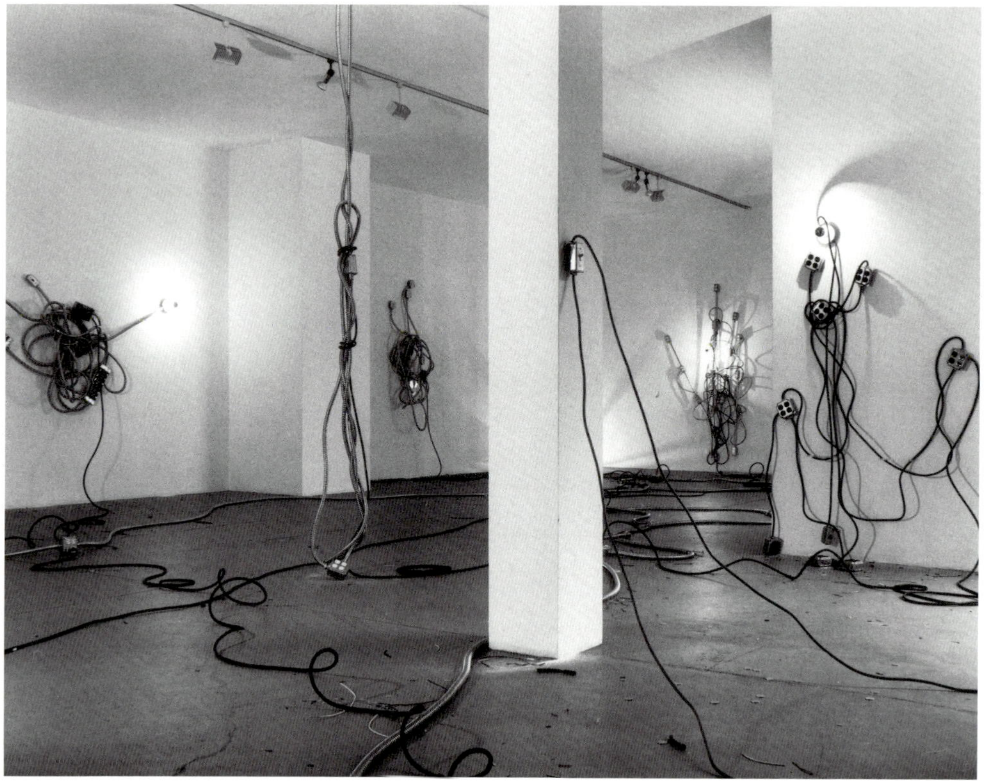

Matthew McCaslin [68]

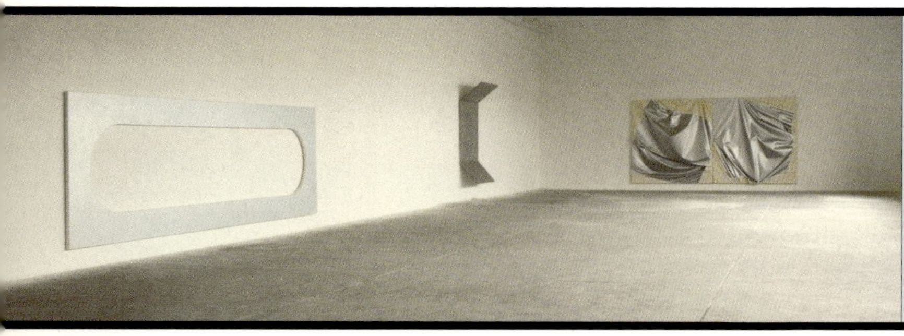

Steven Parrino

7. Februar – 14. März 1992
Steven Parrino
Le Consortium, Dijon

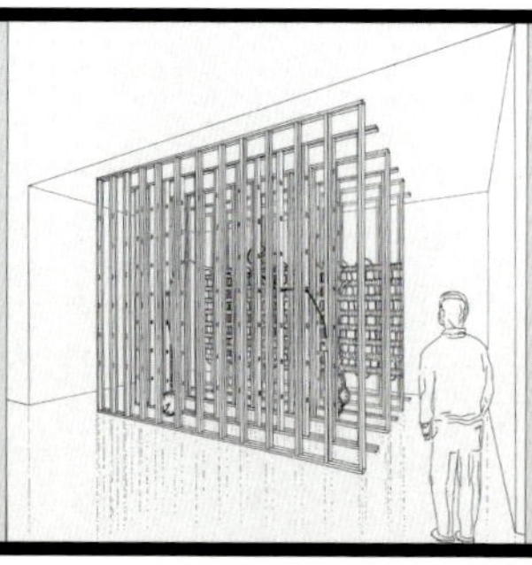

Einladung Projects 33: Matthew McCaslin

Matthew McCaslin
27. März – 30. April 1992

Ben Kinmont
8. Mai – 6. Juni 1992

Larry Bell
New Work and the Return of the Cube
13. Juni – 5. September 1992

Ben Kinmont

Einladung

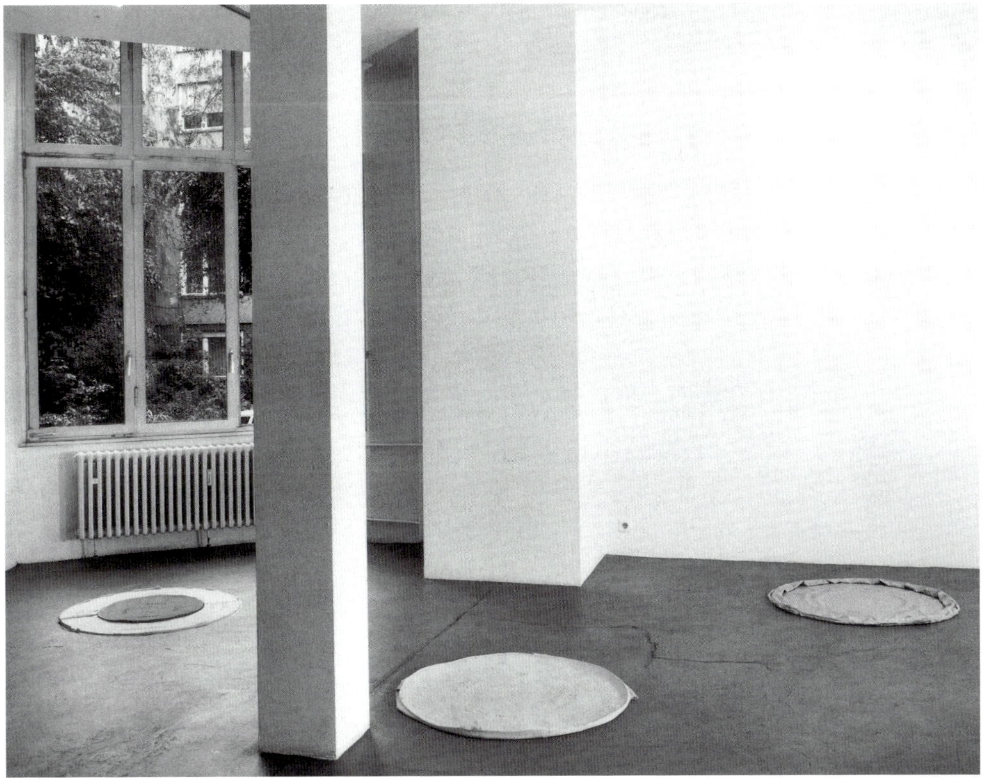

Ben Kinmont

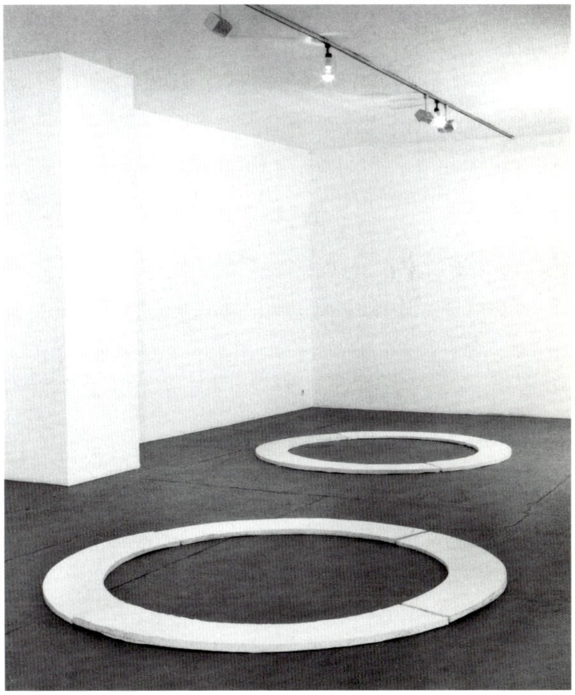

18. April – 2. Juni 1992
Projects 33: Matthew McCaslin
Museum of Modern Art, New York

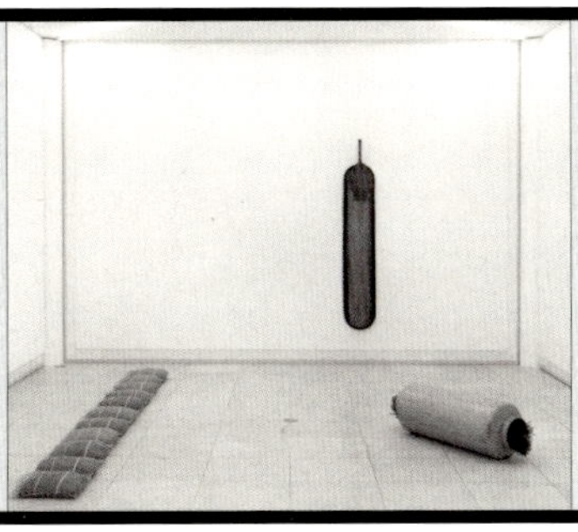

Birgit Werres

26. April – 8. Juni 1992
Birgit Werres
Städtisches Museum Abteiberg, Mönchengladbach

stellung, dem sie freudig zustimmte, doch kurz darauf geriet sie unter grossen Druck, der aus dem taffen Business der Kunstwelt resultierte.
Als ich 1992 mit ihr und Paula Cooper bei der *DOCUMENTA IX* auf den Stühlen von Franz West zusammensass – sie hatte gerade ihre Arbeit in der Tiefgarage verwirklicht –, spürte ich schon den massiven Druck, unter dem sie stand. Es gab so viele Anforderungen an diese extrem zierliche Person, die mit diesen ganzen gesellschaftlichen Dingen nichts zu tun haben wollte. Das war ihr, glaube ich, sehr zuwider. Nach der Schau 1994 bei Paula Cooper hat sie eigentlich keine Ausstellung mehr gemacht. Sie hat sich vollkommen aus dem Kunstbetrieb zurückgezogen. So kam es leider nie zu einer Ausstellung, was ich immer sehr bedauerte.–

–**Adrian Schiess** war es wesentlich, Arbeiten bei mir auszustellen, die er noch nicht gezeigt hatte, es war ihm wichtig, die Vielschichtigkeit eines Werks öffentlich zu machen. Das spielte sowohl bei der Ausstellung mit den *Fetzen,* so der Titel einer Serie, eine Rolle, als auch bei den Aquarellen, denn ich wünschte mir ja auch grundsätzlich eine spezielle Ausstellung. Diese Arbeiten sind aber nicht im Auftrag entstanden, das ist wichtig. Adrian besuchte ich in der Schweiz sehr oft in seinem Atelier und wenn ich etwas entdeckte, was mich besonders ansprach, sahen wir uns dies intensiver an. Doch kam natürlich auch Adrian selbst, wie überhaupt die meisten Künstler, auf mich zu und sagte, dies würde er gerne bei mir machen. Das hatte bereits mit Sonnier, Serra und anderen angefangen. Es mag sein, dass sich im Laufe der Jahre meine Bereitschaft herumsprach, besondere Ideen, die die Künstler realisieren wollten, auszuführen, verbunden mit dem dazugehörigen Risiko.
1992 klebte Adrian Schiess seine gerissenen Aquarelle, Aquarellfragmente, ummittelbar mit Kleister auf die Wand. Und diese zarten Stücke auf Chinapapier, die so ephemer wirkten, verbanden sich mit dem Kalk der Wand und erhielten eine ungeheure Präsenz. Adrian geht es in seinem Arbeitsprozess immer wieder darum, eine zu grosse Bestimmtheit zu unterlaufen, so lässt er den Zufall – etwa

1992

Kinder! macht Neues!
Steve DiBenedetto, Herbert Hamak, Jonathan Lasker, Fabian Marcaccio, Joseph Marioni, Thomas Nozkowski, Carl Ostendarp, Steven Parrino, David Reed, Karin Sander, Adrian Schiess, Li-Trincere, Alan Uglow, Günter Umberg, Leslie Wayne, John Zinsser
13. Juni – 5. September 1992

Adrian Schiess
Aquarelle
11. September – 7. November 1992

Joseph Marioni
Painter
13. November – 19. Dezember 1992

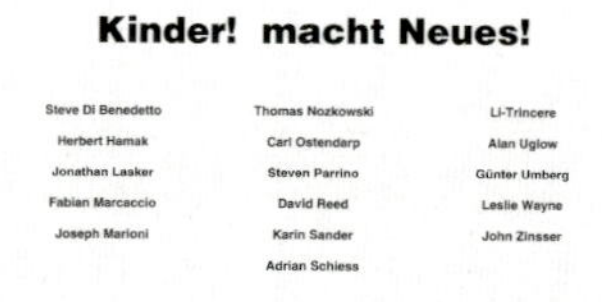
Kinder! macht Neues!

Steve Di Benedetto
Herbert Hamak
Jonathan Lasker
Fabian Marcaccio
Joseph Marioni

Thomas Nozkowski
Carl Ostendarp
Steven Parrino
David Reed
Karin Sander
Adrian Schiess

Li-Trincere
Alan Uglow
Günter Umberg
Leslie Wayne
John Zinsser

Einladung

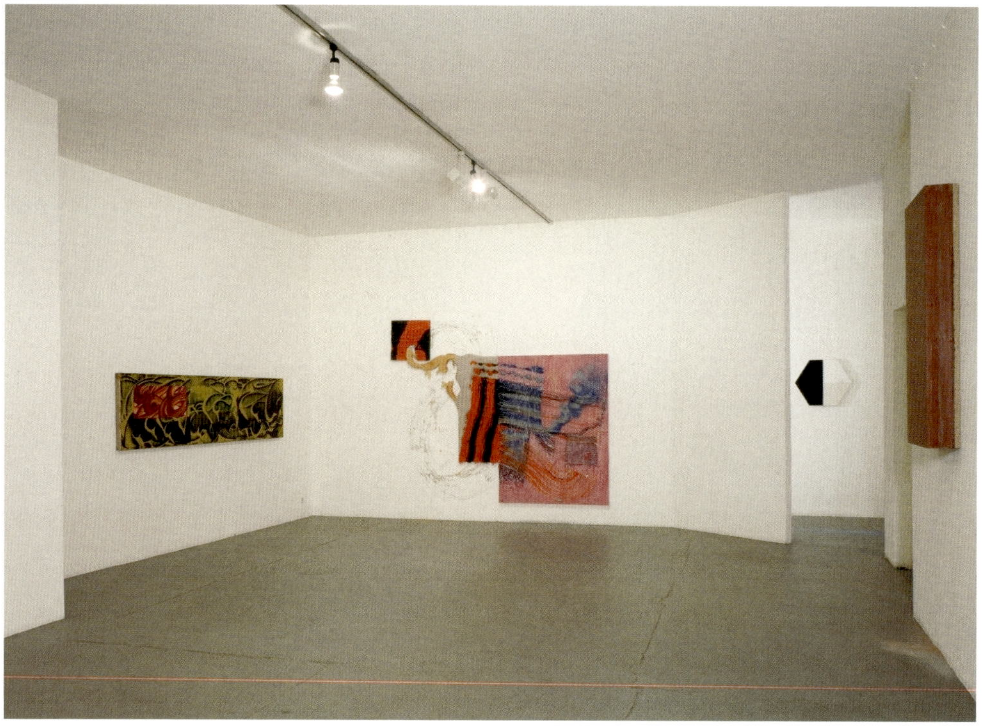
Kinder! macht Neues!: Reed, Marcaccio [58], Li-Trincere, Hamak

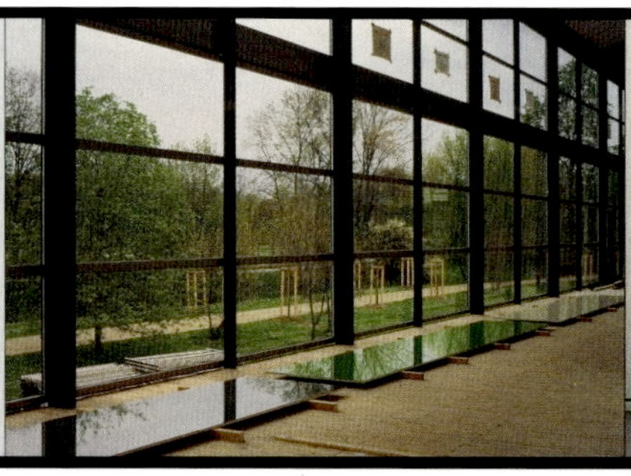
DOCUMENTA IX: Adrian Schiess, „Flache Arbeit“

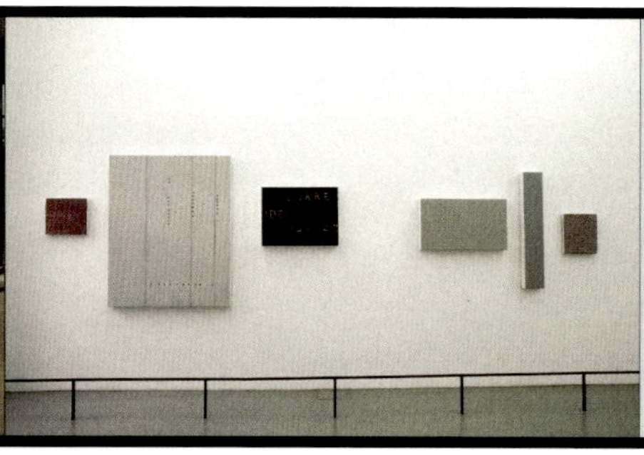
Helmut Dorner

13. Juni – 20. September 1992
DOCUMENTA IX
Kassel. Künstlerische Leitung: Jan Hoet. Künstler u. a. Artschwager, Buthe, Dorner, Merrick, Meyer, Noland, Schiess

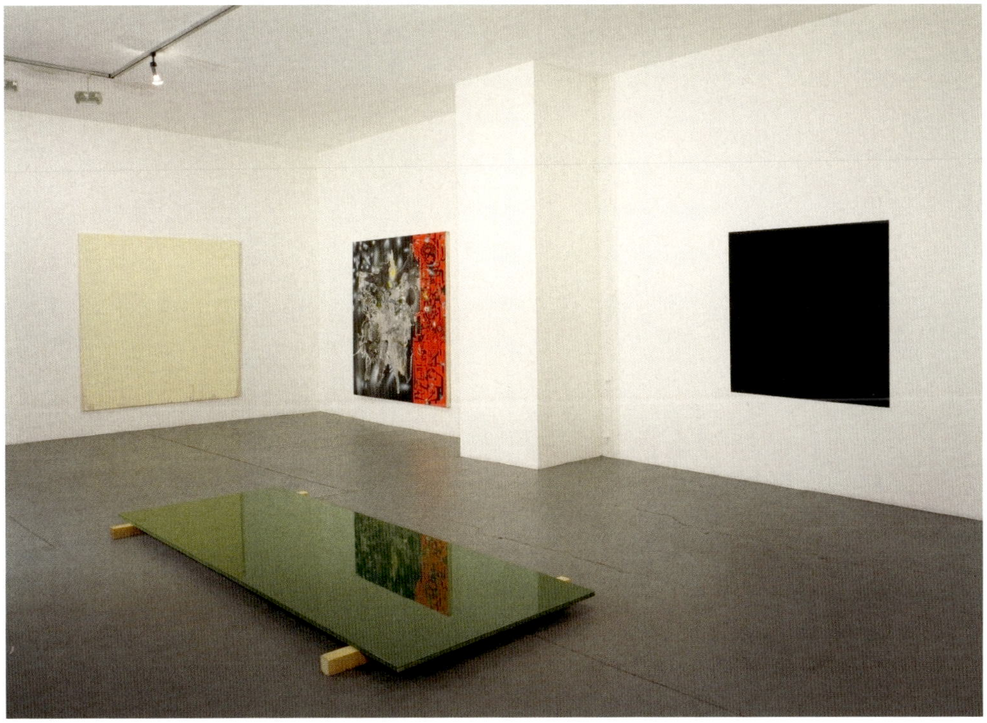

Adrian Schiess
A q u a r e l l e

Einladung

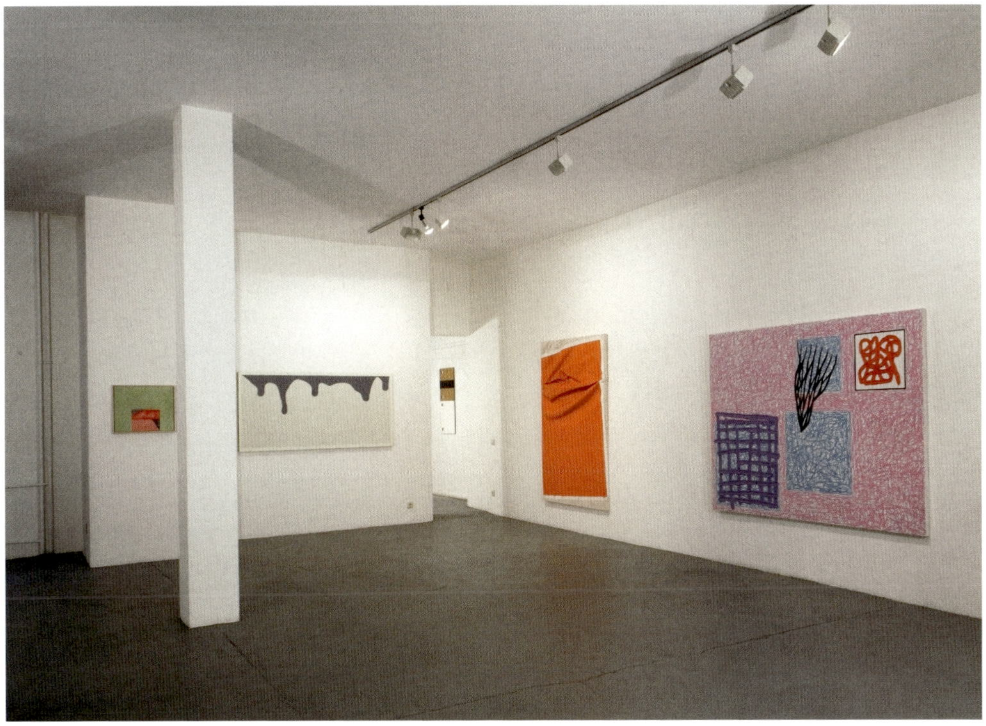

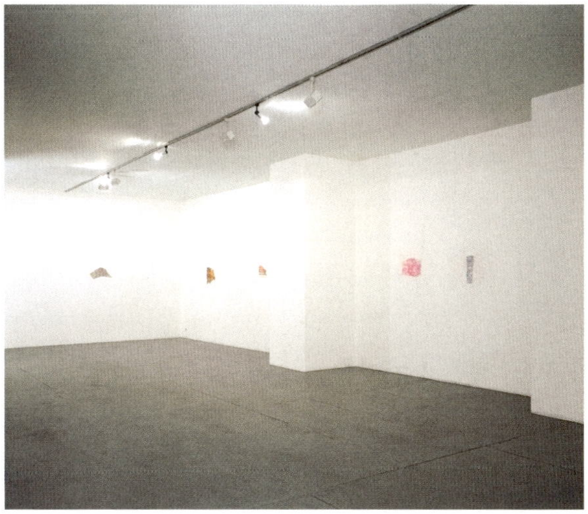

Adrian Schiess. Aquarelle

Kinder! macht Neues!: Schiess, Marioni, DiBenedetto, Umberg (oben); Ostendarp, Uglow, Parrino, Lasker u. a. (unten)

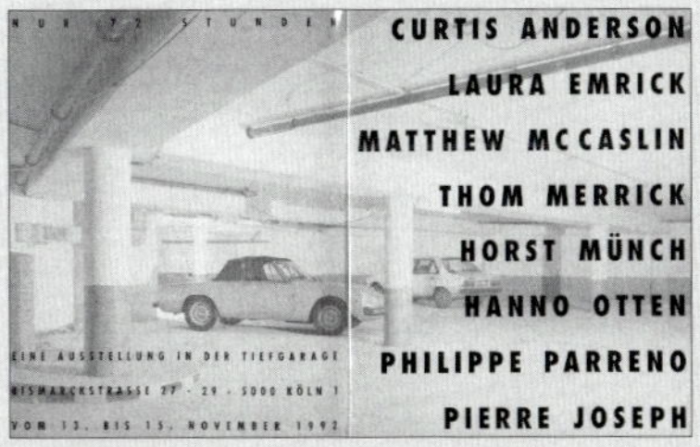

13. – 15. November 1992

Nur 72 Stunden

Tiefgarage Bismarckstraße 27–29, Köln. Künstler u. a. McCaslin, Merrick, Münch

Broschüre Nur 72 Stunden

über das Zerreissen – als Dialogpartner in den malerischen Prozess, oder auch das Licht und die Umgebung selbst, mit einfliessen. Das hat zum einen damit zu tun, die Arbeit zu öffnen, eine Offenheit zu bewirken, und zum anderen auch mit der Weigerung von Repräsentation. Zugleich ist der Aspekt des Vergänglichen und der Zeit in diesen Aquarellen tragend, wie ein verwelkender Blumenstrauss – denn die Aquarelle waren mit der Wand verbunden. Interessierte Käufer konnten sich ein ähnliches Aquarell aussuchen, aber nicht das an der Wand.–

–In den 1990er Jahren kamen einige Künstler wie Thom Merrick, Matthew McCaslin oder Steven Parrino nach Köln und haben, wie in den späten 1960er Jahren Bill Bollinger, Gary Kuehn, Richard Serra oder Keith Sonnier, um nur einige Namen zu nennen, **vor Ort***, also in deiner Galerie ihre Werke* **produziert**.

Jeder Künstler hat seine ganz eigenen Wege, doch generell … Nehmen wir zum Beispiel Thom Merrick. Meist legte ich als erstes das Datum Monate voraus fest: „Thom, ich möchte eine Ausstellung mit dir machen. Ginge das im September?“. Und ich hatte natürlich keine Ahnung, was Thom im September im Kopf haben wird. Einige Zeit vor der Ausstellungseröffnung kam er nach Köln. Meistens begannen wir sofort mit dem Organisieren. Er teilte uns mit, was er alles benötigte: „Ich brauche ein altes Fahrrad“, oder „ich brauche alte Autoreifen, zudem noch das Material und dieses.“ Er erklärte mir, was er vor hatte und ich sagte: „Gut, dann fahren wir jetzt los und besorgen die Sachen, die du brauchst.“ Frau Klein hatte ich zuvor gebeten, herauszufinden, wo es alte Fahrräder gibt oder gebrauchte Reifen, dann sind wir aufgebrochen. Ja, darin spiegelt sich ein neues Aufblühen von dem wider, was mich in den späten 1960ern Jahren ungeheuer interessierte und auch sehr stark geprägt hat. In den 1990er Jahren tritt der reine Prozess, der mich so stark fasziniert, wieder in den Vordergrund und zwar bei vielen Künstlern. Es gibt bei dieser jüngeren Generation eine Kenntnis und einen bewussten Rückbezug zum Kunstschaffen der 1960er Jahre.

1993

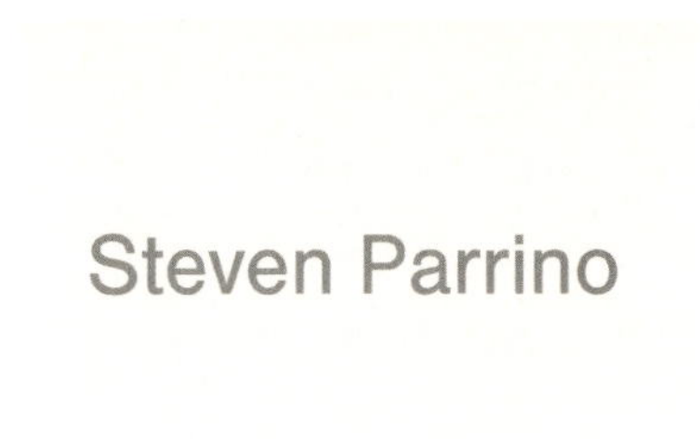

Einladung

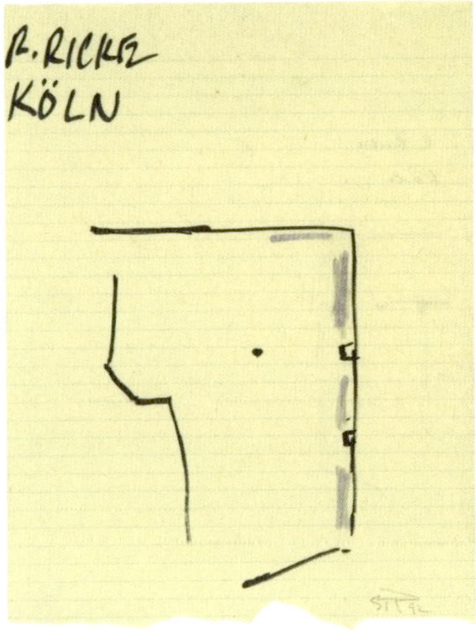

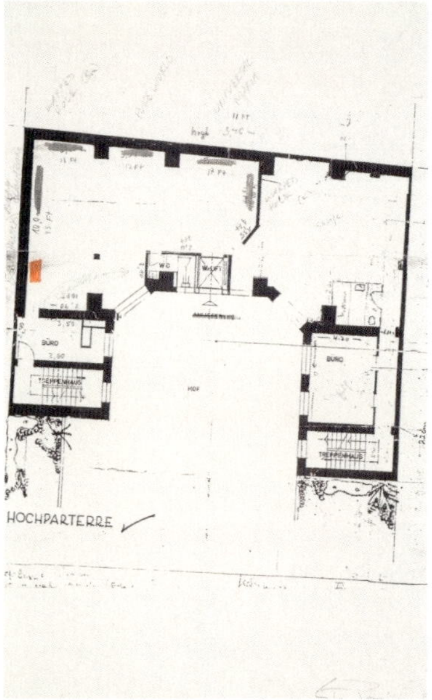

Ausstellungsskizze, 1992, und Ausstellungsplan von Steven Parrino

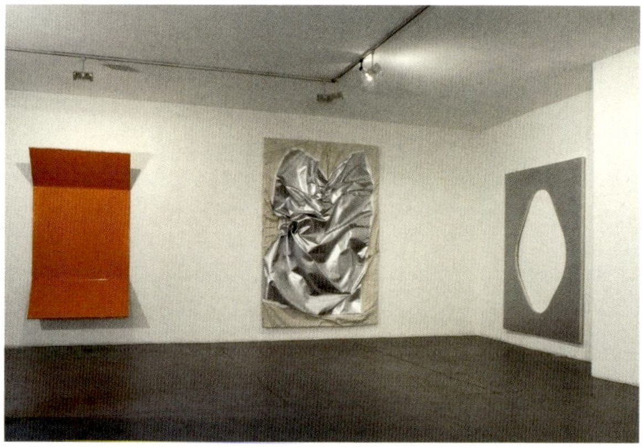

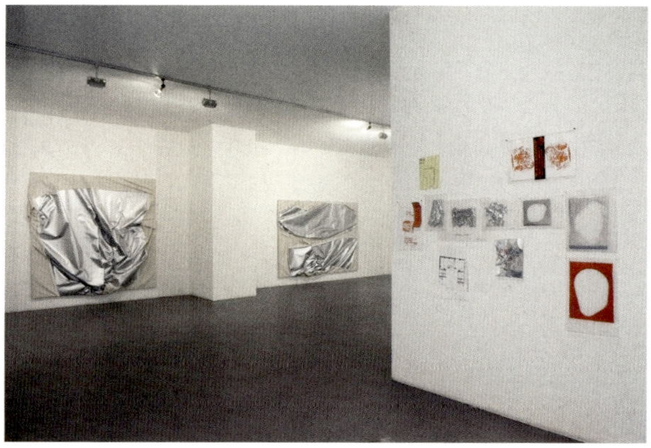

Steven Parrino [95, 97]

9. Januar – 12. Februar 1993
Live in Your Head
Hochschule für angewandte Kunst, Wien. In Zusammenarbeit mit Galerie Metropol. Kuratiert von Robert Nickas. Künstler u. a. DiBenedetto, Mosset, Noland, Parrino

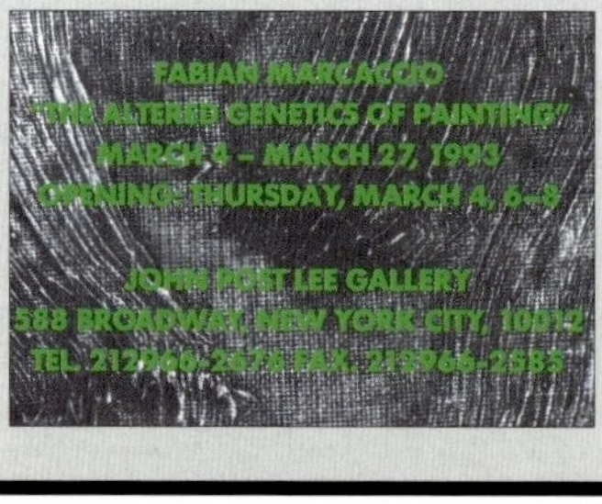

Einladung Fabian Marcaccio

4. – 27. März 1993
Fabian Marcaccio
The Altered Genetics of Painting
John Post Lee Gallery, New York

Steven Parrino
15. Januar – 6. März 1993

Thom Merrick
12. März – 24. April 1993

Thom Merrick

Einladung

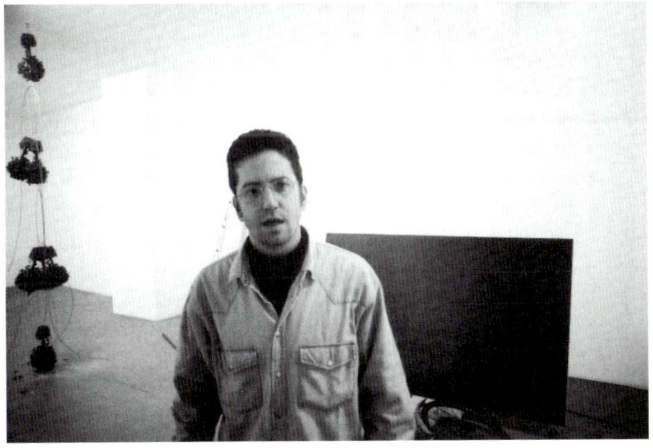

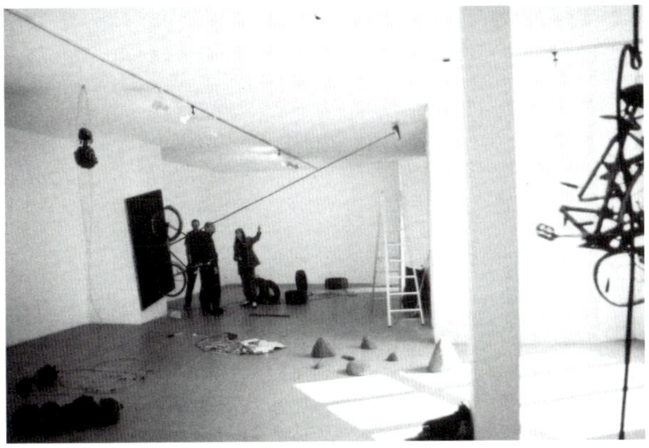

Thom Merrick während des Aufbaus

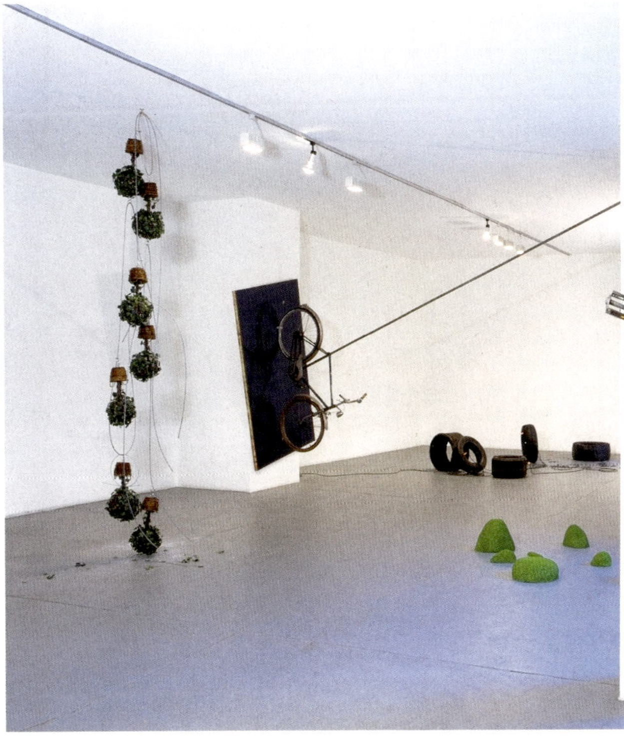

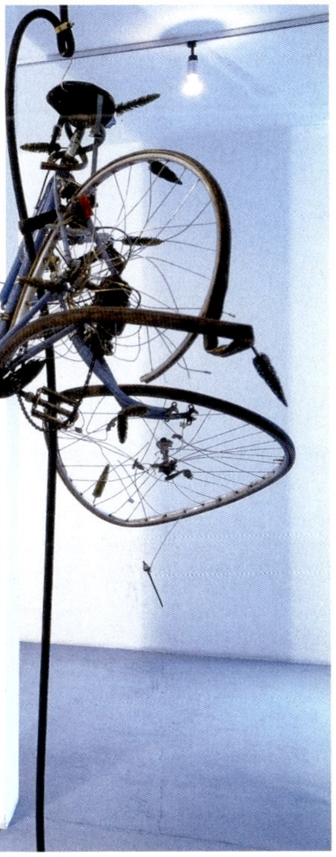

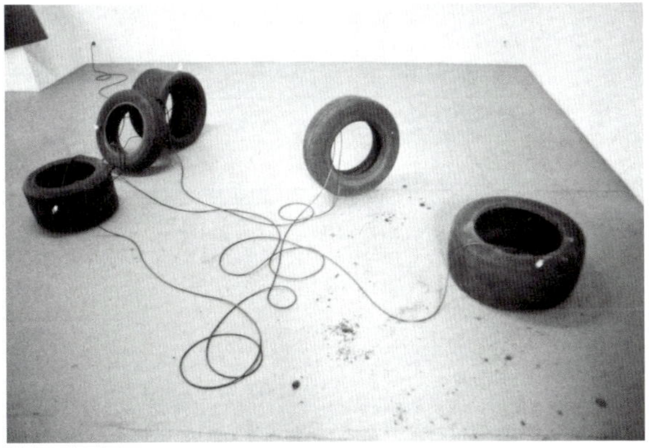

Thom Merrick [79]

26. Mai – 25. Juli 1993
Der zerbrochene Spiegel. Positionen zur Malerei
Museumsquartier und Kunsthalle Wien. Weitere Station: Deichtorhallen Hamburg, 14. Oktober 1993 – 2. Januar 1994. Kuratoren: Kasper König und Hans-Ulrich Obrist. Künstler u. a. Marioni, Reed, Ruscha

Auch Steven Parrino kam 1995 zur Vorbereitung seiner Ausstellung nach Köln und produzierte alle seine Werke vor Ort. Steven hatte mir zuvor schon mitgeteilt, er brauche Farbe, Silikon und „honeycomb aluminum panels", (Aluminiumverbundplatten), das ist ein Material, welches in der Luftfahrttechnik verwendet wird und damals nur in Belgien hergestellt wurde. Olivier Mosset, mit dem Steven ja sehr befreundet war, hat dieses Material auch für einige Arbeiten verwendet. Wir haben also vorab Platten im vorgegebenen Format bestellt. Und als Steven kam, hat er diese Platten in der Galerie zuerst bemalt, monochrom mit einem leuchtenden Blau, danach sägte er sie an, knickte sie und zerstörte sie damit sozusagen. Anschliessend füllte er die offenen Knicke mit Silikon aus. Steven gab dieser Ausstellung den Titel *(De) Forming*.
Ich habe den Künstlern nie gesagt, was sie machen sollen, ich habe immer nur gesagt: „Macht es!" Aber während sie in der Galerie arbeiteten, sprachen wir permanent miteinander. Dieser ständige Austausch war ein ganz wesentlicher Teil. Ich war in meinem Büro, aber ich bin sehr häufig durchgelaufen und habe geguckt und ich habe auch immer wieder mal einen Kommentar abgegeben, Fragen gestellt, einfach auf das reagiert, was da entstand und mich ansprach oder auch noch nicht ansprach. Ich habe also das Entstehen der Kunstwerke ganz nah miterlebt.—

—Der Kontakt zu **Steve DiBenedetto** kam über Steven Parrino, der ihn mir sehr ans Herz legte. Er sagte, „wenn du einen wirklich radikalen Maler kennen lernen willst, dann schau dir die Arbeiten von Steve DiBenedetto an." Das war 1990 oder 1991. Ich besuchte Steve in seinem Atelier und bezog seine Arbeit als eine neue Formulierung der Malerei in die Ausstellung *Kinder! macht Neues!* 1992 mit ein. Steve DiBenedetto nahm ich als einen aggressiven, sehr diskussionsfreudigen und kommunikativen Künstler wahr, der nicht nur eine unglaubliche Begabung besitzt, sondern enorm viel über Malerei weiss. Vom Typ her sah ich immer eine gewisse Nähe zu Richard Serra, voller kraftvoller Behauptungen, ungeheuer radikal, zugleich klar und doch voller Fragen. Ich erwähne dies, denn

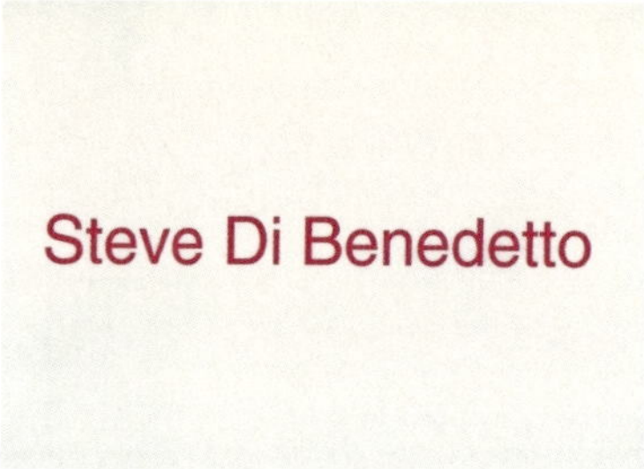

Einladung

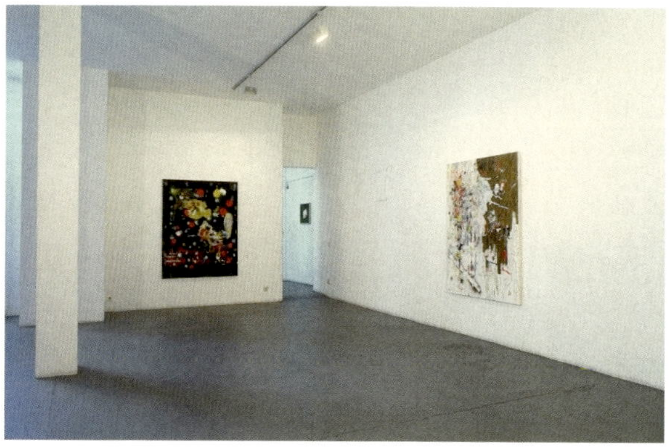

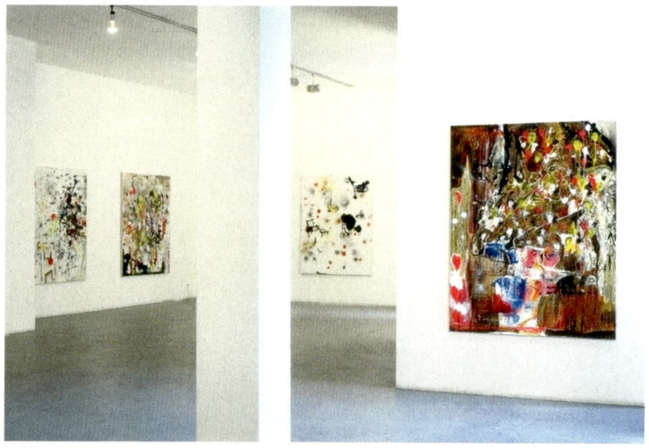
Steve DiBenedetto

Steve DiBenedetto
30. April – 29. Mai 1993

Keith Sonnier
Arbeiten auf Papier
1967–1993
Ausstellung anlässlich
der 25-jährigen Zusammenarbeit
4. Juni – 7. August 1993

Urs Frei
10. September – 9. Oktober 1993

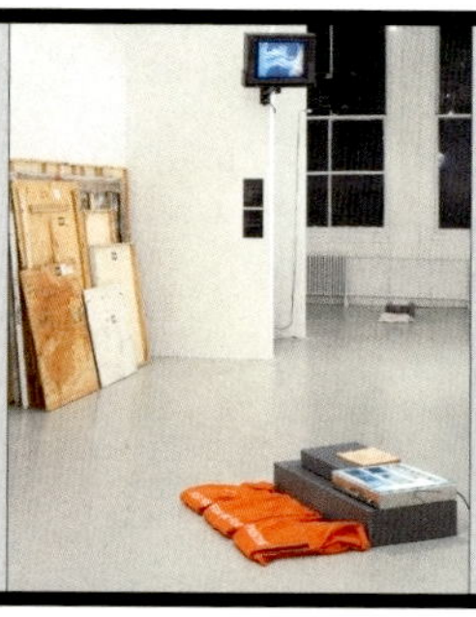

11. September – 9. Oktober 1993
Ben Kinmont
Public Projects, 1990 –1993
Sandra Gering Gallery, New York

Ben Kinmont. Public Projects, 1990–1993

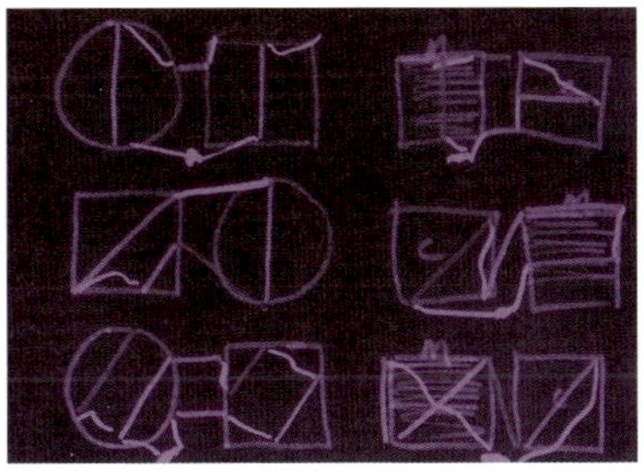

Einladung
Keith Sonnier

Urs Frei

Einladung

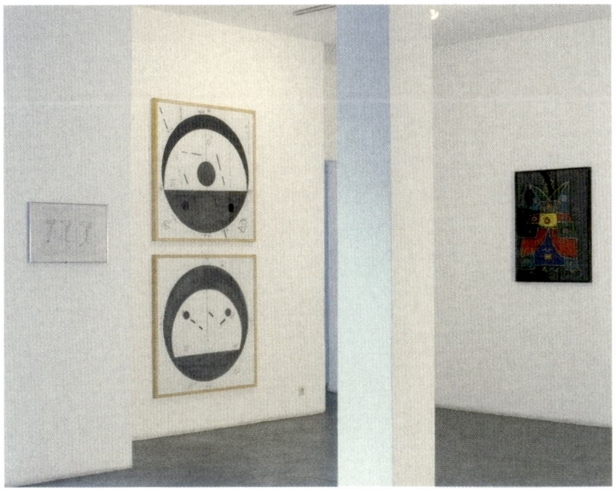

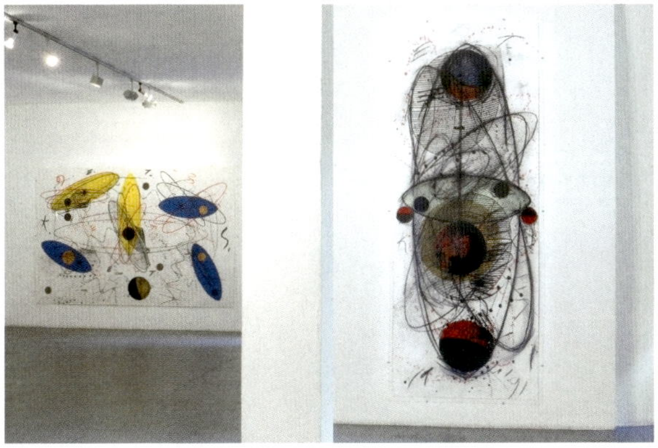

Keith Sonnier. Arbeiten auf Papier 1967–1993

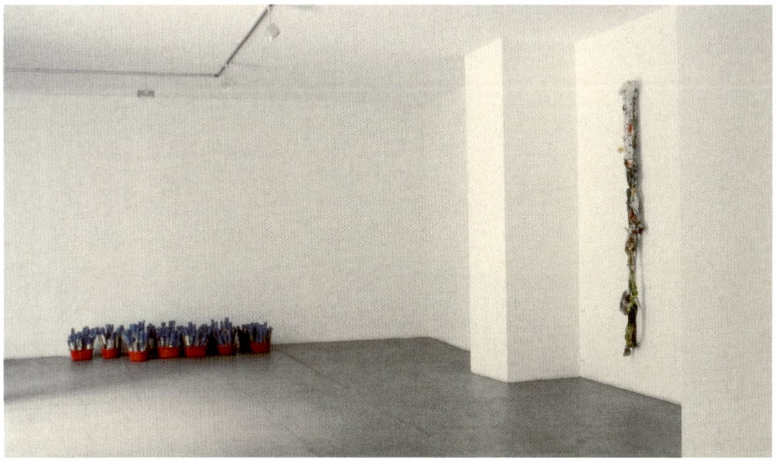

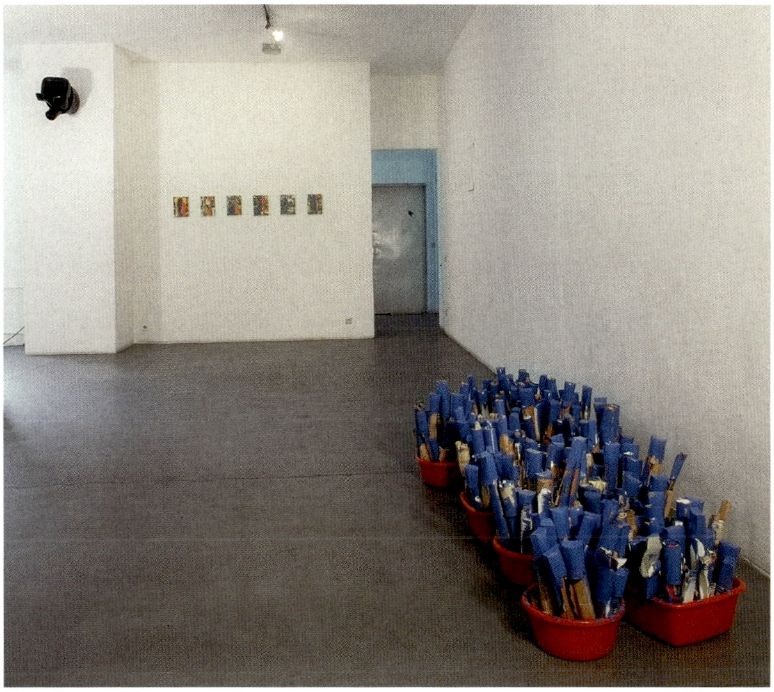

Urs Frei

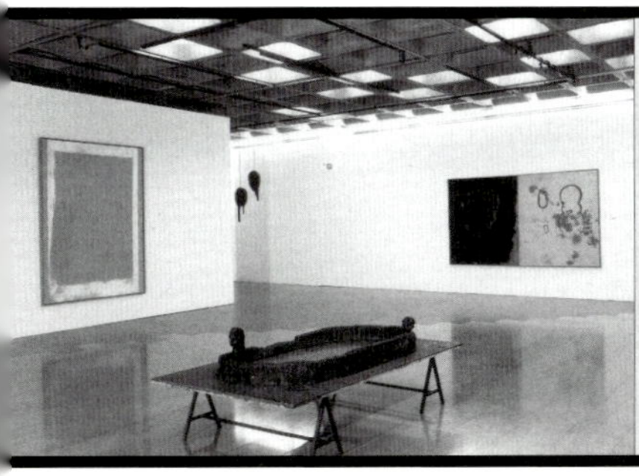

15. September – 21. November 1993
Horst Münch
Carré des Arts, Paris

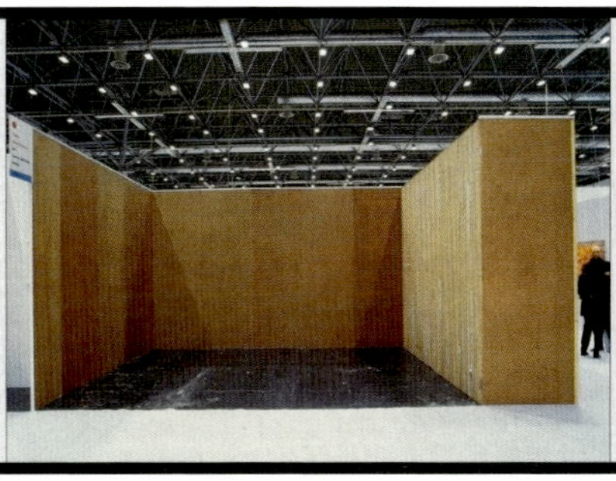

11. – 17. November 1993
Art Cologne
Messe Köln. Förderkoje von Franka Hörnschemeyer

Horst Münch

Art Cologne: Franka Hörnschemeyer

für mich spiegelt sich diese Haltung in seinen Bildern wider. Bemerkenswert ist in diesem Zusammenhang auch, dass viele der Künstler, die ich kenne in New York, gerade in seine Ausstellungen gehen und darüber diskutieren, weil sie an den vielschichtigen Informationen und Fragestellungen zum Thema Malerei interessiert sind. 1993 zeigte er seine erste Einzelausstellung in der Galerie.–

–**Jeffrey Wisniewski** realisierte in der Kölner Innenstadt 1993 mit der Wandelhalle Forum für Kunst im öffentlichen Raum ein Projekt, das von Petra Stilper kuratiert wurde. Wisniewskis Beitrag *Nervous Systems / Nervöse Systeme* bestand darin, ein Haus abreissen zu lassen und die Bruchstücke in Containern wieder aufzuschichten. Ein ähnliches Projekt hatte er bereits ein Jahr zuvor umgesetzt. In Vermont liess er 1992 ein Haus abreissen, die einzelnen Bauteile schreddern und nach New York transportieren. Anschliessend füllte Wisniewski mit der klein geschredderten Hausmasse die Räume der Galerie Nordanstadt-Skarstedt. Das war ein unglaublich beeindruckendes Bild für mich, nicht Erde, wie in Walter De Marias *Earth Room* von 1968, erfüllte die Galerieräume, sondern Masse aus Materialien, aus denen der Galerieraum selbst erbaut wurde: ein kulturell-zivilisatorischer Humus. Und natürlich spielt hier Robert Smithson eine wichtige Rolle, der mythologische Robert Smithson, aber auch der Aspekt des Site und Non-Site. Die Ausstellung wurde nach kurzer Zeit wegen feuerpolizeilicher Bedenken geschlossen. Das ist die Vorgeschichte.

Für die Aktion in Köln suchte Jeffrey auch ein Haus: Zwischen Köln und Aachen gibt es ein nahe gelegenes Braunkohlerevier, welches grösstenteils entvölkert ist, und in einem dieser menschenleeren Orte stand ein aufgelassenes, solides Wohnhaus. Dieses Haus wählte er aus. Mit einem Bagger wurde das ganze Haus abgerissen und übrig blieb ein Trümmerberg. Der gesamte Schutt und sämtliche Brocken wurden mit Lastwagen nach Köln transportiert und in riesige Gitterboxen verpackt. Wie ein Berg oder besser wie eine Mauer sind diese Käfige zu einer Skulptur aufgebaut worden. Nur für ein paar Tage standen diese ungeheuren Container auf dem Ebertplatz vor dem Eigelsteintor in Köln. Durch die Gitter zogen sie Netze aus Stahl. Das war Jeffreys unglaubliches Stück. Petra Stilper hat das alles geschafft, für diese wahnsinnige Arbeit muss man ihr zutiefst dankbar sein.–

–An einem Morgen im November 1988 ging ich zusammen mit Günter Umberg zum Aufbau meines Messestandes auf dem Kölner Kunstmarkt und als wir an der Koje der Max Protetch Gallery vorbeikommen, sehe ich ein kleines Stück von einem Bild über die Kojenwand hinausragen. Und während wir beide gehen und uns unterhalten, stoppe ich und sage: „Günter, halt, sieh mal da oben, das Bild, das müssen wir uns sofort ansehen.“ Ich ging zu Max Protetch und fragte: „Von wem ist dieses Bild? Ich würde es mir sehr gerne ansehen.“ Max zeigte uns das Gemälde und nannte mir den Namen des Künstlers: **David Reed**. Ich fragte weiter und Max Protetch gab mir bereitwillig alle Informationen und ich weiss noch, dass ich sagte: „Okay, diesen Künstler möchte ich unbedingt besuchen, wenn ich nach New York fahre.“ Im Januar 1989 war ich wieder in New York, um die Ausstellung *Aus meiner Sicht* für den Kölnischen Kunstverein vorzubereiten und in diesem Zuge besuchte ich erstmalig David Reed. Bei David im Atelier erwarb ich mein erstes Bild von ihm, *#270*, 1988–89 [100] und entschied umgehend es in die Ausstellung im Kunstverein einzubeziehen.

Diese Begegnung gehört mit zu den entscheidenden Begegnungen in meinem Leben. Zu den interessantesten Begebenheiten zählen für mich die Besuche in den Ateliers, die Gespräche mit Künstlern, und überaus bedeutsam waren zudem gemeinsame Ausstellungsbesuche. Das sind solche eindrücklichen und lehrreichen Momente! Das war immer ein Ereignis! Und gerade mit David lernte ich über das gemeinsame Betrachten, besonders von Malerei, neu zu sehen. 2003 erlebte ich folgende Geschichte, um nur eine zu nennen: Ich kam zu ihm ins Atelier, während gerade ein Kurator des Museum of Modern Art anrief und ihn einlud, noch schnell vorbeizukommen, da sie einige ausgewählte Werke aus der Ausstellung *Matisse Picasso*, bevor sie eingepackt und zurück transportiert wurden, in einem Raum einander gegenüberge-

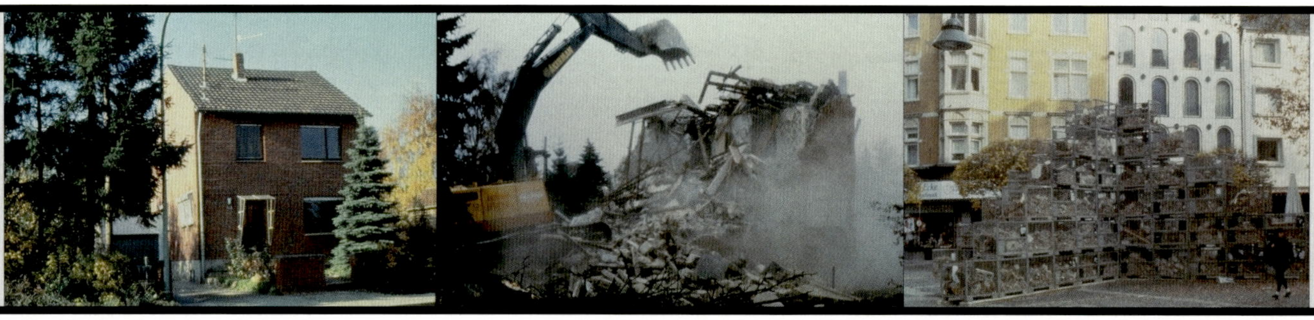

Jeffrey Wisniewski, „Nervous Systems“

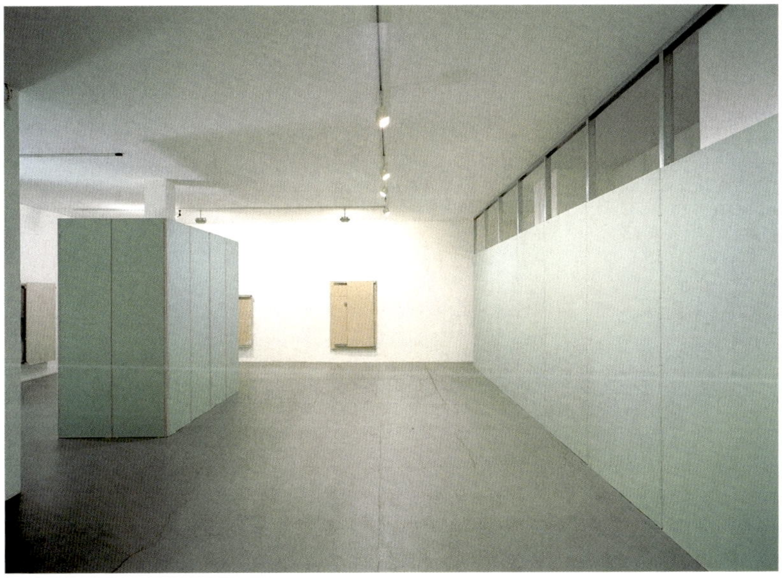

Franka Hörnschemeyer

Franka Hörnschemeyer

15. Oktober – 6. November 1993

David Reed

12. November – 22. Dezember 1993

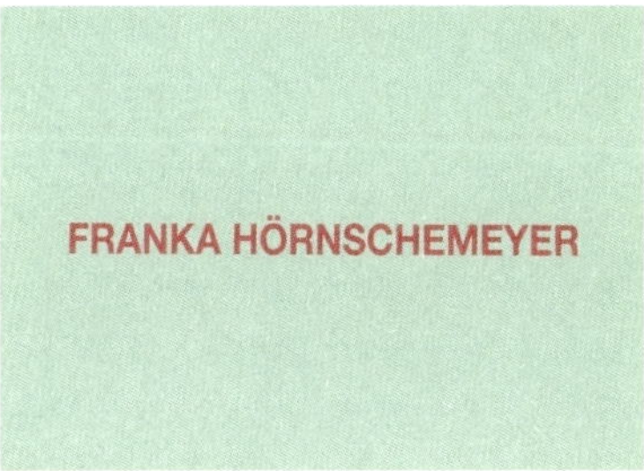

Einladung

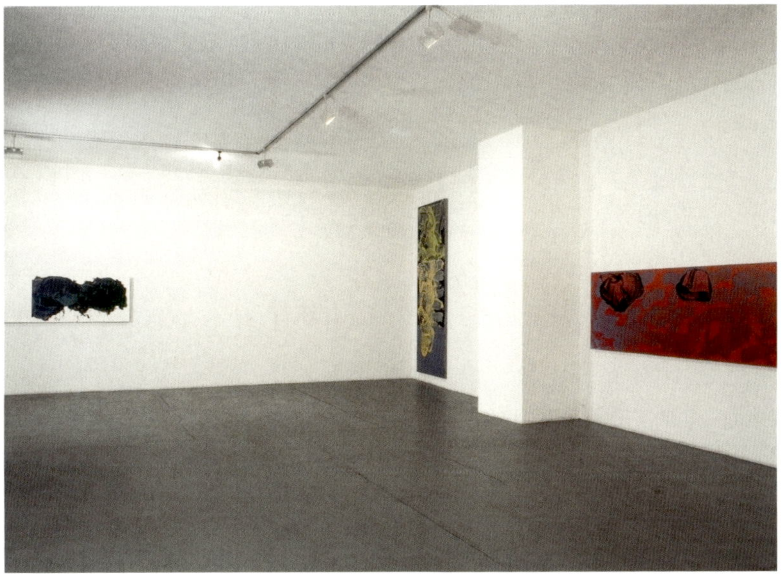

David Reed

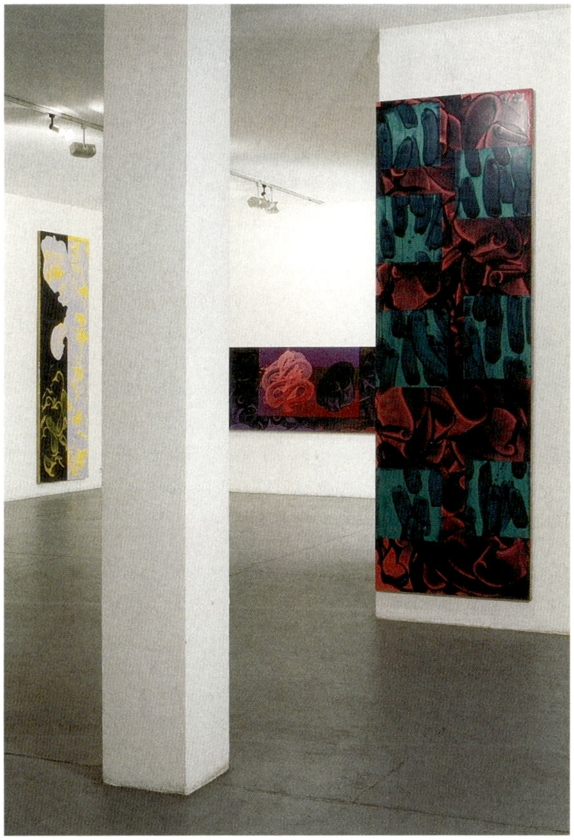

David Reed

Einladung

12. – 21. November 1993
Jeffrey Wisniewski. Nervous Systems
Eigelsteintor, Köln

10. Dezember 1993 – 13. Februar 1994
Gerhard Richter. Malerei 1962–1993
Kunst- und Ausstellungshalle der Bundesrepublik Deutschland, Bonn

13. Dezember 1993 – 13. Mai 1994
New York Painters
Donald Baechler, Ross Bleckner, Peter Halley, Jonathan Lasker, Richard Prince, David Reed, Peter Schuyff, Philip Taaffe, Christopher Wool
Sammlung Goetz, München

stellt hätten. David war total aufgeregt ob dieser Möglichkeit, und wir fuhren ohne zu zögern sofort los. Das wurde für mich eine Lehrstunde in Malerei, ich sah Picasso und Matisse mit vollkommen neuen Augen, und seitdem zählt Matisse für mich zu den bedeutendsten Malern überhaupt.

David besitzt eine grosse Leidenschaft für die Kunst, für die Malerei, aber auch für Architektur und Film. Er ist äusserst interessiert, beschäftigt sich intensiv mit ihm besonders wichtigen Künstlern wie Barnett Newman oder Blinky Palermo. Gegenüber der Kunst anderer empfinde ich ihn als ungemein offen und tolerant, geradezu unbefangen. Gegenüber seiner eigenen Arbeit hingegen ist er ausgesprochen kritisch, oft ist es ein langes kraftvolles Ringen bis die Bilder seinen Ansprüchen gerecht werden. Die Datierung über mehrere Jahre auf vielen seiner Bilder zeugt von diesem langwierigen Prozess.

Die erste Einzelausstellung mit David Reed kam deshalb auch erst 1991 zustande. Bereits in der Kunstverein-Ausstellung 1989 hatte ich viel Widerstand angesichts seiner Arbeit bemerkt, aber diese Ausstellung von ihm stiess auf solche Ablehnung, sie war vollkommen unverkäuflich. Man sagte: „Was ist das denn überhaupt? Malerei ist es nicht. Es sieht aus wie ein Foto, aber ein Foto ist es auch nicht. Keramik ist es aber auch nicht. Diese Farben sind ja furchtbar, nicht zu ertragen! Und überhaupt." Die einzigen, die Bilder aus dieser Ausstellung erwarben, waren Thomas Ammann und ich. Mit der Zeit fand David aber mehr und mehr Interesse bei den Sammlern.

In gewissem Sinne ist David ein klassischer Maler. Mich interessiert besonders die Geste, die keine Geste ist, diese entpersönlichte, eingefrorene Geste und die Oberfläche seiner Bilder, diese wahnsinnige Glätte, das Unpersönliche. Diese Perfektion und Eleganz zugleich. Im Grunde erscheint es wie ein Foto. Dabei verkörpern die Bilder etwas überaus Sinnliches, geradezu Erotisches. Sie besitzen eine überfeinerte und intellektuelle Sinnlichkeit, die von einem sehr konzeptuellen und autarken Ansatz zeugt. Eigentlich bricht er das Bild auf. Der Einfluss des Mediums Film und zugleich die Malerei des Manierismus sind dabei zentral, das spezielle, sehr breite Format, der Rhythmus, das Licht, die Farbigkeit und die Künstlichkeit. Fol-

1994

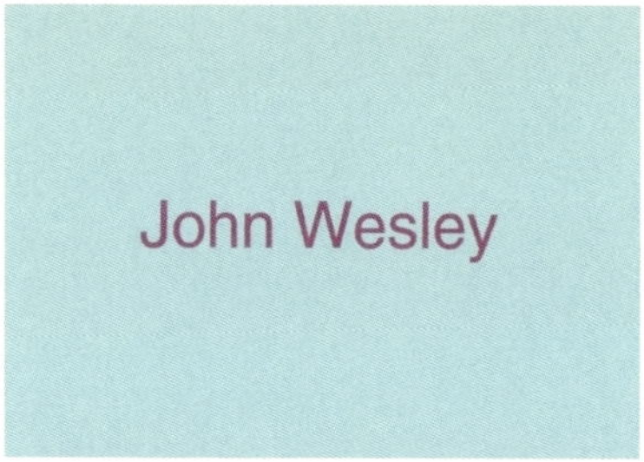

Einladung

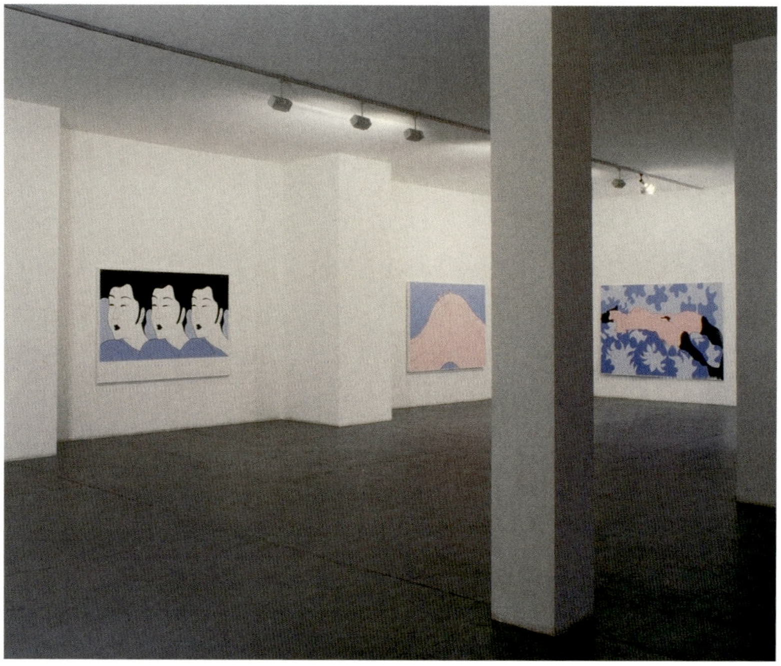

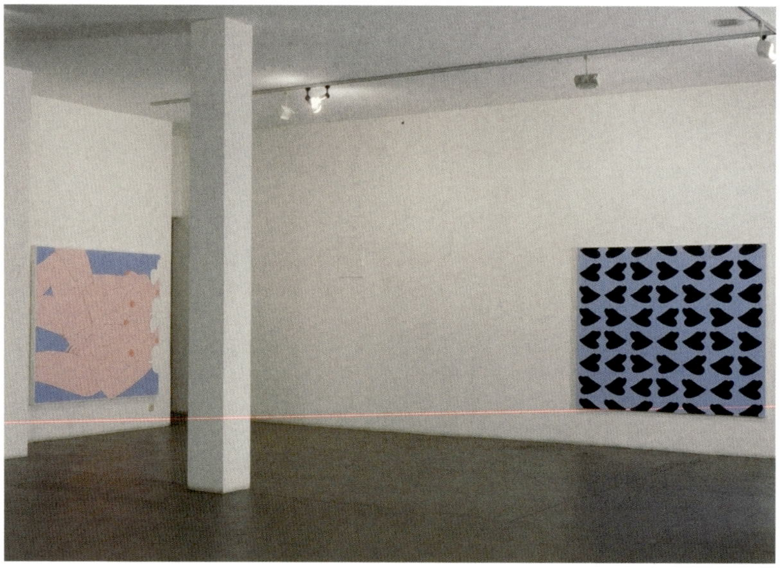

John Wesley

28. Januar – 19. März 1994
Conditional Painting
Lydia Dona, Bernard Frize, Fabian Marcaccio, David Reed, Adrian Schiess
Galerie nächst St. Stephan, Rosemarie Schwarzwälder, Wien

12. Februar 1994
Donald Judd stirbt im Alter von 66 Jahren in New York.

Einladung Conditional Painting

John Wesley
14. Januar – 26. Februar 1994

Herbert Hamak
11. März – 23. April 1994

Helmut Brosch
29. April – 11. Juni 1994

Elisabeth Brockmann
Pornographie
24. Juni – 27. August 1994

Herbert Hamak

Einladung

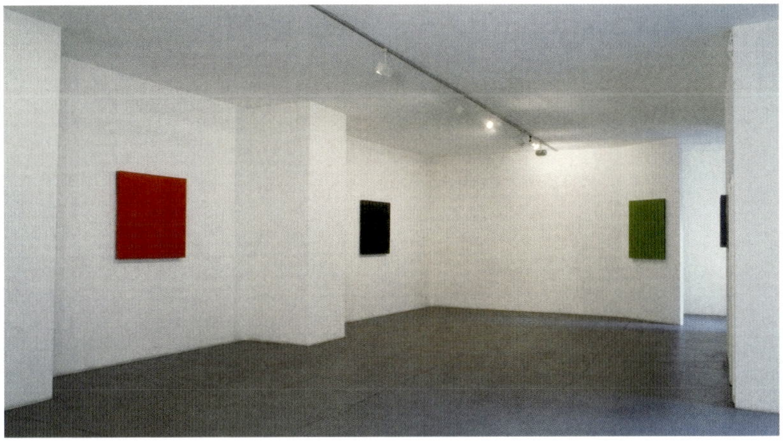

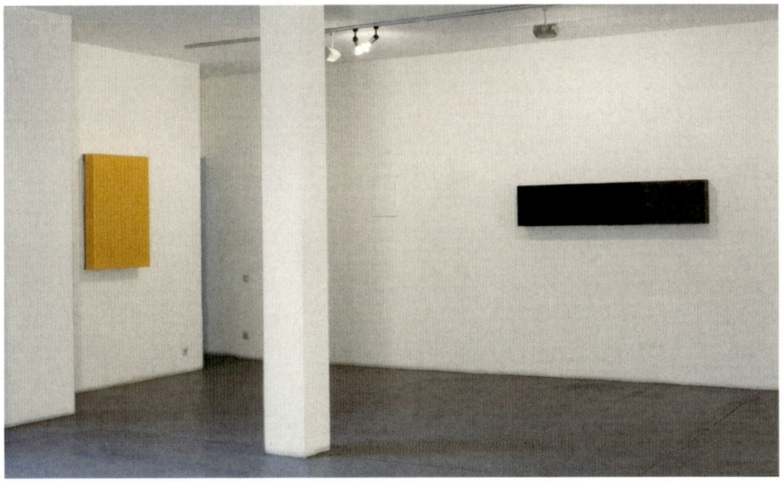

Herbert Hamak

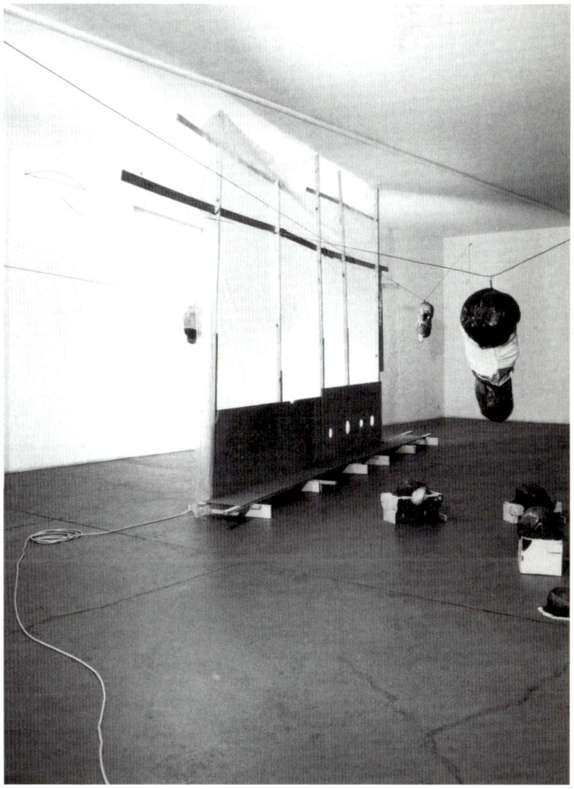

Helmut Brosch

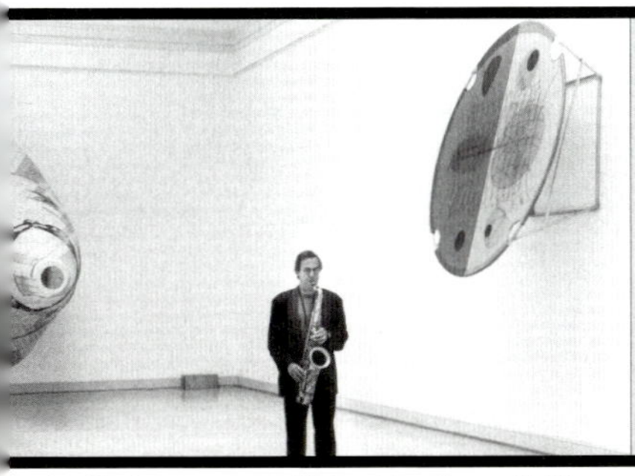

ɔnnier. Performance von Richard Landry zur Eröffnung

3. Juni – 28. August 1994
Keith Sonnier
Kunstmuseum St.Gallen

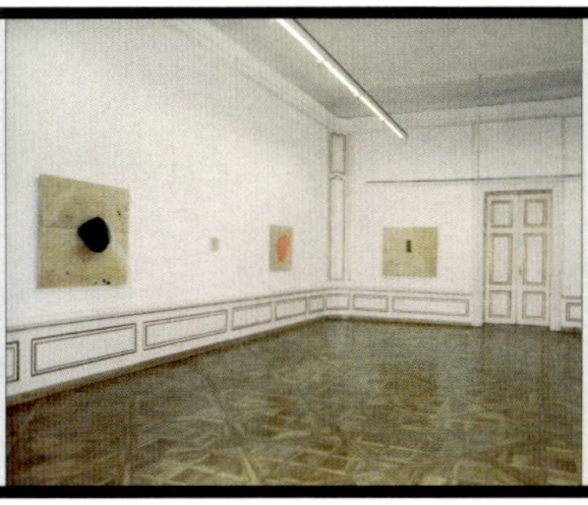

Dominique Figarella

17. Juni – 15. August 1994
Dominique Figarella
Neue Galerie am Landesmuseum
Joanneum, Graz

gen die Augen den Informationen, der Bewegung auf den Bildern, so ist es wie eine Berg- und Talfahrt. Informationen scheinen auf und werden in ihrer Bewegung angehalten, da steckt eine ungeheure Spannung drin – eine wunderbare Manieriertheit. Sind die Gemälde eigentlich naturalistisch? Sind sie abstrakt? Sind sie wirklichkeitsnah, wirklichkeitsfern? Sind sie phantastisch? Sind sie eine freie künstlerische Erfindung? Was geschieht da eigentlich?–

–Wenn ich in **New York** war, habe ich versucht, wenn irgend möglich, alle **Künstler**, die bei mir in der Galerie waren, an einem Tisch für ein gemeinsames **Essen** zu versammeln. Das Klappte nicht bei jedem Besuch, aber doch ein oder zwei Mal im Jahr kam es zu diesen Zusammenkünften. Viele kannten sich. An diese Abende habe ich sehr eindrückliche Erinnerungen. Steven Parrino oder Thom Merrick haben zumeist die Lokale ausgesucht. Eines der Restaurants hiess „Radio City", ein sehr kleiner Laden, da konnte man kaum sitzen, so eng war es, aber es war unglaublich intensiv dort! Zwei- oder dreimal waren wir dort und assen „Mexican food". Das waren grossartige Abende! Ab und zu fanden diese Treffen auch bei David Reed zu Hause statt. Es waren natürlich nicht immer alle Künstler da. Und jeder war anders, eigen und interessant, manche konnten wenig miteinander anfangen, doch andere mochten sich sehr. Es gab viele Gespräche über Kunst, allgemeiner, aber auch vertiefter Art. Und ich weiss noch, an einem Abend haben sich Laurie Parsons und Jeffrey Wisniewski unglaublich „gefetzt" über politische und künstlerische Ansichten ... Insgesamt waren diese Begegnungen für mich sehr wichtig.–

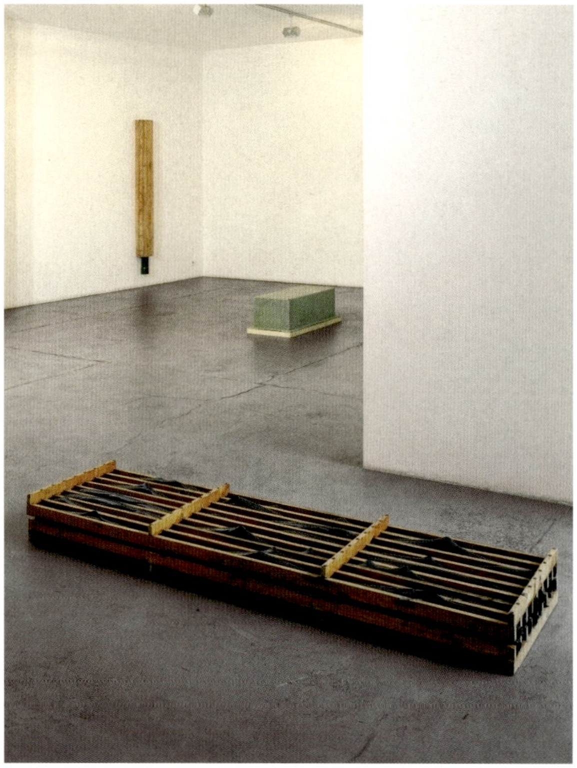

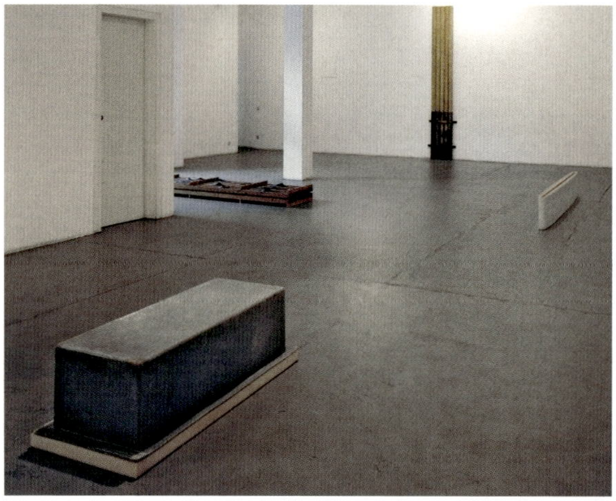

Birgit Werres

Birgit Werres

9. September – 5. November 1994

Fabian Marcaccio

New Paint Management

11. November – 21. Dezember 1994

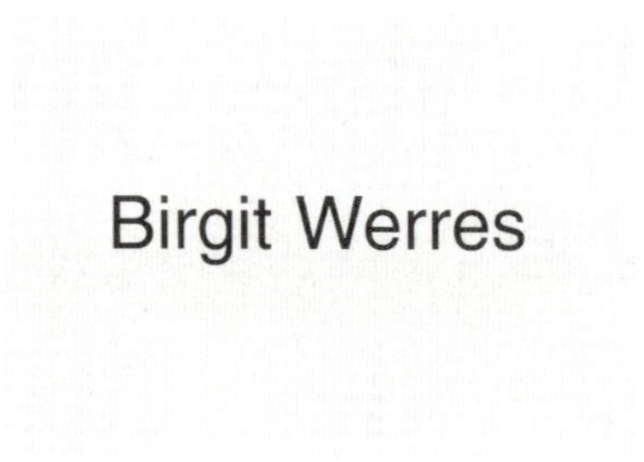

Einladung

1994

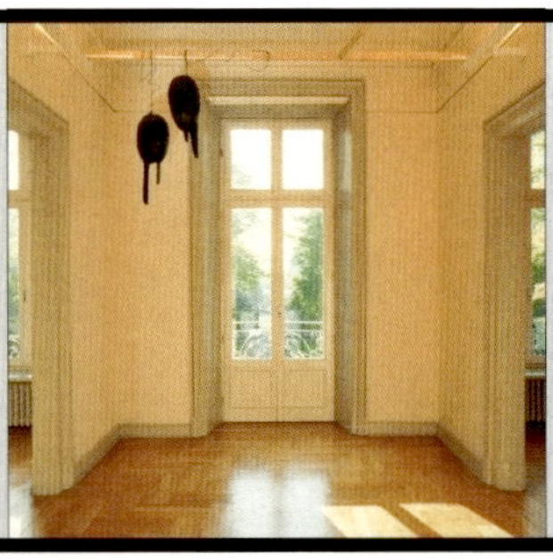

18. September – 6. November 1994

Horst Münch

Skulpturen, Bilder, Zeichnungen

Städtisches Museum Leverkusen, Schloss Morsbroich

Horst Münch. Skulpturen, Bilder, Zeichnungen [82]

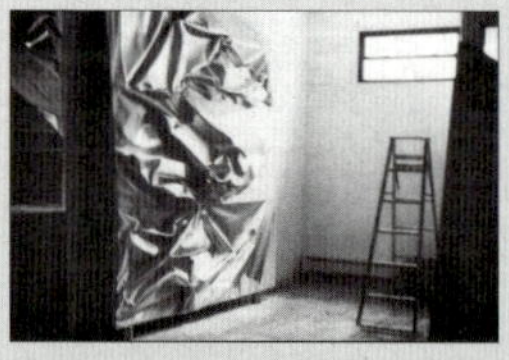

22. Oktober – 19. November 1994

Steven Parrino. New Work

John Gibson Gallery, New York

Einladung Steven Parrino

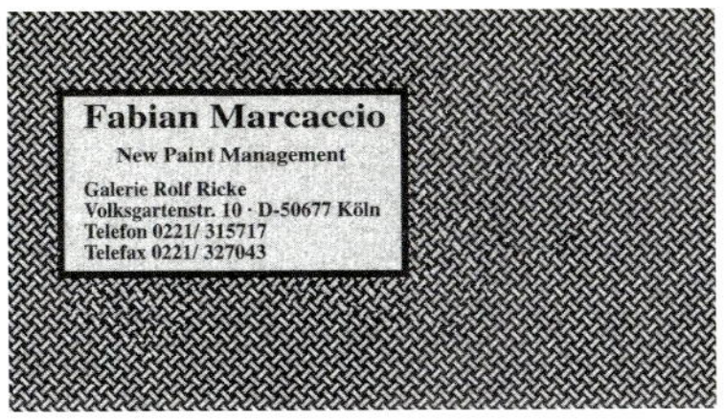

Einladung

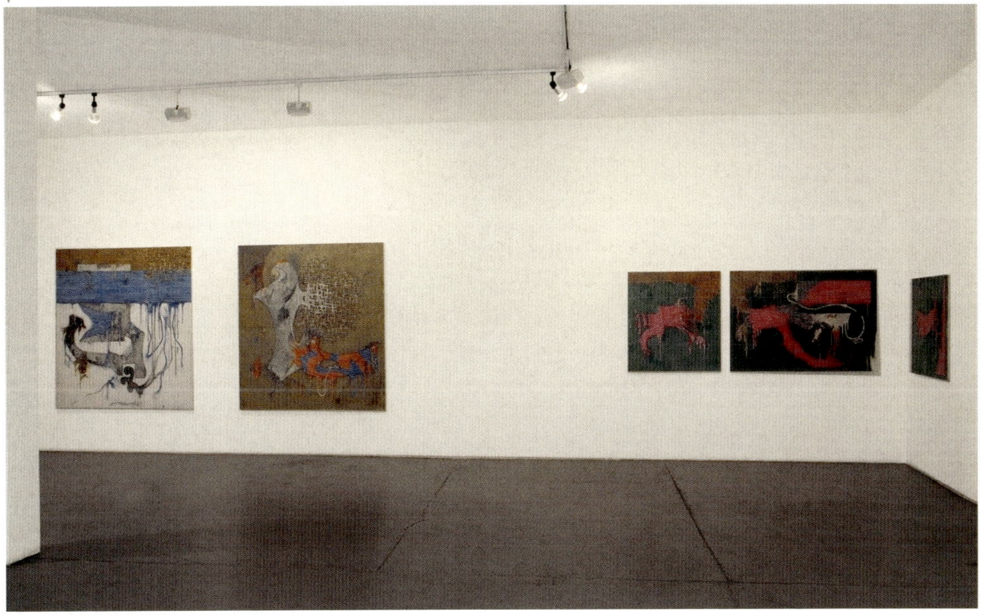

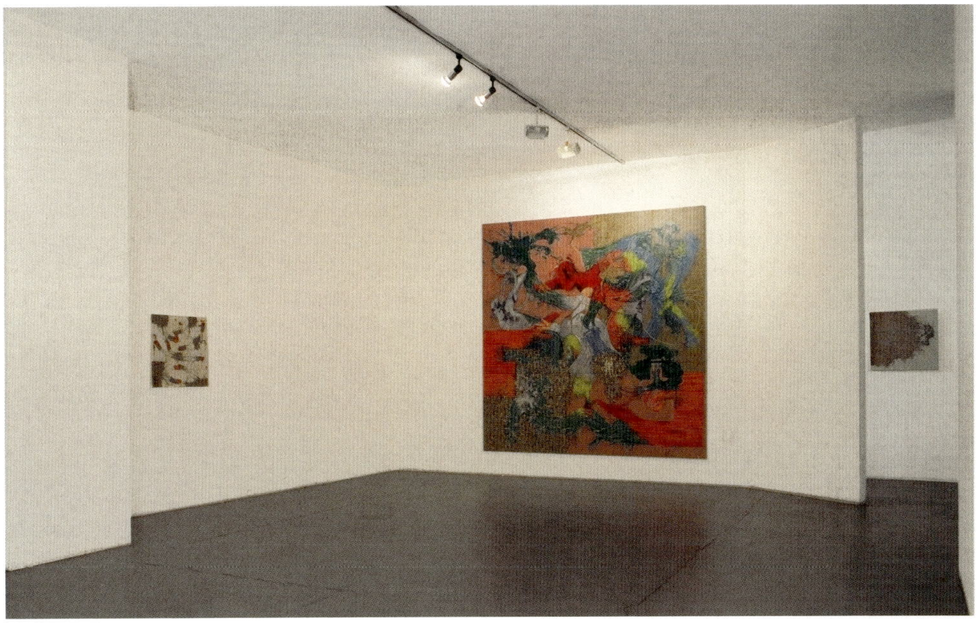

Fabian Marcaccio. New Paint Management

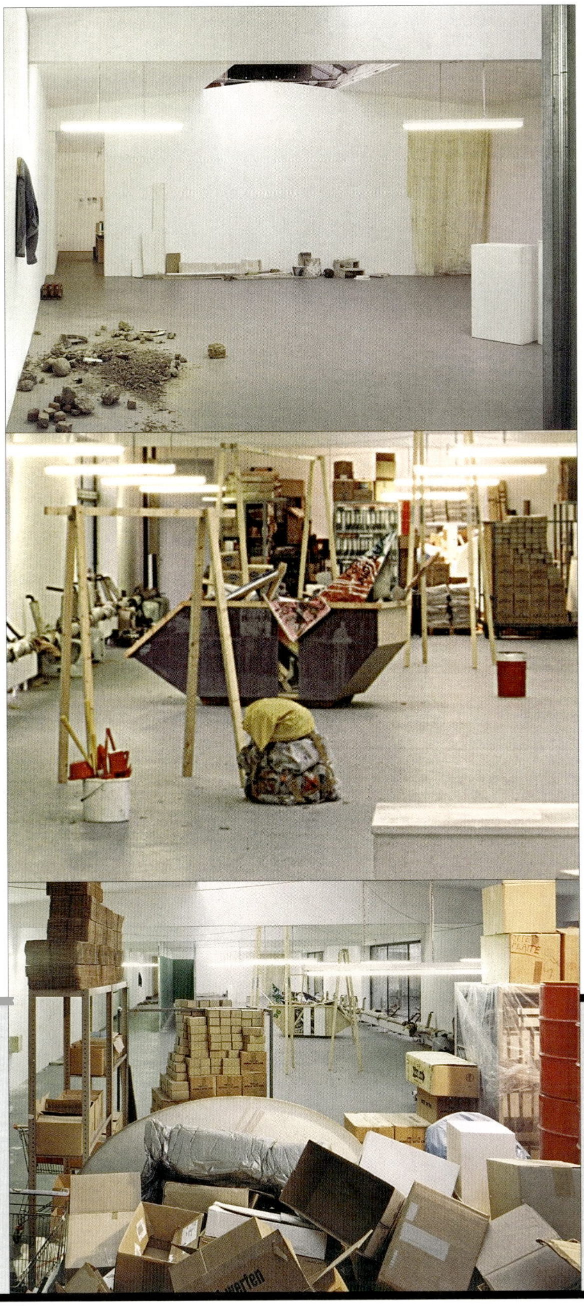

29. Oktober – 23. Dezember 1994

Der Stand der Dinge

Kölnischer Kunstverein, Köln. Kuratiert von Udo Kittelmann

Künstler u. a. Frei, Hörnschemeyer, McCaslin, Merrick, Parsons, Werres

Der Stand der Dinge: Parsons, Merrick, McCaslin, Frei u. a.

—Die erste Arbeit, die ich von **Carl Ostendarp** erwarb, ist *Nothing from Nothing* [87] von 1992. Die Arbeit hat mich ungeheuer angezogen. Es sah für mich aus, wie wenn etwas herabfliesst und zugleich ist alles ganz flach, ohne Perspektive. Ist das ein Bild? Was ist das eigentlich genau? Ist es erklärbar? Für mich steckt darin eine neue Bildfindung mit einer sehr leichten und heiteren Anmutung. Die Arbeit war in der Galerie von Jay Gorney in New York ausgestellt. Carl war zuvor von John Post Lee vertreten worden wie Fabian Marcaccio, mit dem er eng befreundet ist. Meine Entdeckung war Anfang 1992, Carl Ostendarp habe ich danach gleich kennen gelernt und ihn als einen sehr humorvollen Menschen wahrgenommen: Er erzählt Witze, lacht viel, besitzt eine starke mimische Sprache, er könnte wirklich ein Komiker sein. Wenn er erzählt, sprechen auch seine Augen zwinkernd, kullernd, gross und lebhaft mit. Arbeiten von ihm habe ich erstmals in *Kinder! macht Neues!* einbezogen. Es war, glaube ich, seine erste Ausstellung in Europa überhaupt, gleichzeitig vereinbarten wir die erste Einzelausstellung. Das ist ja immer das gleiche Ritual.
Carl Ostendarp ist sozusagen ein abstrakter Pop-Künstler, so würde ich das mal nennen. Aber diese so genannte Abstraktion ist gar keine im eigentlichen Sinne, sondern eigentlich sind das alles gegenständliche Bilder. Ich sehe einerseits eine starke Verbindung zu John Wesley und andererseits zu Hans Arp und Joan Miró. Ausserdem interessiert mich sehr diese fast Matisse-hafte Geschichte von Positiv- und Negativraum. Im Grunde sind es ja Räume, die zusammenstossen, gemalt in diesen sehr merkwürdigen, ausgewaschenen oder milchigen, nicht edlen Farben. In den Bildern gibt es immer Dinge, die zusammentreffen, aber auch wieder auseinander gehen. Das hat mich immer sehr fasziniert, was da passiert in den Bildern. Und diese flächige, reduzierte Farbigkeit! Alle Bilder sind ja mit wenigen Farben ausgeführt und dazu diese merkwürdig humorigen Dinge!—

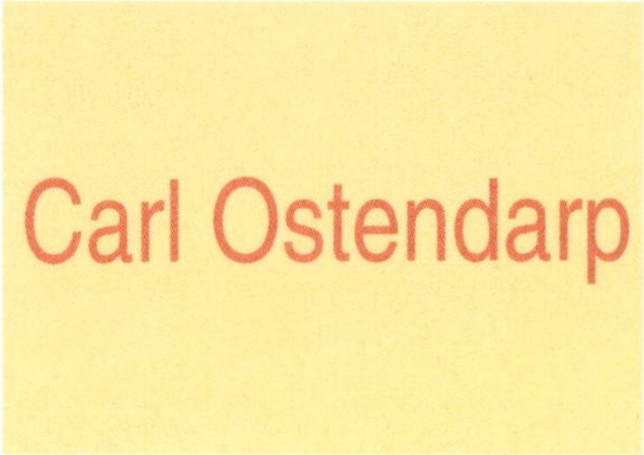

Einladung

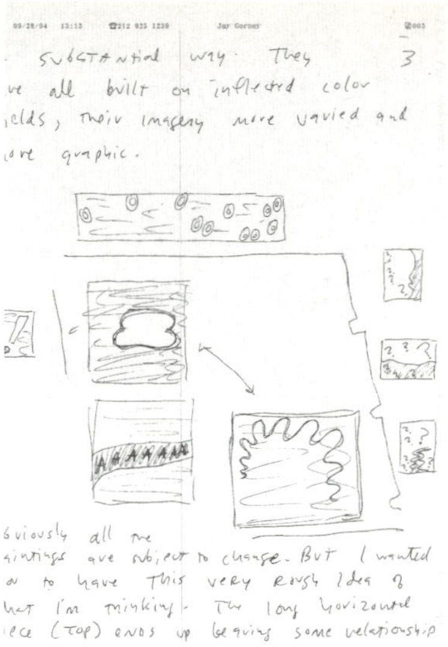

Ausstellungsskizze von Carl Ostendarp

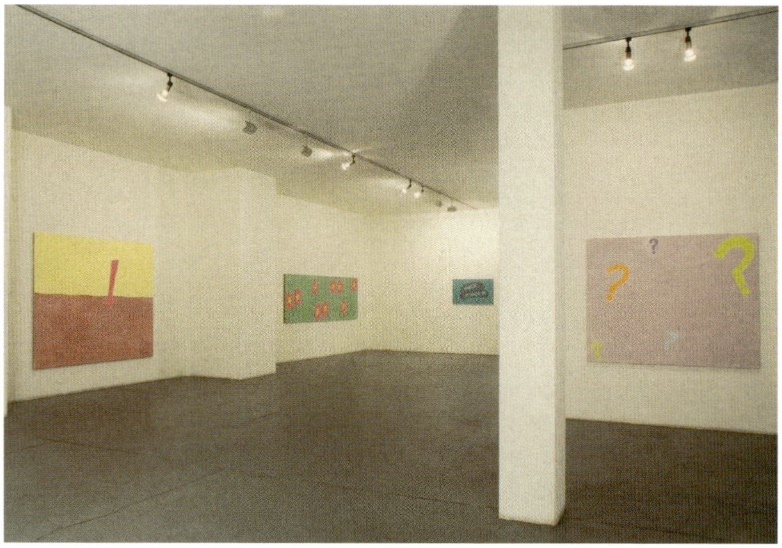

Carl Ostendarp

1995

27. Januar – 19. März 1995
David Reed
Kölnischer Kunstverein, Köln

5. Februar – 19. März 1995
Günter Umberg, Gerrit Rietveld, Michael Venezia
Zonnehof, Amersfoort

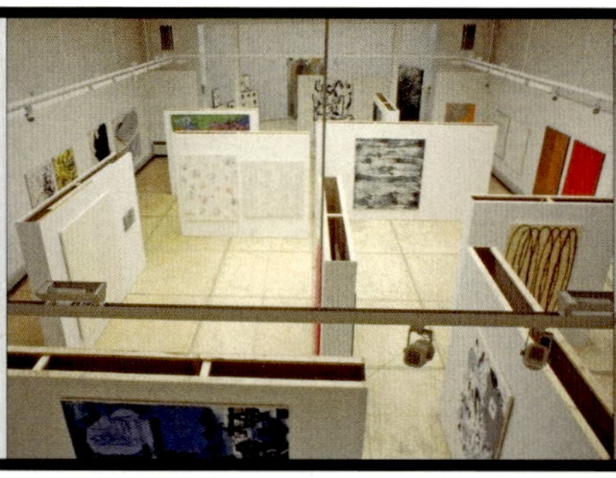

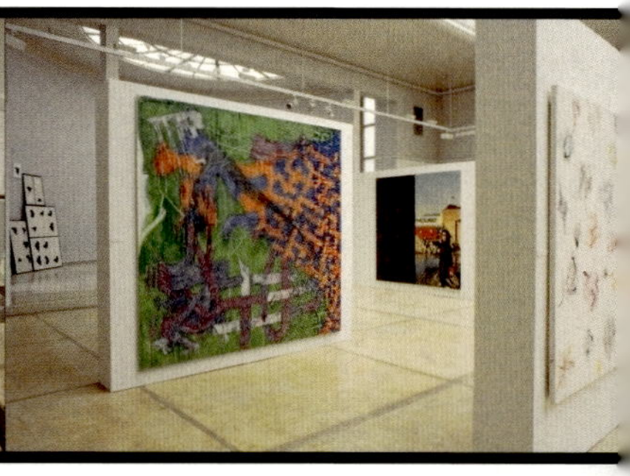

Pittura/Immedia: Marcaccio [60] u. a.

Carl Ostendarp
(1. Einzelausstellung in Europa)
20. Januar – 11. März 1995

Jeffrey Wisniewski
Arbeiten auf Papier
17. März – 29. April 1995

Steven Parrino
(De) Forming
5. Mai – 3. Juni 1995

(DE) FORMING

Einladung Steven Parrino

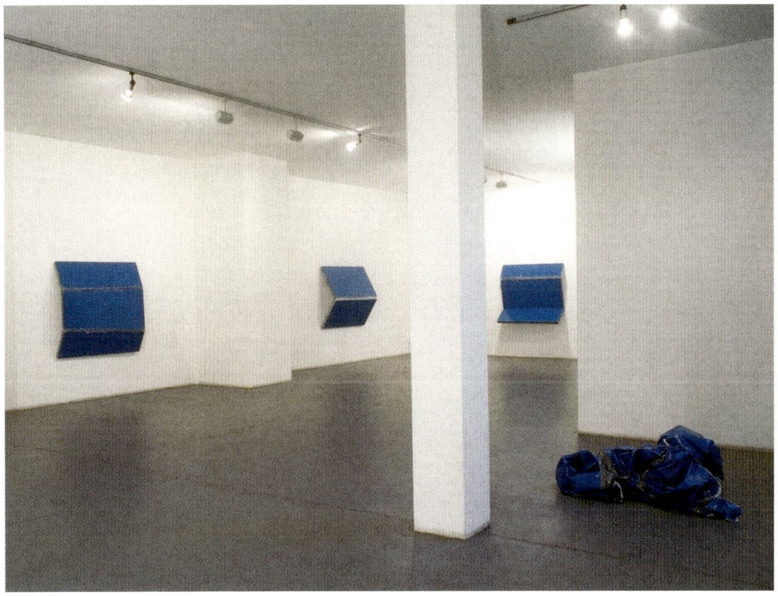

Steven Parrino. (De) Forming

Jeffrey Wisniewski

A r b e i t e n   a u f   P a p i e r

Einladung

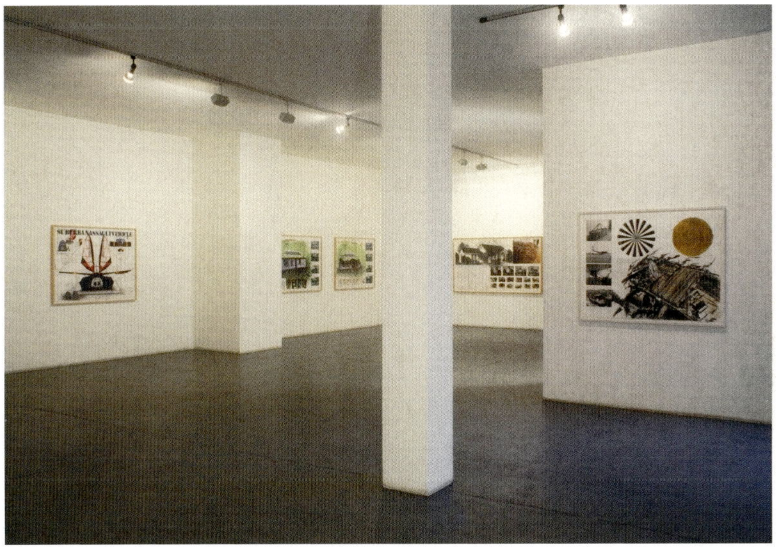

Jeffrey Wisniewski. Arbeiten auf Papier [144]

11. März – 18. April 1995
Pittura/Immedia. Malerei in den 90er Jahren
Neue Galerie am Landesmuseum Joanneum, Graz. Kuratiert von Peter Weibel. Künstler u. a. DiBenedetto, Figarella, Marcaccio, McCollum, Ostendarp, Parrino, Reed, Schiess, Stockholder

24. März – 6. Mai 1995
Altered States. American Art in the 90s
Forum for Contemporary Art, St. Louis, Missouri. Organisiert von Jeanne Greenberg und Robert Nickas. Künstler u. a. Diamond, DiBenedetto, Noland, Ostendarp, Parrino

—In den **1990er Jahren**, *der Zeit deines zweiten Aufbruchs, wie ging es dir und der Galerie* **ökonomisch**?

Ganz schlecht! Echt schlecht! Es gab eine Hochphase von etwa 1985 bis 1990, aber von da ab ging es bergab. Mitte der 1990er Jahre ging es wirklich nicht gut. Ich habe den Fehler gemacht, dass ich immer wieder investiert, selbst gekauft habe. Wie in den 1960er Jahren fühlte ich den Künstlern gegenüber eine Verantwortung, sie zu unterstützen. Ich musste viel mit Bankkrediten arbeiten, die ich aufgrund der Geschichte meiner Galerie – Gott sei Dank – etwas leichter bekam. Doch gab es immer wieder diese Anrufe von der Bank: „Wir müssen mal über Ihr Konto reden." Diese typische Geschichte. Das war für mich eine enorm grosse Belastung und ich habe mir geschworen, ich mache das nicht mehr. Ich kann das nicht mehr durchhalten, aber ich habe es doch immer wieder gemacht.

Du hast einmal erzählt, dass in der Ausstellung von Steven Parrino 1995 nichts verkauft worden ist. Gilt dies für die meisten Ausstellungen, die du in dieser Zeit gemacht hast?

Das war bei Thom Merrick genauso, bei Jeffrey Wisniewski, bei Steve DiBenedetto, bei Birgit Werres, selbst Günter Umberg und Jessica Stockholder waren ganz schwer verkäuflich. Im Grunde genommen gab es meist nur vier, fünf Künstler, die sich verkauften. 1997 fing ich erst mit der Kunstmesse in Basel an. Das hat mir finanziell sehr geholfen, obwohl die Kosten dort enorm hoch waren. In Basel habe ich immer ausgesprochen gut verkauft, aber gemessen an den Kollegen ist es wenig gewesen. Das lag schlichtweg auch an den niedrigen Preisen der jungen Kunst, denn verkauft habe ich in Basel so gut wie alles. Es gibt ein geflügeltes Wort bei uns Galeristen, man muss in Basel im Juni so viel verdienen, dass man bis in den Oktober kommt, weil dazwischen ist gar nichts mehr. Ich habe das zwar geschafft, aber es war doch ein Riesenproblem.

Ich habe mich in meinem ganzen Leben, das muss ich ganz klar sagen, immer nur um die Kunst gekümmert. Ich

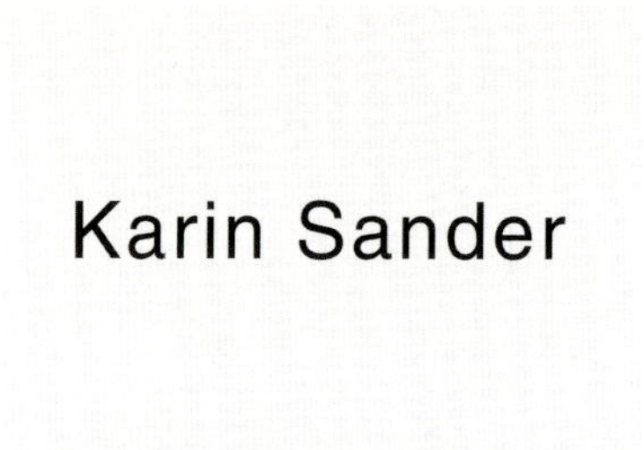

Einladung

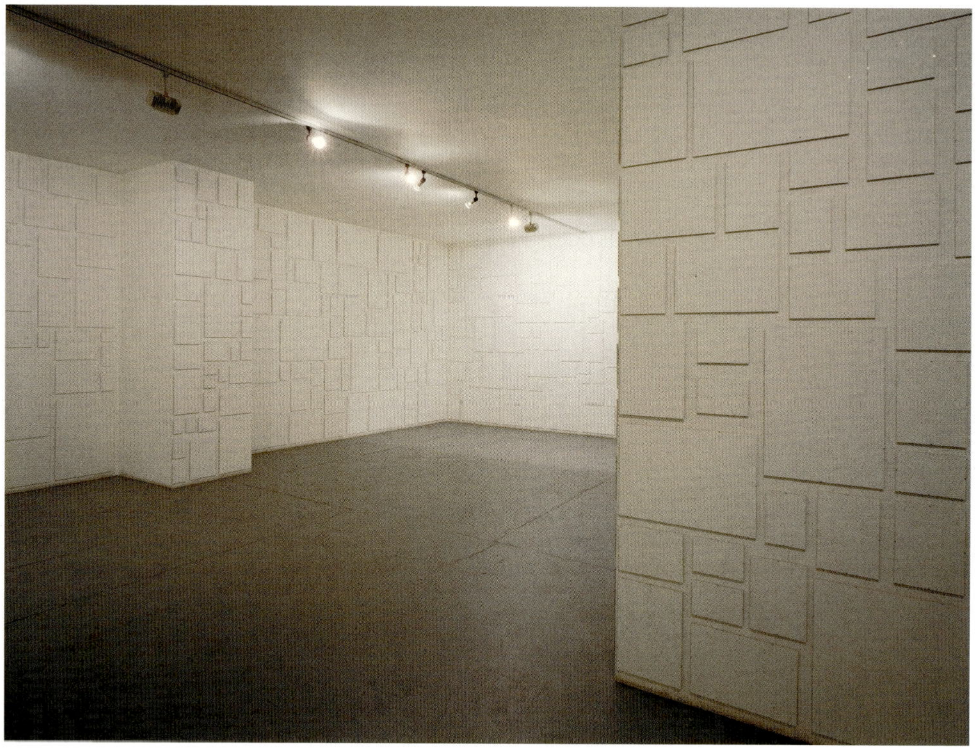

Karin Sander

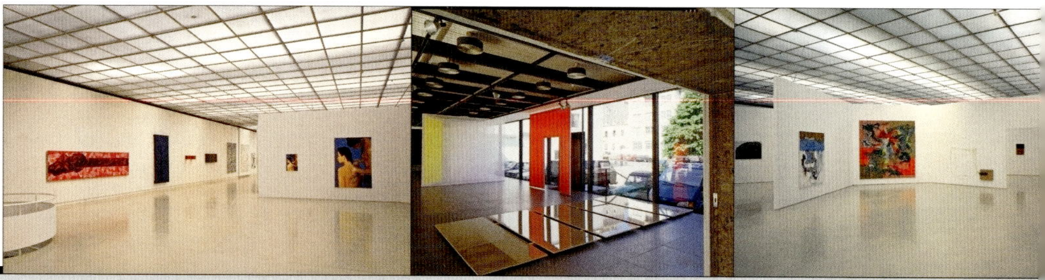

1995

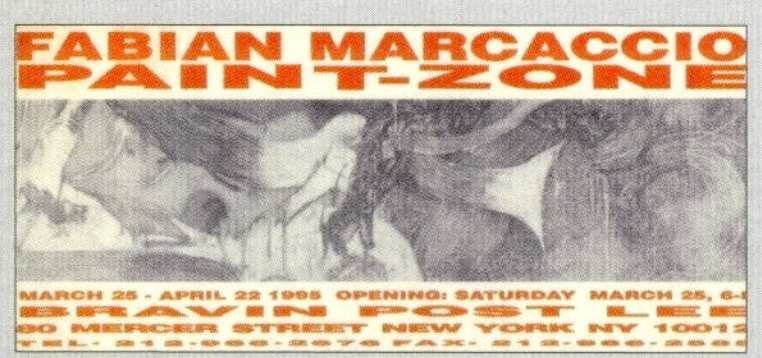

25. März – 22. April 1995
Fabian Marcaccio. Paint-Zone
Bravin Post Lee, New York

14. Mai – 25. Juni 1995
Das Abenteuer der Malerei
Kunstverein für die Rheinlande und Westfalen, Düsseldorf und Württembergischer Kunstverein Stuttgart, 18. Mai – 2. Juli 1995
Kuratiert von Martin Hentschel und Raimund Stecker
Künstler u. a. Dorner, Marcaccio, Reed, Schiess

Einladung Fabian Marcaccio

Das Abenteuer der Malerei: Reed, Schiess, Marcaccio u. a. im Württembergischen Kunstverein

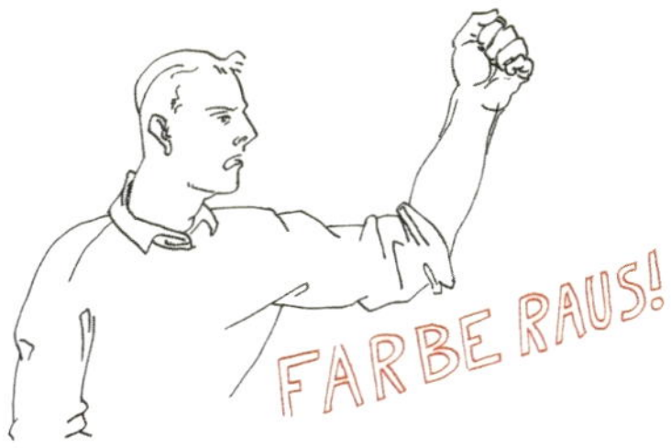

Einladung Holger Bunk

Karin Sander
9. Juni – 15. Juli 1995

Holger Bunk
Farbe raus!
15. September – 4. November 1995

Matthew McCaslin
11. November – 22. Dezember 1995

Matthew McCaslin

Einladung

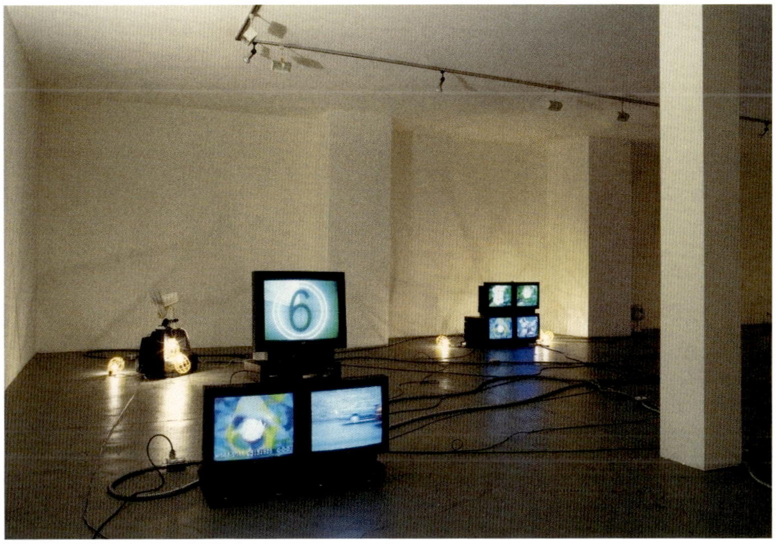

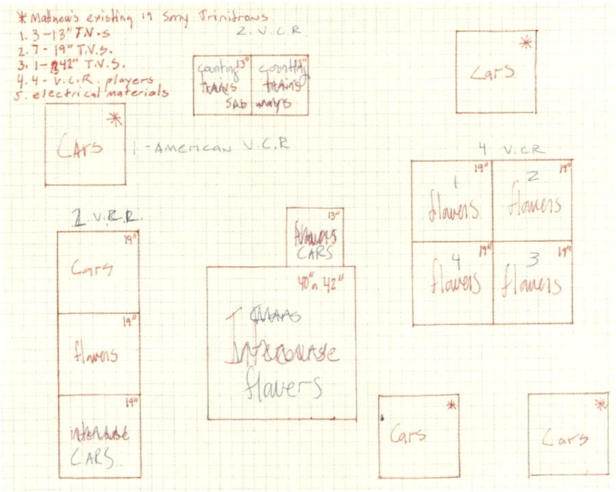

Ausstellungsskizze von Matthew McCaslin

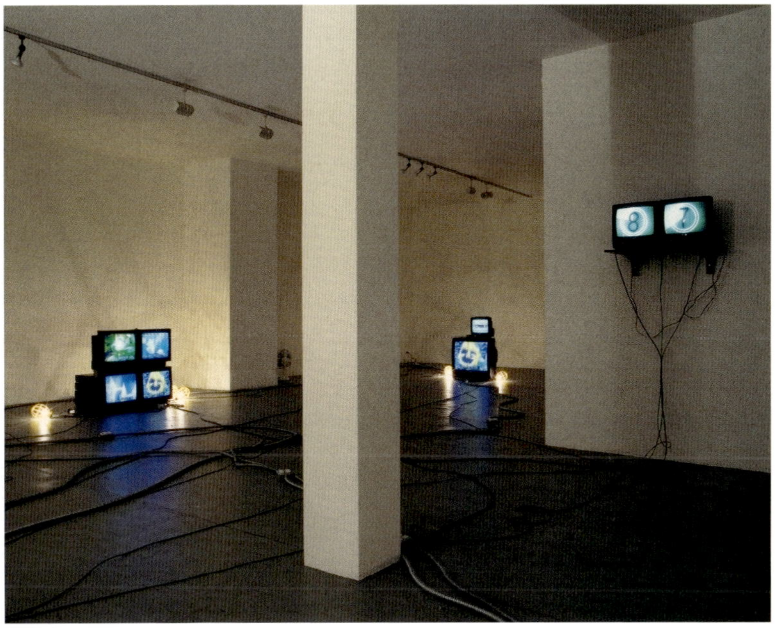

Matthew McCaslin

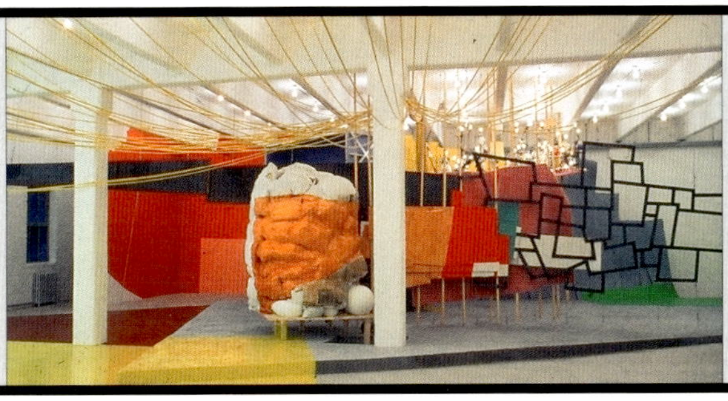

5. Oktober 1995 – 21. Juni 1996
Jessica Stockholder. Your Skin in this Weather Bourne Eye-Threads and Swollen Perfume
Dia Center for the Arts, New York

1995
Kapow! Ingrid Calame
(1. Einzelausstellung)
Michael Beauchemin Gallery, Boston

Jessica Stockholder. Your Skin in this Weather Bourne Eye-Threads and Swollen Perfume habe niemals gedacht, jetzt musst du eine Ausstellung zusammenstellen, bei der du mal was verdienen kannst, oder so. Das habe ich eben nie gemacht. Ich habe das gemacht, was ich wollte, immer wieder. Im gesamten Jahr 2004 habe ich gerade mal für 700'000 oder 800'000 Euro verkauft. Das sind keine Umsätze und trotzdem sind das für mich persönlich unglaubliche Erfolge mit dieser schwierigen Ware, das muss man sich mal vorstellen! Das heisst, ich war noch die letzten Monate immer wieder bei der Bank und habe mir Geld borgen müssen. Ich hatte einen wahnsinnigen Kredit und der hat mich wirklich belastet.

Also, interessant ist ja, wenn man so eine Galerie hatte, wie ich sie gehabt habe, und durch die Jahre nicht nur mit neuen Künstlern, sondern auch mit neuen Präsentationsformen aufgetreten ist, dass die Leute das nicht verstehen. Anfänglich war ich darüber verärgert, aber im Laufe der Zeit fing ich an, das zu begreifen. Denn ich merkte, dass ich natürlich dadurch, dass ich derjenige bin, der die Künstler ausgesucht und mit ihnen diskutiert hat, einen enormen Vorlauf hatte. Ich war ja praktisch immer während der Produktion dabei, nicht beim Gedankengang des Künstlers, aber bei der Produktion. Ich habe also festgestellt, dass grundsätzlich die Künstler, die über einen langen Zeitraum über etwas nachdenken und das präsentieren, zwangsläufig ganz woanders sind, als der Betrachter, der danach kommt. Da kommt es eben ein bisschen auf den Betrachter an, zu sagen, ich folge jetzt dieser Möglichkeit oder ich lasse das sein. Im Laufe der Jahre konnte ich das sehen.–

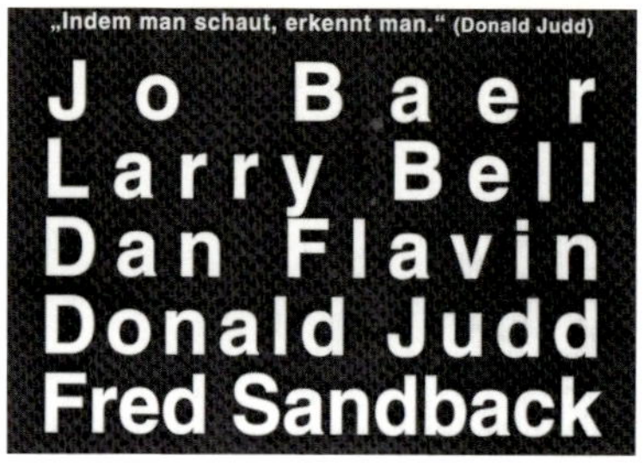

Einladung

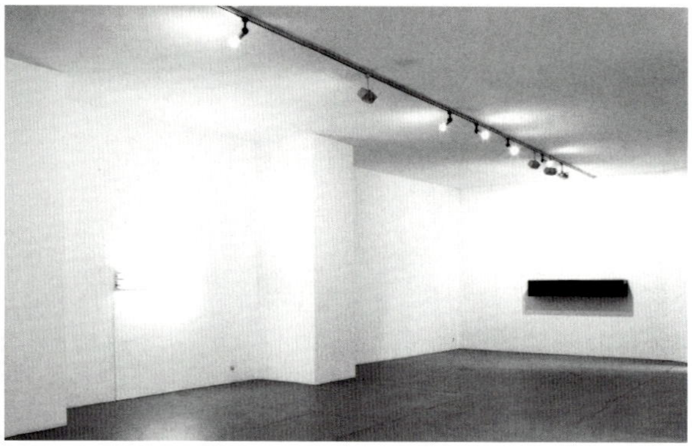

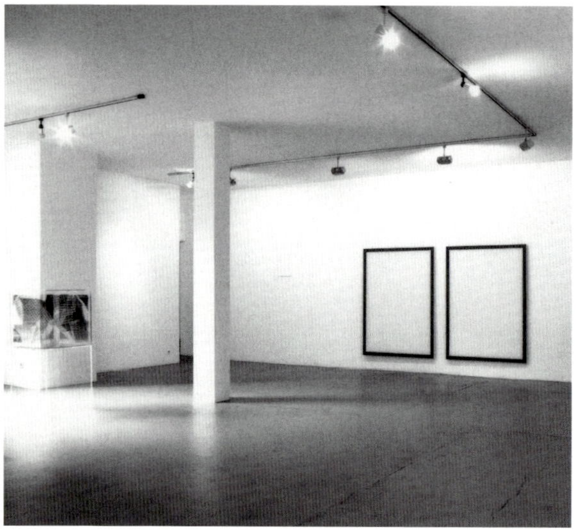

Indem man schaut, erkennt man:
Flavin, Judd (oben)
Bell, Baer [4] (unten)

Indem man schaut, erkennt man. (Donald Judd)
Jo Baer, Larry Bell, Dan Flavin, Donald Judd, Fred Sandback
12. Januar – 24. Februar 1996

Horst Münch
Skulpturen und Zeichnungen
8. März – 20. April 1996

Adrian Schiess
26. April – 1. Juni 1996

Form als Ziel mündet immer in Formalismus. (Mies van der Rohe)
Helmut Brosch, Franka Hörnschemeyer, Jonathan Lasker, Fabian Marcaccio, Matthew McCaslin, Thom Merrick, Olivier Mosset, Carl Ostendarp, Steven Parrino, David Reed, Jessica Stockholder, Günter Umberg, Birgit Werres, John Wesley, Jeffrey Wisniewski
7. Juni – 18. August 1996

1996

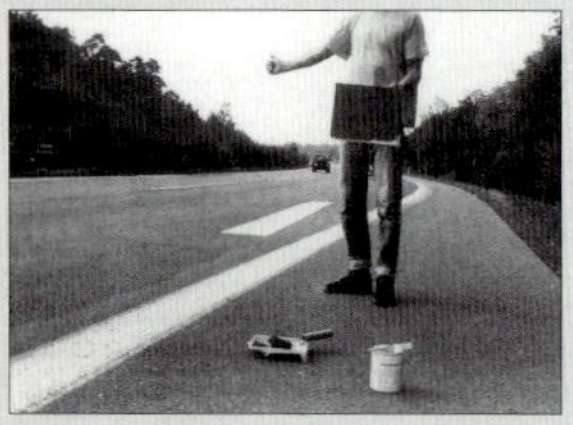

21. April – 18. Juni 1996
Thom Merrick
Galerie Susanna Kulli, St.Gallen

Einladung Thom Merrick

Adrian Schiess

Einladung

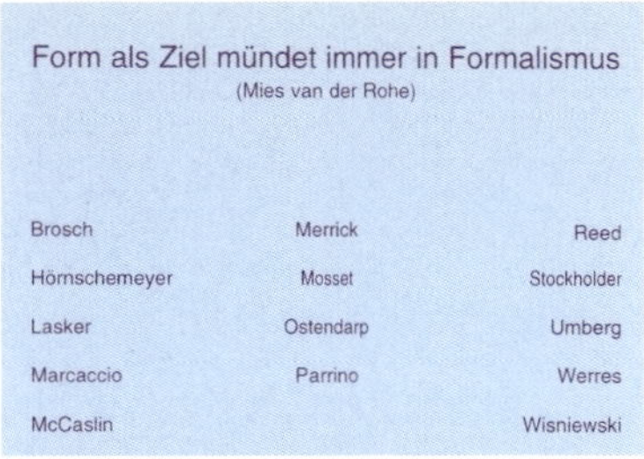

Form als Ziel mündet immer in Formalismus
(Mies van der Rohe)

Brosch	Merrick	Reed
Hörnschemeyer	Mosset	Stockholder
Lasker	Ostendarp	Umberg
Marcaccio	Parrino	Werres
McCaslin		Wisniewski

Einladung
Form als Ziel mündet immer in Formalismus

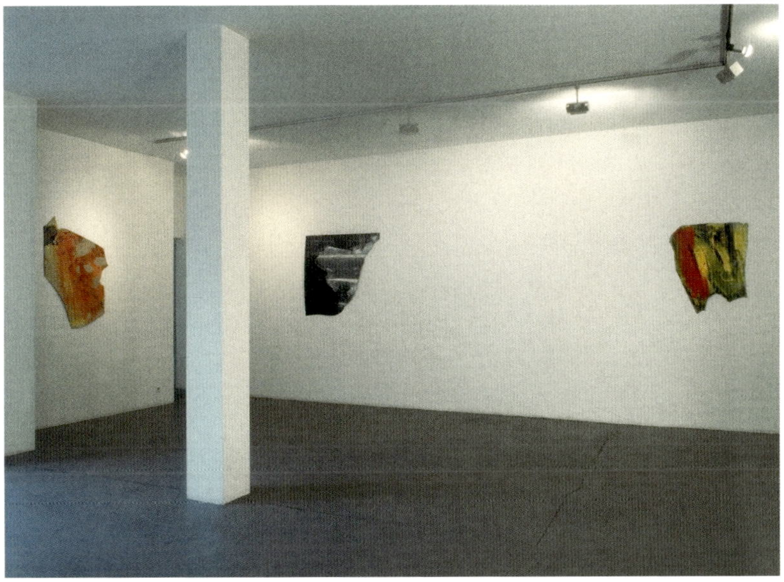

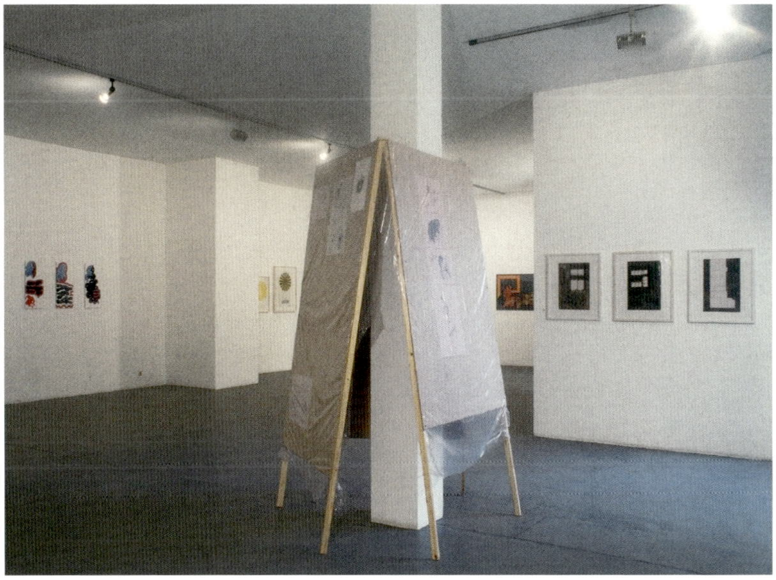

Adrian Schiess

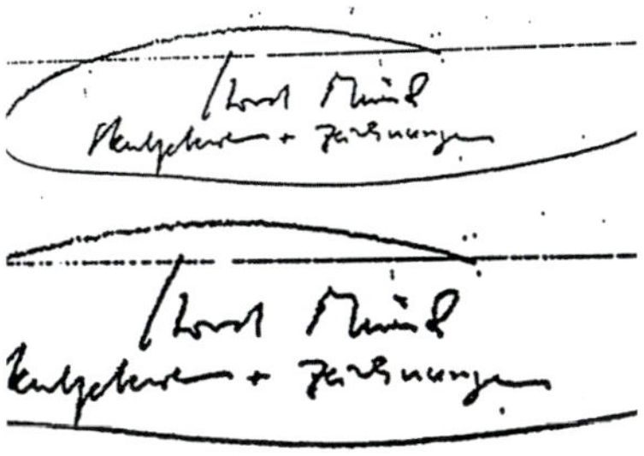

Horst Münch
Skulpturen und Zeichnungen

Eröffnung
Freitag, 8. März 1996, 19-21 Uhr

Dauer der Ausstellung
8.3. - 20.4.1996

Öffnungszeiten
Di - Fr 10-13 und 14-18 Uhr
Sa 11-14 Uhr

Galerie Rolf Ricke
Volksgartenstraße 10
D-50677 Köln
Telefon (0221) 31 57 17
Telefax (0221) 32 70 43

Einladung

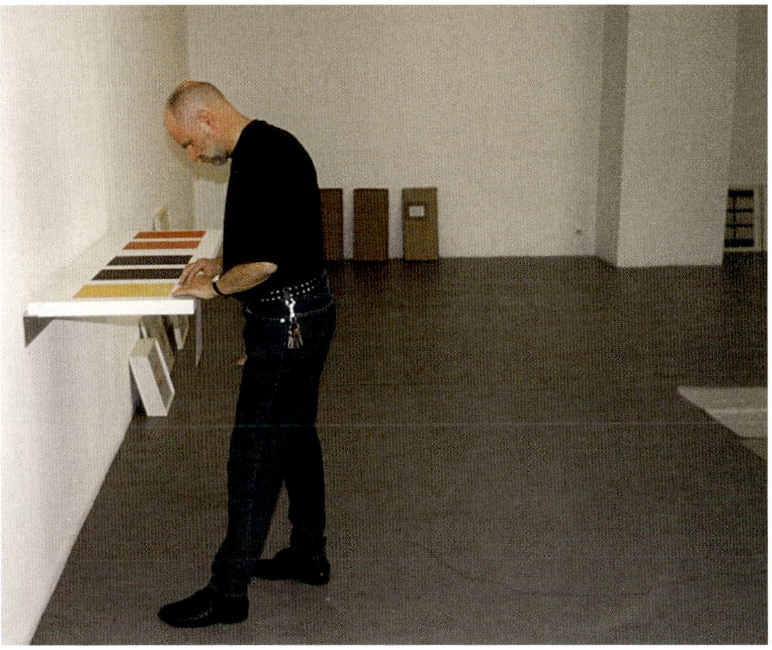

Günter Umberg während des Aufbaus

—**Günter Umberg** baute für seine Ausstellung 1996 einen Raum in den Raum. Er setzte ihn zwischen die zwei Stützen in der Galerie, liess aber noch eine Schattenfuge bestehen, sodass der Raum ganz wie eine eigene Einheit wirkte und keine unmittelbare Verbindung zu den Wänden beziehungsweise Stützen des Raumes aufnahm. Dieser Raum, dieses Behältnis, stach durch seine Materialität heraus. Die eingezogenen Wände waren mit Packpapier kaschiert, was sich gar nicht leicht bewerkstelligen liess. Günter Umberg hatte in seinen frühen Papierarbeiten, in grossen Konvoluten, Packpapier verwendet. Es ist also ein Material, welches in seinem Schaffen für ihn von Bedeutung war. Diese Bezüge zur Vergangenheit tauchen bei Günter immer wieder auf. Das Packpapier dunkelte sowohl den eingebauten Raum als auch den Galerieraum ab und strahlte einen warmen Ton aus. Seine Arbeiten entwickelten, je nachdem, ob sie auf den weissen oder auf den mit Packpapier bespannten Wänden hingen, eine sehr unterschiedliche Wirkung. Das war eine starke konzeptionelle und zugleich neue Möglichkeit, mit seiner Arbeit und überhaupt mit Räumen für Kunst umzugehen. Die Besucher haben diesen künstlerischen Eingriff, glaube ich, wenig verstanden bzw. überhaupt wahrgenommen. Ich erinnere mich allerdings sehr gut an ein Sammlerehepaar aus Köln, das diese Setzung sehr aufmerksam wahrnahm und auch eine kleine Arbeit kaufte. Ich habe keine weiteren Arbeiten verkauft, was ungewöhnlich war für eine Ausstellung mit Günter Umberg, aber ich denke, dieser Eingriff brachte eine härtere Qualität mit sich.—

Fred Sandback

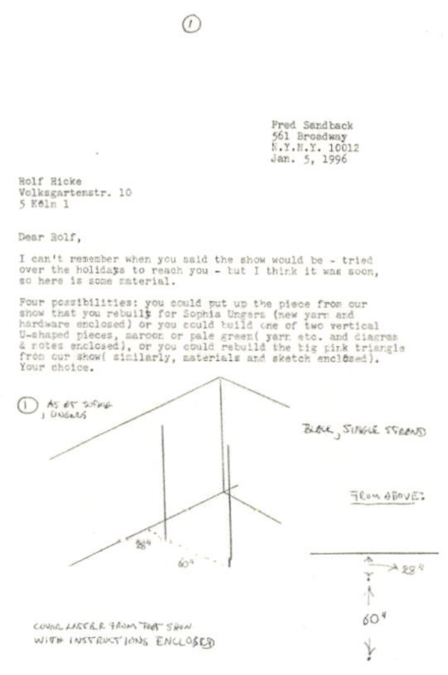
(1)

Fred Sandback
561 Broadway
N.Y.N.Y. 10012
Jan. 5, 1996

Rolf Ricke
Volksgartenstr. 10
5 Köln 1

Dear Rolf,

I can't remember when you said the show would be - tried over the holidays to reach you - but I think it was soon, so here is some material.

Four possibilities: you could put up the piece from our show that you rebuilt for Sophia Ungers (new yarn and hardware enclosed) or you could build one of two vertical U-shaped pieces, maroon or pale green(yarn etc. and diagram & notes enclosed), or you could rebuild the big pink triangle from our show(similarly, materials and sketch enclosed). Your choice.

Einladung (oben)
Brief von Fred Sandback mit Vorschlägen für die Ausstellung (unten)

Gary Kuehn

Sculpture:
„The Sex of Heavenly Bodies"

Photography:
„Have you noticed, there are no trees growing in Iceland"

Einladung
Gary Kuehn während des Aufbaus

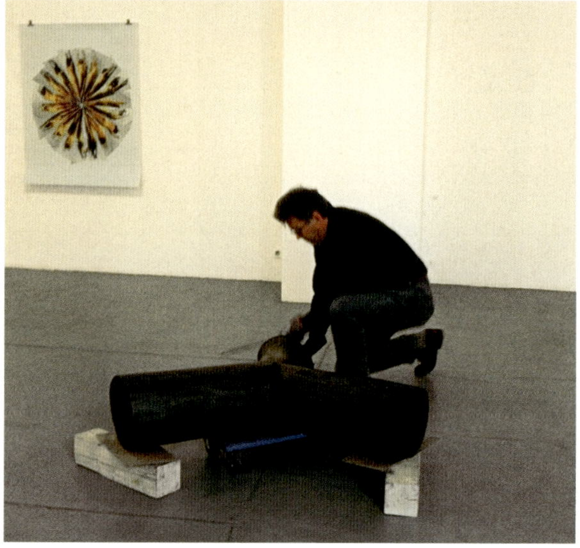

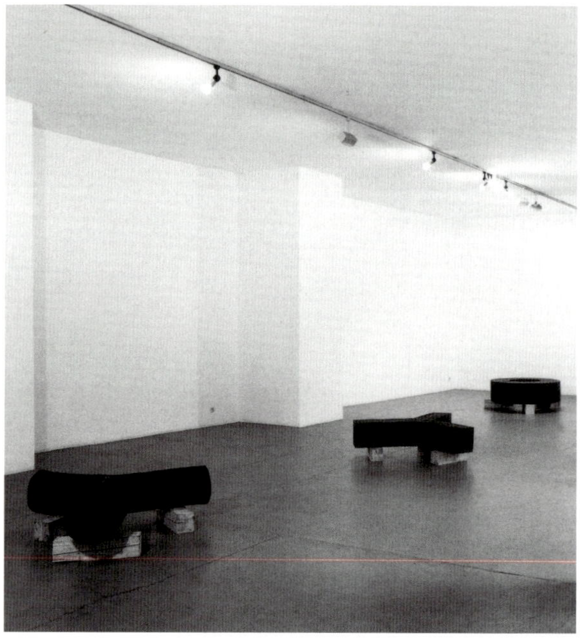

Gary Kuehn. Sculpture

1996

18. November 1996

Some Dumb Fun

Eröffnung Jessie Metcalf Art Gallery, University of Nevada, Las Vegas. Kuratiert von David Pagel. Künstler u. a. Calame

Fred Sandback
6. September – 1. Oktober 1996

Gary Kuehn
Sculpture
„The Sex of Heavenly Bodies"
Photography
„Have you noticed, there are no trees growing in Iceland"
4. Oktober – 2. November 1996

Günter Umberg
8. November – 21. Dezember 1996

Günter Umberg

Einladung

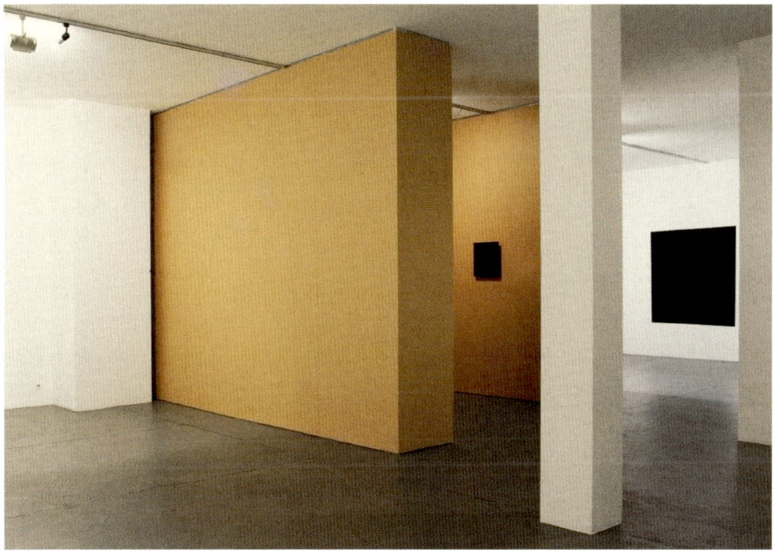

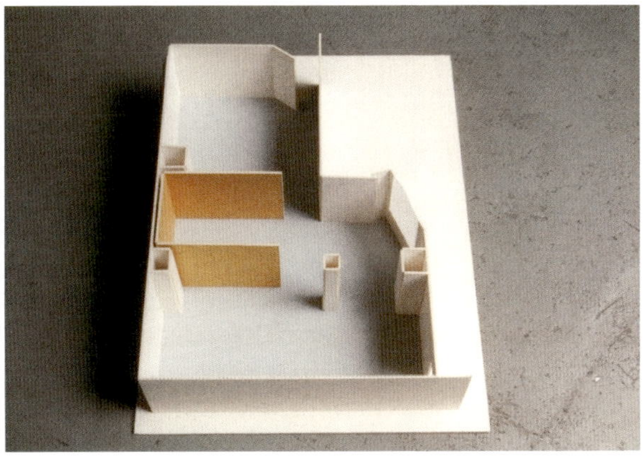

Modell der Galerie mit dem Einbau von Günter Umberg

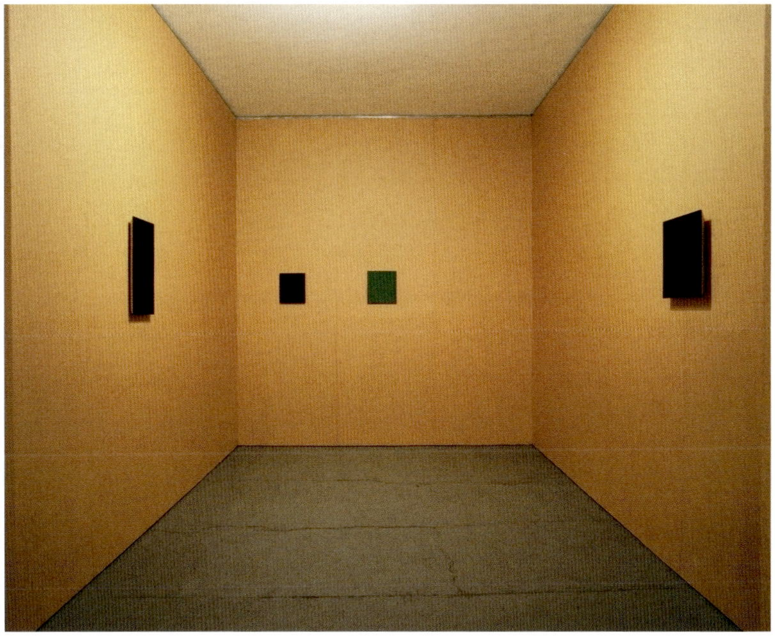

Günter Umberg

29. November 1996
Dan Flavin stirbt im Alter von 63 Jahren in Riverhead, New York.

—Ohne eine Anzahl leidenschaftlicher, offener und mutiger **Sammler**, denen mein Programm zusagte, die es schlichtweg mittrugen, wäre all das gar nicht möglich gewesen. Ich hätte nicht existieren können, nicht in geschäftlicher und nicht in ideeller Hinsicht, denn die Begeisterung und Unterstützung dieser Menschen, denen nicht nur mein Respekt gilt, sondern auch meine Bewunderung, half mir in vielen Situationen. Ihre Sammlungen sind durchwegs sehr persönlich geprägt, in sich stimmig, keiner von ihnen kaufte mit den Ohren! Diesen Menschen, die mich zumeist lange Zeit – manche bis heute – begleiteten, begegnet zu sein, empfinde ich als grosses Glück. All die treuen Weggefährten kann ich in diesem Rahmen nicht nennen, aber einige möchte ich doch erwähnen:

Der Sammler der ersten Stunde ist **Dr. Heinz Hunstein**. Vom ersten Galeriejahr 1963 bis in den Beginn der 1990er Jahre hat er mich begleitet, mitgetragen und mich in kritischen Momenten verteidigt. Noch in Kassel kam es zum Beispiel zu einer Eskalation, ein Jurist wollte die Galerie schliessen lassen, ob des anzüglichen Programms und Dr. Hunstein rettete die Situation. Überhaupt hat sein Engagement für die Kultur in Kassel sehr viel bewegt. All sein Geld – er war Zahnarzt – steckte er in die Kunst. Mit vielen Künstlern ist er bekannt, er führt ein unglaublich offenes Haus und lud uns oft ein. Sein Musikinteresse verbindet uns zudem, bis heute sind wir eng befreundet.

Hans-Joachim Etzold brachte mit seinem Enthusiasmus einen Stein ins Rollen, ihm verdanke ich meinen Weg. Etzold schickte mich wegen Pop Art Grafik nach New York, die Initialzündung, und unterstützte mein Galerieprogramm der Anfangszeit. Nach der Pop und Op Art Grafik erwachte auch sein Interesse an Skulptur: Artschwager, Bollinger, Saret, Serra, Sonnier … kamen in die Sammlung, die sich heute im Museum Abteiberg in Mönchengladbach befindet. Zusammen mit seiner Frau Berni lernte er viele der Künstler kennen, beide waren ungeheuer offen und wussten genau, was sie wollten.

Der Sammler **Wolfgang Hahn** mit seiner Frau Helga war ein Mäzen, der stets versuchte, die Künstler zu unterstützen, obwohl er selber nicht viel Geld hatte. Er war als Restaurator im Wallraf-Richartz-Museum angestellt. Sein Interesse an der Kunst war phänomenal! Seine Sammlung, die sich auf Fluxus und Nouveau Réalisme konzentriert, befindet sich heute im Museum moderner Kunst Stiftung Ludwig in Wien. Der hochdotierte Hahn-Preis Köln wurde ihm zu Ehren eingerichtet. Jeden Tag ging Hahn in seiner Mittagspause in die Buchhandlung Walther König und informierte sich. Ohne sein Engagement ist auch die Sammlung Ludwig gar nicht zu denken. Ihm verdanke ich sehr viel.

Über Dr. Paul Wember, Direktor des Kaiser-Wilhelm-Museums in Krefeld, mit dem ich engen Kontakt hatte, machte ich die Bekanntschaft mit **Helga und Walther Lauffs**. Wember gab Mitte der 1960er Jahre in der *Zeit* ein Interview, in dem er seine Sorge für die Kultur ob der finanziellen Situation des Museums zum Ausdruck brachte. Dadurch wurde der in Bad Honeff ansässige Unternehmer Walther Lauffs aufmerksam, der den Museumsmann kontaktierte. Er wollte unbedingt Kunst erwerben, fühlte sich aber nicht kenntnisreich genug und so trafen beide eine Vereinbarung, die darauf hinaus lief, dass Wember für die Sammlung Lauffs Kunst erwarb, die das Ehepaar Lauffs als langfristige Dauerleihgaben dem Museum zur Verfügung stellte. Ich erinnere gut, wie beide immer wieder in die Galerie kamen, sich zur Beratung zurückzogen und mit grosser Sicherheit zügig entschieden. Das ging bis Mitte der 1970er Jahre, dann kam ein Einschnitt, der unter anderem mit der Pensionierung Wembers zusammenhing und mit Interessenverschiebungen, doch aufgrund der alten Verbindung kam das Ehepaar Lauffs sporadisch und kaufte.

1969 lernte ich **Dr. Peter Ludwig** bei einer Ausstellung von Allan D'Arcangelo im Gegenverkehr Aachen – Zentrum für aktuelle Kunst kennen. Wir verabredeten uns sogleich für den nächsten Morgen 8 Uhr. Dr. Ludwig, ein Geschäftsmann bester Schule, kam auf die Minute genau und erwarb mit einer eindrücklichen Leidenschaft eine Anzahl von Kunstwerken: Watts, Ramos, Warhol Grafik. Ab dieser Zeit kam er eigentlich zu jeder Ausstellung in der Galerie, kaufte Artschwager, Heizer, Hesse, Young … Wir fuhren einige Male zusammen nach New York. Bis ca. 1974 war unser Kontakt sehr eng, er hat die Galerie wirklich mitgetragen.

Thom Merrick
31. Januar – 1. März 1997

Steve DiBenedetto
7. März – 19. April 1997

Franka Hörnschemeyer
25. April – 31. Mai 1997

Thom Merrick

Einladung

1997

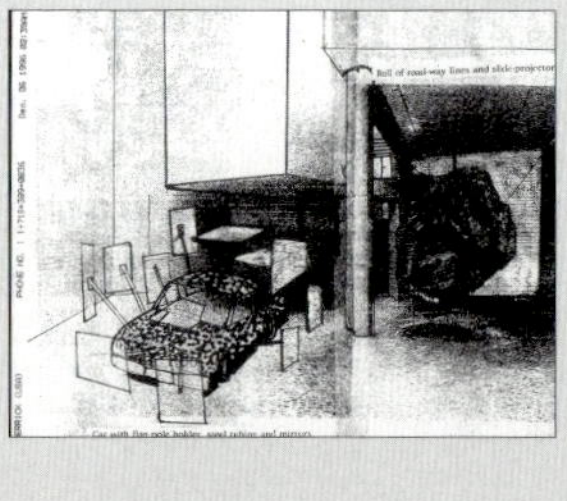
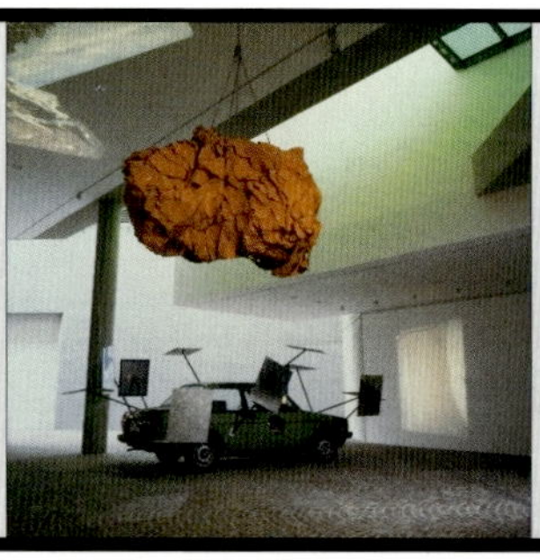

5. Februar – 27. April 1997
Thom Merrick. Interventionen 8
Sprengel Museum Hannover

Thom Merrick. Interventionen 8: Einladung; Installationsansicht

Steve DiBenedetto

Einladung

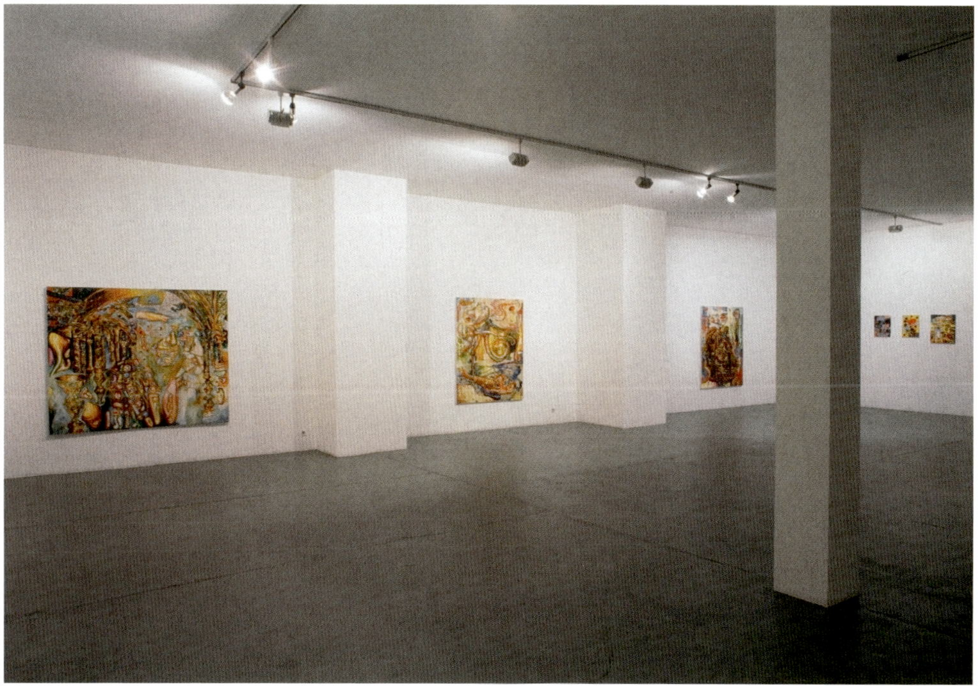

Steve DiBenedetto

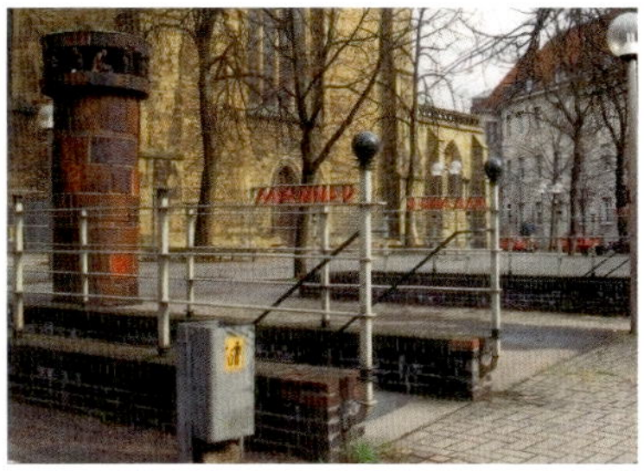

Einladung Franka Hörnschemeyer

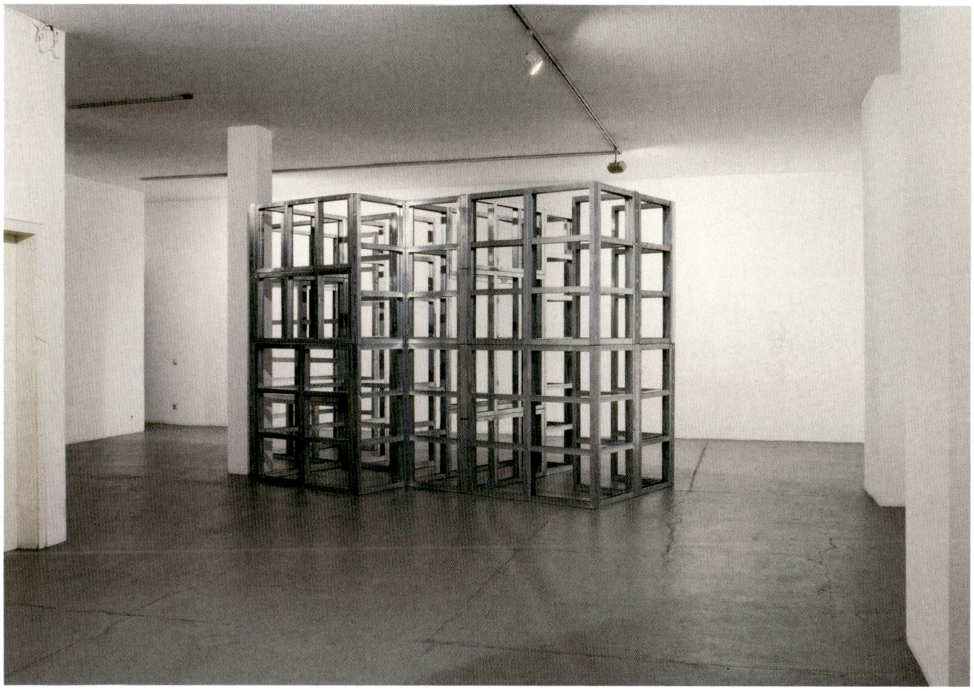

Franka Hörnschemeyer

11. – 18. Juni 1997

Art 28 Basel

Erste Teilnahme mit eigenem Messestand

22. Juni – 28. September 1997

Skulptur. Projekte in Münster 1997

Münster. Kuratiert von Kasper König. Künstler u. a. Jeffrey Wisniewski mit seinem Projekt „Digital Island of Aa. Natural Aquatic Projector“ (nicht realisiert).

Dr. Rainer Jacobs kam 1968 das erste Mal in die Galerie, ein Bild von Mel Ramos zog ihn leidenschaftlich in Bann. Er war bereit, mehr als sein gesamtes Geld, das er durch eine Erbschaft erhalten hatte, dafür zu investieren. Davon riet ich ihm intuitiv ab, die Pop Künstler hatten bereits ihren Preis, doch Werke von Kuehn, Serra, Bollinger und anderen waren erschwinglich. Ein einziges Werk, ohne ein weiteres Umfeld zu besitzen, da war ich sicher, würde auf Dauer nicht glücklich machen. Viele schöne Gespräche ergaben sich, und Dr. Jacobs' Leidenschaft für Serra, De Maria und Beuys entfachte sich ohne Zögern. Eine sehr fruchtbare Sammler-Händler Beziehung entwickelte sich aus dieser Begegnung.

Die Brüder **Christoph und Dr. Andreas Vowinckel**, beide leidenschaftlich der Kunst zugewandt, doch mit sehr verschiedenen Neigungen: Christoph, der Geschäftsmann, zog mehr die Malerei und Andreas, der Kunsthistoriker, mehr das Skulpturale an. In den 1960 und 1970er Jahren waren beide sehr entscheidend für mich. Andreas Vowinckel, der später Leiter des Badischen Kunstvereins wurde, hatte ich bereits 1964 während der *documenta* kennen gelernt. Beide gehören zu den ersten, die Werke von Bollinger, Lozano, Kuehn, Stafford, Young erwarben. Auf einem meiner letzten Kunstmärkte war es Andreas Vowinckel, der als einer der wenigen kam und mir Kunst abkaufte, Jean Le Gac interessierte ihn zum Beispiel sehr. Beide Brüder waren es, die das Galeriehaus in Köln ermöglichten.

Von tragender Bedeutung seit Beginn der 1990er Jahre wurde **Ingvild Goetz**, der ich bereits in den 1960er Jahren in New York begegnet war. Auf einem Kunstmarkt in Köln entdeckte sie für sich Umberg und ab da ist sie unglaublich viele Wege mitgegangen. Sie war es, die sofort aus der ersten Ausstellung eines Künstlers Arbeiten erwarb: Parrino, Reed, McCaslin, Stockholder, Marcaccio bis hin zu Calame. Ihre Leidenschaft ist deutlich spürbar, es brennt ihr regelrecht unter den Nägeln und ihre Bereitschaft unbekannte Künstler zu entdecken und zu fördern, ist enorm.–

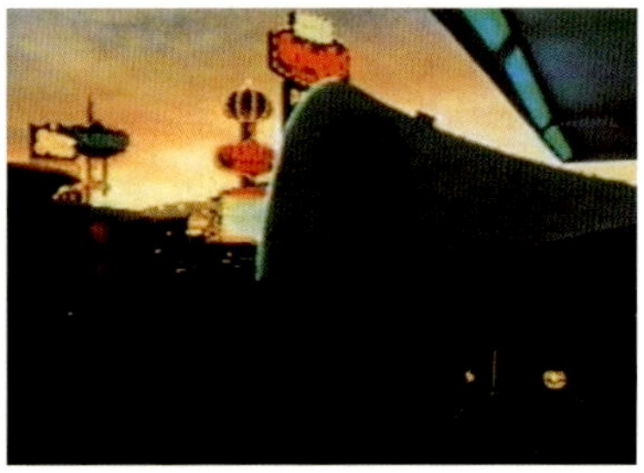

Einladung David Reed

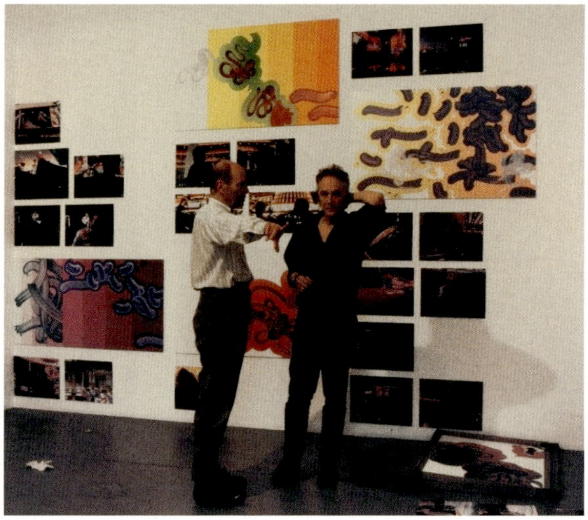

Rolf Ricke und David Reed während des Aufbaus

David Reed. Bilder und Videoinstallation

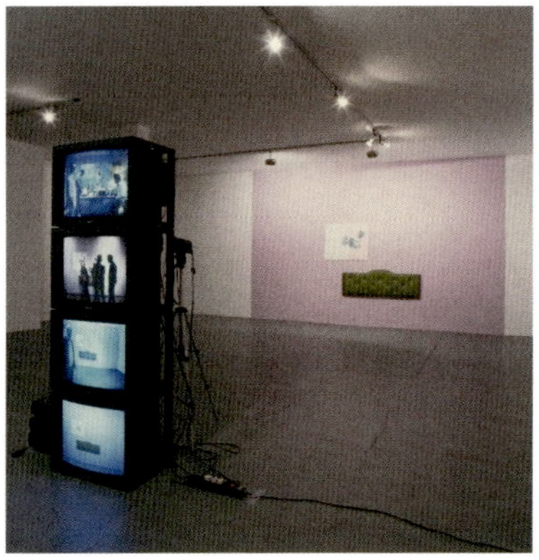

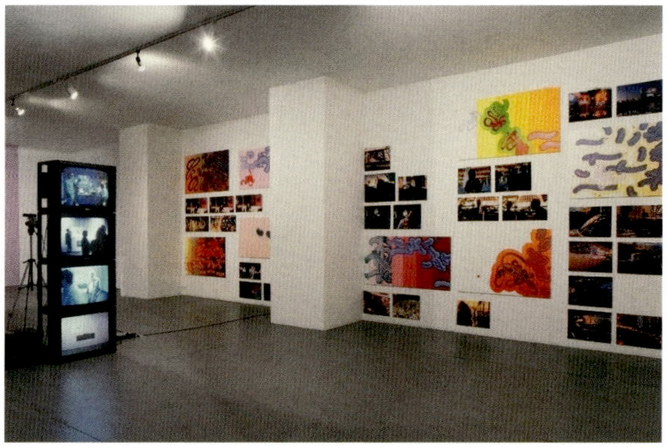

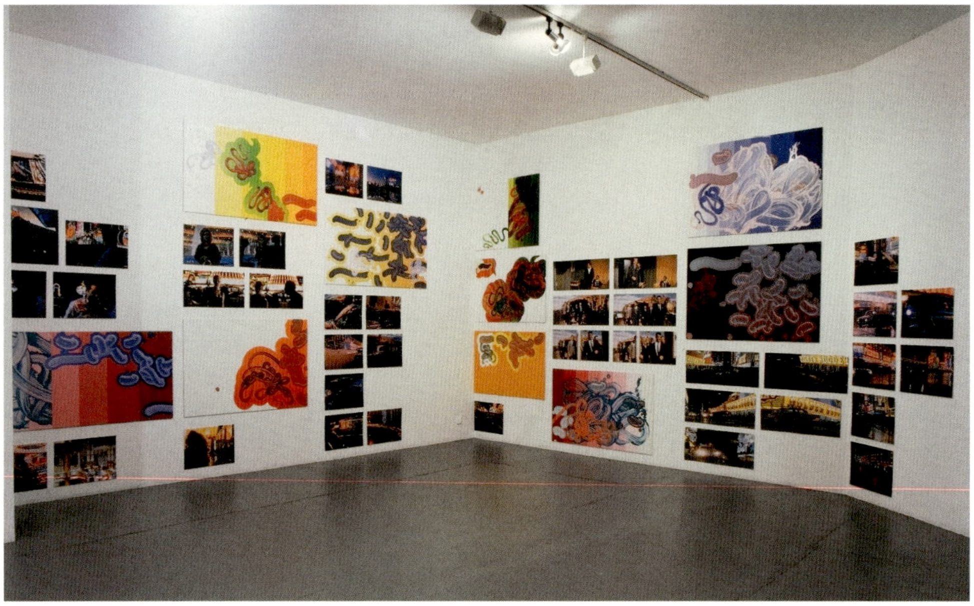

1997

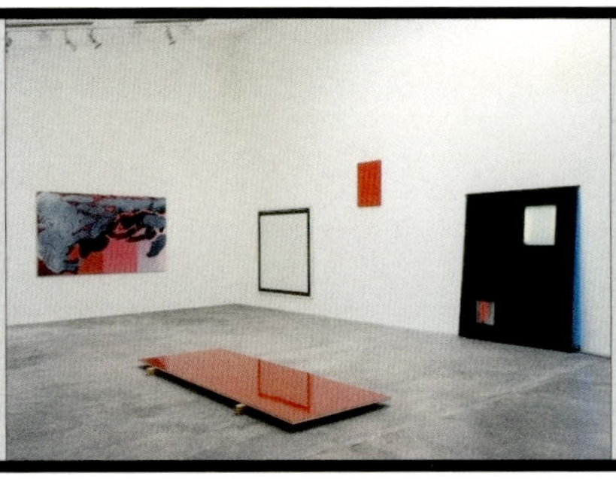

Wetterleuchten: Schiess, Reed, Baer, Mosset u. a.

27. Juni – 20. September 1997

Wetterleuchten

Jo Baer, Cécile Bart, Bernard Frize, Donald Judd, Mary Heilmann, Yves Klein, Fabian Marcaccio, Olivier Mosset, Carl Ostendarp, Steven Parrino, David Reed, Håkan Rehnberg, Adrian Schiess, Keith Sonnier, Elisabeth Vary, Günter Umberg

Galerie Evelyne Canus, La Colle-sur-Loup. Kuratiert von Günter Umberg

David Reed
Bilder und Videoinstallation
6. Juni – 26. Juli 1997

Helmut Brosch
12. September – 31. Oktober 1997

Urs Frei
7. November – 20. Dezember 1997

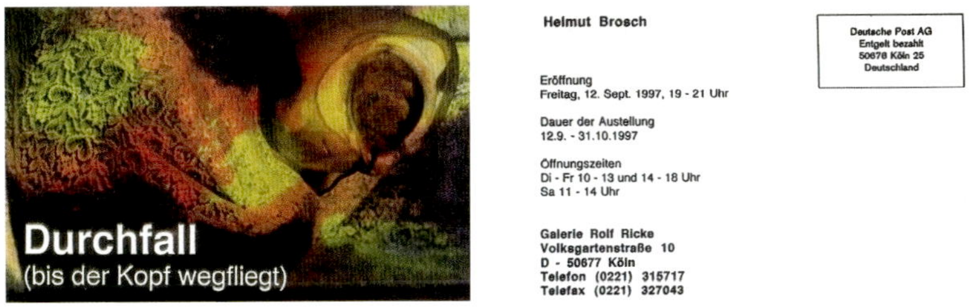

Einladung

Urs Frei

Einladung

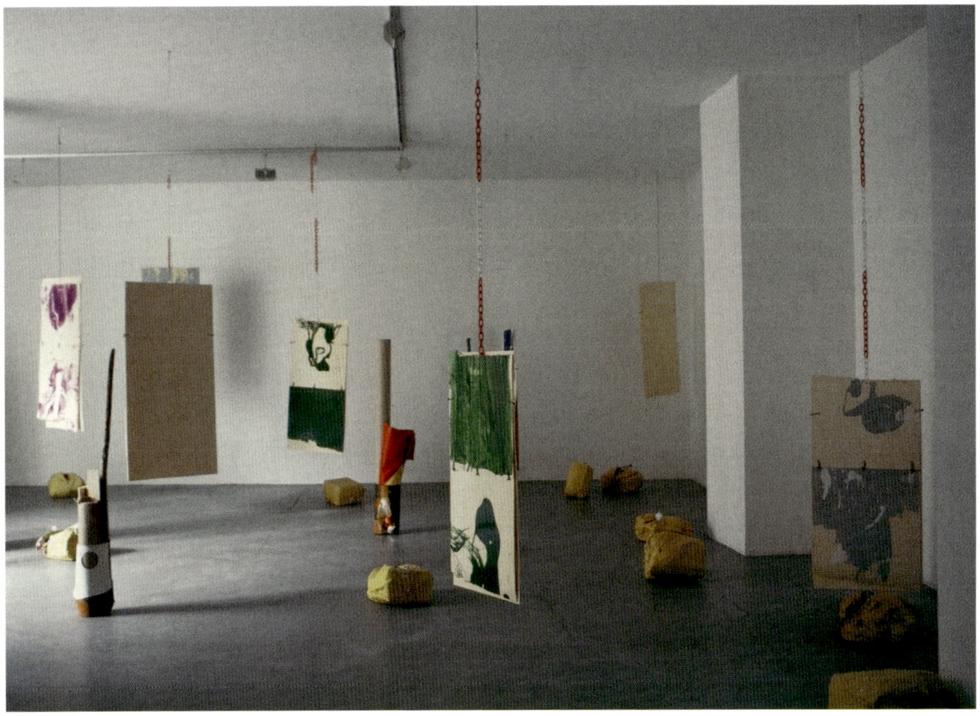

Urs Frei

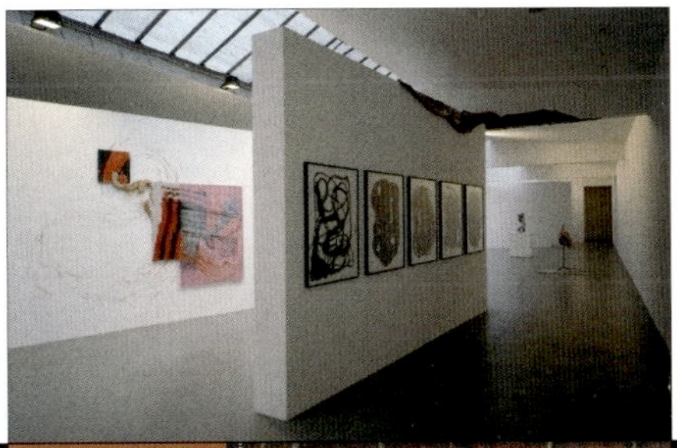

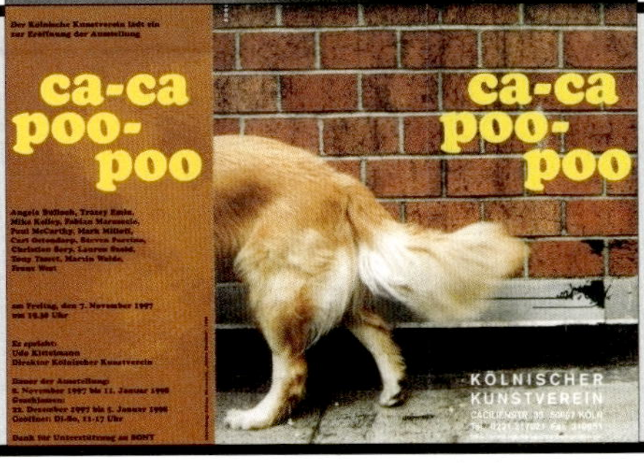

8. November 1997 – 11. Januar 1998

Ca-Ca Poo-Poo

Kölnischer Kunstverein, Köln. Kuratiert von Udo Kittelmann

Künstler u. a. Marcaccio, Ostendarp, Parrino

Ca-Ca Poo-Poo: Einladung; Marcaccio [58] u. a.

—David Reed erzählte mir von **Fabian Marcaccio** als einem völlig wahnsinnigen und unglaublichen Südamerikaner, der in New York lebt. Gleich am nächsten Tag besuchte ich Fabian. Sein Atelier in der Mercer Street war dermassen klein, ich kann heute noch nicht verstehen, wie er dort so grosse Bilder malen konnte. Das ist ein Berserker von Typ! Ich habe fast die Muskeln gesehen, wie der da geschuftet und gearbeitet hat, und diese Anti-Bilder, die er da schuf! Er redete und redete, ich war hinterher vollkommen fertig. Er hat mir viele Bilder gezeigt, alles, was er schon gemacht hatte, erklärt, was sein Anliegen ist, woher das kommt, was das ist und wo er hin will. An dem Tag habe ich das Bild mit der Wandzeichnung, *Alienation as Ornament,* von 1992 [58] gekauft. Also, das muss ich sagen, so etwas hatte ich noch nie zuvor in meinem Leben gesehen, was Fabian da machte! Wir haben uns sofort blendend verstanden. Daraus ist eine lange Zusammenarbeit entstanden, die bis zum Schluss der Galerie bestens funktionierte. *Alienation as Ornament* stellte ich im Sommer 1992 in *Kinder! macht Neues!* aus. Damit begann unsere Zusammenarbeit.

Fabian ist jemand, dessen Entwicklung du mitgegangen bist. Er kam ja zuerst aus der Auseinandersetzung mit der Malerei und hat sich immer stärker mit sozialen, gesellschaftspolitischen und wissenschaftlichen Fragen auseinandergesetzt. Diesen Weg bist du mitgegangen.

Ja, weil er das malerisch ausdrückte. Er hat bei all seinem Anliegen nie einen Drohfinger, er ist kein Lehrmeister, sondern er formulierte seine Bildwelten weiter und weiter, immer radikaler. Wenn wir uns in seinem Atelier, am Computer sitzend, unterhielten, wurde mir klar, wie viele Fragen ihn bewegten, er spricht über die Weltpolitik, spricht über Lateinamerika, über das pulsierende Leben, da fliessen sehr viele Dinge zusammen. Und dieses ganze Flick-Flack-Zeug aus den Medien, diesen Strom heutiger Informationen, die uns alle zufliessen, das nimmt er alles auf und „kotzt" es, sozusagen, in malerische Formen verwandelt, wieder aus. Er geht da durch.—

1998

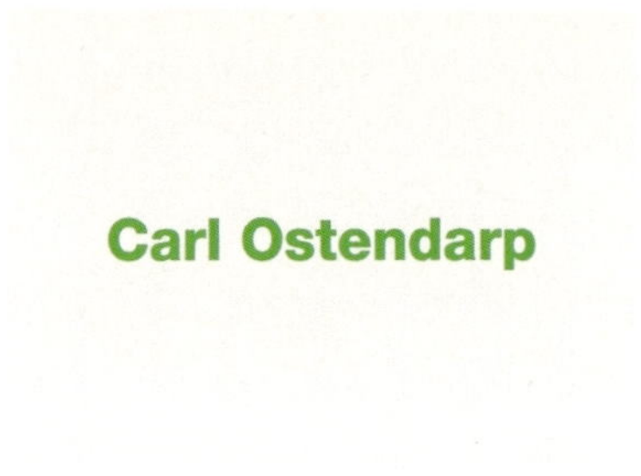

Einladung

Carl Ostendarp
30. Januar – 7. März 1998

Atelier van Lieshout
13. März – 18. April 1998

Fabian Marcaccio
Paintant-Compounds
24. April – 16. Juni 1998

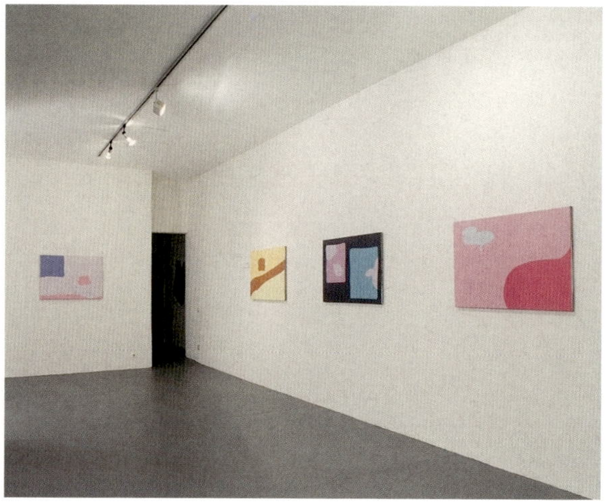

Carl Ostendarp

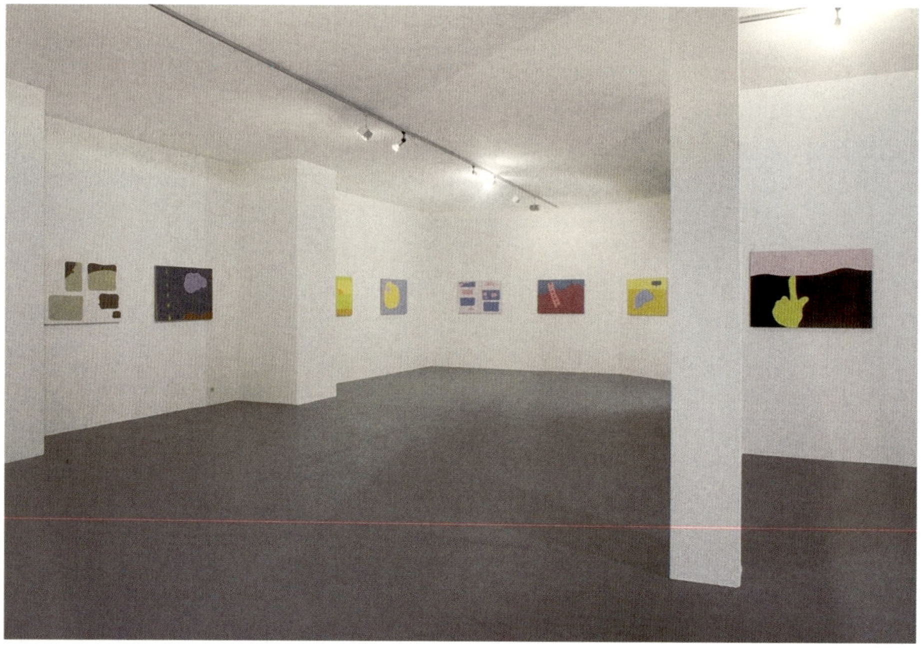

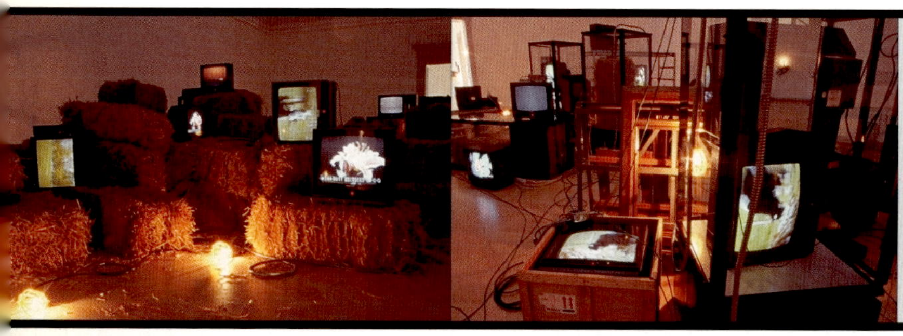

24. Januar – 19. April 1998
Matthew McCaslin. Works – Sites
Kunstmuseum St.Gallen

Matthew McCaslin, „Horn of Plenty" (Version 1 um 11 Uhr, Version 2 um 18 Uhr)

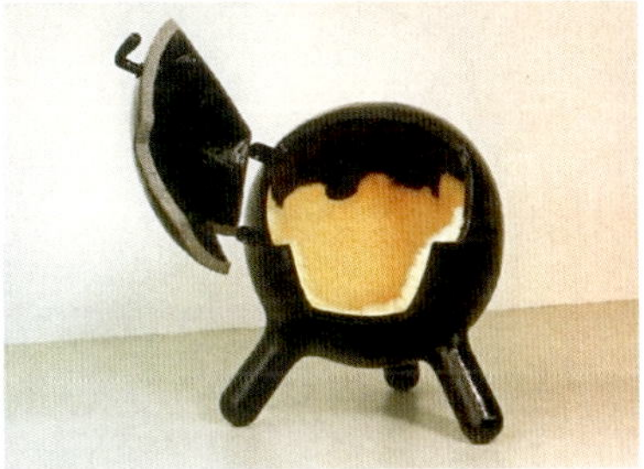

Einladung Atelier van Lieshout

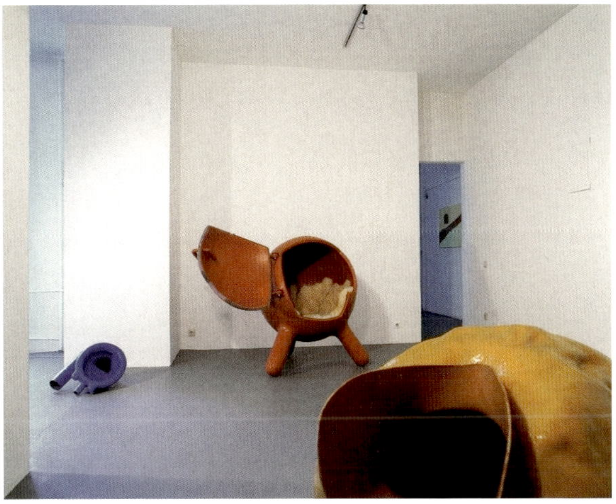

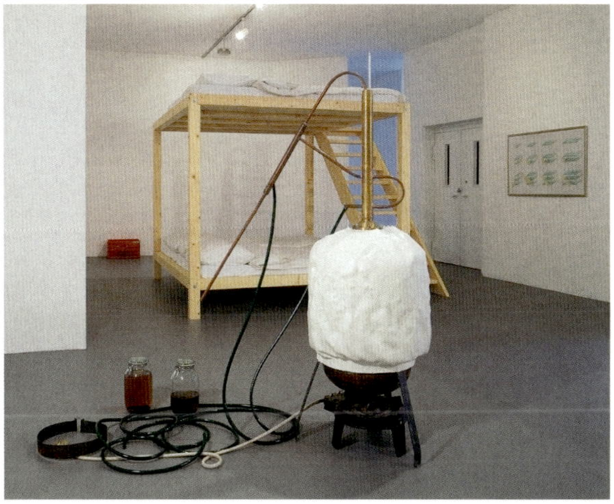

Atelier van Lieshout

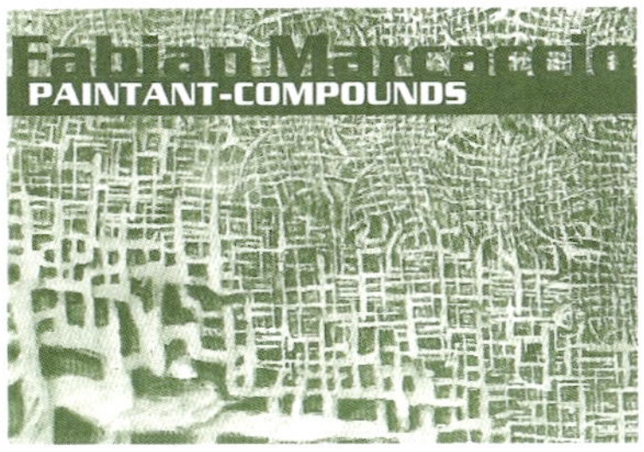

Einladung

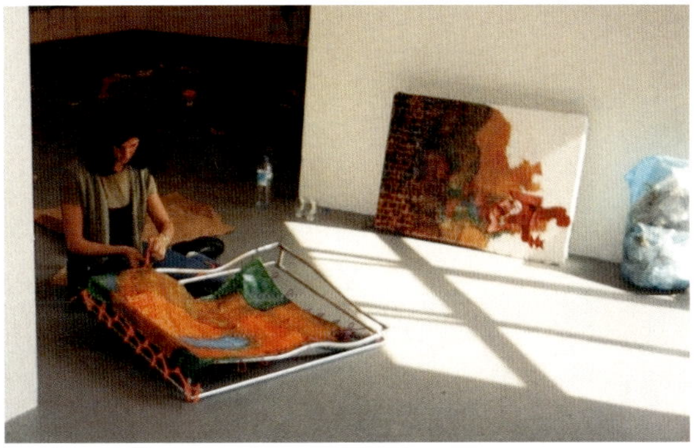

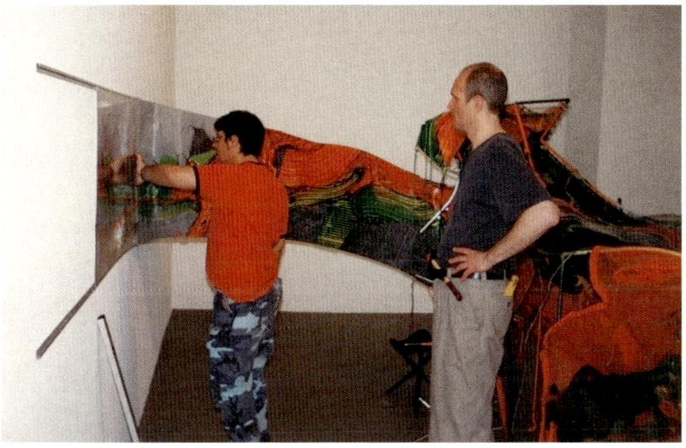

Während des Aufbaus

Fabian Marcaccio. Paintant-Compounds

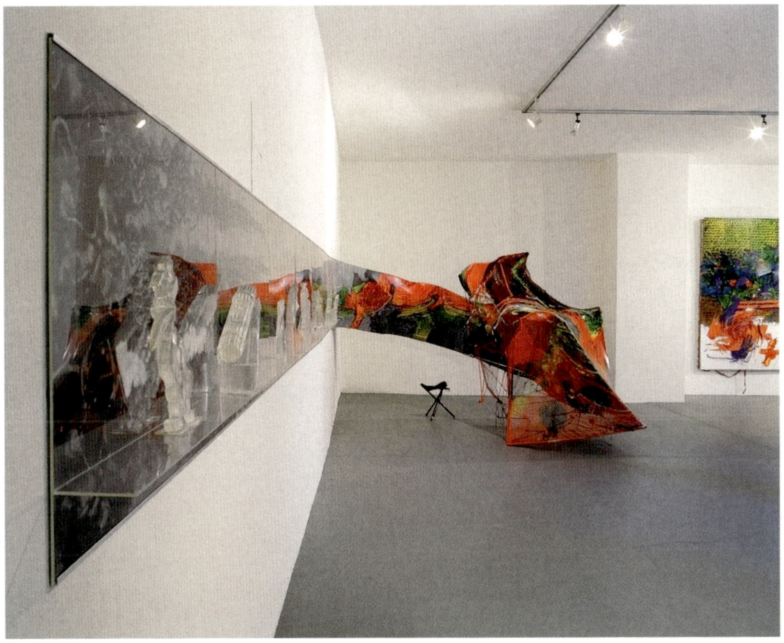

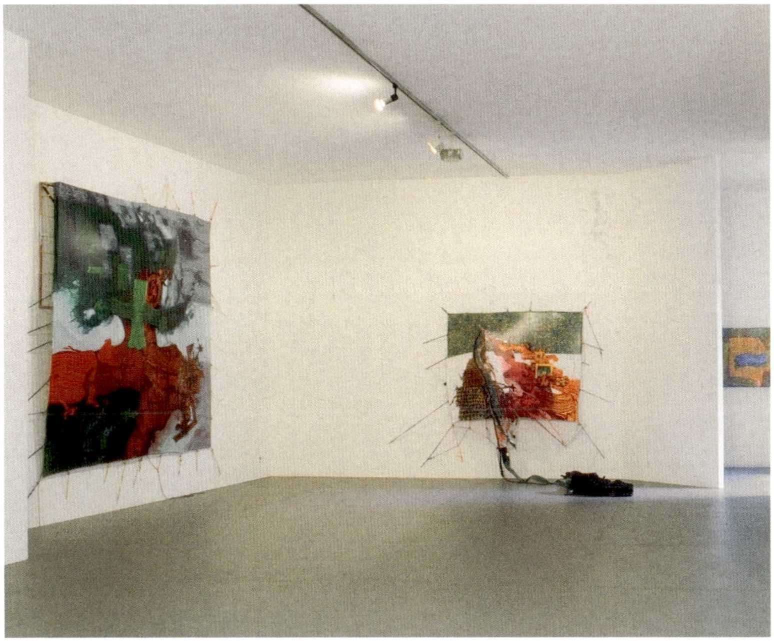

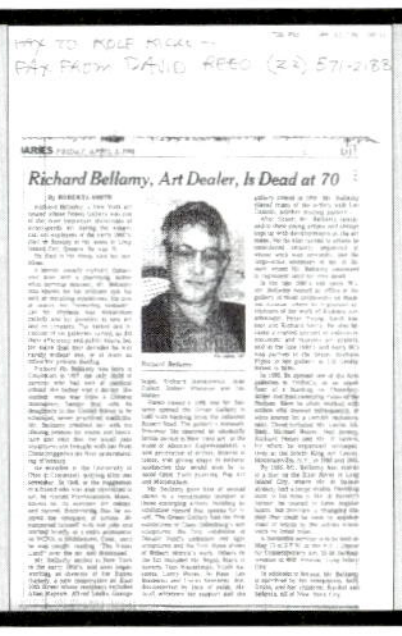

Richard Bellamy, Art Dealer, Is Dead at 70

Fax von David Reed: Nachruf auf Richard Bellamy von Roberta Smith

29. März 1998

Der New Yorker Galerist Richard Bellamy stirbt im Alter von 70 Jahren.

—Ich habe keine Gelegenheit ausgelassen, eine Ausstellung zusammenzustellen, bei der es programmatisch für mich Sinn machte zu sagen: „Gut, jetzt kommen Arbeiten von Künstlern mit hinein, deren Position für mich enorm bedeutend ist, mit denen ich aber aus verschiedenen Gründen nicht zusammenarbeiten konnte". Michael Venezia hatte ich vor längerer Zeit kennen gelernt und seine Arbeiten kannte ich seit vielen, vielen Jahren, aber er war ja verbunden mit der Galerie Rolf Hengesbach. Mit Dan Flavin zu arbeiten, war ein sehr lang gehegter Wunsch. Die Idee zu dieser Ausstellung ist über einen längeren Zeitraum gewachsen. Bei Donald Judd hatte ich eine grosse Arbeit von Michael Venezia gesehen. Die Sammlung von Judd interessierte mich ausserordentlich, ich konnte jedoch nicht immer festmachen, wo er sich ansiedelte und engagierte, bei der besagten Arbeit von Venezia war mir dies auch nicht klar. Über diese Beziehung habe ich immer wieder nachgedacht. Irgendwann war ich abends bei Michael Venezia eingeladen, es gab ein wunderbares Essen in seinem Atelier in New York. Dort war ein Werk von Dan Flavin installiert, das den Anlass gab, über Flavin zu sprechen. Plötzlich entdeckte ich Zusammenhänge, die ich vorher nicht gesehen hatte. Noch an diesem Abend entstand die Idee, gemeinsam eine Gruppenausstellung zu machen. Dabei stellte sich heraus, dass alle drei Freunde gewesen waren und ihre Arbeiten gegenseitig sehr geschätzt hatten. Venezia war sofort Feuer und Flamme. So ist die Ausstellung mit **Judd, Flavin** und **Venezia** 1998 aus der Erfahrung mit den Künstlern und ihren Werken entstanden und durch die wachsende Fähigkeit, Zusammenhänge zu sehen. Was Dan Flavin mit Licht schafft, erreicht Michael Venezia mit der Schichtung von Farbe.—

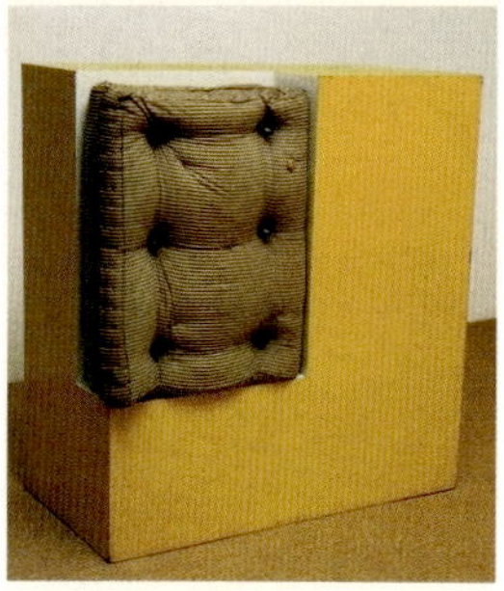

Einladung Gary Kuehn

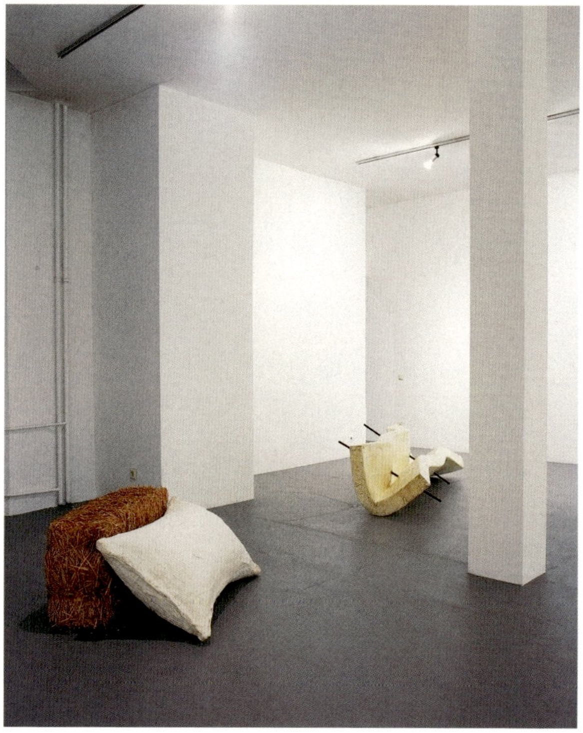

Gary Kuehn

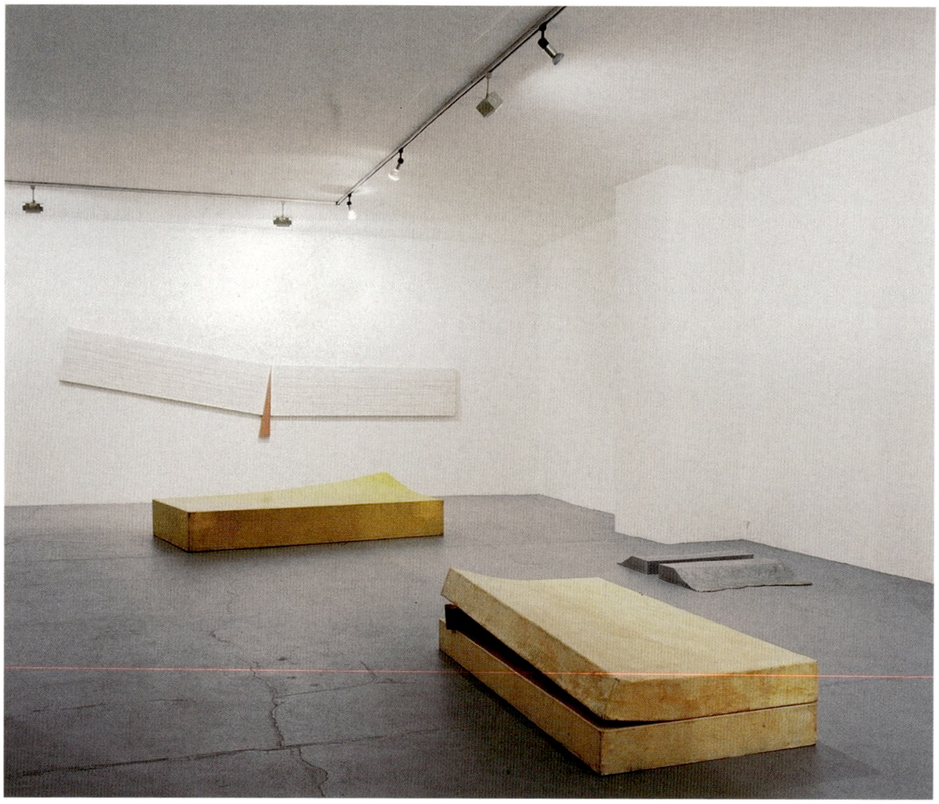

1998

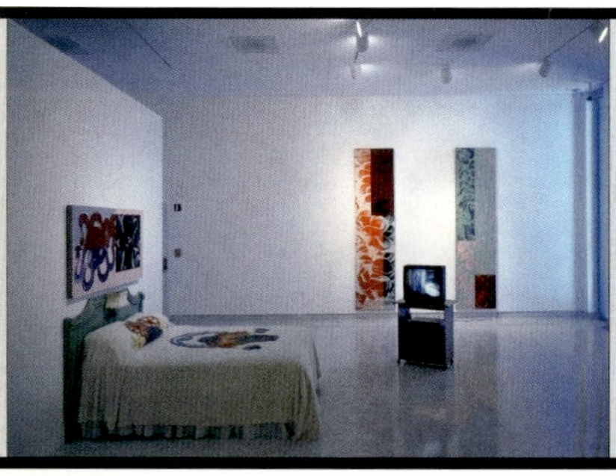

20. September 1998 – 3. Januar 1999

David Reed Paintings: Motion Pictures

Museum of Contemporary Art San Diego, La Jolla, Kalifornien. Weitere Stationen: Wexner Center for the Arts, Ohio State University, Columbus, Ohio, 30. Januar – 18. April 1999; P.S.1 Contemporary Art Center, Long Island City, New York, 20. Juni – 28. September 1999; Rose Art Museum, Brandeis University, Waltham, Massachusetts, 28. Oktober – 19. Dezember 1999

David Reed Paintings: Motion Pictures [101]

Gary Kuehn
Anlässlich der 30-jährigen Zusammenarbeit werden Arbeiten der 1960er Jahre gezeigt.
19. Juni – 31. Juli 1998

Dan Flavin, Donald Judd, Michael Venezia
11. September – 31. Oktober 1998

Ingrid Calame
(1. Einzelausstellung in Europa)
6. November – 22. Dezember 1998

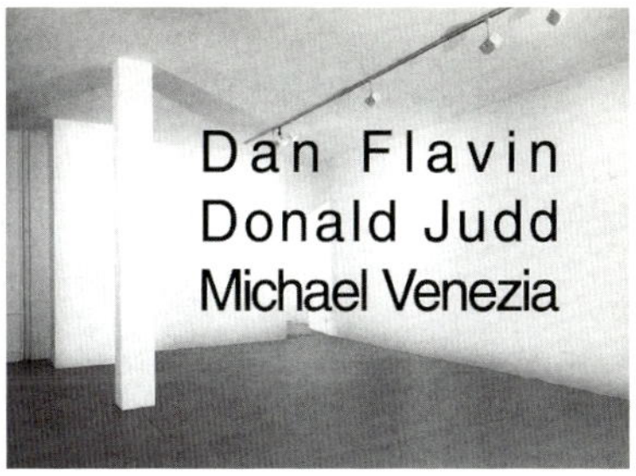

Einladung

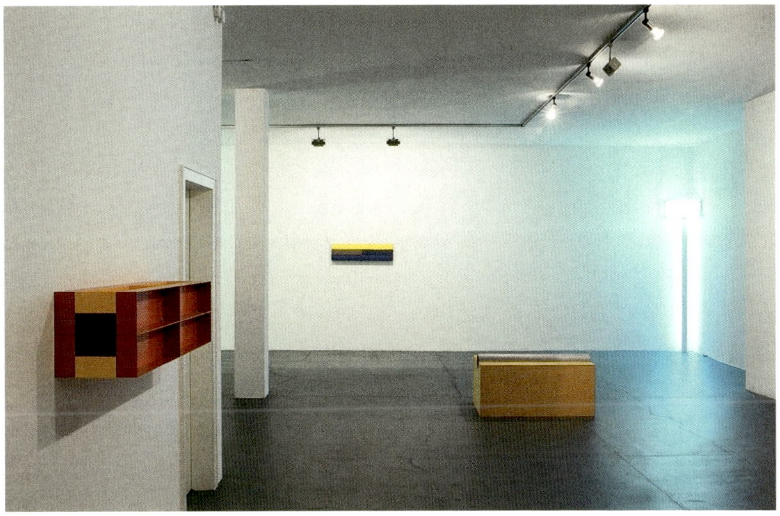

Dan Flavin, Donald Judd, Michael Venezia

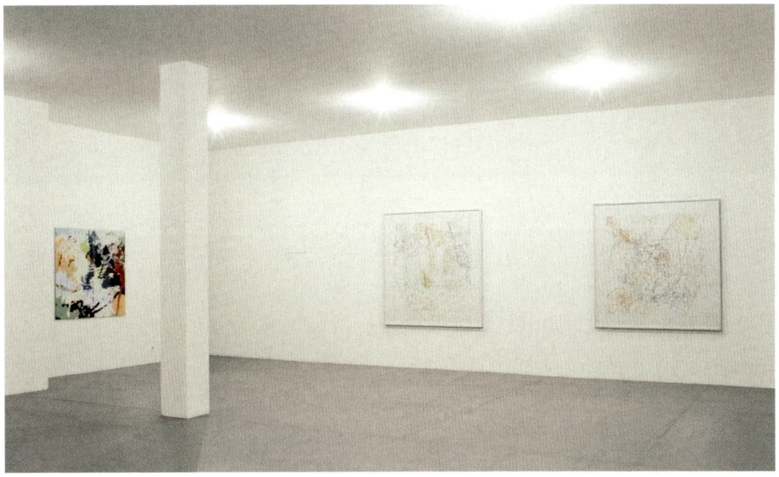

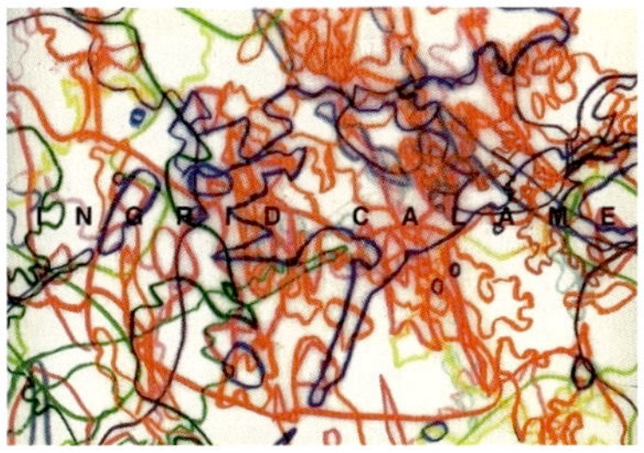

Einladung Ingrid Calame

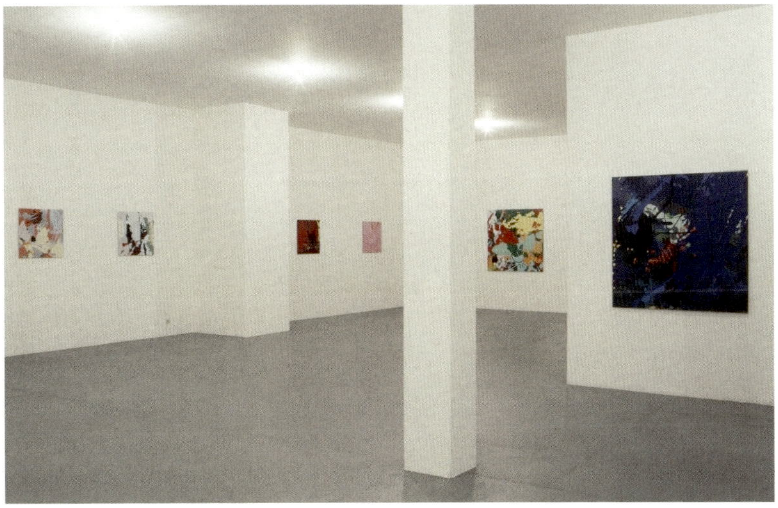

Ingrid Calame

29. November 1998 – 10. Januar 1999
Holger Bunk. Das Labor der Bilder
Ulmer Museum, Ulm

1998
Ben Kinmont. Project Series: Lee Lozano
Antinomian Press, New York

—**Jessica Stockholder** ist eine unglaublich positiv orientierte Frau, ein positiver Mensch. Ich habe relativ spät angefangen, mit ihr zu arbeiten. Sie ist sehr präzise und klar, sehr genau, ohne Umschweife, und ausgesprochen professionell – eine Freude, mit ihr zu arbeiten! Sie weiss, was sie macht. Als ich sie in ihrem Atelier in Brooklyn besuchte, sagte sie: „Ja, okay, wir können gerne zusammenarbeiten und eine Ausstellung vereinbaren, aber du musst ein paar Jahre warten, bis es klappt. Wenn du so lange Zeit hast, gerne!" Ich glaube, es hat drei oder vier Jahre gedauert. Und da habe ich etwas gehört und gelernt, was sehr präzise formuliert war, denn in dieser Zeit hätte ich alle vier Wochen einen neuen Künstler präsentieren können. Sie sagte: „Ich nehme nicht vier Dinge in Angriff, die ich gar nicht schaffen kann, sondern sage lieber nur zwei zu. Ich mache das und das und mache nichts dazwischen, weil das nicht funktioniert. Jede Ausstellung hat ihre eigene Qualität und soll sie haben. Deswegen dauert es so lange." Genauso hat das auch funktioniert.
Ihre Arbeiten besitzen etwas vermeintlich Verspieltes, was überhaupt nicht verspielt ist, etwas unglaublich Farbenfrohes, sehr Optimistisches. Das Material beziehungsweise die Gegenstände, die sie einsetzt, haben zum Teil eine starke Farbigkeit. Die Dinge ohne Farbe bemalt sie und so entsteht eine neue Situation, über das, was Farbe eigentlich bedeutet und wie Farbe als Material eingesetzt wird.
Gleichzeitig beinhaltet ihre Arbeit auch dieses Suchen nach neuen Formen des Bildes. Für mich ist sie eigentlich eine Malerin. Das kann noch so dreidimensional sein, aber das ist eine Form der Neuformierung von Malerei. Ich sehe das gar nicht so stark an Robert Rauschenberg angebunden, wie das im Allgemeinen gesagt wird. Selbstverständlich, Kunst speist sich immer aus der Kunst, aber man könnte auch über Richard Tuttle oder andere in Bezug auf ihr Werk sprechen.
Etwas, was für mich bei Jessica ganz offensichtlich ist, sind ihre Erfindungen, das Kommen von irgendwo und dessen Verarbeitung in neue Formen von Möglichkeiten, bei denen sie an Grenzen vordringt. Es gibt Momente in ihren Werken, da geht es scheinbar nicht weiter; aber es geht einfach an einer anderen Stelle weiter. Sie lässt bestimmte Momente so stehen, wie sie sind und verbes-

Elisabeth Brockmann
29. Januar – 27. Februar 1999

Birgit Werres
5. März – 17. April 1999

Jessica Stockholder
23. April – 4. Juni 1999

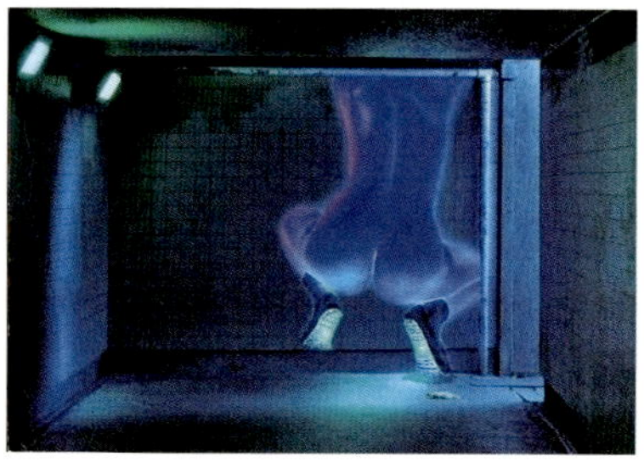

Einladung Elisabeth Brockmann

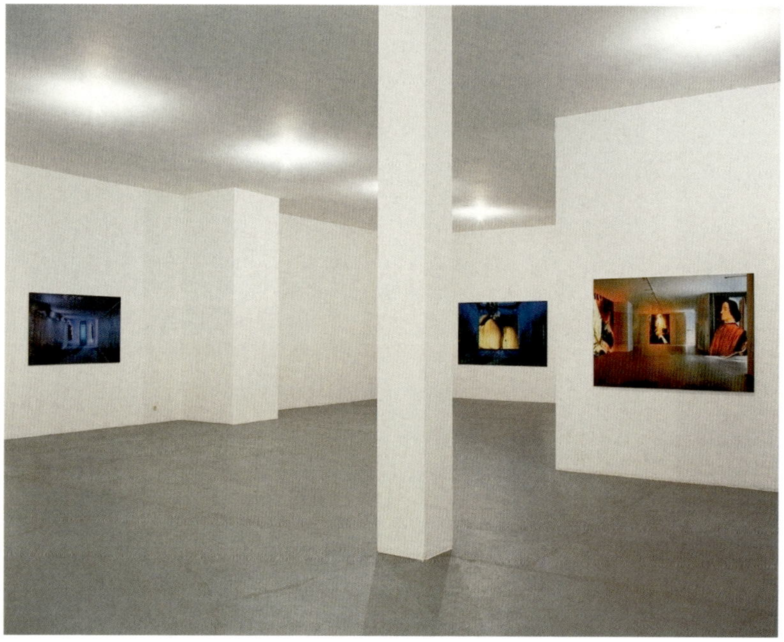

Elisabeth Brockmann

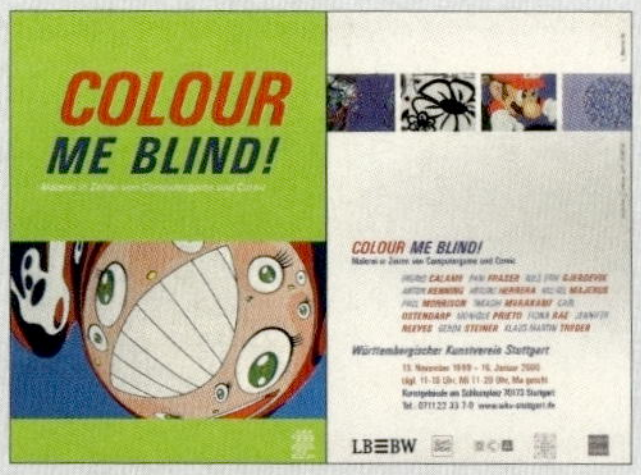

Colour Me Blind!: Einladung

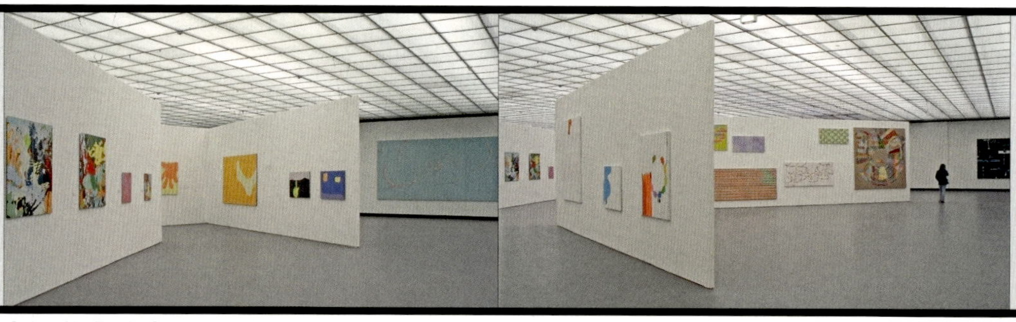

Colour Me Blind!: Calame, Ostendarp u. a.

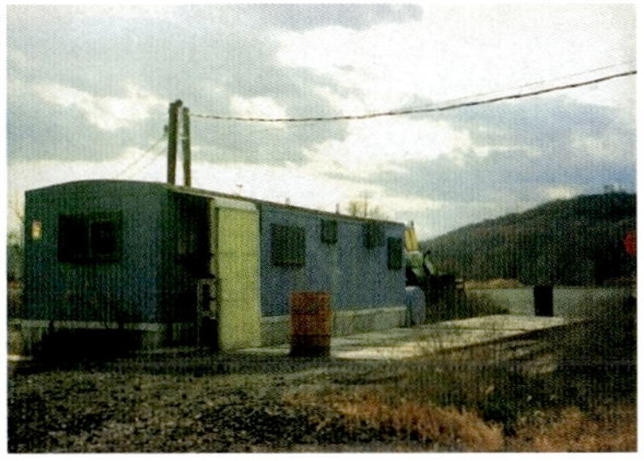

Einladung
Birgit Werres

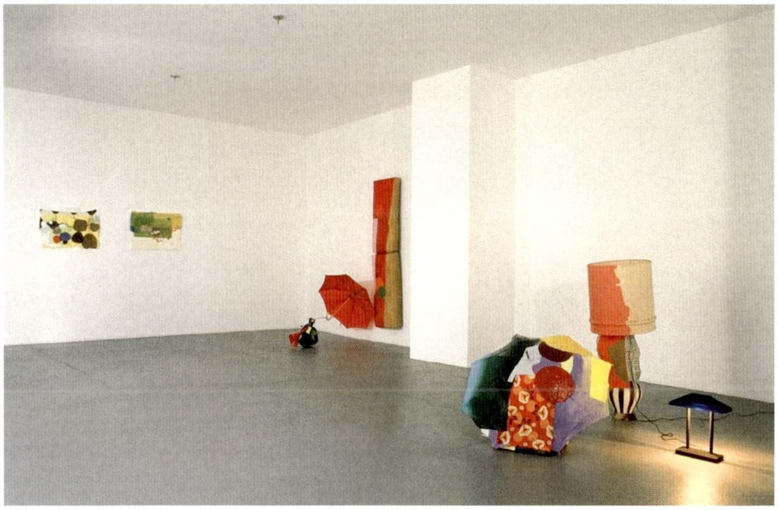

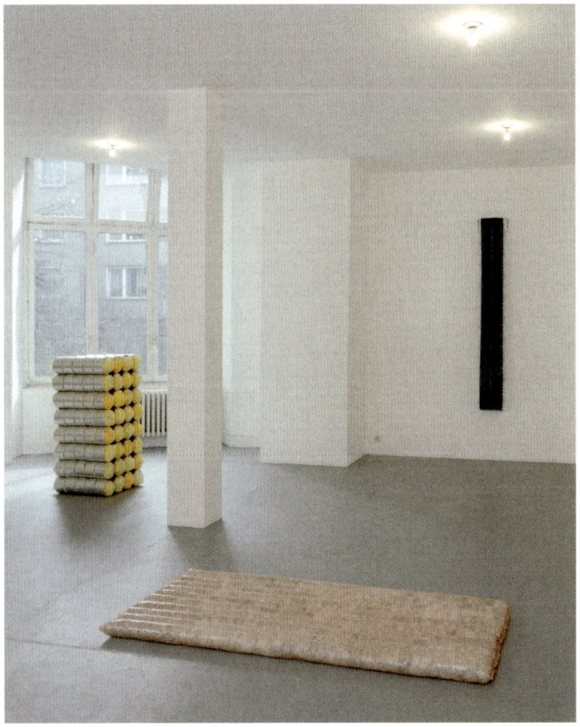

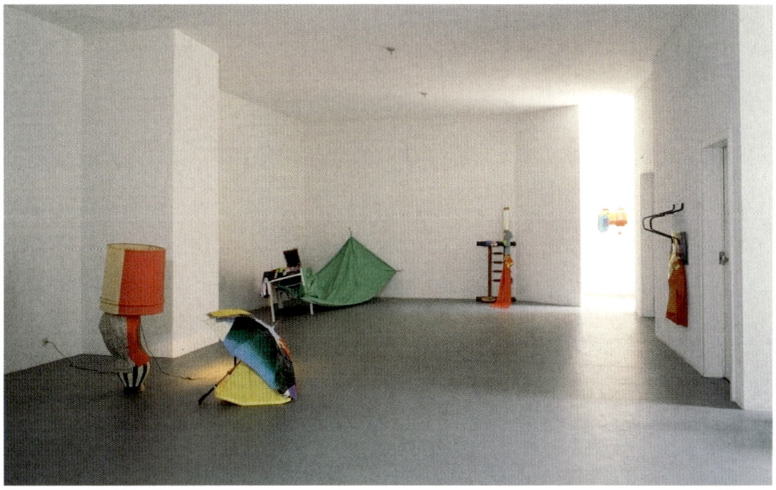

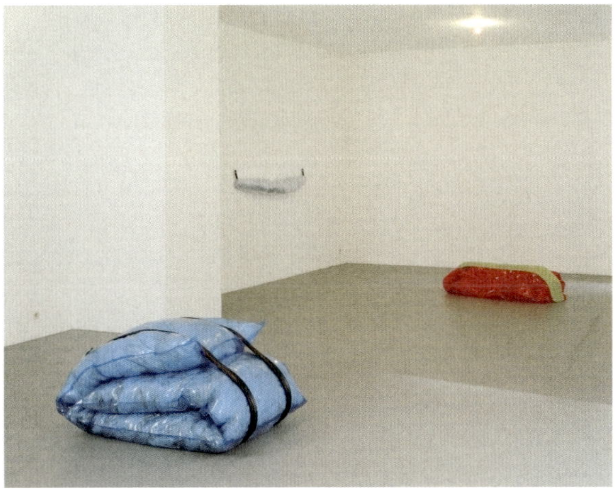

Birgit Werres

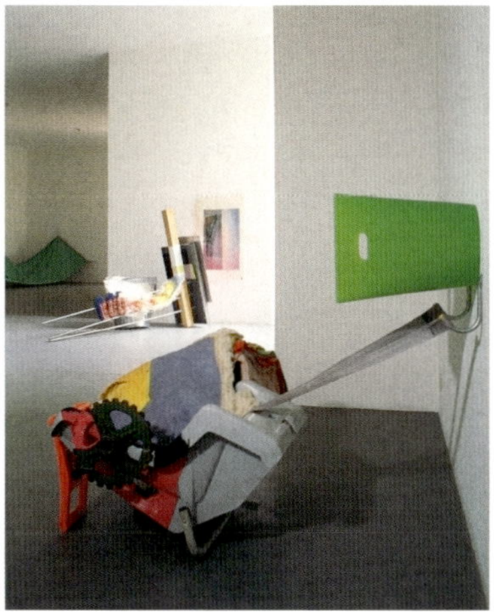

Jessica Stockholder [132]

13. November 1999 – 16. Januar 2000

Colour Me Blind! Malerei in Zeiten von Computergame und Comic

Württembergischer Kunstverein, Stuttgart. Weitere Stationen: Städtische Ausstellungshalle Am Hawerkamp, Münster, 13. Februar – 26. März 2000; Dundee Contemporary Arts, Dundee, 31. Mai – 22. Juni 2000. Kuratiert von Ralf Christofori. Künstler u. a. Calame, Ostendarp

sert nichts dran, vergleichbar vielleicht mit einem Schnitt in einem Film. Es sind dramaturgische Setzungen: Brüche. Das ist ihre Kraft, sie hat eine ungeheure Kraft. Das hat mich stets beeindruckt. Im Herbst 2006 sah ich in New York eine Ausstellung von ihr und empfand, dass ihre Arbeiten leichter, weniger bedeutungsvoll und dadurch immer bedeutender werden. Die Formulierungen werden klarer.
Das ist für mich eine ganz spannende Geschichte, denn diese Wege zeigen den Weg der Kunst. Was ist eigentlich Kunst? Ist das eine Frage von Harmonie, oder eine Frage von Polarität, oder ist das eine Frage von Diskussion? Ist sie ein Dialog?—

—Obwohl ich **Olivier Mosset** lange kenne, wir uns öfters trafen, denn er gehörte zum engen Umkreis von Steven Parrino, und ist auch befreundet mit Matthew McCaslin, Laurie Parsons, Cady Noland und anderen, und ich zudem seine Werke sehr schätze, kam es erst 1999 zur ersten und einzigen Einzelausstellung mit ihm. Zum einen arbeitete Olivier Mosset mit anderen Galerien und zum anderen gab es eine Grenze meiner Möglichkeiten, zuletzt habe ich 20 bis 25 Künstler vertreten, noch mehr wäre unseriös gewesen. Doch wir sagten uns immer wieder: Irgendwann machen wir etwas zusammen.
Als ich ihn in den späten 1990er Jahren wieder traf, erzählte er von einer neuen Werkgruppe, die ich mir darauf ansah. Es waren monochrome Bilder, relativ klein, dreieckig, in verschiedenen Farben und alle gleich gross. Die haben mich so begeistert, dass ich sagte, „Die würde ich ungeheuer gerne zeigen.“ Sofort hatte ich eine Vorstellung, wie wir sie in der Galerie präsentieren: Bild an Bild mit gleichmässigen Abständen, damit es wie eine Art Band wirkt. Er lachte und erwiderte: „Ja, das kommt daher, dass ich einen indianischen Gürtel mit diesem gleichmässigen Muster trage.“ In der Galerie stellten wir die Bilder in dieser Weise aus.
Olivier bezeichne ich für mich als den Marcel Duchamp der abstrakten Malerei. Er sagt wenig, kennt alles, weiss bestens Bescheid. Er übt, glaube ich, einen sehr grossen konzeptuellen Einfluss aus, er ist eine Schlüsselfigur für

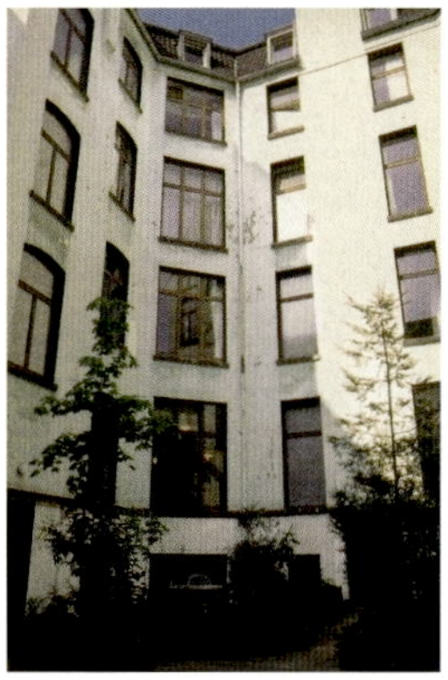

Einladung Olivier Mosset

Olivier Mosset
Triangles
11. Juni – 7. August 1999

Claudio Moser
3. September – 2. Oktober 1999

Carel Balth
6. – 30. Oktober 1999

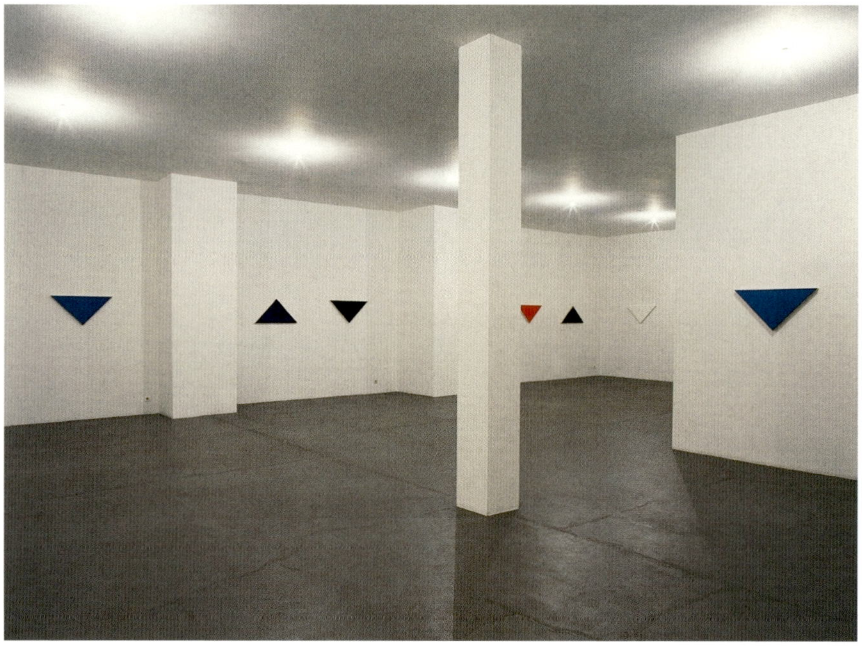

Olivier Mosset. Triangles

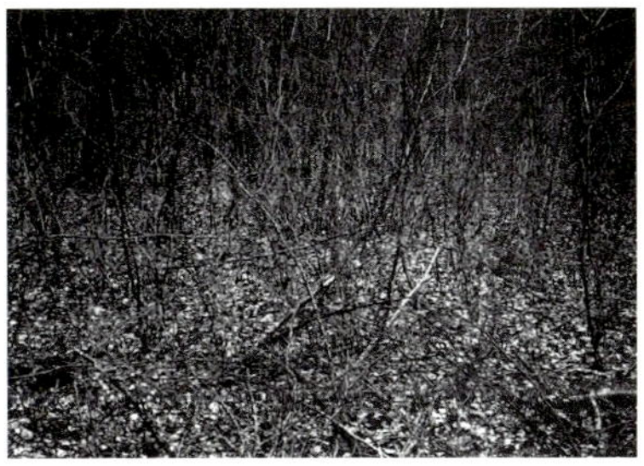

Einladung Claudio Moser

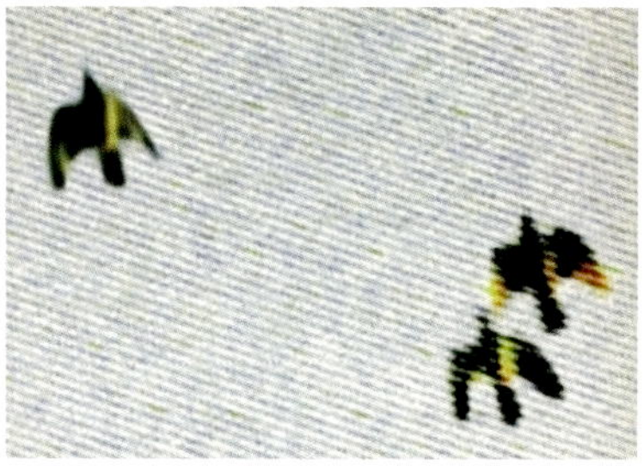

Einladung Carel Balth

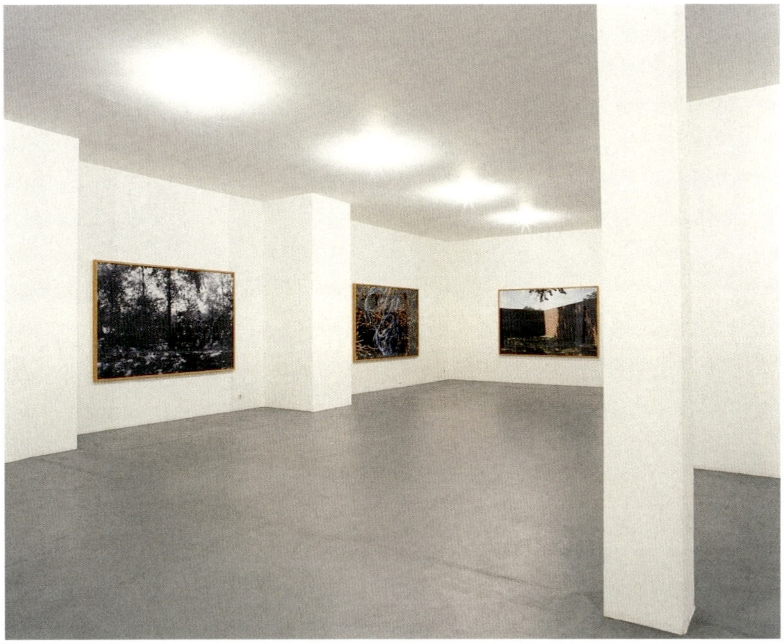

Claudio Moser

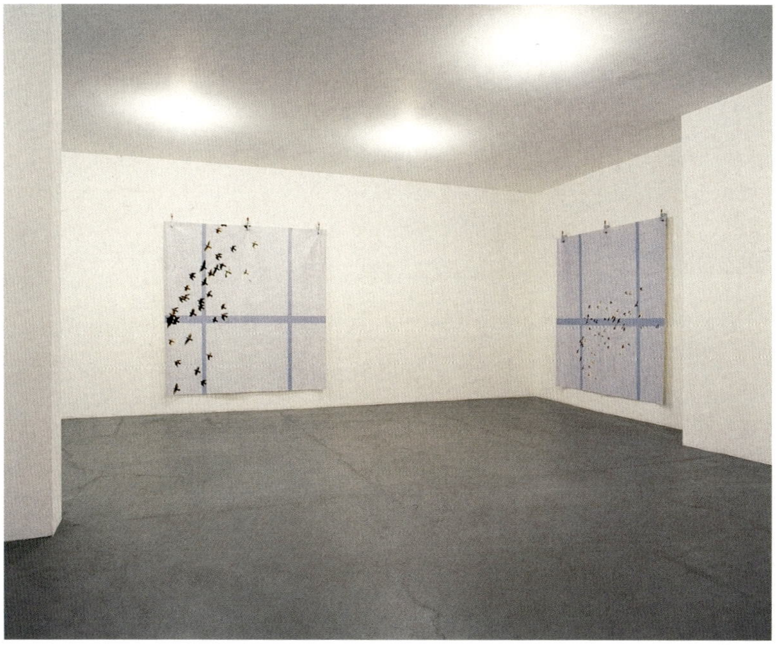

Carel Balth

1999: Erster Kampfeinsatz deutscher Truppen nach dem 2. Weltkrieg im Ausland (Kosovo-Krieg)

2. Oktober 1999
Lee Lozano stirbt im Alter von 68 Jahren in Dallas.

eine ganz bestimmte Haltung. Sein extrem früher und ja nun auch schon langer Werdegang trägt dazu sicherlich bei. Für die Entwicklung der Malerei hat er kontinuierlich wesentliche Anstösse gegeben. Und ich denke auch seine permanente Unterstützung junger Künstler ist ein wichtiger Faktor.

In Bezug auf diese Ausstellung, wie aber auch bei Larry Bell zum Beispiel, ist noch von Bedeutung, dass es mir stets am Herzen lag, etwas Besonderes, eben eine spezielle oder neue Werkgruppe zu zeigen, gerade dann, wenn ich nicht sehr früh die Zusammenarbeit mit jemanden begann.—

—In den 1990er Jahren nahm in deinem Programm die Auseinandersetzung mit bzw. die Präsentation von malerischen Positionen einen grossen Stellenwert ein. Mit der Ausstellung **Special Offer** *hast du dies auch in einem grösseren Rahmen vorgestellt. Wie kam es zu der Ausstellung und was war deine Intention?*

In den 1990er Jahren ist die **Malerei** in eine neue Form gebracht, das heisst neu definiert worden. Damals ging ja sozusagen der „Schlachtruf" um: „Die Malerei ist tot! Es gibt keine Malerei mehr!" Diesen Ausruf habe ich eigentlich nie verstanden, ich habe immer nur gedacht: „Das kann gar nicht wahr sein!" Es ist doch töricht, so etwas zu sagen, seit Urzeiten gibt es das, was wir als Bild bezeichnen. Es ist eine grundlegende Aussageform der Menschheit: Die Zeichnung oder die Malerei. Natürlich gab es massenhaft uninteressante Malerei, der Pluralismus der 1990er Jahre machte ungeheuer viel möglich. Aber es gab malerische Positionen, die einen Anspruch an sich selber stellten – im Grunde war das ja schon 1992 mein Thema in der Ausstellung *Kinder! Macht Neues!* –, die nicht einfach nur abbilden, die nicht einfach nur eine Figur malen, sondern die das ganze Phänomen der Malerei, den Rahmen, die Art des Rahmens, die Art der Präsentation, neu formulierten.

Mein Eindruck aber war, das wollte keiner wahrnehmen. Für mich gab es kein Ende, keine Krise, sondern einen Aufbruch und ich wollte zeigen, dass die Malerei, die sich

1999

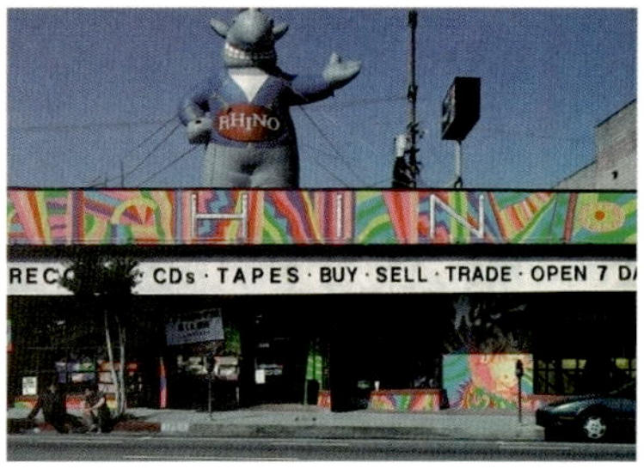

Einladung Morgenrot in Los Angeles

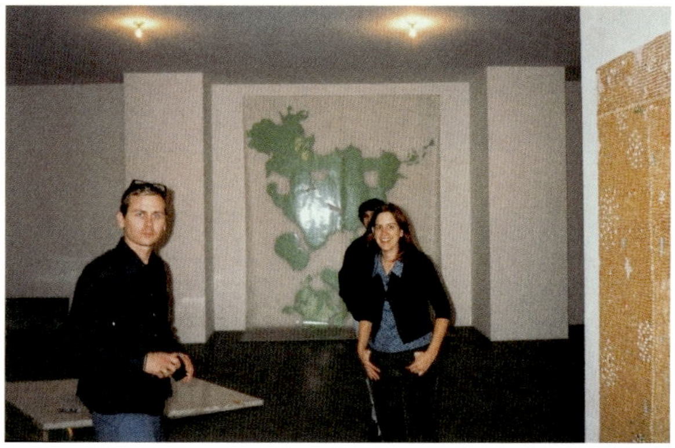

Steven Hull, Amy Green während des Aufbaus

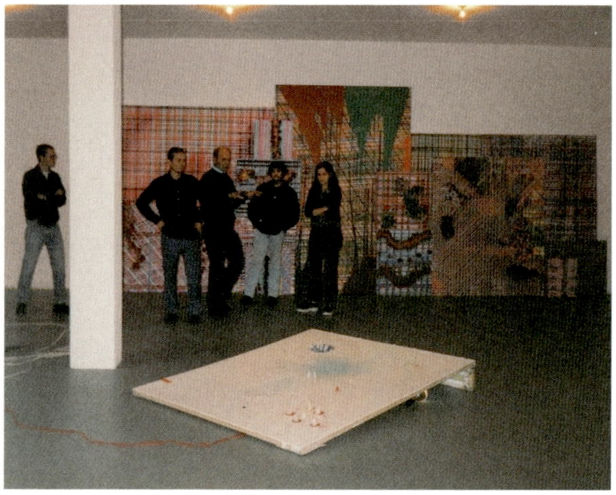

Rolf Ricke mit Künstlern und Aufbauteam

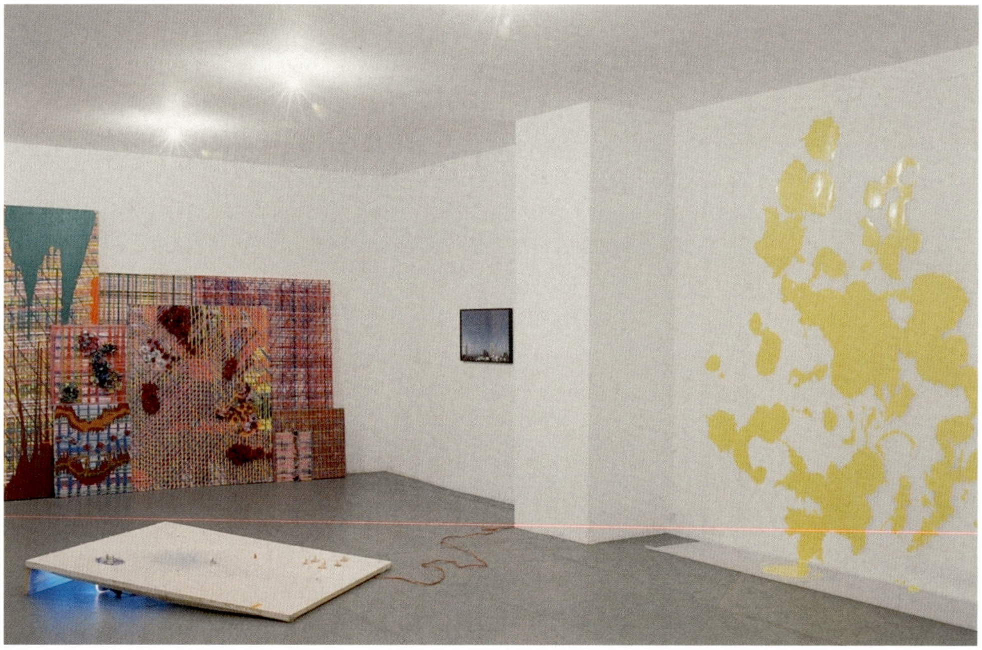

Morgenrot in Los Angeles:
Green, Hull, Lattu, Calame

Morgenrot in Los Angeles
Ingrid Calame, Amy Green, Steven Hull, Heidi Kidon, Brandon Lattu, Melissa Thorne
5. November – 23. Dezember 1999

Special Offer
Ingrid Calame, Dominique Figarella, Urs Frei, Pia Fries, Herbert Hamak, Mary Heilmann, Fabian Marcaccio, Ingo Meller, Olivier Mosset, Carl Ostendarp, Steven Parrino, David Reed, Adrian Schiess, Jessica Stockholder, Günter Umberg, Elisabeth Vary, Andy Warhol, Rémy Zaugg
Kasseler Kunstverein, Kassel
14. März – 11. April 1999
Kuratiert von Rolf Ricke

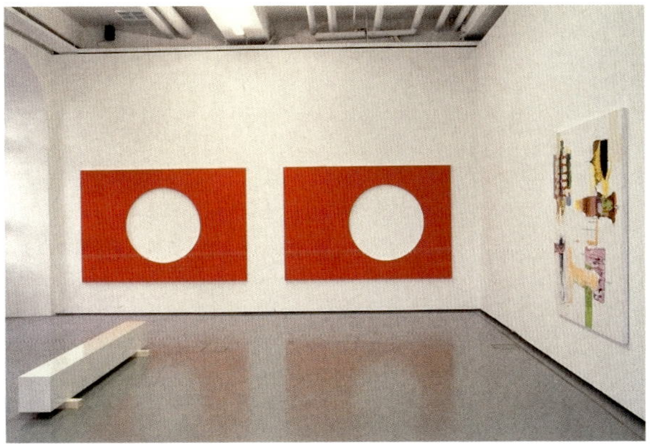

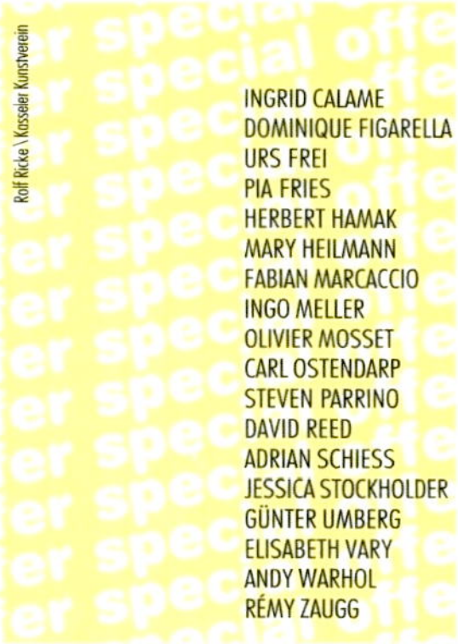

Special Offer: Broschüre

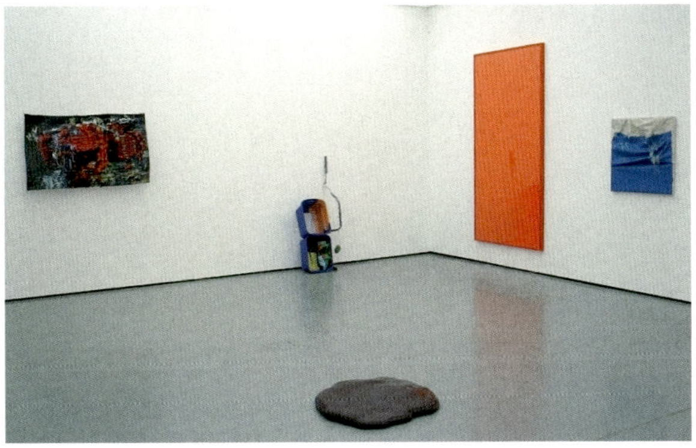

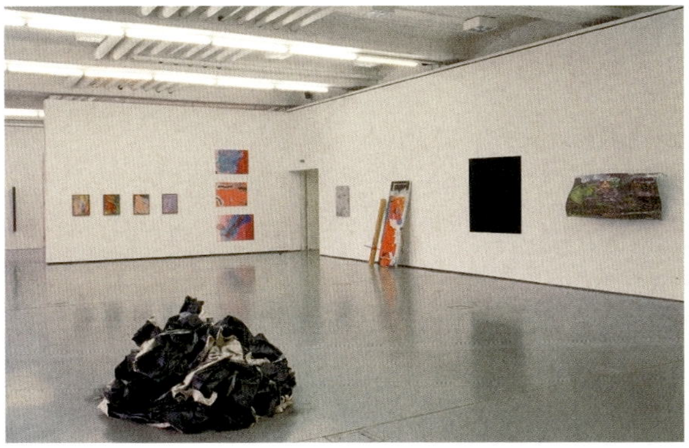

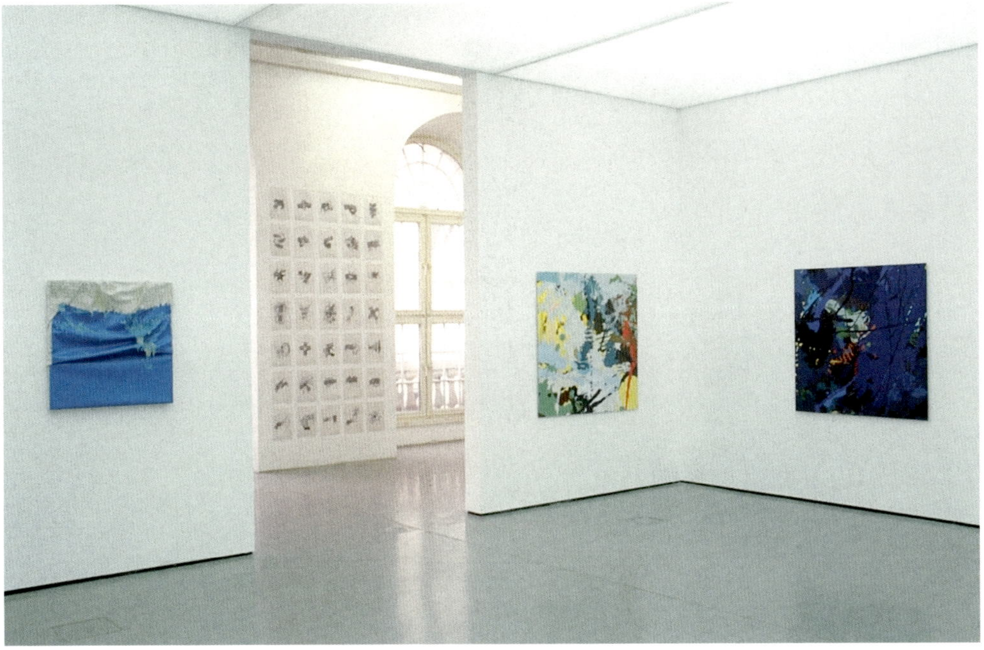

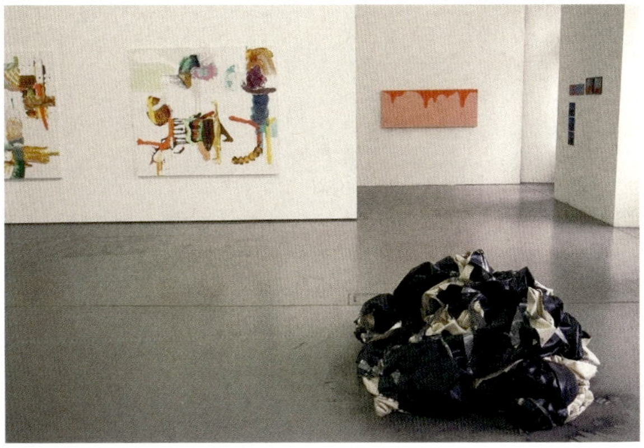

Schiess, Parrino, Fries, (links oben)
Ostendarp [86], Marcaccio, Stockholder, Parrino u. a. (links Mitte)
Parrino, Calame u. a. (links unten)
Parrino, Reed, Stockholder, Umberg u. a. (rechts Mitte)
Parrino, Fries, Ostendarp [84] u. a. (rechts unten)

selber in Frage stellt, beziehungsweise die Malerei, die eine neue Formulierung sucht, diesen Aufbruch bewegt und zugleich diejenige ist, die fortleben wird. Für mich ist damit auch eine Form von Spiritualität verbunden. Um ein Beispiel zu geben, ein Künstler wie Olivier Mosset, der permanent an der Konstruktion des „Bildes" arbeitet, der es immer wieder in Frage stellt und zugleich immer wieder neu entwirft – ganz minimal, indem er beispielsweise ein Diptychon malt, weiss oder schwarz, es zusammen, übereinander oder nebeneinander hängt: Alles dies stellt für mich eine grundlegende Auseinandersetzung mit Malerei dar. Meines Erachtens ist dies in dieser Intensität nur in den 1990er Jahren diskutiert worden.

In dieser Zeit, als mich all diese Fragestellungen bewegten, bekam ich das Angebot, eine Ausstellung im grösseren Stil zu realisieren. Silke Hartenstein, die ihre Magisterarbeit über die Galerie schrieb, arbeitete damals beim Kunstverein in Kassel und da entstand die Idee. Der damalige Direktor, Bernhard Balkenhol, hat dies sehr unterstützt. Ich hatte ein Konzept für eine Ausstellung, die ich als ein Statement zum Phänomen Malerei verstand. Bei den Vorbereitungen stiess ich auf abstrakte Bilder von Andy Warhol. Warhol hat mich stets beschäftigt und es ist eine späte Erkenntnis, was sicherlich viel mit den Diskussionen, die ich mit David Reed geführt habe, zu tun hat, dass Andy Warhol auch ein Maler ist. Die Einbeziehung Warhols signalisierte für mich schon einen erweiterten Malereibegriff. Einen Malereibegriff, der sich nicht als klassisch definiert, sondern als offen und auch konzeptuell. So kam es, dass ich die Ausstellung nach einem Bildtitel Warhols nannte: *Special Offer.* Mir ist noch wichtig zu erwähnen, dass einige der ausgestellten Künstler nichts mit meinem Galerieprogramm zu tun hatten, es gab einen roten Faden, sicher, aber es kam aus dem Bestreben heraus, Malerei aus einer anderen Sicht darzustellen.–

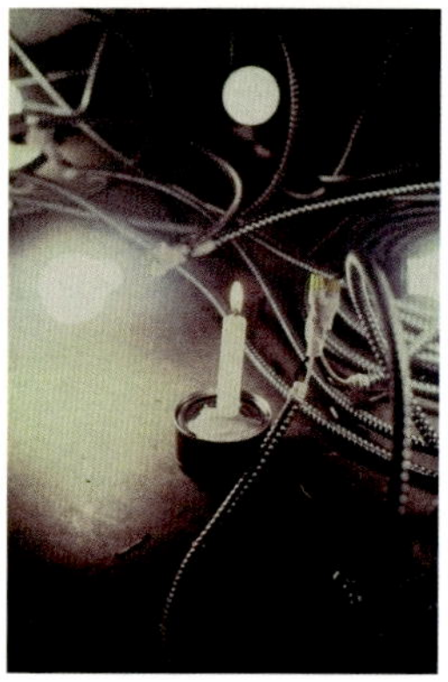

Einladung
Matthew McCaslin

Matthew McCaslin
Lightwork
21. Januar – 11. März 2000

Steven Parrino
10. März – 29. April 2000

David Reed
5. Mai – 1. Juli 2000

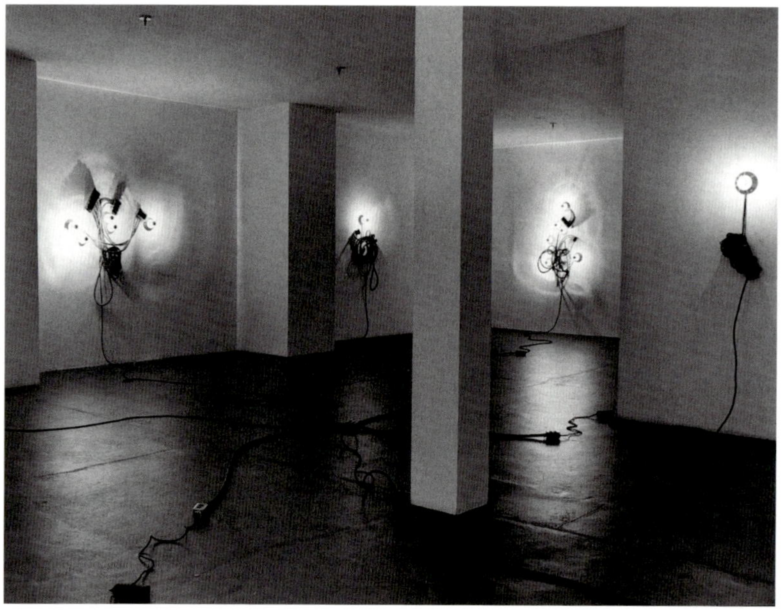

Matthew McCaslin
Lightwork

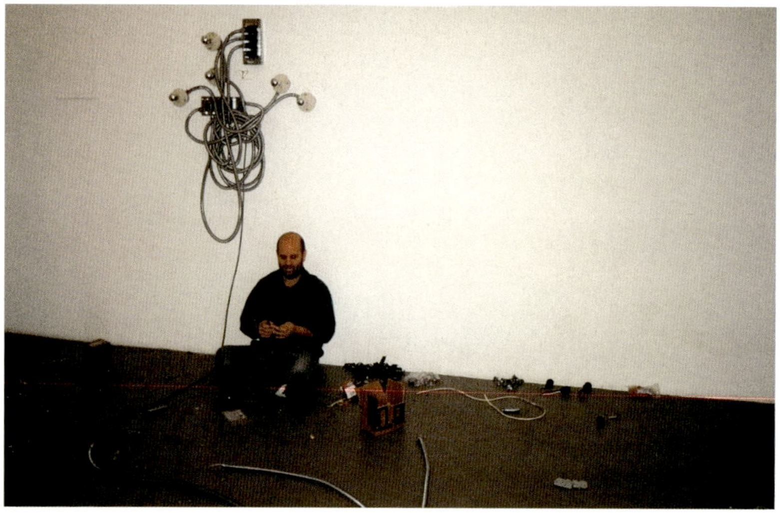

Matthew McCaslin
während des
Aufbaus

19. Januar – 27. Februar 2000
Shimmer
Steven Hull, Heidi Kidon, Mark Robert Lewis, Yunhee Min, Melissa Thorne
Barnsdall Art Park, Los Angeles Municipal Art Gallery.
Kuratiert von Thomas Lawson

12. Februar – 2. April 2000
Daumenwolle. Birgit Werres – Richard Artschwager
Staatliche Kunsthalle Baden-Baden

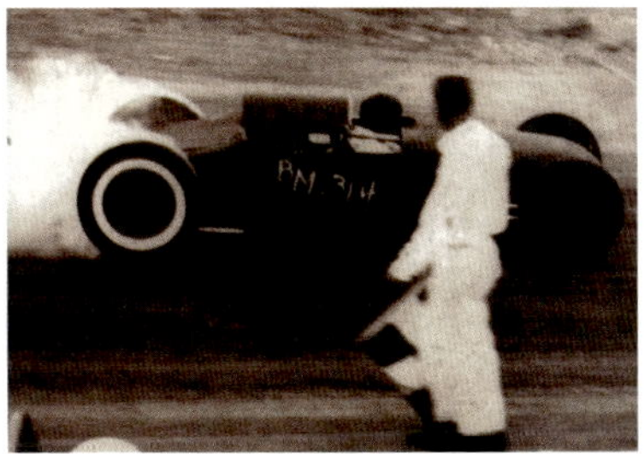

Einladung Steven Parrino

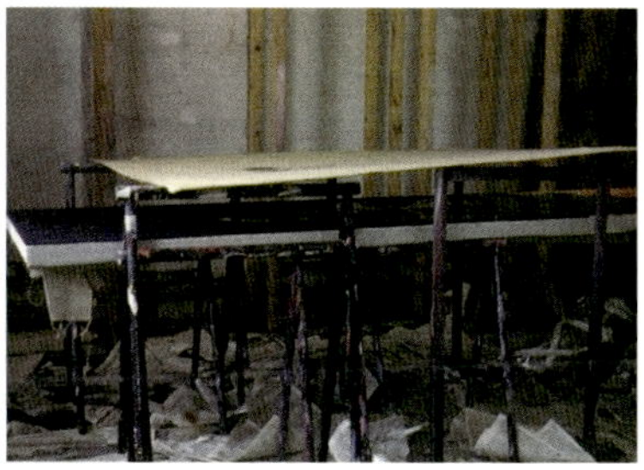

Einladung David Reed

Steven Parrino [98]

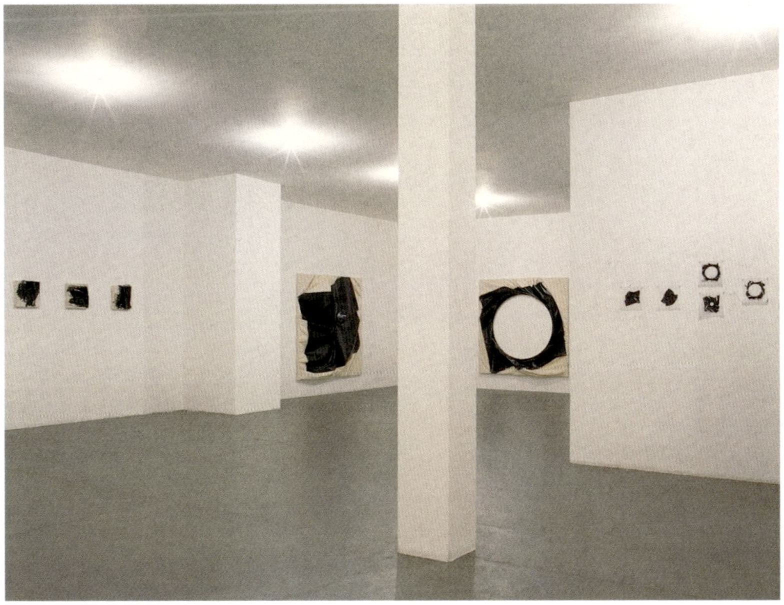

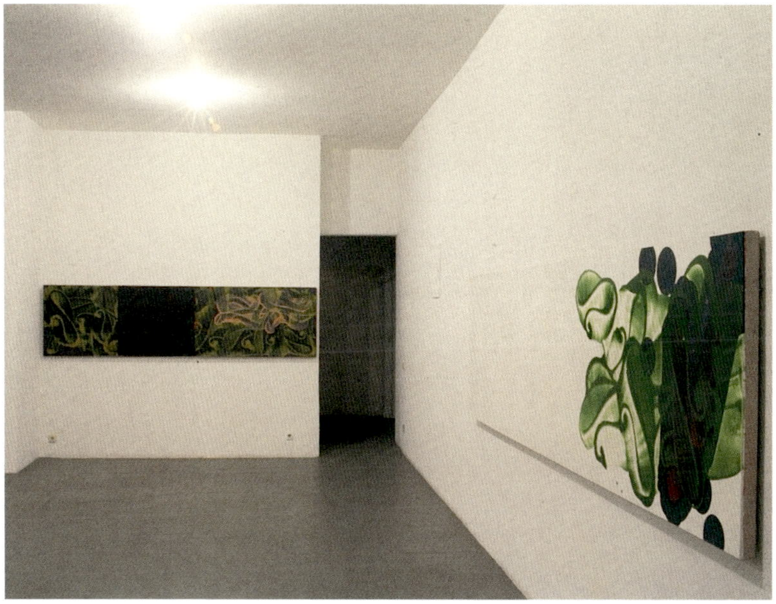

David Reed

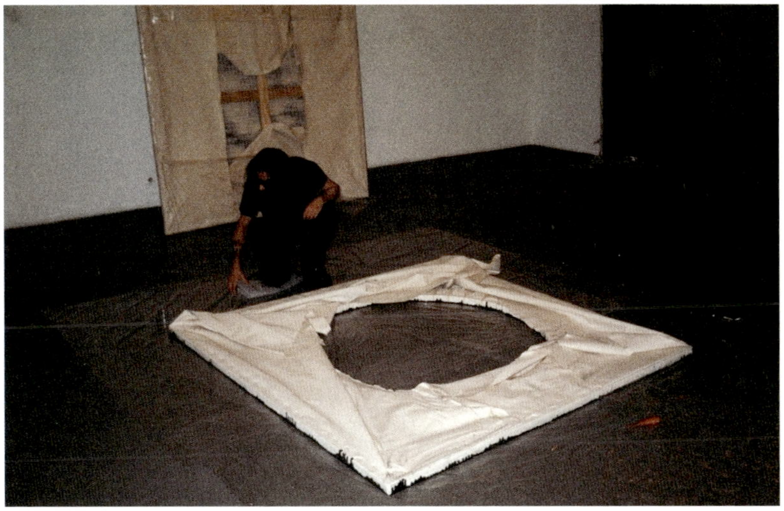

Steven Parrino während des Aufbaus

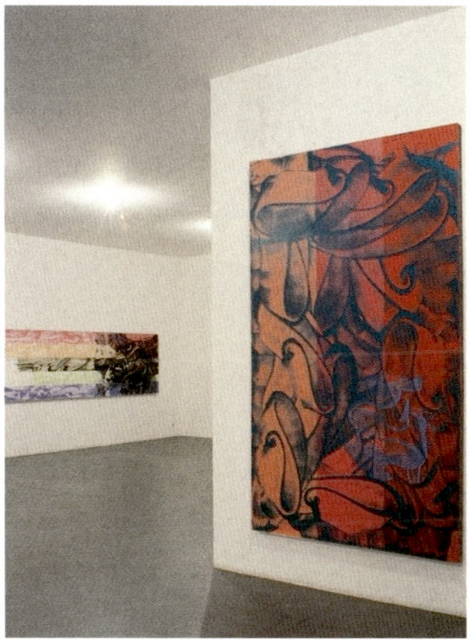

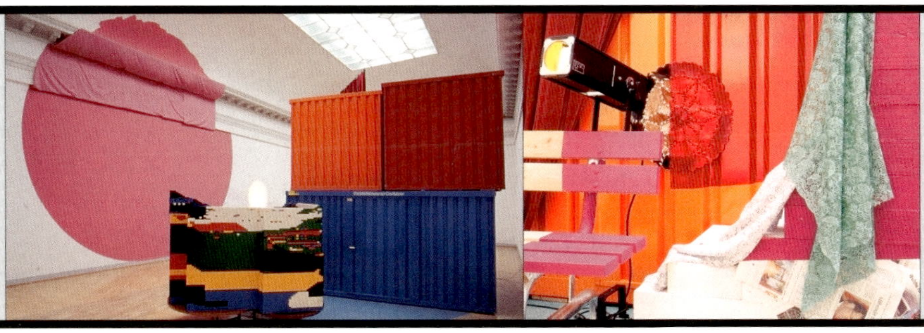

18. März – 25. Juni 2000

Jessica Stockholder, Mary Heilmann

Kunstmuseum St.Gallen

Jessica Stockholder, „Vortex in the Play of Theatre With Real Passion“

—Arbeiten von **Steven Parrino** sah ich im Herbst 1988 in einer Gruppenausstellung *Mutations* in der Annina Nosei Gallery in New York und kurz danach in Lyon in der Ausstellung *La Couleur seule*, seitdem sprach ich sehr häufig von Parrinos Arbeiten. 1989 besuchte ich Steven erstmals in seinem Atelier in Brooklyn. Sein Atelier war sehr klein, so klein und so kärglich, so etwas hatte ich selten gesehen! Steven war relativ klein und zierlich, fast immer trug er eine Sonnenbrille. Er hatte dunkle schwarze Augen und Haare, und war mächtig stolz auf seinen italienischen Namen. Und er schaffte diese unglaublich radikalen Werke! Das hatte nichts mit den 1980er Jahren zu tun, das hatte mit überhaupt nichts zu tun, was es damals gab. Das war eine ganz einsame Geschichte. Diese Bilder haben mich nicht losgelassen.

Zu jeder Ausstellung, die wir realisierten, kam er nach Köln. Ich schickte ein Flugticket und er war zum Aufbau in der Galerie, immer nur für wenige Tage. Aber ich habe viele Erinnerungen an diese Zeiten. Er arbeitete sehr ruhig und es war für mich immer äusserst merkwürdig, ja paradox, das war auch bei Richard Serra so, da sind diese Skulpturen mit ihrer ungeheuren Kraft, doch wie die Künstler sie herstellen, ist, als würden sie mit einem Bleistift zeichnen, so sensibel, sanft und umsichtig. Steven würgte nicht wie ein Wilder herum, um seinen Werken ihre Form zu geben, vielmehr zeugte seine Vorgehensweise von einer sehr bewussten Setzung. Er folgte einem genauen Plan. Aus seiner Vorgehensweise schloss ich für mich eine Verbindung zu Pollock'schen Ideen, für ihn selbst war Andy Warhol von zentraler Bedeutung. Sicherlich gab es im Arbeitsprozess Momente, nach dem Umdrehen des Bildes, in dem es Abweichungen gab, etwa eine Falte, die nicht genauso verlief, wie er es wollte, aber er drehte das Bild um, sah es sich genau an und akzeptierte es. Diese Professionalität, diese bewusste und konzeptuelle Kunst des Denkens und Machens, die hat mich fasziniert.

Es gibt eine sehr interessante Geschichte bei einer seiner Eröffnungen. Eine Bekannte war mit ihrer vielleicht sechsjährigen Tochter Rachel da und Steven spielte den ganzen Abend dermassen liebevoll mit diesem Mädchen, das sofort von ihm eingenommen war, dabei sah er ja ziemlich wild aus! Eine ähnliche Situation hatte ich vorher schon einmal mit Bill Bollinger und meiner Tochter erlebt. Ich erzähle diese Begebenheit, weil diese hohe Sensibilität und diese grosse Menschenliebe, die Steven wirklich gehabt hat – das ist keine verklärte Ansicht –, beides war überwältigend. Steven war loyal bis zum äussersten, in der geschäftlichen Zusammenarbeit und auch sonst in jeder Form. Er hat mich über alles informiert. Er sprach wenig und mit leiser Stimme, aber immer klar definiert. Jedes Mal wenn ich nach New York kam, trafen wir uns sofort am nächsten Tag, und zwar stets in einem ganz bestimmten Restaurant Downtown und er war immer stolz, mir sagen zu können, er habe ein neues Café für besonders gute Nachtische gefunden.

Zusammen mit Steven Parrino – das war ein richtiges Ritual – bin ich samstags durch die Galerien in New York gezogen. Und jedes Mal sagte er nach drei Stunden, „Jetzt ist Schluss, ich kann nicht mehr." Das passte auch nicht zu ihm, Steven war kein Mensch, der gross ausging, kein Mensch, der irgendwelche gesellschaftlichen Gepflogenheiten liebte, auch wenn er mit vielen befreundet war, etwa mit Cady Noland, Olivier Mosset oder Matthew McCaslin. Manchmal schlug er auch vor, was wir uns anschauen könnten: „Lass uns doch zu Jack Goldstein gehen", „Steve DiBenedetto hat eine tolle Ausstellung, lass uns dort hingehen", „Lass uns …". Er war im Umkreis der 1982 von den Künstlern Alan Belcher und Peter Nagy gegründeten Galerie Nature Morte im

East Village, in der er 1984 seine erste Einzelausstellung hatte. In diesem Zusammenhang ist auch die ganze Untergrund-Geschichte zu sehen. Im Grunde war er bis zuletzt ein Underground-Typ.

Dazu möchte ich folgende Begebenheit um ein grosses *Bent Painting*, eine wunderbare weinrote Arbeit, erzählen, welche sich bei mir in der Galerie zutrug: Es kam ein Sammler in die Galerie – der dieses *Bent Painting* später kaufte –, und der uns darauf hinwies, dass die Arbeit im unteren Bereich ein wenig beschädigt sei und er wollte wissen, was es damit auf sich habe. Steven erklärte ihm, wie das vor sich geht: „Zuerst einmal ist da die Platte, die ich bemale, dann biege und dabei zerstöre." Er war sehr direkt in seiner Sprache. „Doch im Grunde genommen ist das noch nicht genug", und er trat noch einmal gegen die Arbeit, um ganz klar zu betonen, dass dieser Prozess eine Geschichte der Kunst ist.

Was mir grundsätzlich auffiel, war eine starke – ich kann nicht sagen Verbindung –, aber eine permanente Auseinandersetzung mit dem Tod, einer der wenigen Gegenstände in seinem Atelier war ein Totenkopf. Die Farbe Schwarz ist mit Silber, Blau und Rotorange zentral in seinem Werk. Die Beschäftigung mit dem Tod lässt sich ebenfalls in einigen seiner Bildtitel ausmachen. In seinem Atelier gab es auch eine Arbeit von Mike Kelley, die sich mit diesem Thema auseinandersetzte. Ob ihn das faszinierte? Wir haben nie darüber gesprochen, ich wollte auch nie mit ihm darüber sprechen.

Auch die Destruktivität beziehungsweise die Zerstörung von Dingen sehe ich in diesem Zusammenhang. Ganz am Anfang erzählte er mir eine Geschichte: „Wenn du morgens aus dem Fenster siehst und siehst, die Garagentüre, die gestern frisch gestrichen worden ist, ist schon wieder kaputt, dann überkommt dich ein merkwürdiges Gefühl angesichts dieser Zerstörung, die permanent in New York stattfindet." Ich baute mir aus dieser Aussage eine Brücke zu seiner Arbeit, dass dieses Unperfekte, Destruktive auch mit der äusseren Destruktivität zu tun hat. Dabei verwandelt sich die Zerstörung, das Wrackhafte in seinem Werk zu einer unglaublich eleganten Form.

Die pure Kraft, das Zerstörerische verbindet sich zugleich mit Fragilität, mit der Fragilität des Menschen. Wenn man einen weiten Bogen spannen will, kann man davon sprechen, dass es eine Todesgeschichte gibt, ich glaube nicht, dass es eine Todesahnung gibt, aber eine Todesgeschichte. Steven war ein leidenschaftlicher Motorradfahrer, er fuhr eine Harley-Davidson. Dabei hatte er einen schwarzen Helm, alles war schwarz. In seinen Papierarbeiten wird diese Ebene sichtbar, in ihnen tauchen Zeichen einer Anti-Kultur, des Undergrounds auf, sei es der Totenkopf, seien es Bilder aus Comic-Welten, Pin-ups oder Runenzeichen, auch in Fotografien, die öfters als Einladungskarten dienten, scheinen Bilder aus solchen Welten auf, Autorennen, die Hells Angels, etc. In seinem Werk spiegelt sich ein Aufbegehren, eine Gegenkultur zum Establishment. Er fühlte sich nicht dazugehörig, doch es gab eine Affinität.

Steven trank keinen Alkohol, nahm keine Drogen, gar nichts! Er ass wenig, lebte fast asketisch. Er hat nur gearbeitet. Auch wenn er in Köln war, ging er früh zu Bett und stand früh auf. Bis zuletzt hatte er sehr wenig Geld, Leinwände und Keilrahmen für die Bilder waren teuer. Jedes Geld wurde sofort investiert. Ab und zu ist er vielleicht mit Steve DiBenedetto in eine Bar am Fleischmarkt gegangen. Da war ich auch mit ihm ein oder zwei Mal, ein schickeres Umfeld mied er wenn möglich. Er sagte immer: „Nee, das ist mir alles zu schick, diese Leute alle, diese Galerien, das mag ich alles nicht." Er fühlte sich, glaube ich, in seinem Atelier am wohlsten.

Wenn ich in seinem Atelier war, gab es einen unglaublichen Drang in mir, Arbeiten zu kaufen, aber selten waren Bilder da. Doch in einem grossen Schreibtisch bewahrte er Zeichnungen auf und ich bat ihn: „Steven, zeig mir doch bitte ein paar Zeichnungen." Nach seinem Tod hat sich durch seine Aufzeichnungen herausgestellt, dass ich fast am meisten für ihn getan habe. Das freut mich natürlich sehr. Aber ich hätte gerne jedes Mal noch mehr gekauft. Vor seiner letzten Ausstellung im Jahre 2004 war ich im Frühsommer in New York, er bereitete gerade eine Ausstellung für die Team Gallery vor und ich komme in sein Atelier. Kaum eingetreten, schweift mein Blick durch den Raum und ein Bild, ein Dreieck, mit der Spitze nach unten, schwarz, pechschwarz, so schwarz, dass du Angst kriegst, zog mich wie magisch in seinen Bann. Ich wollte es unbedingt haben: „Steven, das Bild möchte ich gerne für die Art Basel!" Und er antwortete: „Das kannst du nicht haben, das brauche ich in New York, für meine Ausstellung im Oktober." „Steven, ich verstehe das mit deiner Ausstellung, aber gibt es nicht eine andere Möglichkeit? Gib mir das Bild wenn irgend möglich für Basel." Und dann habe ich ad hoc Ideen entwickelt, wie ich mir die Präsentation mit ihren Querverbindungen vorstelle. Aber er liess sich nicht umstimmen: „Nein, nein, ich muss das hier für New York haben. Es tut mir Leid, aber die Ausstellung muss stimmen, ich bekomme bis dahin nichts anderes hin. Ich kann nicht so arbeiten, das weisst du doch. Später kannst du das Bild vielleicht bekommen."

Im Herbst war ich wieder in New York und sah die Ausstellung. Das Bild war nicht verkauft. Es gab auch eine Skulptur mit Spiegeln, in der ich plötzlich eine Verbindung zu Robert Smithson sah, gleich einer Hommage. Später hätte ich das Bild erhalten können, doch im Januar darauf verunglückte Steven tödlich. Es war eines der letzten Bilder, die er gemalt hat: Ein Dreieck, schwarz wie die Nacht, vollkommen dunkel, voller Intensität, wie ein Bersten.—

—Ich möchte gerne mit dir über die **Entstehung deiner Sammlung** *sprechen. Von Anbeginn – das heisst bereits ab Mitte der 1960er Jahre – hast du, wenn dich ein Künstler interessierte, sofort Arbeiten erworben?*

Ja, das mache ich heute noch so. Wenn ich in einem Atelier bin, kaufe ich, wenn mich die Arbeiten überzeugen, sofort. Bei meinen ersten Reisen nach New York bin ich in den Ateliers herumgegangen ohne zu diskutieren, dafür waren damals meine Englischkenntnisse zu schlecht, ich habe mich vollkommen auf das Sehen verlassen. Ich sah mir die Arbeiten an und verspürte einen ungeheuren Drang, sie zu besitzen und fragte umgehend: „Was kostet das denn? Gut, hier ist das Geld." Es war dieser Drang zum einen und zum anderen war es für mich auch stets ein Bekenntnis, dass mir die Werke dieses Künstlers wirklich viel bedeuten. Zudem konnte ich die Künstler, die alle wenig Geld hatten, real unterstützen. Im gleichen Zuge vereinbarten wir in der Regel eine Ausstellung. Das hat früher wunderbar geklappt. Diese ideale Situation nahm aber mehr und mehr ab und verschwand ab den 1980er Jahren fast ganz. Als ich die Künstler, die hier zur Debatte stehen, kennen lernte, waren ihre Ateliers voll mit Kunst. Man konnte sich aussuchen, was man wollte. Heute komme ich in die Ateliers und es gibt wenige Bilder, die oftmals noch nicht fertig sind. Wenn du etwas willst, musst du warten. Manchmal sind die Künstler ausverkauft, auch junge Künstler. Das ist ein Manko, finde ich. Da spielt die Zunahme an Öffentlichkeit, an Ausstellungen und an Galerien mit ihrer seit Mitte der 1980er Jahre wachsenden Kaufkraft eine entscheidende Rolle. Damit einher geht ein zunehmender Druck sowohl für die Künstler als auch die Galeristen. Damals habe ich grundsätzlich gleich gekauft,

Steve DiBenedetto
Wo Chaos ist, ist auch Erkenntnis.
14. Juli – 16. September 2000

Ezra Stoller
22. September – 28. Oktober 2000

Pia Fries
3. November – 22. Dezember 2000

Wo Chaos ist,
ist auch Erkenntnis.

Einladung
Steve DiBenedetto

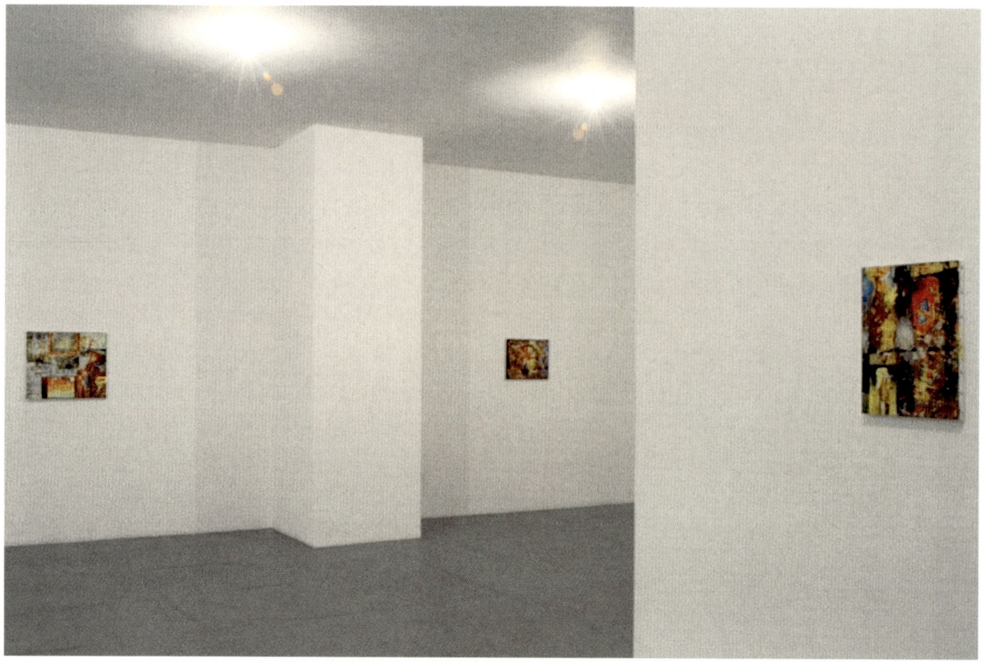

Steve DiBenedetto. Wo Chaos ist, ist auch Erkenntnis.

2000

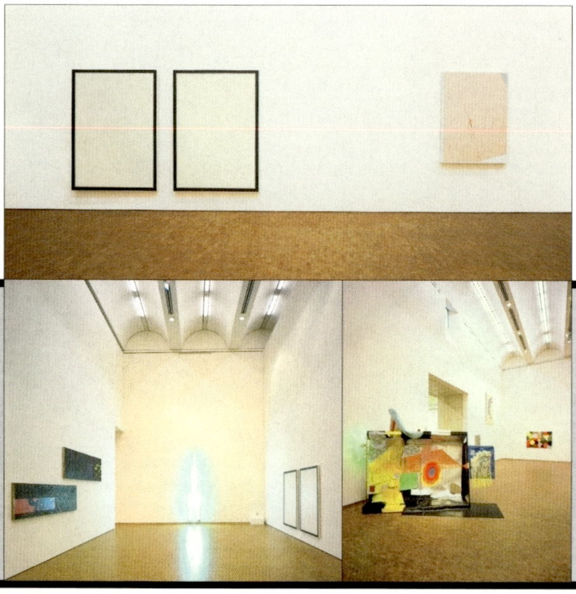

21. Juli – 17. September 2000
The Body of Painting – Günter Umberg mit Bildern aus Kölner Sammlungen
Museum Ludwig Köln. Kuratiert von Günter Umberg. Künstler u. a. Artschwager, Baer, Calame, Flavin, Johns, Reed, Stockholder, Wesley

The Body of Painting: Baer [4], Wesley, Reed, Stockholder u. a.

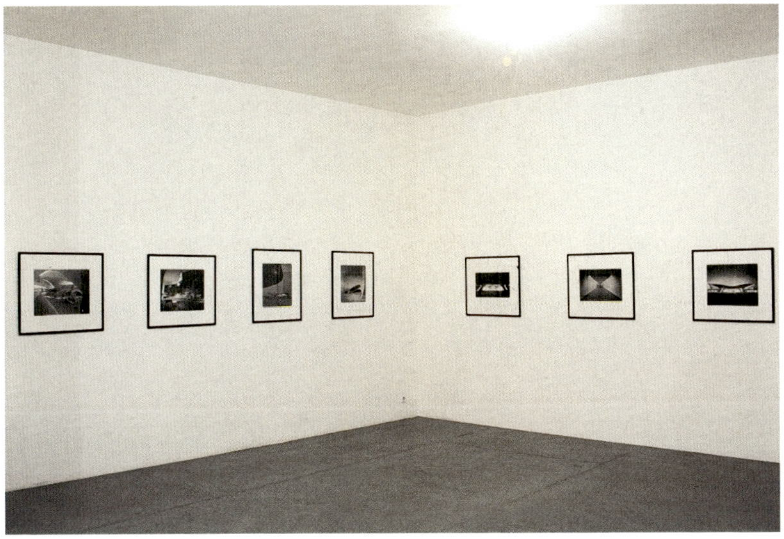

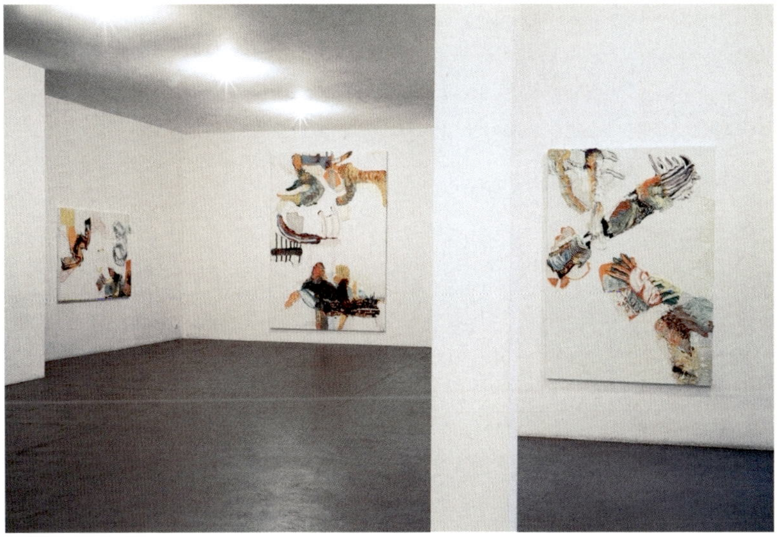

Ezra Stoller

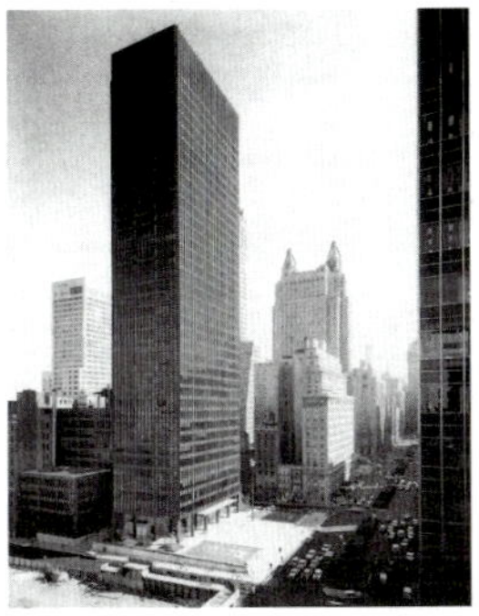

Einladung Ezra Stoller

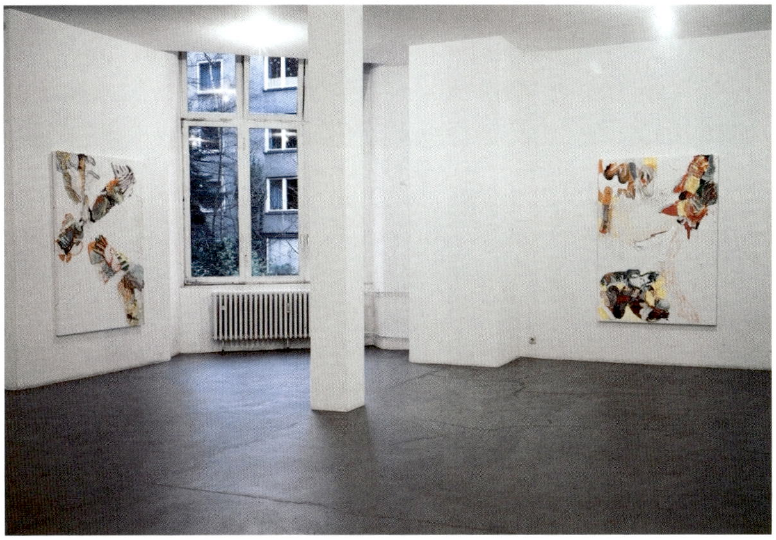

Pia Fries

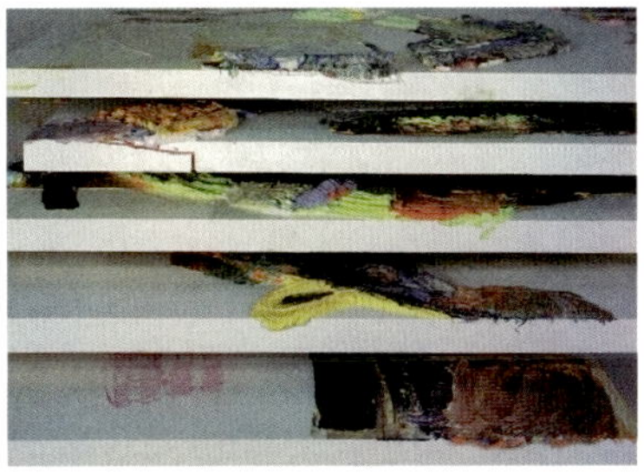

Einladung Pia Fries

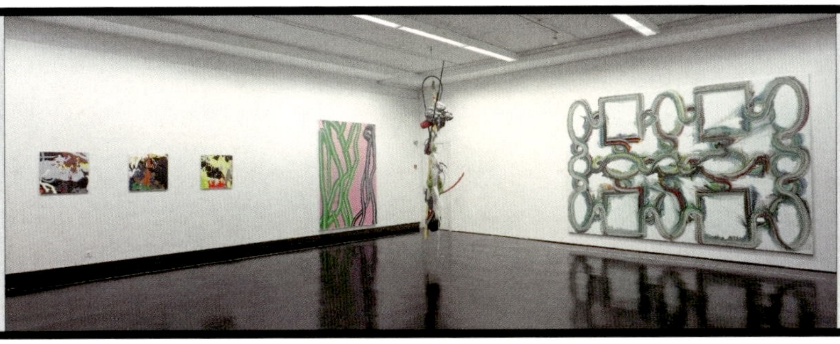

20. August – 19. November 2000

Das Gedächtnis der Malerei

Aargauer Kunsthaus, Aarau. Kuratiert von Beat Wismer mit Sibylle Omlin. Künstler u. a. Baer, Calame, Frei, Fries, Frize, Marcaccio, Marioni, Meller, Mosset, Reed, Richter, Schiess, Stockholder

Das Gedächtnis der Malerei: Calame, Frei, Frize u. a.

gleich bezahlt, Termine für Ausstellungen abgemacht, das waren alles noch sehr direkte Wege.

Du hast also deine Ankäufe und die Ausstellungen spontan entschieden?

Ja, ganz spontan. Es gab kein Konzept, keine Strategie oder die intellektuelle Forderung, das soll jetzt eine Minimal Gallery werden oder ähnliches. Ich hatte auch kein Konzept für meine Sammlung, spontan erwarb ich, was mich eben so ungemein reizte. Damals galt für mich oft dieses Sprichwort: Man steht da wie der Ochse vorm neuen Tor. Diese Unbefangenheit möchte ich gerne versuchen zu vermitteln. Es ist nicht zu beschreiben, wie das war, wenn man in den 1960er Jahren aus Europa kam und die Kunst in den USA sah. Da war überhaupt keine Anbindung möglich. Ob das Flavin war, Judd oder Artschwager, ob das die Jüngeren waren wie Kuehn, Serra oder Sonnier – deren Kunst war ein riesengrosses Rätsel. Faszinierend war es, so ein Objekt, so eine Arbeit zu sehen, das war unbegreiflich. Diese Neugierde hat vielleicht mit Intuition zu tun, mit dem Wissen, dass du so etwas noch nie gesehen hast, dass es so etwas ja noch gar nicht gibt. Das ist bis heute von Bedeutung für mich. Wenn ich etwas ansehe, reflektiere ich sofort: Wo kommt das her? Was ist das eigentlich? Sind Einflüsse erkennbar? Positiv erkennbar oder ist es einfach nur abgekupfert? Zu der Zeit gab es keine Kommunikation in unserem heutigen Sinne. Das Fernsehen steckte in den Kinderschuhen. Solche Arbeiten hatte ich zumeist noch nie und nirgends gesehen. Es ist immer und immer wieder ein Staunen. Jedes Mal stand ich vor einer Entscheidung, ich konnte niemals andere Kunstwerke zum Vergleich heranziehen. Ich musste überzeugt sein. So ist das Programm der Galerie entstanden und auch meine Sammlung. Mit den Werken der Sammlung lebte ich ständig zusammen. Es gibt viele Arbeiten, die ich sehr vermisse, die ich gerne um mich hätte, weil ich sie bis heute nicht verstanden habe – im positiven Sinne jetzt gemeint –, weil in ihnen so viel verborgen ist, so viel an Spiritualität und Inhalt.

Ist es dieser Moment, der dich an der Kunst so fesselt?

2001

Amy Green
(1. Einzelausstellung in Europa)
19. Januar – 10. März 2001

Ingo Meller
16. März – 28. April 2001

Thom Merrick
New Paintings: Cut-aways
4. Mai – 2. Juni 2001

Ingrid Calame
6. Juni – 7. Juli 2001

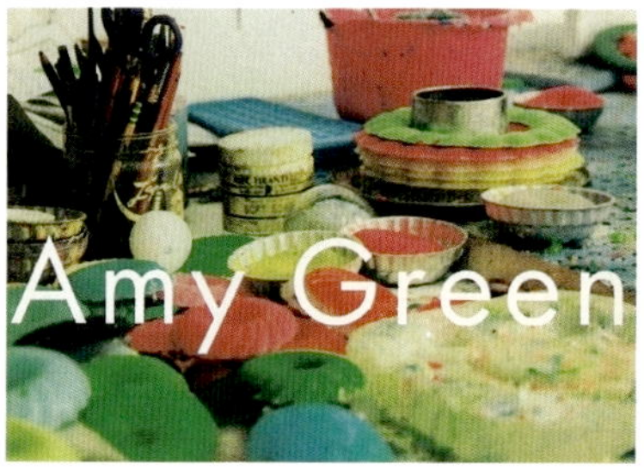

Einladung

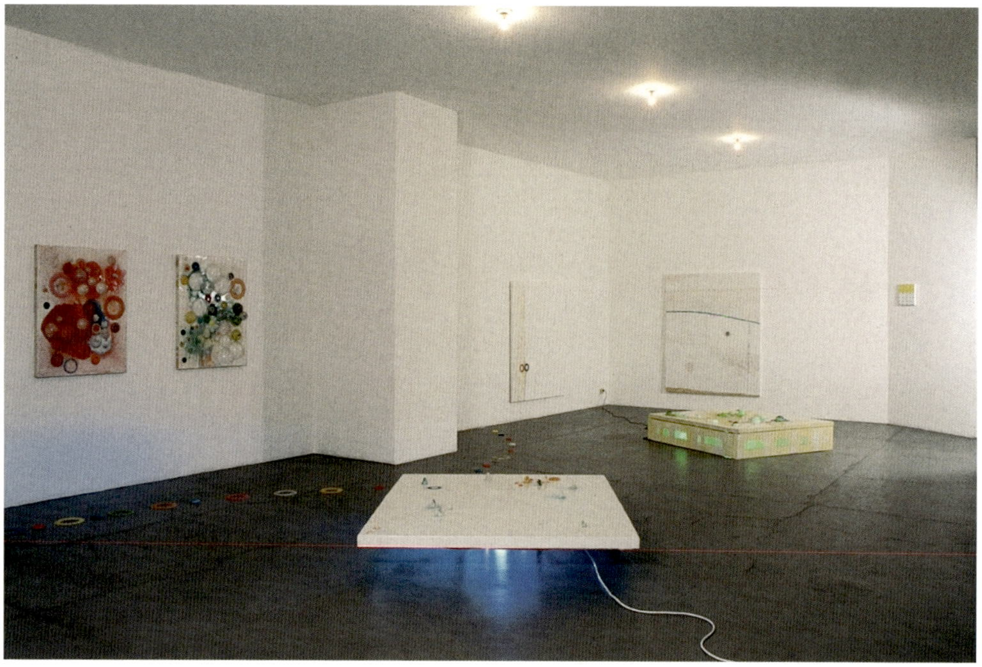

Amy Green

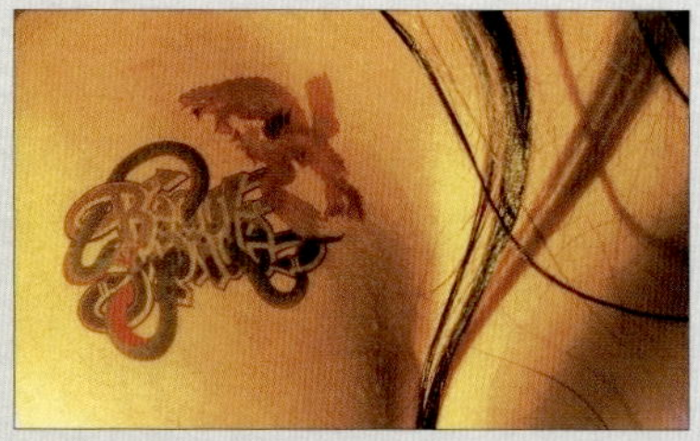

14. Juli 2001 – 6. Januar 2002
Beau Monde: Toward a Redeemed Cosmopolitanism
SITE Santa Fe's Fourth International Biennial, Santa Fe. Kuratiert von Dave Hickey. Künstler u. a. Baer, Fries, Fujita, Ruscha, Stockholder

Einladung Beau Monde (Tattoo: Gajin Fujita)

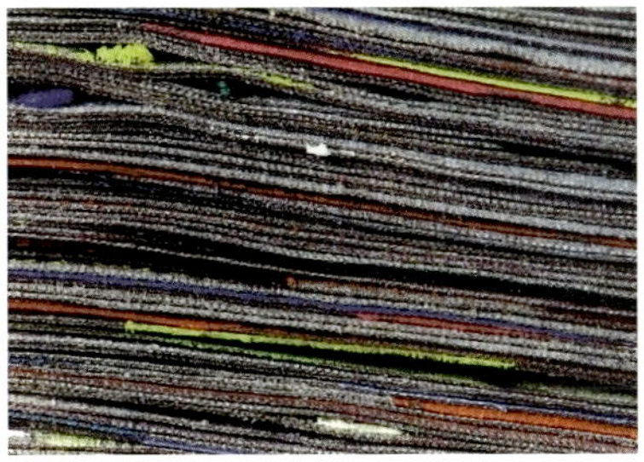

Einladung Ingo Meller

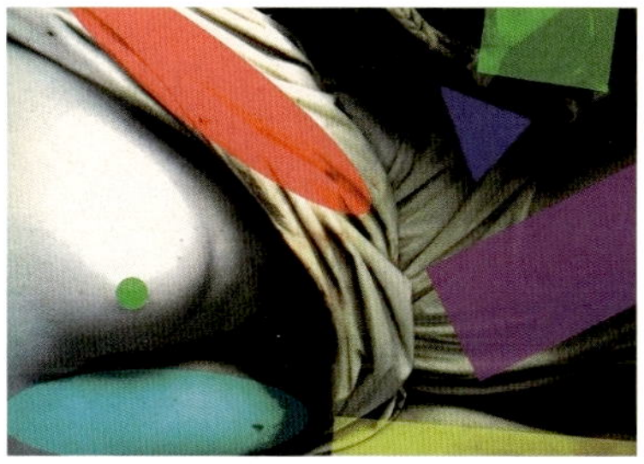

Einladung Thom Merrick

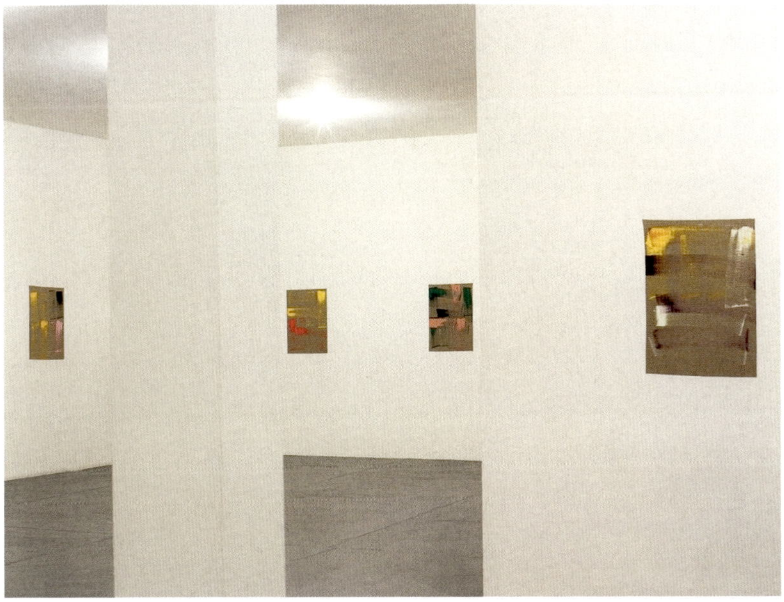

Ingo Meller

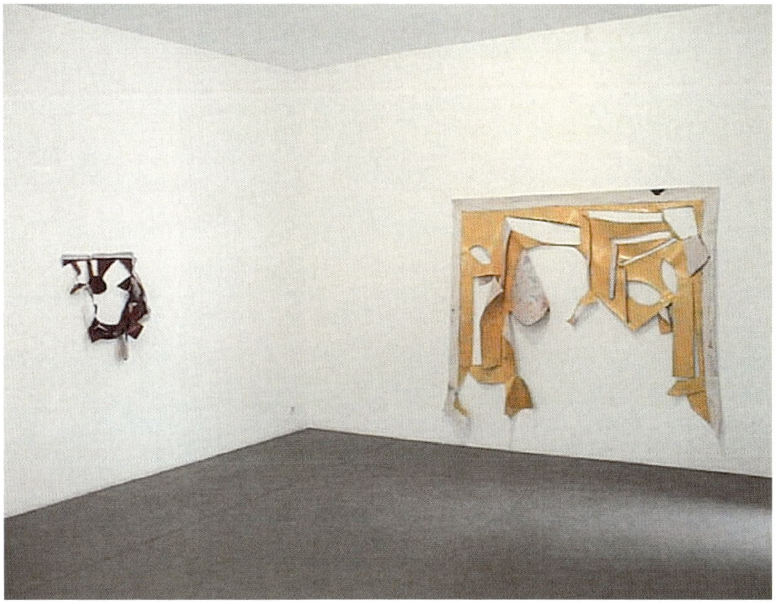

Thom Merrick. New Paintings: Cut-aways

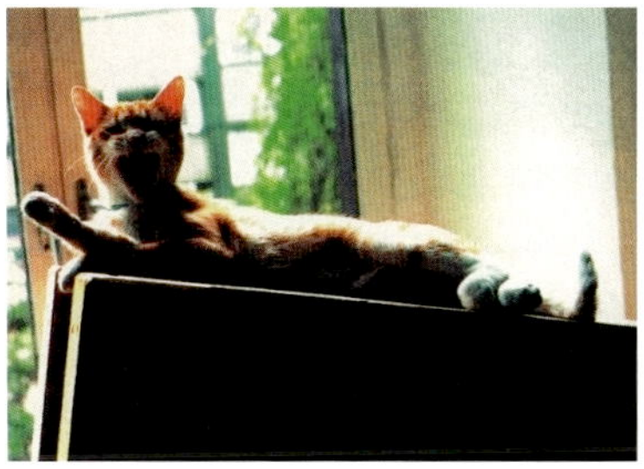

Ingrid Calame

Eröffnung
Freitag, 08. 06. 2001, 19 - 21 Uhr

Dauer der Ausstellung
08. 06. - 07. 07. 2001

Öffnungszeiten
Di - Fr 10 - 13 Uhr und 14 - 18 Uhr
Sa 11 - 14 Uhr

Galerie Rolf Ricke
Volksgartenstraße 10

D - 50677 Köln

Telefon (02 21) 31 57 17
Telefax (02 21) 32 70 43

Deutsche Post AG
Entgelt bezahlt
50678 Köln 25
Deutschland

Einladung

11. September 2001: Anschlag auf das World Trade Center, New York

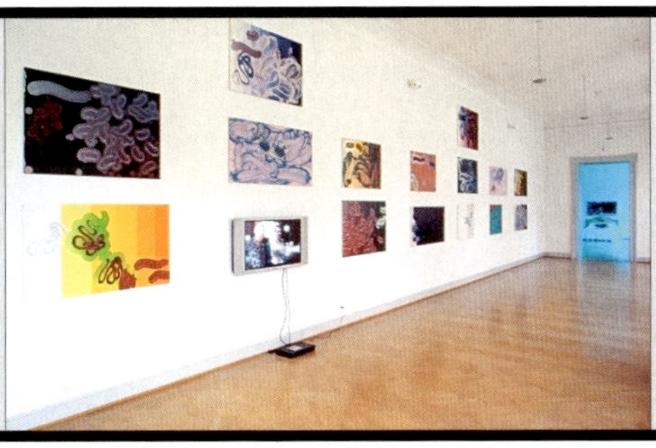

1. September – 11. November 2001
David Reed. You Look Good in Blue
Kunstmuseum St.Gallen

David Reed. You Look Good in Blue

Die Kunst – und jetzt sprechen wir nur von der visuellen Kunst – hat so viele Geheimnisse, die kannst du in einem Leben fast gar nicht erkunden. Das ist das ungeheuer Spannende. Je älter du wirst und je mehr du gesehen hast, umso weniger weisst du. Das ist eine sehr merkwürdige Geschichte. Du stösst immer weiter vor und du verstehst vielleicht mehr, aber du weisst immer weniger über die Hintergründe, denn die sind gar nicht mehr entschlüsselbar. Kunst – gute Kunst – kann sich einem mehr und mehr öffnen und erschliessen, tiefgründiger und gleichzeitig unfassbarer werden. Das finde ich ein Phänomen. Deswegen schätze ich es sehr, mit Kunst zu leben. Ich erinnere mich an einen Satz von Richard Serra vor Werken von Chuck Close: „Ich weiss nicht, ob das Kunst ist, aber es sind phänomenale Bilder."

Deine Leidenschaft, ich nenne sie jetzt einmal deine ungebremste Leidenschaft, hat sie in deinen Augen dazu beigetragen, die Künstler herauszufordern?

Also ich muss ganz ehrlich sagen – aber das ist eine späte Erkenntnis –, früher sah ich das nicht auf diese Art oder dachte vielleicht nie darüber nach. Es ist so, dass ich die Künstler nicht einfach nur ausstellte, sondern ich versuchte, ihre besten Arbeiten auszustellen: Das ist eine Herausforderung. Ich behaupte: Ein schlechter Künstler kann in einer guten Nachbarschaft sehr gut aussehen, das heisst du kannst einen schlechten Künstler stützen, aber du kannst einen guten Künstler auch leicht kaputt machen. Es gab eine Herausforderung der Galerie an die Künstler und die war hoch, aber es ist nicht so, dass ich um die Qualität schon von Anfang an wusste, vielmehr lernte ich von der Kunst und von den Künstlern. Sie setzten die Vorgabe, und ich versuchte die Latte nur entsprechend hoch zu legen. Im Grunde machte ich es einfach nach. Letztlich ist es ein gegenseitiges Anfachen. Und ich denke, dieses Anfachen wurde im Kontext der Galerie erhöht, denn die Galerie brachte die Künstler in einen bestimmten Zusammenhang, in neue Dialoge, nehmen wir zum Beispiel Thom Merrick und David Reed, in New York standen sie in keinem gemeinsamen Umfeld. Das führte auch zu Diskussionen. Das Gleiche gilt für die Sammlung,

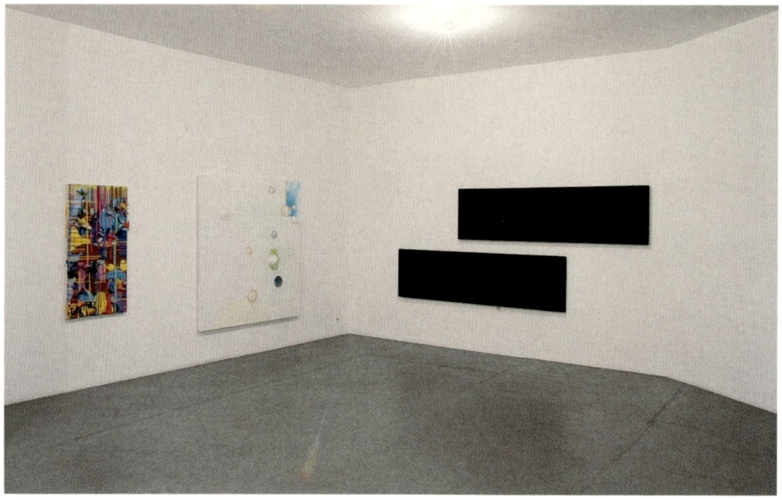

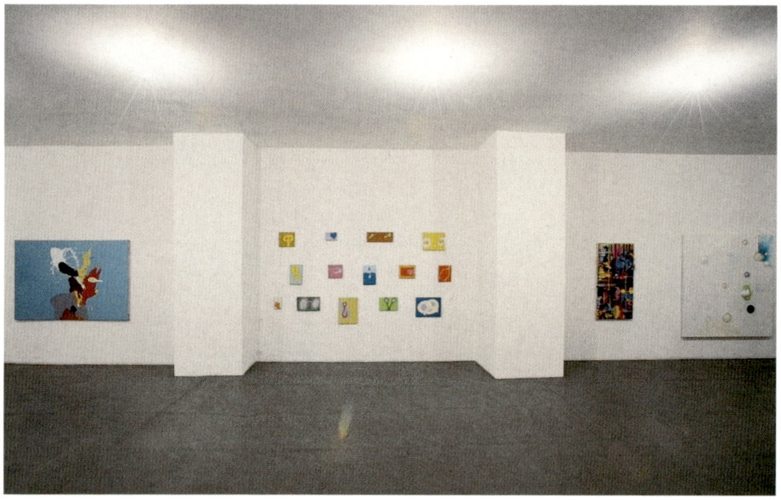

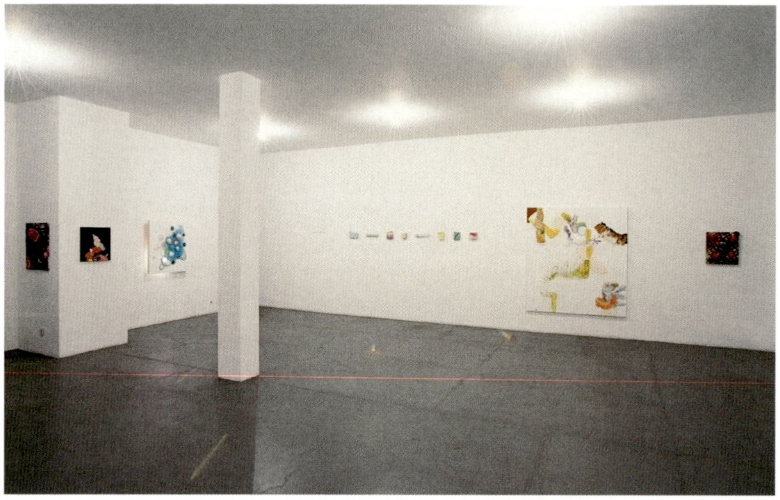

Delicious:
Hull, Green, Umberg (oben)
Cooper, Ostendarp, Hull, Green (Mitte)
Green, Hull, Fries (unten)

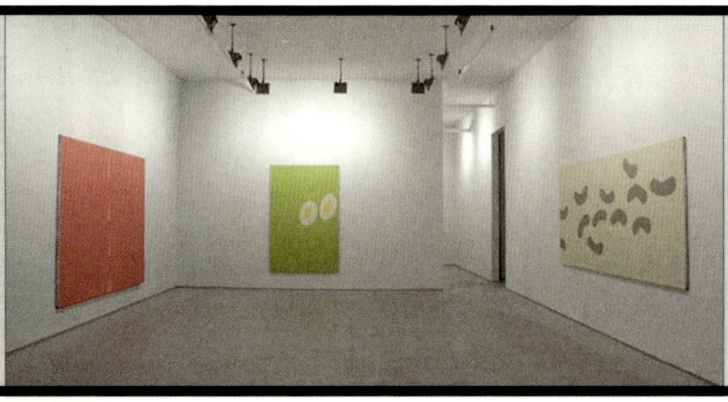

16. November – 22. Dezember 2001
Carl Ostendarp. New Work
Dee/Glasoe Gallery, New York

Carl Ostendarp. New Work

Delicious
Elizabeth Cooper, Pia Fries,
Amy Green, Steven Hull, Ingo Meller,
Carl Ostendarp, Günter Umberg,
Maria Magdalena Z'Graggen
13. Juli – 7. September 2001

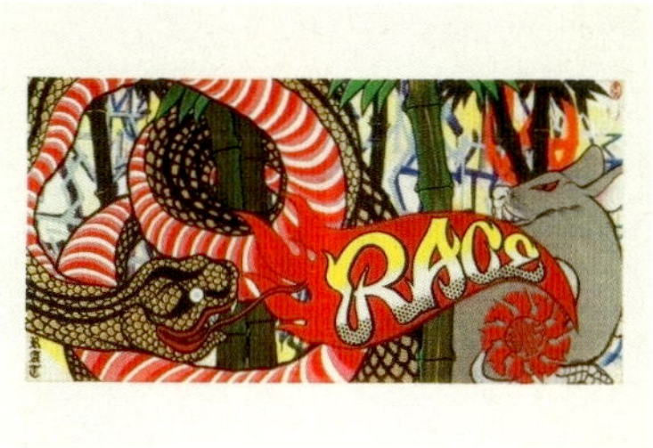

Einladung Gajin Fujita

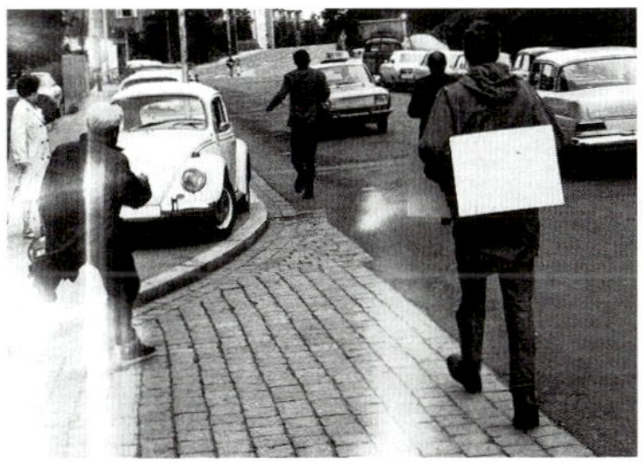

Einladung Horst Münch

Horst Münch
Q. E. D.
Skulpturen und Fotografien
14. September – 27. Oktober 2001

Gajin Fujita
(1. Einzelausstellung in Europa)
2. November 2001 – 19. Januar 2002

Delicious
Elizabeth Cooper, Pia Fries,
Amy Green, Steven Hull, Ingo Meller,
Carl Ostendarp, Günter Umberg,
Maria Magdalena Z'Graggen
Roger Smith Gallery, New York
5. Juli – 15. August 2001
Kuratiert von Rolf Ricke

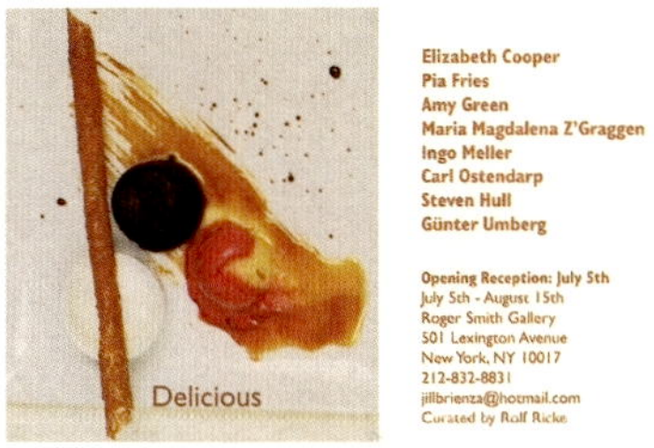

Einladung

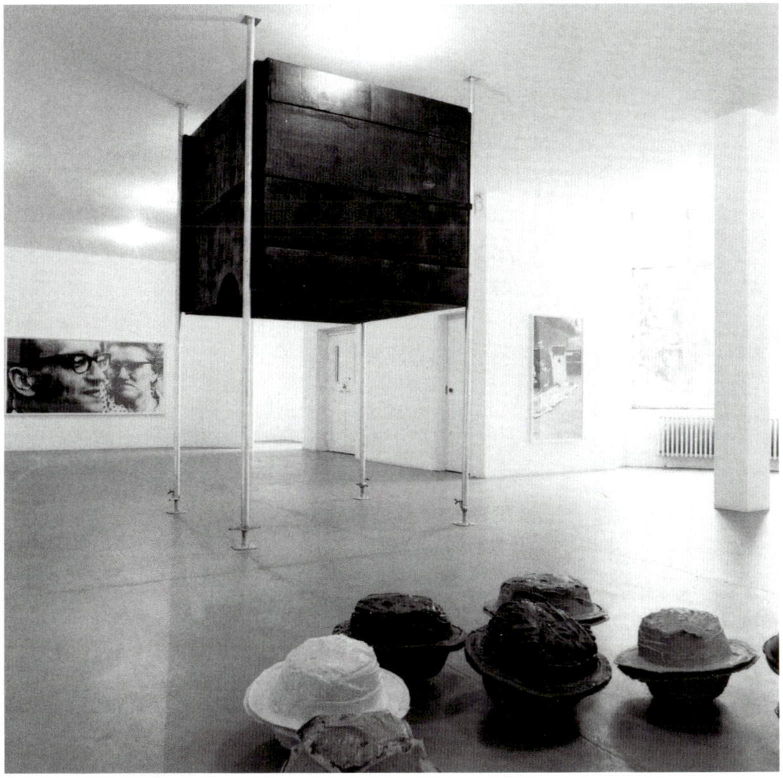

Horst Münch. Q. E. D. Skulpturen und Fotografien

30. November 2001 – 10. Februar 2002
Künstlerräume/Sammlerträume
Kunstmuseum St.Gallen. Kuratiert von Roland Wäspe.
Künstler u. a. Calame, Cooper, Frei, Frize, Hoffmann, Marioni, McCracken, Merrick, Mosset, Parrino, Schiess, Umberg

denn es sind ja nicht nur die Namen, sondern es sind ganz bestimmte Stücke, andere Stücke hätte ich nie in die Sammlung integriert und all diese Arbeiten ergeben einen gemeinsamen Kontext.–

–**Lucius Grisebach** war der Erste, der die Sammlung als solche erkannt hat, der gesehen hat, dass hier eine Sammlung existiert, die für ihn als Museumsmann von Interesse sein könnte. Kontakt hatte ich zu ihm bereits seit den späten 1970er Jahren. Es gab ein Interesse seinerseits an dem Programm der Galerie und er erwarb bereits Zeichnungen für die Neue Nationalgalerie in Berlin, während er dort als Kustos arbeitete. Wir hatten ein sehr gutes Verhältnis und ich schätzte seine Museumstätigkeit sehr. Bei einem kleinen Empfang bei mir zu Hause in den 1990er Jahren sprachen wir erstmalig von der Möglichkeit, Arbeiten der Sammlung nach Nürnberg auszuleihen. Nach ersten Leihgaben von Gary Kuehn und Thom Merrick an die Kunsthalle, die 1993 in der Norishalle in Nürnberg gezeigt wurden, kam die Idee zur Aufbereitung der Sammlung mit einer Ausstellung im Neuen Museum, begleitet von einem Katalog. Auch über das Thema längerfristiger Leihgaben an das Museum wurde nachgedacht. In Hinblick darauf habe ich erstmalig Arbeiten restaurieren lassen. In dieser Zeit fingen zudem die ersten Überlegungen an, wie ich mit der Sammlung zukünftig umgehe und es war klar, ich muss verkaufen, damit ich sozusagen eine Altersversorgung habe. Im Sommer 2002 wurde die Ausstellung **Einfach Kunst. Sammlung Rolf Ricke** eröffnet. Um die Sammlung möglichst umfangreich präsentieren zu können, entwickelten sie im Museum die Idee, jeweils einen der vier Räume nach einer gewissen Zeit neu einzurichten. Viele der Künstler, gerade der jüngeren Generation, kamen zur Eröffnung, feierten mit uns und waren überaus glücklich – und auch stolz –, dort präsent zu sein. Für mich war es ein einschneidendes Ereignis, die Arbeiten ganz ausser Haus zu geben, mit denen ich so lang zusammengelebt hatte. Es war Freude und Trauer zugleich.–

Holger Bunk
Stadt der Bilder
18. Januar – 9. März 2002

Günter Umberg
25. April – 22. Juni 2002

Elizabeth Cooper
(1. Einzelausstellung in Europa)
20. September – 26. Oktober 2002

Carl Ostendarp
30. Oktober – 20. Dezember 2002

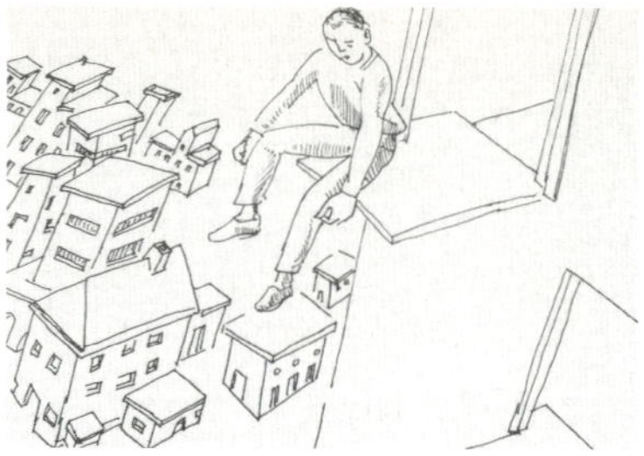

Einladung Holger Bunk

2002

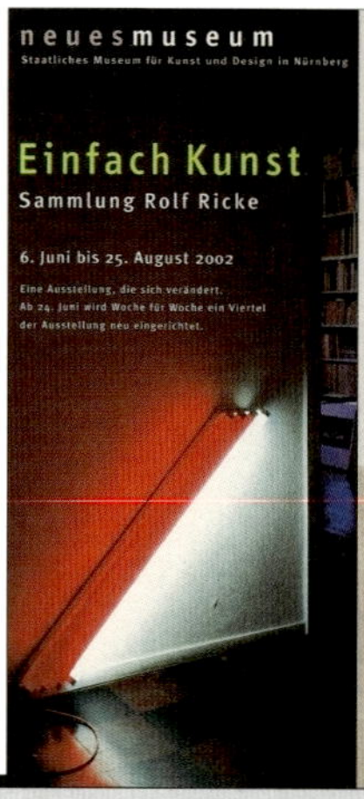

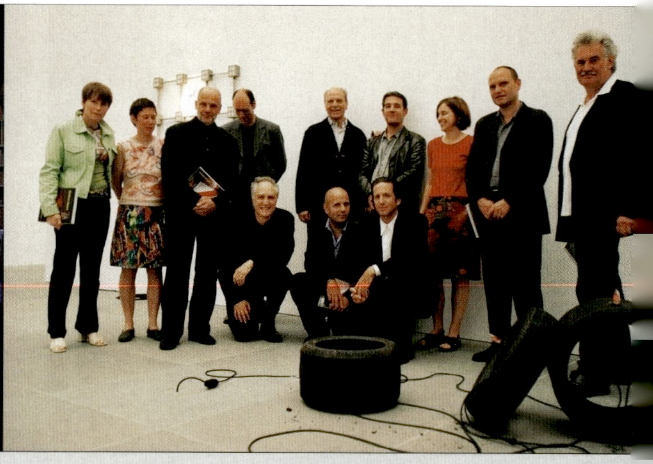

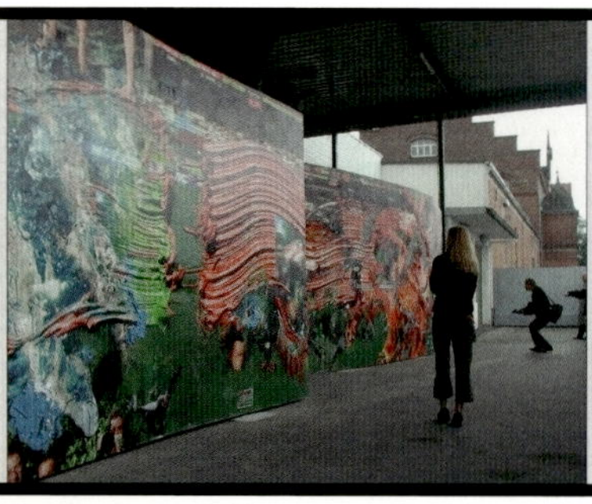

8. Juni – 15. September 2002
Documenta 11
Kassel. Künstlerische Leitung: Okwui Enwezor. Künstler u. a. Kinmont, Marcaccio

6. Juni – 25. August 2002 (Wechselnde Präsentationen ab 24. Juni)
Einfach Kunst. Sammlung Rolf Ricke
Richard Artschwager, Jo Baer, Larry Bell, Tom Bills, Bill Bollinger, Holger Bunk, Ingrid Calame, Philippe Cazal, Dan Christensen, Elizabeth Cooper, Jessica Diamond, Steve DiBenedetto, Helmut Dorner, Dominique Figarella, Barry Flanagan, Dan Flavin, Urs Frei, Pia Fries, Gajin Fujita, Ludger Gerdes,

Documenta 11: Fabian Marcaccio, „Multiple-Site Paintants"

Einfach Kunst: Einladung; Fries, Werres, Umberg, Bunk, Ricke, Marcaccio, Green, Wisniewski, Sonnier. Vo

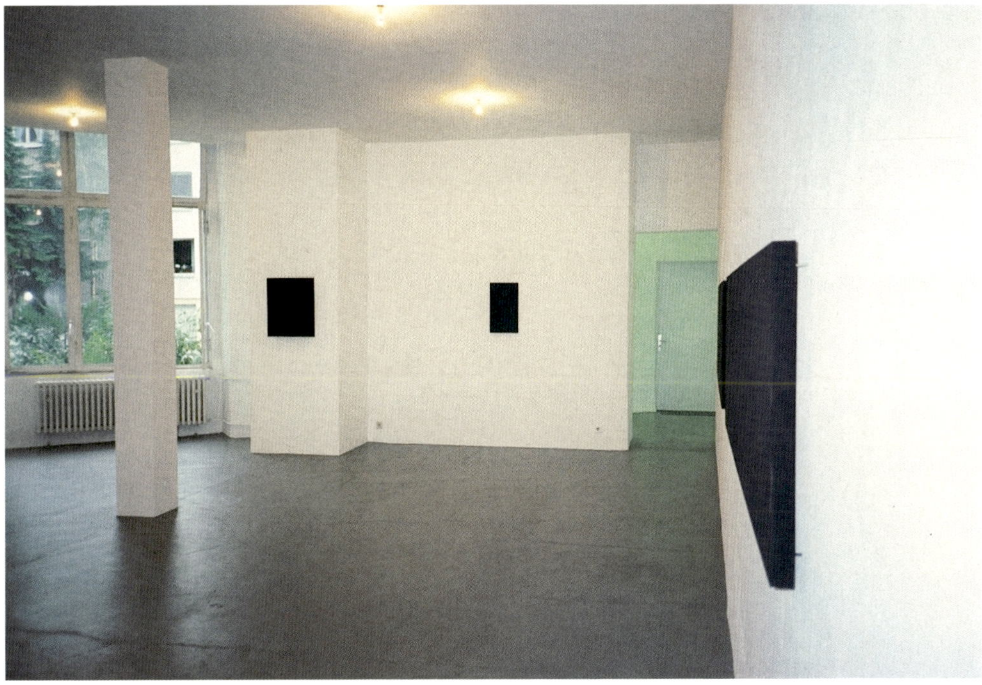

Günter Umberg

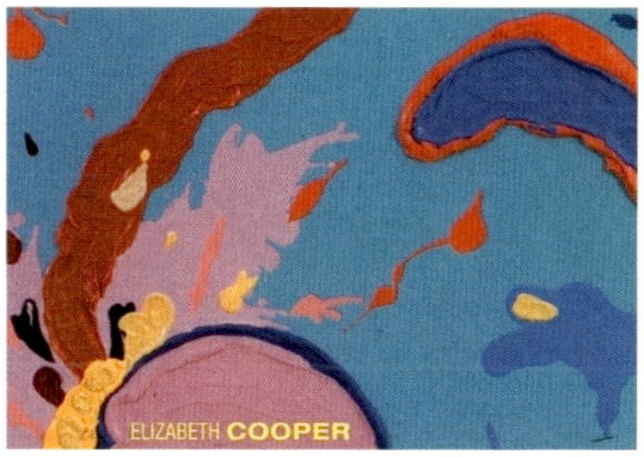

Einladung Elizabeth Cooper

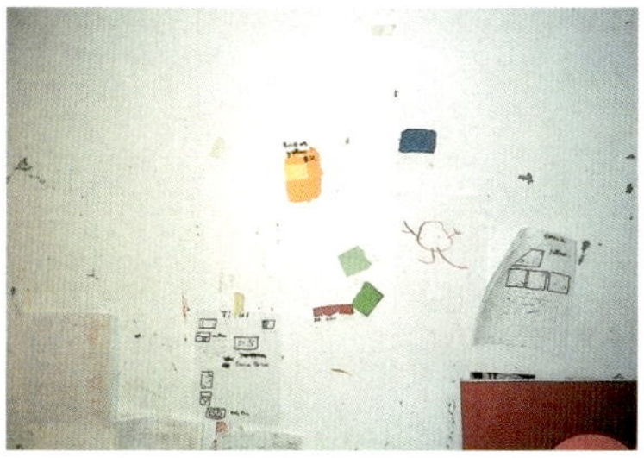

Einladung Carl Ostendarp

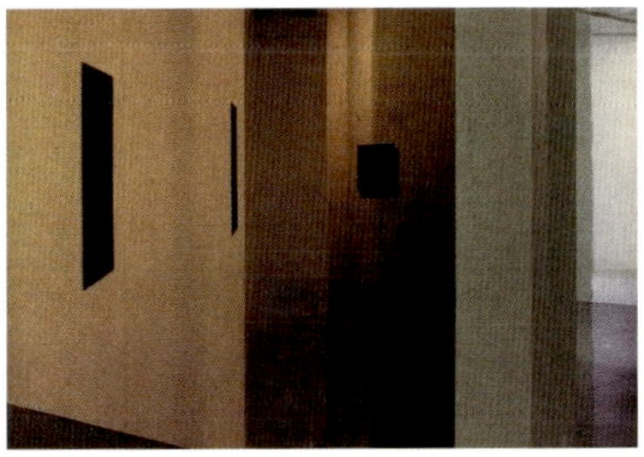

Einladung Günter Umberg

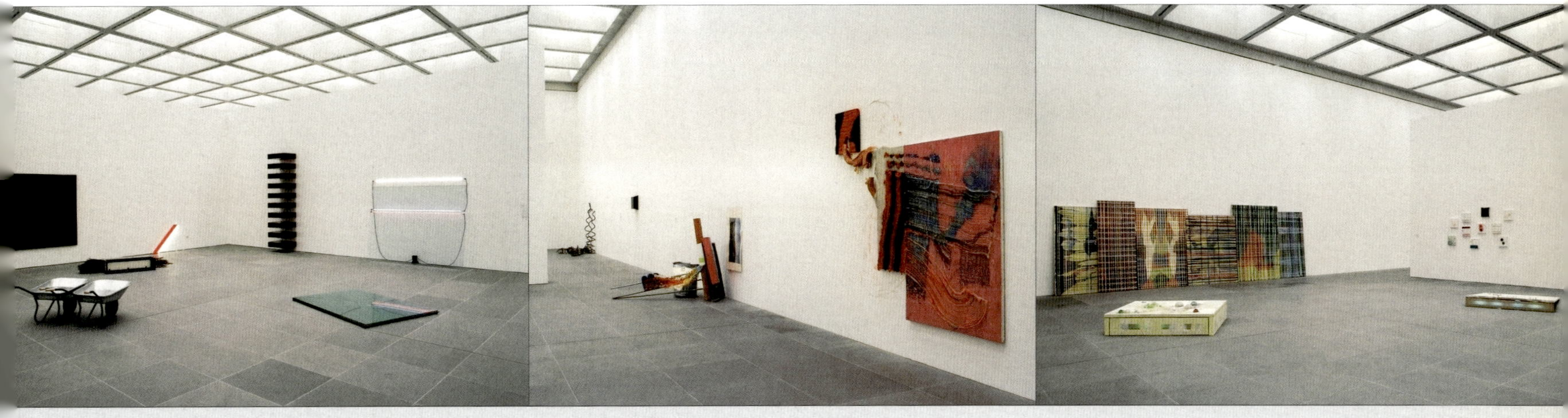

Amy Green, Michael Heizer, Tishan Hsu, Steven Hull, Jasper Johns, Donald Judd, Hubert Kiecol, Ben Kinmont, Harriet Korman, Gary Kuehn, Brandon Lattu, Barry Le Va, Lee Lozano, Fabian Marcaccio, Matthew McCaslin, Allan McCollum, Thom Merrick, Jürgen Meyer, Claudio Moser, Horst Münch, Cady Noland, Carl Ostendarp, Steven Parrino, Laurie Parsons, Mel Ramos, David Reed, Jason Rhoades, Gerhard Richter, James Rosenquist, Adrian Schiess, Richard Serra, Keith Sonnier, Lawrence Stafford, Bob Stanley, Lewis Stein, Jessica Stockholder, Ezra Stoller, Sarah Sze, Alan Uglow, Günter Umberg, Michael Venezia, Birgit Werres, John Wesley, Stefan Wewerka, Jeffrey Wisniewski, Peter Young

Neues Museum in Nürnberg

Konzerte mit dem Minguet-Quartett, Köln, 22. und 23. Juni 2002

d, McCaslin, Merrick; Werke von Bollinger [11], Kuehn [44], Umberg [135], Flavin [29], Judd, Le Va [52], Sonnier [120]; Marcaccio [58], Stockholder [132], Artschwager [2], Serra [110]; Green, Hull [35]

—Bis zum Schluss interessierte mich an meinem Beruf, jungen Künstlern ihren Weg zu eröffnen, so war es für mich selbstverständlich, auch in den letzten Jahren neue Positionen mit ins Programm zu nehmen: Ingrid Calame, Amy Green, Steven Hull, Pia Fries, Gajin Fujita, ... Seit den späten 1990er Jahren kamen vermehrt Künstler der amerikanischen West Coast ins Programm. In der Ausstellung Morgenrot in Los Angeles 1999 war der Fokus ganz auf sie gerichtet. Ich war zusammen mit David Reed 1996 das erste Mal in Los Angeles und Las Vegas, obwohl mich seit den 1960er Jahren viele Künstler der **West Coast** faszinierten, von Larry Bell, Mel Ramos und Ed Ruscha ganz abgesehen, mit denen ich auch zusammenarbeitete, waren es John McCracken, Ron Cooper, Douglas Wheeler, Robert Irwin, und später Richard Allen Morris und andere, aber das wäre ein weiterer Schwerpunkt gewesen. Die Lockerheit, ja eine gewisse Leichtigkeit, etwas Luftiges und Spielerisches, und zugleich das Opulente, besonders bezüglich dem Farbeinsatz, eine Freundlichkeit der Farben, das Licht und die Weite verbinde ich mit der Kunst der West Coast und das zog mich enorm an. Die Weite spielt für mich besonders im Werk von Ruscha eine zentrale Rolle, sowohl in seinen Fotografien als auch in seinen Bildern von Strassen, Villen, Parkplätzen oder Tankstellen. Die Künstler der West Coast schienen mir freier von Dogmen, von konzeptuellen Zwängen, auch wenn zum Teil ihre Werke überaus konzeptuell angelegt sind. Es ist, als herrsche an der West Coast eine andere Gangart als an der East Coast. Ich sah bei den jüngeren Künstlern sofort eine Verbindung zu diesen Zügen, die zwar nicht eindeutig aus dem Licht und Schatten, aus der Weite heraus zu kommen scheinen, doch die Kraft der Farbe – gerade bei Ingrid Calame – verkörpert genau diese Freundlichkeit und Leichtigkeit.

David Reed hatte eine Ausstellung in der Donna Beam Fine Art Gallery in Las Vegas, und ich entschloss mich mitzufahren, Lillian Ball, die Lebensgefährtin von David war ebenfalls dabei. In Las Vegas gingen wir zur Eröffnung von *Some Dumb Fun*, einer Ausstellung über neue Tendenzen der Malerei in Los Angeles, die David Pagel kuratiert hatte. Dort sah ich erstmals Werke von **Ingrid**

[Fortsetzung S. 198]

2003

Der weite Blick
Richard Artschwager, Amy Green, Hanspeter Hofmann, John McCracken, Claudio Moser, Peter Zimmermann
23. Januar – 7. März 2003

Jessica Stockholder
14. März – 17. April 2003

Jeffrey Wisniewski
Neue Bilder
24. April – 6. Juni 2003

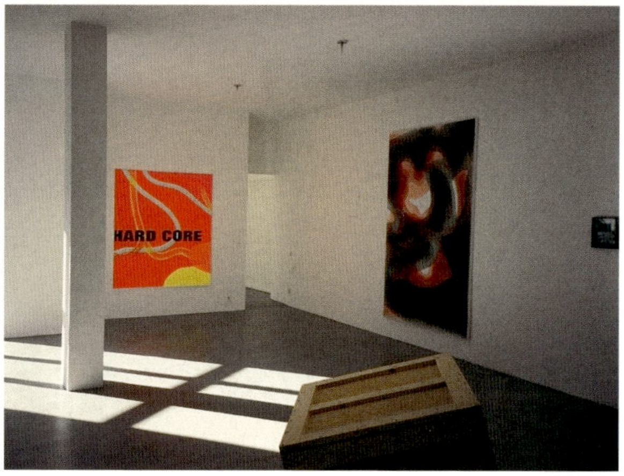

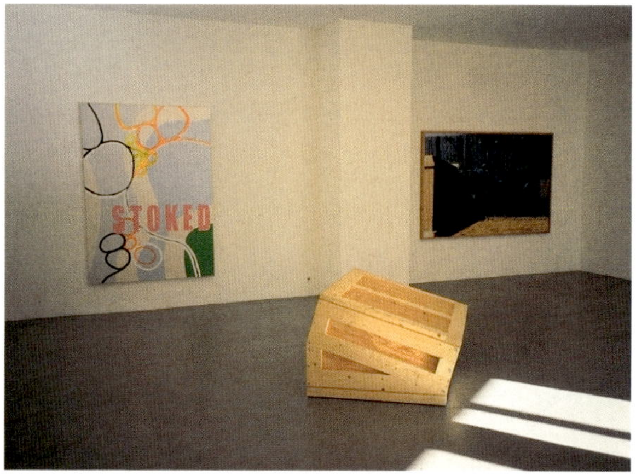

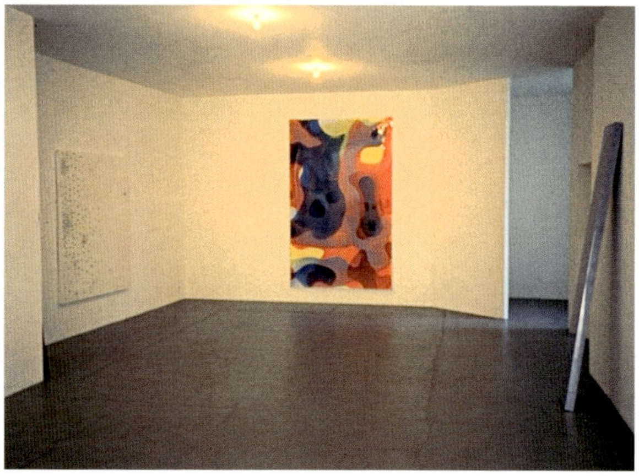

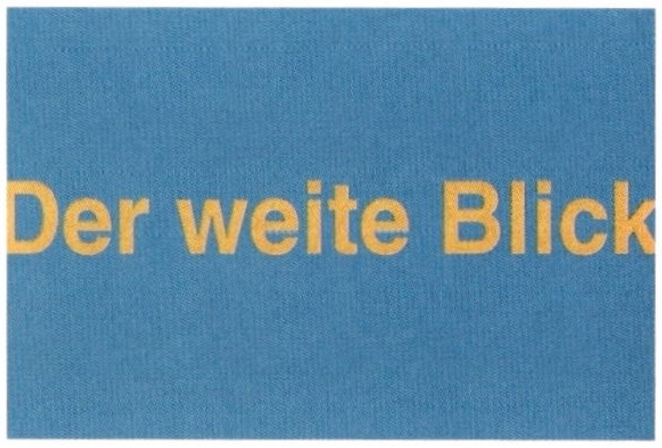

Einladung

Der weite Blick:
Artschwager, Hoffmann, Zimmermann, Moser (rechts oben)
Artschwager, Hoffmann, Zimmermann (rechts Mitte)
Green, Zimmermann, McCracken (rechts unten)

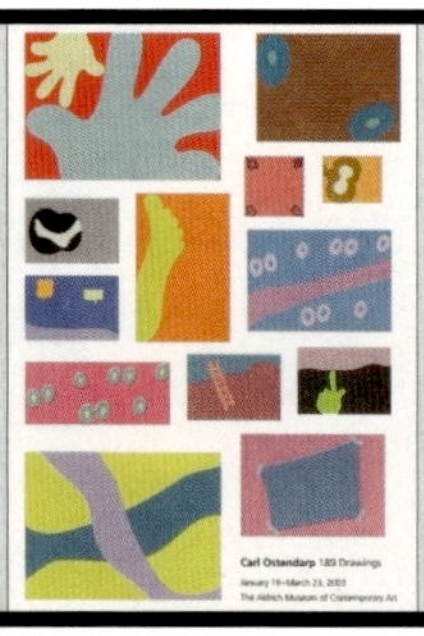

Einladung Carl Ostendarp

19. Januar – 23. März 2003
Carl Ostendarp. 189 Drawings
Aldrich Museum of Contemporary Art, Ridgefield, Connecticut

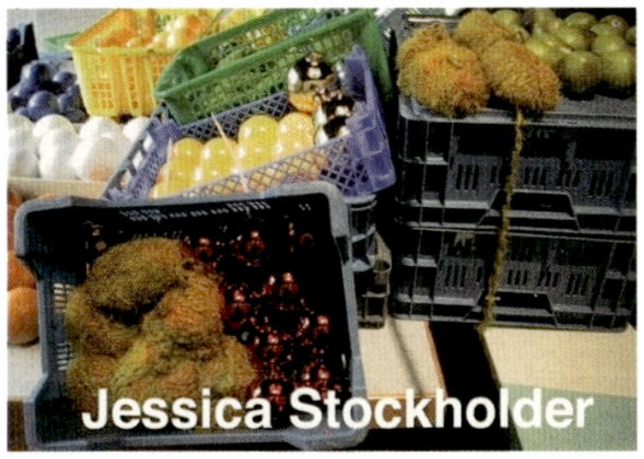

Einladung

Jessica Stockholder

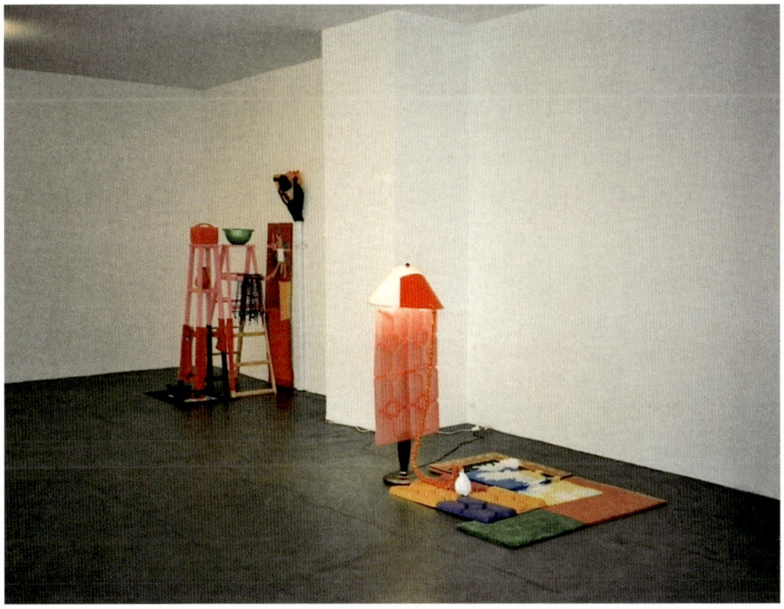

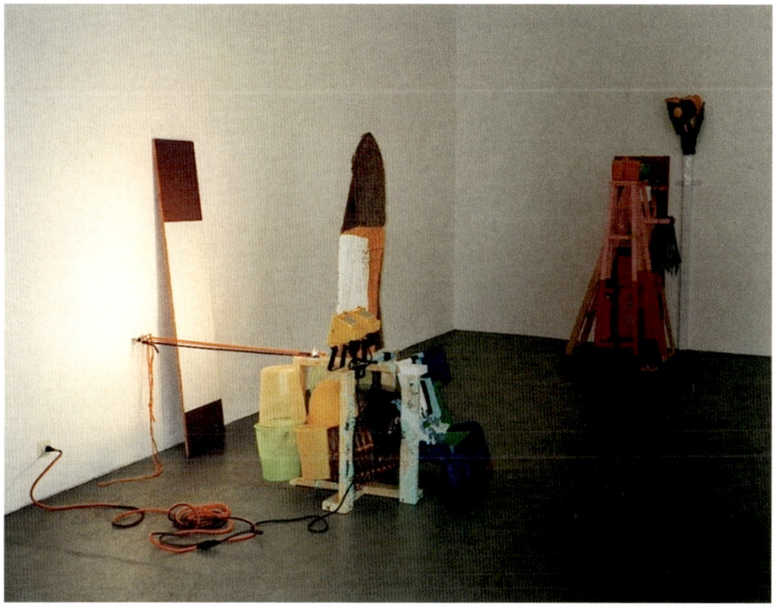

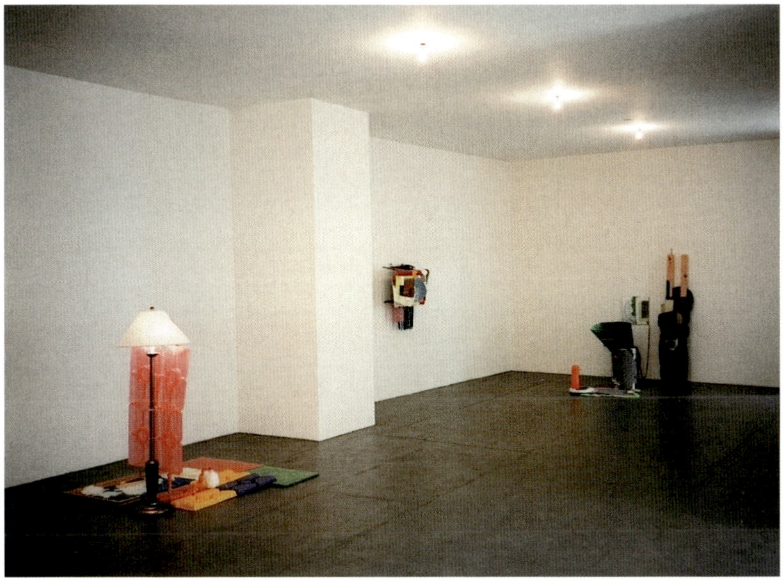

Jessica Stockholder

Jeffrey Wisniewski

Einladung

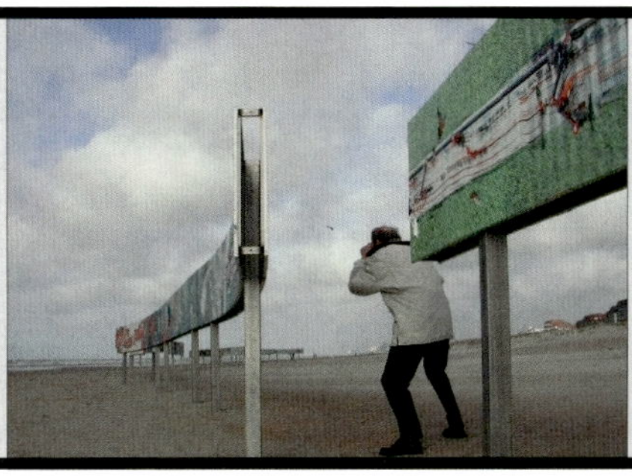

Rolf Ricke fotografiert Marcaccios „Confine Painting“ in Oostduinkerke

6. April – 28. September 2003

2003 Beaufort: Art by the Sea

Oostende und Umgebung. Kuratiert von Willy Van den Bussche. Künstler u. a. Marcaccio

–**40 Jahre Galerie: Perpetuum Mobile.** Das war für mich eine bewegende Vorstellung. Mir lag viel daran, das vierzigjährige Bestehen mit einer ganz besonderen Ausstellung zu begehen. Dass ich diese nicht selber machen wollte, war klar, es sollte ja etwas Aussergewöhnliches sein. Ich dachte sofort, es wäre grossartig, wenn Günter Umberg etwas machen könnte. Denn er hat ja nicht nur den „Raum für Malerei" gegründet, sondern einige fantastische Ausstellungen an verschiedenen Orten kuratiert. Günter Umberg, so wie ich ihn kennen gelernt habe, sucht immer den Dialog mit der Kunst und mit anderen Künstlern, er ist dermassen offen und an der Kunst selbst interessiert – ein Phänomen. Wir sind viel zusammen gereist, öfters auch nach New York und es waren generell ungeheuer intensive Atelier- und Ausstellungsbesuche, die wir dabei erlebten. Es ging immer um die Kunst.

Also, ich habe Günter gebeten, eine Ausstellung in der Galerie zu diesem Jubiläum zu machen. Und er hat gesagt: „Kann ich da machen, was ich will?" „Ja klar, immer!" Er hat zugestimmt und diese Architektur, diesen Turm entworfen. Als er mir das Konzept erläuterte, fand ich das eine irre Geschichte. „Das wird gemacht!" Zusammen mit einem Architekten entwickelte Günter die Konstruktion. Wir besorgten das notwendige Material und dieser architektonische Körper wurde in der Galerie gebaut. Als er fertig gestellt war, sagte er: „So, jetzt räumen wir alle Werke aus dem Lager aus und platzieren die vierzig Jahre Galeriegeschichte." Es ist eine richtige Umberg-Arbeit entstanden: Sein erster Turm. Und gerade dadurch wurde die Ausstellung ein Jubiläum, denn es ist etwas entstanden, wofür ich mich mein ganzes Leben lang eingesetzt habe, nämlich die Ideen der Künstler ohne Wenn und Aber umzusetzen und ganz neuen Möglichkeiten, neuen Präsentationsformen den Weg zu ebnen.–

Perpetuum Mobile
40 Jahre Galerie Rolf Ricke

Céline Adamo, Richard Artschwager, Jo Baer, Larry Bell, Bill Bollinger, Christian Bonnefoi, Robert Breer, Elisabeth Brockmann, Helmut Brosch, Holger Bunk, Michael Buthe, Ingrid Calame, Philippe Cazal, Dan Christensen, Elizabeth Cooper, Alan Cote, Steve DiBenedetto, Helmut Dorner, Kent Floeter, Urs Frei, Pia Fries, Bernard Frize, Dieter Fuchs, Gajin Fujita, Amy Green, Giorgio Griffa, Robert Grosvenor, Herbert Hamak, Michael Heizer, Hanspeter Hofmann, Franka Hörnschemeyer, Steven Hull, Ralph Humphrey, Donald Judd, Heidi Kidon, Hubert Kiecol, Ben Kinmont, Harriet Korman, Gary Kuehn, Ralf Küpper, Jean Le Gac, Barry Le Va, Steffen Lenk, Atelier van Lieshout, Stefan Lochmüller, Hennes Maier, Fabian Marcaccio, Matthew McCaslin, Thom Merrick, Jürgen Meyer, Claudio Moser, Olivier Mosset, Horst Münch, Ulrike Nattermüller, Bruce Nauman, Carl Ostendarp, Steven Parrino, David Rabinowitch, Mel Ramos, David Reed, Marcia Resnick, Gerhard Richter, James Rosenquist, Christoph Rütimann, Fred Sandback, Karin Sander, Adrian Schiess, Andreas Karl Schulze, Antonio Semeraro, Richard Serra, Paul Sharits, Keith Sonnier, Lawrence Stafford, Bob Stanley, Lewis Stein, Ezra Stoller, Jessica Stockholder, Sarah Sze, Melissa Thorne, Li-Trincere, Günter Umberg, Elisabeth Vary, Birgit Werres, Jeffrey Wisniewski, Peter Young, Larry Zox

Kuratiert von Günter Umberg

12. September – 23. Oktober 2003

David Reed

29. Oktober – 20. Dezember 2003

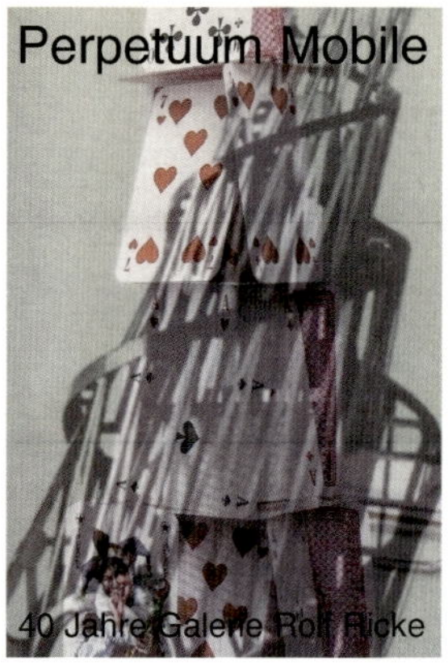

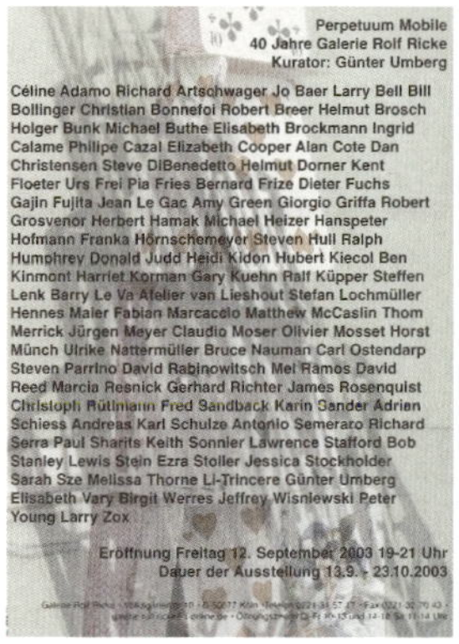

Einladung

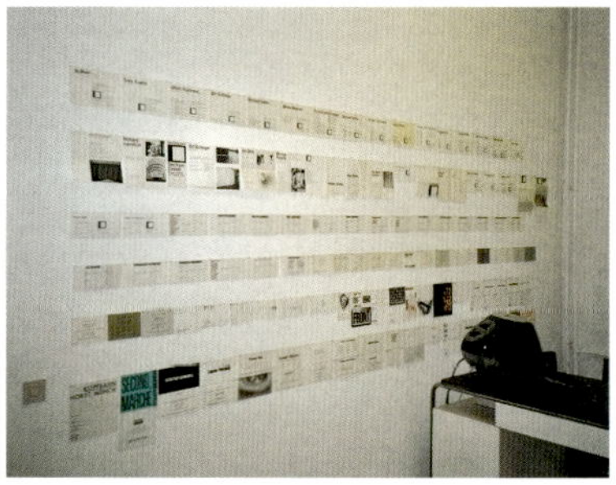

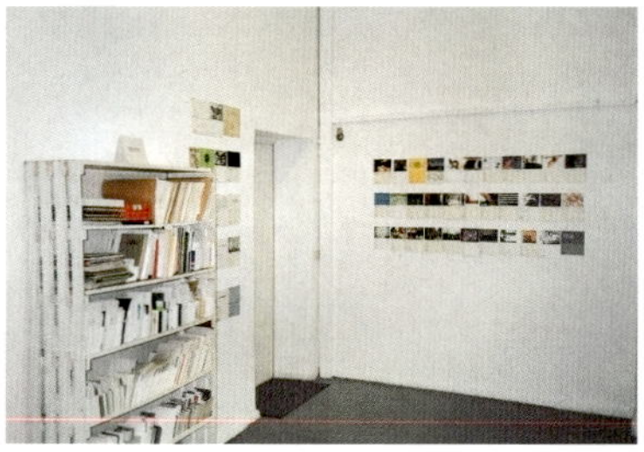

Installation sämtlicher Einladungskarten der Galerie

2003

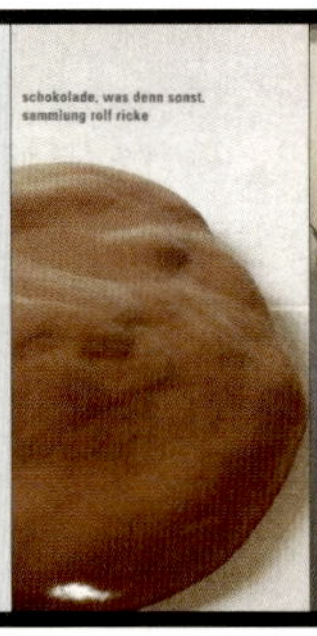

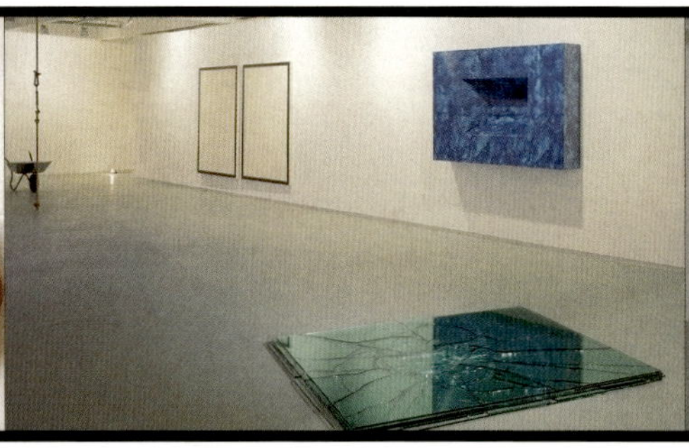

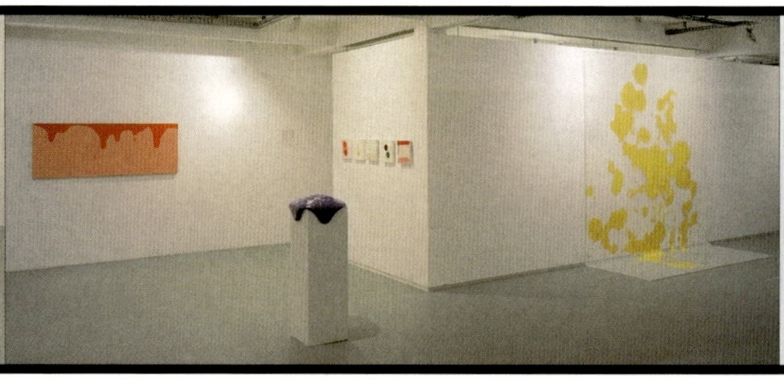

Schokolade, was denn sonst. Sammlung Rolf Ricke: Einladung; Le Va [52], Bollinger [9, 10, 12], Baer [4], Artschwager [1]; Ostendarp [84, 90], Calame

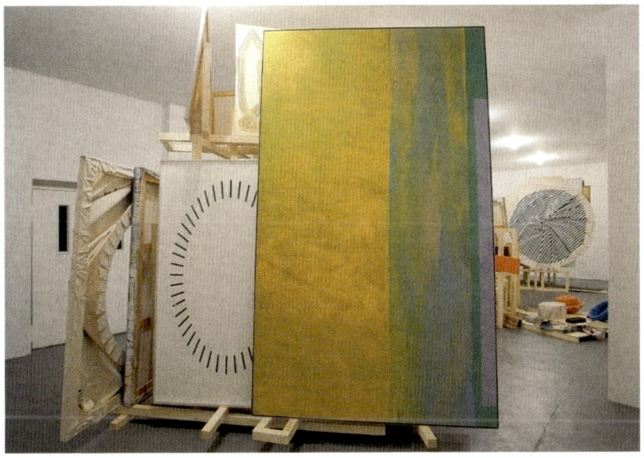

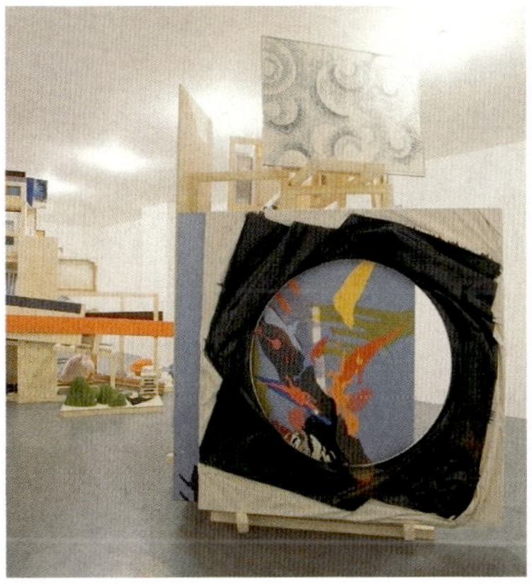

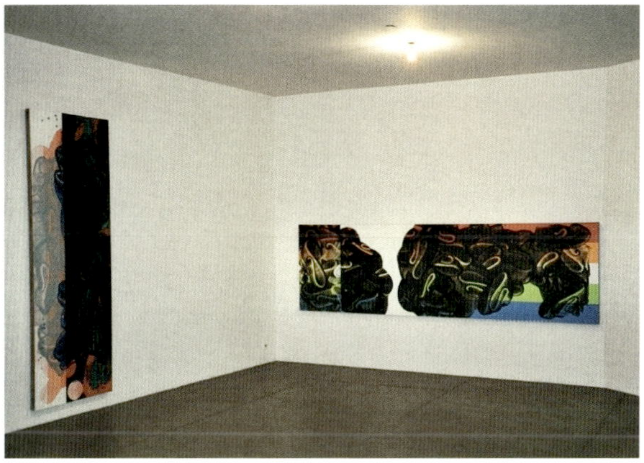

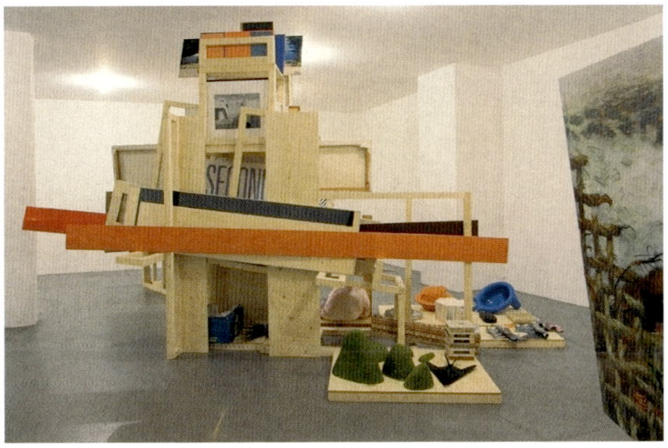

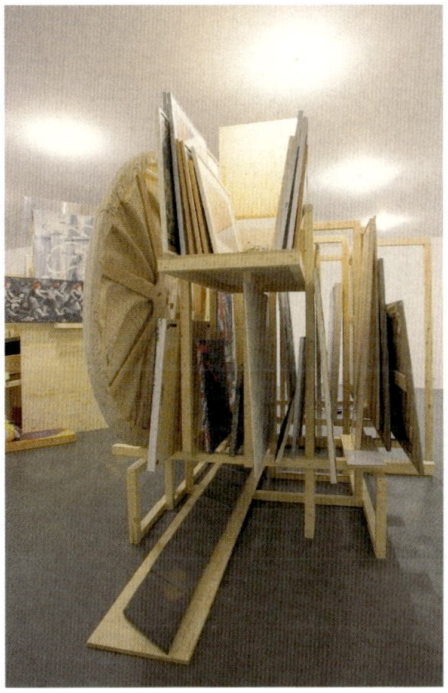

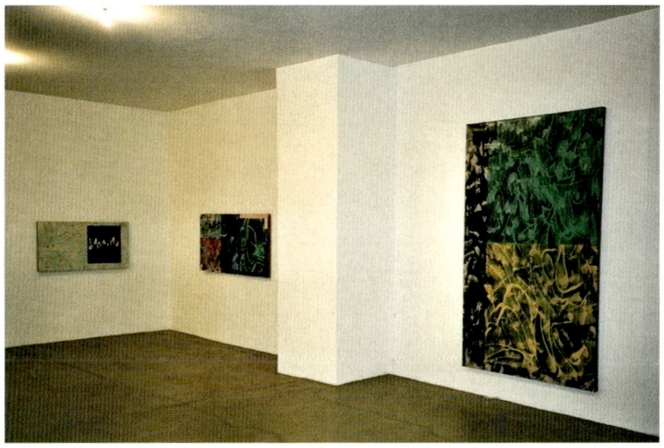

David Reed

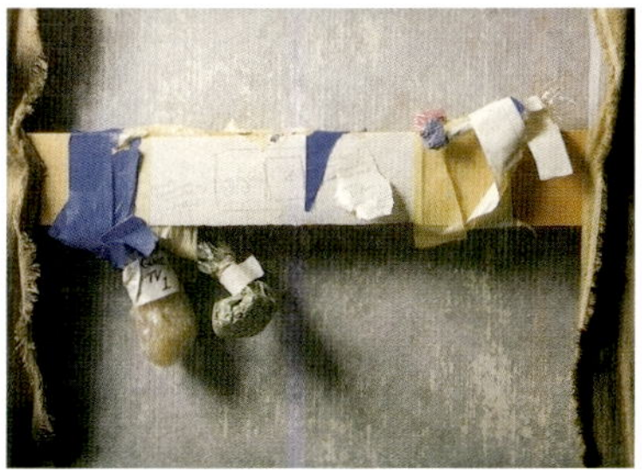

Einladung David Reed

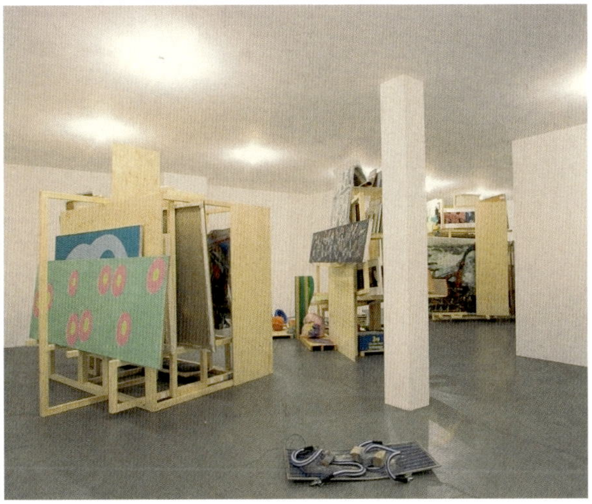

Perpetuum Mobile: Christensen, Marcaccio, Ostendarp, Parrino [98] u. a.

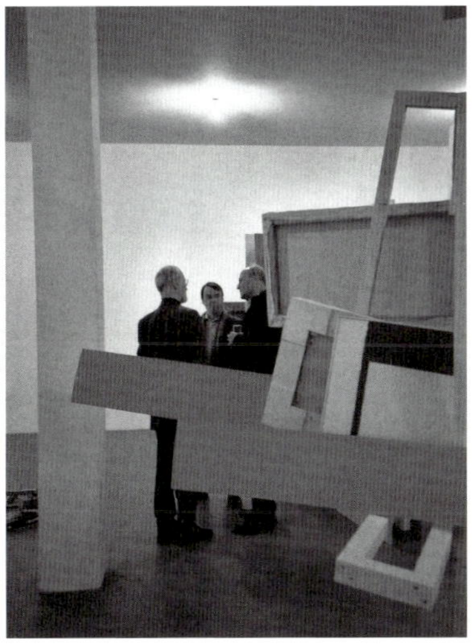

26. April – 21. Juni 2003

Schokolade, was denn sonst. Sammlung Rolf Ricke

Richard Artschwager, Jo Baer, Bill Bollinger, Ingrid Calame, Elizabeth Cooper, Dan Flavin, Amy Green, Steven Hull, Donald Judd, Gary Kuehn, Barry Le Va, Lee Lozano, Fabian Marcaccio, Carl Ostendarp, Steven Parrino, David Reed, Richard Serra, Keith Sonnier, Günter Umberg

Kunstraum Innsbruck

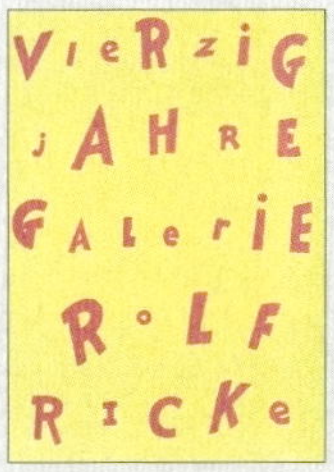

18. – 23. Juni 2003

Art 34 Basel

Art 34 Basel: Katalogseite (Entwurf von Carl Ostendarp)

Calame, lernte sie auch persönlich kennen und noch am Eröffnungsabend erwarb ich mein erstes Bild von ihr [17]. Die Glanzlackbilder waren damals noch auf Holzplatten gemalt, erst später übertrug sie diese identisch auf Aluminium. Monique Prieto lernte ich ebenfalls dort kennen. An diesem Abend war auch ihre Professorin von der CalArts da, wir unterhielten uns über die beiden Künstlerinnen, mit denen ich unbedingt arbeiten wollte, und ich erinnere mich, wie sie sagte: „Ingrid wird ihren Weg machen. Sie ist sehr ehrgeizig und sehr klar in ihrer Definition." Und ich lernte Ingrid tatsächlich als eine unglaubliche Arbeiterin schätzen, die sich äusserst hohe Ansprüche steckt, an denen sie aber manchmal auch verzweifeln kann, wenn sie ihnen nicht gerecht wird. Über Ingrid sind viele weitere Kontakte entstanden: Amy Green, Steven Hull, Heidi Kidon, Melissa Thorne. Die Ausstellung *Morgenrot in Los Angeles* entstand aus diesen Begegnungen. Morgenrot ist für mich ein Synonym für den Ort, an dem die Sonne aufgeht, und damit für den Aufbruch.

Bei einer späteren Reise nach Los Angeles stiess ich auf **Gajin Fujita**. Wir waren eingeladen bei David Pagel und bei ihm hing ein kleines Bild von Gajin, dieses Bild zog meine gesamte Aufmerksamkeit auf sich, liess mich nicht mehr los, und am nächsten Morgen war ich bei ihm im Atelier, kaufte eine Arbeit und vereinbarte mit ihm seine erste Ausstellung in Europa. Gajin ist in Kalifornien geboren, doch durch seine Eltern, die ihn in der japanischen Tradition erzogen, ist er mit seinen japanischen Wurzeln noch sehr verbunden. In seinem Werk zog mich sofort das Ineinandergreifen verschiedener Kulturen an und die damit verbundene Spannung von Jetztzeit und Tradition. Drei Bezugsebenen, die in seinem Werk zur Kulmination kommen, sehe ich: Die japanische Tradition in einer strengen, fast akribischen Übernahme, die abstrakt-konzeptuelle Malerei, auch in der Tradition eines On Kawara, und die Welt der kalifornischen Strassen mit ihren Graffitis. Mit Gajin Fujita beginnt für mich ein erster vertiefter Einstieg in die japanische zeitgenössische Kunst, die mich mit Künstlern wie Takashi Murakami oder Yoshitomo Nara extrem beeindruckt, und meine Neugierde ungemein reizt.—

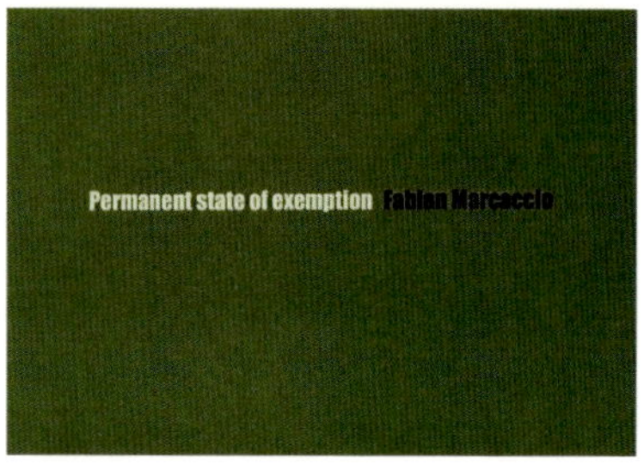

Einladung

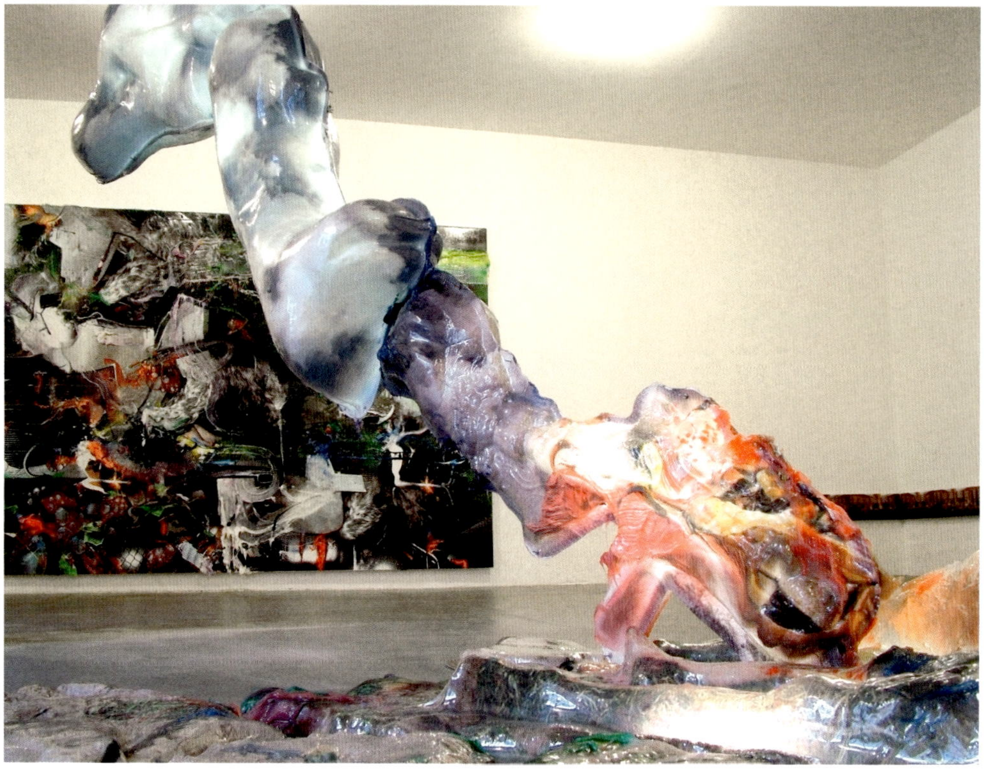

Fabian Marcaccio. Permanent State of Exemption

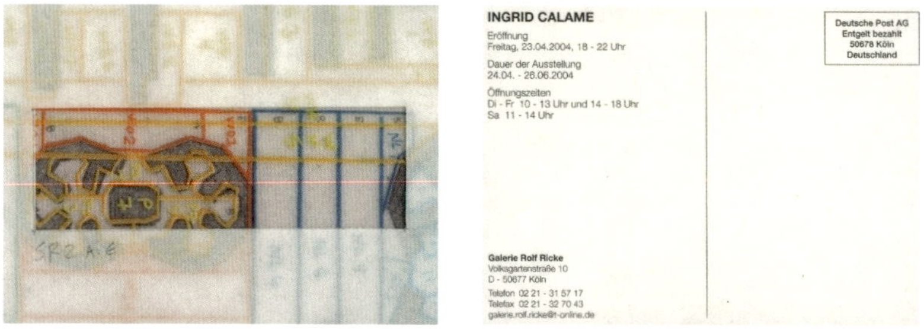

Einladung

22. Januar – 6. September 2004
Lee Lozano. Drawn from Life 1961–1971
P.S.1 Contemporary Art Center, Long Island City, New York

Fabian Marcaccio
Permanent State of Exemption
30. Januar – 8. April 2004

Ingrid Calame
23. April – 26. Juni 2004

Programm VIII (2)
Scoli Acosta, Robert Acuna, Philippe Decrauzat, Pamela Fraser, Tyson Reeder, Hayley Tompkins
17. September – 23. Oktober 2004

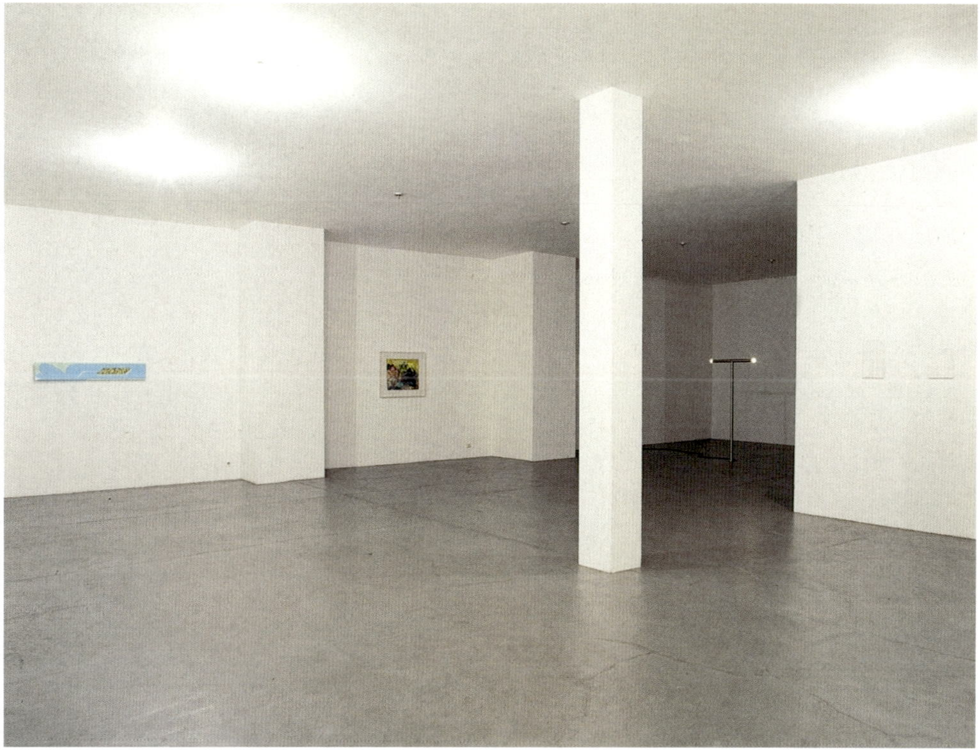

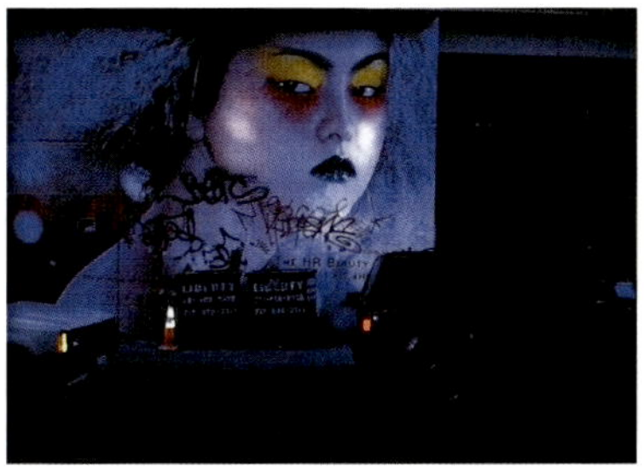

Einladung Programm VIII (2)

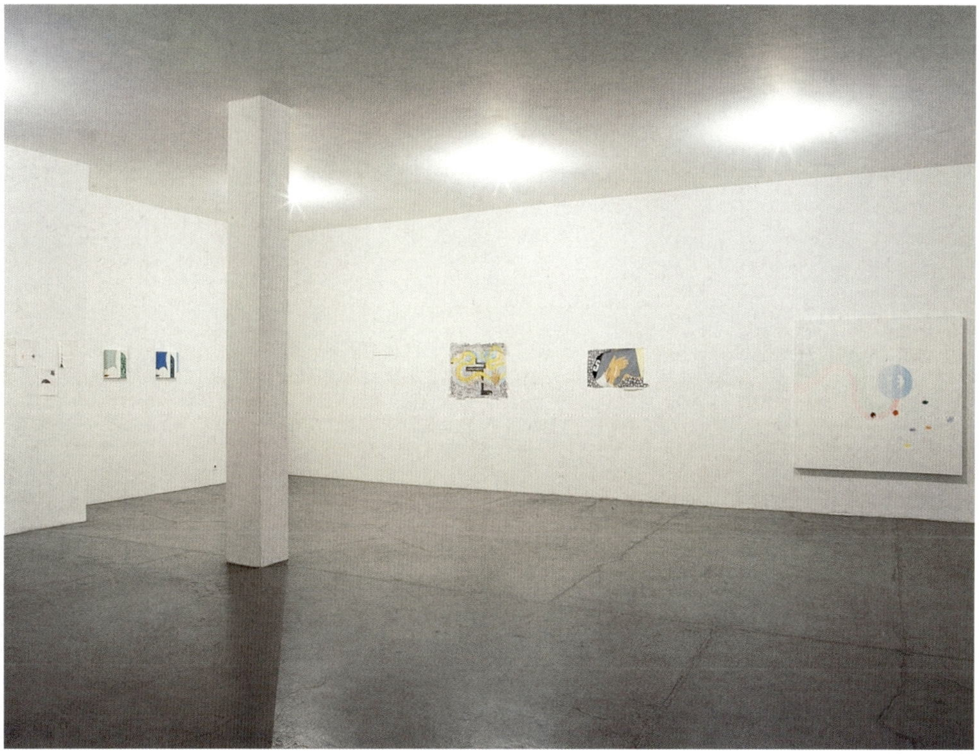

Programm VIII (2):
Acuna, Reeder, Decrauzat, Tompkins (rechts oben)
Tompkins, Acuna, Acosta, Fraser (rechts unten)

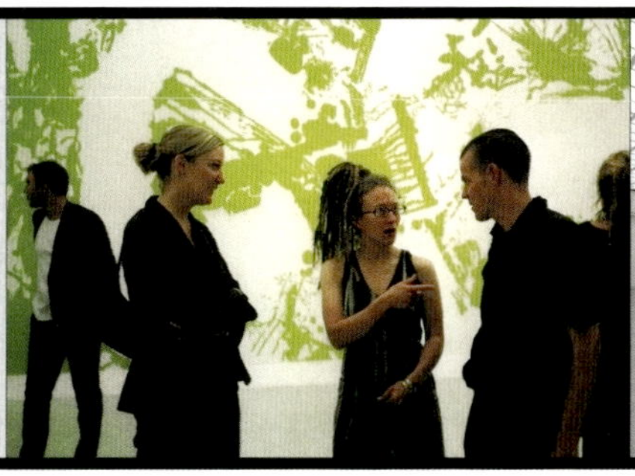

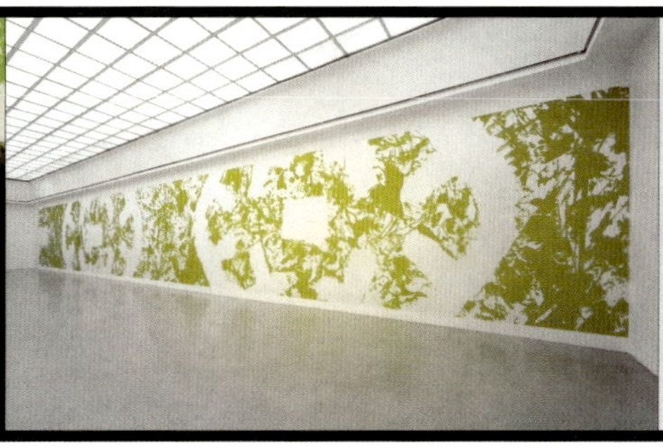

10. Juli – 5. September 2004
Ingrid Calame, Mathilde ter Heijne, Jörg Wagner
Kunstverein Hannover

Ingrid Calame: Anke Schmidt und Ingrid Calame im Gespräch mit Jörg Wagner; „Secular Response 2 A.R."

—**Das Ende der Galerie: 2004** habe ich nicht mehr viele Ausstellungen gemacht, weil ich hauptsächlich mit der Sammlung beschäftigt war. Es hat sich abgezeichnet, dass ich die Galerie schliessen will. Für mich war es selbstverständlich, dass ich nicht mit einem Rückblick schliesse oder mit einer sentimentalen Geschichte, sondern dass ich den jüngsten Künstler der Galerie in einer Einzelausstellung präsentiere: Gajin Fujita. Es war seine zweite Ausstellung in der Galerie. Die erste war sein Debüt in Europa gewesen. Es wurde eine wunderbare letzte Ausstellung.

Den Auszug aus der Galerie haben wir nicht lange vorbereitet. Ich habe mir gesagt, wir lassen das alles, wie es ist, und gehen dann mit einem Hauruck dran. Die Galerie bleibt bis Mitte Dezember bestehen und zwischen dem Ende der Ausstellung von Fujita, dem 14. Dezember, und Weihnachten machen wir alles auf einen Schlag. Alle müssen wir da sein, die Ärmel hochkrempeln und raus geht's. Wir haben mehrere Container bestellt und Berge von Akten und Sachen haben wir weggeschmissen. Wir waren plötzlich nicht mehr Herr der Lage, denn jetzt frage ich nach Sachen und wir müssen leider sagen, die haben wir weggeschmissen. Das war ganz schlimm! Wir haben die Grafik-Schränke leer gemacht. Bei einem Teil der Grafiken habe ich gesagt: „So, das und das wird verschenkt." Jeder hat etwas mit nach Hause genommen. Und jeder hat ein Bild gekriegt. Kurz vor dem Fest kam ein allerletzter Transport. Die ganze Galerie haben wir leer geräumt. Ich habe die Tür zugemacht und bin wie jeden Tag nach Hause gefahren.

Nach Weihnachten und Neujahr kam das Elend. Überwunden habe ich das bis heute nicht ganz. Ich meide noch immer diese Galerie-Atmosphäre, die mir mein ganzes Leben viel bedeutet hat, die mich aber die letzten Jahre auch fast erdrückt hat durch die Richtung, in der die Galerien sich entwickelt haben. Dieser finanzielle Druck und damit verbunden das Spekulative, das wurde mir zu viel. Und auf der anderen Seite sagte ich mir: „Jetzt beginnt die Zeit, da kannst du machen, was du willst, jetzt hast du deine Freiheit."

Sehr froh bin ich, dass Iris Maczollek und Anke Schmidt, die bei mir lange gearbeitet und mir sehr geholfen haben und die sich grosse Kenntnis über die Galerie angeeignet hatten, ihre eigene Galerie in den Räumen aufmachen und einen Teil der Künstler übernehmen wollten. Das hat mich unheimlich gefreut und ich habe gesagt: „Gut, dann mache ich auch die erste Ausstellung für euch. Ist das in Ordnung?" Und wir stellten in der Galerie Schmidt Maczollek eine Zeichnungsausstellung, *Especial – Arbeiten auf Papier,* zusammen. Einige meiner „alten" Künstler wie Ingrid Calame, Horst Münch, Steven Parrino oder Carl Ostendarp waren vertreten, aber auch neue kamen hinzu, zum Beispiel Stephan Baumkötter und Jesse Bransford. Und bums, war ich wieder drin in der ganzen Geschichte! (Lacht)

Insgesamt empfinde ich eine gewisse Trauer, denn es gibt viele Künstler, zu denen die Verbindung sehr intensiv ist und die nun doch ein Stück durchgeschnitten wird. Die Verbindung zu den Künstlern war eine geschäftliche, freundschaftliche, anerkennende und respektvolle Beziehung, und das macht mich traurig, denn das kann ich nicht aufrechterhalten, das geht nicht. Mit einigen Künstlern ist das Verhältnis weiterhin sehr intensiv. Manche fragen mich grundsätzlich um Rat und wie sie ihren weiteren Weg gehen sollen. Zusammenarbeit ist aber etwas anderes. Es ist gerade dieser persönliche Austausch, der in einer Galerie wichtig ist für die Produktion von Kunst. Man kann so eine Situation nicht verlängern, indem man noch mit einem Fuss drin bleibt, es sind dann nur noch ein paar praktische Ratschläge, die man erteilen kann. Es muss dieser Schnitt kommen, auch wenn ich finde, dass ich den schönsten Beruf hatte, den es gibt.

Ich bin froh, dass ich keine Galerie mehr habe, vor allem wegen den materiellen Zwängen. Ich bin aber auch traurig, vor allem vermisse ich die künstlerischen und kommunikativen Dinge, das muss ich ganz klar sagen. Diese Zeit morgens, ich weiss gar nicht mehr, wie das war, ob ich das so verdrängt habe, morgens wegzufahren, jeden Morgen in die Galerie.—

Gajin Fujita
29. Oktober – 14. Dezember 2004

Invitation à … Galerie Rolf Ricke. Pas de turbulences
Elizabeth Cooper, Steven Parrino, Günter Umberg, Birgit Werres
Galerie Les Filles du Calvaire, Brüssel
18. März – 8. Mai 2004
Kuratiert von Rolf Ricke

The Dazzling Show
Robert Acuna, Lydia Dona, Pamela Fraser, Herbert Hamak, Hanspeter Hofmann, John McCracken, Richard Allen Morris, Elisabeth Vary, Peter Zimmermann
Roellin Duerr Galerie, St.Gallen
14. Mai–16. Juli 2005
Kuratiert von Rolf Ricke

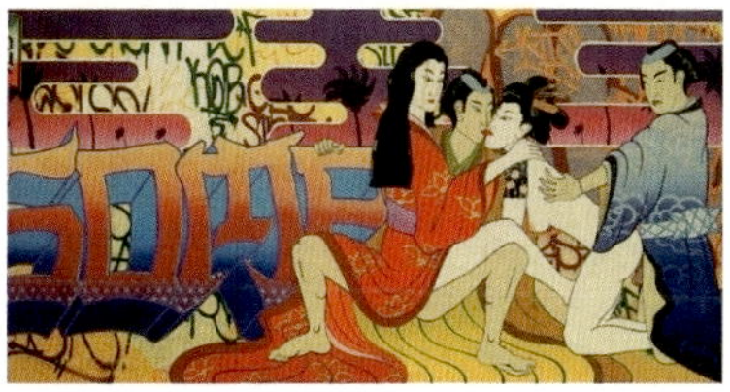

Einladung Gajin Fujita

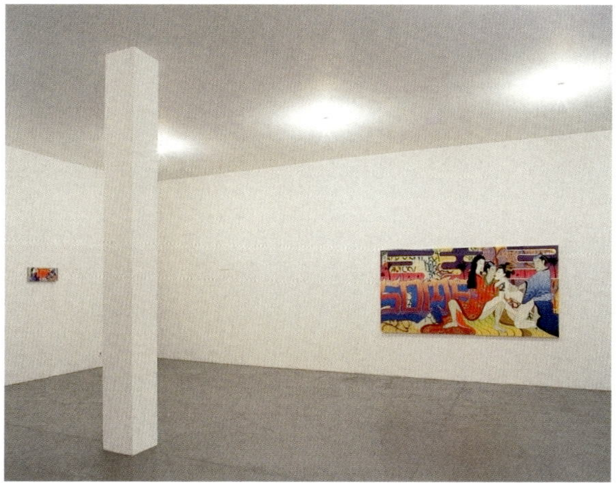

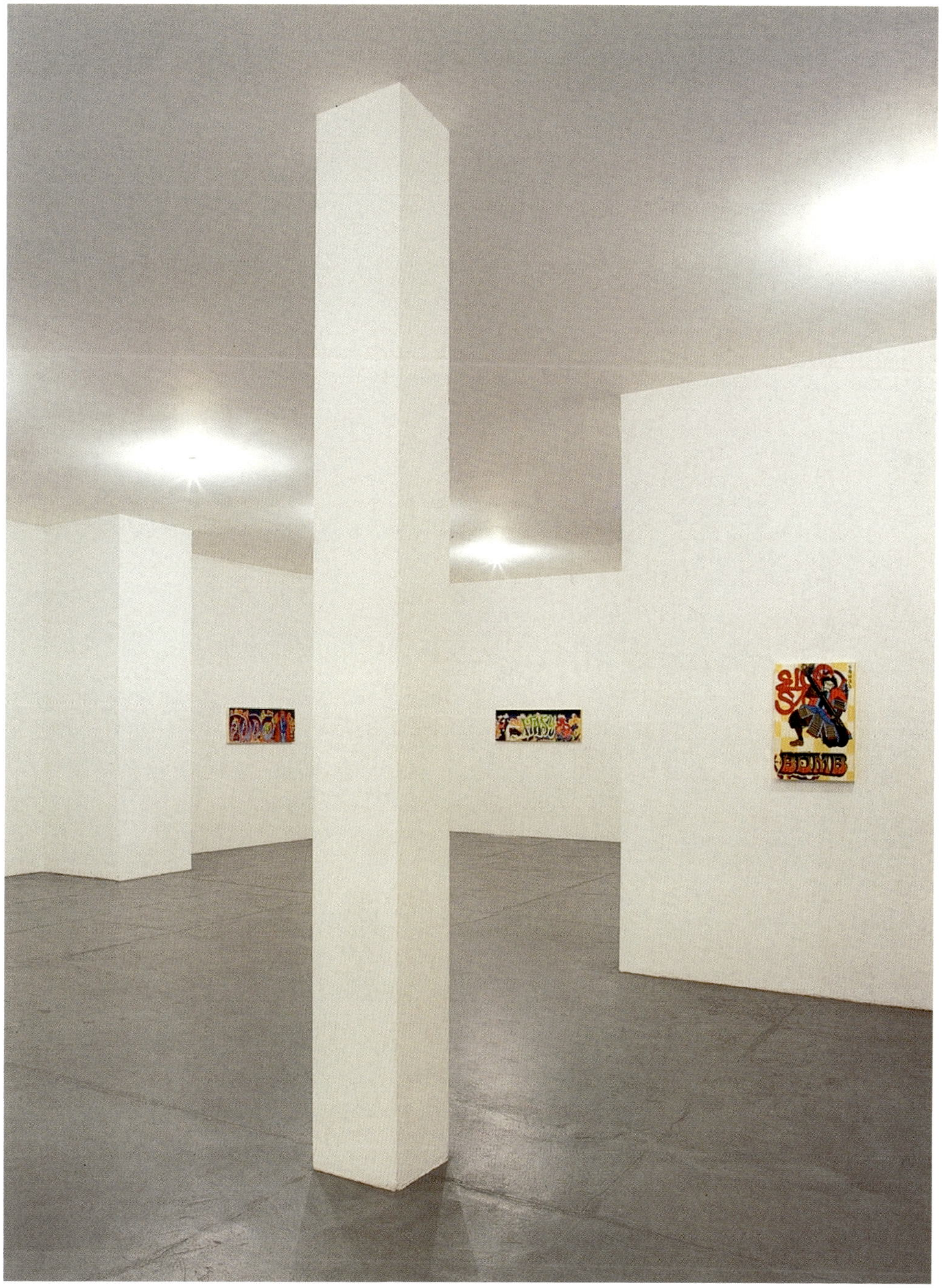

Gajin Fujita

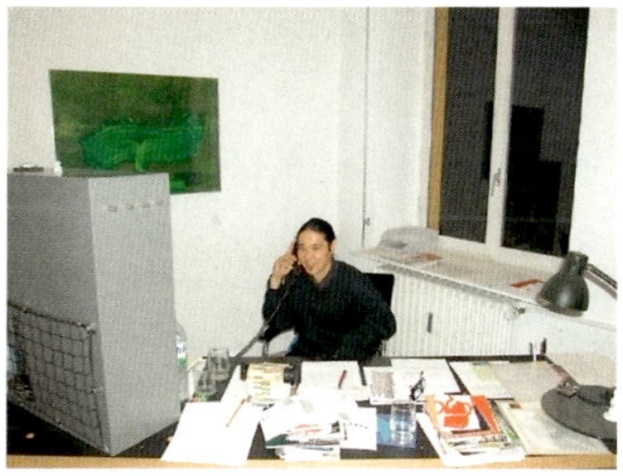

Gajin Fujita im Büro der Galerie

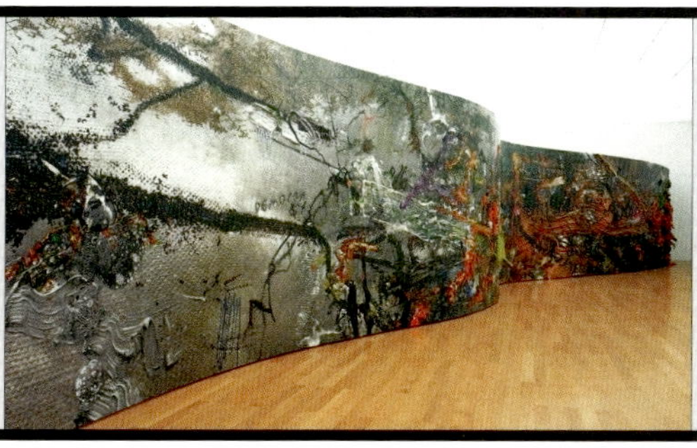

Fabian Marcaccio, „Re-Sketching Democracy"

1. Oktober 2004 – 23. Januar 2005

Fabian Marcaccio. From Altered Paintings to Paintants

Kunstmuseum Liechtenstein, Vaduz

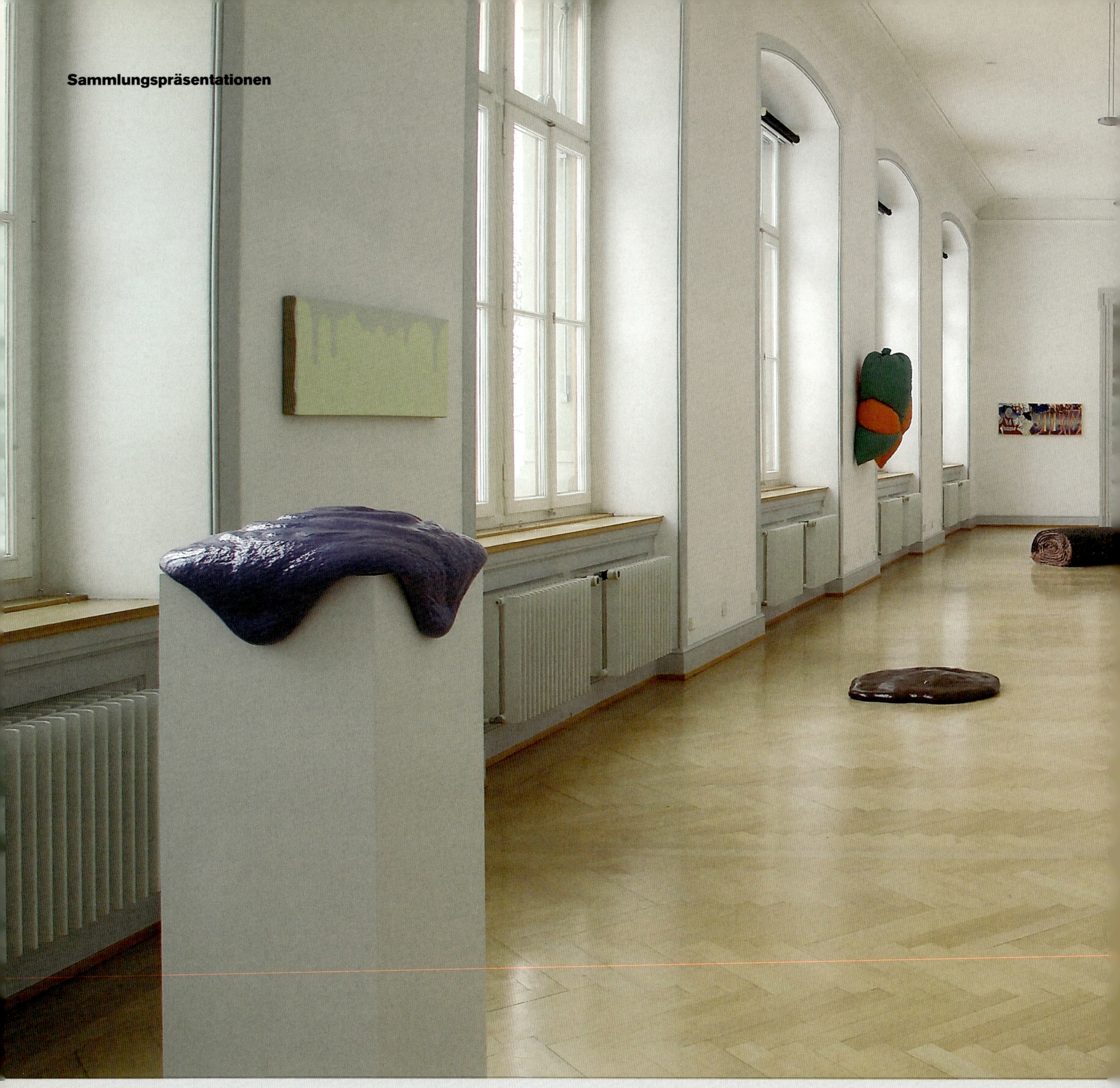

1. Januar 2005
Steven Parrino stirbt im Alter von 47 Jahren bei einem Motorradunfall in Brooklyn.

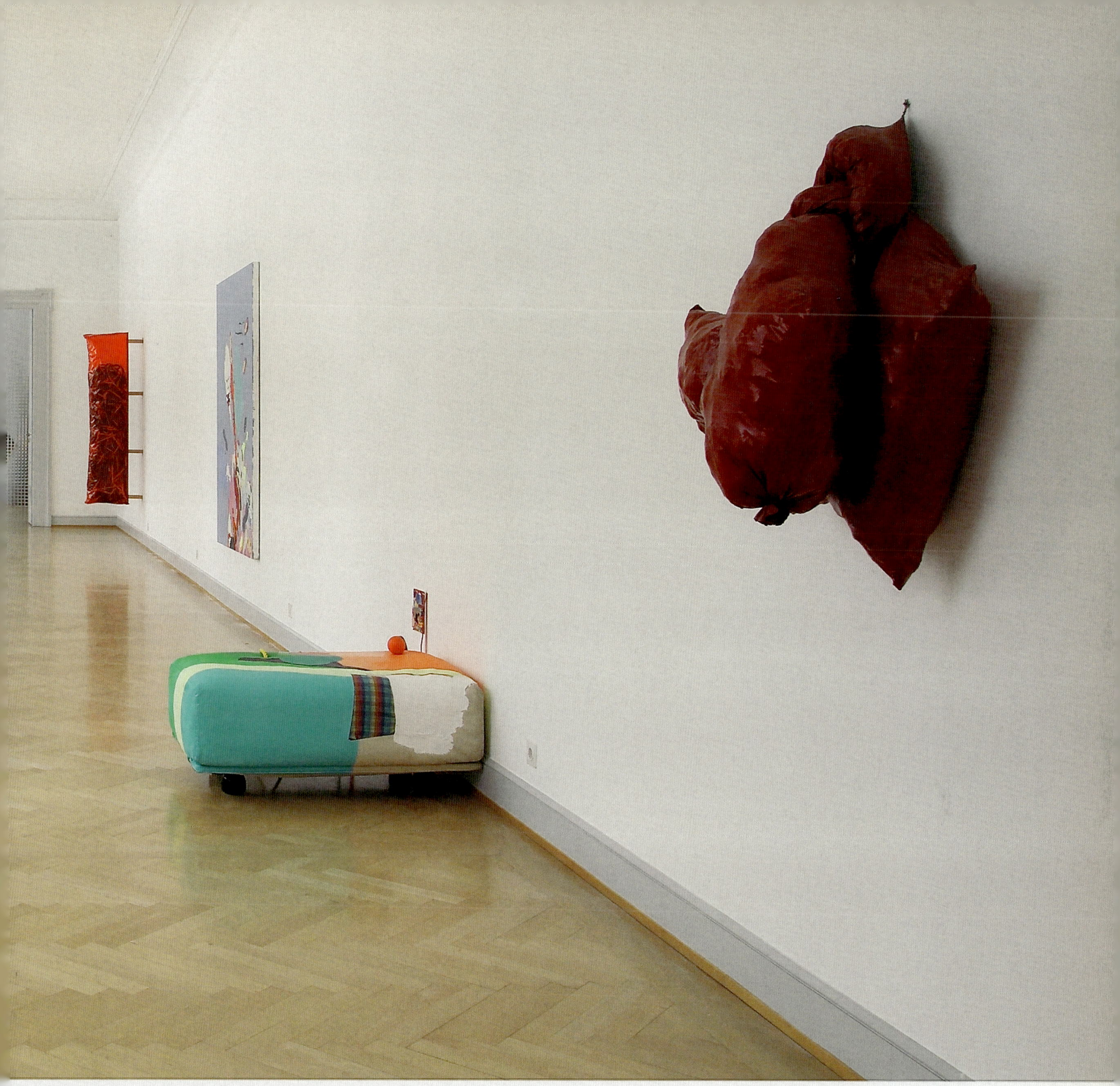

26. Februar – 16. Mai 2005

Sweet Temptations. Dialoge mit der Sammlung Rolf Ricke

John Armleder, Richard Artschwager, Reto Boller, Bill Bollinger, Ingrid Calame, Philippe Cazal, Dan Christensen, Elizabeth Cooper, Urs Frei, Pia Fries, Bernard Frize, Gajin Fujita, Amy Green, Fabrice Gygi, Marcia Hafif, Donald Judd, Imi Knoebel, Harriet Korman, Gary Kuehn, Barry Le Va, Sol LeWitt, Lee Lozano, Fabian Marcaccio, Matthew McCaslin, Thom Merrick, Olivier Mosset, Cady Noland, Carl Ostendarp, Steven Parrino, David Reed, Jason Rhoades, Adrian Schiess, Richard Serra, Roman Signer, Keith Sonnier, Jessica Stockholder, Alan Uglow, Birgit Werres, Jeffrey Wisniewski, Erwin Wurm

Kunstmuseum St.Gallen

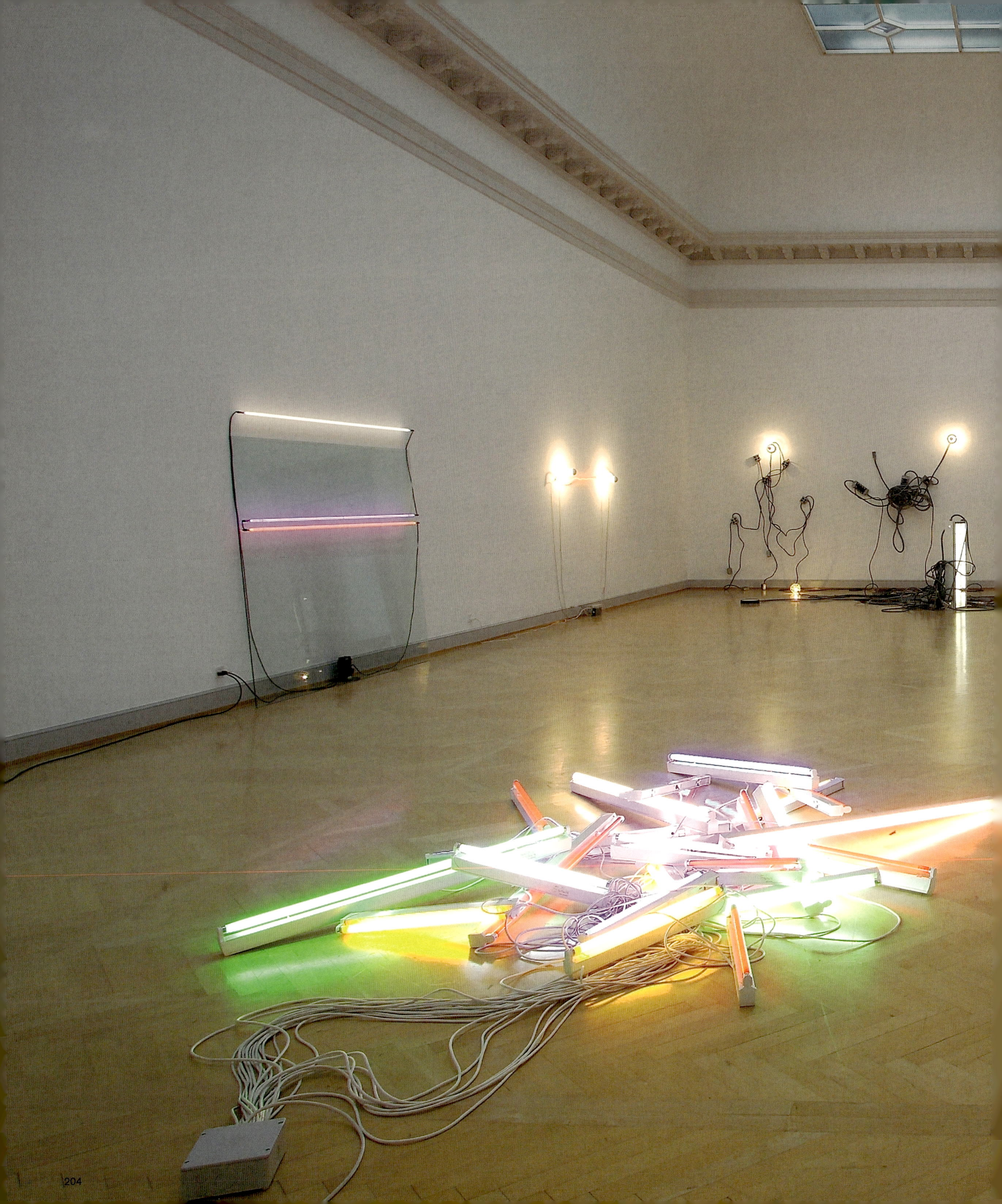

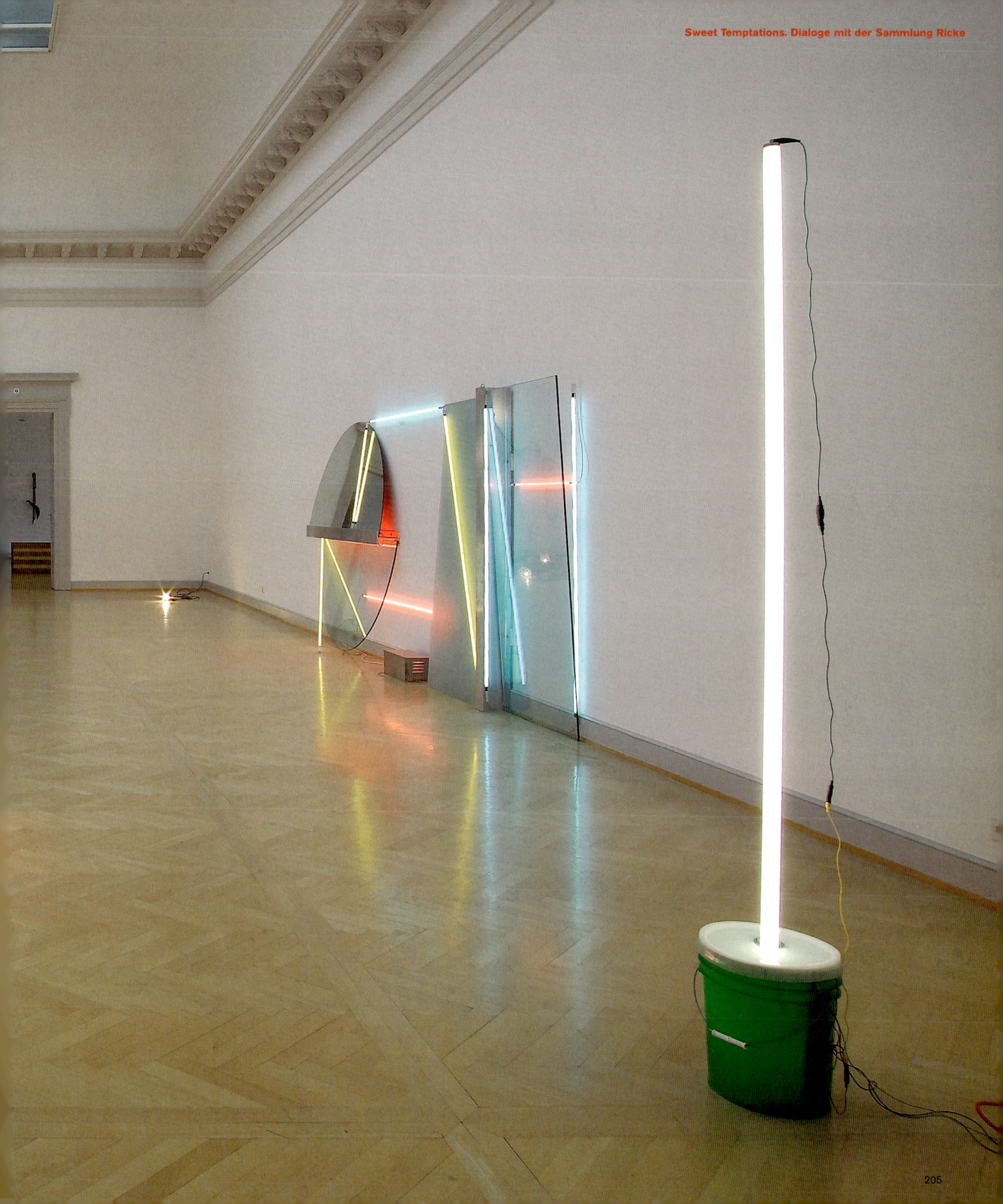

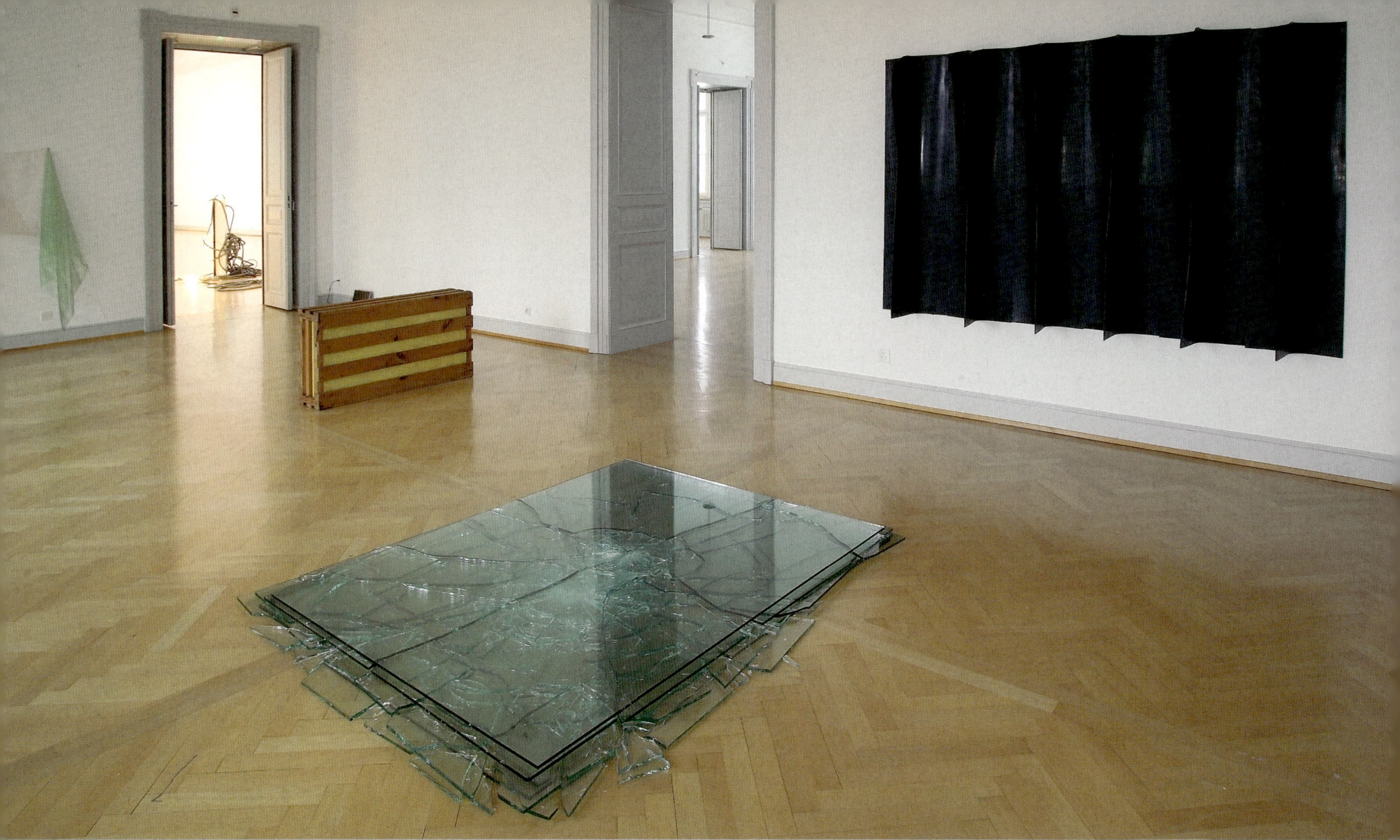

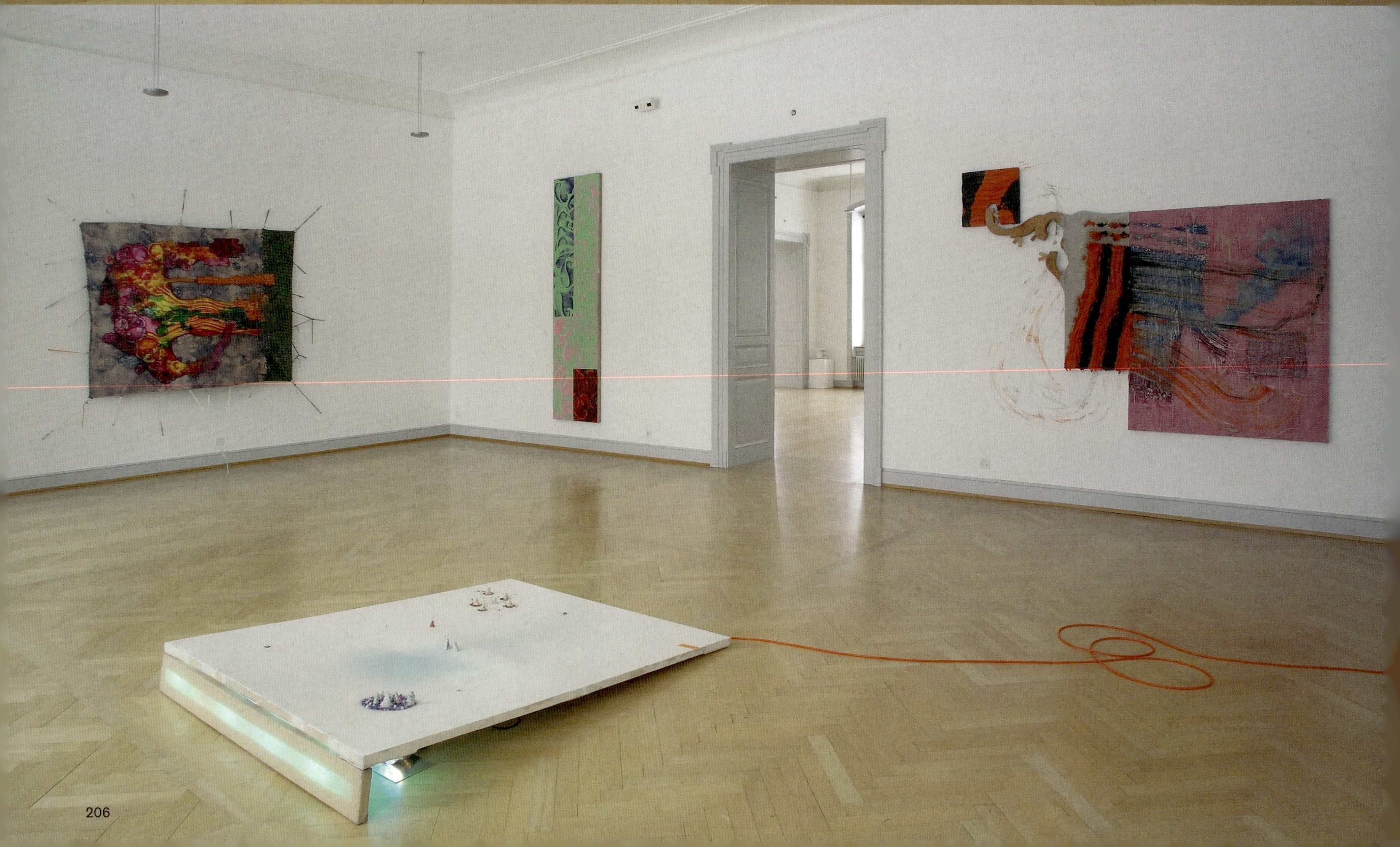

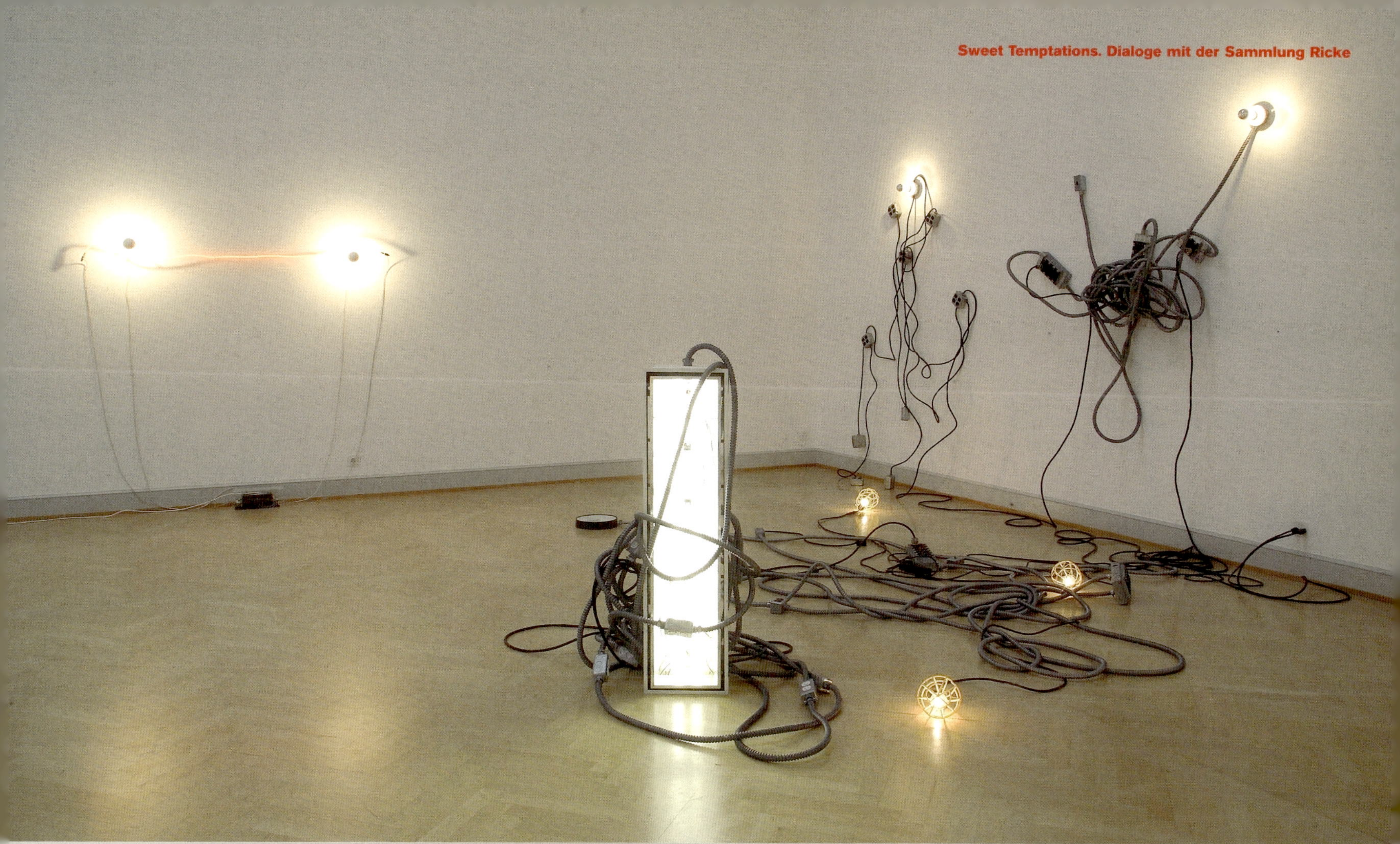

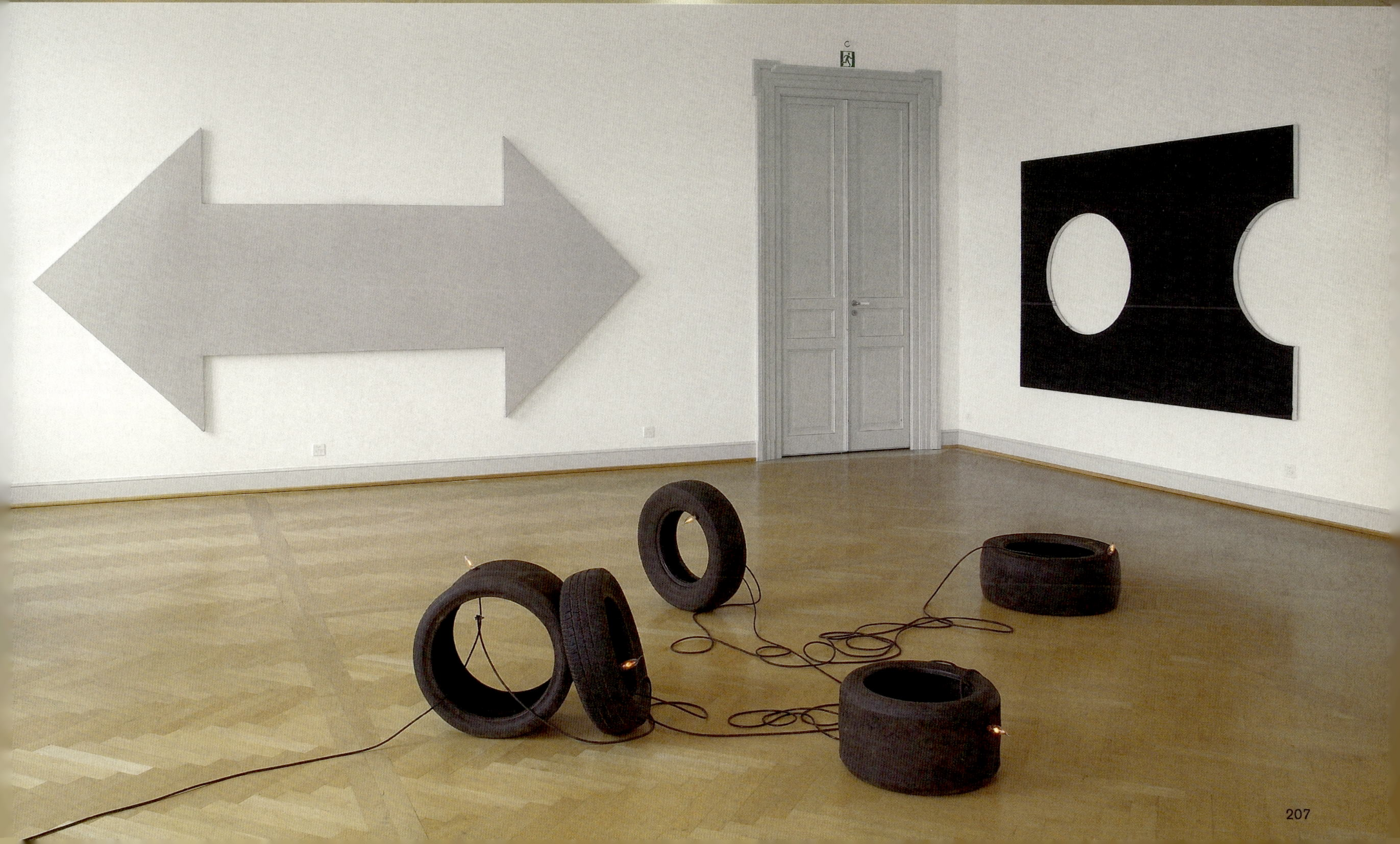

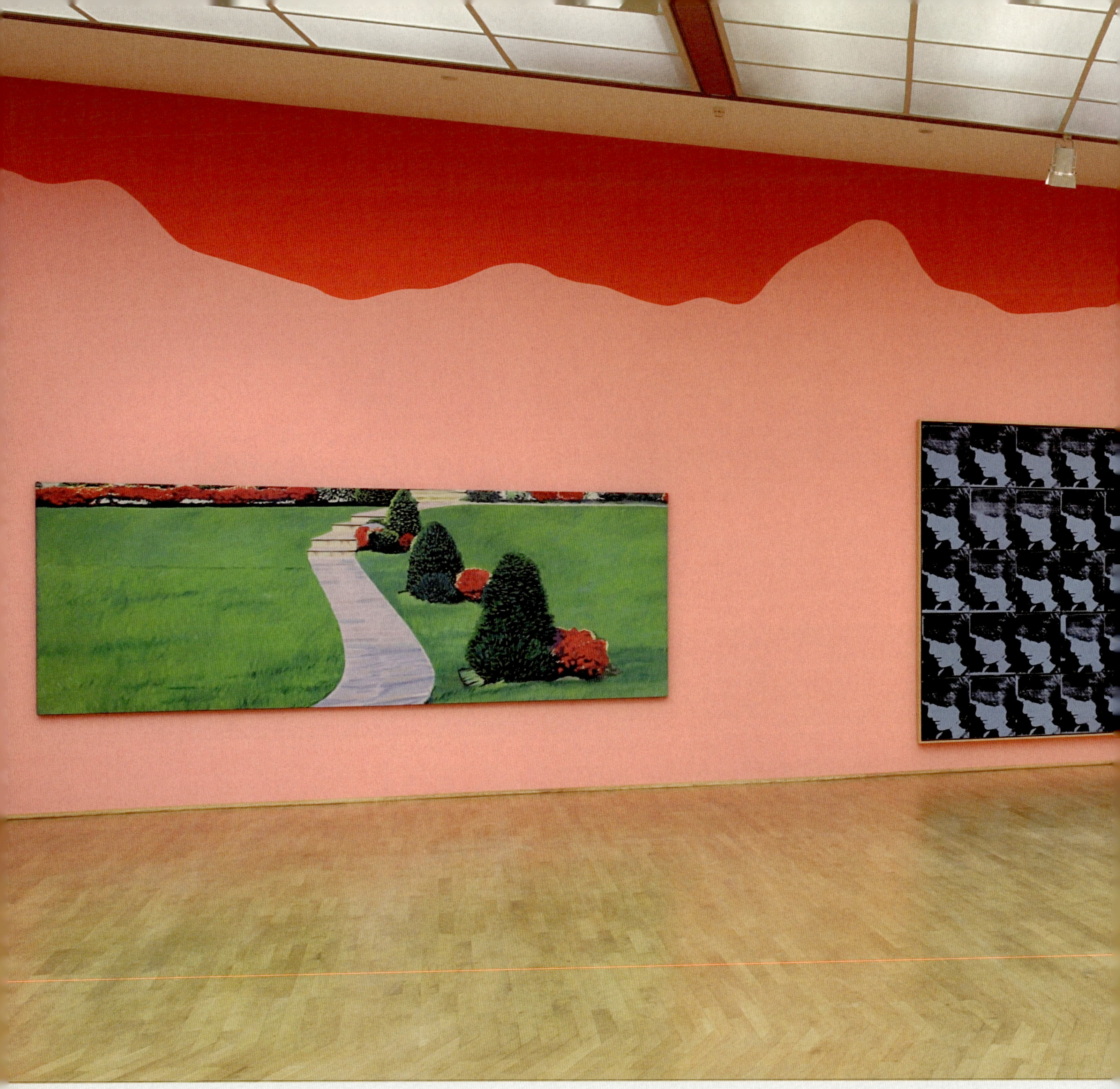

1. August 2006
Jason Rhoades stirbt im Alter von 41 Jahren in Los Angeles.

20. Januar 2007
Dan Christensen stirbt im Alter von 65 Jahren in New York.

21. April – 26. August 2007
Das Kapital. Blue Chips & Masterpieces
Die Sammlung Rolf Ricke im MMK
Richard Artschwager, Francis Bacon, Jo Baer, Clive Barker, Robert Barry, Thomas Bayrle, Joseph Beuys, John Bock, Bill Bollinger, Martin Boyce, Vija Celmins, John Chamberlain, Dan Christensen, Larry Clark, Walter De Maria, Thomas Demand, Jessica Diamond, Jim Dine, Hans-Peter Feldmann, Fischli/Weiss, Dan Flavin, Ceal Floyer, Günther Förg, Ralph Gibson,

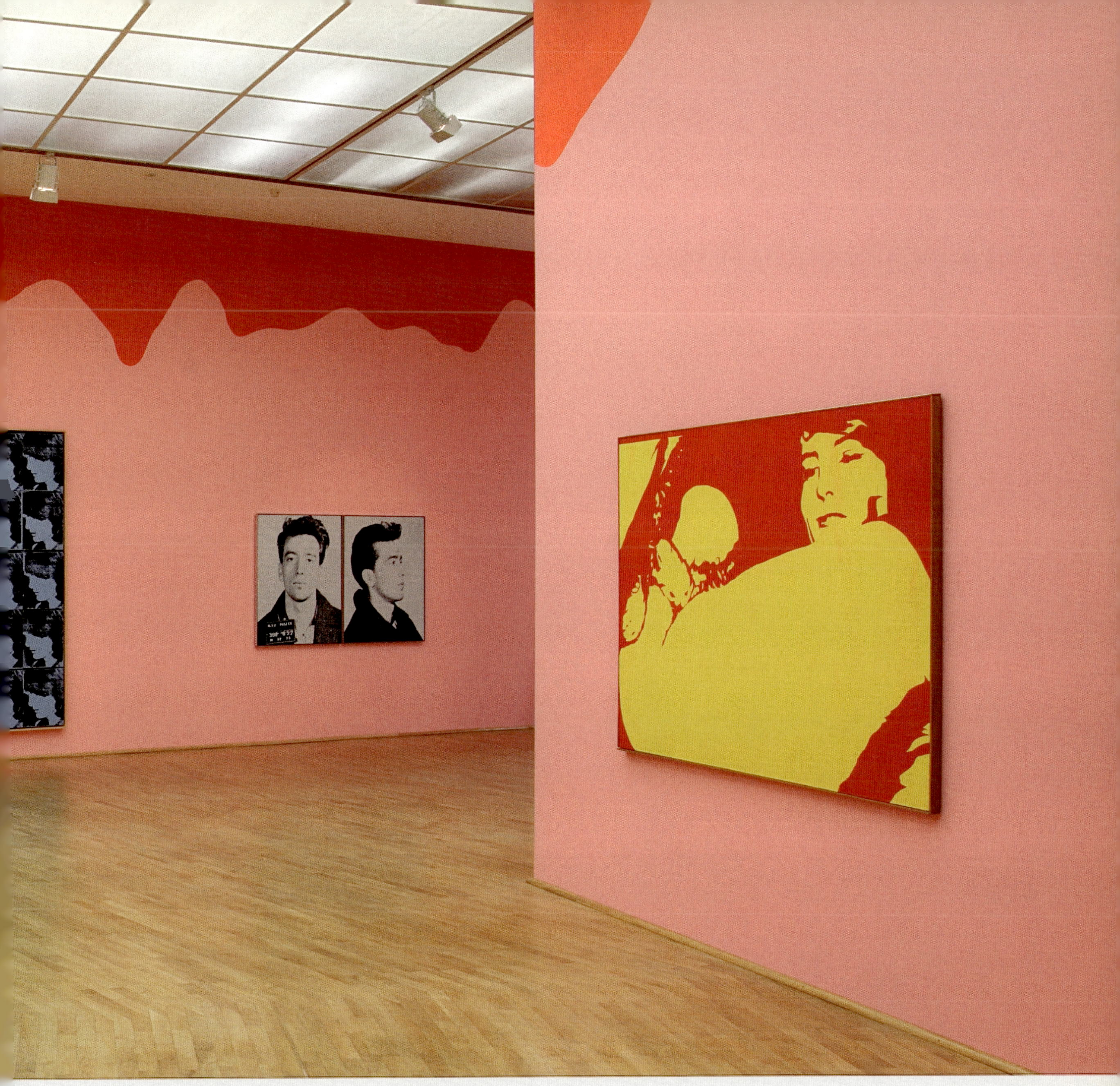

Gilbert & George, Robert Gober, Douglas Gordon, Jonathan Horowitz, Jasper Johns, Donald Judd, On Kawara, Harriet Korman, Gary Kuehn, Barry Le Va, Roy Lichtenstein, Lee Lozano, Robert Mangold, Piero Manzoni, Fabian Marcaccio, Anthony McCall, Matthew McCaslin, Thom Merrick, Russ Meyer, Manolo Millares, Simon Dybbroe Møller, Richard Allen Morris, Robert Morris, Bruce Nauman, Cady Noland, Claes Oldenburg, Carl Ostendarp, Nam June Paik, Blinky Palermo, Steven Parrino, Laurie Parsons, Michelangelo Pistoletto, Charlotte Posenenske, Arnulf Rainer, Robert Rauschenberg, David Reed, Gerhard Richter, de Rijke/de Rooji, James Rosenquist, Thomas Ruff, Robert Ryman, Fred Sandback, Bojan Šarčević, Wilhelm Sasnal, Adrian Schiess, Gregor Schneider, Richard Serra, Paul Sharits, Dirk Skreber, Andreas Slominski, Keith Sonnier, Bob Stanley, Lewis Stein, Frank Stella, Sturtevant, Sultan/Mandel, Rosemarie Trockel, Luc Tuymans, Cy Twombly, Günter Umberg, Donald Urquhart, Ger van Elk, Kara Walker, Jeff Wall, Andy Warhol, Robert Watts, Tom Wesselmann, Jeffrey Wisniewski
Museum für Moderne Kunst, Frankfurt am Main

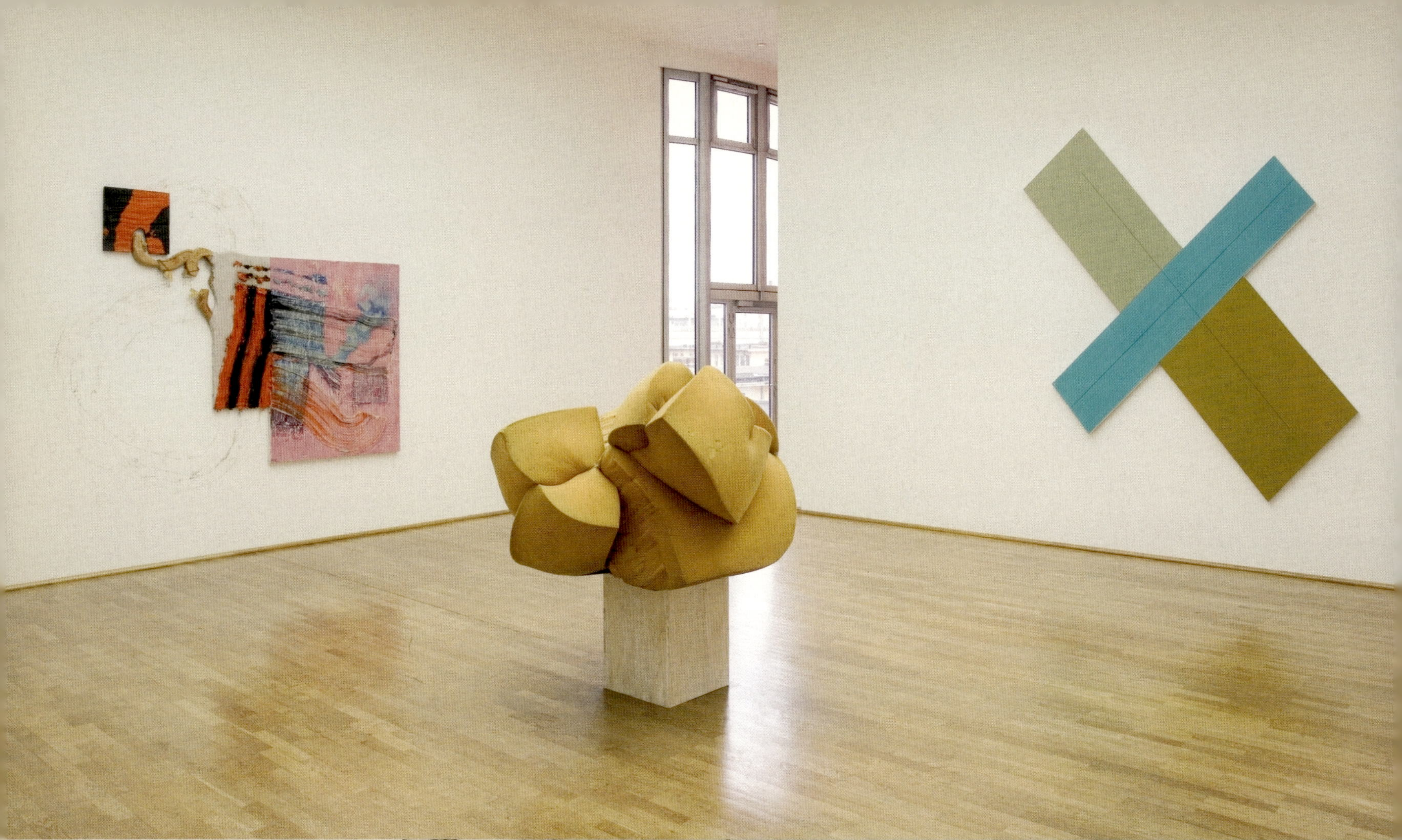

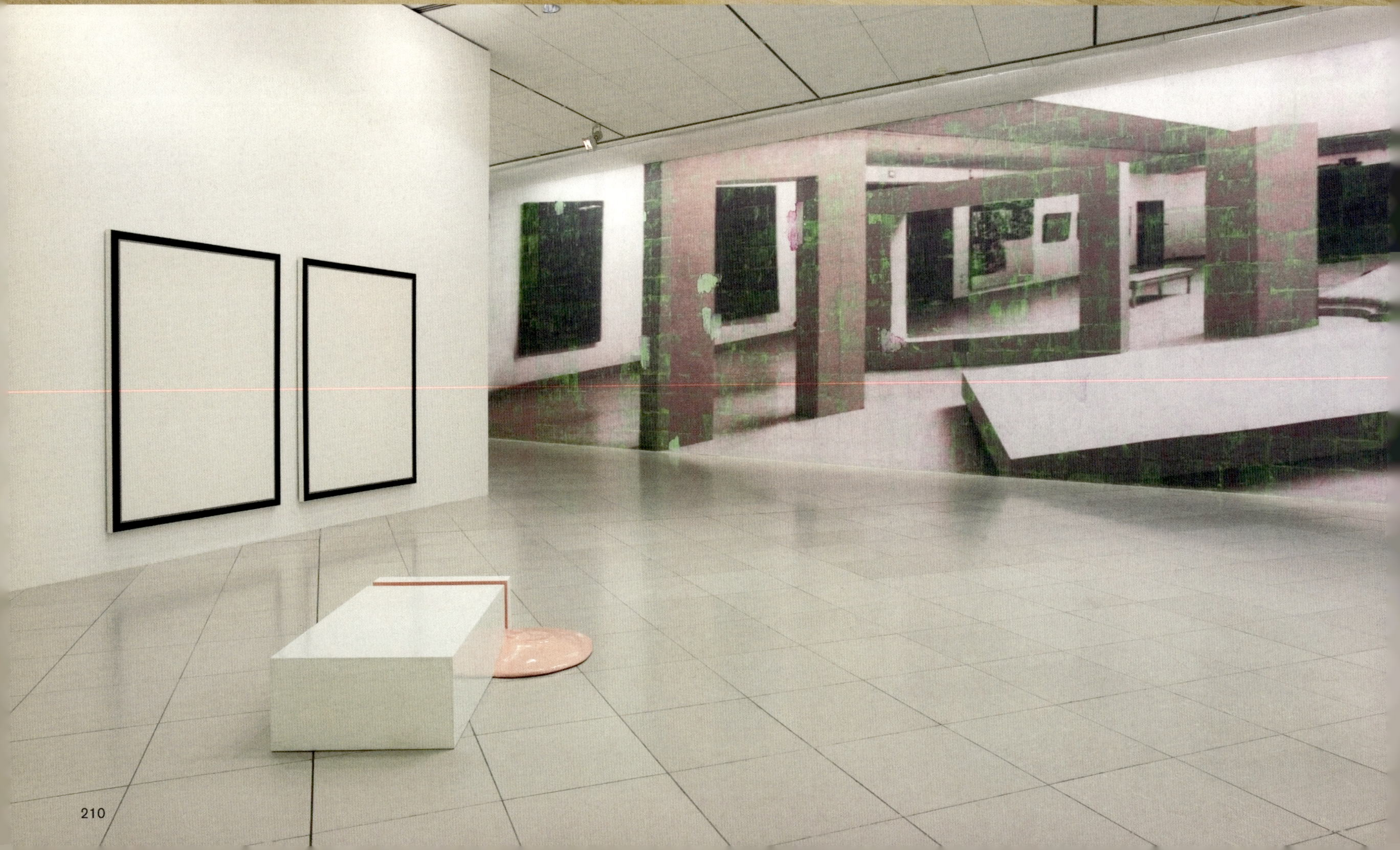

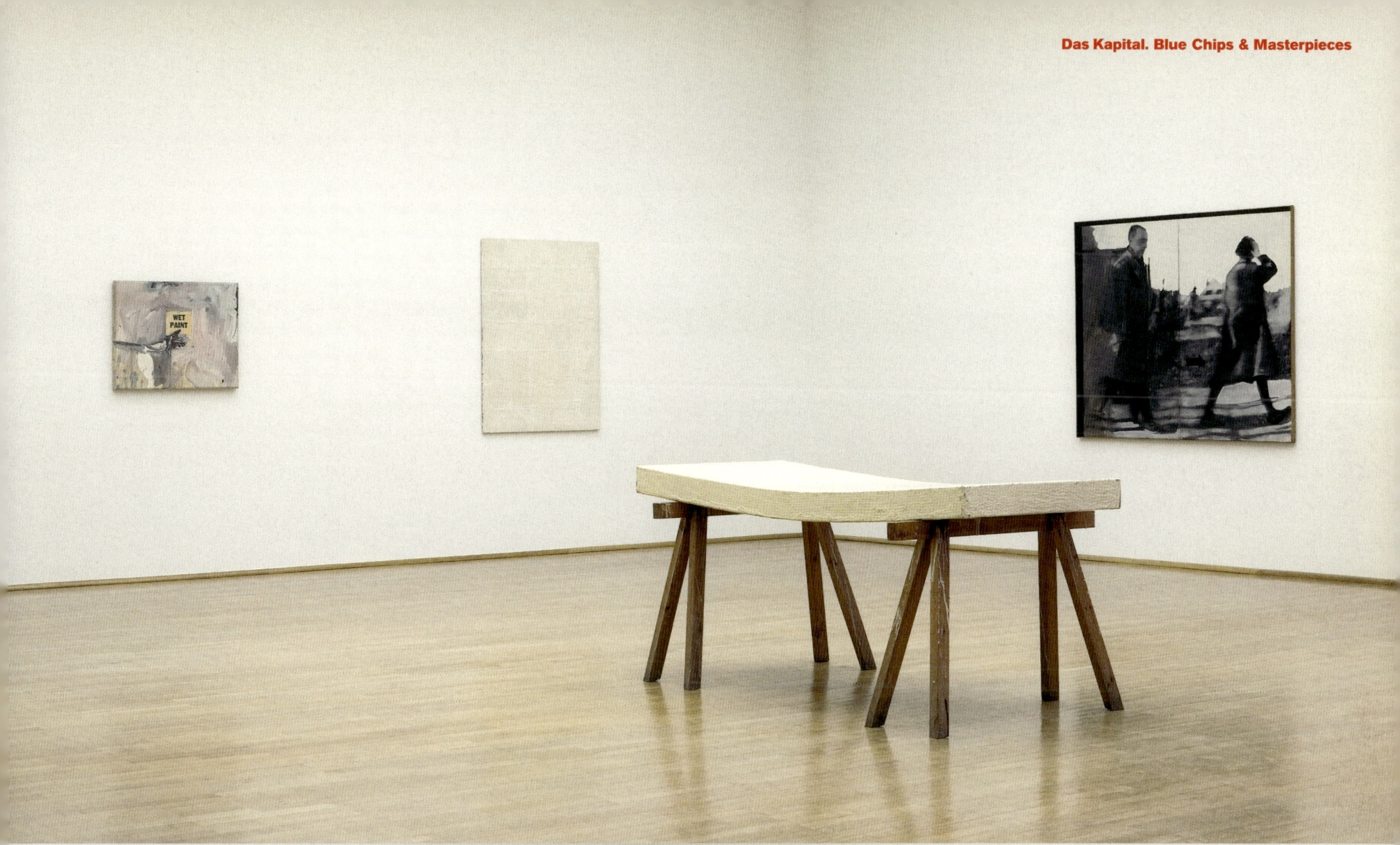
WET
PAINT

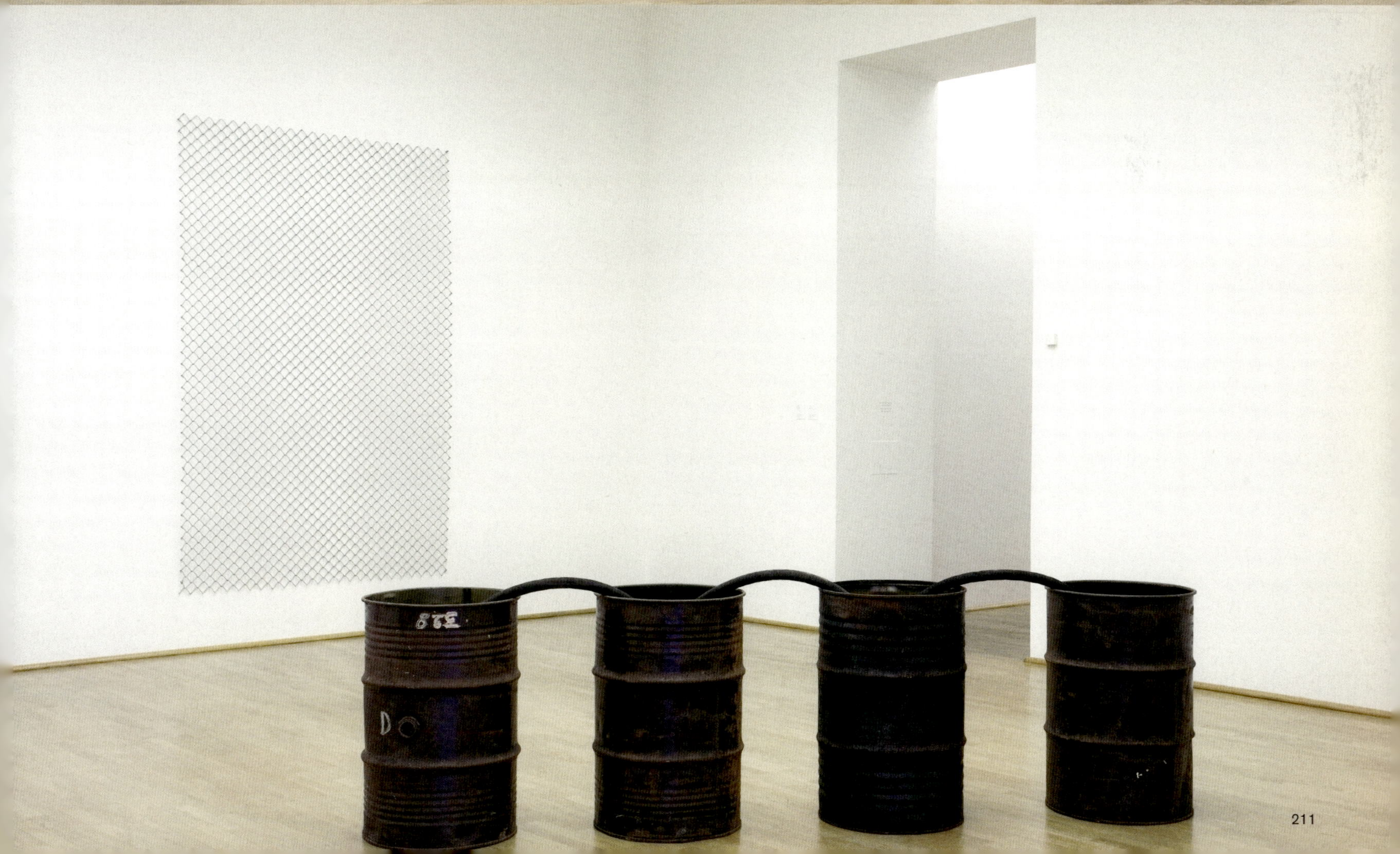

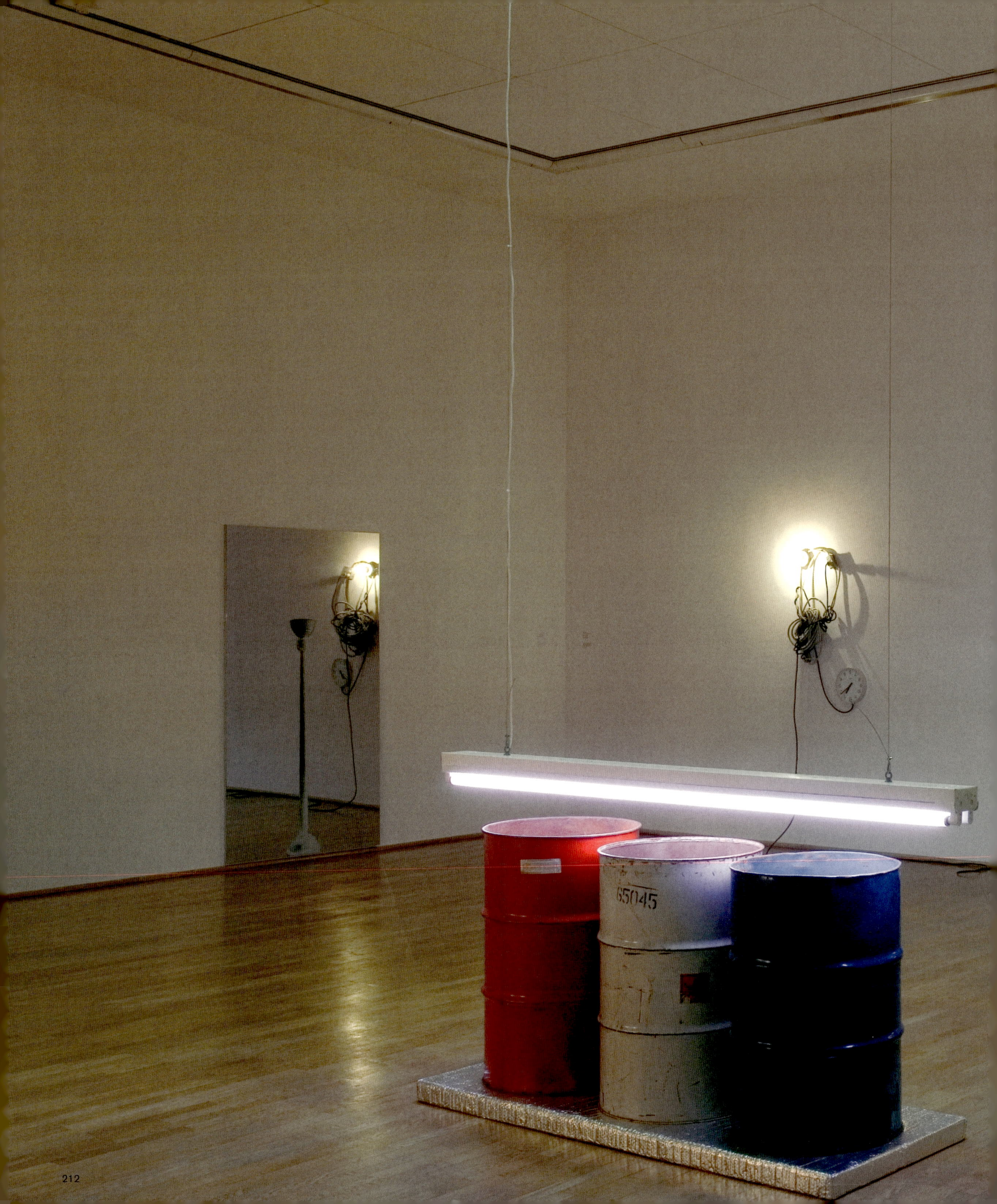
65045

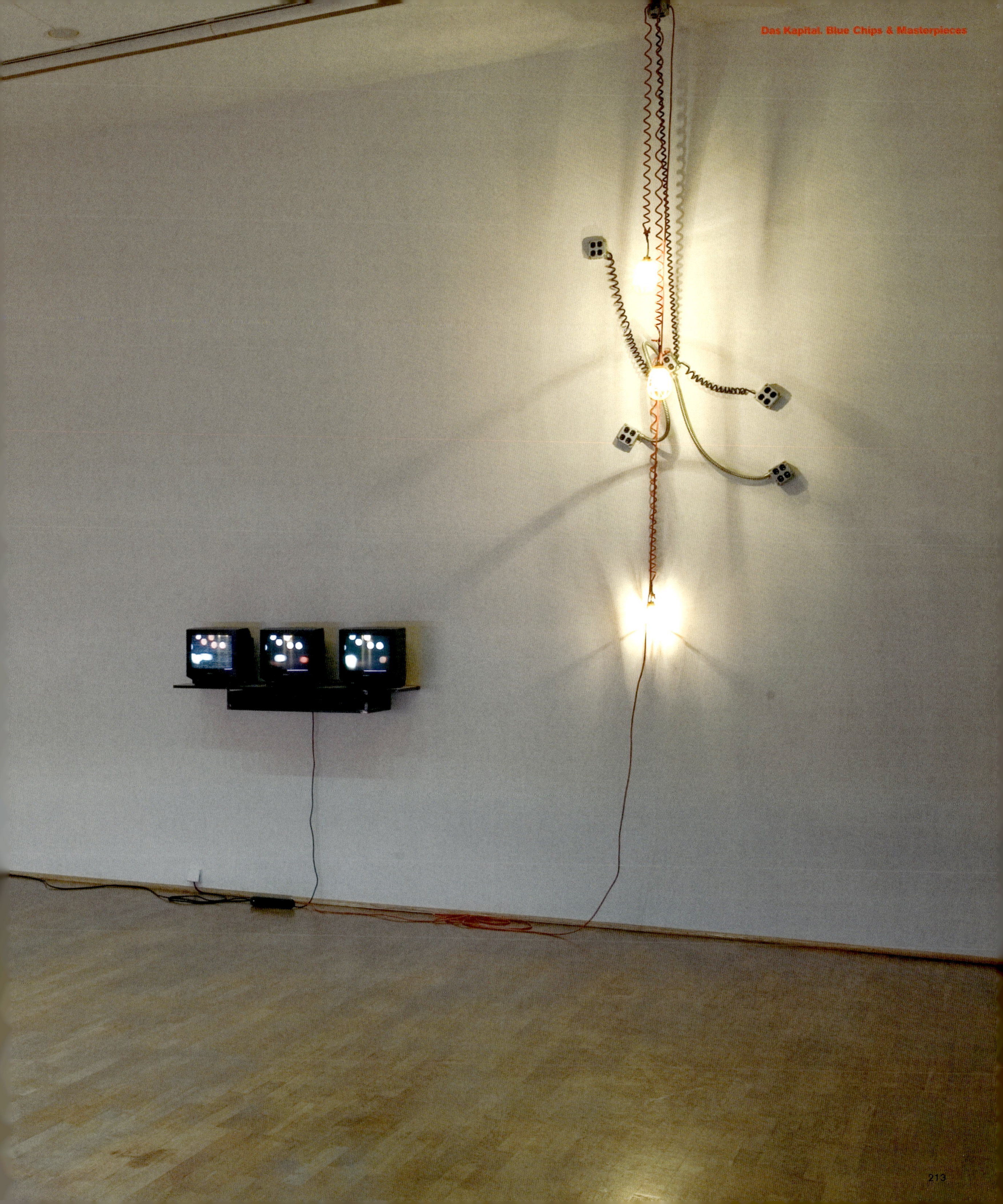

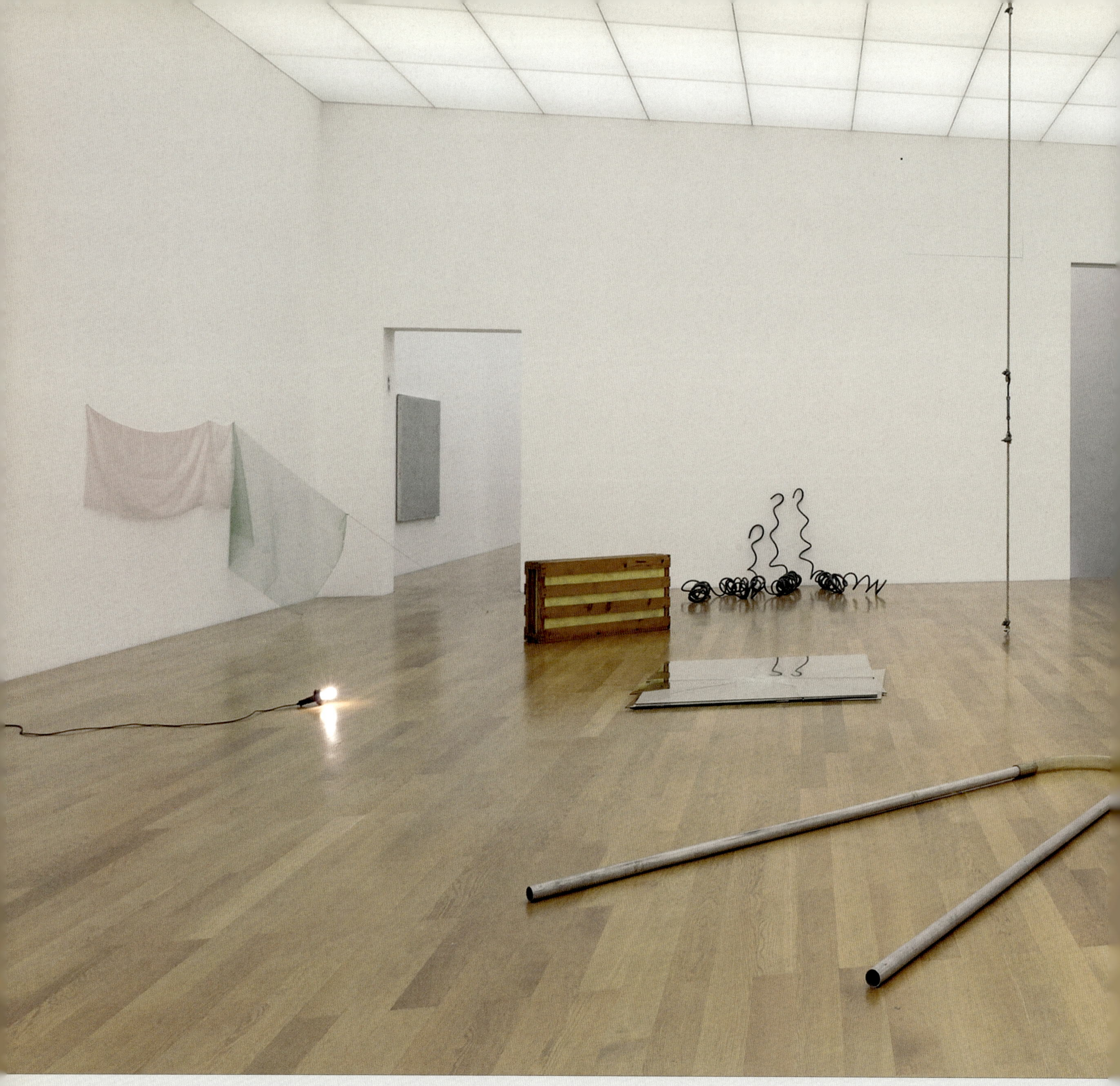

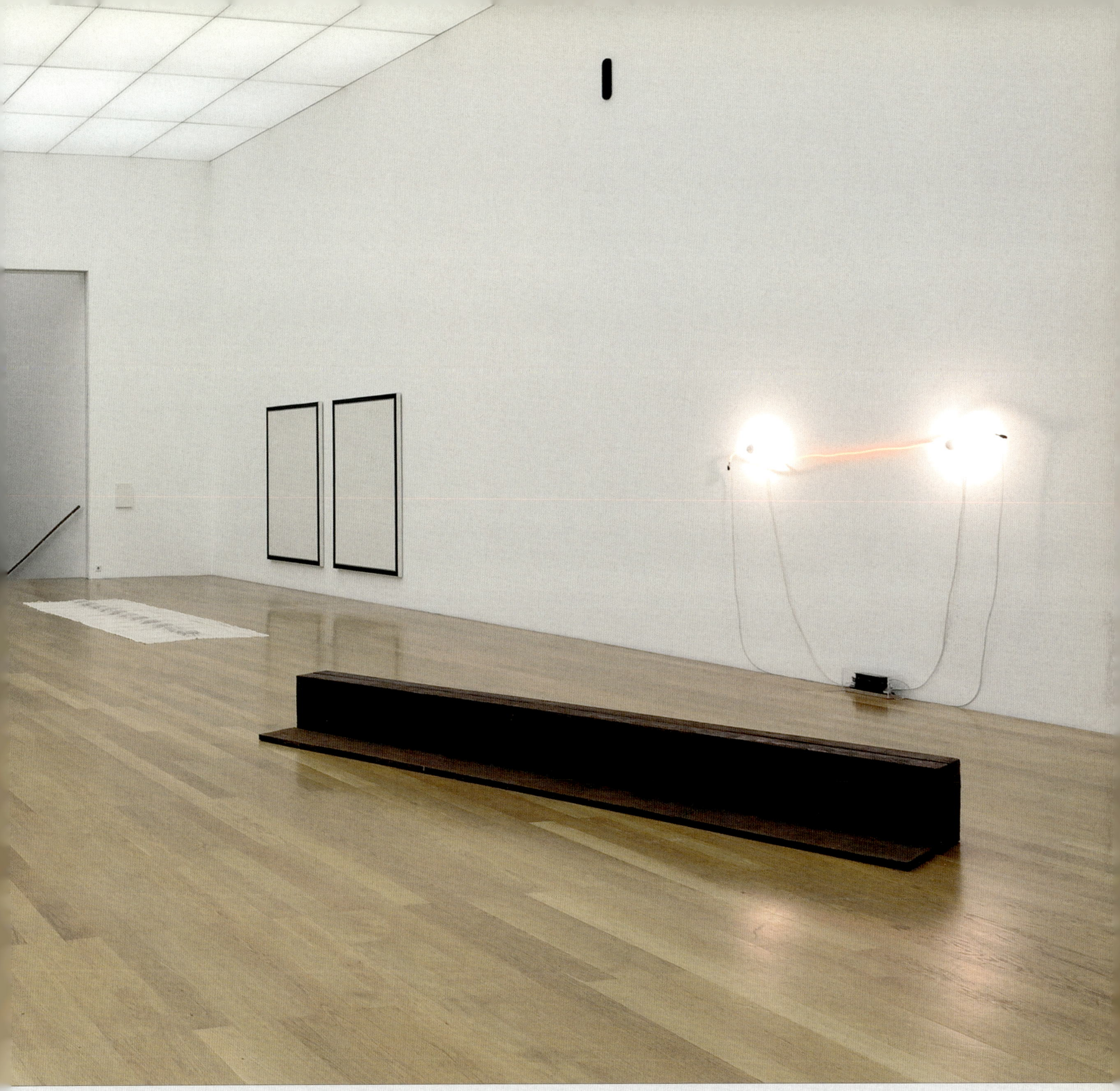

21. September 2007 – 13. Januar 2008

Lust for Life. Die Sammlung Ricke

Richard Artschwager, Jo Baer, Bill Bollinger, Holger Bunk, Ingrid Calame, Philippe Cazal, Jessica Diamond, Steve DiBenedetto, Helmut Dorner, Urs Frei, Pia Fries, Donald Judd, Gary Kuehn, Barry Le Va, Lee Lozano, Fabian Marcaccio, Matthew McCaslin, Allan McCollum, Thom Merrick, Olivier Mosset, Horst Münch, Cady Noland, Carl Ostendarp, Steven Parrino, Laurie Parsons, David Reed, Adrian Schiess, Richard Serra, Keith Sonnier, Lewis Stein, Jessica Stockholder, Alan Uglow, Günter Umberg, Birgit Werres, Peter Young

Kunstmuseum Liechtenstein, Vaduz

Zur Eröffnung Konzert mit dem Bode-Quartett, Berlin

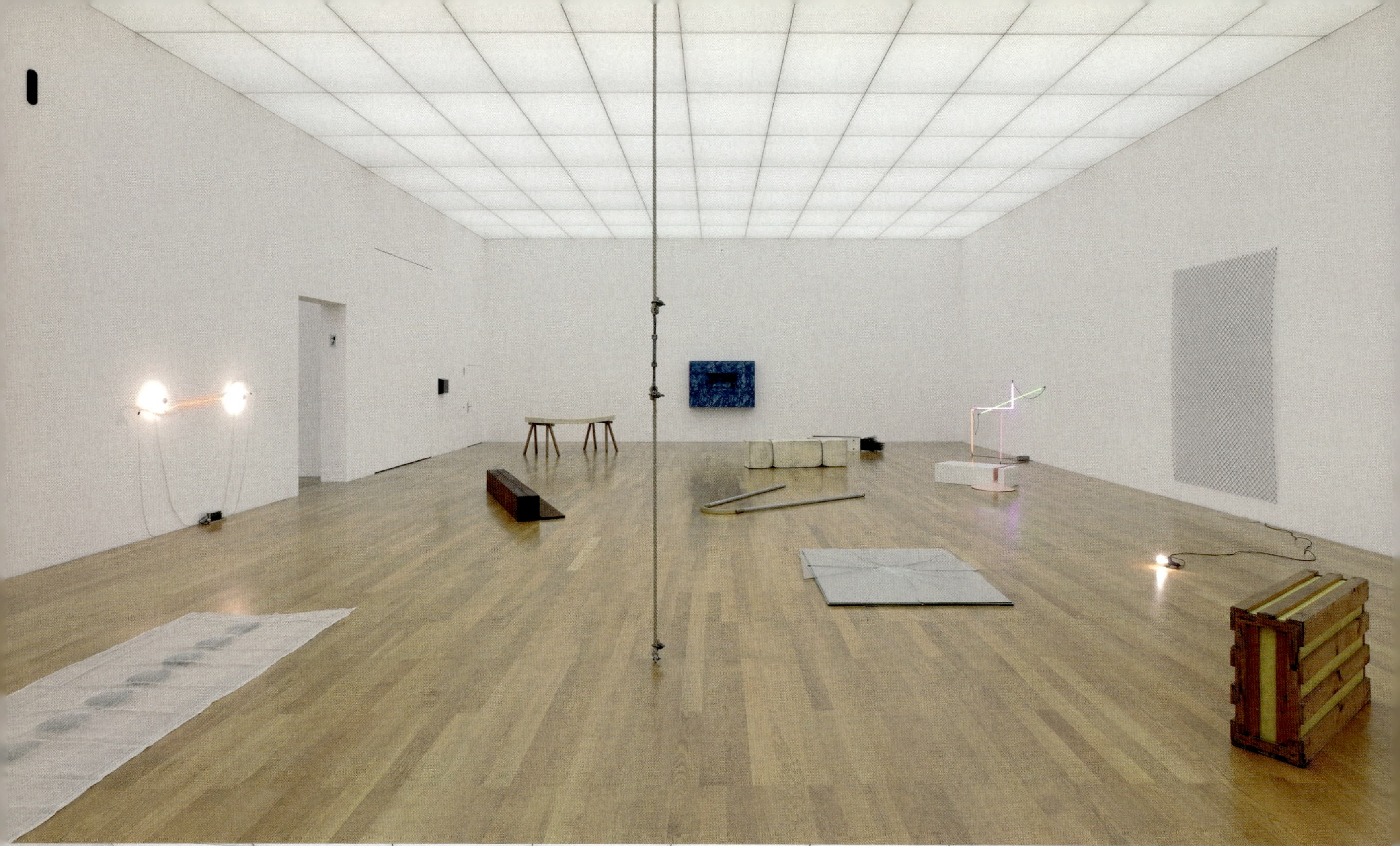

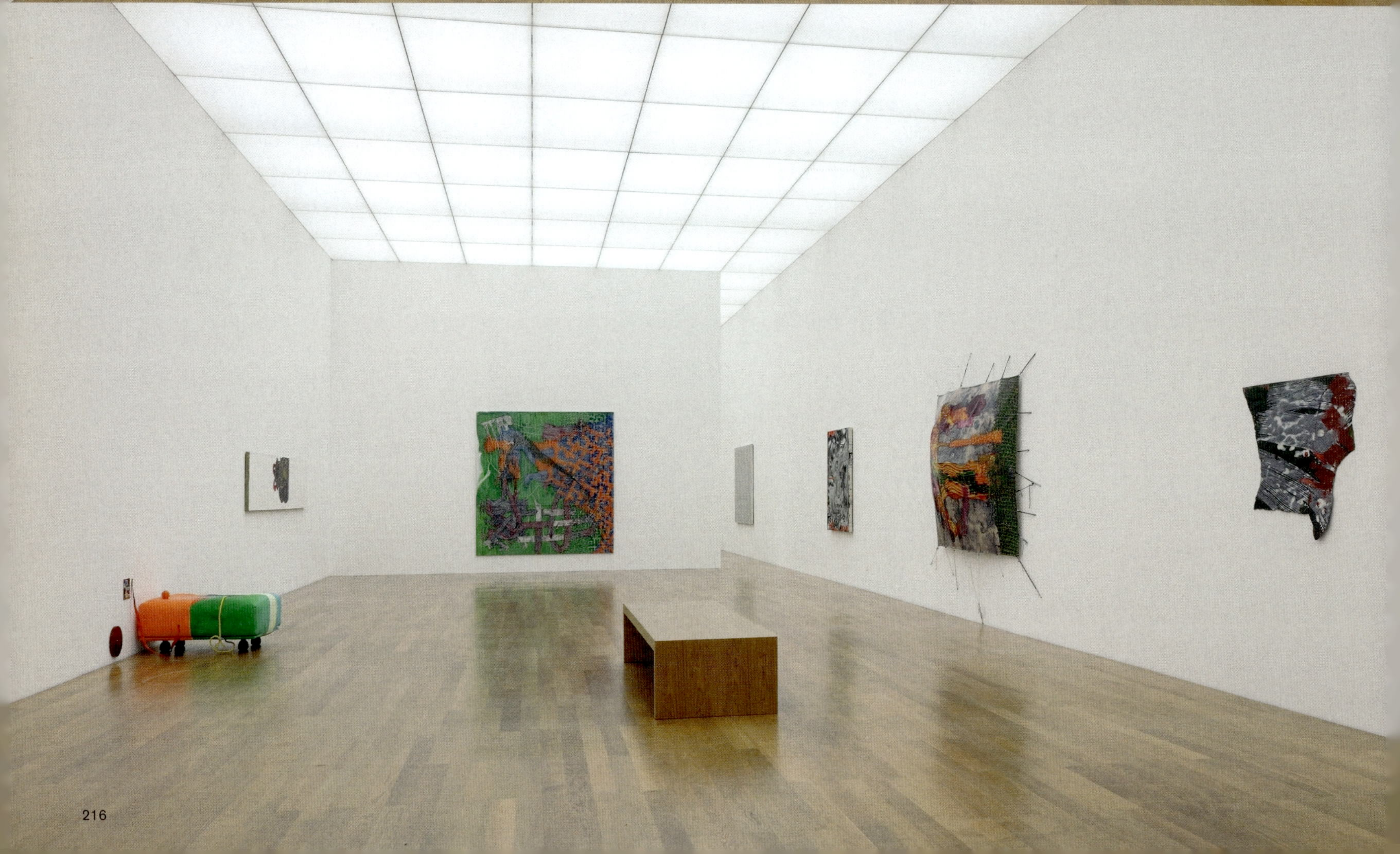

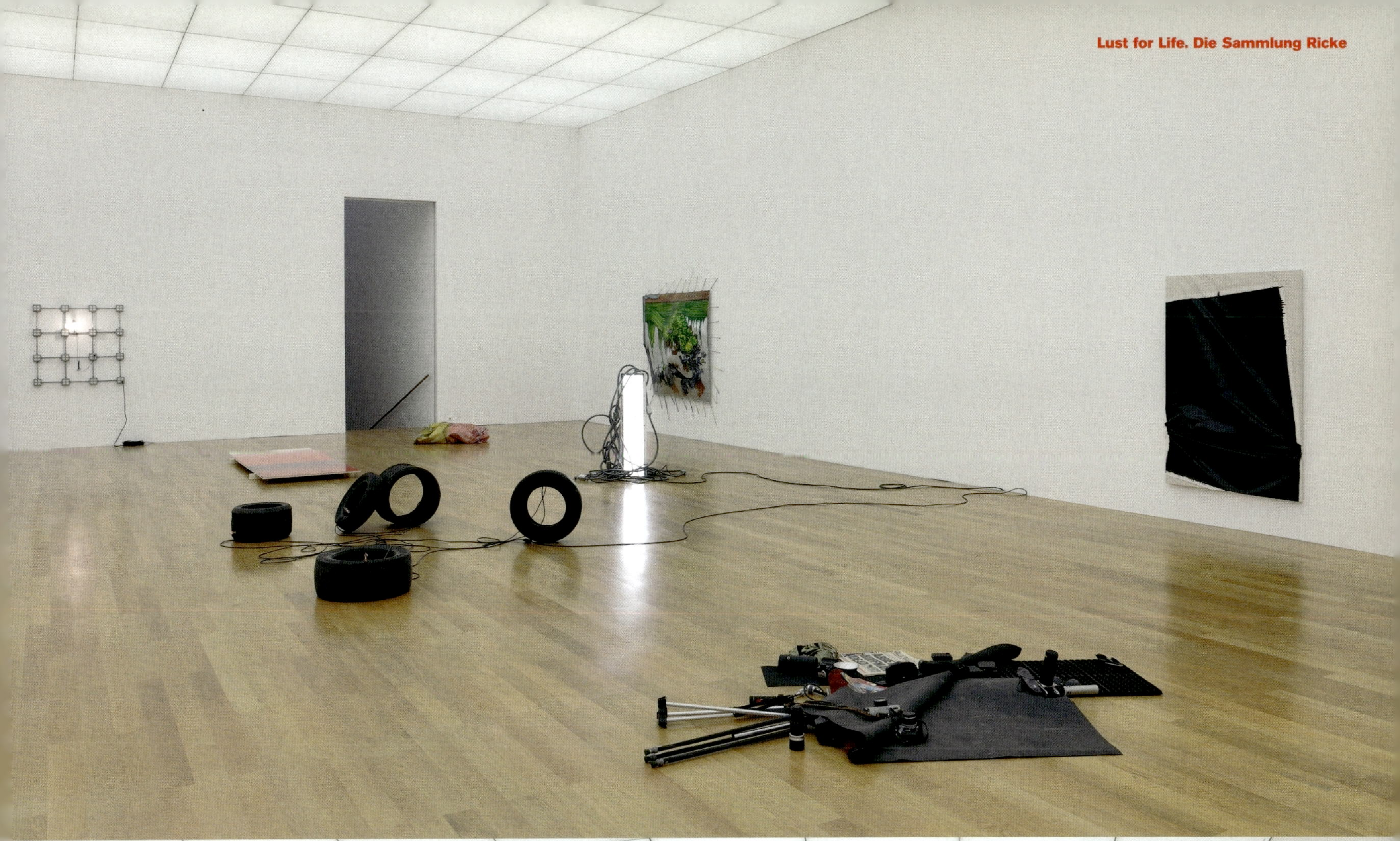

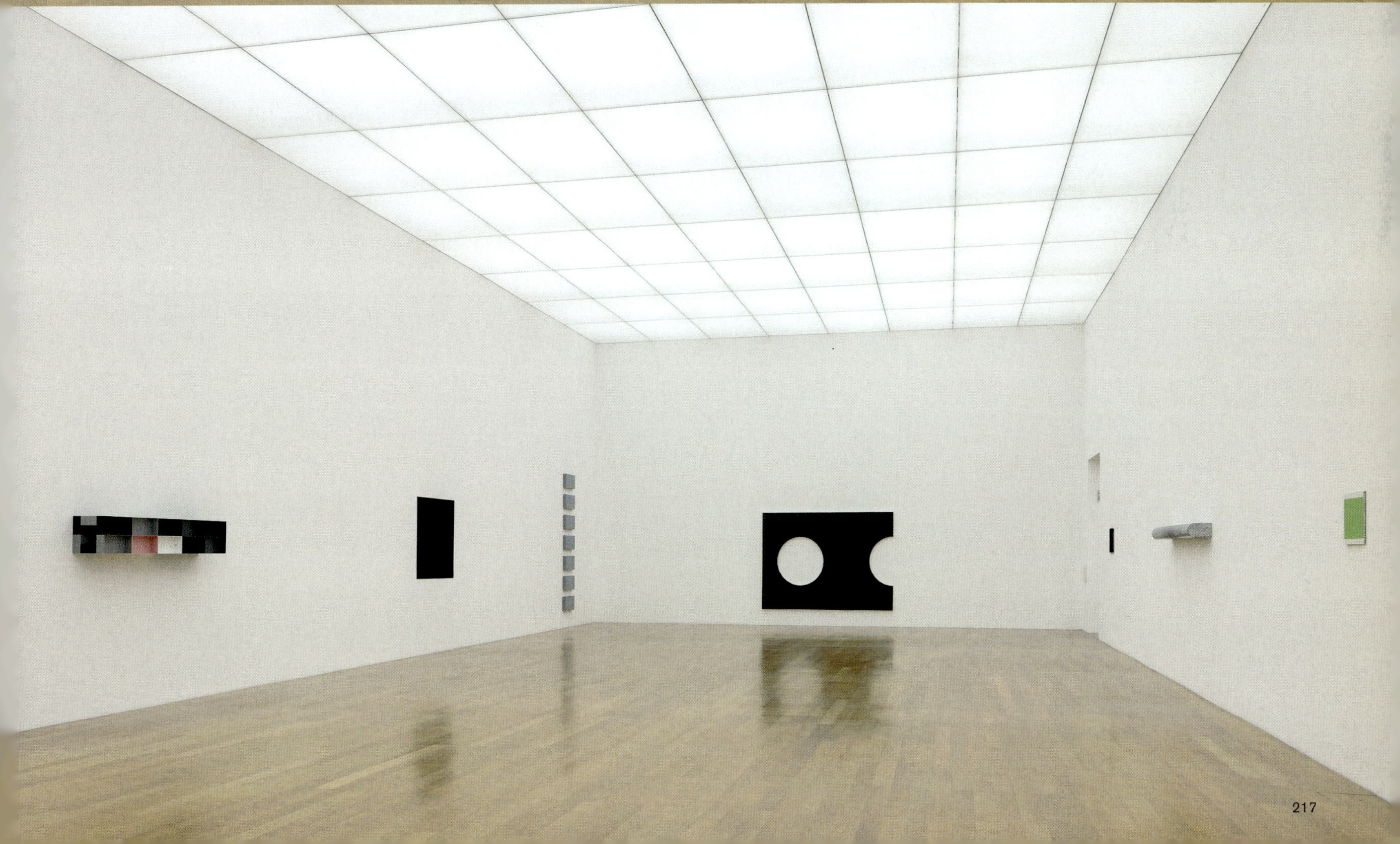

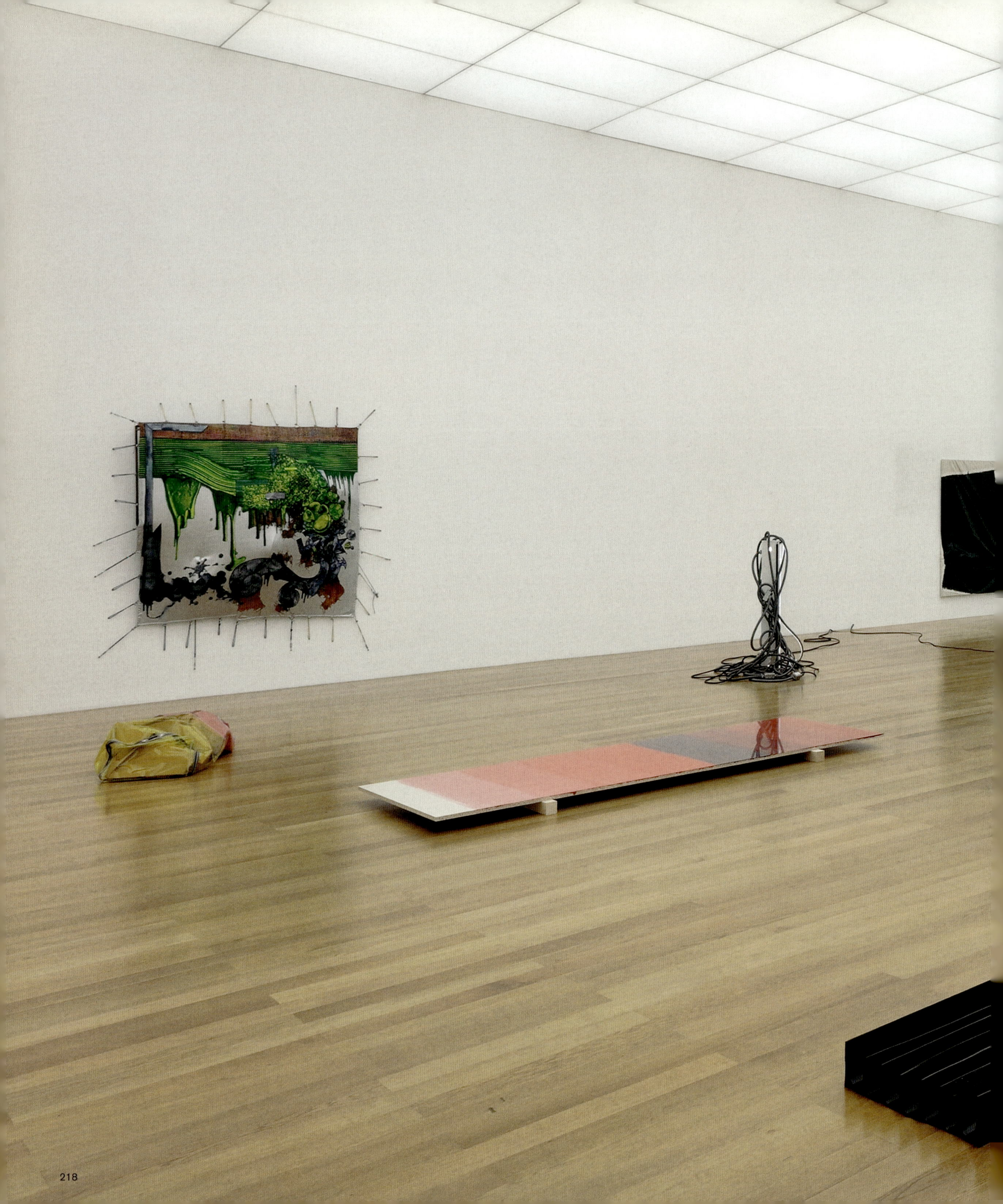

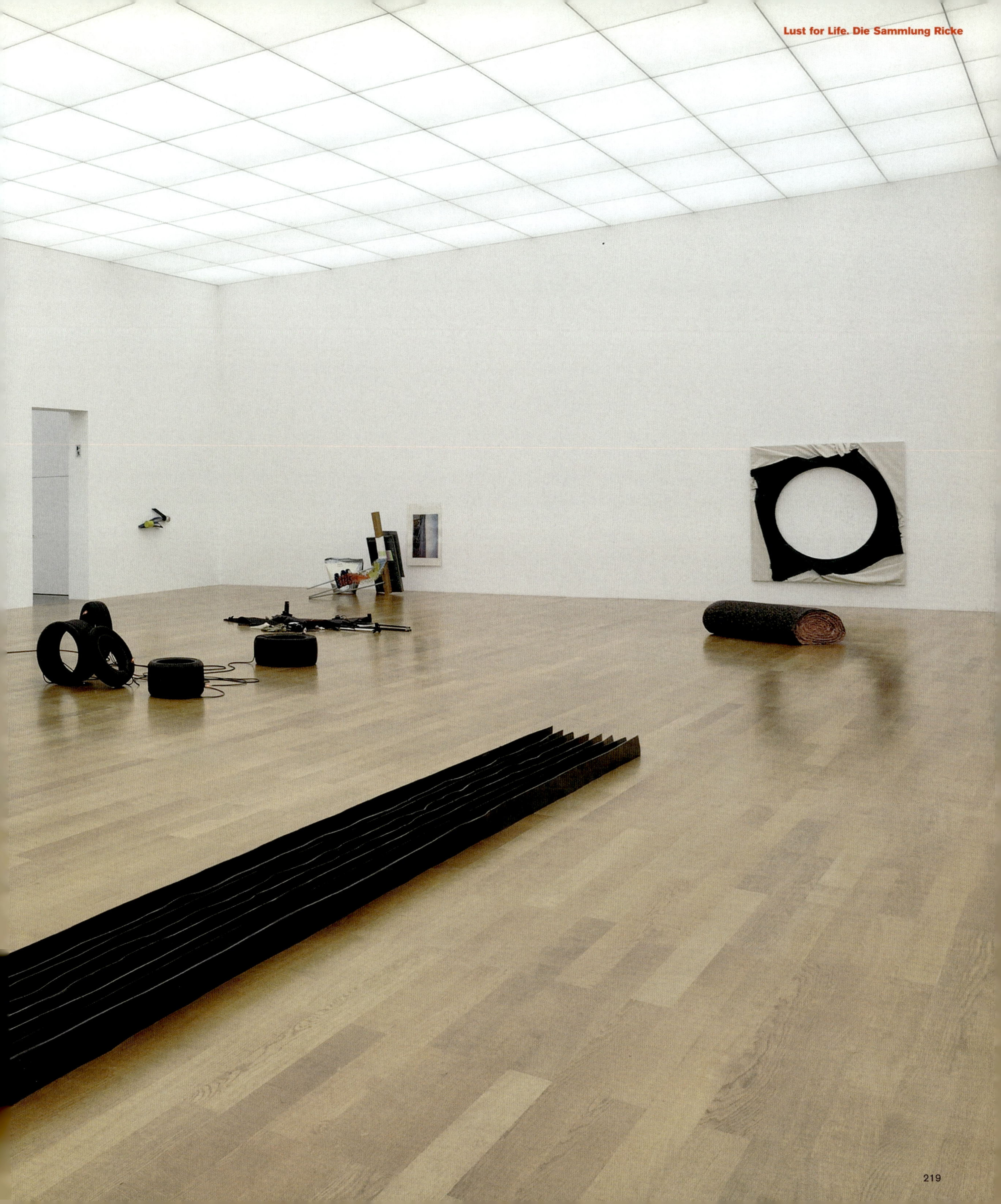

In Their Own Words

Künstlerbeiträge in Originalsprache

Die Sichtung des umfangreichen Briefarchivs machte die Entscheidung notwendig, sich auf die Korrespondenz der Künstler der Anfangsjahre zu konzentrieren. Der Wunsch, das Dokumentations- und Quellenmaterial aus dem Archiv Rolf Ricke zu ergänzen, führte dazu, die Recherchen direkt mit den Künstlern fortzusetzen. Aus einem zugesandten Fragenkatalog entwickelten sich Textbeiträge und Interviews, die grösstenteils via E-Mail geführt wurden. Im Zuge der Recherchen fanden sich nicht transkribierte Interviews mit den bereits verstorbenen Künstlern Dan Christensen und Steven Parrino, die für diese Publikation erschlossen werden konnten. Aufgenommen wurden auch zwei Essays über Leben und Werk von Bill Bollinger und Laurie Parsons, die bislang mit keiner Einzelpublikation gewürdigt wurden; beide Künstler sind nahezu in Vergessenheit geraten. Bollinger, 1988 verstorben, galt seit den 1970er Jahren als verschollen und Parsons zog sich Mitte der 1990er Jahre mit einem bewussten Schritt aus dem kommerziellen Kunstbetrieb zurück. Das Archivmaterial und die Künstlerbeiträge werden durch einen von Jo Baer 1983 verfassten Essay und Tagebuchnotizen von Lee Lozano ergänzt. Von einigen Künstlern liegen keine Schriftdokumente im Archiv Rolf Ricke vor, und weitere Quellen wurden nicht erschlossen, da wie im Falle von Donald Judd oder Dan Flavin die Quellenlage bereits sehr umfänglich ist. Zu einer bestimmten Arbeit verfasste Künstlerbeiträge sind dem Werk im Kapitel Werke der Sammlung Rolf Ricke beigeordnet.

In Their Own Words

Artists' contributions in the original language

When the vast quantity of artists' letters became evident it was decided to focus on the correspondence from the early years. The desire to complement the documentary and source material from the Rolf Ricke Archive resulted in research being continued directly with the artists. Texts and interviews (the latter largely conducted by email) were developed based on the artists' responses to a set of questions. In the course of our research, we discovered interviews with the late Dan Christensen and Steven Parrino, these were transcribed and are included in this publication. Another important inclusion is two republished essays on the life and work of Bill Bollinger and Laurie Parsons. Both artists have virtually fallen into oblivion: Bollinger, who died in 1988, was considered "invisible" from the 1970s onwards; Parsons made a conscious decision to retire from the commercial art world in the middle of the 1990s. The archival materials and contributions by artists are supplemented by a 1983 essay by Jo Baer and diary entries by Lee Lozano. The Rolf Ricke Archive does not contain any written documentation for some artists; for others, including Donald Judd and Dan Flavin, extensive source material already exists.
Artists' contributions that refer to a specific work in the collection can be found in the chapter on works in the collection.
JG

Montag 5.20 [1968]

Lieber Rolf:
Got your letter. Lass mich zuerst sagen, wie ich mich freue, die geschaeftlich-kulturelle Verbindung mit Ihnen gemacht zu haben. Sie sind ein dezenter, offener Mensch, und davon gibt es nicht all zu viele in dieser Welt. Grossen Erfolg erwarte ich für uns beide!
Down to business. Ankunft in Koeln, Lufthansa Flug 403, dritten Juni, weiss nicht um wie viel Uhr. Zwei kleine Objekte wurden gestern von Reggia abgeholt. Documenta-Stuecke auch gestern abgeholt. Es besteht die Moeglichkeit, dass eins davon hier verkauft wurde; ich sage Ihnen Bescheid nach meiner Ankunft. Hauptzweck der Fahrt: to plan and build pieces for the fall show, d.h. hoechstens zwei oder drei groessere Werke.
Bin immer noch sehr enttaeuscht, dass die Raumwandlung nicht stattfinden kann, aber das werde ich auch ueberwinden. Glauben Sie mir, ich verstehe Ihren Standpunkt sehr gut.
See you soon. Herzlichst, Artschwager

29 December [1968]

Lieber Rolf!
Vielen vielen Dank für das Foto – You are looking good, Baby – wie ein Filmstar aus irgendeinem Wildwestfilm!
Blips werden jetzt gefährlich. In Kansas-City hat die Staatspolizei schon den Verdacht, dass die schwarzen Flecke, die überall angestrichen sind, eine Manifestierung der Black-Power-Bewegung sind, wahrscheinlich wird der Fall jetzt schon von der F.B.I. untersucht.
Bei Whitney Annual ging es grossartig …
Castelli-Warehouse-Ausstellung sehr gut. Am besten schauen aus Serra, Bollinger und Sonnier. Beinahe eine Ricke-Ausstellung.
…
Alles Liebe an Ursula und deine Tochter
Happy days, Richard

20 East Broadway
April 28, 1969

Lieber Rolf!
Lange Wochen seitdem wir in Bern dir den Karton voll Sachen gegeben haben und davon gelaufen sind. Unsere Rückfahrt war ohne Abenteuer; Katerine und ich haben an dem gleichen Sonntag das Werk in der Stadt weitergebracht: früh aufgestanden, um die Gebäude der Schweizer Bundesregierung auszuschmücken. Bis jetzt haben wir nur etwas nebelige Berichte bekommen, über den Angriff am Museum und Zerstörung mancher Werke. Kannst mir vielleicht etwas darüber schreiben. Wird weiter in Europa ausgestellt, oder ist die Sache zugrunde gegangen?? Szeemann muss auf alle Fälle zufrieden sein, nicht wahr. Und du auch; es waren zum grossen Teil deine Künstler ausgestellt, ganz toll.
…
Blips-Entwicklung geht weiter. Multiples mache eine Gruppe, wahrscheinlich 5 Stück verschiedener Materialien in einem Formika – oder Plastikbehälter. Das soll in einigen Wochen erscheinen. Zur Zeit meiner Ausstellung wäre es gut das bei Dir herauszubringen; was glaubst Du? Arbeit an der Ausstellung geht weiter, und Ende Mai – Mitte Juni – soll es fertig sein. Kann die Hälfte mitbringen und den Rest selber verpacken. Die Frachtspesen werden nicht zu arg. Was mich plagt ist, dass ich immer noch nicht einen vollkommenen, engen Zusammenhang zwischen der Malerei und den Lokations-Stücken zustande gebracht habe. Es steckt drinnen – ich kann es riechen – aber das geht nicht so leicht.
…
Mach' bitte lieber Rolf alle Anstrengungen etwas von mir zu verkaufen, dass ich überhaupt nach Europa kann. …
Schönen Gruss an Uschi; Lasst Etwas von euch hören.
Herzlichst, Dick
Richard Artschwager

Feb 5 [1970]

Dear Rolf!!
… Kathy arbeitet fleissig an ihren Schriften (wird bald im Druck erscheinen!), ich mache Haarstuecke fuer Butler in Los Angeles (Maerz Ausstellung) and für Leo [Castelli] im April oder Mai.
Hans Etzold schrieb mir einen langen Brief; ich habe ihn gefragt nach seiner Meinung ueber meine letzte Ausstellung bei dir, er schrieb mir „Lieber Herr Artschwager, ich war erschrocken: Artschwager malt wieder Bilder!" …
Alles Beste an Uschi, einen Kuss fuer Susi (wenn sie das erlaubt) – Dein Dick

April 17. '70

… Das Logos löst die ganze Formika Dialektik, löst sie auch auf. Vielleicht noch nicht ganz fertig. Ich ueberlege es, das Logos auf gleicher Skala aus Haar zu machen, auch das grosse Ungetitelte (so wie das Stueck, dass du fuer dich genommen hast. dann waere es wirklich zu Ende.
Es kommen jetzt Kettenstuecke. Und (ganz unwahrscheinlich) habe ich gehoert. Peter Young macht auch Ketten, aber richtige Halsketten. Unausweichbarer Zusammenhang. Meine werden etwas Anderes; habe ich dir davon etwas gesagt?? Blips haengen zusammen, indem man sich an das Erste erinnert, wenn man das zweite sieht, usw.
Bestehen aber andere Möglichkeiten:

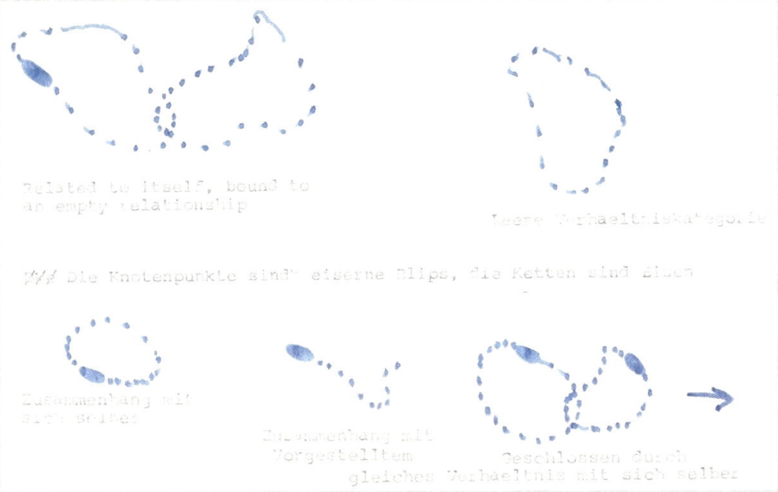

Die Knotenpunkte sind eiserne Blips, die Ketten sind Eisen.
Ich gratuliere nochmals den Verkauf. Alles Gute … Dick

September 29 '71

Lieber Rolf,

…

Was ist hier los? Einiges wirst Du schon wissen, z.B. dass Lo Giudice hier in N.Y. losgeht. Frisch aus dem Mittelwesten und etwas gruen. Aber man muss gestehen, er bringt eine grosse Menge Energie zur Sache, und ich finde es ganz moeglich, dass er den ansaessigen Haendlern einen guten Wettlauf macht. Zwei Stoecke hat er in Soho auf Wooster Street: Oben Wohnungsraum ganz prachtvoll, unten auf der Strassenetage die Galerie noch nicht ganz fertig. To each his own. Alles hat offen; Sonnabend, Castelli, Emmerich – neue Galerien, dann auch die alten Kaempfer wie Paula Cooper und der unsterbliche Ivan [Karp] mit noch mehr New Realism.
Nach Holland [Sonsbeek-Ausstellung] kamen wir nach unserer kleinen Landwirtschaft, unser Farm, da habe ich Bilder gemacht, nicht genug fuer eine Ausstellung. (Das ist schliesslich nicht der Zweck der Uebung) … aber den Kern einer Ausstellung; das ist schon da. Wie, wo und wann diesen Winter, weiss ich noch nicht, aber das ist ziemlich egal. Leo [Castelli] kommt nach dem Kunstmarkt zu mir vorbei – Ihr werdet euch treffen, ohne Zweifel, in den naechsten Tagen – ich sprach mit ihm vor einer Woche. Er ist hinter dir und ein treuer Kollege …
Now down to business: Ileana [Sonnabend] wants a show in Paris, but I have to do that in New York first; I am sure you would agree. Bei dir ist schon hoechste Zeit, dass ich etwas mache. Wenn ich fleissig bin – wenn ich Glueck habe – werden viele Bilder besser gesagt gute Bilder, aber man kann kein Datum feststellen. Harry Szeemann schrieb mir wegen Documenta, bei welchen Sammlern liegen Bilder, die ich vorziehen wuerde. Ganz sicher moechte ich das Buerobild von Dr. Ludwig und das grosse Spitalbild, dass bei Florence Baron liegt in Detroit. Ueber den Rest, weiss ich noch nicht. Vorschlaege von Dir sind willkommen. Ganz recht! Etwas gutes Deutsches Geld waere auch willkommen. Wir sind auf East Broadway zu Hause, wie immer. My love to Uschi and Susi.
Herzlichst, Dick

December 2, 1971

Dear Rolf—
Well your english is getting pretty good… .
das Rheinland im Mai waere schön. Ich arbeite schon wieder fleissig, nach den vielen Besuchen. das war alles sehr interessant, und einige interessante Entwicklungen daraus: Basel wird wahrscheinlich (hoffentlich?) ein Bild kaufen d.h. das Kunstmuseum; die möchten auch eine Zeichnungsausstellung machen. Es liegen davon eine kleine Menge bei dir. Vielleicht einige davon ausstellen, aber wahrscheinlich schicke ich Alles von New York. Szeemann und Amman erschienen auch, wir haben 5 Sachen für Documenta ausgewahlt, darunter die alte Plastik von mir, die ich im Loft habe. Chest of drawers with picture on top, um das Historische deutlicher zu machen …
I am working on a lithograph for Brooke Alexander, but so far it is not going well. The technique is not right yet. But it will come, and then we can do some in Germany. The print for Kunstmarkt that time was O.K., but the quality still leaves much to be desired. …
Best, Dick

February 8, 1972

Dear Rolf!

. . . .

In the Documenta there will only be two works open for sale: you are credited with one, and Leo with the other; this makes you both known as the dealers. O.K.?
Happy days, Dick

Thursday May 4, 1972

Dear Rolf,
The paintings are on their way. Hague also picked up, at the same time, the work for Documenta, those few things I had here. Everything looks good, except that there is not a single super size painting in the lot. The big farm painting was sold, as a matter of fact practically everything was sold out of the show. The double skyscraper painting was a failure . . . . I am doing it over and over again, but it will not be done for a few days yet. It will have to be crated separately, and will probably arrive to late for the show. There was a stupid disaster with the double tree-painting. . . . E. sent it to Indianapolis for a museum exhibition, without telling me. I tried to get it back but couldn't. You will get it in June, I guess. The staircase painting, which was put in Leo's show a few days after the opening is going to you. I am astounded that it didn't sell, but no accounting for tastes.
I really think you would be well advised to show the work just in one room, and make a group show out of it, or else hold everything up till fall. But use your own judgment. Just remember we have a lot of years ahead of us and there is no sense in putting [on] a weak show. Everything else promised to

you is on its way, so you can figure it out from there. You will get one extra painting, an interior, either the elaborate one with the mirror or the smaller one, the di[n]ing room with the candles.

. . . .

Alles Gute, Dick

Charlotteville
June 5, 1973

Dear Rolf,
It has been a long time since I have written—I never answered your kind letter which reached us in Chicago. I don't know how things have been going with you, but I know that we will survive, both of us, and become fat and successful. . . .
It has been a long time since I sent you many paintings, or what-have-you, and it is high time I did so. There will be something going over the summer; this is a promise. . . .
I would really like to know what final arrangement you envision between you, me, and Neuendorf. Both what ideally like to do (finance permitting, or other considerations that I don't know about) and what, on the other hand you think the realities of the situation dictate. And in an even more general way, how are you getting along, how is life treating you: „Wie geht's?" Write soon.
Love from us both, Dick

Charlotteville
September 21, '73

Dear Rolf!
Wir waren gerade in Neu-York, fuhren heute früh zurück. Es war, wie immer, recht viel Post aufgesammelt: ein sehr willkommener Brief von dir ...
Deine Lage verlangt strenge Massnahmen, und aufgeben des V Stockes ist wohl ein minimal notwendiger erster Schritt. Ich habe selber viel Übung in solchen Sachen, so I know what it feels like.
...
Ein gutes älteres Bild, etwa 30 x 30 Zoll, und ein paar Zeichnungen kannst Du sofort haben.
Die Ausstellung bei Sonnabend ist aufgeschoben (nicht aufgehoben; Leo und ich möchten ehrlich handeln, und was versprochen wurde, muss werden.)
Ausstellung bei Castelli uptown, Ende Oktober ... Leo hat ein schönes, achtteiliges Bild verkauft ... Nun muss ich fleissig arbeiten, die Lücke einzufüllen.
Hans und ich besprachen deinen alten Vorschlag einer Furniture-Ausstellung. Ich sagte ihm damals, es hat keine Eile, weil etwas im Frühling herauskommt, nämlich eine Pop-Ausstellung im Whitneymuseum, von Lawrence Alloway arrangiert. Hoffentlich geht dann alles leichter.
Bald weiteres von mir. Schreibe auch ein paar Zeilen, je öfter, je besser.
Love, Dick

Charlotteville, NY, Nov 28 [1978]

Dear Rolf,

. . . .

The show here is going to be very good I think. It is very carefully not going to be a retrospective, partly because it is not going into the Modern, the Whitney, or the Guggenheim, which I really don't [want] at this stage anyway, but it is going to leave me in a strong position I think, and there are a number of other good signs, not the least of which is that I am really into working right now. You were always of the opinion that it had to be got together in America before it really could go in Europe and I think that is true. In that sense the Hamburg [show] was premature, but there hadn't been anything shown in Germany for so long that <u>something</u> had to move.
I remain affectionately your true friend, Dick

3/4/79

Dear Rolf,

. . . .

Many thanks for the letter, and for the sincerity and goodwill of the money order. To show you some sincerity and goodwill I am enclosing something for you as well. Spring seems to be coming here after some 35 Grad Kälte. It is possible to go outside without fear that one's nose might fall off. I am working mainly on sculpture and of course the less cold weather is better for that.
Deinen Brief lesend habe ich mich daran erinnert, dass ich englisch und deutsch durcheinandergebracht habe. Und du, um nur nicht zurückzubleiben, hast ein noch feineres Gemisch hergestellt! Du darfst ruhig auf deutsch schreiben; das macht gute Übung für mich. Ich würde rein deutsch schreiben, aber Amis-Maschine hat kein anständiges Umläüt? Nun, was soll man machen in diesem Leben ausser erleben und durchleben, ja?
Love, Dick A.

Die Auszüge aus den Briefen folgen der originalen Schreibweise.
Die Veröffentlichung erfolgt mit freundlicher Genehmigung von Richard Artschwager.
The letter exerpts follow the original spelling. They are published with the kind permission of Richard Artschwager.

Modern avant-garde art died in the seventh decade of the twentieth century. What began a hundred years before in pats of paint ended in a clutter of performance, pronouncement, photos, memorabilia, and smashed utopias. Ironically, it is commonplace to describe this decade as "optimistic." A cold look at the high art of the '60s shows instead a deep-set pessimism out of which came works programmed in an intentional flight from history, ethos, and significance. (At the time the high-flying appeared both brave and bold. At this time it seems merely naive.)

The major events of the '60s were televised elucidations which remain unforgettable—assassinations, race riots, police violations, and that indelible Vietnam from which the committed absurdity and atrocities reverberate still. Phenomena of less consequence were rock concerts, drugs, democratic idealisms, and an enormous single-age group who felt theirs would be the efflorescent domination of the future. The charge of "optimism" for the decade arises from this hide-thick glitterskin which coated the basic events, while beneath the sparkle, an undersurface generated and succored both Pop Art (that banal genre wherein Surrealism became Americanized) and Color Field painting, wherein large-scale decorative stains carried the day. Skins and bone were in disjunction. So too the painters and radical sculptors.

The radical ambitions of the Minimalist sculptors, which arose from that understanding of the '50s which eventuated in the '60s and which their works anticipated, were formed and undertaken before 1963, when the long real nightmare began and everyone's fears began to come true. Later around '67–68, some of the seminal artists noted further writings on the wall and promoted their ideas into Concept Art. (More of that later.) I am at pains to give this chronology because, while art surely begets art, and a reaction against the expressionistic painters was due, exactly which art would obtain was always another matter. That the Minimalists chose the pre-WWI extreme abstraction of Dutch/German/Russian movements, gives the efficacy of a parallel time when apprehensions of vast, irreversible events were foremost. Not surprisingly they made changes: the modern sculptors reversed the European idealism into a materialism (a simple case of American metaphysics), and they also forced the former's mystical absolutes into a mathematical logistics. The result was utopian.

The painters strictly associated with the Minimalist movement were Stella, Mangold, and myself. Jasper Johns should also be declared. Johns's targets, flags, bronzed beer cans and coat hanger drawings ('58–60) married subject to object in a model influencing, *nolens volens*, all who followed. The marked change from Stella's black paintings to the subsequent metallic ones is probably due to Johns's example. After the black paintings, Stella's work of '60–64 was unique (if unsung) in its influence. His purple, bronze and aluminum series were geometricized pictures of sculptures: he painted a gallery of "specific objects" showing others the way before he went on to more colorful fields. Like the object-makers who came after, Stella had almost no illusions, which is why these paintings are so impeccably correct and why they are so implacably boring. Unlike the Stellas, the Mangolds of around '66—the sectional, quartered, halved, pie-shaped ones—are painterly objects which, clearly paintings and clearly objects, remain among the best works of the period.

My paintings from '62–75 also engaged and occupied a strong position in the dialectic of object versus sleight-of-hand. In part my work was congruent with the sculptors', especially in their focus on objecthood, then a primary and timely concern. This act of looking long to the nature of the object and into its specific organization stood for a hard look at integrity and the motions of deceit—an inquiry that further projected a quasi-political, visionary stance. But paintings, while objects, are not sculptures: Flat and round are different intentions, and painted space is definitive deception. There can be no mark within a painting's format that does not deceive. The sculptors preferred isometric drawings and fabrication by non-isometric, straightforward measure; instead, I painted my straight edges curved to make them look straight (entasis) preferring an open dialogue of illusionistic physicality to simplistic, one-dimensional fiat. Even more disruptive, my use of color was disreputable, being neither grisaille, nor unaccompanied nor uniform. Choosing instead color worked in a conflict—with others or with black and white—obtained duplicity through color's standard double-face. In these and other ways my differences with the sculptors were more than aesthetic: to face illusion boldly is also an ideological act, for illusion necessarily exists in reality as much as in art. Programmatics aside, the real challenge in painting was to make poetic objects that would be discrete yet coherent, legible yet dense. Double-dealing, double-edged, the elegant course was through color. Mention of painters in this obituary would be gratuitous but for the differences between painting's use of illusion and the sculptors' innocent rejection of it. When in 1966 Judd attacked illusion in painting he neglected to explore or even question its presence in sculpture—their aim was an "objectivity" to be derived from the "making of non-illusionary specific objects" (via numerical concept and a mundane restraint against philosophy's "secondary properties"—i.e., they used prefabrications, metals, geometric forms, bricks, mirrors, lamps, car paints, uniform colors, etc.). Sculpture's basic, scandalous fiction went unregarded. All sculptures pretend to contain the real. From the living woman anciently trapped within the marble up through today's arrangements of discarded plastic bottles and other detritus, sculpture always solicits its importance with or through this illusion of reality. If we allow that any object can become sculpture, to ignore its reciprocal—that any sculpture must needs become an object vis-à-vis the historical deception inherent in the art—did not continue to serve the Minimalists. Twenty years on, to a new generation lacking the relevant media propaganda, these carefully engineered works have reverted to hollow boxes, playground equipment, end tables, lighting schemes and peculiar dance floors, while questions of set theory, prime numbers, or serial proportions are replaced by wonder at their presence in museums.

A non-illusionistic art, where not impossible, is a nearly meaningless art. Rejecting metaphor, symbolism, and "hierarchical" relations leaves only an organizing principle plus combinative rules to work from. To put sixty-four bricks in a line on the floor or arrange four light tubes into a square is to attack significance and the world it inhabits. The shock effect of such reduced meaning, however, has a handsome pedigree. The prototype comes from Russian Futurist poets and continues, *ad nauseam*, through the French, so that by 1960, speaking, say, sixty-four sounds in a line was a cliché. The difference is one of violence: sixty-four bricks in a line is brutal, as brutal as the time bespoken. What appalls in the '60s was the pervasive feel of normality. The '60s attempt at "business as usual" subsumed conflicts and contradictions which deserved sixty-four bricks through a window, which in part it got. When, toward the end of the decade the Minimalist sculptors became co-opted, their "reduced" works chic and bought for enormous sums, the tactics of confrontational avant-gardism were over. From this point on, to act as though innocent showdowns could be staged against the ideological weight of the market was tantamount to the belief that a fish can ride a bicycle.

The paroxysms of the avant-garde were not pretty. American Concept artists of the late '60s–70s made the ultimate reduction and dematerialized the object after the "brutality of the brick" was understood to have failed. In their freedom from forming, most unfortunately remained trite and true to the well-established manifestos: they posted sixty-four cards or telegraphed sixty-four ontological messages to prove a passage; one photographer arranged four sunbeams in a square. Many painters took to exquisite attenuations. Monochromaticists reappeared while Agnes Martin and Robert Ryman were ratified by LeWitt's evanescent wall drawings (ephemeral paintings of a sort). All these were tailings-off, decorative or clever increments of a further futility. Between the quick and the dead, Concept Art in its mechanical, unrepentant "distantiation" and in its wandering appetite for meaningful subject matter had buried abstract art and admitted high art figuration.

I am no longer an abstract artist. My description of abstraction's demise is more than a disputatious recounting, it is a conviction I have acted upon. I began painting figuratively in 1975 and since 1978 in a collaboration with an English artist, Bruce Robbins. We have been working to construct a radical figuration which differs considerably from other new figurations recently seen in the galleries and museums. These others have been quick into the breach, the Schnabels, Clementes, Baselitzs, et al., transacting the swing of history's pendulum—over-scaled, indulgent, loose, fast, gaudy, and shallow, they are also traditionally baroque—"individualists who directly address the world painting melodramas or tragic-comedies with eclectic, episodic brio." The ready reaction of these artists to mannerist Minimalism is part-for-part, so that one doubts the ongoing validity or interest in such painting: symmetrical reversals go as far as their models and can never be radical.

To construct a radical figuration is to reject the preeminence of either image or space to correspond to the parity of subject and its locale. This proposition was touched on, picked up, and dropped by the early Cubists. Today, (unseduced by modernism) it wants a non-illustrative approach that puts the emphasis on the glossary of structure rather than on trends towards fable, and a non-expressionistic manner to avoid tantrums, pandering and the distractions of material. A radical figuration further requires a subject that is akin to myth but not the mythological. Myth is a form of discourse where the subject remains invisible. Where the subject is a retelling or illustration of a mythology, the unit of meaning is closed and therefore inconsistent to discourse. To enhance discourse is to paint and draw in fragment, which is an open adventure; it is having paintings talk (as opposed to talking about parts of others' paintings). The topology is not complete until the contours and coastlines are arranged upon a coherent surface enforcing a cleaving together of those chosen fragments, split from former contexts and deformed into a new unity of meaning. Twenty years have seen some changes.

Jo Baer
1983

First published in "The '60s in Abstract: 13 Statements and an Essay," *Art in America* 71, no. 9 (October 1983), pp. 122–37.
This text is reprinted with the kind permission of Jo Baer.

This trip to Europe affords me the ability to examine my new work in a new viewing situation, it's the third time I've seen it. The first was in the studio when I made it, the second was in October 1989 at the Musée d'Art Contemporain in Lyon, and now in Cologne.

This work is very strong, filled with the desire to be different, to be expansive, and it motivates me to think in a different context than before. The difference is in the nature of improvisation. In the past my sculpture fabrication techniques would not allow improvisation in the creative activities of the studio. The pieces were carefully planned and improvisation came during the installation of the pieces and the lighting of the rooms so the work was new and fresh at each place, even if parts were the same as the previous installation. The sculpture parts were recombined in new and different configurations. For example, a piece having twelve parts in its original conception might only use nine of those twelve at the second installation, the right-angle relationships used would be changed. A piece composed of rectangular and triangular panels that were joined to make a stable architectural unit within the rest of the composition might change too, rectangles to rectangles and triangles to triangles, with the ambient light coming from the reflection of the floor instead of the walls.

The discipline needed to make the parts would not allow improvisation or spontaneous decisions, other than technical ones, because of fabrication expenditure. Spontaneity and improvisation waited for the opportunity to show the work.
My interests were in developing the ability to be intuitive, spontaneous, and improvisational. While the fabrication did have the sensuous aspect of physical activity with some interesting technical involvement, the real joy came in the presentations.

The new work is exactly the opposite, it allows complete spontaneity and improvisation during its creation, while intuition plays a role in the installation. That installation is of little sensate value to me.
I trust Mr. Ricke's judgment in the hanging of the show as much as I trust my own. This would never be the case with the sculpture. And that was probably the reason that the pieces were seen so few times in Europe and the United States also.

In 1978 I began expanding my experiments with the interface of light and surface by applying the technique I developed for the treatment of glass to paper, with the intention of beginning a series of two-dimensional images. This change taught me more about myself in the next two years than all the work of the prior eighteen years. It taught me a great deal about my sculpture also. I realized that what was magic about the glass was the way it wove the reflected and transmitted light of the environment. In a sense the glass pieces were tapestries of the light of the space they occupied.

Since the paper works were two-dimensional, hung on the wall, and not transparent, they did something completely different while still being weavings of light. The fact that they now wove reflected and absorbed light rather than transmitted light allowed the "page plane" to be sculpted or carved by the absorbed energy of the light. The images were created with light differentials at the surface plane. The glass pieces acted as a mirror and window for the ever changing conditions of the viewer and the space the viewer stood in. One of the basic laws of the cosmos is that the angle of reflection is equal to the angle of incidence, which determined the weight and mass of the visuals in those glass pieces. In other words, if the surface faced a bright white wall the density of the piece increased, the paper surface did not. The absorption factor of the paper trapped and diffused whatever ambient light was available. The viewer's position was much less critical to convey the sense of feeling of the imagery.

All the studio techniques were the same, only the surface changed, and the compositions were now weavings of absorbed and reflected light. Ten years of investigation of this type of "page plane" weaving created an insatiable appetite for new images and new surfaces.

The work at Mr. Ricke's gallery is evidence of the changes taking place in my aesthetic due to the freedom of improvisation, spontaneity, and intuition in the studio. To me spontaneity contains no chaos, these images are made from paper and other materials that I have prepared for the collage-type procedure, they also contain nearly thirty years of experience examining the interface of light and surface. The pieces are made from bits of paper, laminated films, painted surfaces, dissected early pieces, ambient light, experience, and a good deal of skill. While I can explain rather clearly how and why they exist I cannot explain their imagery. They might be frozen memories or landscapes of my mind. I do know where the imagery comes from. During the installation a composer visited Mr. Ricke. His response was that the compositions were like a musical score with many different levels of experience to view.

I also hope that the aspects of improvisation and spontaneity are appreciated. This work is about the joy of seeing and the joy of working. I feel confident in saying that my work has always been my teacher. It has taught me everything I know about light and surface, insight and skill.

Larry Bell
1990

First published in *Rolf Ricke – Texte von Künstlern, Kritikern, Sammlern, Freunden und Kollegen geschrieben für Rolf Ricke aus Anlass seines 25-jährigen Galeriejubiläums*, Marianne Stockebrand, ed., Cologne: Verlag Walther König, 1990, pp. 207–10.
The text has been revised for the present publication. It is reprinted with the kind permission of Larry Bell.

I was introduced to Rolf Ricke by Richard Serra in 1989 and within six months he had been to my studio in New York numerous times and bought and sold more than fifty works. He shipped them to Cologne, sometimes hidden in painting crates, sometimes occupying an entire shipping container. Most of the works were in the neighborhood of 700 kg. He was driven, he loved the excitement of working with a new artist.

When I met Rolf it was just after his reemergence from some difficult times; I only mention this because he was very proud of it at the time. Richard was pleased as well. When Rolf and Richard first came to the studio they told a story of Rolf having had problems but had made everything right. He spoke with an assurance and knowledge of what he was doing and instilled trust.

I was born in Detroit in 1948. My father's mother and my mother's father were from Germany, my other grandparents were British. I moved to New York to attend the Whitney Independent Study program in 1975. I began making sculpture as an undergraduate after spending years working in and around Detroit for the auto industry, both on the drawing tables and in the factories. My first solo exhibition was at the end of that year at 112 Greene Street in SoHo. My work was more delicate then. I was looking for a way to "construct" something minimal; something simple and direct, yet intensely complicated.

I am a Vietnam Veteran who, like many, was overcome by that experience. I was living off Veterans' benefits, which were minimal but allowed me the freedom to roam. I was searching for meaning on a very raw level. I met Richard Serra while waiting to begin my graduate studies at Yale School of Art. My skills as a draftsman and familiarity with the factories of my youth enabled me to present clear ideas without speaking. I believe it was this visual understanding that appealed to Richard. We were very direct towards one another and arrived at the same conclusions easily.

As it turned out of course, Richard was himself a Yale graduate and was a visiting artist on many occasions. Originally, I was hired off the street in TriBeCa to help carry sheetrock to a new loft that was being built. I carried 100 sheets from the truck to an elevator, rode with the material on top of the elevator box up to the sixth floor, and unloaded into the loft. I choose to do it alone to make the one-dollar per sheet instead of splitting the job with a second laborer. I was very broke! It was Richard's loft. I was introduced to him at the end of that day and we quickly connected. When I finished my studies at Yale I was already working steadily with Richard.

In 1978 I had an exhibition at Blum-Helman Gallery in New York. I was still working with delicate pieces of wood but was frustrated by the fragility of the work. I constantly had to repair the works because someone would inadvertently bump into them and scatter the individual pieces. I began casting concrete retaining walls to protect the works, to protect the drawing within the work. In 1979 I rented a factory space in the Greenpoint-Williamsburg section of Brooklyn and it quickly became the primary workspace for heavy materials. The concrete began to take over the plywood, slowly it evolved to eliminate the delicate wood altogether and replace it with steel plate. The steel was encased within the concrete as part of the structural integrity but it also functioned as a visual language, "a contained drawing within the concrete mass that demanded presence in real time." The drawing within the mass maintained a dialogue with itself . . . a life supported by a massive block of material.

It wasn't long before the steel demonstrated its strength and became the material of choice. The concrete sculptures would crack and raise all kinds of compromising situations. Steel was indestructible. I had the capabilities, knowledge, and tools: there could be no other choice. In 1980 I made my first steel sculpture out of twelve-inch plate. Joe Helman at the gallery paid to have the piece cut in a factory.

I began acquiring the tools to work with steel. There were many, and during this time I built all of Serra's sculptures at a scale of 1:12. The process was to work out the details at his studio in a sandbox—standing and leaning plates in relation to one another for the vertical pieces and rolling and cutting sheet metal and cardboard into curves. I was involved in the design of all the sculpture between 1980–90. When the idea was solidified in the sandbox and we had made preliminary sketches, I would then go to my studio and build the models. Richard didn't weld, so I did all the metal work on my own. It was my primary source of income at the time although I was also selling and exhibiting my own work. It was a conflict for many of my colleagues in the arts community. How could I make someone else's art? How could I share my ideas so selflessly? Well, I don't really know, but I enjoyed what I was doing and somehow managed to keep my own work separate. I plotted out the early freestanding curves for *Tilted Arc* and *St. John's Rotary Arc* and rolled and formed all the leaning curved conic sections prior to them going to the shipyard for fabrication. When we discovered all the variables possible from this one simple form, the work was endless.

When I met Rolf I was burning and casting everything at the studio, pretty much alone. I had no interest in having my work fabricated for me. I made everything myself and built the equipment to move the work from the studio to the gallery. Most of the sculptures at that time weighed close to one ton. The steel plate I was able to cut myself was not thick enough to stand on its own, so I had to build up several plates to get to a depth of seven or eight inches. By cutting a shape through each plate and pouring molten lead in its place, I was able to freeze the mass together. "Key" it, forming one massive block whose core evolves into a visual language unto itself. The lead became a line on the surface, but was also the structural integrity of the engineering.

I suppose the most amazing thing about Rolf was that the idea of shipping my work to Germany was not an issue. I can hear him say, "So we figure it out Tom, it's not a problem." It had to be done, so we would find a way. He was using an air shipper that charged by crate size not weight, he quickly figured out how to use this in the equation when building a crate for paintings. My smaller works were two or three inches thick and fit perfectly into an upright painting crate. The bulk of the work went in containers by ship and was never easy.

Tom Bills
July 2007

The suspended *Droplight* piece is hung from a ceiling more or less centrally in a room, high enough from the floor so as not to cast a distinct light pool on the floor, diffusing light evenly and avoiding specific focus other than the fact of the form of the suspended fixture, bulb, and wire leading by most expedient route to outlet. In previous *Droplight* pieces the bulb was flat on wall or floor, the light bleeding from point source of maximum brilliance out in declining intensity to indeterminate edge; the light source regarded as an anchor point of the piece equivalent to the anchor point of the plug in the wall; the anchor points serving to integrate the piece into the surfaces of the place, and the flexibility of the wire and diffusion of light stretching the location of the piece and making it part of this surface.

The use of a *Droplight* piece in this exhibition was dictated by available space. The idea of hanging it from the ceiling was suggested by the room given, which has outlets in the ceiling. The idea of locating the bulb centrally in the space rather than on the surface was suggested by my wife who pointed out to me the fixture hanging over my typewriter.

The most direct antecedent work was the *Rope Piece* of 1967, consisting of a rope stretched between two terminals (eye bolts) located in floor at variable distances apart, or in floor and ceiling making the rope vertical. I regarded the content of this piece as the state of tension of the rope line and the manner of anchoring the piece into the space. I was not interested in composition and the vertical-horizontal placement was chosen for its neutrality. I realized from this piece that I am not interested in the esthetics of form but in the fact of form. I have considered my work since then as not primarily expressive through form but declarative through state.

In 1968 I made a piece using tangled torsion-straight wire stretched as far as possible across the floor, nailed down, sprayed over with white paint also covering the floor in the area of the wire. The tangle occurred naturally when the coil bindings were cut and the coil, wound under tension, exploded. The uniform paint covering was thought of as an extended surface. The wire, very assertive by itself, became a structural prop carrying paint lines from the floor through space. This piece explicitly carried itself into and became part of surrounding surfaces. I came to understand surface as a continuous foreground existing independently of objects.

I had been using screens as a material for making curved planes, I came to use them simply as screens, open-ended modulated coverings. The graphite floor piece of 1969 was also understood as a screen, enough discipline being imparted to granular material by the room shape, the loose open edge retaining the desired quality of openness and extensibility. The paint blob on the wall of 1968 was simply a surface. By virtue of its location and material used and consequent associations, perhaps read as a picture of a surface, but intended as a sculpture of a surface.

Extending the idea of the light source as anchor point, the suspended *Droplight* is anchored on one end in space, providing a lock on the room space. The central location of the bulb results in a reasonably uniform bathing of all the room surfaces with light, in the manner of a screen. I may use a colored bulb in the socket to make this more explicit. The perpendicular suspension is a reminder that gravity is present, which is the subject of my current work, beginning with *The Stone* of 1969.

Bill Bollinger
November 1969

First published in *Art in Process IV*, Elayne H. Varian, ed., New York: Finch College Museum of Art/Contemporary Wing, 1969–1970.

Thursday

Sweetheart–
I have to begun to do some work.
The aluminum will be supplied by Krupp, ironically enough. So far I can only get the large size of pipe 5 cm, which is close enough to 2" to use with US fittings.

Saturday

Preparations for the show are coming along at reasonable speed. We went to a screen factory where they have a wide variety of material. Nothing just like in the States. However, different thicknesses of wire and crimp sizes. Also the wire is a harder steel and stiffer, so I will have to experiment to see how the stuff behaves.
I am unsure how either I will put a screen piece or rope piece in the show.
I have a great idea for a rope piece.

Monday

Sweetheart
I find my chief problem is getting time to be alone to think and work, even to write letters. The days all seem to get crowded with hectic and meaningless activity.
At the moment I am staying in a castle about 20 miles out of Cologne. It's a strange place—belongs to a guy who is a collector and friend of Ricke's. He acquired it a few years ago—it had been abandoned for many years and was falling to pieces. He has been renovating it, but much of it is still in ruins.
It has a rather ghostly appearance. There is a moat—now dry except for stagnant pools, big walls, towers with onion–shaped roofs.

The show must be kept simple. Selling work is not primary. The quality of the work is primary, and the quality and coherence of the show is next in importance, if possible sales must be sacrificed to this end, that must be done.

Dear Love,
I am in the process of rethinking the whole show.

It has occurred to me a short while ago that I was on the verge of making a lousy show—suffering from too much work of too many different kinds.

Angled edges confine form to wall. Does not permit it to deal with corners, ceiling or floor framed by wall, <u>painting</u>. All subsequent work deals with room—plane and volume relationships. Must bring channel pieces into line with this. Hence corner pieces.

Wednesday

I have made some plans for rope pieces—very simple ones—a single rope—one line between wall and floor—some involving the corner.
And I have realized there is nothing more for me to do in Europe. Except the menial work of setting up the show, and hopefully an outdoor piece if the material comes soon enough.
I haven't really been able to do anything new here—I worked with the ideas I brought over and have pretty completely exhausted them.
To find out what I will do next I have to return to N.Y. The sooner the better now.

Bill Bollinger

Notes from a sketchbook, 1968–69, left at Rolf Ricke's, probably at the beginning of 1970.

Bill Bollinger

by Wade Saunders

Part 1

Richard Serra: There were a lot of good people in that show [*Nine at Leo Castelli*, December 1968]. Nauman was in that show, there were a few interesting Italians in that show—
Chuck Close: Eva Hesse was in that show.
Richard Serra: Eva Hesse was in the show. There was a really talented guy—I don't know what happened to him—Bill Bollinger.
Chuck Close: Bollinger was very interesting. There were some beautiful Sonniers in that show, the best he ever did, I think.

New York, October 2, 1995, from *The Portraits Speak: Chuck Close in Conversation with Twenty-seven of His Subjects*, New York: A.R.T. Press, 1997.

I'm not going to be doing the same damn thing all my life.

Bill Bollinger, quoted by Howard Junker, *Newsweek*, July 29, 1968.

The first gallery show I remember seeing remains the best I've ever seen. A couple of the pieces from that day belong to my imaginary museum. It was December 1968; I was nineteen and visiting New York. The exhibition, called *Nine at Leo Castelli,* had been curated by Robert Morris for the gallery's warehouse at 103 East 108th Street. The nine were Giovanni Anselmo, Bill Bollinger, Eva Hesse, Steve Kaltenbach, Bruce Nauman, Alan Saret, Richard Serra, Keith Sonnier, and Gilberto Zorio. Rafael Ferrer added an unsolicited leaf installation in the stairway.

To make the work titled *Muslee*, Sonnier had painted a rough, horizontal latex rectangle onto the wall, flocked the latex and then pulled free the upper half, so that it flopped down in front of the still-attached lower portion. Nauman's *John Coltrane Piece* was a 36-inch-square, 3-inch-thick, 400-pound aluminum plate laid on the floor, with the word "dark" written on its un-seeable, mirror-finish bottom surface. Serra showed three works. One, *Splashing*, he made by throwing molten lead into the juncture between wall and floor. In another sculpture, untitled then but now known as *Prop*, he used a leaning 8-foot pipe-like roll of lead-antimony sheet to pin a 5-foot square lead-antimony sheet to the wall. Bollinger took a 50-foot length of 6-foot-wide chain-link fencing, anchored one end flat to the floor and then gave the fencing a half twist, so it ran, rose up, and descended again to be anchored flat. An embodied gesture, it held its own in tough company.

A month later, in January 1969, I went to Bollinger's show at the Bykert Gallery. I loved the way he investigated the industrial—in this instance, graphite powder, sweeping compound, sprayed paint—and was happy seeing the graphite tracked down the red-carpeted staircase of the gallery's townhouse and out onto the 81st Street sidewalk. The installation was amazingly direct.

The next year I saw his *Evergreen Joe Hemmis* in the *1970 Annual Exhibition: Contemporary American Sculpture* at the Whitney Museum. Bollinger arranged thirty over-long, two-legged, 30-inch-high wooden sawhorses made of two-by-fours in a circle 300 inches in diameter. He pushed the legless ends together on the ground so as to form a virtual hub, from which the crossbars radiated up and outward like the spokes of a giant horizontal wheel. The two legs of each sawhorse touched those of its two neighbors, forming a round, crenellated barrier. Bollinger made magic with a lumpen material.

I was living in New York when he exhibited at O.K. Harris Works of Art (469 West Broadway) in 1972. He constructed very long, rough wooden skids, which he assembled into semi-geometric structures. Though akin to certain of Donald Judd's pieces, Bollinger's were different in feeling. Judd's fabricators produced works that were both technically perfect and cold, while Bollinger built things himself, simply and quickly. These sculptures were intuitive, circumstantial, and remarkably light, despite their up to 16-by-16-by-6-foot scale.

When I saw Bollinger's 1974 O.K. Harris show, his third in the gallery, I didn't imagine it would be his last in New York. For these works, Bollinger had worked in an iron foundry, creating his forms directly by digging out the sand packed into the foundry's corrugated steel flasks, as Julius Schmidt had started doing in the late 1950s. Bollinger's rough iron castings looked to have come from another world, and remain among the most resonant and indigestible pieces I've known.

I called Bollinger out of the blue in 1975 and drove up to Poughkeepsie to meet him for the first time. I remember his ocher-yellow International pickup named Ramona and my asking him to explain the difference between half and three-quarter-ton tracks (it's the rear axle bearings). We went to his workspace to see three large carved-log sculptures that impressed me. The logs still had their bark and looked almost unformed, but were strangely animated by the beaver-like marks of an axe. Bollinger had fixed the works in a limbo: they weren't trees, they weren't logs, they weren't lumber, but some degree-zero of sculpture.

For me his sculpture was exemplary, yet fewer and fewer people seemed to care. In late 1979, I was writing an article about the reappearance of casting in contemporary sculpture and wanted to include Bollinger's cast-iron pieces from the early 1970s. I contacted him in Rhode Island, where he had been teaching, and we arranged to meet in New York. I asked what had happened to the log sculptures I had seen in Poughkeepsie. He said no one else had seen them, since he had left them behind when he moved, and the landlord had cut them up and burned them for firewood. Bollinger had brought down a couple of small welded-steel sculptures made from scraps he found in the studios at the University of Rhode Island. I was torn: he had been my hero, but I thought these pieces were awful.

In May 1990, I saw the Whitney Museum exhibition *The New Sculpture 1965–1975: Between Gesture and Geometry* and was surprised that Bill Bollinger was not included, since he manifestly belonged alongside Lynda Benglis, Eva Hesse, Barry Le Va, Bruce Nauman, Alan Saret, Richard Serra, Joel Shapiro, Robert Smithson, Keith Sonnier, and Richard Tuttle. I wondered how the two curators could have missed out on Bollinger. I didn't know where Richard Marshall had been during that decade—he started at the Whitney in 1973—but I knew that Richard Armstrong had only moved to New York City in the late 1970s; perhaps a late arrival on the scene accounted for their neglect of Bollinger.

I remembered that the sculptor Peter Gourfain had been Bollinger's friend, so I called him to ask about Bollinger. Gourfain was surprised. "Don't you know Bill's dead?" He had died on May 27, 1988, aged 48, from alcoholism. I recently learned that Bollinger had had a gastro-intestinal hemorrhage and had bled to death. His 19-year-old son James was alone with him at home when the bleeding started.

I wanted to write about Bollinger's sculpture. Over the next six years, I twice started and then stopped my researches. Bollinger's story depressed and daunted me.

Part 2

I put the work between me and you, not myself between you and the work.

From Bill Bollinger's notes, quoted by Harris Rosenstein in "The Bollinger Phenomenon," *Art News*, September 1969.

I do what's sufficient.

Bill Bollinger, *Newsweek*, July 29, 1968.

Bill Bollinger was born on July 15, 1939, in Brooklyn and raised by his mother, a schoolteacher. He graduated from Manhasset High School in 1957 and from Brown University, where he studied aeronautical engineering, in 1961. He moved to New York in 1961, briefly attended the Art Students League, and made paintings until the mid-1960s. By 1965 his work had become increasingly sculptural. He bolted large shaped lengths of blue Dacron to opposite sides of a central aluminum bar so that the plane of the painting twisted. After this work, he machined two oblique facets, which suggested the intersecting planes, into a long aluminum bar and eliminated the attached fabric entirely.

From the beginning, Bollinger's sculpture made clear his unusual sensitivity to the qualities and possibilities of scarcely transformed industrial materials, which he explored, as might an engineer. He invented his sculptures: his imagining and devising often more evident than his hand. Some sculptors criticized his work for being easy, which certain pieces were if understood strictly as sculpture. You had to appreciate invention to catch his particular genius.

The earliest photos I have were taken around September 1966 by Geoffrey Clements in Bollinger's studio on the northeast corner of Crosby and Howard streets in SoHo. Thirty sculptures are depicted. Using for scale the 4-by-8-foot plywood sheets visible in his constructed partitions, the 140-inch-long work that collector Larry Aldrich later bought and some subsequent gallery photographs, the thirty pieces appear to have ranged from about 5½ to 36 feet in length, to have been variously 2, 4, 6, or 8 inches high and 2 or 4 inches deep—excepting two anomalous sculptures on the floor. The works were composed of very elongated parallelograms and regular trapezoids. While the sharp angles in this series varied between 25 and 30 degrees, they were invariant within each piece. In all but four sculptures, the two ends were symmetrically divergent rather than parallel.

I believe the works were made with varying lengths of 2-by-2-inch U-channels bolted together, up to four abreast and two deep, their open sides always facing the wall. One advantage of U-channel would be that the front side of the sculpture could remain visually solid while the back was accessible, so separate elements could be commercially machined, anodized, and then precisely and invisibly assembled. (The collector Robert Scull commissioned a similar piece, but made from larger stock, for his taxi garage.) The majority of the works were bi-chrome, black anodizing playing off the silver aluminum.

Bollinger originally planned to exhibit with Klaus Kertess, whose Bykert Gallery was scheduled to open its doors on September 20, 1966, in the old Green Gallery space at 15 West 57th Street. Just as Kertess was about to open, Bollinger instead joined the Bianchini Gallery, across the street at 50 West 57th Street, where his friend Dorothy Herzka (soon to become Mrs. Roy Lichtenstein) was Paul Bianchini's eyes and ears on the street. Bianchini had shown Elaine Sturtevant's early appropriations, as well as the work of Lee Lozano and Gary Kuehn; Robert Ryman had his first one-man show there in April 1967, just before the gallery closed for lack of a backer.

Bianchini gave Bollinger his first solo show in December 1966. All the sculptures were made of aluminum; the largest measured 30 feet by 2 by 2 inches, and even the smaller pieces were skinny like the horizon.

Bollinger probably developed the pieces by manipulating length, position, angle, and color; staring at the results; varying this and changing that. The viewer's eyes were invited to read each aluminum bar as shorthand suggesting the hue, direction, and geometry of one or more implied planes. Bollinger used span to complicate matters: how we read a part "locally" often contradicted how we read it within the ensemble. These pieces played possum. The photo negatives of them, which Bianchini forwarded to me in July 1999, arrived in a filing envelope annotated "Moldings."

Judging from a 1967 photograph shot for Bianchini, Bollinger kept exploring the aluminum works in the beginning of that year, but I've found no further details.

When Bianchini closed, or just before, Bollinger joined the Bykert Gallery. Bollinger's first solo show with Bykert ran from December 2, 1967 through January 3, 1968 and was reviewed by Emily Wasserman in *Artforum* (February 1968).

The three (or more?) sculptures in the show resembled giant, skinny, misaligned nutcrackers and were all made the same way. A less-than-1-foot-long, two-headed, doubly adjustable aluminum connector (assembled by Bollinger from stock Speed Rail brand scaffold fittings) held and separated one end of each of two roughly 2-inch-outer-diameter aluminum pipes of unequal length. The pipes ranged from 7 feet to 30 feet long, and their relative positions also varied; in two pieces one pipe was on the wall and one touched the floor, in a third both pipes were on the floor. Though powerful physical things, the works were remarkably matter-of-fact. The formal decisions concerned only the pipes' relative positions and lengths, and the sculptures' placement.

From the beginning, Bollinger chose the scale necessary to his meaning, but often it was one inhibitory for private collectors. In 1968, the artist appeared in *Time* magazine's November 22 issue: "'I feel ridiculous, selling my work at a gallery,' says Bollinger, who would prefer to make his work in quantity and sell it cheaply at a department store." While in those days art and talk were much less commercially oriented than they are now, few artists proposed to vend in stores. In carrying out the commercial experiment, Bollinger made smaller versions of the pipe pieces, priced at around $30, but he found few takers. His sculptures rarely looked—or sold—like conventional art.

When I started writing, I had photographs of two 1968 sculptures made prior to the *Nine at Leo Castelli* show in December of that year. The first photo, judging by the electrical outlets, was shot at Galerie Ricke in Cologne, Germany, where Bollinger had a solo show from May 8 through June 4, 1968. Rolf Ricke was the European dealer most committed to this generation of American sculptors.

The image from Galerie Ricke shows a 6-by-9-foot piece of standard wire grill, the kind used to reinforce cast concrete slabs, leaning against the wall. (In an American version, the grill was more squiggly and oriented vertically, and, in a third, the grill measured 8 by 16 feet.) The bottom edge of the grill was set just far enough out into the floor so that the weight of the grill, light though it was, began to act on its shape, causing the plane to sag slightly in toward the wall. The plane deformed, but the grid remained invariant. There was at the time a certain insistence on flatness in painting, and saggy planes weren't popular in Minimalist art. Bollinger took the opposite tack, and let the grill do what it was going to do. He saw building materials as things he could use and make art out of. At a moment when grids were primary, his sculpture was the thing (in) itself.

The second 1968 picture was taken in Bykert's 57th Street space, to guess from the lights and floor, probably during a late spring group show including Gordon Hart, Brice Marden, Alan Saret, Richard Tuttle, and Ian Wilson. Bollinger set two eye bolts in the wall and a third out in the floor; he ran a 1/2-inch rope up from the floor bolt, across the wall from the first to the second ring, then back down and out to the floor bolt again, and tensioned the rope with a turnbuckle. He repeated the entire process about three feet to the left. The two taut ropes on the wall were parallel, as were the two running down to the floor.

He traveled by freighter on at least one leg of his 1968 trip to Europe for the Ricke show. The surface of the Atlantic Ocean is one of the earth's more extensive curved planes, and this sea passage was important to him: water, and other materials which behave like fluids, figure repeatedly in his subsequent sculpture. The announcement for his 1969 show at Bykert featured a photo that he had taken at mid-Atlantic during the previous year's passage.

Bollinger had a solo show in January 1969 at Bykert, which had moved from 57th Street to Richard Feigen's old space on the second floor of 24 East 81st Street. The exhibition filled two rooms and the connecting hallway. Bollinger's project was, in part, to explore the physical and visual behavior of different sorts of particles—those free to move and those fixed in place.

He covered the farther half of the first room's floor with an industrial black graphite powder. The far edges of this graphite field were sharply delimited by the gallery's white walls, while there was no front edge per se. The sculpture held its space with singular intensity and holds my memory as no subsequent powder-on-the-floor work has. It was noumenal. For Bollinger the piece continued his work with wire-mesh: "I had been using screens as a material for making curved planes. I came to use them simply as screens, open-ended modulated coverings. The graphite floor piece of 1969 was also understood as a screen, enough discipline being imparted to granular material by the room shape, the loose open edge retaining the desired quality of openness and extensibility." The graphite was both a passive, light-absorbing powder and an active substance, whose extensibility, during the exhibition's run, produced a dark-to-light gray scale starting in the gallery and then fading down the building's steps.

In the second room, Bollinger roughly sprayed gray paint in irregular meanderings across the parquet floor, which he then covered with a loose layer of green sweeping compound. The "arrangement" of the sweeping compound altered as people walked around the room. One saw only areas of the painted design at a time, and never took in the whole. On a side wall, Bollinger sprayed a roughly 3-foot-diameter disk of black paint spreading out to a fuzzy perimeter, like an intense, negative sun. The paint particles were fixed in place, but they conveyed another sense of a particulate field, as the black form's perimeter faded out into the white painted wall. Bollinger saw the disk in a particular way: "The paint blob on the wall… was simply a surface. By virtue of its location and material used and consequent associations, perhaps read as a picture of a surface, but intended as a sculpture of a surface."

In late 1968 Bollinger was one of nine sculptors to be awarded $5,000 grants by the National Council on the Arts (the National Endowments for the Arts' predecessor). His son James Mach was born in early 1969. Bollinger exhibited in *Op Losse Schroeven (Square Pegs in Round Holes)*, which opened March 22, 1969, at the Stedelijk Museum, Amsterdam. Bollinger shared room 9 with Serra and Sonnier; Nauman had room 8, and room 10 featured Joseph Beuys, Walter De Maria, Neil Jenney, and Panamarenko. Bollinger showed a leaning wire-mesh work, a rope piece and an aluminum-pipe-and-plastic-tubing sculpture, the plastic replacing the Speed Rail fittings. He exhibited other versions of these works in *Live in Your Head. When Attitudes Become Form*, which opened the next week at the Kunsthalle Bern.

Bollinger had two works in *Anti-Illusion: Procedures/Materials* (May 19–July 6, 1969) at the Whitney Museum. It was unusual for its time because the artists were allowed to work on site. Bollinger's first piece was one he had earlier proposed to Szeemann: "*Stone.* A stone as large as possible, preferably rounded, placed on ground or floor." He installed a 30-by-36-by-48-inch, 2-ton rock near the elevators at the exhibition's entrance, its texture much like that of the Whitney's stone floor. Bollinger's rock wasn't linked to an anterior situation by map or document, like Smithson's "non-sites" with their dialectic between here and there.

Bollinger's second Whitney Museum sculpture *Cyclone Fence* was closely akin to a piece photographed at the Bykert Gallery in 1969. Both were chain-link sculptures on the floor, made the same way. The Bykert work looks to have been around 5 by 30 feet, the Whitney piece was listed on the consignment sheet as being 8 by 25 feet.

Robert Fiore photographed, for the *Anti-Illusion* catalogue, a number of the artists at work on their pieces. Bollinger figures in two five-picture sequences, both times riding a motorcycle. In one series, he and then his bike progressively appear on the very near horizon line; the artist seems to get no closer to us, just more in view, like the rising sun. In the second series, we see Bollinger and the cycle from a rear, three-quarters view. We watch as he pulls away, overtakes a large panel truck and, visually, becomes part of it. Bollinger had written, "I came to understand surface as a continuous foreground existing independently of objects." This is the kind of understanding that riding a fast motorcycle may both prompt and reinforce. Bollinger was "working" in these pictures, but not in the manner of the other artists Fiore depicted. Fiore lost almost all of his photographic work when his house burned down in 1978; miraculously, these negatives were archived at the Whitney.

The Whitney's "Receipt of Delivery" for the two *Anti-Illusion* pieces was annotated as follows: "Artist did not wish to have either the fence or the stone returned. A man from Santini took the fence, and Auer took the *STONE* to the dump."

In many of his 1969 sculptures, Bollinger explored raw materials rather than industrial objects; besides the graphite at Bykert and the rock at the Whitney, he did a number of works with sticks and logs. He showed a floor sculpture of tree branches in *Number 7*, a May group show at Paula Cooper Gallery put together by Lucy Lippard. The July exhibition *Letters*, organized by Phillip M. Simkin for a Long Beach, New Jersey, venue, included many of the artists in *Anti-Illusion*. Bollinger's photocopied letter in the loose-leaf catalogue provides the following details: "Am glad to hear you can obtain logs. I can use seven or eight, as I told you. In addition I will need a few hundred feet of manila rope—about 3/8-inch—nails, and something to serve as an anchor…. It doesn't matter where the logs are dropped—if any moving is required it will be simple to do once the logs are afloat. But it should be on the bay side."

Lippard included Bollinger in *557,087* (Seattle's population then) at the Seattle Art Museum in September 1969; of the sixty-one artists in the show most remain well known.

Bollinger's initial proposal, as transcribed by Lippard for the exhibition's catalogue (ninety-five 4-by-6-inch index cards) had been: "Large log (to be selected in Seattle), floating in a lake or bay." A second version of the show, *995,000*, opened in Vancouver in January 1970.

Elayne H. Varian chose Bollinger for the December 1969 group exhibition *Art in Process IV* at the Finch College Museum of Art. He showed twelve drawings, twelve photographs of "related material," and *Droplight*.

Bollinger remained interested in indeterminate edges; at Bykert it had been darkness fading to light, at Finch the contrary. His means had changed, not his subject.

He had a solo show with Galerie Ricke in Cologne in January 1970 and an overlapping exhibition at Galleria Sperone in Turin. The announcement for the Ricke show is a photograph, taken on December 20, 1969, of a long log floating in the Rhine River at Cologne. The log parallels the roadbed of the large Hohenzollern Bridge, visible in the background. The image suggests different ways of traversing waters, while connecting back to Bollinger's interest in the parallel and skew, and in the nature of planes. With the logs on land, Bollinger was, perhaps, interested by the way they could be seen and unseen, an aspect which functioned all too well in Seattle. With the water-borne logs, he played with the mobility of floating things, however heavy.

Upon his return to the U.S., early in 1970, Bollinger, then thirty years old, set out to organize a large exhibition of his work in New York. No public institution had offered him a solo show, and he may have wanted to follow up on his recent European works at a scale impossible in Bykert's space. Klaus Kertess agreed to the project with the understanding that Dorothy Lichtenstein, who had known Bollinger's work since her days at Bianchini, would help with expenses, sit the show, and handle public relations and sales. Bollinger rented a nineteenth-floor industrial loft in the giant Starrett-Lehigh Building, that beautiful, Moderne-facaded warehouse designed by Ely Kahn at 601 West 26th Street in Chelsea, a landmark which thirty years later has become home to a growing number of art galleries. Bollinger developed the twenty works on site during the month(s) preceding the show, mixing his understanding of physical science with his inventiveness and energy. Bollinger had invested around

$10,000 in the show and thought the sculptures among the best he'd done. The exhibition ended Bollinger's working relationship with Kertess and did little for his career. Afterwards Bollinger showed far less frequently than he had before.

He was included in *Using Walls Indoors* at the Jewish Museum in May 1970. He participated in Kynaston McShine's *Information* show at the Museum of Modern Art (July 2–September 20, 1970), probably the most important exhibition of that season. Bollinger's wooden sawhorse sculpture in the *1970 Annual Exhibition: Contemporary American Sculpture* at the Whitney Museum was singled out for praise by Hilton Kramer in the *New York Times* and by Douglas Davis in *Newsweek*. Bollinger's wife left him sometime during the year.

Bollinger's solo show at O.K. Harris in February 1972 was his first with Ivan Karp, the gallery's owner. It occupied the gallery's two large front rooms and comprised at least six large wood sculptures, all made about the same way. Bollinger first nailed up long wooden modules—roughly 30 inches wide and constructed like shipping skids, though the artist insistently termed them "ramps"—out of rough-sawn 3-by-6-inch beams spanned by 1-by-12-inch planks, like two joists with attached flooring. These elements he assembled into works that ranged in scale from medium to large, becoming progressively more elaborate

I remember being very moved by a piece composed of three ramps, each oriented vertically on a long edge, forming an equilateral enclosure containing three like, but canted, ramps, these latter positioned with one corner on the floor and a second atop the wall at the next vertex, so that they rose and veered out from within the triangular pen. The sculpture was creosoted a deep black and surrounded one of the gallery's cast-iron columns. Though its geometry was simple and regular, the piece was perceptually complex, seeming to rise and rise and rise while remaining anchored to the floor. The darkness had a different quality in the center of the sculpture than on the outer sides.

Bollinger started working with cast iron during 1972.

I'm uncertain what he was trying to do in the pieces exhibited at O.K. Harris in February 1973. These works mixed new and recycled wooden beams with cast-iron elements. He clearly had become interested in forming material and in leaving the trace of his touch. One sculpture included a thick and heavy iron slab whose top surface was a writhing sea of deep handprints. (Previously, he had roughly painted flat black handprints on a wall at the Jewish Museum.) In a second work, he had cut into parallel wooden beams so that three chunky iron castings locked down on them. Bollinger's works rarely gave priority to expressiveness or suggested his psychological state, but here the iron always sat atop the wood and most times wrapped around it like a wrestler pinning an opponent to the floor. The iron's extremely rough facture reinforced the seeming violence. And where Bollinger's installations generally had sprawled, this one was arranged orthogonally, as though each sculpture had its precise territory and not one inch more.

Bollinger had a solo show at Bard College, Annandale-on-Hudson, New York, in September 1973 and then a seven-year retrospective at Bennington College, Vermont, in November 1973. Further details of these shows have vanished.

His third show at O.K. Harris opened in January 1974. Nancy Foote perceptively reviewed the exhibition in *Art in America* (May–June 1974). All the works were unique iron castings; Bollinger handled the metal as if it were water. He had previously cast the shape of Manhattan island as well as rough, industrial versions of the *Nike of Samothrace* and the Elgin Marbles. Here a number of the sculptures recorded the shorelines of particular lakes, fairly true to their map shapes, whose names, in certain (all?) cases, became the titles, only one of which—Lake Winnipesaukee—I've been able to recover, from a photo caption.

To make the pieces Bollinger dug out packed foundry sand, which is chemically treated to be somewhat self-adhesive, then filled the voids with molten iron. The metal that was in contact with the sand picked up the trace of his hands and implements; the top surface of the iron, open to the air in Bollinger's mold, recorded the aleatory changes of the metal shrinking and pulling as it moved from liquid to solid. Though variable, these textures summoned open water. Bollinger sometimes ignored the lake bottoms' topographies, rendering them as craggy rather than as gradual and making the lakes "deep," so that his castings would be thick enough to stand upright. When they were tilted up after casting, the orientation of the sculptures contrasted with the obvious way they had been poured. Present gravity contradicted past gravity.

I loved these sculptures when I saw them, and their photographic images still make me shiver. Despite their weight, the pieces felt light; though fairly literal renderings, the works were pure inventions. Their stances looked familiar, but they held space in new ways; they were vivacious, though cast iron is a dense and dull material. Bollinger was riding the dragon, bringing into the world sculptures scary, rude, and true.

He had his last solo show of sculptures at the West Bank Art Center in Minneapolis in the spring of 1975. In a letter to a close friend, Bollinger described his state just before the opening:

Have extended myself as always beyond bankruptcy and exhaustion in a solitude too vivid to narrate. I do not prejudge the response but the work is good enough to pass totally unrecognized. Once more the arbiters of my destiny are a passel of folk not known to appreciate any ruffling of their complacency. More hangs on this show than should and I wish I had something more than a peashooter to make a last stand with. I hope to greet the issue with fortitude.

Part 3

Water is life and like art it finds its own level.

Announcement for Bollinger's show at Galleria Sperone, Turin, January 24, 1970

A number of people described Bollinger in his prime as the most intense person they've ever known—simultaneously rough and refined. He understood intuitively how things worked and read voraciously to understand why they did, saying in the *Time* magazine article quoted above, "What gives a man power today is not what he has, but what he knows." He had attitude, loathed anything conventional, hated compromise and fools, cared about his work more than his career. Over time, he lost the professional connections that might have helped him weather rough passages. His life unraveled. There were contributing circumstances.

In reconstructing Bollinger's resume I was struck by the dates of his solo exhibitions. The New York gallery season traditionally starts just after Labor Day and runs until Memorial Day, with June given over to group shows. But dealers typically exhibit their favored artists in October, November, March, April, and May, since December, January, and February are notoriously slow months for sales. Bollinger's six one-person shows in New York galleries all opened on or after December 1 and closed before March 5. Three of his four solo European shows were likewise in the dead of winter. This consistent scheduling was surely dispiriting, possibly destructive. Even his large 1970 show in the Starrett-Lehigh Building was unfortunately timed: ten days after the opening President Nixon announced the invasion of Cambodia. The Kent State shootings occurred on May 4th and the art world's attention was riveted on the Vietnam War all that month.

In choosing his galleries, Bollinger seems to have cared as much about the floor plan as about the dealer. When I asked him about Klaus Kertess, whose gallery, in its time, had been my favorite, Bollinger replied, "I liked his uptown space." When he parted company with Kertess, in 1970, he had the opportunity to work either with Ileana Sonnabend at Sonnabend Gallery or with Ivan Karp at O.K. Harris Works of Art. He chose to go with Karp, who had a large ground floor venue at 469 West Broadway and also shared some traits of temperament with him. In hindsight, Bollinger's decision seems misguided, not least since the prominent artists who showed at O.K. Harris were principally realist painters and sculptors.

Bollinger's time in the art world, roughly 1966–74, coincided with the hegemony of *Artforum*, which hosted an enviable group of writers. Although Philip Leider (*Artforum*'s editor through 1971), Max Kozloff, Robert Pincus-Witten, and Emily Wasserman reviewed Bollinger's work in group or solo shows, none were strong supporters. In the early and mid-1970s, Bollinger had a long and wrenching custody fight. His ex-wife had joined the Upper West Side Sullivanians—a psychologically based cult that required members to cut off all relationship with their families—and placed Jim, then not three years old, in a boarding school in Claverack, N.Y. Though Bollinger loved and needed New York, he moved out of the city to be nearer his son. He sued for custody and lost. He went to court a second time. His mother-in-law testified on his behalf against her daughter, and this time he prevailed. In the 1960s, he had traded work with Brice Marden; Bollinger sold the painting to pay his lawyer. But the toll on his life and his work was more than financial.

He taught at the Minneapolis College of Art and Design and at the University of Rhode Island at times in the later 1970s. In 1976 he had a second son with a woman he had met in upstate New York. They named him Jackson, after Jackson Pollock.

Cut off from New York, Bollinger progressively lost his professional, artistic, and personal bearings. At the end of the decade, he tried to get back into the New York art world. But a lot had changed in a few years, and he was given the cold shoulder or treated like a ghost by certain of the dealers, artists, and critics he had known. The last large sculpture I've seen—in photographs—is a welded-steel construction set on metal wheels. An attached cast-bronze plaque reads:

LUKE THE DRIFTER BILL BOLLINGER 1977 FOR JIM & JACKSON
LONG MAY YOU RUN

Bollinger drifted. He averaged a move every couple of years between finishing college and dying at 48. Luke the Drifter was the alias that the great country singer Hank Williams used when recording atypical material. Bollinger surely had heard the song "Pictures From Life's Other Side" recorded by Luke the Drifter on June 1, 1951. The first two verses (of four) are:

"In the world's mighty gallery of pictures, hang the scenes that are painted from life.
There's pictures of love and of passion, and there's pictures of peace and of strife.
There hang pictures of youth and of beauty, of old age and the blushing young bride.
They all hang on the wall, but the saddest of all are the pictures of life's other side.

Just a picture from life's other side, someone that fell by the way.
A life that's gone out with the tide, that might have been happy some day.
She's watching and waiting alone, just longing to hear from a loved one so dear
It's just a picture from life's other side."

Bollinger also put his love for his two sons on the sculpture's plaque. They were the center of his life, his letters, his often epical stories. In the decade before his death Bollinger worked as a welder and as a manual laborer to support them and himself. In December 1985 he married Jackson's mother. Shortly thereafter he separated from her and went to ground in Pine Plains, New York. Bill Bollinger's death in May 1988 passed unremarked in the art world, and more than a decade later many who knew him still don't know that he's dead.

First published in *Art in America* 88, no. 3, (March 2000), pp. 104–17.
The text has been revised for the present publication. It is reprinted with the kind permission of Wade Saunders.

Erinnern Sie sich, wie Sie Rolf Ricke kennen gelernt haben?

Wenn ich die Erinnerung an die erste Begegnung mit Rolf Ricke im Jahr 1982 beschreibe, muss ich zunächst etwas über mich selbst zu diesem Zeitpunkt sagen. Noch unsicher, wie nachhaltig erste bescheidene Erfolge sein würden, traute ich mich nicht, erstes verdientes Geld in etwas anderes zu investieren als die eigene Malerei. Ich stellte mir deshalb und angesichts seines Renommées allen Ernstes die Frage, ob ich ihm bei unserem ersten Treffen in meinem studentischen Billig-Outfit, geschenkten Kleidungsstücken, die noch fürs Malen taugen und unsäglichen DDR-Accessoires, die ich aus den Päckchen von Verwandten hatte, gegenübertreten konnte. Rolf hatte sich telefonisch in meinem Atelier angemeldet, das damals noch mit meiner Wohnung in Düsseldorf identisch war. Es war dann glücklicherweise ein so heisser Tag im Frühsommer 1982, dass man sowieso nur ein T-Shirt tragen konnte. Ich hatte mich für mein bestes entschieden: quergestreift, weiss–marineblau. Und als Rolf Ricke die Treppe in den ersten Stock zu mir heraufkam, war das ein denkwürdiges Bild. In einem ähnlichen weiss-blau gestreiften, allerdings eleganteren T-Shirt kam er zu diesem Atelierbesuch. Ich nahm das als gutes Zeichen und mit dem Gefühl, dass solche unausgesprochenen Übereinstimmungen vorhanden waren, gingen wir in meinen vollgestopften Lagerraum Bild für Bild durch. Rolf wollte alles sehen und fand offensichtlich nicht nur Gefallen an dem Überfluss an Bildzitaten und Anspielungen in meiner unaufhörlichen Bilderproduktion. Unserem Gespräch entnahm ich: Gerade das, was anderen an meinen Bildern „zu schräg" war, und die Tatsache, dass man mich damit kaum in einer Kategorie unterbringen konnte, erschien ihm interessant. Ausserdem war er begeistert, eine zusammenhängende mehrjährige Bilderproduktion im Atelier vorzufinden und wollte die Entwicklung verstehen. Erst als er mir später die anderen Künstler der Galerie nannte und eine Kurzfassung der Geschichte seiner Galerie gab, fing ich an zu begreifen, dass er wirklich bereit war, mit meinen Arbeiten einen neuen „Sound" in die Galerie hereinzulassen, und dass sich durch dieses neue Umfeld eine riesige Chance für mich auftun würde. Was ich noch nicht wissen konnte war, dass Rolf in meinen Ausstellungen und zwar nicht nur in seinen Galerieräumen für meine Position Partei ergreifen würde. Oft reiste er über weite Strecken zu meinen Eröffnungen an, diskutierte mit Ausstellungsbesuchern und versuchte, ihnen die Arbeiten verständlich zu machen.

Was für eine „mehrjährige, zusammenhängende Bilderproduktion" konnte Rolf Ricke in Ihrem Atelier anschauen? Woran hatten Sie gearbeitet?

In meinen Bildern hatte sich in dieser Zeit ein Thema herausgebildet und stabilisiert: Die Suche nach einer Möglichkeit, keinen Unterschied zwischen abgebildetem Realem und abgebildeten Bild zu machen (Malerei nach direkter Beobachtung und populären Fotovorlagen, Werbung, Zeitungsfotos). Der Zusammenhang und sogar die Verschränkung der abgebildeten und der von mir als Maler individuell gesehenen visuellen Welt sollte sichtbar werden. Mich beschäftigte schon vor dem Einzug der Elektronik in alle Bereiche des Lebens die Frage nach dem Einfluss, den die grossstädtische, mediale Welt auf das unmittelbare Sehen und das emotionale Verhalten hat. (Eine meiner frühen Kindheitserinnerungen ist eine Häuserwand mit einer Werbemalerei von zwei lachenden Autos: Autos lieben Shell.) Es gab grosse Papierarbeiten (Mischtechnik, Pastell, Acryl- oder Dispersionsfarbe) mit Themen wie *Teenagerparty* oder *Graf Porno*. Ausserdem Malereien wie eine Prügelszene zwischen zwei Rivalen um ein Mädchen, *Auslese durch Zuchtwahl*, das eine Zeitlang im Ratinger Hof als Bühnendekoration für Rock- und Punkbands hing, oder *Frankfurter Opernball* (nach einem FAZ-Foto) und zahlreiche *Autobilder* in Tempera auf Nessel, das waren Blicke aus meinem Atelierfenster, die meinen *Fensterbildern* vorausgingen.

Hatten Sie diese schon vorher ausgestellt?

Es gab keinen grossen zeitlichen Abstand zwischen den Ausstellungen bei Traudel Näke in Nürnberg 1979, die eine Galerie neben ihrem Trödelladen betrieb, und zwei spektakulären *Hammerausstellungen* bei Felix Handschin in Basel 1979 und 1981. Dort lernte ich Dieter Roth, Jean Tinguely, Bernhard Luginbühl, Jürgen Klauke, Sigmar Polke und viele Schweizer Künstler kennen.

Wie würden Sie die Zusammenarbeit mit Rolf Ricke charakterisieren?

Lange Zeit hatte ich das Gefühl, dass es wenige Orte gab, wo ich so freundlich empfangen wurde wie wenn ich seine Galerie besuchte, obwohl dort oft grosse Hektik herrschte und uns jede Menge Besucher und Telefonate in die Quere kamen, wenn wir uns unterhalten wollten. Diese Freundlichkeit war eine Konstante, während sich zugleich die Dinge in der Galerie unmerklich, aber immer deutlicher und letztlich sogar rasant änderten. Als ich 1982 bei Ricke „einstieg", wohnte er noch direkt neben den Galerieräumen in der Volksgartenstrasse und das Büro der Galerie war so klein, dass man sich gar nicht vorstellen konnte, dass hier alle Aktivitäten der Galerie zusammenliefen. Später gab es einen Umbau: Die Galerieräume waren danach doppelt so gross und praktischer, es gab eine feste Angestellte in der Galerie, Marion Klein, mit der ich immer gut auskam. Rolf war gelegentlich länger verreist: Wenn er wieder kam brachte er neue Namen und Kontakte aus den USA mit oder Arbeiten von Künstlern aus der frühen Zeit seiner Galerie, von denen er viele als erster nach Europa gebracht und die er wieder besucht hatte.
Rolf und ich hatten uns entschlossen, meinen Ausstellungen Titel zu geben, die einem Motto gleichkamen: *Neugier*, in der eine Reihe von grossformatigen Bildern zu sehen war, und etwas kryptischer *Moderne Liebe*, in der eine Inszenierung von Bildern und plastischen Elementen den Galerieraum füllte. Die Ausstellungen wurden in der Regel von sehr vielen Künstlern, Galeristen und Museumsleuten gesehen und brachten wie selbstverständlich neue Kontakte und Möglichkeiten. *Neugier* lief damals parallel zur Art Cologne, und Kasper und Walther König sahen sie. Pablo Stähli vermittelte mir einen Aufenthalt in einem Atelierhaus in Zürich, nachdem wir in der Ausstellung miteinander gesprochen hatten. Aufmerksamkeit und Presse waren für meine Ausstellungen in der Galerie so gut wie sicher. Viel unberechenbarer war, ob auch die Sammler immer mitziehen würden. Das kostete den unermüdlich tätigen Rolf Ricke eine Menge Arbeit, und wenn er gelegentlich von den langwierigen Unterhandlungen mit Interessenten erzählte, dann wurde deutlich, dass sich nicht alle Sammler automatisch mit einer figurativen, mit realistischen Elementen arbeitenden Position identifizieren konnten. Manchmal wurde gesagt, dass ich eine Art singuläre Position im Galerieprogramm hätte. Rolf Ricke interessierte sich aber nun mal nicht für Kunstwerke, die sich ohne Kenntnis ihres Kontextes wie

von selbst verkaufen. Er wollte mit seinen Ausstellungen vielmehr neue Entwicklungen und neue Sichtweisen vermitteln und gab dies auch an seine Sammler weiter. Und wenn er wieder einmal auf den bequemeren Weg und damit auf Umsatz verzichtet hatte, gab es Stimmen, die sagten, das könne sich ein Ausstellungsmacher oder Kunsthallendirektor leisten, aber kein Galerist. Ich selbst habe seine Haltung tatsächlich so verstanden, dass es nicht darum geht, mit künstlerischen Positionen zu arbeiten, die schon funktionieren und risikolos mehrheitsfähig sind. Rolf Ricke wollte letzlich selbst und gegenüber vielen Kollegen unabhängig definieren, wie er eine Galerie und seine Arbeit versteht. Insofern tragen wir noch immer sehr ähnliche T-Shirts.

Manche Leute versuchten, Rolf Ricke das Eingeständnis zu entlocken, dass meine figurativ-gegenständliche Position in seinem Programm recht isoliert sein müsse. Es hat mich immer stolz gemacht, dass er geantwortet hat, für ihn bestehe überhaupt kein Unterschied zu anderen Künstlerpositionen in der Galerie, weil der Hauptaspekt die künstlerische Qualität sei. Ich glaube, dass er mich mit meiner in allen Ausstellungen durchgängigen Strategie unterstützen wollte: Den Zugang durch einen gegenständlichen Einstieg ins Bild einfach zu machen, um dann beim zweiten und weiteren Blicken die Fragen der Malerei und Kunst aufzuwerfen. Und zwar ohne vorgefertigte Antworten parat zu haben. Es ging immer darum, von einer alltäglich oder poetisch leicht zugänglichen Formulierung zu der Bedeutungsebene und zu philosophischeren Fragen, von der Beobachtung zur Gedanklichkeit zu kommen. Anschauung kann so zu Konsequenzen auffordern.

Könnten Sie Ihre Ausstellungen Neugier *und* Moderne Liebe *noch etwas näher beschreiben?*

In den Ausstellungen *Neugier* und *Moderne Liebe* gab Rolf Ricke mir die Möglichkeit, über das einzelne Bild hinaus eine Inszenierung in seinen Räumen zu schaffen. Ziel war das Arbeiten in Bildzusammenhängen. Eine Art barocke Idee, in der das Bildprogramm des mit meinen Bildern gefüllten Raumes viele Aspekte bringt, die sich gegenseitig kommentieren und qualitativ steigern. Das war ein weitergehendes Konzept als die additive Hängung von Ware in der Galerie vorzunehmen. Dadurch dass Rolf Ricke mir den Raum anvertraute und mich beriet, gelang uns in beiden Ausstellungen etwas wie eine neue poetische Verdichtung durch die Verbindung von historischen Malereithemen und der Gegenwart. Ich weiss nicht, ob man mit einer Rekonstruktion derselben Anordnungen noch einmal den Nerv der Szene so treffen könnte, wie es damals gelang.

Inwieweit fühlten Sie sich damals in das Kunstgeschehen eingebunden?

Ich hatte durch die Verbindung mit Alfonso Hüppi und Felix Handschin Kontakt mit einer Kunst- und Sammlerszene in Basel und darüber hinaus bekommen, die für mich eine ganz andere, sehr informierte und mondäne Welt bedeutete. Ich wurde als Nachwuchskünstler dort früh anerkannt, während ich in Düsseldorf lediglich als Student galt. Nur wenige Leute ahnten etwas von diesem „Doppelleben". Ich habe dieses Spiel bewusst und gerne mitgespielt, weil ich aufgrund der wirklich tollen Erfolge auf der einen Seite in meinem alltäglicheren Leben nicht überschnappen wollte.

Und wie war Ihr Verhältnis zur Kunstwelt in den 1990er Jahren?

In den 1990er Jahren war ich ja keine „Entdeckung" mehr, und es war nicht mehr das sexy-este Ding auf der Welt, ein deutscher Maler zu sein. Ich konnte im Atelier damit gut umgehen, weil dort nichts stagnierte. Stagnation war dagegen in der Museumswelt, in den Ausstellungen und in Sammlungen zu spüren. So wurde meine umfangreiche Ausstellung *Labor der Bilder* vom Ulmer Museum vielen Institutionen angeboten, aber keine übernahm sie. Ich bekam eine Professur in Stuttgart und einen Wirkungskreis, der bis heute zum Spannendsten gehört, was ich mir vorstellen kann. Der Auseinandersetzung mit den verschiedenen Positionen in der Galerie ist eine in der Hochschule und mit den nachfolgenden Generationen gefolgt. Der Ausstellungsbetrieb nimmt dies kaum wahr, aber letztlich lebt er von den jungen Künstlern, die dort in Zusammenarbeit mit den älteren Künstlern Neues entwickeln.

Holger Bunk, Interview via E-mail mit Christiane Meyer-Stoll
August 2007

Rolf + Ingrid = 4-Ever

I met Rolf Ricke in Las Vegas in 1996. I was late driving out a couple of my two-foot-square paintings for an exhibition that David Pagel had curated at the University of Las Vegas, *Some Dumb Fun.* They were blobby, colorful enamel paintings, part of what I called the Shphloo! Project, which I had started by using thirty stains from my studio floor and recombining them as a model of representation. The opening was nigh. All the other paintings were hanging, but there was a gap for mine and Monique Prieto's. I had driven out with Monique, Monique's husband, son, and my boyfriend; our conversation had led us to miss the exit for Vegas—thus our late entrance. We were hanging our paintings as people were starting to come in for the opening. David Reed, with whom I had worked at CalArts the previous spring (he was a visiting artist and I was finishing my master's degree in film and art) and a tall distinguished looking older gentleman were looking at the show. David came over and asked me the price of my paintings. I said $600 (I think). He introduced me to Rolf who pulled out some bills and bought one on the spot. It was *Lup Bup Zhir POW!* [17], the first painting in the Shphloo! Project, one that I had made when I was trying to make a finished painting in a day, as a response to the time-consuming process of filmmaking. Rolf was very excited, I was very surprised. It was the first work of mine to be sold and I didn't have an inkling that would happen when I set out for Vegas.

Later that night at the party for Pagel's exhibition and David Reed's solo show in the Donna Beam Gallery next door, Rolf—who was sitting at another table with Dave Hickey, Libby Lumpkin, and Pagel—asked David to tell me not to be afraid. I guess I was looking visibly freaked out. Later still, Monique, her husband, my boyfriend, and I could not find a hotel room due to some gigantic conference and our last minute planning; Rolf gave us his room and he shared with David.

That was the beginning of an artist/dealer relationship like no other I have experienced since. Rolf was my first dealer, that he was in Cologne and I was in Los Angeles led to a trail of faxes that I looked forward to like a lifeline. I would wake very early in the morning to hear the beep heralding their arrival into my apartment, which was also my studio. Today I have a much larger separate studio and a *lot* of correspondence, but nothing moves me like those cliffhanging faxes from Rolf in his handwritten, poetic English. They would mercurially affect my day.

I first went to Cologne in 1997 for the opening of David Reed's show at Rolf's gallery. It was one of the most radical exhibitions of paintings I have ever seen. There was a stack of monitors to one end of the room showing *A Painting in Scottie's Bedroom* in Vegas, at Patty Faure's gallery in Los Angeles, and at Max Protetch's gallery in New York. Film stills and paintings covered the walls salon style, except for the area being filmed again. Visitors to the opening became self-conscious as they stepped across the stage of the video field. Rolf and David were co-conspirators in this exhibition. I remember meeting Horst Münch and of course Iris Maczollek and Anke Schmidt, who were students working for Rolf at the time. We became fast friends.

My mother and I then traveled on to the Basel art fair (where Rolf showed my work for the first time), and *documenta X*, *Skulptur. Projekte in Münster*, and the Venice Biennale. I remember that summer of the first big blowout of the European scene. It was wonderful to be traveling in the proximity of Rolf and David, who introduced us to all sorts of art people. It was very new and exciting and full of art.

When I got back to LA my work changed quite a bit. I stepped on to the street outside POST gallery in LA, where I was to do a show, and traced the street stains there. I had contemplated tracing stains from the outside world before but, being interested in abstraction, I couldn't find the appropriate site to provide the necessary indexicality of real world stains. After my European trip and a visit from my cousin Gillian, who told me details of my grandmother's death, I became interested in the abject (and pretty disgusting) stains and marks from the street. The stains on the street seemed to reflect a public parade of human loss—the indexical relationship to the intersection of person-place-activity pointed to a language of everyday mortality. And while my tracings were representations of marks, they had the look of action-painting abstraction. The traced street stains could replace the studio stains as a building block for my visual model of the abstraction of thought. This model had as its basis the understanding of a whole from its parts, using abstract painting as a medium. By indexing marks in the real world this model could more clearly bring representation as an element of abstraction into my painting model.

My show with Rolf in the spring of 1998 was the first solo show of this work. I had just begun making the paintings from constellations of street stains and the colored pencil drawings from which I made the paintings. For the show at Volksgartenstrasse 10 I exhibited only paintings, two-foot and four-foot squares. The colors were vibrant, with the two-foot paintings more complex in their puzzle-like structure. I use systems as a way to collaborate with myself: in the paintings each stain was its own color and if one stain overlapped another, it always overlapped. I made a transfer drawing from the colored pencil drawing to make decisions about what would be visible in the mathematical process of elimination. Painted like a puzzle, I could not predict the ramifications of a color decision as I chose the color for one fragment of a stain, working back and forth between the colored pencil drawings and the painting. I chose and mixed the colors in my head, building a poetic wall, one brick of color at a time. I never changed a color after I continued painting other colors because it would be like taking a brick out of the bottom of the wall. It was another way of making a picture too big for me to see, finding the colors in my consciousness and memory was like finding the marks on the sidewalk.

The paintings were a surprise to me. I remember sitting in the gallery feeling sort of unreal, so I wrote a statement on my laptop, looking at the paintings, and tracking the activity of my traveling companion, Clementine, my orange tabby cat:

While in film school, I came to wonder about the way that a painting, versus a film, exists in time. While the visual language of film has become second (or perhaps first) nature to us, its method of implying a whole from its parts is anything but natural. In film I was intrigued by the artifice involved in making a subject part of a larger whole of place and time. Applying this filmic idea of point of view, I developed three systems of visualizing a set of visual information, which are equally objective and subjective: recording a whole constellation, viewing a portion as if it were transparent, and visualizing this portion as if it had mass, demarcated by color. The sets of information that I start with are street stains gathered in tracings from several locations in Los Angeles. While the event staged with the traced street stains is fictional, the link between the three systems, which attempt to describe a whole, is abstract.[1]

I remember Rolf sitting me down in his big back office and saying he wanted to work with me until we were both very old. I was entranced.

Rolf is a very special dealer in his love for art and artists. He is driven by the process of looking and thinking about work—he gets so excited, it's infectious. One of my favorite things is to walk around to see art with him. In New York I have often walked around with Rolf and David Reed, or Iris Maczollek, or Steven Parrino, or Elizabeth Cooper. He always sets the pace (wearing out me and his much younger companions), not stopping until the galleries close. Then he always has some nice place in mind for a special sweet. He has insight into many artists from his own history, such as Donald Judd or Lee Lozano, which makes them more alive to me in the present, taking them out of the vitrine of art history.

On his visits to LA I had the opportunity to go with him to artists' studios. I remember one hot summer day going to Amy Green's apartment/studio after she had recently graduated from CalArts and watching Rolf talk with her about her work. He was like a kid in a candy store, and her apartment was very much like a candy store with Froot Loops and Jell-O molds all around. With his taste for sweets and color it seemed like a dream come true. Another day I was driving Rolf around. He was taking lots of pictures of graffiti and buildings and we had lunch in Hollywood with a nice dessert, and we must have been seeing art. By evening I was so focused on my time with him that I didn't realize that my car was out of gas. We really had to stretch to make it off the freeway and to a gas station, we had to rock forward in our seats down the exit ramp to get momentum. We made it to the station. I remember his face and his eyebrows up. Rolf is always trying to pack life in but bemused at its unfolding.

Ingrid Calame
July 19, 2007

[1] Artist's statement. First published in *1999 Biennial*. Newport Beach: Orange County Museum of Art, 1999, p. 25.

PHILIPPE CAZAL SENTENCES

1985
«L'ARTISTE DANS SON MILIEU»
"THE ARTIST IN HIS ENVIRONMENT"

1986
«C'EST ÇA ET NON LÀ»
"IT'S THIS AND NOT THERE"

1988
«J'ÉTAIS PEINTRE ET SCULPTEUR LORSQUE J'AI PRIS LA DÉCISION D'ÊTRE ARTISTE»
"I WAS A PAINTER AND A SCULPTOR WHEN I DECIDED TO BECOME AN ARTIST"

1991
«L'ART NE FAIT PAS CRÉDIT»
"ART GIVES NO CREDIT"

1992
«ON NE REMARQUE PAS L'ABSENCE D'UN INCONNU»
"NO ONE NOTICES THE ABSENCE OF A STRANGER"

2000
«VOLUPTUEUSES INCERTITUDES»
"VOLUPTUOUS UNCERTAINTIES"

2005
«JE VEUX UNE SUITE ET PAS UNE FIN»
"I WANT A SEQUEL, NOT AN END"

2005
«UN OBJET SANS OBJET / UNE DESTINATION SANS FORME»
"AN OBJECT WITHOUT OBJECT/A DESTINATION WITHOUT FORM"

2006
«LE JEU DU JE SANS CONTRAINTE / LA RÉALITÉ EST UNE FICTION ARBITRAIRE»
"THE GAME OF THE UNRESTRAINED SELF/REALITY IS AN ARBITRARY FICTION"

RH

Do you remember how you met Rolf Ricke, how your collaboration began?

I met Rolf around 1988, at the time I was showing with Galerie Claire Burrus in Paris. A bit later he came to my studio on rue Brochant. My English was so bad—which in a funny way turned out for the best—that we had to be entirely involved in the works. Strangely, I had the immediate sense that we had a profound understanding of each other, and I was impressed by Rolf's natural elegance, his sensibility.

Do you have any special memories of your exhibition at the gallery?

What was really a pleasure for me was to have Rolf's total support to realize my project with complete precision. As an artist, Rolf made you feel that your work was naturally accorded whatever it required. He always gave priority to the art!

Did you know the program of the gallery before you met Rolf? Did you meet other artists who were also working with him?

I already knew of Rolf's gallery by reputation, but not his history. In the 1970s, in Bordeaux, I had met Günter Umberg, and I had heard of many of the artists in the gallery.

Your 1990 exhibition at the gallery was entitled Second Marché [Secondary Market]. *Can you explain your reasoning behind the title?*

It was a sort of joke. The context was very specific: Rolf's gallery was renowned in Cologne, indeed worldwide—evidently it was not a "second marché" or second-rate gallery—and Rolf was showing a French artist who was not well known in Germany. In the United States, and in Europe too, French artists are often unjustly considered by their peers to be "seconds couteaux," a very colorful expression in French [literally, "second knives," or "playing second fiddle" in English]. Those were the main reasons for the title. The whole graphic package, the title of the show together with my name (the logo), produced an interesting and enigmatic visual impact.

What works did you show in the exhibition? What were your intentions?

The most important thing for me was to show my most recent work. Each work in the exhibition had its own formal autonomy, but was also acting in relation to the others. The exhibition included pieces as diverse as *Second Marché [Secondary Market]* (enameled steel sheet); *Masterpiece* [20] (seven painted canvases); *Good/God* (three circular enameled steel sheets with a fourth mounted on three feet, like a stool or small table); *Blackman* (enameled steel sheet, playing on the black and white of my name logo); *Modèle sculpture de salon* [*Model of a Sculpture for a Salon*] (a three-dimensional work, part of the Minimalist series *les Modèles*, consisting of two parallelepipeds covered in red and black imitation leather with four champagne glasses between the two); *Trames* [*Tracks*] (four brass sheets engraved with the *Chaîne* [*Chain*] motif, on four shelves, giving a formal, Minimalist quality); *Zéro* (a steel sheet anodized blue, engraved with the ZER motif, like graffiti, repeated to form an oval,

sketching out the missing O of zero); *Gold* (four unlacquered brass letters, this piece requires regular polishing, so that it shines with all its might!).
Each piece opened up an explicit field of form and content to different readings. Initially, one might describe the exhibition as "political." For example, it had an economic aspect in *Second Marché*, a personal success aspect (reaching perfection) in *Masterpiece*, a religious and critical aspect in *Good/God*, a cultural aspect in *Modèle sculpture de salon*, a racial aspect in *Blackman*, a social aspect in *Zéro*, a fatal aspect (birth/death) in *Trames*, and a faith aspect (power) in *Gold*. Clearly, this interpretation does not rule out alternative ways of seeing and reading the works. Quite simply, the idea is to see it, and to let your imagination drift . . .

You were living in Paris at the time, what do you remember as the important events and issues?

In the 1980s there was an explosion of artistic activity in France, amplified by the opening of many regional public institutions and collections.
An important exhibition, *À Pierre et Marie, une exposition en travaux*, [*At Pierre and Marie, an Exhibition in Progress*], was held in a disused church in rue d'Ulm in Paris, organized by Daniel Buren, Sarkis, Michel Claura, Jean-Hubert Martin, and Selman Selvi. The intention was for the exhibition to unfold as a work in progress, it would change throughout the duration of the show, from 1983 to 1984.
At that same time I started publishing *Public* magazine. The intention was to advance a new vision of the art scene in France centered on individual practices, not on a cohesive reading of groups or movements. It also addressed foreign artists associated with this diversity. In 1989, Nadine Descendre and I came up with the concept for the exhibition *Public n°4*. Initially its title appears provocative: *Il n'y a pas d'«art français» – Une exposition dans une revue*, [*There Is No "French Art": An Exhibition in a Magazine*], but it shows that there was no art movement then in France, but rather individual artists undertaking specific works. The exhibition traveled to various locations: the Magasin, Grenoble; Dia Art Foundation, New York; Galerie Esther Schipper, Cologne; Museo per L'Arte Contemporanea Luigi Pecci, Prato; Anthony Reynolds Gallery, London; and the International Centre for Contemporary Art, Montreal. The principle was simple: the exhibition could be viewed by reading the magazine. Each venue hosted the exhibition for a single opening night and had to abide by the exhibition's conditions: send an invitation to its entire mailing list, prepare a room with bare white walls, install tables and chairs for an informal opening and meeting over the local tipple, involving the invited public and those artists from France who could attend. The guests left with the exhibition under their arms!

You designed the invitation card and poster for the twenty-fifth anniversary of Rolf's gallery at the Kölnischer Kunstverein. How did that come about?

I was flattered that Rolf asked me to design them. I received very detailed information by fax, all of it important. To respond to the challenge, I chose a text-based design, to make all the information easily legible, and to emphasize the list of artists. The overall visual effect stressed Rolf's importance as a gallery owner and collector, and how open-minded he was towards the artists he had selected throughout his career.

Philippe Cazal, email interview with Christiane Meyer-Stoll
August 2007

You studied at Kansas City Art Institute, who were your fellow students?

Kenny Showell and Lawrence Stafford, and there was another fellow named David Wagner who was here in New York. We were sharing a loft. Kenny came later and Stafford came a long time after that. Some other people were a little younger, like Al Taylor, my brother Don, and Stanley Whitney.

Where was your studio in New York?

4 Great Jones Street. Great Jones is only two blocks long. The building is still there. In fact, my landlord is still alive! He has got to be 100 years old, because he was seventy then. I was the first artist he rented to, because I had briefly lived on the Bowery before, and got that loft around 1965.

I wanted to ask about James Michener's studio visit, that must have been an early encounter with a collector for you. How did it come about?

He came with Richard [Dick] Bellamy.

That would have been around 1967?

It could have been 1966 even, one or the other. In fact, it was the first painting Dick sold for me, the first thing I ever really sold. I had met Dick at various bars; he had come around a couple of times and had decided to take on me, Alfred Leslie, and Peter Young. At the time he didn't even have a gallery, this was after the Green Gallery but before he really hooked up with Noah Goldowsky, which he did right after.

Dick had quite a reputation then.

Well, he had sort of gone underground, no one knew what he was doing. The Green Gallery had been closed a couple of years. Of course I was quite flattered. And one day he showed up, it was Dick's way, he would say, "Hi there, I'm around the corner." He came up with this very thin man, James Michener. I had about half a dozen paintings around. And he bought a painting for $600, it might have been $900 and I got $600. Dick would only take a one-third commission. I was overjoyed. They didn't spend a lot of time, they had a car waiting downstairs. In fact they might have called me from the car, in those days it was a big thing to have a car phone. I had not had much experience with someone visiting my studio, so I was talking to Dick, wondering what I should be doing. I was very nervous, of course. I thought, wow, because 600 bucks was . . . well, the rent was $100, electricity and phone were not much more than $100 a month. It was a big boon to me.

And then Dick started showing you at Noah Goldowsky Gallery?

Well, not long after our visit, he hooked up with Noah. In fact, once they showed one of these paintings, a double, it was 100 x 200 inches, the only one I made that big. And somehow he put it together in that little gallery Noah had up on 82nd Street.

And then you also showed with Nicholas Wilder in LA.

The first show that Nick had were plaid-like paintings, paintings with crossing lines, which he did quite well with. I went out for the show. I remember Andy Williams bought one. Nick was very friendly with Andy Williams and he had filled his office with gorgeous stuff, all kinds of things. Andy had hired Nick as a color consultant. *The Andy Williams Show* was on TV. Nick got like a thousand a week, or something. I remember Nick said, "Come over here!" Andy was singing "Moon River," not in front of the moon, but in front of the painting!

Did you meet other painters in LA?

Yeah, in 1969 I went out there. A girlfriend of mine had a friend who had a place in Malibu where I spent a couple of weeks on the beach. I met Ed Ruscha, Joe Goode, and Bruce Nauman.

You were also showing in Germany with Rolf Ricke in Cologne.

In the early 1970s.

Did you go over for those shows?

I did. I remember going to Rolf's once, I'd gone to Paris and I took a train to Cologne and arrived the day before the opening, maybe even the same day—and the paintings weren't there. At that time there was a group of six or eight galleries in one building and they all had openings on the same night and I had an opening with no paintings. Jörg Stever bought a big bottle of cognac and we all sat there and drank. That happened once at Nick's too. Rolf was beside himself. The paintings arrived at midnight that night, somehow they had been shipped to Hamburg.

How did you make the paintings from 1966 with horizontal and vertical bands?

I would do lots of drawings on graph paper, all very simple like one through five, different ways of alternating. The bars were all 1 x 5 inches and they would all have one-inch to five-inch gaps, or sometimes they would stop and start over, run up and down, or across. I would do it all on paper and then I would grid it on a canvas. They were all untitled because I was a sort of Minimal artist and did not title works.

It seems to me very interesting the way it takes the grid and destabilizes it. Is that the kind of thing you were looking for?

They got very undulating, I was joking about taking too much LSD in those days. I was! They were very trippy.

Andrea Geyer [joins the conversation]: You mentioned the influence of LSD at that time in New York. It was really part of a lifestyle—and you see it now in recent video art, the influence of ecstasy and cocaine. There is a way of looking at things, like some of the paintings that are in the Michener Collection, which seems very related to the LSD experience.

I don't know, I first took mescaline with Peter Young. It wasn't even illegal when we first took it. There was so much happening, drug taking, the Vietnam War getting worse. Max's Kansas City opened about that time and suddenly there was a gathering, just artists and musicians, it became very popular quickly. That was great. I had been there once before when I had visited New York, but this was a whole different thing, much more psychedelic and sexy.

Andrea Geyer: Sometimes you look at these things and they really look as if they were made to move.

Well, all that was not so much about psychedelia to me as a brick wall.

So it is the tension of that grid structure, getting it to move.

And the infinity sign spray paintings were very woven-type things.

Minimalism is about the grid, it's very stable and static, but these paintings really move.

Well, I was too painterly to be a minimalist, although Minimal Art was very important to me. I got a piece of tape five inches wide, put it on the ground, painted over it, and then took the tape off. It was too boring to paint them after a while.

The color is very trippy in those paintings. In some light the dashes are darker in value than the background and in other light they are lighter in value; the relation of the dashes and the background changes with one's viewing angle.

This is caused by the overall hue. I didn't change the pigment.

So it's just the way the light is reflecting off the painting?

I would give it a couple of coats underneath, tape off, and then I would paint one, two, three, or four coats on top to get the color I wanted. I was quite enamored with the night skies in New York and all the colors were that way, so dark.

Is it acrylic?

Yes.

Did you add pigments?

No, but with the later ones I started spraying. The grounds might undulate a little bit because of the spray. They got me into the spray paintings.

But the first of those were like free loops?

No, the first ones were almost a grid. They were as regular as I could make them, almost like an infinity sign. Of course I was very nervous when I first started doing those. Dick was coming in and wondered what was going on, but he accepted them without question.

You went through a lot of shifts at that point. How did people other than Dick react to them?

Not so well. The first show at André Emmerich's in 1969 was the spray loops, they were much more free, not so concerned with the edge. André loved all that, then I started using enamel paints for the plaids. He didn't say much, I found out later through someone else that he was freaking out. Then I had a show that sold well, so he was relieved. But I changed again, and each time I think he got more nervous.

Peter Young was like that too, doing different types of work—and Ken Showell.

The grid paintings were simply too hard and too boring to paint, I liked the way they looked but I wasn't having fun doing them. Like the idea of plotting something out and translating it: you didn't get a bad painting, but you didn't necessarily get a great painting.

Right. Up until that time painters could remove things from painting, simplify it, and the paintings got stronger. But after Minimalism young painters were in a position of wanting to add *something, which is a very different proposition.*

It sure it is!

But I think a lot of the critics and writers on art were still thinking in the old terms, that you needed to show integrity through consistency.

Clement Greenberg used to bring this up with me, because I had several different things going on in the studio. He wasn't discouraging doing them, but he would say, "Great, but don't show those, don't mix them up." He would always bring up Hans Hoffmann as an example, he said Hoffmann's reputation wasn't as good as it should have been because his paintings changed so much. Rothko always painted Rothkos. What was I supposed to do? I did lose a lot of followers. I started making these all-over paintings.

The technology of paint had a big effect at that time.

It still does with me. Three years ago I had been spraying again and then I quit. And suddenly the paintings were looking very different again.

I have the sense that—maybe this is too touchy to talk about or maybe you don't know—Greenberg was going to support a lot of younger painters and then he backed away.

Oh, I don't know about backed away. Clement quit. At the time I met him, he had quit writing about any particular artist, he would write about general aesthetics, or he was working on his book, which he never finished. People who had known him longer than I would ask, “Clement, why don't you write something?” And he said no. So Clement was not supportive in terms of going to dealers. The only artist he ever helped was Al Held, he told André Emmerich to show him. He never sent a collector or a dealer to me.

That is interesting, I had had a different impression. Were there other critics that came to see your work or people you would talk to?

Sure, Kenworth Moffett, Terry Fenton, Karen Wilkin. The first guy who wrote about me was Max Kozloff. He wrote about me and Ralph Humphrey. It was not a bad article, but he went out of his way *not* to know you or even meet you. There were people like that, like Sidney Tillim. Dick was always great. Clement was good—I didn't agree with him, but he always challenged you. I got more from the artists, like Michael Steiner, Larry Poons for a while, Ken Noland a bit, Jack Bush. I knew Jules Olitski, I still do. Friedel Dzubas I liked a lot. We never did any critical talking, not so much sharing ideas.

You said you knew Lee Lozano.

Oh yeah, she was one of Dick's people too.

I find her work fascinating, especially the way she painted in the late 1960s—her development is very interesting.

I liked Lee a lot. Actually we were quite friendly for a while. But then Lee got . . . she was mentally ill. At one point she quit talking to women, she would not acknowledge that they were there. She tried very much to be one of the guys. I loved her but she was very demanding, very hard to be around.

It was very hard for women artists at that time. Did they have more trouble getting recognition? Is that why she wanted to be like the men?

I don't know. Maybe they did, but you know, Jo Baer was quite the opposite. I remember seeing her sometimes at Max's Kansas City . . . I liked to see her. I haven't seen her for a long time. She lives in Europe now?

In Amsterdam. I happened to go to a dinner party in about 1975, just before she left. She was very tough and impressive. But I had the feeling she was being forced out of New York, because of some letters she wrote to Artforum *defending painting against attacks by Robert Morris and Don Judd. I think she thought she was not welcome in New York anymore.*
In the late sixties and early seventies there was a shift in the mood because of the war in Vietnam, the decaying city, a lot of other people also left New York. Why did everyone leave? Was it just because of higher rents?

That started to happen. When did you get here?

In 1971. I had left New York earlier in 1969, thinking that the city was falling apart. I went back to the desert in the Southwest. You know, there was a sense that to survive you had to get away from the cities. A lot of people left, like Lawrence Stafford, Peter Young, Alan Cote, Jo Baer, Lee Lozano. But you stayed. So did Ralph Humphrey, John Torreano, Harriet Korman and David Diao. We're talking here in Lower Manhattan and after September 11 it is unclear exactly what is going to happen. Will people stay or want to leave? It's a similar feeling.

Yeah, I wonder too. When I came here I worked as darkroom assistant for photographers. I could make $25 a day, which was good money. If I worked three days a week, I had $75, I had covered my rent and electricity. If I worked another day or two I had enough to eat and buy some paint. So I was maybe only working ten days a month. But how can you get by today and pay the rent? Even in Brooklyn, even anywhere? It's insane!

Dan Christensen, interview with David Reed
New York, October 23, 2001

The interview was conducted as research for Reed's essay “New York Painting circa 1968: Notes Toward the Missing History of Experimental Abstraction” in *Blanton Museum of Art—American Art Since 1900*, Annette DiMeo Carlozzi and Kelly Baum eds., Austin: Blanton Museum of Art, University of Texas at Austin, 2006, and for the museum's archives. The interview was transcribed and edited for this publication with the kind permission of David Reed and the Blanton Museum of Art.

I only showed a couple of times with Rolf, but of course they were fun and memorable times. I was introduced to him by Steven Parrino and was thankful, as I appreciated the importance of Rolf's history and the artists he had shown. Like Rosenquist, he was always huge for me, and the fact that he had shown with Rolf was great. I remember this idea going around that I should recreate my favorite piece of his, with the dry ice on the floor, *Horizon Home Sweet Home*. It would have been cool . . . never happened.

My work was going through all kinds of weird shifts and experiments and Rolf was very supportive at an important period for me. At that time I guess I felt connected mostly to the work of Fabian Marcaccio, Steven Parrino, and some others who were showing, or had shown, with Rolf. For us there was a concern with the idea of painting as an arena for collapse, where the physical and fictional aspects of painting are exaggerated and corrupted into some kind of distorted, toxic hybrid of material and image. And of course there was a total meltdown of the abstract/figurative distinction, not to mention anything to do with "taste." Good times . . . yes.

I also remember seeing numerous shows throughout Germany with Rolf at various museums. This was always very enjoyable and insightful; it often meant encountering great works that Rolf had previously shown. It's a great honor to be a part of Rolf's collection and this document.

Steve DiBenedetto
September 2007

Ende 1979, als ich in meinem 7. Semester an der Kunstakademie Düsseldorf war, schrieb mir Rolf Ricke ein Postkärtchen, weil er mich besuchen wollte. Überrascht und verlegen sagte ich ab, da ich einen solchen Besuch für verfrüht hielt. Meine Arbeit war für mich zu dieser Zeit ohne relevante Substanz.

Zwar waren gewisse interessante Bildansätze vorhanden, doch sie befanden sich noch völlig im Experimentierstadium. Etwas später gab es die Ausstellung *Front* in der Galerie Ricke mit Künstlern meiner Generation aus Düsseldorf. Meine malerischen Ansätze scheiterten zu dieser Zeit zumeist an meinen Ansprüchen, Möglichkeiten und auch am kulturellen Hintergrund. Wie Pilze schossen unerwartet die „Wilden" aus dem Boden. Diese pseudoexpressive Popkultur übte eher eine lähmende Wirkung als einen stimulierenden Impuls auf meine Arbeit aus. Diese Aversion gegen Pop jeglicher Couleur, den Faschismus der NS-Zeit inbegriffen, besteht auch heute noch. So entwickelten sich aus einem malerischen Zweifel heraus Gipsskulpturen, die mit Wandreliefs begannen und selbst eine Fortsetzung dieses Bildtypus waren, den ich später zyklisch immer wieder aufgriff und erstmalig um 1985 und dann auch erfolgreicher bewältigte.

Bei der Einladung zur Ausstellung *Triumph. Skulpturen von Malern* fühlte ich mich aber doch herausgekitzelt, zumal meine ersten Gipsskulpturen völlig weiss waren. Bei dieser Ausstellung waren Skulpturen von Volker Tannert, der damals ein Shootingstar war („Helmut – du kommst auch einmal ins Museum, aber in die hinteren Räume"), bis Lüpertz, ja Baselitz zu sehen, der mit einem Haufen ab- und zusammengekratzter Ölfarbe präsent war. Das war meine Initiation in den Kunstbetrieb, der damals ähnliche Erscheinungen zeitigte wie heute und etwas zu euphorisch war. Man malte in Anlehnung an Punk und New Wave.

Was Rolf Ricke damals zeigte, war nicht so richtig kompatibel mit dem Hauptstrom einer Galerie Maenz, Werner oder Hetzler in Köln. Unmittelbar nach dieser Ausstellung bot Ricke mir eine Ausstellung an. Da meine Gipsskulptur bei der Gruppenausstellung auf dem damaligen Teppichboden völlig deplatziert gewesen war, zeigte ich Zeichnungen, zumeist Pinselzeichnungen, die selbst einen hybriden Zwischenzustand zwischen gegenständlich und abstrakt, zwischen Skizzen für Skulpturen und autonomen Zeichnungen darstellten und sicher auch eine zeitliche Einfärbung hatten. Meine Skulpturen waren Emergenzen aus kubischen und archaisierenden Elementen, körperhaften Bezugspunkten, aber immer aus dem Geist der Malerei, nie aus dem der Skulptur. Schliesslich erwies sich das doch als eine Sackgasse für mich.

Das war der Zeitpunkt, zu dem ich eine Trennung aus der Galerie Rolf Ricke provozierte und mit meinen Öl- und Lackbildern einen Neuanfang machte, der bis heute relevant ist: Der Grenzwert und Übergang der physischen Tatsache (Farbmaterial) und des Prozesses in eine Bildräumlichkeit ohne repräsentatives oder inhaltliches Korsett, die Absicht, den Malprozess in eine ureigene selbstgenerierende Konditionierung zu bringen, Licht und Farbe in ihren Funktionen auszuspielen.

Rolf Ricke, der damals immer auf meine Malerei gespannt war, hat die ersten wichtigen Arbeiten [26, 27] erkannt und zu meiner Freude auch für sich selbst behalten. Diese Bilder hat wohl auch Günter Umberg gesehen, der dann um 1986/87 in seinem „Raum für Malerei" meine erste Malereiausstellung organisierte.

Helmut Dorner
August 2007

Sie haben in Düsseldorf studiert und sind auch in Düsseldorf, und nicht in der Schweiz in die Kunstwelt hineingewachsen.

Ja, ich habe in Luzern von 1977 bis 1980 an der Kunstgewerbeschule Bildhauerei studiert. Freie Kunst wurde zu der Zeit in Luzern gleichgesetzt mit der Bildhauerklasse.
Eine Klasse für Malerei gab es gar nicht, Malerei war kein Thema. 1980 habe ich mich an der Kunstakademie Düsseldorf beworben; Joseph Beuys' Werke und seine Idee der sozialen Plastik haben mich damals interessiert. In den Begegnungen mit Beuys im FIU-Raum und in Diskussionsrunden wurde mir klar, dass Transformation von Kraft- und Energieströmen, Materialkonsistenz und Fluktuation für mich wichtig sind, messianische Versprechungen und direkte Handlungsanweisungen hingegen den Raum der Kunst nicht öffnen. Ich habe angefangen, auf grosse Tücher zu malen, um direkt auf Ereignisse, die unmittelbar auf der Aktionsfläche passieren, zu agieren und zu reagieren, ohne politischen Direktionen zu folgen. Gerhard Richter hat mich in seine Klasse aufgenommen, in der ich weiterhin versucht habe, mit den Mitteln der Malerei in einer gewissen entfernten Parallelität zur Gesellschaft und den dort waltenden Kräften dem Uneinheitlichen, Heterogenen und Differenziellen Ausdruck zu verleihen.

Die Begegnung mit Rolf Ricke kam aber erst viel später. Meine erste und einzige Einzelausstellung bei ihm fand im Jahr 2000 statt. Kennen gelernt hatte ich ihn etwa drei, vier Jahre zuvor. Er war in der Jury des Bonner Kunstfonds. Ich hatte mich dort beworben, und da muss ihm meine Arbeit aufgefallen sein. Irgendwann besuchte er mich im Atelier und war voller Begeisterung. Er hat mir Mut gemacht und betont, wie wichtig die Malerei sei und im Besonderen die abstrakte Malerei. Seine Besuche im Atelier bestärkten mich in meinem Schaffen.
Special Offer, 1999 im Kasseler Kunstverein, die Ricke kuratiert hatte, war die erste Ausstellung, in die er meine Werke integriert hatte. Die ganze Ausstellung war spannend konzipiert, sodass die einzelnen Arbeiten in einem Dialog miteinander standen. Zwei meiner Bilder haben sich in einer dunkelbraunen Hinterglasmalerei von Olivier Mosset gespiegelt.

Eines Ihrer Bilder in dieser Ausstellung war Seon, *1998–2000* [31]*, das sich heute in der Sammlung Ricke befindet.*

Ja, Ricke hatte es kurz vor Weihnachten in meinem Atelier gesehen und wollte es gleich mitnehmen; er wollte es sich selbst zum Weihnachtsgeschenk machen. Für mich war es schön zu sehen, dass ein erfahrener Galerist in all den vielen Jahren sich seine spontane Begeisterung und Freude an der Kunst hatte bewahren können. Zu sehen, dass Ricke eine Affinität und Empfindung für meinen Umgang mit dem Farbmaterial und meine Auffassung von differenzierter Stofflichkeit in der Malerei hatte.

Ein anderes Beispiel: Ricke hatte mir bei einem bestimmten Bild geraten, es nie herzugeben. „Pia, diese Arbeit solltest du für dich selbst behalten!"
Mir wurde dadurch klar, dass der Wunsch Bilder zu besitzen nicht der Ausdruck eines (Freud'schen) Mangels ist, sondern der Ausdruck einer Kraft; so

wie jedes meiner Bilder der Ausdruck eines Begehrens ist, das sich in seinen vielfältigen Formen manifestiert.

Rolf Ricke hat mich auch bei Ausstellungen beraten, bei denen er gar nicht direkt involviert war. Ich hatte ihm zum Beispiel den Grundrissplan einer Kunsthalle gezeigt, wo meine nächste Ausstellung stattfand. Da er diese Räume kannte und im Atelier meine Bilder vor sich sah, konnte er mir aufzeichnen, wie die Bilder durch die Hängung wechselseitig besonders gut zur Geltung kommen würden. Das hat mir beim Aufbau geholfen, auch wenn ich nicht alle seine Vorschläge übernommen habe.

Ich bedauere es sehr, dass die Zeit der Zusammenarbeit nur kurz war. Die Beziehung zu Ricke hatte gerade erst begonnen, unser gemeinsames Potenzial war noch lange nicht ausgeschöpft. Ich habe meine Arbeit gerne im Kontext der Galerie Rolf Ricke und deren Geschichte gezeigt, die mit der amerikanischen Malerei und Skulptur verbunden war. Dort wurde ich beispielsweise zum ersten Mal auf Künstler wie Lee Lozano, Jo Baer, Cady Noland, Bill Bollinger und Gary Kuehn aufmerksam.

Gab es einen Austausch mit anderen Künstlern aus der Galerie?

Ja, das war vielfältig. Rolf Ricke hat öfters zu sich nach Hause eingeladen, und das waren immer gute Gelegenheiten für Gespräche; zum Beispiel mit Jessica Stockholder, Ingrid Calame oder Günter Umberg. Einen intensiven Austausch pflege ich mit David Reed, den Rolf eines Tages zu mir ins Atelier brachte, weil er es wichtig fand, dass wir uns kennenlernen. So konnten sich Freundschaften entwickeln, die bis heute lebendig geblieben sind.
Ricke hat auch den Kontakt zu Dave Hickey hergestellt, der damals der Kurator der 4. Biennale in Santa Fe war. Hickey hat mir später gesagt, dass meine Malerei für ihn eine Entdeckung gewesen sei und es für ihn sofort klar war, dass er das Bild *QUINTO*, 1994/1995 gerne als „centrepiece" (Hickeys Ausdruck) in seiner Ausstellung *Beau Monde: Toward a Redeemed Cosmopolitanism* dabei haben wollte.

Wie ist das hier in Düsseldorf? Gibt es eine Anbindung an eine Künstlerszene?

Durch die gemeinsame Erfahrung an der Akademie ist man mit vielen Künstlern wie durch ein imaginäres Netz irgendwie verbunden. Aber eine Szene oder Gruppierung, die sich inhaltlich miteinander verbunden fühlt, gibt es aus meiner Sicht eigentlich nicht. Die Zeit des Studiums habe ich als Aufbruchstimmung erlebt. Gerade in der Richter-Klasse gab es immer lautstarke Äusserungen, Wertungen und Bewertungen in Bezug auf künstlerische Positionen.
Während ich früher Kunstwerke isoliert betrachtet habe, sehe ich heute die Persönlichkeiten, welche hinter einer Arbeit stehen, und meine Verbindung zu ihnen. In den vielen Jahren hier in Düsseldorf ist eine „losgelöste Zugehörigkeit" zur Stadt und den Künstlern entstanden.

Mit der so genannten Leipziger Schule *ist in Deutschland derzeit eine andere Richtung – unter anderem – präsent. Da gibt es wahrscheinlich für Sie inhaltlich gar keine Berührung. Oder gibt es eine Auseinandersetzung mit dieser Richtung von Malerei?*

Die Frage nach der „inhaltlichen Berührung" kann ich so nicht beantworten. In meiner Malerei geht es gerade darum, die Begrifflichkeit von Inhalt versus Form zu überwinden. Denn Inhalt versteckt sich nicht hinter einer Form und die Form ist kein Gefäss für Inhalt. Farbe bildet selber Form. Meine Malerei handelt direkt von den Kräften des Farbmaterials, das sich selbstredend formt, um sich wieder von Neuem zu verwandeln.
Heute sehe ich Tendenzen und Werke, welche als Malerei besprochen werden und aussehen, als würde der Surrealismus nochmals neu entdeckt oder der Expressionismus wiederbelebt, oder andere, die sich von einem politischen Klima instrumentalisieren lassen. In meinen Augen hat die Malerei nicht die Aufgabe zu illustrieren oder abzubilden, sondern Energien freizusetzen und deren Strömen zu folgen. Mit der Malerei über die Malerei hinausgehen; Fluchtlinien ziehen, um sich von bestimmten Denkmustern zu verabschieden. Ich versuche, mit der Malerei in neue „glatte Räume" aufzubrechen, mich aufs Glatteis zu wagen.

Pia Fries, Interview mit Christiane Meyer-Stoll
Düsseldorf, 12. Juli 2007

Do you remember how you met Rolf Ricke? How the collaboration started?

My work was exhibited in a show of young American and German artists at the Kunsthalle in Düsseldorf, Rolf may have seen my work there. I had decided to live and work in Cologne for a while. I was new to Cologne, coming from the United States, and didn't know the galleries very well. I had heard about Rolf and the history of his gallery, particularly the pivotal role he played supporting American work from the 1960s and 1970s. Rolf came to the studio and expressed interest in working with me.

Did you move to Cologne from New York?

Yes, but I was born in Boston, lived a couple of years in Zurich in early childhood, and mostly grew up in Wisconsin and Virginia. I went to college and graduate school in Cambridge, Massachusetts. I came to New York from Cambridge in the early 1980s.

Why did you move to Cologne?

I moved in 1988, I intended to stay for a year but ended up staying for two. Because of the nature of my work, often using materials and media emerging from advanced industrialized societies, I felt I needed to live in such a culture to be able to do my work. Germany and Japan were my obvious choices at the time. I liked that Cologne was a small city compared to New York and yet had a very lively and informed art community. I found a factory space in the Ehrenfeld district of Cologne. I remember a puzzled Italian critic at a studio visit saying it was like I had gone to the moon. There are many places in America that feel more alien than living in Ehrenfeld, both as an American and as an American of Asian descent. I found the gray, industrial anonymity of the place and the soft, translucent light to be very conducive for working. And then meeting a few artists made me more comfortable about living there.

What other artists did you know in Cologne?

I met Curtis Anderson and Rosemarie Trockel. They encouraged me to consider living in Cologne, as I had expressed interest in working outside New York. Once in Cologne, I met many other artists working there as well as artists from elsewhere in Europe while traveling. Generally, my discussions with artists were about life and not much about art. I was acquainted with David Reed, but hadn't realized he showed in the gallery.

What did you show in your 1991 exhibition at Rolf's gallery?

It was very experimental work that I had done while living in Cologne. The exhibition consisted of work from the two years working in Cologne. At the time, I felt it was somewhat premature to show the work, as it was more about a process that I was going through, rather than a resolution of an idea. At the time my work was coming from both painting and sculpture. I was trying to develop a technological process so that the work was both of and about technology, as a beginning. I did not feel the work would only be about technology, but that the content would come from a technological process. At the time, I was trying to do that with the paintings. This raised questions about painting. Coming to Cologne, I had in mind a particular way I wanted to work with silk-screen. Around the time of the exhibition I was moving back to New York and worked out the exhibition with Rolf by phone and fax. I was aware of how distance collapsed in the context of modern communications.

What projects were you working on in Cologne?

When I started working in Cologne, I located a commercial screen printer named Herr Neumann in a town outside Cologne by searching in the phone book. He worked in this small garage/workshop where we didn't have much room for my large canvases. He was willing to work with me in an exploratory way, when few—if any—commercial printers would. It felt like what I imagined an "old world" master/apprentice relationship would be with the patience and attention that Herr Neumann gave to my working process. He seemed to have the luxury of time. We would have lunch together and have interesting conversations. At one point, he referred me to a professional photographic imaging house in Cologne that used high technology to alter the negatives. I was going against many of the conventions of commercial printing that Herr Neumann was used to. At times I grew very frustrated with the process, but Herr Neumann kept encouraging me, saying, "Keep going," which I always remember. After a year, I finally was able to get a quality in the work that made me want to continue with the idea.

It was a relatively early moment in the technologies you were both employing and addressing.

I wanted to fuse images of the artificial and organic in a seamless way, to create an organic hybrid. By seamless, I mean that the result should somehow feel like one continuous thing, and not be an image of things. I began by trying to fuse images of different body parts. I also wanted to move from the illusion of the painted image to the clinical reality of the photographic process. This is different from the collage technique of combining images from different sources in a kind of patchwork. I wanted the work to convey an organic whole, like a body. This is hard to explain in words, I think the work in Rolf's collection [34] conveys the sense and the technique much better. I think of that painting as a first attempt at conveying an image of flat organic skin with embedded power buttons that just happens to take the form of a thin, flat object on the wall (for a moment). Let's not call it a painting. In a sense, the work could almost be seen as a virtual sculpture. I remember the surprise that Herr Neumann expressed at the result, saying he had never done anything like this before.

In retrospect, those two years working with Herr Neumann were seminal to everything I have done afterwards: the ideas and the move towards digital technology, which was just beginning to be used outside a commercial context. The ideas behind the work matured when digital software and increased processing power for desktop computers became available in the late 1990s. It felt like having an idea in search of a medium. Today, I work with Apple computers both as a tool and as part of the work, along with a range of software. The advances in technology are allowing the ideas to unfold in ways I never imagined.

That time was a critical moment for the emerging discourses surrounding technology, were you engaged with those discussions?

I was (and still am) interested in a changing notion of the human as we interact more and more intimately with the technology we have created. I don't have a discourse or theory about it, although many people have written serious texts addressing the issue. While living in Cologne, I had the chance to meet Félix Guattari in Paris. I was very drawn to Gilles Deleuze and Guattari's ideas about the body. I didn't really understand it, particularly in the English text, but I felt an intuitive connection. More recently, Sherry Turkle's research and writing in *The Second Self* asks many of the questions that I have been asking myself. There are many discourses that are grasping at this change from different perspectives. I think that will continue as we experience a far-reaching change that remains to be understood.

Tishan Hsu, email interview with Christiane Meyer-Stoll
July 2007

How did you meet Rolf Ricke?

I met Rolf the year I graduated from CalArts in 1997. David Reed brought Rolf to my studio. I immediately liked him, he was extremely encouraging. Rolf made me feel I could be an artist in a professional sense. He had a rich understanding of my interests at that time, Color Field Painting, Minimalism, abstract painting, and installation art. He purchased some of my very large Stacked Paintings [35] for his own collection and offered me representation and career advice. We became close friends.

What was it like the first time you showed at the gallery?

The experience I had with Rolf and his staff—Marion Klein, Anke Schmidt, and Iris Maczollek—was very welcoming. The exhibition in 1999 was a group show, *Morgenrot in Los Angeles.* It included Ingrid Calame (a friend from art school who had already worked with Rolf) and about four other classmates of mine Amy Green, Heidi Kidon, Brandon Lattu, and Melissa Thorne.

Who curated the show?

David Reed and I suggested people but it was really Rolf's project. It was very exciting to be in Germany installing a show that was very much like the shows that we did in school—that it was in the context of a gallery with such historical relevance made it seem surreal. Most of us were there for the installation and opening and have fond memories of that time with Rolf, he was always very charming, interesting, and interested in us.

What was it like at CalArts, especially as a painter?

I lived in my studio and I painted all the time. CalArts was primarily a Conceptual Art school, but about six of us were making abstract paintings. I went to CalArts in 1992. I had spent the last seven years making figurative paintings and continued for another two years, but I felt I was getting to a point where the paintings did not seem to work anymore. For about six months I completely stopped painting and started making photographs of toys, but I quickly lost interest and returned to painting; I had developed an interest in the work of Color Field painters like Morris Louis and their works' colorful presence. I wanted to make meaningful abstract paintings that could teeter between failure and success.

What other artists were you interested in? Were they primarily West Coast artists?

I remember thinking that John McLaughlin was pretty cool, Ed Kienholz, Richard Jackson, Jim Shaw, Mike Kelley, Ed Ruscha, Mel Ramos, but also Barry Le Va and Blinky Palermo . . . but I was also influenced by the abstract painters around me, like Darcy Huebler. Darcy encouraged, supported, and influenced many CalArts painters including Mark Bradford, Laura Owens, Monique Prieto, and Dave Muller—and of course there was David Reed.

Was David your teacher?

He was one of my teachers, but we mostly met one-on-one in a studio setting. He visited the school and was very excited about the work. David is probably responsible for getting us all shows in Germany and in New York.

What artists of your own generation were you interested in?

There were people at CalArts who seemed to have similar interests: it became quite a competition to see how each of us could find different and unconventional ways of displaying abstract paintings. Heidi Kidon, Amy Green, and Melissa Thorne were all invested in abstract painting and trying to make it new by being interested in Color Field painting and Minimalism.

How did you come to make the Stacked Paintings?

I started making them in 1995. I had been living in my 500-square-foot studio at CalArts and I was making lots of large and small paintings. I probably made 200–300 paintings in graduate school. Storing all these paintings was a problem so when I had studio visits I would try to spread the paintings around my studio as best I could. Eventually I started moving them around to conceal parts of the paintings that I felt were not that successful, I would cover up that part with another painting and it grew from there. I never really considered showing them in a gallery context until I had a show in one of the smaller galleries at school. I had moved about fifty paintings into the gallery and didn't really know what to do. I had a studio visit with Thomas Lawson and I asked him what he thought was the best way to hang the show, he replied that the gallery looked like my studio. It seemed exciting to look at these paintings in these piles, it made sense with my interests and my studio practice. The paintings were more interesting in piles than they were individually, the feeling of storage made sense for me.

Did you have a particular installation plan when you exhibited the Stacked Paintings?

For a number of years I was really into seeing how many paintings I could make for a show; then I would send them to the gallery without a plan and try to figure out the best way to make a Stacked Painting once I got there. It was always very challenging and exciting. I made about fifteen Stacked Paintings, the extant works are the ones that Rolf placed in museums. Recently I installed a fifty-panel Stacked Painting in Texas; I really enjoyed it, it seemed as if no time had passed and it looked just as good to me now as it did then.

But then you stopped making them?

Yes, I had been making the Stacked Paintings for about eight years and was finding them problematic: storage was a problem and placing works of this size was becoming impossible. I was starting to feel a little resentful towards these paintings, I wanted to make a painting that had just as much impact without relying on so many canvases.

Can you tell me something about your recent collaborative work?

I have been doing a number of projects involving large groups of artists and writers (since 1995). They usually involve writing, art, music, and design. In my last project *Ab Ovo* I asked nineteen artists to take the MMPI Personality Test. Those results were given anonymously to nineteen writers who wrote children's stories about the results. Those stories were then given to nineteen artists to be illustrated. A book was published on the project and the exhibition toured for over a year. My new collaborative project is called *Nothing Moments* and involves about 100 participants; we are publishing twenty-four novels as the end product with a traveling exhibition of 400 illustrations.

Steven Hull, email interview with Christiane Meyer-Stoll
July 2007

I first met Rolf through Thom Merrick and Jeff Wisniewski; I also knew Laurie Parsons who was working with Rolf as well. We were all speaking with each other at the time, though my conversations with Laurie often involved Gretchen Faust too.

In my solo exhibition in 1992 were a series of floor works, each cast from either silicone rubber or Hydrocal (a very hard white plaster), with a simple text cast into the work, "I love you," "I trust you," [41], "I take you." On the wall was an untitled shelf work made from a piece of found wood and a piece of used sheetrock.

At the time I was very interested in materials that went from liquid to solid, forms that could be both a positive and negative form simultaneously (the forms were all molds for phrases), and in social relations. The texts referenced a social space, which I was interested in understanding as a sculptural space. The project I did simultaneously with Rolf's show was on the streets of Cologne, *I am for you / Ich bin für Sie*, which was one of my earliest such projects. These street projects would later become the focus of my work for a period of about fifteen to twenty years. The project description is below, followed by the four catalytic texts handed out on the streets for four days.

Ben Kinmont
July 2007

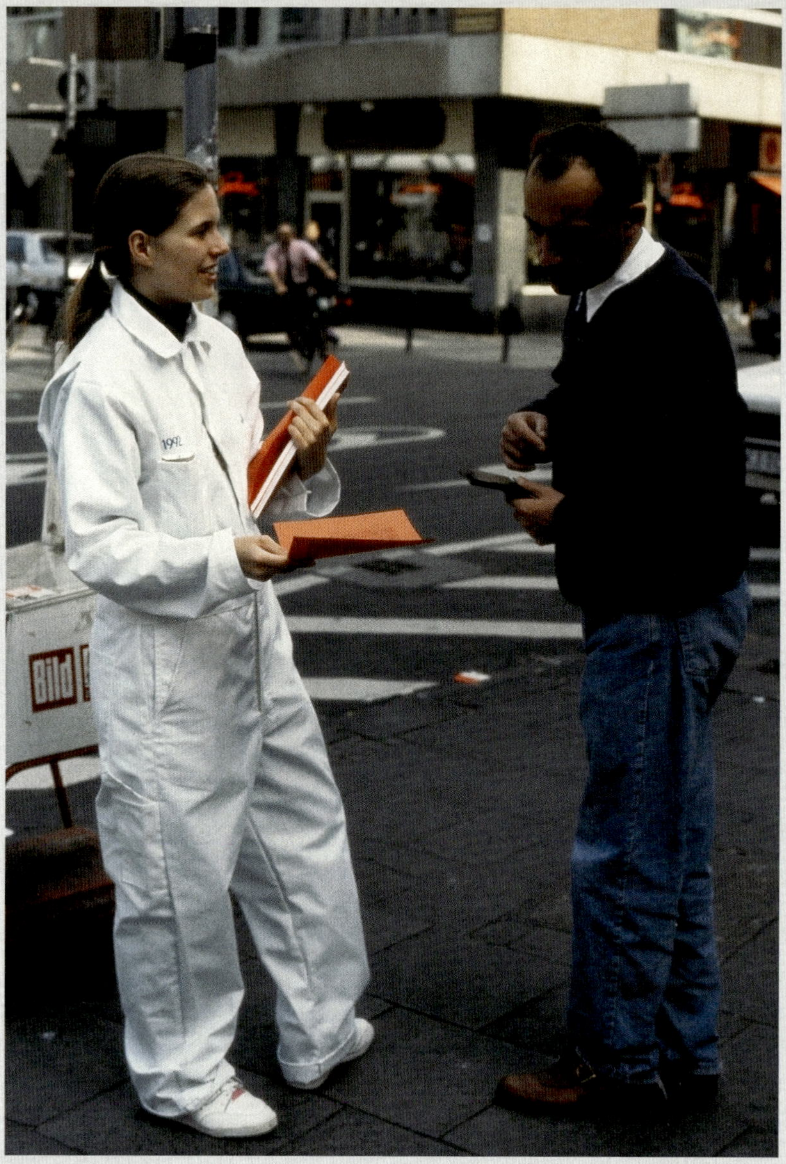

Ben Kinmont, *I Am for You / Ich bin für Sie*, Cologne 1992

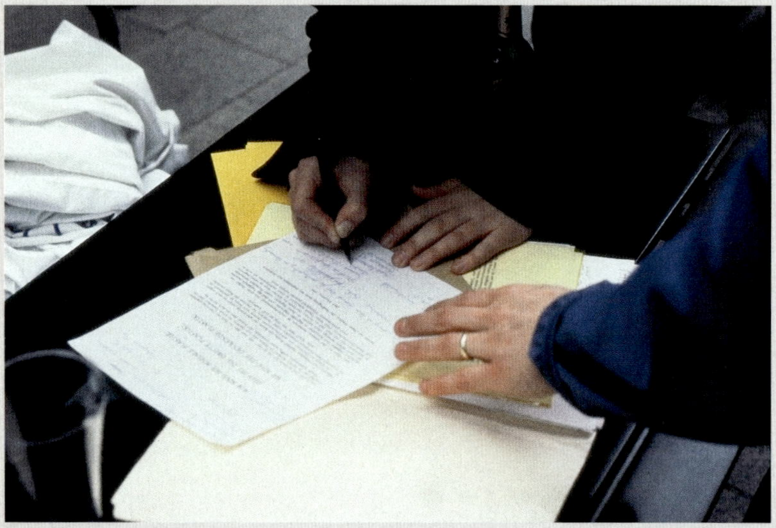

Ben Kinmont, *I Am for You / Ich bin für Sie*, Cologne 1992

Project description:

I Am for You / Ich bin für Sie.

William James had talked about the shiftiness of truth, about its lack of a single center. So, to test my idea about the third sculpture, I wrote catalytic texts and gave them out on the street. Most didn't view it as art and the project evolved through their understanding and criticism. But most importantly, you could have walked by and not even noticed that it was going on.

Archive begun 1990. New York City: Prince and Broadway, Court and Joralemon, Thompson between Spring and Prince, 5th Avenue and 57th Street. Cologne: Rudolfplatz, Wallrafplatz, Ehrenstrasse and Apostelnstrasse, Olivandenhof, and Zeppelinstrasse. 22 hours and 45 minutes spent on the street. 11,750 catalytic texts given. Project can be repeated. Archive in the collection of the artist.

WE ARE THE SOCIAL SCULPTURE!
THIS IS THE THIRD SCULPTURE!
YOU ARE THE THINKING SCULPTURE!

I wish to open up our understanding of life. You are my friend, my enemy, my sculpture. We are here to explain the notion of Social Sculpture, an idea given to us by Joseph Beuys during the Sixties, an idea very much related to German Nationalism and consciousness during the postwar years. As I am an American my distortions of his genius shall take a personal form without practical political applications. I will set forth a batch of ideas that expand Social Sculpture to include the personal, to include the intimate sides of our life, the embarrassing moments without the transcendental meaning of a shaman, and show how everyman and everywoman is an artist now, without the prerequisite of a transformed society, of the Green Party or the Party for Direct Referendum. I will explain how a baby's cry, a banker's greed, and a Brice Marden line should all be considered as sculpture, as an expression to communicate our existence without the trappings of intellectual intimidation and unhealthy power trips.

As a community we shape our lives through communication with others. We talk to the grocery store cashier and experience his or her life for a moment. We share our own life. We present ourselves and simultaneously mould the other and the self. We take this plastic relationship and create a moment with a multitude of meanings. We create a memory to be recalled or to be stored away within our respective subconsciousnesses, a thought which has a communal existence and therefore can alter a community. It is a thought which is expressive of and shaped by a community. It is a Social Sculpture.

In between the self and the other there exists a space. A malleable space determined by both the self and the other, by myself and the cashier, by myself and you. It is a space which exists simultaneously as a positive and negative space. It is both the anti-object of communication and isn't something to be frightened of; it isn't an area which renders communication impossible or isolates people. It is out of this third space, this space between you and me, that personality comes, that love, hatred, and humor arise and cause us to spend an afternoon together. It is because of this area, this Third Sculpture, that you and I understand and have a sense of an other.

As an active participant in our meaning, our community, you and I are each Thinking Sculptures. The verb of Sculpture is to think, to understand and to participate. And yet because we exist within a web of interconnectedness, our active participation is the participation of the whole. It is the everyday fulfillment of an ever-changing premise, of our fears, loves, shame and joy. It is the birth and death of banalities, promises, and sex.

The Thinking Sculpture is the Third Sculpture is the Social Sculpture.

Ben Kinmont 1990

WE ARE THE SOCIAL SCULPTURE!
THIS IS THE THIRD SCULPTURE!
YOU ARE THE THINKING SCULPTURE!

From one to another I am for you. We have walked across a field of separation to find you here at this moment and now we would like to share an idea about sculpture, an idea that is both about and for you.

In between two ideas there exists a space that is both positive and negative. In terms of drawing and two dimensional thinking, the space is usually understood in an either/or relationship; one where the space is either a "gap" or "the thing itself."

But, when we begin to understand our distance in between as multi-dimensional, determined by a variety of cultures, fears, and desires, and that the relationship between or among these ideas and people is dependent upon the ideas and people themselves, then we can start to discuss and act upon our relationship to the other; that is, we can begin to see that this middle space, this Third Sculpture, is, in fact, malleable to both an individual and communal will.

It is from this position of empowerment that the moment can change.

Ben Kinmont 1991

WE ARE THE SOCIAL SCULPTURE!
THIS IS THE THIRD SCULPTURE!
YOU ARE THE THINKING SCULPTURE!

I wish to share an understanding of life. But first I want you to slow down and listen. Notice the fear, the love, and energy that is our sculpture, our community. We are of that sculpture, we together, you and I, and those around us; and because we are all joint creators, co-creators in a piece that includes the poor, the rich, the patriotic, and the sick we must realize that the act of the individual is the act of the community. We must learn to accept ourselves as sculptors and the sculpted.

Remember to have compassion for yourself, the other, and our space that lies in between. Because we are a culture based on the individual, one of private goals and loneliness, we need to start with the personal, the moments where we feel fear and joy and create understanding. We must leave behind the American poet's declaration that "I am a multitude" and realize that we are a multitude. WE ARE A MULTITUDE.

Ben Kinmont 1991

WE ARE THE SOCIAL SCULPTURE!
THIS IS THE THIRD SCULPTURE!
YOU ARE THE THINKING SCULPTURE!

This moment is for you. I am here to explain how you are a thinking sculpture by shaping what is around you and within you.

In experiencing the moment, you mold sensations with preconceptions and hopes. These experiences become the memories upon which your future ideas are built and thus provide both a context and beginning for your actions. Even now, as you read this text and hear the activity around you, you determine the situation as an individual participant who is part of a larger whole. You sculpt your surroundings. In this way, you create violence, fear, understanding, love, and compassion.

You are the Thinking Sculpture.

Ben Kinmont 1992

Rolf first visited my studio on 37th Street in New York in 1970. My paintings then were very process oriented, often involving areas in which lines were scraped through wet paint to reveal the canvas and another set of lines drawn underneath. Rolf came on the advice of Richard Serra, who had been my teacher at Queens College. Rolf bought two pieces immediately, and we planned two shows at his gallery in Cologne, one of paintings and one of drawings. I remember how surprised I was that he acted so quickly. It got me started, working with Rolf was a great support.

I visited Cologne during my painting show at Rolf's gallery in 1971, he was very hospitable. While I was there I met the artists Ulrich Rückriem and Gary Kuehn. I was young at the time, and I felt well taken care of.

Harriet Korman
August 2007

I am respectful of the authority of geometry
and the certainty of pure form.
I avoid the absolute.
I am intrigued with the idea of humiliation
and disgrace.
I am interested in works that have a flavor of
the inevitable.
I don't want to have the final say about the
form of a work—better to remain the instigator.
I find all movement in my work toward sea
level.

January 1968

After all, it's still just a matter of sex and geometry.

Expression is only interesting in relation to its actual or imagined suppression.

1998

I met Rolf in the spring of 1966. He had seen images of my work reproduced in *Studio International* and arranged to meet me through Paul Bianchini, my gallerist at the time. After meeting in the city for dinner and conversation about the times and what I was trying to do in my work, he asked to come to my studio, which was on a farm in western New Jersey. There I was able to show him a full range of recent works, which I had exhibited in a sequence of exhibitions at the Bianchini Gallery. The trip to the country gave us plenty of time to talk. It was exciting to meet Rolf and find him so attuned to my concerns and those of other young sculptors. After our meeting I introduced him to Keith Sonnier, whose work I thought he would respond to, and Richard Artschwager. The times were very exciting, there was an atmosphere of change and of breaking away from established aesthetic practice. Somehow Rolf met Richard Bellamy, whom I would describe as the single most perceptive art dealer at the time, and a friend and supporter of us all. Through Bellamy, Rolf met many of the New York artists he represented in the 1960s and early 1970s. He quickly developed a reputation as a tireless looker. The number of artists he met on each trip was staggering, both artists he was showing and those he had heard about through the network.

My first meetings with Rolf were intense. We talked about my work, the issues that were important to me. Rolf had an intuitive grasp of the aesthetic changes that were emerging. I found this very affirming. He was one of the first to understand what I was trying to do. He made me feel like an artist and gave me a sense of being part of something larger. That was important in those early days, since there was no precedent for what we were doing. A general understanding came a few years later with Harald Szeemann's show in Bern, *Live in Your Head. When Attitudes Become Form*.

My background was working class New Jersey. My father was a machinist. Through college I worked summers as a heavy construction worker. I did construction work off and on until my early thirties. It paid well and I could work when I chose. The experience of how things are constructed, the inherent nature of materials, the raw physicality of things, chance occurrences, and industrial accidents provided me with a range of experiences in which to ground my sculpture in those years.

As a graduate student at Rutgers University in the early 1960s, I saw the options for young artists as being located between extremes. One was confronted with very strong, contradictory, and unacceptable models. There was the subjective excess of Abstract Expressionism with all its attendant burden of meaning and pretensions to salvation. It had clearly run its course and most of us no longer had any faith in its rampant subjectivity. Then there was the doctrinaire endgame of Constructivist/Minimalist practice. Although much admired and respected, it offered little elbow room for younger practitioners. Another option fashionable at the time was the Allan Kaprow art-as-life position, which seemed to me more a polemic than a viable course of action. A fourth option, which I later identified as the taint of postmodernist practice, something I had worked very hard to resist, was beginning to seem a possibility.

My student years were difficult and consuming. There were no masters and there were no appropriate models. The years 1962–64 were important for me. I was able to find my own way through the prevailing options to what I saw as both an objective and subjective/metaphoric way of working that relied heavily on my experience as a construction worker. I found the materials, processes, and procedures in construction had both a wealth of content related to the human condition and my own psychology, and an objective authority. Later I realized that authority was a quality that I wanted in my work. I think this applied to many of us and was a defining characteristic of the work of the time.

Rolf picked up on this right away. He recognized that there was a new model without historic precedent in the making. This was the basis for many passionate discussions and Rolf, always being one to expand the context of a discussion to its broadest, would introduce the wider political and cultural dimensions from his European perspective. Through Rolf's introduction of European cultural politics, I think we came to define ourselves better as artists within our own New York/American context.

The program of the Galerie Ricke in the 1960s and 1970s was so attuned to the concerns and objectives of the artists that it is inappropriate to speak of Rolf's program and the objectives of the artists as separate entities. Everything was so open and easy. For example, if there was a piece that I wanted to make for a show, I would just have to mention it to Rolf and he would understand what I was thinking and set about arranging to get the material or technical help. It was easy to work in Cologne in those days. We did not have it so easy in New York. I remember meeting Artschwager by chance on Canal Street one spring day in the early 1970s. He had just returned from Cologne and a show at the Galerie Ricke. He remarked how important it was to be in Germany from time to time, because there you were made to feel like an artist. Perhaps because it was so small there was an atmosphere in Cologne, a tight sense of community that did not exist in New York. In New York we were working in opposition to an established order. In Germany the atmosphere, perhaps still affected by war, was without a dominant aesthetic position and more open to new art.

The art world in the 1960s was quite different from the situation now. It was smaller, more focused. There were ten or twelve galleries that mattered and you could visit them, without knowing the exhibition in advance but with a reasonable expectation of seeing new art that mattered. Those years produced the last coherent intact cultural moves of the twentieth century. Post-Minimal, Process, and Material art—whatever one cares to call them—there was a spontaneous response to the pressing social and aesthetic issues of the time. That art world was compact and coherent. The current art world is like the menu at a Greek diner on Route 22 in New Jersey.

My first show with Rolf was in Kassel, I've forgotten the year. It was a group show with Peter Young and Barry Flanagan. My pieces were modest in scale and were sent over for the show. My first solo show with him was made in Germany. Rolf arranged for me to work at the Kunstakademie in Kassel. He helped me get the materials I needed and then worked with me to make the large fiberglass pieces that were shown in the new gallery on Lindenstrasse in Cologne. Working with him was a great experience. I think he liked to be as close as possible to the working process and the artists he represented—and what better way than to be there in the studio, part of the process, with all the talk, the thinking, the hopes, and the doubts? I think that is what Rolf liked more than anything else.

Gary Kuehn
June 2007

On Lee Lozano

Christiane Meyer-Stoll: I heard that Lee Lozano stayed in your apartment for three days.

David Reed: Yes, but I didn't know her very well. I always admired Lozano's work. If I saw her at an opening, I would say hello, hoping to talk. In the early 1970s, she asked if she could stay with me, she had lost her loft. And I said yes. My son John was only a few years old. He would spend half the week with me and the other half with his mother. When John returned I had to ask her to leave. She was drinking and seemed in bad shape. It frightened me when Lozano told me that her life was now her artwork, that staying with me was part of her art. I felt that she had lost control, couldn't make distinctions anymore. I felt that she was in real trouble. . . .

Keith Sonnier [joins the conversation]: Who was in trouble?

David Reed: Lee Lozano. Keith, you knew her much better than I did.

Keith Sonnier: I love the story about the jar.

David Reed: Oh, her Money Piece. After Rolf paid her for the sale of a painting, Lozano put the cash in a glass jar. Visitors were offered the jar with the money—as if it contained cookies. She wrote down people's reactions. Some people took money. Keith screwed the lid down very tightly, tried to protect her.

Keith Sonnier: I knew how broke she was.

Conversation between Christiane Meyer-Stoll, David Reed, and Keith Sonnier
Frankfurt, April 20, 2007

Lee Lozano, *Untitled (Party/Paranoia, Painting, Real Money)*, 1969; Graphite and ink on paper; Wadsworth Atheneum Museum of Art, Hartford, CT: Alexander A. Goldfarb Contemporary Art Acquisition Fund.

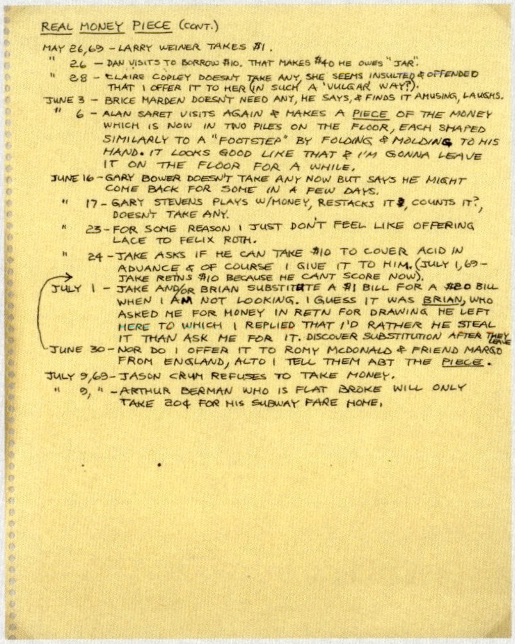
REAL MONEY PIECE (CONT.)

MAY 26,69 – LARRY WEINER TAKES $1.
" 26 – DAN VISITS TO BORROW $10. THAT MAKES $40 HE OWES "JAR".
" 28 – CLAIRE COPLEY DOESN'T TAKE ANY, SHE SEEMS INSULTED & OFFENDED THAT I OFFER IT TO HER (IN SUCH A 'VULGAR' WAY?).
JUNE 3 – BRICE MARDEN DOESN'T NEED ANY, HE SAYS, & FINDS IT AMUSING, LAUGHS.
" 6 – ALAN SARET VISITS AGAIN & MAKES A PIECE OF THE MONEY WHICH IS NOW IN TWO PILES ON THE FLOOR, EACH SHAPED SIMILARLY TO A "FOOTSTEP" BY FOLDING & MOLDING TO HIS HAND. IT LOOKS GOOD LIKE THAT & I'M GONNA LEAVE IT ON THE FLOOR FOR A WHILE.
JUNE 16 – GARY BOWER DOESN'T TAKE ANY NOW BUT SAYS HE MIGHT COME BACK FOR SOME IN A FEW DAYS.
" 17 – GARY STEVENS PLAYS W/MONEY, RESTACKS IT, COUNTS IT?, DOESN'T TAKE ANY.
" 23 – FOR SOME REASON I JUST DON'T FEEL LIKE OFFERING LACE TO FELIX ROTH.
" 24 – JAKE ASKS IF HE CAN TAKE $10 TO COVER ACID IN ADVANCE & OF COURSE I GIVE IT TO HIM. (JULY 1,69 – JAKE RETNS $10 BECAUSE HE CANT SCORE NOW).
JULY 1 – JAKE AND/OR BRIAN SUBSTITUTE A $1 BILL FOR A $20 BILL WHEN I AM NOT LOOKING. I GUESS IT WAS BRIAN, WHO ASKED ME FOR MONEY IN RETN FOR DRAWING HE LEFT HERE TO WHICH I REPLIED THAT I'D RATHER HE STEAL IT THAN ASK ME FOR IT. DISCOVER SUBSTITUTION AFTER THEY LEAVE
JUNE 30 – NOR DO I OFFER IT TO ROMY MCDONALD & FRIEND MARGO FROM ENGLAND, ALTO I TELL THEM ABT THE PIECE.
JULY 9,69 – JASON CRUM REFUSES TO TAKE MONEY.
" 9," – ARTHUR BERMAN WHO IS FLAT BROKE WILL ONLY TAKE 20¢ FOR HIS SUBWAY FARE HOME.

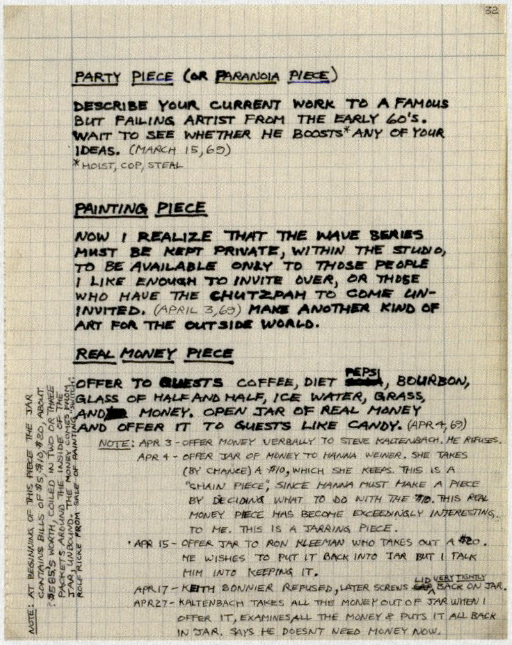
32

PARTY PIECE (OR PARANOIA PIECE)

DESCRIBE YOUR CURRENT WORK TO A FAMOUS BUT FAILING ARTIST FROM THE EARLY 60'S. WAIT TO SEE WHETHER HE BOOSTS* ANY OF YOUR IDEAS. (MARCH 15,69)
*HOIST, COP, STEAL

PAINTING PIECE

NOW I REALIZE THAT THE WAVE SERIES MUST BE KEPT PRIVATE, WITHIN THE STUDIO, TO BE AVAILABLE ONLY TO THOSE PEOPLE I LIKE ENOUGH TO INVITE OVER, OR THOSE WHO HAVE THE CHUTZPAH TO COME UNINVITED. (APRIL 3,69) MAKE ANOTHER KIND OF ART FOR THE OUTSIDE WORLD.

REAL MONEY PIECE

OFFER TO GUESTS COFFEE, DIET PEPSI, BOURBON, GLASS OF HALF AND HALF, ICE WATER, GRASS, AND MONEY. OPEN JAR OF REAL MONEY AND OFFER IT TO GUESTS LIKE CANDY. (APR 4,69)
NOTE: APR 3 – OFFER MONEY VERBALLY TO STEVE KALTENBACH. HE REFUSES.
APR 4 – OFFER JAR OF MONEY TO HANNA WEINER. SHE TAKES (BY CHANCE) A $10, WHICH SHE KEEPS. THIS IS A "CHAIN PIECE", SINCE HANNA MUST MAKE A PIECE BY DECIDING WHAT TO DO WITH THE $10. THIS REAL MONEY PIECE HAS BECOME EXCEEDINGLY INTERESTING TO ME. THIS IS A JARRING PIECE.
APR 15 – OFFER JAR TO RON KLEEMAN WHO TAKES OUT A $20. HE WISHES TO PUT IT BACK INTO JAR BUT I TALK HIM INTO KEEPING IT.
APR 17 – KEITH SONNIER REFUSED, LATER SCREWS LID VERY TIGHTLY BACK ON JAR.
APR 27 – KALTENBACH TAKES ALL THE MONEY OUT OF JAR WHEN I OFFER IT, EXAMINES ALL THE MONEY & PUTS IT ALL BACK IN JAR. SAYS HE DOESNT NEED MONEY NOW.

NOTE: AT BEGINNING OF THIS PIECE THE JAR CONTAINS BILLS OF $5, $10, $20, ABOUT $585.5 WORTH, COILED IN TWO OR THREE PACKETS AROUND THE INSIDE OF THE JAR, UNBOUND. THE MONEY COMES FROM ROLF RICKE FROM SALE OF PAINTING "SWITCH".

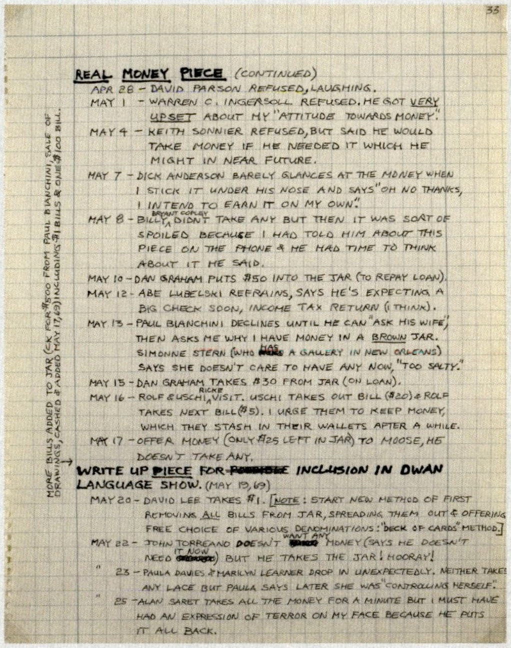
33

REAL MONEY PIECE (CONTINUED)
APR 28 – DAVID PARSON REFUSED, LAUGHING.
MAY 1 – WARREN C. INGERSOLL REFUSED. HE GOT VERY UPSET ABOUT MY "ATTITUDE TOWARDS MONEY".
MAY 4 – KEITH SONNIER REFUSED, BUT SAID HE WOULD TAKE MONEY IF HE NEEDED IT WHICH HE MIGHT IN NEAR FUTURE.
MAY 7 – DICK ANDERSON BARELY GLANCES AT THE MONEY WHEN I STICK IT UNDER HIS NOSE AND SAYS "OH NO THANKS, I INTEND TO EARN IT ON MY OWN".
MAY 8 – BILLY BRYANT COPLEY DIDNT TAKE ANY BUT THEN IT WAS SORT OF SPOILED BECAUSE I HAD TOLD HIM ABOUT THIS PIECE ON THE PHONE & HE HAD TIME TO THINK ABOUT IT HE SAID.
MAY 10 – DAN GRAHAM PUTS $50 INTO THE JAR (TO REPAY LOAN).
MAY 12 – ABE LUBELSKI REFRAINS, SAYS HE'S EXPECTING A BIG CHECK SOON, INCOME TAX RETURN (I THINK).
MAY 13 – PAUL BIANCHINI DECLINES UNTIL HE CAN "ASK HIS WIFE", THEN ASKS ME WHY I HAVE MONEY IN A BROWN JAR. SIMONNE STERN (WHO HAS A GALLERY IN NEW ORLEANS) SAYS SHE DOESN'T CARE TO HAVE ANY NOW, "TOO SALTY."
MAY 15 – DAN GRAHAM TAKES $30 FROM JAR (ON LOAN).
MAY 16 – ROLF & USCHI RICKE VISIT. USCHI TAKES OUT BILL ($20) & ROLF TAKES NEXT BILL ($5). I URGE THEM TO KEEP MONEY, WHICH THEY STASH IN THEIR WALLETS AFTER A WHILE.
MAY 17 – OFFER MONEY (ONLY $25 LEFT IN JAR) TO MOOSE, HE DOESN'T TAKE ANY.
WRITE UP PIECE FOR INCLUSION IN DWAN LANGUAGE SHOW. (MAY 19,69)
MAY 20 – DAVID LEE TAKES $1. [NOTE: START NEW METHOD OF FIRST REMOVING ALL BILLS FROM JAR, SPREADING THEM OUT & OFFERING FREE CHOICE OF VARIOUS DENOMINATIONS: "DECK OF CARDS" METHOD.]
MAY 22 – JOHN TORREANO DOESN'T WANT ANY MONEY (SAYS HE DOESN'T NEED IT NOW) BUT HE TAKES THE JAR! HOORAY!
" 23 – PAULA DAVIES & MARILYN LEARNER DROP IN UNEXPECTEDLY. NEITHER TAKES ANY LACE BUT PAULA SAYS LATER SHE WAS "CONTROLLING HERSELF".
" 25 – ALAN SARET TAKES ALL THE MONEY FOR A MINUTE BUT I MUST HAVE HAD AN EXPRESSION OF TERROR ON MY FACE BECAUSE HE PUTS IT ALL BACK.

MORE BILLS ADDED TO JAR (CK FOR $500 FROM PAUL BIANCHINI, SALE OF DRAWINGS, CASHED & ADDED MAY 17,69) INCLUDING $1 BILLS & ONE $100 BILL.

BOOK #1

APRIL 17, 1968

SOME THOUGHTS AFTER READING "ANTI-FORM," ROBT MORRIS, ARTFORUM, APRIL 68.

ONE CONCEPT OF PAINT IS IT'S BEING MATTER IN LIQUID STATE. TWO PAINTERS WHO THOUGHT OF IT THIS WAY WERE POLLOCK AND LEWIS, MOOSE'S CURRENT TWO PAINTER HEROES.

ANOTHER CONCEPT OF PAINT IS IT'S BEING MATTER IN SOLID STATE. A PAINTER WHO THINKS OF IT THIS WAY IS LEE LOZANO, WHOSE BOWELS FUNCTION MAGNIFICENTLY.

ANY KIND OF ART CAN UTILIZE MATERIALS IN ANY STATE OF MATTER, ENERGY TOO.

ANY KIND OF PAINT, WHEN DRY AFTER APPLICATION BY ANY KIND OF PROCESS, IS MATTER IN SOLID STATE.

BOOK #4

SEPTEMBER 15, 1969

AFTER SEEING ARTICLE IN LIFE RE $ART I AM MORE SURE THAN EVER THAT I WISH TO DO PIECES THAT HAVE SUBJECT MATTER ONLY HIGHLY RELEVANT TO MY LIFE, THAT CAN FEED BACK INFO NECESSARY TO MY PERSONAL SURVIVAL, THAT IS UNPREDICTABLE IN ITS FEEDBACK & FROM WHICH I CAN "LEARN," OR WHICH IS DANGEROUS, OR WHICH "DOCUMENTS" ACTS (ART-LIKE) STARTED LONG AGO. I AM INTERESTED IN OPEN-ENDED INVESTIGATIONS, NOT CLOSED CIRCLE (EFFETE) STATEMENTS ABOUT FORM (MANIPULATION). SELF-SURVIVAL ART.

Lee Lozano. Private Notebook Excerpts

First published in *Lee Lozano: Drawings.* Barry Rosen and Jaap van Liere, eds., New Haven and London: Yale University Press, 2006.
These excerpts are reprinted with the kind permission of The Estate of Lee Lozano and Hauser & Wirth, Zürich and London.

When did you move to New York?

In 1986, but I started showing in 1988. In the meantime I had to do some other things to support myself, like working in construction and demolition.

When did you meet Rolf Ricke?

I first met Rolf in the early 1990s. I didn't know anything about galleries then and my ignorance of Rolf was total. Rolf did his gallerist thing, to get me to show with him; his seduction was both sophisticated and direct, he was so intense and ambiguous at the same time. He didn't promise a lot of sales or anything like that. He was a constant visitor to my studio, talking about shows and projects beyond the gallery. I thought that all galleries would work like this, but unfortunately it's not the case!

How was the atmosphere then in New York?

It was the recession of the early 1990s, galleries were closing and there were homeless people everywhere. It was another New York, a New York that has gone forever. This crisis forced people to rethink their ideas about art and painting after the big but shallow party of the 1980s.

Wasn't it difficult to make a living?

Yes, the balloon of the inflationary art of the 1980s had burst, part of the economic pendulum of the capitalist market, something I'm sure will happen again.

Which other artists were you in contact with?

Each time Rolf was in New York, he put people together at his dinners. In Cologne I met Günter Umberg, Herbert Hamak, Helmut Dorner. In New York I knew David Reed, Jonathan Lasker, Carl Ostendarp, Vik Muniz, Jim Hyde, Steve DiBenedetto, Jessica Stockholder, Steven Parrino, Byron Kim, Ingrid Calame, Lydia Dona, Matthew McCaslin. . . .

So you also became aware of Rolf's history through other artists?

Yes, Rolf is a gallerist first and a dealer second, he has great enthusiasm and he operated well in times of crisis. He hated the superficiality of 1980s art and he defended hard analytical painting and strong sculpture and installation, like Thom Merrick's or Matthew McCaslin's work. I really appreciate his full involvement and continuity with artists of the 1970s.
If a dealer is lucky and smart he can make money with art, if he is really smart he can understand art and be a gallerist, but if he wants to go beyond that he has to be a context maker. He must create a context—like Rolf. So intelligent, and he had the humility to do this. . . .

Did you talk about the artists Rolf had shown in the 1970s? For example, I can see a relationship between your work and James Rosenquist's.

I admire the environmental painting concept of Rosenquist and his cinematic pictorial cuts, Richard Serra for his spatial greatness, and Richard Artschwager for his unpredictable, unclassifiable approach.

Were there any of Rolf's artists for whom you felt a special affinity?

I was interested in Barry Le Va's work, in its complexity, the idea of a complex world that was coming, you could see in his drawings, in his installations, in his three-dimensional thinking. I remarked to him that his work has an important influence in issues of painting—something he totally rejected!

How did your first exhibition at Rolf's gallery New Paint Management *come together?*

In the early 1990s Rolf was coming to New York often. He was really excited by the relationship between new painting and installation. My first show with Rolf followed the *Altered Genetics of Painting*, a series of works. *New Paint Management* was meant to reorganize ideas to create a new type of painting. At the time there was still the hangover of 1980s eclecticism, commodity art, and appropriation. I wanted to present the beginning of a new type of "macromalism," or what you might call "complex painting." The title of the show might sound bureaucratic to some but for me it was very direct. That year I had had an accident and was in a hospital with an intravenous morphine drip, this delivery machine was called *New Pain Management*—so I just added a "t."
I produced the show in my studio in New York, shipped it to Cologne, and installed it. I wanted the installation to have a cinematic style, as if each panel was an animated snapshot within an unfolding pictorial activity. Rolf was really involved in the installation but also he had a great respect for what I wanted to do.
That was a seminal show for me, although I always want to distinguish between the memory of a show and the memory of making the works. The pictorial memories are not anecdotal, they only live between your brain and your hand. And this particular pictorial memory was related to painting on the footprint of a ghost, the ghost of painting.

Your 1998 exhibition was called Paintant-Compounds*, can you explain the title?*

"Paintant-Compounds" are new forms of organization for painting. They present not pure medium, form, representation, materials, support, site, and rhetoric, but rather a mutable composite of all these qualities. They create an alternative to the art of neo-formalism, photo-mannerism, and bureaucratic conceptualism. The pieces were all related but the supports varied from tubular, quasi-conventional structures, to tent-like structures, to a large piece that started flat on the wall and became a freestanding, three-dimensional structure. The whole show was photographic, pictorial, and sculptural at the same time. I used both silkscreen and direct painting to integrate both mediated and hand painted images.

Your show at the gallery in 2004 was called Permanent State of Exemption*, what was its relationship to the works?*

I wanted to analyze models—scientific, cultural, social, philosophical, political—and demonstrate that they are connected and in a complex relationship with formal, spatial, and conceptual issues in painting. The notion of exemption applies both to painting and, in a political sense, to the actions of a nation functioning beyond its constitutional frame. As an example, most of the post-Cold War low-intensity conflicts have been categorized as exemptions.
The show could be described as a constellation employing discrete pieces, different techniques, and attitudes that all came together. For example, there was a moving painting, an animation—not a video: that was a way to deal with time, space, and mediatization, just as in my environmental paintings. I start with that animation and then jump to a quasi-sculptural piece, something that was not really a sculpture although it was three-dimensional, a mediatized, digital surface acting as a sculpture. In other words, a ghost of a sculpture, from there you go to discrete panel paintings that were like extensions, frozen pictorial passages.

Most of these panel paintings are based on aerial views. Was it important for you that there is a flow between the different media?

Right. Using something that looks like it occupies physical space, like a sculpture, but actually does something different, like occupying the space of video or film—or vice versa, like a painting, but actually does something different. I call it non-grounded painting—painting in groundlessness—or "Paintants." They are new ways to confront the issues that I have been examining, in a continuous but fragmented way, since the early 1990s. The metaphor that I have is that of the "healed collage," something that has the potential to come together again, as an artist you can do that. To me that really is important, the possibility of healing or reuniting something fractured—I'm thinking of the fractures of the twentieth century—because you have that experience of historical continuity. In the 1980s people talked about the end of history, but I found that misleading. The model I work with believes in the healing that provides new continuities.

The titles of your shows and your paintings are like statements, they reflect developments in your work.

You're right, my work is always restless. It has evolved from my early 1990s work using collograph as ghost-painting, to the smooth merge of silkscreen/direct painting, to the more heterogeneous digital painting/direct painting spreads of today. Probably the most important change after the show *Permanent State of Exemption* show was that the gallery no longer framed the pieces, the notion of pictorial duration became more important than composition. The multiplication of micro and macro levels of abstract and figural activities became the leading concern because of the new versatility and complexity of digital painting.

And more generally, the discourse of painting started to play an important role again: on one hand there was the oft-predicted "death of painting," and on the other hand many important painting exhibitions.

I think that the attitudes changed, there were new experiments, but it didn't mean that there was a lot of interesting new painting. From my point of view, painting is slow in evolution and of course there are many possible evolutions—but perhaps it is the same with all mediums? At least in the early 1990s it seems people got tired of ugly postmodernism; there was a more down to earth attitude. This transition brought some issues to the fore. I'm a sort of bridge artist, I saw the problems that the Conceptual artists and analytical painters of the late 1970s had, and then came the 1980s with all their crazy horses, it left so many people stranded, and some are still entangled. . . .

What was it like coming from Argentina and encountering the American and European sensibilities in art?

That is a huge subject, but I'll simply say that I am transcultural. My work has roots in American, Latin American, and European art. I am interested in artists who deal with these unstable notions of nationality, like Lucio Fontana, an Argentinean, who had a Latin American concept of space but he developed it in Italy; or the Mexican Muralists who produced a highly ambitious iconography, but the greatness of their space influenced American artists like Jackson Pollock, probably more than any European artist; and also Sigmar Polke's work, which could be seen as a digestion or confrontation to American Pop, a Marshall Plan artist.
I am coming from and I am interested in the recognition of peripheral modernisms that don't evolve from the dominant cultures. I am more interested in the parallel evolutions, for example, Okwui Enwezor's *Documenta 11*, 2002, in which I participated, was an intense moment for me because the peripheral cultural evolution that I was part of coincided with my living and showing in America and Europe. Rolf was part of this process from the beginning.

Finally, is there anything else you'd like to add about Rolf?

One of the things that made Rolf really special is that he reinvented himself in the 1990s after having a major gallery in the 1970s. Few gallerists ever dare to do that; most of them live with the sweet memories of the past instead.

Fabian Marcaccio, email interview with Christiane Meyer-Stoll
September 2007

Can you tell me something about your early days and your experience of entering the art world?

I was a student of Minimal and Pop Art, those were the two primary things that really moved me, like a lot of people my age. I was looking for something that had that power, maybe a certain formal quality, but I also wanted something that was expansive and inclusive, because it seemed like there was a kind of closing down, a closing in, in terms of those systems. I wanted an integrating material, something that was inclusive. My whole mind set at that point was moving in my personal life. I still had a day job doing construction. I had to make money to survive and I had never really looked at the materials that I was working with during the day, and then I had an epiphany. I realized, "Wait a second—this material that I've been working with in construction, the electrical material, is everything I've been looking for." It was totally connected to my desire to find a material that would be both metaphorically and physically an integrating material. And I knew that this was the right thing. I was sharing a studio with Steven Parrino, we'd gone to Parsons School of Design together with Steve DiBenedetto. And Steven was in the class below me, and got to know me through a mutual friend, and we immediately hit it off. He was a very loyal, generous friend. Steven put me in my first New York show in 1984 at International with Monument. You have to remember it was right at the end of the East Village and we were all, in my mind, really products of the first generation of factory-educated art students. That's to say, we were led to believe we could go to art school and become artists—which was a crazy idea because there was no support system. The galleries in SoHo were not interested in looking at young art at all and then the East Village happened. We all had studios there and the galleries started to open up. Like Nature Morte, Alan Belcher went to art school with Steven as well, so there were a lot of people that came of age together. Everyone started doing their own thing. It was really special in that way. I still hadn't developed something that was mine, I was trying on many hats, but it really was not until '88, '89, or '90 that there was something going on that was ours.

And you started showing at Daniel Newburg Gallery?

Yes, there was a catalyst building around Danny's gallery at that point, he was open, it was a moment that was good in the art world, there was no money so you could do things. That was really liberating for me. It was certainly a moment in which we all felt a connection to each other. We came together as a group, Steve DiBenedetto, Olivier Mosset, Cady Noland, Laurie Parsons, Lisa Beck—and Bob Nickas of course. There was a whole group of us that started to hang out socially. And it was a moment, a natural thing, just that way.

How did you meet Rolf?

Steven had told me about Rolf Ricke and he said, "You have to meet this guy, you're really going to like him. I think he'd like your work." I think I actually met Rolf for the first time in Danny Newburg's office. Rolf came because Steven had told him about my show. My show was funny because it was like a job site. It was hard to tell if the work was finished or what state it was in. It was kind of a phenomenon and people were talking about it. And I got a call from Danny that I should come by and meet Rolf and he told me that he had just bought *User Friendly* [64] and that he wanted to do a show. It wasn't even in the exhibition, it was in the office. It is just a grid. I did it on the porch of my beach house, outside and I remember Dan Walsh and Bob Nickas came out for the weekend and I was just so happy that I found this material. This work was the first manifestation. And he bought it right there, and he offered me a show. This was in '91. And I immediately felt an affinity for Rolf. He's very charismatic, as you know. A big thing for me is to get a sense of someone's politics quickly, and we were completely on the same wavelength.

How did it work with your first exhibition in Cologne?

The first show I did with Rolf was in '92, which was as soon as we could get it together. Of course the best part was that Rolf was totally open to whatever I wanted to do. I brought two big boxes of material and I started doing things in the gallery.

So you came with your materials and produced works on site?

Yeah, I never saw the works before they were made. Before this I had started to get into some group shows, primarily because of Steven and Bob. I really wasn't getting much out of sending a piece to a place and then taking it out of a box and saying, "Put it over there." It had no meaning for me. I really wanted something more out of the experience. After Danny's show, I did a show in London at Anthony Reynolds' and at Jennifer Flay's in Paris and I always worked right on site. It was funny because, a lot was happening quickly at that time for me, and I loved it. I had enough ideas and I was so open to each physical space having a different feel, and the different way in which I would relate to the person I was working with. It was very, very liberating as a way of making art for me, and of course it was fun! The strange thing was that in the end it was like running an orphanage. I would do these pieces and then leave a couple of days later. I'd barely seen them. And that was true with Rolf's show. Rolf was, of course, so great because he understood this gesture, letting me do my thing. And there was an immediate kinship, and that comfort is one of the things that makes it possible to do better work.
At this point Dan Walsh was helping me do these shows. He was an electrician as well. We're good friends. And he would help me do this nutty stuff. I wouldn't really sleep when I did these shows because when you work in this way you are in a certain state and after three days I would be so wiped out. I tell this story a lot when I'm teaching. There is no map for an artist, it's learn-as-you-go. Not a lot of people came to the openings because no one knew who the hell I was. There were maybe five people at the opening. You knew the five people there were all really good people. And that was something that I would learn later. Sometimes it's quality not quantity. It's all relative and I always think about what Oscar Wilde wrote, "History is merely gossip."

After the 1992 exhibition you continued to work with Rolf, you had a solo exhibition three years later, and another solo show five years after that.

Yeah, but I didn't think of our relationship just in terms of those exhibitions. He hooked into something with me and he realized that he could introduce me to other people. He was always a great facilitator and I felt that was an extension of my relationship with him. He was a presence, so I never really singled out the shows, they were an element of an ongoing process.
There was a couple, I think she was a banker, a business person, and they lived a fairly conservative life. She said, "OK, I want Matthew to put these electrical wires all over the house." So I did this installation, in the couple's house. I mean, stuff coming down to the dining room table and around the stairwell, hanging everywhere. I just loved that and I loved that Rolf understood the spirit of this and was able to transmit it to a collector. They would be willing to jump off a cliff with Rolf and I. And he was the one who said, "OK, we're going to do this."

It's a passion, the life around the art comes out of art. So, is there anything you would like to say about the other exhibitions?

The next show was in '95. And around '93 I started to have a desire to move away from just physical manifestations of light works and get more of an emotional response, expand the work into audio and video, imagery and sound. I had been working with overlapping images. I started to look at things, the way you do when you drive down a highway, when you are seeing many different things all at once and the whole collective thing fits in, even though it's truly an abstract experience. It is your landscape: you can connect to it. So I started to work in this way, I took images and would connect them to each other even though they had no relationship to each other, and they make sense to people in an abstract way. In fact, there is a certain abstraction to the way we take in visual information, certainly driving down the street.
I had brought four TVs and mounted them on the wall, they were American TVs, which was a terrible idea. We put them on, hooked them up, and immediately they all burned out because the transformer was bad. So we had to figure it out: what were we going to do? So there was a dead TV and a fan cooling it. I wanted to embrace the situation, I didn't want to deny it, because I was faced with it. I wanted to embrace the futility of me trying to do these projects and even address and include the parts that didn't work. But it was certainly growing, taking the physical aspect and moving it into a more emotional reading.

And the show in 2000?

It was a chance to go back to a very gestural show, in a very different way. These works were so immediate. I already had such a history with the materials, having mastered them physically, that I really had a desire to go back and do something based on the accumulation of my knowledge of the light works. Going back to very basic, fundamental stimuli.

Earlier on you used the word "gesture" speaking of attitudes, yours and those of other artists you knew. . . .

Yes, it was very liberating. I think there was liberation to the gesture. We were freed up on some level because there was no market, so you could explore things in ways that didn't have to look like art. You could make what you wanted to make. And I think that was a big part of that time. It was very playful because there was nothing to lose. It's such a different world from the one we live in now.

But how did you make your living?

When I was going to do the show with Danny Newburg in 1991 I said to Bob Nickas, "Bob, I want to do all this nutty stuff. I'm not going to have any goddamn money. I've got a kid." He said, "You just do whatever you want. If it's good, it's going to sell." That's when it all started to happen, with that show. Even before, two shows before, the work was interesting and was starting to sell.

You were associated with other artists showing with Rolf, like Cady Noland, Steven Parrino, Laurie Parsons.

And Thom Merrick, Chuck Nanney, Wolfgang Staehle were part of the scene that we were in, and Olivier Mosset, of course. I remember John Armleder and Sylvie Fleury. We had this wild party 1988. Olivier had a studio right here and Steven and I shared this building. We had this one party that was just historic—great party! And everybody came and it was a lot of fun. It was kind of the epicenter of that moment. And I think as people started to do well, or have some exposure everybody would see each other but not quite as much.

Did you go to other studios?

Sure. As an aside, I should mention that when I give lectures at art schools, the thing which students are most interested in is that time between when you went to school and becoming an artist. Because this is the part of the magic nobody understands or can explain. Nowadays people are very formal about this, they get a job working for an important artist or they work in a museum or gallery where they are going to make a connection to part of the system. Back then, there was very little of that, coming out of art school we had all the time in the world to see each other's work. I found it a less calculated moment, certainly in my sense.

And do you still have contact with these artists?

Yes, certain ones become very close to you. For me, I decided to have a child and I think that took me on a very particular course. I had a lot of shows going on. I would be traveling and when I wasn't traveling I was taking care of my son. Steven and I were closer when we were younger. But having Rolf come to town was a reason to have a dinner with a group of people, some I did know, and some I didn't. For me, the greatest privilege of those dinners was meeting artists who were historic figures, and they told me incredible stories. Whether it was Larry Bell, or Fred Sandback, or Keith Sonnier—they were great—different generations came together and really opened up things in a way that I loved.

Earlier you mentioned the first work of yours that Rolf bought, and I'd like to talk about some of the other individual works from Rolf's collection.

Cyclone, ca. 1991 [66]. I had been riding around Wall Street at nighttime in my car and I found all these light fixtures and I built this piece in the basement of Daniel Newburg's gallery, a house on White Street in TriBeCa. He had a space and said, "Listen, why don't you work down here?" So I built that piece there.

You found this light fixture?

Well, that's totally it. It was the fixture that made the work. And I was so happy when I found them because I was looking for things that would start to take on a dimension. These columns of fluorescent fixtures with the container around them, I liked them lot. Often the thing I like is the gesture, I like seeing it set up, some pieces you have a fondness for them more than others. . . .

Right There*, 1992* [68]. *The material, you brought it to Germany all with you?*

Yes, I did and it was primarily because of the physical aspect of the material. It had a physicality that was the thing that really turned me on to it. You can see by this point I had already left the conduit behind and was using the flexi cable and the rubber wire. I had a hardware store below my studio so I could order everything through my neighbor and if I was missing something I could call him and he would send it over to Europe. I often thought that I would like to do a whole environment in this way, so that it turns into vein-like material. This was based on a Pollock painting called *Blue Poles*. I haven't seen that since I did this. That's a piece that Rolf kept, he fell for it.

Dilemma, 1992 [67]. Rolf had seen a piece that I did in New York in an early show that was dangerous. You didn't want to get too close to it because the electrical wires were left bare, so you could get electrocuted. He liked that and it had a red light bulb so you knew it was a little different but you didn't know why. You couldn't tell why by looking at the pile, but there was something not right about it. And Rolf said, "You know, when you do your show in Cologne you should do something like this." And so I did a variation, it's a woven pile of stuff with that dimension to it. This is a piece he had in his home, I just made it and flopped it in his house.

Dazed and Confused, 1998 [69]. It was shown in *I Love New York* at the Museum Ludwig in Cologne. It was one of three pieces. There were two big columns. One was a video of the World Trade Center and other buildings downtown that I shot from the roof of my studio; the second was what looks like a building made out of TVs; in the middle was a video of ducks on a pond. Rolf bought it from the show.

Matthew McCaslin, interview with Christiane Meyer-Stoll
St.Gallen, May 25, 2007

Out of the Brooklyn sunlight Rolf entered my studio through the big glass doors that led from Grand Street in Williamsburg. I had chosen the storefront studio because I knew Henry Miller's childhood home was around the corner. It was cheaper than Manhattan and one subway stop to the East Village. In 1989 there weren't a lot of art dealers looking in studios out there. I'd been there for three years; the neighborhood was primitive, dirty, and loud with no decent restaurants. Pat Hearn had sold Rolf some of my work from the show that was up at 39 Wooster Street in SoHo. Colin de Land was across the street at 40 Wooster. Rolf stayed the afternoon at my studio. Of course he was going to be late for the next artist he was supposed to visit. There were intermittent phone calls made, he gave the impression of being professional, courteous, and very busy. He actually looked when he came in the studio. That impressed me. Not very many people do that. There were not too many words about art, more words about life, while he viewed the work. Later, there was a long conversation about art, artists, artists he knew, artists he had worked with, the general scene from the twenty years before my time. I was impressed, as I was very interested in the artists he worked with or made direct references to, but they were distant to me, not my peers. I talked about my Californian upbringing, some of the artists I thought he should meet. I drove Rolf back to Manhattan in my car, a huge, 1960s Buick Electra. We drove over the Williamsburg Bridge. The bridge was in utter disrepair and covered in graffiti. Part of the bridge fell into the river before they fixed it. It was the old New York, before they cleaned everything and made the whole place a tourist destination. On the way over the bridge Rolf was looking out the window at the water below, and he was quiet. He said he had been out to Williamsburg before, but not for many years. He mentioned one of his artists, who had gone missing, used to live in a loft under the Williamsburg Bridge. I didn't recognize his name. Rolf went to his studio in the 1970s. He was talking about Bill Bollinger, whose work I didn't then know.

The two galleries I worked with at that time had been open less than ten years. I had shown with Colin de Land at American Fine Arts since 1987, and would continue to show with him for the next few years. Pat Hearn was the other gallery I worked with, the two of them and their artists were the people I had a dialogue with in New York at that time. My girlfriend, Ashley King (the daughter of Frances Mayes) was a "southern belle" and had superior social instincts; she got Pat and Colin together as a couple. Pat and Colin were romantically involved so there was a lot of socializing around their loft on East Ninth Street. At one party I remember Peter Schjeldahl standing at the drinks table all night and not saying a word, while he drank a whole bottle of scotch. He never took his hand off the bottle, but planted it there on the edge of the table. Getting a drink was awkward, because I knew him from Bill Berkson's acquaintance. On the same evening, I recall Glenn O'Brien pontificating about postmodernist tendencies in New York, all the while sitting on Pat's huge, plastic, yellow couch. He talked without interruption, staring at the giant Warhol painting across from him, a full-length nude of Pat. I started to know Pat and Colin socially in 1986 and then started working with them both in 1987. When Colin asked me to show with him he did it over the phone, I was in Tuscany with Ashley and Frances looking for a house for Frances' book.

Other artists represented by Pat Hearn were Philip Taaffe, Jimmy De Sana, Mark Morrisroe, John Dogg (aka Colin de Land), Peter Schuyff, Mary Heilmann and others. At American Fine Arts there was Peter Fend, Peter Hopkins, and Frank Schroder—Karen Kilimnik used to hang around too—not many others made the transition to SoHo. The East Village time was exciting. There was a distaste and suspicion of rampant commercialism. People seemed to be operating with very little money. It didn't seem to affect their status. Some galleries were operating beyond the fringe. Colin de Land didn't have any money yet either. I worked some electrical jobs with him. Frank Schroder had a contractor's license, he got the jobs and Colin and I and some other artists did the work. Colin couldn't sell my work, at first, but he gave me a job! Colin had a small, awkward space, that in its own New York way was perfect for the day. It was cheap. He could afford to take chances on young artists. There was no market for young artists then, it didn't exist. There were at least two or three art movements competing for exposure and dominance. There was the waning Neo-expressionist movement and its influences, and the older East Village graffiti scene, like Basquiat and Haring. And then there was the power savvy, Neo-conceptual group making themselves known, with diverse members such as Jeff Koons, Philip Taaffe, and Peter Halley. Baudrillard was then the rage and important for understanding what issues were at hand. One could walk and see a lot of shows in a couple of hours. Warhol was at openings and many cool underground celebrities were still living there. People like Johnny Thunders, or Richard Hell, or members of the Ramones could be seen hanging around, or walking the streets at night. When Rolf saw my work at Pat's, she had just moved to SoHo and was in the process of becoming internationally very successful. Certainly, expanding her artists into the Cologne scene was essential; Rolf played a part in that transformation.

When I made my first paintings I was careful not to make work like anything else that was going on. I started by pouring different materials, powder pigments, polyester resin, and varnish into a huge vinyl bag that I had made by a furniture upholsterer. The bag was roughly the same size as the paintings, 4 x 7 feet. None of the materials would stick to the vinyl, so it could be peeled off the bag and the materials would then stick to the painting. Later I left the bags on the paintings, that is how I made the transition from paintings to waterbeds. I looked for other big sacks or containers. It was a natural leap. At the same time, rubber held a similar fascination and had a positive effect. I made rubber forms to interact with the painting, later the forms themselves became what I was interested in. Those things became the art. On the other hand, I didn't make quick connections between materials, these were slow, hard won shifts for me; it took me ten years to go from using water to air, and then inflatables.
For my first exhibition with Rolf I had still made some paintings. I used what was around me. The studio was empty except for a chair, and there was the floor. So I used the floor. I suppose the furniture was an inspiration too. There was a bed and a minimal kitchen in the other room, that was it. The paintings were made on the floor and shown on the floor, they were twenty to thirty feet long. I used a huge piece of rubber to drag over the canvas, which I stapled directly to the wooden floor. The impression of the floor was produced as the image. A silver one was exhibited in my first show. The gallerist Ryszard Varisella bought it from Rolf. The early black rubber works in Rolf's collection are from this time [71, 72]. The rubber was sturdier than canvas, so I could get

a vertical profile. The rubber had structural possibilities, the object could project out in the room, or in fact be the room. And yet it was flexible, more fluid, like wet paint, or material-in-process, unfixed. I also used cardboard boxes in the first exhibition. They were lightweight, I could work fast and get to see the results, they had a new cheap look that I liked. They were my first forays into architectural ideas. These contrasted the heavy waterbed works. I called the cardboard box work in the first show *Totem*. I tried to make it clear where I was coming from.

In 1992 at *DOCUMENTA IX* again I tried to make light, cheap looking work, that had very serious implications. I tried to spin Land art in a different direction, pushing the idea of temporal nature and artificial obsolescence. I used garbage cans, a huge Styrofoam wall, a horizontal painted platform with fake trees. Jonathan Borofsky helped me paint my work there in Kassel, he was very friendly and helped me with some technical issues, like the spray gun. I don't think anybody got that work or what I was trying to do. I was happy with the result as an artwork, but personally it was disappointing.

By the time of my second solo show at Rolf's things had changed considerably. I no longer used a studio. I was living more than half-time in Europe. I was drawing and/or writing to prepare for an exhibition. At Rolf's request, I drove from Frankfurt to deliver some drawings of what the show was going to look like. I could tell there was some unease about me not making the work beforehand, but Rolf had done this before with other artists from the sixties. Yet I still sensed a disconnection with my work, how the improvisation was going to work. I was educated in San Francisco, my deepest roots are there. During my studies there were still very heavy influences, of Clyfford Still, Elmer Bishhoff, Joan Brown, Richard Diebenkorn, and David Park. The whole area near the San Francisco Art Institute reeked of oil paint and American painting. When I made the drawings of the show, I didn't know what the show was going to look like. So I drew really loosely, from the gut, without professional ego, which to me is fair game, part of my heritage related to Abstract Expressionist American painting and the artists I was weaned on. The images were a bit messy, which didn't bother me, I don't let taste distinctions inhibit me. When I came to the gallery I put the drawings on the floor. There was silence. I think the gallery staff, Marion Klein, and some other artists hanging around thought I was making "Wild Painting" images. These were drawings for an installation that considered the whole space. Works came down from the ceiling. They were on the floor. There were tire pieces, and Styrofoam, Land-art-looking pieces, deformed bicycles, and cardboard. It was to be installed altogether like one work. I had done the *Desert* motorcycle scatter piece three years before, and I was trying to tie opposing influences together and make it all work. I wanted to make individual works and have an all-over impact. I don't think a lot of people were thinking like this, it looked weird. Later, to calm everyone and give the impression I knew what I was doing—I felt doubt breathing down my neck—I redrew all of them, with little color and nothing but the "facts," one single line for each edge. They were more warmly received when I brought them to the gallery a second time. Rolf, on the other hand, didn't say he didn't like the first set of drawings, we talked more about the details of getting the actual show together. The drawings disappeared into the back room. I noticed later they were no longer in my possession, and no one spoke of them again.

Some of the works for the show called for smashed bicycles. I had previously made an exhibition for Udo Kittelmann in Ludwigsburg where Udo was the director of the Kunstverein. Rolf introduced me to Udo. I got bicycles from the police pound for that show. I suggested the same to Rolf: get them from the police. Rolf and I went to the police station and they said they had bicycles we could have for free. When we arrived they had many to choose from. I chose two and the police officer gave us the bikes. I then explained that I wanted to have them smashed. The police officer looked at me, Rolf explained again that I was an artist from America and I wanted the bikes smashed. The officer rolled the bikes into the middle of a parking area and started up a police car. He raced his engine and drove without hesitation through the center of the bikes. There was a horrible crunching, grinding sound from under the car. He emerged from the car with a big smile on his face and asked us to pay one hundred marks for special service. Rolf paid and we went back to the gallery with some of the material for the exhibition.

I built the exhibition over a week, it went smoothly. A few days before I was standing in front of a specialty lighting shop in Frankfurt. I walked around trying to match my thinking with things I could see. Sometimes I took a camera along to get the texture of the moment right. How things would sit, awkwardly, or just so. One night, I came upon a display in a shop window. The shop sold many different kinds of light bulbs. They were all lit up. They lit up the night. As I stood there, some distance from the shop, I saw the lights and the reflection of the automobiles parked in front of the shop. The reflection lined up perfectly with the bulbs. The bulbs looked as if they were on the car tires. I knew at once this was the piece I had been thinking about. I went home and made a drawing. Rolf and I went to a racing tire shop. They gave us the tires for free. The "flame" bulbs came from the same specialty lighting shop where I had seen the "ghost" of the work [79].

Sometimes I would completely run out of money in New York. Rolf would send a little something to keep me going with an artist coming back from a show in Cologne. I would go to their studio to pick up the money. Gary Kuehn, David Reed, and Olivier Mosset kindly did this for me.

Steven Parrino also lived on the same street as me in Brooklyn. There was a good Mexican restaurant across from his place. I would knock on his door but he would never come out. He would show up a half-hour later at the restaurant and sit down. That was the routine. We talked there over the years. Sometimes we went over to his studio afterwards and would listen to obscure punk recordings. Another time in Europe Steven Parrino, Rolf, and I went to see a particular work by one of Rolf's artists. There was a lot of work in the show. None of us were familiar with the installation, they had built new walls, moved others, it had confused the building; we ended up at the end of a long corridor. The name of each artist was printed large and stylishly on the wall next to each artwork. Although, in a way, that was not right, it was too big in relation to the artwork. The name became more important than the artwork. At the end of the corridor there was a work, very close to a door. On the wall it said: WC HERREN. Parrino exclaimed loudly, " I love this guy's work! W.C. Herren is big! He's a real museum artist!" Everyone looked at us.

In Brooklyn, I also saw other artists from the gallery. I played tennis nearly every morning with Matthew McCaslin, from 2000 to 2003. We would have a few words about what was going on in the world and who was showing where, and what we were working on. We talked during and after the games about art. Steve DiBenedetto, Jeffrey Wisniewski, Dan Walsh, and John Zinsser, (who wrote an early review of my work for *Art in America* back in 1989), also played regularly. Sometimes it would be painters against sculptors (or "pushers against squishers") in a doubles match. There was a lot of competitive discussion, arguments, and rebuttals during these mornings. Sometimes the conversations spilled over to lunch at a nearby restaurant. The losers had to pay.

On the occasion of Larry Bell's opening at Rolf's in 1990: I was in town for *The Köln Show*. My work was installed at Jablonka Galerie and at Galerie Gisela Capitain. At Jablonka, I exhibited a huge platform of boxes with a huge rubber band around them. This was the landing pad from a jump performance, where I jumped into the boxes in my studio. Something like what a stuntman does to give an American film the illusion of risk and danger. At Capitain were two b/w prints, 5 x 6 feet, documenting the jump. The photographs were fairly abstract, no one could tell what they were. During the day I was hanging around Rolf's because it was the most interesting place to be and you never knew who would show up. Donald Judd was there. Rolf introduced me. Judd asked me immediately what was going on in town. He said he didn't follow young artists' work because he couldn't figure out what they were doing. Nor could he figure what were the pertinent issues. Ultimately, I had the same problem with most galleries being market driven: I tried to explain my perspective, that the issues then were somewhat similar to the issues of the 1960s. However, young artists who had started in the shadow of the 1980s had the forms and the methods, but our ideals, it seemed, were not community based. Market manipulation precluded a real collaboration. In New York artists were pitted against each other for survival and fighting for scraps: there were towering rents and no cooperative ideology. The Left was dead. I told him I had a friend back in New York who would say, "I'm saving up to become a communist." With this I got a smile out of him. In all seriousness, I said my position was one "against" what was going on. He nodded solemnly at my statement. The work I was showing was definitely influenced by Judd, except mine was cheap and made of cardboard. There wasn't any craft or method, and my material was inferior and slight. I was a bit afraid to have him see it, I thought maybe it would offend him, his sense of object and completion. He asked to go and see my work, we went by later in the day. He got what I was up to, and asked where my studio was. A long conversation ensued about studios and influences. He then told me a couple of stories about Barnett Newman's studio on Avenue of the Americas and watching the girls come out of the New School for Social Research, which was directly across the street. He and Barney would sit and comment on the style and look of each girl that caught their fancy, as this related to the delicacy of the sublime. That was how their day proceeded: sublimely. I was surprised by his candor, I knew then that he had a good sense of humor. I could speak my mind, but it also occurred to me . . . was he telling me to lighten up? Back in New York, a year or so later, I met him at his studio on a couple of different days by chance, running into him in the street in SoHo. He was very friendly. He invited me in and he showed me around the Spring Street building. There are more really funny stories he told me there in his space, too many. I had gone to school with his furniture builder Jeff Jamison, so I also had that connection and some conversation followed through my schoolmate, who was there on one of the visits.

But getting back to Larry Bell and his opening: when Larry came in the gallery, I had never met him, he was wearing a white suit and silver, slip-on shoes, Bell and Judd greeted each other, they were good friends. Rolf was there too, talking to Larry. Bell had great new paintings up, they stood apart and they were top notch. They were a bit outside of what was going on at that moment with young artists. It was good to see this, it struck me that the real thing doesn't need to blend in. Judd nudged me on the shoulder pointing at Bell's shoes and said, "I've known him a long time. He's a colorist!" Bell caught Judd pulling faces about his shoes and then everyone had a good laugh. These guys weren't nearly as scary as I thought they would be.

I now live in the desert, past the dusty town of Twentynine Palms, roughly a fifty-mile swath of creosote bushes and pale earth. One side of the valley is backed up against Joshua Tree Monument. A couple of miles from my house, my studio is totally private and surrounded by rock ledges of high-altitude desert. I work uninterrupted. I can think what I want here. The light is fat. The days are long. Time is reduced to day and then night. This is luxury to me, if nothing else. The roads are dirt. At times my brain still roams the streets, boulevards, and pages, thinking about where I grew up and places where I have lived. I was relatively happy in those different cities. Why leave? Here there is raw land in every direction. Art can be unforgiving and treacherous to its practitioners, making it work is paramount. Survival is a personal thing. I found, surprisingly, it works for me to have actual dirt under my feet. I am closer to what I think it's about.

Thom Merrick
June 2007

I don't really remember when or how I met Rolf, but I knew of his gallery from way back. He showed people from "JaNaPa," a French group that I knew, which included Christian Bonnefoi and Pierre Dunoyer. I met him again in New York and saw him more with people like Steven Parrino and David Reed.

He seemed interested in my work and I guess at one point we talked about doing a show, even though I had been working with other galleries in Cologne, like Tanit and Tanja Grunert. At the time I was (and still am) interested in abstract painting in its more radical forms, reduced, minimal and/or monochrome. I made an exhibition at the gallery in 1999, I have a lot of respect for Rolf and was happy to have the show. Rolf's gallery was not an easy space for my paintings but it was interesting. It ended up being almost like an installation and an excuse to paint some small canvases, which, in a way, were somehow related to Native American patterns. Because I'm used to working on large paintings I was happy to show some smaller works for once. Though we sold a couple of these, the show wasn't particularly successful.

The atmosphere around 1999 was already that postmodern atmosphere, where a lot of things are possible, which makes it difficult to judge what's relevant and what's not. I knew artists who were showing with Rolf. I don't know what is important to them, but sometimes they are (or were) friends. Mostly, I knew them because of the work we were doing, sometimes we were showing in the same galleries, or we just met in the art world. Steven Parrino really liked Rolf and it was because of one of his shows at the gallery that I met Elizabeth, my second wife, that's why I live in Arizona now. I recently showed a motorcycle in a group show in Môtiers, Switzerland. In a way this was almost like the reverse of a piece by Thom Merrick. Thom took a Triumph motorcycle apart, mine was built (with the help of a friend) from different motorcycle parts we found—which goes to show that there are often connections with other people's works.

Olivier Mosset
August 2007

Können Sie sich entsinnen, wie die Zusammenarbeit mit Rolf Ricke begonnen hat? Sie hatten zuvor schon mit Felix Handschin und Alfred Schmela zusammengearbeitet?

Alfonso Hüppi, bei dem Holger Bunk und ich an der Akademie in Düsseldorf studierten, vermittelte 1977 unsere allererste Ausstellung bei Felix Handschin in Basel. Handschin war, wie Alfred Schmela, so ein legendärer Galerist der Vorzeit, wie wir es empfanden. 1979 fragte mich Schmela: „Was machst du denn? Zeig doch mal her". Kurz darauf stellte er dann meine Pinselzeichnungen aus. Das waren Blätter im Format 100 x 70 cm. 1980 sollte es eine weitere Ausstellung geben mit Skulpturen, doch davor ist Schmela gestorben, sodass sich das zerschlagen hat. Und dann kam die Geschichte mit Ricke.

1980 hatte ich Abraham David Christian in Düsseldorf kennen gelernt, und Christian brachte eines Tages Rolf Ricke in mein Atelier. Bei seinem ersten Besuch hat er sofort begeistert reagiert, und das Ganze lief dann auch schon bald auf eine Ausstellung hinaus. Mit Christian hatte Ricke später keinen Kontakt mehr. Auch hat sich die ganze ursprüngliche Gruppierung in der Galerie von Anfang der 1980er Jahre mit Christian, Jürgen Meyer, Ulrike Nattermüller, Volker Tannert und Norbert Wolf allmählich aufgelöst. Schliesslich bin nur noch ich übrig geblieben.

Die Chronologie der Galerie Rolf Ricke spiegelt eine Zeit, in der gewichtige Umbrüche stattfanden und viele Beziehungen auseinandergingen.

Das war weniger ein Auseinanderbrechen, vielmehr ein „leises Ausfluten". Insgesamt war es nicht zuletzt finanziell eine schwierige Zeit, für die Galerie, aber auch für uns. Es war eine Zeit des Aufbruchs.

Anfang der 1980er war ja in Köln die Hölle los. Es wurde richtig zum Zentrum. New York und Köln. Die Leute kamen von überall her. Künstler, Galeristen, Sammler, ständig Besucher, nicht nur zur Kunstmesse. Man traf sich im Hammerstein's oder Franz Keller's Restaurant. Dort hingen unsere Bilder, für die wir trinken und essen konnten. Allein aus Stuttgart kamen die Galerien Max Hetzler mit Bärbel Grässlin und Gisela Capitain, Hans-Jürgen Müller, Tanja Grunert, Achim Kubinski. Aus Düsseldorf die Künstler Ulrike Nattermüller, Andreas Schulze, Volker Tannert und ich, Siegfried Anzinger aus Wien, Leiko Ikemura aus Zürich, Clemens Kaletsch aus München, Kirsten Ortwed und Troels Woersel aus Kopenhagen, Martin Kippenberger aus Berlin, Georg Herold und Hubert Kiecol aus Hamburg, Isa Genzken mit Gerhard Richter aus Düsseldorf, Sigmar Polke war schon da. Andere wiederum kamen nur für eine Weile, wie Donald Judd aus New York.

Ich spreche vorwiegend von den Künstlern meiner Generation, die zu meiner Zeit kamen. Die älteren Kölner Künstler waren teilweise stinksauer. Die sagten: „Was wollen denn die hier?" Ich war damals auch einer der Jungen, das heisst, ich bin hergekommen und hab mich irgendwo hingesetzt, ohne zu wissen, dass an dem Platz eigentlich schon jemand sass. Aber wir sind einfach nicht aufgestanden. Wir sind dageblieben und meinten, das steht uns zu.

Ricke sagte immer, jede Galerie hat einen Künstler, der ein „Leitkünstler" ist, ein Berater. Das war bei ihm irgendwann mal Richard Serra, dann war es Abraham David Christian, dann Günter Umberg und zum Schluss ist David Reed eine zentrale Figur geworden.

Ich denke, es gab immer wieder Künstler, die tragend waren. Aber da hätte ich Sie dazu gezählt.

Nein, auf keinen Fall. Aber zu meinen Freunden bei Ricke zählten damals Ulrike Nattermüller, Christian, auch Jürgen Meyer und Volker Tannert, später Holger Bunk, Reiner Bergmann, Helmut Brosch.

Hatte die Ausstellung Front *1981 programmatischen Charakter?*

Das war zwar eigentlich so gedacht gewesen, war aber dann doch nicht der Fall, weil wir eher Einzelgänger waren. Und Rolf war ja auch nicht der Typ, der das unbedingt wollte. Auch sozial änderte sich viel, weil Ricke 1982 mit dem Rauchen und Weintrinken aufhörte, sodass dann die langen euphorischen Gespräche und Gelage in der Wohnung über der Galerie oder bei Beppi, dem Italiener, ein Ende hatten.

Aber es gab eine Kontinuität: Nach Ihrer ersten Einzelausstellung 1981 folgten noch weitere acht. Nicht zu vergessen die zahlreichen Gruppenausstellungen in der Galerie.

Ja, 1981 war die erste Ausstellung, noch am Friesenplatz. Dort zeigten wir die *1. Eisenskulptur*, später genannt *Logik I* von 1979, die Rolf 2002 aus seiner Sammlung dem Neuen Museum in Nürnberg schenkte. Ausgestellt waren auch zwei grosse geschnittene, farbig lackierte Holzskulpturen und meine ersten figürlichen Bleistiftzeichnungen und Acrylmalereien auf Papier, die ich im Herbst 1980, den ich mit Christian in New York verbrachte, im Hotelzimmer gemacht hatte. Annelie Pohlen schrieb eine Ausstellungskritik für *Artforum* und im Jahr darauf lud sie mich und Norbert Prangenberg zu einer Ausstellung im Bonner Kunstverein ein.

1982, nach dem Umzug der Galerie in die Volksgartenstrasse, ging es weiter mit Tonskulpturen wie die *Kopfbahn* und grossen Fingerzeichnungen, Acryl auf Papieren bis zu 6 qm, das waren Vorläufer der kommenden Bilder. 1983, '84, '85 zeigte Ricke dann Bilder meist in Kombination mit Ton- oder Bronzeskulpturen, später nur noch Skulpturen, und die Bilder zeigte Hans Strelow in Düsseldorf. Die haben sich das so geteilt.

Eine für mich sehr wichtige Ausstellung war 2001 *Q.E.D.*, weil ich hier Skulpturen und Fotografien zusammenführte. Ausgestellt waren die grosse Raumskulptur *Versuchung*, neun farbige Wachsgüsse *Alle sind gleich* und fünf schwarz-weisse Grossfotos mit dem Titel *Q.E.D.* (quod erat demonstrandum, was zu beweisen war). In der Mitte des Raumes war ein mattschwarz lackierter Kubus von ca. 150 x 185 x 160 cm zwischen Boden und Decke mittels einer Stangenkonstruktion in Kopfhöhe aufgehängt. Am Unterboden befand sich eine kreisförmige Öffnung, durch die der Besucher, wenn er unter der Skulptur sich aufrichtete, den Kopf durchsteckte. Er fand sich dann in einem weissen Innenraum, der praktisch eine Art „Leerraum“ war, wieder. Diese Kiste heisst *Versuchung*. Man wird versucht, den Kopf reinzustecken, aber man sieht dann doch nichts und wird auch nicht schlauer daraus. Es ist ein Versuch. Die Skulptur ist wie eine grosse Kamera, eine Dunkelkammer, aber gewissermassen eine helle. Die neun mit Pigment eingefärbten Wachsskulpturen, die, ihrer Grösse nach zu schliessen, aus diesem *Versuchung* genannten Mutterschiff, scheinbar als Eier abgelegt waren, suggerierten eine Gebärmaschine, die Organisches gebiert, Raum und Objekt. Ihr Titel ist *Alle sind gleich*. Demokratie und Demonstration.

Bei *Q.E.D.* handelt es sich um Fotos von 1968, Bilder von Demonstrationen und Obdachlosen. Es sind alte Männer und Frauen, Demonstranten, Polizisten. Diese bis 280 cm breiten schwarz-weissen Grossfotos brachten die Illusion von Realität in die Galerie. Die Vorlagen, Schnappschüsse, die ich als 16-Jähriger bei Demonstrationen gemacht hatte, wurden am Computer bearbeitet und Personen oder Autoschilder und Texte auf den Transparenten wegretuschiert, sodass es eigentlich gefälschte Dokumentarfotos sind. Der Titel der Arbeit *Quod Erat Demonstrandum* ist ein Wortspiel, weil es Demonstrationen sind, was zu beweisen war.

Der Aufbau der Ausstellung fand ausgerechnet am 11. September 2001 statt. Zufällig hatte eine amerikanische Mitarbeiterin in der Galerie Radio gehört und sofort bei CNN im Internet geschaut, was da los ist. Sie stammte aus New York. Wir haben zunächst gar nicht verstanden, was passiert war, und welchen Bezug das zu den Arbeiten in der Ausstellung haben konnte. Am 14. September war die Ausstellungseröffnung und der Schock und Realitätseinbruch, das Unglaubliche und Unwirkliche des 11. September sass uns allen in den Knochen. Die Leute kamen nicht einfach, um schöne Formen oder Farben zu sehen.

Neben der Kontinuität in der Arbeit sehe ich ein viel konkreteres „In-die-Gesellschaft-Hineinwirken“. Ich sehe einen Wandel in der Arbeit.

Na, sagen wir mal, einen Rückgang. Ich habe mit Fotografie angefangen, „Wie sieht die Welt aus?“, und bin dann 1975 zur bildenden Kunst durch Reduktion gekommen. Die Grundstrukturen unserer modernen westlichen Gesellschaft, der Architektur, des Designs und der sozialen Organisation wurden reduziert in Zeichnungen, Skulpturen und Malerei. Ausgehend von der Minimal Art, nur skeptisch oder spöttisch.

Nach dem 11. September 2001 ist meine Malerei dann umgeschlagen und ich habe angefangen, von Karten ausgehend Bilder zu machen, eigentlich Landschaftsmalerei in der Zeit der Globalisierung. „Der schiefe Blick“, unser schiefer, weil notwendig subjektiver Blick auf die anderen und der der anderen auf uns. Es ist das Benennen von Orten, an denen etwas geschieht, sich Geschichte ereignet, wo die Musik spielt, und sie spielt weltweit.

Die Bilder der Gruppe *Der schiefe Blick*, Skulpturen der Gruppe *T.T.T. oder T.N.T.* (Triangulum Terrae Trigonalis oder Terra Neutra Trigonalis), die mehrteiligen Skulpturen *Paul Magritte, Bagdad* und *Robert Johnson's Welt* und eine 27-teilige Serie von Pseudosolarisationen mit dem Titel *Die alte Apo* sind die wichtigsten Werkgruppen, die in den letzten sechs Jahren entstanden sind. Zusammengefasst in dem Buch *Unser Krieg – Das nervöse Lachen* mit gleichnamiger Ausstellung im November 2007 im Palais Thurn und Taxis in Bregenz.

Mich haben schon immer Überlagerungen interessiert. In jedem Moment überlagern sich die Informationen unserer Sinne: sehen, hören, riechen, tasten, Körpergefühl, Gemütsstimmung, Hunger, Angst oder Freude, Erinnerung, bewusster Gedanke. Immer alles gleichzeitig und sich gegenseitig beeinflussend, auch wenn wir es gar nicht bemerken. Bei den Eisenarbeiten, wie bei der eben erwähnten *Logik I*, ist es dieses Hintereinandergeschichtete, verschiedene Teile, man kann es nicht durchschauen, man kann es auch nicht ganz überblicken. Es geht immer vom Sehen und vom Wissen aus. Aber das ist ein Unterschied: Ich schaue etwas an und ich weiss, es ist anders. Es ist nicht identisch. Es gibt auch keinen Beweis.

Überlagerungen, Schichtungen, mehrfache Umkehrung, eben das Nichteindeutige, Hybride, diese Begriffe, die Ihr Werk beschreiben, sind auch symptomatisch für Ihre Biografie.

Angefangen hatte ich mit dem Fotografieren 1965, und habe 1969 als Gewinner zweier Fotopreise in Köln auf der Photokina ausgestellt. Das war meine Erlösung, denn deshalb durfte ich die Schule verlassen. Ich war ein schlechter Schüler, und es hat mich auch nicht interessiert. Ich war dann erst mal Assistent in einem Fotostudio und wollte eigentlich auf die Folkwangschule, um Fotografie zu studieren.

Stattdessen drehte ich 1974 mit Freunden den Film *Am Kopf belauscht*, den ich an der Düsseldorfer Akademie mit Ulrike Nattermüller schliesslich fertig stellen konnte. Er wurde 1976 bei den Hofer Filmtagen uraufgeführt. Von der Stimmung und vom Inhalt her ist da schon alles drin, was dann auch in den späteren Arbeiten vorkommt.

Man hat ein inneres Bild, das man mit sich herumträgt, so wie man selbst geprägt wurde. Ich bin 1951 geboren, also in der Nachkriegszeit, und bin zwischen Trümmern aufgewachsen. Die ganze Kindheit über habe ich aus meinem Fenster auf einen Riesenbunker neben dem Bahnhof geschaut. Den Bunker hatten die Amerikaner nach dem Krieg gesprengt. Der lag da wie ein grosses, zusammengebrochenes Tier. Das ist für mich natürlich die Skulptur schlechthin.

Horst Münch, Interview mit Christiane Meyer-Stoll
Köln, 16. Mai 2007

My first contact with Rolf came about because of his *Kinder! macht Neues!* [*Kids! Make Something New!*] show in 1992. I had been aware of his gallery and its history before this, mostly because many of the older artists I was interested in had worked with him at some point, Ed Ruscha, Alex Hay, Richard Serra. I would see his gallery listed in exhibition histories, articles, and reviews in back issues of art magazines. Many people I knew were aware that Rolf was putting this show together and were hoping to be included. I don't recall meeting him at the time, he must have seen pieces of mine at John Post Lee's gallery or at Jay Gorney Modern Art in New York. I learned that he had purchased a painting, I think from Daniel Weinberg in Los Angeles. I had the sense that he had made a commitment to my work in a very decisive way. I was very pleased to be in the show as it included David Reed and a friend of mine, John Zinsser; the catalogue Rolf made, a small cardboard box with postcard size images and artists' statements, was beautiful.

At that point, I had had six or seven solo shows and had participated in fifty or so group exhibitions, many of these were shows about abstract painting—it was in the air—so-called New Abstraction, or Conceptual Abstraction. My work was undergoing a transition, from the foam-urethane paintings and sculptures (*Might Mighty* [85], 1992, from Rolf's collection is an example), to more conventional flat imagistic paintings that used a kind of biomorphic abstract/cartoon-like pictorial language. These works often referred more directly to precedents in painting's history, especially to Barnett Newman's paintings and to the generation of artists from 1962–72, including Pop Art, Color Field Painting, and Minimalism.

For me, the atmosphere in those days was heady—I had left Yale School of Art in 1985, where I had been at graduate school with a group of artists including John Currin, Sean Landers, Richard Phillips, Charles Long, Maya Lin, Jessica Stockholder, and Ann Hamilton. At school, my sense was that things in the New York art world were closed down, except for East Village Neo-Expressionism and Neo-Conceptualism: things seemed academic and limited. I thought that humor (without irony) had great potential to power an effective painting language, and I was interested in the idea of the uncanny as the goal for the viewer's experience. Perhaps because of the stock market crash, which put paid to the 1980s, by 1992 or 1993 it seemed that there were a lot more possibilities for experimentation and exhibition. There was the feeling that decisions in the studio had an effect, a consequence—there was an active dialogue at openings, bars, and studio visits; it was exciting to be a part of that.

I had my second solo show at Rolf's in 1998. He had seen a number of small gouache drawings in my studio, the first works I had done which included recognizable images: feet, hands, heads, cartoon-like word balloons, etc. As I'd been known as an abstract painter, and featured in several abstraction surveys, I was hesitant about the pieces and not entirely sure what they were about. Some part of them had been motivated by the first anniversary of my marriage, and the weddings of several close artist friends, including John Currin, Richard Phillips, and Sean Landers. I had made small gifts for them, images of a pair of hands (with wedding bands) inspired by a photograph I'd seen in a neighborhood store. Rolf saw the gouaches and proposed to make a show in two months, suggesting that I make sixteen paintings to be hung like a newspaper cartoon panel around the gallery. It was a tall order, a bit frightening but also a challenge. Previous shows of mine usually featured two or three types of images on eight or so canvases; I ended up producing twenty-eight or thirty pieces in order to find sixteen that I liked. Apart from the tight deadline my wife was then pregnant with our first child. It wasn't until I was all but finished that I realized the paintings were about issues of gestation, pre-uterine fantasy, and germination; I had been meditating on the pregnancy. What was most exciting for me was that the biomorphic abstract language I had been involved in since around 1986 (Jean Arp, Joan Miró, Yves Tanguy, etc.) was being used not for its historical references, but for its original purpose: to speak to issues of consciousness and the organic. Without Rolf's challenge I don't know that my work would have taken the direction it has, all my work since then has continued to address these issues. For me, this represented the transition from a concern with significance to one with meaning.

Carl Ostendarp
July 2007

(De) Forming

The works in this exhibition (at Galerie Rolf Ricke May 1995) were generated as attribut to The Germs (the ultimate L.A. Punk band ca. 1977–80). Out of the chaos of The Germs came a song called *Forming*. When The Germs played, forming was the last thing that came to mind. *Forming* always broke down to a deformation.

crash/smear/doom

My work has always been a deformalism. An assault on the authority of pure form.

In addition to the paintings, I wanted to make a group of photo works that were very blank and exploited the stark minimalism and blankness of punk (No Wave). Blankness (as Warhol knew) can be a potent (de) form of expression. (For the late Darby Crash.)

Steven Parrino
1995

First published in *Premieren '95. Kunst in Galerien Museen Instituten*, Ralf Dank, ed., Cologne: dalebo Verlag, 1995, p. 114.

Steven Parrino. Anything Can Happen

Steven, I think you were born in New York?

Yes, I was born in Manhattan and spent my first few years here, then my parents moved out to the suburbs of Long Island. But the first chance I got I came back to Manhattan, and now I'm in Brooklyn. I'm American but my grandparents came from Sicily and Calabria, one grandmother was Puerto Rican.

When did you decide to make art?

My father could draw, and when I was little he used to draw comic book characters for me, Captain America or Spiderman, and I played guitar. I became interested in music and art when I was around two or three years old. Since I was so close to New York, there were field trips to museums, so I was able to see Jackson Pollock, Barnett Newman, Andy Warhol, and all the Minimalists when I was growing up. I was always surrounded by this mentality and by the time I got to high school I started coming into the city on my own to go to openings and stuff. I decided that I wanted to be an artist from being in this climate all the time. Initially, I was drawn towards the music side because I thought it was more expressive, my visual side was still trying to find its voice. And the only thing in the 1970s that was really worth dealing with, as far as the art world was concerned, was this small music scene called No Wave, with musicians like Arto Lindsay and Lydia Lunch. People were doing very interesting things with noise and music in a Minimalist way that was brutal and interesting.

You studied art in high school, how was it taught?

We did our little still lives, or whatever we had to do, but also I had teachers who would play a Yoko Ono or John Cage record and they challenged us with interesting things, all these wacky ideas about how to make art. In music class we had to deal with Charles Ives and Stravinsky. I was fortunate that the teachers were challenging me both musically and artistically. This is New York, this is where be-bop happened, you have the Philharmonic, punk rock started here, all these scenes. So it was a very rich time growing up during the 1960s and 1970s.

You made performances too, was that before you became a painter?

Yes, I was dabbling in painting but I was still struggling to find my voice. I was already playing in rock bands and I was a music major. The performances I was doing were like confrontational art happenings. So I would walk into a room and throw a television against the wall, or I would set off the fire alarm as an artwork. So they were based on a destructive activity—most teenagers are into destructive activities anyway. When I got to art school, I had to deal with someone saying, "You can't do performance art, you have to pick either painting or sculpture." I chose painting because it was around 1979 and everyone was saying that painting was over, painting was dead. So I figured I'd be like Dr. Frankenstein and work with corpses, that's basically how I chose to be a painter. But my idea of painting came out of this performance mentality, a destructive event of some sort, the idea of the entropic—I was very into Robert Smithson when I was in art school. You could say the climate then was punk or negative. You had Vito Acconci threatening to hit people with baseball bats; you had Warhol's piss paintings. You had Richard Serra making these very threatening-looking sculptures, unintentionally one of his sculptures killed someone: there was a violence in his work whether he wanted it or not. You had this terrorism threat, you had the threat of nuclear annihilation. And then you had this music, which maybe started with the Ramones, it was just a barrage of noise. The Ramones gave birth to a younger generation of musicians, my age, who even eliminated the vocals so it was just pure noise. This zeitgeist gave birth to what I do. So it's funny that a lot of people put me in formal painting shows because my work comes out of a tradition of anti-form that maybe started with Pollock. It's against the formal and trying to reach purity in painting. It was more about the dirty aspect of life because that's what surrounded me—and it continues.

But I think you were in these shows because from the violence comes a very interesting discussion about the formal possibility of painting.

Yes, but also I'm still very conservative in my approach. I still make paintings even if they are three-dimensional. I'm still very aware it has to be paint on canvas. I don't want to start making sculptures because it opens up too many doors, so I limit myself a great deal. Even with the music I play today, it's still a sound that mutates over a period of time, it has the same sort of deconstructivist idea that the paintings have. It's a pure sound, I try not to add vocals, any vocals are very mutated. All my ideas generate out of this one idea: the debasement or deformation of something that is pure.

You don't destroy but rather make something with violence.

When I first started, I saw the work that I was doing as social, in that it may have had political connotations, in terms of my witnessing what goes on around me. As I get older—maybe this is because I'm getting old and cranky—it's getting away from the social and I feel that it might be more of a natural thing. I'm detached from the paintings when I'm doing them, they're not about personal feelings. It's more like, can you blame nature for using destruction, and is that destructive, or is it just the way nature is? If a volcano erupts, is that a bad thing?

It's a normal thing.

Right, and creation comes out of that, a cataclysm can create an island and it can generate life. I'm dealing with aesthetics in the tiny world that is my studio. I see disruptions or damage as a means to an end. I have made pieces that are before-and-after: one panel is as pure as possible and the other panel as damaged as possible—almost like a comic book reading. I still do them from time to time. Everything you do is political whether you like it or not, I choose to deal with it in a very detached way.

Sometimes you use this plastic, which looks like semen or something.

It's silicone. It was meant as a glue to hold something together, it's the same material used for breast implants. To me it became a kind of Pop material because of breast implants, and this absurd idea of what we do in our culture. So I decided to try to make the painting as ugly as possible. The painting is like a non-painting because I was fighting with the material to get it to stay in place. I did a show in New York, all black paintings. A friend saw the show and said, "I didn't realize how elegant your work is, how beautiful and pretty."

Do you fear that your paintings are not ugly?

Well, I did a series of elegant paintings, to see what would happen if I went in the opposite direction. It wasn't a fear, it was more trying to do the contrary. You have all these intentions for yourself as an artist, but people are still going to read into it. I've had people say, it looks like this, or that. And to me it's still painting, that's all I see, just painting. I can't control what people think about it, I just want to proceed and I have certain starting points, like trying to make something ugly, or trying to debase something, or trying to throw the viewer off guard. I did a series of pieces with words, with giant letters, words that were accusatory like "idiot" or "jerk." Some people thought that they should feel offended by looking at this work. Their misreading was that I was insulting the viewer, but if someone wants to be insulted that's fine, I guess.

There's a long tradition of beauty in violence. I'm thinking of the Romantic artists who loved ruins—and Lucio Fontana.

I think Fontana was trying to find God. He was really transcendental in what he was trying to do. I might be closer to Mimmo Rotella, doing this destructive activity to advertising posters. But I'm not a person who's looking for a creator. I don't even know if I believe in that; my intentions are very different, much more pedestrian. I don't think I have any high falutin' aims or hopes.

Is the violence part of living in New York?

There is an ugliness to deal with when you live here and there's the beauty of it also—but I think it's like everywhere else in the world. Our fascination with violence is a primordial thing, I think it's just human nature to be drawn to darker things. That's neither a good thing nor a bad thing. I think it's just nature's way of preparing us to live life. If you think of ancient Rome, it was a very violent culture but for some reason it had an extreme beauty, we keep going back to that beauty. This kind of beauty and power is very attractive and dangerous, so people are drawn to it.

Do you make still music?

Oh yes, I've been playing shows over the last two years under the name of Electrophilia. They're usually solo performances with an electric bass guitar and synthesizer. Sometimes I play with other musicians. It's the same idea as the paintings, I'm taking sound and I'm distorting and twisting it the way that I do physically with the paintings.

Earlier you mentioned Warhol.

We had to deal with Andy. The important thing about Andy wasn't that he was a Pop artist or a fashion person, it was that he took on the responsibility of being a mirror. If he was a society artist, that's what his life was at the time. He wasn't above taking ideas from everywhere. He was a rock 'n' roll promoter, a documentary filmmaker, a fictional filmmaker. He gave himself up, in order to be responsible in that way. And it's strange to talk about Andy in terms of responsibility, but you're being irresponsible if you are closing doors, living in a fabricated world, and ignoring life. That responsibility came down to me, and I hope I could do him justice by being a responsible artist and reflecting life as best I can. Whether that life is ugly or beautiful is out of my control, but it's out of everyone's control. It makes painting important because you're reflecting what's around you. You're bringing today's approach to painting rather doing purely formal painting. I think the academic is the death of art.

The problem is that the world is a dirty place. You could have all these Apollonian ideas and hopes, but life isn't perfect, you have Dionysius in there. I want to achieve a balance, it's like a ying-yang thing—to sound like an old hippie or something, which I'm not! It can't be all perfection, perfection, perfection, because there's always something coming on to fuck you up, whether it's the taxman or life. Maybe you could view art as an oasis, but I think it's more interesting to think about Manet or Courbet or Andy or Pollock and having to deal with the greediness of life, rather than trying to escape it.

Was Warhol the only mirror in those times?

No, I think that people like Smithson dealt with it, but he was influenced by Andy. Pollock dealt with it and of course he wasn't influenced by Andy. He was dealing with this overwhelming vastness, which he had to suppress through alcohol because it was just too much to take in. To me he's more a realist than an Abstract Expressionist. All artists have to deal with reality. Even Mondrian dealt with the idea of living in New York in a very real way. *Broadway Boogie Woogie* is an incredible masterpiece and it deals with jazz, and a love of New York, and the idea of the grid, because he literally moved into the grid. New York is a giant, active, colorful grid and there is no escape unless you leave. Throughout history there have always been artists—Caravaggio, da Vinci—dealing with the grittiness of life.

Perhaps violence in art is only possible with a border; the painting explodes, but within the frame.

Maybe it's not fair to use the word violence, maybe it's better to say disruption or debasement, as opposed to purity. I use both all the time.

But within a formal situation?

I'm very aware that it has to exist within a formal setup. But so did Andy, he was making paintings and films within a formal framework in order to deal with content. And I still believe in content on a certain level; I'm an abstract painter but I think you can have content in abstract paintings. I think we emptied painting of so much content that you were left with a blank. By bringing back content I'm making filthy that purity that so-called radical painters wanted. Fewer people are saying, "That cannot be a painting," and more people are saying,

"Yes, that is a painting." So is it still radical?

In this painting, there's an eyeball.

Yes, it's a rubber, goofy, monster eyeball in the middle of the painting.

Is it a step to a kind of realism?

No, it's an anomaly. I'm a big fan of B-movies and science fiction and horror movies. Earlier we spoke about the death of painting and my being a sort of Dr. Frankenstein character. This painting existed without the eyeball for a long time and then someone gave it to me and it just happened to fit in that area. I like Ad Reinhardt's cartoon where a man comes up to this abstract painting and he mockingly says, "Ha ha, what does this represent?" And then the painting punches him and says, "What do you represent?" I like this idea of the confrontation where the painting is looking back at you. And it became this joke on Modernism because I think—or thought—of abstract painting as a big mess like a Pollock, or a Picasso. So it just became this device, or joke or to me.

You said your aim is not making elegant paintings, but in the Ricke show in March of this year [2000] I had the feeling perhaps you're heading that way.

Well, I'm not upset that the paintings wind up being elegant. The paintings that Rolf had were a way of combining ways of working. So I had the pulling and I had a hole in the painting, it created a vortex. The idea in Rolf's show was to do a series of pieces that related to each other but also had this concentric spinning. That's why a lot of the pieces were termed Spinouts or Burnouts, like a car wheel spinning.

How do you handle the problem of composition?

There is no right or wrong. It's a very American idea to eliminate composition by putting something right in the middle, being as blunt as possible. I think Donald Judd wrote about this idea of American composition in terms of Kenneth Noland's paintings, or Jasper Johns's target paintings. The only compositional device that I use is selecting a size. As far as the pulling is concerned, it's totally anti-formal, because I work with them face down. I take the staples out, I pull, and I re-attach. I don't even look at the painting until it's finished. Through the anti-formal it addresses formal concerns, so you get both in a strange way. You keep generating interesting things by having this looseness in it.
It's almost like I've been making the same painting for the last twenty years. It just changes slightly. And I think that's the Minimalism of my work: it's not formal Minimalism, but more the Minimalism of the action.

What have you been working on recently?

I've been doing these things I call frescos. I've been taking sheetrock, painting it black, and then destroying it. In Italy, I just did eleven panels that filled up a whole room, so you had this debris around. It still relates to traditional painting because it's paint on plaster, a contemporary way of making a fresco even though it's not a pure fresco. It still had this disruptive mentality, but it's addresses a whole room.

When did you make the pieces with honeycomb panels?

When I was in art school, I didn't have a lot of money to buy materials, but what you could find in the trash was cardboard, which is a paper honeycomb. So I did monochromes that were broken and bent. Later I got a little money together and I discovered aluminum honeycomb, Frank Stella was using it. It's a very light aircraft material. So I set about doing larger versions of the little pieces I made in art school but using this new material. I score the back and break it by bending the material. It's a slower, different way of dealing with the same issues. The rooms that I was just speaking about relate to those pieces in a very direct way, except the panels are sheetrock, not aluminum.

But your main materials are the paintings made with linen.

Well, I still think in terms of very traditional painting materials, the aluminum honeycomb became traditional to me when I discovered Stella used it. Paint on panel is a traditional idea. I haven't really taken anything made of wood and destroyed it—yet—but I know Imi Knoebel did these pieces called War Paintings. They were large wood panels painted black; he took a saw to them and destroyed them. And I felt close to those, so maybe Imi did my paintings for me!

But is it possible that the paintings with frames and linen will be over?

The freestanding pieces were like that. The problem with me is, instead of going on to the next thing, I want to do everything. I don't know what the future is about, I'll just have to figure that out when it comes. You know, anything can happen.

Steven Parrino, interview with Reinhard Ermen

It was recorded on June 26, 2000 in Queens, New York, in Steven Parrino's studio, a garage-like space that was also home to two motorbikes. The interview was originally intended for a radio feature about artists in New York called Between Art and Artists. The concept for this feature was time consuming, and was never realized as after September 11, 2001 there was a shift in emphasis in reporting.
R. E.

The interview was transcribed and edited for this publication with the kind permission of Reinhard Ermen.

I really don't have much to say. For the last couple of years my work has been circling around the supposed line between art and non-art. I have spent a lot of time walking around the town where I live, sometimes bringing things I find interesting home with me.

Lately it's become increasingly important to me to deal with the context, broader territory. I'm not sure where I'm going, nor how I'll move along, but I guess I do think that's exactly what it's all about.

Laurie Parsons
1989

First published in *Rolf Ricke – Texte von Künstlern, Kritikern, Sammlern, Freunden und Kollegen geschrieben für Rolf Ricke aus Anlass seines 25-jährigen Galeriejubiläums*, Marianne Stockebrand, ed., Cologne: Verlag Walther König, 1990, p. 207.
This text is reprinted with the kind permission of Laurie Parsons.

Whatever Happened to: Laurie Parsons

by Robert Nickas

1986–87

An artist sends her slides to a gallery and is asked to take part in a group show. (And how often does that happen? Does never sound about right?) She exhibits unaltered found objects in the show, most memorably two metal patio chairs stacked one on top of the other, paint-flecked and rusted, holding a package wrapped in plain brown paper. Seen up against all the shiny new objects on display in galleries at the time, the work takes me by surprise. What's in that box? And who left it there? The artist, I'm told, doesn't make anything at all. Her name is Laurie Parsons, and she collects things on walks through natural, industrial, and urban areas—mostly in northern New Jersey—brings them back to her studio, and lives with them for a while. Individually photographed pieces of wood, all dated 1986, account for one full sheet of slides. Parsons later writes that she was "interested in the presence they had that I found as powerful as that of a piece of art."

1988

A one-person show at Lorence-Monk Gallery, of objects collected over the course of a year. They are placed directly on the floor around the perimeter of the room in the order in which Parsons encountered them. A pile of charcoal, a weathered coil of rope, a battered suitcase, a yellow nylon noose, an uprooted log, and more. She later describes one particularly cryptic object, from 1987, as "an inverted triangle formed by three lengths of a bed frame with the two longer sides crossed at the bottom, which is titled *V*, to recall the Thomas Pynchon novel." No one, if you hadn't already guessed, buys anything.

Intent on opening up a greater engagement with viewers, Parsons shifts from gathering individual objects to large sections of the landscape. *Field of Rubble*, 1988, is drawn from a fifteen-hundred-square-foot plateau beside the Hudson River where rubble mixed with such oddities as "packets of soy sauce, keys, butts of lottery tickets," the artist recalls. "I spent weeks collecting the detritus, to later entirely cover the floor of a gallery." My immediate take is Smithson, entropy, non-sites, and a freewheeling spirit of adventure more 1960s than 1980s—a search for realism through the thing itself. About a year later, a worker at a storage facility will go into her unit, open up some of the containers, and, finding what seems to be merely gravel and grimy trash (in actuality, *Field of Rubble*), throw all of it away.

1989

Rolf Ricke, whose Cologne gallery was one of the first European venues for artists such as Barry Le Va, Richard Serra, and Keith Sonnier, presents a Laurie Parsons exhibition. All the pieces from her New York debut are shown. This time, however, someone walks in and, with the idea of keeping the show together as a complete installation, buys everything. His purchase, followed by those of a few other intrepid collectors, will lead Parsons to request that dealers no longer offer anything of hers for sale.

1990

A card comes in the mail, blank except for the name Lorence-Monk at the bottom, along with the gallery's address and phone number. This is Parsons's third solo show, and yet her name does not appear on the announcement, nor do opening or closing dates. The gallery has been retouched with a fresh coat of paint and the lighting has been redone, but the rooms are completely empty. She would later remark, "I felt it essential that I consider the gallery itself, rather than continue to unquestioningly use it as a context. With its physical space and intricate social organization, it is as real, and as meaningful, as the artwork it houses and markets." I pass more than a few confused visitors and note that Parsons has enacted a reversal of sorts of Robert Barry's famous 1969 piece *Closed Gallery*. She eventually removes the show from her bio, later saying that it felt "righter as opposed to wronger" to leave it off.

By year's end, Parsons considers installing a video camera in her bedroom/studio to transmit "live images continuously for several weeks into a gallery. . . . In some ways this project will recall the *An American Family* television broadcasts of the Loud family in the early 1970s, but I will be alone with the camera and, unrecorded, the documentation will only exist in real time. I will try to be unaffected by the camera as I pursue my habitual activities. If I am out, the image will be of the unoccupied room, and at night, when the public venue is closed, the images will continue to be transmitted, though no one will be present to see them."

1991

Udo Kittelmann offers Parsons a show at the Forum Kunst Rottweil. She proposes to move herself and a few personal belongings into the exhibition space for the seven weeks scheduled and to work in a local psychiatric hospital. Unable to speak German, she immerses herself in the language. She will ultimately split her time between the museum, the hospital, and a school for developmentally disabled children. Little by little, people come by to see this person living in the museum, many of whom have never before been inside. Parsons leaves the door unlocked and talks with everyone from the woman who owns a nearby bakery to a drunken man banging on the door late at night. Parsons had worded the announcement for the show to include her name, that of the curator, and Rottweiler Bürger—the people of Rottweil. At a big closing party it seems as if the entire town has turned out.

Invited to create a work for a Paris gallery during the winter, she proposes that the glass from the skylights be removed for the duration of the show—"it would just open things up to the sky." Faced with the possibility of rain and snow, the gallery declines.

1992

Parsons participates in *The Big Nothing* at the New Museum of Contemporary Art in New York. Most of the artists play hide-and-seek with their work, installing pieces on the ceiling or in other unlikely locations. Parsons contributes a stack of dollar bills about four inches high (the museum provides half of the three hundred dollars) and tells the guards not to interfere when people avail themselves of the piece. It quickly disappears.

1994

Asked to enter a competition for a sculpture park in Nordhorn, Germany, Parsons visits the site and comes away with a number of ideas, some of which are completely fantastical, with no hope of being realized. "I had the thought that the moon should be brought to settle over Nordhorn. . . . I do have issues

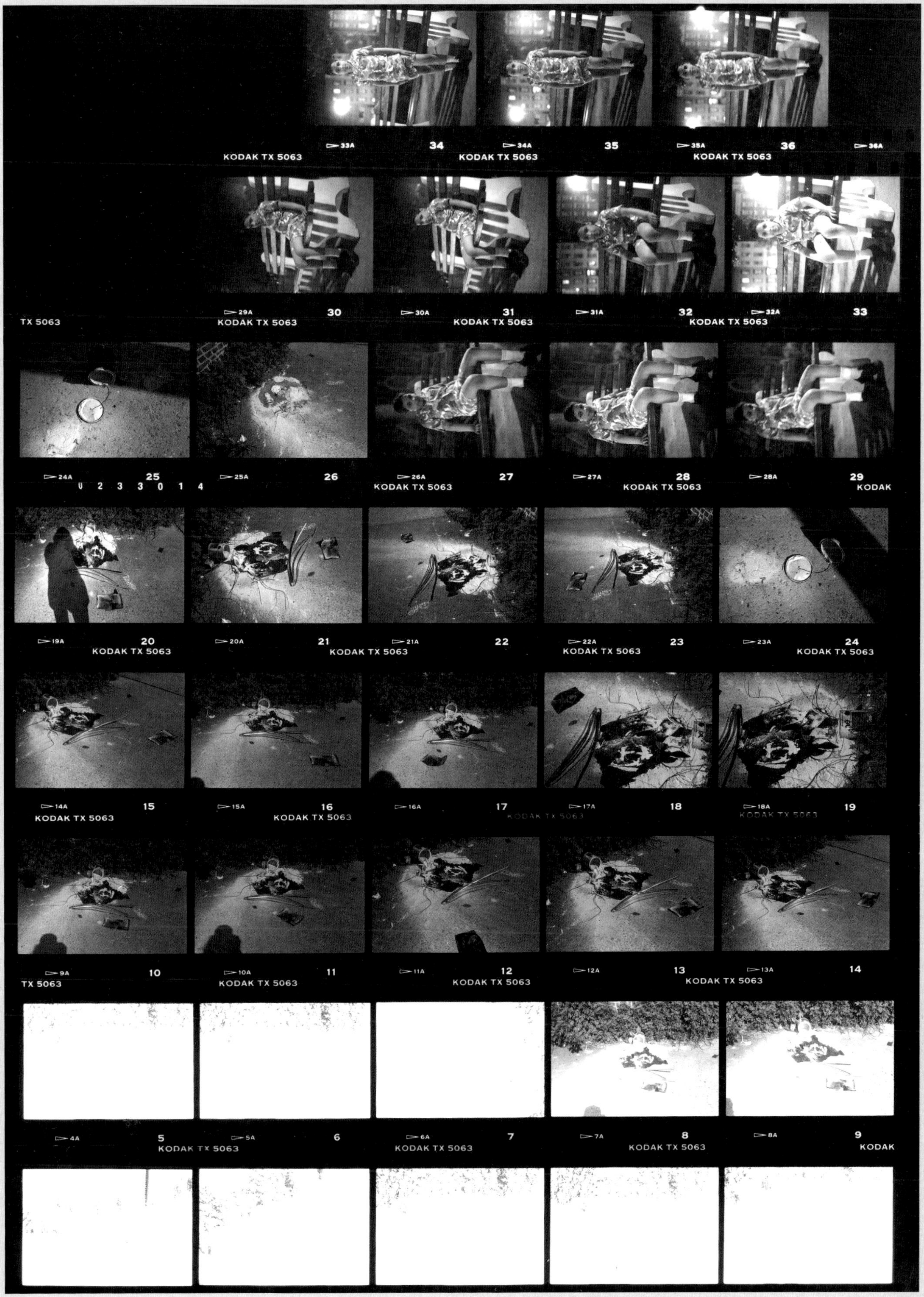

Laurie Parsons, contact sheet with pictures of *Pieces* [99] on the street with the format of proposals and art. What do you want? Make it. Pay for it. Anyway, this thought was not as tongue in cheek as it may sound. I meant it with warm feelings. Bring the moon to hang over Nordhorn each night that you may, that it is visible. I meant a sincere level of poetry here." After seeing Joris Ivens's film *Rain*, 1929, and one by Kenneth Anger with fountains (*Eaux d'artifice*, 1953), she suggests "a fountain that goes straight up." My favorite idea, part fairy tale, part Thoreau, had implications for all her work to date. She proposed that visitors to the park be told she had camped there for an entire year. "What would it matter if I didn't? Indeed, isn't that somewhat more interesting? People would bring their imagination to the project, regardless of whether or not I actually had been there. And it would be a departure for me from my rigid 'real' investigations of the past. Is not 'deception,' subterfuge, also real?"

From this point on, Parsons no longer participates in exhibitions, although a project developed with the New Museum is ongoing since 1992. That institution, like most, had an unspoken policy that guards shouldn't volunteer opinions about the works being shown; if they spoke with visitors at all, it was to ensure that the art was neither touched nor photographed. When curator Laura Trippi asks Parsons to propose a project for the educational component of the New Museum's exhibition *The Spatial Drive*, 1992–93, to think about how the show could be presented to the public, she recalls a recent experience there: "I had a four-by-eight sheet of plywood in the New Museum benefit; a friend visited and told me about listening to a guard go on and on to a visitor about the plywood. How ridiculous he had thought it was, and then how it grew on him. It was very clear to me what to suggest; this guard, Kimball Augustus, had already taken it upon himself to express stuff about the work. We spent a good year having the guards and admissions-desk staffers do studio visits where possible, or have museum meetings with participating artists, or at the very least full presentations of their work." The security and admissions staff, having been given an opportunity to meet artists before shows open, visit studios, and learn about works they would otherwise simply be guarding or merely selling tickets to see, are able to directly engage the public during each exhibition.

1994–2003

Having come to the realization that "art must spread into other realms, into spirituality and social giving," Parsons leaves the art world behind and focuses her energies on her own personal writing and on social work: interviewing children for a study on physical and mental health at a Newark hospital; taking part in an art program for adolescents with a history of psychiatric hospitalizations; most recently, working with the National Alliance for the Mentally Ill. Her advocacy for the rights of the mentally ill who are homeless grew out of an encounter with a man she'd always seen around Hoboken. Shocked to discover that he'd lived in a tent for over ten years, Parsons spent months to help him find a subsidized apartment of his own. She tells me that what she learned about the long bureaucratic process will at least make it easier the next time.

Over the years, Parsons has kept a journal, which has evolved from more diaristic entries to "an abstract collecting of works and phrases." She says that she collects words the way she used to collect objects, but that the writing is for herself and isn't meant to be published—at least not in her lifetime. We meet in a park near my house to talk, but I don't take notes. I mention that we'll probably need to get together again, and she suggests that if I'm not clear about anything I can just make it up. Looking back on the afternoon, it's something else she said that I can't get of my mind: She never tells people about having been an artist. So when I ask if she'll actually read this article, her answer comes as no surprise.

First published in *Artforum* 41, no. 8 (April 2003), pp. 202–05.
This text is reprinted with the kind permission of Robert Nickas.

I came to Cologne for the first time in November 1989, for Rolf's twenty-fifth anniversary exhibition *Aus meiner Sicht* [*In My View*] at the Kölnischer Kunstverein. The opening was in the evening, and afterwards we all walked to a concert hall nearby for a program of live music organized for Rolf. I don't know what to call the music that was performed. It was very avant-garde. I remember a pianist just pounding away, using the piano like a percussion instrument. The only composer that I had heard of before was Morton Feldman. The music was really rough and tough, very emotional and matter of fact. Not sentimental at all. Hearing the concert I understood so much about Rolf's aesthetic, his approach to art. He didn't care what anyone else thought, whether the work was known or not. The music was what he liked, that's all. Later during that trip I watched the Berlin Wall being torn down on TV in my hotel room.

I didn't know Rolf well in April 1991, when we had our first show together in Cologne. We unwrapped each of my paintings, lined them up around the walls of the gallery and tried different arrangements. With its concrete floor and odd proportions, and with pilasters breaking up the long wall, the gallery was unforgiving. Later, I came to love Rolf's space, but that first day I was shocked to see how the gallery challenged my paintings. One of the paintings looked weak no matter where we put it. Looking at Rolf, I said, "One of the paintings is not such a good one." And Rolf said, "Yes, I know. I've been feeling the same thing. We'll put it away." He knew which painting I meant, and I hadn't even pointed it out. Rolf had paid for shipping and for the import tax on the painting, but we didn't include it in the show. Ten years later Rolf shipped the painting back to my studio in New York, an impractical action for an art dealer. I worked on the painting again for about a year and sent it back to Cologne. Rolf bought the painting (*#296–2*, 1990–91/2002) for himself. It's now up in his living room.

During my stay in Cologne for that first show, Rolf and I had several dinners together and many conversations, especially about paintings and the other kinds of work that he had shown, American and European. At the dinner after my opening I sat with two artists who exemplified these directions: Laurie Parsons and Jürgen Meyer. Laurie's work seemed to me a direct descendent of Lee Lozano's, taking art into life. Jürgen's work was straight-ahead hardcore painting. I went to his studio in Düsseldorf the next day and saw dozens of thick oil paintings, finished and unfinished, laid out and propped up, sometimes under thin white netting to keep off the bugs. It took years for the paint to dry. I think that it was at my opening that Rolf introduced me to the painter Günter Umberg. I've been following his work ever since. I'm especially interested in Günter's installations, both of his own paintings and in his great curatorial projects. Rolf also introduced me to a young guy who was hanging out at the gallery then, Udo Kittelmann, and encouraged me to visit him. And he took me to see a performance of Pina Bausch's dance company in Wuppertal. I was impressed that he knew where the dancers would go for dinner after the performance.

Our second show at the gallery was in November 1993, at the time of the Cologne art fair. The truckers kept telling us that my paintings were delayed in customs. The opening was on a Saturday. We waited all week and the shipment finally arrived at 11:30 on Friday night. We quickly took the paintings out of their boxes and placed them around the gallery. "That's good. Let's put it up." We were finished hanging the show by midnight. The left side of a vertical painting (*#316*, 1992) was lined up so that it was exactly on the edge of the wall next to the window. This was a very unconventional way to hang a painting, off-center on the wall, nothing but empty space to the left of the painting. It drove a lot of people crazy, but we liked it. After this, we liked to install in this way, very fast. We decided that it made the paintings look fresh, helped them to be seen in a new way.

Rolf got re-involved with painting in the early 1990s. I was very pleased to show with Fabian Marcaccio, Carl Ostendarp, Steven Parrino, Pia Fries, and others. Rolf also worked with Jessica Stockholder. I always consider her to be a painter. He also supported the work of Jonathan Lasker, Mary Heilmann, and Lydia Dona. We're all painters who look to the painters that Rolf had shown early on: Jo Baer, Lee Lozano, James Rosenquist, John Wesley, Peter Young, Lawrence Stafford, Dan Christensen, and Harriet Korman. I loved discussing this work with Rolf and hearing his stories, for this was the painting that made an impression on me when I started as a young painter in New York in the early 1970s. I was very excited to meet someone, who saw my work in that context, related to a history of New York painting that I felt had been overlooked and nearly forgotten. This history of painting remained alive through Rolf and the trajectory of his gallery. And even better, this painting wasn't seen in isolation in Rolf's gallery, it was always shown in dialogue with Post-Minimal sculpture—Barry Le Va, Keith Sonnier, Richard Serra, Bill Bollinger, Gary Kuehn. I loved that work also and felt that it was a big influence on what I wanted to do. Recently I've realized that there was a third side to Rolf's gallery that also probably had a lot to do with why I loved the context so much. Rolf also showed experimental film and video work by artists such as Paul Sharits, Peter Campus, and Gerry Schum. My interest in combining painting with film and video didn't seem that unusual in his gallery.

By exhibiting with Rolf, my work became part of a dialogue about painting in Europe. I learned how the New York painting that interested me was related to some kinds of European painting. When I traveled in Europe in the 1990s, I would always look around to see what painting I could discover. I went often to the Kunstmuseum in Bonn, for example, to study the paintings by Richter, Polke, and Palermo. In January 1994, Rolf and I saw the Richter retrospective at the Kunst- und Ausstellungshalle in Bonn together. We followed the work of other painters such as Bernard Frize, Klaus Merkel, and Jack Goldstein. And we also looked at other kinds of contemporary art: for example, Andrea Fraser's show at the Kunstverein in Munich in March 1993. When we visited Nuremberg together, we saw the stained glass windows in the Sankt Lorenz-Kirche as well as visiting the Nazi-era stadium with its faded swastikas. In May 2001, Rolf drove me and a curator friend, Dean Daderko, to Darmstadt to see the *Block Beuys* at the Hessisches Landesmuseum. I had seen other pieces by Beuys, but on that day in Darmstadt I really got it. We saw *Documenta 11* together in 2002, and standing in the central square outside the Fridericianum Rolf told me about Beuys' *7000 Eichen* [*7,000 Oaks*], and how as a boy he had seen the buildings in flames around the square after Kassel was firebombed.

Often, if I had work in a group show in Europe, I would fly to Cologne or we would meet up somewhere else and drive to the exhibition together in Rolf's Citroën. In 1995 we drove to Graz, Austria, for *Pittura/Immedia. Malerei in den 90er Jahren* [*Pittura/Immedia: Painting in the Nineties*]. These trips gave us a time to talk. On the way to Graz we went over the Alps in a snowstorm. I put the announcement for the show up on the dashboard, and we went through all the artists in the exhibition and talked about their work. I counted up how many men and women were included in the show and we discussed that. We added up how many artists came from each country, from the US or Europe, from different galleries, which other artists could have been in the show. We talked about Peter Weibel's concept and his other shows, how this show related to Kasper König and Hans Ulrich Obrist's exhibition *Der zerbrochene Spiegel* [*The Broken Mirror*] which had been in Vienna in 1993. It was great to have the time to let our conversations just unwind and meander on these trips.

Later in 1995, Rolf and I drove to the opening of *Das Abenteuer der Malerei* [*The Adventure of Painting*] at the Württembergischer Kunstverein in Stuttgart. Fabian Marcaccio also had work in the show and was with us in the Citroën. Rolf is a very fast driver, so we just zipped along while Fabian was taking photographs. Fabian and I were very interested in a specific type of decals on cars and trucks in Germany in those years that looked like paint splatter or stylized paint marks. When we saw a really good brush mark on the side of a truck, Fabian blurted out, "Oh David, they beat us. They're better than we are." Talking with Rolf, we joked a lot. We found out that the Kunstverein had booked Rolf a room in a different hotel than ours. "Oh, he's the art dealer, he stays in the really fancy hotel. We're just the artists, we get the crummy hotel." And Rolf replied, "Oh, the art dealer does all the dirty little jobs. I'll get the crummy hotel and you'll get the good one." (It turned out that Rolf stayed at the better hotel.) Rolf told us how proud he was the first time a museum paid for his room. He was in Bern in 1969 to help his artists install their work in Harald Szeemann's exhibition *Live in Your Head. When Attitudes Become Form.*

Also in 1995, perhaps it was on the same trip, the three of us drove to Munich to visit Jeannie Goetz, the collector. We stopped in Baden-Baden to see a Joseph Marioni exhibition at the Staatliche Kunsthalle. After we had coffee at a café Rolf liked, we walked through a park to the Kunsthalle. We were on our way when it started to rain, and Fabian said, "Rolf, I'm wearing my best coat, you didn't tell me it was going to rain." You know, like an artist who complains about everything to their dealer. The dealer's got to make everything right. And Rolf, at first, was a little shocked, but thought, "Oh, I've made a mistake." He was used to such complaints. And Fabian started laughing and laughing. He was just kidding Rolf about the dirty little jobs.

I don't see my artist friends as often as I would like in New York because everyone's so busy. So I always especially enjoyed the big dinners that Rolf would organize when he was in town. He invited all the artists that he worked with. A few times we got together at my loft. Once John Wesley came to my loft for one of these parties. We spoke about dachshunds. He had a lot of stories. I also especially enjoyed discussions with the younger artists. It was fun to have the different generations together.

Rolf joined me in November 1996 when I had a show at the Donna Beam Fine Art Gallery of the University of Nevada Las Vegas. We had a great time walking together on the Strip during the magic hour of the sunset, watching the changing light. The sunset often seemed more garish and outrageous in hue than the artificial neon lights. Our favorite porte-cochère was at the MGM Grand hotel and casino. At night, the mirrored and shiny warped plastic surfaces of the coffers and columns distorted reflections—lights inside and above, buildings nearby, and passing cars. The mass of the huge canopy dematerialized and one couldn't be sure where anything was, or what was real. Rolf visited Michael Heizer at his ranch, and together we visited Heizer's *Double Negative* in the desert. At a nearby airport, we paid a pilot to take us up to see the piece from the air as well. At the same time, the Jessie Metcalf Art Gallery at the university had an exhibition up, *Some Dumb Fun*, curated by David Pagel. The show included some young California artists, who had been students of mine: Ingrid Calame and Monique Prieto. Later we visited studios together in Los Angeles: Monique Prieto, Ingrid Calame, Brandon Lattu, John Williams, Sharon Ellis, Steven Hull, Heidi Kidon, and others. At Amy Green's studio, Rolf liked the really tough work; you know, an old piece of carpet that rolled out with little bits of paint on it. I was focusing on the more traditional paintings, and I could see how Rolf really went for the extreme. I had met Gajin Fujita, who was a student of Dave Hickey's in Las Vegas, so on another trip to Los Angeles, Rolf, Lillian Ball, and I visited Gajin's studio in his family's house. We saw his father's paintings and great paintings by Gajin. This whole California connection that Rolf made is very important to me since I'm originally from California. More recently, we visited Richard Allen Morris' studio together in San Diego, my hometown. I think of Richard's basement studio as a magical place in which one can find anything if one has a strong enough desire. Rolf wanted to find large paintings by Richard and I kept saying that there were none. Sure enough, Rolf discovered the large paintings he wanted to find.

From the beginning, one of the strongest connections I had with Rolf was through the work of Barry Le Va. Rolf told me lots of stories about his shows of Barry's work and their experiences together at *Documenta 5* in 1972. I had seen Barry's shows when I first came to New York in the early 1970s and especially loved his work even though some people told me that as a painter I wasn't supposed to like it. Barry's glass piece [52] in Rolf's collection is one of my favorites. For years I've wanted to see it made, and April 2007 I finally did. I watched Rolf smash, one after the other, each of four sheets of glass with a sledgehammer. It's quite a violent process and Rolf had to be precise. He could not make a mistake. The broken glass jumped and moved along the floor when it was hit. Shards of glass slid as much as a foot depending on how hard Rolf hit, and where exactly he placed the blow. When finally an unbroken sheet of glass was put in place over the smashed glass to finish the piece, I saw how that changed everything. The gestures froze. The violence became slightly removed, and more present at the same time. Years before, Barry had said that there was a connection between this work of his and how the brushmarks function in my paintings—that we were doing the same thing. I had always felt flattered by his remark, but now I really understood.

David Reed
New York, June 2007

January 24, 1970

Dear Rolfe,

Merry Christmas and Happy New Year. Thank you for the flowers and the certain air of Cologne. I have been very busy and also been hit with a heavy cold for several weeks. Since you have been here I've put the new colored panels together with the others in the city and that room is becoming something. It consists of twenty-seven panels which may amount to six or seven multiple pictures but could also be kept as one huge picture. The ensembles of three panels together or four together will be complete in themselves though. I've also started the other wall that compliments the one you saw with the bird and the telephone wire. The images in it are twenty-foot long dark and shiny plastic bag that astronauts use to push food into their mouths. In it is a two-foot diameter pill that looks like a star in the black. The pill, in reality, is used to coagulate leftover food so it doesn't fly around the spaceship cabin. The neck of this bag also looks like a big soft prick. Another image is the strobe image of the air going out of a balloon. The title for this wall might be *Star Sack Dye Marker* or *Leaky Neck*. The other wall is called *Area Code*.
I finally got chrome Mylar plastic from California to put this room together so I hope to have this room ready in two months or less.

Did you know that the IBM Co. bought the area that includes the Sidney Janis Gallery and other galleries?

Ileana Sonnabend is in town for the opening of her new gallery. I saw her and the gallery yesterday. I had an appointment with Leo [Castelli] to discuss what we do with my work that is about to be finished. Leo told Ileana that he and I were going to my studio to look at paintings. She and Michael [Sonnabend] jumped into a taxi and were at the door of my studio as Leo and I arrived although I hadn't asked her to come down. She was acting very tough and strong. Leo had obviously told her that I didn't want to show with her any more. Talking privately with Leo he was very flexible. He said he would arrange shows anywhere I wanted; New York at his gallery, Germany, California, Paris, or Midwest. In other words I could show in your gallery without upsetting the apple cart even though he continues to work with Ileana and suggested that I show with her. I'm not being naive. I think that he wanted me to stand up to her so it would take the load off him. Leo and I are on very good terms. Please don't be too anxious. I'm sure we will work something out. As soon as the work is completed, we will do something. I will send you cards more often on what is happening. Send me the dimensions of your new gallery; floor and ceiling. Will send you photographs as soon as I can.
It has been very cold here. Bob Rauschenberg offered his island place in Florida while he's in California. We may go there for three days to bake the colds out of us. We need to be revitalized into 1970.

Best regards to you and family,
Jim

28.IV.70 [Telegram]

Dear Rolf Forgive me for not telegramming sooner I received the money on April ninth Thank you for sending it so fast Reasons I haven't replied are income tax and my exhibition I've been living in Manhattan and working Stop The painting is going well but I'm having trouble with the invisible infrared medium I described to you. It keeps blowing up I plan to send drawings to you this week I'm also working on a litho for an announcement I will get a proof off to you this week Leo seems easier in regards to us Love to family, Jim.

June 3, 1970

Dear Rolfe,
Thanks for the telegram. Glad you are satisfied. Here is photo of fog drawing at Leo's.
Working like mad again.
I saw Eva Hesse last Thursday at the New York Hospital. She was suffering badly. She died Friday.
When are you coming here?
Best regards. Love, Jim

January 6, 1971

Dear Rolfe,
. . . .
I'm in East Hampton now making plans for the next year and the next ten. After this Spring I think it might be an idea to have another show at your gallery a number of months before my retrospective. It could be a large room of hanging aluminum foil and neon shaped at the ceiling, a fantastic light work, solid environment. The show would comprised of very small pieces which you could sell instead of one huge piece. I also have ideas. I'm very busy now here. I'm about to leave for California soon but just for a few days to discuss the TV medium with WQED experimental center in San Francisco.
. . . .
I hope Uschi and Susanne are well. Mary Lou sends her best regards to all.
Love, Jim

Tampa, Florida 33606
April 21, 1971

Dear Rolf:
. . . .
I am trying to do as much work down here as possible in spite of the conditions. I am working out a vacuum form hour-glass relief filled with

colored plastic, which will simply change the composition. Titles I could think now include these: *EARTH AND MOON WITH TWO GEOMETRIC SHAPES, BROKEN BOTTLENECK, TWO MINUTES FIFTY NINE SECONDS*, AND *HORIZON BAR THREE MINUTES TEN SECONDS.*
I am trying to work out those sandwich paintings in color that I described to you before. Today I sent a list of paintings to Evelyn Weiss. This summer I will use video equipment like a butterfly net. Maybe I can catch something rare.
. . . .
Have you sold any drawings? I am working on some new ones.
Best regards and health to all.
Love, Jim

[June 1973]

Dear Rolf:
How are you? Life has been incredible. Life has been work, work, work, hospital, work, hospital, work, but things are improving. I made a big show for Leo's downtown gallery. They are big paintings. I had a party after with Lali's [?] new band and 400 people. I saw Richard Serra dance and other people I've never seen dance before, Dr. Ludwig came by and so did Herr Hahn. Ludwig said it's the best he has seen, but he didn't buy, but I'm not sure of that yet. Other people bought so I'm not unhappy. [Giuseppe] Panza also came to the show. [Robert C.] Scull didn't come. He is auctioning off his collection at Parke Bernet this fall. He gave my F-111 to the Metropolitan Museum however so it won't be for sale.
I'm still working on those pieces for you. They should be going when I finally get them done. I'm coming to Basel on the 23 of June I will stay at the Euler or Jura hotels. Hope to see you.
Best regards. Give my love to everyone, Jim

Nov 10, 1974

Dear Rolf:
How are you? Great seeing you if only for a short time. I understand your situation and I will try to help.
I am starting new drawings and paintings of all sizes. I will be working in Florida in an old tobacco warehouse or cigar factory. It's hot and beautiful down there and I'll be doing the paintings on the floor. I want to have a show with a contract so the unsold pictures will be returned. Maybe you can come down and visit and take a swim.
I'm planning shows in California and Canada also, so I will be doing a lot of work. I may have some new sculptures also.
Life is getting better and I feel like waking.
. . . .
I hope you are well.
Best regards and toward the year 2000,
Jim Rosenquist

[Sept. 1975]

Dear Rolf:
. . . .
I live in Florida permanently. I rented 3 large stores with show windows in Tampa and I'm painting like mad. I'm showing drawings with Leo on Sept. 25, paintings in Toronto in October, and paintings in Los Angeles in Dec. I think I can get drawings to you this fall. Enclosed are photos. Most drawings are color.
. . . .
I hope you are well.
Best love + kisses, Jim Rosenquist

Time has passed and it seems like a Time Capsule since I wrote letters to Rolf in the 1970s. Much has happened since—it is now the year 2007. I've had 15 museum retrospective venues and my F-111 has been resold to the Museum of Modern Art for 5 million dollars. I've been very lucky and I'm having a new exhibition at the Acquavella Gallery in New York on October 30. I hope Rolf is well.

James Rosenquist
September 14, 2007

The letters are published with the kind permission of James Rosenquist.

Herr Rosenquist, der Titel Ihrer Arbeit Slush Thrust, *die ein Environment aus reflektierender Polyesterfolie und ölgemalten Leinwänden auf Keilrahmen ist und in dem Rauchaktionen und Spiegelungseffekte stattfinden, klingt für uns ein wenig exotisch. Möchten Sie mit dem Titel auch die Arbeit interpretiert wissen?*

Slush, das ist einfach ein Slang-Wort, das ich scherzhaft verwendet habe. Es bedeutet eigentlich: ein totales Farbmischmasch. Doch hinter dem Scherz sollten Sie zu erkennen versuchen, was ich mit meinem „Raum" eigentlich beabsichtige: Hier sollen sich die Menschen gegenübertreten, ihre Konturen verlieren und miteinander vermengen. Und das alles vor einem Farbhorizont. Es müßte hier so sein, wenn sich Menschen darin aufhalten, wie in einem guten Filmteam, wo sich jeder freundschaftlich und hilfsbereit verhält. Doch ... vergessen Sie dies alles, auch den Titel, und schauen Sie einfach hin, fühlen Sie, was es zu fühlen gibt. Das genügt.

Haben Sie Erfahrung mit Film?

Ich habe kleinere Filme gemacht. Doch jetzt möchte ich gerne einen größeren abendfüllenden Spielfilm mit einer richtigen Handlung machen. In dem Film kommt es mir aber auch nicht so sehr ums Filmmachen an, sondern um die Zusammenarbeit mit verträglichen Menschen, die sich untereinander verstehen.

Das hört sich an, als würden Sie gesellschaftliche Probleme augenblicklich stärker beschäftigen als künstlerische ...

Nun, sehen Sie, die Nixon-Agnew-Politik in Amerika ist schrecklich. Sie richtet sich extrem gegen Phantasie und Poesie. Das Hauptgeschäft der USA besteht im Kriegführen. Und die amerikanische Innenpolitik ist brutal und rücksichtslos. Ich fragte z.B. meinen Freund Allen Ginsberg vor einigen Tagen, was seine Freunde machen, und er sagte mir, daß sie alle wegen harmloser politischer Vergehen im Gefängnis sitzen.

Sehen Sie denn eine Möglichkeit als Künstler – aber unabhängig von Ihrer Malerei –, die Nixon-Agnew-Politik zu unterwandern?

Ich kann nicht viel tun. Aber ich gebe einige meiner Arbeiten an solche Kandidaten, die sich für den Frieden stark machen. Außerdem unterstütze ich sie mit Geld.

Und Ihre Malerei muß ohnmächtig vor der politischen Realität kapitulieren?

Sehen Sie sich meine Bilder an, die ich in letzter Zeit gemalt habe. Auf ihnen wird die amerikanische Fahne durch die Kraft des Mondlichts wieder auf die Erde verwiesen. Das ist meine Stellungnahme zur amerikanischen Politik mit meiner Malerei. Und in meinem Raum *Slush Thrust*, in dem wir uns hier befinden, wird der Mensch daran erinnert, daß er sein anmaßendes Bewußtsein ein wenig einschränken sollte. Das möchte ich durch den intensiven Farbeindruck von allen Seiten, durch den nach allen Seiten scheinbar offenen Raum und durch alle möglichen Verdoppelungs-, Spiegelungs- und Farbeffekte erreichen. So etwas macht den Menschen bescheiden und ein wenig betroffen, und in solch einer Situation kann er sich darauf besinnen, statt der Erde den Rest zu geben, sie in Frieden ruhen zu lassen.

Und welche künstlerische Botschaft möchten Sie neben dieser inhaltlichen vermitteln?

Neben der Möglichkeit, in Malerei meine Ideen zu notieren, möchte ich in ihr einen Zustand ansteuern, der absolut ist, d.h. der noch weniger als Null ist.

James Rosenquist, Interview mit Werner Krüger

Erstmals veröffentlicht in *Kölner Stadtanzeiger*, 13.11.1970.
Wiederabdruck mit freundlicher Genehmigung von Werner Krüger.

Looking back, looking forward, but here I am in 1989 thinking of Rolf Ricke and Cologne in 1970.

A lot of paint has been spilled on the floor since then. I met Rolf Ricke at Tatyana Grossman's in New York in 1965. She was fascinated by him. He was exuberant, fresh, romantic, and loved Minimal Art and classical music.
Richard Serra and Keith Sonnier said, "Why don't you have a show with Rolf?" I decided to show *Slush Thrust*. It was a rectangular chamber about 7 x 8 meters with vertical canvases about 1 x 3 meters covering the walls. Some were covered by mirrored polyester, but most were painted in horizontal blended color. The floor was covered by a white fog one meter deep generated by dry ice and water heaters. The result I wanted to achieve was to have the bottom of the colored panels disappear into the white fog, as did people's knees. Dr. Ludwig had just bought *Horse Blinders* from Leo Castelli in New York, which was 26 meters long and now *Slush Thrust,* which was also 26 meters long, would also be shown in Cologne.

Cologne at that time seemed quaint but fast. I remember the beautiful flowers at the airport, which was tiny. Rolf and I tore around town at 80 km/h here and there getting the show ready. We went to hardware stores, printers, and the Kühlhaus for dry ice.

People worked long hours and saved their money. Kölsch was 15 cents a glass and a new Mercedes was $7,000. I was in the company of hardworking and fun-loving people and it was great. We drank a lot of Mosel wine and stayed out all night. A lot of people came to our show. I met Gerhard Richter, Dr. Evelyn Weiss, and Dr. Ludwig came with his wife, Irene, and also Dr. Budde. The party ended. In 1971 I had a terrible auto crash in Tampa that changed my life for years.

However, I was honored at the Wallraf-Richartz-Museum in 1972 with a retrospective exhibition organized by Dr. Evelyn Weiss. I returned to Cologne a different person, glad to see my friends from happier days. Now in 1989 it is a dynamic time again. The sister painting of *Horse Blinders, F-111,* was sold in New York for $2.09 million. The cold war is easing up and young people are optimistic because there is less chance of nuclear war, but Rolf Ricke stopped drinking Mosel.

James Rosenquist
1989

First published in *Rolf Ricke – Texte von Künstlern, Kritikern, Sammlern, Freunden und Kollegen geschrieben für Rolf Ricke aus Anlass seines 25-jährigen Galeriejubiläums*, Marianne Stockebrand, ed., Cologne: Verlag Walther König, 1990, pp. 194–95.
The text has been revised for the present publication. It is reprinted with the kind permission of James Rosenquist.

Die Arbeit, die ich mache, ist monochrom und monoton, und sie sieht so schön bunt aus, und sie ist unendlich und traurig und schön wie Jahrmarktsmusik.
Ich liebe diese Fragmente des Paradieses. Ständig vor der Begrifflichkeit auf der Flucht, ist ihnen ihre Eigenfarbe egal, egal ob braun oder blau, es kann ja auch blaubraun sein.

Adrian Schiess
1992

Erstmals veröffentlicht in *Kinder! macht Neues!* Köln: Galerie Rolf Ricke, 1992.

Mouans-Sartoux 16.4.92

Lieber Rolf,
als Du mich anfragtest wegen den Ausstellungen kriegte ich schon fast einen kleinen Schock – schon wieder eine Ausstellung! Nun ich habe nachgedacht. Mit Deiner Gruppenausstellung [*Kinder! macht Neues!*] zusammen bin ich diesen Sommer an 3 verschiedenen Orten in Deutschland mit *Flachen Arbeiten* vertreten Kassel [*DOCUMENTA IX*], – bei Dir, + in Braunschweig [*Radikale Malerei, Kunstverein*]. Da an allen 3 Orten nur *Flache Arbeiten* gezeigt werden – möchte ich bei unserer Ausstellung im September die andere Seite meiner Arbeit zeigen – die Aquarelle + die Arbeiten auf Papier. Es könnte auch noch eine, allerdings sehr spezielle *Flache Arbeit* darin enthalten sein oder auch zwei – aber auf alle Fälle möchte ich eine sehr feine spezifische Ausstellung machen. Was meinst Du dazu? Es ist schade, dass Du nicht hierher kommst, ich würde Dir sehr gerne alle diese neuen Papier Arbeiten (Aquarelle) zeigen. Es kann aber sein, dass Du einige bereits in N.Y. gesehen hast.
Mir ist sehr viel daran gelegen die „<u>andere Seite</u>“ der Platten mal ausführlich zu zeigen und mir scheint der Zeitpunkt jetzt geeignet zu sein. Ich glaube auch mit den Aquarellen die Platten verständlicher machen zu können und umgekehrt.
…
Lass bald von Dir hören, mit herzlichen Grüssen, Adrian

3.9.07

Allerdings bin ich mir nicht sicher, ob es mir bis heute gelungen ist diese „<u>andere Seite</u>“, das Psychedelische oder das „Es malt“ der Platten deutlich zu machen.

Veröffentlichung der Texte mit freundlicher Genehmigung von Adrian Schiess.

July 1, 1968

Dear Rolf,
I have talked with Sonnier and we will make arrangements to ship works together. Enclosed you will find sixteen photos listed by number from which you will be able to select pieces for the show. [Richard] Bellamy will also make a selection before pieces sent.
I have made several large lead floor pieces. They are my strongest work. It is my intention to make more lead pieces in Cologne for the show. This would save cost of shipment in as much as works are extremely heavy. We can work out the specifics in future; that is where the lead can be bought, and a space in which to work.
I have also enclosed a biography.
I hope Program I is a strong show and that summer finds you well.
Sincerely, Richard

[Probably late summer 1968]

Dear Rolf,
I am very pleased that you placed a piece of mine in a collection in Holland. Which piece? What collection? I have heard many good words from Peter Young + Bellamy about the quality of your gallery and your ability. I look forward to the exhibition in Oct. (16th or 17th). The work will be shipped along with Sonnier's. If you can send a ticket for three-week return Lufthansa it will suffice. I would like to depart from New York the morning of the 9th of October. Also, Rolf if you can arrange work space to make the lead pieces I'd be grateful. I will confer with Dick [Bellamy] before sending the work, however most of the pieces you requested I will be able to send. I have been in and out of the hospital and have resumed working.
Yours, Richard

[Probably late summer 1968]

If it is possible I would like to have
1/16 1 piece of lead 36" inches wide 20 feet long
of inch 2 pieces of lead 6 x 6 feet
thick 2 pieces of lead 8 x 8 feet
1 piece of lead 9 x 9 feet
6 pieces 1/16 inch thick of Lead Material
Deliver the lead to the castle.
I will make the work at the castle.
I'll also need transformers for the neon pieces have them for me.
. . . .
My work is going well next month I'm going to show with a group [*Nine at Leo Castelli*] at Leo Castelli here in New York.
Keith Sonnier returned today and spoke very well of you.
Looking forward to Cologne, Serra

[Probably December 1968]

Dear Rolf, Dear Ushie,
. . . .
Lead splash piece in Castelli looks great.
. . . .
Flying to S. F. California tomorrow.
. . . .
Will see Szeemann from Bern today.

I think [Ileana] Sonnabend will come to see you sell her what she wants she wants to make it better for you try to trust her.
Had dinner with [Roy] Lichtenstein + Dorothy [Herzka] really marvelous.
Will send invoices later. Bollinger's piece looks good in Castelli show.
Got my Pole piece up at Castelli's, looks good.
Must spend Christmas in New York when I return must complete new piece.
Reverse pole defeated hinge piece.
. . . .
Keith is working very well.
Merry Christmas, Richard

[Probably summer 1969]

Dear Rolf,
I'm in California at Kaiser Steel. . . .
I do not want to be in the show in London. NO Rolf.
As to Prospect if you want me to avoid it I will, however you should talk with Leo it's OK with me either way. . . .
I am working very large here for exhibition World's Fair in Japan possibly I really don't care. Jasper Johns bought piece (splash + casts) from Whitney Museum. Warhol bought [*Drop Piece*]* + Lichtenstein bought [*Plates Edges Up*]* That's a real compliment.
Oldenburg is here in Los Angeles, along with Larry Bell, James Turrell, [Robert] Morris, etc. So it's OK.
I have large cranes here to lift pieces up so it's easy however it's 104° [F] + I'm in the desert here hot + dry. I think I'm going to make a photo book from one of my movies. If you want a drawing for the Kunstmarkt you'll have to wait until Sept. unless it's urgent + in that case I'll send you one right away.
Oh yeah Peter Young is here in Los Angeles, also. He's not working just enjoying living.
Do you have all paintings lined up for your show in Köln?
If I see anyone interesting here in Los Angeles that I think you should show I'll write + tell you. I'm very confident about showing with Leo it's a little soon but I'll make it.
Hope you + Ushie are having a good summer, Richard

[Probably summer 1969]

Dear Rolf,
Work goes well do not make a paperback on me + Sonnier. If there is to be publication on my work I'll do it. Did not receive Ludwig catalogue. If there is any money send it to Nancy in New York soon. Tell Ludwig that it's probably smarter to wait until 1970. However he is somewhat of a fool in as much he finds the lead pieces difficult. You can tell I said so. I'm making two large pieces for the Pasadena Art Museum next week. I'm going to make the film book myself + distribute it. It will be very large over 3,000 pages, probably 100 copies at $100 each. I'll do it in N. Y. when I return in Sept. About the splash piece for the guy in Germany no more splash pieces. Johns owns them + that's that.
Too bad about Prospect in a way for I had 3 pieces I could have made all large cannot be done with a drawing.
Write to me in N. Y.
Enjoy your vacation. Later, Richard

[Probably Autumn 1970]

Dear Rolf,
I just saw David R[abinowitch]. this show looked fantastic I'm very happy for him and for you, also the cut piece of mine that you made looks beautiful.
. . . .
Love to you + Ushie + the kid, Richard

[November 1970]

Dear Rolf
Did you ever install my steel plate, that is 10 x 10 feet piece in the Kunstmarkt? If you do not plan to show it I am going to have to make other arrangements about the piece. I want it to be seen. Also are they going to fabricate the Ring piece in Germany? I haven't put the films in order to send to you as of yet but I'll get to it.
Rolf will you do me a favor regarding a work that Zwirner bought from Doug Chrismas?
The piece is a steel plate titled <u>Balanced</u>. The piece leans against the wall the exact dimensions are 97" x 6" 1 inch thick
Hot rolled steel
I'm making the work thicker than it was first shown for the ACE Gallery, wall would not support it.
The (work) piece leans against the wall*
The plate rests on 2 pts the wall + floor
The top rests 73" up the wall
The point on the floor is 93" from the wall
Size of plate 92" x 62"
Photo will come with piece
Rolf will you see to the making of the piece for Zwirner?
Order it from the factory. I will give you a drawing of the piece to sell.
It will arrive in a week.
Rolf please see to this problem. The steel plate is heavy I hope Zwirner puts it up he could install it in his yard against the wall.
Say hello to Ushie and write to me here in New York at 66 Grand Street c/o Joan Jonas New York 10013. Write soon. I am not going back to Canada for a while I will be here in New York working on steel pieces.
Love, Richard

[Probably spring 1970]

Dear Rolf
. . . .
Rolf there is a piece you can make + put in Celant show [*Conceptual Art. Arte Povera. Land Art*] in Turin
This is it a sheet of steel thick 10 x 10 feet square that bisects the corner of the room.*
The steel plate is held up by the two walls as it fits into the corner on its edge. Put it in the corner you understand. This piece is very heavy + takes considerable people to put it up.

[Received May 23, 1971]

Dear Rolf,
. . . .
It appears as if I won't be able to come to Germany until July. I suspect by now you have ordered the six plates and two bars. I would also like to do a large work which involves seven or eight plates freestanding as an interior room installation. No bars will be needed. The pieces lean out from the corner and into each other and interlock in the center. The work involves partitioning leaning shaped volumes of air in the room. I don't think there will be any problem in ordering the material in advance for I can use an available standard size. 1 inch, 7 x 7'. I hope to do a work for Sonsbeek in August. I'll write to you as soon as I receive a letter from you. Send it to Castelli and they will forward it to me.
Love, Richard

[Probably summer 1971]

The list of films for Prospect [*Prospect 71. Projektion. Filme, Video, Diaserien, Photoprojekte von 76 Künstlern*] so far is as follows.

Hand Catching Lead 16 mm B/W 3 min.
Hands Tied 16 mm B/W 6 min.
Hands Scraping 16 mm B/W 3 min.
Tina Turning 1968 16 mm B/W 4 min.
Serra + Fiore 1969 Frame 16 mm B/W 25 min. sound
1970–71 Color Aid 16 mm color 35 min. sound
Joan Jonas + Richard Serra 1971 Paul Revere 16 mm B/W 9 min. sound
Joan Jonas + Richard Serra 1971 Veil One and Two 16 mm B/W 9 min.

I will send you the films in Sept. I will come to Germany either middle August or Sept. Write to me here.

[Received end of July 1971]

Dear Rolf,
Before I come to Germany you must see that the bars are cut correctly that is to the exact depth + proper angles + leaning in the correct relationship. The two-plate piece should be no problem the angles must be cut equal + face each other at the proper distance* as indicated on the drawing you have.

The four plate piece same procedure the angles must be equal + face each other with the vertical cut in the center. All of this is on the drawing it must be done perfectly otherwise the piece will not work. Make certain the bars are cut right. I am here in Toronto.

[Received December 30, 1971]

Dear Rolf.
I will talk to an engineer here + find out which is most practical + safest way to proceed with the corner piece i.e. either 8 or 9 feet high + what length 34'? + how wide thick for the safest possible installation. I am not working now I am taking a long overdue rest. Did you make the cut piece? Send me a photo immediately. I may go with [Michael] Heizer in March for 2 to 3 months. I'll let you know. The work in Canada will be finished in January. I am very anxious to have it completed. I'd like to make some other pieces for Documenta but I'll let them come to me + not push it.
Love to you + Ushie, Richard

[Received January 1972]

Dear Rolf,
Make the cut piece 20 feet long if you have not made it 9 or 10 feet.
Do it at 20 feet if it's not ordered.
. . . .
I'll write you all details as to Documenta can you fund (find money for an outside work space or collector. Land in Kassel.) Be definite in your reply.
Write immediately, Richard

[Received February 1972]

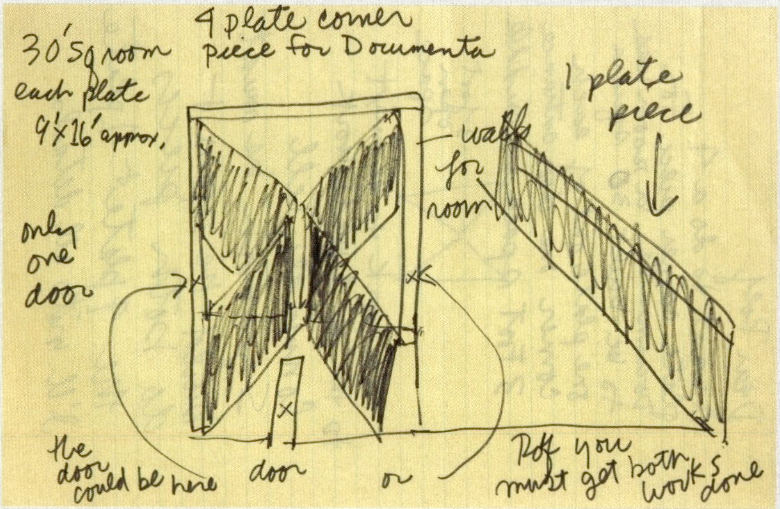

Dear Rolf,
I want to do a 4-plate corner piece for Documenta [*Circuit*] a room has to be built 30' square one plate out of each corner one door entrance 3-foot space in middle (3 foot open space)
The work to be next to the 1 plate work
Convince, tell Szeemann he must build the room + do both pieces the 4 plate + 1 plate
I'll write all details
. . . .

5.8.1972

Dear Rolf,
I am in Cape Breton Nova Scotia away from civilization, here with the wind + whales. I am still negotiating on a piece of land here very large it's complicated no title or deed to the property the people are very cold. After I saw you I went to the Kröller-Müller + they want to build a very large outside piece bigger than the work at Documenta + possibly bigger than the Pulitzer work I'm also doing 2 other pieces in Holland I hope what you must do immediately is tell me the largest width you can get 1" steel + longest length that is what

is the largest width + length piece I can get + the cost
Rolf I need to know this immediately you handled the Documenta piece well thanks. Do you have any possibility of selling it?

Now, write me this information on the steel quickly for the museum has a board meeting + for them to accept the proposal they must know the cost of the steel if you can get it cheaper do it. I would like to have 3 plates 10 feet high as long as possible 90 to 100 feet but inquire + tell me what is available. The museum has agreed to do a work now the details must be worked out. It's in a valley 3 plates intersecting piece describing the fall of the slope it's a fantastic site for the work. I want to do it in Oct. or Nov. So you must answer soon.
The business between you and Gerry Schum I find very upsetting you are not equipped to show films you haven't even a projector. If my films remain in the cans it is no good to me. The jealousy + pettiness is absurd. And Rolf your gallery is a mess. The group show you had up for the summer was terrible. Bellamy kept some people but most he pushed on to other galleries. You show a lot of bad work + brings down the reputation of the Gallery. In '68 + '69 people spoke well of you not now. You don't pay people, your gallery is a mess, you spread rumors, you act as if you are constantly broke + you want films? Too? Walk around your gallery + look at it Rolf you must be more selective who are you anyway?? Think it over because many of your artists like myself are disappointed also you have never got me a large commission or sold a major big work why shouldn't I think of other things?
Write soon. Love, Richard

I also have a proposal for Sonsbeek + I need the same information on the largest width length cost.
Sonsbeek wants a work in Enschede you can be in on it. . . .
The work in Toronto is near completion . . . it is over 1,200 feet long

14 March, 1973

Dear Rolf:
I plan to begin in Holland the first week of April. If we could arrange to meet at the Kröller-Müller either 2nd, 3rd, 4th, or 5th (I'll let you know more specifically later on), we can discuss steel, shipment and erection costs.
I also would like to come to Cologne for a couple of days while the survey maps are being drawn up with the tentative desire to propose an installation for your new space. Rolf, this is serious, let me know if you can come to meet me in Holland by mail soon.
Sincerely, Richard Serra
YHeyYHeyYHey

* An illustrative sketch is present here.

The letters are published with the kind permission of Richard Serra.

On Working in Germany

I first came to Germany in 1968 at the invitation of Rolf Ricke who had seen my work in New York City in 1967. My art work at that time was mainly made of lightweight extruded materials (cloth, wire screen, lead, string, neon, latex rubber, and flocking material). The first one-person exhibition was in Cologne with Galerie Ricke. The relationship with Ricke began as dealer, then friend and art assistant who really enjoyed getting involved in the process of art making. I have enjoyed the dialogue we have maintained about German art and music, and of course the introduction to Germany and its people.

Returning to Germany the following year, I began a working relationship with several industries, first in Cologne, then in Holland, constructing some of my largest works on location. I had worked with some American industries, but work was difficult and too costly and only rarely did it reach an artisan level of participation between artist and fabricator. Since most of the materials I chose to construct pieces were non-art materials, there also seemed less pressure on the fabricator and his relationship to the artist, because the works were made directly out of the industries extruded materials.

These working conditions made traveling an important and necessary part of the working process. I must move to different locations in order to realize pieces. I now work on several projects a year, in the United States and in several European countries. So I have developed a more flexible repertoire of forms and images very much the way a musician or script writer has several musical scores or narrative situations ready to be "mise en scène." Depending on place, time, and economics I arrange work projects and draw from my image bank of ideas. I try to make one or two works out of each system I am working on within that year. I will do static work where industry and materials are available and media work or work that moves in time where video or sound studios are accessible.

Since my interest in video in 1969 I have tried to become more involved in the transmissional aspects of the media in general (satellite radio and television broadcast, telephone and cable cast transmission, and live video and audio installations). It is in fact most of the media research which led to a different approach to my role as an artist in the so-called modern world society. The interest and use of industrial materials had produced certain doubts about how modern, though technically advanced, we really are? I would like my work to reflect the culture in a responsible as well as an aesthetic way. I need the culture to offer the impulse to make work, but I would also like the culture to have some interest and understanding of the images I make and their sociological reflection.

The exhibition in the Museum Haus Lange in Krefeld is composed of works from two—argon and neon—series: *BA-O-BA,* consisting of neon and glass, of which the museum owns an early work, and the *SEL* series, which is a recent series. *BA-O-BA* is a Haitian French slang word that can mean color or light bath. It is used to describe the effects of light on the skin or body—as to feel the effect of moonlight which suggests the physical and psychological pull of natural or artificial light. The *BA-O-BA* works were begun in 1969 and were designed as works that were visual and physical in appearance. As one moves past or around the works they alter your perception and tint your persona. This body of work was the basis for most of my early videotapes and films, because the pieces could exist in so many variations of form and color combinations. I use video to record the changes. The pieces became movable sets very much in the theatrical sense. The effects the work had on the audience, became as important as the actual work, suggesting an interaction that was not only based on visual means. Sound and physical movements could be used as an element to assist in the perception of the work. In recording the *BA-O-BA* work on tape, electronic colors and computerized forms of pictogram images were organized around a series of materials. The redrawings of these *BA-O-BA* pictograms helped to expand the variations of the forms as well as to freeze the images, to stop them in time or even to translate them into same permanent sculptural state.

The *SEL* series is a more recent body of work. These pieces are mainly linear and flat and relate more to writing itself rather than to a sculptural manifestation. The drawings were begun in 1978 on a trip to mainland China. They were later reworked and constructed at a neon factory in Cologne. The title *SEL* refers to Sel-calligraphy, which is one of the earliest forms of Chinese writing. This early form of calligraphy was very much concerned with chance, as in the oracle bone rituals of ancient China. The reading of signs such as woman, man, tree, house, sun, earth, have become abstract written universal symbols that can relate to Greco-Roman writing. Like reading a text one moves past the narrative representation of the image into the real meaning of a string of words and thoughts. Unlike writing—especially since the printing press—art still offers to the participant a wider range of both cerebral and physical levels of perception. Art still needs the viewer or participant to assist in its understanding and does not function unless it is culturally translated into your personal factual experience.

Keith Sonnier
1979

First published in *Keith Sonnier. Argon- und Neon-Arbeiten*, Krefeld: Museum Haus Lange, 1979. This text is reprinted with the kind permission of Keith Sonnier.

Christiane Meyer-Stoll: *How did you meet Rolf Ricke?*

Keith Sonnier: I'm not sure, I think I met Rolf through one of my first art dealers, Richard Bellamy. Rolf went to New York on one of his early trips, and he had Bellamy's name. Previously Bellamy had had the Green Gallery, which was very important, and then he closed it and opened a tiny space in the Noah Goldowsky Gallery. Goldowsky showed beautiful works from the 1930s and 1940s, fabulous Mondrian drawings and Duchamp, all kinds of things. He had the front room and in the back Bellamy had a little office. And in this one room he showed Barnett Newman, Richard Serra, Jo Baer, Lee Lozano, all of us had this space there.

This was in the mid-1960s?

KS: Yes, I think Rolf saw my work there for the first time. And I got a call from Bellamy saying that there was this German dealer in town and he wanted to bring him to my studio. He had seen some work and he wanted to invite me to Germany and have a show. So he came to the studio, we had our first meeting, he bought some work, and then he invited me to come to Kassel. Rolf still had the gallery in Kassel, he hadn't yet moved to Cologne.
I'd been to France and Italy, but not Germany. Rolf would say, "Tonight we are going to the opera." I'd never been to the opera. So we went to the opera or concerts, and then we went to dinner. And it was fabulous, an introduction not only to art in Europe, but also to the culture of Germany.
I made some of my early drawings there and we built some pieces there too. This began a tradition of shipping the artists rather than the works. We all came to Germany to work, I worked at the light factory, and Richard Serra worked at the lead factory. Every morning Rolf would drop us at the different factories, and he'd pick us up at the end of the day. We were like factory workers.

So you produced your first exhibition in Kassel?

KS: The first exhibition we shipped, and then we decided to make some works there. We learned how to make the work and allow enough time to produce it. There's an early catalogue of Rolf's, it's the first book he produced for me called *Object Situation Object, 1969–70*. I think in the back is a photograph of the first exhibition in Germany with some works made in New York and others made in Germany. We began our relationship with a neon company in Cologne that we worked with for years. It's funny, I went to the shippers today. I've known this shipper since the 1960s and it's still the same shipper.

You've known Rolf for over forty years, since the start of your career.

KS: Rolf was very important for me because then my career began in Switzerland and in Italy; we began to show with the Arte Povera artists. Very few of the American dealers came with their artists to the shows, but Rolf came to all the shows. When I was showing with Leo Castelli, he never came. With Rolf there was a real connection to the historical development of the work.

Rolf Ricke [joins the conversation]: And I came to several shows in New York.

But it wasn't only Rolf traveling, all the artists traveled a lot too.

KS: Yes, it was more like, "It's very important for you to be in this show, you should come, and we'll do something else at the same time." The most important thing, when I look back, is I've remained an American artist but I truly have a European identity, and it's because of Herr Ricke.
There are a few of my peers who have the same connection, but not many. A lot of American artists are only known in America. I'm an American artist who has become an international artist. I don't mean to brag about this, but it has to do with my early association with Rolf and my early dealers in Europe who made that possible.
My generation of artists were very able to travel, we adapted well to other conditions. Americans are like gypsies: they can go from one place to another and absorb things. It was very important to be able to do this, to come to Germany and make connections with German artists. We were the first generation who came, it began to create an international dialogue about art; it changed our outlook on art making,

RR: And theirs also.

KS: We realized we had a lot in common, we developed very similar ideas. We were showing in the same international exhibitions. You know, Americans always had a romance with Europe, all the Americans came to Paris because of the French school. As a young artist I went to France first, but it was in Germany that the artists of my generation really began to address contemporary culture. We weren't just showing in Germany, we were living there, making work there, having a dialogue. I think this opened the gates for a lot of German and Swiss artists to come to New York. Only after a time were there international scholarship organizations for contemporary artists, like the DAAD [German Academic Exchange Service], there was none of this in the late 1960s.

Rolf, Keith thought maybe you met through Richard Bellamy?

RR: Actually it was through Gary Kuehn. I don't think I knew Bellamy at that time.

KS: But how did you know Gary?

RR: I met Gary through Dorothy Herzka—who later married Roy Lichtenstein—at Paul Bianchini's gallery where I saw the *American Supermarket* show in 1965.

KS: Yes, I saw that show. I was in graduate school at Rutgers University and Gary was teaching there.

RR: Right, and Gary said, "Listen, if you want to see something else, I know an artist that may interest you, Keith Sonnier."

KS: Oh, I had just moved to New York, to Mulberry Street at the corner of Canal Street. It was like living in a tin can. It was very noisy but I had a lot of space, three floors.

RR: Yes, that's where I met you.

About your student days, didn't you have a show at Rutgers?

KS: Yes, my graduation show.

RR: I saw the slides from that show.

KS: They were all inflated works. Roy Lichtenstein taught at Rutgers, and George Segal, he was a good friend of Gary's. George Segal was a very simpatico kind of teacher and man. So that's the introduction.

RR: Yes, Gary was the first and he opened the doors.

KS: I went to Rutgers because it was a way to come East. I had a job as a teaching assistant, teaching African art, my boss was Carroll Janis, the son of Sidney Janis who had the gallery. The art world was smaller. Gary had finished his studies and was teaching there, he's maybe a couple of years older than me. My first wife, Jackie Winsor, went to graduate school there and she was a good friend of Gary's too. There was definitely a Rutgers artist scene, all the Fluxus people were there too, Robert Watts.

And you knew Jo Baer, Lee Lozano. . . .

KS: They were in the artist community. Bellamy showed those artists. I met Lee and Jo through Bellamy.

Can you describe the atmosphere some more?

KS: There was a lot of dope!

RR: That's what I remember.

KS: This was the late 1960s, marijuana was everywhere, and I didn't smoke till I was twenty-seven. I was not a kid, but everybody was smoking marijuana. It was a very different time.

It was the hippie time.

KS: Yes, so there were some very different attitudes. Now artists meet and they talk about their art market. In those days—the shock of selling a work! Even someone wanting to buy something was unbelievable. Then professionalism arrived, you start having museum shows and you start traveling and all of a sudden there was a market. It would be interesting to know how it began, the market for our type of work.

RR: I think it started in Cologne quite early.

KS: It started in Europe, not in New York.

RR: Some of my friends bought work; yours, Richard Serra's, and Gary's.

Rolf, you were helping the artists produce their works for shows outside the gallery too?

RR: Yes, early on there was Harry Szeemann's show *Live in Your Head. When Attitudes Become Form* at the Kunsthalle Bern and *Op Losse Schroeven* [*Square Pegs in Round Holes*] at the Stedelijk Museum in Amsterdam. Keith and Richard Serra asked that I organize it with them. I went to Amsterdam and said, "I need a neon manufacturer." They said weren't any! I said "What do you mean, you have neon signs all over the place." In the evening I walked around the city and found a neon manufacturer right by the museum.

KS: Rolf wasn't just involved in organizing the shows, he was really helping to make the work too.

What were the topics you discussed with your fellow artists?

KS: There was a lot of discussion about art, and who was good, and who was not good. A lot of artists of my generation were very concerned with the relationship of art to culture. That's something that no one talked about in the 1980s, it was like it never even happened. It wouldn't have been possible without artists like Beuys who formulated his ideas very early in Germany, and in America with Happenings or Rauschenberg's early work.
I remember one funny discussion with Joseph Kosuth, Joseph is a friend of mine. I was putting together some work together in Belgium for Michèle Lachowsky's gallery, some freestanding work, I had never made work like that. Joseph said, "You are just making traditional sculpture, you're just a traditional artist." He was walking around with a radio, I said, "Gimme the radio." I took the radio and hung it on the sculpture, and I said, "Now it's a talking sculpture and I'm not writing you a text to tell you that it's a work of art!".

When I read letters in Rolf's archives I was struck by how little money people had.

KS: Now artists think, "I've been to school, I should be making a lot of money." It just doesn't work that way. You have to have some ideas, you have to have a dialogue with the culture. But you know there is no avant-garde now. It was revolutionary at the time.

RR: There was no historical context. You did your thing, everybody was pleased when a sale came through, but the substance of our discussions was just art. How to produce it, how to make the shows, the museum situation. Sometimes there were sales and everybody was extremely happy.

And the German artists were in the same situation?

RR: Yes, at that time there were no stars at all. Everybody was in the same boat, no money. Keith, I think you met Blinky Palermo, and Ulrich Rückriem also came to the gallery.

KS: Ulrich was a madman. He lived in a castle. We'd go to the bar and get a tray filled with little glasses and take the bottle. And then he'd walk around with the tray in the restaurant. We'd wake up in the morning, the castle freezing cold, nothing to eat and I said, "I am going to collect the snails because we have to eat something." There were so many snails. "How do I cook the snails?" I remember one time we went to some collectors' house. They had a modern house but they also had lots of stuffed animal heads from hunting. They said, "We have a swimming pool, would you like to see it?" So they took us to the pool and we just stripped, we took off all our clothes and jumped into the pool. And they just flipped out.

RR: Then we had to leave the house.

I guess they didn't buy anything!

KS: They never bought any work, I think they were interested in the phenomena, but once they realized they had to deal with the artists then they got less interested.
Rolf and I worked together in Eindhoven at the Van Abbemuseum for my show there, we built these huge pieces. I had never built pieces this complex in an American museum. We were staying in a little hotel nearby. Rolf went back to Cologne, he said, "I'm leaving you out here for the weekend, please don't burn the hotel down."
There was nothing to do and we'd have the whole hotel to ourselves, it was full of workers during the week but on the weekends they all left. So we'd go into the wine cellar. . . . The dining room was very formal, with candelabra and everything. In the museum we were working with this toxic fluorescent powder and we were covered with dust, so we'd have to take lots of showers, so many that the bathroom ceiling was starting to fall down. We were all sitting in the formal dining room and the waiter asked, "What would you like for breakfast?" And so we gave our order and then the whole ceiling fell onto the table with chandeliers and everything. The hotel freaked out! It was one thing after another, but it was a wonderful time.

Conversation between Christiane Meyer-Stoll, Keith Sonnier, and Rolf Ricke
Cologne, April 18, 2007

In 1969 Rolf came to my studio in New York at 94 Bowery, second floor. Peter Young came with Rolf, introduced us, and then left. Rolf was very likeable and we hit it off from the start. He didn't stay long. Rolf asked me to do a show with him later that year.

I went to Cologne for the opening. When we were installing the paintings a young art student stuck his head in the gallery and commented, "This smells like shit!" Rolf and I laughed so hard we could hardly stand up. That broke the tension. I visited the painter Michael Buthe, whose studio was near the gallery. Dr. Peter Ludwig came to the opening. The paintings were airbrushed acrylic. I remember my delight at the show selling out before the opening. I was so excited when I was in Cologne that I was like a released spirit, flying around the gallery, bouncing off walls. I crossed over to the other side, but they told me to come back, "It's not yet time!"

Lawrence Stafford
August 2007

14 July 1967

Dear Rolf:
We enjoyed your visit tremendously. I'm glad that we could meet and get to know one another a little bit and I think you should know that we all liked you very much.
....
As to my coming to Germany, I would love to, but again there is money as a problem. I have been thinking about the stage set for Kai Braak and think it would be terrific to do such a project, so I am waiting to hear from him about the details.
....

15 July

....
The last week I have done very little in the way of painting but a lot of preparation work, going out and taking a lot of photos, having them printed and examining them in the opaque projector. Next week will be more of the same activity, as well as preparing the canvases. I have been working on some drawing in the interim and plan to do this all summer while I am painting, pencil drawings and wash drawings of sexy things, to give some variety to my daily work, but also to begin to work out a new way to come to grips with the figure, if I can find it. So that when I am through with the black and white trees next fall or winter I can move directly on to something new in my way of painting human images. At least, I hope I can do it this way.
....
My best regards, Bob

26 July 1967

Dear Rolf,
Thanks for your letter of 22nd. I'm very pleased with the news about the documenta and the Cologne Museum, the Fair. You've really been working hard. I would love to do a new silkscreen for the catalogue. However, if it must be in Germany by the middle of August, it gives us very little time.
....
Until soon then, my warm regards, Bob

5 Sept 1967

My very dear friend Rolf:
I received a long and good letter from Kai Braak about the play backdrops and have answered him in some detail. It is a problem because of time and money. I suggested to him that if you agree he could start blowing up the drawings you already have of mine, including the two drawings for the new sex prints. I hope you will like the idea, for he needs 13 drawings, and unless we can use the ones I have already made, the whole project is unfeasible.
....
Until I hear from you then, my best wishes, and good luck in the art fair, and greetings to Gary and Nancy and you and Kai, and everyone,
Your friend, Bob

28 Oct 1967

My dear Rolf:
Thanks so much for your letter, it is always beautiful to hear from you. Life here goes on very much as it has for the last five months, slowly painting the large black and white trees, which are working out very well, and living as best one can from occasional sales. The newest and largest tree painting will be in the Whitney Museum 1967 Painting Annual, which is great news.
....
I am also working on the drawings for Kai Braak, so far I have three done, and I am working on the fourth right now.
....
I'm sorry that there is no room in the documenta for some paintings, but of course, I'm very pleased that the prints will be in the show. Also I think it would be super to come over to Kassel for the show, I would love to do that. Perhaps we can arrange it so we can have a show in your gallery at the same time with some of the new paintings. Even though they are quite large, we should be able to transport most of them without too much trouble, particularly the ones which break down into panels.
....
We are all really aware of the struggle you are having, for it is very difficult, even here in the US for a gallery to survive which is dedicated to the younger good talents. Witness the demise of the Bianchini gallery, the extreme difficulties Kornblee has, etc., etc. It is only Castelli and Janis who are in a good position here, and they exercise all their power to remain in a good position, often at the cost of the struggling galleries. It is a tough, tough world here, and everywhere.
Oh well, it is a lovely day today, I am sitting at my desk, and through the window over the roofs, the sky is magnificent, tiny, cream puff clouds moving swiftly through a brilliant sky, great Hopper-like sunlight on the face of the brick loft building across the famous Crosby St. Life does not seem so bad and the moment seems propitious for new worlds.
Nature is one great high, the super illusion.
With my very warmest regards, and I will write soon, with the invoices and photos of the new things,
Your friend, Bob

18 Dec 1967

....

I don't think I've mentioned it to you before, but I got another commission from Sports Illustrated magazine, this time to do a series of paintings about professional ice hockey. So far I've been to Toronto and Montreal and next week I go to Boston, Detroit, and St. Louis, with Marylin, so it will be like a little vacation as well as business. I don't think I will be able to start the paintings until the end of Feb. or the beginning of March, right now, I envision them in 4 or 5 colors, extremely bright colors contrasting with the various whites of the ice. It should be fun to try and paint them.

....

Is Kai able to use the drawings for his backdrops? I'm glad you like them, I thought the two with grey tones were among the best I've ever made.
Hope to see you soon, with all my best wishes and regards, Bob
Marylin, Dorothy and Roy [Lichtenstein] send you their love.

7 Jan 1968

Dear Rolf:
I really feel awful about the trouble my drawings have caused. Poor Kai! What stupid people officials are! They are the same the world over. No understanding, no vision.

....

I hope your showing of the drawings goes off without trouble for you, I think that some of them, particularly the last ones I did are the best drawings I've ever made.

....

Dear Rolf, I think it would be great for me to come over for the opening of the documenta, and sign the prints at that time.

....

My warmest regards, Bob

18 Jan 1968

My dear Rolf:
This will be just a quick note about the documenta. I've given the matter a lot of thought and decided that unless they can find room for one or more of my paintings in their show, it is presumptuous of them to expect me to make them a print which they can sell. Do you agree? Please let me know, soon, because making the drawing for the print takes me at least two weeks, possibly three.

....

My best and warmest regards, Bob

21 Feb 1968
New York

Dear Rolf:
It has been a long time since I have heard from you, I hope all is well, that your move to Cologne is not causing you too much trouble ...
A few weeks ago Mario Amaya was here in the States choosing works for a large show which the ICA in London under Roland Penrose will present in the late spring. He (Amaya) choose one of the large sex paintings which I have in my collection to go in the show, and I am quite delighted by this, it will be the first time my work has been seen in London.

....

I hope Kai is well, please send him my warmest greetings and regards, of course, I send the same to you, and Marylin has just said: send Rolf my love and blows a kiss to you, until soon then, your friend, Bob

15 April 1968

Dear Rolf:
Almost 2 weeks have gone by since you were here, I hope that you have recovered from the hectic round of studios, galleries, artists, dealers, critics, openings, etc. that made up your visit, and that you are pleased with your selections, and that future and present seem bright.
I know I was glad to talk out our problems, I only wish it could have been less hectic and that I had not been so nervous about so many other things.
However, I feel I know what is going on now, and for me, that is important, so I can plan for my own work in relation to the gallery, to your needs, as well as my own. Actually, the stretchers for my show next year are here now in my studio. I've ordered the canvas, and I am planning for the walls right now. The four large paintings that I have in mind will all be in 2 panels, bolted together, which will make for easy transportation ... I am also hard to work on some smaller paintings for you to exhibit and hopefully to sell at documenta time.

....

Spring has finally arrived here, but I am still nervous mostly about money, which seems a constant horror.
My best to you and your new gallery, fond regards, Bob

26 April 1968

Dear Rolf:
Thank you for your note of 23rd. It sounds like a lot of action for which I am glad. I'm sure the Bollinger show is going to be just fine, he is one of the truly beautiful talents.

....

All the paintings went off to shows around the country within the last weeks, so the studio is bare of all works you saw ... I have done 3 small paintings since you were here ... Also I've been doing the hockey things. In this series I

decided to follow a suggestion of Dorothy and Marylin, and use the photos as photos, and see what happens. So far I have done one, using silkscreen process on plexiglass, and it looks great.
My fondest regards, and hellos from everyone, Bob

6 June 1968

Dear Rolf:
I think this is probably one of the saddest times, even worse than 1963, it was all about hope being crushed. We are in a bad way.
I have some suggestions which may help you with the documenta job, but I understand it is really almost impossible without my direct supervision, so I don't hope for too much. In the beginning of May I could have come over and done the printing, but now I am too involved with too many commitments over the next 6 weeks, so that even if you wanted me to come over, it would be impossible.
. . . .
My best to you, and good luck, Bob

29 August 1968

Dear Rolf:
. . . .
The second photocopy of the documenta print arrived this afternoon, it is much better than the first version, and gets at what I had in mind.
All best wishes, Bob

23 November 71

Dear Rolf:
Yesterday the paintings you sent were delivered to my studio, after custom and all that nonsense. All twelve arrived in reasonably good condition. Thanks for sending them; it was time that they were out of circulation.
We tried to see you the night of your party, which we enjoyed going to, but it was so crowded that we couldn't find you, although we looked for you.
. . . .
I hope the next time you're in N.Y. we'll be able to get together for a visit.
Best, Bob

The letters are published with the kind permission of Marylin Stanley.

You were one of the artists Rolf Ricke exhibited in the early 1970s. How did you meet Rolf?

I think it was Richard Bellamy who made the contact. I was a student at the University of California at Berkeley and Brian O'Doherty came as a visiting professor. I knew of him because he used to be on television, he had a program about art. I was friendly with my professor, who was taking Brian around and I said to him that I thought I was doing something of interest and I wanted to come to New York, could he recommend someone? He recommended Richard Bellamy. Richard had founded the Green Gallery, which was a very important space. He was the first to show many people who subsequently became prominent. I called with the introduction from Brian O'Doherty. Richard had not seen the paintings at that point, only slides. Richard was key in terms of introducing people, he introduced Rolf to me in New York in the late winter or early spring of 1969. Richard also put me in touch with Nicholas Wilder, an art dealer in Los Angeles. He came to my studio in downtown Oakland during my last year at Berkeley. When I came back to New York, Nick visited me around Christmas 1968. I'd run out of money and I was working at the post office. He offered me a show and a small stipend; I resigned from my job the next day. It was a very exciting time to be in New York.

But you could at least afford a studio where you could work?

Well, this was New York in 1968–69. My first studio was on Leonard Street. It was $125 a month, and I lived there also. My grandparents had left me a little money that I got when I turned twenty-one. It wasn't very much, but enough that I didn't have to work when I was an art student and I was able to move to New York.

I think originally you were a sculpture student?

Yes, I was studying sculpture at Berkeley. I had to take a painting course and had to think about the possibility of painting. I spent maybe two of the worst weeks of my life—I'm exaggerating of course—grappling with the idea of how to make paintings at that particular time. To do something that did not accept conventions, did not accept things without questioning them. The germ of the idea had come.

Why did you choose Berkeley?

I had studied architecture for two years at Massachusetts Institute of Technology in Cambridge and I was very unhappy. I decided I didn't want to continue with architecture. At MIT it's a five-year program; in the first year you're in a general group, the second year is much more specialized. In my first year there was a design course run by Richard Filipowski. He had studied with Walter Gropius and had a very particular point of view, very Bauhaus-design oriented, and this turned out to be very important. It seems to me that you need a base and then you can define your position from something; it's very hard to define a position from some amorphous situation. From my experience at MIT I knew very clearly what direction I didn't want to take, and part of this understanding was that I knew I definitely did not want to stay at MIT.

In 1966 Berkeley was very much in the news. It had a reputation as a very progressive place and I was ready for a big change. Unconsciously maybe I was influenced by American mythology about going to the west and starting over, and it did work out that way. I had the idea to study art and worry about practical matters later, so I switched to being a sculpture student. I was with the first year students, although I was in my third year of college. I had had exposure to art in New York and very fortunate experiences from working. I never took an art history course but one job at MIT was projecting slides for the art history classes. It was an old projector, very loud, so maybe that was an advantage: I could barely hear what the professor was saying but I did see a lot of images. In the summer of 1966 I worked in the architecture and art library at MIT, where I read a lot of books, among them Robert Motherwell's *The Dada Painters and Poets.* So by the time I went to Berkeley I was self-taught, and had a pretty good background in art after 1900.

You came from sculpture, why did you change over to painting?

As I mentioned, I became a bit obsessed with this issue. I didn't have a background as a painter, but I admired them. I was born in Manhattan, although I moved to the suburbs when I was four. When I got older I came into the city often, so I saw a lot of art in the museums.

So you made a very precise group of paintings and then you made the decision to stop.

I got involved with this issue of painting, it wasn't so much of a decision, more of an obsession but I didn't have any commitment to painting. If people have a background in painting, in the craft of painting, then there is usually the thought, "Well, what's next?" I really had no attachment to the craft, for me there was no point in thinking about the next painting. I did this group of paintings quite completely and then it was finished, I felt I didn't need to do any more. I did make another group of paintings later, but they were very different, from another approach.

What was it like making the paintings? They are very precisely executed.

Yes, but most of the initial ideas for the paintings happened very quickly, then they took some time. But I was a sculpture student and even before I had begun them I had already started another line of work that I picked up again after. So things are often not quite so neat, it's a little mixed up.

What were your intentions with these paintings?

I wanted to do something new and different, I didn't want to accept certain conventions. When I was working on the paintings I couldn't verbalize what I was doing at all, but nevertheless I felt that what I was doing was absolutely right. I remember Marcia Tucker, who in 1969 was a curator at the Whitney Museum, coming to my studio and asking me to explain the paintings and then there was a very long, pregnant silence. Also I wanted to make a contribution. So this was also part of my intention—to communicate something that could affect other people in a positive way.

Later I could talk about them. I began to have a more intellectual idea of what I had been doing. As far as I know, the term "deconstruction" did not exist in 1967, but in retrospect perhaps one could say that these works were involved with a deconstruction of painting. I have sometimes referred to them as anti-paintings disguised as paintings, but this only refers to them on a formal level. There is a story I sometimes relate about the visit to my studio by a friend in 1967. Norma was a tall, striking woman with uncannily sharp intuition. She came to my studio and proceeded to stare at one of my paintings for about ten minutes. She didn't say a word. Then she abruptly turned her head away and said, "There is nothing there." She indicated that she couldn't look at it any more.

Maybe what I am referring to would be clearer with an example. Ad Reinhardt is an artist for whom I feel an affinity. I particularly relate to the paintings he made in the latter years of his life, the square "black" paintings. One could say that these paintings are concerned with the perception of the subtle contrasts of shades of black, but that would be totally missing the point. These works and the repetition in their making are the catalyst for a different understanding, and that cannot be adequately expressed in words; what is conveyed is a state of mind or consciousness.

Several years after I finished these early paintings I had occasion to hear a Buddhist sutra called the Heart Sutra. It is a condensation of Buddhist teaching about "emptiness." Somehow I felt a connection to these teachings and was drawn to them. In retrospect it was not surprising.

Many of Rolf's artists came to Germany and often they produced the works in the gallery, did you make the works for your shows in Europe?

I was so uninformed at that point, I thought showing in Cologne was the equivalent of showing in Oshkosh, something like that. I had two solo shows with Rolf but I didn't attend either of them. Later, I realized that was not such a good thing. That's probably why I made a point to come here now.

Lewis Stein, interview with Christiane Meyer-Stoll
Frankfurt, April 20, 2007

How did you meet Rolf Ricke?

I remember bumping into Rolf on the street in Germany sometime in the 1980s. It might have been in Cologne when I was there showing with Mary Heilmann. He was very charming and told me that he was a fan. I was young with very little experience in the art world and Rolf's enthusiasm for my work was a real gift. I can't remember exactly how we started to work together. I was working with Jay Gorney at the time, but I believe that Rolf had already been in touch, discussing the possibility of a show sometime earlier when I was working with Colin de Land at American Fine Arts.

You had already moved to New York?

Yes, in 1985, right after graduating from Yale School of Art I moved to New York. I grew up in Vancouver but I think I was drawn to the East Coast and New York because my parents were from here and because it is a center in the art world. I still miss many things about Vancouver, but New York is a wonderful place to make contact with people from all over the world.

You made two solo shows at Rolf's.

Yes, in 1999 and 2003.

What was it like installing in Rolf's gallery?

All the work I showed with Rolf was made in my studio and shipped to Germany. Although my work is about space and its relationship to the specific nature of space, I don't spend much time judging the spaces that my work is shown in. The work is not about judgment; it's more about observation and experience. Rolf's gallery was very particular in its relationship to the white cube. It participated in that convention, but it was also a little scruffy around the edges; in addition to being a special place, it was also a mundane place of work. I appreciated that. My work looked great in his gallery.

Many artists have mentioned Rolf's activities and support beyond the gallery and its exhibitions.

One of the most generous and important things that Rolf did for me was to arrange two simultaneous museum shows at the Kunstsammlung Nordrhein-Westfalen in Düsseldorf and at Wilhelm-Lehmbruck-Museum in Duisburg in 2002. I showed a big installation work in Düsseldorf and a survey of the studio work in Duisburg. Although the cities are very close, the two museums had never worked together, and it was Rolf who facilitated the collaboration. That was a great moment for me.

Did you find it very different from exhibiting in New York?

My work evolves in a not very straight line. It grows from my experience of the world, and being in Germany has probably influenced the work and me but I would never say that the work is about Germany. Art is taken seriously in

Germany in a way that surprised me, interests me, and that is a very useful counterpoint to the often frivolous reception it has in the United States.

Did you know many of the other artists in the gallery?

When Rolf came to New York he often arranged gatherings with the artists that he worked with, in this way I met David Reed and Fabian Marcaccio. That was very generous of him and grew from his firm belief that the activity of making art and the dialogue around art objects is important. Too often dealers focus on the financial value of art failing to notice the lived value art embodies day to day; of course the two are intimately intertwined. When I met Rolf I was very busy protecting my time in the studio while I took care of my young son. It was n't easy for me to take full advantage of his social invitations and by nature I am not so much an evening party person. But Rolf's desire to facilitate the conversation between artists is unusual, valuable, and much appreciated.

Many of Rolf's artists mentioned his longevity as a gallerist as an important part of their relationship to him.

Over the course of my professional life as an artist the art world has been constantly heating up. The art market has become increasingly important and the pool of people who care about art and artists—galleries, writers, and collectors—has been growing. Rolf is somewhat older than me, so he had a very different perspective on this growth. It was always great to hear him talk about what he had seen of that explosion and how he felt about it, his longer view helped to make sense of the moment. Rolf has an unusual enthusiasm for art and it was as a result a real pleasure to work with him!

Do you think of yourself as a painter, a sculptor, or both?

I am a painter and I am a sculptor; I'm not too concerned about the distinction. I do think that painting and sculpture evolve from two different histories and conventions, the painting convention is more defined. Certainly, my work did evolve from painting, I began as a painter and stepped out of the space of the canvas because I loved its materiality and I wanted to tie my work to the time and space of architecture and the world—although I didn't give up the fantasy world of the painting space.

Can you tell me something about your working methods?

My work begins in a myriad of different ways. I am primarily interested in creating an opportunity for experience and as a result I often work reactively. I respond to color, light, atmosphere, and the resonance of stuff in the world, but my work also builds on itself, so sets of ideas move through series of works. Sometimes I go looking for particular kinds of materials and circumstances and sometimes I just use things that fall on me!
On occasion I finish a work as I had originally intended it, but more often I take a lot of turns along the way, ending in a place that I could never have predicted. I am interested in the relationship between whole things and ideas and the amount of space that can be accommodated by the outline of that wholeness before the work collapses into chaos. So for much of my process I build and stretch the relationships between things.
I usually work on a number of pieces at the same time; some of them are finished quickly, but more often it takes a while, a few weeks to a year. I like to pass by the works often and let my ideas and responses accumulate slowly. It's hard to say how I decide when a work is finished: it has something to do with the balance between stasis and dynamism and the work needs to be full.

Jessica Stockholder, email interview with Christiane Meyer-Stoll
August 2007

Kannst du dich an deine erste Ausstellung 1987 bei Rolf Ricke entsinnen? Wie ist es dazu gekommen?

An meinem Alter gemessen kam ich relativ spät zu Rolf Ricke. Ich bin ungefähr so alt wie Keith Sonnier, der 1941 geboren wurde. Aber ich habe einen ganz anderen Lebenslauf als die Amerikaner. Für mich fängt meine Biografie eigentlich erst 1970 an. Leute wie Sonnier, Robert Smithson und andere wurden bereits um 1965 oder 1967 aktiv, während ich mir eher Zeit gelassen habe. Rolf Ricke war eine sehr starke Persönlichkeit als Galerist. In den 1970er Jahren habe ich mir seine Ausstellungen in der Lindenstrasse angesehen. Mich interessierten minimalistische Tendenzen, und seit dem Ende der 1960er Jahre fuhr ich immer wieder nach Amsterdam, nach Eindhoven oder auch nach Mönchengladbach und Krefeld. Das waren damals die Anlaufstellen, wo etwas Interessantes stattfand. Ich erinnere mich noch sehr gut an einen Ausstellungszyklus in Eindhoven namens *Kompass.* Der Leiter des Ganzen war Jean Leering. Er zeigte mal französische, mal englische, mal amerikanische Kunst, an die ich mich noch gut erinnern kann: Donald Judd, Dan Flavin, Robert Morris, alle diese Leute, neben Pop Art. 1969 habe ich die erste Minimal Art-Übersichtsausstellung in der Kunsthalle Düsseldorf gesehen. Mitte der 1970er Jahre fing ich an ernsthaft auszustellen, aber zu dem Zeitpunkt hat Ricke sich für meine Art von Malerei noch nicht interessiert. Er hat den Begriff Malerei damals eher abgelehnt, würde ich sagen.

Ja. Der Schwerpunkt lag sicher im skulpturalen Bereich.

Damals kam Ricke ins Schlingern, wie so manche andere Galerien eben auch. Die Geschäfte gingen schlecht, plötzlich waren die *Jungen Wilden* angesagt, mit deren Malerei Ricke auch nicht klar kam. Das hat er für sich nicht akzeptieren können, was da passierte. Und so hat er versucht, etwas dazwischen zu machen. Er ist ja auch nicht mehr in die USA gegangen in der Zeit, hat meist deutsche und europäische Kunst gezeigt, keine Amerikaner mehr. Viele der Künstler aus den 1960er Jahren, mit denen er sich identifiziert hatte, hat er Ende der 1970er Jahre nicht mehr gezeigt. Er hat mir mal erzählt, er habe damals richtig Angst gehabt, nach New York zu fahren, weil er nicht wusste, wie er diesen Künstlern gegenübertreten sollte, weil er ihnen nichts anbieten konnte.

Um noch mal kurz auf die 1980er Jahre zu kommen. Köln boomte, es gab plötzlich Ausstellungen mit Titeln wie Positionen deutscher Kunst. *Viel in Richtung* Mülheimer Freiheit *bzw. Malerei mit neoexpressiven Gesten.*

Rolf Ricke hat irgendwie versucht, es anders zu machen. Er hat versucht, seine eigene Position zu finden; so richtig funktioniert hat das aber nicht. Er hat Abraham David Christian gezeigt, Horst Münch, Ulrike Nattermüller, sie waren so eine Art Gruppierung. Keine richtige Gruppe, aber sie kannten sich alle untereinander. Münch ist als Einziger davon übrig geblieben.

Für dich muss das eine schwere Zeit gewesen sein.

Ja, für mich war das eine sehr schwierige Zeit. Obwohl ich in den 1970ern wenig ausgestellt habe, hatte ich keine Identitätskrise. Aber in den 1980ern kam das ganz massiv. Das war mit der Grund, warum ich 1982 den „Raum für Malerei" gegründet habe. Ich sagte mir, in einer Zeit, wo du keinen Widerpart hast, wo nichts ist, keine Anerkennung, da musst du dir den Umraum selbst schaffen. Aus diesem Gedanken heraus ist dieser „Raum für Malerei" entstanden, und Rolf hat ihn von Anfang an beobachtet. 1985 stand er plötzlich auf der Matte und hat einen Atelierbesuch gemacht. Der Sammler Bodo Vogl war mit dabei, das war eine ganz enge Freundschaft, die später leider auseinanderging. Beide haben gleich etwas gekauft. Rolf Ricke hat immer sofort eine Arbeit erworben, so ist auch seine Sammlung zustande gekommen. Rolf Ricke und ich haben zugleich eine Ausstellung vereinbart. Ich hatte damals intensive Kontakte in die USA und stand in regem Austausch mit Joseph Marioni, mit dem ich befreundet war, und den Ricke später auch ins Programm genommen hat. Zur gleichen Zeit hat er den Kontakt zu Donald Judd wieder aufgenommen.

Ja, es gab 1988 eine grosse Ausstellung im Whitney Museum. Rolf Ricke ist deswegen das erste Mal wieder nach New York gefahren.

Ich glaube, damals war ich das erste Mal mit ihm zusammen in New York. Wir haben gemeinsam eine Reihe von Atelierbesuchen gemacht. Die Ausstellung von Judd, die erste nach vielen Jahren wieder in seiner Galerie, und meine waren beide 1987.

War dieser Atelierbesuch dein erster Kontakt mit Rolf Ricke gewesen?

Als der erste Kunstmarkt in Zürich war, da hatte Rolf eine Solopräsentation von Keith Sonnier, bei der er Arbeiten von 1967 bis 1969 und aus den frühen 1970ern aus der *BA-O-BA*-Serie zeigte. Ich war von diesem Stand unheimlich angetan und habe Rolf angesprochen, ob er mir Arbeiten leiht für den „Raum für Malerei". Da hat er sofort gesagt: „Ja, kriegst du".

Wenn man sich die Chronologie der 1980er Jahre ansieht, in denen Ricke auf der Suche war, dann schlägt deine Ausstellung ein wie ein Keil. Da beginnt etwas Neues.

Ja, genau, in diesem Jahr begann eine Umorientierung. Die starke Bindung an die amerikanische Kunst begann wieder, die zuvor für einige Jahre völlig unterbrochen war.

Welche anderen Kontakte ergaben sich aus der Zusammenarbeit zwischen dir und Ricke?

Über mich hat er zum Beispiel Alan Uglow kennen gelernt. Helmut Dorner habe ich mit Malerei gezeigt. Aber auch der Kontakt zu Olivier Mosset und Laurie Parsons kam über mich zustande. Ich habe sie in New York kennen gelernt und fand sie ganz toll, sie war in der gleichen Galerie wie ich, bei Lorence-Monk. Dort habe ich auch eine Ausstellung von ihr gesehen. Ich habe sie zunächst gar nicht Rolf gezeigt, sondern Hannelore Kersting. Sie konnte damit aber nichts anfangen, sodass die Mappe zu Rolf Ricke weiterwanderte. Ich schätze sie als Person sehr, weil sie eine Art Anti-Künstlerin ist. Viele Amerikaner, wie etwa Joseph Marioni, waren in Deutschland oder in Europa noch nie gezeigt worden. Ich bin ab 1982 bis Ende der 1980er sicher drei bis vier Mal pro Jahr in New York gewesen.

Du hast also richtig den Kontakt zu Künstlern gesucht?

Ja, etwa zu Joseph Marioni. Das ist eine interessante Geschichte. Marioni und Phil Sims, die befreundet waren, hatten mich 1978 in Köln besucht und mir ihre Adressen und Telefonnummern dagelassen. Als ich später nach New York fahren wollte, wusste ich nicht mehr, wer welche Nummer hatte. Es war reiner Zufall, dass ich die Nummer von Marioni gewählt habe. Dadurch ist das Ganze ins Laufen gekommen. Er war extrem kooperativ, sagte, komm nach New York, ich verschaff dir Zugang zu den Ateliers von Kollegen.

Im Grunde hast du zwei Seiten, du bist Künstler und Kurator. Du hast nicht nur im „Raum für Malerei" Ausstellungen kuratiert, sondern später auch in Museen und Galerien.

Ja, ich kann aber nur als Künstler agieren und handeln. Dieser „Raum für Malerei" war für mich eine Art Gegenentwurf. Die Leute konnten einfach kommen, ich habe Einladungskarten verschickt, aber gesellschaftlich habe ich mich nicht mit eingebunden. Nur völlig stur mein Programm gemacht. Im Lauf des ersten Jahres sind die Kunstkritiker darauf aufmerksam geworden und haben angefangen, darüber zu schreiben. Da hat man mir sehr viel geholfen.

Anfang der 1980er Jahre änderte sich plötzlich alles. Während man vorher bei Ausstellungseröffnungen manchmal alleine dagestanden hatte, waren die Eröffnungen in Köln, die sogenannten *Premieren*, die damals entstanden sind, plötzlich vollgepackt. Das kann man sich gar nicht mehr vorstellen, was das bedeutete, dass man plötzlich in den Strassen das Kunstpublikum herumlaufen sah. Die Leute standen da und warteten, dass sie in die Galerie rein konnten, etwa bei Paul Maenz, das war die wichtige Galerie jener Zeit.

Und du hast genau das Gegenbild gemacht.

Genau. Ich konnte und wollte das als Künstler so nicht leisten. Ich begebe mich ja in eine Gefahrenzone, wenn ich das tue.

Wie hast du das finanziert?

Ich habe alles selbst finanziert. Ausser den Einladungskarten und Transportkosten hat es mich nichts gekostet, denn das Atelier hatte ich bereits. Es war ein Atelierhaus im Hinterhof mit mehreren Etagen und ich habe einfach die unterste Ebene für die Ausstellungen hergerichtet. Mein Atelier war oben, die Besucher hatten damit nichts zu tun. Die Künstler haben nichts bezahlt, aber irgendwie haben wir das alles hingekriegt. Ich erinnere mich, wie auf das Dach meines VW diese Riesenkiste von Marioni, die bestimmt über drei Meter lang war, gepackt wurde und wir gemeinsam vom Düsseldorfer Flughafen nach Köln gefahren sind. Dort hat Marioni die Bilder aufgespannt. Er zeigte zwei Arbeiten bei mir.

Es ist zwischen Rolf Ricke und dir eine lange und enge Zusammenarbeit entstanden und du hast nicht nur in der Galerie bei ihm ausgestellt, sondern auch seine gesamte Galeriezeit in einer Ausstellung zusammengestellt.

Rolf hat mich sehr oft einbezogen, auch in seinen Gruppenausstellungen oder Kunstmärkten, um die Arbeiten in einen räumlichen Kontext zu bringen. Das haben wir oft gemeinsam gemacht. Dies begann 1989 bei der Ausstellung *Aus meiner Sicht* im Kölnischen Kunstverein, die er bei Marianne Stockebrand realisiert hat. Da haben wir uns oft intensiv unterhalten. Die Ausstellung *Special Offer* im Kasseler Kunstverein 1999 habe ich auch mit gehängt, und fast alle Kunstmarktkojen habe ich mit ihm zusammen eingerichtet.

Es gibt bei dir auch ein grosses Interesse, dich mit den Anfängen der Galerie zu befassen. Mit Künstlern, die Rolf Ricke in seiner Anfangszeit ausgestellt hat, zum Beispiel Jo Baer, Donald Judd, Richard Serra und andere. Du hast eine Verbindung nach rückwärts und vorwärts gesucht.

Ich denke, dass Ende der 1970er und Anfang der 1980er Jahre die Künstler, mit denen er zusammenarbeitete, diesen Bogen nicht spannen konnten. Da war keine Identifikation da, die haben das sicherlich teilweise auch abgelehnt. Erst mit Leuten wie David Reed fing das wieder an. Er ist jemand, der sorgsam mit Geschichte umgeht. Da hat Rolf einen sehr guten Gesprächspartner gefunden. Bei Leuten wie ihm fand er Bestätigung für das, was er in der Vergangenheit in der Galerie gemacht hatte.

Ja, das glaube ich auf jeden Fall. Da geht es sogar über die 1960er Jahre bis weit in die Barockzeit zurück.

Das stimmt. David Reed hat ihn auf den Barock und den Manierismus aufmerksam gemacht. Mir war das vertraut, weil mich das sehr beschäftigt hat. Manierismus hat mich immer sehr interessiert. David Reed hat eine starke Affinität dazu. Er ist öfters nach Italien gefahren, hat sich Kirchen angeschaut, war ganz offen. Ich finde es fantastisch, dass Rolf so offen ist, das macht den Künstlern auch Spass, wenn da so eine Aufnahmebereitschaft ist. Jenseits von Geschäften. Ganz nah an der Kunst.

Das ist auch das Ungewöhnliche an der Galerie. Es gab eine Auseinandersetzung mit der Kunst, es wurde über Kunst gesprochen. Wie kam es, dass du die Ausstellung Perpetuum Mobile. 40 Jahre Rolf Ricke *konzipiert hast?*

Rolf hat mich eingeladen. Mir war klar, dass das eine ganz wichtige Geschichte ist. Rolf sagte: „Günter, willst du die Ausstellung ausrichten?" Er hatte überhaupt keine Vorstellung, wie das zu bewerkstelligen sein sollte, aber ich eben anfangs auch nicht. Es gab im Vorfeld eine Ausstellung *20 Jahre Monika Sprüth*, die habe ich mir angesehen. Danach war mir klar, dass ich es anders machen musste. Letztlich kam ich auf die Idee, wie sie in der Ausstellung schliesslich auch umgesetzt wurde.

Die Einladungskarte von *Perpetuum Mobile* verweist bereits auf das, was gemeint war. Es gibt zwei Bilder bzw. Metaphern, mit denen ich gearbeitet habe. Das Spielkartenhaus, ein Spiel, bei dem Kinder mit Karten Häuser bauen. Alles ist sehr fragil. Es ist ein ständiges Wiederaufbauen und Zerstören. Als Kind gibt es immer wieder den Impuls, etwas neu aufzubauen. Und im Kontext der Kunstgeschichte war der Tatlin-Turm tragend. Auf der einen Seite das Visionäre, auf der anderen Seite das Spielerische. Bei der Einladungskarte habe ich das wie eine Folie übereinander gelegt. Das war der Grundansatz der ganzen Geschichte. Ich wollte keine Bilder an der Wand haben, weil ich mir sagte, das funktioniert nicht mit diesen 40 Jahren. Der Platz ist dafür nicht da, ich war auch in der Auswahl sehr beschränkt, denn es gab nur die Arbeiten aus dem Lager von Rolf, nicht seine Sammlung. Im Vorfeld erfolgte eine Auflistung der Arbeiten, die zur Verfügung standen. Mit Hilfe der vorhandenen Fotos habe ich dann dieses Ding gebaut. Ich hab mir gesagt: Du begreifst die Bilder als Material, du negierst damit völlig das Einzelbild und baust damit eine Architektur.

Und natürlich haben sich mir neue Fragen gestellt. Was bedeutet überhaupt das Kunstwerk? In welchem Kontext kann man es sehen, muss man es sehen? In welchem Kontext steht es zum Künstler, zur Öffentlichkeit? Wie weit kann oder muss ein Künstler sein Kunstwerk entlassen, in dem Augenblick, in dem es öffentlich gemacht oder verkauft wird? Wie geht man damit um? Muss es immer in dieser Konvention zu sehen sein, dass es an der Wand hängt, möglichst neutral? Wie wird mit einem Kunstwerk umgegangen, wenn es nicht öffentlich gezeigt wird? Wo befindet es sich eigentlich?

Für mich spielt dabei auch das Gedächtnis der Malerei eine Rolle. Dieser Turm ist wie eine Gehirnwindung, da stehen überall diese Erinnerungen. Und mit Bezug auf den Tatlin-Turm kommt noch eine revolutionäre Kraft hinzu.

Sagen wir mal so, es ist natürlich etwas vermessen, dass man Tatlin da mit einbezieht. Im Laufe des ganzen Prozesses habe ich mir gedacht, ja, dafür ist die Geschichte da, dass man sie auch benutzt.

Es kann als Anmassung verstanden werden, aber auch als „Lebendighalten".

Ich bin in manchen Dingen missverstanden worden, man hat mir Zynismus vorgeworfen und mir vorgehalten, ich ginge nicht verantwortungsvoll mit den Kunstwerken um. Das geht aber völlig in die falsche Richtung. Ich bin kein Zyniker. Mir ging es nicht um Zerstörung, im Gegenteil, eher um den Aufbau.

Das habe ich auch so gesehen. Ich sehe darin eher die Frage der Verfügbarkeit und die Zugänglichkeit zu Schätzen, zum Verborgenen.

Ich hab ein Modell des Turms gebaut, dann Schablonen geschnitten in der Grösse der Arbeiten und in das Modell reingestellt. Aber als wir den richtigen Turm gebaut und die Sachen reingestellt haben, haben wir doch sehr viel umgestellt, weil manches nicht funktionierte. Das war ein richtiges Stück Arbeit und auch eine neue Erfahrung.

Du hast zuvor erzählt, dass du das Programm von Rolf Ricke sehr verfolgt hast. Gab es denn bei den Arbeiten Überraschungen für dich?

Es gab einige wenige Künstler, die ich nicht kannte. Robert Breer eben kannte ich nicht. Das war eine richtig tolle Überraschung. Ansonsten hab ich eigentlich alle Künstler von Rolf gesehen. Steve DiBenedetto haben wir zusammen in New York besucht. Einige Künstler, zum Beispiel Steve DiBenedetto und Steven Parrino, haben Rolf und ich übrigens zum ersten Mal 1988 in Lyon gesehen, bei der Ausstellung *La Couleur seule*. Rolf und ich sind zusammen zur Eröffnung gefahren.

Es gab auch rege Beziehungen nach Dijon?

Einige Künstler, mit denen Rolf zu tun hatte, hatten einen sehr guten Draht zum Consortium in Dijon, aber ich selbst hatte damit nichts zu tun. Ich hab einmal mit Adrian Schiess im FRAC ausgestellt. FRAC und Consortium waren viele Jahre unter der gleichen Leitung. Olivier Mosset war für Parrino eine wichtige Figur. Er hat ihn auch nach Dijon gebracht. Sie waren eng befreundet. Mosset ist jemand, der viele Leute um sich geschart hat. Ich zeigte ihn in vielen Ausstellungen, die ich kuratierte. Ich habe ihn immer sehr geschätzt. Er ist sehr ambivalent, ein bisschen wie ein Chamäleon, das seine Farbe wechselt. Persönlich kennen gelernt habe ich ihn 1982 in New York, kannte seine Arbeit aber schon sehr früh. Er hatte schon mit 24 Jahren Karriere gemacht, mit der Gruppe *BMPT* in Paris, zu der Daniel Buren, Michel Parmentier und Niele Toroni zählten.

Für *Perpetuum Mobile* habe ich einige Arbeiten bei Künstlern angefragt: Etwa bei Bernard Frize, das Bild kam direkt von ihm. Gerhard Richter wollte nicht, aber Richard Serra hat sofort zugesagt, auch Hubert Kiecol, der gar nicht im Programm war, den Rolf aber immer sehr schätzte. Und wir haben auch zwei Studenten von mir reingenommen, Steffen Lenk und Celine Adamo.

Als du dich mit dem Galerieprogramm beschäftigt hast, gab es da Kontinuitäten, Stränge, die dich interessiert haben?

In Anbetracht dieser Fülle von Arbeiten muss man schon sagen, dass Rolfs Denken sehr heterogen ist. Dadurch, dass er die Entscheidungen letztlich aus dem Bauch heraus getroffen hat, waren sie immer sehr spontan. Er hat immer sehr schnell zugegriffen, Begeisterung gezeigt. Das Ganze basierte natürlich durchgängig auf einem starken ästhetischen Empfinden.

Ich habe ganz stark den Eindruck, es geht über das Visuelle. Nicht über die Theorie.

Vielleicht kann man zusammenfassend folgendes sagen, dass es zwischen Rolf und mir von Anfang an in der Grundhaltung eine Übereinstimmung gab, dass jegliches Handeln zunächst einmal über eine visuelle und nicht sprachliche Ebene läuft, dass jegliches vorgefertigte Wissen auch wieder in Frage gestellt werden muss, dass wir eher nach einer Kunst suchen, die uns im wahren Sinne des Wortes sprachlos macht. Das bedeutet, dass man das Werk selber in den Vordergrund stellt und nicht das Wissen um das Werk.

Günter Umberg, Interview mit Christiane Meyer-Stoll
Köln, 21. Mai 2007

Wissen Sie noch, wie Sie Rolf Ricke kennen gelernt haben?

Ja, das kam über das Stipendium der Stiftung Kunstfonds. Rolf war in der Kommission, 1989 muss das gewesen sein. Er rief mich an und sagte, dass er mich gerne besuchen würde. Dann kam er relativ bald ins Atelier, hat die Arbeit mit den Gasbetonstelen (*Ohne Titel #1/88,* 1988/2002 [140]) gesehen und wollte sie haben.

Kurz danach kam es auch schon zu einer Ausstellung?

Ja, er hat 1989 die Ausstellung *Aus meiner Sicht* im Kölnischen Kunstverein realisiert und wollte dort auch Arbeiten von mir zeigen. Im Januar 1990 war bereits die erste Einzelausstellung in der Galerie. Ricke arbeitete gelegentlich mit Sandra Gering zusammen und er hat im gleichen Jahr noch einen Teil der Ausstellung nach New York vermittelt.

Zu dieser Zeit bin ich über Jahre hinweg immer wieder zu einem stillgelegten Güterbahnhof in Duisburg-Rheinhausen gefahren. Man kann im Grunde sagen, dass fast das gesamte Material für die Arbeiten der Ausstellung 1990 bei Rolf Ricke von dort stammt. Der Güterbahnhof war ein immens wichtiger Ort für mich.

In Rheinhausen befanden sich die Stahlwerke.

Ja, das ist schon richtig historisch. Ich bin neulich in Saarbrücken gewesen, und es war eine Art Déjà-vu-Erlebnis, zeitversetzt, wie fast 20 Jahre zurück. Dort sieht es jetzt so aus wie damals in Duisburg. Mich interessiert ja nicht nur das Material, sondern auch der Strukturwandel.

Können Sie sich entsinnen, wie die erste Ausstellung entstanden ist?

In diesem Jahr hatte ich sehr viele Arbeiten gemacht. Das lag mit Sicherheit daran, dass dieser Ort so ergiebig war. Aus diesem Fundus von Werken haben wir die Ausstellung zusammengestellt. Rolf hat immer mit entschieden. Ich fand das damals klasse, alles von der Pieke auf von ihm lernen zu können. Ich war sehr jung, gerade erst mit dem Studium fertig. Von daher bin ich durch ihn so richtig hineingewachsen. Ich habe sicher ein völlig anderes Verständnis von einem Galeristen und ein anderes Berufsbild als viele meiner Kollegen.

Ja, weil es um den Inhalt und die Arbeiten geht.

Das war der Hauptpunkt. Und auch die Begeisterung, die Rolf stets hatte. Wenn er ins Atelier kam, hatte er sofort eine Idee und es ging dann ganz schnell, man hat nicht jahrelang geplant. *Gelb, Rot, Blau* etwa ist während der Planung für meinen Raum im Kunstmuseum Bonn (2000) aus dieser spontanen Begeisterung heraus entstanden. Im Atelier hatte ich eine gelbe, eine rote und eine blaue Wandarbeit installiert. Das hat ihn an irgendetwas erinnert, aus irgendeiner Zeit, und er meinte, „Mensch, das muss man machen, das bauen wir in der Galerie im kleinen Raum auf". Rolf hat dort immer noch etwas zusätzlich zu jeder Ausstellung gezeigt. Das war einfach die Möglichkeit, spontan etwas machen zu können. So etwas hat er oft erst am Tag vorher entschieden.

Rickes Spontaneität zeigte sich zum Beispiel auch bei der roten Wandplastik mit den Paketbändern in Kunststofffolie, die sich ebenfalls in der Sammlung befindet (*Ohne Titel #1/98,* 1998 [142]). Diese Arbeit hatte er im Atelier gesehen und fand sie so toll, dass er sie für sich haben wollte. Sie war gerade erst fertig geworden. Sie ist dann nie woanders gezeigt worden, weil er sie direkt zu sich nach Hause mitgenommen hat.

Die Arbeit mit den vier Gasbetonstelen weist zwei Entstehungsdaten auf: 1988 und 2002.

Sie wurde 2002 restauriert. Ricke hatte diese Arbeit auf dem Dachboden gelagert, und dabei sind die kleinen Kunststoffklammern, die obendrauf befestigt waren, verloren gegangen. Ich bin zu der Zeit häufig nach Maastricht und Belgien gefahren und habe Ersatzteile gesucht, aber sie waren nicht mehr aufzutreiben. Deshalb habe ich die ursprüngliche Zahl von sechs Stelen auf vier reduziert. Für mich hat das nach wie vor gestimmt.

Können Sie noch etwas über Ihre Arbeit Ohne Titel #15/89 [141] *aus dem Jahr 1989 sagen? Sie wirkt wie eine „Teermatte", oder?*

Es war sehr schön, diese Matte herzustellen. Das kam noch ein bisschen aus der Akademiezeit, in der ich viele Experimente gemacht habe. Mit Gips, mit Holzwolle, mit Kasein und solchen Verbindungen. Der Leiter der Holzwerkstatt hatte mir erzählt, dass man aus Kaseinmischungen ganz harte Verbindungen und richtige Formen herstellen kann. In der Zeit habe ich sehr viel mit Holzstämmen, mit fest eingegossenen Formen gearbeitet. Ich fand es immer sehr interessant, selbst Mischungen herzustellen. Bei dieser Arbeit habe ich eine Art Brei aus Holzwolle, Kasein, Gips und Pigment angerührt und diese Masse auf die Matte gestrichen, die dann aufgerollt wurde.

Die Arbeit erinnert ein bisschen an eine Biskuit-Rolle, hat aber auch etwas von einem aufgerollten Teppich.

Mir ging es natürlich auch um diese Struktur, dieses Gerollte, dieses Rausgequetschte, das quillt ja richtig raus. So etwas habe ich oft verwendet. Das ergibt sich beim Arbeiten, das habe ich nicht schon vorher alles klar im Kopf, wie etwa bei einer Aussenskulptur, bei der alles vorab geplant sein muss. Ich mag es sehr, wenn sich etwas erst im Lauf des Arbeitsprozesses ergibt. Der Ausgangspunkt sind immer die Materialeigenschaften. Häufig entwickelt sich etwas in eine ganz andere Richtung, und gerade das finde ich so spannend daran. Alles andere wäre mir sonst zu trocken.

Ihre Arbeit von 1998 hat einen ganz anderen Charakter. Sie ist eher wie eine Art Hülle für etwas. Hier steht das Prozesshafte weniger im Vordergrund.

Ja, das stimmt. Diese Arbeit fällt überhaupt sehr raus. Das hat auch Lillian Ball gesagt. Mit ihr hatte ich einen ganz intensiven Austausch über Jahre hinweg. In der Anfangszeit hatten wir einen sehr ähnlichen Blick und sehr ähnliche Handhabungen. Damals war Lillian hier im Atelier und sie meinte, dass die Arbeit aus meinem übrigen Werk total herausfallen würde, weil das eben so eine Hülle ist, und die Form sich durch das Stopfen ergibt.

Das Interessante war, dass sich diese Arbeit aus der Idee heraus entwickelt hat, einen Hocker zu bauen. Ich habe ein Brett genommen und Holzklötze daruntergesetzt. Ich wollte dann etwas „drauftackern“, wie bei diesen kleinen, gepolsterten Fussbänkchen. So hat sich diese Arbeit ganz eigenartig entwickelt. Ich habe zunächst versucht, dieses und jenes Material „draufzutackern“. Dann entdeckte ich diese farbig-transparente Folie, das war in der Zeit des Kunstraums 1999.

Sie sprechen von Ihrer Ausstellung im Kunstraum Düsseldorf?

Ja, dafür hatte ich zum ersten Mal fertiges Material bestellt, um eine grosse Installation zu machen. Und so kam ich auf das Schweissen und Stopfen von Hüllen. Das habe ich bei dieser Ausstellung ausprobiert.

Für das Innere, was haben Sie als Füllmaterial verwendet?

Es sind Verpackungsbänder, die ich über Jahre hinweg aus Containern gezogen habe. Die Struktur und Farbigkeit gefielen mir. So hat sich diese Arbeit über einen langen Zeitraum hinweg weiterentwickelt. Es war zunächst eine Bodenarbeit, und der „Kick“ bestand dann darin, sie an die Wand zu bringen. Und das war's dann eben. Dieser Abstand zur Wand, diese Halterung und dieses Aufgeblähte, diese aufgeblähte Hülle.

Das heisst, die Arbeiten stehen im Atelier und werden weiter bearbeitet, durchlaufen verschiedene Phasen. Entwickeln Sie auch Arbeiten parallel zueinander?

Ja, das passiert häufig. Oft komme ich während des Arbeitens schon auf den nächsten Gedanken. Es kommt vor, dass ich dann neue Assoziationen habe und plötzlich etwas ganz anderes machen will.

Ich habe aber den Eindruck, dass das Umherstreifen und Entdecken, die Suche nach Materialien, ebenfalls bereits Teil Ihrer Arbeit ist. Sie beobachten, was „draussen“ stattfindet, und dann fliesst alles plötzlich zusammen.

Ja, das ist ein ganz wichtiger Aspekt, dieses Zusammentragen, diese Mobilität. Ich war immer mit dem Fahrrad in Industriegebieten unterwegs und habe mein Material dort gefunden. Vom Herbst 1987 bis zum Frühjahr 1988 war ich zu einem Studienaustausch in Maastricht an der Jan van Eyck Academie. Ich war erstaunt, aber auch enttäuscht, dass es in den industriellen Gebieten dort für mich nichts zu finden gab. Alles war abgeriegelt, es gab nichts zu sehen.
Auf der Suche nach Material bin ich daraufhin durch die Geschäfte gezogen. Vor allem in Belgien. Dort gab es Dinge, die kannte ich so noch nicht. Zum Beispiel tolle Briefkästen, mit denen ich später eine Arbeit gemacht habe. Das hat mich sehr begeistert. Überhaupt habe ich damals zum ersten Mal mit gekauftem Material gearbeitet. Dadurch hat sich meine Arbeit verändert. Ursprünglich habe ich eigentlich nur mit gebrauchten Materialien gearbeitet. Heute sieht die Landschaft vollkommen anders aus. Mitverantwortlich dafür ist das Aufkommen des Recycling. Wo alles in den Produktionskreislauf zurückfliesst, bleibt nichts mehr liegen. Das war eine ziemlich einschneidende Entwicklung für mich. Früher bin ich zum Beispiel nie in die Industriemessen hineingegangen, sondern war immer ausserhalb, weil nach dem Abschluss der Messe viel weggeworfen wurde, all diese Exponate aus den vorgeführten Produktionen, oder pures Material. Das hat sich geändert, weil die Messeleitung die Entsorgung an die Recycling-Firmen übergeben hat, und die haben alles völlig abgeschottet. Das Material kommt direkt nach der Messe in Container, das ist fast wie ein Hochsicherheitstrakt. Da komme ich als Künstler nicht mehr hinein, zumindest nicht offiziell.

Was für eine Vorgehensweise hat sich dadurch für Sie entwickelt?

Ich musste andere Wege finden. Das Projekt mit Studenten der Kunstgeschichte in Gießen etwa ermöglichte es mir, direkt in die Betriebe, in die Produktionsstätten hineinzugehen. Das ist wiederum auf eine andere Weise total interessant, weil man dadurch Sachen entdeckt, die man sonst nicht sehen würde. Ich habe zum Beispiel Arbeiten mit Rohrstücken gemacht, die noch verformbar sind, direkt wenn sie aus der Maschine kommen.

Zum Schluss möchte ich noch fragen, ob es ein Umfeld der Galerie Ricke gab, durch das Kontakte entstanden oder in dem ein Austausch stattfand?

Ja, in den letzten Jahren immer wieder mit David Reed. Die meisten Kontakte hatte ich zu Künstlern in New York: Thom Merrick, Jeffrey Wisniewski und Matthew McCaslin. Es war eine tolle Zeit. Auf einem Kunstmarkt schlug Rolf vor, dass Matthew McCaslin, Thom Merrick und ich den Stand gestalten sollten. Das war eine dieser spontanen Ideen von ihm. Ich glaube aber, es war auch ein bisschen eine Antihaltung zur Art Cologne, weil er eben nicht eine für den Kunstmarkt typische Präsentation von Arbeiten machen wollte. Es ist eine wunderbare Installation entstanden. Wir haben ein paar Tage zusammen gearbeitet und sind in Kontakt geblieben. Speziell mit Thom und Jeffrey habe ich in New York eine super gute Zeit verbracht.

Birgit Werres, Interview mit Christiane Meyer-Stoll
Düsseldorf, 16. Mai 2007

Some time in 1989, Thom Merrick brought Rolf to my studio in east Williamsburg, Brooklyn. At the time it was all sweatshops and junkyards, it was pretty much a toxic wasteland of industry. My studio was big and cheap so that worked for me. I was working on Wall Street, I had lied and said I had an MBA and they hired me. This was before the market crashed, they would hire anyone with a haircut and a suit. I had some studio visits with a few dealers but no one wanted to show the work. Conceptually I was dealing with environmental and economic issues. I was making some wall pieces but mostly sculpture. I was dropping old air filters on to gold leaf. I had feed corn all over my studio, boxes of crickets, investment banking cold-calling cards, trees planted in oil drums, solar panels, grow bulbs, reflective insulation. I was trying to move away from Neo Geo, which seemed tired, fake, and narcissistic and move into what I thought were real commodities. Rolf came in and looked around, he said he wanted to buy a wall piece and a sculpture, the red, white, and blue oil drum piece [145]. He was very excited, I was shocked, and then he immediately offered me an exhibition for the following year. I didn't know what to say; Thom said, "Just say yes," so I did.

A short time after that I went to Cologne to install a piece, it was during *The Köln Show*. There were a lot of galleries at that time, most of them are gone now. Max Hetzler wanted me to make a multiple; Rolf said, "You haven't had a solo show yet, and he wants to make a multiple. You shouldn't do that." I had a piece in the back room at Rolf's, a dealer from Belgium came in with some collectors and wanted to buy it. Rolf said it was not for sale. After they left I asked him what was he doing? I really needed the money, he told me that he was going to buy it for himself. He took me to see a lot of great works in museums around Germany; I saw great Beuys sculptures, early Judds and Serras. I couldn't wait to get back to my studio. After what I had seen I felt I was free to do what I wanted.

I started working on the *Drop Project,* which would later be my first solo show and my first show at Rolf's. I started looking for an airport and a plane that was big enough to drop the sculpture. I tried to sell drawings and sculptures so I could pay for it. I was selling drawings for $300 and I needed $10,000. Sandra Gering bought a large sculpture so I would be able to do it. I needed to make a thirty-five-foot black and white lace parachute. I was telling Gavin Brown about the idea and he told me his wife, Lucy Barnes, was a fashion designer and she might be interested in sewing it. I met her and she thought it would take a day or two, it took a week. I found an airport in New Jersey and a plane in Boston. On November 26, 1989, a 273-gallon steel trough filled with 600 pounds of feed corn rigged with the parachute was loaded on to a DC3 Caribou cargo plane, taken to a height of 2,000 feet, and released. The plane dropped the sculpture, we videotaped it, and took it back to Brooklyn; soon after it was shipped to Cologne.

When I was installing at the gallery Marion Klein, Rolf's assistant, walked in saying that she had heard that Operation Desert Storm had just begun. The Iraqis had set the Kuwaiti oil fields on fire, and a cloud of black smoke would move over Europe. I thought to myself great, I was in a town that was destroyed by American bombs, America was bombing Iraq, I had grain, the number one American export, dressed up as a Duchampian technological object (virgin

Jeffrey Wisniewski

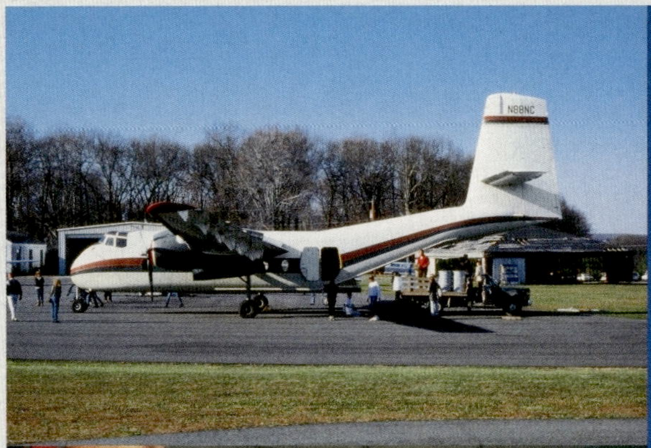

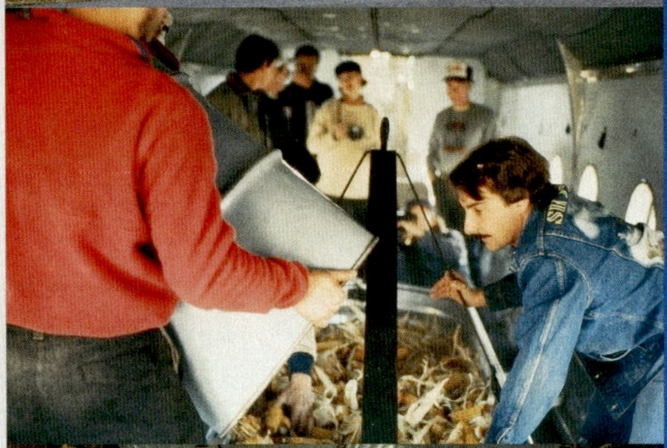

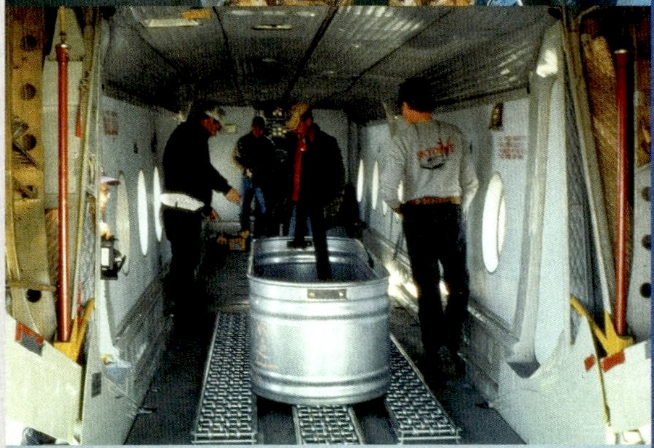

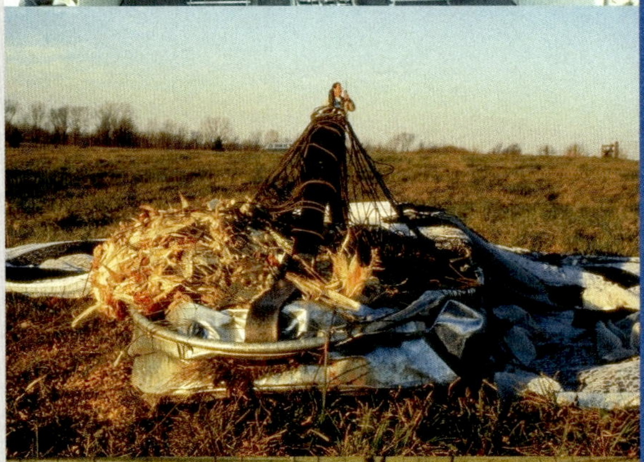

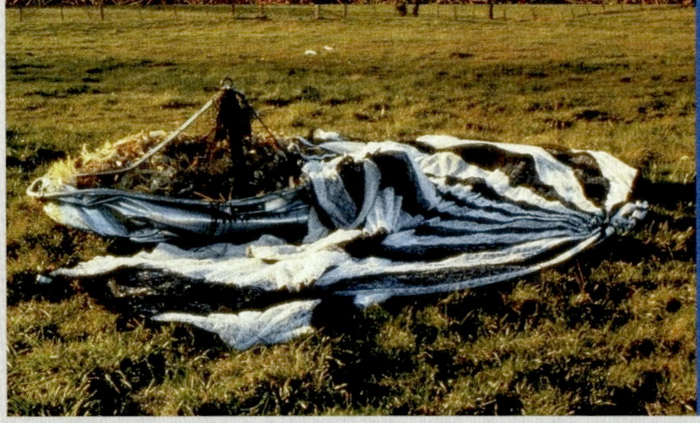

or vamp), dropped from an airplane, sitting in the middle of a gallery masquerading as entertainment. The press wrote about Arte Povera. I love art critics, you could give them a glass of water in the desert and they would ask if the glass was hand blown or cast in the sand. My sculpture crashed, Wall Street crashed, and so did the art market.

Nothing sold from the first show. I thought it was a great success. Recently I paid to get the sculpture out of storage and have it shipped back. A big truck delivered it out to the desert in California. I opened the crate, after seventeen years this big piece of twisted junk with little pieces of corn scattered around looked fantastic. I am really happy I have it and I am really glad I did it.

1992: My next show was at Nordanstad-Skarstedt Gallery at 49 Greene Street, New York; it was their first New York exhibition and mine. I was going to find a classic American home and put it through a giant portable stump recycler. It took about a year to finance and organize. It was a logistical and financial nightmare. My girlfriend at the time, Alyson Baker, helped me keep track of the mess. Somehow it was completed. A group of friends and myself worked twenty-four hours straight to get it done. There were thirty-six tons of woodchips in the gallery, a mound with bits of carpet and wallpaper and paint: the whole house. Rolf came to see it, he thought it was great, he was walking around SoHo telling everyone to go and see it. I met Veit Loers, the director of the Museum Abteiberg in Mönchengladbach, which has the great Beuys sculpture that I had seen on my first trip to Germany. We talked about that and Walter De Maria's *New York Earth Room,* and about doing something in the future. Martin Kippenberger wanted to make a multiple and turn the chips back into a wood plank. I thought it was a nice idea but I wanted to keep it all together. There was a lot of press, most of it as strange as the sculpture. The *New York Times* reviewed it in the children's section as something to do with your kids. *Artforum* called it the most cynical show in SoHo (there were a lot of homeless people then in New York–this was pre-Giuliani). Kim Levin in the *Village Voice* wrote, "Destined for removal by the state because of a highway, the piece carries an imploded content of political and environmental madness." I wasn't mad but a lot of other people seemed to be. The exhibition was supposed to run for three months, but after one month the fire department said it wasn't art and wanted it removed in twenty-four hours or the gallery would have to pay a big fine. I met Thomas Nordanstad at the courthouse the next morning, he showed up late, hungover, and without a lawyer: a bad combination. The judge gave us an extension, Thomas got a lawyer. The lawyer wanted to sue the fire department over my first amendment rights. There wasn't enough time or money, the sculpture had to go. Its new home would be a landfill in Long Island, there was no money to store it. The gallery had sold one drawing during the entire exhibition. It still makes me sad to write this. I was discouraged, and walked up the street to Gagosian Gallery, there was still plenty of money there. They were installing a huge Richard Serra sculpture. Ealan Wingate, the director, brought Richard over to meet me. Richard said, "You're the guy who chipped the house, that was a great piece." I thanked him, he asked what was I working on now? I said I was looking for a job. He said I could work for him and he gave me a job there and then, helping to install. He asked me if I wanted a show in Stockholm. I said I had already worked with some Swedes and it hadn't gone very well. Richard said, "Do you want to show in Stockholm, or not?" Then he introduced me to Claes Nordenhake, I still show with Nordenhake. Richard and I talked for a while about art, the art world, and Rolf. I worked for him during the rest of the installation.

Over the years I did a few more shows with Rolf, a drawing show, a painting show, and Rolf helped me get a grant from Die Wandelhalle for a large outdoor sculpture; we moved a house because a coal mine consumed the town of Inden, Germany. We crushed it and put it into steel mesh boxes and placed it at Eigelsteintor in Cologne, another project with lots of stories. He introduced my work to Kasper König who put me in his exhibition *Skulptur. Projekte in Münster* in 1997. We tried to make *The Digital Island of Aa. Natural Aquatic Projector*, a huge solar-powered floating steel island that projected a film on the lake. He also introduced me to Udo Kittelmann who gave me a grant from the DAAD (German Academic Exchange Service). Both of these experiences allowed me to pursue ideas and have opportunities that are rare in a lifetime.

The art world has changed into the art market. The economy of speculation has bulldozed education, ideology, and common sense. They lie there looking pathetic and a lot worse than anything I ever made. The nice thing about Rolf's collection is that it is just junk. The work doesn't pretend to be fashion, design, or entertainment; a lot of artwork does. It is the junk I used to watch machines move twenty-four hours a day from my window in Brooklyn. If the wind blew the wrong way I had to leave. The junkyard was full of the things society didn't want, need, or just plain got in the way, that is until Rolf decided he wanted them.

Jeffrey Wisniewski
June 2007

Illustration p. 310: Jeffrey Wisniewski, *Untitled (Drop Project)*, 1990

June 5th [1968] New York City

Dear Rolf,
I have decided to come to Germany after all. I am very pleased with the paintings I made for your show and would like to stand next to them there, and this looks like a good time to be out of this country. I've never been to Europe and a trip now will surely expand my mind.
I have sent six paintings. A 7th which I made, intending to send, did not please me and I did not like the way it looked with the other paintings. As I said, I am very happy with the paintings, they are all white, and all colored at the same time. It will be a very invisible and quiet show, very "psychedelic."
Enclosed are six drawings that I would also like to show with the six paintings if this is agreeable with you. I would like to see them framed in simple plastic frames, just the same size as the drawings, with no matte or mat, and no framing edge, just wrap-around plastic, if such frames are available there.
. . . .
I will be leaving New York in just a few days and plan to spend a week in London before coming to Kassel. I should arrive in Kassel around the 15th of June. And will stay until the opening of Documenta. I am very much hoping that I will be able to stay with you there as you had originally invited me.
Peter Young

Autumn [1968] New York City

Dear Rolf
. . . .
Howdy . . . I don't know whether I wrote before that I am going to Costa Rica for the winter. I'll be recovering from a hard life in New York. It will be summer there always, I guess. I hope to live on a small farm and I will be painting 3 ft square paintings and will be shipping you some this winter if you want.
. . . .
It looks as if this country might be moving temporarily to the right if that kind of talk has any meaning. If I stayed here I'd want to put my queer shoulder to the wheel as A [llen] Ginsberg says, which is why I am leaving . . . for the time being I'm going to revel in the sun and jungle and continue making these capitalist masterpieces.
. . . .
Love, Peter

Winter [1968] San José, Costa Rica

Dear Rolf –
A thousand pardons that this is going to be a rush job of a letter—but I have only 2 days in town and a mountain of things to accomplish. For the last month Amber and I have been living with the Boruca Indians on their reservation in Southern Costa Rica. And such a rich and deeply rewarding experience I have not had for many years. Oh it's so wonderful to live the life of a people so free of our fucked-up civilization and its multitude of sicknesses.
. . . .
All love, Peter

January [1970] New York City

Dearest Rolf –
It's too bad I never got through to you on the phone when you were in New York. I've just come here for a short few months (2) before returning west where I hope to have landed myself on some land later this year. Its altogether bigger and brighter and fresher there. Newer?? Yes. Rougher? I'm not likely to be painting before the summer but I've been continually making beads for the last 3 months. I hope you were able to see them at Dick [Bellamy]'s. They are better made than those I gave your wife, drilled and with knotted nylon between. I've given those 12 strings to Dick and I'd like to see them shown hung here and there on pegs on the walls. Even though the form of them might seem like small sculptures, I think of them much more as small paintings. I should think they'll be a little difficult for Dick to price. Would you like me to send you 12 strings? I'll have them finished in about a month, and could send them early in Feb. or by mid-Feb? There is enough work in them and they are good enough so that I would want to make a show of just them.
N.Y.C. sucks. What can be done about cities? Disperse . . .
Love, Peter

January [1970] New York City

Dearest Rolf –
Oh I am delighted that you'll show my beads. Those I'm making are, I'm afraid, taking a little longer than expected because of the change of climate California to New York. So I've asked Dick to send you the 12 strings he has—so you'll have them very soon. When the rest are finished I'll send you some more if you want. Maybe this will still be in time for your 18th opening. Dick and I haven't come to any price agreement. I think he wants to ask you what they could sell for in Europe. My time to make a string of beads is equal to the time it would take me a large painting, so you can see, pricing is not easy.
Dick or maybe [Leo] Castelli will show them here. Castelli in downstairs office. I think not.
We haven't had a color photo made, but you'll be getting the beads right away—so there's time.
I was thinking that for a photo of them I would prefer a close-up photo of one string thrown by chance into an irregular pile, than having it placed in a nice circle.
OR GEE! MAYBE A PHOTO OF THEM ALL! PILED UP!
Love, Peter

February [1970] New York City

Dearest Rolf –
Trust you've received 10 strings of beads. 2 more were kidnapped by Robert Scull—but supposedly they're being sent—making a total of 12. I think they should be hung spaced out round the walls on nails, or preferably ½ inch diameter wooden pegs or wider on the walls, 6 ft. high.
. . . .
At this point I am still not sure whether new beads will be dry enough to finish by your show date—but I think the 12 you'll have a nice number. And my friends, I am sorry to say it's still not yet time for my second trip to Europe. I've got the Wild West lands in my eyes and won't rest now till I've got my own little park to preserve. Or maybe give it back to the new Indians.
WAR IS OVER. IF YOU WANT IT.
Peter

Summer [1970] Salt Lake City, Utah

Dearest Rolf and Uschi –
So, back to the West where the sky is so big and wide—the air so fresh and clean—so much space—so few people. My establishment in New York is entirely dismantled and I've just purchased a FORD VAN (SKYBLUE) and am commencing to turn it into a home on wheels, walls-to-wall carpet, stove, icebox, storage chests, etc. In about a week I should be on the road, hoping to find a little hidden-away valley for my own, small running brook, a few fertile meadows, some big trees, some big towering rocks—not too much. I wonder if it's there for me? I'm consolidating my funds here for the time I do find a place. I guess its not exactly computed yet how much you owe me—
All love to you both, Peter

Jan 5th [1971] Hurricane, Utah

Dear Rolf –
After scampering around the east coast and a flying trip to Puerto Rico we're back in Utah. I live at a hot springs in a miniature Grand Canyon—a breathtakingly beautiful spot—and very peaceful. There's hardly ever anyone around. There's snow here now, but this is extremly rare, it should be a temperate wintering ground. Nearby here in the mountains I've bought 40 acres including a lot of trees and rocks and a little spring. There's not even a road to it, tho its only a half mile away. When the snow melts up there, maybe in April, I'll move back there with a few friends and begin to build a grand and beautiful building—call it a temple or a monument or something.
. . . .
I hope my paintings make a first-rate show and cause a little excitement. I feel more personal about them than any other—maybe cause I even did the woodwork.
Love, Peter

[June 1971] Hurricane, Utah

Dearest Rolf,
. . . .
So much our gardens are thriving—we are fencing to keep out deer, rabbit, porcupine, etc. The road builder should be here with his caterpillar soon— . . .
All love, Peter

[July 1971] Hurricane, Utah

Dearest Rolf and Uschi –
Our homestead is thriving—at least our garden is. It's incredible to live months on end in the wilderness—should be a part of everyone's education. To see seasons unfold—to experience time in that timeless dimension.
. . . .
I'm thinking of making my second trip to Europe this winter. I'll let you know when I make up my mind. Maybe I do some paintings there . . .
All love, Peter

January 7 [1972] Toledo, Spain

Dearest Rolf and Uschie –
I've completed a show for you of 7 paintings made between Dec. 1 and tonight/morning of Jan 2 my birthday. But I want to keep them another 2 months. I never have liked to let paintings go away bang—although many times I have. But they are finished as a group, I would refer to them as my drunk paintings.
. . . .
The paintings for you are all 190 cm by 190 square, around 6½ foot, all color underpainted dot paintings with fairly organic images. I would like to make a postcard from a photo and have a show opening middle of March.
. . . .
Love, Peter

December [1972] Bisbee, Arizona

Dear Rolf –
As you can see, we have been moving and have not gotten mail until just recently. We are far in the South, at the Mexican border, and should have a temperate winter.
. . . .
I do wish you'd send some business info.
. . . .
Love, Peter

[1974] Bisbee, Arizona

Dearest Rolf –
We have been in Bisbee for nearly a year now. We have been hampered in our movements—as well as in our ability to accomplish the needed work in our hotel—by your inability or reluctance to pay me the monies you owe. I know, times are tough all over, Rolf, but I think you are making a mistake with me.
. . . .
So please, let's not let our friendship and confidence break down like this.
. . . .
All love, Peter

Richard Bellamy brought Rolf to my studio at 94 Bowery in New York. I think that must have been in late 1966 or early 1967. Bellamy would show up at my studio with a succession of impeccably tailored gentlemen in amazing overcoats. What I remember most was the overcoats. Rolf was one of these. The visits were always brief: "I'll take that one," and sometimes "I'll take that one and that one." Then a few days later the art truckers would show up and bang, bye-bye painting.

The first show I did with Rolf was in Kassel in 1968 along with Gary Kuehn and Barry Flanagan. I had to make six dot paintings especially for the show since Rolf's basement gallery had low ceilings and my standard eight-foot size was too tall for the space. This show was simultaneous with *4. documenta* so Kassel was a tremendously exciting place to be. Rolf served excellent white wine and I remember being impressed that his family yearly reserved hundreds of bottles from a Rhine Valley vintner. I can't remember where the Cuban cigars came from. I picked up the most beautiful young woman and we had a sublime little tryst, although I later wondered if she hadn't picked me up, or if Rolf hadn't somehow been behind our liaison.

In 1970–71, after living in Toledo, Spain, for six months working on a show of dot paintings for Rolf, I arrived in Cologne for my exhibition, carrying my art with me. Stretchers were made and Rolf, personable and gracious, offered me the basement of his gallery so I could continue working on my new "Rorschach" folded paintings. I remember he was getting divorced from his wife Ursula at the time. She had stripped most of the art off the walls of their apartment, leaving a few things behind. I remember specifically a collection of small photographs of Marilyn Monroe, all matted together in a frame, with the ones the photographers thought best circled in red.

Over the years Rolf has given me more shows than any other dealer. He has been able to place my art in important European collections, and with these current bequests that trend continues.

Peter Young
August 2007

The letters are published with the kind permission of Peter Young.

Werke der Sammlung Rolf Ricke

Kristin Schmidt

Die Werkangaben wurden soweit möglich anhand der Originale in den Museen neu erfasst und können daher von bereits publizierten Daten abweichen. Ausstellungs- und Abbildungsnachweise wurden auf Grundlage des Materials im Archiv Rolf Ricke und durch Angaben der Künstler sowie Literaturrecherchen erstmals erstellt.

Bewusst wurde auf einen Nachweis der Provenienz verzichtet, da Rolf Ricke in der Regel die Kunstwerke direkt beim Künstler erwarb. Ausnahmen bilden Werke von Künstlern, die nicht im Galerieprogramm vertreten waren, wie zum Beispiel Dominique Figarella, Ludger Gerdes und Jason Rhoades, deren Arbeiten er in anderen Galerien erwarb.

Works in the Rolf Ricke Collection

Kristin Schmidt

As far as possible the information on the works themselves has been compiled anew from first-hand observation in the museums and may therefore differ from previously published data. Exhibition histories and bibliographies of individual works have been prepared from materials in the Rolf Ricke Archive, information from the artists, and additional research.

The provenance of the works is not noted as Rolf Ricke generally acquired them directly from the artists; exceptions are works by artists who were not represented in the gallery program such as Dominique Figarella, Ludger Gerdes, and Jason Rhoades, whose works he acquired from other galleries.
JG

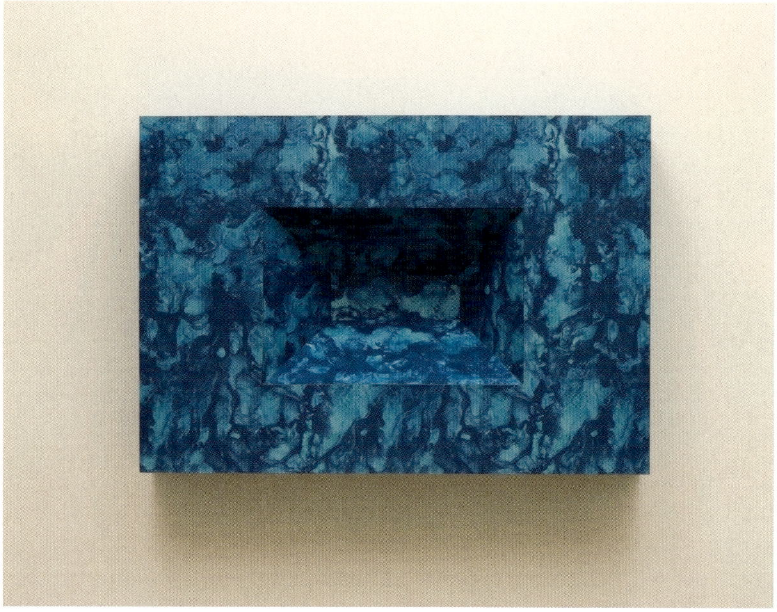

1

Untitled, 1966

Resopal und Holz

123,5 x 181 x 30 cm

signiert und bezeichnet verso unten rechts: Artschwager / Castelli

Museum für Moderne Kunst, Frankfurt am Main

Inv.-Nr. 2006/205

Ausstellungen

1967

„Richard Artschwager", Leo Castelli Gallery, New York, 30. Dezember 1967 – 23. Januar 1968.

1969

„6 Künstler der Galerie Ricke", Galerie Ricke, Köln, 15. – 31. März 1969.

1978

„Richard Artschwager. Beschreibungen Definitionen Auslassungen", Kunstverein in Hamburg, 14. September – 22. Oktober 1978.

1981

„Neunzehnhundertachtundsechzig", Galerie Rolf Ricke, Köln, 10. Juli – 16. August 1981.

1985

„Richard Artschwager", Kunsthalle Basel, 6. Oktober – 10. November 1985; Stedelijk Van Abbemuseum, Eindhoven, 22. November 1985 – 3. Januar 1986; capcMusée d'art contemporain de Bordeaux, 22. Februar – 26. April 1986.

2001

„Richard Artschwager. Up and Across", Neues Museum in Nürnberg, 7. September – 18. November 2001; Serpentine Gallery, London, 12. Dezember 2001 – 10. Februar 2002. Weitere Station unter dem Titel „Richard Artschwager. The Hydraulic Door Check. Skulptur, Malerei, Zeichnung", MAK Wien, 27. März – 16. Juni 2002.

2002

„Einfach Kunst. Sammlung Rolf Ricke", Neues Museum in Nürnberg, 22. Juli – 18. August 2002.

2003

„Schokolade, was denn sonst. Sammlung Rolf Ricke", Kunstraum Innsbruck, 26. April – 21. Juni 2003.

2007

„Das Kapital. Blue Chips & Masterpieces", Museum für Moderne Kunst, Frankfurt am Main, 21. April – 26. August 2007.

„Lust for Life. Die Sammlung Ricke", Kunstmuseum Liechtenstein, Vaduz, 21. September 2007 – 13. Januar 2008.

Abbildungen

Lil Picard, „Brief aus New York", in: *das kunstwerk,* 5–6, XXI, Februar – März 1968, S. 63.

„Castelli at Dayton's", Ausst.-Brosch. Dayton's Gallery 12, Minneapolis, Minnesota 1969, n. p.

„Richard Artschwager. Beschreibungen Definitionen Auslassungen", Ausst.-Kat. Kunstverein in Hamburg, 1978, S. 3, Kat.-Nr. 16.

„Richard Artschwager", Ausst.-Kat. Kunsthalle Basel; Stedelijk Van Abbemuseum, Eindhoven u. a., Basel 1985, Abb. 12.

„Richard Artschwager. Up and Across", Ausst.-Kat. Neues Museum in Nürnberg; Serpentine Gallery, London u. a., Nürnberg 2001, S. 44, Kat. Nr. 18.

„Richard Artschwager", Ausst.-Brosch. Serpentine Gallery, London 2001, S. 15.

„Richard Artschwager. The Hydraulic Door Check. Skulptur, Malerei, Zeichnung", Hg. Peter Noever, Ausst.-Kat. MAK Wien, Köln 2002, S. 127.

„Einfach Kunst. Sammlung Rolf Ricke", Ausst.-Kat. Neues Museum in Nürnberg, 2002, S. 39.

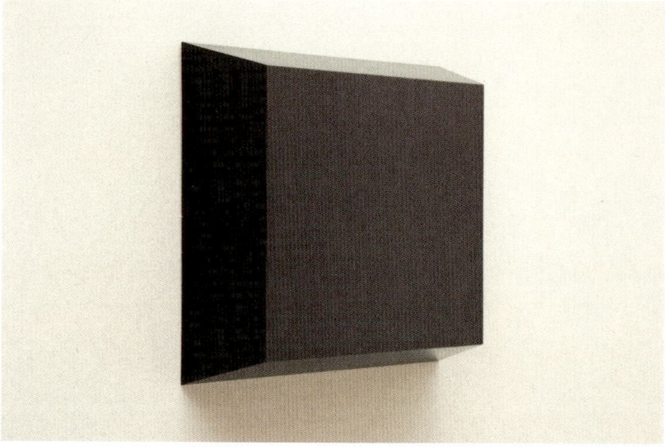

2

Untitled, 1967

Resopal und Holz

37 x 37 x 12,5 cm

Kunstmuseum St.Gallen

Inv.-Nr. P 2006.1

Ausstellungen

1970

„Programm III", Galerie Ricke, Köln, 26. Juni – Anfang September 1970.

1983

„Kunst bedeutet überhaupt nichts, wenn sie nicht neu ist. (Schinkel)", Galerie Rolf Ricke, Köln, 12. Mai – 15. Juli 1983.

2002

„Einfach Kunst. Sammlung Rolf Ricke", Neues Museum in Nürnberg, 6. – 23. Juni und 19. – 25. August 2002.

2005

„Sweet Temptations. Dialoge mit der Sammlung Rolf Ricke", Kunstmuseum St.Gallen, 26. Februar – 16. Mai 2005.

2007

„Lust for Life. Die Sammlung Ricke", Kunstmuseum Liechtenstein, Vaduz, 21. September 2007 – 13. Januar 2008.

Abbildungen

„Einfach Kunst. Sammlung Rolf Ricke", Ausst.-Kat. Neues Museum in Nürnberg, 2002, S. 39.

Jo Baer

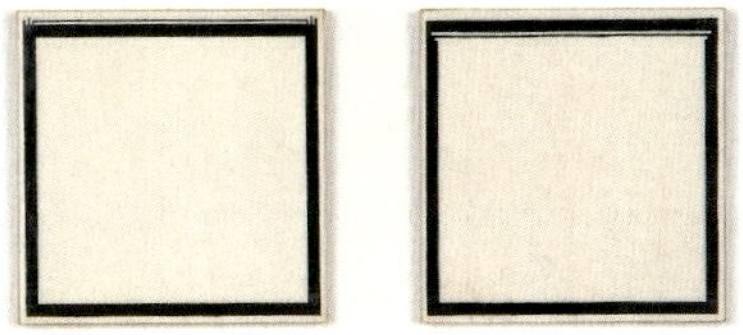

3

Cone/Quote, 1962/1963

Tempera auf Papier, Acrylglas und Tesafilm (Studien)
je 15,4 x 15,3 x 1 cm
signiert, bezeichnet und datiert verso unten Mitte 1/2: Cone J Baer '62; 2/2: Quote J Baer '63
Museum für Moderne Kunst, Frankfurt am Main
Inv.-Nr. 2006/206.1-2

Ausstellungen
2002
„Einfach Kunst. Sammlung Rolf Ricke", Neues Museum in Nürnberg, 6. Juni – 25. August 2002.

Abbildungen
„Einfach Kunst. Sammlung Rolf Ricke", Ausst.-Kat. Neues Museum in Nürnberg, 2002, S. 168.

4

Untitled (Diptych), 1966–1970

Öl auf Leinwand, zweiteilig
je 182,9 x 132 x 5 cm
signiert und datiert verso unten rechts: Jo Baer 66–70
Museum für Moderne Kunst, Frankfurt am Main
Inv.-Nr. 2006/207.1-2

Ausstellungen
1970
„Jo Baer. Neue Bilder", Galerie Ricke, Köln, 13. November – 10. Dezember 1970.
1974
„Painting Exhitibion", Scottish Arts Council Gallery, Edinburgh, 26. Oktober – 17. November 1974.
1996
„Indem man schaut, erkennt man. (Judd)", Galerie Rolf Ricke, Köln, 12. Januar – 24. Februar 1996.
1998
„Günter Umberg", Museum Dhondt-Dhaenens, Deurle, 8. Februar – 22. März 1998.
2000
„The Body of Painting – Günter Umberg mit Bildern aus Kölner Sammlungen", Museum Ludwig Köln, 21. Juli – 17. September 2000.
2002
„Einfach Kunst. Sammlung Rolf Ricke", Neues Museum in Nürnberg, 22. Juli – 25. August 2002.
2003
„Schokolade, was denn sonst. Sammlung Rolf Ricke", Kunstraum Innsbruck, 26. April – 21. Juni 2003.
2007
„Das Kapital. Blue Chips & Masterpieces", Museum für Moderne Kunst, Frankfurt am Main, 21. April – 26. August 2007.
„Lust for Life. Die Sammlung Ricke", Kunstmuseum Liechtenstein, Vaduz, 21. September 2007 – 13. Januar 2008.

Abbildungen
„Günter Umberg", Ausst.-Kat. Museum Dhondt-Dhaenens, Deurle 1998, S. 14, 16.
„The Body of Painting – Günter Umberg mit Bildern aus Kölner Sammlungen", Ausst.-Kat. Museum Ludwig Köln, 2000, S. 112.
„Einfach Kunst. Sammlung Rolf Ricke", Ausst.-Kat. Neues Museum in Nürnberg, 2002, S. 7, 43.

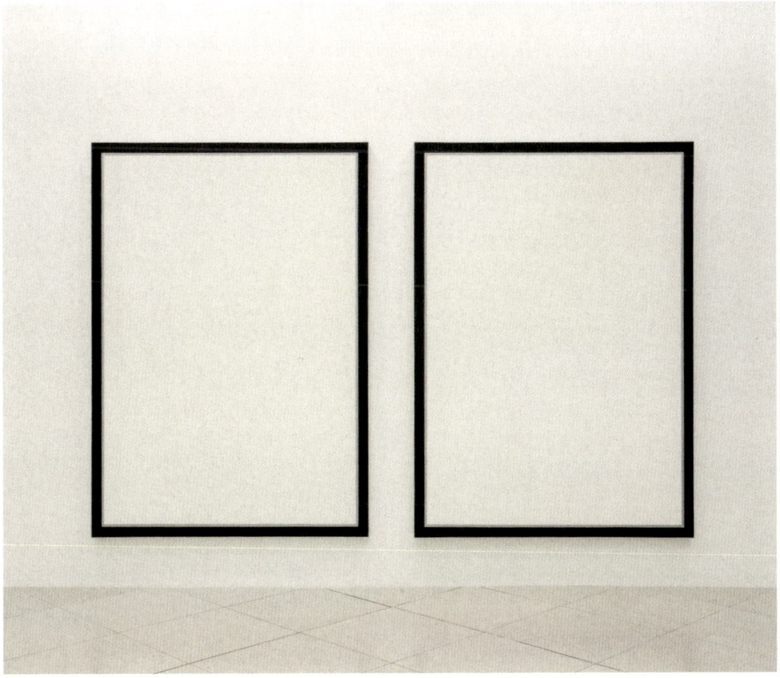

The Diptych

When I was working as a minimalist painter in the 60's and 70's I used the diptych form as an iterating device, which is to say that saying something twice or more can reinforce what is meant (or for the viewer, practice makes perfect). Chasing "essences", I became interested in the differences between the singular, the doubled and the many, whereupon I came to realize that single paintings objectified the unique, doubled identical ones spoke of entity, and three or more under or within one rubric implied sets, series, and continuums ad-infinitum. These concepts served me well as simple thumb-rules for much of that body of work.

. . . .

Jo Baer
August 1998

This excerpt was first published in *Jo Baer – Paintings 1960–1998*, Amsterdam: Stedelijk Museum 1999, pp. 26–27. It is reprinted with the kind permission of Jo Baer.

Larry Bell

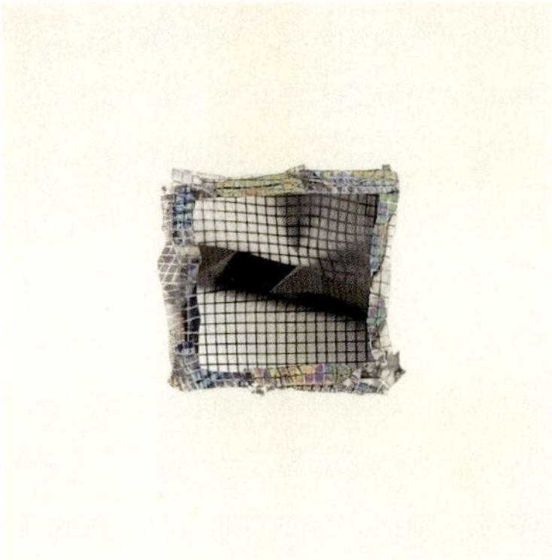

5

SMX 7, 1991

verschiedene Materialien und Folie auf Leinwand

70 x 70 cm

signiert, bezeichnet und datiert verso Mitte: L. Bell '91 SMX 7 12/9/91

Kunstmuseum St.Gallen

Inv.-Nr. G 2006.1

Abbildungen

„Einfach Kunst. Sammlung Rolf Ricke", Ausst.-Kat. Neues Museum in Nürnberg, 2002, S. 168.

Tom Bills

6

Untitled, 1987

Eisen und Blei

32,5 x 27,7 x 6,7 cm

Kunstmuseum Liechtenstein, Vaduz

Inv.-Nr. KML 06.22

Abbildungen

„Einfach Kunst. Sammlung Rolf Ricke", Ausst.-Kat. Neues Museum in Nürnberg, 2002, S. 168.

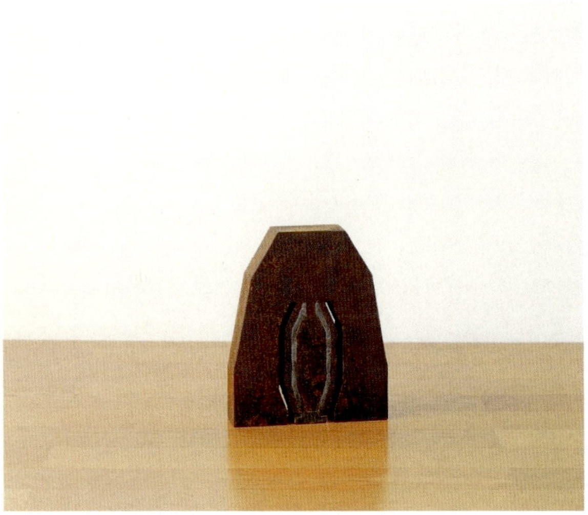

Bill Bollinger

7

Pipe, 1968

zwei Aluminiumrohre und Kunststoffschlauch

Dimension variabel je nach Installation

(Rohre: je 240 cm, Ø 5 cm, Schlauch: 104 cm, Ø 5,8 cm)

Ed. 10 (Anzahl der ausgeführten Arbeiten unbekannt)

Museum für Moderne Kunst, Frankfurt am Main

Inv.-Nr. 2006/208.1-3

Bemerkung

Werk kann sowohl liegend als auch aufrecht an der Wand lehnend installiert werden.

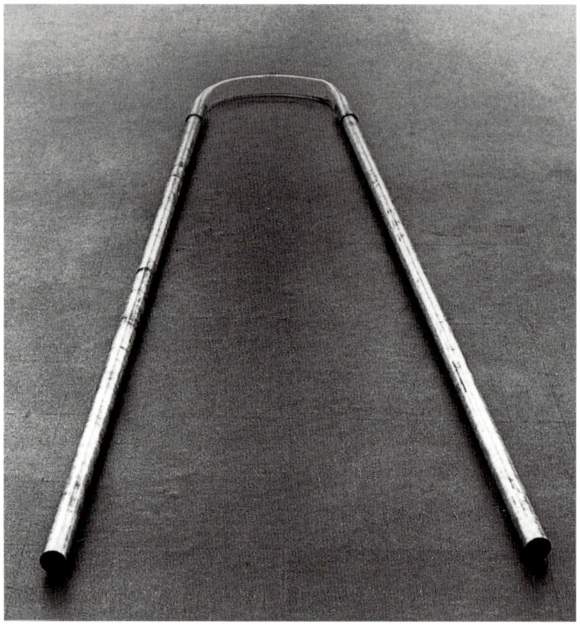

Ausstellungen

1968

„Bill Bollinger", Galerie Ricke, Köln, 8. Mai – 4. Juni 1968.

„Minimal Art USA", Galerie René Block, Berlin, Eröffnung 7. Juni 1968.

1969

„Op Losse Schroeven. Situaties en Cryptostructuren", Stedelijk Museum, Amsterdam, 15. März – 27. April 1969; „Verborgene Strukturen", Museum Folkwang, Essen, 9. Mai – 22. Juni 1969.

„Live in Your Head. When Attitudes Become Form", Kunsthalle Bern, 22. März – 27. April 1969; Museum Haus Lange, Krefeld, 9. Mai – 15. Juni 1969; Institute of Contemporary Arts, London, 28. September – 27. Oktober 1969.

1970

„Sammlung Etzold", Kölnischer Kunstverein, Köln, 19. Mai – 19. Juli 1970.

1974

„Multiples. Ein Versuch die Entwicklung des Auflagenobjektes darzustellen", Neuer Berliner Kunstverein, Berlin, 8. Mai – 15. Juni 1974.

2002

„Einfach Kunst. Sammlung Rolf Ricke", Neues Museum in Nürnberg, 22. Juli – 18. August 2002.

2007

„Das Kapital. Blue Chips & Masterpieces", Museum für Moderne Kunst, Frankfurt am Main, 21. April – 26. August 2007.

„Lust for Life. Die Sammlung Ricke", Kunstmuseum Liechtenstein, Vaduz, 21. September 2007 – 13. Januar 2008.

Abbildungen

„Live in Your Head. When Attitudes Become Form“, Hg. Harald Szeemann, Ausst.-Kat. Kunsthalle Bern, 1969, n. p.
„Verborgene Strukturen“, Ausst.-Kat. Museum Folkwang, Essen 1969, S. 27.
„Sammlung Etzold“, Ausst.-Kat. Kölnischer Kunstverein, Köln 1970, S. 63.
„Multiples. Ein Versuch die Entwicklung des Auflagenobjektes darzustellen“, Ausst.-Kat. Neuer Berliner Kunstverein, Berlin 1974, S. 136 (dort abweichende Auflage von 15).
„Bestandskatalog. Gemälde, Skulpturen, Objekte, Zeichnungen vom Ende der fünfziger Jahre bis heute“, Städtisches Museum Abteiberg, Mönchengladbach 1980, S. 36.
„Kunst der Gegenwart. 1960 bis Ende der 80er Jahre“, Bestandskatalog, Städtisches Museum Abteiberg, Mönchengladbach 1988, S. 38.
„Einfach Kunst. Sammlung Rolf Ricke“, Ausst.-Kat. Neues Museum in Nürnberg, 2002, S. 168.
Hans-Joachim Müller, „Harald Szeemann. Ausstellungsmacher“, Ostfildern 2006, S. 17, 23.

8

Wire Piece, 1968

Maschendraht
304 x 206 cm
Kunstmuseum Liechtenstein, Vaduz
Inv.-Nr. KML 06.23

Ausstellungen

1970

„Bill Bollinger“, Galerie Ricke, Köln, 7. – 20. Januar 1970.

2002

„Einfach Kunst. Sammlung Rolf Ricke“, Neues Museum in Nürnberg, 6. Juni – 23. Juni 2002.

2007

„Das Kapital. Blue Chips & Masterpieces“, Museum für Moderne Kunst, Frankfurt am Main, 21. April – 26. August 2007.
„Lust for Life. Die Sammlung Ricke“, Kunstmuseum Liechtenstein, Vaduz, 21. September 2007 – 13. Januar 2008.

Abbildungen

„Einfach Kunst. Sammlung Rolf Ricke“, Ausst.-Kat. Neues Museum in Nürnberg, 2002, S. 59.

9

Rope Piece, 1969

zwei Hanftaue, vier Eisenklammern und ein Schraubhaken
Dimension variabel je nach Installation
(Hanftau: Ø 2,8 cm)
Kunstmuseum St.Gallen
Inv.-Nr. P 2006.2

Bemerkung
Ein Rope Piece wurde von Bill Bollinger horizontal auf dem Boden verspannt.

Ausstellungen

1969

„6 Künstler der Galerie Ricke“, Galerie Ricke, Köln, 15. – 31. März 1969.
„Op Losse Schroeven. Situaties en Cryptostructuren“, Stedelijk Museum, Amsterdam, 15. März – 27. April 1969; „Verborgene Strukturen“, Museum Folkwang, Essen, 9. Mai – 22. Juni1969.

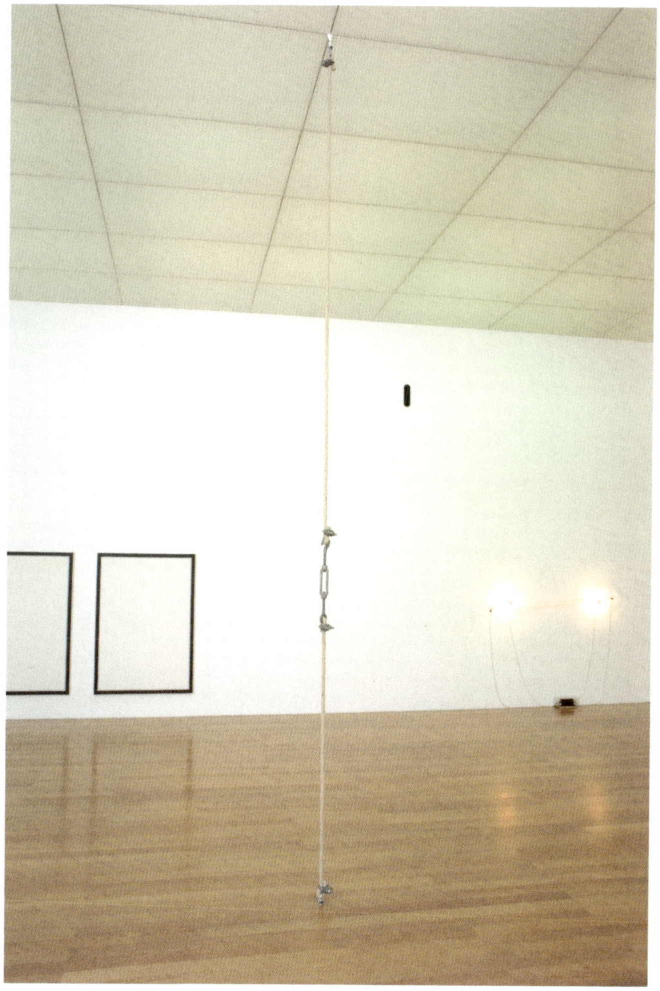

„Live in Your Head. When Attitudes Become Form", Kunsthalle Bern, 22. März – 27. April 1969; Museum Haus Lange, Krefeld, 9. Mai – 15. Juni 1969; Institute of Contemporary Arts, London, 28. September – 27. Oktober 1969 (horizontal installiert).

1970

„String & Rope", Sidney Janis Gallery, New York, 7. – 31. Januar 1970 (horizontal installiert).

2003

„Schokolade, was denn sonst. Sammlung Rolf Ricke", Kunstraum Innsbruck, 26. April – 21. Juni 2003.

2005

„Sweet Temptations. Dialoge mit der Sammlung Rolf Ricke", Kunstmuseum St.Gallen, 26. Februar – 16. Mai 2005.

2007

„Lust for Life. Die Sammlung Ricke", Kunstmuseum Liechtenstein, Vaduz, 21. September 2007 – 13. Januar 2008.

Abbildungen

„Live in Your Head. When Attitudes Become Form", Hg. Harald Szeemann, Ausst.-Kat. Kunsthalle Bern, 1969, n. p. (horizontal installiert).

„String & Rope", Sidney Janis Gallery, New York 1970, Kat. Nr. 30 (horizontal installiert).

„Einfach Kunst. Sammlung Rolf Ricke", Ausst.-Kat. Neues Museum in Nürnberg, 2002, S. 58, 199.

Hans-Joachim Müller, „Harald Szeemann. Ausstellungsmacher", Ostfildern 2006, S. 17 (horizontal installiert).

10

Droplight, 1969

Glühlampe in Gummifassung mit Elektrokabel
Dimension variabel je nach Installation
(Kabellänge: 400 cm)
Kunstmuseum St.Gallen
Inv.-Nr. P 2006.3

Ausstellungen

1969

„Programm II", Galerie Ricke, Köln, 25. Juni – Mitte September 1969.

1970

„Bill Bollinger", Galerie Ricke, Köln, 7. – 20. Januar 1970.

1989

„Aus meiner Sicht", Kölnischer Kunstverein, Köln, 12. November 1989 – 7. Januar 1990.

2002

„Einfach Kunst. Sammlung Rolf Ricke", Neues Museum in Nürnberg, 6. Juni – 23. Juni 2002.

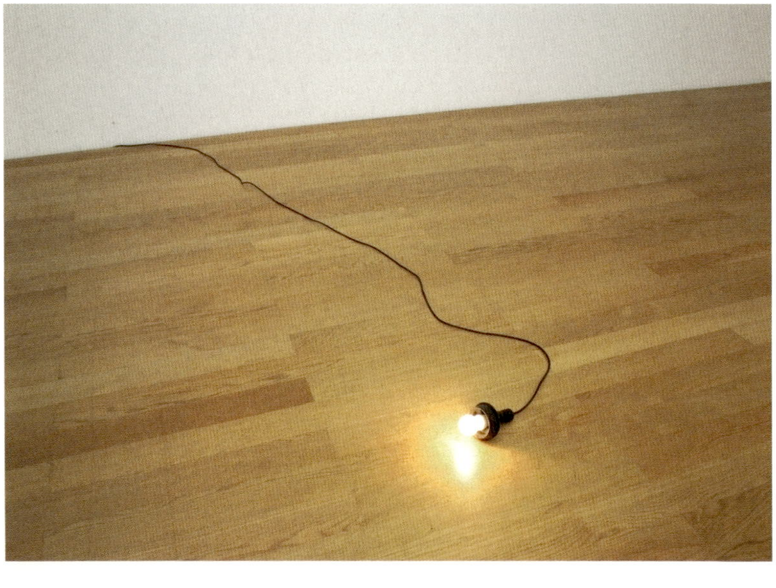

2003

„Schokolade, was denn sonst. Sammlung Rolf Ricke", Kunstraum Innsbruck, 26. April – 21. Juni 2003.

2005

„Sweet Temptations. Dialoge mit der Sammlung Rolf Ricke", Kunstmuseum St.Gallen, 26. Februar – 16. Mai 2005.

2007

„Lust for Life. Die Sammlung Ricke", Kunstmuseum Liechtenstein, Vaduz, 21. September 2007 – 13. Januar 2008.

Abbildungen

„Einfach Kunst. Sammlung Rolf Ricke", Ausst.-Kat. Neues Museum in Nürnberg, 2002, S. 58.

11

Red Hook, 1970

vier Stahltonnen, Wasser und drei Gummischläuche
ca. 96 x 260 x 60 cm
Tonnen: je 88 x Ø 60 cm
Gummischläuche: je Ø 4 cm
Museum für Moderne Kunst, Frankfurt am Main
Inv.-Nr. 2006/209.1-7

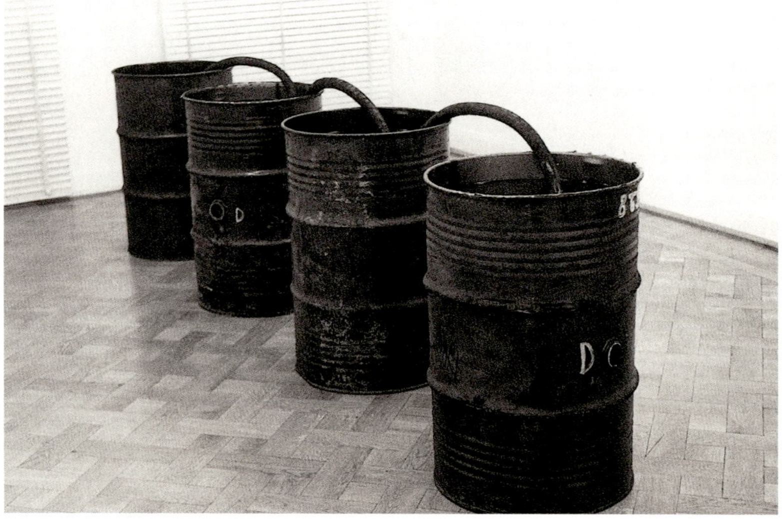

Ausstellungen

1970

„Bill Bollinger", Galerie Ernst, Hannover, 9. Januar – 1. Februar 1970.

2002

„Einfach Kunst. Sammlung Rolf Ricke", Neues Museum in Nürnberg, 6. Juni – 25. August 2002.

2007

„Das Kapital. Blue Chips & Masterpieces", Museum für Moderne Kunst, Frankfurt am Main, 21. April – 26. August 2007.

Abbildungen

„Einfach Kunst. Sammlung Rolf Ricke", Ausst.-Kat. Neues Museum in Nürnberg, 2002, S. 58.

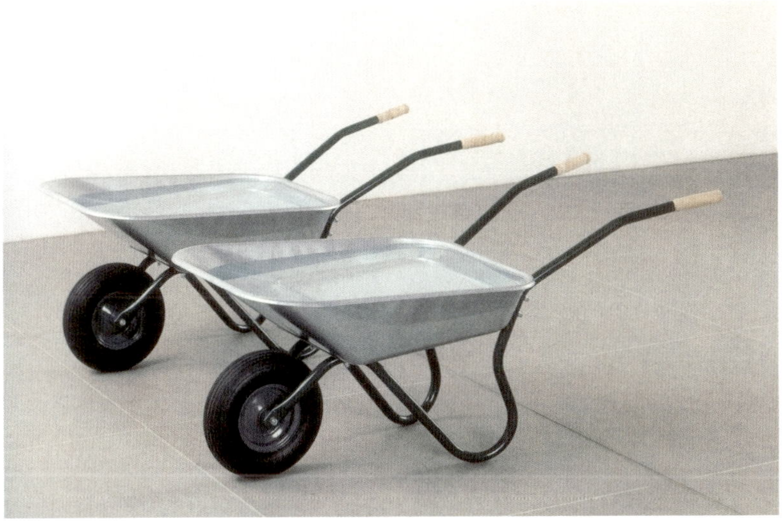

12

Untitled, 1970

zwei Schubkarren und Wasser

Dimension variabel je nach Installation

Kunstmuseum St.Gallen

Inv.-Nr. P 2006.4

Ausstellungen

1970

„Bill Bollinger", Galerie Ernst, Hannover, 9. Januar – 1. Februar 1970.

2002

„Einfach Kunst. Sammlung Rolf Ricke", Neues Museum in Nürnberg, 24. Juni – 18. August 2002.

2003

„Schokolade, was denn sonst. Sammlung Rolf Ricke", Kunstraum Innsbruck, 26. April – 21. Juni 2003.

2005

„Sweet Temptations. Dialoge mit der Sammlung Rolf Ricke", Kunstmuseum St.Gallen, 26. Februar – 16. Mai 2005.

Abbildungen

„Einfach Kunst. Sammlung Rolf Ricke", Ausst.-Kat. Neues Museum in Nürnberg, 2002, S. 57.

Holger Bunk

13

Polizist, 1979

Mischtechnik auf Leinwand

144,7 x 190,5 x 2,5 cm

Museum für Moderne Kunst, Frankfurt am Main

Inv.-Nr. 2006/212

Ausstellungen

2007

„Lust for Life. Die Sammlung Ricke", Kunstmuseum Liechtenstein, Vaduz, 21. September 2007 – 13. Januar 2008.

Abbildungen

„Einfach Kunst. Sammlung Rolf Ricke", Ausst.-Kat. Neues Museum in Nürnberg, 2002, S. 169.

14

Ella, 1982

Mischtechnik und Tempera auf Leinwand

100,3 x 150,5 x 2,2 cm

signiert und datiert recto unten rechts: BUNK 82

Museum für Moderne Kunst, Frankfurt am Main

Inv.-Nr. 2006/213

Ausstellungen

2002

„Einfach Kunst. Sammlung Rolf Ricke", Neues Museum in Nürnberg, 15. Juli – 11. August 2002.

2007

„Lust for Life. Die Sammlung Ricke", Kunstmuseum Liechtenstein, Vaduz, 21. September 2007 – 13. Januar 2008.

Abbildungen

„Einfach Kunst. Sammlung Rolf Ricke", Ausst.-Kat. Neues Museum in Nürnberg, 2002, S. 169.

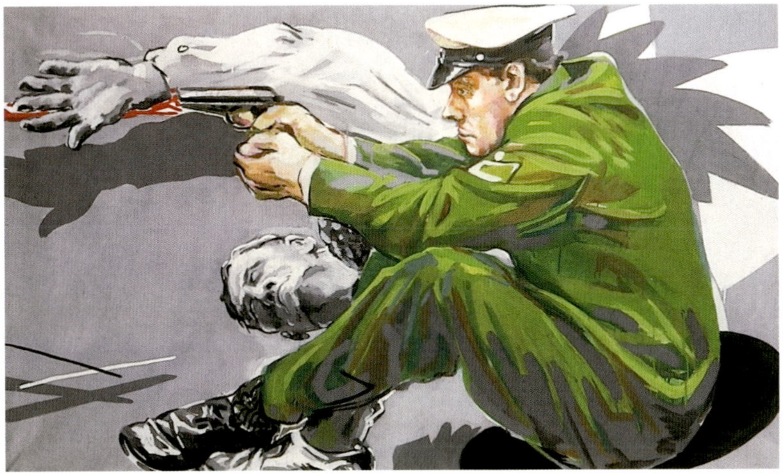

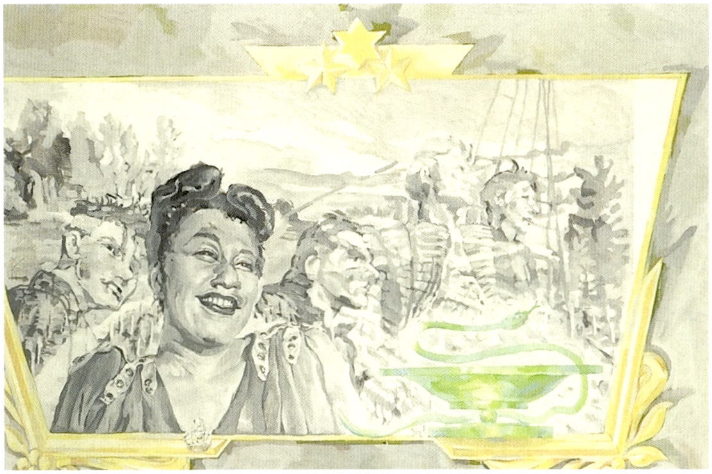

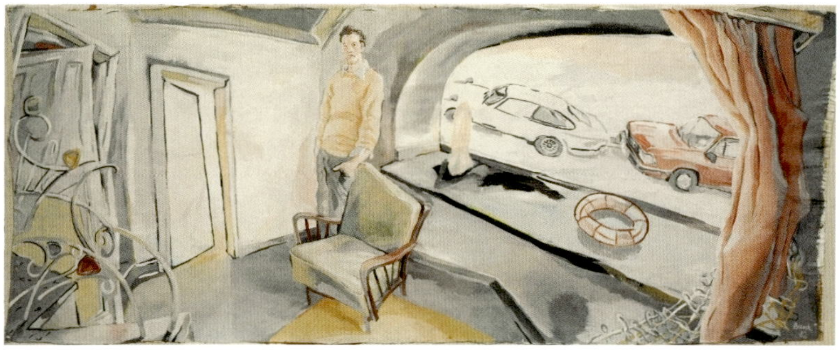

15

Fensterbild, 1982

Acryl auf Baumwolle auf Baumwollgewebe kaschiert

100,5 x 250,3 x 2,3 cm

signiert und datiert recto unten rechts: BUNK 82

Museum für Moderne Kunst, Frankfurt am Main

Inv.-Nr. 2006/210

Ausstellungen

1983

„Holger Bunk. Zeichnungen, Malerei, Installation", Kunstmuseum Düsseldorf, Ausstellungsraum Orangeriestrasse 6, 24. September – 16. Oktober 1983.

1984

„Standpunkt", Galerie Rolf Ricke, Köln, 29. Juli – Mitte September 1984.

1986

„Holger Bunk", Mannheimer Kunstverein, 20. April – 25. Mai 1986; Spendhaus Reutlingen, 29. Juni – 10. August 1986.

2002

„Einfach Kunst. Sammlung Rolf Ricke", Neues Museum in Nürnberg, 15. Juli – 11. August 2002.

Abbildungen

„Holger Bunk. Zeichnungen, Malerei, Installation", Ausst.-Brosch. Kunstmuseum Düsseldorf, Ausstellungsraum Orangeriestrasse 6, 1983, n. p.

„Holger Bunk", Ausst.-Kat. Mannheimer Kunstverein, Mannheim; Spendhaus Reutlingen, Köln 1986, S. 35 oben.

„Einfach Kunst. Sammlung Rolf Ricke", Ausst.-Kat. Neues Museum in Nürnberg, 2002, S. 101.

16

Blauer Raum, 1984

Mischtechnik auf Leinwand

200 x 385,4 x 2,9 cm

signiert und datiert recto unten links: BUNK 84

Museum für Moderne Kunst, Frankfurt am Main

Inv.-Nr. 2006/211

Ausstellungen

1985

„XIII Biennale de Paris", Grande Halle de La Villette, Paris, 2. Oktober – 10. November 1985.

1986

„Holger Bunk", Mannheimer Kunstverein, 20. April – 25. Mai 1986; Spendhaus Reutlingen, 29. Juni – 10. August 1986.

1990

„Holger Bunk. Installationen 1977–1990", Westfälischer Kunstverein, Münster, 6. Juli – 26. August 1990; Portikus, Frankfurt am Main, 2. März – 7. April 1991.

„Holger Bunk", Kunsthalle Nürnberg, 13. Dezember 1990 – 3. Februar 1991.

2002

„Einfach Kunst. Sammlung Rolf Ricke", Neues Museum in Nürnberg, 15. Juli – 11. August 2002.

Abbildungen

„Holger Bunk", Ausst.-Kat. Mannheimer Kunstverein, Mannheim; Spendhaus Reutlingen, Köln 1986, S. 62.

Axel Heinrich Murken, „Realität? Was ist das? Zur Malerei Holger Bunks", in: *Kunstnachrichten. Zeitschrift für internationale Kunst,* Stuttgart, 23, Heft 3, Mai 1987, S. 82–91, Abb. S. 88.

„Holger Bunk. Installationen 1977–1990", Ausst.-Kat. Westfälischer Kunstverein, Münster 1990, S. 87 (Installationsansicht Paris 1985).

„Holger Bunk", Ausst.-Kat. Kunsthalle Nürnberg, 1990, S. 12.

„Einfach Kunst. Sammlung Rolf Ricke", Ausst.-Kat. Neues Museum in Nürnberg, 2002, S. 101.

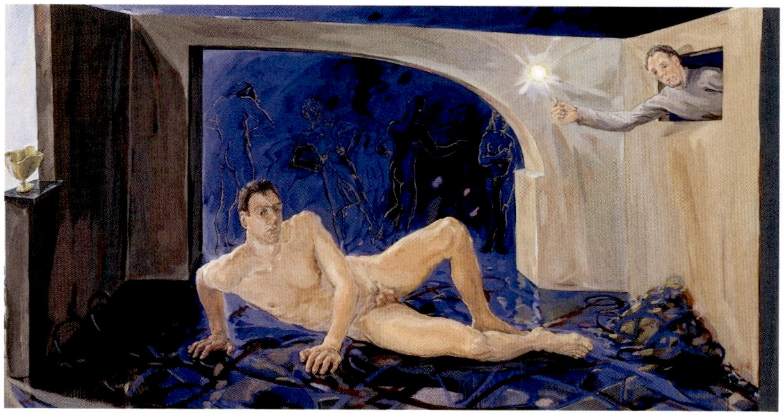

Ingrid Calame

17

Lup-bup Zhir-Pow!, 1994/1997

Glanzlack auf Aluminium

61 x 61 x 2 cm

signiert, bezeichnet und datiert verso unten rechts: Ingrid Calame 1994/7; verso oben links: Lup-bup Zhir-Pow!

Kunstmuseum St.Gallen

Inv.-Nr. G 2006.3

Bemerkung

Die erste Fassung wurde 1994 auf Holz ausgeführt und 1997 von Ingrid Calame identisch auf Aluminium übertragen. Die erste Fassung wurde von der Künstlerin zerstört.

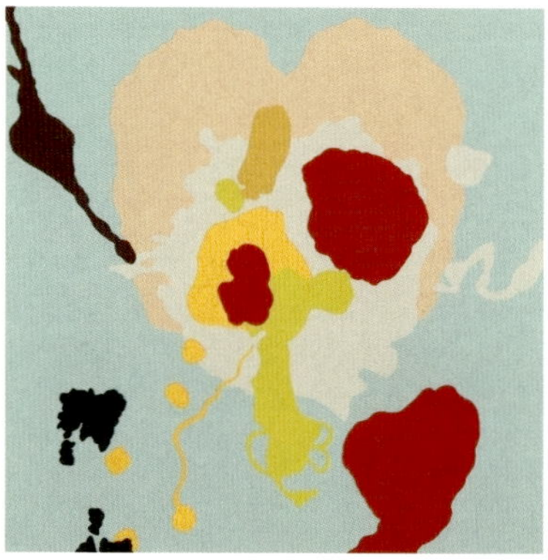

Ausstellungen

1996

„Some Dumb Fun“, Jessie Metcalf Art Gallery, University of Nevada, Las Vegas, 1996.

2002

„Einfach Kunst. Sammlung Rolf Ricke“, Neues Museum in Nürnberg, 29. Juli – 25. August 2002.

2005

„Sweet Temptations. Dialoge mit der Sammlung Rolf Ricke“, Kunstmuseum St.Gallen, 26. Februar – 16. Mai 2005.

2007

„Lust for Life. Die Sammlung Ricke“, Kunstmuseum Liechtenstein, Vaduz, 21. September 2007 – 13. Januar 2008.

Abbildungen

„Einfach Kunst. Sammlung Rolf Ricke“, Ausst.-Kat. Neues Museum in Nürnberg, 2002, S. 141.

18

PrrrSHH, 1995/1998

Glanzlack auf Aluminium

60,5 x 60,5 cm

signiert, bezeichnet und datiert verso unten rechts: Ingrid Calame 1998/95; verso oben links: PrrrSHH

Kunstmuseum St.Gallen

Inv.-Nr. G 2006.2

Bemerkung

Die erste Fassung wurde 1995 auf Holz ausgeführt und 1998 von Ingrid Calame identisch auf Aluminium übertragen. Die erste Fassung wurde von der Künstlerin zerstört.

Ausstellungen

1999

„Colour Me Blind!“, Württembergischer Kunstverein, Stuttgart, 13. November 1999 – 16. Januar 2000; Städtische Ausstellungshalle Am Hawerkamp, Münster, 13. Februar – 26. März 2000; Dundee Contemporary Arts, Dundee, 31. Mai – 22. Juni 2000.

2001

„Künstlerräume/Sammlerräume“, Kunstmuseum St.Gallen, 30. November 2001 – 10. Februar 2002.

2002

„Einfach Kunst. Sammlung Rolf Ricke“, Neues Museum in Nürnberg, 29. Juli – 25. August 2002.

2005

„Sweet Temptations. Dialoge mit der Sammlung Rolf Ricke“, Kunstmuseum St.Gallen, 26. Februar – 16. Mai 2005.

Abbildungen

„Colour Me Blind!“, Hg. Ralf Christofori, Ausst.-Kat. Württembergischer Kunstverein, Stuttgart, Köln 1999, S. 36.

„Einfach Kunst. Sammlung Rolf Ricke“, Ausst.-Kat. Neues Museum in Nürnberg, 2002, S. 141.

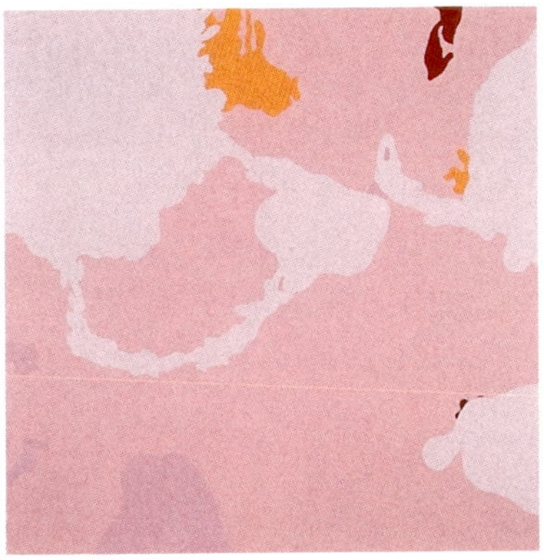

Philippe Cazal

19

Etoile à 5 Branches, 1987

Glanzlack auf Metall und Holz mit Magneten

80 x 80 x 2 cm

signiert recto unten rechts mit Logo: PHILIPPE CAZAL

Kunstmuseum St.Gallen

Inv.-Nr. G 2006.4

Ausstellungen

1987

„Philippe Cazal Modèle“, Galerie Claire Burrus, Paris, 18. Mai – 30. Juni 1987.

„Signes des temps“, Galerie Ghislaine Hussenot, Paris, 1987.

„Voiture et cathédrales“, Musée du château, Montbéliard, 1987.

1988

„Philippe Cazal. Relations Exterieurs“, Barbican Centre, London, 12. Mai – 30. Juni 1988.

1991

„Philippe Cazal. D’une part / D’autre part“, Musée Sainte-Croix, Poitiers, 25. April – 25. Juni 1991; Musée des Beaux-Arts, Tourcoing, 29. Juni – 21. Oktober 1991; Reykjavik Municipal Art Museum, Reykjavik, 31. August – 15. September 1991; Musée des Beaux-Arts, Carcassonne, 28. Oktober 1991 – 13. Januar 1992; Musée du Château, Montbéliard, 15. November 1991 – 15. Januar 1992.

2005

„Sweet Temptations. Dialoge mit der Sammlung Rolf Ricke“, Kunstmuseum St.Gallen, 26. Februar – 16. Mai 2005.

Abbildungen

„Philippe Cazal. Relations Exterieurs“, Ausst.-Kat. Barbican Centre, London 1988, S. 5.

„Philippe Cazal. D’une part / D’autre part“, Ausst.-Kat. Musée Sainte-Croix, Poitiers u. a. 1991, S. 83.

„Einfach Kunst. Sammlung Rolf Ricke“, Ausst.-Kat. Neues Museum in Nürnberg, 2002, S. 91.

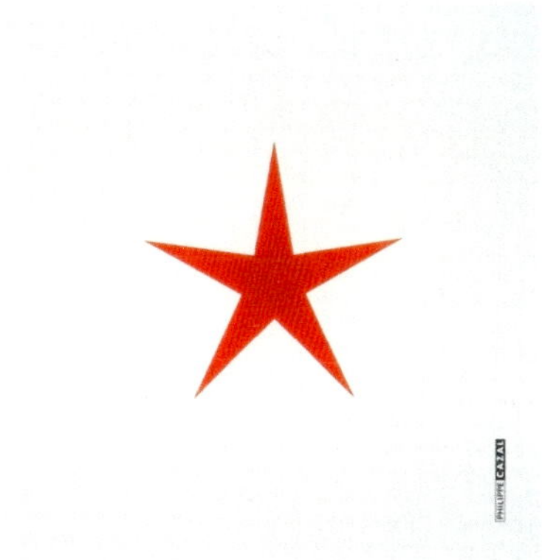

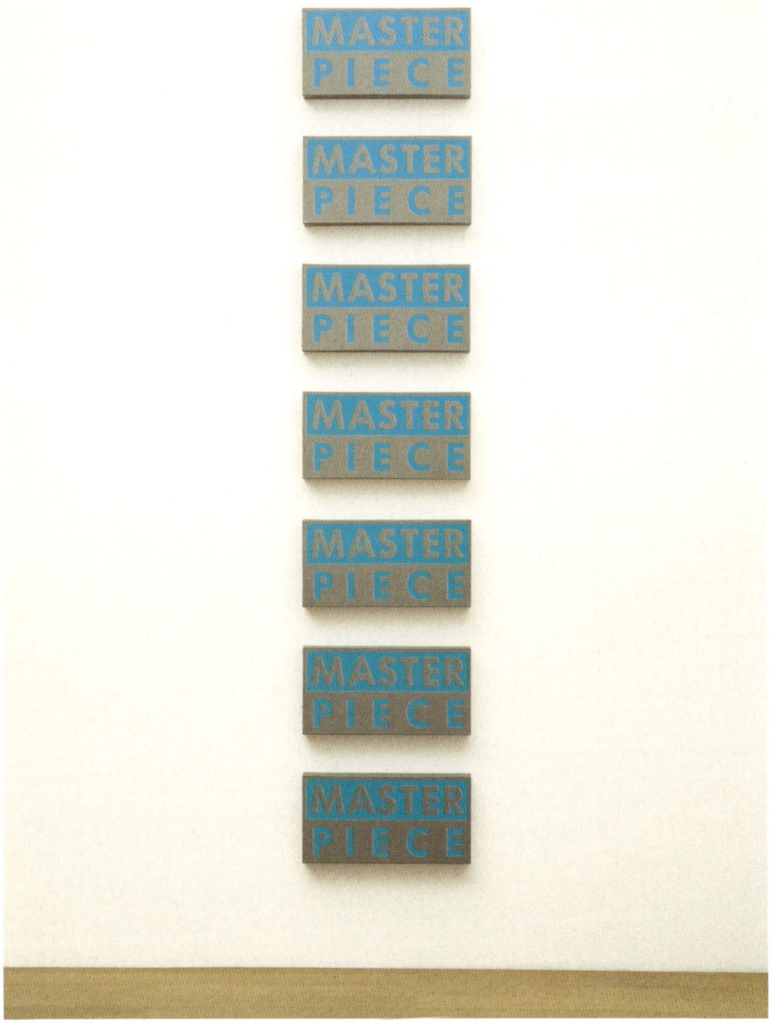

20

Masterpiece, 1990

Acryl auf Leinwand, siebenteilig

je 25,3 x 50 x 5,7 cm

Kunstmuseum St.Gallen

Inv.-Nr. G 2006.5

Ausstellungen

1990

„Philippe Cazal. Second Marché", Galerie Rolf Ricke, 23. März – 21. April 1990.

1991

„Philippe Cazal. D'une part / D'autre part", Musée Sainte-Croix, Poitiers, 25. April – 25. Juni 1991; Musée des Beaux-Arts, Tourcoing, 29. Juni – 21. Oktober 1991; Reykjavik Municipal Art Museum, Reykjavik, 31. August – 15. September 1991; Musée des Beaux-Arts, Carcassonne, 28. Oktober 1991 – 13. Januar 1992; Musée du Château, Montbéliard, 15. November 1991 – 15. Januar 1992.

1992

„Avantgarde & Kampagne", Kunsthalle Düsseldorf, 18. – 27. September 1992.

1994

„Die Orte der Kunst", Sprengel Museum Hannover, 29. Mai – 11. September 1994.

1997

„Produkt: Kunst! Wo bleibt das Original?", Kunstmuseum Solothurn, 12. April – 1. Juni 1997; Neues Museum Weserburg, Bremen, 28. September – 30. November 1997; Kunstsammlung Gera, 11. Dezember 1997 – 8. Februar 1998; Ludwig Museum im Deutschherrenhaus, Koblenz, 28. Februar – 8. Mai 1998.

1998

„Minimal Maximal", Neues Museum Weserburg, Bremen, 11. Oktober 1998 – 3. Januar 1999; Staatliche Kunsthalle Baden-Baden, 23. Januar – 14. März 1999; Centro Galego de Arte Contemporánea, Santiago de Compostela, 16. April – Ende Juni 1999.

2005

„Sweet Temptations. Dialoge mit der Sammlung Rolf Ricke", Kunstmuseum St.Gallen, 26. Februar – 16. Mai 2005.

2007

„Lust for Life. Die Sammlung Ricke", Kunstmuseum Liechtenstein, Vaduz, 21. September 2007 – 13. Januar 2008.

Abbildungen

„Philippe Cazal. D'une part / D'autre part", Ausst.-Kat. Musée Sainte-Croix, Poitiers u .a. 1991, S. 130, 131 (Installationsansicht Galerie Rolf Ricke, Köln 1990).

„Art meets Ads", Hg. Jürgen Harten und Michael Schirner, Publikation anlässlich der Ausstellung „Avantgarde & Kampagne", Kunsthalle Düsseldorf, Ostfildern 1992, S. 53.

„Die Orte der Kunst", Ausst.-Kat. Sprengel Museum Hannover, 1994, S. 46.

„Produkt: Kunst! Wo bleibt das Original?", Ausst.-Kat. Kunstmuseum Solothurn; Neues Museum Weserburg, Bremen u. a 1997, S. 85.

„Minimal Maximal", Ausst.-Kat. Neues Museum Weserburg, Bremen u. a. 1998, S. 101.

„Einfach Kunst. Sammlung Rolf Ricke", Ausst.-Kat. Neues Museum in Nürnberg, 2002, S. 9, 91.

Dan Christensen

21

No Title, 1966

Acryl auf Leinwand

191 x 190,5 x 3,5 cm

signiert, bezeichnet und datiert verso oben links: D. Christensen DecembeR – 1966 NO TITLE

Museum für Moderne Kunst, Frankfurt am Main

Inv.-Nr. 2006/215

Ausstellungen

1971

„Dan Christensen. Bilder", Galerie Ricke, Köln, 28. Mai – 1. Juli 1971.

2002

„Einfach Kunst. Sammlung Rolf Ricke", Neues Museum in Nürnberg, 24. Juni – 18. August 2002.

2007

„Das Kapital. Blue Chips & Masterpieces", Museum für Moderne Kunst, Frankfurt am Main, 21. April – 26. August 2007.

Abbildungen

„Einfach Kunst. Sammlung Rolf Ricke", Ausst.-Kat. Neues Museum in Nürnberg, 2002, S. 169.

22

Adrian's Diary, 1969

Glanzlack auf mit roter Bleimennige grundierter Leinwand

175,6 x 175,6 x 4 cm

signiert, bezeichnet und datiert verso oben links: D. Christensen "ADRIANS DIARY" July 1969 ENAMEL ON CANVAS, ReD LeAD GROUND

Museum für Moderne Kunst, Frankfurt am Main

Inv.-Nr. 2006/214

Ausstellungen

1971

„Dan Christensen. Bilder", Galerie Ricke, Köln, 28. Mai – 1. Juli 1971.

1988

„Farbfeldmalerei New York 1968", Galerie Rolf Ricke, Köln, 5. – 30. Juli 1988.

2002

„Einfach Kunst. Sammlung Rolf Ricke", Neues Museum in Nürnberg, 24. Juni – 18. August 2002.

2005

„Sweet Temptations. Dialoge mit der Sammlung Rolf Ricke", Kunstmuseum St.Gallen, 26. Februar – 16. Mai 2005.

Abbildungen

„Einfach Kunst. Sammlung Rolf Ricke", Ausst.-Kat. Neues Museum in Nürnberg, 2002, S. 51.

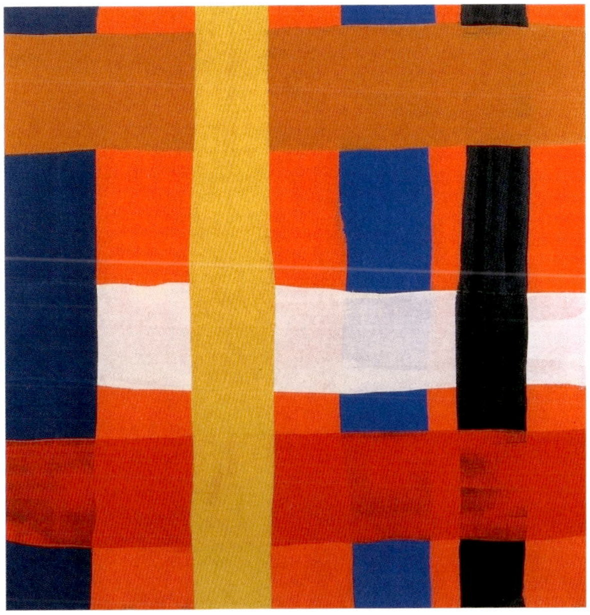

23

First Cut, 1971

Glanzlack auf Leinwand

91 x 206 cm

signiert, bezeichnet und datiert verso oben Mitte: D. Christensen FIRST CUT 1971 ENAMEL ON CANVAS

Kunstmuseum St.Gallen

Inv.-Nr. G 2006.6

Ausstellungen

1971

„Dan Christensen. Bilder", Galerie Ricke, Köln, 28. Mai – 1. Juli 1971.

Abbildungen

„Einfach Kunst. Sammlung Rolf Ricke", Ausst.-Kat. Neues Museum in Nürnberg, 2002, S. 170.

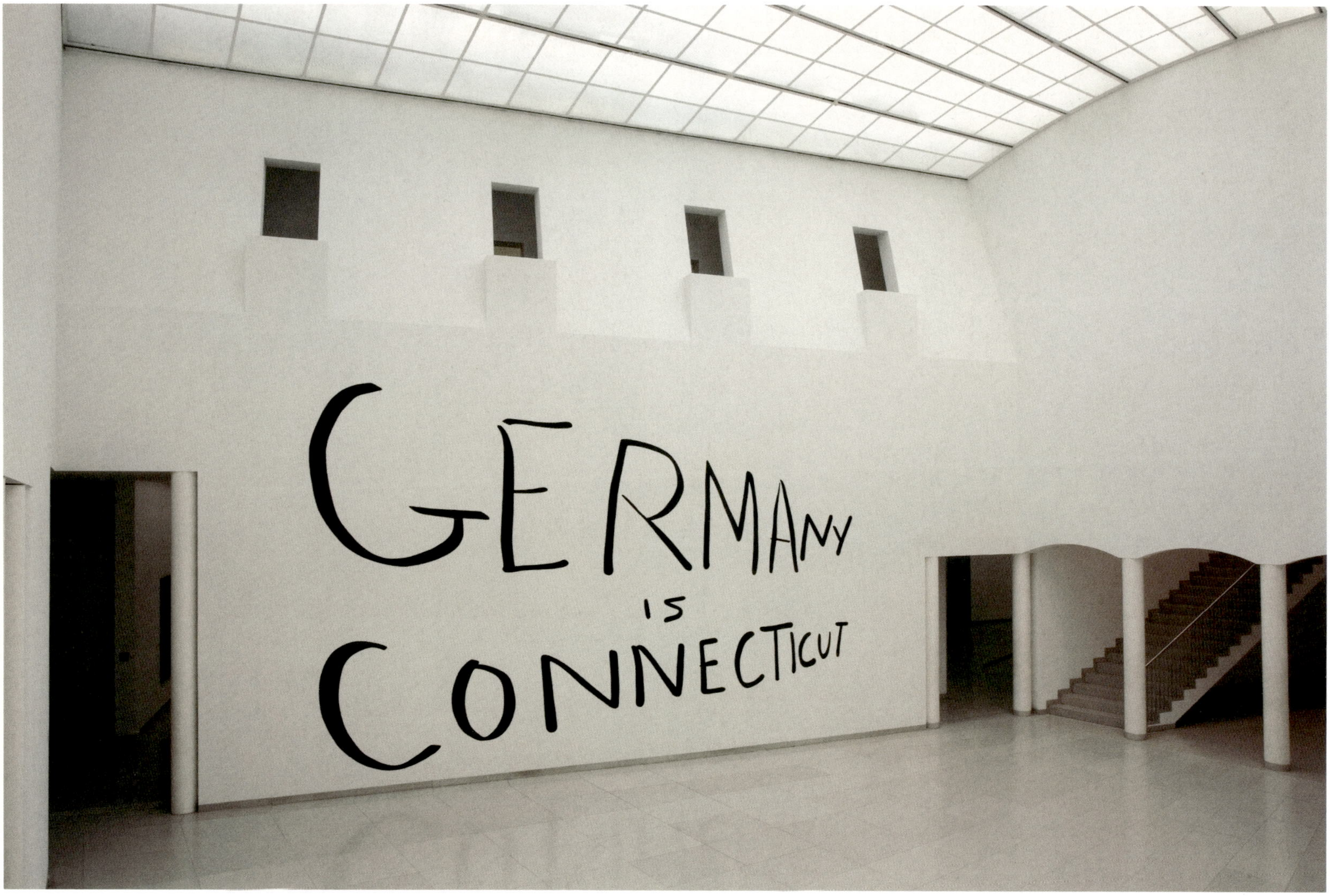

25

Deutschland U.S.A., 1989

Wandfarbe

Dimension variabel je nach Installation

Museum für Moderne Kunst, Frankfurt am Main

Inv.-Nr. 2006/216.1-5

Ausstellungen

2007

„Das Kapital. Blue Chips & Masterpieces", Museum für Moderne Kunst, Frankfurt am Main, 21. April – 26. August 2007.

„Lust for Life. Die Sammlung Ricke", Kunstmuseum Liechtenstein, Vaduz, 21. September 2007 – 13. Januar 2008.

Abbildungen

„Einfach Kunst. Sammlung Rolf Ricke", Ausst.-Kat. Neues Museum in Nürnberg, 2002, S. 170.

My first trip to Europe was unforgettable. I was thirty-two, and traveling alone to Germany. It was 1989. I still worked in New York as a clerk in the coat department of Macy's, "the world's largest store."

I'd come to Cologne to install my wall painting *I Hate Business* at the DuMont Kunsthalle. Quite a labor-intensive job since no assistance was provided. So it was just me on the scaffold, and that tremendous wall. At night the elderly guard graciously pushed the squeaky apparatus along as I held on up above. Finally I finished.

The only sights I'd seen at that point were the hotel and exhibition space. Then came the opening. The usual audience was in attendance: artists, friends, dealers, poseurs, people in black clothes, talkers, brooders, smokers, and drinkers; all interacting as expected, but somehow profoundly different. It was odd, something intangible was missing—the invisible electric undercurrent of anxiety that incessantly pulsates beneath the surface of the New York art world did not exist here. The extraordinary *absence of desperation* stunned me.

Later I walked around the city, visited a shop, a bakery, and so on. It wasn't just the art crowd that enjoyed a desperation-free outlook, apparently the average citizen shared this attitude as well. Years prior I had visited Connecticut on a whim, spending an afternoon in the town of Greenwich. Known for its patrician wealth, natural beauty, and Caucasian Anglo-Saxon Protestant population, I would characterize that trip as a mildly hallucinatory experience. The flowers were brighter, the trees provided superior shade, and the town seemed idyllic, like an old-time Hollywood movie set, but real. Local residents casually strolled about the ordered village in a carefree state of being, then meandered over to their Mercedeses and sped off.

Jessica Diamond
June 2007

Steve DiBenedetto

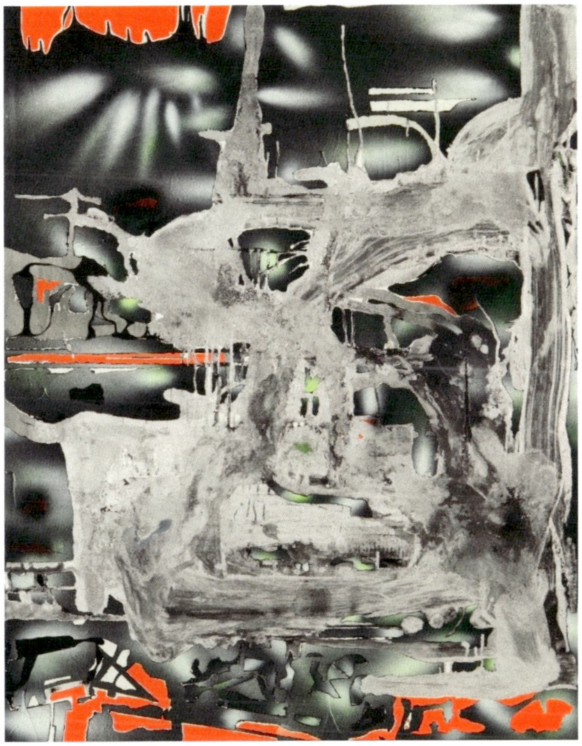

24

Untitled, 1992

Acryl und Aluminiumfarbe auf Leinwand

152,5 x 122 x 5,2 cm

signiert und datiert verso oben rechts: Steve DiBenedetto 1992

Kunstmuseum St.Gallen

Inv.-Nr. G 2006.7

Ausstellungen

2002

„Einfach Kunst. Sammlung Rolf Ricke", Neues Museum in Nürnberg, 8. Juli – 4. August 2002.

2007

„Lust for Life. Die Sammlung Ricke", Kunstmuseum Liechtenstein, Vaduz, 21. September 2007 – 13. Januar 2008.

Abbildungen

„Einfach Kunst. Sammlung Rolf Ricke", Ausst.-Kat. Neues Museum in Nürnberg, 2002, S. 170.

Helmut Dorner

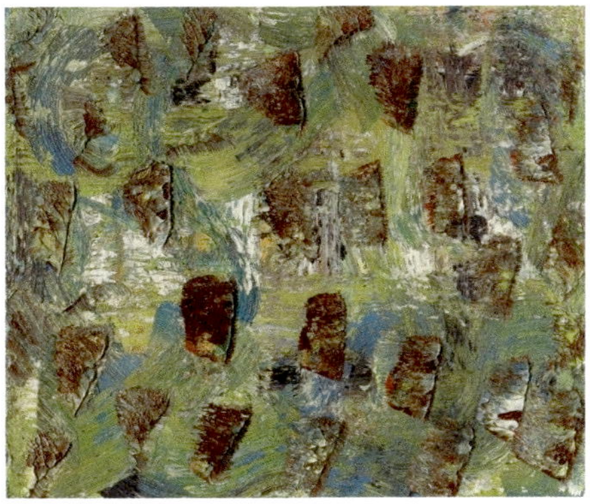

26

Ohne Titel, 1985

Öl auf Leinwand

58,5 x 70,5 cm

signiert und datiert verso Mitte: Dorner 1985

Kunstmuseum Liechtenstein, Vaduz

Inv.-Nr. KML 06.24

Abbildungen

„Einfach Kunst. Sammlung Rolf Ricke", Ausst.-Kat. Neues Museum in Nürnberg, 2002, S. 171.

27

Ohne Titel, 1985

Öl und Lack auf Leinwand

40 x 45,5 cm

signiert und datiert verso Mitte: Dorner 1985

Kunstmuseum Liechtenstein, Vaduz

Inv.-Nr. KML 06.25

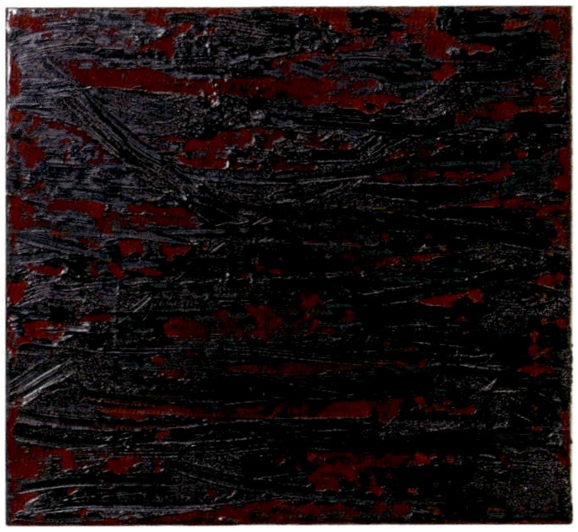

Ausstellungen

2007

„Lust for Life. Die Sammlung Ricke", Kunstmuseum Liechtenstein, Vaduz, 21. September 2007 – 13. Januar 2008.

Abbildungen

„Einfach Kunst. Sammlung Rolf Ricke", Ausst.-Kat. Neues Museum in Nürnberg, 2002, S. 171.

Dominique Figarella

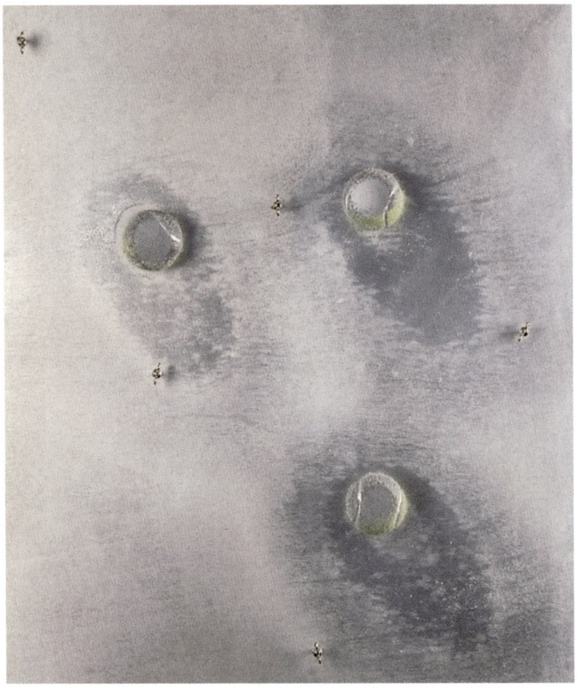

28

Sans titre, 1997

Tennisbälle, Schrauben, Sprühfarbe und Acrylglas auf schichtverleimter Holzplatte
80 x 69 x 8,5 cm
Kunstmuseum St.Gallen
Inv.-Nr. G 2006.8

Ausstellungen

1999

„Special Offer", Kasseler Kunstverein, Kassel, 14. März – 11. April 1999.

Abbildungen

„Special Offer", Ausst.-Brosch. Kasseler Kunstverein, Kassel 1999, S. 3.
„Einfach Kunst. Sammlung Rolf Ricke", Ausst.-Kat. Neues Museum in Nürnberg, 2002, S. 171.

Dan Flavin

29

Untitled (to the citizens of the Swiss cantons) 2, 1987

vier Leuchtstoffröhren (drei rote und eine kalt-weisse) in Fassungen
88,5 x 108 x 9 cm
(je Leuchtstoffröhre: 120 cm x Ø 3,7 cm)
Ed. 5 (ausgeführte Werke: 2)
Museum für Moderne Kunst, Frankfurt am Main
WVZ Flavin Nr. 478
Inv.-Nr. 2006/217.1-5

Ausstellungen

1987

„Dan Flavin", Annemarie Verna Galerie, Zürich, 29. Mai – September 1987.

1989

„Collection Panza: Dan Flavin", Musée d art contemporain de Lyon, 29. Juni – 6. September 1989.

1995

„Dan Flavin", Guggenheim Museum SoHo, New York, 13. September 1995 – 28. Januar 1996.

2002

„Einfach Kunst. Sammlung Rolf Ricke", Neues Museum in Nürnberg, 24. Juni – 18. August 2002.

2003

„Schokolade, was denn sonst. Sammlung Rolf Ricke", Kunstraum Innsbruck, 26. April – 21. Juni 2003.

2007

„Das Kapital. Blue Chips & Masterpieces", Museum für Moderne Kunst, Frankfurt am Main, 21. April – 26. August 2007.

Abbildungen

Renate Puvogel, „Bild-Objekte oder Licht-Körper", in: *Kritisches Lexikon der Gegenwartskunst,* No. 13, 1991, Cover, S. 1 (Installationsansicht Galerie Annemarie Verna, Zürich 1987).
„Dan Flavin: The Complete Lights, 1961–1999", Ausst.-Kat. National Gallery of Art, Washington 1996, S. 360, Kat.-Nr. 478.
„Dan Flavin: The Architecture of Light", Ausst.-Kat. Solomon R. Guggenheim Museum, New York 1999, S. 74–75.
„Einfach Kunst. Sammlung Rolf Ricke", Ausst.-Kat. Neues Museum in Nürnberg, 2002, Cover, S. 37.

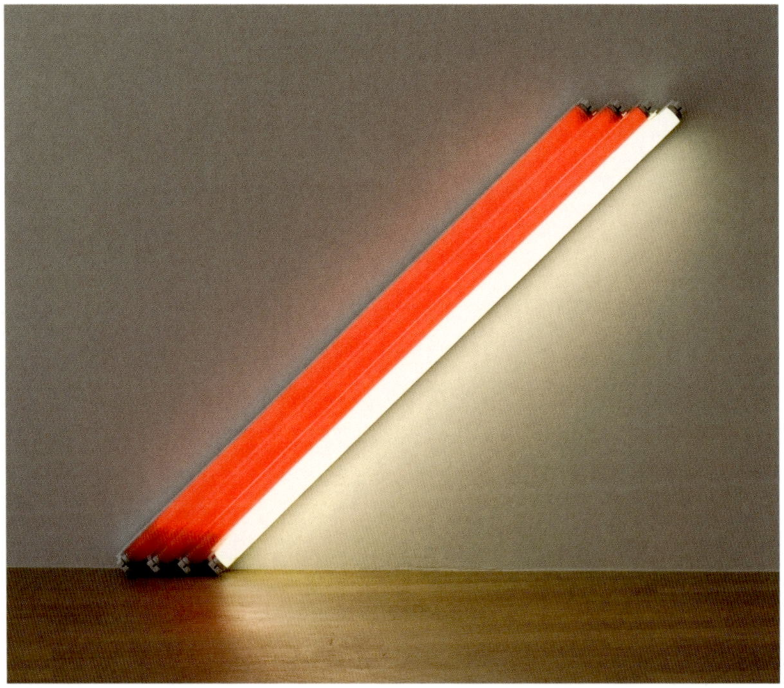

Urs Frei

30

A4, 1988

Lack auf Metallschienen und Blechdosen
36 x 91,5 x 16 cm
signiert, bezeichnet und datiert auf der rechten Blechdose verso:
A4 1988 U. Frei
Kunstmuseum St.Gallen
Inv.-Nr. P 2006.5

Ausstellungen

2007

„Lust for Life. Die Sammlung Ricke", Kunstmuseum Liechtenstein, Vaduz, 21. September 2007 – 13. Januar 2008.

Abbildungen

„Einfach Kunst. Sammlung Rolf Ricke", Ausst.-Kat. Neues Museum in Nürnberg, 2002, S. 15, 171.

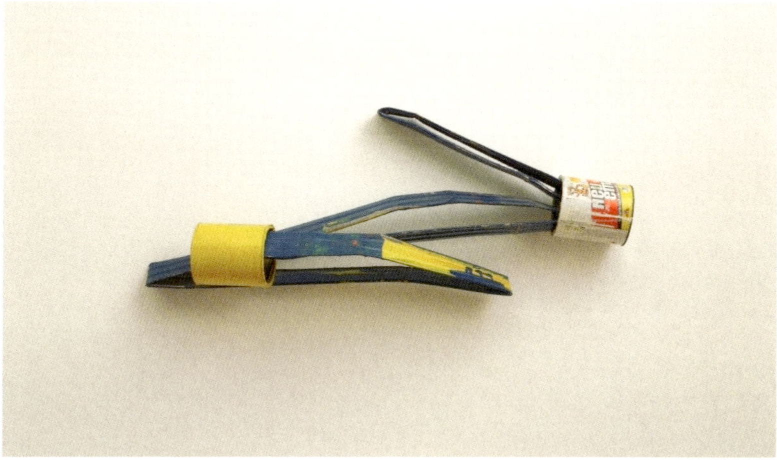

Pia Fries

31

Seon, 1998–2000

Öl auf Holz
99 x 120 x 4,6 cm
signiert, bezeichnet und datiert verso unten rechts: Pia Fries
1998/1999/2000; oben rechts: Seon
Kunstmuseum St.Gallen
Inv.-Nr. G 2006.9

Ausstellungen

2002

„Einfach Kunst. Sammlung Rolf Ricke", Neues Museum in Nürnberg, 5. – 25. August 2002.

2007

„Lust for Life. Die Sammlung Ricke", Kunstmuseum Liechtenstein, Vaduz, 21. September 2007 – 13. Januar 2008.

Abbildungen

„Einfach Kunst. Sammlung Rolf Ricke", Ausst.-Kat. Neues Museum in Nürnberg, 2002, S. 133.

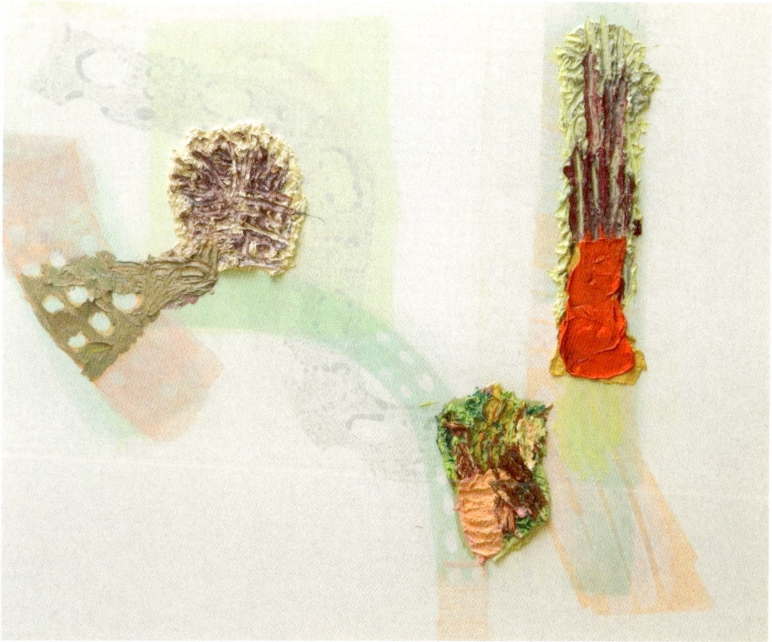

Ludger Gerdes

32

Schwarzes Bild Nr. 1, 1987

Öl auf Leinwand
120 x 200 cm
signiert verso oben rechts: Gerdes
Kunstmuseum St.Gallen
Inv.-Nr. G 2006.10

Abbildungen

„Ludger Gerdes. Malerei 1986/87", Ausst.-Kat. Kunstpreis 87 der Stadtsparkasse Düsseldorf, 1987, S. 38 oben.

„Einfach Kunst. Sammlung Rolf Ricke", Ausst.-Kat. Neues Museum in Nürnberg, 2002, S. 172.

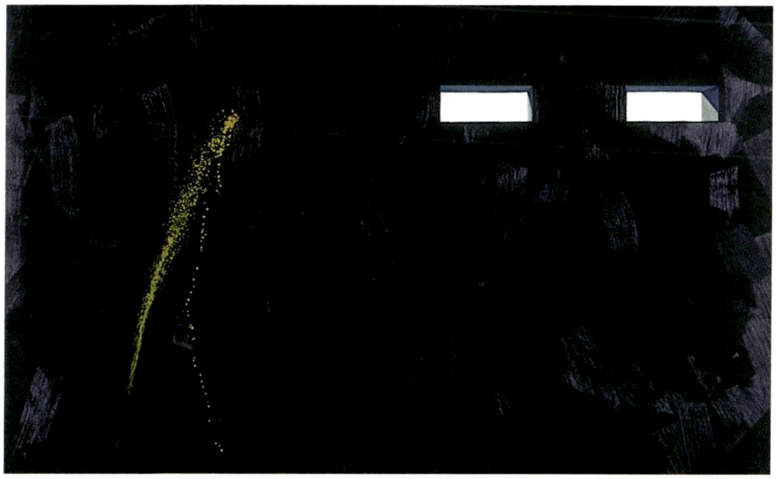

Michael Heizer

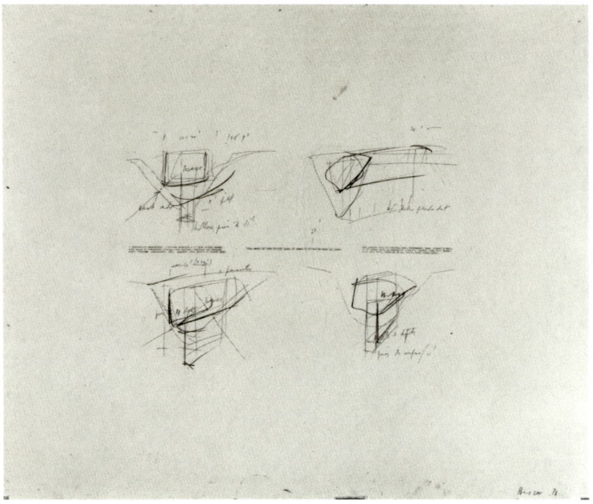

33

4 Consecutive Depiction, 1970

Lithografie auf Zinkplatte

93,3 x 113,5 cm

signiert und datiert recto unten links: Heizer 70

Kunstmuseum Liechtenstein, Vaduz

Inv.-Nr. KML 06.26

Ausstellungen

1981

„Natur-Skulptur", Württembergischer Kunstverein, Stuttgart, 30. August – 1. November 1981.

Abbildungen

„Natur-Skulptur", Ausst.-Kat. Württembergischer Kunstverein, Stuttgart 1981, S. 55.

„Einfach Kunst. Sammlung Rolf Ricke", Ausst.-Kat. Neues Museum in Nürnberg, 2002, S. 83.

Tishan Hsu

34

Cordless, 1989

Serigrafie auf Leinwand

180 x 180 x 2,2 cm

signiert, bezeichnet und datiert verso oben Mitte: Tishan Hsu '89 "Cordless"

180 x 180 cm

Museum für Moderne Kunst, Frankfurt am Main

Inv.-Nr. 2006/218

Ausstellungen

1991

„Tishan Hsu", Galerie Rolf Ricke, Köln, 7. Juni – 13. Juli 1991.

2002

„Einfach Kunst. Sammlung Rolf Ricke", Neues Museum in Nürnberg, 29. Juli – 25. August 2002.

Abbildungen

„Einfach Kunst. Sammlung Rolf Ricke", Ausst.-Kat. Neues Museum in Nürnberg, 2002, S. 173.

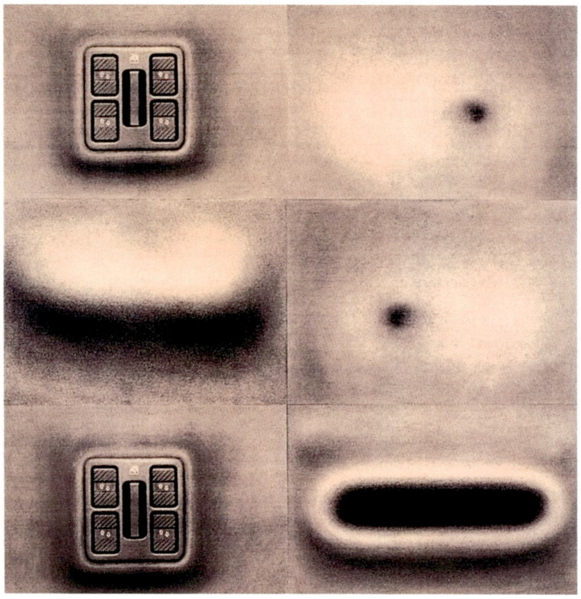

Steven Hull

35

Untitled (Stacked Painting #7), 1999

Acryl auf Leinwand, sechsteilig

Dimension variabel je nach Installation

(1/6: 197,9 x 155,4 x 6,6 cm

2/6: 213,8 x 92,1 x 4 cm

3/6: 198,4 x 152,5 x 6,5 cm

4/6: 183,5 x 152,2 x 5 cm

5/6: 213 x 160,4 x 6,9 cm

6/6: 197,5 x 97,2 x 4 cm)

Museum für Moderne Kunst, Frankfurt am Main

Inv.-Nr. 2006/219.1-6

Ausstellungen

2002

„Einfach Kunst. Sammlung Rolf Ricke", Neues Museum in Nürnberg, 1. – 28. Juli 2002.

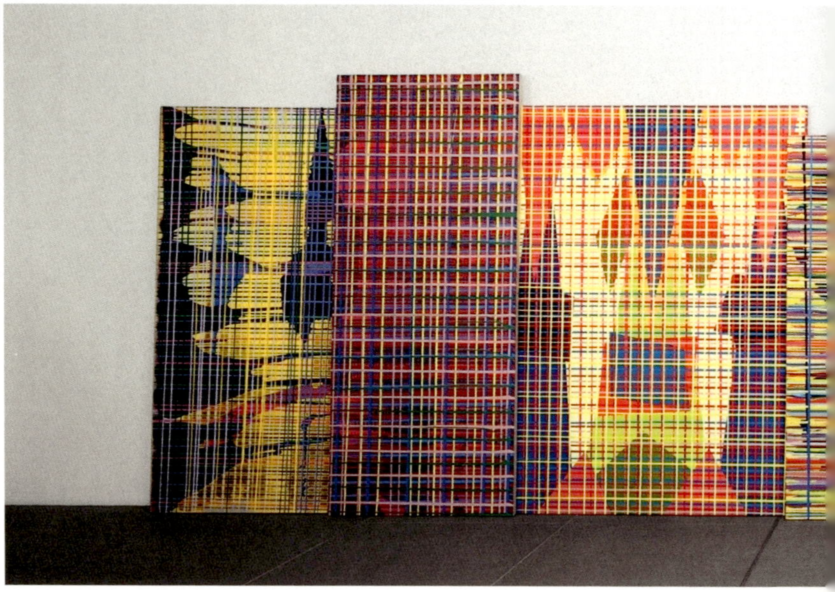

2003
„Schokolade, was denn sonst. Sammlung Rolf Ricke", Kunstraum Innsbruck, 26. April – 21. Juni 2003.

Abbildungen
„Einfach Kunst. Sammlung Rolf Ricke", Ausst.-Kat. Neues Museum in Nürnberg, 2002, S. 143.

Jasper Johns

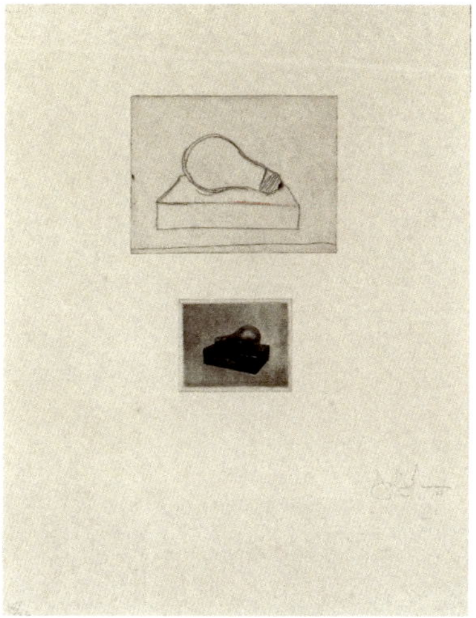

36

Light Bulb, 1967
Radierung und Fotogravüre auf Papier
65,7 x 50,8 cm
Ed. 15/26
signiert, bezeichnet und datiert recto unten links: J. Johns '67; recto unten rechts: 15/26
Kunstmuseum Liechtenstein, Vaduz
Inv.-Nr. KML 06.27

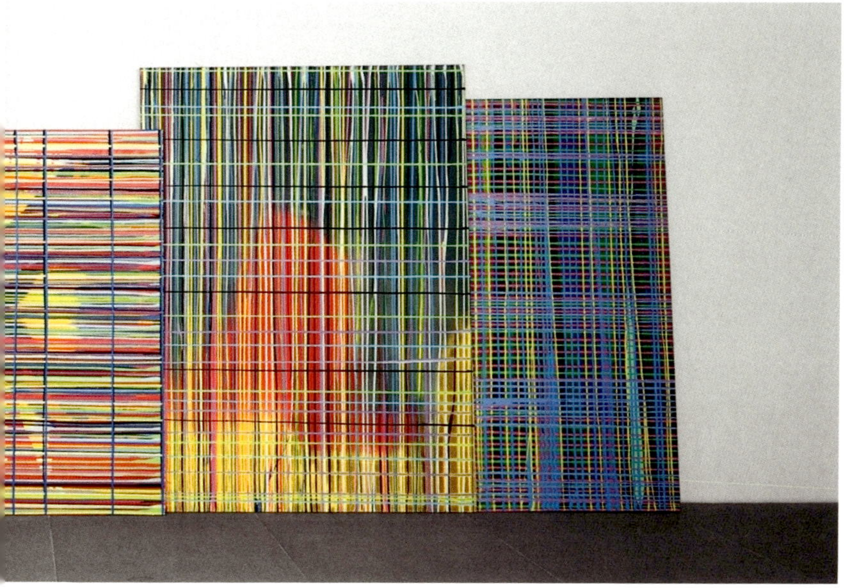

Ausstellungen
1971
„Jasper Johns Graphik", Kunsthalle Bern, 17. April – 29. Mai 1971.

Abbildungen
„Jasper Johns Graphik", Hg. Carlo Huber, Ausst.-Kat. Kunsthalle Bern, 1970, Abb. 72.
„Einfach Kunst. Sammlung Rolf Ricke", Ausst.-Kat. Neues Museum in Nürnberg, 2002, S. 173.

Donald Judd

37

Untitled (86–24), 1986
Aluminium und Acrylglas
25,5 x 101,5 x 25,3 cm
signiert, bezeichnet und datiert verso oben links: Donald Judd 86–24
Aluminium AG Menziken Schweiz
Museum für Moderne Kunst, Frankfurt am Main
Inv.-Nr. 2006/220

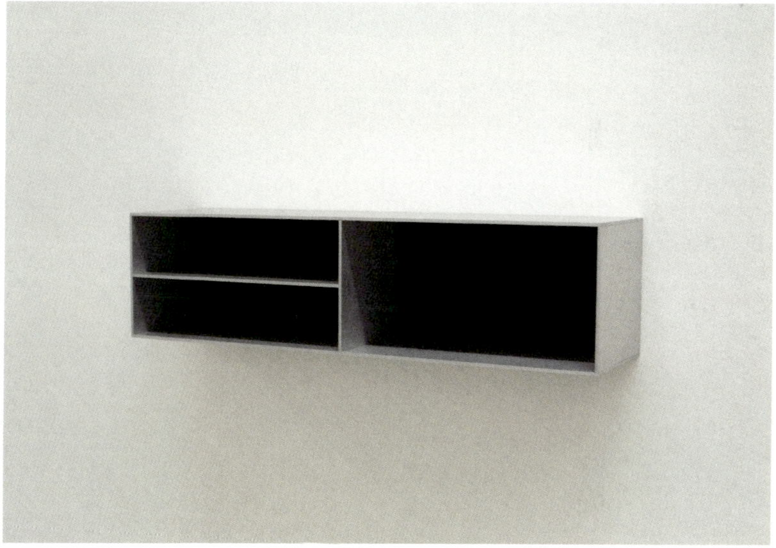

Ausstellungen
1987
„Donald Judd. Neue Skulpturen", Galerie Rolf Ricke, Köln, 20. Februar – 24. März 1987.
2007
„Das Kapital. Blue Chips & Masterpieces", Museum für Moderne Kunst, Frankfurt am Main, 21. April – 26. August 2007.

Abbildungen
„Einfach Kunst. Sammlung Rolf Ricke", Ausst.-Kat. Neues Museum in Nürnberg, 2002, S. 174.

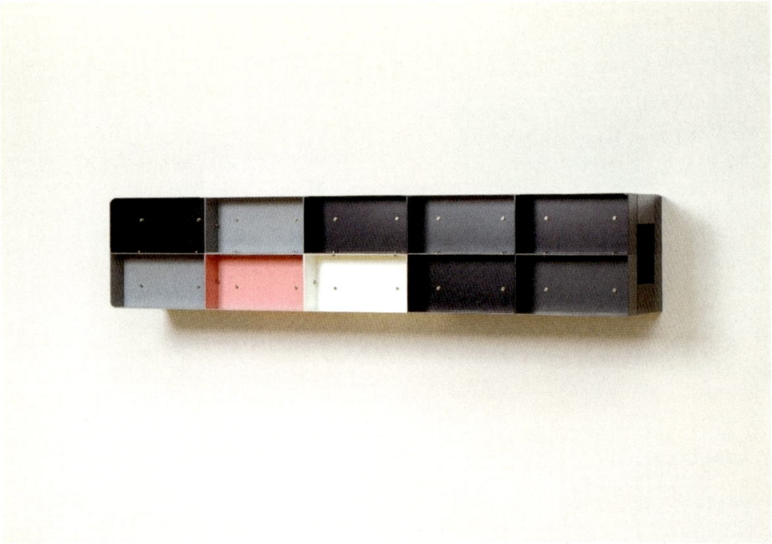

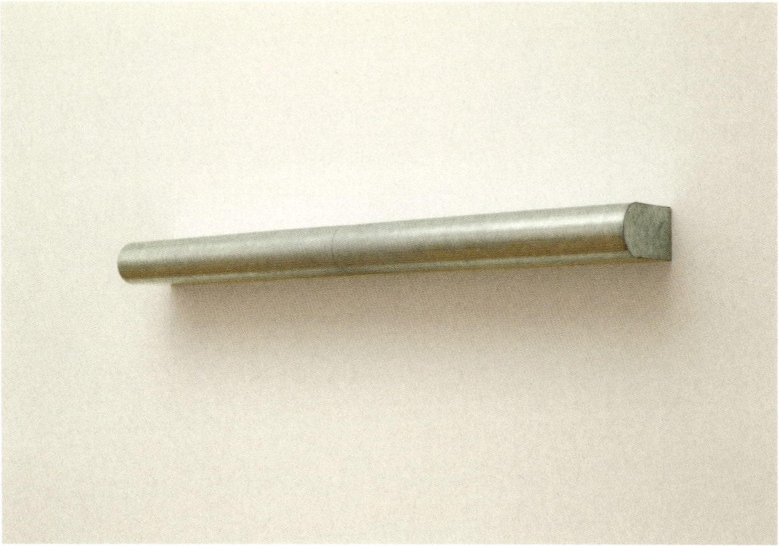

38

Untitled, 1987

Aluminium, einbrennlackiert

30 x 150 x 30 cm

bezeichnet verso unten rechts mit Prägestempel: DON JUDD 87–22

STUDER AG

Kunstmuseum Liechtenstein, Vaduz

Inv.-Nr. KML 06.28

Ausstellungen

2002

„Einfach Kunst. Sammlung Rolf Ricke“, Neues Museum in Nürnberg, 22. Juli – 18. August 2002.

2007

„Das Kapital. Blue Chips & Masterpieces“, Museum für Moderne Kunst, Frankfurt am Main, 21. April – 26. August 2007.

„Lust for Life. Die Sammlung Ricke“, Kunstmuseum Liechtenstein, Vaduz, 21. September 2007 – 13. Januar 2008.

Abbildungen

„Einfach Kunst. Sammlung Rolf Ricke“, Ausst.-Kat. Neues Museum in Nürnberg, 2002, S. 35.

39

Untitled (#94, 1967), 1988

verzinktes Eisen

12,7 x 183 x 21,8 cm

Kunstmuseum St.Gallen

Inv.-Nr. P 2006.6

Ausstellungen

2002

„Einfach Kunst. Sammlung Rolf Ricke“, Neues Museum in Nürnberg, 22. Juli – 18. August 2002.

2003

„Schokolade, was denn sonst. Sammlung Rolf Ricke“, Kunstraum Innsbruck, 26. April – 21. Juni 2003.

2005

„Sweet Temptations. Dialoge mit der Sammlung Rolf Ricke“, Kunstmuseum St.Gallen, 26. Februar – 16. Mai 2005.

2007

„Das Kapital. Blue Chips & Masterpieces“, Museum für Moderne Kunst, Frankfurt am Main, 21. April – 26. August 2007.

„Lust for Life. Die Sammlung Ricke“, Kunstmuseum Liechtenstein, Vaduz, 21. September 2007 – 13. Januar 2008.

Abbildungen

„Einfach Kunst. Sammlung Rolf Ricke“, Ausst.-Kat. Neues Museum in Nürnberg, 2002, S. 34.

40

Untitled (89–47), 1989

schichtverleimtes Holz

50 x 100 x 50 cm

Museum für Moderne Kunst, Frankfurt am Main

Inv.-Nr. 2006/221

Ausstellungen

1991

„Donald Judd“, Galerie Rolf Ricke, Köln, 11. Januar – 26. Februar 1991.

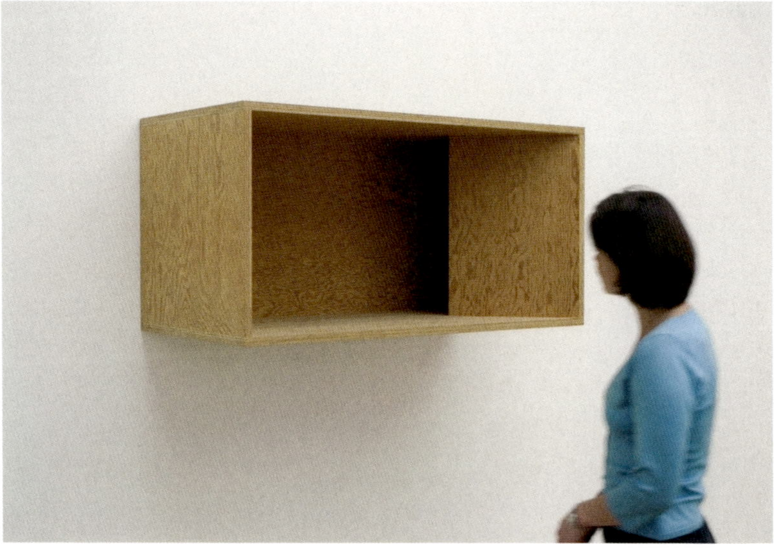

2002

„Einfach Kunst. Sammlung Rolf Ricke“, Neues Museum in Nürnberg, 22. Juli – 18. August 2002.

2007

„Das Kapital. Blue Chips & Masterpieces“, Museum für Moderne Kunst, Frankfurt am Main, 21. April – 26. August 2007.

„Lust for Life. Die Sammlung Ricke“, Kunstmuseum Liechtenstein, Vaduz, 21. September 2007 – 13. Januar 2008.

Abbildungen

„Einfach Kunst. Sammlung Rolf Ricke“, Ausst.-Kat. Neues Museum in Nürnberg, 2002, S. 34.

Ben Kinmont

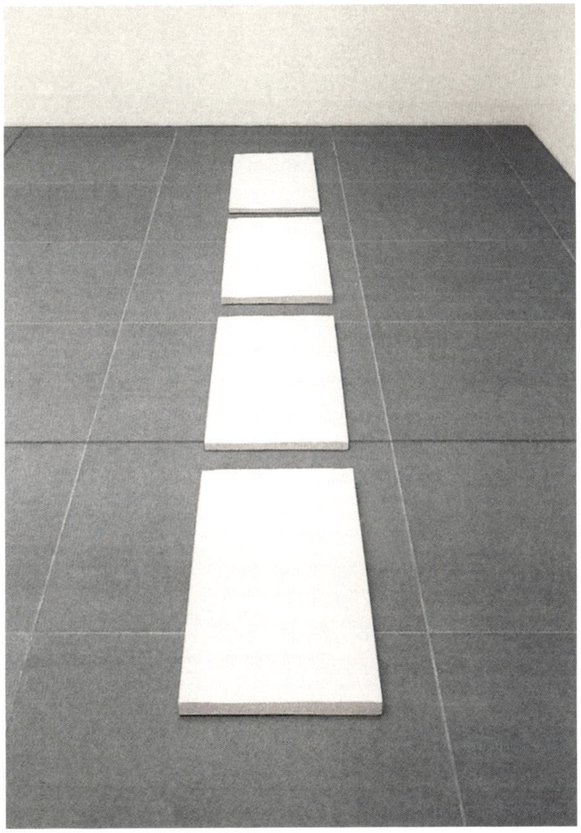

41

I Love You, 1989/1990

Gips, vierteilig

je 4 x 105 x 46,5 cm

1/4: signiert, bezeichnet und datiert verso Mitte rechts: Ben Kinmont 1989 1:4; 3/4: signiert, bezeichnet und datiert verso Mitte rechts: Ben Kinmont 1989 3:4; 4/4: signiert, bezeichnet und datiert verso Mitte links: Ben Kinmont 1989 4:4

Museum für Moderne Kunst, Frankfurt am Main

Inv.-Nr. 2006/222.1-4

Abbildungen

„Einfach Kunst. Sammlung Rolf Ricke“, Ausst.-Kat. Neues Museum in Nürnberg, 2002, S. 174.

Harriet Korman

42

Untitled, 1970/1971

Filzstift auf Leinwand

214,5 x 214,2 x 3,5 cm

Museum für Moderne Kunst, Frankfurt am Main

Inv.-Nr. 2006/223

Ausstellungen

1971

„7 Neue Arbeiten“, Galerie Ricke, Köln, 2. – 28. April 1971.

2002

„Einfach Kunst. Sammlung Rolf Ricke“, Neues Museum in Nürnberg, 19. – 25. August 2002.

2005

„Sweet Temptations. Dialoge mit der Sammlung Rolf Ricke“, Kunstmuseum St.Gallen, 26. Februar – 16. Mai 2005.

2007

„Das Kapital. Blue Chips & Masterpieces“, Museum für Moderne Kunst, Frankfurt am Main, 21. April – 26. August 2007.

Abbildungen

„Einfach Kunst. Sammlung Rolf Ricke“, Ausst.-Kat. Neues Museum in Nürnberg, 2002, S. 55.

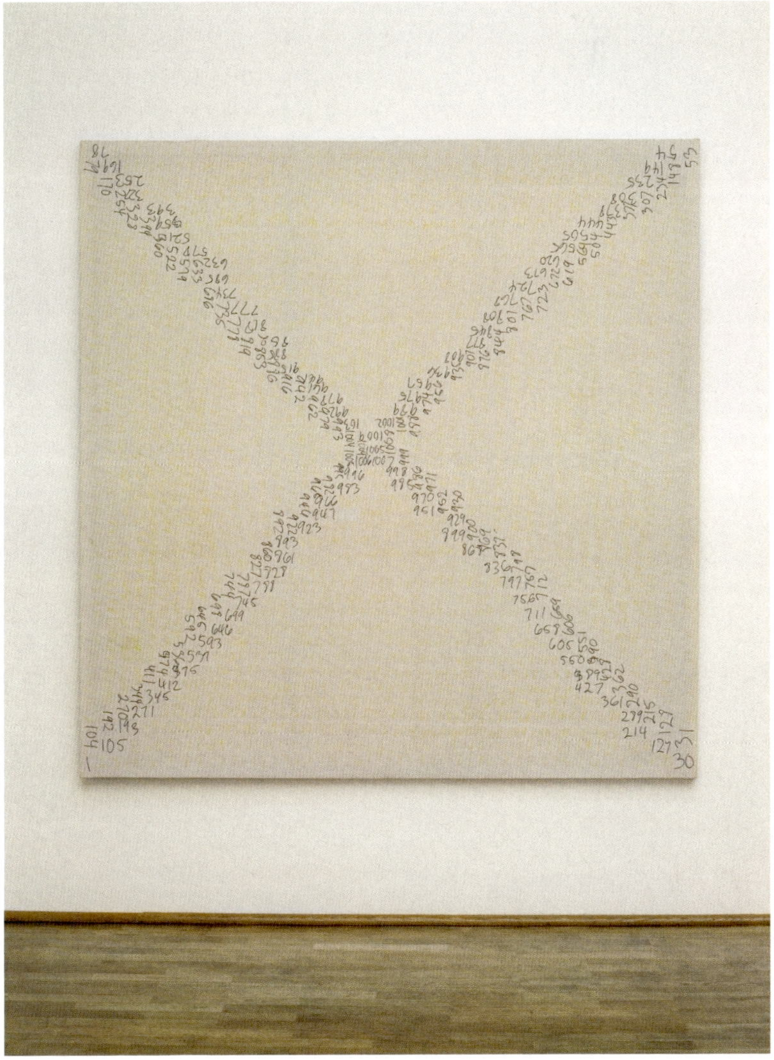

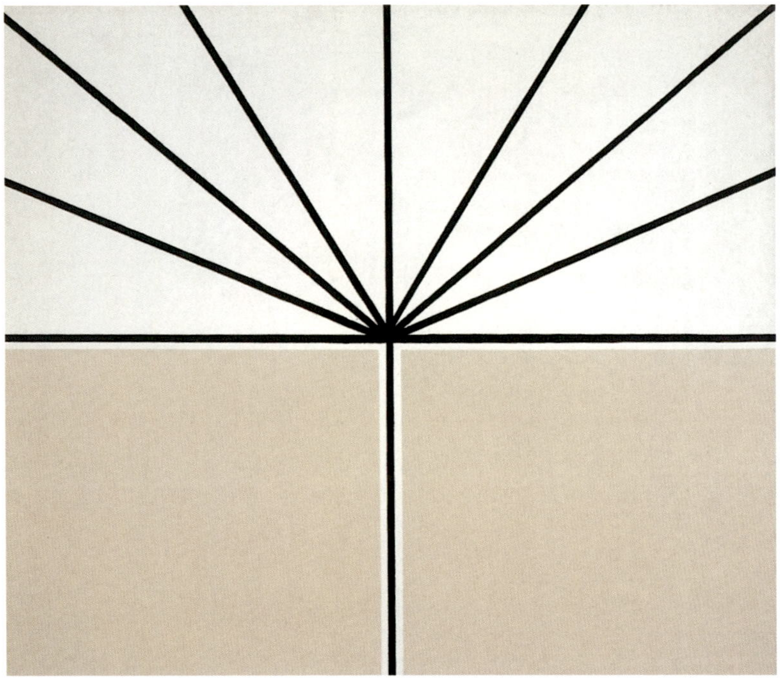

43

Untitled, 1972

Acryl auf Leinwand

185 x 216 x 6 cm

signiert und datiert verso oben Mitte: Harriet Korman 1./72

Museum für Moderne Kunst, Frankfurt am Main

Inv.-Nr. 2006/224

Ausstellungen

1972

„Harriet Korman. Neue Bilder“, Galerie Ricke, Köln, 22. April – 12. Mai 1972.

2002

„Einfach Kunst. Sammlung Rolf Ricke“, Neues Museum in Nürnberg, 19. – 25. August 2002.

Abbildungen

„Einfach Kunst. Sammlung Rolf Ricke“, Ausst.-Kat. Neues Museum in Nürnberg, 2002, S. 174.

Gary Kuehn

44

Branch Piece, 1964

Holz, Farbe, Äste und Schrauben

30,8 x 240 x 63 cm

Kunstmuseum Liechtenstein, Vaduz

Inv.-Nr. KML 06.29

Ausstellungen

1971

„Gary Kuehn“, Neue Galerie im Alten Kurhaus, Aachen, 28. Januar – 28. März 1971.

1998

„Gary Kuehn“, Galerie Rolf Ricke, Köln, 19. Juni – 31. Juli 1998.

2002

„Einfach Kunst. Sammlung Rolf Ricke“, Neues Museum in Nürnberg, 24. Juni – 18. August 2002.

2007

„Lust for Life. Die Sammlung Ricke“, Kunstmuseum Liechtenstein, Vaduz, 21. September 2007 – 13. Januar 2008.

Abbildungen

„Gary Kuehn“, Ausst.-Kat. Neue Galerie im Alten Kurhaus, Aachen 1971, n. p.

„Einfach Kunst. Sammlung Rolf Ricke“, Ausst.-Kat. Neues Museum in Nürnberg, 2002, S. 61.

45

Practitioner’s Delight, 1966

Metall, Glasfasergewebe, Polyester und Lack

30,4 x 142,2 x 99,3 cm

Museum für Moderne Kunst, Frankfurt am Main

Inv.-Nr. 2006/226

Ausstellungen

1969

„6 Künstler der Galerie Ricke“, Galerie Ricke, Köln, 15. – 31. März 1969.

1971

„Gary Kuehn“, Neue Galerie im Alten Kurhaus, Aachen, 28. Januar – 28. März 1971.

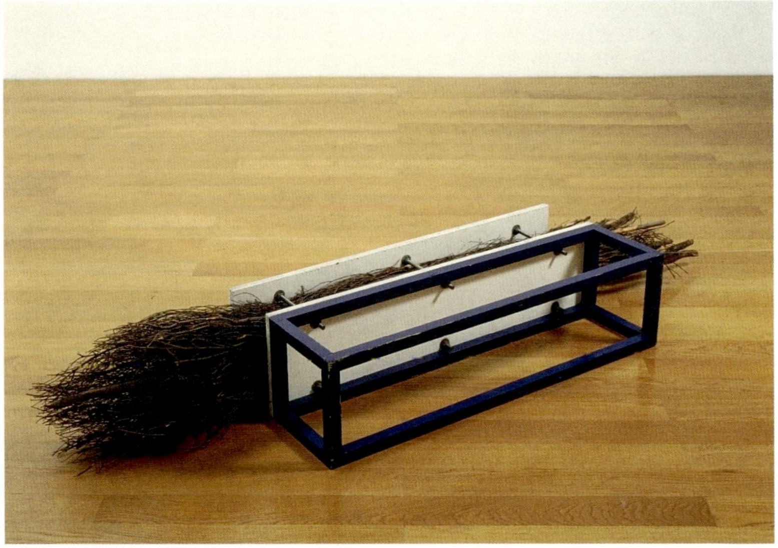

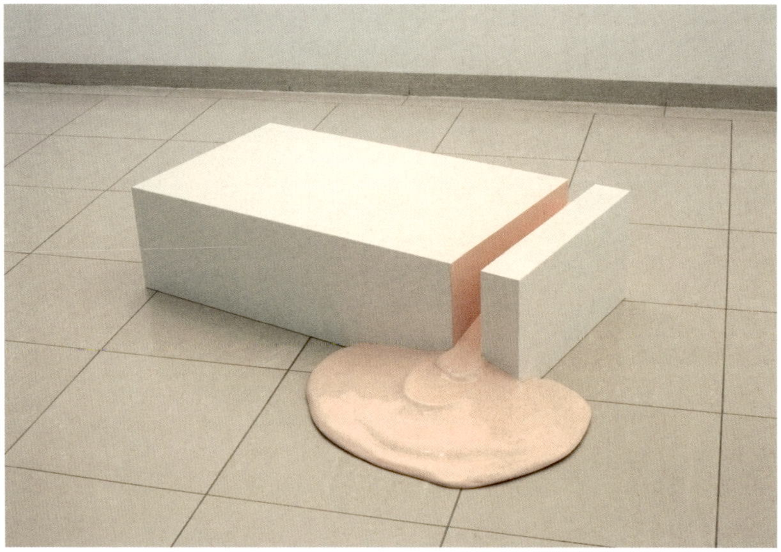

1998

„Gary Kuehn", Galerie Rolf Ricke, Köln, 19. Juni – 31. Juli 1998.

2002

„Einfach Kunst. Sammlung Rolf Ricke", Neues Museum in Nürnberg, 12. – 25. August 2002.

2007

„Das Kapital. Blue Chips & Masterpieces", Museum für Moderne Kunst, Frankfurt am Main, 21. April – 26. August 2007.

„Lust for Life. Die Sammlung Ricke", Kunstmuseum Liechtenstein, Vaduz, 21. September 2007 – 13. Januar 2008.

Abbildungen

„Gary Kuehn", Ausst.-Kat. Milwaukee Art Center, Milwaukee 1968, Abb. 12 und Plakat.

„Gary Kuehn", Ausst.-Kat. Neue Galerie im Alten Kurhaus, Aachen 1971, n. p. (bezeichnet als: „Ohne Titel")

„Einfach Kunst. Sammlung Rolf Ricke", Ausst.-Kat. Neues Museum in Nürnberg, 2002, S. 62.

46

Horse Piece, 1967

zwei Holzböcke, Glasfasergewebe, Polyester und Farbe

85 x 200 x 100 cm

Museum für Moderne Kunst, Frankfurt am Main

Inv.-Nr. 2006/225.1-3

Ausstellungen

1968

„Programm I", Galerie Ricke, Köln, 29. Mai – 23. September 1968.

1971

„Gary Kuehn", Neue Galerie im Alten Kurhaus, Aachen, 28. Januar – 28. März 1971.

1993

„Aus der Sammlung VIII", Norishalle, Kunsthalle Nürnberg, 27. Februar – 27. Juni 1993.

2002

„Einfach Kunst. Sammlung Rolf Ricke", Neues Museum in Nürnberg, 6. Juni – 23. Juni 2002.

2007

„Das Kapital. Blue Chips & Masterpieces", Museum für Moderne Kunst, Frankfurt am Main, 21. April – 26. August 2007.

„Lust for Life. Die Sammlung Ricke", Kunstmuseum Liechtenstein, Vaduz, 21. September 2007 – 13. Januar 2008.

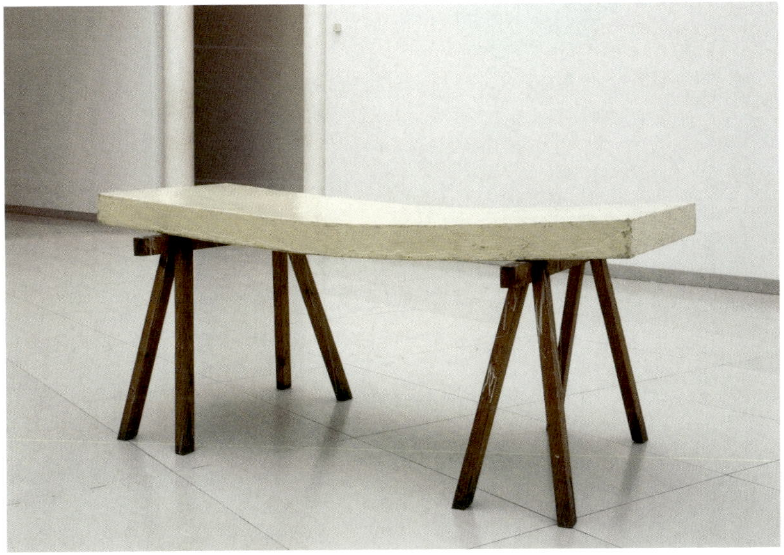

Abbildungen

„Gary Kuehn", Ausst.-Kat. Neue Galerie im Alten Kurhaus, Aachen 1971, n. p.

„Gary Kuehn", Galerie Jule Kewenig, Frechen-Bachem 1988, S. 44.

„Aus der Sammlung VIII", Ausst.-Brosch. Norishalle, Kunsthalle Nürnberg, 1993, n. p.

„Einfach Kunst. Sammlung Rolf Ricke", Ausst.-Kat. Neues Museum in Nürnberg, 2002, S. 64.

47

Untitled, 1968

Holz, Glasfasergewebe, Polyester, Farbe und Nägel

65 x 122,5 x 29,4 cm

Kunstmuseum Liechtenstein, Vaduz

Inv.-Nr. KML 06.30

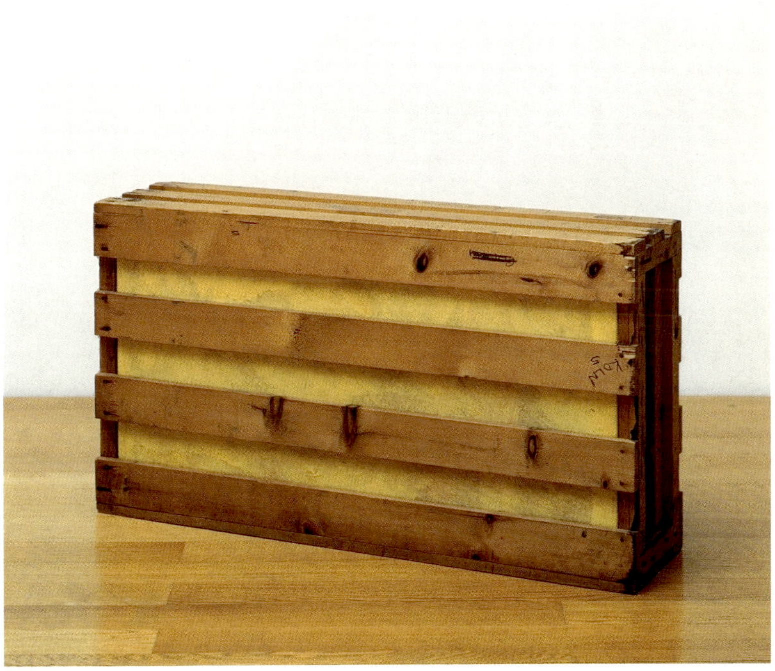

Ausstellungen

1969

„Live in Your Head. When Attitudes Become Form", Kunsthalle Bern, 22. März – 27. April 1969; Museum Haus Lange, Krefeld, 9. Mai – 15. Juni 1969; Institute of Contemporary Arts, London, 28. September – 27. Oktober 1969.

1971

„Gary Kuehn", Neue Galerie im Alten Kurhaus, Aachen, 28. Januar – 28. März 1971.

1998

„Gary Kuehn", Galerie Rolf Ricke, Köln, 19. Juni – 31. Juli 1998.

2005

„Sweet Temptations. Dialoge mit der Sammlung Rolf Ricke", Kunstmuseum St.Gallen, 26. Februar – 16. Mai 2005.

2007

„Lust for Life. Die Sammlung Ricke", Kunstmuseum Liechtenstein, Vaduz, 21. September 2007 – 13. Januar 2008.

Abbildungen

„Gary Kuehn", Ausst.-Kat. Neue Galerie im Alten Kurhaus, Aachen 1971, n. p. (bezeichnet als: „Crate Piece").

„Einfach Kunst. Sammlung Rolf Ricke", Ausst.-Kat. Neues Museum in Nürnberg, 2002, S. 11, 65.

Hans-Joachim Müller, „Harald Szeemann. Ausstellungsmacher", Ostfildern 2006, S. 17.

48

Untitled, 1969

Glasfasergewebe, Polyester und Draht

51 x 202 x 51,5 cm

Kunstmuseum St.Gallen

Inv.-Nr. P 2006.7

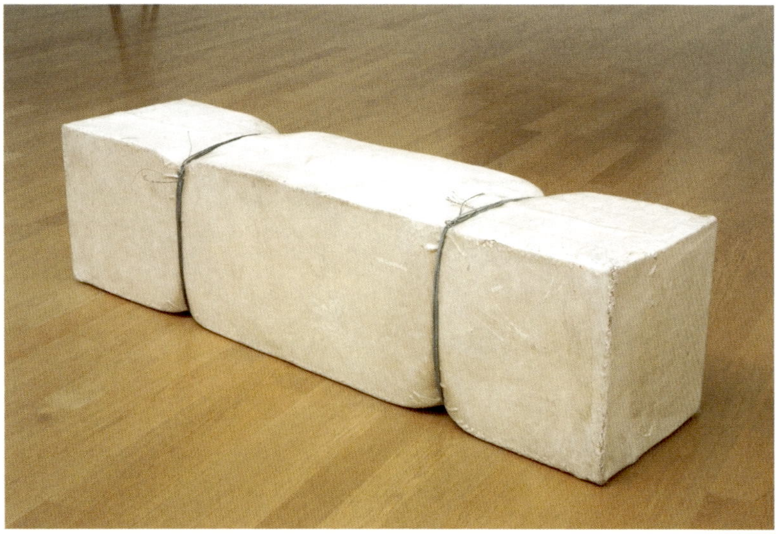

Ausstellungen

1969

„Gary Kuehn. Neue Skulpturen", Galerie Ricke, Köln, 13. Oktober – Mitte November 1969.

1971

„Gary Kuehn", Neue Galerie im Alten Kurhaus, Aachen, 28. Januar – 28. März 1971.

1998

„Gary Kuehn", Galerie Rolf Ricke, Köln, 19. Juni – 31. Juli 1998.

2002

„Einfach Kunst. Sammlung Rolf Ricke", Neues Museum in Nürnberg, 19. – 25. August 2002.

2003

„Schokolade, was denn sonst. Sammlung Rolf Ricke", Kunstraum Innsbruck, 26. April – 21. Juni 2003.

2005

„Sweet Temptations. Dialoge mit der Sammlung Rolf Ricke", Kunstmuseum St.Gallen, 26. Februar – 16. Mai 2005.

2007

„Lust for Life. Die Sammlung Ricke", Kunstmuseum Liechtenstein, Vaduz, 21. September 2007 – 13. Januar 2008.

Abbildungen

„Gary Kuehn", Ausst.-Kat. Neue Galerie im Alten Kurhaus, Aachen 1971, n. p.

„Gary Kuehn", Galerie Jule Kewenig, Frechen-Bachem 1988, S. 42 oben, S. 45 (Installationsansicht Galerie Ricke, Köln 1969).

„Einfach Kunst. Sammlung Rolf Ricke", Ausst.-Kat. Neues Museum in Nürnberg, 2002, S. 63.

49

Untitled, 1969

Filzstift auf Leinwand

163 x 203,5 cm

signiert und datiert verso oben rechts: Gary Kuehn 1969

Kunstmuseum St.Gallen

Inv.-Nr. G 2006.11

Ausstellungen

1998

„Gary Kuehn", Galerie Rolf Ricke, Köln, 19. Juni – 31. Juli 1998.

2002

„Einfach Kunst. Sammlung Rolf Ricke", Neues Museum in Nürnberg, 22. Juli – 18. August 2002.

Abbildungen

„Einfach Kunst. Sammlung Rolf Ricke", Ausst.-Kat. Neues Museum in Nürnberg, 2002, S. 175.

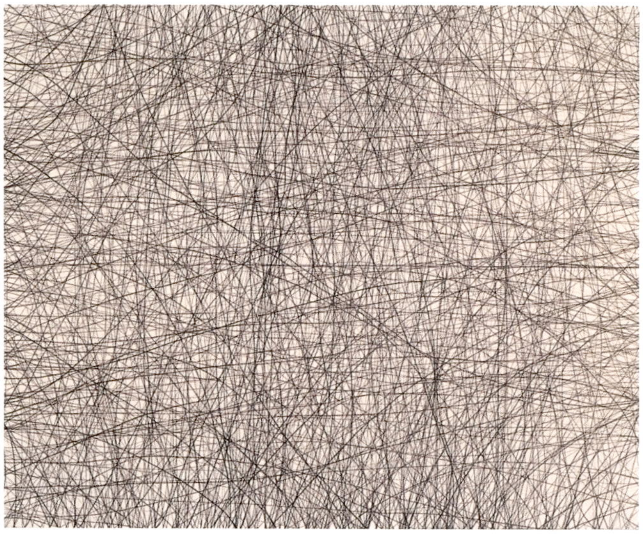

Barry Le Va

50

Slow Death Zone: Proposal for Rolf Ricke, 1968

Bleistift und Tusche auf Transparentpapier

62,5 x 88,5 cm

signiert, bezeichnet und datiert recto unten rechts: B. LE VA 1968; recto betitelt unten Mitte: SLOW DEATH ZONE: PROPOSAL FOR ROLF RICKE

Kunstmuseum St.Gallen

Inv.-Nr. GS 2006.2

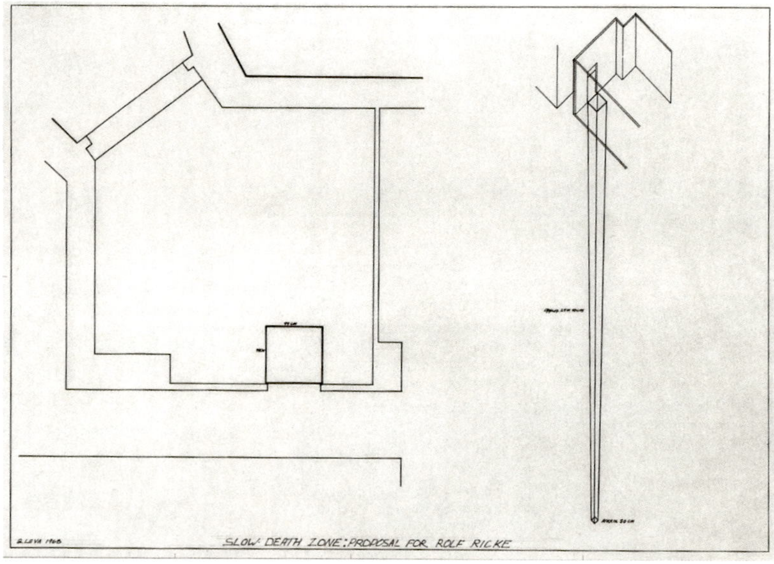

Ausstellungen

1986

„Barry Le Va. Arbeiten auf Papier 1966–1975", Galerie Rolf Ricke, Köln, 10. Oktober – 8. November 1986.

Abbildungen

„Barry Le Va. Glass, Bullets, Cleavers, 1968–1970", Ausst.-Kat. Städtisches Museum Abteiberg, Mönchengladbach 1989, S. 8.

„Einfach Kunst. Sammlung Rolf Ricke", Ausst.-Kat. Neues Museum in Nürnberg, 2002, S. 75.

51

Slow Death Piece, 1968–1971

Installation mit Klebeband

Dimension variabel je nach Installation

Kunstmuseum St.Gallen

Inv.-Nr. P 2006.9

Ausstellungen

1971

„Barry Le Va", Galerie Ricke, Köln, 3. September – 1. Oktober 1971.

1989

„Barry Le Va. Glass, Bullets, Cleavers, 1968–1970", Städtisches Museum Abteiberg, Mönchengladbach, 16. Mai – 23. Juli 1989.

2005

„Sweet Temptations. Dialoge mit der Sammlung Rolf Ricke", Kunstmuseum St.Gallen, 26. Februar – 16. Mai 2005.

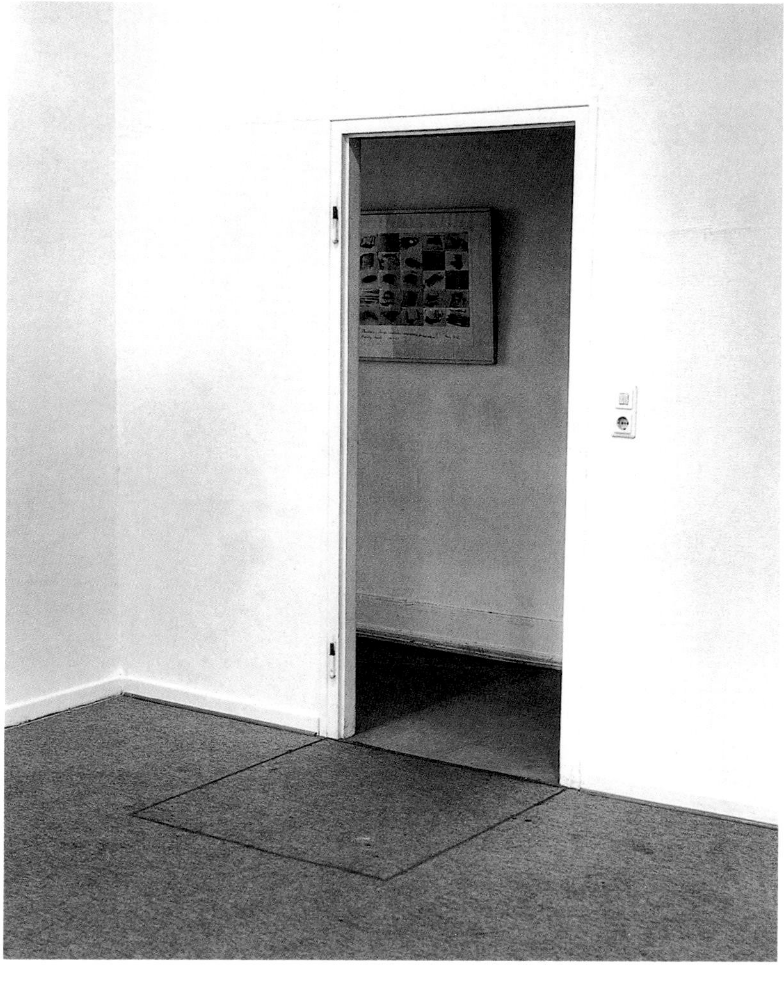

Abbildungen

„Einfach Kunst. Sammlung Rolf Ricke", Ausst.-Kat. Neues Museum in Nürnberg, 2002, S. 74.

„Accumulated Vision, Barry Le Va", Hg. Ingrid Schaffner, Ausst.-Kat. Institute of Contemporary Art, University of Pennsylvania, Philadelphia 2005, S. 71 oben (Installationsansicht Galerie Ricke, Köln 1971).

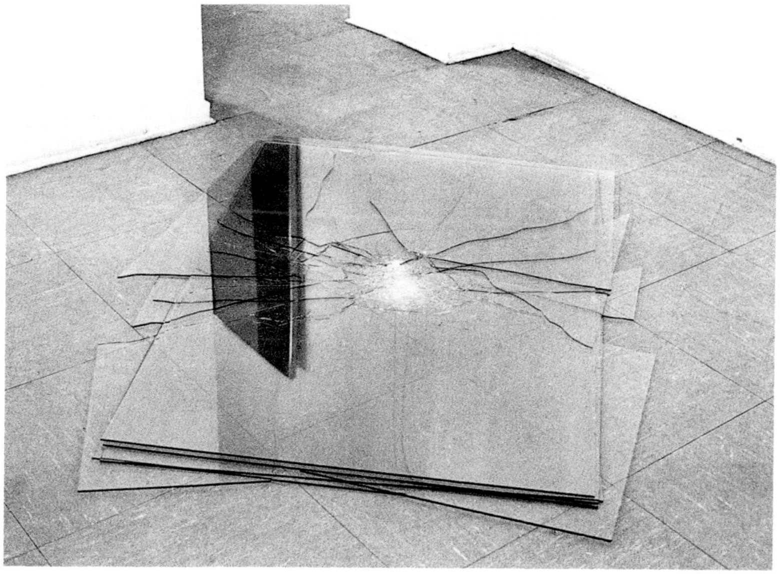

52

On Center Shatter-or-Shatterscatter (within the Series of Layered Pattern Acts), 1968–1971

fünf Glasscheiben aus 8mm starkem Floatglas mit gesäumten Kanten

Dimension variabel je nach Installation

(Proportionen der Glasscheiben laut Zertifikat: 91,5 x 151,5 oder 122 x 183 cm)

Kunstmuseum Liechtenstein, Vaduz

Inv.-Nr. KML 06.31.01

Ausstellungen

1971

„7 Neue Arbeiten", Galerie Ricke, Köln, 2. April – 27. Mai 1971.

1981

„Westkunst. Zeitgenössische Kunst seit 1939", Museen der Stadt Köln, 30. Mai – 16. August 1981.

1988

„Barry Le Va: 1966–1988", Carnegie Mellon Art Gallery, Pittsburgh, Pennsylvania, 29. Oktober – 22. Dezember 1988; Newport Harbor Art Museum, Newport Beach, Kalifornien, 20. Januar – 2. April 1989; High Museum of Art, Atlanta, Georgia, 5. September – 29. Oktober 1989; Neuberger Museum, State University of New York at Purchase, New York, 5. Februar – 15. April 1990.

1989

„Barry Le Va. Glass, Bullets, Cleavers, 1968–1970", Städtisches Museum Abteiberg, Mönchengladbach, 16. Mai – 23. Juli 1989.

1990

„The New Sculpture 1965–75: Between Geometry and Gesture", Whitney Museum of American Art, New York, 20. Februar – 3. Juni 1990 (Exemplar des Künstlers ausgestellt).

2002

„Einfach Kunst. Sammlung Rolf Ricke", Neues Museum in Nürnberg, 24. Juni – 18. August 2002.

2003

„Schokolade, was denn sonst. Sammlung Rolf Ricke", Kunstraum Innsbruck, 26. April – 21. Juni 2003.

2005

„Sweet Temptations. Dialoge mit der Sammlung Rolf Ricke“, Kunstmuseum St.Gallen, 26. Februar – 16. Mai 2005.

„Broken Glass“, Glaspaleis Heerlen, 17. September – 30. Oktober 2005.

2007

„Das Kapital. Blue Chips & Masterpieces“, Museum für Moderne Kunst, Frankfurt am Main, 21. April – 26. August 2007.

„Lust for Life. Die Sammlung Ricke“, Kunstmuseum Liechtenstein, Vaduz, 21. September 2007 – 13. Januar 2008.

Abbildungen

„Barry Le Va: 1966–1988“, Ausst.-Kat. Carnegie Mellon Art Gallery, Pittsburgh, Pennsylvania u. a. 1988, S. 68.

„Barry Le Va. Glass, Bullets, Cleavers, 1968–1970”, Ausst.-Kat. Städtisches Museum Abteiberg, Mönchengladbach 1989, S. 23.

„The New Sculpture 1965–75: Between Geometry and Gesture“, Hg. Richard Armstrong und Richard Marshall, Ausst.-Kat. Whitney Museum of American Art, New York 1990, S. 123, Abb. 89.

„Einfach Kunst. Sammlung Rolf Ricke“, Ausst.-Kat. Neues Museum in Nürnberg, 2002, S. 75.

„Accumulated Vision, Barry Le Va“, Hg. Ingrid Schaffner, Ausst.-Kat. Institute of Contemporary Art, University of Pennsylvania, Philadelphia 2005, S. 118 (Installationsansicht Galerie Ricke, Köln 1971).

„Broken Glass. Glas in Kunst und Architektur“, Hg. Wolfgang Becker, Ausst.-Kat. Glaspaleis Heerlen, Köln 2005, S. 34.

53

Layered Pattern Acts, 1971

Fotografie, Filzstift und Klebeband auf Papier

43 x 61 cm

signiert, bezeichnet und datiert recto unten: Dear Rolf + Ushie, On this Christmas day (Dec. 1971) my gift to you Both is this Drawing plus the above Glass Piece for your upstairs collection. Many Thanks, and a Very Merry Christmas, Love Barry

Kunstmuseum Liechtenstein, Vaduz

Inv.-Nr. KML 06.31.02

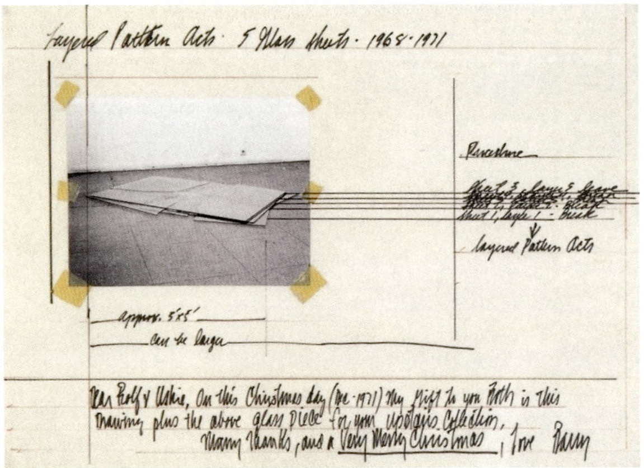

Ausstellungen

1986

„Barry Le Va. Arbeiten auf Papier 1966–1975“, Galerie Rolf Ricke, Köln, 10. Oktober – 8. November 1986.

Abbildungen

„Barry Le Va. Glass, Bullets, Cleavers, 1968–1970“, Ausst.-Kat. Städtisches Museum Abteiberg, Mönchengladbach 1989, S. 24.

„Einfach Kunst. Sammlung Rolf Ricke“, Ausst.-Kat. Neues Museum in Nürnberg, 2002, S. 75.

54

Cleaved Wall, 1969/1970

zwölf Stahlbeile mit Holzgriffen

Gesamtlänge: ca. 10 m (verschiedene Möglichkeiten der Positionierung an der Wand)

(Beil: je 44,4 x 17 x 2,5 cm)

Museum für Moderne Kunst, Frankfurt am Main

Inv.-Nr. 2006/227.1-12

Ausstellungen

1969

Erstmals ausgeführt im Atelier des Künstlers in Minneapolis, Minnesota.

1970

„Sculpture Annual. Contemporary American Sculpture“, Whitney Museum of American Art, New York, 12. Dezember 1970 – 7. Februar 1971 (Version mit 24 Beilen).

1971

„7 Neue Arbeiten“, Galerie Ricke, Köln, 2. – 28. April 1971.

1981

„Neunzehnhundertachtundsechzig“, Galerie Rolf Ricke, Köln, 10. Juli – 15. August 1981.

1988

„Barry Le Va: 1966–1988“, Carnegie Mellon Art Gallery, Pittsburgh, Pennsylvania, 29. Oktober – 22. Dezember 1988; Newport Harbor Art Museum, Newport Beach, Kalifornien, 20. Januar – 2. April 1989; High Museum of Art, Atlanta, Georgia, 5. September – 29. Oktober 1989; Neuberger Museum, State University of New York at Purchase, New York, 5. Februar – 15. April 1990.

1989

„Barry Le Va. Glass, Bullets, Cleavers, 1968–1970“, Städtisches Museum Abteiberg, Mönchengladbach, 16. Mai – 23. Juli 1989.

2003

„Schokolade, was denn sonst. Sammlung Rolf Ricke“, Kunstraum Innsbruck, 26. April – 21. Juni 2003.

2005

„Accumulated Vision, Barry Le Va“, Institute of Contemporary Art, University of Pennsylvania, Philadelphia, 15. Januar – 3. April 2005.

2007

„Das Kapital. Blue Chips & Masterpieces“, Museum für Moderne Kunst, Frankfurt am Main, 21. April – 26. August 2007.

Abbildungen

„Barry Le Va: 1966–1988“, Ausst.-Kat. Carnegie Mellon Art Gallery, Pittsburgh, Pennsylvania, u. a. 1988, S. 62.

„Barry Le Va. Glass, Bullets, Cleavers, 1968–1970“, Ausst.-Kat. Städtisches Museum Abteiberg, Mönchengladbach 1989, S. 18.

„Einfach Kunst. Sammlung Rolf Ricke“, Ausst.-Kat. Neues Museum in Nürnberg, 2002, S. 73, 202.

„Accumulated Vision, Barry Le Va“, Hg. Ingrid Schaffner, Ausst.-Kat. Institute of Contemporary Art, University of Pennsylvania, Philadelphia 2005, S. 136/137.

55

Shots from the End of a Glass Line, 1969/1970

Revolverpatronen, Stahlrohr und Glas

Dimension variabel je nach Installation

(Stahlrohr: Ø 1 cm)

Kunstmuseum St.Gallen

Inv.-Nr. P 2006.8

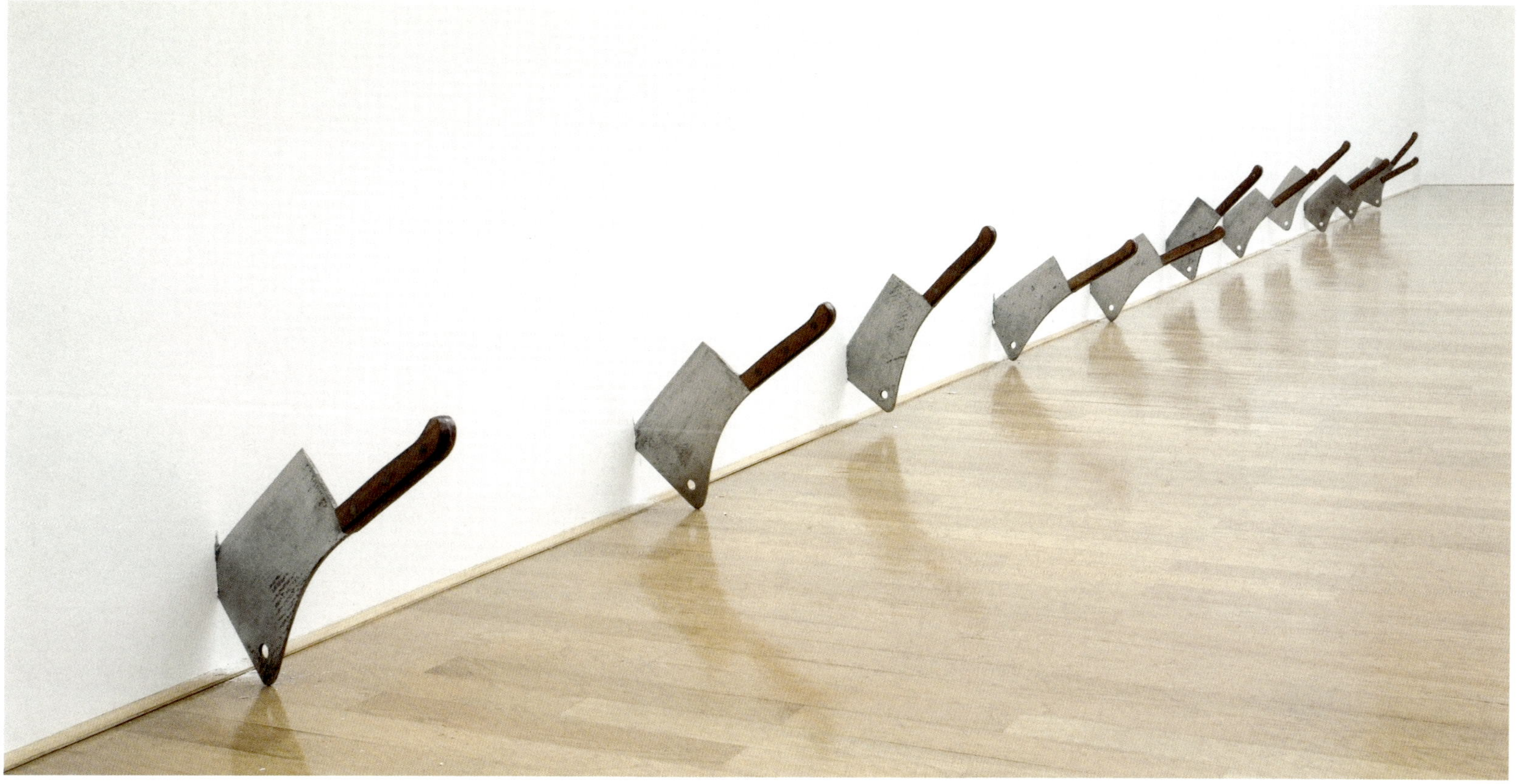

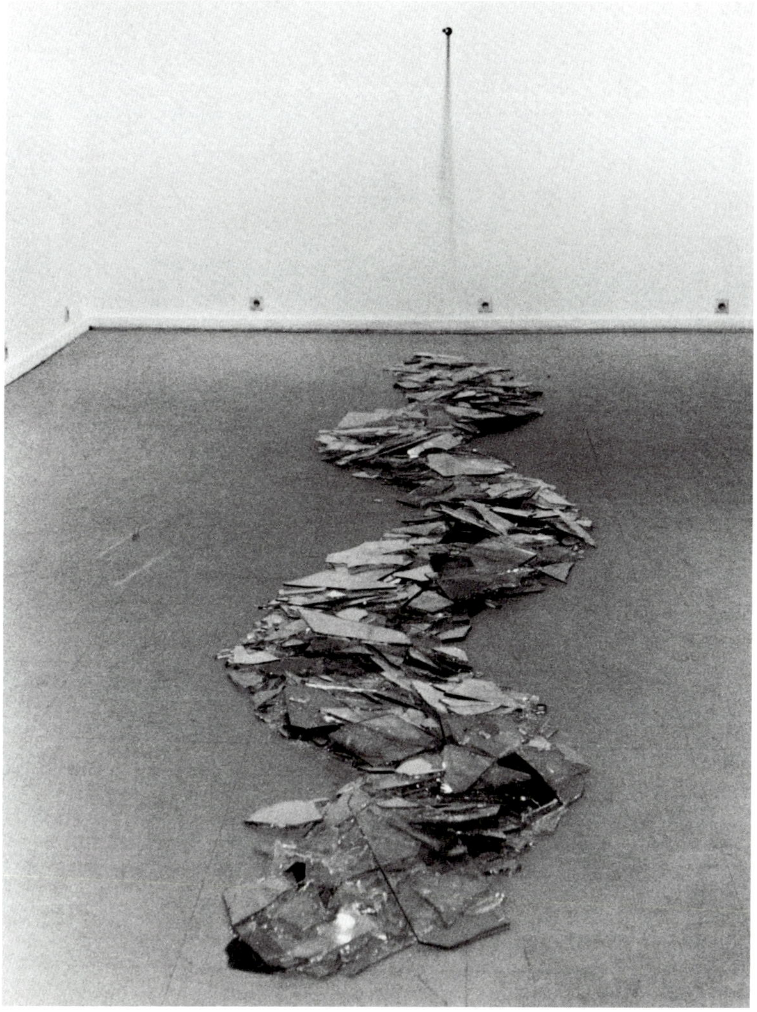

Ausstellungen

1970

„Barry Le Va", Galerie Ricke, Köln, 18. Februar – 15. März 1970.

1988

„Barry Le Va: 1966–1988", Carnegie Mellon Art Gallery, Pittsburgh, Pennsylvania, 29. Oktober – 22. Dezember 1988; Newport Harbor Art Museum, Newport Beach, Kalifornien, 20. Januar – . April 1989; High Museum of Art, Atlanta, Georgia, 5. September – 29. Oktober 1989; Neuberger Museum, State University of New York at Purchase, New York, 5. Februar – 15. April 1990.

1989

„Barry Le Va. Glass, Bullets, Cleavers, 1968–1970", Städtisches Museum Abteiberg, Mönchengladbach, 16. Mai – 23. Juli 1989.

2003

„Schokolade, was denn sonst. Sammlung Rolf Ricke", Kunstraum Innsbruck, 26. April – 21. Juni 2003.

2005

„Accumulated Vision, Barry Le Va", Institute of Contemporary Art, University of Pennsylvania, Philadelphia, 15. Januar – 3. April 2005.

Abbildungen

„Barry Le Va: 1966–1988", Ausst.-Kat. Carnegie Mellon Art Gallery, Pittsburgh, Pennsylvania u. a. 1988, S. 58.

„Barry Le Va. Glass, Bullets, Cleavers, 1968–1970", Ausst.-Kat. Städtisches Museum Abteiberg, Mönchengladbach 1989, S. 20 (Installationsansicht Galerie Ricke, Köln 1970).

„The New Sculpture 1965–75: Between Geometry and Gesture", Hg. Richard Armstrong und Richard Marshall, Ausst.-Kat. Whitney Museum of American Art, New York 1990, S. 167, Abb. 131.

„Einfach Kunst. Sammlung Rolf Ricke", Ausst.-Kat. Neues Museum in Nürnberg, 2002, S. 175.

„Accumulated Vision, Barry Le Va", Hg. Ingrid Schaffner, Ausst.-Kat. Institute of Contemporary Art, University of Pennsylvania, Philadelphia 2005, S. 54 (Installationsansicht Galerie Ricke, Köln 1970), 146/147, 148, 149 (Installationsansicht Galerie Ricke, Köln 1970).

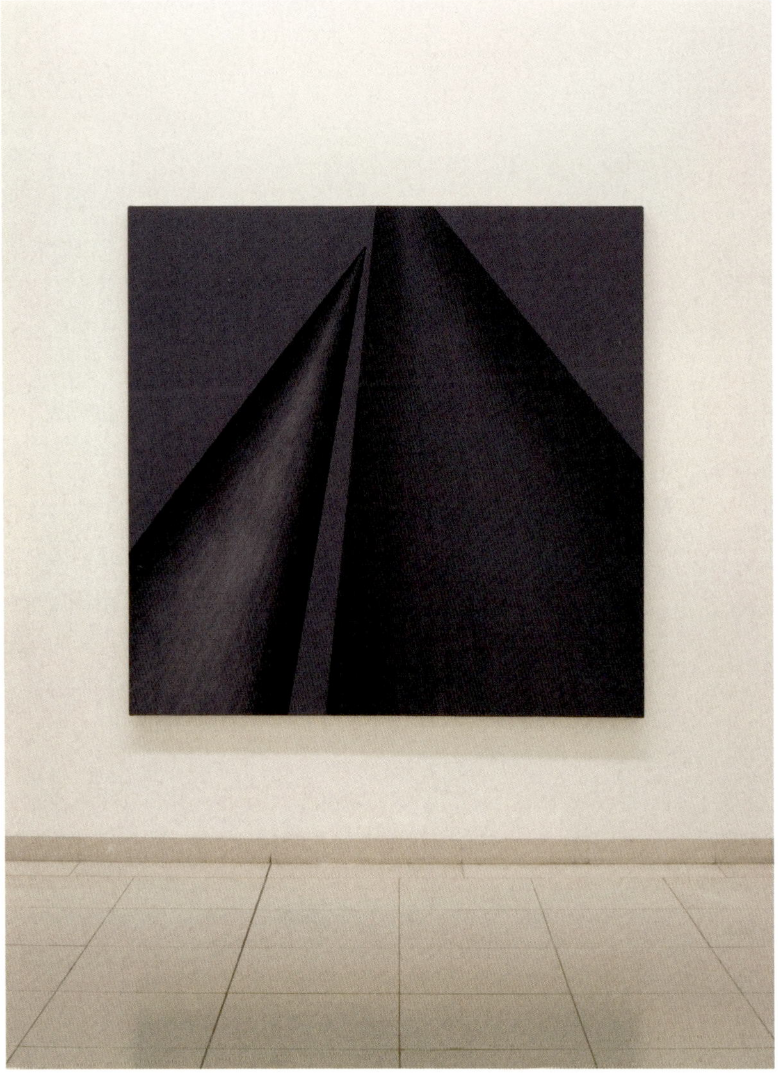

56

Verge, 1965

Öl auf Segeltuch

190,4 x 206 x 3,6 cm

signiert und datiert verso oben Mitte: Lee Lozano 1965

Museum für Moderne Kunst, Frankfurt am Main

Inv.-Nr. 2006/229

Ausstellungen

1969

„Lee Lozano. Bilder 1962–1968“, Galerie Ricke, Köln, 26. Februar – 22. März 1969.

2002

„Einfach Kunst. Sammlung Rolf Ricke“, Neues Museum in Nürnberg, 6. Juni – 14. Juli und 19. – 25. August 2002.

2007

„Das Kapital. Blue Chips & Masterpieces“, Museum für Moderne Kunst, Frankfurt am Main, 21. April – 26. August 2007.

„Lust for Life. Die Sammlung Ricke“, Kunstmuseum Liechtenstein, Vaduz, 21. September 2007 – 13. Januar 2008.

Abbildungen

„Einfach Kunst. Sammlung Rolf Ricke“, Ausst.-Kat. Neues Museum in Nürnberg, 2002, S. 45.

57

Untitled, 1968

Öl auf Leinwand

157,6 x 107,1 x 4,0 cm

signiert und datiert verso unten links (bei Hochformat): Lee Lozano 1968

Museum für Moderne Kunst, Frankfurt am Main

Inv.-Nr. 2006/230

Bemerkung

Werk kann in drei verschiedenen Positionen gehängt werden.

Ausstellungen

2002

„Einfach Kunst. Sammlung Rolf Ricke“, Neues Museum in Nürnberg, 19. – 25. August 2002.

2005

„Sweet Temptations. Dialoge mit der Sammlung Rolf Ricke“, Kunstmuseum St.Gallen, 26. Februar – 16. Mai 2005.

2007

„Das Kapital. Blue Chips & Masterpieces“, Museum für Moderne Kunst, Frankfurt am Main, 21. April – 26. August 2007.

Abbildungen

„Einfach Kunst. Sammlung Rolf Ricke“, Ausst.-Kat. Neues Museum in Nürnberg, 2002, S. 176.

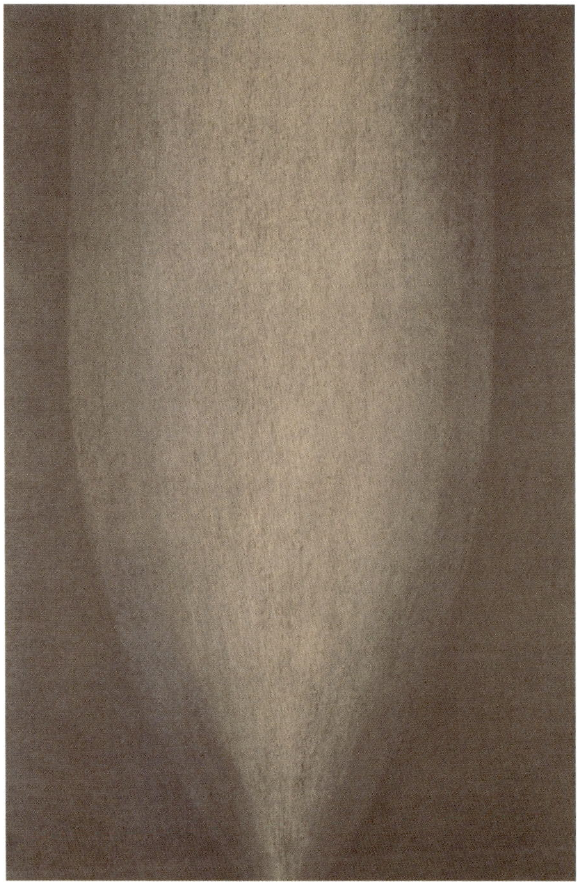

Fabian Marcaccio

58

Alienation as Ornament, 1992

Silikon und Öl auf verschiedenen Geweben, Holz und pigmentierter Gips
175,1 x 229,3 x 7,3 cm
(Gipsstück: 46,5 x 46 x 4,5 cm)
Museum für Moderne Kunst, Frankfurt am Main
Inv.-Nr. 2006/231.1-2

Ausstellungen

1992
„Kinder! macht Neues!", Galerie Rolf Ricke, Köln, 13. Juni – 5. September 1992.

1993
„Plötzlich ist eine Zeit hereingebrochen, in der alles möglich sein sollte", Teil 3, Kunstverein Ludwigsburg, 1993.

1997
„Ca-Ca Poo-Poo", Kölnischer Kunstverein, Köln, 8. November 1997 – 11. Januar 1998.

2002
„Einfach Kunst. Sammlung Rolf Ricke", Neues Museum in Nürnberg, 6. Juni – 4. August 2002.

2003
„Schokolade, was denn sonst. Sammlung Rolf Ricke", Kunstraum Innsbruck, 26. April – 21. Juni 2003.

2005
„Sweet Temptations. Dialoge mit der Sammlung Rolf Ricke", Kunstmuseum St.Gallen, 26. Februar – 16. Mai 2005.

2007
„Das Kapital. Blue Chips & Masterpieces", Museum für Moderne Kunst, Frankfurt am Main, 21. April – 26. August 2007.

Abbildungen

„Kinder! macht Neues!", Ausst.-Kat. Galerie Rolf Ricke, Köln 1992, n. p.
„Ca-Ca Poo-Poo", Hg. Udo Kittelmann, Ausst.-Kat. Kölnischer Kunstverein, Köln, Ostfildern 2002, S. 34 (Detail), 36, 38.
„Fabian Marcaccio. Paintant Stories", Ausst.-Kat. Württembergischer Kunstverein, Stuttgart, Köln 2000, S. 24 (Installationsansicht Kunstverein Ludwigsburg 1993).
„Einfach Kunst. Sammlung Rolf Ricke", Ausst.-Kat. Neues Museum in Nürnberg, 2002, S. 108.

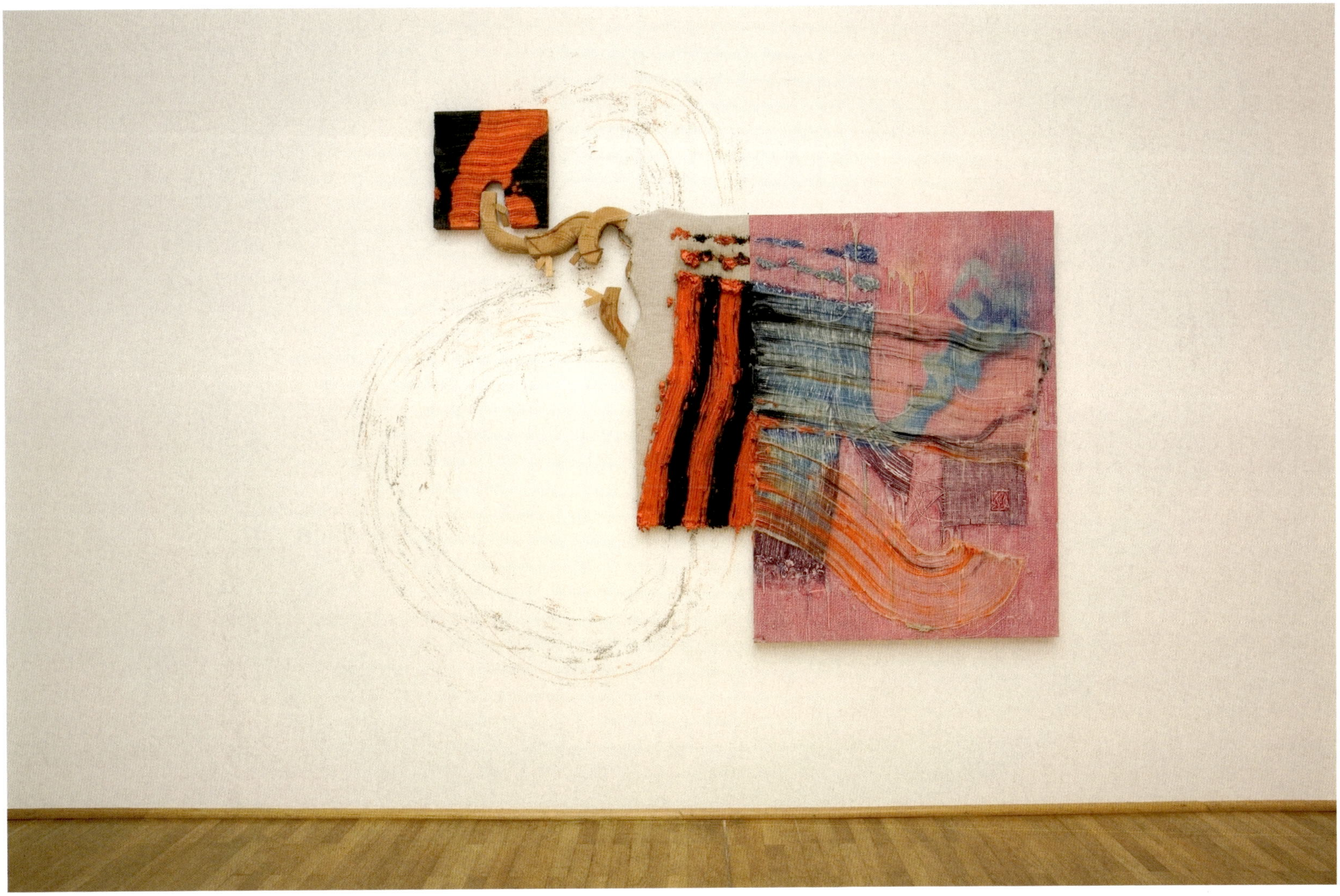

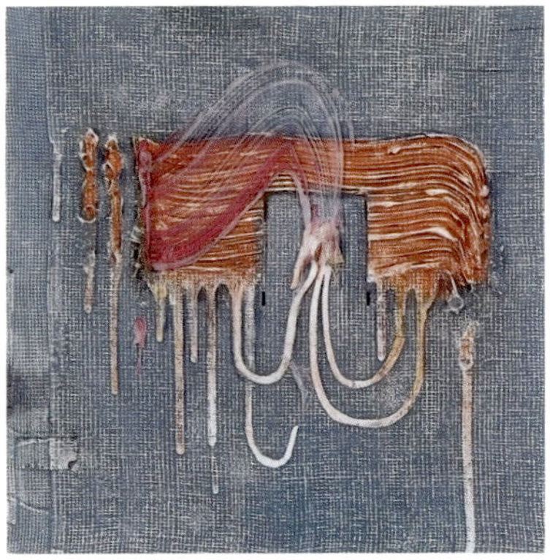

59

Untitled, 1992/1993

Encad-Go-Druckerfarbe, Silikon und Gewebe auf Leinwand
46 x 46 cm
signiert, datiert und bezeichnet verso links: MARCACCIO 92–93 FOR ROLF FEBRUARY 93
Kunstmuseum St.Gallen
Inv.-Nr. G 2006.13

Abbildungen
„Einfach Kunst. Sammlung Rolf Ricke", Ausst.-Kat. Neues Museum in Nürnberg, 2002, S. 176.

60

New Paint Management #2, 1994

Encad-Go-Druckerfarbe und Öl auf Leinwand, zweiteilig
254 x 254 cm
signiert und datiert verso oben Mitte 1/2: MARCACCIO 94; 2/2 MARCACCIO 94
Kunstmuseum Liechtenstein, Vaduz
Inv.-Nr. KML 06.32

Ausstellungen
2002
„Einfach Kunst. Sammlung Rolf Ricke", Neues Museum in Nürnberg, 5. – 25. August 2002.
2007
„Lust for Life. Die Sammlung Ricke", Kunstmuseum Liechtenstein, Vaduz, 21. September 2007 – 13. Januar 2008.

Abbildungen
„Einfach Kunst. Sammlung Rolf Ricke", Ausst.-Kat. Neues Museum in Nürnberg, 2002, S. 176.

61

Deco-Socio-Chunk-Paintant, 1996

Encad-Go-Druckerfarbe und Öl auf Plane über Kupferrohr, Nylonseile und Haken
ca. 240 x 250 x 32 cm
signiert und datiert verso links Mitte: MARCACCIO 96
Kunstmuseum Liechtenstein, Vaduz
Inv.-Nr. KML 06.33

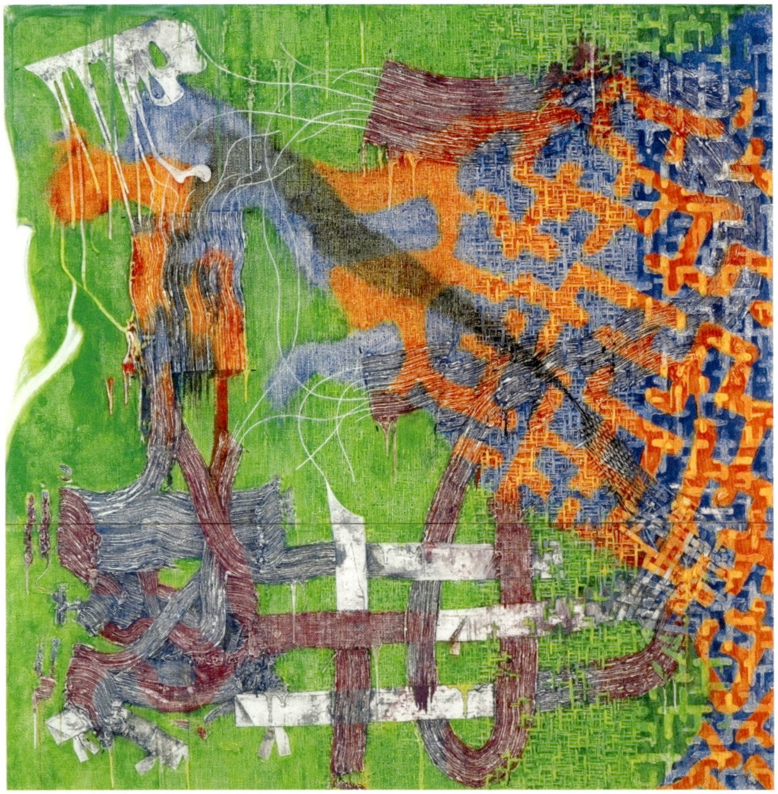

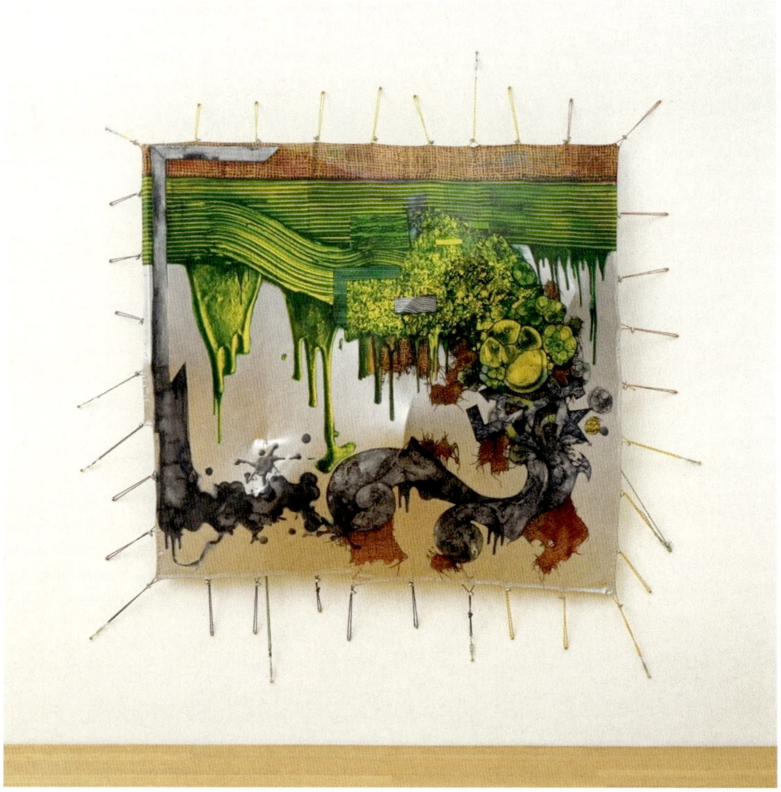

Ausstellungen
2002
„Einfach Kunst. Sammlung Rolf Ricke", Neues Museum in Nürnberg, 6. Juni – 7. Juli 2002.
2007
„Lust for Life. Die Sammlung Ricke", Kunstmuseum Liechtenstein, Vaduz, 21. September 2007 – 13. Januar 2008.

Abbildungen
„Einfach Kunst. Sammlung Rolf Ricke", Ausst.-Kat. Neues Museum in Nürnberg, 2002, S. 10, 107.

62
Hyper-Developed Chaco, 1997–1998
Encad-Go-Druckerfarbe und Öl auf Plane über Kupferrohr, Nylonseile und Haken
ca. 175 x 210 x 45 cm
signiert verso unten links: MARCACCIO
Kunstmuseum St.Gallen
Inv.-Nr. G 2006.12

Ausstellungen
1998
„Fabian Marcaccio. Paintant Compounds", Galerie Rolf Ricke, Köln, 24. April – 16. Juni 1998.
2000
„Das Gedächtnis der Malerei", Aargauer Kunsthaus, Aarau, 27. August – 19. November 2000.
2002
„Einfach Kunst. Sammlung Rolf Ricke", Neues Museum in Nürnberg, 6. Juni – 7. Juli 2002.
2005
„Sweet Temptations. Dialoge mit der Sammlung Rolf Ricke", Kunstmuseum St.Gallen, 26. Februar – 16. Mai 2005.
2007
„Lust for Life. Die Sammlung Ricke", Kunstmuseum Liechtenstein, Vaduz, 21. September 2007 – 13. Januar 2008.

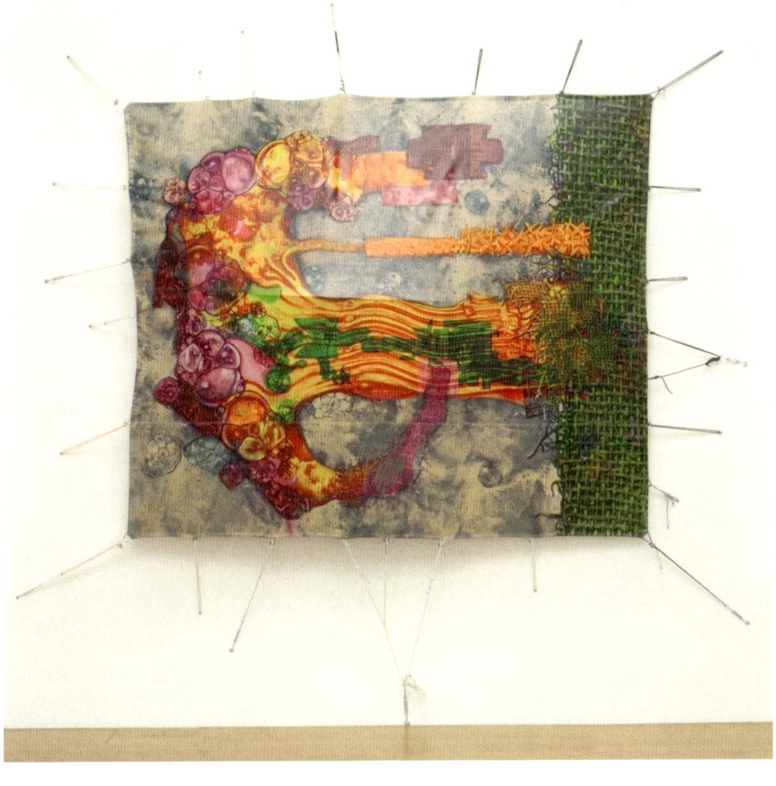

Abbildungen
„Das Gedächtnis der Malerei", Hg. Sibylle Omlin und Beat Wismer, Ausst.-Kat. Aargauer Kunsthaus, Aarau, Köln 2000, S. 404.
„Einfach Kunst. Sammlung Rolf Ricke", Ausst.-Kat. Neues Museum in Nürnberg, 2002, S. 109.

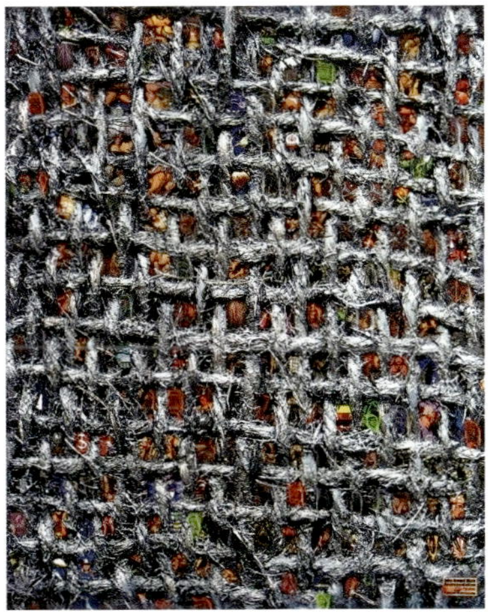

63
Infra-Ground-Micra-Representation-Paintant, 2000
Encad-Go-Druckerfarbe und Silikon auf Leinwand
88 x 72 cm
signiert und datiert verso oben Mitte: MARCACCIO 2000
Kunstmuseum Liechtenstein, Vaduz
Inv.-Nr. KML 06.34

Abbildungen
„Einfach Kunst. Sammlung Rolf Ricke", Ausst.-Kat. Neues Museum in Nürnberg, 2002, S. 177.

Matthew McCaslin

64

User Friendly, 1990

16 Vierfachsteckdosen, Metallrohre, Elektrokabel und Klemmleuchte mit Glühlampe

120 x 119 x 22 cm

Kunstmuseum Liechtenstein, Vaduz

Inv.-Nr. KML 06.35

Ausstellungen

1998

„Matthew McCaslin. Works – Sites", Kunstmuseum St.Gallen, 24. Januar – 19. April 1998; Orange County Museum of Art, Newport Beach, 23. Mai – 13. September 1998; Galerie für Zeitgenössische Kunst Leipzig, 6. Juli – 23. August 1998; Kunstverein Freiburg im Marienbad, Freiburg im Breisgau, 20. November 1998 – 10. Januar 1999.

2002

„Einfach Kunst. Sammlung Rolf Ricke", Neues Museum in Nürnberg, 6. Juni – 28. Juli 2002.

2007

„Lust for Life. Die Sammlung Ricke", Kunstmuseum Liechtenstein, Vaduz, 21. September 2007 – 13. Januar 2008.

Abbildungen

„Matthew McCaslin. Works – Sites", Ausst.-Kat. Kunstmuseum St.Gallen u. a., Ostfildern 1998, S. 64.

„Einfach Kunst. Sammlung Rolf Ricke", Ausst.-Kat. Neues Museum in Nürnberg, 2002, S. 115.

65

A Quarter to What?, 1991

Uhr, zwei Doppelsteckdosen, Metallschlauch, Elektrokabel und Glühlampe in Porzellanfassung

ca. 190 x 60 x 30 cm

Museum für Moderne Kunst, Frankfurt am Main

Inv.-Nr. 2006/232.1-3

Ausstellungen

1991

„Matthew McCaslin", Le Consortium, Dijon, 13. Dezember 1991 – 25. Januar 1992.

1998

„Matthew McCaslin. Works – Sites", Kunstmuseum St.Gallen, 24. Januar – 19. April 1998; Orange County Museum of Art, Newport Beach, 23. Mai – 13. September 1998; Galerie für Zeitgenössische Kunst, Leipzig, 6. Juli – 23. August 1998; Kunstverein Freiburg im Marienbad, Freiburg im Breisgau, 20. November 1998 – 10. Januar 1999.

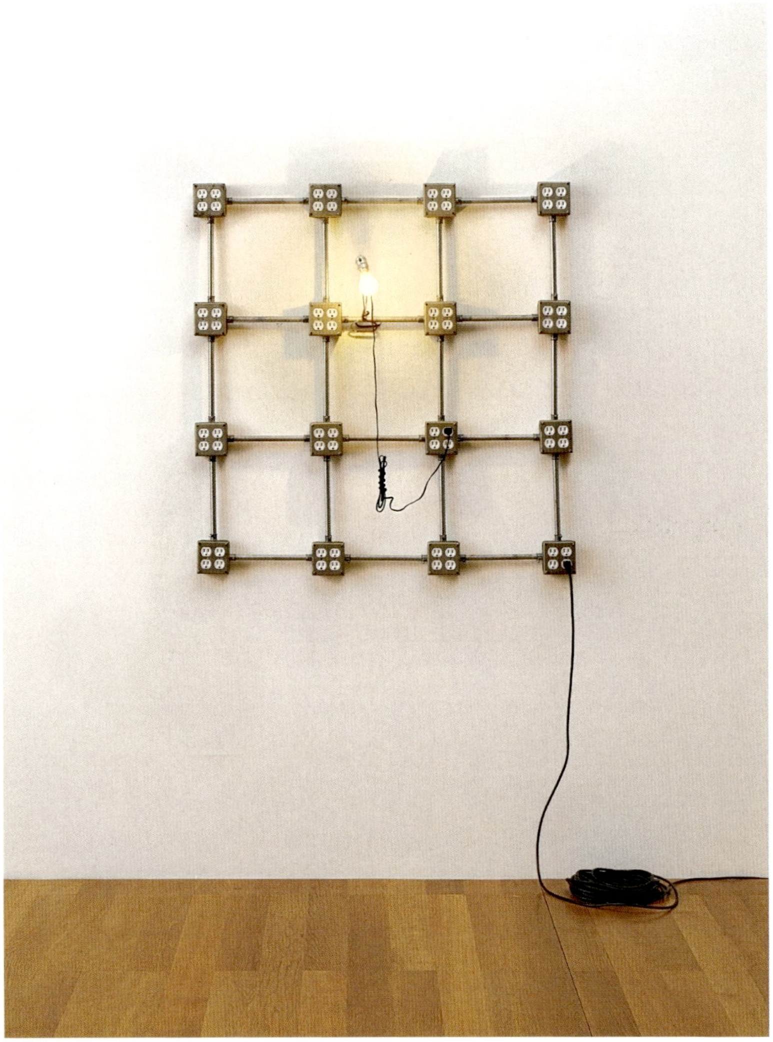

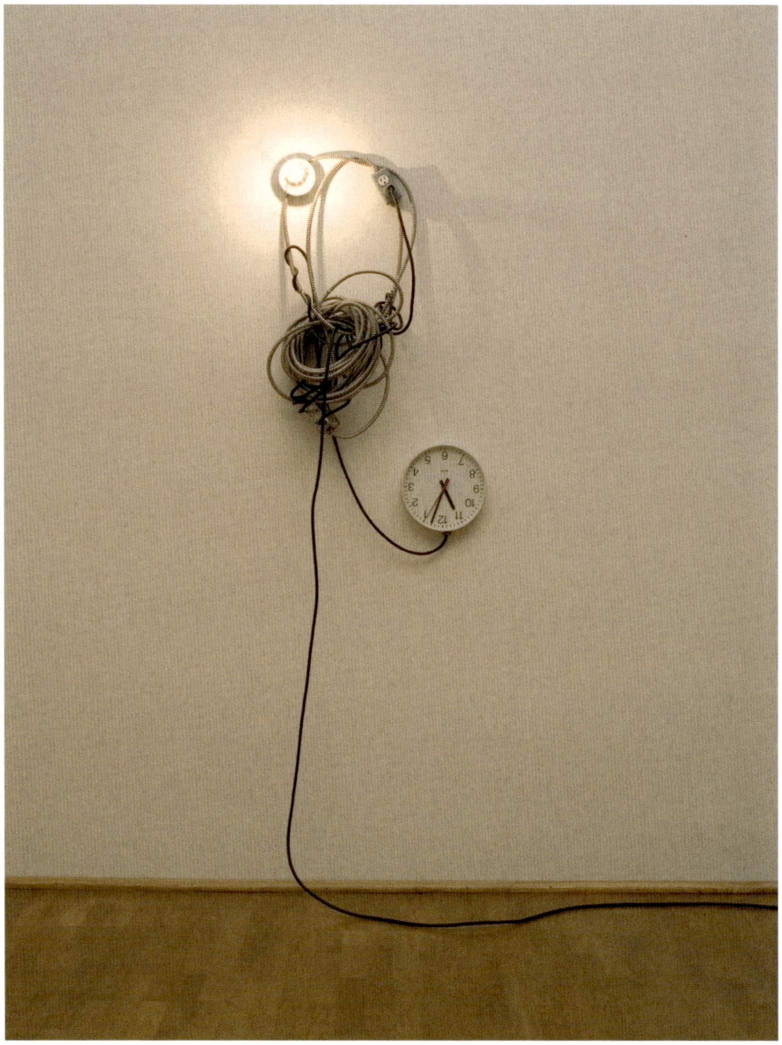

2002
„Einfach Kunst. Sammlung Rolf Ricke“, Neues Museum in Nürnberg, 12. – 25. August 2002.
2007
„Das Kapital. Blue Chips & Masterpieces“, Museum für Moderne Kunst, Frankfurt am Main, 21. April – 26. August 2007.

Abbildungen
„Matthew McCaslin. Ausstellungen/Exhibitions“, Ausst.-Kat. Sprengel Museum Hannover; Städtische Ausstellungshalle Am Hawerkamp, Münster, Ostfildern 1994 (S. 18/19 Installationsansicht Consortium, Dijon 1991).
„Compilation. Une Expérience de l'exposition“, Publikation anlässlich der Ausstelllung „dijon/le consortium.coll“, Centre Georges Pompidou, Paris, Dijon 1998, S. 164.
„Matthew McCaslin. Works – Sites“, Ausst.-Kat. Kunstmuseum St.Gallen u. a., Ostfildern 1998, S. 78.
„Einfach Kunst. Sammlung Rolf Ricke“, Ausst.-Kat. Neues Museum in Nürnberg, 2002, S. 14, 117.

66

Cyclone, um 1991

Unterputzdeckenleuchte aus lackiertem Metall mit zwei Leuchtstoffröhren, Transformator, Elektrokabel und acht Doppelsteckdosen
ca. 134 x 130 x 120 cm
Kunstmuseum St.Gallen
Inv.-Nr. P 2006.10

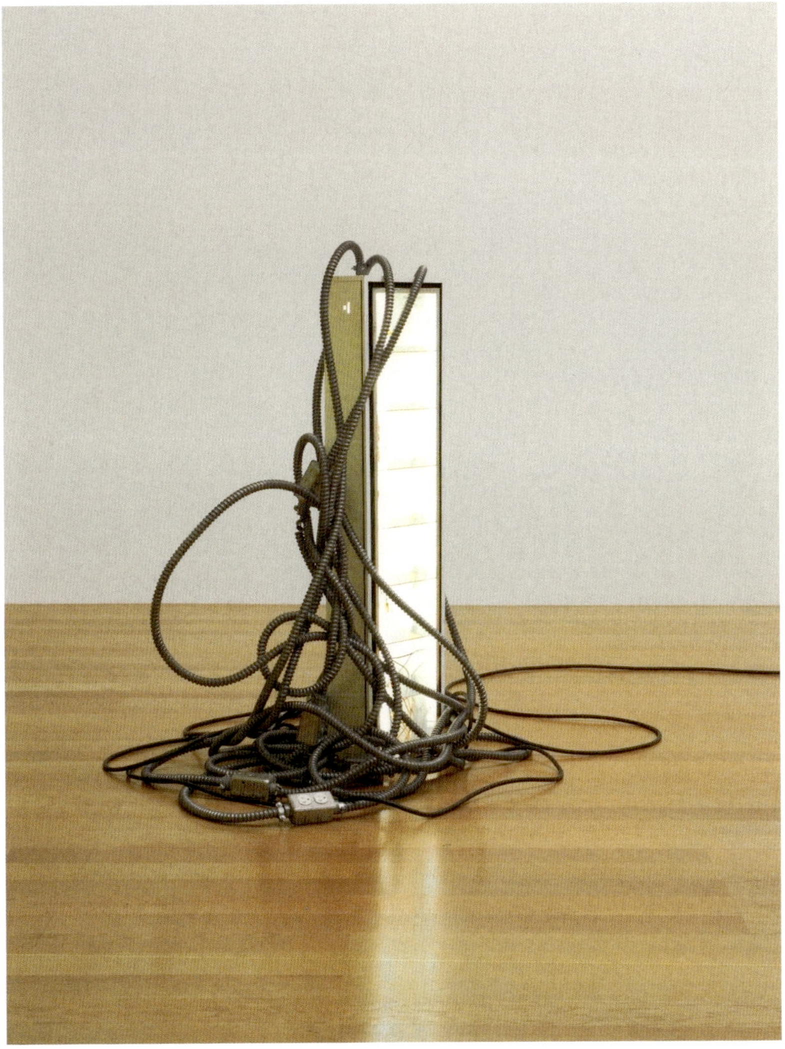

Ausstellungen
2002
„Einfach Kunst. Sammlung Rolf Ricke“, Neues Museum in Nürnberg, 2. – 25. August 2002.
2005
„Sweet Temptations. Dialoge mit der Sammlung Rolf Ricke“, Kunstmuseum St.Gallen, 26. Februar – 16. Mai 2005.
2007
„Lust for Life. Die Sammlung Ricke“, Kunstmuseum Liechtenstein, Vaduz, 21. September 2007 – 13. Januar 2008.

Abbildungen
„Einfach Kunst. Sammlung Rolf Ricke“, Ausst.-Kat. Neues Museum in Nürnberg, 2002, S. 177.

67

Dilemma, 1992

Elektrokabel und Glühlampe in Kunststofffassung mit Schutzkorb
ca. 14 x 95 x 250 cm
Kunstmuseum St.Gallen
Inv.-Nr. P 2006.11

Ausstellungen
1992
„Matthew McCaslin“, Galerie Rolf Ricke, Köln, 27. März – 30. April 1992.

Abbildungen
„Nachtschattengewächse“, Ausst.-Kat. Museum Fridericianum, Kassel 1993, S. 68 (Installationsansicht Galerie Rolf Ricke, Köln 1992).
„Einfach Kunst. Sammlung Rolf Ricke“, Ausst.-Kat. Neues Museum in Nürnberg, 2002, S. 177.

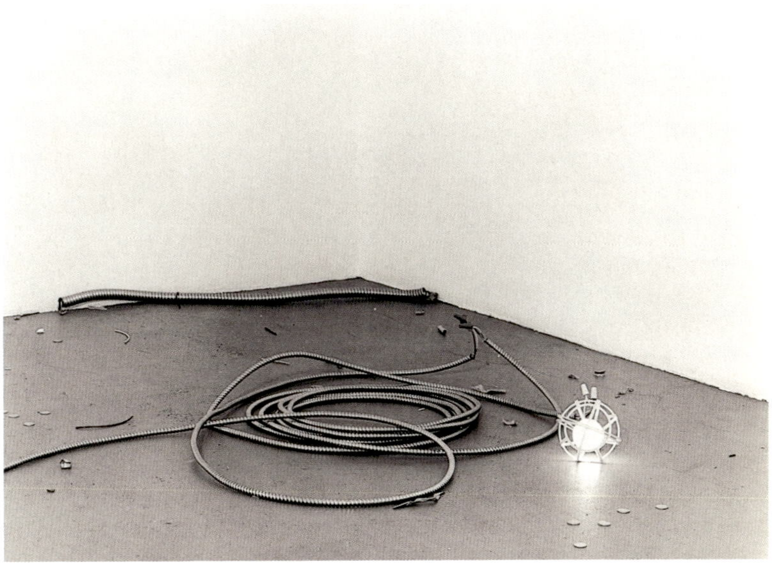

68

Right There, 1992

Elektrokabel, Schalter, acht Vierfachsteckdosen und Glühlampe in Porzellanfassung

200 x 140 x 30 cm

Kunstmuseum Liechtenstein, Vaduz

Inv.-Nr. KML 06.36

Ausstellungen

1992

„Matthew McCaslin", Galerie Rolf Ricke, Köln, 27. März – 30. April 1992.

2005

„Sweet Temptations. Dialoge mit der Sammlung Rolf Ricke", Kunstmuseum St.Gallen, 26. Februar – 16. Mai 2005.

2007

„Lust for Life. Die Sammlung Ricke", Kunstmuseum Liechtenstein, Vaduz, 21. September 2007 – 13. Januar 2008.

Abbildungen

„Nachtschattengewächse", Ausst.-Kat. Museum Fridericianum, Kassel 1993, S. 68 (Installationsansicht Galerie Rolf Ricke, Köln 1992).

„Matthew McCaslin. Ausstellungen/Exhibitions", Ostfildern 1994, S. 22/23 (Installationsansicht Galerie Rolf Ricke, Köln 1992), Publikation anlässlich der Ausstellung gleichen Namens im Sprengel Museum Hannover und Städtische Ausstellungshalle Am Hawerkamp, Münster (Reihe Cantz).

„Matthew McCaslin. Works – Sites", Ausst.-Kat. Kunstmuseum St.Gallen u. a., Ostfildern 1998, S. 8 (Installationsansicht Galerie Rolf Ricke, Köln 1992).

„Einfach Kunst. Sammlung Rolf Ricke", Ausst.-Kat. Neues Museum in Nürnberg, 2002, S. 177.

69

Dazed and Confused, 1998

drei Farbfernsehgeräte, drei VHS-Rekorder, Elektrokabel und drei VHS-Kassetten (Endlosschleifen)

50 x 146 x 43,7 cm

Museum für Moderne Kunst, Frankfurt am Main

Inv.-Nr. 2006/233.1-8

Ausstellungen

1998

„I Love New York", Museum Ludwig Köln, 6. November 1998 – 31. Januar 1999.

2002

„Einfach Kunst. Sammlung Rolf Ricke", Neues Museum in Nürnberg, 12. – 25. August 2002.

2007

„Das Kapital. Blue Chips & Masterpieces", Museum für Moderne Kunst, Frankfurt am Main, 21. April – 26. August 2007.

Abbildungen

„I Love New York", Hg. Jochen Poetter, Ausst.-Kat. Museum Ludwig Köln, 1998, S. 124.

„Einfach Kunst. Sammlung Rolf Ricke", Ausst.-Kat. Neues Museum in Nürnberg, 2002, S. 116.

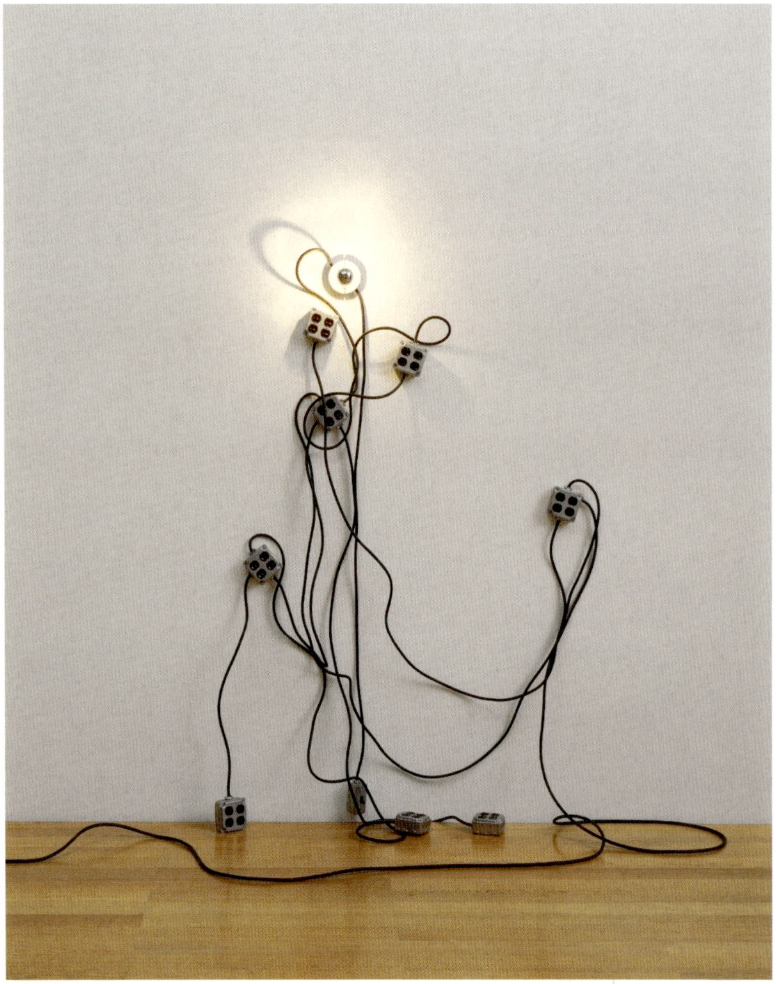

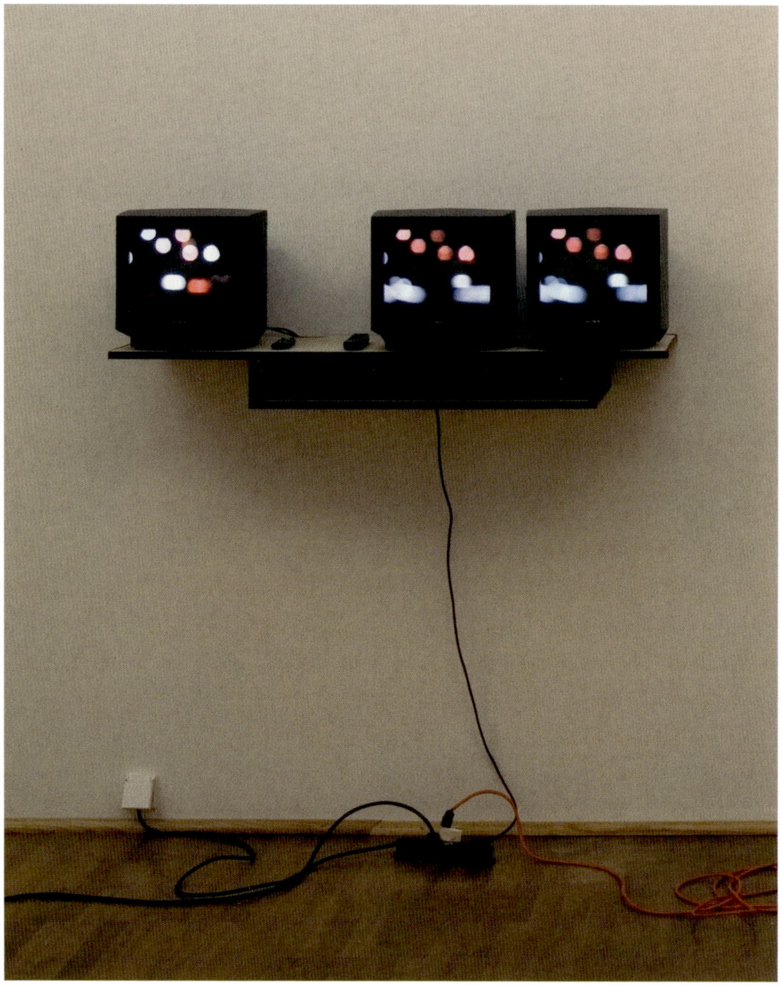

Allan McCollum

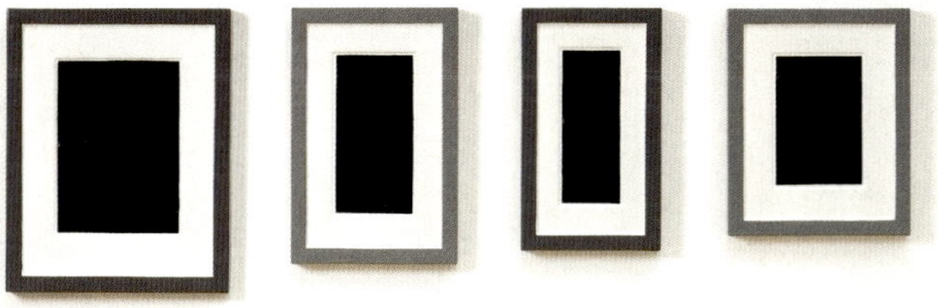

70

Surrogates, 1984

Öl auf Gips, vierteilig

1/1: 51,3 x 41,2 x 4,7 cm

1/2: 46,2 x 30,7 x 4,5 cm

1/3: 43,7 x 25,6 x 4,5 cm

1/4: 40,8 x 33,4 x 4,3 cm

signiert, bezeichnet und datiert verso Mitte: 1/1: 14–1–84 Allan McCollum; 1/2: 8–2–84 Allan McCollum; 1/3: 21–3–84; 1/4: 5–4–84 Allan McCollum

Kunstmuseum Liechtenstein, Vaduz

Inv.-Nr. KML 06.37

Ausstellungen

1984

„Allan McCollum: Plaster Surrogates", Richard Kuhlenschmidt Gallery, Los Angeles, 1984.

1985

„Allan McCollum: Plaster Surrogates", Cash Newhouse Gallery, New York, 1985.

2007

„Lust for Life. Die Sammlung Ricke", Kunstmuseum Liechtenstein, Vaduz, 21. September 2007 – 13. Januar 2008.

Abbildungen

„Einfach Kunst. Sammlung Rolf Ricke", Ausst.-Kat. Neues Museum in Nürnberg, 2002, S. 177.

What are your present paintings, if that's the right word, made of?

I usually call them *Surrogates*, or *Plaster Surrogates*, and they're made from an enhanced casting plaster called Hydrostone. I use plaster in general because of its many connotations, especially its connotation as a medium for mass-produced replicas.

When did you start the Surrogates?

They were started before I started calling them *Surrogates*. The notion, the desire to make a sign for a painting came first; then I went through a number of ways of trying to do that. I arrived at the present basic form—the frame, the mat, and something inside the mat—around 1978. At that stage, though, I was painting them monochromatically (red, green, purple, etc.): the frame, the mat, and what was inside were all the same color. It wasn't until late 1979 or 1980 that I began separating the frame from the centre, and painting the centre black.

How carefully do you arrange the Surrogates *on the gallery wall?*

In my arrangements, I'm only aiming to create a conventional-looking installation. I work to get them fairly evenly-spaced: I try to put about 2 to 2 1/2 inches between them and I don't leave any gaping spaces, which is harder to do than you might think, because I'm working with so many odd sizes.

Why do you go for the cluttered, Salon-type look, which is hardly typical of modern galleries?

Initially, I made that choice (this was before I came to black centers, they were still solid colors) because I found that the things I was making weren't always being read as signs for paintings in the way I wanted them to be. They were too often being seen as minimalist objects, or something like that. There were a couple of decisions I made to enhance their identity as signs. One was to create the black center and the brown frame, which made the reference very specific. The other was to create a type of installation which *hyper-exaggerated* the idea of an installation. As you say, this type of hanging isn't fashionable in the "modern" gallery, but there are many poster shops and other kinds of art stores which sell paintings like this today. So I also like my work installed this way because when it includes a reference to all types of painting, if not all types of framed object.

When I walked into your current show at the Lisson Gallery, the first feeling I had on confronting the Surrogates *was of photographs. Maybe they reminded me visually of Polaroids that hadn't developed; but they also had for me some of the emotional qualities of photographs, especially a slightly nostalgic feeling.*

As you know, I'm fond of photographs of artworks. My work often gets into the area of the relationship between a photograph of an artwork and an artwork. And, yes, I'm aware that the shiny black is reminiscent of a photograph, and I have the same sort of nostalgic reaction to my own installations as you describe in your own experience. Another reason that they feel like photographs to *me* is that they're mechanically-reproduced. They're made from moulds, which could be compared with the way that photographs are made from negatives. I feel that all replicas carry with them a feeling of poignancy, of sadness; a memory is a kind of replica, a sort of homeless phantom. I work to give my *Surrogates* the appearance of a precious thing, and that's the way I think of photographs too. Photographs are things that I love to handle—they accrue that value of a remembrance that you want to touch.

So you accept that there's an element of remembrance in your work?

One of the things my work is about is the un-fulfillment of expectations. I would guess that whenever one goes to look at artworks, one is ready to go into a state of reverie, which includes the past prominently. And in the case of my work, it is this expectation of reverie itself which becomes the subject of one's experience.

. . . .

Allan McCollum, interview with Gray Watson

First published in *Artscribe*, no. 55, (December/January 1985/86), pp. 65–67.
The text has been edited for the present publication. It is reprinted with the kind permission of Allan McCollum and Gray Watson.

Thom Merrick

71

Untitled, 1988

Gummi

11,5 x 633 x 55 cm

Kunstmuseum Liechtenstein, Vaduz

Inv.-Nr. KML 06.38

Ausstellungen

1989

„Thom Merrick", Pat Hearn Gallery, New York, 1989.

1990

„Thom Merrick", Galerie Rolf Ricke, Köln, 16. Februar – 17. März 1990.

1993

„Aus der Sammlung VIII", Norishalle, Kunsthalle Nürnberg, 27. Februar – 27. Juni 1993.

2002

„Einfach Kunst. Sammlung Rolf Ricke", Neues Museum in Nürnberg, 12. – 25. August 2002.

2007

„Lust for Life. Die Sammlung Ricke", Kunstmuseum Liechtenstein, Vaduz, 21. September 2007 – 13. Januar 2008.

Abbildungen

„Aus der Sammlung VIII", Ausst.-Brosch. Norishalle, Kunsthalle Nürnberg,1993, n. p.

„Einfach Kunst. Sammlung Rolf Ricke", Ausst.-Kat. Neues Museum in Nürnberg, 2002, S. 123.

72

Untitled, 1988

Moosgummi, Klebstoff und Holz

254,5 x 220 x 25,3 cm

Museum für Moderne Kunst, Frankfurt am Main

Inv.-Nr. 2006/235

Ausstellungen

2007

„Das Kapital. Blue Chips & Masterpieces", Museum für Moderne Kunst, Frankfurt am Main, 21. April – 26. August 2007.

Abbildungen

„Einfach Kunst. Sammlung Rolf Ricke", Ausst.-Kat. Neues Museum in Nürnberg, 2002, S. 178.

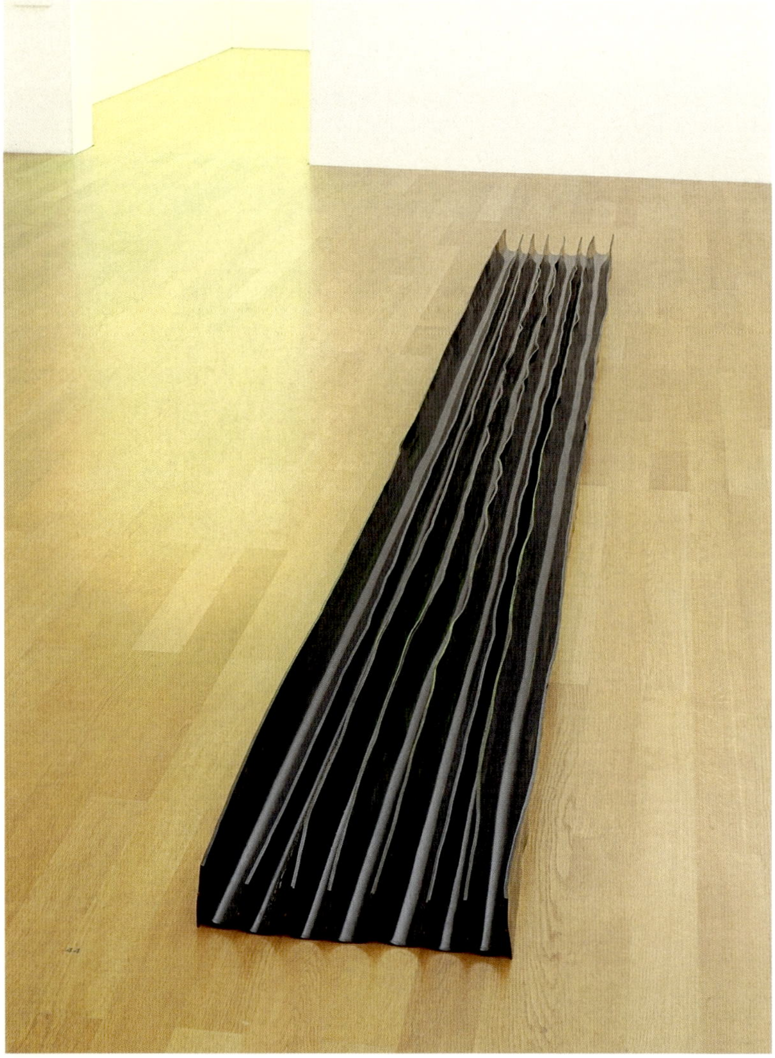

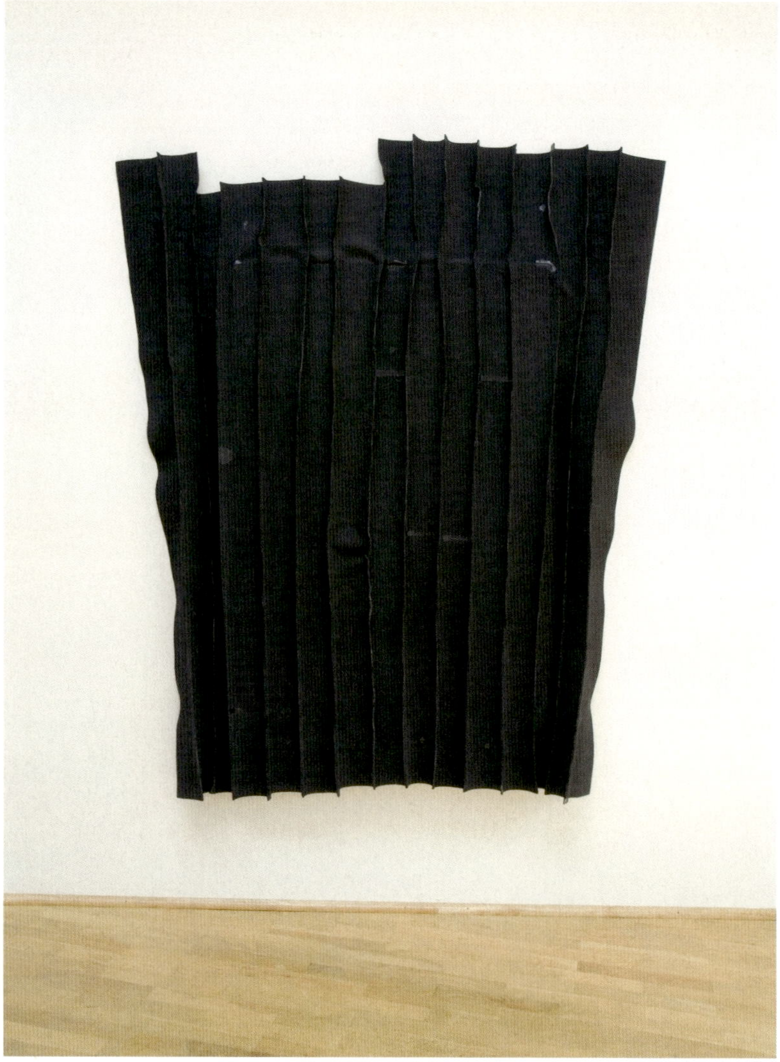

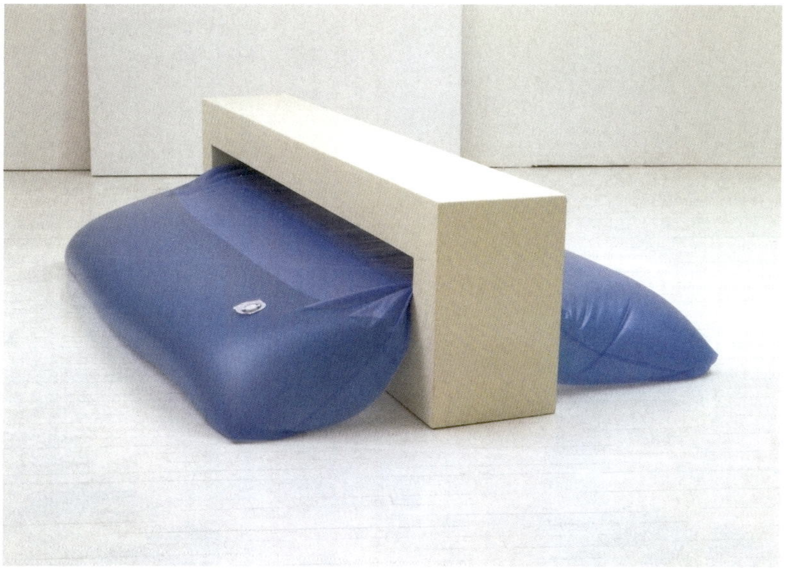

73

Untitled, 1988

Vinyl, Wasser, Alkyd und Holz

244 x 183 x 61 cm

Museum für Moderne Kunst, Frankfurt am Main

Inv.-Nr. 2006/234.1-2

Ausstellungen

1989

„Aus meiner Sicht“, Kölnischer Kunstverein, Köln, 12. November 1989 – 7. Januar 1990.

1997

„Thom Merrick. Interventionen 8“, Sprengel Museum Hannover, 5. Februar – 27. April 1997.

2002

„Einfach Kunst. Sammlung Rolf Ricke“, Neues Museum in Nürnberg, 12. – 25. August 2002.

Abbildungen

„Rolf Ricke“, Hg. Marianne Stockebrand, Köln 1990, S. 167, Publikation anlässlich der Ausstellung „Aus meiner Sicht“ im Kölnischen Kunstverein.

„Thom Merrick. Interventionen 8“, Ausst.-Kat. Sprengel Museum Hannover, 1997, S. 6.

„Einfach Kunst. Sammlung Rolf Ricke“, Ausst.-Kat. Neues Museum in Nürnberg, 2002, S. 119.

74

Untitled, 1989

Metallröhren und Ziegelsteine auf aufgeblasener Kunststoffmatte

12 x 185 x 215 cm

Kunstmuseum St.Gallen

Inv.-Nr. P 2006.14

Ausstellungen

1990

„Thom Merrick“, Galerie Rolf Ricke, Köln, 16. Februar – 17. März 1990.

1997

„Thom Merrick. Interventionen 8“, Sprengel Museum Hannover, 5. Februar – 27. April 1997.

Abbildungen

„Thom Merrick. Interventionen 8“, Ausst.-Kat. Sprengel Museum Hannover, 1997, S. 8 (Installationssansicht Galerie Rolf Ricke, Köln 1990).

„Einfach Kunst. Sammlung Rolf Ricke“, Ausst.-Kat. Neues Museum in Nürnberg, 2002, S. 122.

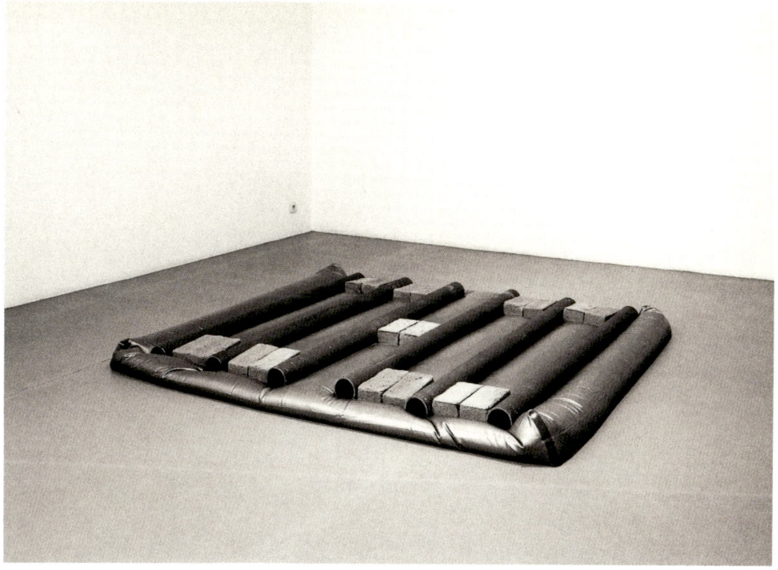

75

Untitled, 1989

Gummi und Klettband

165 x 259 x 30,5 cm

Kunstmuseum St.Gallen

Inv.-Nr. P 2006.13

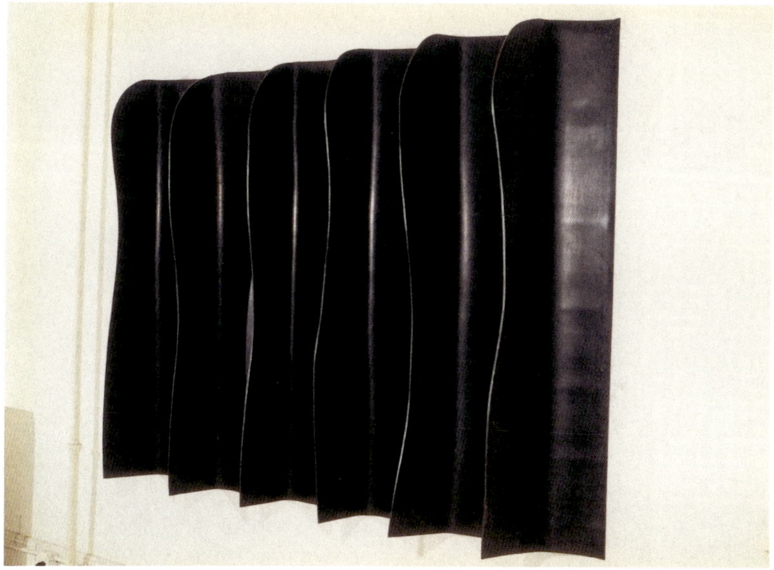

Ausstellungen

2005

„Sweet Temptations. Dialoge mit der Sammlung Rolf Ricke“, Kunstmuseum St.Gallen, 26. Februar – 16. Mai 2005.

Abbildungen

„Einfach Kunst. Sammlung Rolf Ricke“, Ausst.-Kat. Neues Museum in Nürnberg, S. 120.

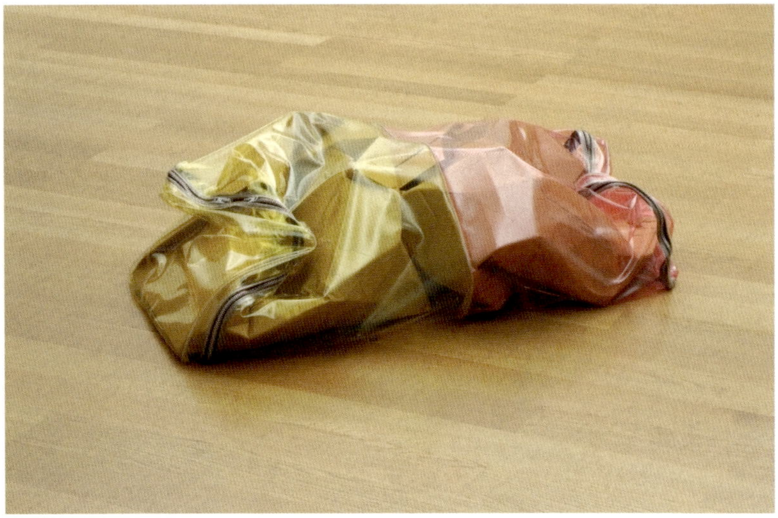

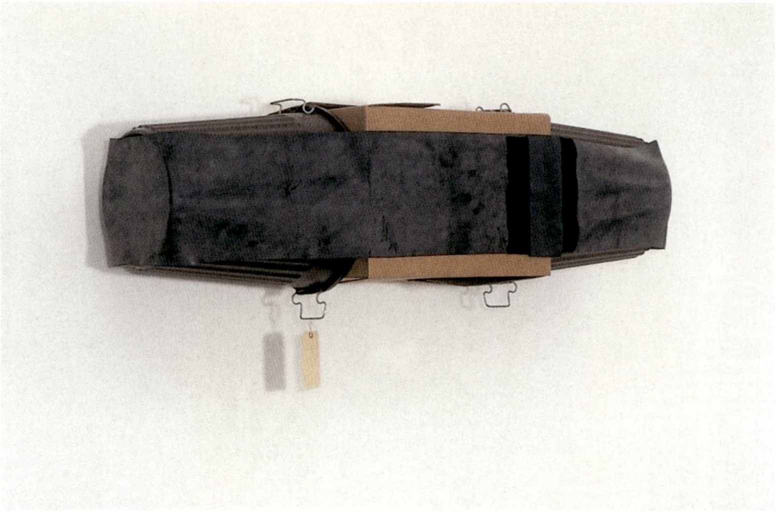

76

Untitled, 1990

Karton in Vinyl mit Metallreissverschlüssen

31 x 113 x 63 cm

Kunstmuseum St.Gallen

Inv.-Nr. P 2006.12

Ausstellungen

1990

„Programm VIII", Galerie Rolf Ricke, Köln, 6. Juli – 1. September 1990.

2002

„Einfach Kunst. Sammlung Rolf Ricke", Neues Museum in Nürnberg, 5. – 25. August 2002.

2007

„Lust for Life. Die Sammlung Ricke", Kunstmuseum Liechtenstein, Vaduz, 21. September 2007 – 13. Januar 2008.

Abbildungen

„Thom Merrick. Interventionen 8", Ausst.-Kat. Sprengel Museum Hannover, 1997, S. 11.

„Einfach Kunst. Sammlung Rolf Ricke", Ausst.-Kat. Neues Museum in Nürnberg, 2002, S. 11, 178.

77

Untitled, 1990

Karton, Kunststoff, Klettband, Gummi und Metall

39,5 x 138,6 x 40,2 cm

Museum für Moderne Kunst, Frankfurt am Main

Inv.-Nr. 2006/237

Ausstellungen

2002

„Einfach Kunst. Sammlung Rolf Ricke", Neues Museum in Nürnberg, 12. – 25. August 2002.

Abbildungen

„Einfach Kunst. Sammlung Rolf Ricke", Ausst.-Kat. Neues Museum in Nürnberg, 2002, S. 178.

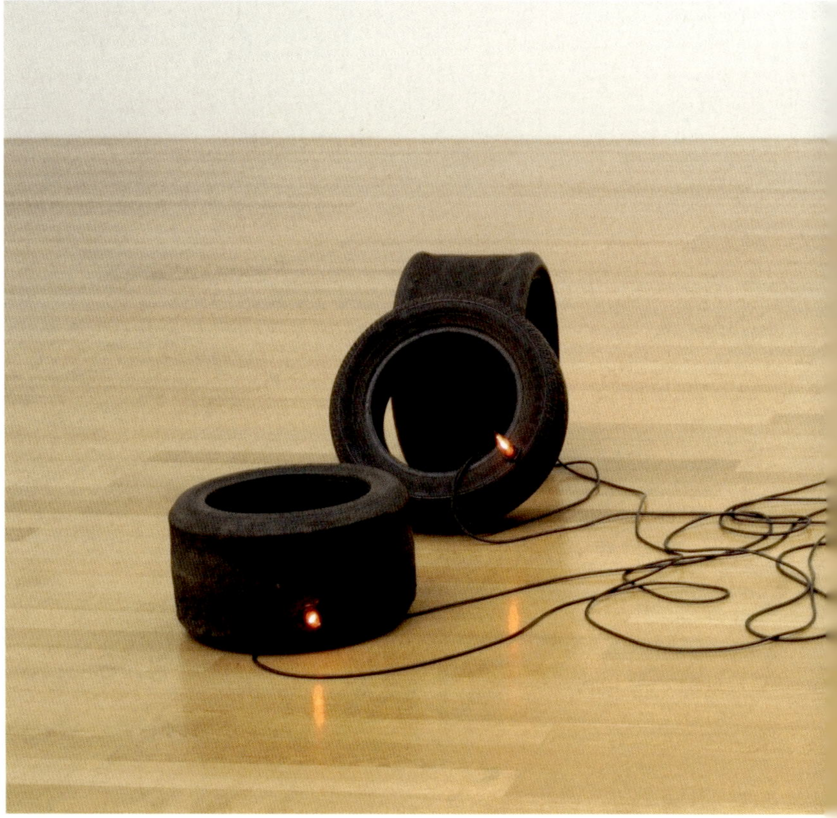

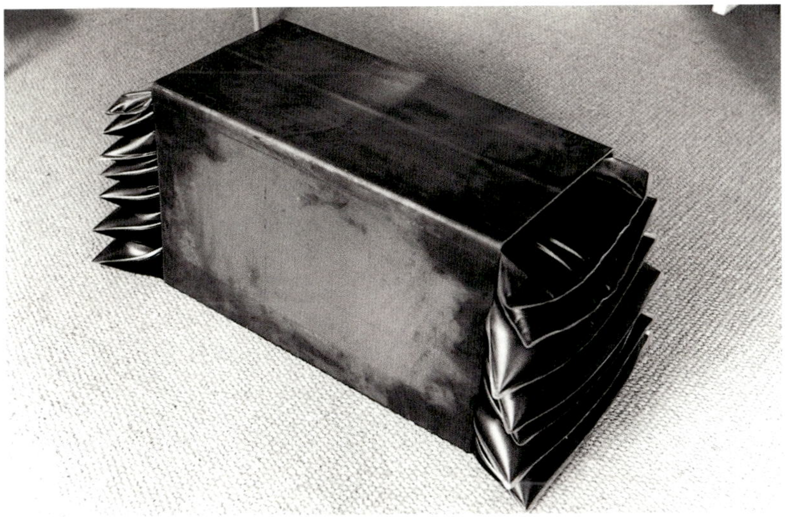

78

Untitled, 1990

Stahl, vierzehn Vinylbeutel und Tinte
46 x 110 x 52 cm
(Stahlobjekt: 46 x 76,2 x 37,8 cm
Vinylbeutel: je 4,5 x 51,5 x 36,5 cm)
Museum für Moderne Kunst, Frankfurt am Main
Inv.-Nr. 2006/238.1-2

Abbildungen

„Einfach Kunst. Sammlung Rolf Ricke", Ausst.-Kat. Neues Museum in Nürnberg, 2002, S. 15, 178.

79

Blindgänger, 1993

Autoreifen, Elektrokabel und Glühlampen
Dimension variabel je nach Installation
Kunstmuseum St.Gallen
Inv.-Nr. P 2006.15

Ausstellungen

1993
„Thom Merrick", Galerie Rolf Ricke, Köln, 12. März – 24. April 1993.
1997
„Thom Merrick. Interventionen 8", Sprengel Museum Hannover, 5. Februar – 27. April 1997.
2002
„Einfach Kunst. Sammlung Rolf Ricke", Neues Museum in Nürnberg, 6. Juni – 28. Juli 2002.
2005
„Sweet Temptations. Dialoge mit der Sammlung Rolf Ricke", Kunstmuseum St.Gallen, 26. Februar – 16. Mai 2005.
2007
„Lust for Life. Die Sammlung Ricke", Kunstmuseum Liechtenstein, Vaduz, 21. September 2007 – 13. Januar 2008.

Abbildungen

„Thom Merrick. Interventionen 8", Ausst.-Kat. Sprengel Museum Hannover, 1997, S. 17 (Installationssansicht Galerie Rolf Ricke, Köln 1993).
„Einfach Kunst. Sammlung Rolf Ricke", Ausst.-Kat. Neues Museum in Nürnberg, 2002, S. 121.

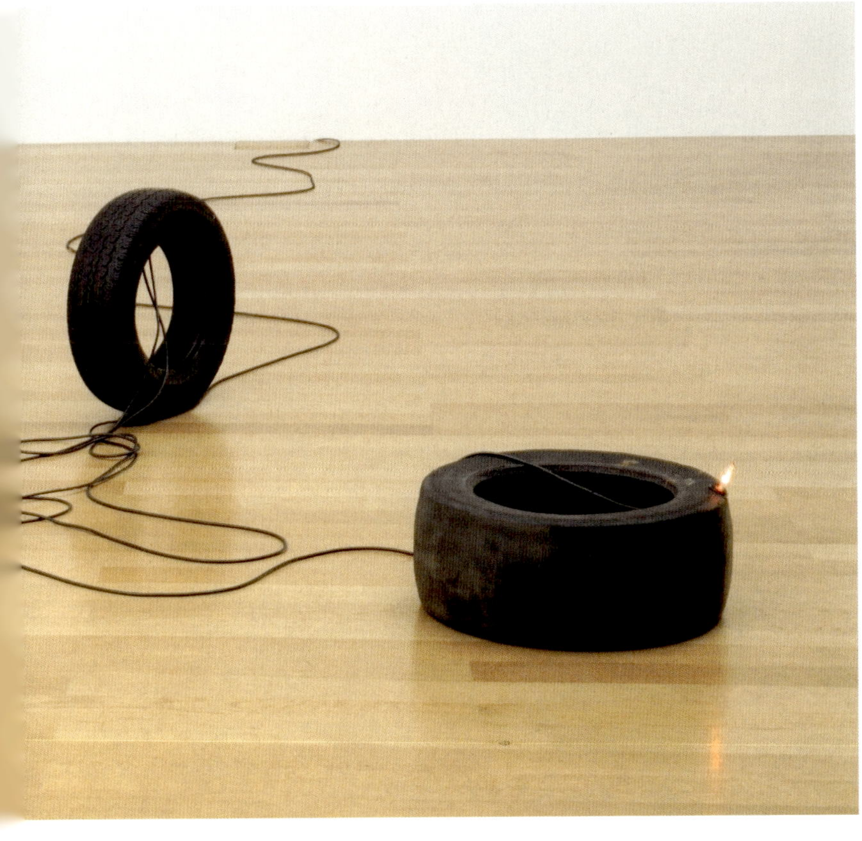

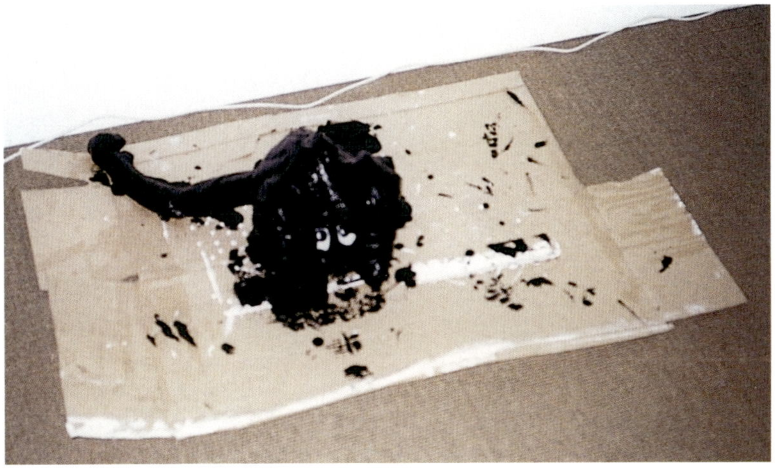

80

Untitled, 1998

aufblasbares Gummitier und Acryl auf Karton
21 x 100 x 60,5 cm
Museum für Moderne Kunst, Frankfurt am Main
Inv.-Nr. 2006/236

Abbildungen

„Einfach Kunst. Sammlung Rolf Ricke", Ausst.-Kat. Neues Museum in Nürnberg, 2002, S. 14, 179.

Olivier Mosset

81

Ohne Titel, 1993

Öl auf Aluminiumverbundplatte

30,8 x 30,8 x 1,9 cm

signiert, bezeichnet und datiert verso oben rechts: Mosset Modified Edition Happy 30th! O.M. 1993

Kunstmuseum St.Gallen

Inv.-Nr. G 2006.14

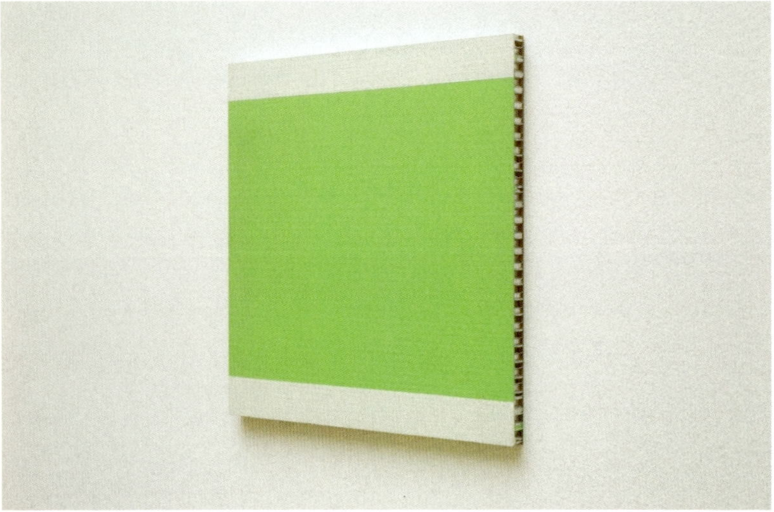

Ausstellungen

2007

„Lust for Life. Die Sammlung Ricke", Kunstmuseum Liechtenstein, Vaduz, 21. September 2007 – 13. Januar 2008.

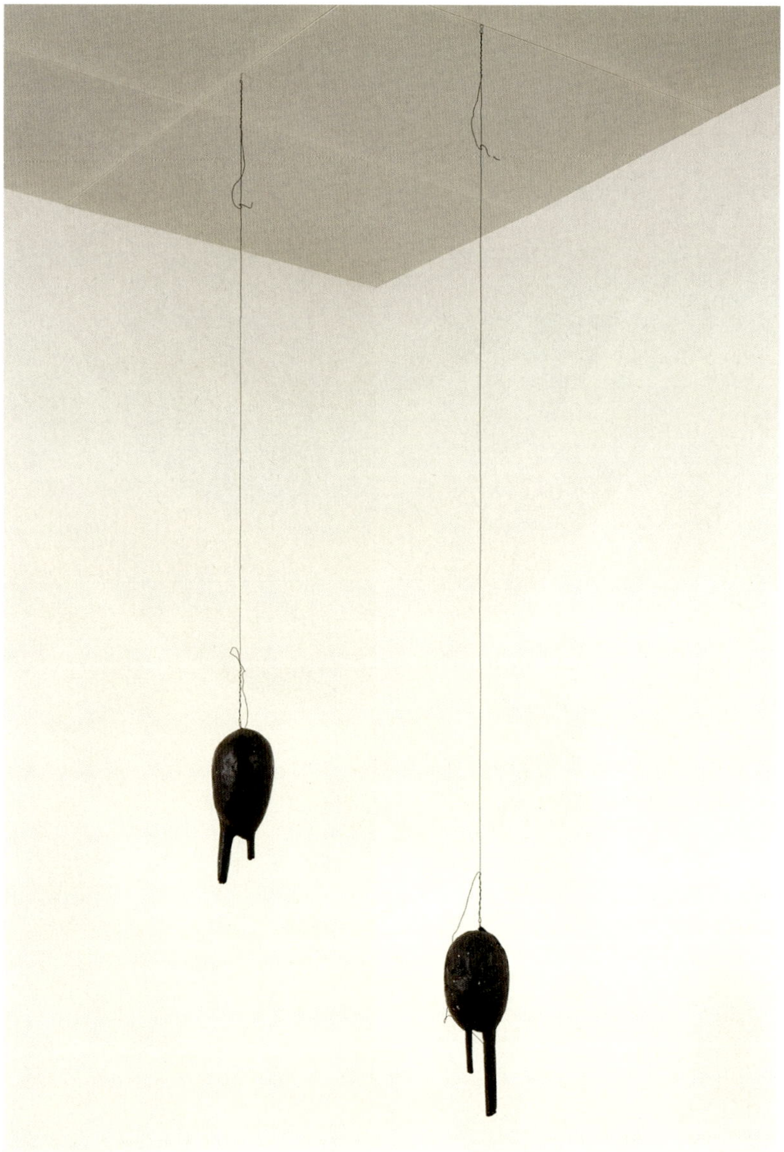

Horst Münch

82

Zwei hängende Köpfe, 1987/1992

Draht, Wachsguss und Holzstange

70 x 26 x 24 cm und 63 x 26 x 24 cm

Ed. 1/3

Kunstmuseum Liechtenstein, Vaduz

Inv.-Nr. KML 06.41

Ausstellungen

1991

„Horst Münch. Skulpturen 1977–1991", Galerie Rolf Ricke, Köln, Ausstellungsraum Alsdorfer Strasse, 17. Februar – 27. März 1991 (Version in Aluguss).

1993

„Horst Münch", Carré des Arts, Paris, 15. September – 21. November 1993.

1994

„Horst Münch", Kunsthalle Nürnberg, 7. Juli – 4. September 1994; Städtisches Museum Leverkusen, Schloss Morsbroich, 18. September – 21. November 1994.

2002

„Einfach Kunst. Sammlung Rolf Ricke", Neues Museum in Nürnberg, 15. Juli – 11. August 2002.

2007

„Lust for Life. Die Sammlung Ricke", Kunstmuseum Liechtenstein, Vaduz, 21. September 2007 – 13. Januar 2008.

Abbildungen

„Horst Münch. Skulpturen 1977–1991", Ausst.-Kat. Galerie Rolf Ricke, Köln, Neuchâtel 1991, n. p.

„Horst Münch", Ausst.-Kat. Carré des Arts, Paris 1993, n. p.

„Horst Münch", Ausst.-Kat. Kunsthalle Nürnberg; Städtisches Museum, Schloss Morsbroich Leverkusen, 1994, S. 24.

„Einfach Kunst. Sammlung Rolf Ricke", Ausst.-Kat. Neues Museum in Nürnberg, 2002, S. 9, 99.

Die Gehängten, Gehenkten, schwarzes Fleisch, totes Fleisch.
Kopfunter, Kreuzigung, Entehrung, Verspottung, Schändung.
Der Apostel Petrus wurde, auf eigenen Wunsch, mit dem Kopf nach unten gekreuzigt.
Erinnerung an ein Foto eines kopfunter Gehängten, Ungarn 1956, Musik von Jah Wobble von 1979 mit Texten über Mittel- oder Südamerika, die Skulpturen *South American Circle, Square* und *Triangle* von Bruce Nauman, 1981.
Schwarzer Kopf, 1982 aus Ton modelliert, ist der erste Vorläufer einer Reihe der hängenden Köpfe. Die *Zwei hängende Köpfe* der Sammlung Rolf Ricke sind als 4. Skulptur der Reihe 1987 in Gips modelliert, 1992 in schwarz pigmentiertem Wachs gegossen.

Horst Münch

Cady Noland

83

Mutated Pipe, 1989

Stahlhandlauf, Stahlringe, Lederbänder mit Metallschliessen, amerikanische Nationalfahne mit Schnürsenkeln, Metalltaktstock, Suspensorium, Steuertabelle, Metallrost und Zaumzeug

86,5 x 333 x 18 cm

Museum für Moderne Kunst, Frankfurt am Main

Inv.-Nr. 2006/239.1-13

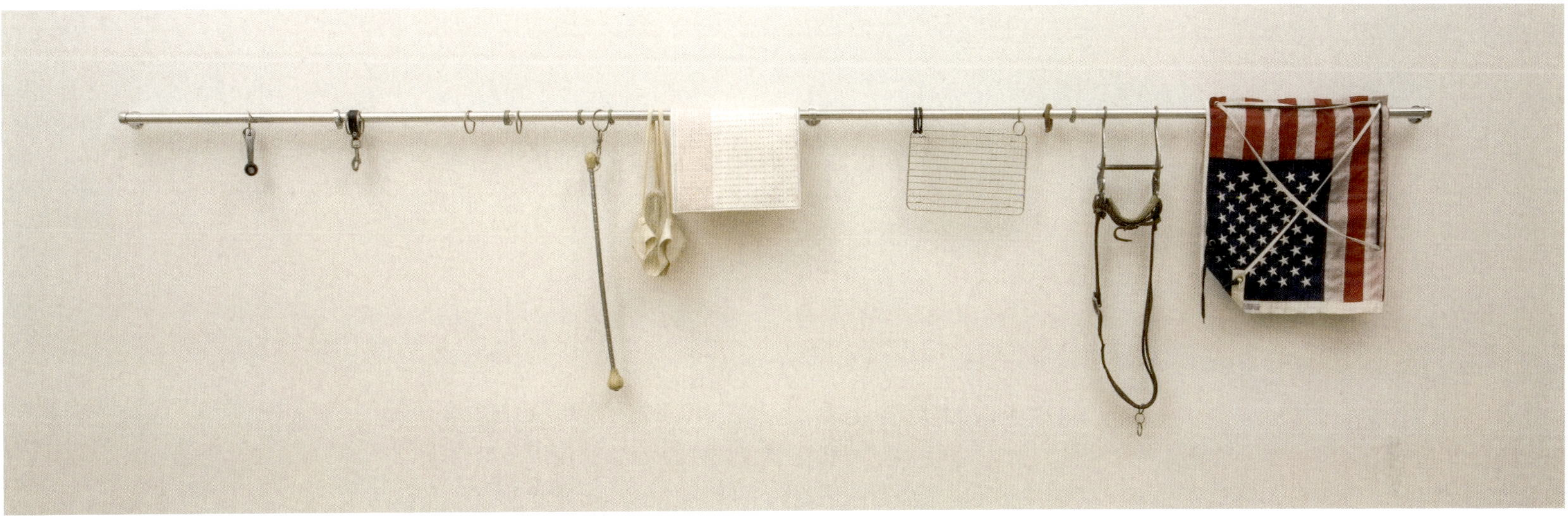

Ausstellungen

1989

„Aus meiner Sicht“, Kölnischer Kunstverein, Köln, 12. November 1989 – 7. Januar 1990.

1990

„Echange de Procédés“, Sous-sol, Ecole Supérieure d'art visuel, Genf, 3. Mai – 31. Mai 1990.

2002

„Einfach Kunst. Sammlung Rolf Ricke“, Neues Museum in Nürnberg, 6. Juni – 25. August 2002.

2005

„Sweet Temptations. Dialoge mit der Sammlung Rolf Ricke“, Kunstmuseum St.Gallen, 26. Februar – 16. Mai 2005.

2007

„Das Kapital. Blue Chips & Masterpieces“, Museum für Moderne Kunst, Frankfurt am Main, 21. April – 26. August 2007.

Abbildungen

„Einfach Kunst. Sammlung Rolf Ricke“, Ausst.-Kat. Neues Museum in Nürnberg, 2002, S. 111.

Carl Ostendarp

84

Highway Knees #8, 1992

Kasein auf Leinwand

69 x 183 x 4,2 cm

signiert verso Mitte links: Carl Ostendarp; datiert, bezeichnet und durchgestrichen verso Mitte links: 92 “Highway Knees #8”

Kunstmuseum St.Gallen

Inv.-Nr. G 2006.15

Ausstellungen

1999

„Special Offer“, Kasseler Kunstverein, Kassel, 14. März – 11. April 1999.

2002

„Einfach Kunst. Sammlung Rolf Ricke“, Neues Museum in Nürnberg, 8. Juli – 4. August 2002.

2003

„Schokolade, was denn sonst. Sammlung Rolf Ricke“, Kunstraum Innsbruck, 26. April – 21. Juni 2003.

2007

„Lust for Life. Die Sammlung Ricke“, Kunstmuseum Liechtenstein, Vaduz, 21. September 2007 – 13. Januar 2008.

Abbildungen

„Special Offer“, Ausst.-Brosch. Kasseler Kunstverein, Kassel 1999, S. 10.

„Einfach Kunst. Sammlung Rolf Ricke“, Ausst.-Kat. Neues Museum in Nürnberg, 2002, S. 135.

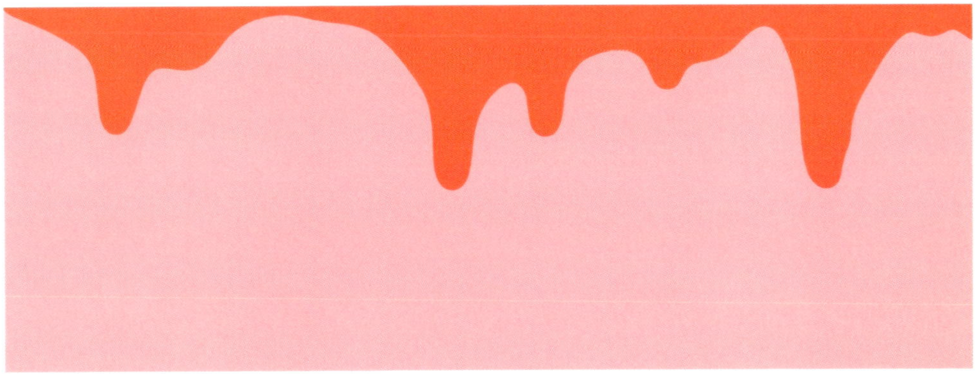

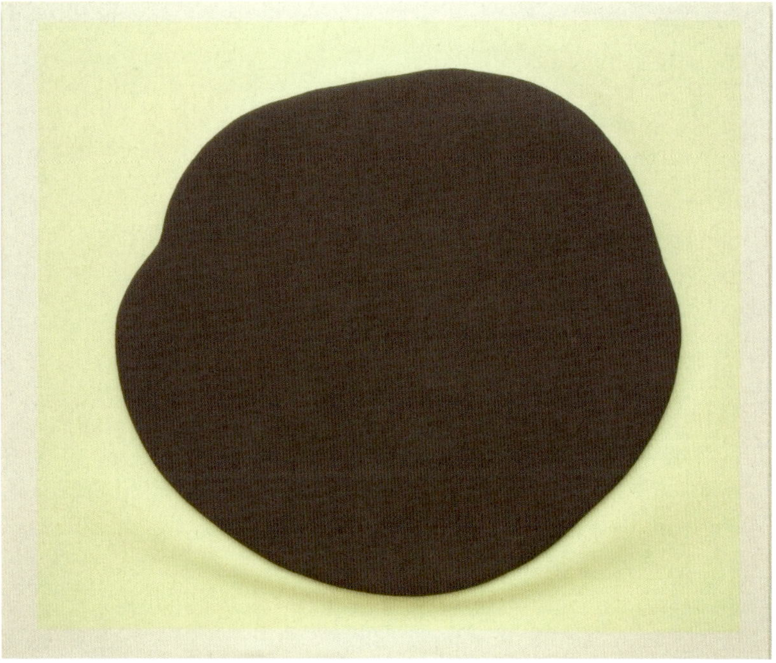

86

Make, 1992

Epoxydharz auf Urethanschaum

Höhe: 11,2 cm, Ø ca. 83 cm

Museum für Moderne Kunst, Frankfurt am Main

Inv.-Nr. 2006/243

Ausstellungen

2002

„Einfach Kunst. Sammlung Rolf Ricke", Neues Museum in Nürnberg, 8. Juli – 4. August 2002.

2003

„Schokolade, was denn sonst. Sammlung Rolf Ricke", Kunstraum Innsbruck, 26. April – 21. Juni 2003.

2005

„Sweet Temptations. Dialoge mit der Sammlung Rolf Ricke", Kunstmuseum St.Gallen, 26. Februar – 16. Mai 2005.

2007

„Lust for Life. Die Sammlung Ricke", Kunstmuseum Liechtenstein, Vaduz, 21. September 2007 – 13. Januar 2008.

Abbildungen

„Einfach Kunst. Sammlung Rolf Ricke", Ausst.-Kat. Neues Museum in Nürnberg, 2002, S. 11, 137.

85

Mighty Mighty, 1992

Acryl und Kunststoff auf Leinwand

183 x 217,5 x ca. 11 cm

signiert, bezeichnet und datiert verso Mitte oben: Carl Ostendarp 92 Mighty Mighty

Kunstmuseum St.Gallen

Inv.-Nr. G 2006.16

Ausstellungen

2002

„Einfach Kunst. Sammlung Rolf Ricke", Neues Museum in Nürnberg, 8. Juli – 4. August 2002.

2007

„Lust for Life. Die Sammlung Ricke", Kunstmuseum Liechtenstein, Vaduz, 21. September 2007 – 13. Januar 2008.

Abbildungen

„Einfach Kunst. Sammlung Rolf Ricke", Ausst.-Kat. Neues Museum in Nürnberg, 2002, S. 180.

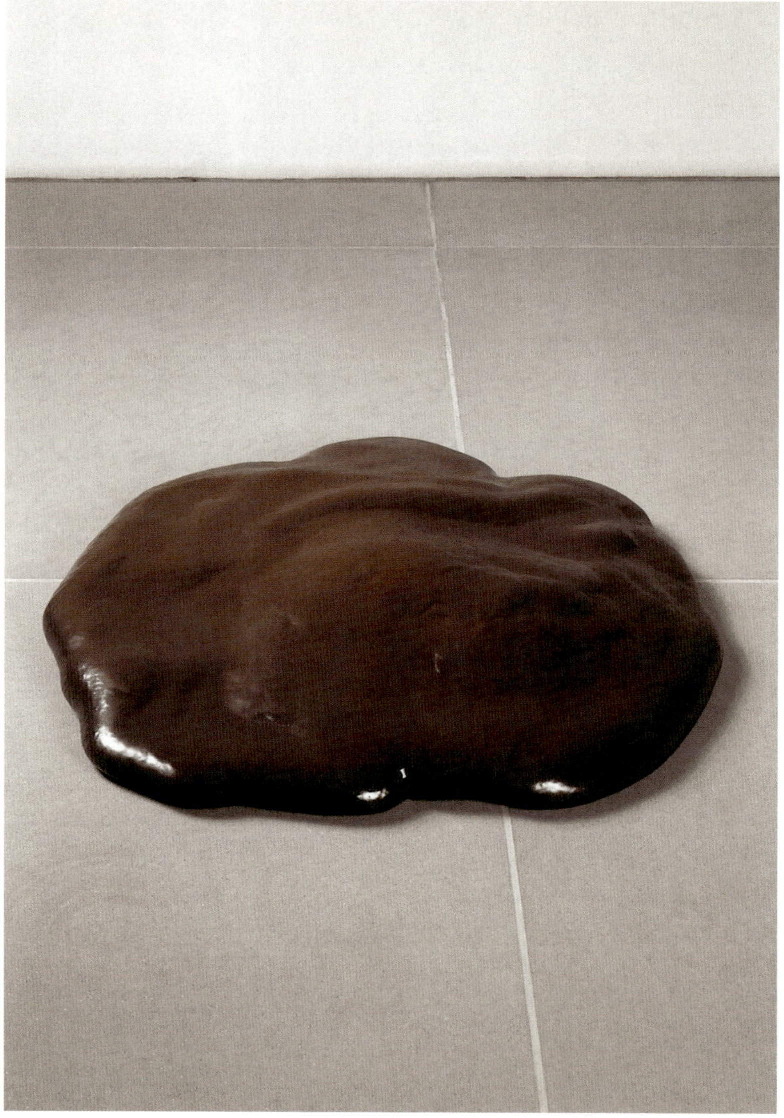

87

Nothing from Nothing, 1992

Kasein auf Leinwand

34,8 x 91,7 x 4,5 cm

signiert, bezeichnet und datiert verso oben links: "Nothing from Nothing";
unten Mitte: Carl Ostendarp '92

Museum für Moderne Kunst, Frankfurt am Main

Inv.-Nr. 2006/242

Ausstellungen

2002

„Einfach Kunst. Sammlung Rolf Ricke", Neues Museum in Nürnberg, 8. Juli – 4. August 2002.

2005

„Sweet Temptations. Dialoge mit der Sammlung Rolf Ricke", Kunstmuseum St.Gallen, 26. Februar – 16. Mai 2005.

Abbildungen

„Einfach Kunst. Sammlung Rolf Ricke", Ausst.-Kat. Neues Museum in Nürnberg, 2002, S. 181.

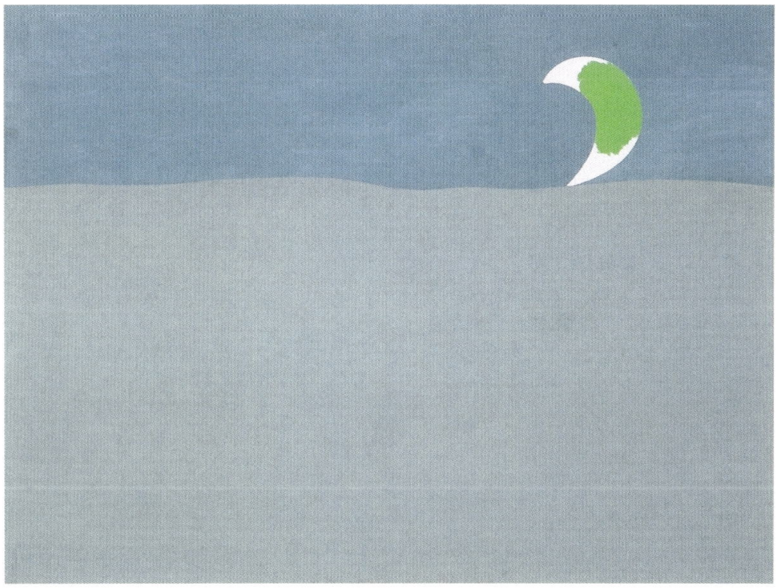

88

Untitled, 1996

Kasein auf Leinwand

76 x 101,5 cm

Kunstmuseum St.Gallen

Inv.-Nr. G 2006.17

Ausstellungen

2002

„Einfach Kunst. Sammlung Rolf Ricke", Neues Museum in Nürnberg, 8. Juli – 4. August 2002.

Abbildungen

„Einfach Kunst. Sammlung Rolf Ricke", Ausst.-Kat. Neues Museum in Nürnberg, 2002, S. 136.

89

Untitled, 1996

Kasein auf Leinwand auf Holz

56 x 203,5 x 3,5 cm

signiert, bezeichnet und datiert verso oben Mitte: Carl Ostendarp '96
"Untitled"

Museum für Moderne Kunst, Frankfurt am Main

Inv.-Nr. 2006/244

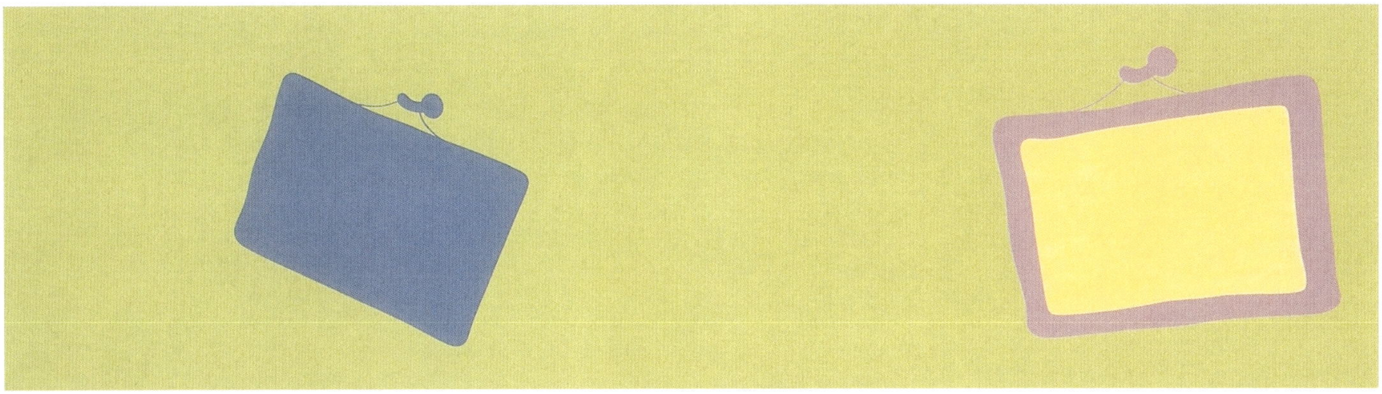

Ausstellungen
2002
„Einfach Kunst. Sammlung Rolf Ricke“, Neues Museum in Nürnberg, 8. Juli – 4. August 2002.

Abbildungen
„Einfach Kunst. Sammlung Rolf Ricke“, Ausst.-Kat. Neues Museum in Nürnberg, 2002, S. 13, 135.

90
Thing One, 1997
Pigmente und Epoxydharz auf Polyurethanschaum auf Sockel
121 x 22,9 x 53,5 cm
Museum für Moderne Kunst, Frankfurt am Main
Inv.-Nr. 2006/241.1-2

Ausstellungen
1997
„Ca-Ca Poo-Poo“, Kölnischer Kunstverein, Köln, 8. November 1997 – 11. Januar 1998 (bezeichnet als: „Thing Four“).
2002
„Einfach Kunst. Sammlung Rolf Ricke“, Neues Museum in Nürnberg, 6. Juni – 4. August 2002.
2003
„Schokolade, was denn sonst. Sammlung Rolf Ricke“, Kunstraum Innsbruck, 26. April – 21. Juni 2003.
2005
„Sweet Temptations. Dialoge mit der Sammlung Rolf Ricke“, Kunstmuseum St.Gallen, 26. Februar – 16. Mai 2005.
2007
„Das Kapital. Blue Chips & Masterpieces“, Museum für Moderne Kunst, Frankfurt am Main, 21. April – 26. August 2007.

Abbildungen
„Ca-Ca Poo-Poo“, Hg. Udo Kittelmann, Ausst.-Kat. Kölnischer Kunstverein, Köln, Ostfildern 2002, S. 24, 32/33
„Einfach Kunst. Sammlung Rolf Ricke“, Ausst.-Kat. Neues Museum in Nürnberg, 2002, S. 8, 137.

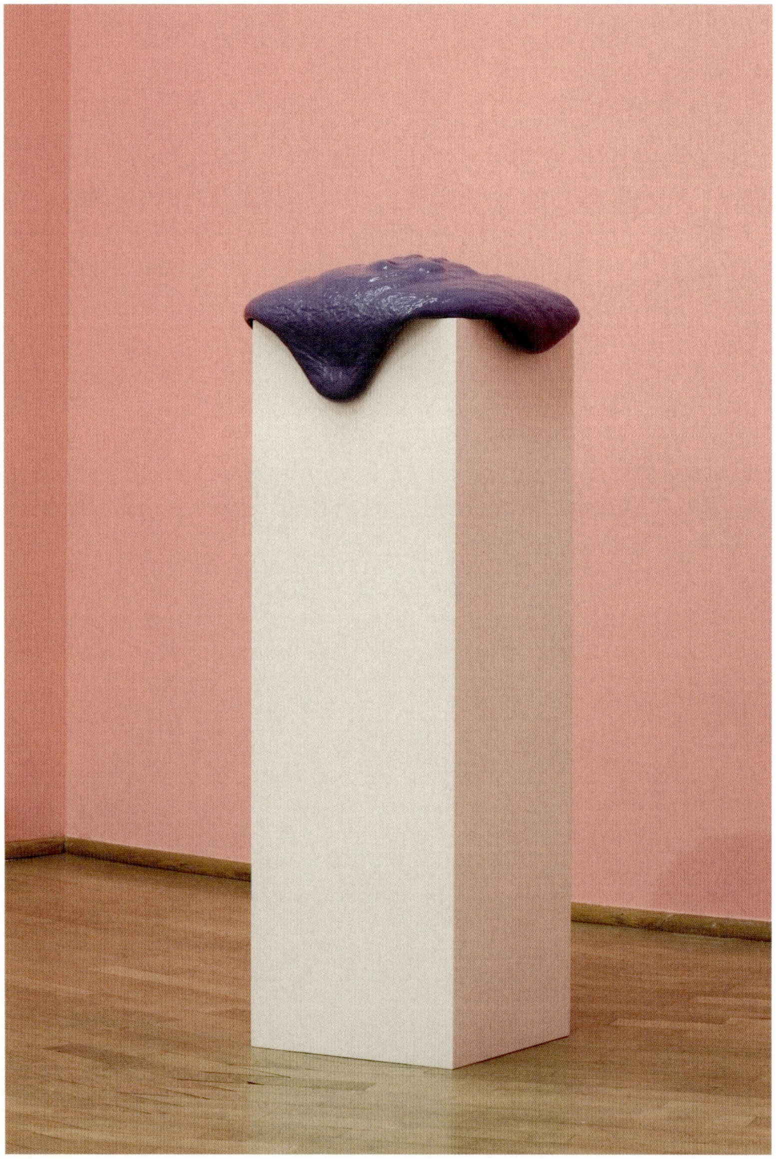

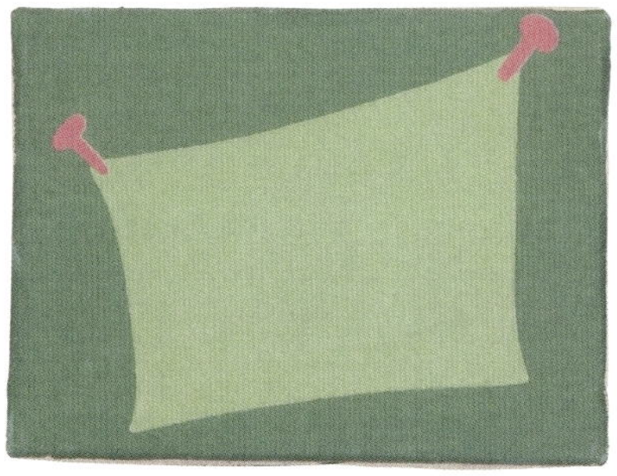

91
Untitled, 1997
Kasein auf Leinwand
22 x 30,5 x 2,3 cm
signiert und datiert verso Mitte: Carl Ostendarp ’97
Kunstmuseum St.Gallen
Inv.-Nr. G 2006.18

Ausstellungen
2002
„Einfach Kunst. Sammlung Rolf Ricke“, Neues Museum in Nürnberg, 8. Juli – 4. August 2002.

Abbildungen
„Einfach Kunst. Sammlung Rolf Ricke“, Ausst.-Kat. Neues Museum in Nürnberg, 2002, S. 181.

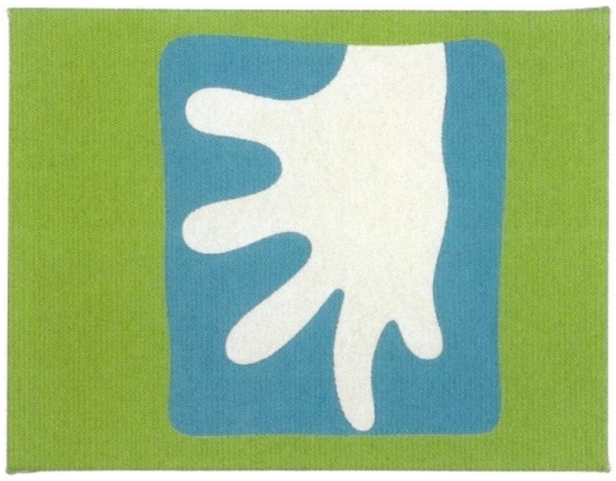

92

Untitled, 1999

Kasein auf Leinwand

23,2 x 30,7 x 2,3 cm

signiert und datiert verso Mitte: Carl Ostendarp '99

Museum für Moderne Kunst, Frankfurt am Main

Inv.-Nr. 2006/240

Ausstellungen

2002

„Einfach Kunst. Sammlung Rolf Ricke", Neues Museum in Nürnberg, 8. Juli – 4. August 2002.

Abbildungen

„Einfach Kunst. Sammlung Rolf Ricke", Ausst.-Kat. Neues Museum in Nürnberg, 2002, S. 11, 136.

Steven Parrino

93

The What's, 1988

Acryl auf Leinwand

183 x 259,5 x 4 cm

signiert, bezeichnet und datiert verso oben links: S. Parrino The What's 1988

Kunstmuseum St.Gallen

Inv.-Nr. G 2006.19

Ausstellungen

2002

„Einfach Kunst. Sammlung Rolf Ricke", Neues Museum in Nürnberg, 6. Juni – 28. Juli 2002.

2005

„Sweet Temptations. Dialoge mit der Sammlung Rolf Ricke", Kunstmuseum St.Gallen, 26. Februar – 16. Mai 2005.

2007

„Lust for Life. Die Sammlung Ricke", Kunstmuseum Liechtenstein, Vaduz, 21. September 2007 – 13. Januar 2008.

Abbildungen

„Einfach Kunst. Sammlung Rolf Ricke", Ausst.-Kat. Neues Museum in Nürnberg, 2002, S. 104.

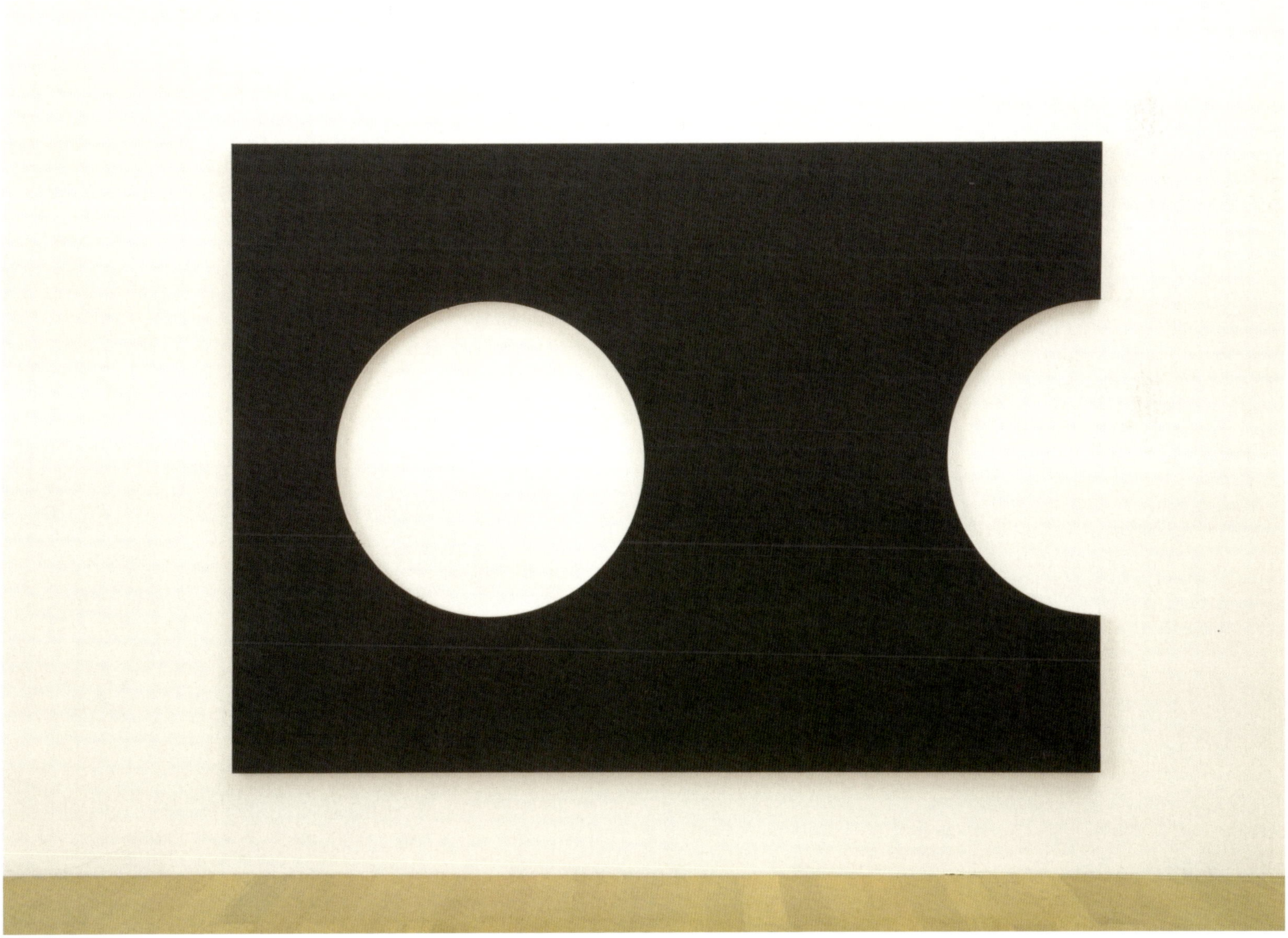

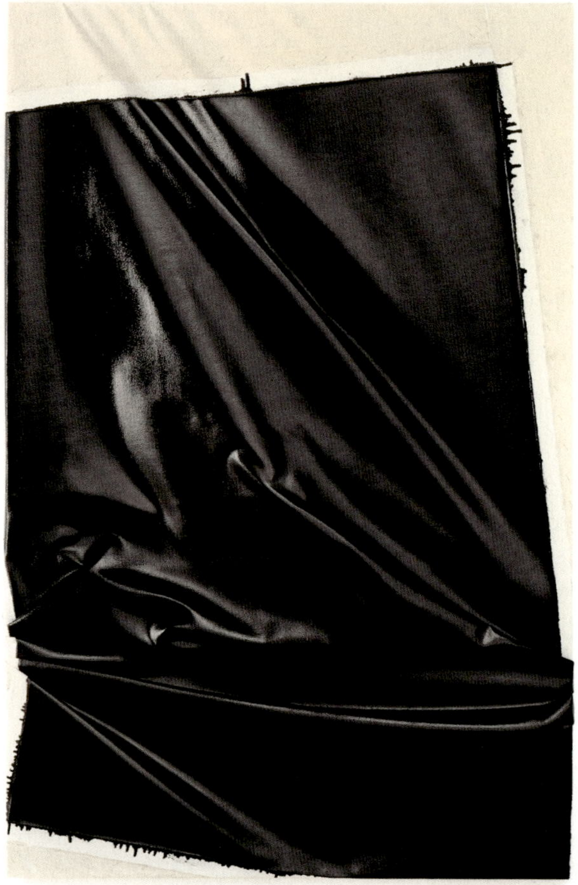

94

Untitled, 1990

Acryl auf Leinwand

183 x 123,5 x 12 cm

signiert und datiert verso rechts: ST. Parrino '90

Kunstmuseum Liechtenstein, Vaduz

Inv.-Nr. KML 06.42

Ausstellungen

2002

„Einfach Kunst. Sammlung Rolf Ricke", Neues Museum in Nürnberg, 12. – 25. August 2002.

2007

„Lust for Life. Die Sammlung Ricke", Kunstmuseum Liechtenstein, Vaduz, 21. September 2007 – 13. Januar 2008.

Abbildungen

„Einfach Kunst. Sammlung Rolf Ricke", Ausst.-Kat. Neues Museum in Nürnberg, 2002, S. 103.

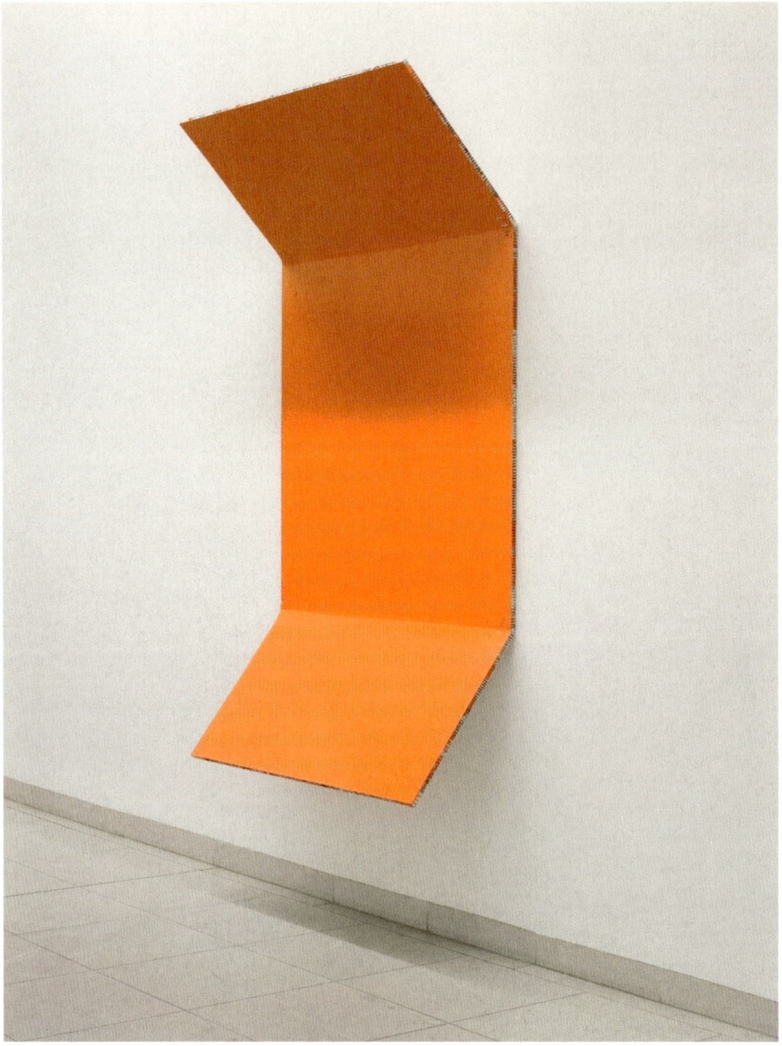

95

Bent Painting, 1991

Autolack auf Aluminiumverbundplatte

214,6 x 121,8 x 44 cm

Museum für Moderne Kunst, Frankfurt am Main

Inv.-Nr. 2006/245

Ausstellungen

1993

„Steven Parrino", Galerie Rolf Ricke, Köln, 15. Januar – 6. März 1993.

2002

„Einfach Kunst. Sammlung Rolf Ricke", Neues Museum in Nürnberg, 6. Juni – 28. Juli und 12. – 25. August 2002.

2007

„Das Kapital. Blue Chips & Masterpieces", Museum für Moderne Kunst, Frankfurt am Main, 21. April – 26. August 2007.

„Lust for Life. Die Sammlung Ricke", Kunstmuseum Liechtenstein, Vaduz, 21. September 2007 – 13. Januar 2008.

Abbildungen

„Einfach Kunst. Sammlung Rolf Ricke", Ausst.-Kat. Neues Museum in Nürnberg, 2002, S. 8, 105.

96

Snake Lake, 1991

Lack auf Cotton Duck
274,6 x 183,5 x 7 cm
signiert, bezeichnet und datiert verso oben links: ST. Parrino 1991 'SNAKE LAKE' (1)
Museum für Moderne Kunst, Frankfurt am Main
Inv.-Nr. 2006/246.1-2

Ausstellungen

1991
„The Painted Desert. Le Desert Peint", Galerie Renos Xippas, Paris, 8. Juni – 31. Juli 1991.
1992
„Steven Parrino", Le Consortium, Dijon, 7. Februar – 14. März 1992.
1993
„Nachtschattengewächse", Museum Fridericianum, Kassel, 16. Mai – 8. August 1993.
2002
„Einfach Kunst. Sammlung Rolf Ricke", Neues Museum in Nürnberg, 12. – 25. August 2002.
2003
„Schokolade, was denn sonst. Sammlung Rolf Ricke", Kunstraum Innsbruck, 26. April – 21. Juni 2003.

Abbildungen

„The Painted Desert. Le Desert Peint", Ausst.-Kat. Galerie Renos Xippas, Paris 1991, S. 59.
„Nachtschattengewächse", Ausst.-Kat. Museum Fridericianum, Kassel 1993, S. 66.
„Compilation. Une Expérience de l'exposition", Publikation anlässlich der Ausstelllung „dijon/le consortium.coll", Centre Georges Pompidou, Paris, Dijon 1998, S. 449.
„Einfach Kunst. Sammlung Rolf Ricke", Ausst.-Kat. Neues Museum in Nürnberg, 2002, S. 181.

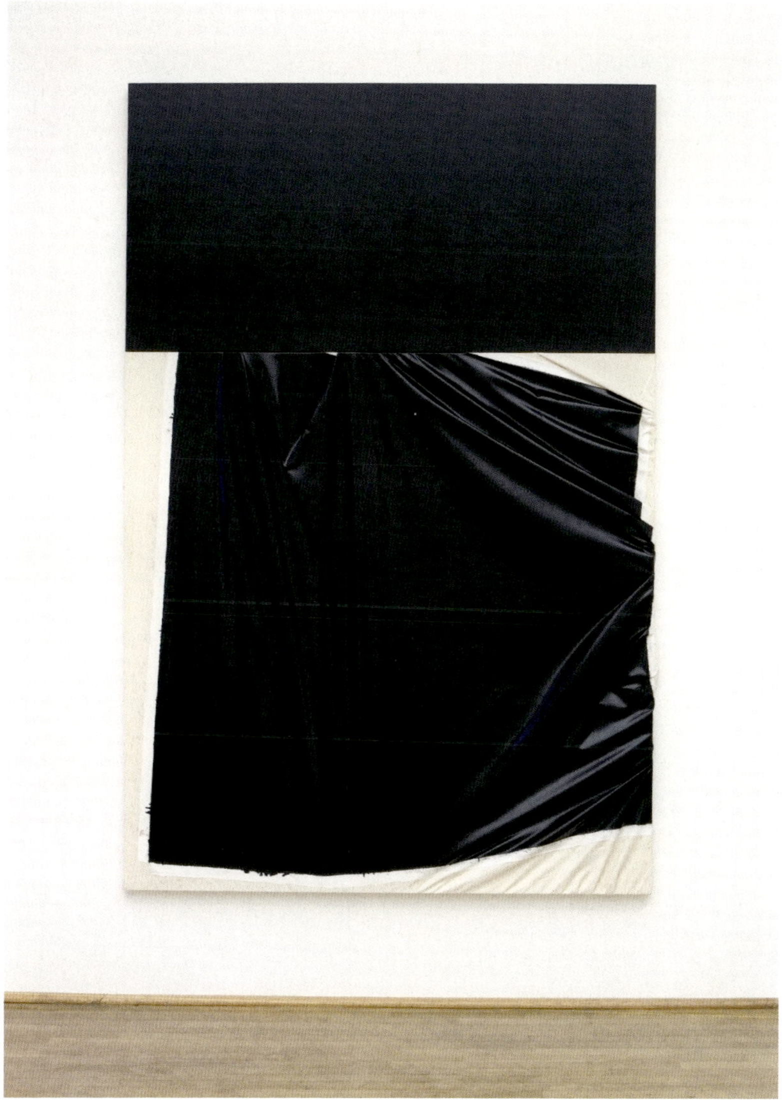

97

Untitled, 1993

Siebdruck, Wellpappe, Autolack und Bleistift auf Papier
43,3 x 28 x 3,3 cm
signiert und datiert verso oben links: Steven Parrino 1993
Museum für Moderne Kunst, Frankfurt am Main
Inv.-Nr. 2006/247

Ausstellungen

1993
„Steven Parrino", Galerie Rolf Ricke, Köln, 15. Januar – 6. März 1993.

Abbildungen

„Einfach Kunst. Sammlung Rolf Ricke", Ausst.-Kat. Neues Museum in Nürnberg, 2002, S. 15, 181.

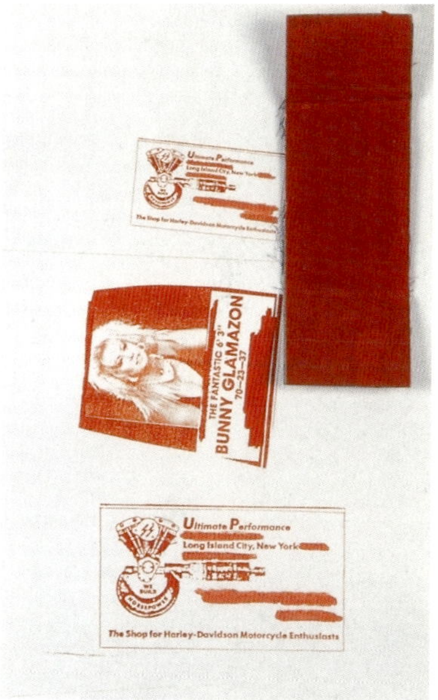

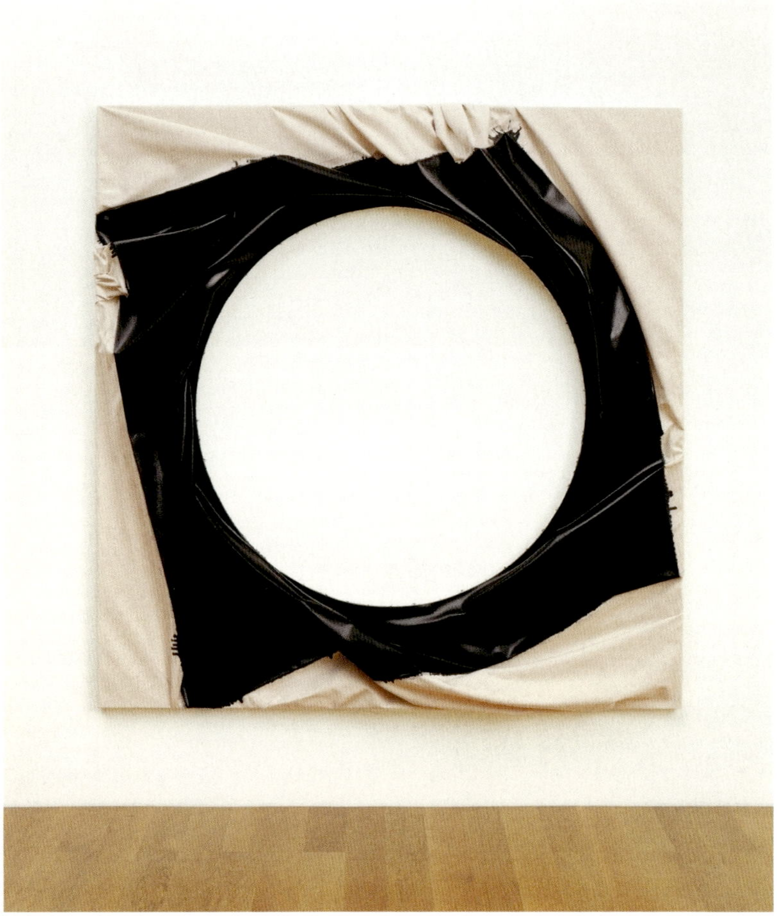

98

Spinout Vortex, 2000

Lack auf Leinwand

183 x 183 x 18 cm

signiert, bezeichnet und datiert verso rechts Mitte: "SPINOUT VORTEX"

Steven Parrino 2000

Kunstmuseum Liechtenstein, Vaduz

Inv.-Nr. KML 06.43

Ausstellungen

2000

„Steven Parrino“, Galerie Rolf Ricke, Köln, 10. März – 29. April 2000.

2003

„Perpetuum Mobile“, Galerie Rolf Ricke, Köln, 13. September – 23. Oktober 2003.

2005

„Sweet Temptations. Dialoge mit der Sammlung Rolf Ricke“, Kunstmuseum St.Gallen, 26. Februar – 16. Mai 2005.

2007

„Lust for Life. Die Sammlung Ricke“, Kunstmuseum Liechtenstein, Vaduz, 21. September 2007 – 13. Januar 2008.

Abbildungen

„Einfach Kunst. Sammlung Rolf Ricke“, Ausst.-Kat. Neues Museum in Nürnberg, 2002, S. 181.

Laurie Parsons

99

Pieces, 1989

Spülmittelflasche, Farbeimer, Dosendeckel, Teerpappen mit Farbe, Metallbänder, Papier, Backstein, Scherben, Asche, Steine, Farben, angerissene Magazinseite, Karton, Kaffeedose und weitere Fundstücke

ca. 17,6 x 122 x 157 cm

Museum für Moderne Kunst, Frankfurt am Main

Inv.-Nr. 2006/248.1-14

Ausstellungen

1989

„Aus meiner Sicht“, Kölnischer Kunstverein, Köln, 12. November 1989 – 7. Januar 1990.

2007

„Das Kapital. Blue Chips & Masterpieces“, Museum für Moderne Kunst, Frankfurt am Main, 21. April – 26. August 2007.

„Lust for Life. Die Sammlung Ricke“, Kunstmuseum Liechtenstein, Vaduz, 21. September 2007 – 13. Januar 2008.

Abbildungen

„Rolf Ricke“, Hg. Marianne Stockebrand, Köln 1990, S. 172, Publikation anlässlich der Ausstellung „Aus meiner Sicht“ im Kölnischen Kunstverein.

„Einfach Kunst. Sammlung Rolf Ricke“, Ausst.-Kat. Neues Museum in Nürnberg, 2002, S. 182.

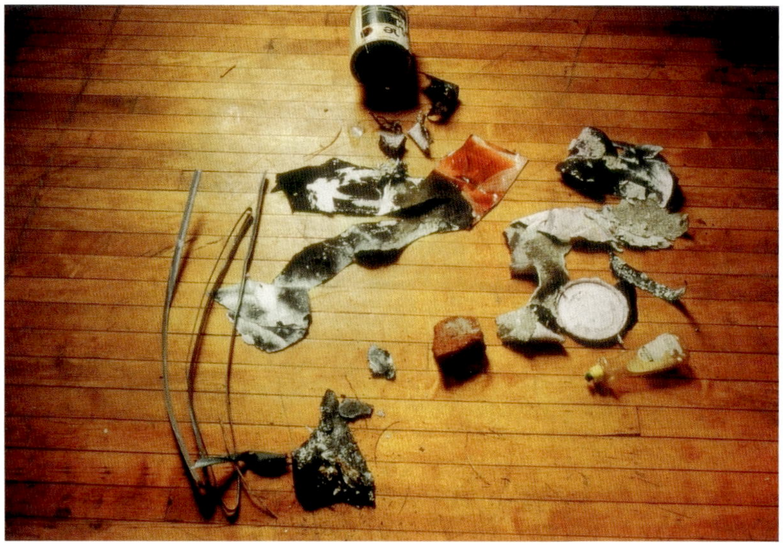

David Reed

100

#270, 1988–1989

Öl und Alkyd auf Leinwand

69,2 x 259,3 x 4,6 cm

signiert, bezeichnet und datiert verso oben Mitte:

DAVID REED 1988–89 270

Museum für Moderne Kunst, Frankfurt am Main

Inv.-Nr. 2006/249

Ausstellungen

1989

„Aus meiner Sicht", Kölnischer Kunstverein, Köln, 12. November 1989 – 7. Januar 1990.

1993

„Italia – America. L'astrazione ridefinita", Logge di Balestrieri, Galleria Nazionale d'Arte Moderna, San Marino, 16. Juni – 16. September 1993.

1995

„David Reed", Kölnischer Kunstverein, Köln, 28. Januar – 19. März 1995; Württembergischer Kunstverein, Stuttgart, 13. Juli – 10. September 1995; Westfälischer Kunstverein, Münster, 23. September – 12. Dezember 1995.

1999

„Notorious. Alfred Hitchcock and Contemporary Art", Museum of Modern Art, Oxford, 11. Juli – 3. Oktober 1999; Museum of Contemporary Art, Sydney, 16. Dezember 1999 – 6. April 2000; Art Gallery of Hamilton, Hamilton, 20. Mai – 16. Juli 2000; Kunsthallen Brandts Klædefabrik, Odense, 25. August – 12. November 2000; Tokyo Opera City Art Gallery, Tokyo, 3. April – 7. Juni 2001; Hiroshima City Museum of Contemporary Art, Hiroshima, 29. Juli – 2. September 2001; Centre Cultural de la Fundació „La Caixa" de Lleida, Lleida, 27. September – 11. November 2001; Provinciaal Centrum voor Beeldende Kunsten – Begijnhof, Hasselt, 8. Dezember 2001 – 20. Januar 2002; Museu Serralves, Porto, 25. Januar – 17. März 2002.

2002

„Einfach Kunst. Sammlung Rolf Ricke", Neues Museum in Nürnberg, 6. Juni – 14. Juli 2002.

2003

„Schokolade, was denn sonst. Sammlung Rolf Ricke", Kunstraum Innsbruck, 26. April – 21. Juni 2003.

2007

„Das Kapital. Blue Chips & Masterpieces", Museum für Moderne Kunst, Frankfurt am Main, 21. April – 26. August 2007.

„Lust for Life. Die Sammlung Ricke", Kunstmuseum Liechtenstein, Vaduz, 21. September 2007 – 13. Januar 2008.

Abbildungen

„Rolf Ricke", Hg. Marianne Stockebrand, Köln 1990, S. 127, Publikation anlässlich der Ausstellung „Aus meiner Sicht" im Kölnischen Kunstverein.

„Italia – America. L'astrazione ridefinita", Ausst.-Kat. Galleria Nazionale d'Arte Moderna, San Marino, 1993, S. 130/131.

„David Reed", Hg. Martin Hentschel und Udo Kittelmann, Ausst.-Kat. Kölnischer Kunstverein, Köln u. a. 1995, S. 33.

„Einfach Kunst. Sammlung Rolf Ricke", Ausst.-Kat. Neues Museum in Nürnberg, 2002, S. 95.

This painting, *#270*, was started about a year ago when I was teaching for the summer at the Skowhegan School of Painting and Sculpture in Maine. The inspiration for the color was the red and green of the soil and foliage in the woods near my studio. Bill Jensen, a painter friend who had taught at Skowhegan the previous summer, was anxious to see the effect nature would have on my work. The painting was meant to be a kind of joke–colors inspired by nature which kept the acidic, artificial edge I like in my work.

Color is the opening now for painting. There are great possibilities with new pigments which have only recently become available for the fine arts. We can be the first to explore and define their emotional and structural meanings. Also, film and television have changed the way we see color, giving us new senses of light and movement to use in painting. Twenty years ago I stood in the desert near Monument Valley and painted the landscape. Last month watching Lonesome Rider in cinemascope I realized how much my landscapes had been influenced by movies of those same locations.

I began *#270* in what was for me a new way. I marked into wet, transparent green paint over all of the red surface, rather than first working on one part of the painting. I planned to decide on divisions and additional structure once I saw the particulars of the marking when the paint had dried and I could look at the painting vertically. Now I almost always begin by marking with wet paint over the whole of the surface. Once I've established a sense of the whole, with inserts or divisions, value differences, disparate kinds of marking, and implications of extension, I can test the whole, stress it to see how much it can take.

The overall marking often seems like drapery, loose fitting clothes to be put on or removed by the viewer. In this painting the strong value contrast of black and white in the inserts matches the intensity of the hue contrast between the red and green. As one's eye moves across the painting and focuses on either the value contrast or the hue contrast the different gestures seem to move, creating a space around themselves. There is an illusion of immediacy. The painting seems to happen while it is being viewed. This is one of the first paintings I've shown in Europe.

David Reed, 1990

First published in *Rolf Ricke – Texte von Künstlern, Kritikern, Sammlern, Freunden und Kollegen geschrieben für Rolf Ricke aus Anlass seines 25-jährigen Galeriejubiläums*, Marianne Stockebrand, ed., Cologne: Verlag Walther König, 1990, pp. 199–200. The text is reprinted with the kind permission of David Reed.

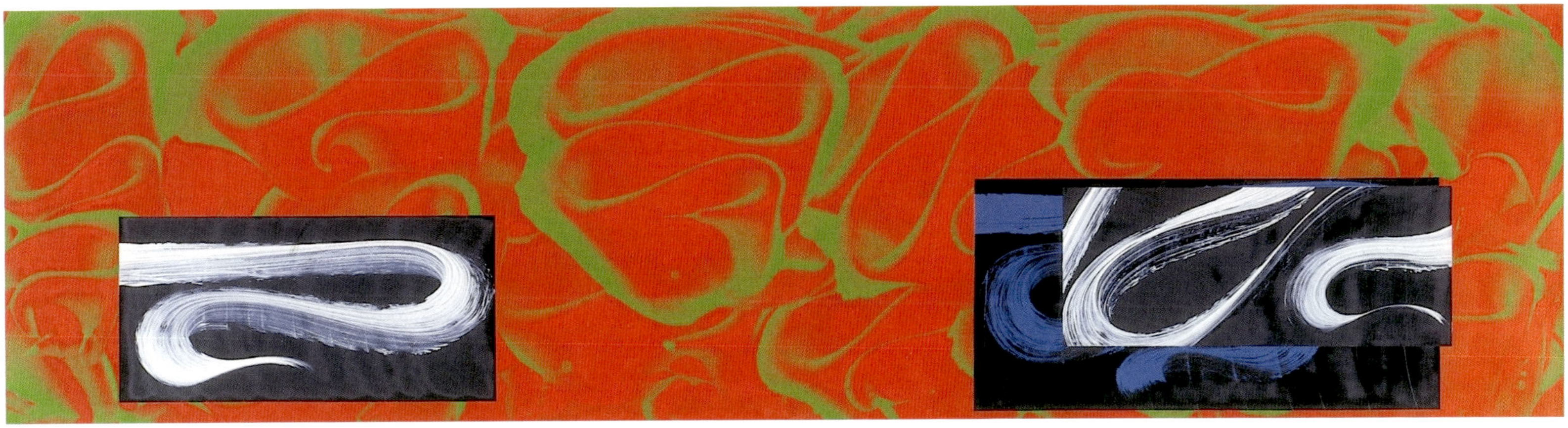

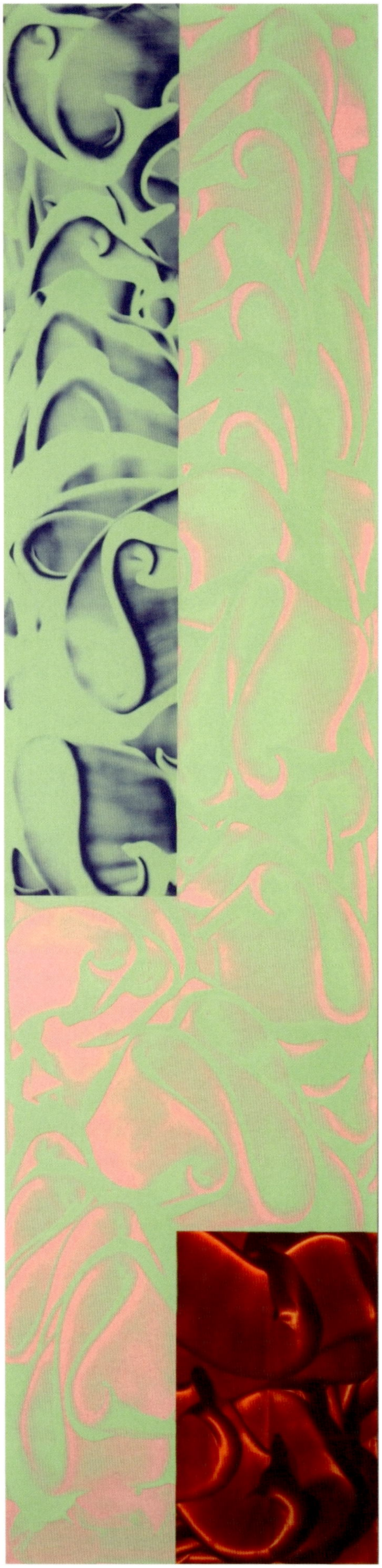

101

#283-2, 1989–1991

Öl und Alkyd auf Leinwand

285 x 71,5 x 5 cm

signiert, bezeichnet und datiert verso oben Mitte:

David Reed #283-2 1989–91

Kunstmuseum St.Gallen

Inv.-Nr. G 2006.20

Ausstellungen

1991

„David Reed", Galerie Rolf Ricke, Köln, 26. April – 1. Juni 1991.

1995

„David Reed", Kölnischer Kunstverein, Köln, 28. Januar – 19. März 1995; Württembergischer Kunstverein, Stuttgart, 13. Juli – 10. September 1995; Westfälischer Kunstverein Münster, 23. September – 12. Dezember 1995.

1999

„David Reed Paintings. Motion Pictures", Museum of Contemporary Art San Diego, La Jolla, Kalifornien, 20. September 1998 – 3. Januar 1999; Wexner Center for the Arts, Ohio State University, Columbus, Ohio, 30. Januar – 18. April 1999; P.S.1 Contemporary Art Center, Long Island City, New York, 20. Juni – 28. September 1999; Rose Art Museum, Brandeis University, Waltham, Massachussetts, 28. Oktober – 19. Dezember 1999.

2002

„Einfach Kunst. Sammlung Rolf Ricke", Neues Museum in Nürnberg, 6. Juni – 14. Juli 2002.

2003

„Schokolade, was denn sonst. Sammlung Rolf Ricke", Kunstraum Innsbruck, 26. April – 21. Juni 2003.

2005

„Sweet Temptations. Dialoge mit der Sammlung Rolf Ricke", Kunstmuseum St.Gallen, 26. Februar – 16. Mai 2005.

2007

„Lust for Life. Die Sammlung Ricke", Kunstmuseum Liechtenstein, Vaduz, 21. September 2007 – 13. Januar 2008.

Abbildungen

„David Reed", Hg. Martin Hentschel und Udo Kittelmann, Ausst.-Kat. Kölnischer Kunstverein, Köln u. a. 1995, S. 35.

„David Reed Paintings. Motion Pictures", Ausst.-Kat. Museum of Contemporary Art San Diego, La Jolla, Kalifornien 1998, S. 58 (und Sujet Einladungskarte).

„Moving Images. Film – Reflexion in der Kunst", Ausst.-Kat. Galerie für Zeitgenössische Kunst Leipzig, 1999, S. 76.

„Einfach Kunst. Sammlung Rolf Ricke", Ausst.-Kat. Neues Museum in Nürnberg, 2002, S. 12, 97.

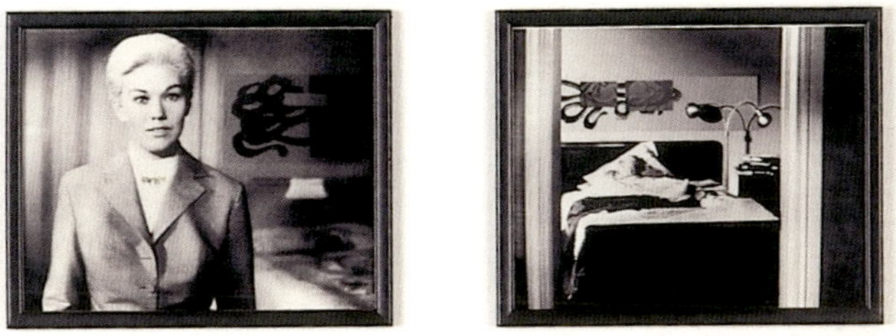

102

Stills from Scottie's Bedroom, 1994

Schwarzweissabzug (Filmstills), zweiteilig
je 22 x 27 cm
Ed. 5/15
linkes Foto signiert und bezeichnet verso oben mit: Judy as "Madeleine" in her room at the Hotel Empire, film still from "Vertigo", Alfred Hitchcock, Universal Pictures, 1958, with #271, oil and alkyd on linen, 28" x 54", David Reed 5/15
rechtes Foto signiert und bezeichnet verso oben mit: "Madeleine" in Scottie's bedroom, film still from "Vertigo", Alfred Hitchcock, with #310, 1991–92, oil and alkyd on linen, 26" x 114" David Reed, 5/15
Kunstmuseum St.Gallen
Inv.-Nr. GS 2006.3

Ausstellungen

1999
„Special Offer", Kasseler Kunstverein, Kassel, 14. März – 11. April 1999.
2002
„Einfach Kunst. Sammlung Rolf Ricke", Neues Museum in Nürnberg, 6. Juni – 14. Juli 2002.

Abbildungen

„David Reed. Two Bedrooms in San Francisco", Walter/McBean Gallery, San Francisco Art Institue, San Francisco 1992, n. p.
„David Reed", Hg. Martin Hentschel und Udo Kittelmann, Ausst.-Kat. Kölnischer Kunstverein, Köln u. a. 1995, S. 11, 12.
„Special Offer", Ausst.-Brosch. Kasseler Kunstverein, Kassel 1999, S. 12.
„Einfach Kunst. Sammlung Rolf Ricke", Ausst.-Kat. Neues Museum in Nürnberg, 2002, S. 182.

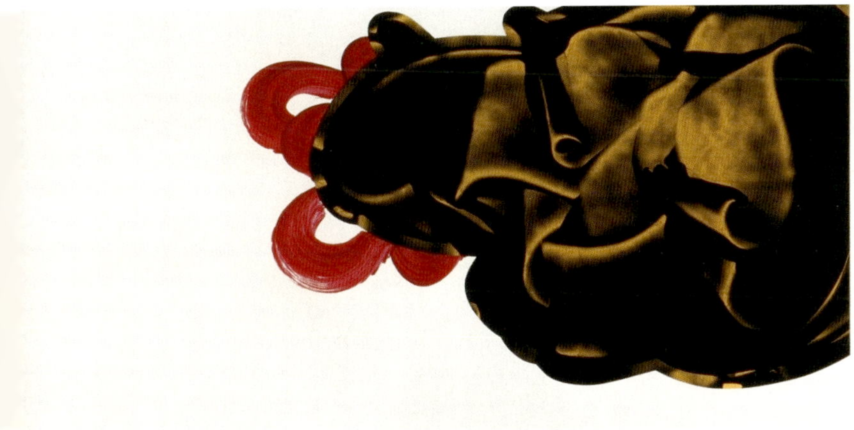

103

#313-2, 1992–1995

Öl und Alkyd auf Leinwand
71,5 x 366,5 x 5 cm
signiert, bezeichnet und datiert verso oben Mitte:
DAVID REED 313-2 1992–95
Kunstmuseum Liechtenstein, Vaduz
Inv.-Nr. KML 06.39

Ausstellungen

1995
„Das Abenteuer der Malerei", Kunstverein für die Rheinlande und Westfalen, Düsseldorf, 14. Mai – 25. Juni 1995; Württembergischer Kunstverein Stuttgart, 18. Mai – 2. Juli 1995.
2001
„David Reed: You look good in blue", Kunstmuseum St.Gallen, 1. September – 11. November 2001; Kunstverein Hannover, 26. Januar – 31. März 2002.
2002
„Einfach Kunst. Sammlung Rolf Ricke", Neues Museum in Nürnberg, 6. Juni – 14. Juli 2002.
2003
„Schokolade, was denn sonst. Sammlung Rolf Ricke", Kunstraum Innsbruck, 26. April – 21. Juni 2003.
2007
„Lust for Life. Die Sammlung Ricke", Kunstmuseum Liechtenstein, Vaduz, 21. September 2007 – 13. Januar 2008.

Abbildungen

„I started, for it amazed me that I had not seen him, since the reflection of the glass covered the whole room behind me", Neue Malereien für den Spiegelsaal und Studien von David Reed, Ausst.-Kat. Neue Galerie am Landesmuseum Joanneum, Graz, Köln 1996, S. 29.
„David Reed Paintings. Motion Pictures", Ausst.-Kat. Museum of Contemporary Art San Diego, La Jolla, Kalifornien 1998, S. 68.
„David Reed: You look good in blue", Ausst.-Kat. Kunstmuseum St.Gallen; Kunstverein Hannover, Nürnberg 2001, S. 33.
„Einfach Kunst. Sammlung Rolf Ricke", Ausst.-Kat. Neues Museum in Nürnberg, 2002, S. 96.

Jason Rhoades

104

Light, 1997

Kunststoffeimer, Leuchtstoffröhre, Elektrokabel und Transformator
240 x 31 x 31 cm
Auflagenobjekt
Kunstmuseum St.Gallen
Inv.-Nr. P 2006.16

Ausstellungen

2002

„Einfach Kunst. Sammlung Rolf Ricke“, Neues Museum in Nürnberg, 29. Juli – 1. August 2002.

2005

„Sweet Temptations. Dialoge mit der Sammlung Rolf Ricke“, Kunstmuseum St.Gallen, 26. Februar – 16. Mai 2005.

Abbildungen

„Einfach Kunst. Sammlung Rolf Ricke“, Ausst. Kat. Neues Museum in Nürnberg, 2002, S. 182.

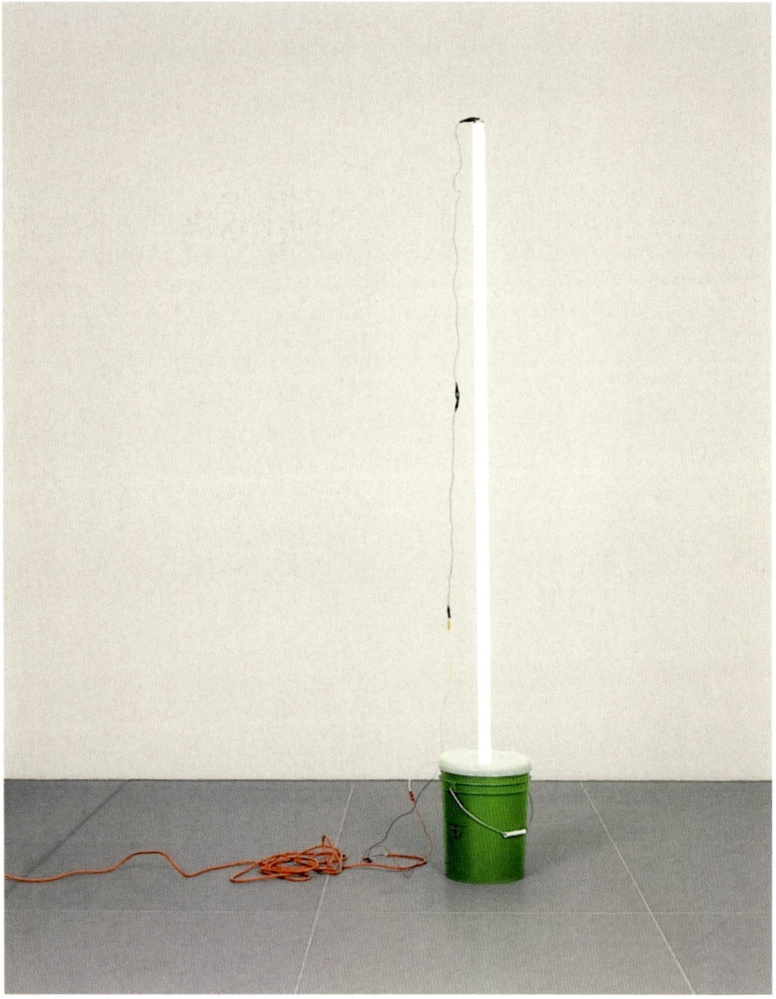

James Rosenquist

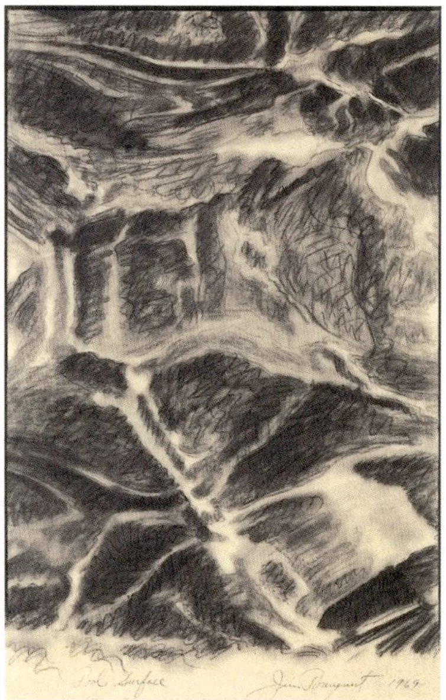

105

Pool Surface, 1969

Grafit auf Papier
104 x 68,5 x 2,9 cm
signiert, bezeichnet und datiert recto unten links: Pool Surface; recto unten rechts: James Rosenquist 1969
Museum für Moderne Kunst, Frankfurt am Main
Inv.-Nr. 2006/251

Ausstellungen

1970

„Zeichnungen amerikanischer Künstler“, Galerie Ricke, Köln, 15. Mai – 25. Juni 1970.

1972

„James Rosenquist. Gemälde – Räume – Graphik“, Wallraf-Richartz-Museum, Kunsthalle Köln, 29. Januar – 12. März 1972.

1977

„documenta 6“, Staatliche Kunstsammlungen Kassel, 24. Juni – 2. Oktober 1977.

Abbildungen

„Einfach Kunst. Sammlung Rolf Ricke“, Ausst.-Kat. Neues Museum in Nürnberg, 2002, S. 182.

106

Moon Hat, 1970

Filzhut, Punktstrahler, Metalletikett, Sand und Holz

42 x 42 x 32 cm

bezeichnet und datiert auf Etikett (Gravur): MOON HAT to be set out under full moon JAMES ROSENQUIST 1970

Museum für Moderne Kunst, Frankfurt am Main

Inv.-Nr. 2006/250.1-3

Ausstellungen

1972

„James Rosenquist. Gemälde – Räume – Graphik“, Wallraf-Richartz-Museum, Kunsthalle Köln, 29. Januar – 12. März 1972.

2007

„Das Kapital. Blue Chips & Masterpieces“, Museum für Moderne Kunst, Frankfurt am Main, 21. April – 26. August 2007.

Abbildungen

„Einfach Kunst. Sammlung Rolf Ricke“, Ausst.-Kat. Neues Museum in Nürnberg, 2002, S. 7, 182.

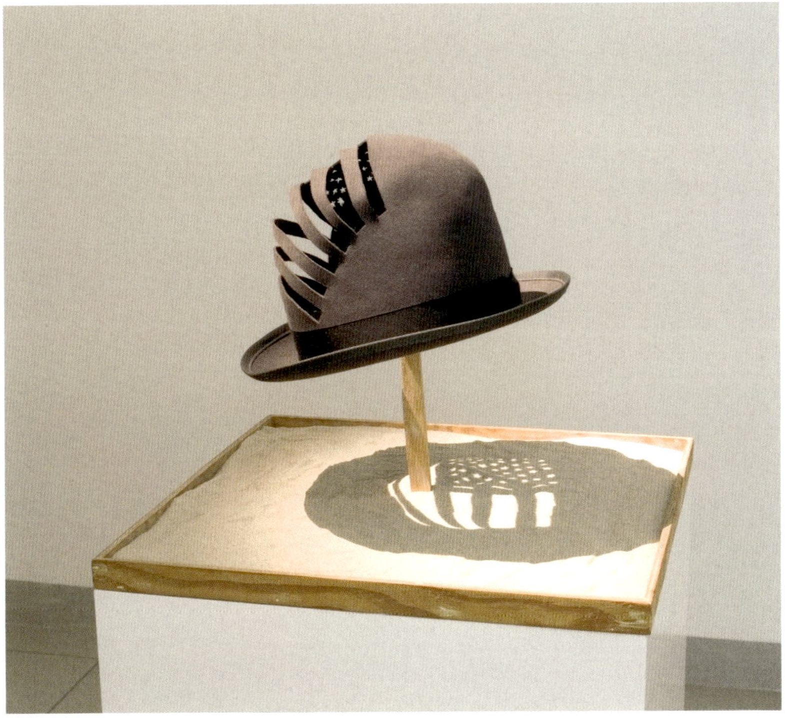

Adrian Schiess

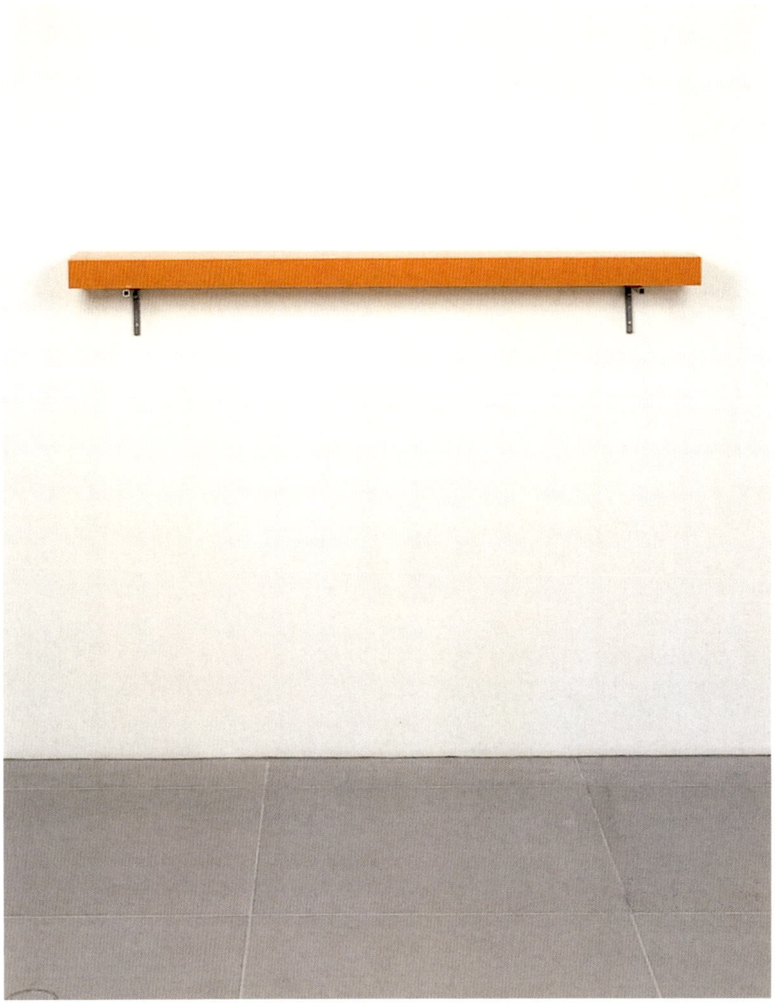

107

Ohne Titel, 1988

Lack auf Holz, Metallwinkel

8,7 x 198,9 x 12,9 cm

Museum für Moderne Kunst, Frankfurt am Main

Inv.-Nr. 2006/258

Ausstellungen

2002

„Einfach Kunst. Sammlung Rolf Ricke“, Neues Museum in Nürnberg, 5. – 25. August 2002.

Abbildungen

„Einfach Kunst. Sammlung Rolf Ricke“, Ausst.-Kat. Neues Museum in Nürnberg, 2002, S. 14, 183.

108

Flache Arbeit, 1990

Lack auf Metallverbundplatte und zwei ungehobelte Kanthölzer
Platte: 109 x 298,7 x 3 cm
signiert verso (mehrere Stempel): Adrian Schiess
Museum für Moderne Kunst, Frankfurt am Main
Inv.-Nr. 2006/260

Bemerkung
Installation sowohl querrechteckig an der Wand lehnend als auch flach am Boden auf ungehobelten Kanthölzern möglich.

Ausstellungen
2002
„Einfach Kunst. Sammlung Rolf Ricke", Neues Museum in Nürnberg, 5. – 25. August 2002.
2005
„Sweet Temptations. Dialoge mit der Sammlung Rolf Ricke", Kunstmuseum St.Gallen, 26. Februar – 16. Mai 2005.
2007
„Das Kapital. Blue Chips & Masterpieces", Museum für Moderne Kunst, Frankfurt am Main, 21. April – 26. August 2007.
„Lust for Life. Die Sammlung Ricke", Kunstmuseum Liechtenstein, Vaduz, 21. September 2007 – 13. Januar 2008.

Abbildungen
„Einfach Kunst. Sammlung Rolf Ricke", Ausst.-Kat. Neues Museum in Nürnberg, 2002, S. 183.

Flache Arbeit 1990 ist das erste von 18 Werken, die ich 1990 noch von Hand, aber auf Aluminiumverbundplatten gemalt habe. (Bis dahin hatte ich für meine *Flachen Arbeiten* ausschliesslich Spanplatten verwendet.) Von da an habe ich Aluminiumverbundplatten verwendet, welche nach von mir hergestellten Farbmustern industriell (von einem Lackierer) lackiert wurden. Der Titel der Werke ist von da an bis heute *Malerei*.

Adrian Schiess
18. Juni 2007

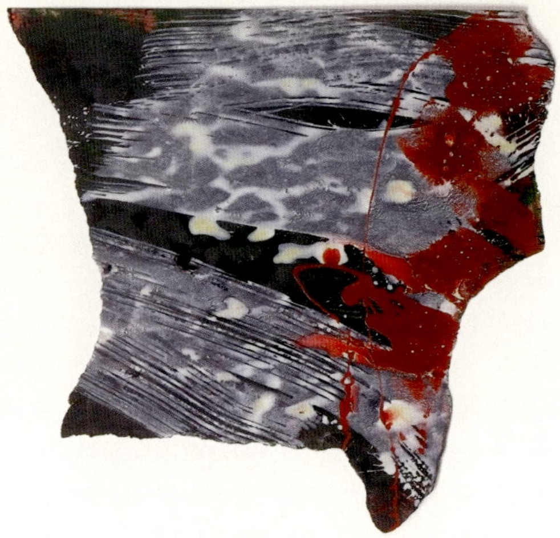

109

Fetzen, 1994

Aquarell, Ölfarbe und Lack auf Papier, beidseitig bemalt
98,4 x 104,7 cm
Museum für Moderne Kunst, Frankfurt am Main
Inv.-Nr. 2006/259

Ausstellungen
2002
„Einfach Kunst. Sammlung Rolf Ricke", Neues Museum in Nürnberg, 5. – 25. August 2002.
2007
„Lust for Life. Die Sammlung Ricke", Kunstmuseum Liechtenstein, Vaduz, 21. September 2007 – 13. Januar 2008.

Abbildungen
„Einfach Kunst. Sammlung Rolf Ricke", Ausst.-Kat. Neues Museum in Nürnberg, 2002, S. 131.

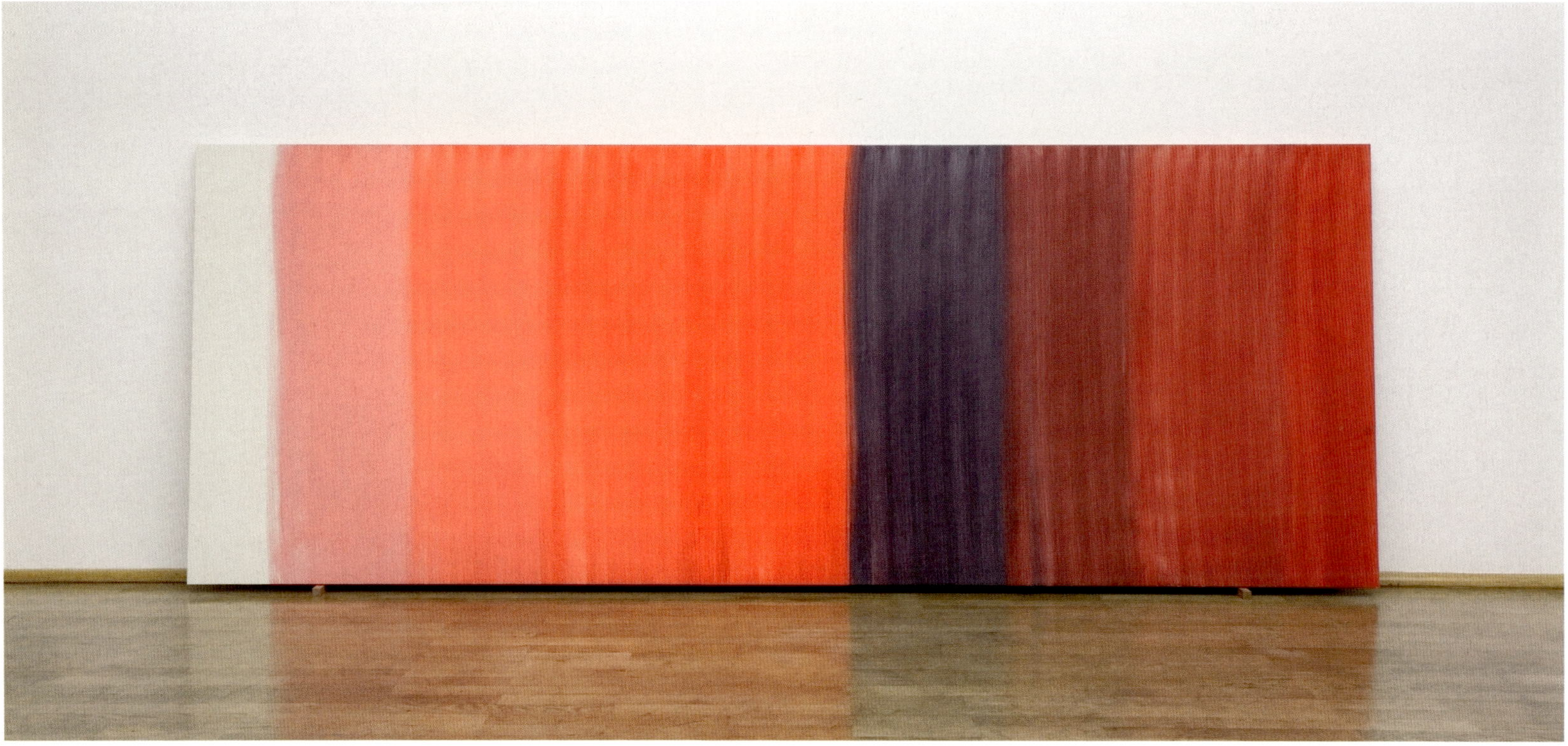

Richard Serra

110

Coils [Lead Piece], 1968

drei Bleispiralen und drei Eisennägel

ca. 114 x 255,5 x 168 cm

Kunstmuseum St.Gallen

Inv.-Nr. P 2006.17

Ausstellungen

1968

„Richard Serra. Skulpturen, Neon-Objekte“, 16. Oktober – Ende November 1968.

1969

„Querschnitt“, Galerie Ricke, Köln, 27. November 1968 – 7. Januar 1969.

2002

„Einfach Kunst. Sammlung Rolf Ricke“, Neues Museum in Nürnberg, 6. Juni – 18. August 2002.

2003

„Schokolade, was denn sonst. Sammlung Rolf Ricke“, Kunstraum Innsbruck, 26. April – 21. Juni 2003.

2005

„Sweet Temptations. Dialoge mit der Sammlung Rolf Ricke“, Kunstmuseum St.Gallen, 26. Februar – 16. Mai 2005.

2007

„Das Kapital. Blue Chips & Masterpieces“, Museum für Moderne Kunst, Frankfurt am Main, 21. April – 26. August 2007.

„Lust for Life. Die Sammlung Ricke“, Kunstmuseum Liechtenstein, Vaduz, 21. September 2007 – 13. Januar 2008.

Abbildungen

„Einfach Kunst. Sammlung Rolf Ricke“, Ausst.-Kat. Neues Museum in Nürnberg, 2002, S. 11, 67.

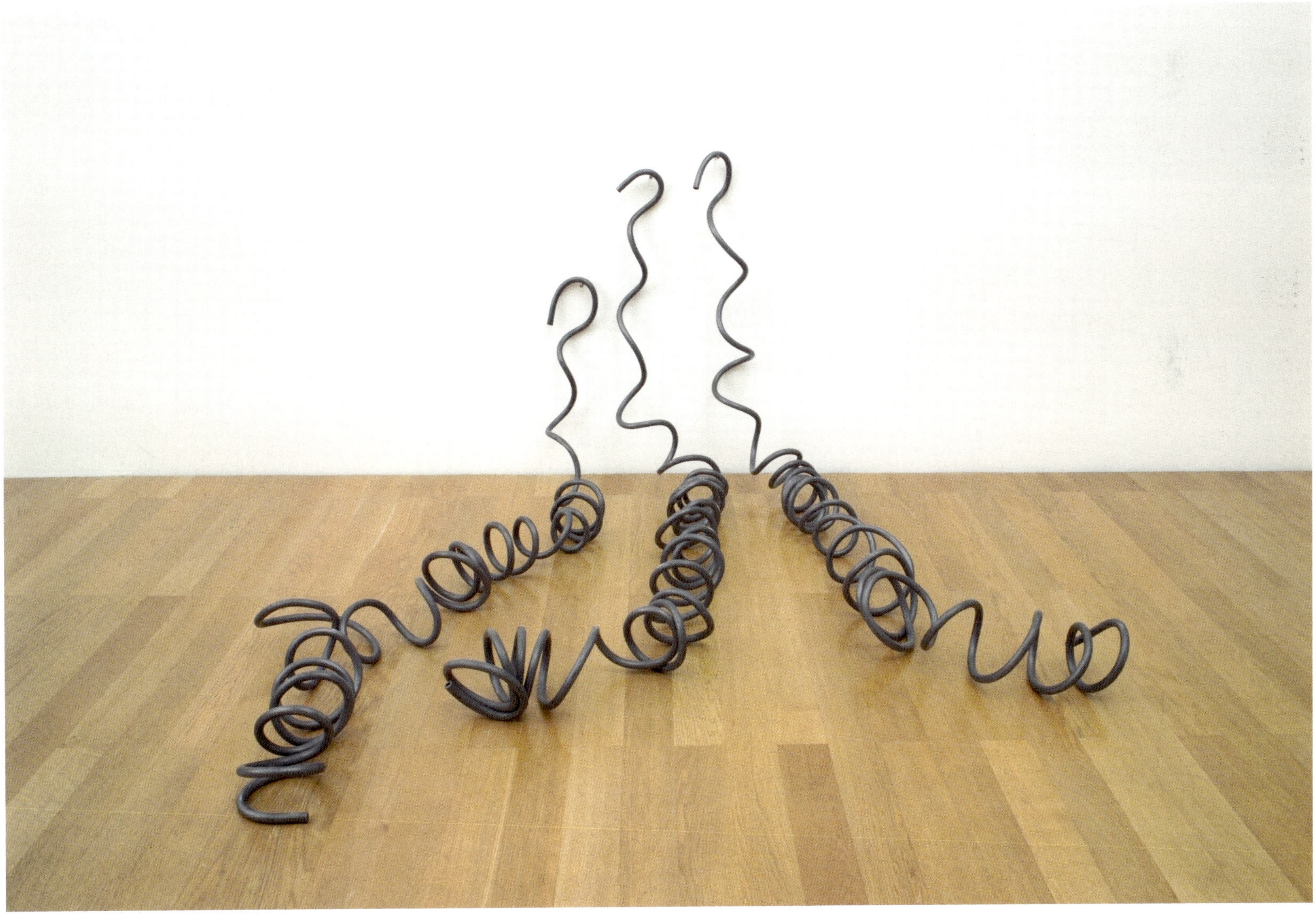

111

Duplicate [Cut Piece], 1970

Walzstahl

30,5 x 300 x 60,5 cm

Kunstmuseum Liechtenstein, Vaduz

Inv.-Nr. KML 06.44

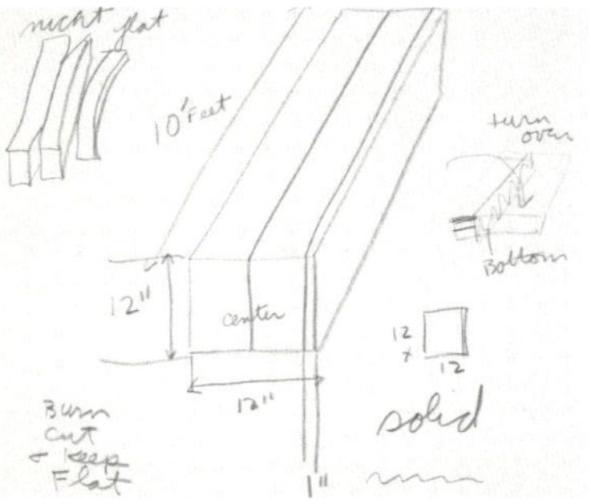

Skizze von R. Serra

Ausstellungen

1978

„Richard Serra. Arbeiten 66–77/Works 66–77“, Kunsthalle Tübingen, 8. März – 2. April 1978; Kunsthalle Baden-Baden, 22. April – 21. Mai 1978.

1987

„Richard Serra“, Westfälisches Landesmuseum für Kunst und Kulturgeschichte, Münster, 18. Oktober – 22. November 1987; Städtische Galerie im Lenbachhaus, München, 26. November 1987 – 28. Februar 1988; Kunsthalle Basel, 31. Januar – 1. Mai 1988.

2007

„Lust for Life. Die Sammlung Ricke“, Kunstmuseum Liechtenstein, Vaduz, 21. September 2007 – 13. Januar 2008.

Abbildungen

„Richard Serra. Arbeiten 66–77/Works 66–77“, Ausst.-Kat. Kunsthalle Tübingen; Kunsthalle Baden-Baden, Bochum 1978, S. 51, Kat.-Nr. 121.

„Richard Serra“, Ausst.-Kat. Westfälisches Landesmuseum für Kunst und Kulturgeschichte, Münster u. a., Stuttgart 1987, S. 61.

„Einfach Kunst. Sammlung Rolf Ricke“, Ausst.-Kat. Neues Museum in Nürnberg, 2002, S. 69.

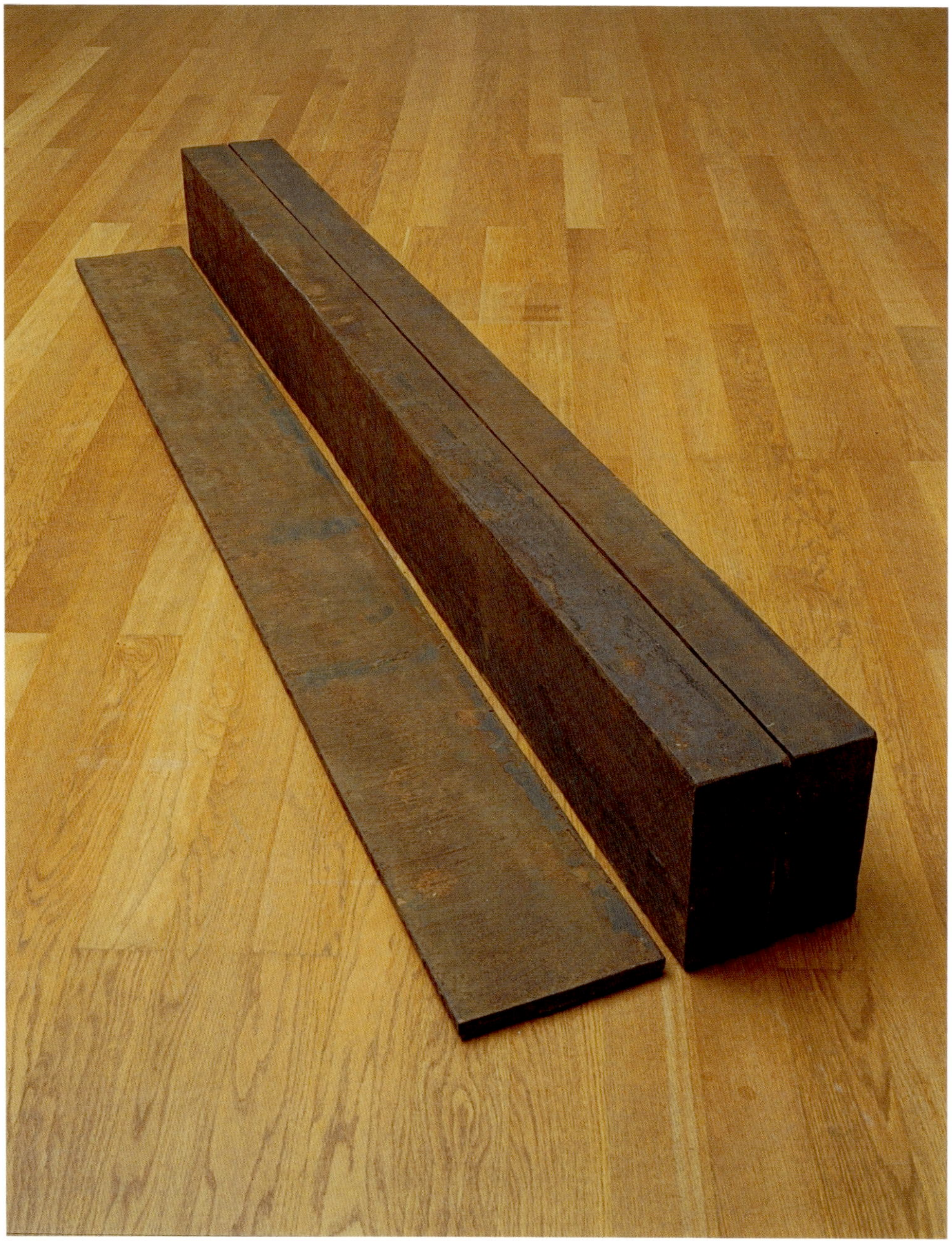

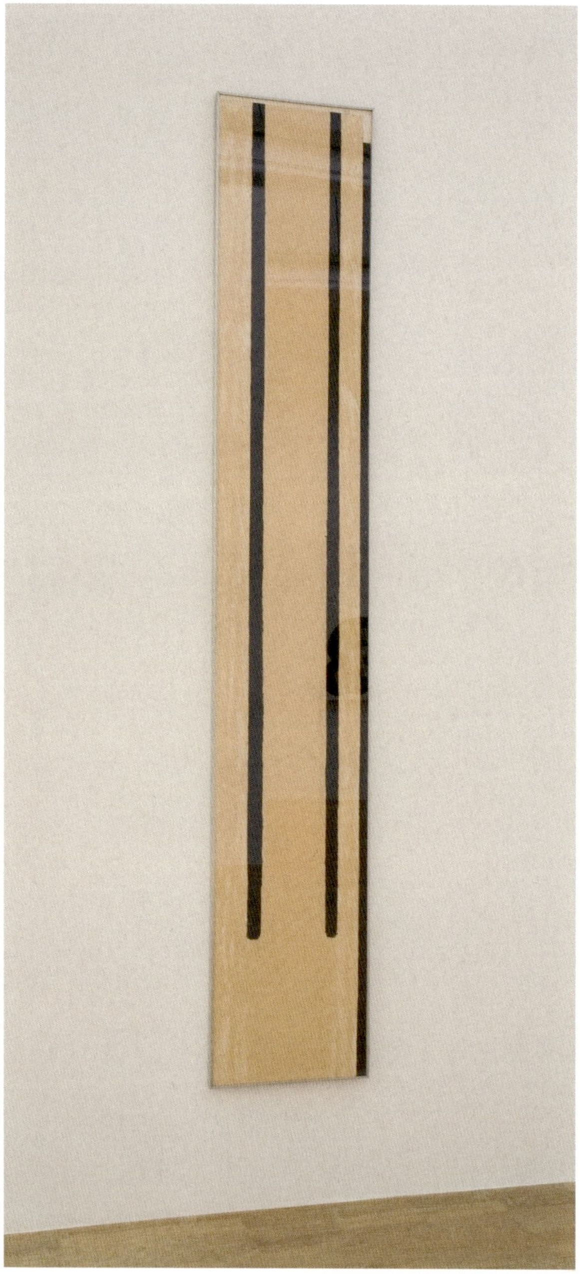

112

Untitled (for documenta), 1972

Ölkreide und Bleistift auf Papier auf Karton

248,5 x 41,9 x 2,6 cm

signiert, bezeichnet und datiert recto Mitte: Richard Serra 72' 1 of two pc's done in 1972 in Koln for documenta 72 – 4 plate piece after installation

Museum für Moderne Kunst, Frankfurt am Main

Inv.-Nr. 2006/252

Ausstellungen

1972

„Diagrams/Drawings", Kröller-Müller Museum, Otterlo, 13. August – 24. September 1972; Kunstmuseum Basel, 20. Januar – 4. März 1973.

2002

„Einfach Kunst. Sammlung Rolf Ricke", Neues Museum in Nürnberg, 19. – 25. August 2002.

2005

„Sweet Temptations. Dialoge mit der Sammlung Rolf Ricke", Kunstmuseum St.Gallen, 26. Februar – 16. Mai 2005.

2007

„Das Kapital. Blue Chips & Masterpieces", Museum für Moderne Kunst, Frankfurt am Main, 21. April – 26. August 2007.

Abbildungen

„Richard Serra. Arbeiten 66–77/Works 66–77", Ausst.-Kat. Kunsthalle Tübingen, Kunsthalle Baden-Baden, Bochum 1978, Kat.-Nr. 224.

„Richard Serra: Drawings Zeichnungen 1969–1990", Hg. Hans Janssen, Ausst.-Kat. Bonnefantenmuseum Maastricht, Bern 1990, S. 210, Kat.-Nr. 36.

„Einfach Kunst. Sammlung Rolf Ricke", Ausst.-Kat. Neues Museum in Nürnberg, S. 68.

Keith Sonnier

113

Red Floor Piece, 1966

Vierkantholz, Drahtgitter, Spachtelmasse und Farbe

6 x 430 x 8 cm

Museum für Moderne Kunst, Frankfurt am Main

Inv.-Nr. 2006/253

Ausstellungen

1969

„Op Losse Schroeven. Situaties en Cryptostructuren", Stedelijk Museum, Amsterdam, 15. März – 27. April 1969; „Verborgene Strukturen", Museum Folkwang, Essen, 9. Mai – 22. Juni 1969. „Programm II", Galerie Ricke, Köln, 25. Juni – Mitte September 1969.

2007

„Das Kapital. Blue Chips & Masterpieces", Museum für Moderne Kunst, Frankfurt am Main, 21. April – 26. August 2007.

Abbildungen

„Op Losse Schroeven. Situaties en cryptostructuren", Ausst.-Kat. Stedelijk Museum, Amsterdam 1969, S. 30.

„Einfach Kunst. Sammlung Rolf Ricke", Ausst.-Kat. Neues Museum in Nürnberg, 2002, S. 183.

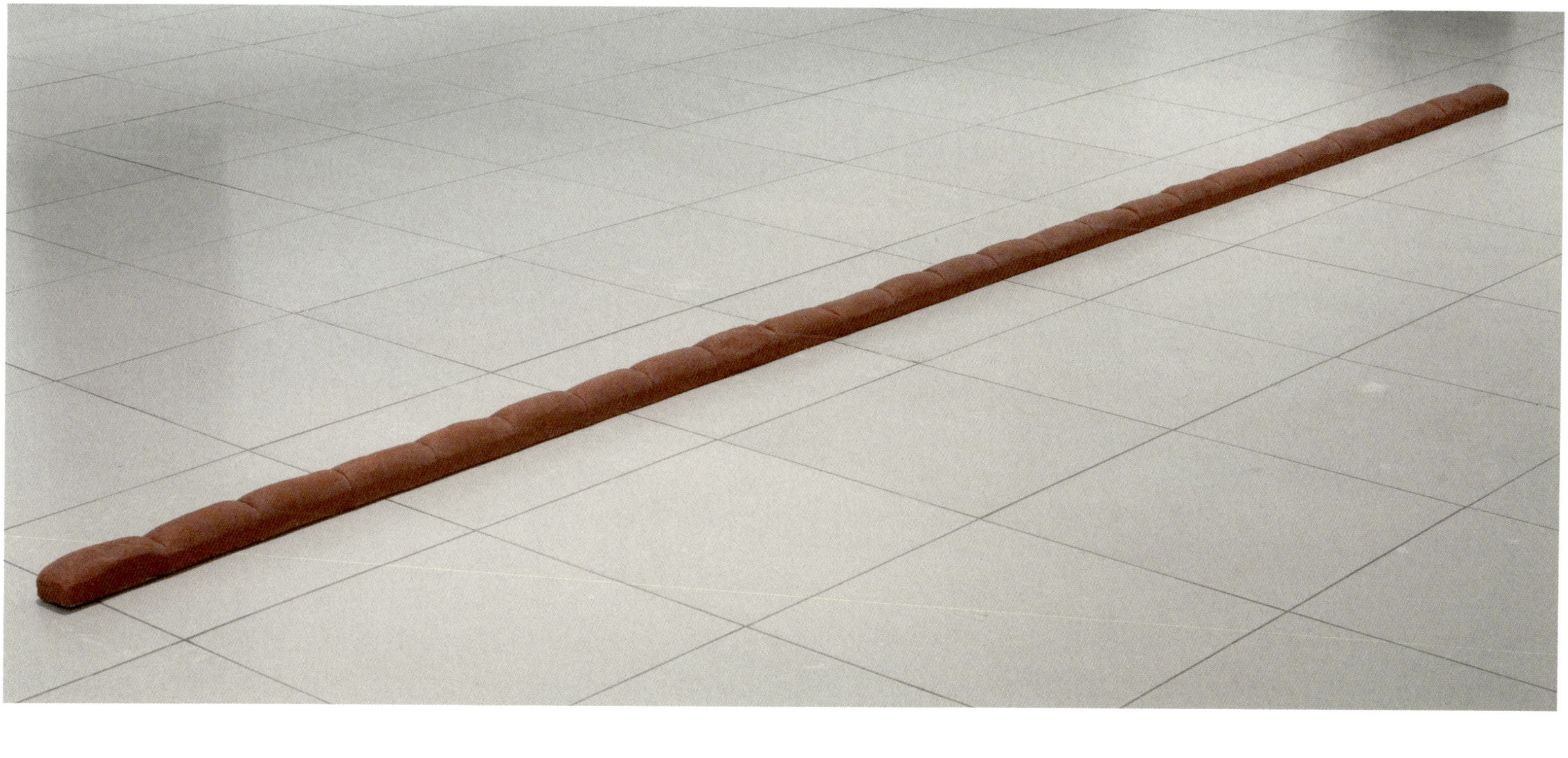

114

Neon Wrapping Lightbulbs, 1967

Neonröhre, zwei Kopfspiegelglühlampen in Porzellanfassungen, Elektrokabel und Transformator
167,5 x 201,5 x 16 cm
Kunstmuseum St.Gallen
Inv.-Nr. P 2006.20

Ausstellungen

1969
„Op Losse Schroeven. Situaties en Cryptostructuren", Stedelijk Museum, Amsterdam, 15. März – 27. April 1969; „Verborgene Strukturen", Museum Folkwang, Essen, 9. Mai – 22. Juni 1969.

2002
„Einfach Kunst. Sammlung Rolf Ricke", Neues Museum in Nürnberg, 6. Juni – 23. Juni 2002.

2005
„Sweet Temptations. Dialoge mit der Sammlung Rolf Ricke", Kunstmuseum St.Gallen, 26. Februar – 16. Mai 2005.

2007
„Das Kapital. Blue Chips & Masterpieces", Museum für Moderne Kunst, Frankfurt am Main, 21. April – 26. August 2007.
„Lust for Life. Die Sammlung Ricke", Kunstmuseum Liechtenstein, Vaduz, 21. September 2007 – 13. Januar 2008.

Abbildungen

„Verborgene Strukturen", Ausst.-Kat. Museum Folkwang, Essen 1969, S. 79.
„Einfach Kunst. Sammlung Rolf Ricke", Ausst.-Kat. Neues Museum in Nürnberg, 2002, S. 11, 183.

115

Untitled, 1967

indische Baumwolle und Kupferdraht
4,5 x 375 x 125 cm
Kunstmuseum Liechtenstein, Vaduz
Inv.-Nr. KML 06.45

Ausstellungen

1968
„Programm I", Galerie Ricke, Köln, 29. Mai – Mitte September 1968.

1993
„Keith Sonnier", Sprengel Museum Hannover, 6. Juni – 1. August 1993; Kunsthalle Nürnberg, 10. Februar – 3. April 1994; Kunstmuseum St.Gallen, 4. Juni – 28. August 1994.

2002
„Einfach Kunst. Sammlung Rolf Ricke", Neues Museum in Nürnberg, 22. Juli – 18. August 2002.

2007
„Lust for Life. Die Sammlung Ricke", Kunstmuseum Liechtenstein, Vaduz, 21. September 2007 – 13. Januar 2008.

Abbildungen

„Keith Sonnier", Ausst.-Kat. Sprengel Museum Hannover u. a., 1993, S. 10 (Installationsansicht Galerie Ricke, Köln 1968).
„Einfach Kunst. Sammlung Rolf Ricke", Ausst.-Kat. Neues Museum in Nürnberg, 2002, S. 78.

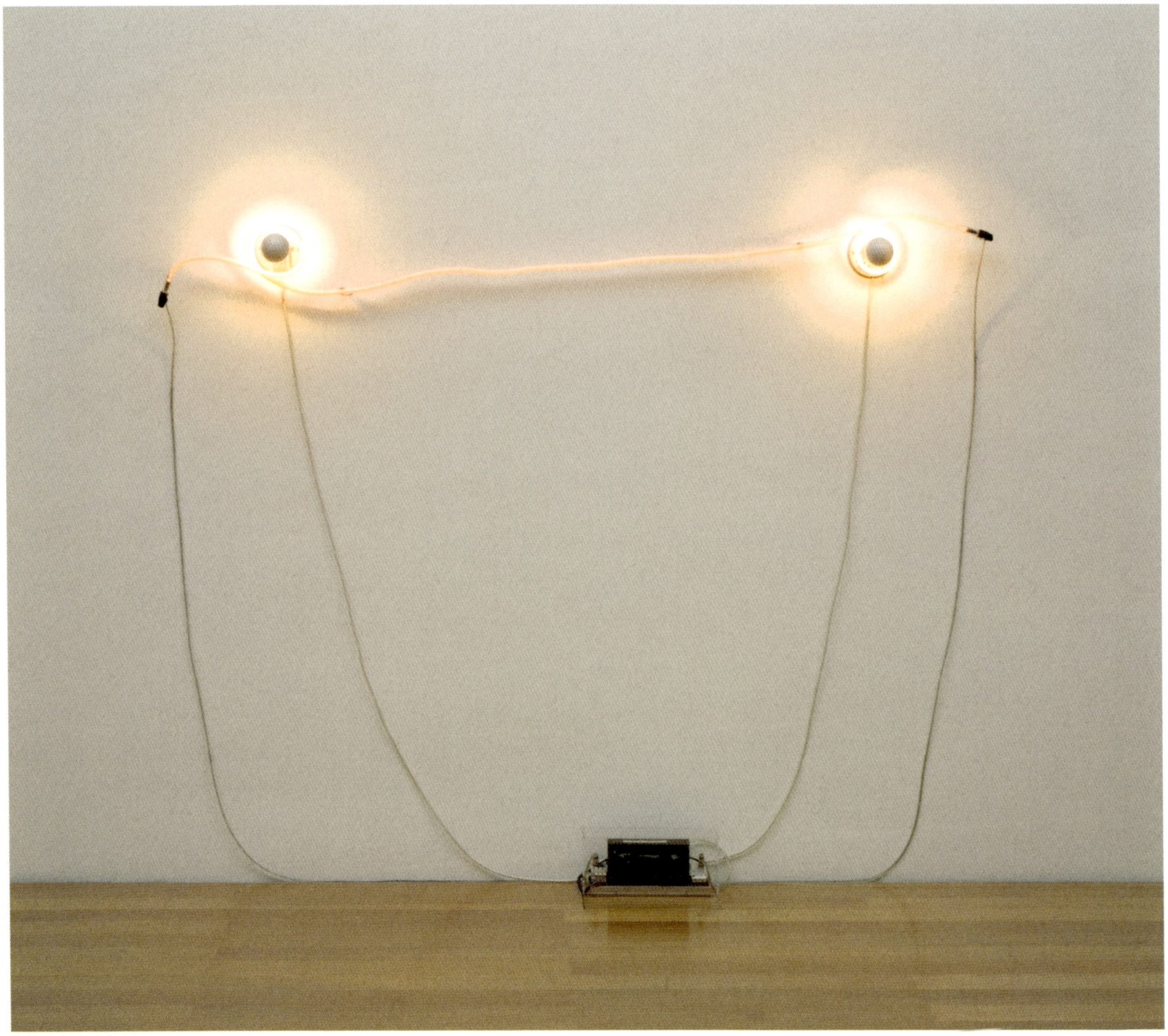

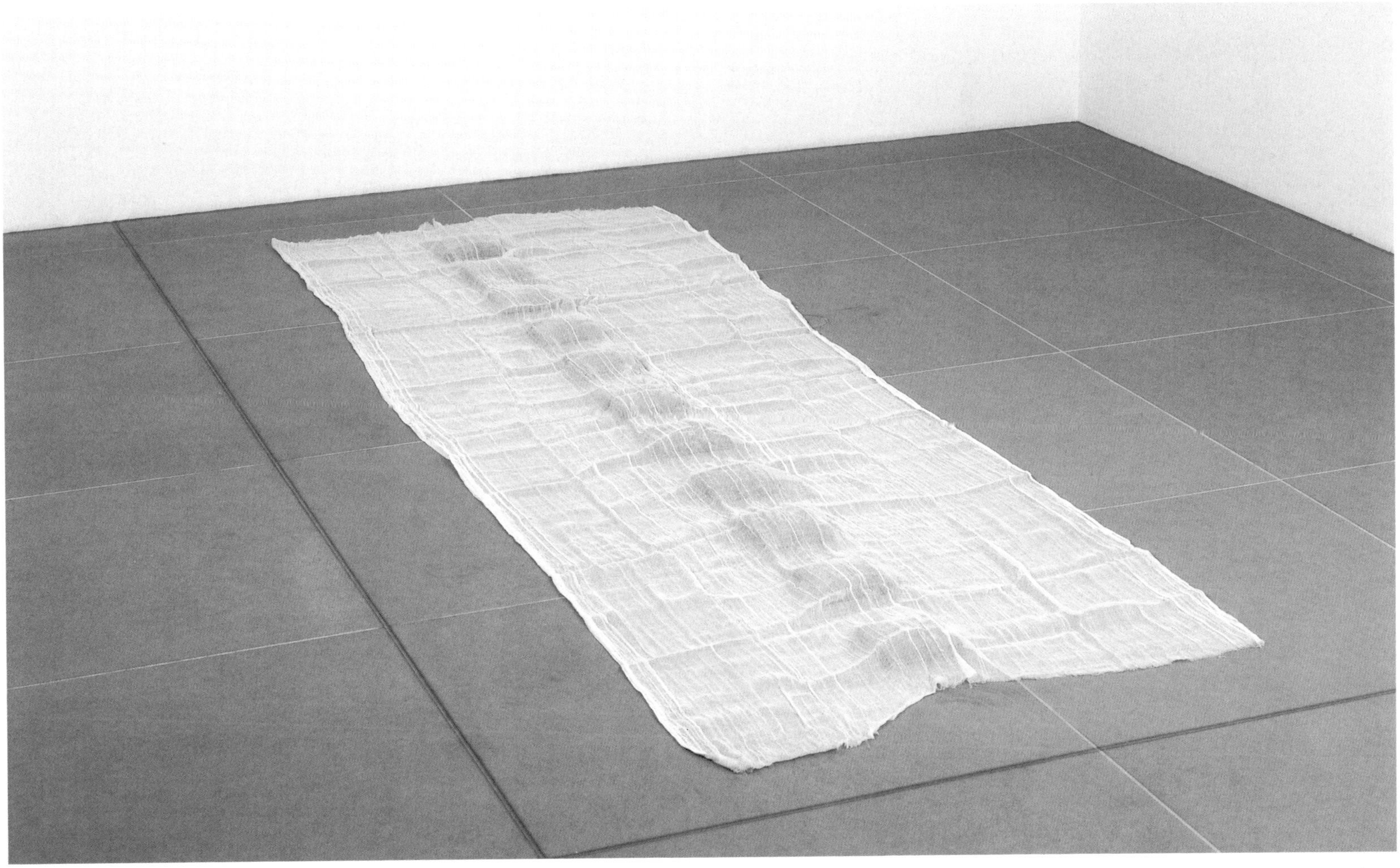

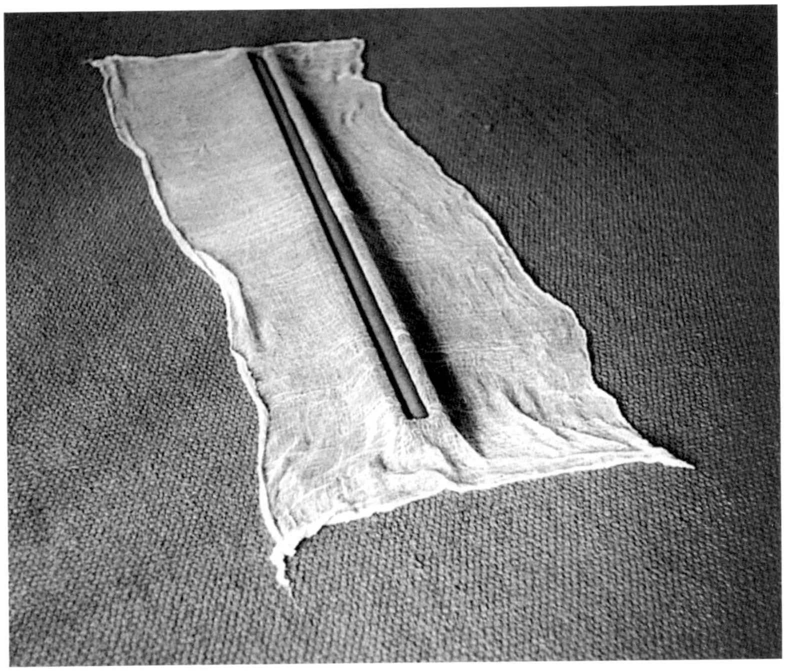

116

Untitled (Slot Trough), 1967

Baumwollgaze, Holz und Farbe

5 x 200 x 65 cm

Museum für Moderne Kunst, Frankfurt am Main

Inv.-Nr. 2006/256.1-3

Ausstellungen

1968

„Keith Sonnier. Objekte", Galerie Ricke, Köln, 25. September – 16. Oktober 1968.

Abbildungen

Phyllis Tuchman, „American Art in Germany. The History of a Phenomenon", in: *Artforum* 9, Nr. 3, November 1970, S. 61.

„Keith Sonnier", Ausst.-Kat. Sprengel Museum Hannover u. a., 1993, S. 10 (Installationsansicht Galerie Ricke, Köln 1968).

„Einfach Kunst. Sammlung Rolf Ricke", Ausst.-Kat. Neues Museum in Nürnberg, 2002, S. 184.

117

Dis-Play, 1967–1968

Neonröhren, Argonröhren, Elektrokabel und Transformator

170 x 183 x 177 cm

Kunstmuseum Liechtenstein, Vaduz

Inv.-Nr. KML 06.46

Ausstellungen

1971

„Keith Sonnier. Neon-Arbeiten", Galerie Ricke, Köln, 30. April – 26. Mai 1971.

2002

„Einfach Kunst. Sammlung Rolf Ricke", Neues Museum in Nürnberg, 19. – 25. August 2002.

2007

„Lust for Life. Die Sammlung Ricke", Kunstmuseum Liechtenstein, Vaduz, 21. September 2007 – 13. Januar 2008.

Abbildungen

„Einfach Kunst. Sammlung Rolf Ricke", Ausst.-Kat. Neues Museum in Nürnberg, 2002, S. 184.

118

Plaster-Satin-Piece, 1968

Gips und Satin

45 x 138 x 9 cm

Museum für Moderne Kunst, Frankfurt am Main

Inv.-Nr. 2006/257

Ausstellungen

1968

„Keith Sonnier. Objekte", Galerie Ricke, Köln, 25. September – 16. Oktober 1968.

2007

„Das Kapital. Blue Chips & Masterpieces", Museum für Moderne Kunst, Frankfurt am Main, 21. April – 26. August 2007.

Abbildungen

„Einfach Kunst. Sammlung Rolf Ricke", Ausst.-Kat. Neues Museum in Nürnberg, 2002, S. 184.

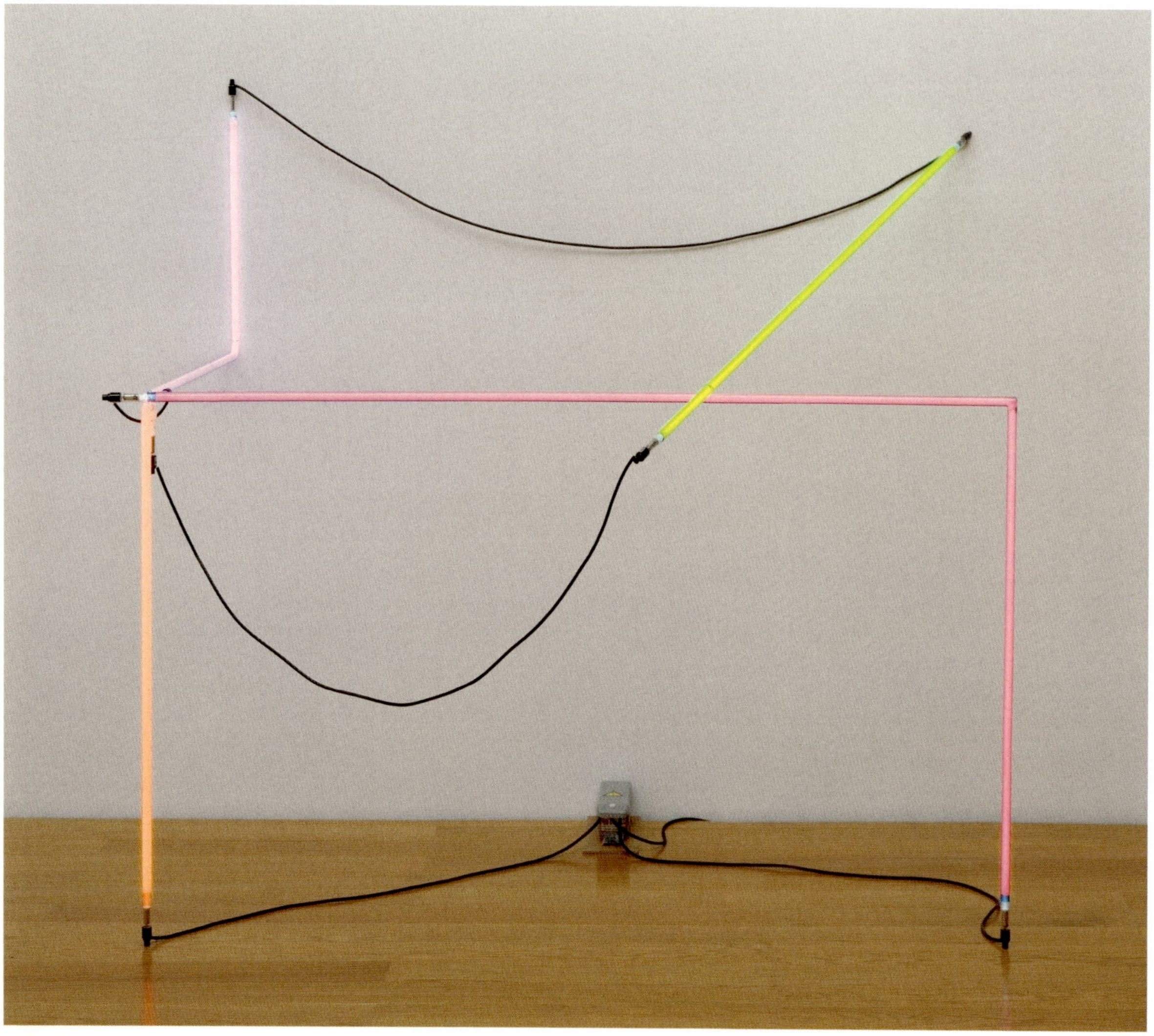

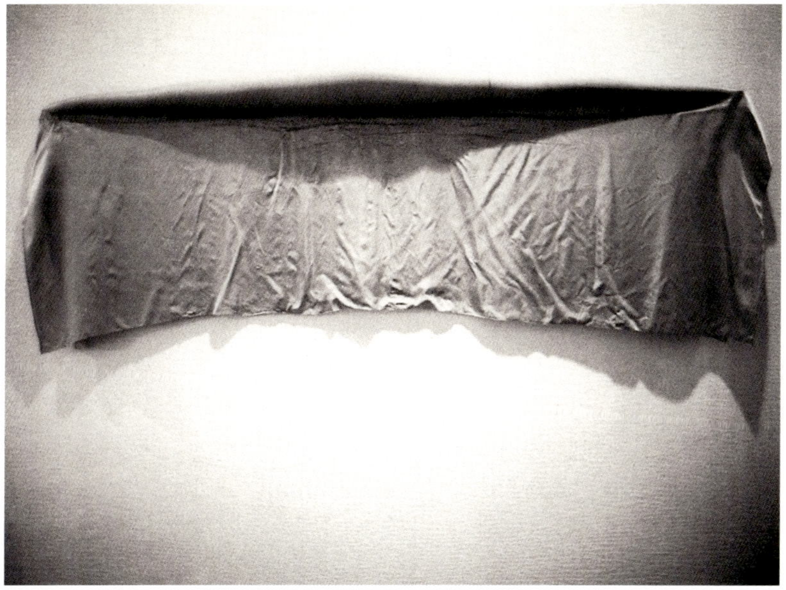

119

Wall-Cloth-Piece, 1968

zwei Chiffonstücke und mit Wachs ummantelter Faden

190 x 290 x 234 cm

Kunstmuseum Liechtenstein, Vaduz

Inv.-Nr. KML 06.47

Ausstellungen

1968

„Keith Sonnier. Objekte“, Galerie Ricke, Köln, 25. September – 16. Oktober 1968.

1980

„Weich und Plastisch. Soft-Art“, Kunsthaus Zürich, 15. November 1979 – 4. Februar 1980.

2005

„Sweet Temptations. Dialoge mit der Sammlung Rolf Ricke“, Kunstmuseum St.Gallen, 26. Februar – 16. Mai 2005.

2007

„Lust for Life. Die Sammlung Ricke“, Kunstmuseum Liechtenstein, Vaduz, 21. September 2007 – 13. Januar 2008.

Abbildungen

Phyllis Tuchman, „American Art in Germany. The History of a Phenomenon“, in: *Artforum* 9, Nr. 3, November 1970, S. 61.

„Weich und Plastisch. Soft-Art“, Ausst.-Kat. Kunsthaus Zürich, 1980, S. 133.

„Keith Sonnier“, Ausst.-Kat. Sprengel Museum, Hannover u. a. 1993, S. 10 (Installationsansicht Galerie Ricke, Köln 1968).

„Einfach Kunst. Sammlung Rolf Ricke“, Ausst.-Kat. Neues Museum in Nürnberg, 2002, S. 80.

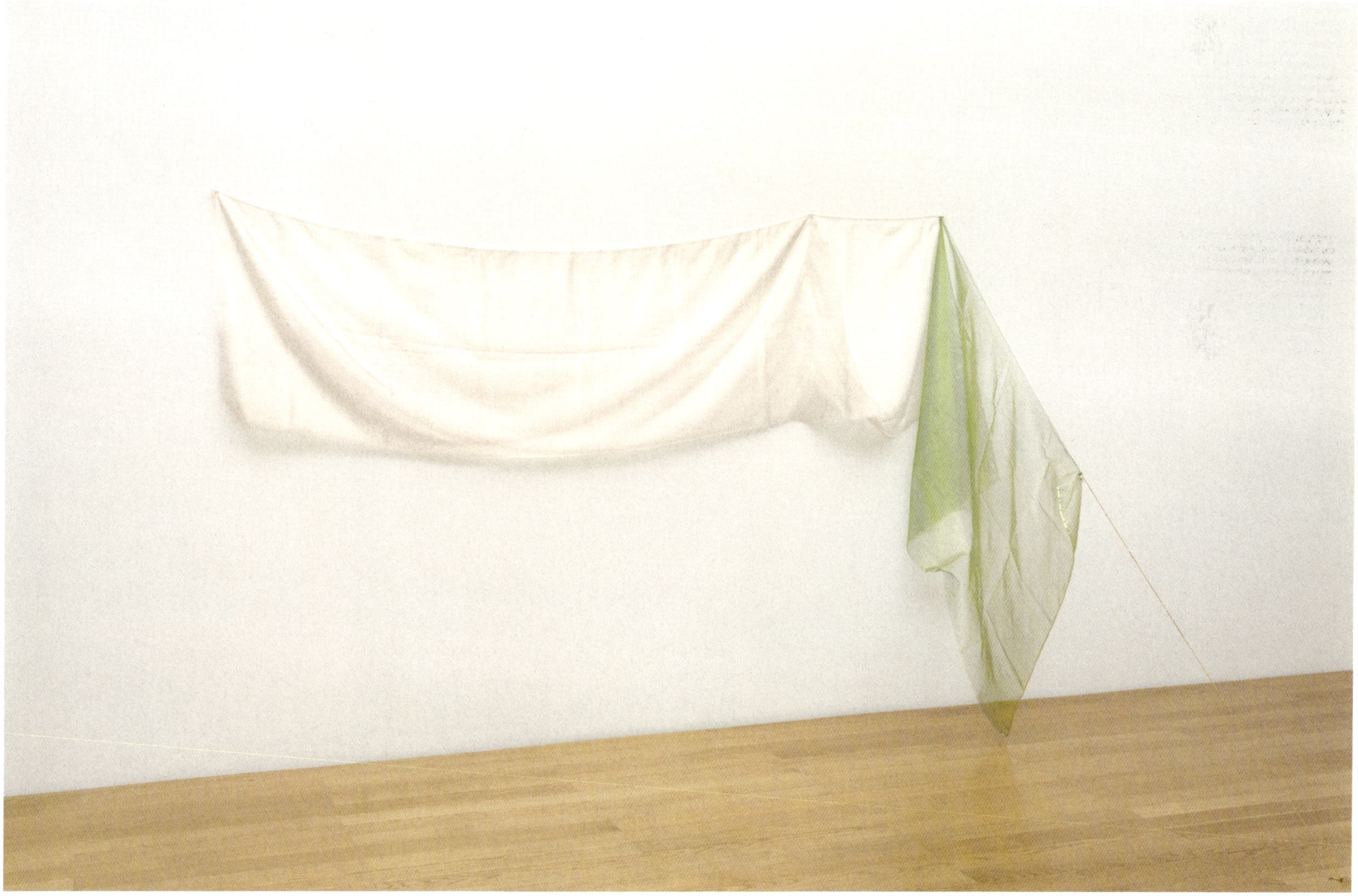

120

BA-O-BA, 1969

drei Neonröhren (creme, blau, pink), Glasscheibe, Elektrokabel und Transformator

300 x 250 x 2,8 cm

Museum für Moderne Kunst, Frankfurt am Main

Inv.-Nr. 2006/254.1-5

Ausstellungen

1990

„Neonstücke", Sprengel Museum Hannover, 16. September – 4. November 1990.

1998

„Günter Umberg", Museum Dhondt-Dhaenens, Deurle, 8. Februar – 22. März 1998.

2002

„Einfach Kunst. Sammlung Rolf Ricke", Neues Museum in Nürnberg, 24. Juni – 18. August 2002.

2003

„Schokolade, was denn sonst. Sammlung Rolf Ricke", Kunstraum Innsbruck, 26. April – 21. Juni 2003.

2005

„Sweet Temptations. Dialoge mit der Sammlung Rolf Ricke", Kunstmuseum St.Gallen, 26. Februar – 16. Mai 2005.

2007

„Das Kapital. Blue Chips & Masterpieces", Museum für Moderne Kunst, Frankfurt am Main, 21. April – 26. August 2007.

Abbildungen

„Günter Umberg", Ausst.-Kat. Museum Dhondt-Dhaenens, Deurle 1998, S. 13.

„Neonstücke", Ausst.-Kat. Sprengel Museum Hannover, Stuttgart 1990, S. 19, Kat.-Nr. 25.

„Einfach Kunst. Sammlung Rolf Ricke", Ausst.-Kat. Neues Museum in Nürnberg, 2002, S. 79.

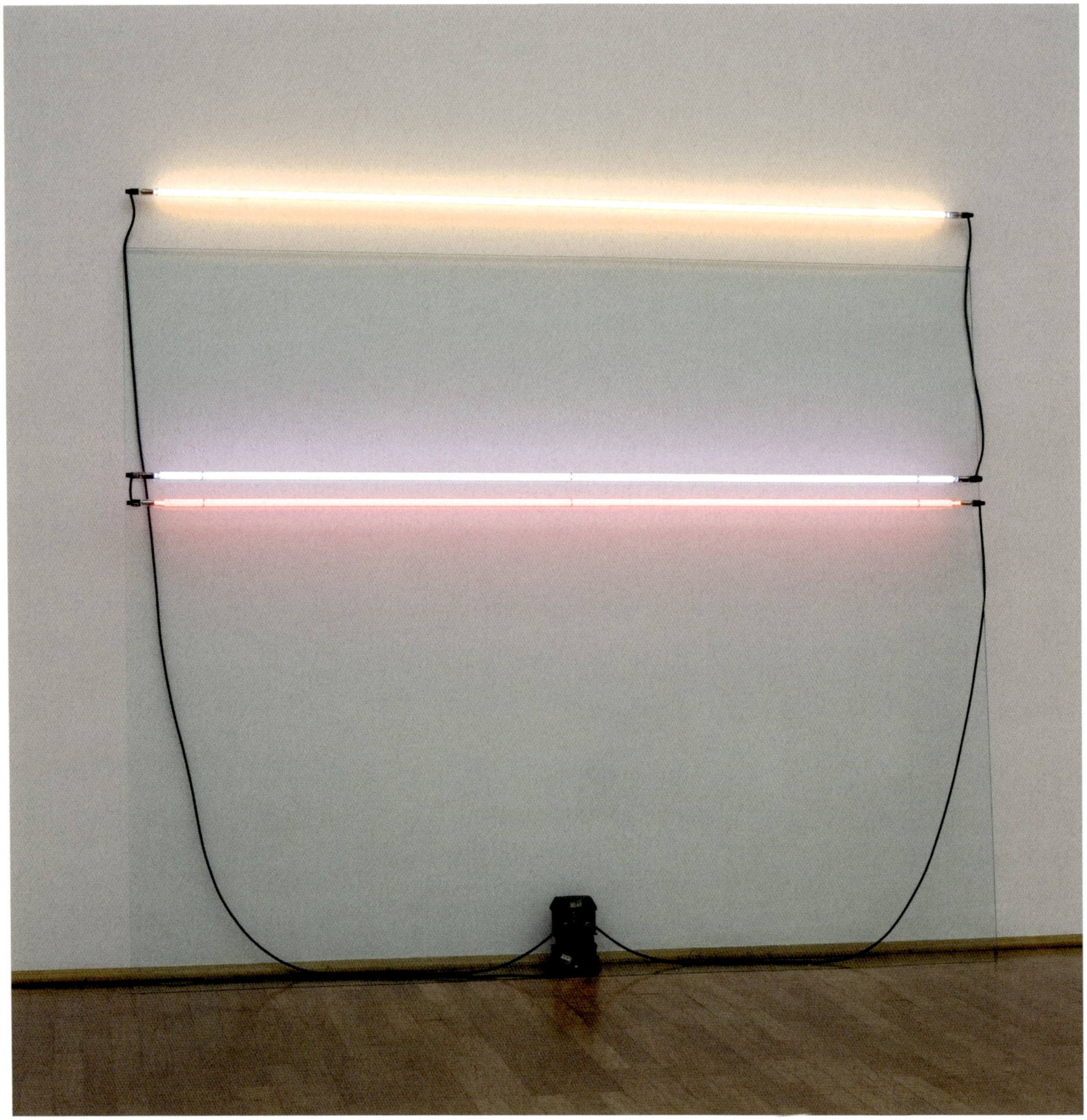

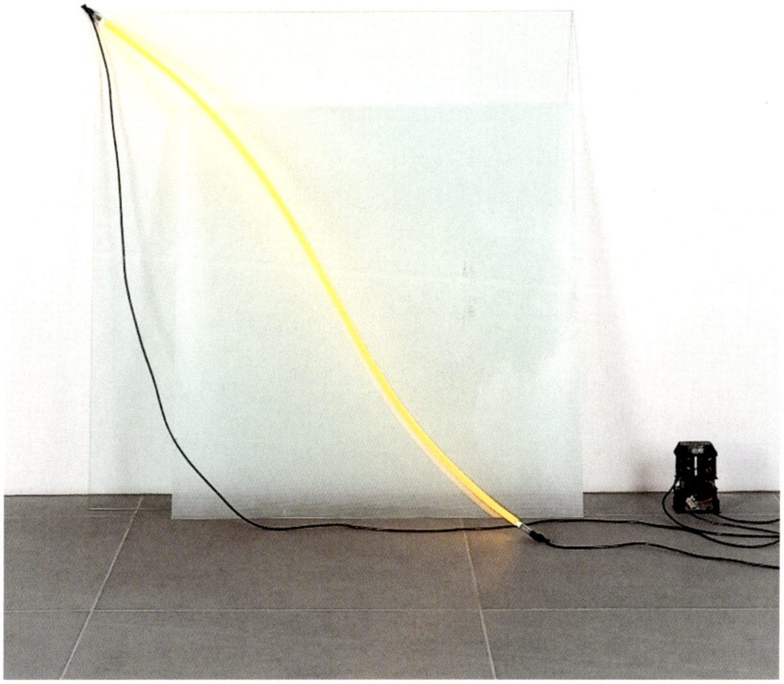

121

Lit Square, 1969

zwei Glasscheiben, glatt und geriffelt, Neonröhre, Elektrokabel und Transformator
124 x 124 x 60 cm, Diagonale 220 cm
Kunstmuseum Liechtenstein, Vaduz
Inv.-Nr. KML 06.48

Bemerkung
Bisher unter dem Titel BA-O-BA geführt.

Ausstellungen
2002
„Einfach Kunst. Sammlung Rolf Ricke“, Neues Museum in Nürnberg, 22. Juli – 18. August 2002.

Abbildungen
„Einfach Kunst. Sammlung Rolf Ricke“, Ausst.-Kat. Neues Museum in Nürnberg, 2002, S. 184.
„Keith Sonnier“, Hg. Joachim Jäger, Ausst.-Kat. Neue Nationalgalerie Berlin, 2002, S. 45.

122

Flock-Piece, 1969

Latex und Flock
300 x 400 x 70 cm
Kunstmuseum St.Gallen
Inv.-Nr. P 2006.19

Ausstellungen
1969
„6 Künstler der Galerie Ricke“, Galerie Ricke, Köln, 15. – 31. März 1969.

Abbildungen
„Einfach Kunst. Sammlung Rolf Ricke“, Ausst.-Kat. Neues Museum in Nürnberg, 2002, S. 184.

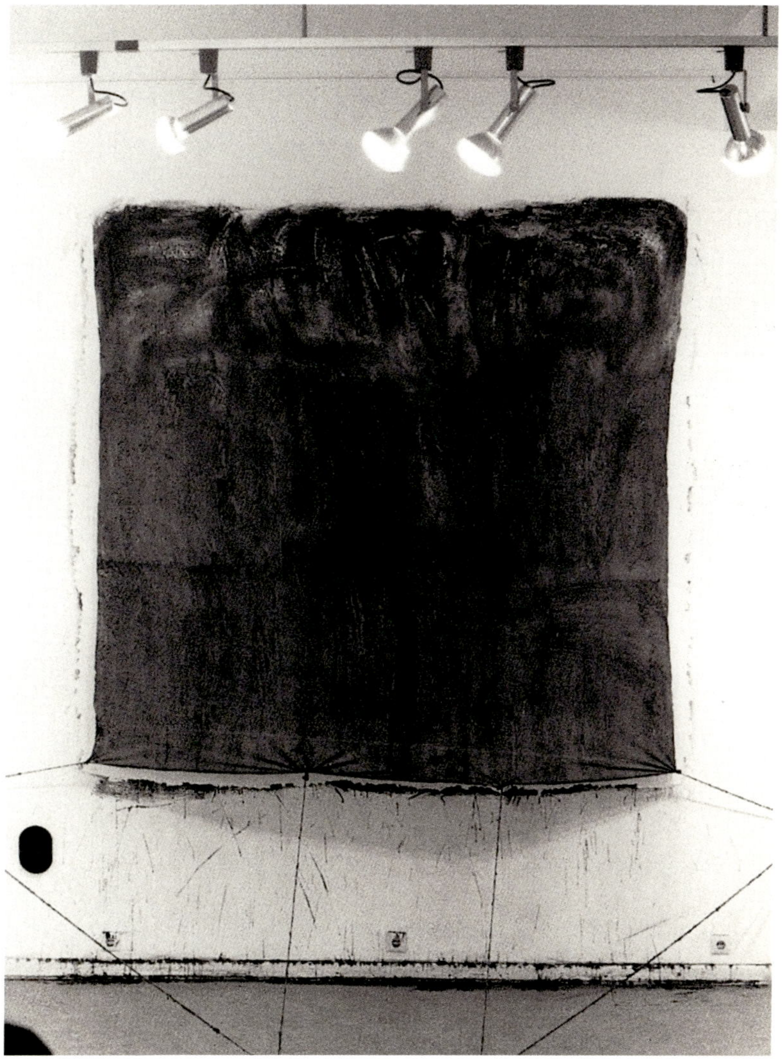

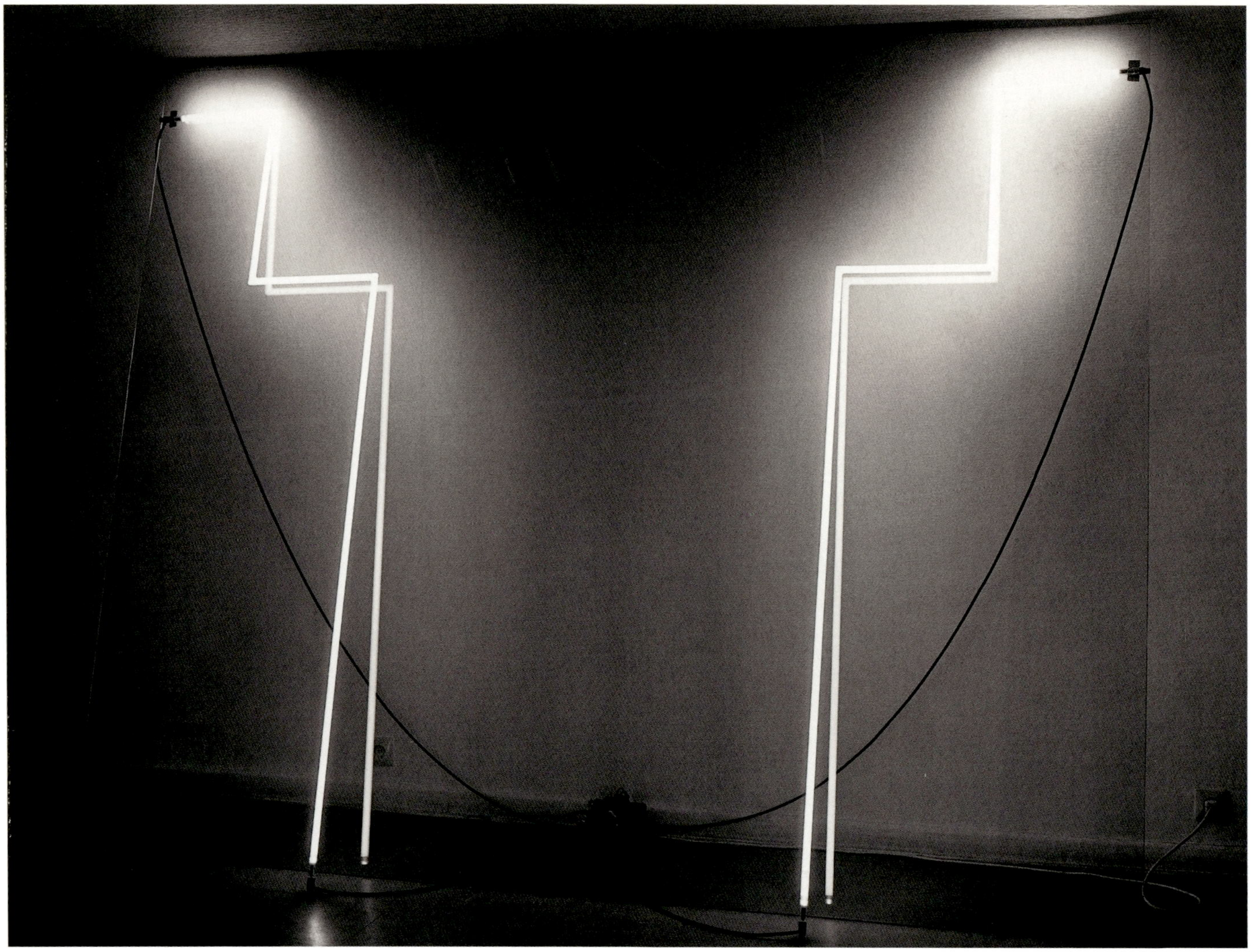

123

(Imix) Standing Sphinx, 1969

Glasscheibe, Neonröhren, Elektrokabel und Transformator

213 x 274 x 2,8 cm

Museum für Moderne Kunst, Frankfurt am Main

Inv.-Nr. 2006/255.1-4

Ausstellungen

1971

„Keith Sonnier. Neon-Arbeiten", Galerie Ricke, Köln, 30. April – 26. Mai 1971.

Abbildungen

„Einfach Kunst. Sammlung Rolf Ricke", Ausst.-Kat. Neues Museum in Nürnberg, 2002, S. 77.

„Keith Sonnier", Hg. Joachim Jäger, Ausst.-Kat. Neue Nationalgalerie Berlin, 2002, S. 46.

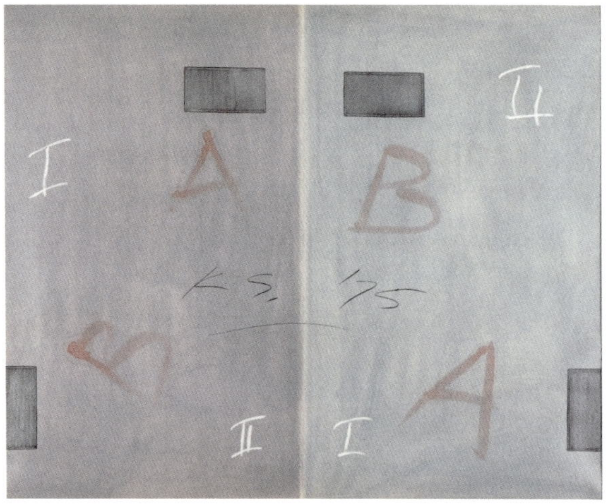

124

BA-BA, 1975

Farbpigment und Schiesspulver auf Papier

107 x 133 cm

signiert und datiert recto Mitte: K.S. '75

Kunstmuseum Liechtenstein, Vaduz

Inv.-Nr. KML 06.49

Ausstellungen

1978

„Keith Sonnier", Galerie Ricke, Köln, 28. April – 3. Juni 1978.

Abbildungen

„Einfach Kunst. Sammlung Rolf Ricke", Ausst.-Kat. Neues Museum in Nürnberg, 2002, S. 185.

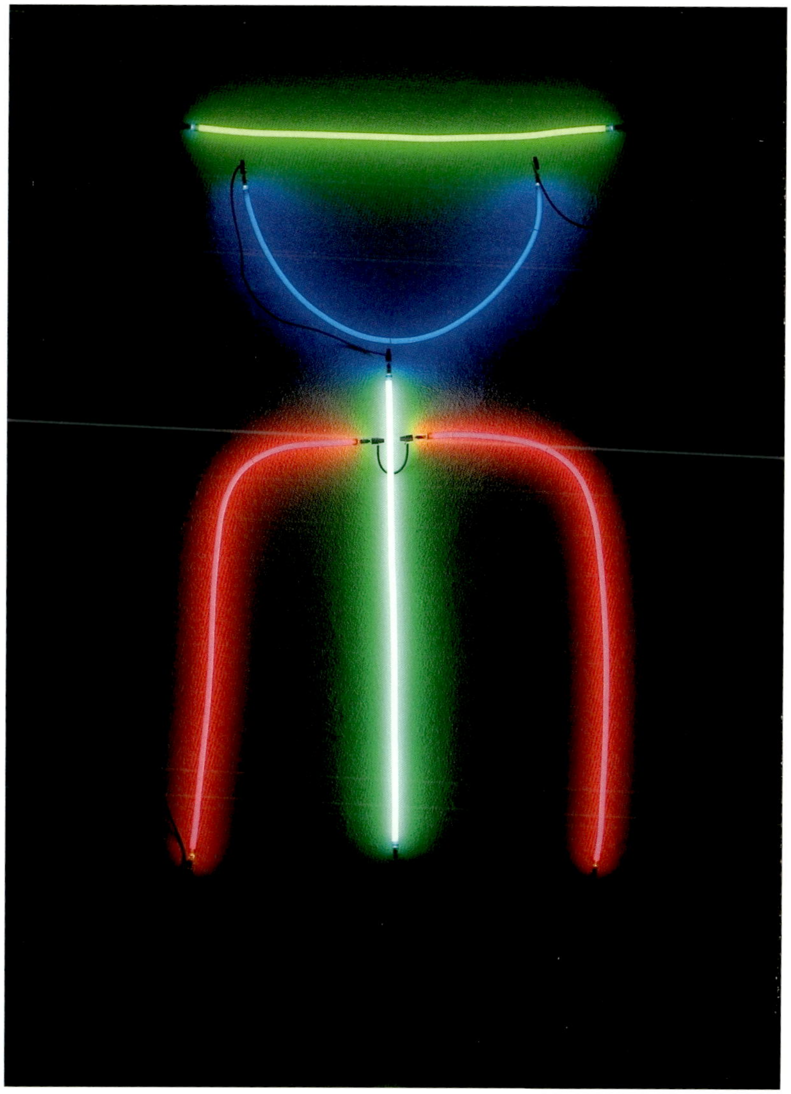

126

30, 1993

Neonröhren, Argonröhren, Elektrokabel und Transformator

191 x 191 cm

Kunstmuseum St.Gallen

Inv.-Nr. P 2006.18

Abbildungen

„Einfach Kunst. Sammlung Rolf Ricke", Ausst.-Kat. Neues Museum in Nürnberg, 2002, S. 185.

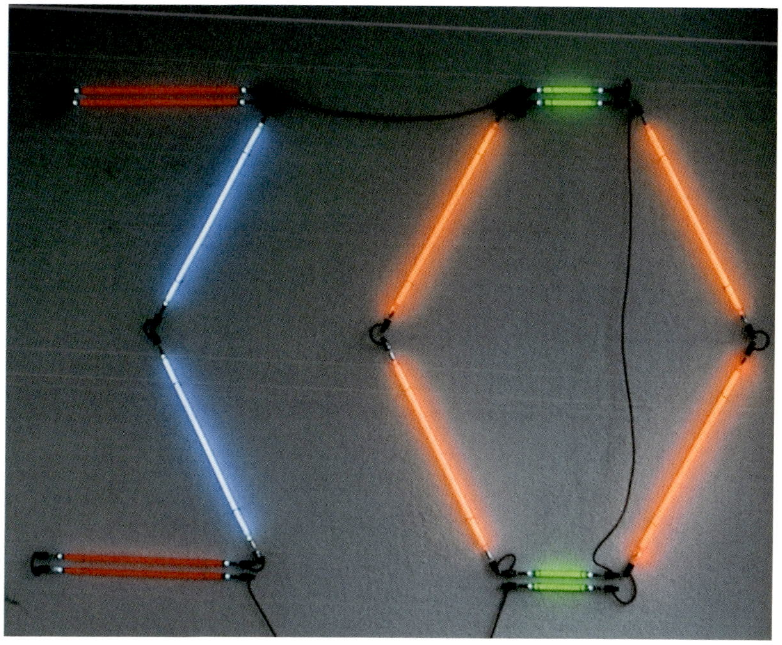

125

Untitled (from the SEL series), 1979

Neonröhren, Argonröhren, Elektrokabel und Transformator

240 x 135 x 17 cm

Kunstmuseum St.Gallen

Inv.-Nr. P 2006.21

Ausstellungen

2005

„Sweet Temptations. Dialoge mit der Sammlung Rolf Ricke", Kunstmuseum St.Gallen, 26. Februar – 16. Mai 2005.

Abbildungen

„Einfach Kunst. Sammlung Rolf Ricke", Ausst.-Kat. Neues Museum in Nürnberg, 2002, S. 81.

Lawrence Stafford

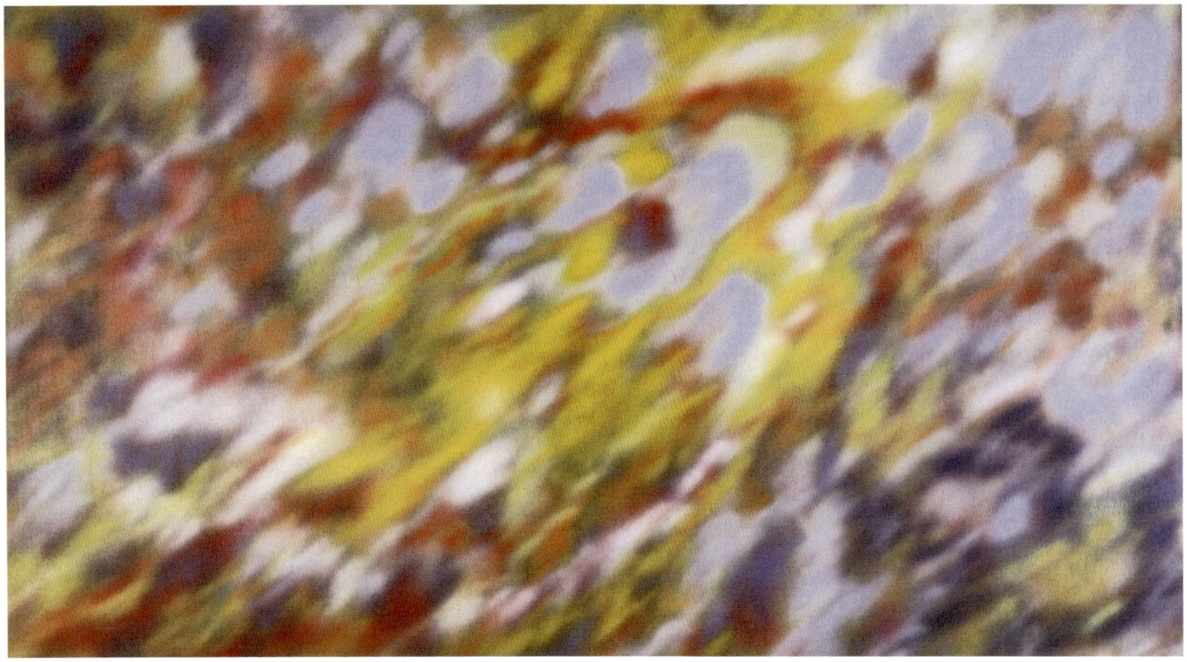

127

Syskyna, 1969

Acryl auf Leinwand

153 x 275 cm

Kunstmuseum St.Gallen

Inv.-Nr. G 2006.21

Abbildungen

„Einfach Kunst. Sammlung Rolf Ricke", Ausst.-Kat. Neues Museum in Nürnberg, 2002, S. 185.

Bob Stanley

128

Smile, 1966

Acryl auf Leinwand

147,5 x 193 x 4 cm

signiert, bezeichnet und datiert verso oben links: BobStanley 1966 "SMILE",

oben rechts: F

Museum für Moderne Kunst, Frankfurt am Main

Inv.-Nr. 2006/261

Ausstellungen

1966

„Bob Stanley", Galerie Ricke, Kassel, 24. Juni – 31. Juli 1966.

2002

„Einfach Kunst. Sammlung Rolf Ricke", Neues Museum in Nürnberg, 29. Juli – 25. August 2002.

2007

„Das Kapital. Blue Chips & Masterpieces", Museum für Moderne Kunst, Frankfurt am Main, 21. April – 26. August 2007.

Abbildungen

„Einfach Kunst. Sammlung Rolf Ricke", Ausst.-Kat. Neues Museum in Nürnberg, 2002, S. 185.

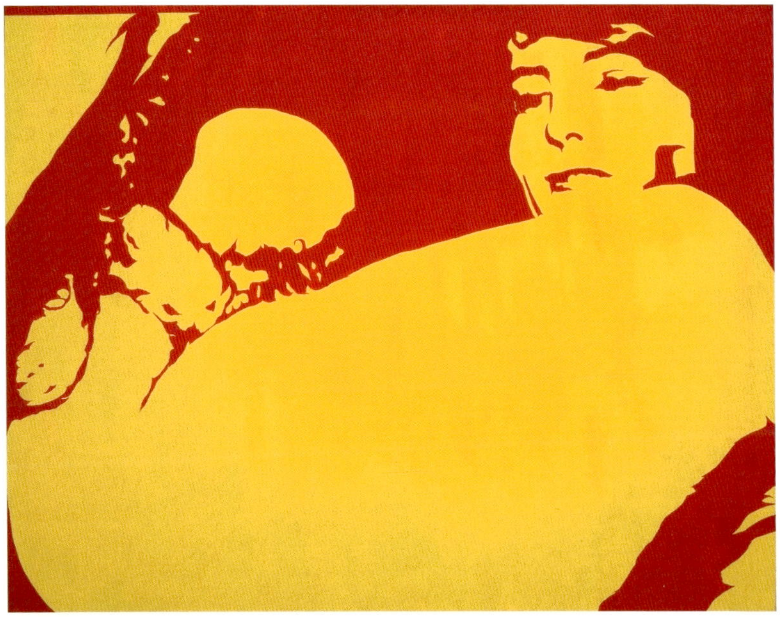

Lewis Stein

129

Untitled, 1970

Acryl auf Leinwand

198,0 x 426,9 x 3,4 cm

Museum für Moderne Kunst, Frankfurt am Main

Inv.-Nr. 2006/262

130

Untitled, 1970

Acryl auf Leinwand

197,5 x 424,2 x 3,3 cm

Museum für Moderne Kunst, Frankfurt am Main

Inv.-Nr. 2006/263

Ausstellungen

2007

„Das Kapital. Blue Chips & Masterpieces", Museum für Moderne Kunst, Frankfurt am Main, 21. April – 26. August 2007.

Abbildungen

„Einfach Kunst. Sammlung Rolf Ricke", Ausst.-Kat. Neues Museum in Nürnberg, 2002, S. 53.

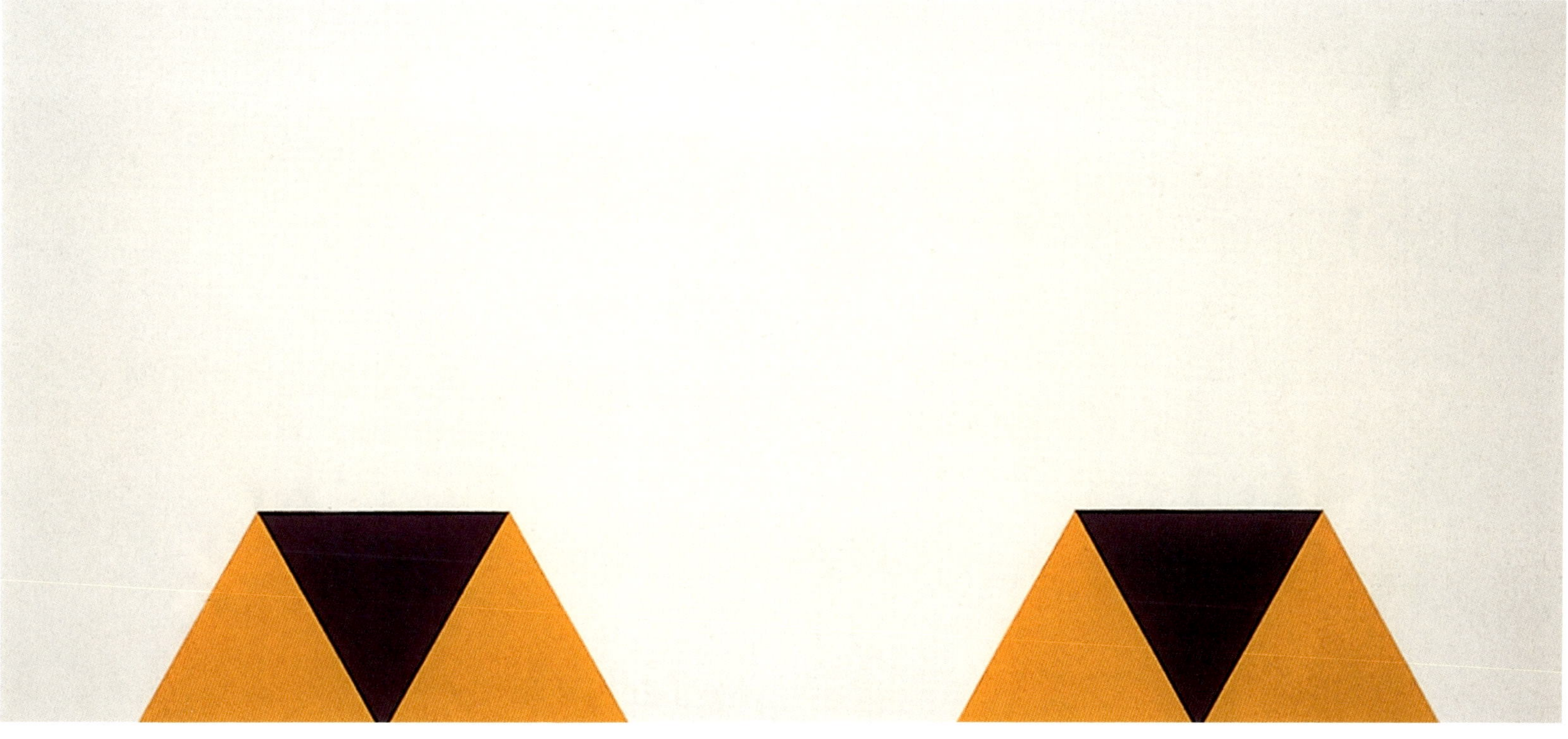

Ausstellungen

2002

„Einfach Kunst. Sammlung Rolf Ricke“, Neues Museum in Nürnberg, 6. Juni – 23. Juni 2002.

2007

„Lust for Life. Die Sammlung Ricke“, Kunstmuseum Liechtenstein, Vaduz, 21. September 2007 – 13. Januar 2008.

Abbildungen

„Einfach Kunst. Sammlung Rolf Ricke“, Ausst.-Kat. Neues Museum in Nürnberg, 2002, S. 186.

131

Untitled, 1970

Acryl auf Leinwand

282 x 282 x 3,3 cm

Kunstmuseum St.Gallen

Inv.-Nr. G 2006.22

Ausstellungen

1971

„7 Neue Arbeiten“, Galerie Ricke, Köln, 2. – 28. April 1971.

Abbildungen

„Einfach Kunst. Sammlung Rolf Ricke“, Ausst.-Kat. Neues Museum in Nürnberg, 2002, S. 186.

Jessica Stockholder

132

#323/1999 (No Title), 1999

Fotografie, Folie, Acryl- und Ölfarbe auf Papier, Reisszwecken, Metall, Gewindestangen, Mülltonne, drei Bürsten, Bindfaden, Holz und Acrylgarn

145 x 167 x 243 cm

Kunstmuseum Liechtenstein, Vaduz

Inv.-Nr. KML 06.50

Ausstellungen

2002

„Einfach Kunst. Sammlung Rolf Ricke“, Neues Museum in Nürnberg, 6. Juni – 7. Juli 2002.

„Jessica Stockholder. August Seeling-Preis des Freundeskreises“, Stiftung Wilhelm Lehmbruck Museum – Zentrum Internationaler Skulptur, Duisburg, 1. Dezember 2002 – 26. Januar 2003.

2003

„Jessica Stockholder“, capcMusée d'art contemporain Bordeaux, 12. Juni – 28. September 2003.

2007

„Lust for Life. Die Sammlung Ricke“, Kunstmuseum Liechtenstein, Vaduz, 21. September 2007 – 13. Januar 2008.

Abbildungen

„Einfach Kunst. Sammlung Rolf Ricke“, Ausst.-Kat. Neues Museum in Nürnberg, 2002, S. 11, 113.

„Jessica Stockholder“, Ausst.-Kat. Stiftung Wilhelm Lehmbruck Museum, Duisburg und K20 Kunstsammlung Nordrhein-Westfalen, Düsseldorf 2002, Kat.-Nr. #323.

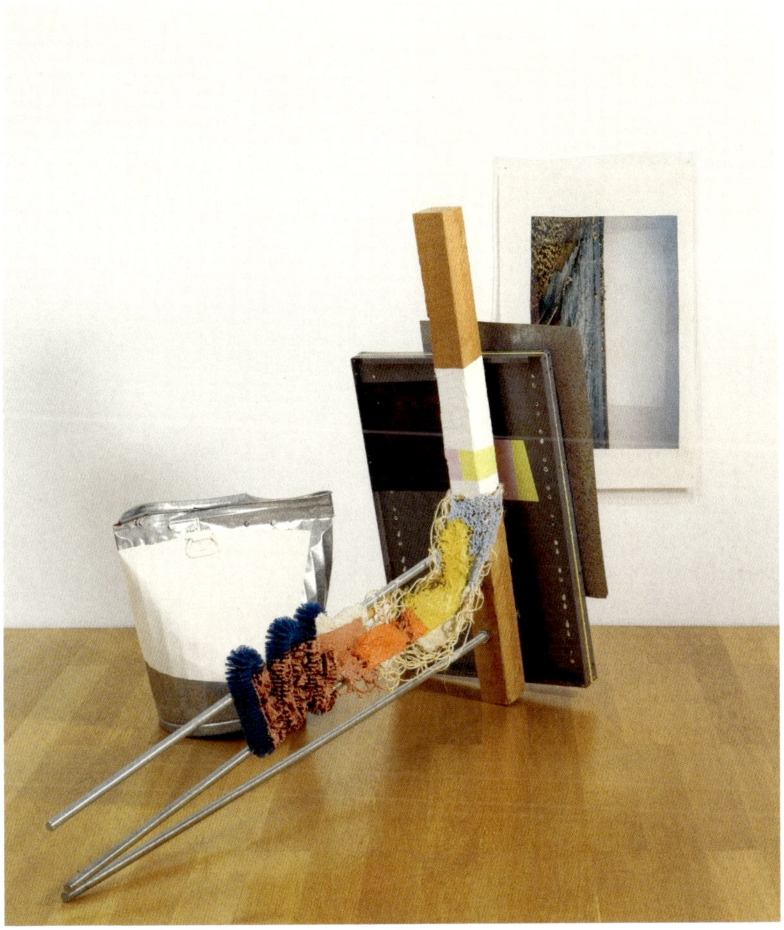

133

#325/1999 (No Title), 1999

Öl- und Acrylfarbe, Ottomane, Seil, Gewebe, Stoff, Gurt, Metall, Kunststofforange, Blechtablett und originalverpackte Steckperlen

ca. 67 x 140 x 117 cm

Kunstmuseum Liechtenstein, Vaduz

Inv.-Nr. KML 06.51

Ausstellungen

2000

„Das Gedächtnis der Malerei", Aargauer Kunsthaus, Aarau, 20. August – 19. November 2000.

2002

„Einfach Kunst. Sammlung Rolf Ricke", Neues Museum in Nürnberg, 6. Juni – 7. Juli 2002.

„Jessica Stockholder. August Seeling-Preis des Freundeskreises", Stiftung Wilhelm Lehmbruck Museum – Zentrum Internationaler Skulptur, Duisburg, 1. Dezember 2002 – 26. Januar 2003.

2003

„Jessica Stockholder", capcMusée d'art contemporain Bordeaux, 12. Juni – 28. September 2003.

2005

„Sweet Temptations. Dialoge mit der Sammlung Rolf Ricke", Kunstmuseum St.Gallen, 26. Februar – 16. Mai 2005.

2007

„Lust for Life. Die Sammlung Ricke", Kunstmuseum Liechtenstein, Vaduz, 21. September 2007 – 13. Januar 2008.

Abbildungen

„Das Gedächtnis der Malerei", Hg. Sibylle Omlin und Beat Wismer, Ausst.-Kat. Aargauer Kunsthaus, Aarau, Köln 2000, S. 410.

„Einfach Kunst. Sammlung Rolf Ricke", Ausst.-Kat. Neues Museum in Nürnberg, 2002, S. 186.

„Jessica Stockholder", Ausst.-Kat. Stiftung Wilhelm Lehmbruck Museum, Duisburg und K20 Kunstsammlung Nordrhein-Westfalen, Düsseldorf 2002, Kat.-Nr. #325.

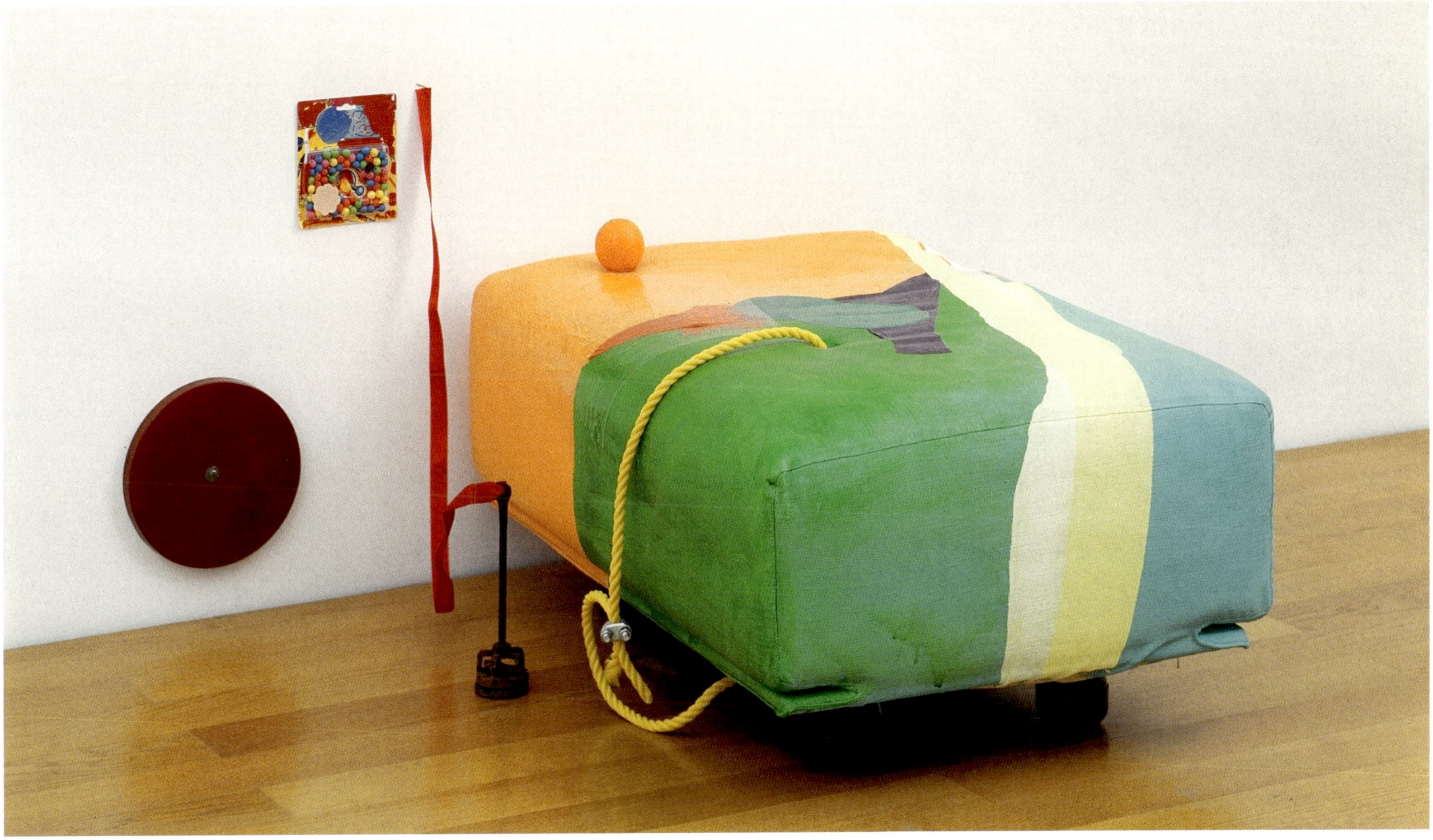

Alan Uglow

134

Untitled, 1989

Dispersion auf Leinwand

53,5 x 44,6 cm

signiert und datiert verso unten Mitte: Alan Uglow 89

Kunstmuseum Liechtenstein, Vaduz

Inv.-Nr. KML 06.52

Ausstellungen

2005

„Sweet Temptations. Dialoge mit der Sammlung Rolf Ricke", Kunstmuseum St.Gallen, 26. Februar – 16. Mai 2005.

2007

„Lust for Life. Die Sammlung Ricke", Kunstmuseum Liechtenstein, Vaduz, 21. September 2007 – 13. Januar 2008.

Abbildungen

„Einfach Kunst. Sammlung Rolf Ricke", Ausst.-Kat. Neues Museum in Nürnberg, 2002, S. 93.

Günter Umberg

135

Ohne Titel, 1983/1985/1988/1989

Pigment und Dammar auf Aluminium

148,5 x 148,5 cm

signiert, bezeichnet und datiert verso: Ohne Titel, 1983/85 Weitergemalt 1988/89 ca. 145 x 150 Pigment mit Dammar auf Aluminium Umberg

Kunstmuseum St.Gallen

Inv.-Nr. G 2006.25

Ausstellungen

1989

„Aus meiner Sicht", Kölnischer Kunstverein, Köln, 12. November – 7. Januar 1990.

1999

„Special Offer", Kasseler Kunstverein, Kassel, 14. März – 11. April 1999.

2002

„Einfach Kunst. Sammlung Rolf Ricke", Neues Museum in Nürnberg, 6. Juni – 14. Juli 2002.

2007

„Lust for Life. Die Sammlung Ricke", Kunstmuseum Liechtenstein, Vaduz, 21. September 2007 – 13. Januar 2008.

Abbildungen

„Einfach Kunst. Sammlung Rolf Ricke", Ausst.-Kat. Neues Museum in Nürnberg, 2002, S. 12, 87.

137

Ohne Titel, 1988/1989

Pigment, Dammar und Ölharz auf Aluminium auf Stahl
36 x 34,5 x 2 cm
signiert verso oben Mitte: Umberg
Kunstmuseum St.Gallen
Inv.-Nr. G 2006.26

Ausstellungen
2007
„Lust for Life. Die Sammlung Ricke", Kunstmuseum Liechtenstein, Vaduz, 21. September 2007 – 13. Januar 2008.

Abbildungen
„Einfach Kunst. Sammlung Rolf Ricke", Ausst.-Kat. Neues Museum in Nürnberg, 2002, S. 11, 187.

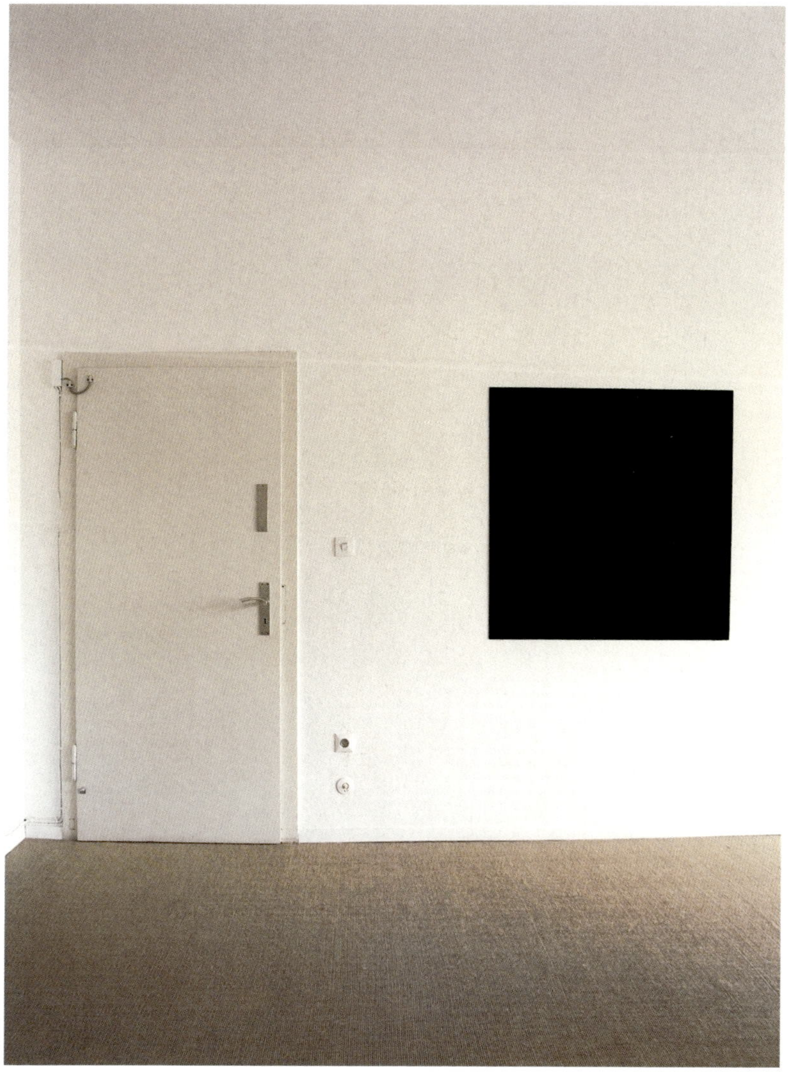

136

Ohne Titel, 1985

Pigment und Dammar auf Aluminium
109,5 x 109,5 cm
signiert, bezeichnet und datiert verso Mitte links: ohne Titel 1985 etwa 109 x 108,4 cm Umberg
Kunstmuseum St.Gallen
Inv.-Nr. G 2006.24

Ausstellungen
2002
„Einfach Kunst. Sammlung Rolf Ricke", Neues Museum in Nürnberg, 6. Juni – 14. Juli 2002.
2003
„Schokolade, was denn sonst. Sammlung Rolf Ricke", Kunstraum Innsbruck, 26. April – 21. Juni 2003.

Abbildungen
„Einfach Kunst. Sammlung Rolf Ricke", Ausst.-Kat. Neues Museum in Nürnberg, 2002, S. 89.

138

Ohne Titel, 1998

Pigment und Dammar auf Holz
40 x 37 cm
signiert, bezeichnet und datiert verso oben Mitte: Ohne Titel 1998, Pigment und Dammar auf Holz 40 x 36,5 cm Umberg
Kunstmuseum St.Gallen
Inv.-Nr. G 2006.23

Ausstellungen
2002
„Einfach Kunst. Sammlung Rolf Ricke", Neues Museum in Nürnberg, 6. Juni – 14. Juli 2002.
2003
„Schokolade, was denn sonst. Sammlung Rolf Ricke", Kunstraum Innsbruck, 26. April – 21. Juni 2003.

Abbildungen
„Einfach Kunst. Sammlung Rolf Ricke", Ausst.-Kat. Neues Museum in Nürnberg, 2002, S. 88.

Michael Venezia

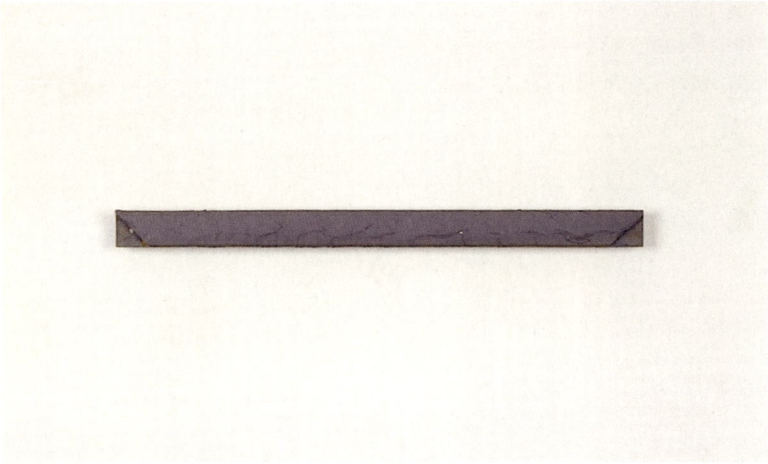

139

Untitled, 1984

Ölfarbe auf Keilrahmenholzlatte

4,6 x 61 x 2,8 cm

signiert, bezeichnet und datiert verso Mitte: FOR ROLF 20.9.99 M.V. N.Y. MV 84

Kunstmuseum St.Gallen

Inv.-Nr. G 2006.27

Abbildungen

„Einfach Kunst. Sammlung Rolf Ricke", Ausst.-Kat. Neues Museum in Nürnberg, 2002, S. 188.

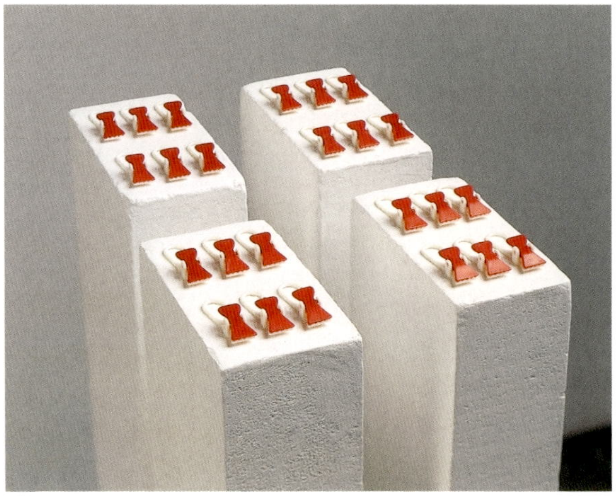

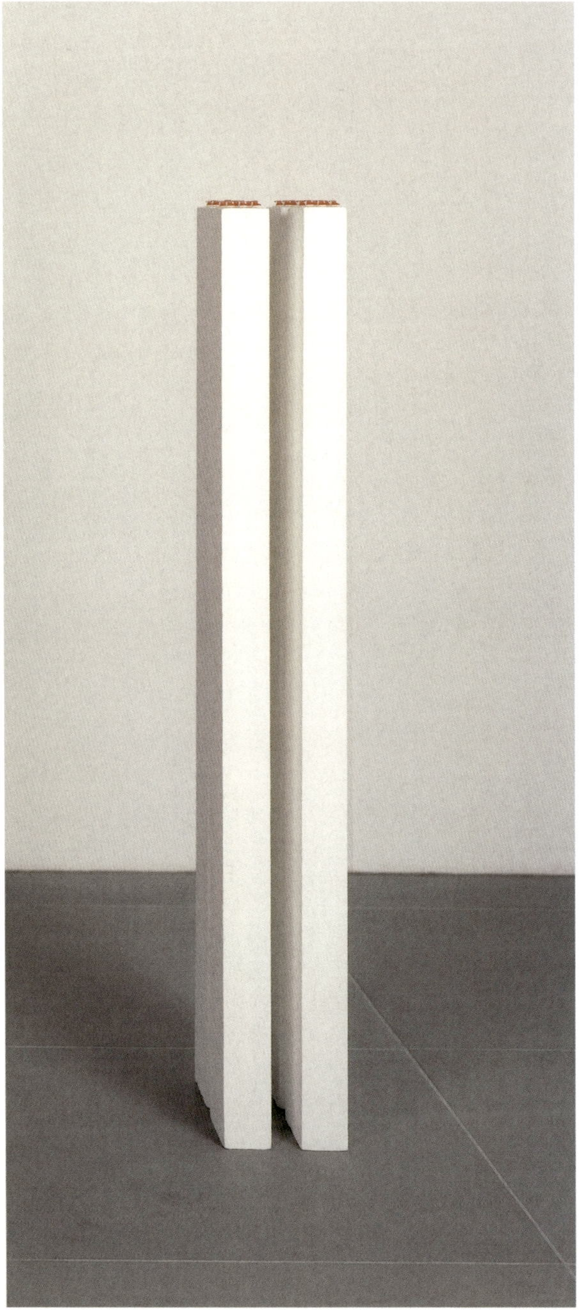

Birgit Werres

140

Ohne Titel #1/88, 1988/2002

vier Gasbetonsteine mit je sechs Kunststoffklammern

je 161,5 x 8 x 15 cm

nummeriert unten Mitte je Stele: 1, 2, 3, 4

Kunstmuseum St.Gallen

Inv.-Nr. P 2006.22

Bemerkung

Die erste Fassung von 1988 bestand aus sechs Gasbetonsteinen. 2002 wurde die Arbeit von Birgit Werres restauriert und besteht nun aus vier Gasbetonsteinen.

Ausstellungen

1988

„Uitwisseling. Mathias Lanfer, Birgit Werres", Jan van Eyck-Academie, Maastricht, 8. – 24. Januar 1988 (ursprüngliche Version mit 6 Gasbetonsteinen).

2002

„Einfach Kunst. Sammlung Rolf Ricke", Neues Museum in Nürnberg, 5. – 25. August 2002.

Abbildungen

„Einfach Kunst. Sammlung Rolf Ricke", Ausst.-Kat. Neues Museum in Nürnberg, 2002, S. 128.

141

Ohne Titel #15/89, 1989

Kunststoff, Holzwolle, Gips, Pigment und Kasein

35 x 65,5 x 126 cm

Kunstmuseum St.Gallen

Inv.-Nr. P 2006.23

Ausstellungen

1990

„Birgit Werres", Galerie Rolf Ricke, Köln, 12. Januar – 10. Februar 1990

2002

„Einfach Kunst. Sammlung Rolf Ricke", Neues Museum in Nürnberg, 5. – 25. August 2002.

2005

„Sweet Temptations. Dialoge mit der Sammlung Rolf Ricke", Kunstmuseum St.Gallen, 26. Februar – 16. Mai 2005.

2007

„Lust for Life. Die Sammlung Ricke", Kunstmuseum Liechtenstein, Vaduz, 21. September 2007 – 13. Januar 2008.

Abbildungen

„Einfach Kunst. Sammlung Rolf Ricke", Ausst.-Kat. Neues Museum in Nürnberg, 2002, S. 13, 129.

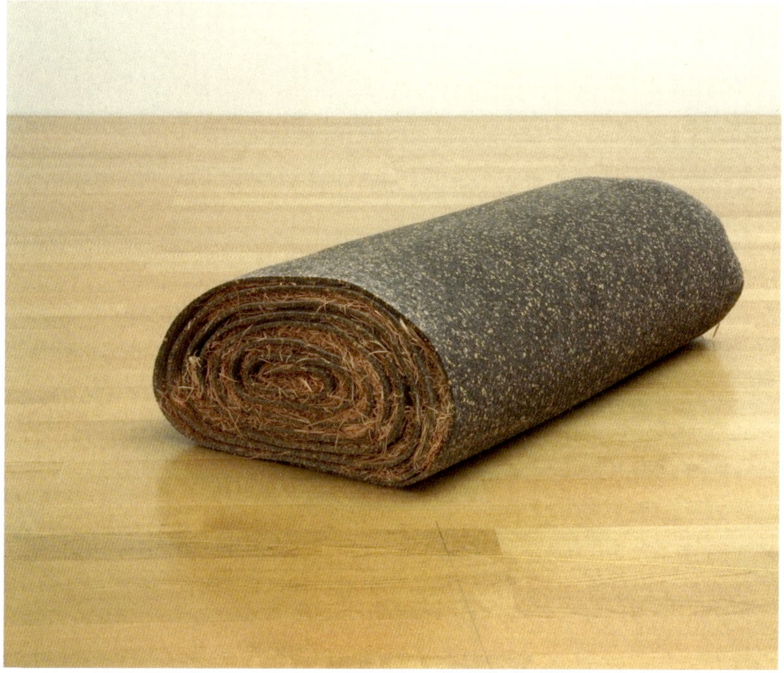

142

Ohne Titel #1/98, 1998

Paketbänder in Kunststofffolie auf Holzbrett auf Holz

202 x 48 x 65 cm

Kunstmuseum St.Gallen

Inv.-Nr. P 2006.24

Ausstellungen

2002

„Einfach Kunst. Sammlung Rolf Ricke", Neues Museum in Nürnberg, 5. – 25. August 2002.

2003

Sammlungspräsentation, Neues Museum in Nürnberg, November 2003 – November 2004.

2005

„Sweet Temptations. Dialoge mit der Sammlung Rolf Ricke", Kunstmuseum St.Gallen, 26. Februar – 16. Mai 2005.

Abbildungen

„Birgit Werres", Ausst.-Kat. Kunstraum Düsseldorf, 1999, Abb. 2.

„Einfach Kunst. Sammlung Rolf Ricke", Ausst.-Kat. Neues Museum in Nürnberg, 2002, S. 13, 127.

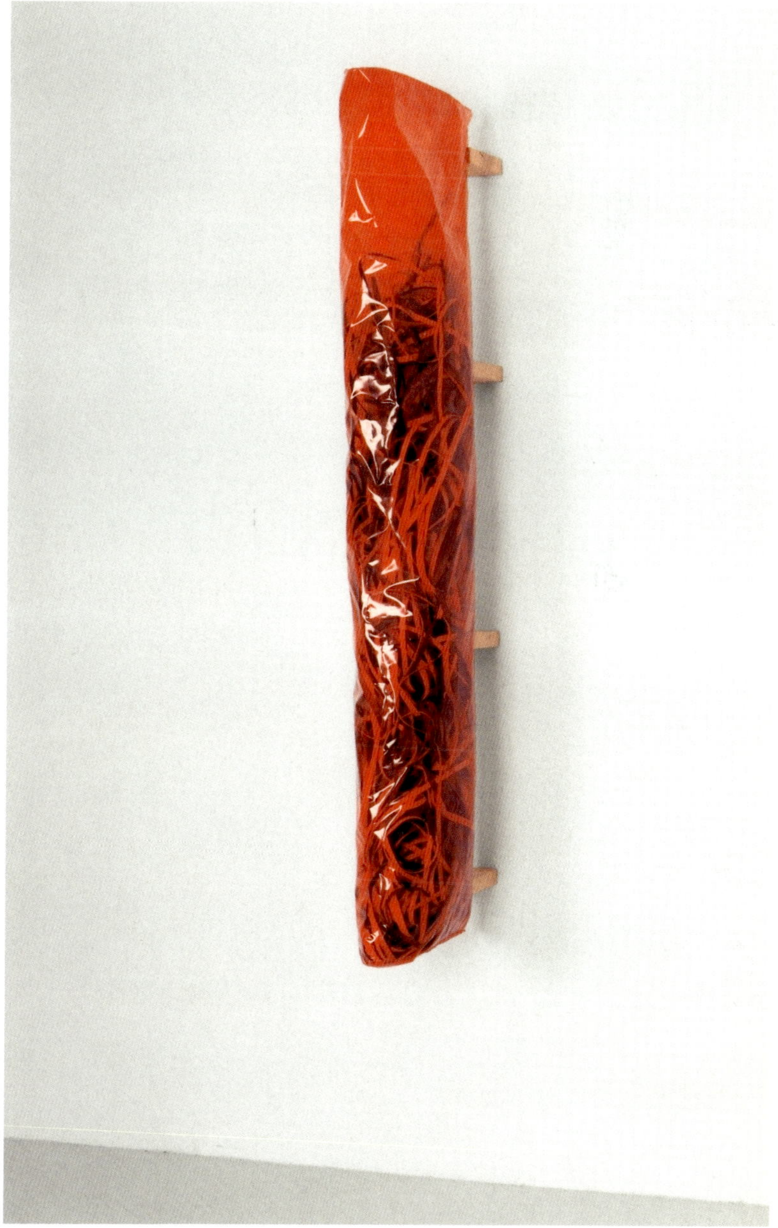

Jeffrey Wisniewski

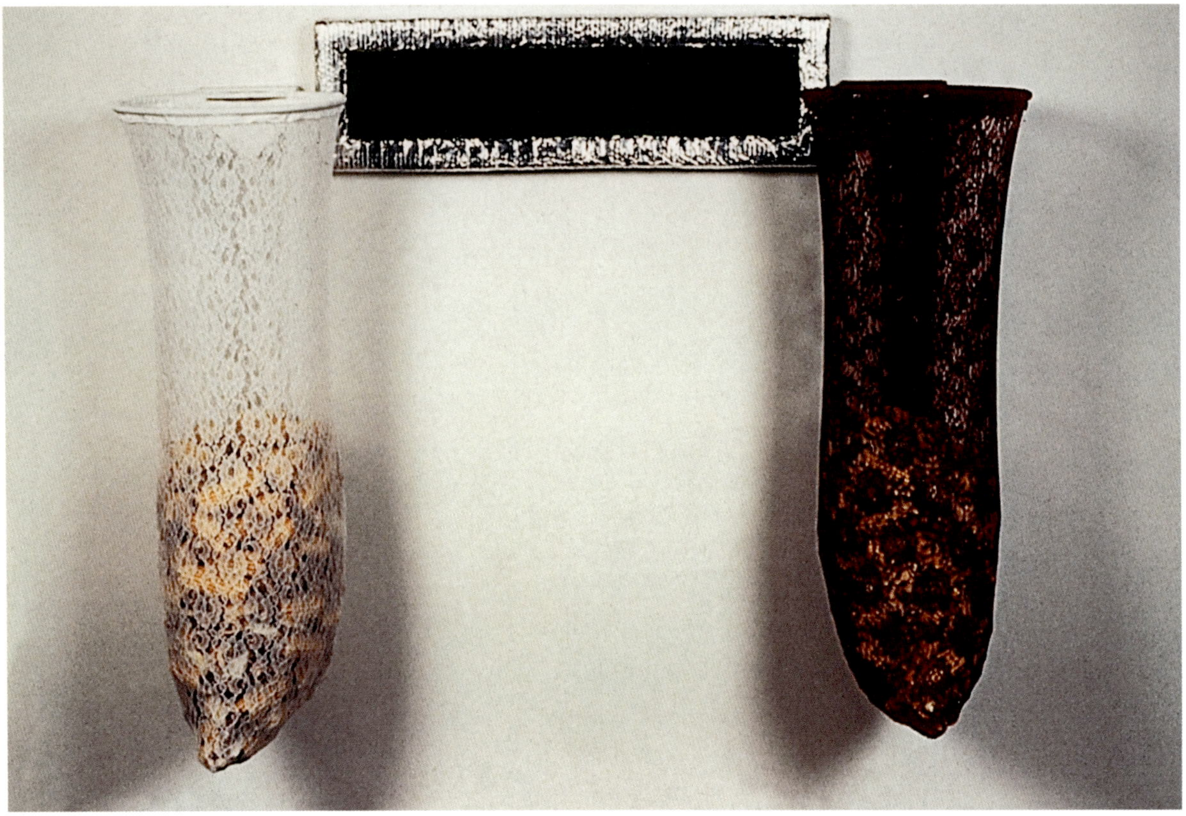

143

Divine Right, 1989

Kunststoff, Stahl, zwei Säcke aus elastischer Spitze, Maiskolben, Holzplatte an den Kanten bezogen mit aluminiumkaschierter Luftpolsterfolie und Acrylglas
ca. 180 x 140 x 46 cm
[Tafel: 28,6 x 98,7 x 6,4 cm
weisser Sack: 117,5 x 42 x 45 cm
schwarzer Sack: 108 x 41,8 x 45,4 cm]
Museum für Moderne Kunst, Frankfurt am Main
Inv.-Nr. 2006/266.1-3

Abbildungen

„Einfach Kunst. Sammlung Rolf Ricke", Ausst.-Kat. Neues Museum in Nürnberg, 2002, S. 188.

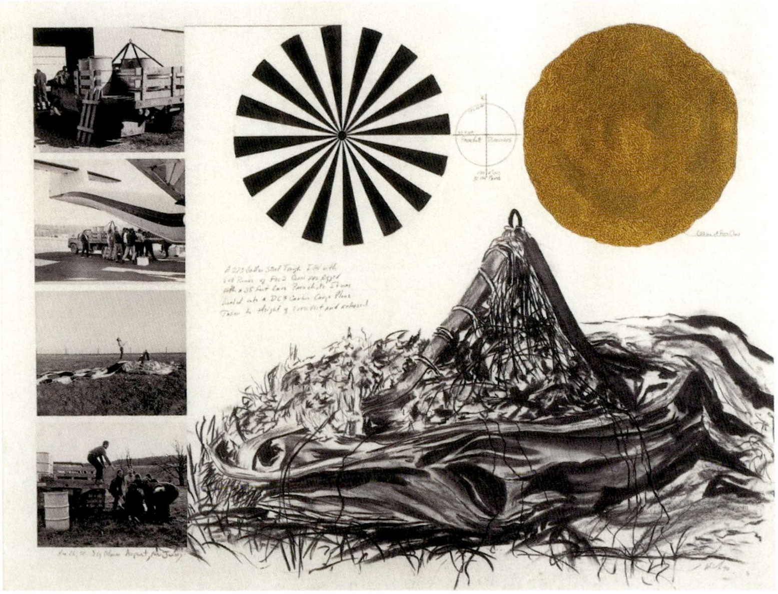

144

Untitled, 1990

Bleistift, Farbe und Fotografie auf Papier

105,8 x 135 x 4 cm

signiert und datiert recto unten rechts: Wisniewski 90

Museum für Moderne Kunst, Frankfurt am Main

Inv.-Nr. 2006/264

Ausstellungen

1995

„Jeffrey Wisniewski. Arbeiten auf Papier", Galerie Rolf Ricke, Köln, 17. März – 29. April 1995.

Abbildungen

„Einfach Kunst. Sammlung Rolf Ricke", Ausst.-Kat. Neues Museum in Nürnberg, 2002, S. 125.

145

Untitled, 1990

zwei Leuchtstoffröhren, drei Ölfässer, Finanzkarten, Holzplatte, bespannt mit aluminiumkaschierter Luftpolsterfolie, Drahtseile und Elektrokabel

114,3 x 240 x 75 cm

signiert und datiert auf der Unterseite der Bodenplatte: Wisniewski 1990

Museum für Moderne Kunst, Frankfurt am Main

Inv.-Nr. 2006/265.1-7

Ausstellungen

2002

„Einfach Kunst. Sammlung Rolf Ricke", Neues Museum in Nürnberg, 6. Juni – 28. Juli 2002.

2005

„Sweet Temptations. Dialoge mit der Sammlung Rolf Ricke", Kunstmuseum St.Gallen, 26. Februar – 16. Mai 2005.

2007

„Das Kapital. Blue Chips & Masterpieces", Museum für Moderne Kunst, Frankfurt am Main, 21. April – 26. August 2007.

Abbildungen

„Einfach Kunst. Sammlung Rolf Ricke", Ausst.-Kat. Neues Museum in Nürnberg, 2002, S. 189.

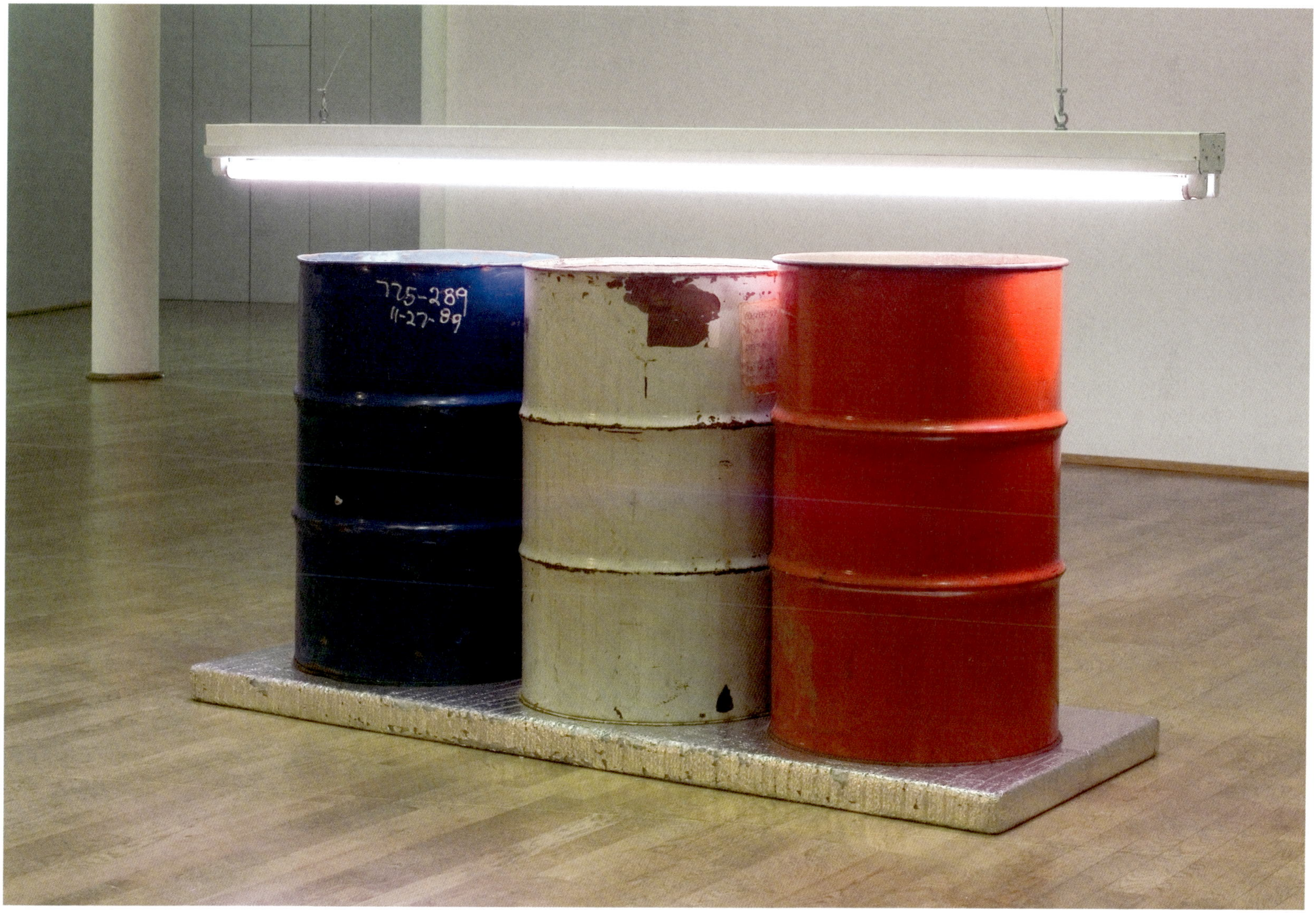

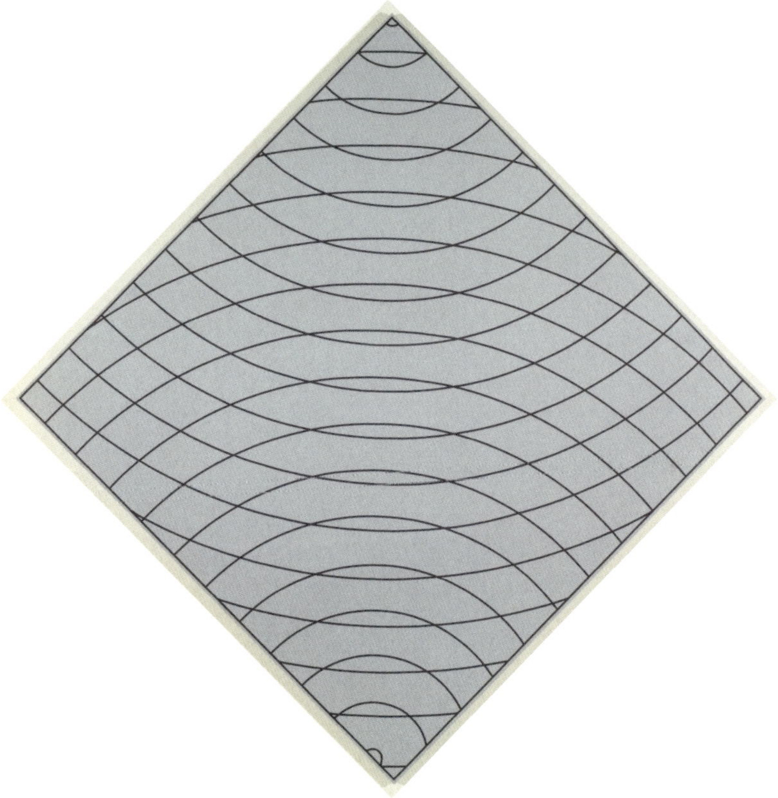

146

#11-1968, 1968

Acryl auf Leinwand

172,7 x 172,7 x 3,5 cm

signiert, bezeichnet und datiert verso oben Mitte: Peter Young #11 1968

Kunstmuseum St.Gallen

Inv.-Nr. G 2006.28

Ausstellungen

2002

„Einfach Kunst. Sammlung Rolf Ricke“, Neues Museum in Nürnberg, 24. Juni – 18. August 2002.

2007

„Lust for Life. Die Sammlung Ricke“, Kunstmuseum Liechtenstein, Vaduz, 21. September 2007 – 13. Januar 2008.

Abbildungen

„Einfach Kunst. Sammlung Rolf Ricke“, Ausst.-Kat. Neues Museum in Nürnberg, 2002, S. 49.

„Peter Young. Paintings 1963–1980“, Ausst.-Kat. P.S.1 Contemporary Art Center, Long Island City 2007, S. 22.

147

#16-1968 [Dot Painting], 1968

Acryl auf Leinwand

168 x 198,5 x 4,7 cm

signiert, bezeichnet und datiert verso oben rechts: Peter Young #16 1968

Kunstmuseum St.Gallen

Inv.-Nr. G 2006.29

Ausstellungen

1968

„Peter Young. Bilder“, Galerie Ricke, Kassel, Eröffnung 27. Juni 1968.

2002

„Einfach Kunst. Sammlung Rolf Ricke“, Neues Museum in Nürnberg, 24. Juni – 18. August 2002.

2007

„Lust for Life. Die Sammlung Ricke“, Kunstmuseum Liechtenstein, Vaduz, 21. September 2007 – 13. Januar 2008.

Abbildungen

„Einfach Kunst. Sammlung Rolf Ricke“, Ausst.-Kat. Neues Museum in Nürnberg, 2002, S. 48.

„Peter Young. Paintings 1963–1980“, Ausst.-Kat. P.S.1 Contemporary Art Center, Long Island City 2007, S. 23.

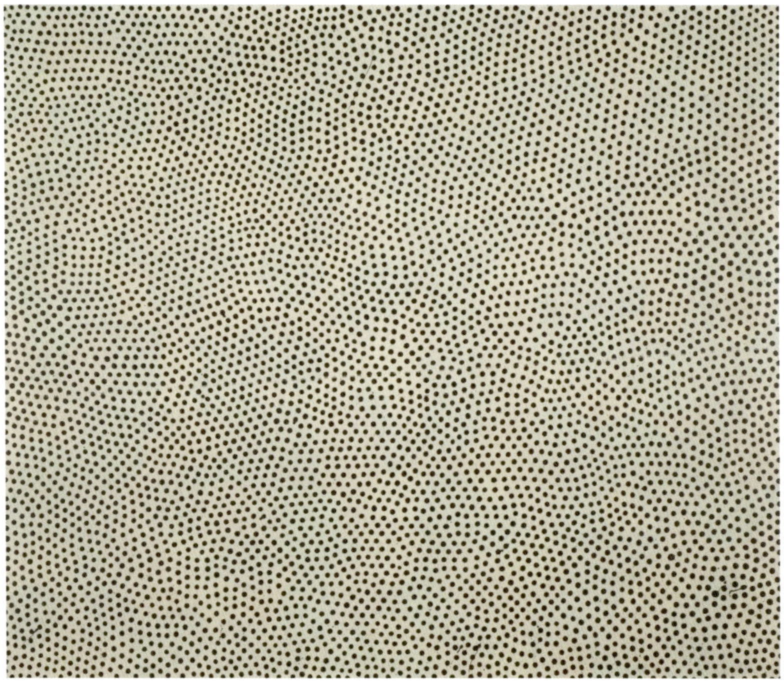

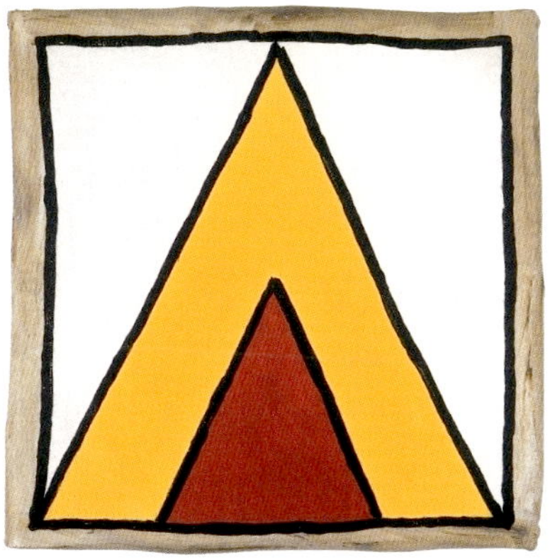

148

#26-1970 [Stick Painting], 1970

Acryl auf Leinwand, Äste und Paketschnur

48,5 x 48,5 x 4 cm

Kunstmuseum St.Gallen

Inv.-Nr. G 2006.30

Ausstellungen

1971

„Peter Young. Neue Bilder", Galerie Ricke, Köln, 15. Januar – 20. Februar 1971.

1972

„documenta 5", Kassel, 30. Juni – 8. Oktober 1972.

1981

„Szenen der Volkskunst", Württembergischer Kunstverein Stuttgart, 24. Mai – 26. Juli 1981.

Abbildungen

„Einfach Kunst. Sammlung Rolf Ricke", Ausst.-Kat. Neues Museum in Nürnberg, 2002, S. 47.

Biografien

Biographies

E: Einzelausstellung
G: Gruppenausstellung
* Keine Abbildung erwünscht

E: Solo exhibition
G: Group exhibition
* No illustration wanted

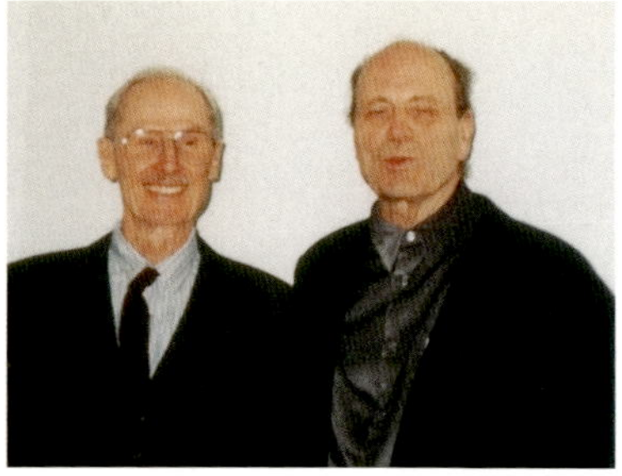

Richard Artschwager und Rolf Ricke, 2000

Richard Artschwager

1923
Geboren in Washington, DC
1935
Umzug nach New Mexico
1941–1943
Studium der Mathematik und Chemie an der Cornell University, Ithaca, New York
1944
Kriegsdienst als Soldat der U.S. Army in Europa
1947
Rückkehr nach New Mexico
1948
Abschluss des Studiums
1949
Übersiedelung nach New York
1949–1950
Besuch der Ozenfant School of Fine Arts, New York
1953
Einrichtung einer Tischlerwerkstatt
1958
Verlust der Werkstatt durch einen Brand. Erneute Aufnahme seiner künstlerischen Tätigkeit
1966
Gemeinsames Atelier mit Bob Stanley
1968
Gastdozent an der University of California, Davis
1970
Umzug nach Charlotteville, New York
1979
Arbeitsstipendium Auswärtige Künstler zu Gast in Hamburg
1993
Umzug von Brooklyn nach Hudson, New York
2007
Roswitha Haftmann-Preis, Zürich
Lebt in Hudson, New York

Ausstellungen in der Galerie Rolf Ricke
1969, 1972 (E)
1968, 1969, 1970, 1971, 1972, 1975, 1980, 1981, 1983, 2003 (G)

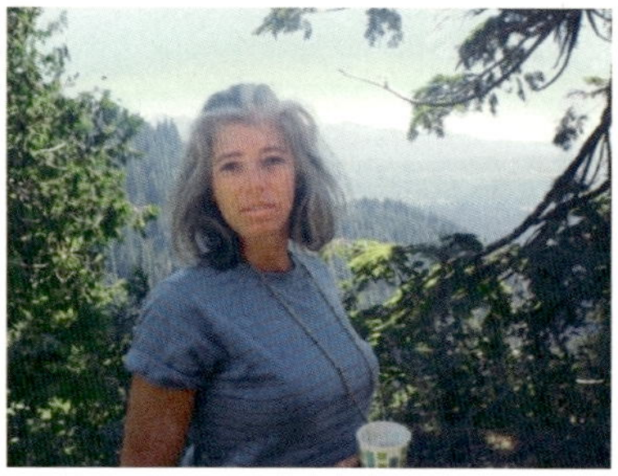

Jo Baer, Olympic Peninsula 1969

Jo Baer

1929
Geboren in Seattle als Josephine Gail Kleinberg
1946–1949
Studium der Biologie an der University of Washington, Seattle
1950
Arbeit in einem Kibbuz in Israel. Umzug nach New York
1950–1953
Studium an der New School for Social Research, New York. Abschlussarbeit in Physiologischer Psychologie
1953
Umzug nach Los Angeles
1960
Rückkehr nach New York
1969
National Endowment for the Arts Fellowship
1969–1970
Lehrauftrag an der School of Visual Arts, New York
1970
Mitglied der Orchid Society
1975
Übersiedelung nach Irland
1978–1984
Zusammenarbeit mit Bruce Robbins
1984
Umzug nach Amsterdam
Lebt in Amsterdam

Ausstellungen in der Galerie Rolf Ricke
1969, 1970, 1973, 1978, 1980 (E)
1968, 1970, 1971, 1972, 1975, 1976, 1980, 1981, 1988, 1989, 1996, 2003 (G)

Larry Bell

1939
Geboren in Chicago. Aufgewachsen im San Fernando Valley, Los Angeles
1957–1959
Studium bei Robert Irwin an der Chouinard School of Art, Los Angeles
1962
William and Noma Copley Foundation Award, Chicago

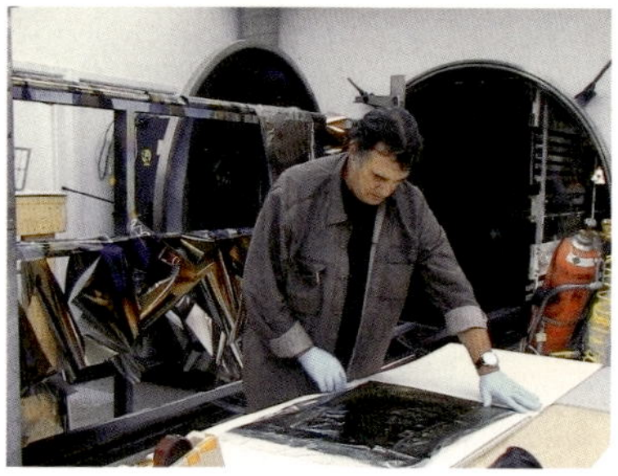

Larry Bell in seinem Atelier in Taos, 2007

1973
Umzug nach Taos, New Mexico
Lebt in Taos, New Mexico und Venice, Kalifornien

Ausstellungen in der Galerie Rolf Ricke
1990, 1992 (E)
1991, 1996, 2003 (G)

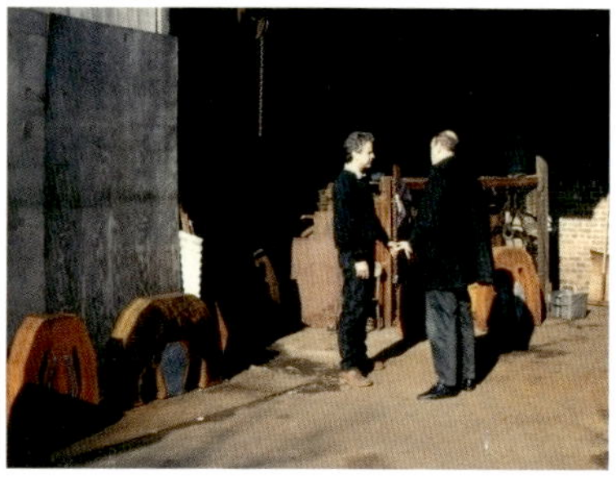

Tom Bills und Rolf Ricke im Atelier, Brooklyn

Tom Bills

1948
Geboren in Detroit, Michigan
1974
Bachelor of Arts, Oakland University, Pontiac, Michigan
1975
Whitney Independent Study Program, New York
1978
Master of Fine Arts, Yale University, New Haven, Connecticut
1980
National Endowment for the Arts Fellowship
1986
Pollock-Krasner Foundation Grant
Lebt in New York

Ausstellungen in der Galerie Rolf Ricke
1990 (E)

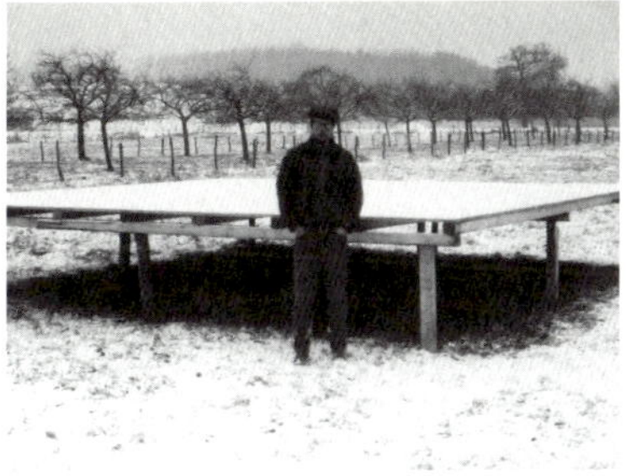

Bill Bollinger, ca. 1969/1970

Bill (William) Bollinger

1939
Geboren in Brooklyn, New York
1961
Abschluss des Studiums der Luftfahrttechnik an der Brown University, Providence, Rhode Island. Umzug nach New York. Kurzzeitiger Besuch der Art Students League
1968
National Council on the Arts Grant
1970er Jahre
Lehraufträge am Minneapolis College of Art and Design und an der University of Rhode Island, Kingston
Mitte 1970er Jahre
Umzug in die Nähe von Claverack, New York
Ungefähr 1986
Umzug nach Pine Plains, New York
1988
Gestorben in Pine Plains, New York

Ausstellungen in der Galerie Rolf Ricke
1968, 1970 (E)
1968, 1969, 1970, 1971, 1972, 1988, 2003 (G)

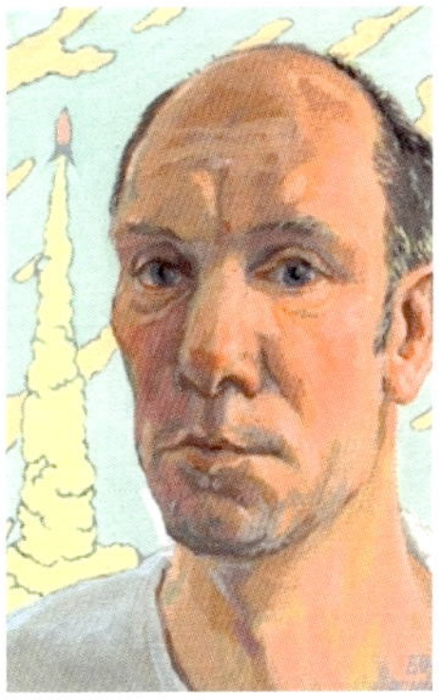

Holger Bunk, „Rakete", 2006

Holger Bunk

1954
Geboren in Essen
1974–1982
Studium der Malerei an der Kunstakademie Düsseldorf bei Peter Kleemann und Alfonso Hüppi
1977
Volontärstelle als Bühnenmaler beim Südwestfunk Baden-Baden
1978
Meisterschüler bei Alfonso Hüppi
1985
Mehrmonatiger Aufenthalt in Zürich
1988
Umzug von Düsseldorf nach Amsterdam
1989
Kunstfonds Bonn (Projektstipendium)
1990
Annemarie- und Will-Grohmann-Stipendium
Seit 1992
Professur an der Staatlichen Akademie der Bildenden Künste, Stuttgart
1998
Konrad-von-Soest-Preis
1999
Artist in residence, Etaneno, Namibia
Lebt in Amsterdam, Soest und Stuttgart

Ausstellungen in der Galerie Rolf Ricke
1983, 1984, 1986, 1989, 1995, 2002 (E)
1984, 1986, 2003 (G)

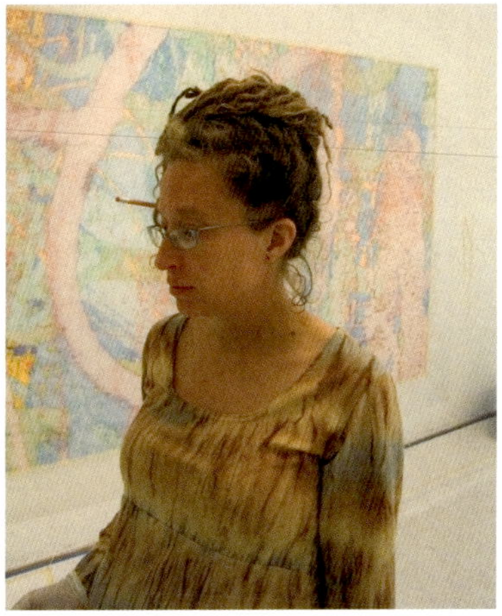

Ingrid Calame, 2007

Ingrid Calame

1965
Geboren in Bronx, New York
1985–1986
Studium an der State University of New York College, New York. Juniorauslandssemester in Siena und an der Tyler School of Art in Rom
1987
Abschluss des Kunststudiums an der State University of New York, Purchase
1995
Skowhegan School of Painting and Sculpture, Maine
1996
Master of Fine Arts, Art and Film, California Institute of the Arts, Valencia
Lebt in Los Angeles

Ausstellungen in der Galerie Rolf Ricke
1998, 2001 (E)
1999, 2003 (G)

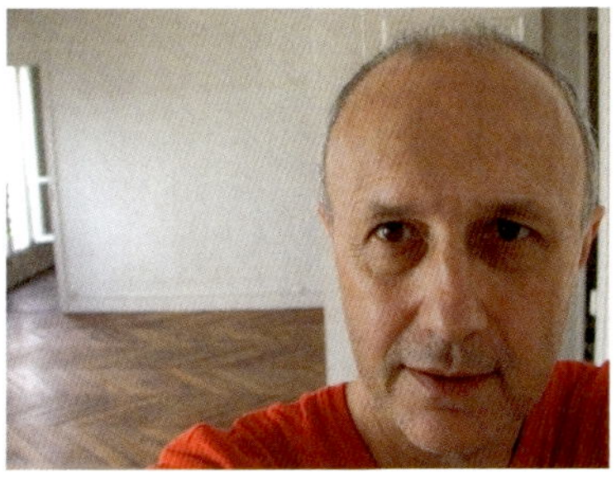

Philippe Cazal, Selbstporträt in seinem leeren Studio, rue Brochand, Paris, Juli 2007

Philippe Cazal

1948
Geboren in La Redorte, Aude, Frankreich
1968
Umzug nach Paris
1973
Diplom der École nationale supérieure des arts décoratifs, Paris
1980
Kuratiert die Aussstellung Une idée en l'air mit 25 französischen Künstlern an 9 Orten in New York
1983
Initiator und Herausgeber von Public / Archives internationales contemporaines (4 Ausgaben 1983–1989)
1994–1997
Lehrauftrag an der École nationale supérieure des beaux-arts, Nancy
1997–2007
Lehrauftrag an der École nationale supérieure des arts, Dijon
1998
Stipendium der Villa Saint-Clair, Sète, Frankreich, und des Kitakanto Museum of Fine Art, Maebashi, Gumma, Japan
2007
Initiator der Bibliothèque associative internationale d'art moderne et contemporain de Rabat
Lebt in Paris und Rabat, Marokko

Ausstellungen in der Galerie Rolf Ricke
1990 (E)
2003 (G)

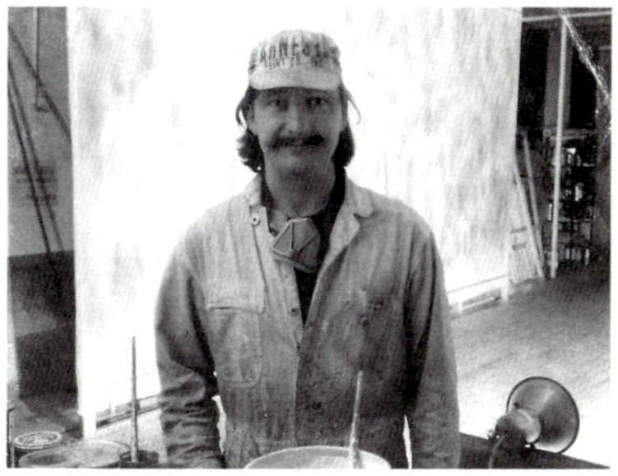

Dan Christensen in seinem Atelier, Great Jones Street, New York, ca. 1968

Dan Christensen

1942
Geboren in Lexington, Nebraska
1964
Bachelor of Arts, Kansas City Art Institute, Missouri
1965
Umzug nach New York
1968
National Endowment for the Arts Fellowship
1969
Theodoron Award
2007
Gestorben in East Hampton, New York

Ausstellungen in der Galerie Rolf Ricke
1971 (E)
1968, 1969, 1970, 1971, 1972, 1975, 1976, 1988, 1989, 2003 (G)

Jessica Diamond *

1957
Geboren in Bronx, New York
1979
Bachelor of Arts, School of Visual Arts, New York
1981
Master of Fine Arts, Columbia University, New York
Lebt in Brooklyn, New York

Keine Ausstellungen in der Galerie Rolf Ricke

Steve DiBenedetto

1958
Geboren in Bronx, New York
1979
Yale University Summer Program for Art, New Haven, Connecticut
1980
Bachelor of Arts, Parsons School of Design, New York
1993–1999
Lehrauftrag an der School of Visual Arts, New York
1999
Atelieraufenthalt an der Fondation Claude Monet, Giverny, Frankreich
2001–2002
Lehrauftrag an der Columbia University, New York

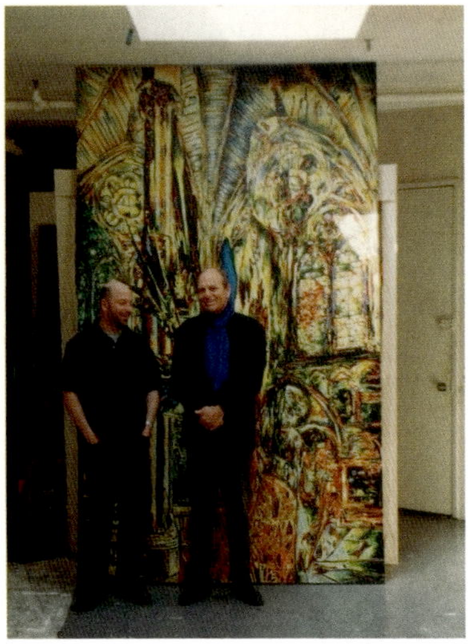

Steve DiBenedetto und Rolf Ricke im Atelier, New York

2002
Lehrauftrag an der Cooper Union for the Advancement of Science and Art, New York. Lehrauftrag an der Rutgers University, Camden/Newark/New Brunswick, New Jersey
2003
Rosenthal Award, American Academy of Arts and Letters. John Simon Guggenheim Memorial Foundation Fellowship
Lebt in New York

Ausstellungen in der Galerie Rolf Ricke
1993, 1997, 2000 (E)
1992, 2003 (G)

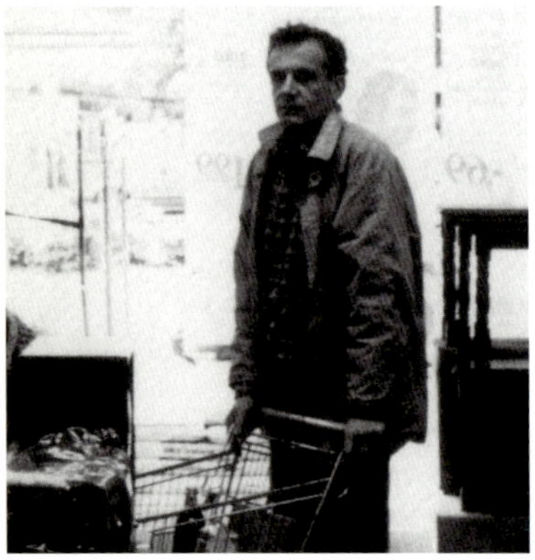

Helmut Dorner

Helmut Dorner

1952
Geboren in Gengenbach, Baden-Württemberg
1976–1982
Studium der Malerei an der Kunstakademie Düsseldorf bei Gerhard Richter
Seit 1989
Professur an der Staatlichen Akademie der Bildenden Künste, Karlsruhe
1997
Prix Eliette von Karajan
2001
Hans-Thoma-Preis
Lebt in Karlsruhe

Ausstellungen in der Galerie Rolf Ricke
1983, 1985 (E)
1982, 1983, 1984, 2003 (G)

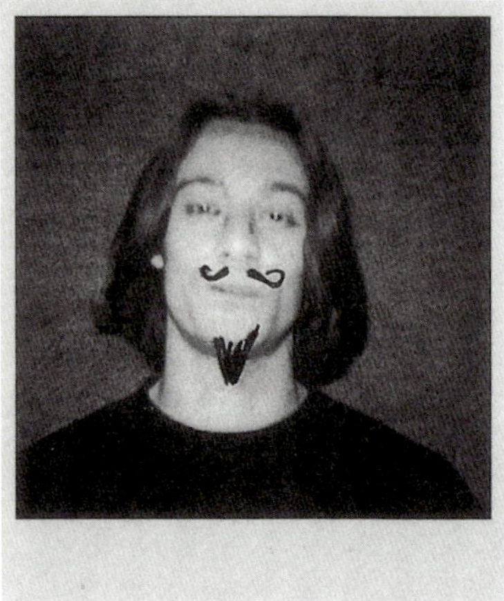

Dominique Figarella

Dominique Figarella

1966
Geboren in Chambéry, Savoie, Frankreich
1994
Artist in residence, Neue Galerie am Landesmuseum Joanneum, Graz
Lebt in Montpellier

Keine Ausstellungen in der Galerie Rolf Ricke

Dan Flavin

1933
Geboren in Jamaica, New York
1954–1955
Assistent in der meteorologischen Abteilung bei der U.S. Air Force in Korea. Studium im Rahmen des University of Maryland Extension Program in Osan-ni, Korea
1956–1959
Studium der Kunstgeschichte an der New School for Social Research und der Columbia University in New York. Besucht Kurse an der Hans Hoffmann School of Fine Arts
1959–1961
Arbeitet als Aufsicht im Museum of Modern Art und im American Museum of Natural History
1964
William and Noma Copley Foundation Award, Chicago

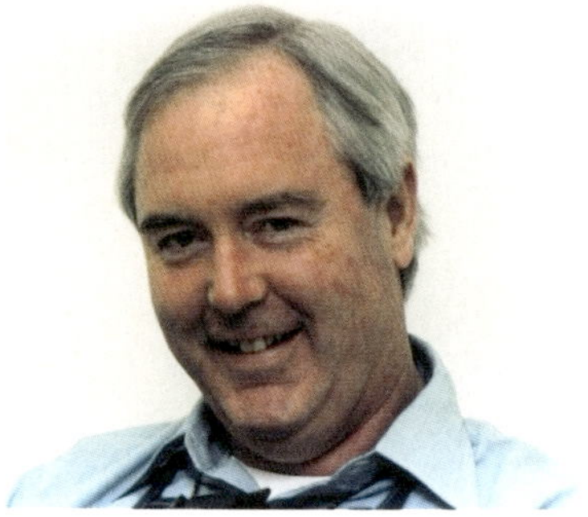

Dan Flavin, 1986

1966
Umzug nach Lake Valhalla, New York. National Foundation on the Arts and the Humanities Award, Washington
1976
Skowhegan Medal for Sculpture
1980
Umzug nach Wainscott, New York
1983
Eröffnung des Dan Flavin Art Institute, einer ehemaligen Feuerwehrstation und Kirche in Bridgehampton, New York (verwaltet von der Dia Art Foundation)
1996
Gestorben in Riverhead, New York

Ausstellungen in der Galerie Rolf Ricke
1968, 1970, 1989, 1996, 1998 (G)

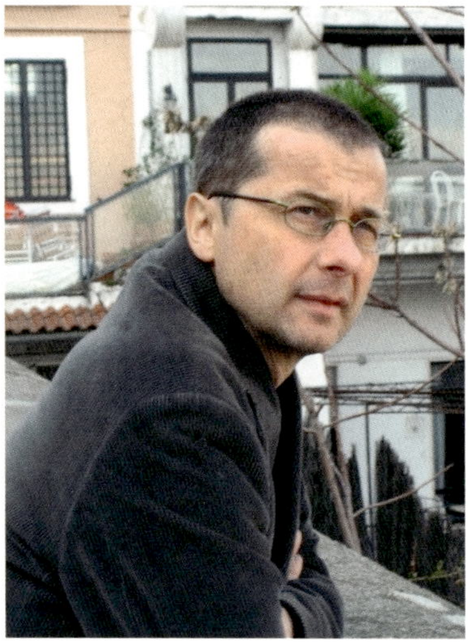

Urs Frei, Neapel, Dezember 2006

Urs Frei

1958
Geboren in Zürich
1982–1984
Studium an der Staatlichen Hochschule für Bildende Künste, Städelschule, Frankfurt am Main
Lebt in Zürich

Ausstellungen in der Galerie Rolf Ricke
1989, 1993, 1997 (E)
1988, 2003 (G)

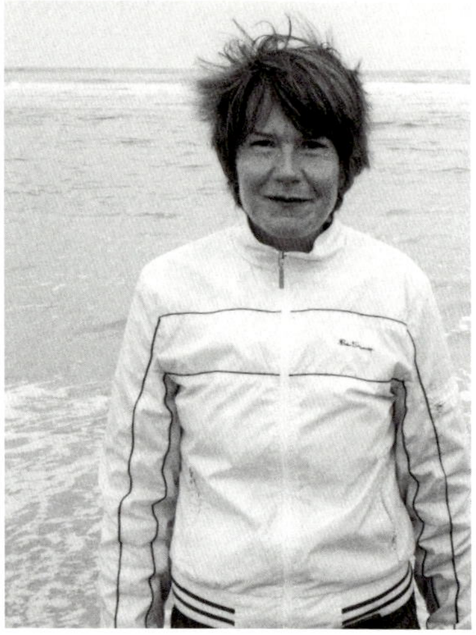

Pia Fries, 2007

Pia Fries

1955
Geboren in Beromünster, Schweiz
1977–1980
Studium der Bildhauerei an der Kunstgewerbeschule Luzern bei Anton Egloff
1980–1986
Studium der Malerei an der Kunstakademie Düsseldorf bei Gerhard Richter, Meisterschülerin
1984–2000
Dozentin für Malerei an der Kunstgewerbeschule Luzern
1986
Graduiertenstipendium des Landes Nordrhein-Westfalen
1991
Eidgenössisches Kunststipendium
1994
Kunstfonds Bonn
1998–2000
Lehrauftrag für Malerei an der Kunstakademie Düsseldorf
2000–2001
Gastprofessur an der Kunstakademie Karlsruhe
Lebt in Düsseldorf

Ausstellungen in der Galerie Rolf Ricke
2000 (E)
2001, 2003 (G)

Ludger Gerdes *

1954
Geboren in Lastrup, Niedersachsen
1975–1977
Studium an der Kunstakademie Düsseldorf bei Lothar Baumgarten und Timm Ulrichs, Abteilung Münster
1977–1982
Studium an der Kunstakademie Düsseldorf bei Gerhard Richter
Assoziierter Professor an der Hochschule für Gestaltung in Karlsruhe
Seit 2005
Professur für Malerei an der Muthesius Kunsthochschule in Kiel
Lebt in Düsseldorf

Keine Ausstellungen in der Galerie Rolf Ricke

Michael Heizer

1944
Geboren in Berkeley, Kalifornien. Ausgedehnte Reisen mit seinem Vater, einem Anthropologen und Archäologen, nach Ägypten, Mittel- und Lateinamerika
1963–1964
Besuch des San Francisco Art Institute
1965
Umzug nach New York
1972
Neuer Wohnsitz und Beginn des Grossprojektes City im Lincoln County in der Wüste von Nevada
Lebt in Nevada

Ausstellungen in der Galerie Rolf Ricke
1969, 1970, 1972, 1973, 1975, 1979, 1988, 2003 (G)

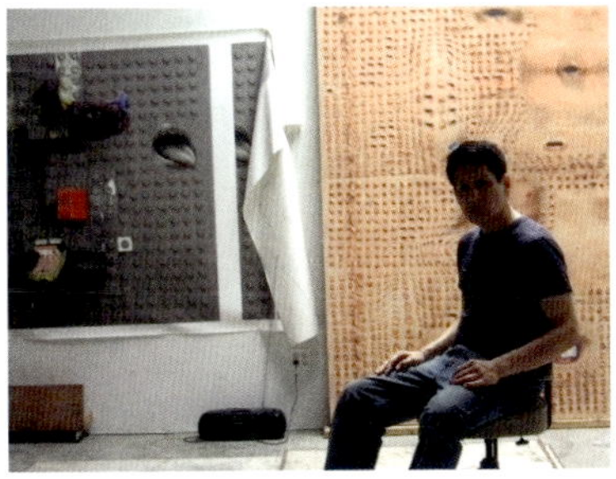

Tishan Hsu in seinem Studio, New York 2007

Tishan Hsu

1951
Geboren in Boston, Massachusetts. Aufgewachsen in Zürich, Wisconsin und Virginia
1973
Bachelor of Science in Art and Design, Massachusetts Institute of Technology, Cambridge
1975
Master of Architecture, Massachusetts Institute of Technology, Cambridge
Anfang 1980er Jahre
Umzug nach New York
1988–1990
Aufenthalt in Köln
1990
National Endowment for the Arts Fellowship
1996
Mitglied des Board of Governors, Skowhegan School of Painting and Sculpture
Lebt in New York

Ausstellungen in der Galerie Rolf Ricke
1991 (E)

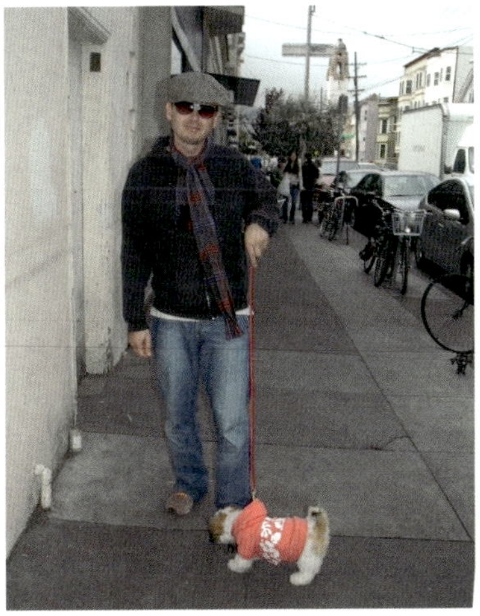

Steven Hull, San Francisco 2007

Steven Hull

1967
Geboren in Lakewood, Kalifornien
1995 Bachelor of Arts, California Institute of the Arts, Valencia
1995–1997
Graduate School Federal Fellowship
1997
Master of Fine Arts, California Institute of the Arts, Valencia
Lebt in Oakland, Kalifornien

Ausstellungen in der Galerie Rolf Ricke
1999, 2001, 2003 (G)

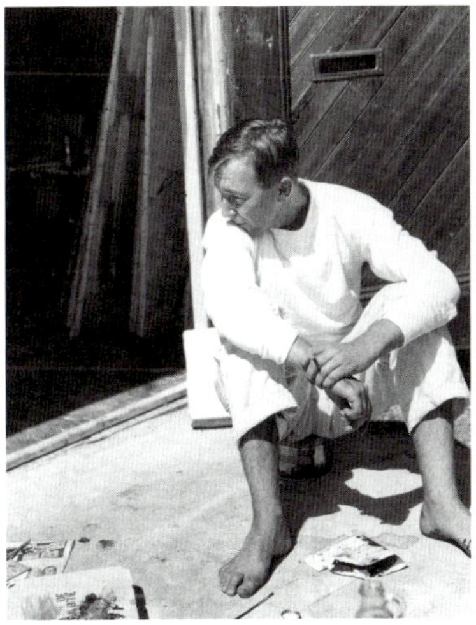

Jasper Johns, 1962
(Fotografie von Hans Namuth)

Jasper Johns

1930
Geboren in Augusta, Georgia
1947–1948
Studium an der University of South Carolina, Columbia
1949
Studium an der Parsons School of Art, New York
1951–1953
Militärdienst in South Carolina und Japan
1955
Gründet mit Robert Rauschenberg ein Geschäft für Schaufensterdekoration
Ab 1963
Direktor der Foundation for Contemporary Performance Arts, New York
1967–1980
Künstlerischer Berater der Merce Cunningham Dance Company
1972
Einrichtung eines Ateliers in Saint-Martin, Kleine Antillen
1972
Skowhegan Medal for Painting
1973
Umzug nach Stony Point, New York. Behält Atelier in New York
1973
Mitglied des National Institute of Arts and Letters
1988
Grosser Preis für Malerei (Goldener Löwe) der Biennale in Venedig
1989
Mitglied der American Academy of Arts and Letters
Lebt in New York und Saint-Martin, Kleine Antillen

Ausstellungen in der Galerie Rolf Ricke
1968 (E)
1965, 1966, 1967, 1968 (G)

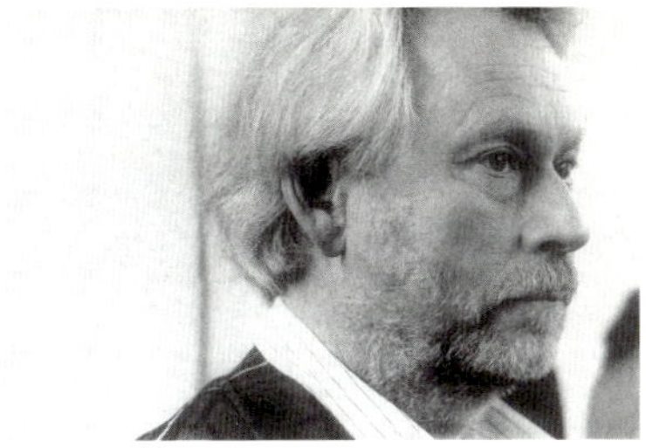

Donald Judd

Donald Judd

1928
Geboren in Excelsior Springs, Montana
1946–1947
Kriegsdienst in Korea
1948–1949
Studium an der Art Students League, New York und später am College of William and Mary, Williamsburg, Virginia
1949–1953
Bachelor of Science in Philosophie an der Columbia University New York
1958–1960
Studium der Kunstgeschichte an der Columbia University New York
1959
Beginn der Arbeit als Kunsttheoretiker und Kritiker, u. a. für Art News, Arts (später Arts Magazine), Art International und Artforum
1962–1964
Lehrauftrag am Brooklyn Institute of Arts and Sciences
1965
Reisestipendium des Swedish Institute, Stockholm
1967
Lehrauftrag für das Fach Skulptur an der Yale University, New Haven, Connecticut
1968
Artist in residence, Aspen Center for Contemporary Art. Veröffentlichung einer Anzeige in der Aspen Times gegen den Vietnam-Krieg und für die Bürgerrechtsbewegung
Ab 1971
Einrichtung eines Ateliers als erstes Gebäude der zukünftigen Mansana de Chinati in Marfa, Texas (Chihuahua-Wüste)
1976
Lehrauftrag als Baldwin-Professor am Oberlin College, Ohio
1977
Verlegung seines Hauptwohnsitzes nach Texas
1982
Beginn der Produktion von Möbeln, zuerst in New York, später auch in der Schweiz
1986
Eröffnung der Chinati Foundation in Marfa, Texas

1987
Skowhegan Medal for Sculpture
1987
Brandeis University Creative Arts Award
1990
Einrichtung eines weiteren Ateliers in Köln
1990
Gründung eines Architekturbüros in Marfa
1993
Preis der Stankowski-Stiftung, Stuttgart
1994
Gestorben in New York

Ausstellungen in der Galerie Rolf Ricke
1972, 1987, 1988, 1991 (E)
1967, 1969, 1970, 1971, 1979, 1988, 1991, 1996, 1998, 2003 (G)

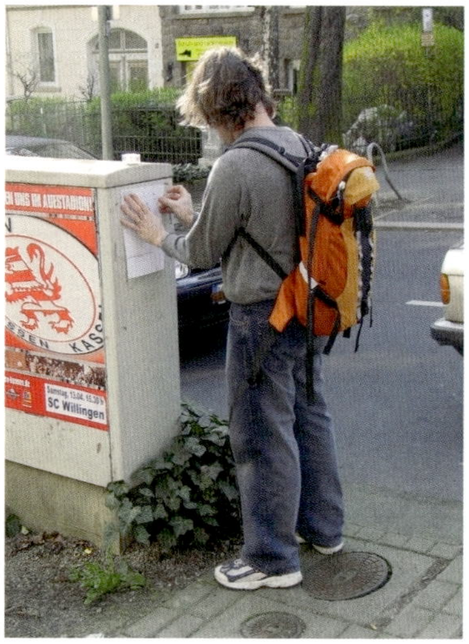

Ben Kinmont während des Projektes „Moveable Type, No Documenta", Documenta 11, Kassel 2002

Ben Kinmont

1963
Geboren in Burlington, Vermont
1982–1986
Bachelor of Arts, American Culture Studies, Pomona College, Claremont, Kalifornien
1984
University College, Oxford University
1987
Thomas J. Watson Fellow, Studien in zeitgenössischer deutscher Kunst
Seit 2005
Ausserordentlicher Professor, Graduate Program in Fine Arts, California College of the Arts, San Francisco/Oakland, Kalifornien
2006
Ausserordentlicher Professor, San Francisco Art Institute, Kalifornien
2006
Workshop an der École régionale de beaux arts, Valence, Frankreich
2007
Workshop an der École régionale de beaux arts, Valence/Bourges/Angers, Frankreich
Lebt in Sebastopol, Kalifornien

Ausstellungen in der Galerie Rolf Ricke
1992 (E)
1990, 2003 (G)

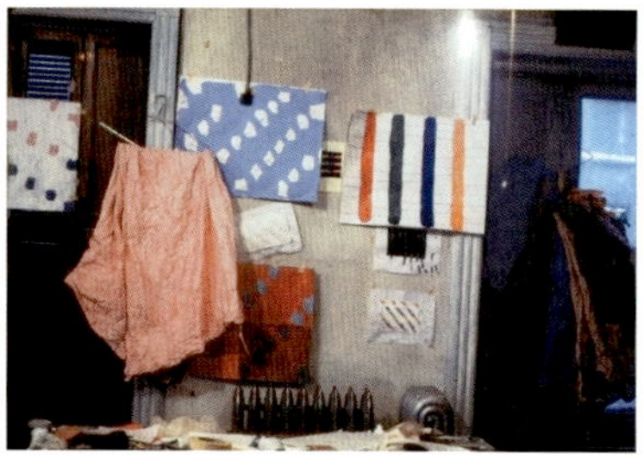

Atelier von Harriet Korman, ca. 1970

Harriet Korman

1947
Geboren in Bridgeport, Connecticut
1968
Stipendium der Skowhegan School of Painting and Sculpture, Maine
1969
Master of Fine Arts, Queens College, City University of New York, Kurse bei Richard Serra
1971
Theodoron Award
1993
National Endowment for the Arts Fellowship
1996
Artist in residence, Yaddo, Saratoga Springs, New York
Lebt in New York

Ausstellungen in der Galerie Rolf Ricke
1970, 1971, 1972 (E)
1970, 1971, 1972, 1973, 1975, 1976, 1979, 1980, 2003 (G)

Gary Kuehn

1939
Geboren in Plainfield, New Jersey
1962
Bachelor of Arts in Kunstgeschichte, Drew University, Madison, New Jersey
1964
Master of Fine Arts, Rutgers University, New Brunswick, New Jersey
1966–1976
Arbeitet im Hochbau
1979
Stipendium des DAAD (Deutscher Akademischer Austauschdienst) in Berlin
Lebt in New York

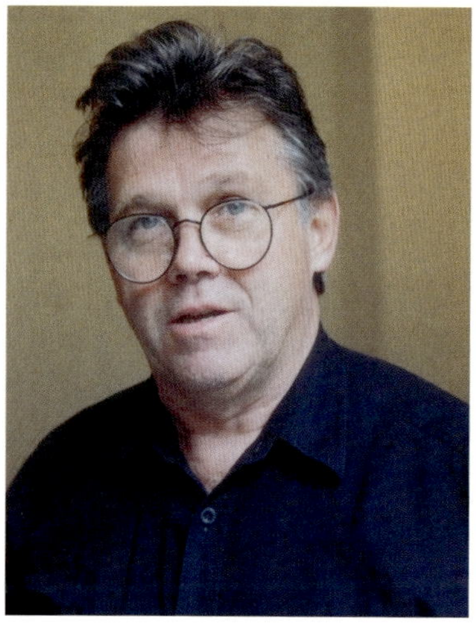

Gary Kuehn, Köln, Oktober 1996

Ausstellungen in der Galerie Rolf Ricke
1967, 1968, 1969, 1977, 1979, 1996, 1998 (E)
1967, 1968, 1969, 1970, 1971, 1972, 1973, 1975, 1979, 1980, 1981, 1988, 2003 (G)

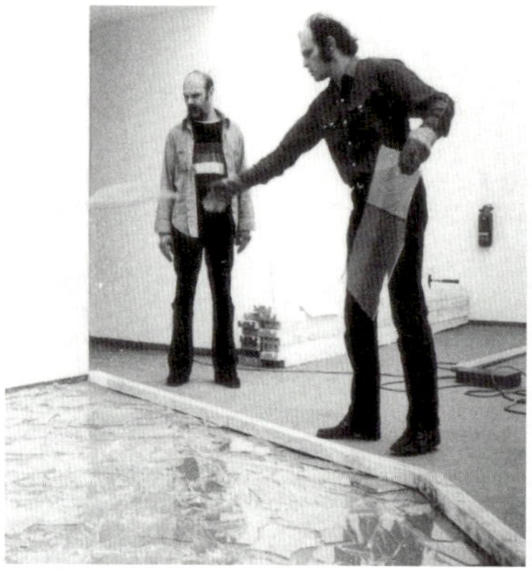

Barry Le Va, Kassel 1972

Barry Le Va

1941
Geboren in Long Beach, Kalifornien
1960–1963
Studium der Mathematik und Architektur an der California State University, Long Beach
1963
Los Angeles College of Art and Design
1964–1967
Bachelor of Fine Arts, Master of Fine Arts, Otis Art Institute, Los Angeles
1968
Young Talent Grant, Los Angeles County Museum, Los Angeles
1968–1970
Lehrauftrag am Minneapolis College of Art and Design, Minneapolis, Minnesota
1970
Umzug nach New York
1973–1974
Lehrauftrag im Fach Skulptur an der Princeton University, New Jersey
1974
Solomon R. Guggenheim Fellowship for Sculpture
1976
National Endowment for the Arts Fellowship
1976
Lehrauftrag im Fach Skulptur an der Yale University, New Haven, Connecticut
1978
Lehrauftrag an der School of Visual Arts, New York
Lebt in New York

Ausstellungen in der Galerie Rolf Ricke
1970, 1971, 1973, 1976, 1986 (E)
1970, 1971, 1972, 1973, 1974, 1975, 1977, 1979, 1980, 1988, 2003 (G)

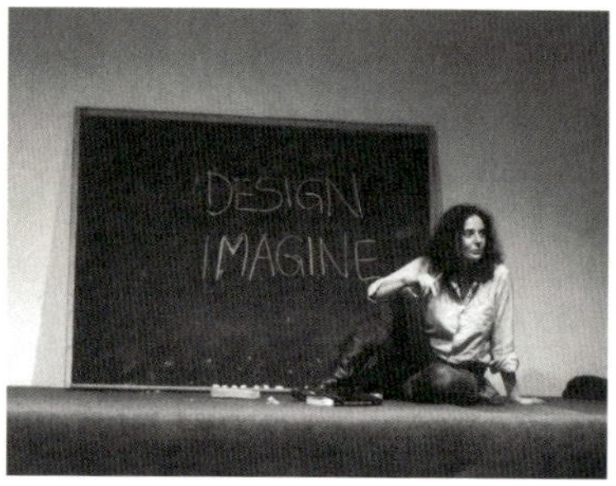

Lee Lozano, 1971

Lee Lozano

1930
Geboren in Newark, New Jersey als Leonore Knaster
1948–1951
Bachelor of Arts, University of Chicago, Studium der Philosophie und Naturwissenschaften
1952–1956
Anstellung bei der Container Corporation of America
1957–1959
Studium am Art Institute of Chicago
1959
Reise nach Europa
1960
Umzug nach New York
1971
Beendet ihre Aktivitäten als Künstlerin, nennt sich Lee Free (später nur noch E)
1982
Zieht zu ihren Eltern nach Dallas
1999
Gestorben in Dallas

Ausstellungen in der Galerie Rolf Ricke
1969 (E)
1968, 1970, 1971 (G)

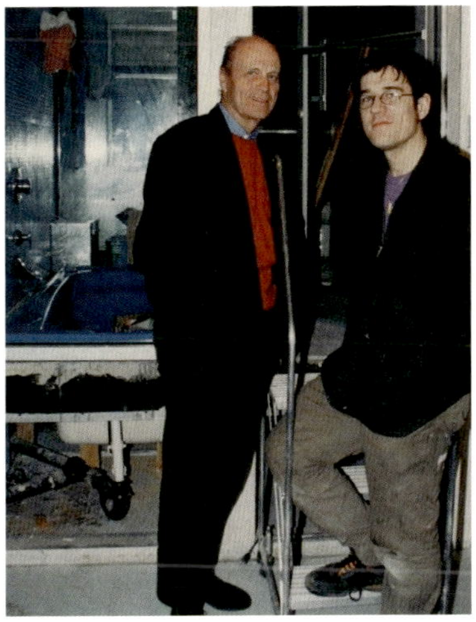

Rolf Ricke und Fabian Marcaccio in seinem Atelier, New York

Fabian Marcaccio

1963
Geboren in Rosario de Santa Fe, Argentinien
Studium der Philosophie an der Universidad Nacional de Rosario, Rosario de Santa Fe
1986
Umzug nach New York
Lebt in New York

Ausstellungen in der Galerie Rolf Ricke
1994, 1998, 2004 (E)
1992, 1996, 2003 (G)

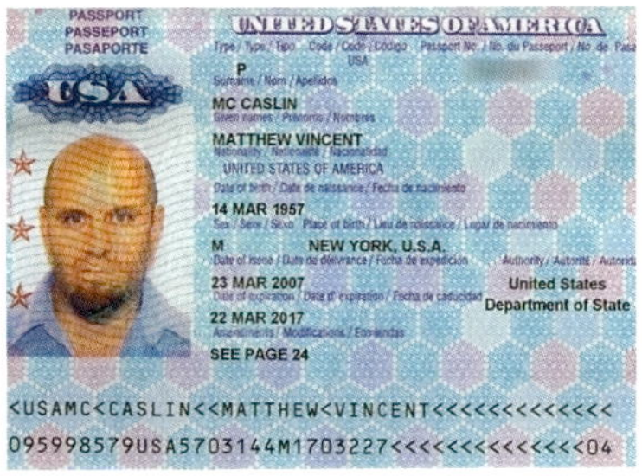

Matthew McCaslin

Matthew McCaslin

1957
Geboren in Bayshore, New York
1980
Bachelor of Arts, Parsons School of Design, New York
1998
Lehrauftrag im Fach Skulptur an der New York University
Lebt in Brooklyn, New York

Ausstellungen in der Galerie Rolf Ricke
1992, 1995, 2000 (E)
1996, 2003 (G)

Allan McCollum *

1944
Geboren in Los Angeles
1972–1974
Gastprofessur am Immaculate Heart College, Los Angeles
1975
Umzug nach New York
1975–1976
Gastprofessur an der Florida State University, Talahassee
1988–1989
Gastprofessur an der Rhode Island School of Design, Providence
2002–2004
Practicum Supervisor am Bard College, Center for Curatorial Studies, Annandale-on-Hudson, New York
2004
Gastprofessur an der University of South Florida School of Art and Art History, Tampa
2004–2005
Lehrauftrag am Massachusetts Institute of Technology, Cambridge
Seit 2002
Assistenzprofessur an der Columbia University, New York
Seit 2007
Lehrauftrag im Fach Skulptur an der Yale University, New Haven, Connecticut
Lebt in New York

Keine Ausstellungen in der Galerie Rolf Ricke

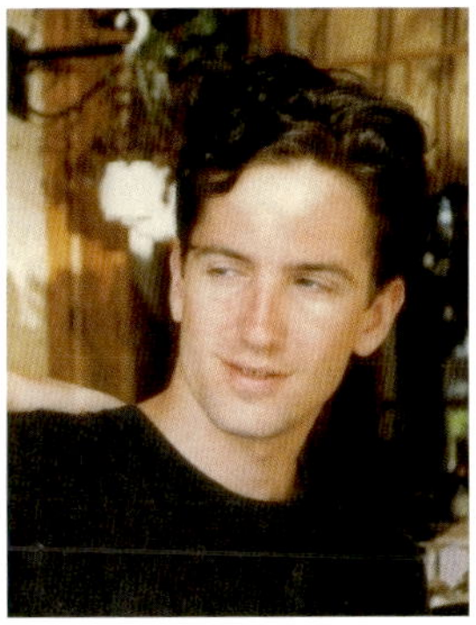

Thom Merrick, 1987

Thom Merrick

1963
Geboren in Sacramento, Kalifornien
1985–1986
New York Studio Program, Association of Independent Colleges of Art
1986
Bachelor of Arts, San Francisco Art Institute
2001 und 2002
Artist in residence, Yaddo, Saratoga Springs, New York
2002
Pollock-Krasner Foundation Grant
Bassgitarrist in der Band The Sibleys, Wonder Valley, Kalifornien
Lebt in der Mojave-Wüste, Kalifornien

Ausstellungen in der Galerie Rolf Ricke
1990, 1993, 1997, 2001 (E)
1990, 1996, 2003 (G)

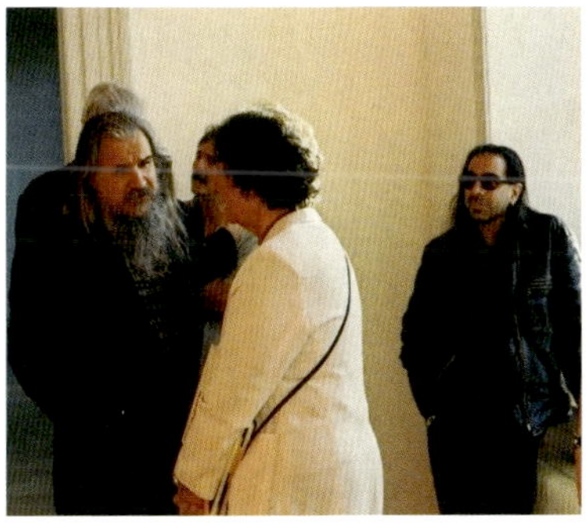

Olivier Mosset, Susanna Kulli und Steven Parrino bei der Ausstellungseröffnung von Mosset im Kunstmuseum St.Gallen, 2003

Olivier Mosset

1944
Geboren in Neuchâtel, Schweiz
1961–1964
Wiederholte Paris-Reisen und schließlich Übersiedelung nach Paris
1964–1967
Assistent bei Jean Tinguely und später bei Daniel Spoerri
1966–1967
Gründet mit Daniel Buren, Michel Parmentier und Niele Toroni BMPT. Gemeinsame Aktionen (Manifestation 0–7)
1977
Übersiedelung nach New York
1996
Umzug nach Tucson, Arizona
Lebt in Tucson, Arizona

Ausstellungen in der Galerie Rolf Ricke
1990 (E)
1996, 2003 (G)

Horst Münch

1951
Geboren in Nürnberg
1975–1980
Studium an der Kunstakademie Düsseldorf bei Alfonso Hüppi
1982
Umzug nach Köln

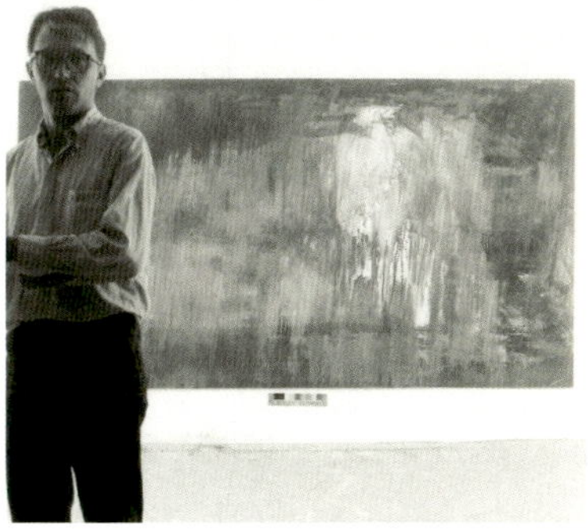

Horst Münch, 1985

1983
Preis der Jürgen Ponto-Stiftung, Frankfurt am Main
2003
Käthe-Kollwitz-Preis der Akademie der Künste, Berlin
Lebt in Köln

Ausstellungen in der Galerie Rolf Ricke
1981, 1982, 1983, 1984, 1985, 1988, 1991, 1996, 2001 (E)
1981, 1982, 1983, 1984, 1988, 2003 (G)

Cady Noland

1956
Geboren in Washington, DC
Bachelor of Arts, Sarah Lawrence College, Bronxville, New York
Lebt in New York

Keine Ausstellungen in der Galerie Rolf Ricke

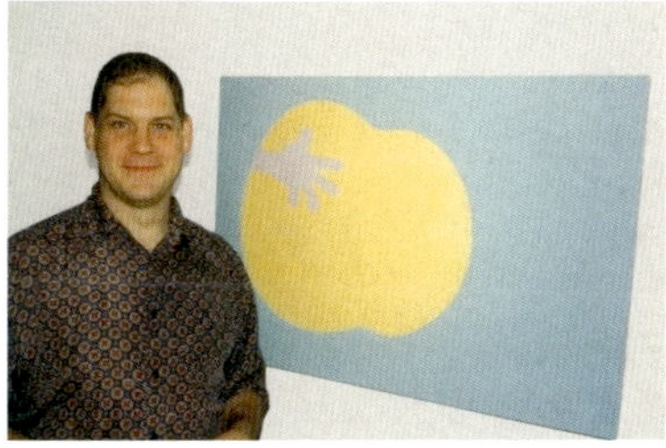

Carl Ostendarp

Carl Ostendarp

1961
Geboren in Amherst, Massachusetts
1982
Yale University Summer Program for Music and Art, Norfolk, Connecticut
1983
Bachelor of Arts, Boston University, Massachusetts

1996
Master of Fine Arts, Yale University, New Haven, Connecticut
1998–1999
Lehrauftrag an der Rutgers University, New Brunswick, New Jersey
2000–2004
Lehrauftrag an der Cornell University, Ithaca, New York
Lebt in Ithaca, New York

Ausstellungen in der Galerie Rolf Ricke
1995, 1998, 2002 (E)
1992, 1996, 2001, 2003 (G)

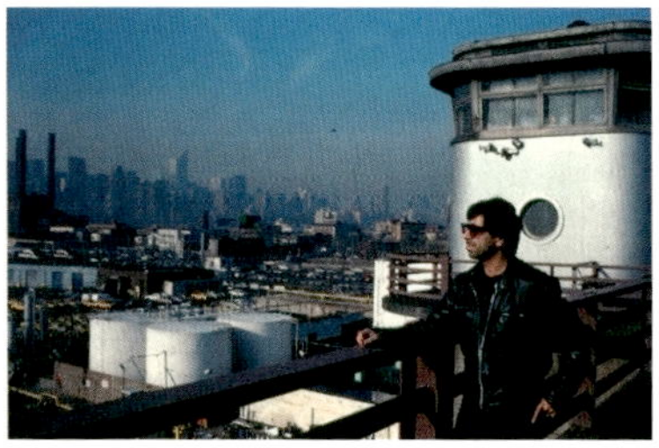

Steven Parrino, Brooklyn 1990

Steven Parrino

1958
Geboren in New York
Um 1970
Erste Auftritte in verschiedenen New Yorker Bands als Bassgitarrist
1979
Associate in Applied Science, State University of New York, Farmingdale, New York
1979
Guitar Grind Musikperformance
1982
Bachelor of Arts, Parsons School of Design, New York
1998
Gründung von Electrophilia. Soloauftritte und Kooperationen u. a. mit Jutta Koether
1999
Kuratiert die Ausstellung Bastard Kids of Drella, part 9, Le Consortium, Dijon
2003
Kuratiert die Ausstellung The Return of the Creature, Künstlerhaus Palais Thurn und Taxis, Bregenz
2005
Gestorben in Brooklyn, New York

Ausstellungen in der Galerie Rolf Ricke
1990, 1993, 1995, 2000 (E)
1992, 1996, 2003 (G)

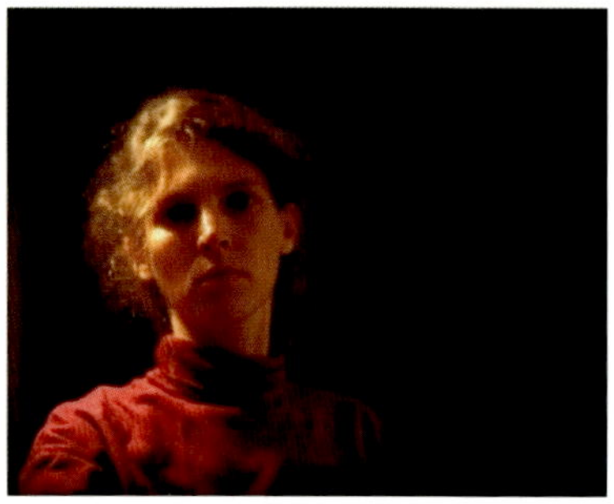

Laurie Parsons

Laurie Parsons

1959
Geboren in Mount Kisco, New York
Lebt in Hoboken, New Jersey

Ausstellungen in der Galerie Rolf Ricke
1989 (E)
1990 (G)

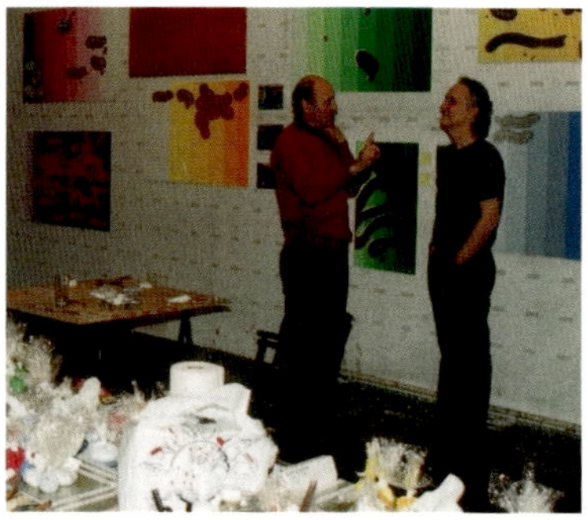

Rolf Ricke und David Reed im Atelier

David Reed

1946
Geboren in San Diego, Kalifornien
1966
Skowhegan School of Painting and Sculpture, Maine
1967
New York Studio School
1968
Bachelor of Arts, Reed College, Portland, Oregon
1969
Roswell Museum and Art Center Grant
1981–1987
Lehrauftrag an der School of Visual Arts, New York
1988
Artist in residence, Skowhegan School of Painting and Sculpture, Maine
1988
John Simon Guggenheim Memorial Foundation Fellowship
1991
National Endowment for the Arts Fellowship
1994
Lehrauftrag am California Institute of the Arts, Valencia
2001
Skowhegan Medal for Painting
2001
Gastprofessur an der University of California, Los Angeles
Lebt in New York

Ausstellungen in der Galerie Rolf Ricke
1991, 1993, 1997, 2000, 2003 (E)
1992, 1996, 2003 (G)

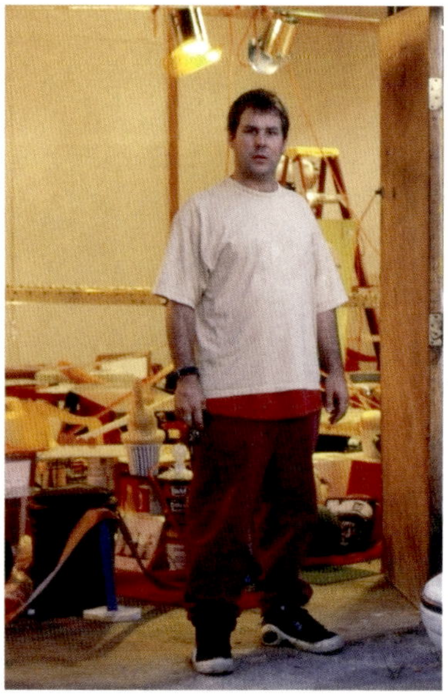

Jason Rhoades

Jason Rhoades

1965
Geboren in Newcastle, Kalifornien
1985–1986
California College of Arts and Crafts, Oakland, Kalifornien
1986–1988
Bachelor of Arts, San Francisco Art Institute
1988
Skowhegan School of Painting and Sculpture, Maine
1991–1993
Master of Fine Arts, University of California, Los Angeles, Studium u. a. bei Paul McCarthy
2006
Gestorben in Los Angeles

Keine Ausstellungen in der Galerie Rolf Ricke

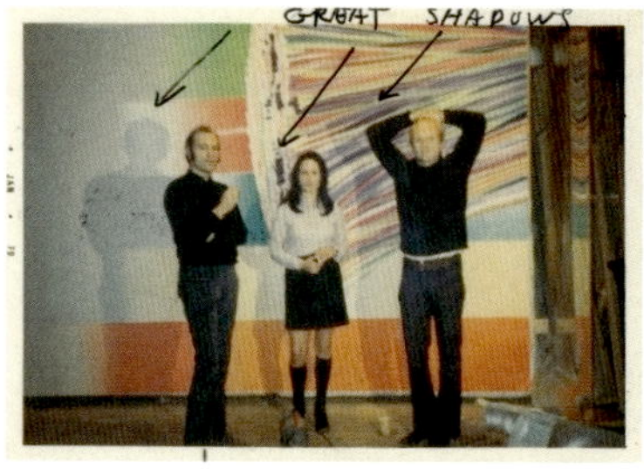

Rolf und Ursula Ricke mit James Rosenquist in seinem East Hampton Studio, 1970

James Rosenquist

1933
Geboren in Grand Forks, North Dakota
1948
Stipendium an der Minneapolis School of Art, Minneapolis Art Institute
1952–1954
Studium der Malerei an der University of Minnesota
1955
Umzug nach New York. Stipendium für die Art Students League, New York
1957–1960
Anstellung als Plakatwand-Maler bei der Artkraft-Strauss Sign Corporation
1964
Lehrauftrag an der Yale University, New Haven, Connecticut
1967
Umzug nach Long Island
1972
Festnahme in Washington wegen öffentlichen Protestes gegen den Vietnam-Krieg
Ab 1973
Einrichtung eines Ateliers in Florida
1978–1984
Mitglied im National Council on the Arts
1981
Honorary Doctorate of Fine Arts der University of Florida, Tampa
1988
Golden Plate Award der American Academy of Achievement, Nashville
1992
Verleihung des Ordens Chevalier Ordre des Arts et des Lettres in Paris
1994
Skowhegan Medal for Painting
1997
Honorary Doctorate of Fine Arts des Bard College, Annandale-on-Hudson, New York
2002
Honorary Doctorate of Human Letters der University of Minnesota, Minneapolis.
Unterzeichnet die Petition Not In Our Name Statement of Conscience der Bill of Rights Foundation
Lebt in New York und Aripeka, Florida

Ausstellungen in der Galerie Rolf Ricke
1970 (E)
1965, 1966, 1967, 1968, 1969, 1970, 1971, 1972, 1973, 1974, 1975, 1979, 2003 (G)

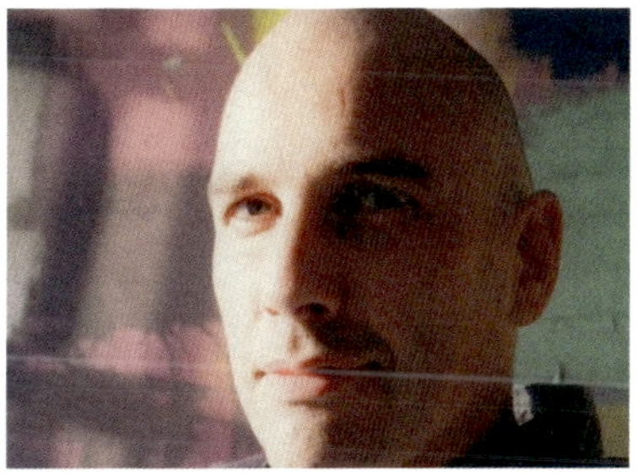

Adrian Schiess, 2004

Adrian Schiess

1959
Geboren in Zürich
1975–1976
Kunstgewerbeschule Zürich
1976–1980
Grafikerlehre in Zürich
1990
Umzug aus der Schweiz nach Mouans-Sartoux
Lebt in Mouans-Sartoux, Frankreich

Ausstellungen in der Galerie Rolf Ricke
1989, 1992, 1996 (E)
1988, 1992, 2003 (G)

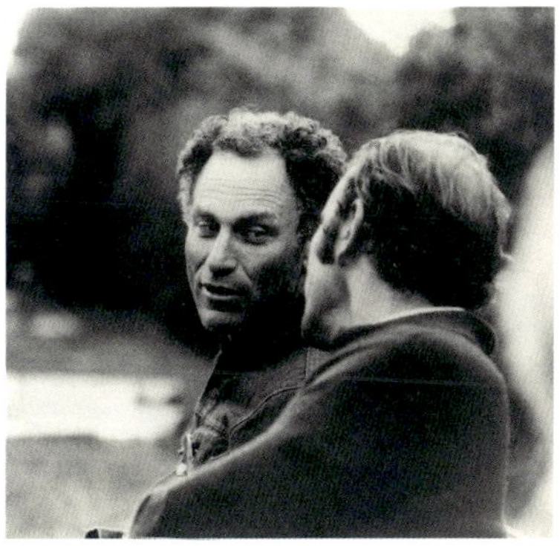

Richard Serra im Gespräch mit Rolf Ricke während des Aufbaus von Serras „Sight Point" vor dem Stedelijk Museum, Amsterdam 1975

Richard Serra

1939
Geboren in San Francisco
1957–1961
Bachelor of Sciene in English literature, University of California, Berkeley. Arbeitet in Stahlwerken
1961–1964
Bachelor of Arts und Master of Fine Arts, Yale University, New Haven, Connecticut. Studium u. a. bei Josef Albers
1964–1965
Yale Traveling Fellowship für einen Aufenthalt in Paris
1965
Fulbright Grant für einen Aufenthalt in Florenz. Ausgedehnte Reisen in Südosteuropa
1966
Umzug nach New York
1970
John Simon Guggenheim Memorial Foundation Fellowship
1974
Vollendung von Robert Smithsons Amarillo Ramp nach dessen Tod
1975
Skowhegan Medal for Sculpture
1981
Kaiserring. Kunstpreis der Stadt Goslar
1989
Abriss der Aussenskulptur Tilted Arc an der Federal Plaza durch die Stadtverwaltung von New York
1991
Wilhelm-Lehmbruck-Preis, Duisburg
2003
Aufnahme in den Orden Pour le Mérite für Wissenschaften und Künste, Berlin
Lebt in New York und Nova Scotia

Ausstellungen in der Galerie Rolf Ricke
1968, 1973 (E)
1968, 1969, 1970, 1971, 1972, 1973, 1974, 1975, 1980, 1981, 1988, 2003 (G)

Keith Sonnier

1941
Geboren in Mamou, Louisiana
1959–1963
Bachelor of Arts, University of Southwestern Louisiana, Lafayette,

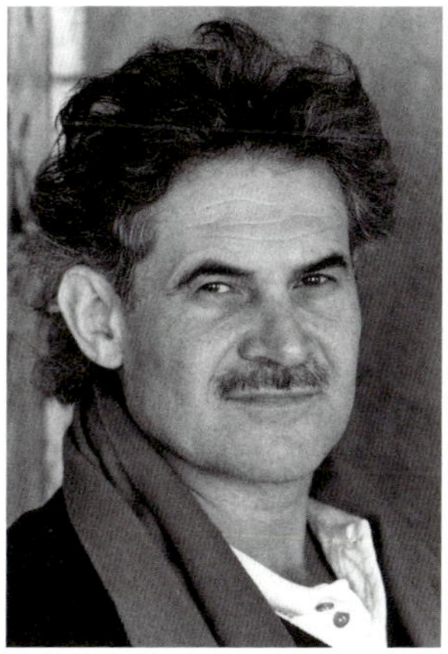

Keith Sonnier

1965–1966
Master of Fine Arts, Douglas College, Rutgers University, New Brunswick, New Jersey. Reisen nach England, Frankreich und Italien
1967
Umzug nach New York
1974
John Simon Guggenheim Memorial Foundation Fellowship
1975 und 1981
National Endowment for the Arts Fellowship
1981–1985
Reisen nach Indien, Bali, Japan und Brasilien, auf denen spezifische Werkgruppen entstehen
Lebt in New York

Ausstellungen in der Galerie Rolf Ricke
1968, 1970, 1971, 1972, 1975, 1977, 1978, 1981, 1984, 1987, 1991, 1993 (E)
1968, 1969, 1970, 1971, 1972, 1973, 1974, 1975, 1977, 1979, 1980, 1981, 1983, 1988, 1989, 2003 (G)

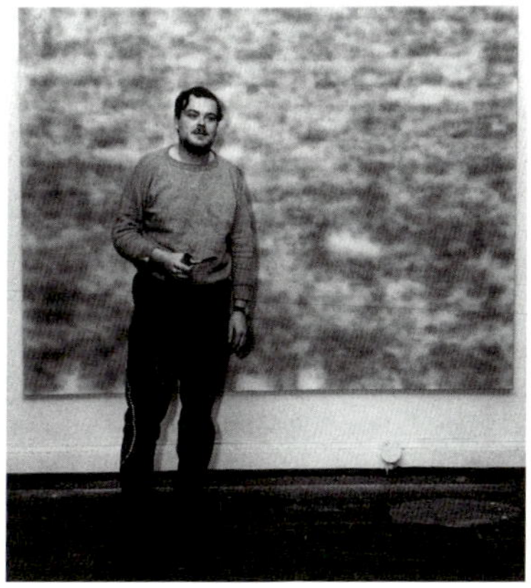

Lawrence Stafford in seinem Atelier, ca. 1968

Lawrence Stafford

1938
Geboren in Kansas City, Missouri
1964
Kansas City Art Institute, Missouri
1967
Umzug nach New York
1972
Umzug nach Kansas City, Missouri
Lebt in Dallas

Ausstellungen in der Galerie Rolf Ricke
1970, 1974 (E)
1970, 1972, 1976, 1988, 1989, 2003 (G)

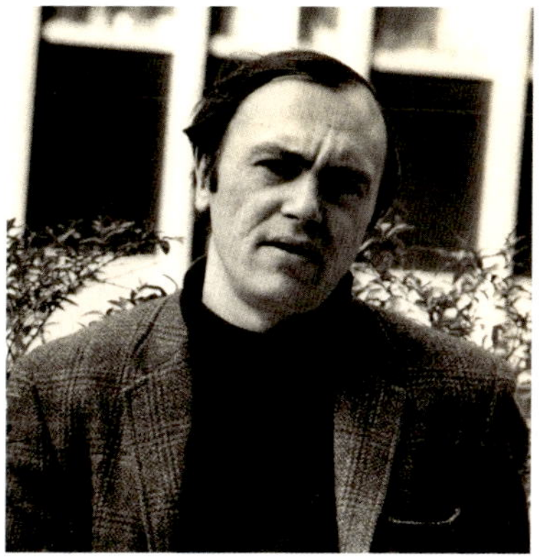

Bob Stanley, 1967

Bob (Robert) Stanley

1932
Geboren in Yonkers, New York
1949–1953
Bachelor of Arts, Oglethorpe University, Atlanta, Georgia
1951–1952
High Museum Art School, Atlanta, Georgia
1951 und 1953
Columbia University, New York
1954–1956
Max Beckmann Scholarship Award for Painting and Sculpture, Brooklyn Museum of Art School, New York
1966
Gemeinsames Atelier mit Richard Artschwager
1969
Cassandra Foundation Award for Painting, Chicago
1970–1972 und 1984–1997
Lehrauftrag an der School of Visual Arts, New York
1987
Igor Foundation Award for Painting, New York
1997
Gestorben in New York

Ausstellungen in der Galerie Rolf Ricke
1966, 1967 (E)
1967, 1968, 2003 (G)

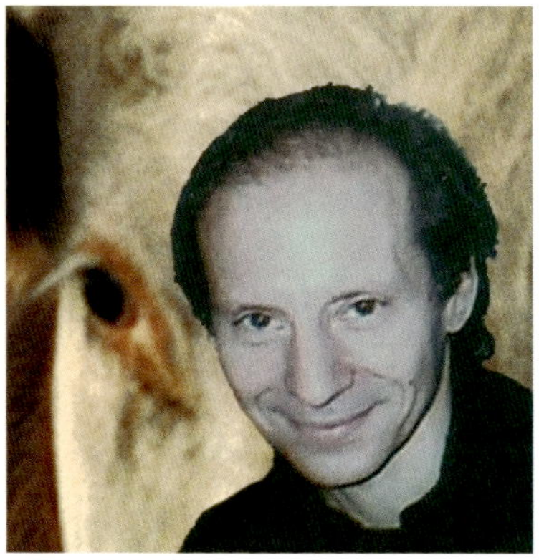

Lewis Stein, 2007

Lewis Stein

1945
Geboren in New York
1964–1966
Massachusetts Institute of Technology, Cambridge
1964–1968
University of California, Berkeley, Kalifornien
Lebt in New York

Ausstellungen in der Galerie Rolf Ricke
1970, 1972 (E)
1970, 1971, 1972, 1976, 2003 (G)

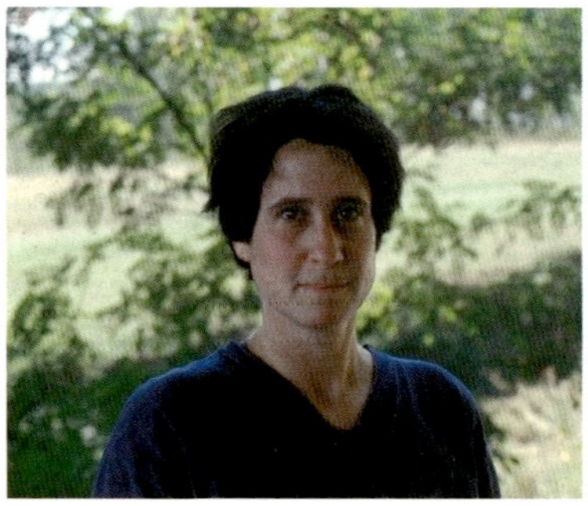

Jessica Stockholder

Jessica Stockholder

1959
Geboren in Seattle
1978–1979
Viermonatiger Studienaufenthalt an der Camden School of Art, London, England
1979–1982
Studium an der University of British Columbia, Vancouver
1982
Bachelor of Fine Arts, University of Victoria, British Columbia
1983–1984
Yale University, New Haven, Connecticut, Studium der Malerei
1984–1985
Master of Fine Arts, Yale University, New Haven, Connecticut, Studium der Bildhauerei
1985
Lehrauftrag an der Yale University, New Haven, Connecticut
1988
National Endowment for the Arts Grant in Sculpture
1989
New York Foundation for the Arts Grant in Painting
1993
Artist in residence, Skowhegan School of Painting and Sculpture, Maine
1996
John Simon Guggenheim Memorial Foundation Fellowship
Seit 1999
Director of Graduate Studies in Sculpture an der Yale University, New Haven, Connecticut
2002
August Seeling-Preis des Freundeskreises des Wilhelm Lehmbruck Museum, Duisburg
Lebt in New Haven, Connecticut

Ausstellungen in der Galerie Rolf Ricke
1999, 2003 (E)
1996, 2003 (G)

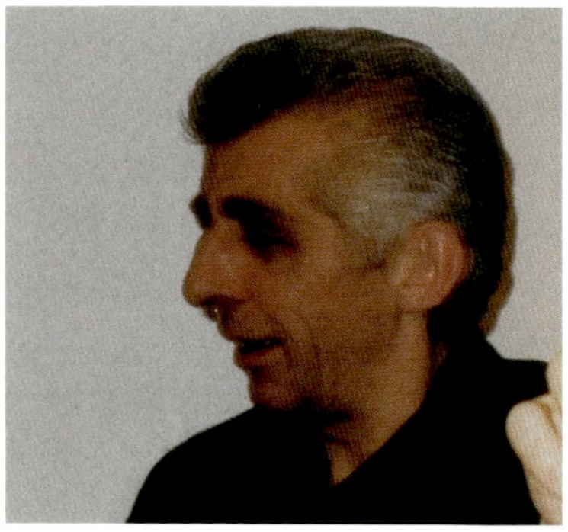

Alan Uglow, 1989

Alan Uglow

1941
Geboren in Luton, England
1962
Leicester College of Art
1964
Bachelor of Arts, Central School of Art and Design, London
1969
Umzug nach New York
Lebt in New York

Ausstellungen in der Galerie Rolf Ricke
1987 (E)
1992 (G)

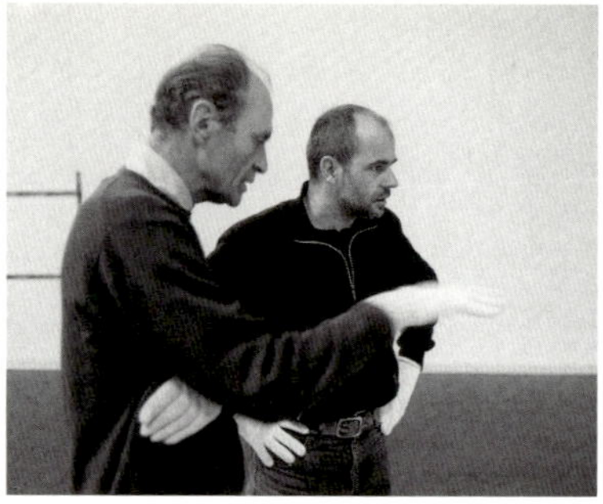

Rolf Ricke und Günter Umberg, 1987

Günter Umberg

1942
Geboren in Bonn
1963–1964
Grafikstudium an den Kölner Werkschulen
1965–1967
Studium an der Fachhochschule für Kunst und Design, Köln
1967–1969
Studium an der Kunstakademie Düsseldorf
1982–1988
Raum für Malerei in Köln
Seit 1993
Kuratiert regelmässig Ausstellungen in Museen und Galerien
2000–2007
Professur an der Staatlichen Akademie der Bildenden Künste, Karlsruhe. Leiter der Aussenstelle Freiburg
2005
Fred-Thieler-Preis für Malerei
Lebt in Köln und Corberon, Frankreich

Ausstellungen in der Galerie Rolf Ricke
1987, 1989, 1992, 1996, 2002 (E)
1992, 1996, 2001, 2003 (G)

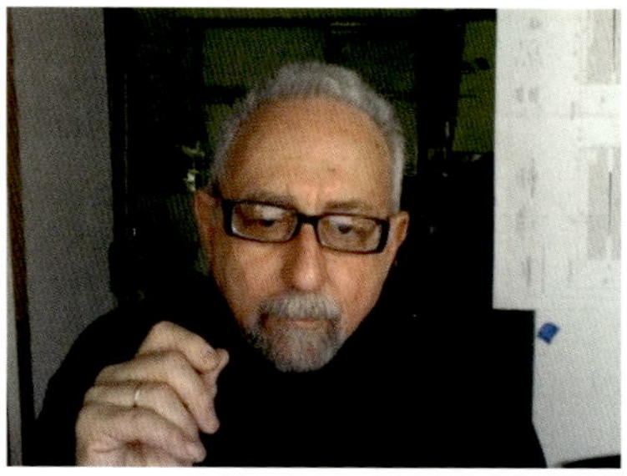

Michael Venezia, 2007

Michael Venezia

1935
Geboren in Brooklyn, New York
1954
Art Students League, New York
1963
Bachelor of Science, State University of New York, Buffalo, New York
1966–1967
Lehrauftrag in England für Farbenlehre und Malerei am Guildford College, Surrey, und am Department of Design, London College of Printing
1968
Master of Fine Arts in Malerei und Kunstgeschichte, University of Michigan, Ann Arbor
Ab 1969
Lehrauftrag am Department of Art and Art History, University of Rochester, New York
1981–1982
National Endowment for the Arts Fellowship
Lebt in New York und Trevi, Italien

Ausstellungen in der Galerie Rolf Ricke
1998 (G)

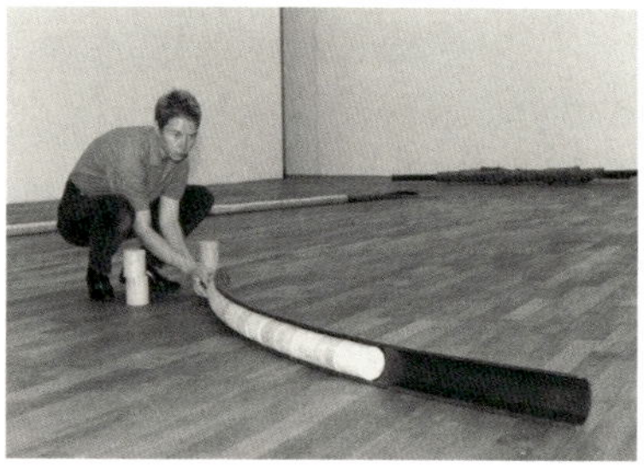

Birgit Werres während des Aufbaus, Dorothea von Stetten-Kunstpreis, Kunstmuseum Bonn

Birgit Werres

1962
Geboren in Stommeln
1982–1989
Studium an der Kunstakademie Düsseldorf bei Irmin Kamp und Tony Cragg
1986
Stipendium der Studienstiftung des deutschen Volkes
1987
Reisestipendium der Kunstakademie Düsseldorf
1987–1988
Studium an der Jan van Eyck Academie, Maastricht
1988
Meisterschülerin bei Irmin Kamp
1989
Kunstfonds Bonn (Arbeitsstipendium)
1999
Stipendium des NRW-Kultusministeriums
Lebt in Düsseldorf

Ausstellungen in der Galerie Rolf Ricke
1990, 1991, 1994, 1999 (E)
1990, 1996, 2003 (G)

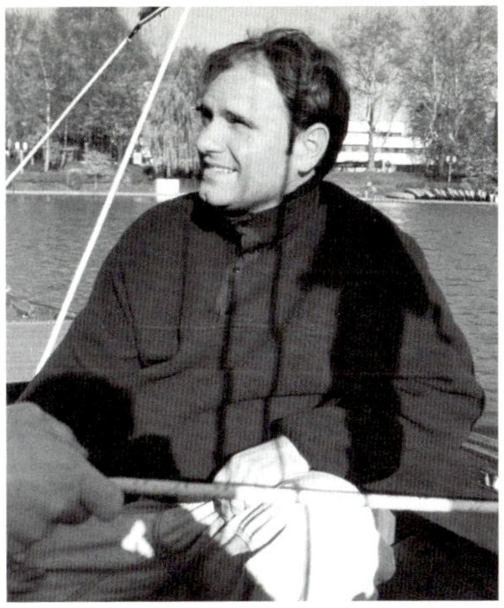

Jeffrey Wisniewski während der Vorbereitung zu Skulptur Projekte Münster, Herbst 1996

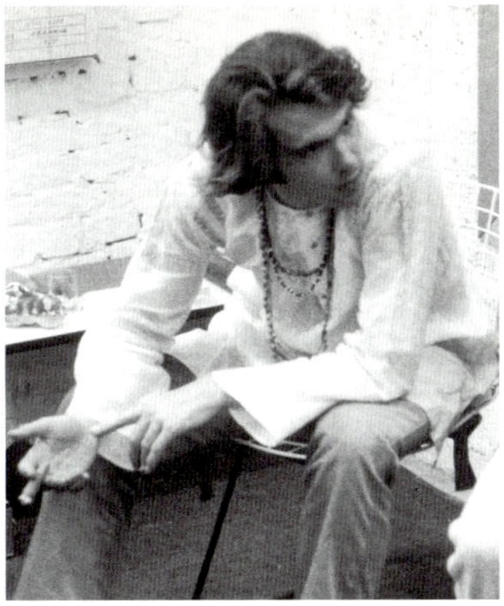

Peter Young, Kassel 1968

Jeffrey Wisniewski

1964
Geboren in Elmhurst, Illinois
Art Institute of Chicago
1986
Alliance of Independent Colleges of Art, New York
1994
Marie Walsh Sharp Studio Program, New York
1997
Stipendium des DAAD (Deutscher Akademischer Austauschdienst) in Berlin
1998
International Artists Studio Program, Stockholm
Lehraufträge an der New York University, an der Lund Universitet, der Umeå Universitet und der Kungl. Konsthögskolan, Stockholm
Lebt in Kalifornien

Ausstellungen in der Galerie Rolf Ricke
1991, 1995, 2003 (E)
1990, 1996, 2003 (G)

Peter Young

1940
Geboren in Pittsburgh, Pennsylvania.
Aufgewachsen in Los Angeles
1957–1958
Chouinard School of Art, Los Angeles
1958–1961
Studium am Pomona College, Claremont, Kalifornien
1960
Umzug nach New York. Arbeit in der Art Students League
1964
Bachelor of Arts, New York University
1968–1969
Mehrmonatiger Aufenthalt bei den Boruca-Indianern in Costa Rica
1970–1972
Umzug von New York nach Utah. Längere Reisen u. a. nach Toledo, Spanien und Fez, Marokko
1972
Umzug nach Bisbee, Arizona
Lebt in Bisbee, Arizona

Ausstellungen in der Galerie Rolf Ricke
1968, 1970, 1971, 1972, 1973 (E)
1968, 1969, 1970, 1972, 1975, 1976, 1984, 1988, 1989, 2003 (G)

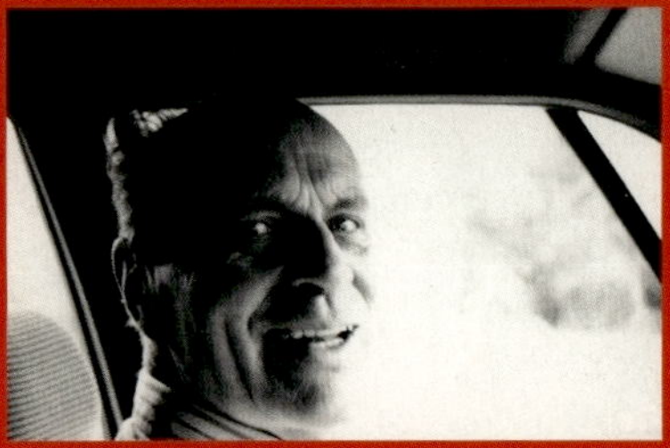

Rolf Ricke

1934
geboren in Kassel
Lehre als Musikalienhändler in Kassel
1956–1961
Tätigkeit bei Philips
1960
Heirat mit Ursula Mäckel
1962–1964
Tätigkeit bei CBS Schallplatten
Juli 1962
Geburt von Tochter Susanne
September 1963
Eröffnung der Galerie in Kassel
Herbst 1967
Umzug nach Köln
1973
Scheidung
Dezember 2004
Letzte Ausstellung der Galerie Rolf Ricke
2006
Umzug nach Berlin

Galerie Rolf Ricke

Das Team

1970 bis ca. 1974 Peter Buchholz
1984 bis 1985 Anne Blümel
1986 bis 2001 Marion Klein
1997 bis 2004 Iris Maczollek
1998 bis 2004 Anke Schmidt
2001 bis 2004 Thomas Flor

—Ich hätte das alles nicht machen können, wenn mir Peter Buchholz, Anne Blümel, Marion Klein, Thomas Flor, Iris Maczollek und Anke Schmidt nicht in einer unglaublichen Weise geholfen hätten; weder die Galerie noch die Sammlung. Mein besonderer Dank gilt Marion Klein.—

Publikationen der Galerie Rolf Ricke

„Objekt-Serie 13/1967"
Broschüre mit Editionen von Künstlerobjekten. Galerie Ricke, Kassel 1967.

„Zeichnungen amerikanischer Künstler"
Katalog anlässlich der Ausstellung vom 15. Mai bis 25. Juni 1970. Galerie Ricke, Köln 1970.

„Keith Sonnier. Object, Situation, Object 1969–70"
Verlag der Galerie Ricke, Köln 1971.

„Robert Smithson 1938–1973. Zeichnungen"
Broschüre anlässlich der Ausstellung vom 29. Februar bis 12. April 1980. Galerie Ricke, Köln 1980.

„Keith Sonnier. Runic Serie 1980"
Broschüre anlässlich der Ausstellung vom 23. Januar bis 7. März 1981. Text von Keith Sonnier. Galerie Ricke, Köln 1981.

„Ulrike Nattermüller"
Broschüre anlässlich der Ausstellung vom 15. November bis 21. Dezember 1985. Galerie Rolf Ricke, Köln 1985.

„Kinder! macht Neues!"
Katalogbox mit lose eingelegten Blättern anlässlich der Ausstellung vom 13. Juni bis 5. September 1992. Texte von Steve DiBenedetto, Jonathan Lasker, Fabian Marcaccio, Joseph Marioni, Thomas Nozkowski, Carl Ostendarp, Steven Parrino, Emil Reche, David Reed, Karin Sander, Adrian Schiess, Li-Trincere, Alan Uglow, Günter Umberg, Gregory Volk, Leslie Wayne und John Zinsser. Galerie Rolf Ricke, Köln 1992.

Publikationen über Rolf Ricke

„Rolf Ricke – Texte von Künstlern, Kritikern, Sammlern, Freunden und Kollegen geschrieben für Rolf Ricke aus Anlass seines 25-jährigen Galeriejubiläums"
Hg. Marianne Stockebrand, Verlag der Buchhandlung Walther König, Köln 1990. Publikation anlässlich der Ausstellung „Aus meiner Sicht", Kölnischer Kunstverein, Köln, 7. November 1989 – 7. Januar 1990. Rolf Ricke im Gespräch mit Alfred Nemeczek. Texte von Gary Kuehn, Paul Maenz, Marianne Stockebrand, Harald Szeemann, Ursula Wevers und anderen.

Silke Hartenstein
„Galeriearbeit mit zeitgenössischer Kunst in der Bundesrepublik Deutschland. Das Beispiel der Kölner Galerie Rolf Ricke im Kontext der Entwicklungsgeschichte des Galeriewesens"
Magisterarbeit, Universität Gesamthochschule Kassel, Kassel 1997.

„Einfach Kunst. Sammlung Rolf Ricke"
Ausst.-Kat. Neues Museum in Nürnberg, Verlag für moderne Kunst, Nürnberg 2002. Rolf Ricke in Gesprächen mit Lucius Grisebach/Reinhard Ermen und Udo Kittelmann. Texte von Lucius Grisebach, Ingvild Goetz, Silke Hartenstein/Katharina Jesberger, David Hickey, David Reed und Günter Umberg.

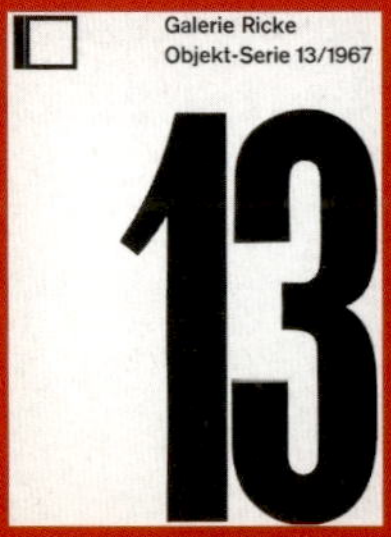

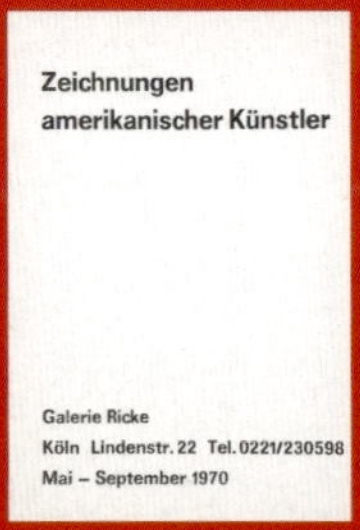

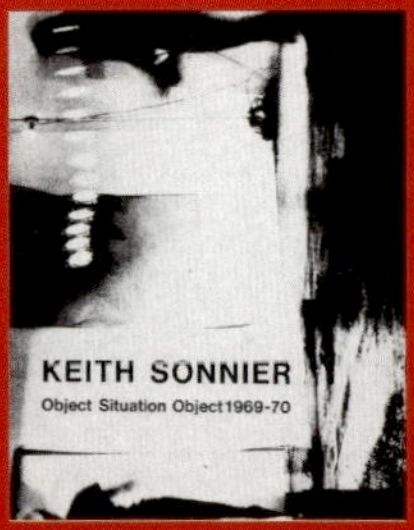

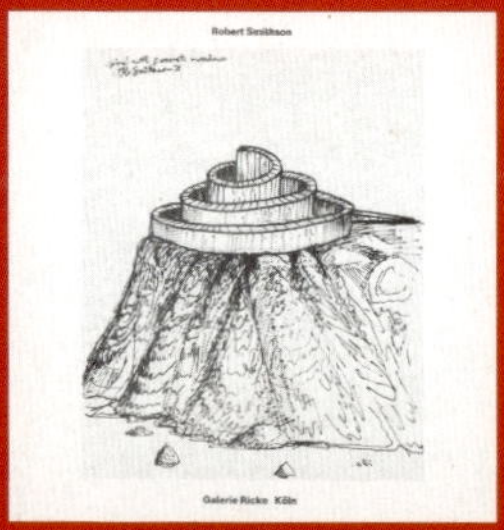
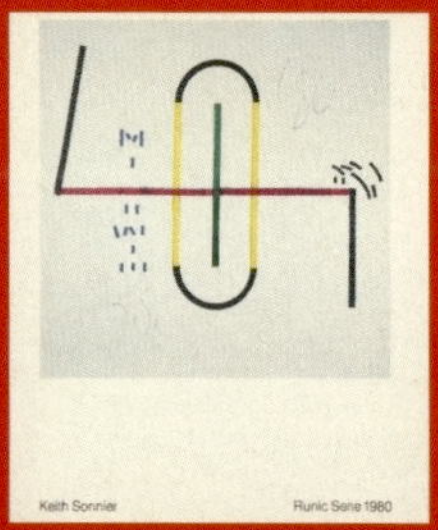
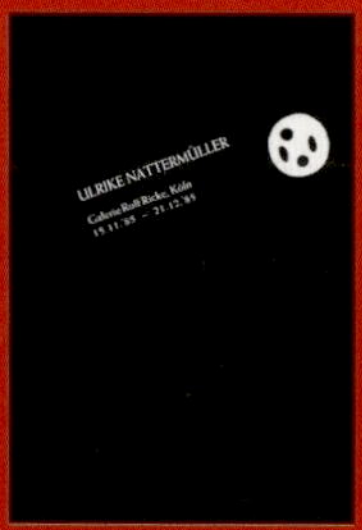
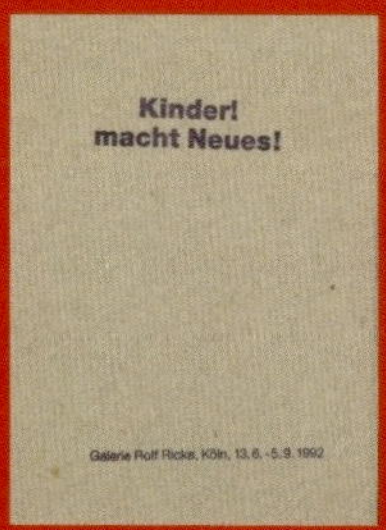

TO
DAVID REED NYC FEBR. 16, 95

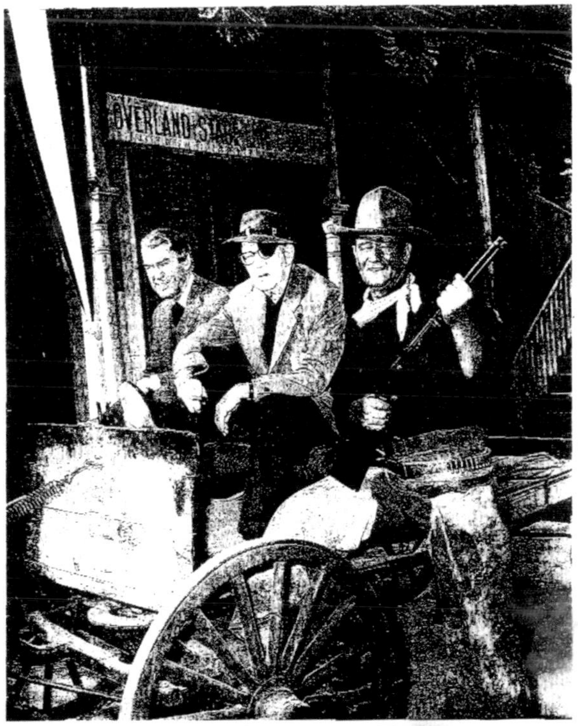

Looking for Collectors

English Translations

Translators
Pauline Cumbers: PC
Ishbel Flett: IF
Michael Foster: MF
Jeremy Gaines: JG
Catherine Schelbert: CS

Foreword

In recent years the relationship between public and private art collections has become increasingly tense. The cuts in public budgets for state-supported museums have led to private collections gaining considerably in both importance and influence. The task and foremost duty of public museums—the selection and acquisition of contemporary art for the collections—has now largely fallen to private collections, which often receive public funding. At this time the greatly reduced budgets museums receive scarcely permit them to engage in large-scale acquisitions.

Against this background the joint acquisition of the Rolf Ricke Collection in 2006 by the Kunstmuseum Liechtenstein in Vaduz, the Kunstmuseum St.Gallen, and the Museum für Moderne Kunst in Frankfurt am Main thus has truly historical dimensions and represents a new departure in art and cultural policy. For the first time, three museums from three different nations have jointly acquired a private collection (amassed over a period of forty years) with the declared intention of sharing it. In doing so, the museums have proven that despite funding cuts it is still possible to expand a museum's holdings in a substantial way. In addition, a private collection of stellar quality—which represents a unique historical document of a specific artistic tradition on both sides of the Atlantic—was kept intact and preserved for posterity. But the museums are also fulfilling a task, which they have tended to neglect in recent years owing to the growing financial insecurity they face: they are preserving for future generations a practical example of how art that developed within a historical and geographical context can be collected. Given the convergence of these factors the importance of the collection's acquisition by the three museums cannot be overemphasized. An opportunity was seized, and the possibilities this provided for expanding the collections, presenting the international development of art, and communicating art in general, presented the museums with a task, indeed an obligation, to persist in their efforts. This publication is a signal example of recognizing this obligation.

The Rolf Ricke Collection documents in a unique manner a personal view of art from the 1960s to the present day. Simultaneously, it illuminates a specific continuum in the American art of this period, and combines it with certain contemporaneous positions in Europe. As a gallery owner Rolf Ricke was one of the pioneers who introduced contemporary American art to Europe. That he acquired works by those artists whom he also supported as a gallery owner makes his collection significant in several respects. Rolf Ricke selected the artistic positions for his gallery program with unusual rigor, and his collection provides an insight into a specific artistic milieu and its continuation in the United States since the late 1960s.

Rolf Ricke's passion for art was first awoken by his visits to the two first *documenta* exhibitions in 1955 and 1959 in Kassel, together with a profound encounter with Jackson Pollock's works in 1961 at the Kunstsammlung Nordrhein-Westfalen in Düsseldorf. These experiences prompted him to open his gallery in Kassel in 1963, where he initially focused on prints. In 1965, Rolf Ricke visited New York for the first time. Overwhelmed by the vibrant art scene, of which he had been previously unaware, he made radical changes to his program and pioneered a new type of gallery: a "producer's" gallery. In many cases it was the artists rather than the artworks that went to Europe and they created their works in situ. The Galerie Ricke, which moved to Cologne in 1968, was considered one of the most interesting places to see contemporary art. For example, a lively exchange developed with Harald Szeemann, who in 1969 realized the legendary exhibition *Live in Your Head. When Attitudes Become Form* at the Kunsthalle Bern, in which a large number of Rolf Ricke's artists were shown. Rolf Ricke was among the first in Europe to exhibit Minimal, Post-Minimal, and Process Art. He accompanied the creative development of such pioneering artists as Richard Artschwager (born 1923), Donald Judd (1928–94), Richard Serra (born 1939), Bill Bollinger (1939–88), Barry Le Va (born 1941), and Keith Sonnier (born 1941). Maintaining a lively interest in artistic developments Rolf Ricke always kept abreast of contemporary trends without abandoning his high standards. He supported artists such as David Reed (born 1946), Matthew McCaslin (born 1957), Steven Parrino (1958–2005), Laurie Parsons (born 1959), Jessica Stockholder (born 1959), and Fabian Marcaccio (born 1963), all of whom are now well established in the contemporary art world. In the present volume, the artists in his collection testify to this close collaboration, which heralded a radical new mode of presentation: replicating the situation in the artist's studio, works of art were produced in situ in the gallery using an open and process-oriented approach, they were realized as site-specific creations and acknowledged the possibility of failure.

Rolf Ricke would frequently acquire a work for himself at an early stage in the collaboration, often after a first meeting with the artist in his/her studio, or after seeing an exhibition; this gesture was part of the process of becoming acquainted with an artist's work, but it also signaled his commitment. As a result, early works entered the collection, works which are key to the artists' development. In 2002, the Neues Museum in Nuremberg first made the Rolf Ricke Collection accessible to the public in several consecutive exhibitions and presented them in a publication: the collection's importance in art historical terms became patently clear. The museum in Nuremberg was not in a position to acquire the entire collection, which prompted the Kunstmuseum St.Gallen to develop the innovative idea of securing it for the public in a joint operation by three European museums. Previously, Rolf Ricke had deeded his life's work to a foundation whose purpose was to keep the collection intact. Rolf Ricke, Wolfgang Häusler, Munich/Zürich, and Dr. Herbert Hirtz, Munich, established the first contacts. Finally the Kunstmuseum Liechtenstein, the Kunstmuseum St.Gallen, and the Museum für Moderne Kunst made the impossible possible—thanks also to those with political influence.

This book, co-published by the three museums and produced at the Kunstmuseum Liechtenstein, documents not only the unique character of the Rolf Ricke Collection but also its historical dimension. The book is a structured collection of thoroughly researched source material and provides a lively and graphic insight into over forty years of gallery, exhibition, and collecting activities which are manifested in and focus on the history of art in the later part of the twentieth century. For this reason, alongside a detailed chronology of the gallery, important events in the art world are also documented in an illustrated timeline. Recorded interviews with Rolf Ricke and the artists, statements, previously unpublished interviews, diaries, and letters from the artists serve to fill out the detail of how the collection came about and how it grew, and testify to a highly personal collaboration between the gallery owner and his artists. They describe both the intellectual and physical process of art production and provide an insight into the artistic and socio-political background. The contributions by artists and the recollections of the gallery owner, pioneer, and collector Rolf Ricke are eyewitness accounts, valuable source materials for the production and communication of art since the late 1960s. Simultaneously, we recognize that the Rolf Ricke Collection is the culmination of this four decade-long exploration of art.

Our greatest thanks go to our friend and collector Rolf Ricke, who has had a decisive influence on our understanding of art and our relationship to it. His collection, with important individual works and extensive groups of works—a total of almost 150 paintings, sculptures, and works on paper—is of the very highest artistic quality. Its significance in art historical terms lies in the complementary groups of works, which create a dense network of cross-references. The collection explores those decisive intellectual practices, which profoundly shape the course of art.
Naturally, we must also thank the generous private patrons of the participating institutions, and the representatives of the various political institutions, without whose personal efforts in securing generous sponsorship the acquisition would scarcely have been possible. They have contributed substantially to our realization of this pioneering model for an international collaboration between museums for the expansion of their collections.
Finally, our thanks go to Christiane Meyer-Stoll, curator at Kunstmuseum Liechtenstein, who, assisted by Gila Strobel, undertook the necessary research in the Rolf Ricke Archive, engaged in lengthy correspondence with artists, conducted interviews with the collector and numerous contemporary witnesses, and finally developed and refined the concept, content, and form of this publication. Her great efforts have produced an invaluable store of information, which will clearly illustrate the exemplary importance of the Rolf Ricke Collection for art history.

Udo Kittelmann
Director Museum für Moderne Kunst
Frankfurt/Main

Friedemann Malsch
Director Kunstmuseum Liechtenstein

Roland Wäspe
Director Kunstmuseum St.Gallen

JG

I Want to Show that Art Is Actually Quite Simple

Rolf Ricke in conversation with Alfred Nemeczek, 1989

When and how did you first come into contact with art?

In Kassel, where I was living at the time, the first *documenta* took place in 1955—as a fringe program to a Federal Garden Show. It was there that I first saw art. I went back again and again, and I was thrilled. No, that's too weak a term; it really overwhelmed me at the time, I was seized by it. There are some individual rooms in that *documenta* which I can still recall today as if I had seen them only yesterday. Apart from the art, the way Arnold Bode presented it was just as important for me; presentation has since played an essential role in my experience of art. When I think of how Henry Moore's *King and Queen* was placed then, in a very sparsely furnished room—

In front of rough whitewashed brick walls on a cement floor, the daylight was filtered through milk-white plastic curtains—

And all in service of the art. There was nothing decorative about it. And beside it hung a painting by Max Bill entitled *unbegrenzt und begrenzt*, which has become an icon in my view. That abstract image, but also the title, which opened up an overwhelming dimension. These are just two experiences which have accompanied me throughout my life, which are always there.

For Arnold Bode, who initiated the documenta, *the paintings by Rembrandt, Frans Hals, and Rubens at the Kassel museum were a decisive stimulus. Did that museum not mean much to you then?*

The decisive thing was the *documenta*. It was there I discovered that you could carry on a dialogue with art. With my season ticket, I could go at any time—even just to take a closer look at one painting. Then you went into the *documenta* café, where there was also that atmosphere that almost seemed like a utopia come true. You were gripped by a feeling of freedom, a feeling for new possibilities, which for me was incredible—and has remained incredible to this very day.

That documenta *ended after two months—*

And I fell into a deep depression. There was nothing left. I was in the exhibition until the very last minute, I watched as they began to dismantle it, which only made my sadness worse. It's still the same today: I'm always sad when an exhibition comes to an end.

At that time you had not yet considered mounting exhibitions yourself—

But when a Kassel art academy graduate experimented with a one-room gallery in Gräfestrasse, I bought my first prints from him—prints from the École de Paris. At the second *documenta*, in 1959, there were not only the three illustrated volumes, but also a non-illustrated catalogue, which you could use in the exhibition. I filled that book with commentaries on the paintings, and it is very strange today to read what struck me then, what I felt was missing, and what I didn't understand. What struck me most then was Jackson Pollock, that amazing power, which didn't just come from his large pictorial formats. It questioned the whole history of art until then. I took photographs of everything in the second *documenta*, from beginning to end—indiscriminately, because I wanted to have a complete record.

In terms of the number of exhibits, that was the biggest ever documenta*—painting, prints, sculpture at three locations, the Fridericianum was packed to the roof with mainly "Informel" paintings.*

I was particularly taken by the bibliophile artists' books in the graphic section. Then I started to buy books as well as magazines and catalogues, when they came with artists' original prints. That was when something like a system was introduced into my preoccupation with art—they had to be original prints; I wasn't interested in the mass-market offset reproductions.

It was hard to find anything much in Kassel.

Exactly, I had to write to galleries elsewhere. So I wrote to Galerie Der Spiegel in Cologne, to Otto van de Loo in Munich, and to a Monsieur Léon in Strasbourg, and had them send me prints to view. And whenever a package arrived, I invited friends to my apartment in Wildermuthstrasse and they all bought prints.

What sort of friends?

Doctors, lawyers, business people—people living in Kassel and interested in art, people who went to the theatre, were members of the Kunstverein and had experienced the *documenta*. Then one day I had the brilliant idea of financing my own purchases of prints by regularly acquiring such prints and selling them at a small profit.

I own one of your first lists—of prints by famous artists which, compared to today's prices, cost practically nothing. No work for over 800 deutschmarks. . . .

That was regarded as expensive then, even a large linocut by Picasso cost no more than 1,500 marks. I put ads in the *Frankfurter Allgemeine Zeitung* and soon compiled a small file of interested people to whom I sent my lists. It was all very unprofessional, spontaneous, more for the love of prints.

Anyone who likes prints can collect them without necessarily selling them. The fact that you did not remain a collector, but became a gallery owner—did that have anything to do with your job as a salesman in the record business at the time?

Certainly, but not exclusively. Perhaps the decisive thing in the end was my wish for greater access, the wish to know more, see more, have more.

Your first exhibition took place in 1963 in rooms belonging to a bookshop opposite the Friedenskirche in Kassel. You opened the Kleine Galerie Kassel.

The announcement was purely text—*International Prints from 1950,* from Jean Arp to Victor Vasarely. A lot of people came to the opening and were delighted that the city again had a place where you could look at art in a pleasant atmosphere. Hardly anything was sold, but that wasn't the main thing for me; the important thing was taking the first step.

The second step was taken just a few weeks later: you rented two adjoining rooms in the cellar of the Hessische Brandversicherungsanstalt [Hessian Fire Insurance Authority], had the brick walls painted white, and thus had the best avant-garde gallery between Frankfurt and Kiel.

My aesthetic model for the rooms was the *documenta,* otherwise I would never have taken that unheated cellar, but would have looked for a suitable apartment in an old building. So, with a lot of effort—after all, I still had my full-time job with CBS—I thus created the preconditions and opened the first Galerie Ricke in spring 1964. With high aspirations—

And the certainty that the third documenta *would be opening in June 1964, and so a lot of interested people from elsewhere could be expected in Kassel. Was business good?*

A lot of people came and business was really good, although I could only show works I had received on consignment from other galleries. I earned, at the most, ten to fifteen percent on each sale. But the important thing was that I made the move from prints to unique works, via original works on paper, to paintings and sculptures.

Who did you initially exhibit in the new spaces?

Parallel to the *documenta* I exhibited Sam Francis, Anton Heyboer, and Karel Appel; later on, graduates from the academy in Kassel, such as Pit Moog, Tom Jürgen Gramse, Horst Schwitzki, the sculptor E.R. Nele, and Fritz

Winter, who was professor in Kassel at the time.

But you did not stop at what the documenta *was showing, you went further in your program. You became involved in art that no one had vouched for.*

There were two reasons for that. I was interested in engaging with the artists, working directly with them, instead of borrowing works from other gallery owners. This happened very quickly. And I got to know the collector Hans-Joachim Etzold, who had a large collection of prints in Moers, bought a lot from me, and actually commissioned me to find things: I was to look around and see if I could get hold of this and that for him. . . .

Were you in a position to do that? You still had your CBS job and were tied to Kassel.

I gave up the job on January 1, 1965, even though I had a family to look after. I bought my first car, packed it full of art, and drove to potential clients; I had gathered the addresses during the *documenta*—

When so many visitors came to your gallery.

In October and November, after the third *documenta* was over, there was absolutely nothing happening. It was as if the gallery had never existed. In December I had a phone call from Mr. Etzold, who was a very spontaneous and enthusiastic man. In an almost commanding tone of voice he said, "Come to Krefeld first thing tomorrow morning; there are prints on show at the Haus Lange museum—you've never seen anything like them." That was when I first saw prints by Jim Dine, Robert Rauschenberg, James Rosenquist—all of them huge, 100 x 70 centimeters. A whole new story began to form in my head.

If I might just take up that point. During the second documenta *in 1959 and in the subsequent five years, you had acquired an understanding of "Informel" paintings and were—as we all were then—convinced that for many good reasons contemporary art had to be abstract. And then suddenly Pop Art arrived on the scene—figurative paintings, at first glance an outrageously coarse commercial realism. How did you deal with that? The German art public—artists, critics, collectors, museum people—reacted to the arrival of Pop Art in Germany with a definite annoyance and a corresponding aloofness.*

That was certainly the case. As for me, I was very taken by the Krefeld exhibition that Paul Wember had mounted, and by the transparent presentation. It was partly primitive, but still an incredible story. Of course, Mr. Etzold wanted to have as many of those prints as possible—so urgently, in fact, that he made a deal with me: I was to fly to New York and buy prints for him; he gave me $4,000 for this, from which I could take my precisely calculated commission. That covered my flight and hotel costs.

Four thousand dollars, that was about 16,000 deutschmarks.

I immediately accepted; the mere prospect of traveling to America appealed greatly to me. After all, in those days that was not the usual thing. . . .

Not even the documenta *directors traveled abroad then. They commissioned an American colleague to choose the US contribution at their own risk.*

I arrived in New York in early January 1965. I stood in the airport concourse and felt quite lost. Then I saw a huge mobile by Alexander Calder hanging from the ceiling; that was something familiar and enabled something like identification. The art that I knew about was also appreciated there. I went to the Diplomat Hotel, took the telephone book, and looked for the phone numbers of the artists. When I couldn't contact the first one right away, I gave up and went out for a walk. Then I discovered a record I had been seeking for a long time, in a shop on Broadway; I regarded it as a positive omen. The next morning, however, I was unable to shave with my European electric shaver, so I went to a barber's and had the job done professionally—that was one of those decisive experiences in my life. It was an unimaginable procedure, with lotions and oils, hot and cold. I left the shop with an indescribable feeling: there's the world, and it now belongs to me.

But you hadn't achieved anything yet.

But I knew things were about to happen. I went to the Museum of Modern Art, asked for the curator, Peter Selz, and was able to speak to him immediately. On one of the prints in Krefeld I had deciphered the stamp ULAE—Universal Limited Art Editions. I asked Selz about the publisher and he referred me to Tatyana Grossman in West Islip on Long Island—

The publisher and art printer from Russia, who died in 1982.

After a two-hour train journey I alighted in the middle of a landscape that seemed totally deserted and to me looked more like the Wild West than a suburb of New York. But I was at the source. The first artist I got to know was Jasper Johns, who was in the process of doing a print at Tatyana Grossman's. The motif was an American flag—I was simply amazed. I stayed overnight, was allowed to see all the works, and even learnt how a lithograph is made. Then I put my money down, in the form of traveler's checks, and bought everything I could buy: Jim Dine, James Rosenquist, Robert Motherwell, Lee Bontecou, Robert Rauschenberg. . . .

Did you take it all away with you in a big cardboard tube?

No, those prints were sent in a specially made crate, they included huge formats. Not only did I buy everything, I made an exclusive contract allowing me to distribute ULAE prints in Europe. That was a very important move.

So you knew then that there was, so to speak, no going back?

The next day someone from the publisher's drove me back to New York City, and on the fourth day of my trip I saw my first American galleries. That really blew my mind. The walls were really white, the lighting had a cooling effect, and the floors were wooden. When I reached the Bianchini Gallery I thought I was in a food store. The exhibition *American Supermarket* was still on at the time—hot dogs, vegetables, cans, cakes, marzipan all around the place, and neon signs and glass display cases everywhere. And everything was artificial, everything was signed, even the shopping bags by Lichtenstein and Warhol. As the things were cheap, I bought a few—without immediately thinking that they could be art.

Your experience was like that of the American public—initially people were at a total loss when confronted with those things.

Dorothy Herzka, who later married Roy Lichtenstein, gave me the names of the *Supermarket* artists: Claes Oldenburg, Tom Wesselmann, Andy Warhol, Robert Watts. Then I saw the first silk-screens by Warhol and Lichtenstein—large editions, at very low prices. In the vein of the Pop aesthetic, they wanted to offer a lot for little money. And as I still had a few dollars left, I bought some.

Did you get in contact with any artists?

At the recommendation of Peter Selz, I visited Reva Urban in her studio. At the time she was painting huge wooden reliefs. Later I did an exhibition of her work in Kassel.

The first exhibition you mounted after your return was a huge show of American Pop prints—everything you had bought.

Yes, once Mr. Etzold and I had settled our accounts, he let me have all the works—I was to show the art world what you could get in America. And every work in the exhibition was already sold, they all belonged to him. "You see," Mr. Etzold added, "you were not just supposed to acquire the things for me, I wanted to help get you started."

In the following months, you offered the Kassel art public one German and European premier after another. You showed works by Allan D'Arcangelo and Robert Watts, by Bob Stanley and Mel Ramos. Initially you mounted the exhibitions out of sheer fascination with the works, but later your personal contacts, often friendships, with the artists played a greater role.

On my many visits to America I was very impressed by the open-mindedness, the professionalism, and the directness of American gallery owners. If you were interested in something, you talked about it and they made immediate contact with the artists—the dealers did not even go with you. Everyone respected the rules, there was no shady business done, everything was handled correctly. I admired that very much then, I learnt it there and still work that way today.

At first you mounted exhibitions together with the artists. . . .

In the case of Allan D'Arcangelo and Bob Stanley, I first described my problem—namely, that exhibitions in Kassel didn't pay. So the artists did prints for the exhibition, and I paid the printing costs. The proceeds covered the expenses.

Yes, Kassel . . . did you ever sell anything to the museum in Kassel?

Yes, a painting by Antoni Tàpies, and one or two prints.

Before the fourth documenta, *in 1968, you had already turned your back on Kassel and moved to Cologne.*

It had become increasingly difficult to get buyers from southern Germany or even the Rhineland to come to my exhibitions in Kassel. After all, they had galleries nearer to them. What is more, in Kassel I got into great arguments, even with friends, about what I was showing at my gallery. My landlord, the director of the Hessische Brandversicherungsanstalt at the time, put his hand on my shoulder in a paternal way and beseeched me to admit the error of my ways. I was neglecting the true values of art, which he saw embodied in Marc Chagall and Ernst Wilhelm Nay. Another friend had doubts about my sanity and spoke to me as if I were mad.

That kind of thing does show how seriously the involvement with art was taken then. Today, friendships would hardly break up because of art.

Yes, values were vehemently defended, and art was confronting taboos. When I showed Mel Ramos' pin-up motifs, I received the following lines from an editor in a large Kassel music publishers, "You can go to Rubens, but not to your Mel Ramos." But I could do nothing for him.

While still in Kassel you started what could be called your private artist-in-residence model. You invited a young artist to work in Kassel, paid his travel expenses, accommodation, and materials. At the end of the stay, you had an exhibition at your gallery. The first artist was the American Gary Kuehn.

Yes, I had got to know him in New York through the Bianchini Gallery and visited him in New Jersey. I liked his work and wanted to do an exhibition, but transporting the objects would have been financially out of the question. So I invited him to Kassel and organized a studio in the then Kasseler Werkkunstschule [Kassel Handicrafts School] and took charge of materials. That did not mean stone or wood, I had to acquire fiberglass, scrap metal, big rolls of wire cable.

After the Kuehn exhibition in Kassel, you also showed the works in Cologne.

The first Cologne art fair took place in the Gürzenich building in mid-September 1967. A few partition walls were swiftly set up and each person filled his own cubicle with whatever he had to offer. There was an accompanying exhibition in the Kölnischer Kunstverein at which every gallery in the fair was to present a solo show, if possible. I showed Gary Kuehn and Andy Warhol there. I showed all sorts of things at the art fair.

Presumably with very moderate prices, if you compare them with today's situation.

I had, among other things, a *Big American Nude* by Tom Wesselmann, a huge work for 5,000 marks. The Berlin gallery owner Rudolf Springer bought it, and sold it on later to a Cologne collector for 19,000 marks. Two years later, without a commission, I arranged for it to be sold to the Kaiser Wilhelm Museum in Krefeld for 75,000 marks. During the art fair I decided to move to Cologne, and had done so by December 1967.

You started off in Lindenstrasse, in a building belonging to the Vowinckel brothers, which over the course of time developed into a gallery building.

First I showed the *Floats* by Robert Breer, painted columns that moved very slowly by themselves around the gallery, and prints by Jasper Johns. I didn't sell a single print, although they were really good works, and included the *First Etchings.* At the time I was only able to sell one single print of Johns' at the art fair—to the composer Karlheinz Stockhausen.

They were cheap then, today one would cost more than $150,000.

A Johns' print cost 800 marks at the time, and because I had undertaken to buy every new print from Tatyana Grossman, I got into great financial difficulties, as I couldn't sell any of them. What is more, I had kept my gallery in Kassel because of the next *documenta,* and that cost money too.

I remember. The Jasper Johns suite of prints was on show again at your gallery on the occasion of the documenta.

It was a wild opening. The place was packed, like sardines in a can. Among the guests was Ileana Sonnabend, who still had her gallery in Paris then. She soon found out that I was not selling many of the Johns' prints and she asked to see me the next day at her hotel. Then she bought everything from me—and I had to feel good about it, even though I would have liked to have kept one or more works.

When I think of the exhibitions on Lindenstrasse I remember: Lee Lozano, Jo Baer, James Rosenquist with his installation Slush Thrust, *Richard Serra, Keith Sonnier, Lewis Stein, Peter Young, Richard Artschwager, Ulrich Rückriem, Bill Bollinger, Barry Le Va . . . how did your relations with these artists develop?*

I got to know all of those artists personally, almost all of them came to Cologne either to work on or install their exhibitions. All of them strongly marked either the gallery or me in a way I would not have thought possible. My relations with my artists were very intense, and they were not business relations—it all had to do solely with art. Initially, the artists even lived at my place, as nothing else could be afforded. Moreover, art was the primary concern. The artists only had high aspirations when it came to their work, otherwise they were rather modest, and their works did not cost a lot. That was typical of the time: the thing itself was important and not the money, you did things together. Then it was either successful or it wasn't—you didn't think about it much, unlike today. The whole thing was buoyed by a great force, and there was a permanent discussion in progress.

Your gallery, which was really active with a defined program, was repeatedly transformed into a workshop or even into a building site. When something took place there as normal as the lovely exhibition Zeichnungen amerikanischer Künstler, *from May to June 1970, you wondered, why anything as quiet as this? Did you like your role of producer?*

What was obviously very important for the artists was that in me they found someone who really made things happen, who immediately followed their intentions as far as possible, who was ready to do all that and not waste too much time thinking, is that possible? I had been waiting for this—the possibility to show that art in that way. As Rudolf Zwirner once wrote, "After that, a kind of gallery came into being which had not existed until then." Not only that the artists were there—everything was at their disposal; it was completely secondary whether a collector came in and wanted to buy a painting, that wasn't part of the idea. I was so strongly influenced by that intense collaboration with the artists that I became totally open-minded—it was actually like in a friendship. I felt that the artists were behind me—and with this strength at my back, I could take an uncompromising stand and develop a dynamism.

Nevertheless, there must still have been collectors who guaranteed the gallery's economic survival.

At first nothing at all happened in Cologne, I was merely kept under scrutiny. But unlike Kassel, Cologne is a very large city and there were already a lot of galleries there at the time, so that a whole range could develop and as a collector you could perceive various things happening. Soon the collector Wolfgang Hahn came, then the collector Heinz Hunstein from Kassel, and Peter Ludwig was also one of the early arrivals. I had got to know him in 1968. The Krefeld museum director Paul Wember was also an important figure, he built up the Lauffs Collection.

Things became progressively more difficult for Galerie Ricke in the 1970s—how come? What had changed?

The political changes after 1968 resulted in a process of re-orientation, even in art—a whole new attitude emerged, a new aesthetic, which was particularly strongly reflected in the fifth *documenta* in 1972. What played a big role here was the emergence of Joseph Beuys' "extended concept of art." In the face of this upheaval, ever more radical positions were being formulated as regards marketing art. An artist like Peter Young stopped working; from one day to the next, the artist Lee Lozano called herself Lee Free; Keith Sonnier stopped producing sculptures and instead designed communications for NASA. Harald Szeemann, who mounted the *documenta*, demanded that the collector-artist-gallery triangle be shattered. In fact, all structures were destroyed, or at least seriously questioned.

Western capitalism became repeatedly embroiled in military adventures—like Vietnam—but it was being opposed and a socialist society demanded an art that would serve that society. What was your reaction?

I experienced a crisis, at least a certain helplessness, as no one was sure if anything new would come of that situation.

Many artists rejected the saleable object and resorted to concepts or experimented with the new media of film and video; others sought salvation in the clarity of Photo-Realist painting—and others, like Richard Serra, continued as before, only in other dimensions.

Serra really opposed the times. He became a real sculptor and produced sculptures that demanded huge spaces and huge financial investment. It was no longer possible for us to work together. Even then, I saw Photo-Realism as a repetition of the Pop situation, as a betrayal of art. I regarded those paintings as bad, and even today I'm not interested in them. I saw no relevance in them for my work.

A visible sign of that crisis or mental upheaval was the change of location: in 1975 you left Lindenstrasse and moved the gallery to Rinkenpfuhl, into a spacious cellar that used to be a publisher's storeroom. How had your gallery program changed?

Together with Ursula Wevers I focused a lot on the new media—i.e. on film, video, and photography produced by artists; the word "Projection" appeared in the gallery name.

Surely you could not survive on that? There was scarcely any art market for photographs and photo-based works, and none at all for video and film?

We survived by drawing on our stocks and mounting exhibitions that had nothing to do with the new media. I showed Ed Ruscha, Mel Bochner, Barry Le Va, and Jean Le Gac, among others.

In 1974 and 1975 you still took part in the Cologne art fair, but not from 1976 to 1982. Why?

Even in 1974 I was very much put off by the whole atmosphere, the form of the art fair. I took part nevertheless—and didn't sell a single work by Richard Artschwager, Richard Serra, or Gary Kuehn. However, a friend of mine had put two chairs by Diego Giacometti in my cubicle, which he wanted to sell for 20,000 marks. Five or six people inquired about them. So I said to myself, that's the end of the art fair. I was confirmed in this by the fact that collectors came to the gallery in Rinkenpfuhl and bought works, which they had simply not seen in my cubicle at the art fair.

Things continued on a modest scale, yet you were spared the huge compromise of a change of profession or a shift to more normal art dealing.

Yet other things couldn't be prevented. My ideas at the time—they were just one thing. But then some artists came along proposing expensive projects, and because I couldn't finance them, they simply left. I was naive enough to believe that the élan, the idealism, was more important than money. There were some dreadful partings of ways. When it turned out that Rinkenpfuhl was not going to work any more, I moved to Friesenplatz.

In an article by Winfried Reckermann on your gallery's twenty-fifth anniversary it says that your difficulties had "taken you to the brink of economic disaster." Was that the case?

That's an unusual story, by the time you realize that business is going badly in the art trade—after all, outstanding accounts are dealt with now and then—the catastrophe is already in full swing and all measures are too late. My annual turnover had sunk to an incredible 61,000 marks. I could no longer travel much, my contacts with Americans declined, and I began to suffer from a lack of information. But you don't give up in such a situation, you are already too involved. On the other hand, it can also happen that people help you. The transport company stops pestering you for money for example, the artist who says you don't have to pay immediately, and even a bank can sometimes be helpful.

All that would not have helped in the long term, if you hadn't decided on a new orientation.

Yes, that began around 1979. The art I saw in my immediate surroundings, German art, took on a new importance, and I began to take a closer look at that situation.

In 1981 you showed current German art at Galerie Rolf Ricke on Friesenplatz, under the programmatic title Front. *In late 1981 you moved your gallery to Volksgartenstrasse. As elsewhere in those years, painting was playing an ever greater role; in your gallery, however, you showed not so much the first so-called* Neue Wilde [Wilde Ones] *from Cologne or Berlin, but rather painters and sculptors for whom the conceptual was still relevant. How did that happen?*

At that time I organized several group exhibitions with artists from the Federal Republic, Switzerland, and Austria, through which I rediscovered what I believed was new art—which had its roots in Minimal, Conceptual, or Constructive Art. The figurative played a subordinate role, as did the expressive. I showed works by Jürgen Meyer, Volker Tannert, Ulrike Nattermüller, Horst Münch, Norbert Wolf, and I introduced new sculptures by painters.

And you repeatedly fell back on works from the 1970s by artists who were important for you. For example, you matched Artschwager, Rückriem, or Rosenquist with new art from Germany.

Unfortunately, the continuity I was alluding to was not understood at all. I didn't even get 1,000 marks for a drawing by Artschwager; the viewers were suddenly filled with a great pride in art from their own country. What's more, things had begun to move incredibly fast.

But there was also a new audience who knew little about the development, plus a totally new interest in art on the part of the media. The book Hunger nach Bildern *was published and new trends were being sought everywhere. "Wild Painting" was followed by Graffiti Art, then came the "Modellbauer" [Model Builders], Neo-Informel, Neo-Geo, and Neo-Conceptual Art, which was based on the postmodern ideas of the French philosophers Jean Baudrillard and Jean-François Lyotard. How did you benefit from this new departure?*

Initially only up to a point. What saved me then was a work by Richard Serra that I had loaned to the Centre Pompidou in Paris. It was sold and provided me with the possibility of avoiding all the hectic movement. Parallel to this, a development began which again gave validity to what had existed before "Wild Painting". In 1984 I showed works by Keith Sonnier. The exhibition was taken very seriously, even though I didn't earn anything from it. Meantime, we have a situation where everything exists simultaneously, and is in demand, assuming it is of any quality.

This conversation took place on November 21, 1989 at Galerie Rolf Ricke in Cologne.
It was first published in *Rolf Ricke – Texte von Künstlern, Kritikern, Sammlern, Freunden und Kollegen geschrieben für Rolf Ricke aus Anlass seines 25-jährigen Galeriejubiläums,* Marianne Stockebrand, ed., Cologne: Verlag Walther König, 1990, pp. 11–36.
The text has been edited and revised for this publication with the kind permission of Alfred Nemeczek. PC

Close to Art

Conversations with Rolf Ricke
conducted by Christiane Meyer-Stoll, 2007

p. 20
—For weeks before the 1964 **documenta III** and during the time it was being mounted, I was in a terrible state: What artists would come? What works would be shown? **Arnold Bode** wandered around the exhibition area day and night checking on just about everything. On the night before the opening he realized that the color of the stairs in the room where Ernst Wilhelm Nay's works were hanging was simply not right. He grabbed his cap and said to the painter, "Have I not been saying all the time that it should be this color! The color of my cap! Why are you doing it differently? It has to be painted properly, immediately!" The shade was just a tick too dark, and it was 10 o'clock at night. That may have been typical for some, but for me it was anything but typical: for me it was sensational! The omnipresence of Arnold Bode, his circumspection, and the precision he demanded, that impressed me greatly. Those are the kind of things, especially the precision, that have influenced me all my life.

The most lasting impression left on me by *documenta III* was that artists like Sam Francis, Emilio Vedova, or Ernst Wilhelm Nay did works especially for their own exhibition spaces. Rooms were constructed for them. I realized for the first time that architecture and art were very closely linked. Arnold Bode spoke with all the artists about their presentations, or thought up a specific presentation for each work. For example, Ernst Wilhelm Nay hung his paintings just below the ceiling, and there was a special, five-cornered room constructed for the five paintings by Sam Francis.

Arnold Bode was determined to present the exhibition in its totality, its interplay with the respective spaces. I've often had that experience in my gallery, that a detail was just not quite right and had to be changed. So the work was taken down and re-hung until it was perfect. Even if it only meant hanging it a tiny bit lower, it was moved. And that was that. I learnt at an early stage that the art is the main actor and not what's around it. The art must have the right framework, even if that has to be specially built so that things work.— PC

p. 22
—In January 1965, during my very first trip to New York—which changed my whole life—I saw the exhibition *American Supermarket* at the Paul Bianchini Gallery, but only got to know **Paul Bianchini** personally in 1966. Both my visit to the exhibition and my meeting with Bianchini were key experiences, as this was my first encounter with an American art dealer. I can still recall what he looked like then. He was wearing these particular trousers, army surplus, a khaki color, a crazy guy. He had one of the most important galleries in New York. I saw

works by Gary Kuehn there for the first time. Bianchini also represented Mel Ramos, Lee Lozano, Bill Bollinger, and Bob Watts. I also got to know Dorothy Herzka there, who later married Roy Lichtenstein. She helped me on a lot of different matters. A large part of my program over the next years originated at Bianchini's, it arrived at my gallery in Kassel, or Cologne a little bit later. Paul Bianchini gave me everything I wanted, complete exhibitions. Those were great times, and I owe him an awful lot. He opened so many doors for me. At first I could scarcely speak any English, but Paul was cooperative from the very start. It was not really about business, but about communicating ideas. That first meeting with Paul Bianchini was a day I will never forget, a lucky day in my life.

On that same day we left the gallery and went over to 57th Street, to a bar, before noon, and had a Coca Cola. It was a hot summer's day outside but inside it was ice cold, due to the air conditioning. I found that very unpleasant. But I was still totally fascinated: my first time on 57th Street, in a real American bar like the ones you see in films. I was overwhelmed by the whole atmosphere. He treated me to lunch there, it was just fantastic.

They were pioneers: Dick Bellamy and Paul Bianchini, who closed his gallery soon afterwards, so this particular phase in our collaboration came to an end. Later on, he went to live in France, in Burgundy, and devoted himself to publishing books. He was behind the first big book on Roy Lichtenstein.

Paul was slim, very thin in fact, a devil for work, always on the go, he couldn't sit still for very long. If you wanted to speak to him, you had to wait for half a day. You had an appointment with him, but when you arrived he was on the phone all the time. Once I waited for three-quarters of an hour, and even though we knew each other well, I simply couldn't get a word in. So I left and rang him up instead and was able to talk to him on the phone.— PC

p. 24
—I visited **Andy Warhol** quite often at the Factory. I sat on the famous sofa when talking to him. There were always a lot of people around, working on the silk-screens. He used to say, "They make the flowers for me." He checked each and every image.

I was very keen to exhibit Andy Warhol, but you could get neither him nor Roy Lichtenstein, whom I regard as one of the greatest artists. They were bound to their dealers. I did get some prints, however, which I showed as early as 1965. They cost $10 each at the time. The following happened when I tried to get a small painting by Andy Warhol, a *Jackie*, from Leo Castelli, Ivan Karp, who later founded his own gallery, was director of Castelli at the time. He was always at the gallery, always friendly. He smiled at me and asked, "What are you looking for, what can I do for you?" "Ivan, I would like to buy the *Jackie* painting for 500 dollars." But he said he couldn't sell it. That rankled me so much that I set about considering what I could do. Finally, I sent a friend of mine to the gallery with the money. She bought the painting for me, and so I had it! Which I thought was fantastic.

I did everything in my power to get paintings by Andy Warhol for the exhibition accompanying the 1967 Kunstmarkt, and succeeded thanks to Paul Bianchini and his business partner Ben Birillo. I was able to show paintings of Liz Taylor, Jackie Kennedy and several *Car Crash*. Only very few people were interested, however, although a *Liz* cost only about 5,000 marks. But hardly anyone in Germany knew Andy Warhol, and it took a long time for people to understand his art, despite the fact that the marvelous survey exhibition *Amerikansk Pop-Konst* had been shown at the Moderna Museet in Stockholm in 1964. But people were not really aware of it at the time. In the end, Ileana Sonnabend and Gian Enzo Sperone, his dealers in Europe, bought the works. In other words, they went back to where they came from.— PC

p. 26
—I got to know **Bob Stanley** very early on in New York. He was a very cheerful person and had an amazing capacity for laughter. I bought my first piece of original American art from him: *Smile*, 1966, the painting in the collection [128]. Bob Stanley is also one of the first American artists I did a solo exhibition with. What is more, we published a large number of prints together. We made our acquaintance either through Paul Bianchini or through his colleague Dorothy Herzka. Her sister Marylin was Bob's girlfriend, and later his wife. He lived on Crosby Street in a huge studio, which he shared for a time with Richard Artschwager. In terms of content, I believe Bob Stanley stands for the very impetus of the 1960s, for a visionary form. He was very preoccupied with erotic themes, with sport and images from the world of pop music. There's a whole series of paintings of pop groups like the Beatles, the Rolling Stones, the Beach Boys. . . .

All that stands for a break with the past. Stanley's erotic paintings, their breach of taboos, are not very well known here. America is, after all, one of the most puritanical countries and therefore has the corresponding underground situations. In the 1960s, that period when we were ridding ourselves of the past, pornographic newspapers were turning up everywhere at New York newsstands—not magazines, but publications printed on newsprint. Authors like Truman Capote wrote for them. That was an incredible breach of a taboo. Newspapers with hardcore images, like *Screw*, on sale beside newspapers like *The New York Times*. Stanley took many of his models from these newspapers, projected them as slides, and translated them into two tones. He painted exclusively in two colors: in blue and blue, or red and blue, in red and green, in yellow and red . . . which gives rise to that flickering. A perspectival change takes place causing a flickering at the edges; the contours literally fray at the edges so that in fact hardly anything, or at least very little, is recognizable. In *Smile*, for example, most viewers do not recognize what is depicted. Stanley may have worked with projections and photographic means, but what was important for me was that he totally altered the images. It is a painterly concept. This took place parallel to the whole pop world, but he was not actually a pop artist. After our second exhibition in 1967, I didn't exhibit Bob again, because I left that whole era behind me. I was already into the scene around Kuehn, Serra, Sonnier, and Bollinger . . . I was totally absorbed by that and didn't pursue the other any more.

On the topic of Bob Stanley, I'd like to tell you about something else, the idea emerged of designing a stage set for the theatre play *Saved* by Edward Bond, which was being produced by Kai Braak at the Staatstheater in Kassel. At the time, that play was one of the first aggressive pieces to be written, in it, a baby is killed in its stroller by a stone. It has to do with sex and crime, and has its roots in an English situation and the Pop generation. The German premiere was Peter Stein's debut as a director at the Kammerspiele in Munich, and after that it was staged in Kassel. Bob Stanley designed stage sets for it, but they were rejected as pornographic. It would have been incredible, unforgettable, I believe. That was at the same time when *Lysistrata*, by Aristophanes, was being performed with a stage set by Niki de Saint Phalle, involving a large figure lying on the stage through whose vagina the actors could walk in and out. It's hard to imagine today just what that meant then. And how it polarized society!— PC

p. 30
—I hadn't had my gallery for very long, when I went to visit **Richard Hamilton**. It was my first trip to London. I knew about his art and was determined to exhibit him. That's the only reason I went. He met me right away; in those days such things were relatively uncomplicated. He wanted to know an awful lot, literally cross-examined me: where I came from, who I was. At the same time, he also gave me all sorts of tips. During that visit, Hamilton said to me, "There's one thing I definitely have to tell you. When you sell something, you always pay the artist first. Transport companies and all the other costs are paid later. You can get those services any day, but if you lose the artist, that's the end of your gallery."

We were riding on a boat on the Thames. I was euphoric, and so happy about the success of my visit. I had stopped smoking, but suddenly I was so seduced by the aroma (Hamilton smoked) of a "Players" cigarette that I started again. It was another twenty-five years before I stopped again. We got on famously together, and in January 1967 he came to his exhibition in Kassel.

After that, I went to London frequently and got to know other artists there, including Barry Flanagan, whom I later took into my program. At the time, the emerging Pop era, I also met Robert Fraser, one of the most important art dealers in London in the 1960s. He can be seen together with Mick Jagger of the Rolling Stones in a print by Richard Hamilton. The two of them are sitting in handcuffs in the back of a car, having been arrested by the police for possession of drugs. Hamilton's work deals with their arrest. Robert Fraser also came to Kassel. I was worried because he was falling asleep all the time. You couldn't speak to him after the opening, he was so stoned. He just sat there, hardly able to keep his eyes open. I wondered what on earth was wrong with the man! I just hadn't a clue! That was "Swinging London."

There was something else, very important, that I experienced in London. It was Peter Brook's production of *Vietnam Discourse*. The Living Theatre, that was the great revolution in theatre. They were extraordinary times.

For the Kassel exhibition in 1967 Richard Hamilton showed prints of Marilyn Monroe and drawings, some collages of automotives, among other things. He showed the same etching in three, sometimes four versions, once as a watercolor and once as a collage, always different. That's something that pervades his whole oeuvre, now shimmering, now red, now green. . . . — PC

p. 32
—The **Kunstmarkt** took place for the first time in 1967. It was the world's first contemporary art fair, a whole new thing. The Kunstmarkt was organized by the Verein für progressive Kunsthändler [Progressive Art Dealers Association], founded here in Cologne in 1966 by Hein Stünke and Rudolf Zwirner, along with other gallery owners. The society sent me an invita-

tion, which I immediately accepted. I still had my gallery in Kassel at the time, and I was glad of the opportunity.
That first Kunstmarkt was highly subsidized by the City of Cologne, among other things, by making the space available free of charge. All the gallerists had the same size cubicle and each paid the same fee, namely 1,000 marks. This meant you could take the risk; you could afford the 1,000 marks, whether you sold anything or not. That is why the first three or four Kunstmarkt fairs were so important. After that, the commercial aspect came increasingly to the fore. Dr. Hackenberg, head of the Department of Culture in those days, only demanded the revenue from the admission tickets for the City of Cologne. In this he proved to be a far-sighted man, for about 20,000 people came and so business was incredibly good for him. Another of Dr. Hackenberg's conditions was that each of the eighteen gallery owners mount a one- or two-person exhibition at the Kölnischer Kunstverein, to run for six weeks. People were given a chance to familiarize themselves with the various artistic positions after the fair was over. I showed Gary Kuehn for the first time, along with Andy Warhol.— PC

p. 34
—*You once said that you traveled to Philadelphia specially to see works by* **Marcel Duchamp**. *Was Duchamp an artist you discussed with the artists in your circle?*

We talked a lot about Marcel Duchamp. I was at Jim Rosenquist's in late 1967, and he said, "There's a Duchamp exhibition opening at Cordier & Ekstrom this evening, do you want to come along? We're all going, he's our teacher, that's where we all come from." So we went, and they were all there: Robert Rauschenberg, Jim Dine, Roy Lichtenstein, Tom Wesselmann and so on. . . . Jim Rosenquist introduced me to Marcel Duchamp: he was sitting there on a chair, and I was so moved, I just couldn't get a single word out. I simply said nothing. All I did, as far as I remember, is make a little bow when I shook his hand. I was very close to tears, for me he was . . . like a god. That was a great experience for me! He died a year later.— PC

p. 34
—**Gerhard Richter** has always been a phenomenon in my eyes. His art, for me, is pivotal in painting; his radicality and toughness, his versatility, his handling of color, his conceptual approach. I have *always* admired Gerhard Richter; in my opinion he paints as well today as he did forty years ago. That, for me, is the absolute quintessence of painting.
I have been following Richter's work very closely ever since I first saw his works at Heiner Friedrich's gallery in the mid-1960s. It was through him that I got my first—and unfortunately only—solo exhibition of Gerhard Richter at the gallery in Kassel. In that exhibition he showed grisaille paintings of various images based on photographs, which varied between sharply focused and blurry, between image and abstraction, all in that washed-out gray: *Curtain* paintings, a painting with a chandelier, *Flämische Krone* [*Flemish Crown*], and two or three erotic pictures were exhibited. At the time the visitors were shocked, especially by the erotic paintings. Nothing was sold, even though Richter—for which I truly admire him—was at great pains to keep control of his prices. He made sure that his prices rose only in line with inflation. It mattered to him that a broad range of people could afford his art. That was really an idea that was already around at the time, and was reflected in the emergence of multiples; it was also the idea behind the first Kunstmarkt. Gerhard Richter kept his prices steady for many years, but eventually it came to a point where he no longer had any control over his market.

Since Richter was working with Alfred Schmela, Rudolf Zwirner, Konrad Fischer, and Fred Jahn, we didn't have the opportunity of working together after that, but whenever the chance arose, and if it was appropriate, I would include paintings by Gerhard Richter in group exhibitions. I also had several of his works in my own personal collection, which unfortunately I lost when I divorced my former wife. But in 1989 I was able to purchase one of the paintings he made especially for the *Aus meiner Sicht* exhibition—another work that has stayed with me whenever I move house.

I was always delighted when he turned up to see exhibitions at the gallery, as he often did. I remember him coming to see James Rosenquist's *Slush Thrust,* and Donald Judd, and also attending a David Reed opening. Later there was a dinner where they got to know each other. For me, Gerhard Richter is beyond reproach!— IF

p. 38
—Let me tell you the story about my **Madison Avenue Cocktail**. I was annoyed that the gallery in Kassel was always packed for exhibition openings, anything from sixty to seventy to eighty visitors, but nobody bought anything. People advised me what I should and shouldn't do, some really got involved, others couldn't be bothered at all. There was no real debate going on about the art. Perhaps people felt they were being conned, whereas for me it was all very serious. I always found that dreadful and wanted to do something to put an end to the situation. Then I had an idea. At exhibition openings there was always something to drink, so I served a kind of cocktail which I simply called the Madison Avenue Cocktail, although it had absolutely nothing to do with Madison Avenue. That Madison Avenue Cocktail is actually mentioned on one of the invitation cards. As for the drink itself: if you took those different packages of fizzy drink powder and put all the flavors in a container with water, the mixture turned pink! It looked great. I was even asked if it came from America. I had no qualms. It was now or never! You are going to play a trick on them all. It tasted awful, and after a while there was none of the fizzy drink left . . . at the next opening the gallery was empty [laughs]!— PC

p. 40
—I got to know **Gary Kuehn** through Paul Bianchini, who was my main contact in my early years in New York. Gary had exhibited at his gallery in 1965, 1966, and 1967. The 1967 show was his last there, because Paul ran into financial difficulties and had to close the gallery. I first saw work by Gary at Paul's in 1966. The experience was a positive shock.

Dorothy Herzka immediately arranged for us to meet: Gary was phenomenal, she said, and she'd be delighted to bring us together. We drove to Gary's studio in New Jersey, which was in a typical American log cabin. I saw the most amazing work there. The whole garden was full of sculptures. Gary did a lot of work outdoors, using fiberglass. He'd studied at Rutgers University, where he met George Segal, who lived not far away and had become an important mentor. Plaster casts of Gary and Dick Bellamy appear as figures in several Segal sculptures. I think it was through Segal that Gary discovered his own kind of sculpture.

I thought Gary was an extremely nice, very obliging, and friendly young man. He comes from a poor background; his father was a Communist who believed in the ideal of social justice. Gary will never compromise: he never does anything about which he's not completely convinced. My experiences and especially my mother, taught me to have respect for others. Artists have also taught me this, through the way they adopt a position, whatever the consequences. Even if means rubbing people up the wrong way, artists in my experience have never towed the line. For me, the way Gary made his sculptures at that time showed real greatness.

It was simply amazing what was going on then. So many different and important things happened in a short space of time: Pop Art; a wide range of Minimalist tendencies; a number of individual figures, such as Paul Thek; developments associated with Op Art; and the early work of Bruce Nauman, Keith Sonnier, and Richard Serra, with which I became acquainted later. So there I was in Gary's studio, getting to know his very process-oriented approach to sculpture. After an hour I offered him a show and said, "We don't want to ship anything; we'll have to produce work in Germany. Do you think you could make your sculptures anywhere else?" Gary was the first artist I invited to work outside his studio. He said, "Okay, I'll do it. I can see myself doing that." I asked him to write to me saying what he'd need and when he'd be coming; then I'd pay for his plane ticket. And that's how we did it. The show took place in Kassel in 1967, and nothing in it had been shipped: he produced everything in Kassel. I spoke to Professor Arnold Bode, and the Hochschule für Bildende Künste in Kassel immediately agreed to make a room available in the school down in the Aue Park. I worked there with Gary on his sculptures. I first exhibited the works that came out of that in Cologne, in a solo show at the Kunstverein during the first Cologne art fair. I didn't think twice about it: it seemed like a perfectly natural thing to do. In retrospect, I have to say it was a pretty bold move!

We collaborated for a very, very long time after that first meeting—for almost forty years, from 1966 to 2004. When I think about it now, that's amazing. There was only one interruption, from about the end of 1979 to the mid-1980s. In those years no one wanted to know about Artschwager, Kuehn, or Serra, at least not in Cologne. Otherwise, our association lasted for that whole time period. We visited with each other—Gary came across for each one of his shows—and we exchanged news and views.

He had his second show the year after the first, in 1968, and it included some pieces now in the collection. All those works originated in Lindenstrasse. We got a lot of the materials from Gummi-Grün in Cologne, and they gave us lots of advice. Making the sculptures was hard work and dangerous, because working with fiberglass can be dangerous, which we didn't know at the time. The show was a great success. As a result, Gary got a job teaching at the Hochschule für Bildende Künste in Braunschweig. The exhibition was a success financially as well, so I could afford to acquire work and Gary bought himself a used white Porsche, an old model in which he drove to Braunschweig. Those were good times.

Gary's work played a major part in the debate around Harald Szeemann's *Attitudes* show, in Gerry Schum's video gallery, and in lots of other things. I saw quite clearly that some artists, famous ones among them, were taking Gary's work as a point of reference, studying it really closely—particularly, his concern with boundaries. Boundaries and freedom are central issues in his work. Take a surface, mark its boundaries (with boards, say), and then trace lines all over it with a felt-tip pen. You'll come up against the boundary on the right and the left, above and below, and you're repelled by this boundary in proportion to how strongly you hit it. In this way, the power of the brake becomes a driving force, so beginning and end merge. That was already a crucial factor in the pictures that Gary produced very early in his career. In them he expressed in two dimensions what he later rendered in three: the idea of ties and constructs. He was very influential. From the late 1960s to the end of the 1970s Gary Kuehn was one of the most highly regarded of all artists.— MF

p. 40
—For me, **Peter Young** represented a new painterly trend in late 1960s New York, Dan Christensen and Lawrence Stafford were a part of it too. Artists like Ken Showell, Ronnie Landfield, Larry Poons, and others were also involved, but I am naming mainly those artists who were relevant to my gallery program. Young, Christensen, and Stafford were basically the only "painter-painters" in my program. Alan Cote, Harriet Korman, Lee Lozano, and Lewis Stein also worked in that medium, but I regard their artistic practice as different. Their paintings have a conceptual approach, rather than being driven by a painterly concept. After Pop and Minimal art—I am using that generalizing term Minimal consciously—a younger generation arrived on the scene and discovered the corporeality which gesture, Pop, and Minimal Art generally avoided. In doing so, Young, Christensen, and Stafford found their way back to a painterly gesture. Sculptors like Kuehn, Serra, or Sonnier held that painting in high esteem. Ultimately, their works have the same, or at least a similar, basic attitude. The decisive years were 1966 to the early 1970s: Serra hurled molten lead into the corner, Le Va shattered panes of glass, Sonnier used expansive gestures to apply latex and flocking, Young painted spots and folded freshly painted canvases. Stafford worked with a paint-spraying machine, Christensen used a spray gun to paint graffiti-like works. Behind all this is a similar approach, a similar awareness of a problem: the physical gesture and the process, rich in energy.

I go to know Peter Young through Richard Bellamy in 1967 or 1968. In those days, Dick often said to me, "Rolf, there's this and that artist, go and say hello sometime, look at their work." He drew my attention to Peter Young that way, and shortly afterwards I visited him. Dick no longer had a gallery of his own, but he showed Peter's works at Noah Goldowsky's gallery in New York in 1967. Dick had rented an office there and was organizing exhibitions in the gallery, having had to close the Green Gallery in 1965. Dick had opened that legendary gallery in 1960 with the support of the collector Robert C. Scull, but when Scull withdrew his financial backing, Dick went broke. He didn't have any economic success with the Oil & Steel Gallery he opened in 1980 either. Dick Bellamy, whose mother was Chinese, knew almost everyone in the art world. He was like a telephone book. Lozano, Kuehn, Sonnier, Serra, Nauman, they all had dealings with him. Rosenquist, Wesselmann, Samaras, Morris, Judd, and Flavin exhibited with him. They are all artists from the Bellamy "treasure chest." Dick was a couple of years older than I. The last time I saw him was on the evening before he died, in spring 1998. He had a keen eye for art and a great love of artists and their work.

Peter Young worked in a building in the Bowery, where Lawrence Stafford also had his studio. Young later introduced me to Stafford. Robert Ryman lived opposite. And Christensen studied with Stafford in Kansas City. During my visit we agreed on Peter's first European solo exhibition. His works were already in great demand in the USA. There was already an overall sense of a new departure, and it was having a commercial impact. There were waiting lists for his works. Unlike today, artists worked at a slower pace in those days, they simply produced much less art. The enormous pressure created by the large number of exhibitions and art fairs did not exist then. Things were much more leisurely. We had to argue about which gallery would get which paintings, because two galleries were a lot for one artist then—and Peter Young was working with Nicholas Wilder in Los Angeles. As far as I remember, Leo Castelli also wanted to do an exhibition with Peter Young, but Peter refused. His main dealer was Dick Bellamy, and he was very loyal to him, which was really typical of him. Somehow Castelli managed to get three paintings, and in 1969 he had a two-artist show, with Peter Young and David Diao. This was a clear sign that the market was on the move, pressure was mounting. But Peter resisted, "Enough! I won't let people pressure me!" He emigrated, traveled to Costa Rica, to the Boruca Indians, to Morocco, to the south west of the USA, he was on the road almost all the time, turning his back totally on New York. In Bisbee, Arizona, he finally discovered a place where he found peace, and where he still lives today.

Peter Young is an extremely interesting person, tall, with large penetrating brown eyes. At that time, he had long hair and seemed a bit wild, almost weird, yet he was very approachable, if also a bit stubborn, even fierce—I can't think of another word. He had very clear ideas about his work and was quite aware of how successful he was. The first time we hung out together in 1968, I was really excited. Peter had chosen an Indian restaurant, and I had my very first Indian meal. It was phenomenal, a wonderful evening. An incredibly good collaboration developed after it. Between 1968 and 1973 we did five solo exhibitions and in each of them he examined a different theme in the works.

In 1968 he came to Kassel for his first exhibition *Bilder* [*Paintings*]. Gary Kuehn came also. We opened exhibitions by the two artists on the same evening, at the same time as *4. documenta.* Unfortunately, we couldn't do much together because I was very busy with things around the *documenta.* That exhibition was a great success. Peter had sent six or seven paintings and they were all sold. I also bought one for myself [147]. He showed dot paintings. He painted the black dots—the upper pictorial layer—on a light colored canvas, and it's incredible what happens. It is a challenge for the eyes, for perception, constant movement.

In his *Beads* exhibition in 1970 he moved away from canvas and stretchers, taking pure color into the field of the decorative or ornamental. Like the colored "trade beads" which had great exchange value for Native Americans, he produced chains out of acrylic by repeatedly dipping a string of dried acrylic paint into paint pots, then cutting up the string and carving the pieces—like you carve sticks—so that what comes to light is the colorfulness and the pattern. In the exhibition these "beads" were hanging on threads like necklaces.

In his third solo exhibition in 1971, Peter Young showed the so-called *Stick Paintings.* As far as I know, they are the first paintings he did after finally leaving New York. The city had become repugnant to him, "Everything here is dreadful. New York is falling apart, the only thing of importance is business. I'm going back to other roots, to nature."

These small colorful works are painted on handwoven linen. They reflect Peter's intense study of Native American culture and art, from formal aspects such as the depicted shapes and signs to the pigments used. He didn't use regular stretchers for these paintings, but instead stretched linen on branches. For him, this had to do with liberating himself from the world of consumerism and at the same time devoting attention to archaic cultures. There are thirty-six such paintings, which he distributed between three dealers: twelve to Dick Bellamy, twelve to Joe Lo Giudice in Chicago, and twelve to me in Cologne. They were all sold. For *documenta 5* in 1972 Harald Szeemann tried to get them all together again to show them in the "Individual Mythologies" section.

In his last exhibition with me, in 1973, Peter Young worked on site and produced his so-called *Rorschach* paintings, large works in which he sprayed acrylic onto the canvas, folded it four times and then opened it up again. Peter was deeply rooted in nature, his thinking was very ecological, and I believe that his negative attitude towards the fairs, his unwillingness to be marketed and to serve the market prompted his decision to finally withdraw to Bisbee in Arizona. For him this was not a decision against art, but rather in favor of it.— PC

p. 42
—Donald Judd, Keith Sonnier, Bruce Nauman—to mention only the artists I have worked with—were all very eager to go to **Judson Memorial Church** in New York, because it stood for a whole new vision. I was there a few times myself. The church was always full. And I was horrified that people were doing the things they did in a church. That was all new for me, of course. Videos by Vito Acconci were shown, and Trisha Brown, Lucinda Childs, Alex and Deborah Hay (Alex Hay was one of John Cage's dancers and I exhibited him in 1968 in the show *Programm I*), Yvonne Rainer, Philip Glass, Charlemagne Palestine, and others put on performances. They were always incredible events. Charlemagne Palestine, played piano with teddy bears, for example. It was sensational. All artists were keen to go there because they realized that connections between the fine arts were in the air. I think the term "performance" was coined there, before that the word "dance" was used. But those performances did not arise from dance, they came out of dance to become an art form in their own right. Needless to say, Merce Cunningham, John Cage, and Robert Rauschenberg were important in this. In the fine arts this development took a completely different form. I think that Keith Sonnier's "situation objects" emerged from this. The process aspect of works of art, for example Richard Serra's lead sculptures—that was still prior to his steel sculptures—can also be seen in connection with the interest in these forms.— PC

p. 44
—The first works I saw by **Bill Bollinger**, in December 1967, were at the Bykert Gallery. If you were interested in contemporary art, you simply had to see that gallery. There were only five or six really important galleries in New York at the time. The co-owner of Bykert was Klaus Kertess, a very quiet and unusual man. The gallery was uptown, meaning a bit away from all the others. Bill Bollinger had a solo exhibition there that was so radical that I just had to meet him. I traveled to his studio in Brooklyn, for the first time in my life! It was all very strange: the underground and the highway were a shambles, and it was a dreadful area, I was really afraid. Bollinger stood there in his studio, taciturn, like a plumber. I looked at everything, but we said very little. Confident, I asked him what a work cost, and for $80 or $100 dollars I bought my first work by him. Before I left, we agreed on an exhibition.

For that first exhibition in May 1968, the works weren't sent from the USA, they all were produced at the gallery. Bollinger and I went to a hardware store and bought aluminum rods, then to Gummi-Grün, a great shop in Cologne—Gary Kuehn thought so too—and bought plastic tubing, and finally wire netting in a wire store. Bollinger knew exactly what he wanted, just as Kuehn, Serra, Sonnier, and the others did. Sometimes we exchanged letters or phone calls in advance, "Find a lead factory, get me this, or see where you can get that." Usually there wasn't much time. The artists arrived and we went to one of the stores for materials. Sometimes they then saw something else there and said, "Oh, that's great, I can do something with that." There was a general fascination with materials. Bollinger in particular looked around him and responded, "That looks different than in America. Perhaps I'll take this and not that, and instead of 2.7 by 3.7 it'll be 2.5 by 3.5 meters." The artists adapted to European measurements, from inches to centimeters. That's how practically all of Bill's works came about, be it *Pipe, Wire Piece* or *Red Hook* [7, 8, 11]. . . . *Pipe* was conceived as a multiple. The idea was that if we could sell ten for 100 marks each, then we could finance the exhibition and his plane ticket. Often that didn't work out. That's why, when I had money, I bought works from them. Artists had no money in those days. Bollinger contributed *Rope Piece* [9] to the *6 Künstler der Galerie Ricke* exhibitions. Richard Serra brought it along and installed it, as Bill was sick and couldn't come. Serra also installed it in Berne, at the *Attitudes* exhibition. They were all friends at the time.

Bollinger's oeuvre has a strong link to the readymade. Most of his works already exist as material: the lamp, the wire netting, the wheelbarrow, the barrels, or the rope. But he was really striding through the things. For some, it is the end, but such radicalism is always a beginning too. The reviews of that 1968 exhibition were scathing, the worst I ever got in my whole career. . . .— PC

p. 48

—You had already established a particular agenda with **Programm I***, 1968. How did that come about?*

The inspiration came from Dick Bellamy. Dick had mounted an exhibition in New York almost every year, which he called *From Arp to Artschwager*. The exhibitions involved very interesting combinations of works. When I got to know Dick, he no longer had his own gallery; he worked at Noah Goldowsky's, and once a year he mounted a *From Arp to Artschwager* exhibition. It must have been 1967 or spring 1968, when I saw one of them. It contained positions I wasn't aware of yet. I had just got to know the artists we have been talking about, beginning with Richard Serra and Keith Sonnier, and wanted to present them right away. Dick's exhibitions inspired me greatly, and I said, "Good, now I'll show exhibitions with artists I'd like to show in the future, or will surely show sometime. I have set myself an agenda, I've made a program." In some ways it worked, in some it didn't.

Sometimes these *Programm* exhibitions were more important to me than a solo exhibition. I could never have had a gallery without solo exhibitions, but for me group shows were always a great challenge. I really did them for myself. In my mind, the *Programm* exhibitions, nine in all, were a hypothesis for the future, a preview. Moreover, it was important for me to get to know the works; and through dialogue I understand works differently. In those exhibitions I polarized and confronted works with each other, I allowed a work which engaged me to be put to the test by another work. I was always very brutal and very direct in this. That was quite important for me, both for a deeper understanding and for future decisions. To be able to work like that was always a source of great joy for me. I learnt a lot that way.

Also, these *Programm* exhibitions included artists I could not represent, because they were already working with another gallery. I had no qualms about this. The important thing for me was to include those artistic positions in the exhibitions.— PC

p. 52

—From the beginning I was fascinated by the incredible versatility of **Keith Sonnier**'s work. In this aspect I think he outshines a lot of other people. In the 1960s he had not been identified as an artist who works mostly with light, which is an overly narrow reading of his work. The first time I showed him in the gallery in Cologne in 1968, he came with extremely precise ideas about his exhibition and presented a range of possibilities: cotton gauze, chiffon, satin, copper, latex, wood, wire, plaster, paint, flocking, and neon—he used all of these materials and his formal idiom was equally diverse. The only other comparable art that comes to mind from those days, if any, is the work of Eva Hesse. The two knew each other well and were both represented in Lucy Lippard's exhibition *Eccentric Abstraction*, along with Gary Kuehn.

Fabric—delicate, gauze-like, see-through fabric—is intrinsically transparent and not so far removed from the use of light; there's a lightness to it that is almost immaterial and it plays a central role in Keith's work. His wife at the time, Jackie Winsor, who is also an artist, helped him make the works that involved fabric. I remember the drawings, actually collages, with little pieces of fabric woven into them, delicate satin ribbons from women's lingerie.

Keith is extremely elegant when he works. He's very imposing and he executed the flocking pieces with expansive and yet sensitive gestures. Watching him applying the latex to the wall and then the flocking, the confidence and sweep of his gestures—it was simply marvelous! I was utterly fascinated by the open-mindedness that makes the small things, the details, become irrelevant. He is deeply committed to cultivating and exploring process, the sense of process. It's like Serra, Le Va, Kuehn, all of these artists took a similar approach to their work.
Keith loves company, loves having people around and talking about things. He's a passionate cook, he loves to eat and wants to try everything out, but he's also very deliberate.

He made some of his work in the gallery, but for the neon works we had to go to a company that makes neon for advertising. He made most of his sketches for the neon pieces in Cologne; we took them along to the factory. Keith knew all about the colors. He had an extremely good eye and made quick decisions. He instantly adjusted to the range of colors available in Europe, to the electrodes as well, and so on. He was enthusiastic about how well work was executed in Germany. The people in the factory were always very accommodating and interested in the work. When Keith or another artist had an idea but didn't quite know how to execute it technically, there was always someone on hand with good advice. They would ask, "What do you envision? What do you want to do with it?" "Well, that won't work, you have to do it this way. Look at this, let me show you." By which time they'd already been talking about it for half an hour; their commitment to solving the problems was really exceptional. We discovered the company very early on, EFRA in Cologne. Keith was so pleased with what they did that from then on he had them produce all of his neon works. Ultimately it was very simple. The neon tubes are relatively stable. Keith would send me his drawings, on which he'd designated the colors—red here, yellow there, a sunshine yellow here. By then our relationship had reached the stage where he completely trusted me to make the right decisions. In the beginning I would ask him if he could be more precise about colors he meant, later he just said, "You almost know better than I do. Just go ahead." To me that was the supreme compliment. It worked that way with a lot of artists. I handled various productions for Richard Serra and for Donald Judd too, especially big sculptures that he looked at very carefully indeed after they were finished.

So I learned a great deal about noble gases like neon and argon, I learned what can be achieved with certain colors, I learned to distinguish between neon tubes and fluorescent lights—they're completely different—and how important it is, if a neon work breaks, which it usually does in the middle, to save a piece, etc.

The versatility of Keith's work is also demonstrated by the fact that he started working in new media at a very early stage: video, light, sound pieces, slide projections, and even stage performances. In 1970 he had his first big museum exhibition at the Van Abbemuseum in Eindhoven and he had planned the entire exhibition in Cologne. It was supposed to be followed up by an exhibition in the gallery. After the opening he came back to Cologne totally exhausted and announced that he was completely washed out and couldn't possibly do another show. I told him that was impossible because everything was already in place. He just said, "Planned or not, it's out of the question. We have to find another solution." The result was an extremely exciting and incredibly interesting conversation that ended up with our decision to install his first media exhibition. Keith had already been working with films for a while but, so far, he had only shown sculptural work in Cologne. We ended up with a sensational premiere. The rooms were dark and every evening we screened Keith's black-and-white, 16mm films.

Keith is actually one of the pioneers of film and video art. In *Positive-Negative*, for instance, complementary views of a woman's head are seen on a split screen, once in negative and once in positive; the woman looks at her own face and sees the movement of her rotating head in mirror image. There is no narrative plot; the film is about the workings of the medium itself. The films were shot in the studio as a sort of performance. Two years later Keith photographed some of his films running on a TV monitor, and then enlarged the reproduced images at a photo lab in Cologne. He showed the resulting work in 1972 at *documenta 5* in Kassel. It was an ongoing process. Keith designed the poster of the 1970 show and produced an edition based on *Object, Situation, Object, 1969–70,* a book published by the gallery. It's important to see the connections. The special edition was also on view in the exhibition.

Keith has been to a lot of different countries. In 1970 he took part in the Tokyo Biennial in Japan. Later the Sarabhai family invited him to visit them in India, where Robert Rauschenberg and Frank Stella had also been guests. In the early 1950s, in Ahmadabad, the family had a villa built by Le Corbusier, where Keith himself spent some time. I mention this because other cultures and people are so important to Keith. I have rarely met an artist who is so open and curious to all sensual impressions, to all the shapes and materials of other cultures, and who clearly assimilates this in his own work. His openness to the multiple things of the world is closely related to the diversity of his work. He's incredibly interested in anything and everything people do. He also absorbed a lot from Europe.

Keith and I worked together continuously from 1968 to 2004. Even in autumn 2004, I installed a large work for him in the group exhibition *Stadtlicht – Lichtkunst* at the Wilhelm Lehmbruck Museum. I think our relationship is incredible: I can't tell you how happy I am about this long, intense collaboration with him.— CS

p. 53
—When I got to know **Richard Serra** in New York in March 1968 and went to his studio, it was crammed full of sculptures and objects that, at first glance, looked as if they were just material and not art. Serra stood there and proudly showed me his works. I didn't speak much English at the time, but I was immediately very taken by it all. Serra told me this and that in his extremely lively manner. When I asked him about one particular work that struck me, he said, "You can have as many works as you like, but Donald Judd has just bought that large sculpture." It cost about $400. It was a huge work. I saw it again after Judd's death in a room at Paula Cooper's, when parts of his estate were being sold. It went for an enormous sum of money. Most of the sculptures I saw that time in his studio were sent to Cologne. I showed some of them that same summer in *Programm I*. Not only did we set up the works together at the gallery, Serra also produced a number of new pieces specially.

Richard arrived in Cologne in September 1968 and insisted on going to a lead factory. I was a bit taken aback by this, as I didn't know he worked with that particular material—he had already worked with rubber and fiberglass, for example. After a bit of a search—Richard was only in Cologne for a few days—we found a company where we bought the lead with which he produced his very first *Prop Piece*—at the gallery. First we got down on our knees and formed the lead into a roll, which served as a support, so to speak. The other part was formed into as flat a plate as possible, a flat lead square. We built the sculpture out of these two parts. It required a lot of effort to get it to stand up, as lead is very heavy. That was the birth of a new form of sculpture. It departed somewhat from the object, which was still strongly linked with the wall, and extended in the direction of an expansive sculpture, going beyond all the Duchamp-like worlds Serra had previously alluded to. It was an incredible experience for me to see how this art came about. The work emerged from nothing, from mere material. I had never seen anything like it before in my life. Serra produced about ten more sculptures for that exhibition. The atmosphere of the show was reminiscent of a studio situation. Kasper König bought that first *Prop Piece*. They were great times. Richard Serra was more than happy about the whole event and our further collaboration began with that successful exhibition.

Everything was always about art, non-stop, even more so when preparations got going for *When Attitudes Become Form*. We phoned each other regularly, as I was supposed to organize all the materials for him for Berne. He would say, "I'm arriving tomorrow morning and want to start work immediately. I don't want to have to look for materials. Please see to it that everything's there." So I saw to it that everything was ready and waiting. It was the same with the exhibitions at the gallery and in Amsterdam [for the *Op losse Schroeven* exhibition]. Our relationship was a bit like that between a teacher and a pupil. I don't mind saying this, as my experience of it was altogether positive. I believe we can really learn a lot from great people, if we look and listen. Richard showed me the way in a lot of things.
At the time, Ursula Wevers wanted to produce videos in her gallery, that is to say, she wanted to continue what she had begun with Gerry Schum. Richard Serra happened to be in Cologne, and so the video *China Girl* was produced at my office in 1972. Richard said that he needed paper and chalk sticks for the production of the video. He was very precise about that kind of thing. He worked out everything in advance. The materials were right, so there was no cause for him to say he couldn't use it, or throw it away and get something else. What mattered to Richard Serra was work, work, and work. He scarcely ever relaxed, was always working, or looking at art, or talking about art.

The general attitude among the artists then was, "I can express my every wish and Rolf will look after it." It was very educational for me. On the one hand, there's the artist with an idea, and on the other, the person who listens, tries to understand, and is willing to help him implement that idea. To this extent, it was one of the first big acid tests for my work. Richard Serra is an artist who is constantly making extremely precise demands. He also demands discussion, which was difficult for me sometimes, not just linguistically, "What do you think of this? How does this look? Does this look like something that already exists?" It was a permanent challenge, an ongoing debate about the works, his whole life long, every time we met. I have great respect for him. He is constantly involved in a struggle with himself and with art. He is bursting with energy. What's more, Richard has the most incredible hands in the world! This man, who handles such heavy materials and used to do all the work himself, has such sensitive hands. It's amazing!
His last solo exhibition of large lithographs at my gallery was in 1973. After that, he changed galleries, but he remained loyal, always making pieces available for my exhibitions. I still remember something he said in 1970, "If ever you get into real difficulties, we'll get you out of them!"—
PC

p. 54
—It must have been in the spring of 1968 when I first saw work by **Jo Baer**—at Dick Bellamy's, I think it was. It grabbed me right away. I'd never seen anything as radical as this: paintings in which there was basically nothing to see. Jo's studio was uptown, on the East Side. That used to be the Abstract Expressionist neighborhood, where Mark Rothko, Jackson Pollock, Franz Kline, and others hung out. I didn't speak much English in those days. Jo explained in a very complicated way issues relating to single images, diptychs, and triptychs, to format and her use of color; but my poor knowledge of the language meant that I couldn't follow all her basic theoretical arguments. Jo is a very rigorous woman, very demanding. I remember her as incredibly good-looking, with long, ash blonde hair. And she's extremely forceful! A fascinating person. People clustered round her whenever she spoke. Theoretical discourse was very important to her. I was always very keyed up on my visits with her, because her rigorousness could be rather overwhelming. There was almost something didactic about it.

In my view her work reflects none of this and is deeply spiritual in character. Addressing the frame as an artistic issue was a unique invention of hers. At that time she didn't place colors and borders at the edge of the image, but almost entirely in the picture plane. In other words, the image still fulfilled the function of a canvas: it was a support for pictorial information. Later, from about 1969–70 on, she incorporated the lateral edges, so image and information became one, and the frame became a support. Additionally, the works became more firmly constructed, they acquired the character of objects, and they showed more and more complex pictorial structures. Color is also very important in her work, as a framing device. Alongside the black in *Untitled (Diptych)* of 1966–70 [4], for example, is a silver strip the width of a finger. These colored borders exist in orange, green, etc.—the colors are always chosen and applied with the utmost care. As you're standing in front of a painting the color becomes increasingly important in relation to the white area, and the effect of the various colors is enormous. This decoration, as it were, has an ornamental character, which has increased as her work has developed. In my view her paintings are not "painting" in the usual sense, although she insists on using that term. It's painting, but at the same time it's not painting. Her images are more like objects; they're both conceptual and minimalist. I see a much stronger connection with the work of Donald Judd and Dan Flavin. If in my mind's eye I trace this black line in the third dimension, then a cube by Donald Judd emerges. And if I extract the colored edge in my imagination and eliminate everything else, I see a Dan Flavin. All these things were made at the same time. All three were engaged in intensive theoretical debate (to the point of quarreling) and they formulated their ideas in some perceptive letters published in art magazines.

Jo didn't come to Cologne to install her exhibitions, at least not the early ones. We discussed matters in great detail beforehand in New York, because she would never consider visiting Germany. She is Jewish, and belongs to a generation for whom contact with Germany is very, very difficult. She also belongs to a generation in which it was harder for women to gain acceptance. For example, I recall that she and many other women artists were not included in Henry Geldzahler's 1969 exhibition *New York Painting and Sculpture, 1940–1970* at the Metropolitan Museum of Art. Although she was becoming increasingly successful, coping with neglect like that was not easy for her.

She left New York in 1975. She just didn't want to live there any more. The city really was finished, and in my opinion it still hasn't recovered. Donald Judd declared in the 1970s that New York had ceased to be productive and was now a marketplace. He kept his house in Spring Street, but he hardly ever stayed there. Dan Flavin and many other artists left New York and moved to the country. I think artists just couldn't engage any longer in a dialog promoting innovation. Jo moved first to Ireland, then to Amsterdam. In Ireland she and Bruce Robbins rented a dilapidated castle with lots and lots of rooms. It was so damp and cold that it was virtually uninhabitable. Around the late 1970s or the early 1980s she abandoned abstract art completely and began painting figuratively, principally horse motifs. These paintings didn't mean anything to me, but I stayed with her because I thought to myself, "Jo Baer is such an important artist that you can't just drop her because she's doing something different now. There must be some good reason for what she's doing." She produced these new works in collaboration with Bruce Robbins, and in 1980 she showed them in my gallery. That was when she visited Cologne for the first time. Once she lived in Europe she acquired a new perspective on things. I sold nothing from that exhibition. She was very annoyed about it: "I won't work with you any more—you don't sell anything!" That was the end of our association. I was savagely criticized for the show.

I continued to include her work in certain contexts—for example, in 1996 in a show with Fred Sandback, Donald Judd, Dan Flavin, and Larry Bell—because I found her artistic approach extremely important. I also usually had paintings by Jo in my immediate surroundings. I don't think I could live without some artists' work, and in my upstairs apartment in Lindenstrasse I hung a diptych of hers that I purchased in 1968, at our very first meeting.— MF

p. 55
—Gary Kuehn was keen for me to meet **Richard Artschwager**, so he drove back from New Jersey to New York City with me to introduce us. That must have been in 1966. I'd never heard the name before. Gary was a crucial person for me in many ways, for example, he also arranged my first meeting with Keith Sonnier. We visited Richard Artschwager in his studio—a carpenter's workshop, because at that time he was working as furniture-maker. He immediately spoke German with me. His father came from East Prussia, and as a child Richard had been to Germany on several occasions. Toward the end of World War II he'd served in Germany and Austria as a soldier in the U.S. Army—working in counterintelligence, among other things—and that was when he met his first wife, who was Viennese. Richard speaks beautiful, literary German. He reads German literature in the original, Hölderlin, Kleist, Lessing, etc. That first meeting turned out to play important part in my life, because the aesthetic issues involved in Richard's work continue to preoccupy me to this day.

At first I couldn't stage an exhibition of his work, because Richard was represented by Leo Castelli. I tried again and again to come to an arrangement with him, but it simply didn't work out. In the meantime I bought two works for myself, which are still in the collection [1, 2]. The large blue piece I acquired in 1966 from Castelli. I was determined to work with Richard, and in 1968 I was actually able to show a work by him in *Programm I*. Eventually, in 1969 he agreed to a solo exhibition—with Castelli's permission! He was very open with me and had wanted to give me a show for a long time, but because of Ileana Sonnabend in Paris this was not easy. Despite the difficulties, we finally arranged things, and I can't tell you how happy I was.

After a firm agreement had been reached about the solo show, Konrad Fischer came to me one evening and said, "We're opening an Artschwager exhibition next week." I was thunderstruck: "That cannot be!" "But it's true—everything's arranged." He showed the *Blps* in Düsseldorf, almost a year before my exhibition. Kasper König, who was then living in the States, was a close friend of Richard's and advised Konrad Fischer in those early years: he brought the two of them together. That's how things were in those days.

Dick once organized a party for me in New York. He said, "I'll throw a party. You make the invitations, I'll pay." It took place in his East Broadway apartment and was a truly memorable occasion. A lot of things in the apartment were covered in patterned Formica. When I asked him why, he replied, "That's what poor people use. They decorate their kitchens with it. That's why I use it."

In 1972 I mounted a second Artschwager show, in which the works had simple wood frames. I've always noticed how visitors to his exhibitions are nonplussed at first, how difficult they find it to get their teeth into his work. To this day, Dick Artschwager is the hardest nut of all to crack. It's difficult to say whether his pieces are sculptures, paintings, or objects. Are they illusionistic? Are they Minimalist? What are they exactly? Are they Pop? I still don't know. They sometimes look like everyday objects, but you can't use them the way you can real everyday objects. His works are extremely complex. I believe Dick is one of the seminal forces in art in the second half of the twentieth century, and he's still underrated. His work is utterly unique.

To me, his incredible precision is an important factor. It reveals the craftsman in him, but when you look at his works you don't think about carpentry or cabinetmaking—you think about art. The professional approach to making things, the pragmatism, and the gift for craftsmanship are typically American phenomena, and they impress me deeply. I see his painting as a kind of reversal of Pollock's gestural approach, executed painstakingly with the finest of brushes on rough fiberboard surfaces. The background—the inside, so to speak—is white, the raised parts black, and that produces a unique texture. I think he's interested in surfaces.

It's striking that his work, like Gerhard Richter's, makes use of a huge variety of motifs that have virtually nothing in common. He depicts textiles ("weavings"), offices, villas, social phenomena, erotic scenes, and so on and so forth, sometimes using newspaper illustrations as a basis. Why does he suddenly paint a geometric picture? Then a perspective view? Then a horizon? The frames of his paintings are an integral part of their conception. But are they paintings? Aren't they more like objects? There are no clear answers. It's interesting to note in this connection that he's studied the writings of Ludwig Wittgenstein, especially after spending time in Vienna.

Professor Max Imdahl from Bochum often visited the gallery, he was an extremely open man who liked to discuss things. Once he came with a friend, a professor of archeology, to see the 1969 show and the two of them disputed whether Artschwager's works were art or not. The archeologist was adamant that they were not. Imdahl was sure that they were extremely good art, but he failed to convince his friend.

Unfortunately, I couldn't continue working with Dick. I was hard up for money, so he switched to another gallery. I occasionally included work by him in group shows, but we never collaborated again. Once a partnership has been interrupted, it's always difficult to begin again. But we've stayed in contact.

Dick's art makes me think. He initiated a process of what might be called educating people in a new aesthetic, and that process has still not been completed. I miss both the Artschwagers I had in the collection. I always had them near me after I bought them. They were in all my apartments and never went into storage. Then suddenly they were gone. The large blue piece last hung in my TV room and when I sat on the couch I didn't need a TV: I'd gaze into this work, which encompassed an entire world.— MF

p. 56
—The collaboration with **Lee Lozano** was brief—from 1968 to 1971—but intense. As her first and then her only European dealer, I gave her a lot of support, trying to get her included in exhibitions, but there was little or no response. Peter Ludwig and a handful of loyal collectors were among the few who bought her pictures early on, and I also bought some works for my collection. Lee had no money at all. A large painting cost about $500 net, meaning $1,000 sales price. Even at the exchange rates then, that was cheaper than the equivalent European art.

Lee Lozano was a very petite person, who looked rather boyish. She was actually strong, but so slender and dainty at the same time. For me, her incredibly powerful paintings contrasted with her slight physique. She painted such huge pictures. I often wondered how she managed it—her *Wave Series* in particular springs to mind—and with such forceful brushwork too. Lee was an incredibly interesting woman, very conceptually minded and intellectually articulate, though she rarely spoke about her paintings but when she did she tended to speak about her more conceptual works such as the *Money Piece*, [ill. p. 259] or her text pieces, which are undoubtedly her major works. Her intellectual approach and her intense exploration of a variety of fields, including scientific fields, made me sit up and pay close attention, and really concentrate. But Lee was also a little weird.

In her studio, I saw many of her large, multipart abstract paintings, in which she explored energy, light, and color. But I never saw her earlier, more figurative works there, in which tools and sexual themes crop up. Not one single time did I see them; neither at Dick Bellamy's nor at Paul Bianchini's. In the studio, she would never let anybody help her carry her paintings. Most artists would pick up their works themselves, lean them against the wall and explain, for instance, how they connected with one another. In those days, I still didn't have much of a grasp of English, which is why the visual experience was so predominant and also explains why my studio visits tended to be relatively brief. I would get the crucial questions of exhibitions and money out of the way, and then I'd be out the door again. So I never spent long, drawn-out evenings with Lee Lozano.

Her abstract paintings made a deep impression on me: her limited palette with its richness of color, from white to black through dark grey, or the shimmer of Bordeaux red or orange. And her brushwork: very calm areas juxtaposed with more robust, structured parts. I recall that the structures became increasingly open and that the paintings became lighter; the colors became brighter, friendlier, more vibrant, in direct relationship to the opening-up of the structures. In short, her paintings were becoming more abstract. On my last visit, she said to me quite casually, "I have something to tell you. I've changed my name to Lee Free." I asked, "Why's that?" And she simply replied, "I'm finished." She gave up art, and after a while she moved away. The next time I went to New York, she wasn't there.— IF

p. 58
—Harald Szeemann often visited me in Cologne, especially when I had the gallery on Lindenstrasse. He was already up to his neck in the preparations for the **Live in Your Head. When Attitudes Become Form** exhibition in Berne. In late 1968, when he again attended an opening in Cologne, I said to him, "Let's make a quick visit to Michael Buthe, I want you to see his works." Michael Buthe had his studio in the back of the building. He had moved away from Kassel at the same time as I had. He used to come into the gallery three or four times a week to look at the works I was showing, just as he had done in Kassel. I'm sure that was how he found his way in his own activities. Otherwise he worked in quite an isolated way. He had studied under Professor Arnold Bode. That evening visit to his studio resulted in Szeemann inviting Michael Buthe to take part in the *Attitudes* exhibition.

During the planning of *When Attitudes Become Form,* I was in constant and extremely fruitful contact with Harald Szeemann. We talked about Richard Artschwager, Bill Bollinger, Barry Flanagan, Michael Heizer, Eva Hesse, Gary Kuehn, Richard Serra, Keith Sonnier. . . .

I have vivid memories of a conversation with Harry about Barry Le Va. That was also towards the end of 1968. I showed him a huge pile of drawings—twelve centimeters high for sure—by Le Va, who worked untiringly and drew uninterruptedly. I also presented this huge selection to collectors and was always surprised that I couldn't sell anything. I once said this to Paul Bianchini, "It's strange, I have all these drawings, a real treasure trove for collectors, but they don't buy a single one." He put me in the picture: "You shouldn't do it that way. If you have a hundred drawings, you show just ten. And of those ten, you sell perhaps three. But if you lay out fifty, that makes no sense. It has to do with the 'message', and the capacity to absorb it." I certainly learnt from that. So I spoke to Harald Szeemann about Barry Le Va's works and drawings, and he said to me, "Do you know what, these days you see all sorts of things on the ground at every corner. That doesn't interest me at all!" With that, the idea of Barry Le Va participating in the exhibition in Berne was over.

The period before *Attitudes* in late March 1969, was very hectic. We—some of the exhibiting artists and myself—worked like mad: in early March we set up the exhibition *Op Losse Schroeven* in Amsterdam, then went right back to Cologne to set up *6 Künstler der Galerie Ricke,* with Richard Artschwager, Bill Bollinger, Michael Buthe, Gary Kuehn, Richard Serra, and Keith Sonnier, opened it, and left straight away for Berne. Although a lot of things were already in Berne and had been organized, I still took a quantity of materials with me in the car, including latex, neon tubing, and flocking, which Sonnier used for his wall works. In Berne, many works were produced on site, as in Amsterdam and Cologne. Richard Artschwager's *Blps*—he had sent them to me in Cologne and installed some in the gallery exhibition—were also taken to Berne. While work was proceeding animatedly in the Kunsthalle, Richard Artschwager said to Szeemann, "I'll start with my installation when everything else is ready." No one really knew what Artschwager was planning. During the night he arranged the *Blps* at different points in the rooms. The next day some people were horrified by his black interventions. There was even a *Blp* on the government building in Berne. Artschwager was subsequently arrested, but was soon released from custody. All the works for the exhibition were ready, but we had all worked so hard that most of the artists were totally exhausted and didn't stay for the opening.
It was evident to me that something decisive, something totally new was happening here. Harald Szeemann was central to it, and I was part of it, as was Konrad Fischer with his artist's scene and [Gian Enzo] Sperone with his . . . in any case, my enthusiasm knew no bounds. Some time later, having returned from Berne (Szeemann had meantime done an exhibition at the Kunsthalle in Düsseldorf), I was talking to Dr. Hackenberg, the man responsible for culture in the City of Cologne, with whom I got on well. I suggested that he get Harald Szeemann to mount an exhibition in Cologne, "You have to do something so that not everything is happening in Düsseldorf." I was keen on Cologne belonging to the cultural avant-garde. Dr. Hackenberg had Szeemann curate the exhibition *Happening & Fluxus* at the Kölnischer Kunstverein towards the end of 1970. The whole thing ended in a scandal, like *Attitudes* before it. That had provoked strong reactions in Berne and led to problems, which ultimately led to Szeemann resigning. At the same time, Szeemann was appointed head of *documenta 5* in 1972. Myself and Dr. Hunstein, who played an important role in culture in Kassel—you could almost say he was a kind of powerhouse—smoothed the path for Szeemann to the *documenta.* The former *documenta* council had been dissolved and those in charge of culture in Kassel were looking for a new solution. Things weren't as complicated as they are today, no commission, etc. Instead, having collected Harry from the station in Cologne, we all came together in Dr. Hunstein's apartment in Kassel. Professors Arnold Bode, Karl Oskar Blase, Günther Grzimek, Erich Herzog, and a number of other people from politics and culture were waiting there for us. The decision was taken quite swiftly: Szeemann was appointed the new director, the secretary general of *documenta,* by the Lord Mayor of Kassel.— PC

p. 64
Bill Bollinger's last real exhibition was in January 1970. First he stayed at my place in Cologne for a few weeks, then at Ulrich Rückriem's. The exhibition was a kind of mini retrospective. The invitation card documented one of the works: we had taken a long piece of wood, driven to the banks of the Rhine, thrown it into the water, and taken a photograph of it. I have always closely associated that black-and-white image of the floating wood with Bollinger.

There is a color drawing by Bollinger [ill. p. 64] showing how he intended that exhibition to look: he produced the graphite work in the corner and the wire piece *Screen*, but not the water-tank work. There was another idea preoccupying him that he did not carry out either: he wanted to do a work with water in the washbasin at the gallery. Somehow he was not satisfied with what he had produced for that last exhibition. Shortly before the opening he went for a walk in town and found a toyshop where he bought a little railway crossing, the sort meant for a model railway. He came back and put this crossing on the table, saying, "This is my last piece." We included it in the exhibition. That was his farewell: he left his sketchbook with me and then flew back to New York. Shortly afterwards, in the spring, he made a work for the exhibition *Anti-Illusion* at the Whitney Museum: a huge rock, *The Stone*, which he placed in the museum. After that, I never heard from him again.— PC

p. 66
—The production of works on site in the gallery often made unexpected demands. I remember how **Barry Le Va** installed his first exhibition with me [in 1970]. For his work *Shots from the End of a Glass Line* [55] we had to find someone who was a good marksman and could fire five well-aimed shots from a revolver into a pipe mounted in the wall. The pipe wasn't large, about one centimeter in diameter, and the distance was around seven meters. But where would we find a marksman without getting into trouble with the law because of the shooting? Without a moment's hesitation I phoned Dr. Hackenberg, at the Department of Culture, outlined the problem for him, and immediately he said he would speak to the chief of police of the city of Cologne. Shortly after that, the chief of police rang me, and the next day a policeman came by with guns with two different calibers. Barry explained to him in detail what he had to do, and then the policeman shot at the pipe, right there in the gallery. That was the only time I had anything to do with the police in my gallery!— PC

p. 66
—All the plans for an exhibition had been made with **Eva Hesse** and she was already working on it, but she died before it could happen. Her works in *When Attitudes Become Form* were on loan from my gallery, as were almost all of the available works in Germany at that time.

One evening, after an opening for Gary Kuehn at the Fischbach Gallery, Hans Böhning, a musician friend who I'd been with in New York, and myself were invited to Marilyn Fischbach's apartment. It was 1969. That evening Böhning was sitting beside Eva Hesse. They were talking, and she said how much she was looking forward to being in Cologne, to coming back to Germany. Eva felt she was in very good hands and already had a lot of things ready for the show. She seemed to be very optimistic, although you could see that she was very sick. A short time later she died.— PC

p. 68
—I was in the Wellington Hotel in New York in November 1968 when I got a call late at night from Richard Serra telling me to get hold of the latest *Artforum* as soon as I could. I should take a look at the cover and the article inside: what an artist! **Barry Le Va** was his name, but he didn't live in New York. I bought a copy of the magazine the next day. It had reproductions of pieces that made a really deep impression on me—*Distribution Pieces* in felt, and works made from powder and mineral oil in the Walker Art Center. I called Barry Le Va immediately and we met soon after in New York, he traveled specially from Minneapolis. That's how we got to know each other.

Barry is amazingly friendly and open, an intensely gestural person. I offered him an exhibition, which took place in 1970. He came to Cologne and I paid for his flight. None of the artists had any money, and Barry really did live off next to nothing. All he brought with him for the show were drawings. He made his flour floor piece in the gallery.

Arturo Schwarz's catalogue raisonné *The Complete Works of Marcel Duchamp* had just been published. I bought it and it became a kind of bible. We both kept looking at it while we were working in the gallery. We spent all day with Marcel Duchamp's work, in an affectionately ironic sort of way. Barry laughed his head off and liked to make jokes about it—never sarcastically, always respectfully. I don't even know whether he liked Marcel Duchamp! "Why don't we look at the book?" became a kind of catchphrase with us. Barry worked all the time. He did lots and lots of drawings in Cologne, using the flat files in the gallery as a table and one of Bill Bollinger's aluminum pieces as a straightedge. He loved fountain pens and had a big collection of them. We bought some at stationers in Cologne. He drew with them and he'd often say, "Now I'm going to do a little Duchamp."

Barry came to Cologne for several weeks in 1971. He lived in the basement in Lindenstrasse. He was there over Christmas and gave us an incredibly generous present—the *Scattered Glass Piece*, 1968–71 [52].

We got on really well in those days. Often he'd get up at six or seven in the morning. He'd drink milk or water outside on the sidewalk and the "girl with the bicycle" would come by. I don't know exactly who she was, but she lived in the same street. They eventually got to know each other and they'd often talk away like neighbors. I mention this as an example of Barry's communicativeness, his amazing readiness to engage with other people. During this long period he naturally sometimes felt frustrated. There he was, working away, but there'd be only one show. So we did things together occasionally.

One day the collector Wolfgang Hahn dropped by. He was the first person to buy something of Barry's. Wolfgang Hahn was deeply impressed by the drawings and by Barry himself. He asked him if he'd make a piece for the staircase of his storeroom in Genter Strasse. Barry went to take a look at it. It was about three feet high, and he put a glass piece there. I don't think this work was ever photographed.

Barry liked company; he enjoyed drinking and smoking. One day he became very sick. He had throat problems and had to be operated on. We paid many visits to doctors in Cologne. We basically took care of him. I felt bound to him by a deep friendship. This was a time when I was totally wrapped up in art and was neglecting my family more and more. I went to New York five or six times a year. When I met Barry there we'd go off and buy records, shirts, or even shoes, Barry joking away all the time. For example, Leo Castelli wore shoes with gold tassels, so when Barry saw someone in the street with shoes like that he'd say, "That guy is wearing Castelli shoes." We got up to a lot of nonsense, but on the other hand Barry worked very, very hard. He's incredibly strong-willed.

I learned a lot from Barry, about situations, about the processes and genesis of art. Basically, few of his pieces can be moved from A to B. He makes most of them on site, and after an exhibition they're swept away, vacuumed away, or thrown away. He'll make them again in a different place. Barry's works are huge gestures! He sieves, runs, throws, shoots. Barry threw stones, time and time again. Or think of the many sheets of glass that he threw or shattered with the force of his own body. In a way his whole person is a gesture—how he stands and how he talks. The central factor in his work is process, including disruptions or instability: what happened, and how did it happen? In Milwaukee in 1966 or 1967 he made some pieces by placing powdered cement on a heap of snow, and the cement became encrusted. In the spring the snow melted, leaving the work behind on the ground. The process was the piece. Suddenly there was only cement on the sidewalk. I ask myself whether he wasn't completely at one with Duchamp here. He'd thought exactly about what would happen, about the snow melting and what it would leave behind. He realized that the moisture produced by the melting process would bind the powder and turn it into concrete. Those are all clear conceptual notions. In London he spread flour on the ground and used the air from a vacuum cleaner to draw waves in it. For me, that's a kind of gesture in a different form.

Another major issue that Barry's work addresses is transience. His pieces speak of violence and destruction. Barry abhors violence—he tends to fear its power—but he faces up to it. Ultimately, it's about death. The concept for *Slow Death Zone* [50] stipulates that a deep shaft has to be dug, measuring one meter square at the top and tapering conically. Anyone falling into it wouldn't be able to escape from the trap. That's playing with death. All the pieces are about death. It's always there, in the broken sheets of glass, the axes—everywhere.

He's the most radical of them all—Serra said so too. The radicality is also reflected in his aims and in his way of talking. In retrospect, I think the word "intense" describes Barry the best. All artists are intense in one way or another, but Barry's intense as a person, right from the word go. Whatever you talk about, he's amazingly intense, but also refreshing, and very human too. You're immediately spellbound.

Barry embodies vision. In fact, many artists at that time were selling nothing but visions. They really did away with history. They found new formulations. It even reached the point where there wasn't anything left to sell.

We went our separate ways at a time when my financial situation was deteriorating and I was dissatisfied with things in general. We didn't quarrel. Things just weren't working out between us any more. The parting was tough emotionally for both of us. We had tears in our eyes. We met occasionally later on, but neither of us ever considered making a fresh start.— MF

p. 69
—In 1967 Donald Droll of the Fischbach Gallery in New York offered to organize a party for me. I invited everyone I knew, and also a lot of artists I was interested in, including **James Rosenquist**, whom I had already got to know in 1965 at Tatyana Grossman's. Jim Rosenquist is an incredibly broad-minded person, who almost always has a smile on his face. He has such large blue eyes. He was always telling stories, and for that reason we affectionately said that he was "crazy." He told those stories in a way that came very close to his paintings. They went from A to B and then to F, and M, and then on up to the clouds in the sky. He spoke with expansive gestures, like a teller of fairytales. Jim is also a very dynamic man, with a very clear idea of what he wants, but all embedded, so to speak, in a wonderful world of stories.

It was three years before we actually worked together. I had never let up, even though my patience was often tried. In retrospect, I believe he wanted to get to know me better in that period and to gain confidence in me. Whenever I was in New York I went to his studio. Afterwards we simply spent time with one another and had a lot of fun. He showed me shops where you could buy interesting pants—he always wore linen pants, but cut like jeans—shirts or cowboy shirts. Or he said, "I'll now show you New York in a completely different way. We'll drive through Central Park in my convertible. You sit beside me, but with your head where your feet usually are." So I sat in his car with my head down and my legs up, and we drove through New York for an hour. It was a remarkable experience and typical of him. He had the craziest of ideas.

When we went out together, he introduced me to a lot of people; he knew just about everyone. Interestingly enough, he had no links to the younger scene, nor did Roy Lichtenstein, which was astonishing, or the Pop artists in general. The sculptors were different: Donald Judd was in contact with Richard Serra and Keith Sonnier, for example. Yet for the younger artists, Rosenquist was one of their great role models. In addition to his paintings, he did three-dimensional sculptural works that went beyond painting in the direction of the object. One important sculpture, *Tumbleweed,* 1963–66, consists of three pieces of squared timber wrapped in barbed wire which in turn encloses a coiled neon tube. This aspect of Rosenquist's oeuvre is very important for the following generation, be that Bruce Nauman or Keith Sonnier. And that is what fascinated me most about his work. To this very day, I regard James Rosenquist as a revolutionary, as someone who went in a totally unusual direction, who stirred things up.

Finally in 1970, by then I had probably come far enough for him, I was able to do a Rosenquist exhibition. He said, "Good, I'll do a work, *Slush Thrust.*" Of course that was no easy piece. As in the case of Donald Judd, I received this huge, single, multi-part work. It meant that I had to live up to the challenge and shoulder the consequences. But I saw things differently then. For me it was all just great. But to complete the context, Rosenquist also gave me smaller works. The American artists had a very professional, business-like approach. They realized that an exhibition had to be financed, for example with drawings, and so I usually also got smaller but top quality works.

He showed a space that was approximately fifty square meters and made of connected panels, some hung higher, some lower. The colors of some of them changed from red to yellow. Between them were panels covered in reflective Mylar, the ripples in it created distortions. Every evening at 6 p.m., "fog" was produced behind this installed space using dry ice. This fog seeped out from below, so that the viewers were soon up to their knees in it. The images then emerged out of this fog. That wonderful fairytale, as I like to call it, these large Pop images, those film plots, involved not only precision and sensuality, but also a debate with reality.

That was typical of the artists in those days. Rosenquist's works, all the works by those artists, engaged with reality. James Rosenquist, but also Donald Judd and Richard Serra, were troubled by the war in Korea, the Vietnam War, racism. They supported Martin Luther King's vision, they admired John F. Kennedy. But the changes brought disappointments with them. James Rosenquist's art is also critical, or rather it is politically engaged. He was under CIA observation for a long time, was on the black list, like many famous people then, Leonard Bernstein for example. The USA seemed like a stable and important democratic nation at the time, but cracks were already visible.

Slush Thrust was a huge success and a great event. Jim Rosenquist formed a close link with Cologne because of its presentation there, the success of the exhibition, and also because Peter Ludwig bought several of his works, including *Forest Ranger,* 1967, a work that is still in the Museum Ludwig today. This link gave rise to the idea for a solo exhibition in 1972 at the Wallraf-Richartz-Museum; the latter organized the exhibition, but it took place in the Kunsthalle Köln. It was his first large museum exhibition.

I remember going with him to the Kunsthalle Köln. He had already started on the work for the exhibition and when we entered the building he said, "The entrance is rather gloomy and sad. It could be a bit more welcoming. We need light, more light. We don't want sadness. Come on Rolf, let's go to a neon factory." We drove to EFRA Neon, the company Keith Sonnier and Richard Serra also worked with. From there he brought almost a truck full of discarded but functioning neon lettering, anything he could get in the line of rejected neon tubes. "I can use all this. I'll make a work out of it." He hung all this neon tubing in the stairwell of the Kunsthalle. The result was a glowing ceiling of light, made of hanging letters and circles in all sorts of shapes and colors, all together. Between these he had hung large silvery Mylar panels so that the colored light was reflected and radiated like a sea of light, a sea of colored neon light. It was wonderful! Indescribable!— PC

p. 70
—It was Richard Serra who suggested I visit **Harriet Korman**'s studio. Her paintings involved a process of elimination and addition,

that is to say, painting or drawing in, and then eliminating again. They immediately caught my eye, how she worked with the empty spaces and ordering structures. In her drawings, for example, she drew the alphabet or figures on a sheet of paper and then crossed them out in a particular way, either in white or red, creating new forms.

We agreed on an exhibition. Her paintings were shipped to Cologne and Harriet came to the opening. All her works were sold, but in the end I didn't make any money because they sold for less than the whole exhibition had cost. I often visited her in her studio, and after that first solo exhibition in 1970 we did another two, in 1971 and 1972. At the time, Harriet was a very quiet person, almost shy and fragile, with a dreamy appearance, and yet she was an incredible woman. In retrospect I feel she fell under the influence of the feminist movement in New York in those days. The issue of liberation was a major and contentious one that was vehemently debated then. Lee Lozano's departure from the art world must also be seen in this context. Working with women artists then was not an automatic thing. A clear difference was emerging between Europe and America at the time, which struck me very strongly. The way the Americans dealt with it was very different to a German or European handling, as far as I was concerned. Women artists were discriminated against, they were given no access, anywhere. I found that repugnant. At the same time I felt irritated by the aggressiveness of some women. Not that it made things very difficult, but it certainly didn't make them easy. For example Jo Baer, however impressive she may be, she is also very tough.

Generally speaking, it was all about self-assertion and struggle, which was far from my mind. After all, I didn't care who produced the works, what mattered to me was the quality. As I recall, however, this played no important role in my relationship with Harriet Korman, which was very business-like and relaxed. I was able to sell quite a number of her drawings and paintings. However, when times got financially difficult for me and the gallery, she moved to Galerie m Bochum, as did Richard Serra. So at some point or other, our contacts just broke off.— PC

p. 72
—**Lewis Stein** was in his mid-twenties when I first met him through Dick Bellamy. He had originally studied architecture and sculpture and it was with this background that he suddenly started painting—extremely minimal, rigorously constructed, almost architectural paintings that were highly conceptual. Lewis, who is quite slightly built, made these incredibly large paintings measuring more than two by four meters, which are so precise and clear. For me, these works are sheer visual perfection—and that at the age of twenty-four! At the time, Lewis was painting a series, and I could hardly believe my eyes when I saw them, because other artists need thirty years of experience to get to where he was already. He seemed like a wunderkind to me. He quickly gained a reputation, and was invited to the *Whitney Annual* in 1969, which landed me in a lot of trouble with Jo Baer, who hadn't been invited; he was such a young artist, but then again, I had backed her just as strongly. For two or three years, Lewis continued painting in the same vein and during that time we organized two solo exhibitions, in 1970 and 1972. After that, there was a change, and Lewis told me very modestly that he had made his contribution to twentieth-century art history, that he was going to stop, that he had said everything he wanted to say in this form, and didn't want to go on making variations on it. And he stopped painting—just like that. At some point he wrote to me saying I should come and see him some time, and that he was growing mushrooms in his studio. He didn't return to art again until much later, but he never went back to that form of painting.— IF

p. 74
—In 1967 I moved into Lindenstrasse 22, a building that had been destroyed by bombs. Only the right half of it was still standing, and part of the building in the back, where Michael Buthe installed his studio. The building was owned by the Vowinckel family, who are important collectors.
When the idea came up of reconstructing it, Christoph and Andreas Vowinckel and I agreed that given the very active art scene in Cologne and the good business location the best thing would be to turn it into a building exclusively for galleries. That was another milestone in strengthening Cologne's position, which in my view established itself—miraculously—alongside New York. Cologne was really the only city in Europe that could afford all this and it surpassed all others.

To cut a long story short, the gallery building opened in March 1971. It was a sensation, not just in Cologne or Germany, but in all Europe. Then came that wonderful time when we planned openings together and edited a joint magazine which made invitation cards superfluous: the magazine **Galeriehaus Köln** basically was the invitation card; each gallery had five pages in which to present itself and its activities. We had editorial meetings during which we coordinated everything.

But, as will happen, the business situation changed for the worse during the course of the year. Difficulties soon arose, making it impossible for us to continue working together in the building. I remember a lot of not so pleasant scenes. And the magazine was discontinued after one particular session during which Hans-Jürgen Müller suggested that we should write reviews of our own exhibitions. He thought that the Rosenquist exhibition *Slush Thrust* was so bad it shouldn't be shown to the public. He felt we should write about how bad it was in our own magazine. I said, "Am I supposed to accept a review of my exhibition from you? That's out of the question!" In any case, that was the end of the magazine.

But we did have some joint activities: for *documenta 5* in 1972 we rented a large space in a former furniture shop in the middle of Kassel and exhibited together. I showed Keith Sonnier. But soon afterwards the days of the Galeriehaus were over. Heiner Friedrich was the first to move out, I was the second. A few continued on there for a time. Later, people called it the "dead house" of Cologne.— PC

p. 76
—*The gallery's first* **invitation cards** *were simple in design and cheaply produced, usually printed in just one color, and purely typographical; after 1964 they carried a striking logo.*

At the time, I had no desire to have the design in color or even to have a color photograph. No one was interested in that kind of thing. And I must say that black-and-white still has its own particular quality, especially in photographs and in installation shots. Karl Oskar Blase designed the logo. He taught at the Werkkunstschule in Kassel and was appointed professor of Art and Visual Communication at the Hochschule für Bildende Künste in Kassel in 1966. He designed numerous posters, including prize-winning film posters for Atlas film distributors. Later he designed the posters, logos, and catalogues for *documenta* 4, 5, 6 and 8.
As far as I remember, I met Karl Oskar Blase through Arnold Bode. In Kassel, people interested in art got to know one another quite quickly. They were all so happy that things were happening in the art scene in Kassel, and for that reason they supported me, as did Arnold Bode. Karl Oskar Blase approached me because he was convinced that a gallery, like a company, needed a logo to be professional in its presentation. Initially, he did the design free of charge, for the letterhead and all the invitation cards. And as already mentioned, he designed that logo for the gallery.

After I moved to Cologne, I had the printer do the cards according to Blase's design. Between 1968 and 1971, the artists usually worked on the layout. After 1972, I left the logo out; I had a feeling there should be something new. The logo returned in 1975 in a slightly altered form. Hennes Maier, an important graphic artist and photographer in the 1970s, who was very active in the field of book design (although I got to know him through his photographs and once exhibited him) came upon Karl Oskar Blase's logo and said, "But this is priceless! You have to use it again." He then made a template for the invitations and for a long time the cards were produced according to this model. I was so short of money then, however, that I couldn't afford really good paper. I kept the logo until 1981, when I decided to change the gallery name to Rolf Ricke. After that the design was altered again and again. In the early 1980s, the cards often carried images from the exhibition, and after the mid-1990s the artists frequently designed the cards. When it came to group exhibitions I often opted for type only, usually just one sentence that I thought was meaningful and which then functioned as a "motto." The last invitation cards, which were almost all in color, were based partly on my own photographs and partly on artists' designs.— PC

p. 80
—In **1972** I was traveling constantly, back and forth between Cologne and Kassel. It was a major new departure, an incredibly exciting time. I was preparing a video projection and performance with Keith Sonnier, *Proscenium*. Sonnier didn't want to produce a sculpture for the **documenta 5**; he wanted to leave the whole material thing behind. By contrast, Richard Serra produced *Circuit*, one of the largest metal sculptures he had done to date. It was a very dangerous and risky work that demanded absolute precision. You could feel the anxiety: the huge and incredibly heavy sheets might fall over! I couldn't finance *Circuit*, so even though we got on well and I did my utmost to ensure that everything turned out for the best, it was to be expected that Richard would look for a financially stronger gallery sooner or later. Richard Artschwager installed more *Blps* in Kassel. He even climbed up a building in which the Deutsche Bank had its headquarters, that resulted in him being held by the police as a potential bank robber. That was the second time! We worked like mad, but the atmosphere was always incredibly good; you could feel the great buoyancy everywhere. Of course there were chaotic moments, but we managed to resolve them.

Barry Le Va was at documenta 5*, although you mentioned that Harald Szeemann had rejected him for the* Attitudes *exhibition.*

In the meantime Harry had recognized how important an artist Le Va was and so he invited him to participate. He did a huge work that is well documented. Hundreds of panes of glass, accurately cut and cleaned, were delivered.

Barry marked a pathway in the room and laid out a structure, meaning that he determined how many layers were to be put at different points in the space: two, four, eight, sixteen, thirty-two, and so on. According to this "score," we then threw this huge number of panes of glass into the marked space, and of course they shattered on landing. The result was a sea of glass splinters divided into different sections and pieces. It was very intense. After that we left, but when we returned a huge triangle by Reiner Ruthenbeck was hanging above this massive work of Barry's. It must have been hung the night before the opening. Barry was incredibly angry—rightly so—and very disappointed. But there was no time to intervene. In our eyes, this placement clearly indicated that Harald had not understood the significance of how Barry had positioned his work in the room. And during the opening the visitors didn't just walk on the pathway, but over the work, tramping right through the glass splinters, disrupting the broken and layered sea. Barry demanded that his work be removed immediately. On the evening of the very first day, the work was cleared away. There was a terrible argument. Barry left, and no other work of his was exhibited at *documenta 5*. The whole thing was an extremely negative experience for him.— PC

p. 82
—*The early* **1970s** *seem to have been a* **turning point**, *with some artists like Lee Lozano, Lewis Stein, and Peter Young withdrawing, dropping out, or leaving New York to lead a different kind of life. Do you think that had something to do with the effects of the social and political situation at the time, and with the extension of the concept of art?*

Yes, all those things apply. At that time some artists really did drop out or leave New York: Yayoi Kusama, Alan Shields, Ralph Humphrey, Lawrence Stafford, Bill Bollinger, and Alan Saret. These people either stopped—at least for a while—or by moving away they lost touch with the art world and no longer had a presence. Alan Saret was an amazing artist then and he made a major contribution to the *Attitudes* exhibition. So although these artists were successful, they made the decision to take a different path. I think in some ways they found conventional society uninteresting. That has to be seen in the context of the enormous social changes of the time: blows being struck for emancipation, taboos being broken. Hardly anything remained the same, almost as if not a stone was to be left standing. They saw dropping out as proof positive of avant-garde thinking, but in a way it was almost a natural and logical consequence of the very open minded attitudes of the time. And why not try an alternative lifestyle? It was all about fundamental issues, about leading a meaningful life. But coming back wasn't a problem either—and some of the artists did. Today, that would be unthinkable. In a certain sense, Joseph Beuys also took a different path. I think the extension of the concept of art had a very widespread influence at the time; it was in the air, it was a form of utopia, the utopian idea that art and life are inextricably linked. The quest for alternatives played a major role back then. Today's mindset is more about outward appearances; our society is much further removed from meaning. Fundamentally, I hold with the attitudes of the 1970s. Today, I think a lot is based on misunderstandings. To illustrate the two extremes of these misunderstandings, I'd like to quote two key statements from that time: Andy Warhol's famous assertion that "In the future everyone will be famous for fifteen minutes" and Joseph Beuys' dictum "Everyone is an artist." Both these manifesto-like statements cover a very broad area, and they have to be seen in all their breadth and depth.— IF

p. 84
—The paintings **Lawrence Stafford** showed in his 1974 exhibition were done with the help of a painting machine, which he had developed and constructed himself. It was actually a very simple procedure: he took a large cardboard roll of the kind normally used for transporting rolled canvases; as far as I recall, the painting machine could be turned by hand. He sprayed the paint on the roll and the force of the rotation hurled the paint onto the canvas. At the time, he produced a whole series of small paintings. Basically it was pure gesture, of course it had a lot to do with Pollock's gesture. At the same time, Stafford distanced himself from the gesture by having the machine take over. Clearly, these were conceptual decisions. The results are very painterly.— PC

p. 86
—I made Germano Celant's acquaintance in Turin in the late 1960s. We ran into each other repeatedly after that, and of course in Berne in 1969 [at the *When Attitudes Become Form* exhibition]. One evening Celant was talking about how fascinated he was with artists working with records. We spoke about how artists select the medium for their work, and how fundamental a decision that is—when to take a pencil and when to use a camera. One major issue in those days was which medium should be used for which idea. I was immediately curious, which surely had to do with the fact that I once worked in the record industry. That same evening we seized a suggestion by Germano Celant and developed the idea for the exhibition **Schallplatte als Kunstwerk** [*The Record as Artwork*]. All the records on show had been processed in some way, but most of them could still be played, as most of the artists were working with that specific medium: sound. It was not supposed to have anything to do with documentation. The record was the artwork.— PC

p. 86
—*Your* **gallery** *and your* **private life** *were very closely linked for a time, you even lived in the gallery for a while, didn't you?*

I lived in the gallery on Lindenstrasse with my family from 1967 to the end of 1970, that was just two-and-a-half years. In January 1970, I was able to rent additional gallery space on the fifth floor, at the back of which we had a bedroom, a children's room and a bathroom. At the end of that year we turned this fifth floor into our apartment, so from 1971 the gallery was on the ground floor and we lived upstairs. Peter Buchholz worked for me during that period. In 1972 the economic situation got so bad that I had to give up that lovely, large, 2000-square-foot apartment on Lindenstrasse and take a smaller one. But the fact that I had to live in a flat that was only half the size and dark was okay for me as I had got divorced. The worse thing was that, financially, the gallery was going downhill and I had to look for cheaper premises.

I rented the former warehouse of a book wholesaler on Rinkenpfuhl in 1974. Ursula Wevers took a small room there too. She had once organized a guest program on Lindenstrasse of videotapes and films from the United States. In January 1975 the gallery opened with an exhibition of work by Edward Ruscha and Ursula Wevers showed a film program. But I was not satisfied with the space, which was really a cellar. It was too large, and I found it depressing to look out the window and see other people's shoes.

In November 1976 I moved to Friesenplatz, where I was able to rent two floors very reasonably. I set up the gallery on the lower floor and lived on the upper one. Ursula Wevers had been given a professorship in Düsseldorf, so our collaboration ended. I stayed on Friesenplatz for five years, until the end of 1981. During that time many of my artists lived at my apartment with me, sometimes for weeks. That was quite normal, and I quite liked it. But once I realized that I never had a single day free any more, I decided to separate things more strictly.

In the end, I found the exhibition space on Volksgartenstrasse in late 1981 and the first exhibition took place there in January 1982. I stayed there until closing my gallery. Initially, I lived in the gallery, my office was both a bedroom and a living room. When things began to improve financially I moved into a new flat in 1985 and from then on kept my work and my private life separate.— PC

p. 90
—We were all very frustrated. By all, I mean people of the same mind as myself, galleries with a program. We were annoyed about the art fair. In 1975 we decided to organize something together: twenty international galleries with specific programs, René Block, Konrad Fischer, Yvon Lambert, Lisson Gallery, Paul Maenz, Gian Enzo Sperone, Leo Castelli, Ileana Sonnabend, Annemarie Verna, John Weber, and others, got together and rented a large space at the Cologne art fair under the heading **Today Together**. The fair management was cooperative. We didn't mount a thematic exhibition. Instead we agreed that each gallerist would show three artists. To put it bluntly it wasn't a success, so the whole thing died a death. After that, most of them didn't take part in fairs any more. The fair in Cologne gradually declined anyway. After the great 1960s came the cool and sobering 1970s. Things got worse from day to day.— PC

p. 92
—In the **1970s,** things started to get really tough for me. It was a turbulent time. We were feeling the effects of the international oil crisis, you couldn't drive your car on Sundays, and in Cologne the Herstadt Bank had declared bankruptcy. The galleries were heading toward a severe **crisis**. It started around 1973. A lot of galleries had to close down or were trying to find alternative solutions. For example, Rudolf Zwirner opened movie houses and some galleries staged fashion shows. I had no choice but to run the gallery alone; for years I couldn't afford to hire anyone and the gallery was only open in the afternoons. In 1974, the art market collapsed. In 1975, I stopped showing at the Cologne art fair. In 1976 we realized that we could only survive if some like-minded gallerists pooled their resources and shared a location. As the so-called avant-gardists, we organized *Today Together*. I lost a lot of artists who were important to me like Richard Artschwager, Barry Le Va, and Richard Serra, partly because things just weren't working out financially. I lost so much but I still didn't want to abandon the gallery, so I changed direction and started building up a new program. It was only thanks to friends of mine that I managed to survive: they paid my rent for a whole year. I started to turn away from the American art world, not least because I couldn't afford the shipping anymore, but also because I felt that the scene was becoming more and more conservative, not much was happening. By the end of the 1970s I had practically no contact with the US. I stopped going to New York. Before all that happened, I had already started concentrating

more on Europe anyway. For a while I focused on France, and by the early 1980s I was concentrating mostly on artists from the German-speaking countries.

But in between there were times when I seriously thought I would have to give up the gallery. In the early 1970s I relocated because I couldn't pay the rent anymore. Despite an impressive Ed Ruscha exhibition to launch the new space, and, and, and . . . the turnover was negligible. I moved again at the end of 1976, to Friesenplatz. On top of it all, my mother died in 1977. Towards the end of the 1970s things gradually began to improve but I was still working alone. Then the 1980s brought an unexpected upswing. A lot of new artists came to the gallery and things really started to take off.— CS

p. 94
—My lack of interest in art fairs had to do mainly with Cologne. In 1977 a group of colleagues from Cologne took the initiative. Winfried Reckermann, Karsten Greve, Heinz Teufel, and Karl Ernst Jöllenbeck wanted to go to **Art Basel** together to see what the situation was like there, so I immediately agreed to go along. I would really emphasize that up until the 1980s there was still a spirit of community in the air: we really thought we belonged together and should work together. Though each had a different program, we still had the same ideas. We rented a joint stand in Basel and discussed our program. Actually that art fair was a success, but somehow not so overwhelming that I would have been interested in joining in again the next year. It was another twenty years before I went to Basel again, and then with a stand of my own.— PC

p. 96
—In the second half of the 1970s you started to include French artists such as **Christian Bonnefoi, Jean Le Gac, Bernard Joubert**, *and others in your gallery program. How did that come about?*

I had always been interested in contemporary French art, and I'd had an eye on Jean Le Gac for some time, so he was my first port of call and my introduction to the French art scene, along with Christian Boltanski, who I also found very interesting, though I couldn't work with him. In the 1970s, I had been keeping a close watch on Conceptual photography; I was interested in the way the artists used the camera like a paintbrush, and it was in that context that I was so impressed by the work of Jean Le Gac—his extremely complex and fictional narratives in which he reflects on art and on himself, almost tongue-in-cheek. I had a long and very pleasant collaboration with him, in the course of which we did three solo exhibitions.
On one visit to Paris, I saw an exhibition of Bernard Joubert at Yvon Lambert's gallery which really touched me deeply: his Minimalism, his precision, his radical painterly stance—all that, and in such meager times too. For me, his works embodied a certain proximity to Fred Sandback. So I approached him, visited him at his studio, and we agreed on an exhibition which was then held in 1977. Through Bernard Joubert, I got to know a number of other artists who were engaged in an intense discourse at the time. One of them was Christian Bonnefoi, who was very involved in theory, and wrote for *Macula* magazine; then there was Antonio Semeraro, and Martin Barré, whose work I showed in the late 1970s, and also Pierre Dunoyer, who was represented by Ileana Sonnabend and was a major intellectual figure in Paris. He could talk intensely about a painting for hours at a time; in terms of theory it was extremely interesting, but the theory didn't work when it was put into practice—or at least it didn't for me. On the whole, to put it in rather general terms, France's contribution to art in the 1970s was strongly shaped by theory, by intellectual processes, though the end result was rarely of much significance. I've often thought that visual art in France is concentrated more in other media, in film—just think of Jean-Luc Godard or François Truffaut—and even in advertising.

And so, during that decade, I felt a strong affinity with France. But it was relatively short-lived, because I was rather spoiled by the way I had been able to work with American artists and gallerists. It had been so easy, so utterly effortless, so convivial and yet still professional, but also impassioned. Here it was more complicated, more conceptual, more introverted. I think I simply had a yearning that couldn't be satisfied here. In the 1980s the focus gradually started to shift towards Germany, which had a lot to do with developments at the time and with what was happening all around me in Cologne.— IF

p. 98
—In 1980 you held a solo exhibition of drawings by **Robert Smithson**, *accompanied by a brochure, and in the 1989 group exhibition* Aus meiner Sicht *you made his 1969 nonsite work with mirrors and earth,* Nonsite—Essen Soil and Mirrors, *a focal point.*

Yes, Robert Smithson is enormously important to me, but I couldn't work with him because of his existing gallery commitments. I met Bob in late 1960s at the legendary restaurant Max's Kansas City on Park Avenue South, between 17th and 18th Streets. It was a big loft restaurant, a meeting place for musicians, writers, and artists, divided between the sculpture scene and the painting scene; Frank Stella, Ken Showell, and Frosty Myers, for instance, were regulars. In those days the sculptors, who I was interested in, tended to sneer at the painters.

Bob was sitting near the front in Max's Kansas City and debating with other artists. Richard Serra and Keith Sonnier often went there, and that was where I met Bruce Nauman. I think they were all influenced by Robert Smithson. It was like, "Let's go see Smithson again tonight." He was probably sitting there every night at the round table, talking. I found it incredible, just sitting there with him, chatting. He had a voice that put you into another sphere after a while—like a priest. There was hardly any difference between loud and soft; he would sit there with a very friendly look on his face, talking and talking, and in talking he would lead you into another world—into a unique and very mythological world, so that you just sat there listening, fascinated. There was something very spiritual about it. It was almost as though the thoughts, the inspiration, were hovering on the ceiling. That really fascinated me: his extension of the concept of seeing, the imagination of seeing.

His film Spiral Jetty *also has that quality. The images with their diffuse flickering, and the superimposed text: an incredibly complex, mythological world. It draws you in and at the same time it keeps leading you back to reality, like when the bulldozers arrive. There's a leap from the archaic world to the present day with all its harshness and freedom.*

Yes, there are a lot of different levels that play a role in Robert Smithson's work, that go beyond the purely formal aspects—even in Land Art—such as the creativity of nature. I don't remember the details of the discussions any more, but one of Bob's sentences does stick in my mind, "You have to implement what you have in mind, you have to turn ideas into matter." In those days, there were many discussions that revolved around doing and not-doing, addressing the issue of whether intellectual analysis was enough or whether visual implementation was necessary. (Lawrence Weiner: "The work need not be built.") It was a very important lesson for me. Robert Smithson strengthened me in my basic assertion that the visual event is paramount. That is still my standpoint. I find this polarization important, this demand for a decision. As a result, I had serious reservations about the purely conceptual. At that time, I was already working with Richard Serra, Gary Kuehn, Bill Bollinger, and others, and they were creating amazing visual events—as was Robert Smithson. Just think of *Spiral Jetty*. He was aware that this sensational work would sink as the water levels rose and that the *Amarillo Ramp* would eventually silt up. After Robert Smithson died in a plane crash in 1973, Richard Serra completed the *Amarillo Ramp*.— IF

p. 102
—Your program changed direction at the beginning of the 1980s with a greater emphasis on the German-speaking countries. The exhibition **Front** *in 1981 really marked a sea change in your program.*

Yes, that's right. There was a sense of renewal and Cologne became a center for new art, even though a lot was going on elsewhere in Germany also. But most of the art that was all the rage at the time didn't convince me at all. What was really important to me was the art of a younger generation in Germany that had nothing to do with the neo-expressionism of the Mülheimer Freiheit movement. I wanted to show art that was more conceptual. I met Abraham David Christian, Meuser, Horst Münch, Volker Tannert, and Norbert Wolf, and that led to the idea of organizing *Front*, an exhibition in the spirit of the avant-garde. This exhibition and the participating artists gave me a new direction that meant a lot to me. I think, by definition, being a gallerist means discovering and supporting young artists. In this sense, I remained true to myself and was able to promote new art. *Front* was certainly a decisive move in that respect.

And then something unprecedented happened. Just before the exhibition opened, I had to do some errands and when I came back to the gallery, it was full of people. It was incredible, not just anybody, but people like Dieter Honisch and Edgar Hofschen. Hofschen berated me for showing such bad art—we fell out over that but we made it up later, which was a very valuable experience. In the end, the exhibition almost sold out. All of Volkert Tannert's works were snapped up within an hour, which also happened at his solo exhibition in the fall of that same year. He was considered Gerhard Richter's most famous student. Right after *Front,* Norbert Wolf was invited to do a show with a catalog at the Museum Haus Lange in Krefeld. I'd never experienced anything like this before. All of the artists were an instant success. They thought it was always like that. They did a lot of traveling, made a lot of quick money, and yet they were still young, their work still needed consolidating and they didn't even have time to develop because they were already at the top of the ladder. Some of them just went bananas. Even the Mülheimer Freiheit artists and so on—they were all so successful and constantly partying. It made me feel uncomfortable. Sure, my situation improved, things continually improved after 1981, financially as well, but never enough for me to be able to employ someone. The gallery was still only open in the afternoons, and I transported a lot of the work myself.

Your collaboration with these artists covers a relatively short time, and ended in some pretty vehement disputes.

Yes, with Abraham David Christian lawyers even got involved. On the whole, it was an extreme situation. Jürgen Meyer said he would rather work with Konrad Fischer in Düsseldorf and just walked out. I continued working with Horst Münch—which gave me a much needed base—and also with Ulrike Nattermüller. Volker Tannert just sort of drifted away, though there was an unpleasant scene beforehand that precipitated the break. He came to the gallery one day, sat on the desk, and announced that if I wanted to continue working with him I would have to "move my ass." Tannert was young and inexperienced, but under the circumstances there was no way I could go on working with him and I kicked him out. Norbert Wolf couldn't cope with the situation, something I regret to this day because he made extremely compelling work, but he became increasingly arrogant as well. A lot of artists lose their footing and can't really work on the development of their art when they are thrust into the limelight. And it doesn't last: when their fame fades, so do they.

These artists were all born after the war, they belong to a generation that grew up when Germany was in the throes of the so-called economic miracle and, of course, when history was silenced. I think they embody part of the nation's history. There were a remarkable number of exhibitions about Germany in those days: Finger für Deutschland, Rundschau Deutschland, Treibhaus. 31 Künstler aus Düsseldorf, 10 junge Künstler aus Deutschland, Rheingold, *etc. It was as if they were trying to find a national identity again; they were making a statement, almost with a vengeance: "We're back!"*

It was an aggressive attitude. They turned their backs on internationalism. In hindsight I would put it like this: they turned away from an international trajectory and toward a national one. It was also around this time that the book *Hunger nach Bildern. Deutsche Malerei der Gegenwart* [*Hungry for Images: Contemporary German Painting*] was published. The title echoes the longing for something of substance; society had become conservative and they wanted to invest it with life again. It was also a turning point politically with Helmut Kohl. I found it very disturbing. What was happening in art was characterized by a conservative, reactionary attitude. It took about five years to break that down and make room for more pluralistic thinking again. And there was something else: the nights turned into days, drinking together, smoking, hanging around in bars and partying, these rituals were firmly entrenched. With the artists represented in *Front*, I wanted to counter this and follow a path of my own. I wanted to gather a group of artists around me who were not pursuing the decorative, conservative, backward-looking art represented—to my mind—by the Mülheimer Freiheit artists. Helmut Dorner and Holger Bunk came along in 1983, and later Dieter Fuchs. It was a sharp change of direction; I wanted to build up something that had stability. The 1980s were a period of great change. And it's important to mention that I was working intensely with Keith Sonnier during those years and continued to mount solo shows with him. Following the *Front* exhibition, I organized a show entitled *1968* with Artschwager, Baer, Kuehn, Rückriem, Serra, and Sonnier, in other words, I was working from my own base.— CS

p. 108

—Ever since I first met **Horst Münch**—that was in the early 1980s, when he was still a student at the art academy in Düsseldorf—I've been fascinated by his sculptural works. In my eyes, he is one of Germany's most important and interesting sculptors. When I think of his work, Alberto Giacometti often comes to mind. Horst Münch doesn't fit into any pigeonhole. He is a total individualist, a maverick, the life and soul of the party who can hold forth all evening with a great sense of humor and a touch of irony. Horst loves a laugh, but in his serious moments he can also verge towards the melancholy. He is highly intelligent, and pursues his aims unerringly. He is extremely knowledgeable about art, but is also well versed in many other fields. For instance, he's a great admirer of Samuel Beckett. The absurd—which I associate with Beckett—is something I can also see in Horst's work. His sculptures are very distinctive, sometimes complex and hard to grasp; they are unfathomable, to the point of making you wonder whether they are sculptures at all. For me, his sculptures embody something uncanny and hopelessly forlorn about the human condition. Exploring the meaning of our existence plays a crucial role in his work. Even the titles themselves reflect that. And yet, for all their depth, there is a hint of levity and laughter, something very humane about his works. I have had the pleasure of working with Horst Münch for twenty years. Alongside Günter Umberg and Holger Bunk, he had a very important place in my "German-speaking" program.— IF

p. 110

—**Helmut Dorner** had his first exhibition at my gallery. He was still a sculptor back then, although he had been a student of Gerhard Richter. Dorner's works didn't fit into any of the art movements of the 1980s, he didn't fit in anywhere. His work immediately struck me as important. After that first exhibition in 1983, he moved from sculpture to painting and with that I had the feeling he had come much closer to doing his own thing. The two paintings in the collection [26, 27] are among the first he painted. I bought them immediately. *Ohne Titel* [*Untitled*], 1985 [27], already contains everything that came later—it's seminal. It's a wine-brown, dark red lacquered painting with brilliant black over it: the painting has an extraordinary gleam to it, an incredibly vibrant surface. The punctuations and handling of color still fascinate me today. The gleam and the light still play a key role in his later works. It usually took a long time for Helmut Dorner to finish a painting, to get to the point where he was willing to show it publicly. He's someone who struggles terribly with himself and is extremely self-critical. He didn't agree with some aspects of the gallery's program, so he moved to Bärbel Grässlin in Frankfurt and we lost sight of one another, but I continued to watch his progress with great interest and was delighted with his success.— IF

p. 110

In the early 1980s I was searching hard for good art, art that I found persuasive, I was looking locally as well. If my memory serves me right, it was through Horst Münch that I met **Holger Bunk.** Holger Bunk, Meuser, Horst Münch, and Ulrike Nattermüller were all studying at the art academy in Düsseldorf. I got to know Holger Bunk as an incredibly grounded, very serious artist, who was grateful for the support he received along the way. He was very important to me, and I was very important to him, because he came to be recognized in a different context through the gallery. I saw his art as a completely independent and singular affair that diffused something strangely surreal and at the same time something very calm. It was, at that time, something completely at odds with what was in fashion. I compared Holger Bunk with Max Beckmann in terms of figurative art, and I saw the Mülheimer Freiheit group of artists more as wild, color-toting Expressionists. Not many people understood that, and a lot of people said it wasn't new, because it wasn't *wild.*

Holger Bunk is a painter who delves very deeply into art history. His oeuvre could be defined solely in terms of color, or in terms of architecture, or even imaginary architecture, or in terms of stage design, or pure reflectiveness, or simply in terms of painting. He has developed an immense painterly culture; his painting is cast from a single mold, with incredible precision. It makes do with very little color and by adding white he creates these very fine, pastel-like layers of color. Almost all his paintings are developed from one color—one basic color mixed to varying hues. I can't describe it technically, but it is a phenomenon. That is *exquisite* painting. Holger Bunk can describe it precisely; I know hardly any other artists who can give such precise replies. His paintings are almost like pastels and yet at the same time they are extremely robust, and the result is something I would describe as *uncanny*, as somehow not quite the usual thing. Or as architecture that isn't really architecture. There's a real view from the studio in Düsseldorf and yet it looks totally different. It refers to a Renaissance painting and yet it doesn't have much to do with it. The result is extremely contradictory and complex.

I followed his work for a very long time, until the gallery closed; we always worked well together. It was important to me to have exhibitions with an overall concept, rather than just showing individual pictures. And so Holger Bunk created exhibitions that went beyond pure painting, in which, for instance, the architecture spilled out from the painting into the space around it.— IF

p. 112

—My first trip to Marfa was a pivotal experience. I was there in 1986 for the inauguration of Donald Judd's **Chinati Foundation**. The initial celebrations took place in an old cinema in El Paso, Texas, on the Mexican border. It is an incredible cinema, more like a European theatre. The circle of people was small, Judd's partners, Annemarie and Gianfranco Verna, Paula Cooper, Rudi Fuchs. To start things off, speeches were given about the Chinati Foundation in the cinema building, and then a meal was served. The next day we were in Marfa itself.

There I saw that "universe," and since then I have always spoken of the "cosmos" that Judd built. It was there that I first saw the 100 sculptures in a building that was formerly a prisoner-of-war camp for German soldiers. On the walls of these barracks you could still read scribbles in German: "Lieber den Arsch verlieren als die Freiheit [literally: Better lose your ass than your freedom]," that kind of thing, incredible. Judd's large work is installed there, an object dealing with the problem of internal and external space 100 times over. The outside is the same each time, but the inside has been changed one hundred times. With incredible precision. What a cosmos! Those 100 objects have a great presence, each one as large as a writing desk. Outside in a field is another, monumental work: huge cement blocks standing in the middle of the landscape. That was first time I had ever seen such things in my life. Donald Judd had been working on them since the 1970s.

The impression was overwhelming. For me, it was like the starry night sky. An infinity of art. I was greatly impressed by Judd's "cosmos." I repeatedly said to people, "You have to have some benchmark in your head, some benchmark of quality that you simply must maintain."

Judd was a real gourmet. I have never seen a kitchen like his. Such a collection of knives, pots, chilies . . . I would almost say excessive. You ate at huge kitchen tables. The meal that followed—we were no more than twenty people—was Mexican. Mexicans who live in the region around Marfa cooked for him. He attached great importance to this. A huge fireworks display had been organized, and a friend of Judd's played the bagpipes. It was a very emotional meal. Donald Judd *was* a very emotional person. Taken together, all this made up an artwork that had a great influence on my life. It was a lasting experience for me.— PC

p. 114
—**Dan Flavin** is someone I regard as the epitome of the American artist. I think his work is inspired. I first saw works by him in 1966 or 1967 at the Kornblee Gallery in New York. Soon afterwards Heiner Friedrich exhibited his works in Munich, and I immediately bought one. I must have paid around $300 for it. After that I did everything I could to represent Flavin, but there was just no way you could get the artists who were working with Heiner Friedrich. Now and again he cooperated with Konrad Fischer, but never in connection with Dan Flavin. In the early 1980s I was having serious economic difficulties and was forced to sell my Flavin, which I had managed to keep up until then. That was 1981 or 1982. I got 15,000 deutschmarks for it. I knew right from the start that it was a mistake to sell the work, and for so little money too. Annemarie and Gianfranco Verna had a Dan Flavin exhibition in 1987 and I flew to Zurich especially for it. I bought another work by him from them for $36,000, because I couldn't live without a work by Dan Flavin. I miss the light, the structure, and the colors very much.— PC

p. 116
—Before you developed a passion for art by visiting the first two documenta *exhibitions—which was both an initiation and process of teaching yourself about art—you already had a passion for* **music**. *This surfaced in the various concerts you organized to accompany exhibitions at your gallery.*

Yes, both art forms are essential components in my life. I can't live without art or music, but I've never wanted to mix the two: music is music, and art is art. Art is more static than music. I can go and look at art, leave it, and then come back again; whereas the information conveyed by music is continuous, I can absorb it in moments, but there is an ending. To write music is to create something that lies silent in drawers, until performers turn it into an aural experience. By contrast, visual experiences in art take place through direct physical confrontation. Two fundamentally different modes of perception are involved. Only in process art do the two come together.

My fascination with music has always existed side by side with my interest in art. Through classical music I became interested in new music. I first went to a concert in 1948. I delved deeper and deeper into music. I followed scores while I listened, I gradually taught myself to be more discriminating, I learned how wide the range of possible interpretations is, and I came to value formal precision—for example, the accurate performance of a sixteenth note. A lot of new music was played at concerts in the late 1940s and 50s. A seminal experience for me was a performance of Karlheinz Stockhausen's *Gesang der Jünglinge*, an electronic work based on the words of the young men in the burning fiery furnace. I was especially interested in aleatory music, in music that incorporated chance. Morton Feldman and John Cage played a big part in that.

Occasionally my fascination with music expressed itself in organized programs. The first time was in Kassel in 1966, when Roland Kayn gave a concert of cybernetic music. In the same year Gerhard Rühm, a major exponent of sound poetry, sang at one of my exhibition openings. In 1969 Philip Glass played his composition *Two Pages* on a Hammond organ in the gallery in Cologne. In 1987 Othello Liesmann played cello pieces by John Cage, Helmut Lachenmann, and Walter Zimmermann in the gallery. In 1989, to mark the opening of *Aus meiner Sicht* at the Kölnischer Kunstverein, Hermann Kretzschmar gave a piano recital in the Belgisches Haus, and the Trio Basso performed when the exhibition closed. During the *Einfach Kunst* show in Nuremberg in 2002 the Minguet Quartet gave two evening concerts. I only put on concerts of contemporary music, because I felt an obligation toward my own times. I would have liked to organize more concerts. That's something I find extremely important.— MF

p. 120
—In **1988** I went to New York again for the first time in a very long time, because Donald Judd had a retrospective at the Whitney Museum. I spent only four days in **New York**, together with Günter Umberg, and I discovered so much art that really inspired me, it took my breath away and at the same time made me so happy. It was a sensation. I had actually been thinking at the time, "OK, you've already done your bit, but now you're going to continue." After that, I set out on my second career. I made new, surprising discoveries and found new artists, one after the other. There were moments when I thought, "Yes, it's just like in the past, in the late 1960s." The essential thing was that an intellectual debate with history and tradition was taking place among the artists. During that particular visit to New York I came upon Steven Parrino, Laurie Parsons, and Thom Merrick. I immediately bought works at their studios and largely agreed the program for the coming year. After that moment, I traveled regularly to New York again. I found Matthew McCaslin, Cady Noland, David Reed, Joseph Marioni, Tishan Hsu, Jeffrey Wisniewski, Fabian Marcaccio, Carl Ostendarp . . . my motto was: "Roll your sleeves up and get going!" Every time I left for New York, my assistant at the gallery, Marion Klein, told me, "That's enough. Don't come back with any more new artists!" But I couldn't stop. I felt it was important to do my utmost for these artists, to support their art. After all, the artists in question—starting at the top and working down the list—were not accepted at that time. For some of them, it is still difficult even today. But compared to much that has come and gone since then, a lot of their work has survived. 1988 was like a new beginning, a new start. I reformulated the whole program and mounted one exhibition after another. And yet there were still some artists I wasn't able to include.— PC

p. 122
—There was a huge argument with Donald Judd on the occasion of the **Bilderstreit** [*Battle of Images*] exhibition. When he was invited to take part he agreed on condition that he could write a text for the catalogue. In previous essays Judd had already spoken out against the form of the large exhibition, as his experience with such mega-events was that the focus was not on the work and its careful presentation but merely on the names. Johannes Gachnang, one of the two curators, granted him his wish. Judd's text turned out to be a very polemical essay directed against the exhibition. It was not published in the catalogue.

About a week before the exhibition opening, I collected Donald Judd from the airport around six in the morning. We had agreed that we would go straight to the exhibition. We arrived at ten and went to the room where his works were displayed. It was a huge room at the convention center, and it had a manhole cover. One of his works was placed right on top of this manhole cover. It was a central work: a Plexiglas object with aluminum plates at either end and steel cables in the middle holding it together. Looking at the work, you couldn't avoid seeing the manhole cover. Judd refused to look any further, and said he wanted to go to the gallery immediately. When we got there he took out his notebook and called the lenders, the Saatchi Collection, the Stedelijk Museum, and the Fröhlich Collection. He told them that if they had any respect at all for his work and wanted to work with him in the future, they would have to withdraw the loans immediately. They all did just that. For me that was a lesson of the first order. Seething with rage, Judd then said that the article would simply have to be published. Amine Haase published it later in *Kunstforum*.— PC

p. 124
—In 1989, with the gallery fast approaching its twenty-fifth anniversary, Wulf Herzogenrath, who was then the director of the Kölnischer Kunstverein, invited me to curate an exhibition to mark the event. I was only too happy to take him up on it. I could hardly believe it myself: twenty-five years of the gallery, twenty-one years in Cologne, and I had only recently come full circle by renewing my collaboration with Donald Judd and visiting New York again. That gave me the idea for the exhibition concept. The exhibition, which I called **Aus meiner Sicht** [*In My View*], was to be a concentrated distillation of twenty-five years of art as I had seen and experienced it, rather than just a review of twenty-five years of gallery work. At one end of the room, I wanted a work by Gerhard Richter, and at the other a work by James Rosenquist. The idea was to bracket the exhibition in this way. Both approaches date back to the same time, and the two positions seemed to me to be the opposite poles of the exhibition. So right at the start of my preparations, I approached Gerhard Richter personally, to extend the invitation and outline my concept. And Richter immediately said, "Yes! Tell me exactly how big the wall is. Give me the measurements. I'll paint new works for it." He painted four new works, especially for that! Taking these two opposite poles as a starting point, there were further examples of artistic positions that had been developed in the late 1960s and early 1970s—such as Richard Artschwager, Bill Bollinger, Eva Hesse, and Gary Kuehn, which I quite consciously juxtaposed with younger positions such as those of Holger Bunk, Dieter Fuchs, Joseph Marioni, Thom Merrick, Li-Trincere, and others. But right in the middle, between the two painterly opposites of Richter and Rosenquist, I placed two sculptural positions: Robert Smithson and Donald Judd. Their respective approaches represent seminal ideas to me, like guiding paths; they are like two masters—I'm including their theoretical ideas here as well—and around these two central points, a whole spectrum of art unfolds.

Many of the artists included in the exhibition created new works for it. That was so important to me, and it was the most wonderful gift. Donald Judd made his first round object. But he wasn't satisfied with the work, and when Judd saw it some time after the exhibition had already opened, he withdrew it. Cady Noland did a special piece. Richard Serra presented an incredibly impressive sculpture—and so on. Philippe Cazal gave the exhibition its distinctive look, he designed the poster and the invitation card, while Holger Bunk painted a banner on a huge tarpaulin donated by Walther König. And so the exhibition made its mark on Cologne, and prompted the publication of a wonderful book: *Rolf Ricke – Texte von Künstlern, Kritikern, Sammlern, Freunden und Kollegen geschrieben für Rolf Ricke aus Anlass seines 25-jährigen Galeriejubiläums* [*Rolf Ricke: Texts by Artists, Critics, Collectors, Friends, and Colleagues Written for Rolf Ricke on the Occasion of His Gallery's Twenty-fifth Anniversary*], edited by Marianne Stockebrand, who by then had become the new director of the Kunstverein. That book was an extraordinarily generous gift from Walther König, who financed it and who also had the brilliant idea in the first place for a publication that was meant to show every facet of a gallerist's work. The cover, which shows a nighttime view of Cologne Cathedral through the steel cables of the Severinsbrücke, is actually a reference to an advertisement designed by Ed Ruscha that I had placed in *Avalanche* magazine in 1972. *Aus meiner Sicht* was an emotionally moving celebration in and with Cologne. Everything about it was just right.— IF

p. 130
—I got to know **Larry Bell**'s *Cubes* very early on, but he was safely in Ileana Sonnabend's hands, and I, in turn, was busy with other issues in the 1970s and 80s. It must have been 1989 when Donald Judd told me that Larry Bell was painting very strange works that I definitely ought to consider. When an artist I myself like very much draws my attention to the work of another artist, then I always take a look at it. In the course of my time as a gallerist, these pointers were of enormous importance. No gallery owner gets by without tips, and whoever claims the opposite is lying. The most famous discoveries are usually made by other artists. Through these artists I got to know others, that was the case right from the start. For example, Gary Kuehn introduced me to Keith Sonnier, he showed me slides of Sonnier's works. I visited Keith immediately and later he gave me the name of another artist. I have always followed up on these hints, and often a collaboration resulted. So I made contact with Larry Bell. He was working on "material paintings," for which he had made a special machine into which he put light-reflecting materials, plastic sheeting and the like, which the machine then hurled against the canvas with great force. I saw this not as painting but as a continuation of light refraction, as in the *Cubes*. We agreed to do an exhibition together. He exhibited works at the Musée d'Art Contemporain in Lyon in October 1989, and from there they were sent to Cologne. Larry Bell arrived in April 1990 and we mounted the exhibition. He wore a white suit and hat for the opening and smoked a cigar. After that opening, Colin de Land of American Fine Arts said that the most fascinating thing about Cologne was Larry Bell. He was still talking about it years later.— PC

p. 132
—I could see that **Philippe Cazal** is someone who formulates things in an incredibly precise way. I regard that as being part of being "French," which I associate with a distinct structural awareness, a sophisticated intellectualism, coupled with great sensuality. Once we went to the market together and I experienced how he shopped, the joy with which he selected the vegetables and fruit, saying, "Over there, that chocolate-maker. . . ."—that was already my thing [laughs]! I mention that because it is of major importance to me: in my view, everything about someone, their whole life, their attitude to life, how sensual, how modest, how emotional, how introverted they are, is usually reflected in their art. And this is particularly tangible in Philippe Cazal's works, which are precisely formulated, not inaccessible, however, but extremely sensual.— PC

p. 134
—I can still recall the events that led up to the exhibition of works by **Tom Bills** in **1990**. Alfred Greisinger, a collector and master confectioner from Baden-Baden, came to my gallery one evening and said he was looking for small sculptures and asked if I might be able to help him. Tom Bills had sent me slides, which I had just been looking at and was glad to show to Mr. Greisinger. He spontaneously said, "I'm very interested in these sculptures," to which I replied, "Then let's fly there and take a look at them." Shortly afterwards, we flew to New York together and visited Tom Bills in his studio. Mr. Greisinger bought forty or fifty metal sculptures from Tom that Saturday afternoon. I thought, "Good, then let's do an exhibition as well." I also bought one sculpture for myself [6], as was my custom. Tom came to Cologne for the exhibition opening and all the sculptures were sold. After that, he began producing large works for a sculpture park, huge concrete sculptures. Basically, Alfred Greisinger always said yes or no, and if it was yes, he bought as many works as possible from one artist. You just couldn't stop him.— PC

p. 138
—I had wanted to work with **Donald Judd** since I first saw his work. I can't remember exactly when and how I got to know him, but it was through Leo Castelli. Judd came to the first exhibition in 1972. He showed a single multi-part object, quite a special exhibition for a gallery. However, the work didn't sell, so I had to send it back to the USA. Thus ended my first collaboration with Judd. His connection with the Dia Art Foundation played a major role in that, among other things.

We began working together again in the late 1980s. We met again by chance in summer 1986 at the opening of a Barnett Newman exhibition at the Städtisches Museum Abteiberg in Mönchengladbach. Annemarie and Gianfranco Verna had gone there with Judd. I saw him that evening for the first time in ages, and when we looked one another in the eye, immediately there was that spark, and we agreed on an exhibition. It took place a year later and Donald Judd was at the opening. His first retrospective in New York was at the Whitney Museum in 1988, and it was clear to me that I should fly to New York to be at the event held in his honor—as in 1986 for the inauguration of the Chinati Foundation in Marfa.

For me, working with Donald Judd was a great lesson in precision, punctuality, clear determination—and at the same time in considerable prudence. He trained my eye regarding the presentation of art, and what I learnt from him still influences me today when I look at an exhibition, when I see how badly some works are shown. That is something I simply cannot understand. I don't necessarily think that I know it better, but I do know that in many cases things are just not right—let's put it that way.

In my view, Judd's work constitutes an absolutely great inventiveness and further development of sculpture. Jan Hoet once put it this way, "Donald Judd is the last Renaissance artist." Initially I didn't understand what he meant, but he was actually formulating something which Judd himself often said: that we want to restore the art, take it back to its essence, its beginning; that we are indebted to both the Renaissance and ancient Greek art. That incredibly confident claim, that greatness, is probably also symptomatic of the time. I believe this applies equally to Dan Flavin, Richard Serra, or Michael Heizer. This conviction of being part of the formulation of a new beginning, a Renaissance, signifies just that.— PC

p. 140
—For me, **Laurie Parsons** is a phenomenon: the personification of kindness, love, and humanitarian ideals, things which I have seldom found so manifest in anyone, and which are visible in the radicality of her work—which is no contradiction, strangely enough. I have always been susceptible to such radicalism, to a clear standpoint, a clear claim, which at the same time allows a rejection.

Günter Umberg drew my attention to Laurie Parsons and her first solo exhibition at the Lorence-Monk gallery in New York in 1988. Once I had seen the exhibition I was captivated: that section of the world, those abandoned found objects, a presentation so concentrated and dense, it exuded a sensual force. Then I met Laurie Parsons and we agreed to show the exhibition in Cologne, which she attended. She was not in Cologne for very long, but she got to know a number of people, including Udo Kittelmann, who later invited her to make an exhibition at the Forum Kunst Rottweil. An appeal was made to the citizens of Rottweil to bring everything they felt was necessary for life to the Forum. In a short space of time, all the things were arranged, and Laurie lived in the museum during the course of the exhibition. In the mornings, before the exhibition opened, she worked with young handicapped people, and in the afternoons many of the local people came bringing coffee and cake. There was this constant coming and going. It was a social meeting place where a lot of discussions about art and life took place. Radical and social at the same time.

During her exhibition at the gallery in 1989, Alfred Greisinger came and told me that he had heard so many bad things about it around town, that only rubbish from the street was being shown. So he thought, "I have to see it for myself." He was absolutely thrilled. He thought the exhibition was very poetic. At first he wanted to buy three or four pieces from the whole installation, but then he realized, "That's crazy, it all belongs together, I'll buy the whole exhibition."

In late 1990, Laurie Parsons took part in a group exhibition entitled *Work? Work in Progress?* at the Andrea Rosen Gallery in New York. There was no work by her on show in that exhibition, and when you asked about her, the reply was, "Just a moment, Laurie has gone out somewhere," or, "She is in her office, I'll call her." Then Laurie arrived and talked about the other artists' works, about herself too, but as if she were not an artist but the gallerist. That was her concept: she worked every day for the duration of the exhibition as a gallery assistant, free of charge.

She gave a very precise explanation of this extended concept of art: she was no longer interested in making art objects to be sold and taken home. Instead she said she wanted to devote herself to social and societal structures. I remember thinking, "Another woman artist about to drop out!" But not only did I accept this, I even admired it. Laurie Parsons turned her attentions to social and neighborhood projects. We continued to meet every now and then. When an artist does something like that, I consider it to be of special significance. And she does it all with incredible dedication. In my view, that is a very great achievement.— PC

p. 144
—I got to know **Franz Wanner** in the mid-1980s. He's Swiss, but at that time he lived in the Klapperhof in Cologne, a large building near the Hohenzollernring that housed many studios. Artists like Claus Peter Wittig curated very interesting shows there, outside the gallery circuit. Franz Wanner is an extremely independent artist who has firmly resisted the pressures of the *Zeitgeist*. He's one of the few artists with whom I was able to share my interest in music, so we had some great experiences together—at the opera, for example. Franz Wanner got to feel the full force of the Cologne art scene at close quarters. Martin Kippenberger, its lord and master, couldn't keep his mouth shut and made such a fool of himself. There were some pretty nasty scenes in the local bars. One night the two of them were constantly getting at each other and I guess Franz started throwing things around. In 1988 he left Cologne and returned to Switzerland. Franz' paintings reflect painting. Commonplace objects hover unrelated in large pictorial spaces—a bowl and a table, say, or a beam and a branch. They look as though they've been stained into the picture support and they seem to shine through layers of heavy, contrasting colors. It's an amazing visual experience.

Through Franz Wanner I met Can Yasargil, a Swiss artist of Turkish origin who was a close friend of Franz's, and Christoph Schenker, then an independent curator, with whom I had a long, intense talk about the artistic scene in Switzerland. As a result of this conversation I invited him to curate a show at the gallery. In 1988, in a really short time, he put together the impressive exhibition **Polyglott**, with **Daniel Zimmermann**, **Adrian Schiess**, **Urs Frei**, and **Christoph Rütimann**. It was the first group show for them together outside Switzerland, and Christoph Schenker arranged for some useful support from the Pro Helvetia foundation. I continued to work with Urs Frei and Adrian Schiess over a longer period of time, an extremely happy association that resulted in three solo shows each. I was also interested in Zimmermann and Rütimann, but they decided to go elsewhere.

For me, there's a touch of Schwitters and Dada about the work of Urs Frei. Is it painting or isn't it? He works with paint, but he doesn't paint things in the usual way: he paints *on* them. The collage-like pieces he showed in the exhibitions came straight from his studio—from his "store," as he called it. He'd take items from the store and alter them, adding or removing things to destroy their previous form and generate new pieces. The pieces are squashed, crushed, tied, glued. They all have a certain toughness, an element of destructiveness and imperfection, coupled with humorous and ironic traits. When Urs received a scholarship to work in New York I often visited with him there. But then our association flagged, for no apparent reason. Really, Urs withdrew a bit from the art world.— MF

p. 146
I first saw works by **Cady Noland** at Colin de Land's American Fine Arts gallery in late 1988. American Fine Arts was a kind of alternative gallery in SoHo. The gallery had something grubby about it. If you were lucky someone spoke to you, if not, they didn't. That was all part of the agenda. I had a feeling that it was modeled on Dick Bellamy's Green gallery. Anyway, I always got on well with Colin de Land. I quickly asked if there was still anything by Cady Noland for sale, as several collectors were interested in her at the time. I bought *Celebrity Trash Spill*. Shortly afterwards I got to know Cady Noland personally. We met for a coffee, and after that I visited her at her studio in the meatpacking district. I told her about the exhibition *Aus meiner Sicht* which was being planned for the Kölnischer Kunstverein. Cady was very open and immediately said, "I'll do a piece for it, if you like." It all went very well. *Mutated Pipe* was shown in Cologne in 1989 and then went into my collection [83]. I also mentioned an exhibition at my gallery, to which she gladly agreed, although shortly afterwards she had to cancel, under great pressure from the tough business of the art world. I believe that outside demands and the associated market constraints had a lot to do with it.

In 1992, when I was sitting with her and Paula Cooper on Franz West's chairs at *DOCUMENTA IX*—she had just done her work in the underground parking lot—I could sense the huge pressure she was under. So many demands were being made of this extremely delicate person, who wanted nothing at all to do with all the social implications; it was all repugnant to her, I think. After the show at Paula Cooper's in 1994 she didn't do any more exhibitions. She withdrew completely from the art world. So I never did get to do an exhibition with her, which I regret very much.— PC

p. 148
—**Adrian Schiess** was keen to show works at my gallery that he had never exhibited before; he felt it was important to convey the complexity of his work. That played a role not only in the exhibition of his *Fetzen* [*Scraps*], as the series is called, but also in the exhibition of the watercolors; basically, I wanted a special exhibition too. But these works were not commissioned—that's an important point. I visited Adrian at his studio in Switzerland quite often, and whenever I discovered something that particularly appealed to me, we would take a closer look at it. Of course, like most artists, Adrian himself would sometimes come to me and tell me what he would like to do at my gallery. That had already started with Sonnier, Serra, and some others. Maybe, over the years, word got around that I was willing to take on board the specific ideas the artists themselves wanted to realize, with all the risks that entails.

In 1992, Adrian Schiess pasted his torn watercolors, fragments of watercolors, directly onto the wall. And these delicate pieces of Chinese paper, that looked so ephemeral, merged with the wall, giving them an immense presence. Adrian is always seeking to undermine any sense of over-determination in his working process, so he lets the element of chance—like tearing [the paper]—enter into the dialogue of the painterly process, and he includes the light and surroundings themselves. On one hand, that has to do with opening up the work, achieving a certain openness, and on the other hand it has to do with a refusal of representation. At the same time, the aspect of temporality, of transience—like withering flowers—is an underlying factor, as the watercolors were merged with the wall. Anyone who wanted to buy a work could choose a similar watercolor, but not one from the wall.— IF

p. 150
—In the 1990s, several artists such as Thom Merrick, Matthew McCaslin, and Steven Parrino came to Cologne, and like Bill Bollinger, Gary Kuehn, Richard Serra, or Keith Sonnier in the late 1960s, to mention just a few, they produced their ***works on site****, at your gallery.*

Generally speaking, every artist goes his own way . . . take Thom Merrick, for example. I would usually set the date months in advance, saying, "Thom, I'd like to do an exhibition with you. Would September be okay?" Of course I would have no idea what Thom might have in his mind in September. A short while before the exhibition opening, he would come to Cologne. We would usually start organizing things immediately. He would have told us what he required, "I need an old bicycle," or else "I need old car tires, plus this and that material." He would explain what he intended to do, and I would say, "Good, then let's go and get the things you need." My assistant Marion Klein would have already found out where old bicycles or used tires were available, so we could set off. Yes, this was clearly a re-emergence of something that interested me very much in the late 1960s and also influenced me a lot. What came back in the 1990s and greatly fascinated me was the pure process. This was the case with a large number of artists. That younger generation has a knowledge of, and makes a deliberate reference back to the art production of the 1960s.

In 1995 Steven Parrino also came to Cologne to prepare his exhibition and produced all the works on site. Steven had already told me what he needed: paint, silicone, and honeycomb aluminum panels, a material used in the aviation industry, at the time they were only produced in Belgium. Olivier Mosset, who was a great friend of Steven's, also used that material in some of his works. So we ordered sheets of it in the given format in advance. When Steven arrived, he first painted these sheets in the gallery, in a monochrome luminous blue. Then he sawed, bent, and wrecked them, so to speak. Finally he filled the open bends with silicone. Steven called that exhibition *(De) Forming.*

I never told the artists what to do, I always just said, "Do it!" While they were working at the gallery, however, we talked all the time. This constant exchange was an essential component of the work. I was in my office, but I often went through the gallery and took a look, and I always made a comment, asked a question, or simply reacted to what was emerging and what appealed to me or did not yet appeal to me. In this way I experienced the genesis of the artworks in a very immediate way.— PC

p. 152
—I made contact with **Steve DiBenedetto** through Steven Parrino, who strongly recommended him to me, saying, "If you want to get to know a really radical artist, then go and look at Steve DiBenedetto's work." That was around 1990 or 1991. I visited Steve at his studio and included one work in the 1992 exhibition *Kinder! macht Neues!* [*Kids! Make Something New!*] as a new formulation of painting. For me, Steve DiBenedetto is an aggressive, very communicative artist, who not only has great talent but also knows an awful lot about painting. I always felt he had an affinity to Richard Serra, as regards the type of person, brimming over with powerful claims, incredibly radical, yet at the same time clear-minded and questioning. I mention this because for me this attitude is reflected in his paintings. What is remarkable in this connec-

tion is that many of the artists I know in New York go to his exhibitions and discuss them because they are interested in the multilayered information they contain and the questions they raise about painting. In 1993 DiBenedetto had his first solo exhibition at the gallery.— PC

p. 154
—In 1993 **Jeffrey Wisniewski** carried out a work for the Die Wandelhalle - Forum für Kunst im öffentlichen Raum [The Wandelhalle, Center for Art in Public Spaces] in downtown Cologne, curated by Petra Stilper. Wisniewski's contribution, *Nervous Systems/ Nervöse Systeme*, involved demolishing a house and layering the fragments in containers. He had done a similar work the year before that, when he had a house in Vermont demolished and the individual fragments shredded and transported to New York. There, Wisniewski filled the Nordanstadt-Skarstedt gallery with the finely shredded house material. For me that was an incredibly impressive sight: the gallery rooms filled not with earth, as in Walter De Maria's *Munich Earth Room* of 1968, but with the kind of materials from which the gallery itself had been built: a cultural-civilizational humus. Needless to say, the mythological Robert Smithson played an important role here, as did the whole aspect of site and non-site. The exhibition was closed after only a short time due to objections from the fire department. That's the background to his action in Cologne.

Jeffrey went in search of another house: between Cologne and Aachen there is a lignite mining district, which is largely depopulated. On one of these abandoned sites was a solid residential building, which he chose. The whole house was demolished using an excavator; all that remained was a heap of rubble. This rubble was then transported to Cologne by truck and packed in huge steel mesh boxes. The boxes were used to build a sculpture like a mountain, or rather a wall. These huge containers stood on Ebertplatz in front of the Eigelsteintor in Cologne for only a few days. Steel nets were drawn between the containers. That was Jeffrey's unbelievable piece. Petra Stilper managed it all, and we owe her a great debt of gratitude for that incredible work.— PC

p. 154
—One morning in November 1988 I went to the Cologne art fair with Günter Umberg to set up my booth, and passing the Max Protetch Gallery, I noticed part of a painting sticking out over the edge of the booth. We were in the midst of walking and talking, but I stopped and said, "Just a minute Günter, see that up there? We've got to take a closer look at that." I went up to Max Protetch and asked him, "Who painted that picture? I'd like to take a look at it." Max showed us the painting and told us it was by **David Reed**. I asked more questions and Max Protetch willingly told me everything I wanted to know and I still remember saying, "Okay, this is an artist I want to visit next time I'm in New York." Just couple of months later in January 1989 I was back in New York to prepare the exhibition *Aus meiner Sicht* for the Kölnischer Kunstverein and took the opportunity to meet David Reed for the first time. At David's studio I bought my first picture, *#270*, 1988–89 [100], and on the spot, I decided to include it in the exhibition at the Kunstverein.

This encounter was one of the most decisive in my whole life. To me it's extremely interesting to visit studios and talk to artists and, above all, to go to exhibitions together—that's amazingly fruitful. Those are the really impressive and instructive moments. It was always an experience! And by looking at works together with David, especially paintings, he taught me to start seeing all over again. Let me just tell you one story from among the many. It was 2003 and when I arrived at his studio, he was on the phone. A curator from the Museum of Modern Art had called and invited him to come by quickly because they had juxtaposed a few works from the *Matisse Picasso* exhibition and they were about to pack them in crates to ship them back again. David was all excited, and we left instantly. To me it was a crucial lesson in painting; I saw Picasso and Matisse with completely new eyes, and to me Matisse has been one of the most impressive painters ever since.

David is really passionate about art, about painting, but also about architecture and film. He's extremely committed; he learns everything he can about artists who are important to him, like Barnett Newman or Blinky Palermo. He's incredibly open and tolerant, completely unprejudiced when it comes to the work of other artists. But he's extremely critical about his own work; it's often a long, intense struggle until his pictures satisfy his exacting demands. A date covering several years for a single work testifies to this prolonged process.

That's also why David didn't have a solo show until 1991. In fact, I had already noticed a lot of resistance to his work at the Kunstverein exhibition in 1989, but this time it was even greater and the work was completely unsaleable. People said, "What's this all about? It's not painting, it looks like a photograph but it isn't one. It's not ceramic either. Those colors are awful, unbearable! No way." Thomas Ammann and I were the only ones who bought pictures from the exhibition. But gradually collectors became more and more interested in David.

To a certain extent, David is a classical painter. I'm especially interested in gesture that is not gesture, this depersonalized, frozen gesture, and the surface of his pictures: they're tremendously slick and impersonal. Perfection and elegance at the same time. Basically, they look like photographs. And yet they're also unmistakably sensual, even erotic. They have a particularly refined and intellectual sensuality that indicates his extremely conceptual and self-contained approach. Actually he breaks the picture down. Both film and mannerist painting exert a crucial influence: the special format, the rhythm, the light, the palette, and the artificiality. When you trace the information with your eyes, follow the movement in the paintings, it's like a roller coaster ride. Information crops up and its movement is arrested, the tension is tremendous—it's marvelously mannered. Are these paintings naturalistic? Are they abstract? Are they close to reality or far from it? Are they fantastic? Are they pure artistic invention? What *is* going on in them?— CS

p. 158
—Whenever possible, when I was in **New York** I tried to get all the artists I had shown in my gallery around a table for a **meal**. It didn't always work, after all I was there quite regularly. But once or twice a year I succeeded. Many of the artists already knew each other. I still have vivid memories of those evenings. Steven Parrino or Thom Merrick usually chose the restaurant. One of them was called "Radio City," a very small place. It was so small, you could scarcely get a seat for everyone, but the atmosphere there was incredibly intense! We went there two or three times and had Mexican food. They were marvelous evenings! Occasionally, the meetings took place at David Reed's house. Of course, not all the artists were there every time, and each evening was different, unique, and interesting. Some of the artists had little in common with one another, some got on famously. There were many discussions about art, some general, others more specific. I remember one evening Laurie Parsons and Jeffrey Wisniewski almost tore each other to bits about some political or artistic issue. . . . All in all, however, these gatherings were very important for me.— PC

p. 160
—The first work by **Carl Ostendarp** I bought was *Nothing from Nothing*, 1992 [87]. I was irresistibly drawn to the work. To me it looked as if something was flowing downwards and at the same time everything was flat, without perspective. Is that a painting? What is it exactly? Can it be explained? What I saw in it was a new pictorial invention, with an altogether bright and cheerful aura. It was being shown at Jay Gorney's gallery in New York. Before that, Carl was represented by John Post Lee, as was Fabian Marcaccio, who is a close friend of his. I discovered Carl Ostendarp in early 1992. I got to know him right after that and found him a very humorous person. He told jokes, laughed a lot, gestured wildly when speaking. He could really have been a comedian. When he spoke, his huge lively eyes talked along with him, winking and rolling about. I first included works by him in the exhibition *Kinder! macht Neues!* I believe it was his first show in Europe, and around the same time we agreed on the first solo exhibition. The ritual was same every time.

How should I put it? Carl Ostendarp is sort of an abstract Pop artist. But this so-called abstraction is not really abstraction, in fact, all his paintings are figurative. I see strong links to John Wesley and Jean Arp, and to Joan Miró. I'm also very interested in the almost Matisse-like aspect of the positive and negative. Basically, these are colliding spaces, painted in these very strange, washed-out, or milky, certainly not pure colors. In these paintings there are always things coming together and drifting apart again. That is something that has always greatly fascinated me. And his planar, reduced coloration! All his works are painted in just a few colors, and also have those strangely humorous things in them!— PC

p. 162
—*How did your gallery do* **economically** *in the* **1990s**, *the time of your second wave?*

Very badly! Really badly! There was a peak from about 1985 to 1990, but from then on it was downhill. Things were not going well in the mid-1990s. My mistake was that I repeatedly invested, bought art myself. Like in the 1960s, I felt I had a responsibility to support the artists. I negotiated a lot of bank loans, which I got easily because of my gallery's history, thank God! But then these calls kept coming from the bank, "We should have a talk about your account." A familiar story. It was a huge worry for me, and I swore I wouldn't do it again. I thought, I can't go through it again, but I did it over and over again.

You once said that nothing was sold during the Steven Parrino exhibition in 1995. Doesn't that apply in the case of most of the exhibitions you mounted at that time?

Yes, it was the same with Thom Merrick and Jeffrey Wisniewski, Steve DiBenedetto, Birgit Werres. Even Günter Umberg and Jessica Stockholder were hard to sell. Basically there were only four or five artists who sold well. I started going to the Basel art fair in 1997, which was a great help financially, although the costs there were enormous. I always sold rather well in Basel, but compared to my colleagues it was very little. That had to do with the low prices of the young artists. There's a saying among us gallerists: you have to earn a lot in June in Basel so that you can survive until October, because there's nothing in between. I managed to do that, but it was still a huge problem.

I have to say that throughout my life, my main interest has been art. I never thought of doing an exhibition just so as to be able to earn something. I never did that. I just did what I wanted, again and again. Throughout 2004, I only sold about 700,000 or 800,000 euros worth of work. That's not a turnover worth taking about, but for me personally the sales were incredible successes with a difficult commodity. It's hard to imagine! During the last months I had to go to the bank repeatedly to borrow money. I had a crazy amount on loan and it was really a great burden on me.

The interesting thing about having a gallery like mine and working over the years not only with new artists but also with new forms of presentation, is that people just don't understand what you're doing. Initially this annoyed me, but in the course of time I began to realize that I was at an enormous advantage, because I was the one who chose the artists and discussed their work with them. Practically speaking, I was always there during the production phase, not when the artist was conceptualizing the work, but when he or she was producing it. I began to realize that artists, who consider a problem over a long period of time and then present it, are of course in a very different position to the viewer, who arrives at a much later point. So it is up to the viewer to say, "I'll pursue this particular possibility," or "I won't bother with that." This became clear to me over the years.— PC

p. 166
—For his exhibition in **1996 Günter Umberg** constructed a space within a space. He positioned it between two piers, but left a narrow gap so that his space seemed like a room in itself, with no direct contact with either the walls or the piers. This space, or container, was striking in its materiality. Its walls were covered in brown wrapping paper, which was not easy to do. Umberg had used wrapping paper in his early paper works, in very large quantities. It's a material that he found important for the development of his work. These links to the past turned up repeatedly in Günter's work. The wrapping paper darkened both the constructed space and the gallery space, while at the same time radiating a warm hue. Umberg's works made a very different impression, depending on whether they were hung on the white walls or on the walls covered in wrapping paper. This was both a strongly conceptual and a new possibility of dealing with his work, and indeed with spaces for art. I think the viewers had difficulties understanding this artistic intervention, or did not really perceive it at all. However, I do remember a collector couple from Cologne, who took careful note of this idea and also bought a small work. I didn't sell any others, which was unusual for a Günter Umberg exhibition. But I do believe that this particular intervention introduced a stronger quality into his work.— PC

p. 168
—None of this would have been possible without the many **collectors** who were attracted to my program and had the courage to act on their spirited and open-minded instincts—they basically kept the whole thing going. Neither my business nor my ideals would have survived but for the enthusiasm and support of these individuals, who have not only my respect, but also my admiration, which buoyed me up in many situations. Their own collections are thoroughly personal and cohesive; none of them bought works on mere hearsay. I feel enormously fortunate to have met these people, many of whom stayed with me for a long time—and some still do. I cannot possibly list all my loyal fellow travelers here, but there are a few I would like to mention specifically.

The collector **Dr. Heinz Hunstein** was there right from the start. He accompanied me along the way, supporting me and even defending me in times of crisis. For instance, when I was still in Kassel there was a real problem: the gallery was threatened with legal action, closure in fact, because of its supposedly "salacious" program, but Dr. Hunstein stepped in and saved the day. Broadly, his commitment to the arts made a real difference in Kassel. He was a dentist and put all his money into art, he knows lots of artists, always had a open house and often used to invite us over. What's more, we share an interest in music and have remained close friends to this day.

It was the enthusiasm of **Hans-Joachim Etzold** that set things in motion. The path I took is down to him. Etzold sent me to New York to get Pop Art prints. That was the spark that fired my gallery program in the early days. From the Pop Art and Op Art prints, he moved on to taking an interest in sculpture: Artschwager, Bollinger, Saret, Serra, Sonnier . . . they all entered the collection, which is now in the Museum Abteiberg in Mönchengladbach. He and his wife Berni got to know a lot of the artists personally. They were both incredibly open and knew exactly what they wanted.

The collector **Wolfgang Hahn** was a patron who always tried to support the artists even though he didn't have a lot of money himself. He worked as a restorer at the Wallraf-Richartz Museum. His interest in art was phenomenal! His collection, mainly focused on Fluxus and Nouveau Réalisme, is now in the Museum moderner Kunst Stiftung Ludwig in Vienna. Cologne's prestigious Hahn Prize was established in his honor. Every day, during his lunch break, Hahn would pop into Walther König's art bookshop to keep himself informed. Without his commitment, the Ludwig Collection would have been inconceivable.
I owe him and his wife Helga a debt of gratitude.

It was through working closely with Dr. Paul Wember, director of the Kaiser-Wilhelm Museum in Krefeld, that I met **Helga and Walther Lauffs**. In the mid-1960s, [the German weekly newspaper] *Die Zeit* published an interview with Wember in which he expressed his concern about the museum's financial situation affecting the arts. It caught the attention of Walther Lauffs, an entrepreneur in Bad Honeff, who then contacted Wember. He wanted to buy art, but didn't feel he knew enough about it, and so they came to an arrangement whereby Wember would buy works for the Lauffs collection, which were then given to the museum on permanent loan. I remember clearly how the two of them would come to my gallery, have a quiet consultation together and then make quick and confident decisions. Those visits continued until the mid-1970s, and then stopped, partly because Wember had retired and partly because of changing interests, but because of the long-standing connection, Helga and Walther Lauffs would still drop by occasionally and buy something.

I met **Dr. Peter Ludwig** in 1969 at an Allan D'Arcangelo exhibition at the Gegenverkehr Aachen – Zentrum für aktuelle Kunst. We immediately arranged to meet up the following morning at eight. Dr. Ludwig, old-school businessman that he was, arrived on the dot of eight and purchased a number of works, Watts, Ramos, Warhol prints, with obvious enthusiasm. From then on, he would come to just about every exhibition at the gallery, and bought works by Artschwager, Heizer, Hesse, Young. . . . We went to New York together a few times. We had a lot of contact up until about 1974. He really supported the gallery.

Dr. Rainer Jacobs first visited the gallery in 1968. He was so utterly captivated by a Mel Ramos work that he was prepared to spend more than the entire sum of his recent inheritance to acquire it. I intuitively dissuaded him from doing that, because the Pop artists were already commanding high prices, whereas works by Kuehn, Serra, Bollinger and the like were still affordable. I was sure that he would not be happy in the long term owning just a single work with no broader context. We had many enjoyable discussions and Dr. Jacobs soon developed a passion for Serra, [Walter] De Maria, and Beuys. That encounter was the beginning of a very fruitful relationship between collector and dealer.

The brothers **Christoph** and **Dr. Andreas Vowinckel** were both passionately interested in art, but had very different preferences: Christoph, the businessman, was drawn more to painting, whereas Andreas, the art historian, was more attracted to sculpture. In the 1960s and 70s these two brothers were a decisive factor for me. I had met Andreas Vowinckel, who later went on to become director of the Badischer Kunstverein, at the *documenta* in 1964. Both brothers were among the first to buy works by Bollinger, Lozano, Kuehn, Stafford, and Young. At one of the last times I took part in the Kunstmarkt it was Andreas Vowinckel who bought art from me, he was one of the few. He was very interested in Jean Le Gac, for instance. It was the two Vowinckel brothers who made the Galeriehaus in Cologne possible.

Since the early 1990s, **Ingvild Goetz**, has been enormously important. I had met her in New York back in the 1960s. It was at one Kunstmarkt in Cologne that she first saw Umberg's work, and since then she followed my program and its varied paths. She would buy works without hesitation at an artist's first exhibition: Parrino, Reed, McCaslin, Stockholder, Marcaccio, and Calame. Her passion is obvious; she can hardly contain her enthusiasm, and her willingness to discover and promote unknown artists is enormous.— IF

p. 172
—It was David Reed who described **Fabian Marcaccio** to me as totally crazy, an incredible Latin American who lived in New York. I visited Fabian the very next day. His studio on Mercer Street was so small that, even today, I can't understand how he could have painted such large works in it. He's the kind of artist who works like a mad man! You could almost see the muscles as he toiled away. And those anti-paintings he produced! He also talked and talked. I was totally exhausted afterwards. He showed me a lot of his paintings, everything he had painted till then, and explained what his objective was, where it came from, and where he wanted to go. That day, I bought the work with the wall drawing, *Alienation as Ornament,* dated 1992 [58]. I must admit that I had never in all my life seen anything like what Fabian was doing! We got on famously from the start. The result was a long collaboration that functioned right up until the gallery closed.
I showed *Alienation as Ornament* in summer 1992 in the *Kinder! macht Neues!* exhibition. Our collaboration began with that.

You went along with Fabian's development. Initially he was involved in the whole debate about painting, then he got increasingly involved in social, socio-political, and scientific issues. You took that path with him.

Yes, because he expressed it all in his paintings. Whatever his convictions, he never raises a threatening finger, he is never didactic. Instead he continued to formulate his pictorial worlds in an increasingly radical manner. When we talked in his studio, sitting at the computer, I realized just how many issues he was caught up in. He talked about global politics, about Latin America, about life as people lived it. So many themes came together. And all that stuff from the media, that constant flow of information coming at us all. He takes it all in and then spits it out again, so to speak, but into painterly forms. He goes beyond it all.— PC

p. 174

—There were some artists whose positions were very important to me, but I was not able to work with them for various reasons, but I never missed an opportunity to mount an exhibition when it was possible to include their works. I got to know Michael Venezia a long time ago and I had already known his works for many, many years, but he was working with Rolf Hengesbach's gallery. I had cherished the thought of working with Dan Flavin for a long time. The idea for the exhibition developed over a long period of time. I had seen a large work by Michael Venezia at Donald Judd's. Judd's collection was of particular interest to me, although I could never quite work out the reasons for his choices. It wasn't clear to me with the work by Venezia either, I have often wondered about that. Then I was invited to a wonderful meal at Michael Venezia's studio in New York. There was a work by Dan Flavin there, which led to a conversation about the artist. Suddenly I discovered connections I had not seen before. On that very evening we had the idea of doing a group exhibition together. It turned out that all three were friends and had a high regard for each other's work. Venezia was all for it. So the exhibition with **Judd, Flavin,** and **Venezia** in **1998** grew out of that experience with the artists and their works, and out of my increasing ability to see connections. What Dan Flavin was doing with light, Michael Venezia achieved by layering paint.— PC

p. 176

—**Jessica Stockholder** is a woman with an incredibly positive attitude, she's a very positive person. I began working with her at a relatively late stage. She is a very precise and clear-minded artist, very exact; she doesn't waste time and is totally professional—it's a joy to work with her! She knows what she's doing. When I visited her in her studio in Brooklyn she said, "Yes, fine, we can work together and do an exhibition, but you'll have to wait a couple of years for it to happen. If you have that much time, fine!" I think it took three or four years. From her, I learnt something that was very precisely formulated, given that at that time I could have presented a new artist every four weeks. She said, "I don't take on four things at a time, something that I can't manage. Instead, I agree on only two. I do this and that, and nothing in between, because otherwise it doesn't work. Each exhibition has, and should have, its own particular quality: that's why it takes so long." And that is exactly how it came about.

What is supposedly playful about her works is not really playful at all; they have something marvelously colorful about them, very optimistic. Some of the materials or objects she uses have strong colors; things that don't have any color she paints herself, and thus creates a new situation that has something to do with what color actually means, and how color is used as a material.

At the same time her works involve this search for new forms for the image. In my eyes, she is actually a painter. However three-dimensional her work may be, it is a way of re-forming painting. I don't see the strong link with Robert Rauschenberg that people always talk about. Of course, art always nourishes itself from art, but in the context of her work, you could just as easily refer to Richard Tuttle, or others.

Something that I find quite evident in Jessica's work is her inventiveness. She takes things from somewhere and forms them anew, and in doing so forges ahead to new limits. There are moments in her works when things seem to come to a stop, but then they simply proceed from some other point. She lets certain moments remain as they are, touching nothing, like editing a film. These are moments when she dramatically posits something, and makes breaks. That's her strength, she is an artist with great strength. That has always impressed me. I saw an exhibition of her in New York in autumn 2006 and found that her works are getting lighter, less full of meaning and more meaningful as a result. The formulations are clearer. I regard this as very exciting, because the path she takes illuminates the path of art. After all, what is art? Is it a matter of harmony, or a question of polarity? Or is it a question of discussion? Is art a dialogue?— PC

p. 178

—Although I have known **Olivier Mosset** for a long time and met with him frequently (he was part of Steven Parrino's close circle and is also friends with Matthew McCaslin, Laurie Parsons, Cady Noland, and others), and despite the fact that I hold his work in high esteem, it was **1999** before my first and only solo exhibition with him. Olivier Mosset worked with other galleries and there was also a limit to my capacities; ultimately I represented twenty to twenty-five artists and to take on any more would have been unprofessional. Yet we had often said to one another that we would do something together one day. When I met him again in the late 1990s, he told me about a new group of works, which I then went to see. They were monochrome paintings, relatively small, triangular, in different colors and all the same size. I was so taken by them that I said I would really like to show them. I even had an idea right there and then how I would present them at the gallery: one next to the other, at equal distances, so that it looked like a kind of band. He laughed and replied, "Yes, that's because I'm wearing an Indian belt with this regular pattern." We then exhibited the paintings at the gallery that way.

I think of Olivier as the Marcel Duchamp of abstract painting. He says very little, knows a lot, and is very well informed. I believe he exerts a great conceptual influence. He is the key figure for a very specific artistic attitude. This surely has to do with the early onset of his long career. He was constantly giving inspiration to the development of painting. I also believe that his continual support of young artists is an important factor.

As regards that exhibition, the important thing was, as in the case of Larry Bell for example, that I was always keen on showing something special, a new or particular group of works, especially when my collaboration with someone came about later in their career.— PC

p. 180

—In the 1990s, your program was mainly focused around the debate surrounding, and presentation of, painterly positions. In the exhibition **Special Offer** *you introduced this in a larger framework. How did that exhibition come about, and what were your intentions?*

In the 1990s **painting** took on a new form, meaning that it was re-defined. In those days, the battle cry was: Painting is dead! There is no painting any more! I could never really understand that, and felt it just couldn't be true. It was stupid to make such a claim. Drawing and painting have been among man's fundamental modes of expression since time immemorial. Of course there has been a lot of uninteresting painting, the pluralism of the 1990s meant a lot of things were possible. But there were still painterly positions that made high demands, that didn't just depict, didn't simply paint a figure, but re-formulated the whole phenomenon of painting, the kind of frame, the mode of presentation—indeed, that already was my theme with the exhibition *Kinder! macht Neues!* in 1992.

My impression was that no one wanted to notice it. In my view, there was no end, no crisis, but a new departure. And I wanted to show that a painting that questions itself, or seeks a new formulation, is the driving force behind such a departure, while also being a painting that continues to survive. I see this also linked with a form of spirituality. Let me give you one example: Olivier Mosset, an artist who is working constantly on the construction of the "picture," repeatedly questioning and at the same time re-making it—quite modestly, by painting a diptych, for example, black or white, and hanging the parts together, above, or beside each other. For me, all this represents a fundamental engagement with painting. In my view, this was only debated with real intensity in the 1990s.

It was then, when I was preoccupied with all these issues, that I was given the opportunity of mounting a large exhibition. Silke Hartenstein, who wrote her master's thesis on my gallery, was working for the Kunstverein in Kassel at the time, and it was there that the idea was born. The director at the time, Bernhard Balkenhol, supported it. I had a concept for an exhibition, which I considered to be a statement on the phenomenon of painting. During preparations for the exhibition I came upon abstract paintings by Andy Warhol. I had always been interested in Warhol, and that Andy Warhol was also a painter was a late insight on my part, which surely had a lot to do with the discussions I had with David Reed. For me, including Warhol signaled an extended concept of painting, a concept that is not classical, but open and conceptual. That is why I named the exhibition after a Warhol work, *Special Offer*. I think it's important to mention that some of the artists shown had nothing to do with the gallery's program. There was of course a central theme, but it emerged from the endeavor to present painting from a different viewpoint.— PC

p. 184

—I saw work by **Steven Parrino** in the fall of 1988 in the group show *Mutations* at the Annina Nosei Gallery, and a little later in Lyon, in the exhibition *La Couleur seule*. I talked about his work a lot after that. In 1989 I visited Steven for the first time in his Brooklyn studio. The studio was very small—I'd rarely seen anything so small and spartan. Steven was quite short, delicately built, and nearly always wore sunglasses. He had dark, black eyes and hair, and was extremely proud of his Italian name. And he produced these amazingly radical works. They had nothing to do with the 1980s, nothing to do with anything being produced at that time. It was all taking place in isolation. The paintings haunted me.

He came to every exhibition we mounted in Cologne. I'd send him a plane ticket and he'd be in the gallery for the installation of the show, just for a few days. I have many memories of those times. He worked very calmly. I found it really strange, almost paradoxical—and it was the same with Richard Serra—that such immensely powerful pieces were made by artists working as though they were drawing with a pencil, sensitively, gently, circumspectly. Steven didn't hop around like a madman to give his works the desired form. He proceeded in a carefully considered way, in accordance with a precise plan. For me this linked him with Pollock, but he himself saw Andy Warhol as the more important influence in his work. There were moments during the working process when he'd turn a painting around and something would come out differently than he'd anticipated. A crease, for example, might not turn out exactly as he wanted. But he'd turn the painting round again, examine it, and accept it as it was. I was fascinated by this professionalism, by this deliberate, conceptual art of thinking and making.

There's a very interesting story about one of his openings. A friend of mine was there with her daughter Rachel, about six years old, and Steven played with the girl affectionately the whole evening. She took to him immediately, even though he looked pretty wild! I'd experienced the same sort of thing once before with Bill Bollinger and my daughter. I mention this because Steven's great sensitivity and his love of people—and Steven really did love them, this isn't an idealized view—were both overwhelming. Steven was unbelievably loyal, in our business dealings and in every other way. He kept me informed about everything. He didn't speak much, and when he did it was in a low, but always clear voice. Whenever I went to New York we'd meet the day after I arrived in a certain downtown restaurant, and he'd always announce proudly that he'd found a new café where the desserts were particularly good.

On Saturdays it became a real ritual to do the rounds of the New York galleries with Steven. And every time he'd say after three hours, "That's enough. I can't take any more." It wasn't really him at all. He wasn't somebody who went out much. He didn't attach importance to socializing, although he had many friends, including Cady Noland, Olivier Mosset, and Matthew McCaslin. Sometimes he'd suggest what we should look at, "Let's go visit Jack Goldstein," "Steve DiBenedetto has a great show, let's go there," "Let's. . . ." He belonged to the circle of artists associated with Nature Morte, the gallery in the East Village founded in 1982 by artists Alan Belcher and Peter Nagy. He had his first solo show there in 1984. That was all part of the underground thing. Basically, he was always an underground type.

I'd like to tell a story about a *Bent Painting*, a marvelous wine-red work. A collector who subsequently bought this particular *Bent Painting* stopped by the gallery and pointed out that the lower part of the work was damaged. He wanted to know why. Steven explained how he worked, "First there's the plate. I paint it, then I damage it by bending it." He was very direct. "But it's not really damaged enough," and he kicked the piece to make it absolutely clear that the whole process embodied an attitude towards art.

I always noticed a strong element of death about Steven—not really an attachment to it, but a constant preoccupation with it. A skull was one of the few objects in his studio. And black, along with silver, blue, and orange-red, is central to his work. This preoccupation with death is also reflected in the titles of some of his paintings. And he had a work by Mike Kelley in his studio that addressed death. Was he fascinated by it? We never talked about it. I never wanted to talk to him about it.

I see his infliction of damage on things as part of this. Soon after we met he told me, "When you look out the window in the morning and see that the garage door that was freshly painted yesterday is damaged again, this destruction gives you a weird feeling. That kind of thing goes on all the time in New York." I linked this statement with his work, which has to do with imperfection and damage, and with extreme destructiveness from outside. In his work he transforms damage and destruction—things that appear wrecked—into unbelievably elegant forms.

Naked force and the destructive element are combined with delicacy, the delicacy of people. If you wanted to put this in a wider context you could say that it all relates to a history of death, not a premonition of death—I don't believe that—but a history of death. Steven was a passionate biker. He rode a Harley-Davidson and had a black helmet. Everything was always black This aspect becomes clear in his works on paper. They include counterculture symbols, from the underground—skulls, comic-strip images, pin-ups. Imagery of that kind also appears in his photographs, which he often used on invitations—motor races, Hell's Angels, etc. His work embodies rebellion, a counterculture opposed to the Establishment. He didn't feel part of that culture, but he had an affinity with it.

Steven didn't drink alcohol and didn't take drugs. There was none of that. He didn't eat much and almost lived the life of an ascetic. All he did was work. When he was in Cologne too, he'd go to bed early and get up early. Right up to the end he had very little money: canvas and stretchers were expensive. He spent money right away on buying new materials. Maybe he'd occasionally go to a bar in the meatpacking district with Steve DiBenedetto. I went there with him myself a couple of times. He liked to avoid anything posher. He'd say, "No, they're all too smart, all those people and the galleries—I don't like all that." I think he felt most comfortable in his studio.

When I visited his studio I'd feel an incredible urge to buy work, but there were hardly ever any paintings there. He kept drawings in a big desk though, and I'd say, "Steven, show me some drawings." After his death his notes revealed that I'd done almost more for him than anyone else. I'm very happy about that, of course. But I'd like to have bought more every time. Before his last exhibition, in 2004, I was in New York in the early summer. He was putting together a show for the Team Gallery and I dropped by his studio. I'd scarcely put a foot inside the door when I was attracted almost hypnotically to a painting—a triangle pointing downward, and black, pitch black, so black it was scary. I desperately wanted to have it. "Steven," I said, "I'd like that painting for Art Basel." And he answered, "You can't have it; I need it in New York, for my show in October." "Steven, I understand about the show, but is there no other possibility? Give me the painting for Basel if it's at all possible." And on the spur of the moment I began developing ideas for displaying it in relation to other works. But he wasn't going to be persuaded, "No, no, I must have it here in New York. I'm sorry, but the show must be right. I won't be able to have anything else ready in time. I can't work like that—you know that. Maybe you can have the painting later."

I was in New York again in the fall and I saw the show. The painting hadn't been sold. There was also a sculpture with mirrors, in which I suddenly saw a connection with Robert Smithson—a kind of homage. I could have had the painting later, but Steven suffered a fatal accident the following January. It was one of the last pictures he painted—a triangle, black as night, utterly dark, extraordinarily intense, as though it were about to burst.— MF

p. 186
—I would like to talk to you about how you built up **your collection**. *Did you always have a tendency right from the start—that is to say, from the mid-1960s onwards—to buy works straight away if you found an artist interesting?*

Yes, and I still do. When I visit a studio, if I find the works compelling, I buy them immediately On my first trips to New York, I used to go around the studios without saying anything—my English wasn't really good enough anyway, so I relied entirely on what I saw. I would look at the works and feel this incredible urge to own them, and I would ask, "How much is that? Okay, here's the money." It was this urge, on the one hand, but on the other hand, for me, it was always a way of confirming that the works by this particular artist really did mean a lot to me. What's more, it was a way of giving real support to the artists, who were all living on the breadline. At the same time, we would usually come to an agreement about an exhibition. That used to work really well. But this ideal situation didn't last, and had all but disappeared by the 1980s. When I first met the artists we are talking about here, their studios were full of art. You could still pick out whatever you wanted. Nowadays, when I go to studios, there may be only a few paintings, and even those are often unfinished. If you want something, you have to wait for it. Sometimes the artists are sold out, even the younger ones. I think that's a drawback. The increasing publicity, with ever more exhibitions, and the growing number of galleries whose financial clout has increased since the mid-1980s, all play a major role in this. And that has also upped the ante, putting pressure on artists and gallerists alike. I used to just buy straight away, pay on the spot, arrange an exhibition—it was all very straightforward.

So you made spontaneous decisions about purchases and exhibitions?

Yes, entirely spontaneous. There was no concept, no strategy, and no intellectual insistence on being a Minimalist gallery or anything like that. I didn't have any particular concept in mind for my collection; I just bought whatever really appealed to me. At every new turn, I was the proverbial fool rushing in where angels fear to tread. Let me try to explain that rather naive and unbiased approach. It's impossible to describe what it was like, coming from Europe in the 1960s and seeing the art in the USA. There was no connection at all. Whether it was Flavin or Judd or Artschwager, or younger artists like Kuehn, Serra, or Sonnier—their art was one huge enigma. It was fascinating to see an object or a work like that—it was unfathomable. This sense of curiosity may have something to do with intuition, with knowing that you've never seen anything like it before, that such things don't really exist yet. That is still important to me today. Whenever I look at something, I find myself wondering: where does that come from? What is that really? Are there any recognizable influences? Positively recognizable or just copied? In those days, there just wasn't the kind of communication we know today. Television was still in its infancy. I, for my part, had never seen work like that anywhere. I was constantly amazed. Every time I was faced with making a decision, I had no other works of art to draw on by way of comparison. It was a question of personal conviction. That's how the gallery program and my own collection came about. I lived with the works in my collection. There are many works I miss a lot, and would like to have around me, because I still haven't understood them—I mean that in a positive sense—because they harbor so much, and have so much spirituality and substance.

Is that what captivates you about art?

Art—and we're talking here only about visual art—holds so many mysteries that you probably can't get to the bottom of them all in an entire lifetime. That's what's so immensely exciting. The older you get and the more you've seen, the less you know. It's a very strange thing. You keep on forging ahead, pushing forward, and you might understand more about it, but you know less and less about the reasons behind it, because they can no longer be deciphered. Art—good art—can open up to you and gradually reveal itself becoming deeper and more unfathomable at the same time. I find that amazing. That's why I relish living with art. I remember Richard Serra standing in front of some works by Chuck Close and saying, "I don't know if it's art, but they're phenomenal paintings."

Do you think that your passion, perhaps I should say your unbridled passion, was a stimulating challenge to the artists?

Well, to be honest—though I say this with the benefit of hindsight, because I didn't see it that way, or perhaps I never really thought about it – it wasn't a case of simply showing the artists' work. I tried to show their best work. Now, that is a challenge. I maintain that a bad artist can also look very good in the right company, which means that you can support a bad artist, but, by the same token, you can easily ruin a good artist. The gallery did challenge the artists, and set the bar high, but it isn't as though I knew all about quality right from the start. I learned from the art and from the artists. They set the standards, and I just tried to raise the bar accordingly. Basically, I was just following their example. In the end, it's about spurring each other on. And I think that did happen even more in the gallery setting, because the gallery placed the artists in a certain context and opened up new dialogues. Take, for example, Thom Merrick and David Reed: they had no common ground in New York. That in itself triggered discussions. The same can be said of the collection, because it isn't just about names, but about specific works. There are other works that I would never have included in the collection, and it is the sum of all these works together that creates a common context.— IF

p. 192

—**Lucius Grisebach** was the first to recognize my collection for what it was, to see that this was a collection of potential interest to a museum person. I had been in touch with him since the late 1970s. He was interested in the gallery's program and he had already bought some drawings for the Neue Nationalgalerie in Berlin while he was working there as a curator. We had a very good relationship and I also thought very highly of his museum work. It was at a small reception at my home in the 1990s that we first spoke about the possibility of works from the collection being given on loan to Nuremberg. After initial loans of works by Gary Kuehn and Thom Merrick to the Kunsthalle, which were shown at the Norishalle in Nuremberg in 1993, the idea came up of presenting the collection in an exhibition at the Neues Museum, with an accompanying catalogue. The possibility of long-term loans to the museum was also considered. With that in mind, I had some works restored for the first time. It was around the same time that I started thinking about what I should do with the collection, and it was clear that I would have to sell some works in order to make some provision for my future. In the summer of **2002**, the exhibition **Einfach Kunst. Sammlung Rolf Ricke** opened. The museum came up with the idea of periodically re-hanging one of the four rooms so that they could show as much of the collection as possible. Many of the artists, especially the younger generation, came to the opening, celebrated with us, and were very happy—and proud—to be there. For me, it was a radical move to hand over the works I had lived with for so long: I felt both delighted and sad.— PC

p. 194

—Right to the end I saw promoting young artists as an essential part of my activities. So it was only natural that in later years I included artists with new approaches in my exhibition program: Ingrid Calame, Amy Green, Steven Hull, Pia Fries, Gajin Fujita. . . . From the late 1990s I took on an increasing number of artists from the **West Coast** of America. The 1999 show *Morgenrot in Los Angeles* [*Dawn in Los Angeles*] focused exclusively on them. I didn't visit Los Angeles and Las Vegas until 1996, with David Reed, but West Coast artists had fascinated me since the 1960s. Aside from Larry Bell, Mel Ramos, and Ed Ruscha—I worked with all of them—there were John McCracken, Ron Cooper, Douglas Wheeler, Robert Irwin, and, later, Richard Allen Morris, and many, many more—but they would have meant adopting yet another focus for my activity. I associate West Coast art with a sort of relaxed freedom, a kind of lightness, an airiness and playfulness, combined with opulence, especially in the use of color—warm, welcoming color—and with light and expansiveness. And I was very attracted to all of that. For me, expansiveness is a particularly important aspect of Ruscha's work, both his photographs and his paintings of streets, villas, parking lots, and gas stations. West Coast artists seem to me less dogmatic, more free from conceptual constraints, however conceptually based some of their work may be. Attitudes just seem to be different on the West Coast than the East Coast. In the work of the younger artists I immediately saw evidence of the traits I've mentioned—not necessarily the light and shade or expansiveness, but the powerful color. In that sense, their art perfectly embodies this West Coast warmth and lightness, especially with Ingrid Calame.

David Reed had a show at the Donna Beam Fine Art Gallery in Las Vegas, and I decided to go. Lillian Ball, David's partner, went with us. In Las Vegas we went to the opening of *Some Dumb Fun*, an exhibition of recent developments in painting in Los Angeles curated by David Pagel. That's when I first saw work by **Ingrid Calame**. I met her at the opening and I bought my first painting by her that same evening [17]. At that time she was still using wood panels as a support for glossy paint. Later, she copied these works exactly onto aluminum. I also got to know Monique Prieto at that opening. Her teacher at CalArts was there, we had a long talk about the two artists—I really wanted to work with both of them—and I recall her saying, "Ingrid will go her own way. She's very determined and very clearly defined." The truth of this was confirmed when I got to know Ingrid better. She works incredibly hard and demands a very great deal of herself. So when she fails to reach her goal, she'll sometimes despair. Through Ingrid I came into contact with several other artists, Amy Green, Steven Hull, Heidi Kidon, Melissa Thorne. These encounters resulted in the *Morgenrot in Los Angeles* show. For me, "Morgenrot" is synonymous with the place where the sun rises and therefore symbolizes a fresh start.

On a later trip to Los Angeles I came across the work of **Gajin Fujita**. David Pagel had invited us over, and there was a small painting by Gajin on the wall. I couldn't take my eyes off it. It haunted me, so the next morning I visited him in his studio, bought one work, and agreed to mount his first show in Europe. Gajin was born in California, but his parents raised him the traditional Japanese way, so he's still deeply attached to his Japanese roots. I was immediately attracted to the interweaving of different cultures in his work and the tension this generates between modernity and tradition. I see his work as uniting three areas: Japanese tradition, adopted in a rigorous, meticulous way; abstract conceptual painting, including the kind practiced by On Kawara; and the world of Californian streets with their graffiti. Gajin Fujita prompted me to explore contemporary Japanese art for the first time. The work of Takashi Murakami, Yoshitomo Nara, and others has made a profound impression on me, it really aroused my curiosity.— MF

p. 196

—The gallery's fortieth anniversary: the **Perpetuum Mobile** exhibition. That was quite an exciting challenge for me. I was very keen to celebrate the fortieth anniversary with a special exhibition. However, it was clear to me that I wouldn't mount it myself, that it had to be something out of the ordinary. I immediately thought it would be great if Günter Umberg could do something. Not only had he founded the "Raum für Malerei" [Space for Painting], he had also curated some fantastic exhibitions at various venues. Günter Umberg, as I know him, has always sought a dialogue with art and with other artists. He is extremely open-minded and interested in art itself—he's quite a phenomenon. We often traveled together, also to New York, and generally the studio and exhibition visits we made were incredibly intense. It was all about art. So I asked Günter to mount an exhibition at my gallery on the occasion of the anniversary. He replied by asking, "Can I do whatever I want?" I said yes, of course, so he agreed, and then designed the architecture, that tower. When he explained the concept to me I thought it was a fantastic idea, "That's what we'll do!" Günter developed the construction together with an architect. We got the necessary materials and the structure was built inside the gallery. When it was complete he said, "Now let's clear out all the works from the storeroom and position the forty years of gallery history." The result was a real Umberg work: his first tower. So the exhibition became a real jubilee, achieving something for which I had worked my whole life, namely, to realize the artists' ideas unconditionally and pave the way for new possibilities, new forms of presentation.— PC

p. 200

—**The end of the gallery**; I didn't mount many more exhibitions in 2004, because I was mainly involved with the collection. It was clear that I would be closing the gallery. And it was obvious to me that I would not close with a review or some sentimental thing, but would instead present the youngest gallery artist in a solo exhibition: Gajin Fujita. It was his second exhibition at the gallery; the first had been his

European debut. It was a wonderful last exhibition.

We didn't prepare the closing of the gallery way in advance. I had been saying to myself, we'll leave things as they are and then tackle the move all at once. The gallery was to stay open until mid-December, and between the end of the Fujita exhibition on 14 December and Christmas we would do it all in one go. Then everyone would have to be there, roll up their sleeves and get on with it. We ordered several containers and threw away mountains of files, among other things. We obviously no longer had things really under control, because now I often find myself asking about things and having to admit that they were thrown away. That was awful! We emptied the flat files. Some of the prints were given away as presents. Everyone took something home with them. And everyone got a painting. Shortly before Christmas, a last truck arrived. We emptied the whole gallery. I locked the door, like every other day, and drove home.

The misery of it all only struck me after Christmas and New Year's Eve. I still haven't got over it, not even now. I still avoid the gallery atmosphere that has meant so much to me throughout my life, but in the final years it almost depressed me due to the direction things were generally taking in the gallery world. The financial pressure and the associated speculation were all too much for me. And on the other hand I said to myself, "Now comes the time when you can do what you want. You are now free."

I am very happy that Iris Maczollek and Anke Schmidt, who worked with me for so long and helped me so much, and who have a thorough knowledge of the gallery, have opened their own gallery in my old space and wanted to take on some of the artists. I was delighted about this and said, "Good, then I'll do the first exhibition for you. Is that okay?" So jointly we put together an exhibition of drawings called *Especial – Arbeiten auf Papier* [*Special: Work on Paper*] at the Galerie Schmidt Maczollek. Some of my "old" artists were in it, like Ingrid Calame, Horst Münch, Steven Parrino, and Carl Ostendarp, but also some new ones, for example, Stephan Baumkötter, and Jesse Bransford. And suddenly I was right back in the middle of it all [laughs]!

All in all, I do feel a certain sadness, because there are a lot of artists to whom I had strong links, and now these are being loosened a bit. These links with the artists were a mixture of business, friendship, and respect, so it makes me sad that I cannot maintain them. It's just not possible. However, I do still have strong bonds with several artists. Some of them ask me for advice about how they should proceed, but actually working with them is something else. It is that personal exchange of ideas at the gallery that is important for the production of art, a situation like that cannot be maintained if you are not fully there, so to speak. All you can do is just give a bit of practical advice. I had to make the break, even though I believe that I was in the best profession there is.

I am happy not to have a gallery any more, especially because of the material constraints. But I am also sad, mainly because I miss the artistic and communicative aspects. I have to admit that. I don't quite know what it was like any more, whether I have repressed it—the mornings, going out every morning to the gallery.— PC

In Their Own Words

Holger Bunk

Do you remember how you got to know Rolf Ricke?

If I am to describe my memory of my first encounter with Rolf Ricke in 1982, I first have to say something about myself at that point in time. Still unsure about how enduring my first modest successes might be, I didn't dare to invest my first earnings in anything other than my own painting. Therefore, given Ricke's reputation, I seriously asked myself the question whether I could confront him on our first meeting wearing my cheap student's outfit, clothes which had been given to me and which were alright for painting in, and dreadful East German accessories which relatives sent to me in packages. Rolf had phoned to say he was coming to my studio, which then was in my apartment in Düsseldorf. Fortunately, it was such a hot day in early summer 1982 that you could only wear a T-shirt anyway. I chose my best one: horizontal stripes, navy blue and white. And when Rolf Ricke came up the stairs to the first floor it was a memorable sight. He was wearing a similar blue-and-white striped T-shirt for that studio visit, but more elegant of course. I interpreted this as a good sign and, with the feeling that such unspoken agreements existed, we went through my overflowing storeroom, picture by picture. Rolf wanted to see everything, and was obviously quite taken by the wealth of artistic citations and allusions in my endless picture production. I understood from our conversation that what others saw as being too weird in my paintings, he found interesting, and the fact that I was thus not easily categorized. What is more, he was delighted to find works in my studio that covered a period of several years and were interrelated, and he wanted to grasp the development. Only later, when he named his other artists and gave me a brief history of the gallery, did I begin to realize that he was really willing to let in a new "sound" with my works, and that for me a great opportunity was about to present itself through this new environment. What I could not have known then, was that in my exhibitions—not just in his gallery space—Rolf would stand up for me and my position. He often traveled long distances to attend my openings, discussing the works with exhibition visitors, and trying to make them comprehensible for them.

What interrelated works produced over several years was Rolf Ricke able to see in your studio at the time? What had you been working on?

One particular theme had become established in my paintings then: the search for a possible way of establishing no difference between depicted reality and depicted image (painting after direct observation and popular photographic models, advertising, newspaper images).

What was to become visible was the connection and even the intertwining of the depicted world and the world individually viewed by me as a painter. Even before technology penetrated all realms of life, I was preoccupied with the issue of the influence the urban media world was having on direct seeing and on emotional behavior. (One of my early childhood memories is a painted advertisement on the wall of a house showing two laughing cars: Cars Love Shell.) I had done large paper works (mixed media, pastels, acrylic, and distemper with themes like *Teenagerparty* or *Graf Porno* [*Prince Porno*]. Also paintings like that of a fight between two rivals about a girl, *Auslese durch Zuchtwahl* [*Survival of the Fittest through Natural Selection*], which hung for a time in the Ratinger Hof as a stage decoration for rock and punk banks, or *Frankfurter Opernball* [*Frankfurt Opera Ball*] (based on a photograph in the *Frankfurter Allgemeine Zeitung*) and numerous *Autobilder* [*Car Paintings*] in tempera on cotton. They were views from my studio window, which preceded my *Fensterbildern* [*Window Paintings*].

Had these already been exhibited?

Within a short period of time there had been exhibitions at Traudel Näke's in Nuremberg in 1979, a gallery she ran beside her junk shop, and two spectacular *Hammerausstellungen* [*Hammer Exhibitions*] at Felix Handschin's in Basel in 1979 and 1981. It was there that I got to know Dieter Roth, Jean Tinguely, Bernhard Luginbühl, Jürgen Klauke, Sigmar Polke, and a large number of Swiss artists.

How would you characterize your collaboration with Rolf Ricke?

For a long time I had the feeling that there were few places where I received such a warm welcome as on visits to his gallery, despite the fact that things there were often very hectic and we were constantly being interrupted by visitors and telephone calls when we wanted to talk. This friendliness was a constant, while at the same time things were changing in the gallery, unnoticeably at first, but then increasingly evidently, and finally at lightening speed. When I joined Ricke in 1982, he was still living directly beside his gallery in Volksgartenstrasse, and the gallery's office was so small, you could hardly believe that all its activities were coordinated there. Later, he converted it a little, so that the gallery space was twice as big and more practical. He had one permanent employee, Marion Klein, with whom I always got on well. Rolf sometimes traveled for long periods, and when he returned he brought new names and contacts with him from the States, or works by artists from the early years of his gallery. He had been the first to bring many of them to Europe, and he used to visit them again.

Rolf and I had decided to give my exhibitions titles, like mottos: one was *Neugierde* [*Curiosity*], which involved a series of large paintings, and the somewhat more cryptic *Moderne Liebe* [*Modern Love*], in which an installation of paintings and sculptural elements filled the whole gallery. As a rule, these exhibitions were seen by a large number of artists, gallerists, and museum people, and naturally new contacts and possibilities emerged. At the time, *Neugierde* was running parallel to the Cologne art fair, and Kasper and Walther König saw it. Pablo Stähli organized a sojourn in a studio-house in Zürich for me after we had spoken during that exhibition. Attention and press reactions were almost guaranteed for my exhibitions at Ricke's gallery. What was much less predictable was whether collectors would play along. This caused the otherwise indefatigable Rolf Ricke a lot of work, and when he occasionally spoke about the tedious negotiations with interested parties, it was clear that not all collectors could automatically identify with a figurative position such as mine, using realistic elements. Some said my position in his gallery program was unique. But Rolf was not interested in artworks that sold all by themselves, without a knowledge of their context. Instead, he wanted to communicate new developments and views through his exhibitions, and pass these on to his collectors. And whenever he avoided the easier path, and subsequently had to do without turnover, some said that was something an exhibition curator or museum director could afford to do, but not a gallery owner. As I understood it, his approach was not about working with artistic positions that were already functioning, capable of a majority, no risk. Ultimately, Rolf Ricke wanted to define by himself what he understood as a gallery and gallery work, and to do so independently of his colleagues. So to an extent, we are still wearing similar T-shirts.

Many people tried to get Ricke to confess that my figurative-representational position was quite isolated in his program. I was always proud when he replied that for him there was no difference between it and all the other positions in the gallery, because the main focus was artistic quality. I believe he wanted to support me in a strategy which was common to all my exhibitions: to make access to an image simple through a representational approach, and then raise the questions of painting and art, at second or third glance, so to speak—without already having an answer. It was always about proceeding from an everyday, or poetically easily accessible, formula to the level of meaning and to more philosophical issues, from observation to thought. In this way, looking can provoke consequences.

Could you describe your exhibitions Neugierde *and* Moderne Liebe *in a bit more detail?*

What were your intentions?

In the exhibitions *Neugierde* and *Moderne Liebe* Rolf Ricke gave me the chance to create a scenario in his space, above and beyond the individual paintings. The aim was to work in pictorial contexts, a kind of baroque idea in which the pictorial program in the room with my paintings presented many aspects that mutually commented on and qualitatively heightened each other. That was a more far-reaching concept than the additive hanging of wares in a gallery. Because Rolf Ricke entrusted me with the space and advised me, in both exhibitions we achieved something like a new poetic concentration, by linking historical painting themes and the present. I don't know if it would be possible in a reconstruction of the same arrangements to again hit the spirit of the times, as was the case then.

To what extent did you feel involved in the art scene at the time?

Through my contacts with Alfonso Hüppi and Felix Handschin, I had links with the art and collectors' scene in Basel and beyond, which for me represented a whole new, very informed, and fashionable world. I was soon regarded there as an up-and-coming artist, whereas in Düsseldorf I was merely a student. Only a few people knew anything about this double life of mine. I played the game deliberately and with pleasure, because I did not want the really great successes in that circle to go to my head and impact my everyday life.

And what was your relationship with the art world of the 1990s?

In the 1990s I was no longer a "discovery," and being a German artist was no longer the sexiest thing in the world. I could deal with this quite well in my studio because nothing there was stagnating. But stagnation was in evidence in the museum world, in the exhibitions and in the collections. For example, the Ulm Museum offered my extensive exhibition *Labor der Bilder* [*Laboratory of Images*] to a number of other institutions, but no one wanted to take it. Then I was nominated professor in Stuttgart and there I found a circle which, to this very day, is one of the most exciting I could imagine. My engagement with the different positions in the gallery was followed by a similar engagement at the art college and with the next generations. The exhibition business is scarcely aware of this, although ultimately it thrives on what young artists develop at college in collaboration with the older artists.

Holger Bunk, email interview with Christiane Meyer-Stoll, August 2007
PC

Helmut Dorner

In late 1979, when I was in my seventh semester at the Kunstakademie in Düsseldorf, Rolf Ricke wrote me a postcard saying he wanted to visit me. In my surprise and embarrassment, I turned him down, believing that a visit such as that was premature. At that point in time my work had no pertinent substance.

I may have had certain interesting approaches to the image, but they were still very much at an experimental stage. Some time later, the *Front* exhibition took place at the Galerie Ricke with works by artists of my generation from Düsseldorf. My painting at the time was a failure, mostly because of my own high aspirations, my possibilities, and also because of the cultural situation. The "Neue Wilde" [Wild Ones] were unexpectedly sprouting like mushrooms. That pseudo-expressive pop culture had a paralyzing rather than a stimulating impact on my work. And I still have the same aversion to pop of any kind—including the fascism of the Nazi era. So my painterly despair made me turn to plaster sculptures, which began with wall reliefs and were themselves a continuation of that type of image, which I later took up again and again, and first really mastered around 1985, and then also more successfully.

I regarded the invitation to the exhibition *Triumph. Skulpturen von Malern* [*Triumph. Sculptures by Painters*] as a challenge, especially as my first plaster sculptures were totally white. That exhibition included sculptures by Volker Tannert, who was the shooting star of the time ("Helmut—you'll be in a museum one day, but in the back rooms"), by Lüpertz, and even by Baselitz, who was represented by a heap of oil paint, which he had either scraped off or scraped together. That was my initiation into the art business, which exhibited similar phenomena then as it does now, and was a bit too euphoric for me. At the time people were painting in the punk and new wave styles. What Rolf Ricke was showing then was not really compatible with what was generally being shown at the Paul Maenz, Michael Werner, or Max Hetzler galleries in Cologne. Immediately after that exhibition, Ricke offered me a solo exhibition. Because my plaster sculpture was completely out of place in the group exhibition on the (then) carpeted floor, I showed drawings, mainly brush drawings, which themselves represented a hybrid, intermediary stage between the figurative and the abstract, between sketches for sculptures and autonomous drawings, and which surely also reflected the times. My sculptures emerged out of cubist and archaic elements, they were physical reference points, but always imbued with the spirit of painting and never that of sculpture. Ultimately that turned out to be a dead end for me.

That was when I provoked a rift with the Galerie Rolf Ricke and started anew, so to speak, with my works in oil and enamel paint. That new beginning is still relevant today: the threshold and transition of the physical (paint) and of the process into a pictorial spatiality unrestricted by any representative or thematic bonds allowed the painting process to generate its very own conditions, playing off the functions of light and color against one another.

Rolf Ricke, who used always to be curious about my painting, recognized the first important works [26, 27] and kept them for himself, much to my delight. Günter Umberg probably saw those paintings, and then, around 1986–87, organized my first exhibition of paintings in his exhibition space, "Raum für Malerei."

Helmut Dorner
August 2007
PC

Pia Fries

You studied in Düsseldorf and it was there, rather than Switzerland, that you gained a foothold in the art world.

Yes, I studied sculpture at the Kunstgewerbeschule in Lucerne from 1977 to 1980. At that time, the sculpture class in Lucerne was as close as you got to studying fine art. There was no painting class; painting just wasn't an issue. In 1980 I applied to study at the Kunstakademie in Düsseldorf; I was interested in Joseph Beuys' work and in his idea of social sculpture. In my encounters with Beuys in the FIU (Free International University) room and in critiques, I realized that transforming streams of energy and power, consistencies, textures, and fluctuations are important to me, whereas messianic promises and direct instructions for action don't open up the space of art. I started painting on large pieces of fabric in order to relate and respond directly to what was happening on the surface, without following political directions. Gerhard Richter accepted me as a student in his class, where I continued my efforts to lend expression to the socially prevalent powers of non-uniformity, heterogeneity, and difference by using the medium of painting in a certain distant parallelism to society.

I didn't encounter Rolf Ricke until much later. My first and only solo exhibition with him was in 2000. I had met him about three or four years before that. He was on the jury of the Bonn Kunstfonds. I had applied to them and he must have noticed my work then. At some point, he came to see me in my studio and was very enthusiastic. He encouraged me, stressing the importance of painting and abstract painting in particular. His visits to my studio strengthened my resolve in my work. *Special Offer*, which Ricke curated at the Kunstverein in Kassel in 1999, was the first exhibition in which he included my work. The whole concept of the exhibition was very exciting, with the individual works set in dialogue with each another. Two of my pictures were mirrored in a dark brown painting on glass by Olivier Mosset.

One of your paintings in that exhibition was Seon, *1998–2000* [31], *which is now in the Ricke collection.*

Yes, Ricke saw it at my studio shortly before Christmas and wanted to take it with him straight away; he wanted it as his Christmas present to himself. It was lovely for me to see that such an experienced gallerist still had the capacity for spontaneous enthusiasm and sheer enjoyment of art after all those years—and to see that Ricke had a certain affinity with, and a feeling for, the way I use paint, and my approach to different textures in painting.

Or take another example: there was one painting that Ricke advised me never to let go. "Pia, you should keep this work for yourself!" That made me realize that the wish to possess paintings is not an expression of (Freudian) lack, but the expression of a strength, just as each of my pictures is the expression of desire that manifests itself in many different forms.

Rolf Ricke even advised me on exhibitions in which he wasn't directly involved. I once showed him the layout of a gallery where my next exhibition was to be held. Because he knew the exhibition venue and could see my paintings in the studio with his own eyes, he was able to tell me how they could best be hung in that space. That really helped me with the hanging, even though I didn't go along with all his suggestions.

I deeply regret that our collaboration was so brief. My relationship with Ricke had only just begun and our potential as a team was far from exhausted. I liked showing my works in the context of the Galerie Rolf Ricke, with its history of exhibiting American painting and sculpture. That's where I first discovered artists like Lee Lozano, Jo Baer, Cady Noland, Bill Bollinger, and Gary Kuehn, for example.

Did you have any exchanges with other artists from the gallery?

Yes, many and varied. Rolf Ricke often used to invite people to his home, and that was always a good opportunity to talk—with Jessica Stockholder, Ingrid Calame, or Günter Umberg. I had quite an intense exchange of views with David Reed; Rolf brought him along to my studio one day because he thought we should get to know one another. And so friendships were forged that have lasted to this day. Ricke also put me in touch with Dave Hickey, who at that time was the curator of the fourth Santa Fe biennale. Hickey later told me that my painting had been a discovery for him and that he had immediately known that he wanted my *QUINTO* painting, 1994–95, as the centerpiece (as he put it) in his exhibition *Beau Monde: Toward a Redeemed Cosmopolitanism.*

What's it like here in Düsseldorf? Do you have connections with the art scene?

Because of our shared experience at the Kunstakademie, there is a sense of being part of some kind of imaginary network. But as far as I'm aware there isn't really a scene or a group of artists who feel linked to one another in terms of the content of their work. I felt my student days here were something of a new start. In the Richter class, especially, there was a lot of talk, a lot of statements and evaluations about artistic positions. Whereas I used to look at works of art in isolation, I now see them in terms of the personalities behind them, and how I relate to them. In all my years here in Düsseldorf, I have become loosely bound to the city and the artists.

There is now another movement, among many, in Germany, with the so-called Leipzig School. You probably don't relate to it at all. Or are you involved in any way in this movement, in terms of content?

I can't really answer your question about involvement in the content. My painting is all about overcoming the notion of content versus form. Content, after all, doesn't hide behind form, and form is not a vessel of content. Color itself is form. My painting is about the power and energy of the paint itself, which, of course, forms itself in order to transform itself anew. These days, I see trends and works that are discussed as paintings and which look as though Surrealism had just been rediscovered, or as though Expressionism had been revived, and others that are influenced by a certain political climate. As far as I am concerned, it is not the task of painting to illustrate or make images, but to release energies and follow their currents. Using painting to go beyond painting; drawing vanishing lines, abandoning certain thought patterns. In painting, I try to open up new "smooth spaces" and, in doing so, I risk skating on thin ice.

Pia Fries, interview with Christiane Meyer-Stoll
Düsseldorf, July 12, 2007
IF

Horst Münch

Can you remember how your collaboration with Rolf Ricke began? Prior to it you had worked with Felix Handschin and Alfred Schmela.

Alfonso Hüppi, with whom Holger Bunk and I studied at the art academy in Düsseldorf, organized our very first exhibition at Felix Handschin's in Basel in 1977. We felt that Handschin, like Alfred Schmela, was a legendary gallery owner at the time. In 1979 Schmela asked me what kind of things I was doing and if I would show them to him. A short time later he exhibited my brush drawings, 100 x 70 cm sheets. There was to be another exhibition of sculpture in 1980, but then Schmela died and it didn't take place. Then came the story with Ricke.

I got to know Abraham David Christian in Düsseldorf in 1980, and one day Christian brought Rolf Ricke to my studio. His immediate reaction was one of enthusiasm, and soon after that there was an exhibition. Ricke and Christian didn't keep up contact after that. The original group at the gallery in the early 1980s, Christian, Jürgen Meyer, Ulrike Nattermüller, Volker Tannert, and Norbert Wolf, gradually broke up. In the end I was the only one left.

The chronology of Rolf Ricke's gallery reflects an era when crucial upheavals were in progress and many relationships fell apart.

It wasn't so much a break-up as a "quiet separation." It was also a difficult time financially, for the gallery, but also for us. It was a time of new departures.

In the early 1980s things were really booming in Cologne. It was becoming a real art center. New York and Cologne. People came from everywhere. Artists, gallerists, collectors, a constant stream of visitors. Not just to the art fair. People met in Hammerstein's or Franz Keller's restaurant. Our paintings were hanging there, and they paid for our food and drink, so to speak. From Stuttgart alone came the Max Hetzler gallery, with Bärbel Grässlin and Gisela Capitain, Hans-Jürgen Müller, Tanja Grunert, Achim Kubinski. From Düsseldorf there were the artists Ulrike Nattermüller, Andreas Schulze, Volker Tannert, and myself; Siegfried Anzinger from Vienna; Leiko Ikemura from Zürich; Clemens Kaletsch from Munich; Kirsten Ortwed and Troels Woersel from Copenhagen; Martin Kippenberger from Berlin; Georg Herold and Hubert Kiecol from Hamburg; Isa Genzken with Gerhard Richter from Düsseldorf; Sigmar Polke was already there. Others came just for a while, like Donald Judd from New York.

I'm mainly speaking about the artists of my generation, who came in my day. Some of the older Cologne artists were annoyed. They said, "What are they doing here?" I was also one of the younger ones, meaning I just arrived and sat down somewhere, oblivious of the fact that someone else was already in that place. But we didn't get up and leave. We felt we were entitled to stay.

Ricke always said that each gallery had a "guiding artist," an advisor. In his case that was Richard Serra at one point, then it was Abraham David Christian, then Günter Umberg, and finally David Reed became the central figure.

I'm sure there were always artists who were the leaders, but I would have counted you among them.

No, in no way. But among my friends at Ricke's were Ulrike Nattermüller, Christian, Jürgen Meyer, and Volker Tannert, and later Holger Bunk, Reiner Bergmann, and Helmut Brosch.

Did the exhibition Front*, 1981, have a particular agenda?*

Originally that was the idea, but then it didn't happen that way, because we were really loners. And Rolf was not necessarily the kind of person who wanted something like that. And from the social viewpoint, a lot changed, because in 1982 Ricke stopped smoking and drinking, so that was the end of the long euphoric conversations and carousing in the apartment above the gallery or at Beppi's, the Italian restaurant.

But there was a continuity: your first solo exhibition in 1981 was followed by another eight shows—to say nothing of the numerous group exhibitions at the gallery.

Yes, the first exhibition was in 1981, on Friesenplatz. That was when we showed *1. Eisenskulptur*, 1979 [*1st Iron Sculpture*], later called *Logik I* [*Logic 1*], which in 2002 Rolf donated from his collection to the Neue Museum in Nuremberg. Also on show were two large, cutout painted wooden sculptures, and my first figurative pencil drawings and acrylic paintings on paper, which I did in a hotel room in fall 1980, which I spent in New York with Christian. Annelie Pohlen wrote a review of the exhibition for *Artforum* and the next year she invited me and Norbert Prangenberg to do an exhibition at the Kunstverein in Bonn.

In 1982, when the gallery moved to Volksgartenstrasse, things continued, with clay sculptures like the *Kopfbahn*, and the large finger-drawings, acrylic on paper measuring up to six square meters, they were forerunners of the subsequent paintings. In 1983, '84 and '85, Ricke then showed paintings, usually in combination with clay or bronze sculptures, later only sculptures, while Hans Strelow showed the paintings in Düsseldorf. They divided things up between them like that.

A very important exhibition for me was *Q.E.D.* (quod erat demonstrandum, what was to be demonstrated) in 2001, because in it I combined sculptures and photographs. On show were the large sculpture *Versuchung* [*Temptation*], nine painted wax casts *Alle sind gleich* [*All are equal*], and five black-and-white large photographs entitled *Q.E.D.* In the middle of the room was a matt black cube measuring approximately 150 x 185 x 160 cm, hanging at eye-level between floor and ceiling by means of a rod construction. On the bottom of the sculpture was a circular opening through which the visitor could stick his head, if he stood beneath the sculpture; he then found himself in a white interior, which was practically a kind of "empty space."

This cube was called *Versuchung*: you were tempted to stick your head inside, but you saw nothing, were none the wiser as a result. It was an experiment. The sculpture is like a large camera, a darkroom, but a bright one, so to speak. The nine painted wax sculptures, which, to judge by their size, had been laid like eggs by this mother-ship called *Versuchung*, suggested a birth-machine producing something organic, space and object. They are called *Alle sind gleich*. Democracy and demonstration.

The photographs called *Q.E.D.* were taken in 1968, images of protest marches and homeless people; old men and women, protest marchers, policemen. These black-and-white photographs, up to 280 cm wide, gave an illusion of reality to the gallery. The models, snapshots I took of protest marches when I was 16, were processed in a computer, and people's faces, or car registrations, or texts on banners were blacked out, so that they are actually fake documentary photographs. The title *Quod Erat Demonstrandum* is a play on words, because what was to be demonstrated were demonstrations.

The exhibition was installed on September 11, 2001, of all days. By chance, an American colleague at the gallery had been listening to the radio and immediately looked on the internet to see what was happening, on CNN. She was from New York. At first we didn't understand what was going on, and what link there might be to the works in the exhibition. September 14th was the opening day and none of us were over the incredible shock of September 11th. The people didn't just come to see beautiful forms or colors.

In addition to continuity, I see something much more concrete in your work, an intention to have an impact on society. I see a change in your work.

Let's say, more a return. I began by taking photographs, looking at what the world was like, and by a process of reduction I arrived at the fine arts in 1975. In drawings, sculptures, and painting I reduced the basic structures of our modern western society, of architecture, design, of social organization. My point of departure was Minimal Art, my attitude skeptical or mocking.

After September 11, 2001 my painting changed and I began to paint pictures based on maps, landscapes really, in the era of globalization. *Der schiefe Blick*, our distorted (because necessarily subjective) gaze at others and theirs at us. It is a naming of places where something is happening, where history is taking place, where music is playing, and it is playing worldwide. The most important bodies of work I have done in the last six years are the paintings in the group *Der schiefe Blick*, the sculptures in the group *T.T.T. or T.N.T.* (*Triangulum Terrae Trigonalis or Terra Neutra Trigonalis*), the multipart sculptures *Paul Magritte*, *Bagdad*, and *Robert Johnson's World*, and a twenty-seven-part series of pseudo-solarisations entitled *Die alte Apo* [*The old Apo*]. These have been brought together in the book *Unser Krieg – Das nervöse Lachen* [*Our War–The Nervous Laughing*], with an exhibition of the same name at the Palais Thurn und Taxis in Bregenz in November 2007.

I have always been interested in layering. At every moment in time the information provided by our senses is being layered: seeing, hearing, smelling, touching, physical sensations, mood, hunger, anxiety or joy, memory, conscious thought. Always simultaneously, and mutually influencing one another, even if we don't notice it. The iron works, like the above mentioned *Logik I*, involve sequences of layers, different parts. You can't quite grasp them all. The point of departure is always seeing and knowing. But there's a difference: I look at something and I know that it's something else. It's not identical. There's also no proof.

Superimpositions, layerings, several turns, that is to say, the ambiguous, the hybrid, these terms used to describe your work are also symptomatic of your biography.

I began with photography in 1965, and even exhibited at the Photokina in 1969, as the winner of two photography prizes in Cologne. That saved me, because I was allowed to leave school as a result. I was such a bad pupil, and also I was not interested. Then I was an assistant in a photography studio and really wanted to go to the Folkwangschule to study photography. Instead, in 1974, some friends and I made the film *Am Kopf belauscht,* which I was able to complete later at the Düsseldorf art academy with Ulrike Nattermüller. It was premiered in 1976 at the Film Festival in Hof. In terms of the mood and the themes, it contained everything that crops up in my later works.

You have an inner image that you carry around with you, just as you yourself were influenced by images. I was born in 1951, in the postwar era, and I grew up amidst rubble. Throughout my childhood the view from my window was of a huge bunker beside the railway station. The Americans had blown up the bunker after the war. It lay there like a huge collapsed animal. For me of course, that was the ultimate sculpture.

Horst Münch, interview with Christiane Meyer-Stoll, Cologne, 16 May 2007
PC

p. 352
Hanging hanged,
black flesh, dead flesh.
Upside-down, crucifixion, degradation, mockery, violation.
At his own request, the apostle Peter was crucified upside-down.
Recollections of a photograph of someone hanged upside-down, Hungary, 1956;
of music by Jah Wobble from 1979 with texts on Central and South America;
and of the sculptures *South American Circle, Square*, and *Triangle* by Bruce Nauman, 1981.
Black Head of 1982, modeled in clay, was the first of a series of hanging heads.
Two Hanging Heads in the Rolf Ricke Collection is the fourth sculpture in the series, modeled in plaster in 1987 and cast in wax stained black in 1992.

Horst Münch
MF

James Rosenquist

Mr. Rosenquist, the title of your work, Slush Thrust*, an environment consisting of reflective Mylar and oil-painted canvases on stretchers, in which dry ice fog and mirror effects occur, sounds a bit exotic to our ears. Do you see the title as also being an interpretation of the work?*

"Slush" is simply a slang word, which I used as a kind of joke. It actually means a complete mishmash of colors. Yet behind the joke you are supposed to try and see what I really intend with this "space": it is a space in which people are invited to encounter one another, to lose their contours and blend with one another; and all that against a horizon of color. When people stay in here, it should be like in a good film team, where each person behaves in a friendly, helpful way. But . . . just forget all that, even the title, and simply look, and feel what there is to be felt. That's enough.

Have you had any experience with films?

I have made short films, but now I would like to make a big feature film with a real plot. For me, film is not so much about filmmaking as about collaboration with tolerable people who understand each other.

That sounds as if you are currently more preoccupied with social problems rather than with artistic—

Well, you see, the Nixon-Agnew policy in America is just awful. It is firmly directed against imagination and poetry. The main business of the USA is waging war. And America's domestic policy is brutal and ruthless. For example, just a few days ago I asked my friend Allen Ginsberg what his friends were doing and he told me that they were all in jail for some harmless political offence.

Do you see a possibility of infiltrating the Nixon-Agnew policy as an artist—independently of your painting?

I can't do much. But I give some of my works to those candidates who stand up for peace. I also support them financially.

And your painting has to capitulate helplessly in the face of political reality?

Just look at the pictures I have recently painted. In them, the American flag is directed back to earth by the power of moonlight. As an artist, that is my position on American policy. And in my room installation *Slush Thrust*, where we are now standing, we as human beings are reminded that we ought to rein in our arrogant consciousness a little. I would like to achieve this by the intense color impression from all sides, by a space that is apparently open to all sides, and by all kinds of replication, reflection, and color effects. Something like that makes you feel modest, it is moving. In such a situation man can think about not destroying the Earth, but leaving it in peace.

And what artistic message would you like to communicate alongside this one?

In addition to the possibility of noting down my ideas in painting, I would like, through it, to head towards a state that is absolute, i.e., that is even less than zero.

James Rosenquist, interview with Werner Krüger
PC

First published in German in *Kölner Stadtanzeiger*, November 13, 1970. It is reprinted with the kind permission of Werner Krüger.

Adrian Schiess

The work I do is monochrome and monotonous, and it looks so wonderfully colorful, and it is infinite and sad and beautiful like funfair music. I love these fragments of paradise. Constantly in flight in the face of conceptuality, their inherent color doesn't matter to them, it doesn't matter whether it is brown or blue, it can also be bluish-brown.

Adrian Schiess, 1992

First published in *Kinder! macht Neues!* Cologne: Galerie Rolf Ricke, 1992.

Mouans-Sartoux 16.4.1992

Dear Rolf,
When you asked me about the exhibitions it came as a bit of a shock to me—another exhibition! I have since given it some thought. With your group exhibition [*Kinder! macht Neues!*] I am in three different places in Germany this summer; I am represented with flat works in Kassel [*Documenta 9*], at your place, + in Braunschweig [*Radikale Malerei*, Kunstverein]. Given that, at all three venues, only flat works were exhibited, in our September exhibition I would like to show the other side of my work—the watercolors + the works on paper. It could also include another flat work, a very special one, maybe even two—in any case, I would like it to be a very fine, a very specific exhibition. What do you think? It's a pity you can't come here, I would so much like to show you all the new works on paper (watercolors). Although it's possible you've seen some of them in N.Y.

It's very important to me to show the "other side" of the flat works in detail, and I think the time is just right. I also think that I can make the flat ones more comprehensible through the watercolors, and vice versa.
. . . .
Looking forward to hearing from you soon, with kind regards, Adrian

Supplement 3.9.2007

I'm not sure, though, whether I have ever succeeded in making that "other side" of the flat works, the psychedelic or the "it paints" aspect, clear. PC

p. 366
Flache Arbeit [*Flat Work*] is the first of eighteen works that I painted in 1990, still by hand, but on aluminum honeycomb panels. (Before that, I had used chipboard for all my *Flat Works*.) Since then I have used aluminum honeycomb panels painted industrially (by a sprayer) from color samples produced by me. And since then I have titled each work *Painting*.

Adrian Schiess
June 18, 2007
MF

Published by kind permission of Adrian Schiess.

Günter Umberg

Can you recall your first exhibition at Rolf Ricke's gallery in 1987? How did it come about?

I was a relative latecomer to Rolf Ricke. I'm about the same age as Keith Sonnier, who was born in 1941. But I come from a very different background than the American artists. As far as I'm concerned, my biography doesn't really start until 1970. People like Sonnier, Robert Smithson and others were already active around 1965 or 1967, whereas I took my time. Rolf Ricke had a very strong presence as a gallerist. I went to see his exhibitions at the Lindenstrasse gallery in the 1970s. I was interested in Minimalist tendencies and had been going quite regularly to Amsterdam, Eindhoven, Mönchengladbach, and Krefeld since the late 1960s. At the time, those were the places where interesting things were happening. I clearly recall one particular series of exhibitions in Eindhoven called *Kompass*. It was all under the auspices of Jan Leering, who showed French, English, and American art that I still remember well: Donald Judd, Dan Flavin, Robert Morris, all these people, and Pop Art as well. In 1969 I saw the first major exhibition of Minimal Art at the Kunsthalle in Düsseldorf. I started exhibiting seriously in the mid-1970s, but at that time Ricke had not yet taken any interest in my kind of painting. I would say that he was somewhat dismissive of painting at the time.

Yes, the focus was undoubtedly on sculpture.

That was when Ricke hit a bad patch, like many another gallerist at the time. Business wasn't good, and the *Neue Wilde*, whose painting really wasn't Ricke's thing at all, were the toast of the town. He found it hard to come to terms with what was going on. And so he tried to do something in between. He stopped going to the USA, and started showing mainly German and European art rather than Americans. Many of the artists from the 1960s he had identified with, he wasn't showing them any more in the late 1970s. He once told me he was really anxious about going to New York because he didn't know how to face those artists, because he had nothing to offer them.

Let's come back for just a moment to the 1980s. Cologne was on a roll, and all of a sudden there were exhibitions with titles like Positionen deutscher Kunst [Positions of German Art]. *There was a lot of stuff in the* Mülheimer Freiheit *mode, painting with Neo-Expressionist gestures.*

Rolf Ricke tried to do things his own way. He tried to find his own position. But it didn't really work. He showed Abraham David Christian, Horst Münch, Ulrike Nattermüller—they were all somehow related as a group. Not a proper group as such, but they all knew each other. Münch is the only one left.

That must have been a difficult time for you.

Yes, it was a very difficult time for me. Although I had not been exhibiting much in the 1970s, I didn't have an identity crisis. But it really hit me in the 1980s. That was one of the reasons why I founded the "Raum für Malerei" in 1982. I said to myself: at a time when you have no counterpart, where there is nothing, no recognition, you have to create your own environment. This was the thinking behind the "Raum für Malerei," and Rolf was watching it right from the start. Then, in 1985, suddenly there he was at the door of my studio. He had the collector Bodo Vogl with him; they were very close friends, although they drifted apart later, unfortunately. Both of them bought something right away. Rolf Ricke always bought works on the spur of the moment. That's how he built up his collection. Rolf Ricke and I agreed to an exhibition. At the time, I had close contacts with the USA and had an intense correspondence with Joseph Marioni, a good friend, who later also came to be included in Ricke's program. Around the same time, he had renewed his contacts with Donald Judd.

Yes, there was a major exhibition at the Whitney Museum in 1988. Rolf Ricke returned to New York again.

I think that was the first time I was with him in New York. We visited quite a few studios together. The Judd exhibition, which was the first for many years at his gallery, and my own exhibition, were both in 1987.

When he visited your studio—was that the first time you had met Rolf Ricke?

At the first art fair in Zürich, Rolf presented a solo show of Keith Sonnier's works from 1967 to 1969 and the early 1970s from the *BA-O-BA* series. I was incredibly drawn to this stand and I asked Rolf whether he would lend me some works for the "Raum für Malerei." He immediately said yes, you can have some.

Looking at the chronology of the 1980s, when Ricke was searching around, your exhibition makes a sharp impact. It's the start of something new.

Yes, exactly; there's a reorientation beginning that year. The strong ties with American art, which had been severed completely for a few years, were starting to be renewed.

What other contacts resulted from your collaboration with Ricke?

Well, for instance, it was through me that he got to know Alan Uglow. I introduced him to Helmut Dorner's paintings. And the contacts with Olivier Mosset and Laurie Parsons were also through me. I had met Laurie in New York and thought she was great; she was in the same gallery as me, Lorence-Monk. I also saw an exhibition of hers there. At first, I didn't show her work to Rolf, but Hannelore Kersting. But she couldn't relate to it at all, so the portfolio was passed on to Rolf Ricke. I respect Laurie a lot as a person because she's a kind of anti-artist. A lot of Americans, such as Joseph Marioni, had never been shown in Germany or in Europe. Between 1982 and the end of the 1980s, I must have been in New York three or four times a year.

So you really sought contact with artists?

Yes, for instance with Joseph Marioni. That's an interesting story. Marioni and Phil Sims, who were friends, had visited me in Cologne in 1978 and had given me their addresses and phone numbers. Later, when I was traveling to New York, I couldn't remember whose number was whose. It was pure coincidence that I happened to dial Marioni's number. And that's what set the ball rolling. He was extremely cooperative, telling me to come to New York and he'd get me into the studios of some colleagues.

Basically, there are two sides to what you do: you are an artist and a curator. You not only curated shows in the "Raum für Malerei," *but later also in museums and galleries.*

Yes, but I can only function as an artist. The "Raum für Malerei" was a kind of counter-design for me. People could simply come along; I would send out invitations, but I didn't get involved socially. I just stubbornly persevered with my program. In the course of the first year, art critics started to take notice and write about it. That helped me a lot.

At the beginning of the 1980s, everything suddenly changed. Whereas before that, you might have found yourself all alone at a gallery opening, suddenly the openings, or the *Premieren*, as they were called in Cologne were packed out. It's hard to imagine now what it meant at the time to see all those art lovers milling around in the streets. People would stand around and wait to get into a gallery like, say, Paul Maenz, which was one of the leading galleries back then.

And you created a counter-image.

Exactly. I couldn't afford to do that as an artist, nor did I want to. I'm moving into dangerous territory if I do that.

How did you finance it?

I financed everything myself. It didn't cost anything, apart from the invitation cards and transport, because I already had the studio. It was a studio over several floors in a backyard and I simply used the lower floor for the exhibitions. My studio was upstairs, and visitors had nothing to do with it. The artists didn't pay anything, but somehow we managed it all. I remember how we once got this huge crate of Marioni's—it must have been more than three meters long—up onto the roof of my VW and drove together from Düsseldorf airport to Cologne, where Marioni then hung the pictures. He showed two works at my place.

There was a long and close cooperation between you and Rolf Ricke, and you not only exhibited at his gallery, but also put together an exhibition about his entire gallery history.

Rolf often included me in his group exhibitions or at art fairs, to show the works in context. We often worked together. It started in 1989 with the exhibition *Aus meiner Sicht* [*In My View*] at the Kunstverein in Cologne, which he organized with Marianne Stockebrand. We often had in-depth discussions. I also hung the *Special Offer* exhibition at the Kunstverein in Kassel with him in 1999, and I installed almost all the art fair stands with him.

You are also very interested in the early days of the gallery, and in the artists that Rolf Ricke showed from the outset, such as Jo Baer, Donald Judd, Richard Serra, and others. You have tried to chart the connections backwards and forwards in time.

I think that in the late 1970s and early 1980s, the artists he was working with couldn't have made that link. They didn't identify with it and some of them would probably have rejected it. It only started again with people like David Reed. He's someone who treats history with care. Rolf had a very good connection with him. People like David Reed vindicated what he had done in the gallery in the past.

Yes, I certainly believe that. It even goes back beyond the 1960s, right back to the Baroque era.

That's right. It was David Reed who drew his attention to the Baroque and Mannerism. I was familiar with that because I had looked into it in some depth. Mannerism has always interested me a lot. David Reed has a strong affinity with it. He has visited Italy many times, looking at churches, being open-minded. I think it's fantastic that Rolf is so open-minded; it's fun for the artists, too, if someone is so receptive. Beyond any commercial interest. Close to art.

That's what is so unusual about the gallery. There was a real involvement with and discussion of art. How did you come to curate the exhibition Perpetuum Mobile. 40 Jahre Rolf Ricke?

At Rolf's invitation. It was obvious to me that this was a really important story. Rolf said, Günter, do you want to organize the exhibition? He had absolutely no idea how to go about it, but then again, to start with, neither did I. There had been an exhibition *20 Jahre Monika Sprüth*, which I had seen. And it was clear to me that I had to do it differently. I eventually came up with the concept that was then applied in the exhibition.

The invitation card for *Perpetuum Mobile* already gives an idea of what was intended. There are two pictures, or metaphors, I have worked with. One is the house of cards, a play of children building a house of cards. Everything is very fragile. There is constant construction and destruction. Children always have the impulse to build something anew. And in the context of art history, Tatlin's tower was a driving force. Visionary on the one hand, playful on the other. For the invitation card I superimposed them like a foil. That was the basic approach in the whole story. I didn't want any pictures on the walls, because I thought to myself that that wouldn't work for these forty years. There simply isn't enough space, and the selection was limited because only the works in Rolf's storage were available, but not his collection. So I had a list of available works, and then I built this thing using existing photos. I said to myself: take the pictures as material, completely negating the individual image and using them to build an architecture.

And of course I kept asking myself new questions. What does the work of art mean in the first place? In what context can it be seen? Does it have to be seen at all? How does it relate to the artist, to the public? To what extent can or must an artist let go of a work of art, at the moment when it becomes public or is sold? How do you deal with that? Does it always have to be seen in this conventional context of hanging on a wall, as neutral as possible? And what about a work of art that is not shown publicly? Where is it really?

For me, the memory of painting also plays a part in this. This tower is like a convolution of the mind; there are memories everywhere. And with Tatlin's tower there is also the element of revolutionary energy.

Well, of course, bringing Tatlin into it might be seen as a little presumptuous. But in the course of the whole process, I thought to myself—yes, that's what history's for; it's there to be used.

It might be seen as presumptuous, but also as keeping something alive.

I have been misunderstood in some regards, and I have been accused of cynicism or of lacking responsibility in the way I approach works of art. But such accusations are completely misdirected. I'm not a cynic. I'm not interesting in destruction, but, on the contrary, in building things up.

That's how I see it too. I see it more in terms of a question of availability, of access to hidden treasures.

I built this model of the tower, and then cut out stencils the size of each work and placed them in the model. But once we had built the actual tower and placed the stuff in it, we did change a lot afterwards, because some things just didn't work. That was hard work, and it was also a new experience.

You mentioned that you had closely followed the development of Rolf Ricke's program. Were there any surprises for you among the works?

There were a few artists I didn't know. I didn't know Robert Breer. That was a wonderful surprise. Otherwise, I've seen pretty much all of Rolf's artists. We visited Steve DiBenedetto together in New York. Some artists, like Steve DiBenedetto and Steven Parrino for instance, were artists Rolf and I saw for the first time in Lyon, at the *La Couleur seule* exhibition in 1988. Rolf and I traveled to the opening together.

There were also close relations with Dijon, weren't there?

Some of the artists that Rolf dealt with had very good relations with the Consortium in Dijon, though I personally had nothing to do with that. I once exhibited with Adrian Schiess at the FRAC. For many years, the FRAC and the

Consortium were run by the same people. Olivier Mosset was an important figure for Parrino. He was the one who brought him to Dijon. They were close friends. Mosset is a person who gathers a lot of people around him. I have shown his work in a lot of the exhibitions I've curated. I have always respected him enormously. He is very ambiguous, like a chameleon changing its colors. Although I didn't meet him personally until 1982, in New York, I had known his work quite early on. He had begun his career at twenty-four with the *BMPT* group in Paris, which included Daniel Buren, Michel Parmentier, and Niele Toroni.

For *Perpetuum Mobile* I approached artists directly for their work. For instance, there was a work by Bernard Frize, which he provided himself. Gerhard Richter turned me down, but Richard Serra agreed immediately, and so did Hubert Kiecol, who wasn't actually in the program, but Rolf always liked his work a lot. And we also included two of my students: Steffen Lenk and Celine Adamo.

While you were involved in the gallery's program, were there any continuities, threads, that interested you particularly?

Given the sheer quantity of works, it has to be said that Rolf's thinking is very heterogeneous. Because he invariably made his decisions on what was ultimately gut instinct, they were always very spontaneous. He always acted very quickly, enthusiastically. That whole thing was, of course, always based on a strong aesthetic awareness.

I have the distinct impression that it is about the visual aspect—not about theory.

Perhaps it could be said by way of conclusion that there was always a basic consensus between me and Rolf, right from the start; that every action is taken on a visual level, rather than a discursive one, that all received knowledge has to be constantly questioned, that we are looking for art that renders us quite literally speechless. That means putting the focus on the work itself and not on what we know about the work.

Günter Umberg, interview with Christiane Meyer-Stoll, Cologne, May 21, 2007
IF

Birgit Werres

Do you remember how you got to know Rolf Ricke?

Yes, it was through the scholarship I received from the Stiftung Kunstfonds. Rolf was on the commission. It must have been in 1989. He called and said he would like to visit me. He came to my studio soon after that and saw the work with the columns made from concrete blocks (*Untitled #1/88*, 1988/2002 [140]) and wanted to have it.

Wasn't there an exhibition shortly after that?

Yes, in 1989 he mounted the exhibition *Aus meiner Sicht* at the Kölnischer Kunstverein and wanted to show my works in it as well. My first solo exhibition at the gallery was in January 1990. Ricke sometimes worked with the gallerist Sandra Gering, and that same year he arranged for part of the exhibition to go to New York.
During those years I repeatedly drove to an abandoned goods train station in Duisburg-Rheinhausen. In fact you could say that it was the source of almost all the material for my works in the 1990 exhibition at Ricke's gallery. That goods station was an extremely important place for me.

There were steel works in Rheinhausen.

Yes, but that's already part of history. I was in Saarbrücken recently, and it was a kind of déjà-vu experience, a shift back in time, as if it were twenty years ago. Things there now look like they did in Duisburg then. I'm not interested just in the materials, but also in the structural changes.

Can you remember how the first exhibition came about?

I had made a large number of works that year—which certainly had a lot to do with the fact that the place yielded so much material. We put the exhibition together out of that stock of works. Rolf was always part of the decision-making process. At the time, I thought it was great to be able to learn everything from him, from A to Z. I was very young, and had just finished my studies. So through him I really became familiar with things. I'm sure my understanding of a gallerist is totally different from that of many of my colleagues. My job profile is probably also very different.

Yes, because it includes the content and the works.

That was the main thing. And the great enthusiasm Rolf always had. When he came to the studio, he immediately had an idea, and after that things went very fast. There was no endless planning. *Gelb, Rot, Blau*, for example, evolved out of that spontaneous enthusiasm, during the planning of my room at the Kunstmuseum Bonn [in 2000]. I had installed a yellow, a red, and a blue wall work in my studio. That reminded him of something, from some time or other, and he thought: We have to do that. We'll install that at the gallery, in the small room. Rolf always showed something in that room, in addition to each exhibition. It simply meant the possibility of doing something spontaneous. Often he only decided the day before the opening.
Ricke's spontaneity is also evident, for example, in the red wall sculpture with the packing straps inside plastic film, which is also in the collection (*Untitled, #1/98*, 1998 [142]). He saw that work in my studio and thought so highly of it that he wanted to have it for himself. I had just completed it. It was never shown anywhere else, because he took is straight home with him.

The work with the four concrete block columns has two dates noted on: 1988 and 2000.

It was restored in 2002. Ricke had stored that work in his attic and the small plastic clips attached on the top of it got lost. At the time, I traveled regularly to Maastricht and Belgium to look for replacements, but I couldn't find them. That is why I reduced the original number of columns from six to four. As far as I was concerned, that was still OK.

Would you like to say something about the work Untitled #15/89, *1989* [141]*? It looks like a "tar mat," doesn't it?*

Producing that mat was really very nice. It had something to do with my time at the art academy, when I did numerous experiments with plaster, wood wool, with casein and other such materials. The head of the wood workshop told me that you could produce very hard compounds and real forms out of casein mixes. At the time I was working a lot with tree trunks, with solid cast forms. I was always very interested in producing my own mixes. For this work I mixed up a kind of mash consisting of wood wool, casein, plaster, and pigment and spread the mass onto the mat, which was then rolled up.

The work is slightly reminiscent of a Swiss roll cake, but also of a rolled-up carpet.

Needless to say, I was also interested in the structure, in the roll, in what was being squeezed out; it really does ooze out. I have often used something like that. It happens while I'm working, I don't have it clearly in my mind beforehand, as would be the case with an outdoor sculpture in which everything has to be planned in advance. I like it when something comes about in the course of the working process. The characteristics of the material are always the point of departure. Often things go in a totally different direction, which is something I find particularly exciting. Anything else would be much too dull for me.

Your 1998 work is very different in character; it is more like a covering for something. Here the process is not so much to the fore.

Yes, that's right. That work certainly stands out, as the artist Lillian Ball also commented. I used to exchange views with her over a number of years. Initially our way of seeing and handling things was very similar. Lillian was here in the studio at the time, and she felt that this particular work differed completely from the others because it is a kind of covering, which only takes on a form when it is stuffed.
The interesting thing is that this work developed from an idea I had to build a stool. I took a plank and put wooden blocks under it. Then I wanted to tack something onto it, like those small upholstered footstools. As a result, the work developed in a unique way. First, I tried tacking this and that material onto it. Then I discovered this transparent colored film. That was the time of the 1999 Kunstraum exhibition.

You mean your exhibition at the Kunstraum Düsseldorf?

Yes, that was the first time I actually ordered finished materials to make a large installation. That's how I ended up welding and stuffing coverings. I tested it for that exhibition.

What filling did you use?

Packing straps which I used to take out of containers. I liked their structure and color. And so that work developed over a long period of time. Initially, it was a floor work, and the big kick was putting it on the wall. And that was that. The distance from the wall, the fixture, and the blown-up appearance, the blown-up covering.

It seems that your works in the studio are continually being worked on, and go through different stages. Do you also develop works simultaneously?

Yes, that's often the case. I often hit on another idea while I'm working. Then it can happen that I have totally new associations and suddenly want to do something else altogether.

My impression is that the roaming around, searching for, and discovering the materials is already a part of your work. You observe what is happening "outside," and suddenly it all comes together.

Yes, that's a very important aspect, the collecting, the bringing together, the mobility. I was constantly cycling around industrial plants and found my materials there.
From autumn 1987 to spring 1988 I was on a student exchange in Maastricht, at the Jan van Eyck Academy. I was astonished, but also disappointed that I could find nothing on the

industrial sites there. Everything was locked up, sealed off, you could not see anything.
I then took to wandering around stores in search of materials, especially in Belgium. I found things there I wasn't aware of previously. For example, great postboxes, which I later used in a work. That really got me. In fact, that was the first time I used bought material. That changed my work. Originally, I only worked with used materials. Today the landscape looks totally different.
This is the result of recycling, to a certain degree. When everything flows back into the production cycle, nothing is left lying around. That was a decisive development for me. In the past, for example, I never actually went into the trade fairs, but stayed outside instead, because after the fairs so much was thrown away, all those exhibits from the presentations, pure material. That has all changed, because the fair managers now delegate the disposal job to recycling companies, and they completely seal off everything. After the fair, the materials go directly into containers—it's like a top-security wing. As an artist, I'm not allowed in, at least not officially.

What does this mean for your way of working?

I have had to find other ways. The project with the art history students in Gießen, for example, enabled me to go directly into industrial plants, into production areas. That in turn is interesting in another way, because then you discover things you would otherwise never have seen. For example, I made works with pipes that can still be shaped immediately after they leave the machine.

Finally, I would like to ask you if there was a group around the Ricke gallery where contacts could be made or ideas exchanged?

Yes, in later years, especially with David Reed. Most of my contacts were with artists in New York: Thom Merrick, Jeffrey Wisniewski, and Matthew McCaslin. It was a great time. Rolf once suggested that Matthew McCaslin, Thom Merrick, and myself design the stand for a particular art fair. That was another of those spontaneous ideas of his. I think it was also a bit of an anti-attitude towards the Cologne art fair, because he wanted a presentation of works that was not typical of the art fair. The result was a wonderful installation. We worked together for a few days and then later kept in touch with one another. I had a simply great time in New York, especially with Thom and Jeffrey.

Birgit Werres, interview with Christiane Meyer-Stoll, Düsseldorf, May 16, 2007
PC

Personenregister

Index

Seitenzahlen in **fett** verweisen auf Abbildungen.
Seitenzahlen in *kursiv* verweisen auf Textpassagen.
Seitenzahlen in Klammern verweisen auf übersetzte Textpassagen.

Page numbers in **bold** refer to illustrations.
Page numbers in *italics* refer to commentaries.
Page numbers in parantheses refer to translated texts.

Abbildungsnachweis

Reproduction Credits

Stefan Altenburger, Zürich: S. 214–219

© Boris Becker/VG Bild-Kunst, Bonn 2007: S. 171 unten

Ulrich Borowiak, Köln: S. 130 unten, 349 oben rechts

Hans Brändli, © Pia Fries und Hans Brändli/VG Bild-Kunst, Bonn: S. 187 rechts

Balthasar Burkhard, Bern: Cover, S. 80 Mitte, 81 Mitte, 396 (Porträt Le Va)

Giorgio Colombo, Mailand: S. 87

© Wolfgang von Contzen, Mönchengladbach: S. 147 unten

Courtesy Aargauer Kunsthaus, Aarau (Foto: Jörg Müller, Aarau): S. 187 unten

Courtesy Richard Artschwager, New York: S. 23, 35 (Fotos: Rudolph Burckhardt, New York), 392 (Porträt)

Courtesy Jo Baer, Amsterdam: S. 26, 90 unten, 392 (Porträt)

Courtesy Larry Bell, Taos: S. 392 (Porträt Bell, Foto: Jennifer Lynch)

Courtesy Tom Bills, New York: S. 392 (Porträt)

Courtesy Holger Bunk, Amsterdam: S. 393 (Porträt)

Courtesy Ingrid Calame, Los Angeles: S. 393 (Porträt)

Courtesy Philippe Cazal, Paris: S. 393 (Porträt)

Courtesy Elaine Grove Christensen, East Hampton: S. 393 (Porträt Christensen)

Courtesy Center for Creative Photography, University of Arizona, © 1991 Hans Namuth Estate: S. 395 (Porträt Johns)

Courtesy the Estate of Lee Lozano and Hauser & Wirth Zürich London: S. 30 unten links (Foto: Hollis Frampton), 75 unten, 396 (Porträt Lozano)

Courtesy the Estate of Jason Rhoades, Hauser & Wirth Zürich London and David Zwirner, New York: S. 398 (Porträt Rhoades)

Courtesy Dominique Figarella, Montpellier: S. 394 (Porträt)

Courtesy Dan Flavin, Ltd., New York: S. 394 (Porträt Flavin, Foto: Sidney Felsen)

Courtesy Urs Frei, Zürich: S. 394 (Porträt)

Courtesy Pia Fries, Düsseldorf: S. 394 (Porträt)

Courtesy Galerie nächst St. Stephan, Rosemarie Schwarzwälder, Wien: S. 399 (Porträt Schiess, Foto: Nina Ackermann)

Courtesy Sandra Gering Gallery, New York: S. 152 unten

Courtesy Tishan Hsu, New York: S. 395 (Porträt)

Courtesy Steven Hull, Los Angeles: S. 395 (Porträt)

Courtesy Ben Kinmont, Sebastopol: S. 396 (Porträt)

Courtesy Harriet Korman, New York: S. 396 (Atelier)

Courtesy Fabian Marcaccio, New York: S. 195 unten, 397 (Porträt), 402

Courtesy Thom Merrick: S. 151 links und rechts unten, 397 (Porträt Merrick, Foto: Frances Mayes)

Courtesy Neue Galerie am Landesmuseum Joanneum, Graz: S. 157 rechts unten, 160 unten

Courtesy Carl Ostendarp, New York: S. 190 unten

Courtesy Laurie Parsons, New York: S. 136/137, 140 unten, 279, 360 rechts, 398 (Porträt)

Courtesy David Reed, New York: S. 88 (Foto: Lisa Kahane), 403

Courtesy Adrian Schiess, Mouans-Sartoux: S. 134 unten, 148 unten links

Courtesy Keith Sonnier, New York: S. 71 unten, 73 (Fotos: Richard Landry), 82 unten links

Courtesy Sprengel Museum Hannover (Foto: Michael Herling/Uwe Vogt): S. 168

Courtesy Marylin Stanley and Estate of Bob Stanley, New York: S. 24, 399 (Porträt Stanley)

Courtesy Lewis Stein, New York: S. 400 (Porträt)

Courtesy Günter Umberg, Köln: S. 105 links, 113 unten, 114 unten, 145 rechts, 170 unten, 186 unten

Courtesy Michael Venezia, New York: S. 400 (Porträt)

Courtesy Birgit Werres, Düsseldorf: S. 400 (Porträt)

Courtesy Jeffrey Wisniewski: S. 140 oben und Mitte, 144/145 unten, 154 unten, 310

Denis Cowley: S. 349 links

Thomas Cugini, Zürich: S. 115 unten, 395 (Porträt Judd)

© documenta Archiv, Kassel: S. 44 rechts, 81 unten

Gerald Domenig: S. 171 oben

© Henry Daumann/Daumann Pictures, New York: S. 22

© The Estate of Eva Hesse, Hauser & Wirth Zürich London: S. 28

W. Fellenz: S. 399 (Porträt Umberg)

Robert Fiore, New York: S. 56 unten, 57 unten

Gaechter und Clahsen, © Angela Thomas Schmid/VG Bild-Kunst, Bonn: S. 15

© Anne Gold, Aachen: S. 108, 113 oben und Mitte, 114, 115 links oben und Mitte, 116, 117 oben und links unten, 119 oben, 121 unten, 123, 124, 125 links unten, 127, 128, 129 links, 130 oben, 131 links, 135, 138 oben, 139 oben, 142 oben und Mitte, 146 oben, 147 oben, 148 oben, 149, 151 rechts oben, 156, 157 links oben und Mitte, 158 oben und Mitte, 159 rechts, 163 oben, 165 links, 166 unten, 173 oben und unten, 177 links, 182 oben, 321 unten

© Brigitte Hellgoth, Haan: S. 46 unten rechts, 56 oben, 61 unten, 62 unten

© Ralph Hinterkeuser, Berlin: S. 144 oben, 145 oben links

J. Hyde, Paris: S. 153 unten links

Benjamin Katz/VG Bild-Kunst, Bonn: S. 91 links unten, 97 rechts

Wolfgang Keseberg, Köln: S. 71 Mitte, 74 oben, 75 oben, 76 oben, 77 rechts, 79 Mitte, 81 oben links, 82 unten rechts, 85, 90 oben, 92 oben, 95, 96, 97 links, 98 unten, 99 links, 100, 101, 102, 103 rechts, 105 rechts, 337

Susanna Kulli, © und courtesy Galerie Susanna Kulli, Zürich: S. 397 (Porträt Mosset)

Kunstmuseum St.Gallen (Fotos: Stefan Rohner, St.Gallen): S. 157 unten links, 172 unten, 183 unten, 189 unten, 202–207

Martin Lauffer, Stuttgart: S. 162 oben

© Lozano Archive (Foto: John Groo): S. 259

© Erich Malter, Erlangen: S. 192 oben

Mancia/Bodmer, FBM Studio Zürich: S. 144 unten links

Werner Maschmann, Kassel: S. 192 unten

Courtesy Matthew McCaslin, New York: S. 397 (Porträt)

Roman Mensing/artdoc.de, Münster: S. 400 (Porträt Wisniewski)

Claudio Merlini, Genf: S. 131 unten

© André Morin und Le Consortium, Dijon: S. 119 unten, 143 unten, 146 unten

Museum für Moderne Kunst, Frankfurt am Main (Fotos: Axel Schneider): S. 208–213, 316 links, 317 unten, 321 unten, 322 oben, 325 links, 326, 328 rechts, 332 unten, 333 rechts, 334 rechts, 335 links, 339 oben, 340 links, 341, 344 rechts, 346 rechts, 348 rechts, 350 rechts oben, 353 oben, 356 links, 358 rechts, 359 links, 365 links, 366 unten, 368 rechts, 369, 374, 378 unten, 379 oben, 387

© Neues Museum in Nürnberg (Fotos: Annette Kradisch): S. 193 unten, 317 oben, 318 oben, 321 oben, 322 oben rechts, 325 rechts, 328 links, 329 rechts unten, 330 rechts, 331 rechts, 333 links, 334 oben, 336 rechts, 340 rechts, 350 rechts oben, 354 rechts, 355, 356 rechts, 359 rechts, 361, 363 oben, 364, 365 rechts, 366 oben, 371 oben, 375 links, 380, 384 rechts, 386 unten, 389

© Alistair Overbruck, Köln: S. 155 oben, 167 rechts, 383 links und rechts unten

Erica Overbruck, München: S. 201 unten

Heiner P.: S. 98 unten

© René Poetzscher/documenta Archiv, Kassel: S. 148 unten rechts

Eric Pollitzer, Hampstead: S. 83 Mitte

Wolfgang Prange, Köln: S. 46 oben, 47 oben, 49 unten, 51 links, 373 oben

Heinz Preute, Vaduz: 316 rechts, 318 unten, 319, 320 links, 322 unten, 323–324, 325 rechts, 327, 328 links, 329 links und rechts oben, 330 links, 331 links oben, 332 oben, 334 unten links, 335 rechts, 336 links, 338, 342–343, 344 links, 345 links, 346 links, 347, 348 links, 350 links und unten, 352, 353 unten, 354 links, 355 oben rechts, 356 oben rechts, 357, 358 links, 360 links, 362, 363 unten, 367, 368 links, 370, 372, 373 unten, 376 unten, 379 unten, 381–382, 383 oben rechts, 385 links, 388

© Chris Riewerts, Hamburg: S. 75 Mitte

P.S. Rittermann: S. 174 unten

Dr. Salchow, Köln: S. 45 Mitte

Jörg Sasse/VG Bild-Kunst, Bonn: S. 159 links

Johanna Schmitz-Fabri, Rodenkirchen: S. 72 unten

© Dietmar Schneider, Köln: S. 118 oben links und rechts, 126, 139 Mitte

Lothar Schnepf, Köln: S. 109, 118 unten, 139 unten links, 158 unten, 191, 397

© Wilhelm Schürmann, Aachen: S. 139 unten rechts

© Vassilis Skopelitis, courtesy Galerie Xippas, Paris: S. 142 unten

© Heinz Stanger, Innsbruck: S. 196 unten

Jessica Stockholder, courtesy Mitchell-Innes & Nash, New York: S. 106 unten, 164 unten, 399 (Porträt)

© Archiv Harald Szeemann: S. 58 unten (Foto 1: Balthasar Burkhard, Bern; Foto 2, 3: Harry Shunk, New York)

Tom Warren, New York: S. 138 unten

Heini Weber, Kassel: S. 30 oben

© Ursula Wevers, Köln: S. 74 unten, 83 unten, 398 (Porträt Serra)

© Württembergischer Kunstverein Stuttgart (Fotos: Gary Duszynski): S. 162 unten, 176 unten

Courtesy Archiv Rolf Ricke: S. 16, 17, 20, 21, 22, 25, 26, 27, 28, 29, 30, 31, 32, 33, 36, 37, 38, 39, 43, 44 links, 47 Mitte, 48, 49 links, 51 rechts, 57, 58 oben und Mitte, 58 unten (Foto 4 und 5), 59, 60, 61 oben, 63, 64, 65, 66, 67, 70, 71 oben, 72 oben, 76 unten, 77 links, 78, 79 links, 81 oben rechts, 83 oben, 86, 89, 91oben und Mitte, 92 unten, 93, 94, 95 oben rechts, 99 rechts, 103 links, 104, 106, 107, 112, 115 rechts, 117 rechts unten, 120, 121 oben, 122, 125 oben und rechts unten, 129 rechts, 131 rechts, 132, 133, 134 oben, 135 links, 141, 142 oben, 150, 152 oben und Mitte, 153 oben und Mitte links, rechts, 155 unten, 157 rechts Mitte, 160 oben, 161, 164, 165 rechts, 166 oben, 167 links, 169, 170 oben und Mitte, 172 oben und Mitte, 173 Mitte, 174, 175, 176 oben, 177 rechts, 178, 179, 180, 181, 182 unten, 183, 186 oben, 188, 189 oben, 190 oben und Mitte, 193 oben, 194, 195 oben und Mitte, 196 oben und Mitte, 197, 198, 199, 200 oben und Mitte, 222, 254, 290, 318 rechts, 320 rechts, 339 unten, 345 rechts, 349 rechts unten, 351 oben und unten rechts, 371 unten, 375 rechts, 376 oben, 377, 378 oben, 384 links, 385 rechts, 386 oben, 393 (Porträt Bollinger), 393 (Porträt DiBenedetto), 396 (Porträt Kuehn), 397 (Porträt Ostendarp), 398 (Porträts Parrino, Rosenquist), 399 (Porträts Sonnier, Stafford), 400 (Porträt Uglow), 401 (Porträt Young)

Kunstmuseum Liechtenstein
Städtle 32
FL – 9492 Vaduz
Tel. +423 2350300
Fax +423 2350329
mail@kunstmuseum.li
www.kunstmuseum.li

Dank / Acknowledgements
Für die grosszügige Unterstützung des Ankaufs der Sammlung Rolf Ricke gilt unser besonderer Dank:

For their generous support of the acquisition of the Rolf Ricke Collection we are extremely grateful to:

Regierung und Landtag des Fürstentum Liechtenstein
Ars Rhenia Stiftung für Kunst und Kultur, Vaduz
Karl Mayer Stiftung, Vaduz
Stiftung Freunde des Kunstmuseum Liechtenstein
Stiftung Fürstlicher Kommerzienrat Guido Feger, Vaduz

Kunstmuseum St.Gallen
Museumstrasse 32
CH – 9000 St.Gallen
Tel. +41 71 2420671
Fax +41 71 2420672
info@kunstmuseumsg.ch
www.kunstmuseumsg.ch

Das Kunstmuseum St.Gallen wird institutionell gefördert von Stadt und Kanton St.Gallen.

The Kunstmuseum St.Gallen receives long-term support from the city and county of St.Gallen.

Dank / Acknowledgements
Für die grosszügige Unterstützung des Ankaufs der Sammlung Rolf Ricke gilt unser besonderer Dank:

For their generous support of the acquisition of the Rolf Ricke Collection we are extremely grateful to:

Schenkung Erna und Curt Burgauer
Lotteriefonds des Kantons St.Gallen
Stadt St.Gallen
Alexander Schmidheiny Stiftung
Ungenannt sein wollende private Mäzene

Museum für Moderne Kunst
Domstraße 10
D – 60311 Frankfurt am Main
Tel. +49 69 21230447
Fax +49 69 21237882
mmk@stadt-frankfurt.de
www.mmk-frankfurt.de

Dank / Acknowledgements
Für die grosszügige Unterstützung des Ankaufs der Sammlung Rolf Ricke gilt unser besonderer Dank:

For their generous support of the acquisition of the Rolf Ricke Collection we are extremely grateful to:

Stadt Frankfurt am Main
Hessische Kulturstiftung

Corpus Sireo
DekaBank Deutsche Girozentrale
Eurohypo AG
Goldman, Sachs & Co. oHG
Harald Quandt Holding
Helaba Landesbank Hessen-Thüringen
IVG Immobilien AG
KfW Bankengruppe
Morgan Stanley
Software AG

Michael Baum
Heidi und Frank F. Beelitz
Petra und Uwe-Ernst Bufe
Frieder Burda
Ulrike Crespo
Elisabeth Haindl
Gerwin Janke
Helga Maria und Thomas Jetter
Adrian Koerfer
Michael Loulakis
Rike und Rainald Pohl
Michael und Karin Thoma
Rolf und Beatrix Windmöller

Dank / Acknowledgements

Für die Unterstützung der Publikation gilt unser besonderer Dank / For their support of the publication we are extremely grateful to:

Rolf Ricke für sein uneingeschränktes Mitwirken / for his boundless commitment;

dem / the Stifterkreis Sammlung Ricke für seine finanzielle Unterstützung / for its financial support;

den Künstlern und Autoren für ihre Beiträge und ihr substanzielles Engagement / the artists and authors for their contributions and substantial commitment;

den Fotografen, die ihre Aufnahmen unentgeltlich zur Verfügung stellten / the photographers, who generously provided their photographs free of charge;

unser weiterer Dank geht an / our thanks also go to:

Axel Jablonski
Georg Kargl
Peter Kerschgens
Iris Maczollek
Anke Schmidt
Markus Schöb
Ursula Wevers

Christiane Meyer-Stoll
sammlungrolfricke – ein zeitdokument
rolfrickecollection – a document of the times

Herausgeber / Editors:
Kunstmuseum Liechtenstein, Kunstmuseum St.Gallen, Museum für Moderne Kunst, Frankfurt am Main

Redaktion / Editing:
Christiane Meyer-Stoll, Gila Strobel, David Gray (Englisch / English)

Lektorat / Copyediting:
Kristin Schmidt, Nikolaus G. Schneider, Helga Schoeck

Übersetzungen / Translations:
Pauline Cumbers (PC), Ishbel Flett (IF), Michael Foster (MF), Jeremy Gaines (JG), Ruth Hemus (RH), Catherine Schelbert (CS)

Transkription der englischen Interviews / Transcription of the English interviews:
Maureen Quaderer, Helga Schoeck

Transkription der deutschen Interviews / Transcription of the German interviews:
Claudia Hidber, Helga Schoeck

Grafische Gestaltung und Satz / Graphic design and typesetting:
Sylvia Fröhlich

Schrift / Typeface:
Akzidenz Grotesk

Reproduktionen / Reproductions:
Dr. Cantz'sche Druckerei, Ostfildern

Druck / Printing:
Offsetdruckerei Karl Grammlich GmbH, Pliezhausen

Papier / Paper:
LuxoSamtoffset, 135 g/m²

Buchbinderei / Binding:
Buchwerk Darmstadt

Erschienen im / Published by
Hatje Cantz Verlag
Zeppelinstrasse 32
73760 Ostfildern
Deutschland / Germany
Tel. +49 711 4405-200
Fax +49 711 4405-220
www.hatjecantz.com

Hatje Cantz books are available internationally at selected bookstores. For more information about our distribution partners please visit our homepage at www.hatjecantz.com.

ISBN 978-3-7757-2035-9

Printed in Germany

Umschlagabbildung / Cover illustration:
Rolf Ricke, Kassel (Foto: Balthasar Burkhard, Bern)

Umschlagrückseite / Back cover:
Richard Serra, zitiert nach Rolf Ricke / Richard Serra, quoted by Rolf Ricke